관세사 시험 전문 교육기관
해커스관세사 **합격 시스템**

강사력
업계 최고수준
강사진

교재
해커스=교재
절대공식

관리시스템
해커스만의
1:1 관리

취약 부분 즉시 해결!
선생님 질문게시판

언제 어디서나 공부!
PC&모바일 수강 서비스

해커스만의
단기합격 커리큘럼

합격을 만드는
필수 학습자료 제공

해커스관세사

김기만
대외무역법
외국환거래법

이론 + 최신기출 + 관련법규

해커스

이 책의 저자

김기만

학력
명지대학교 국제통상학과 졸업(경영학사)

경력
현 | 해커스관세사 무역실무 선생님
　　해커스금융 선생님
　　다올관세사무소 대표 관세사
　　한국생산성본부 출강 교수
　　에듀윌 국제무역사 1급, 무역영어 1급, 물류관리사 국제물류론 강의
전 | 한국HRD교육센터 출강 교수

자격증
관세사, 국제무역사 1급, 무역영어 1급, 외환전문역 2종

저서
해커스관세사 김기만 무역실무
해커스관세사 김기만 대외무역법·외국환거래법
2025 에듀윌 무역영어 1급 한권끝장
2025 에듀윌 국제무역사 1급 한달끝장

머리말

대외무역법과 외국환거래법은 관세법과 함께 대한민국 무역 실무의 근간을 이루는 대표적인 기본법입니다. 대외무역법과 외국환거래법은 무역 및 국제거래 실무자가 반드시 그 목적과 체계를 이해하여야 하는 주요 영역으로서, 이러한 중요성에 의해 관세사 2차 시험에서도 다뤄지는 핵심 법률에 해당합니다.

대외무역법은 대외 무역의 진흥, 공정한 거래 질서의 확립, 국제수지의 균형과 통상의 확대를 도모함으로써 국민 경제 발전에 이바지함을 목적으로 제정된 대한민국 무역 분야의 기본법입니다. 구체적으로는 체결·공포된 무역협정과 국제법규에 근거해, 자유무역의 원칙을 바탕으로 수출입 정책의 투명성·공정성을 구현합니다. 또한 국내 산업 보호와 무역진흥, 국제경쟁력 강화 및 무역질서 수호를 위한 각종 제도적 장치를 포함하고 있어, 한국의 대외경제정책과 국제무역환경에서 매우 중요한 역할을 수행하고 있습니다.

외국환거래법은 외국환거래와 그 밖의 대외거래의 자유를 보장하고 시장기능을 활성화하여 대외거래의 원활화 및 국제수지의 균형과 통화가치의 안정을 도모함으로써 국민경제의 건전한 발전에 이바지함을 목적으로 합니다. 외환관리법 체계에서 자유화 기조로 전환된 현행 외국환거래법은, 거래 자유 원칙과 함께 필요한 경우 일정한 제한을 두어 국가 경제 안전과 건전한 통화 질서를 유지하고 있습니다. 특히, 외국환거래법은 국제적으로 자본과 서비스, 사람의 이동이 활발해지는 현대 무역환경에서 국내외 거래의 원활화를 가능하게 하며, 시장기능의 활성화와 거래 안정성 확보에 중심 역할을 하고 있습니다. 아울러 외환거래의 투명성과 공정한 질서 확립을 통해 우리 경제의 국제적 신인도를 높이고, 지속가능한 경제발전의 토대를 제공하고 있습니다.

대외무역법과 외국환거래법의 출제경향을 살펴보았을 때 법이론을 중심으로 한 이론적인 탐구영역보다는 해당 법과 시행령의 이해와 정확한 숙지를 요구하는 문제들이 주로 출제되고 있습니다. 특히 단순히 나열을 요구하는 문제보다는 특정 규정을 제시하고 관련되는 법과 시행령을 중심으로 한 답안을 요구하는 문제가 출제되기 때문에 법과 시행령에 대한 충분한 학습이 필요합니다. 따라서 본 교재는 출제경향에 맞추어 법, 시행령 및 관련규정 순서로 쉽게 이해할 수 있도록 내용을 구성하였으며 관련 법, 시행령 및 규정조항을 기재하여 학습의 편의성을 높이기 위해 노력하였습니다.

이 교재가 관세사 시험을 준비하는 수험생 여러분께 조금이라도 도움이 되기를 바라며 보다 효율적이고 정확한 법령을 다루는 교재가 될 수 있도록 법, 시행령 및 관련 규정의 지속적인 수정 및 보완을 하는 노력을 게을리하지 않겠습니다.

수험생 여러분을 언제나 응원합니다.

감사합니다.

김기만 관세사

제1편 대외무역법

제1장	대외무역법 총칙	8
제2장	통상의 진흥	17
제3장	수출입 거래(1) - 수출입 거래 총칙	23
제4장	수출입 거래(2) - 외화획득용 원료·기재의 수입과 구매 등	52
제5장	수출입 거래(3) - 전략물자의 수출입	71
제6장	수출입 거래(4) - 플랜트수출	97
제7장	수출입 거래(5) - 정부 간 수출계약	102
제8장	원산지제도	107
제9장	수입수량 제한조치	135
제10장	수출입 질서유지	137
제11장	보칙	147
제12장	벌칙	155

제2편　　외국환거래법

제1장	외국환거래법 개요	162
제2장	외국환거래법 총칙	166
제3장	외국환업무 취급기관 등	175
제4장	외국환평형기금	223
제5장	지급과 거래	226
제6장	지급 등의 방법	233
제7장	자본거래	250
제8장	해외직접투자 및 부동산 취득	292
제9장	보칙	308
제10장	벌칙	325

부록

01	2013-2025년 기출문제	332
02	대외무역법 관련 법규	347
03	외국환거래법 관련 법규	437

해커스관세사 cca.Hackers.com

해커스관세사 김기만 대외무역법·외국환거래법

제1편

대외무역법

제1장 대외무역법 총칙
제2장 통상의 진흥
제3장 수출입 거래(1) - 수출입 거래 총칙
제4장 수출입 거래(2) - 외화획득용 원료·기재의 수입과 구매 등
제5장 수출입 거래(3) - 전략물자의 수출입
제6장 수출입 거래(4) - 플랜트수출
제7장 수출입 거래(5) - 정부 간 수출계약
제8장 원산지제도
제9장 수입수량 제한조치
제10장 수출입 질서유지
제11장 보칙
제12장 벌칙

제1장 대외무역법 총칙

01 개요

1. 대외무역법의 목적

대외무역법은 대외 무역을 진흥하고 공정한 거래 질서를 확립하여 국제 수지의 균형과 통상의 확대를 도모함으로써 국민 경제를 발전시키는데 이바지함을 목적으로 한다(법 제1조).

2. 대외무역법의 성격

(1) 무역에 관한 기본법

대외무역법은 무역에 관한 기본법에 해당한다. 무역에 관하여 대외무역법 이외의 다른 법이 대외무역법의 적용의 배제를 명시적으로 규정하지 않는 한 모든 무역거래에 대해서 대외무역법이 우선하여 적용된다. 대외무역법 제6조 제1항에서는 "무역에 관하여는 이 법에서 정하는 바에 따른다."라고 규정하고 있으며, 제2항에서는 "관계 행정기관의 장은 물품 등의 수출 또는 수입을 제한하는 법령이나 훈령·고시 등(이하 "수출·수입요령"이라 한다)을 제정하거나 개정하려면 미리 산업통상자원부장관과 협의하여야 한다. 이 경우 산업통상자원부장관은 관계 행정기관의 장에게 그 수출·수입요령의 조정을 요청할 수 있다."라고 규정하고 있어 대외무역이 대외무역법에 의해 규율되고 있음을 알 수 있다.

(2) 특별법적 성격

대외무역법 제46조에 따른 산업통상자원부장관의 조정명령의 이행에 대하여는 「독점규제 및 공정거래에 관한 법률」을 적용하지 아니한다(법 제50조 제1항). 또한 대외무역법에 따른 물품 등의 수출·수입 행위에 대하여는 그 행위가 업무 수행상 정당하다고 인정되는 범위에서 「국가보안법」을 적용하지 아니한다(법 제51조).

(3) 무역 및 통상에 관한 진흥법

대외무역법 제1조 목적에서 대외무역법은 대외무역 진흥을 첫 번째 목적으로 명시하고 있다. 이를 위하여 제4조에서 "산업통상자원부장관은 무역의 진흥을 위하여 필요하다고 인정되면 대통령령으로 정하는 바에 따라 물품 등의 수출과 수입을 지속적으로 증대하기 위한 조치를 할 수 있다."라고 규정하고 있으며, 제2항에서 무역의 진흥을 위하여 지원을 할 수 있는 대상을 규정하고 있다.

(4) 무역에 관한 통합법

대외무역법 제6조 제2항에서 "관계 행정기관의 장은 물품 등의 수출 또는 수입을 제한하는 법령이나 훈령·고시 등(이하 "수출·수입요령"이라 한다)을 제정하거나 개정하려면 미리 산업통상자원부장관과 협의하여야 한다. 이 경우 산업통상자원부장관은 관계 행정기관의 장에게 그 수출·수입요령의 조정을 요청할 수 있다."라고 규정하며, 제12조 통합공고규정에 따라 "관계 행정기관의 장은 수출·수입요령을 제정하거나 개정하는 경우에는 그 수출·수입요령이 그 시행일 전에 제2항에 따라 공고될 수 있도록 이를 산업통상자원부장관에게 제출하여야 한다." 또한 대외무역법 제12조 제2항에서 "산업통상자원부장관은 제1항에 따라 제출받은 수출·수입요령을 통합하여 공고하여야 한다."라고 구체적인 절차를 규정함으로써 대외무역법 이외의 법령에 따른 수출입 요령을 통합하는 역할을 수행하므로 무역에 관한 통합법의 성격을 갖는 것을 알 수 있다.

(5) 국제성 및 무역 규제 최소화

무역에 관한 조약과 일반적으로 승인된 국제법규에서 정하는 바에 따라 자유롭고 공정한 무역을 조장함을 원칙으로 하며, 국제법규에 무역을 제한하는 규정이 있는 경우에는 그 제한하는 목적을 달성하는 데 필요한 최소한의 범위에서 이를 운영한다.

(6) 포괄성 및 위임입법성

무역거래의 규제 대상은 유동적이고 다양하기 때문에 원칙적인 사항만 대외무역법에서 규정하고, 구체적이고 세부적인 사항은 유관기관과 다른 행정기관에 권한의 일부를 위임·위탁하여 운영하고 있다.

3. 대외무역법 및 관련 공고의 체계

대외무역법은 법, 령 및 대외관리규정을 포함한 고시로 구성되며, 수출입 물품의 제한·금지, 승인, 신고, 한정 및 그 절차에 관한 사항을 규정하고 있는 수출입공고와 대외무역법 이외의 다른 법령(예 전기용품 및 생활용품 안전관리법, 전파법, 수입식품안전관리 특별법, 어린이제품 안전 특별법 등)에서 해당 물품의 수출입 요건 및 절차 등을 정하고 있는 경우 수출입 요건 확인 및 통관 업무의 간소화와 무역질서 유지를 위하여 다른 법령이 정한 물품의 수출입 요건 및 절차에 관한 사항을 조정하고 이를 통합 규정하고자 산업통상자원부장관이 일괄적으로 수출입 요령을 발표하는 통합공고, 대외무역법 제19조에 따라 전략물자의 수출입 통제에 관한 사항을 정함으로써 국제평화 및 안전과 국가안보를 유지하는데 기여함을 목적으로 하는 전략물자 수출입고시 및 대외무역법 제5조 제4호의 규정에 의하여 국제평화와 안전유지 등의 의무이행을 위한 수출입에 관한 특별조치에 대한 사항을 규정한 국제평화 및 안전유지 등의 의무이행을 위한 무역에 관한 특별조치 고시로 구성되어 있다.

> 📖 **더 알아보기**
>
> **대외무역법의 체계**
>
>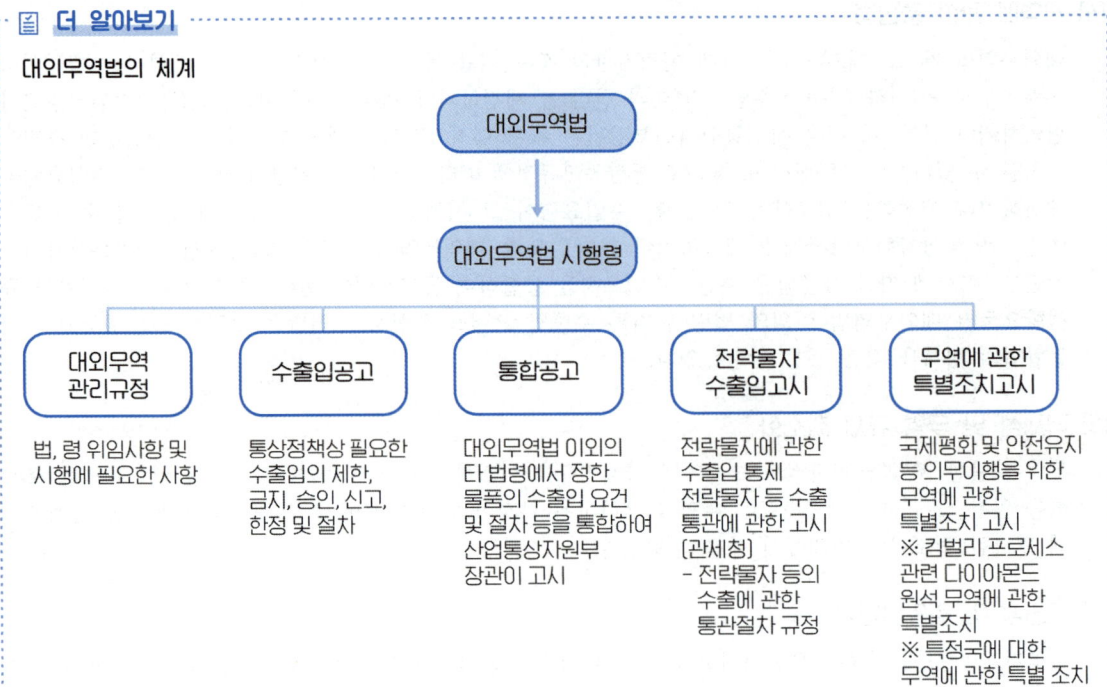
>
> ※ 킴벌리 프로세스 관련 다이아몬드 원석 무역에 관한 특별조치
>   킴벌리 프로세스(Kimberley Process Certification Scheme, KPCS)는 '블러드 다이아몬드'(분쟁 다이아몬드)가 합법적인 시장으로 유입되는 것을 막기 위해 2003년부터 시행된 국제 협약이자 인증 제도로서 킴벌리 프로세스 회원국에 해당하지 않는 국가에 대한 다이아몬드 원석의 수출입을 금지하며, 회원국으로 다이아몬드 원석을 수출하고자 하는 자는 산업통상자원부장관에게 수출허가를 받도록 규정한다.
>
> ※ 특정국에 대한 무역에 관한 특별조치
>   특정국에는 이라크, 소말리아, 콩고민주공화국, 수단공화국, 레바논, 리비아, 시리아, 북한, 중앙아프리카공화국, 예멘 및 남수단공화국이 해당되며 이들 국가에 대한 무기류 등에 대한 물품의 수출입, 환적 및 중개에 대해 제한을 두고 있다.

4. 대외무역법의 운용원칙

(1) 자유롭고 공정한 무역 조장

우리나라의 무역은 헌법에 따라 체결·공포된 무역에 관한 조약과 일반적으로 승인된 국제법규에서 정하는 바에 따라 자유롭고 공정한 무역을 조장함을 원칙으로 한다(법 제3조 제1항).

(2) 최소한의 제한

정부는 대외무역법이나 다른 법률 또는 헌법에 따라 체결·공포된 무역에 관한 조약과 일반적으로 승인된 국제법규에 무역을 제한하는 규정이 있는 경우에는 그 제한하는 목적을 달성하기 위하여 필요한 최소한의 범위에서 이를 운영하여야 한다(법 제3조 제2항).

02 용어의 정의

1. 무역

대외무역법상 "무역"이란 다음의 어느 하나에 해당하는 것(이하 "물품 등"이라 한다)의 수출과 수입을 말한다(법 제2조 제1항).
① 물품
② 대통령령으로 정하는 용역
③ 대통령령으로 정하는 전자적 형태의 무체물(無體物)

2. 물품 등

(1) 물품

"물품"이란 다음의 것을 제외한 동산(動産)을 말한다.
① 「외국환거래법」에서 정하는 지급수단
② 「외국환거래법」에서 정하는 증권
③ 「외국환거래법」에서 정하는 채권을 화체(化體)한 서류

(2) 대통령령으로 정하는 용역

"대통령령으로 정하는 용역"이란 다음의 어느 하나에 해당하는 용역을 말한다.
① 「부가가치세법 시행령」 제3조에 따른 용역(출판업과 영상·오디오 기록물 제작 및 배급업을 포함한다)

> **부가가치세법 시행령**
> **제3조(용역의 범위)** ① 법 제2조 제2호에 따른 용역은 재화 외에 재산 가치가 있는 다음 각 호의 사업에 해당하는 모든 역무(役務)와 그 밖의 행위로 한다.
>   1. 건설업
>   2. 숙박 및 음식점업
>   3. 운수 및 창고업
>   4. 정보통신업(출판업과 영상·오디오 기록물 제작 및 배급업은 제외한다)
>   5. 금융 및 보험업
>   6. 부동산업. 다만, 다음 각 목의 사업은 제외한다.
>   가. 전·답·과수원·목장용지·임야 또는 염전 임대업
>   나. 「공익사업을 위한 토지 등의 취득 및 보상에 관한 법률」 제4조에 따른 공익사업과 관련해 지역권·지상권(지하 또는 공중에 설정된 권리를 포함한다)을 설정하거나 대여하는 사업
>   7. 전문, 과학 및 기술 서비스업과 사업시설 관리, 사업 지원 및 임대서비스업
>   8. 공공행정, 국방 및 사회보장 행정
>   9. 교육 서비스업
>   10. 보건업 및 사회복지 서비스업
>   11. 예술, 스포츠 및 여가관련 서비스업
>   12. 협회 및 단체, 수리 및 기타 개인서비스업과 제조업 중 산업용 기계 및 장비 수리업
>   13. 가구 내 고용활동 및 달리 분류되지 않은 자가소비 생산활동
>   14. 국제 및 외국기관의 사업
> ② 제1항 제1호 및 제6호에도 불구하고 건설업과 부동산업 중 기획재정부령으로 정하는 사업은 재화(財貨)를 공급하는 사업으로 본다.

② 지식기반용역 등 수출유망산업으로서 산업통상자원부장관이 정하여 고시하는 업종의 사업을 영위하는 자가 제공하는 용역

> 규정 제3조(용역의 공급) ③ "그 밖에 지식기반용역 등 수출유망산업으로서 산업통상자원부장관이 정하여 고시하는 업종"이란 다음 각 호의 업종을 말한다.
> 1. 전기통신업
> 2. 금융 및 보험업
> 3. 임대업
> 4. 광고업
> 5. 사업시설 유지관리 서비스업
> 6. 교육 서비스업
> 7. 보건업
> 8. 연구개발업
> 9. 번역 및 통역 서비스업

③ 국내의 법령 또는 대한민국이 당사자인 조약에 따라 보호되는 특허권·실용신안권·디자인권·상표권·저작권·저작인접권·프로그램저작권·반도체집적회로의 배치설계권의 양도(讓渡), 전용실시권(專用實施權)의 설정 또는 통상실시권(通常實施權)의 허락

[3] 대통령령으로 정하는 전자적 형태의 무체물[영 제4조]

"대통령령으로 정하는 전자적 형태의 무체물"이란 다음의 어느 하나에 해당하는 것을 말한다.
① 「소프트웨어 진흥법」 제2조 제1호에 따른 소프트웨어
② 부호·문자·음성·음향·이미지·영상 등을 디지털 방식으로 제작하거나 처리한 자료 또는 정보 등으로서 산업통상자원부장관이 정하여 고시하는 것

> 규정 제4조 전자적 형태의 무체물 "부호·문자·음성·음향·이미지·영상 등을 디지털방식으로 제작하거나 처리한 자료 또는 정보 등으로서 산업통상자원부장관이 정하여 고시하는 것"이란 다음 각 호의 자료 또는 정보 등을 말한다.
> 1. 영상물(영화, 게임, 애니메이션, 만화, 캐릭터를 포함한다)
> 2. 음향·음성물
> 3. 전자서적
> 4. 데이터베이스

③ 제1호와 제2호의 집합체와 그 밖에 이와 유사한 전자적 형태의 무체물로서 산업통상자원부장관이 정하여 고시하는 것

3. 수출과 수입

(1) 수출(영 제2조 제3호)

"수출"이란 다음의 어느 하나에 해당하는 것을 말한다.

① 매매, 교환, 임대차[1], 사용대차(使用貸借)[2], 증여[3] 등을 원인으로 국내에서 외국으로 물품이 이동하는 것[우리나라의 선박으로 외국에서 채취한 광물(鑛物) 또는 포획한 수산물을 외국에 매도(賣渡)하는 것을 포함한다]

> **용어 CHECK**
>
> "국내"란 대한민국의 주권(主權)이 미치는 지역을 말하며, "외국"이란 국내 이외의 지역을 말한다[영 제2조 제1호, 제2호].

② 「관세법」 제196조에 따른 보세판매장에서 외국인에게 국내에서 생산(제조·가공·조립·수리·재생 또는 개조하는 것을 말한다. 이하 같다)된 물품을 매도하는 것

③ 유상(有償)으로 외국에서 외국으로 물품을 인도(引渡)하는 것으로서 산업통상자원부장관이 정하여 고시하는 기준에 해당하는 것

> **산업통상자원부장관이 정하여 고시하는 기준에 해당하는 것**
> 중계무역, 외국인도수출, 외국인수수입(수출의 개념이므로 외국인수수입은 제외하고 보는 것이 타당하다)

④ 「외국환거래법」 제3조 제1항 제14호에 따른 거주자(이하 "거주자"라 한다)가 같은 법 제3조 제1항 제15호에 따른 비거주자(이하 "비거주자"라 한다)에게 산업통상자원부장관이 정하여 고시하는 방법으로 제3조에 따른 용역을 제공하는 것

 ㉠ 용역의 국경을 넘은 이동에 의한 제공(서비스 자체의 이동)
 ㉡ 비거주자의 국내에서의 소비에 의한 제공(소비자의 이동)
 ㉢ 거주자의 상업적 해외주재에 의한 제공(자본의 이동)
 ㉣ 거주자의 외국으로의 이동에 의한 제공(노동의 이동)

⑤ 거주자가 비거주자에게 정보통신망을 통한 전송과 그 밖에 산업통상자원부장관이 정하여 고시하는 방법으로 제4조에 따른 전자적 형태의 무체물(無體物)을 인도하는 것

> **규정 제5조** "그 밖에 산업통상자원부장관이 정하여 고시하는 방법"이란 컴퓨터 등 정보처리능력을 가진 장치에 저장한 상태로 반출·반입한 후 인도·인수하는 것을 말한다.

---

[1] 임대차(賃貸借, Renting)는 당사자의 일방(임대인)이 상대방(임차인)에게 목적물을 사용·수익할 수 있게 약정하고, 상대방이 그 대가로서 차임을 지급할 것을 약정함으로써 성립하는 계약이다(대한민국 민법 제618조). 임대차계약은 유상계약, 쌍무계약, 낙성계약, 계속적 계약에 속한다. 산업설비 등을 임대차계약에 의해 국내에서 외국으로 반출하는 것도 수출의 범위에 포함된다.

[2] 사용대차는 당사자 일방이 상대방에게 무상으로 사용·수익하게 하기 위하여 목적물을 인도할 것을 약정하고 상대방은 이를 사용·수익한 후 그 물건을 반환할 것을 약정함으로써 그 효력이 생긴다(민법 제609조).

[3] 증여란, 당사자의 일방(증여자)이 무상으로 재산을 상대방(수증자)에게 수여하는 의사를 표시하고, 상대방이 이를 승낙함으로써 성립하는 민법상 전형계약이다(민법 제554조). 외국의 난민구조를 위하여 무상으로 의약품, 식품류 등을 반출하거나 무상 견본을 제공하는 행위 등을 대표적인 예로 들 수 있다.

(2) 수입(영 제2조 제4호)

"수입"이란 다음의 어느 하나에 해당하는 것을 말한다.
① 매매, 교환, 임대차, 사용대차, 증여 등을 원인으로 외국으로부터 국내로 물품이 이동하는 것
② 유상으로 외국에서 외국으로 물품을 인수하는 것으로서 산업통상자원부장관이 정하여 고시하는 기준에 해당하는 것

> 산업통상자원부장관이 정하여 고시하는 기준에 해당하는 것
> 중계무역, 외국인수수입, 외국인도수출(수입의 개념이므로 외국인도수출은 제외하고 보는 것이 타당하다)

③ 비거주자가 거주자에게 산업통상자원부장관이 정하여 고시하는 방법으로 제3조에 따른 용역을 제공하는 것
　㉠ 용역의 국경을 넘은 이동에 의한 제공
　㉡ 거주자의 외국에서의 소비에 의한 제공
　㉢ 비거주자의 상업적 국내주재에 의한 제공
　㉣ 비거주자의 국내로 이동에 의한 제공
④ 비거주자가 거주자에게 정보통신망을 통한 전송과 그 밖에 산업통상자원부장관이 정하여 고시하는 방법으로 제4조에 따른 전자적 형태의 무체물을 인도하는 것

> 규정 제5조 "그 밖에 산업통상자원부장관이 정하여 고시하는 방법"이란 컴퓨터 등 정보처리능력을 가진 장치에 저장한 상태로 반출·반입한 후 인도·인수하는 것을 말한다.

4. 무역거래자의 정의(법 제2조 제3호)

"무역거래자"란 ① 수출 또는 수입을 하는 자, ② 외국의 수입자 또는 수출자에게서 위임을 받은 자 및 ③ 수출과 수입을 위임하는 자 등 물품 등의 수출행위와 수입행위의 전부 또는 일부를 위임하거나 행하는 자를 말한다.

03 무역의 진흥을 위한 조치

1. 의의

산업통상자원부장관은 무역의 진흥을 위하여 필요하다고 인정되면 대통령령으로 정하는 바에 따라 물품 등의 수출과 수입을 지속적으로 증대하기 위한 조치를 할 수 있다(법 제4조).

2. 무역진흥을 위한 조치(영 제5조 제1항)

산업통상자원부장관은 무역의 진흥을 위한 다음의 조치를 하거나 관계 행정기관의 장에게 필요한 조치를 하여 줄 것을 요청할 수 있다.
(1) 수출산업의 국제경쟁력을 높이기 위한 여건의 조성과 설비 투자의 촉진
(2) 외화획득률(외화획득액에서 외화획득용 원료의 수입금액을 공제한 금액이 차지하는 비율을 말한다)을 높이기 위한 품질 향상과 국내에서 생산되는 외화획득용 원료·기재의 사용 촉진
(3) 통상협력 증진을 위한 수출·수입에 대한 조정

(4) 지역별 무역균형을 달성하기 위한 수출·수입의 연계
(5) 민간의 통상활동 및 산업협력의 지원
(6) 무역 관련 시설에 대한 조세 등의 감면
(7) 과학적인 무역업무 처리기반을 효율적으로 구축·운영하기 위한 여건의 조성
(8) 무역업계 등 유관기관의 과학적인 무역업무 처리기반 이용 촉진
(9) 국내기업의 해외 진출 지원
(10) 해외에 진출한 국내기업의 고충 사항의 조사와 그 해결을 위한 지원
(11) 그 밖에 수출·수입을 지속적으로 증대하기 위하여 필요하다고 인정하는 조치

3. 지원대상(법 제4조 제2항)

산업통상자원부장관은 무역의 진흥을 위하여 필요하다고 인정되면 대통령령으로 정하는 바에 따라 다음의 어느 하나에 해당하는 자에게 필요한 지원을 할 수 있다.

(1) 무역의 진흥을 위한 자문, 지도, 대외 홍보, 전시, 연수, 상담 알선 등을 업(業)으로 하는 자
(2) 무역전시장이나 무역연수원 등의 무역 관련 시설을 설치·운영하는 자
  ① 무역전시장: 실내 전시 연면적이 2천 제곱미터 이상인 무역견본품을 전시할 수 있는 시설과 50명 이상을 수용할 수 있는 회의실을 갖출 것
  ② 무역연수원: 무역전문인력을 양성할 수 있는 시설로서 연면적이 2천 제곱미터 이상이고 최대수용 인원이 500명 이상일 것
  ③ 컨벤션센터: 회의용 시설로서 연면적이 4천 제곱미터 이상이고 최대 수용 인원이 2천 명 이상일 것

(3) 과학적인 무역업무 처리기반을 구축·운영하는 자
  "과학적인 무역업무 처리기반을 구축·운영하는 자"란 「전자무역 촉진에 관한 법률」 제6조 제1항에 따른 전자무역기반사업자 중에서 과학적인 무역업무 처리기반을 구축·운영하고 있는 사업자를 말한다.

04 무역에 관한 제한 등 특별조치

1. 제한 등 특별조치의 대상

산업통상자원부장관은 다음의 어느 하나에 해당하는 경우에는 물품 등의 수출과 수입을 제한하거나 금지할 수 있다. 다만, (4)에 해당하는 경우에는 대통령령으로 정하는 바에 따라 물품 등의 수출, 수입, 경유, 환적(換積) 또는 중개를 제한하거나 금지할 수 있다(법 제5조).

(1) 우리나라 또는 우리나라의 무역 상대국(이하 "교역상대국"이라 한다)에 전쟁·사변 또는 천재지변이 있을 경우
(2) 교역상대국이 조약과 일반적으로 승인된 국제법규에서 정한 우리나라의 권익을 인정하지 아니할 경우
(3) 교역상대국이 우리나라의 무역에 대하여 부당하거나 차별적인 부담 또는 제한을 가할 경우
(4) 헌법에 따라 체결·공포된 무역에 관한 조약과 일반적으로 승인된 국제법규에서 정한 국제평화와 안전유지 등의 의무를 이행하기 위하여 필요할 경우
(5) 국제평화와 안전유지를 위한 국제공조에 따른 교역여건의 급변으로 교역상대국과의 무역에 관한 중대한 차질이 생기거나 생길 우려가 있는 경우

(6) 인간의 생명·건강 및 안전, 동물과 식물의 생명 및 건강, 환경보전 또는 국내 자원보호를 위하여 필요할 경우

2. 특별조치를 위한 조사 및 협의 절차

(1) 조사대상(영 제6조 제1항)

산업통상자원부장관은 다음의 사유로 교역상대국에 대하여 물품 등의 수출·수입의 제한 또는 금지에 관한 조치("특별조치")를 하려면 미리 그 사실에 관하여 조사를 하여야 한다.

① 교역상대국이 조약과 일반적으로 승인된 국제법규에서 정한 우리나라의 권익을 인정하지 아니할 경우
② 교역상대국이 우리나라의 무역에 대하여 부당하거나 차별적인 부담 또는 제한을 가할 경우
③ 국제평화와 안전유지를 위한 국제공조에 따른 교역여건의 급변으로 교역상대국과의 무역에 관한 중대한 차질이 생기거나 생길 우려가 있는 경우
④ 인간의 생명·건강 및 안전, 동물과 식물의 생명 및 건강, 환경보전 또는 국내 자원보호를 위하여 필요할 경우

(2) 조사 및 협의절차

① 조치 신청(영 제6조 제2항)
조사대상에 해당하는 사실에 대해 이해관계가 있는 자는 산업통상자원부장관에게 특별조치를 하여 줄 것을 신청할 수 있다.

② 조사여부 결정(영 제6조 제3항)
산업통상자원부장관은 조치 신청이 있으면 신청일부터 30일 이내에 그 사실관계에 대한 조사 여부를 결정하고 그 내용을 신청인에게 알려야 한다.

③ 교역상대국과의 협의(영 제6조 제4항)
산업통상자원부장관은 조사를 할 때에 필요하다고 인정하면 미리 해당 교역상대국과 협의를 하여야 한다.

④ 조사사실 공고 및 종료(영 제6조 제5항)
산업통상자원부장관은 조사를 시작하면 지체 없이 그 사실을 공고하고, 조사를 시작한 날부터 1년 이내에 끝내야 한다.

(3) 특별조치 협의 및 공고(영 제6조 제6항)

① 관계중앙행정기관의 장과 협의
산업통상자원부장관은 특별조치를 하려는 경우에는 미리 관계 중앙행정기관의 장과 협의하여야 한다.

② 특별조치 내용공고(영 제6조 제7항)
산업통상자원부장관은 특별조치를 하려는 경우에는 그 특별조치의 내용을 공고하고 그 특별조치가 신청에 따른 것일 때에는 해당 신청인에게 그 사실을 알려야 한다. 그 특별조치를 해제할 경우에도 또한 같다.

제2장 통상의 진흥

01 통상진흥시책의 수립

1. 통상진흥시책의 수립 및 협조

산업통상자원부장관은 무역과 통상을 진흥하기 위하여 매년 다음 연도의 통상진흥시책을 세워야 한다(법 제7조 제1항). 산업통상자원부장관은 통상진흥시책을 세우려면 다음의 기관이나 단체에 협조를 요청할 수 있다(영 제7조).
(1) 관계 행정기관
(2) 지방자치단체
(3) 「대한무역투자진흥공사법」에 따른 대한무역투자진흥공사
(4) 「민법」 제32조에 따라 산업통상자원부장관의 허가를 받아 설립된 한국무역협회
(5) 그 밖에 무역·통상과 관련되는 기관 또는 단체

2. 통상진흥시책의 내용(법 제7조 제2항)

산업통상자원부장관의 통상진흥시책에는 다음의 사항이 포함되어야 한다.
(1) 통상진흥시책의 기본 방향
(2) 국제통상 여건의 분석과 전망
(3) 무역·통상 협상 추진 방안과 기업의 해외 진출 지원 방안
(4) 통상진흥을 위한 자문, 지도, 대외 홍보, 전시, 상담 알선, 전문인력 양성 등 해외시장 개척 지원 방안
(5) 통상 관련 정보수집·분석 및 활용 방안
(6) 원자재의 원활한 수급을 위한 국내외 협력 추진 방안
(7) 그 밖에 대통령령으로 정하는 사항
   ① 주요 지역별, 경제권별 또는 업종별 통상진흥 시책
   ② 무역·통상의 진흥과 관련되는 기관 또는 단체의 통상활동 계획
   ③ 그 밖에 산업통상자원부장관이 무역·통상의 진흥과 관련하여 필요하다고 인정하는 통상진흥시책

3. 자료수집

(1) 고충사항의 조사

산업통상자원부장관은 통상진흥시책의 수립을 위한 기초 자료를 수집하기 위하여 교역상대국의 통상 관련 제도·관행 등과 기업이 해외에서 겪는 고충 사항을 조사할 수 있다(법 제7조 제3항). 산업통상자원부장관은 법 제7조 제3항에 따라 통상진흥시책을 수립하기 위하여 필요한 경우에는 관계 행정기관, 대한무역투자진흥공사, 한국무역협회 및 그 밖에 무역·통상과 관련되는 기관 또는 단체(지방자치단체는 제외됨)에 해당 분야나 특정 사안에 대한 조사 또는 사실 확인을 요청할 수 있다(영 제9조).

(2) 해외진출 기업에 대한 자료요청 및 지원(법 제7조 제4항)

산업통상자원부장관은 해외에 진출한 기업에 통상진흥시책의 수립에 필요한 자료를 요청하고, 필요한 경우 지원할 수 있다.

4. 지방자치단체와 협조 등

(1) 의견청취 및 통지 등(법 제7조 제5항)

산업통상자원부장관은 통상진흥시책을 세우는 경우에는 미리 특별시장, 광역시장, 특별자치시장, 도지사 또는 특별자치도지사)의 의견을 들어야 하고, 통상진흥시책을 수립한 때에는 이를 시·도지사에게 알려야 한다. 이를 변경한 경우에도 또한 같다.

(2) 지역별 통상진흥시책의 수립 및 시행

통상진흥시책을 통보받은 시·도지사는 그 관할 구역의 실정에 맞는 지역별 통상진흥시책을 수립·시행하여야 한다(법 제7조 제6항). 시·도지사는 지역별 통상진흥시책을 수립한 때에는 이를 산업통상자원부장관에게 알려야 한다. 이를 변경한 때에도 또한 같다(법 제7조 제7항).

(3) 협의기구의 설치 및 운영(영 제10조)

산업통상자원부장관은 지역별 통상진흥시책이 효과적으로 추진될 수 있도록 특별시·광역시·특별자치시·도 또는 특별자치도 및 무역·통상 관련기관 또는 단체 등이 포함되는 협의기구를 설치·운영할 수 있다. 협의기구의 구성 및 운영에 관한 사항은 산업통상자원부장관이 정한다.

02 민간 협력 활동의 지원

1. 민간 협력 활동의 지원

(1) 개요(법 제8조 제1항)

산업통상자원부장관은 무역·통상 관련 기관 또는 단체가 교역상대국의 정부, 지방정부, 기관 또는 단체와 통상, 산업, 기술, 에너지 등에서 협력활동을 추진하는 경우 대통령령으로 정하는 바에 따라 필요한 지원을 할 수 있다.

(2) 지원 신청(영 제11조 제1항)

지원을 받으려는 무역·통상 관련기관 또는 단체는 신청서에 사업 내용과 사업 성과 등이 포함된 사업계획서를 첨부하여 산업통상자원부장관에게 제출하여야 한다.

(3) 자금 등 지원(영 제11조 제2항)

산업통상자원부장관은 제출받은 사업계획서를 검토하여 통상, 산업, 기술, 에너지 등에서 협력 활동을 효율적으로 추진하기 위하여 필요하다고 인정되면 자금, 인력 및 정보 등을 지원할 수 있다.

(4) 협조요청(영 제11조 제4항)

산업통상자원부장관은 지원과 관련하여 필요한 경우에는 관계 행정기관의 장에게 협조를 요청할 수 있다.

(5) 사업결과보고서의 제출(영 제11조 제5항)

지원을 받은 관련 단체는 해당 지원 사업이 끝난 후 3개월 이내에 산업통상자원부장관에게 사업결과보고서를 제출하여야 한다.

2. 기업의 해외진출 지원

(1) 개요(법 제8조 제2항)

산업통상자원부장관은 기업의 해외 진출을 지원하기 위하여 무역·통상 관련 기관 또는 단체로부터 정보를 체계적으로 수집하고 분석하여 지방자치단체와 기업에 필요한 정보를 제공할 수 있다.

(2) 자료요청(법 제8조 제3항)

산업통상자원부장관은 정보의 수집·분석 및 제공을 위하여 필요한 경우 관계 중앙행정기관의 장, 시·도지사, 무역·통상 및 기업의 해외 진출과 관련한 기관 또는 단체에 자료 및 통계의 제출을 요청할 수 있다.

3. 해외진출지원센터

(1) 개요(법 제8조 제4항)

산업통상자원부장관은 기업의 해외 진출과 관련된 상담·안내·홍보·조사와 그 밖에 기업의 해외 진출에 대한 지원 업무를 종합적으로 수행하기 위하여 「대한무역투자진흥공사법」에 따른 대한무역투자진흥공사에 해외진출지원센터를 둔다.

(2) 구성(영 제12조 제1항)

해외진출지원센터는 대한무역투자진흥공사 소속 임직원과 파견자로 구성한다.

(3) 파견요청(영 제12조 제2항)

대한무역투자진흥공사의 장은 기업의 해외진출 지원업무를 수행하기 위하여 필요한 경우에는 관계 행정기관의 장 및 해외진출과 관련된 기관 또는 단체(이하 "해외진출 유관기관"이라 한다)의 장에게 소속 공무원 또는 그 임직원의 파견을 요청할 수 있다.

(4) 파견(영 제12조 제3항)

공무원 또는 임직원의 파견을 요청받은 관계 행정기관의 장 및 해외진출 유관기관의 장은 업무수행에 적합한 자를 선발하여 해외진출지원센터에 파견하여야 하며, 파견기간 중 파견근무를 해제하려는 경우에는 대한무역투자진흥공사의 장과 미리 협의하여야 한다.

(5) 복무지휘 및 감독(영 제12조 제4항)

해외진출지원센터에 파견된 공무원 또는 임직원의 복무에 관해서는 대한무역투자진흥공사의 장의 지휘·감독을 받는다.

(6) 파견공무원 평정(영 제12조 제5항)

대한무역투자진흥공사의 장은 파견된 공무원에게는 「공무원 성과평가 등에 관한 규정」 제17조 제3항 또는 「지방공무원 임용령」 제31조의 3 제3항에 따라 근무성적평정에 관한 의견서를 작성하여 그 공무원을 파견한 관계 행정기관의 장에게 이를 송부하여야 하며, 그 의견서를 송부 받은 관계 행정기관의 장은 근무성적을 평정할 때 이를 참작하여야 한다.

(7) 결과보고(영 제12조 제6항)

대한무역투자진흥공사의 장은 매년 1월 31일까지 전년도의 해외진출 지원업무 추진실적 및 해당 연도의 해외진출지원 업무추진계획을 작성하여 산업통상자원부장관에게 보고하고, 매 분기 종료 후 1개월 이내에 분기별 업무추진실적을 산업통상자원부장관에게 보고하여야 한다. 이 경우 산업통상자원부장관은 보고받은 사항 중 관계 행정기관의 협조가 필요한 사항에 대하여는 해당 행정기관의 장에게 통보하여야 한다.

(8) 경비 지원(영 제12조 제7항)

산업통상자원부장관은 해외진출지원센터의 운영에 필요한 경비를 지원할 수 있다.

03 전문무역상사의 지정 및 지원

1. 개요(법 제8조의 2)

산업통상자원부장관은 신시장 개척, 신제품 발굴 및 중소기업·중견기업의 수출확대를 위하여 수출실적 및 중소기업 제품 수출비중 등을 고려하여 무역거래자 중에서 전문무역상사를 지정하고 지원할 수 있다.

2. 지정기준(영 제12조의 2 제1항)

전문무역상사로 지정받을 수 있는 자는 다음의 어느 하나에 해당하는 자로서 신용등급이 산업통상자원부장관이 정하여 고시하는 기준을 충족하는 자로 한다.

(1) 다음의 요건을 모두 갖춘 무역거래자(영 제12조의 2 제1항 제1호)
① 전년도 수출실적 또는 직전 3개 연도의 연평균 수출실적이 미화 100만 달러 이상의 범위에서 산업통상자원부장관이 정하여 고시하는 금액 이상일 것
② 수출실적 중 다른 중소기업이나 중견기업이 생산한 물품 등의 수출실적 비율이 100분의 20 이상의 범위에서 산업통상자원부장관이 정하여 고시하는 비율 이상일 것

(2) 신시장의 개척, 신제품의 발굴 및 중소기업 또는 중견기업에 대한 효과적인 수출 지원 등을 위하여 산업통상자원부장관이 농업·어업·수산업 등 업종별 특성과 조합 등 법인의 조직 형태별 수출 특성을 고려하여 고시하는 기준을 갖춘 무역거래자(영 제12조의 2 제1항 제2호)

> 규정 제7조 전문무역상사의 지정요건 ① 영 제12조의 2 제1항 제1호에 따라 전문무역상사로 지정받을 수 있는 자는 다음 각 호의 기준을 충족하는 자로 한다.
> 1. 전년도의 수출실적 또는 최근 3년간의 평균 수출실적이 미화 100만 불 이상인 자
> 2. 전체 수출실적 대비 타 중소·중견기업 생산 제품의 전년도 수출 비중 또는 최근 3년간 평균 수출 비중이 100분의 20 이상인 자
> ② 영 제12조의 2 제1항 제2호에 따라 전문무역상사로 지정받을 수 있는 자는 농업·어업·수산업, 서비스업 등 수출시장 다변화를 위해 전략적 수출확대 지원이 필요한 분야에서, 다음 각 호의 어느 하나에 해당하여 주무 부처 장관의 추천을 받은 자 중 산업통상자원부 장관이 그 능력이 있다고 인정하는 자로 한다.
> 1. 협동조합기본법에 의한 협동조합
> 2. 농어업경영체 육성 및 지원에 관한 법률에 따른 영농조합법인 또는 영어조합법인
> 3. 농업협동조합법에 따라 설립된 조합 및 조합공동사업법인

4. 수산업협동조합법에 따라 설립된 조합
5. 중소기업협동조합법에 따라 설립된 협동조합, 사업협동조합 또는 협동조합연합회
6. 대중소기업 공동출자형 수출전문기업
7. 업종별 협회·단체의 무역자회사
8. 공공기관(「공공기관의 운영에 관한 법률」 제4조에 따른 공공기관을 말한다)이 출자하여 설립한 무역상사
9. 기타 전문무역상사의 취지에 적합하다고 주무 부처 장관의 추천을 받아 신청한 수출조직

③ 영 제12조의 2 제1항 제2호에 따라 중소·중견 기업에 대한 효과적인 수출 지원을 위하여 다음 각 호의 어느 하나에 해당하여 산업통상자원부 장관이 그 능력이 있다고 인정하는 자로 한다.
1. 전년도 또는 최근 3년간 평균 수출 실적이 미화 1억 불 이상인자로서 무역거래를 주로 영위하는 자
2. 유통산업발전법 제2조 3호에 따른 대규모 점포를 국외에서 운영하면서 직전년도 매출액이 500억 원 이상인자
3. 국내·외에서 방송채널 및 사이버몰 등 전자상거래 수단을 1개 이상 직접 운영하면서 직전 년도 국외 매출액 또는 거래액이 미화 100만 불 이상인 자
4. 최근 2년 내 해외정부 또는 국제기구에 대하여 직접 조달 납품한 실적이 미화 100만 불 이상인 자
5. 재외동포의출입국과법적지위에관한법률 제2조에 따른 재외동포로서 직전 년도 한국제품 교역실적이 미화 100만 불 이상이면서 한국제품 구매실적이 미화 50만 불 이상인 자

④ 제1항 내지 제3항에도 불구하고 한국무역보험공사 신용조사 보고서상 신용등급 중 최하위 2개 등급인 경우에는 전문무역상사의 지정을 거부 또는 취소한다.

3. 지정신청 및 지정

(1) 지정신청(영 제12조의 2 제2항)

전문무역상사로 지정을 받으려는 자는 지정신청서에 산업통상자원부장관이 정하여 고시하는 서류를 갖추어 산업통상자원부장관에게 제출하여야 한다.

제출 서류(규정 제7조의 2 제1항)
1. 전문무역상사 지정신청서
2. 사업자등록증
3. 중소기업 수출지원 기여에 관한 사업계획서
4. 기타 실적증명 및 활동계획서 등 전문무역상사 지정요건에 부합함을 증명하는 서류 등

---

(2) 지정 및 통보(영 제12조의 2 제3항)

산업통상자원부장관은 전문무역상사의 지정을 신청한 자가 지정 요건을 갖추었을 때에는 전문무역상사로 지정하고, 그 결과를 신청인에게 통보하여야 한다.

4. 전문무역상사에 대한 지원(영 제12조의 3 제1항)

(1) 지원

산업통상자원부장관은 전문무역상사를 통한 신시장의 개척, 신제품의 발굴 및 중소기업 또는 중견기업의 수출 확대 등을 위하여 필요하다고 인정되는 경우에는 전문무역상사의 국내외 홍보, 우수제품의 발굴, 해외 판로개척 등에 필요한 사항을 지원할 수 있다.

(2) 협조요청(영 제12조의 3 제2항)

산업통상자원부장관은 지원과 관련하여 필요하다고 인정되는 경우에는 관계 중앙행정기관 및 지방자치단체, 무역 또는 통상 업무를 수행하는 기관이나 단체에 협조를 요청할 수 있다.

5. 지정취소(법 제8조의 2 제3항)

산업통상자원부장관은 제1항에 따라 지정을 받은 전문무역상사가 지정기준에 적합하지 아니하게 된 때에는 그 지정을 취소할 수 있다. 다만, 거짓이나 그 밖에 부정한 방법으로 지정을 받은 경우에는 그 지정을 취소하여야 한다.

04 무역에 관한 조약의 이행을 위한 자료제출

1. 자료제출 요구(법 제9조 제1항)

산업통상자원부장관은 우리나라가 체결한 무역에 관한 조약의 이행을 위하여 필요한 때에는 대통령령으로 정하는 바에 따라 관련 공공기관, 기업 및 단체 등으로부터 필요한 자료의 제출을 요구할 수 있다.

2. 자료제출 요구의 형태(영 제13조)

산업통상자원부장관은 자료제출을 요구하려면 제출대상 자료 및 제출기한 등을 적은 문서(전자문서를 포함)로 하여야 한다.

3. 비밀 유지의무(법 제9조 제2항)

무역에 관한 조약의 이행을 위하여 필요한 자료를 직무상 습득한 자는 자료 제공자의 동의 없이 그 습득한 자료 중 기업의 영업비밀 등 비밀유지가 필요하다고 인정되는 기업정보를 타인에게 제공 또는 누설(漏泄)하거나 사용 목적 외의 용도로 사용하여서는 아니 된다.

4. 벌칙

(1) 3년 이하의 징역 또는 3천만 원 이하의 벌금(법 제54조 제1호)

직무상 습득한 기업정보를 타인에게 제공 또는 누설하거나 사용 목적 외의 용도로 사용한 자는 3년 이하의 징역 또는 3천만 원 이하의 벌금에 처한다.

(2) 양벌규정

법인의 대표자나 법인 또는 개인의 대리인, 사용인, 그 밖의 종업원이 그 법인 또는 개인의 업무에 관하여 벌칙 규정의 어느 하나에 해당하는 위반행위를 하면 그 행위자를 벌하는 외에 그 법인 또는 개인에게도 해당 조문의 벌금형을 과(科)한다. 다만, 법인 또는 개인이 그 위반행위를 방지하기 위하여 해당 업무에 관하여 상당한 주의와 감독을 게을리하지 아니한 경우에는 그러하지 아니하다.

제3장 수출입 거래(1) – 수출입 거래 총칙

I 수출입 승인제도

01 수출입의 원칙 및 제한

1. 수출입의 원칙
(1) 물품 등의 수출입과 이에 따른 대금을 받거나 지급하는 것은 이 법의 목적의 범위에서 자유롭게 이루어져야 한다(법 제10조 제1항).
(2) 무역거래자는 대외신용도 확보 등 자유무역질서를 유지하기 위하여 자기 책임으로 그 거래를 성실히 이행하여야 한다(법 제10조 제2항).

2. 수출입의 제한(법 제11조 제1항)
산업통상자원부장관은 다음의 어느 하나에 해당하는 이행 등을 위하여 필요하다고 인정하여 지정·고시하는 물품 등의 수출 또는 수입을 제한하거나 금지할 수 있다.
① 헌법에 따라 체결·공포된 조약과 일반적으로 승인된 국제법규에 따른 의무의 이행
② 생물자원의 보호
③ 교역상대국과의 경제협력 증진
④ 국방상 원활한 물자 수급
⑤ 과학기술의 발전
⑥ 그 밖에 통상·산업정책에 필요한 사항으로서 대통령령으로 정하는 사항(항공 관련 품목의 안전관리에 관한 사항)

02 수출입 승인 및 절차

1. 수출입 승인대상 물품 등(법 제11조 제2항)
수출 또는 수입이 제한되는 물품(상기 법 제11조 제1항 해당품목) 등을 수출하거나 수입하려는 자는 대통령령으로 정하는 바에 따라 산업통상자원부장관의 승인을 받아야 한다.

"산업통상자원부장관이 수출 또는 수입 승인 대상물품등으로 지정·고시한 물품 등"이란 수출입공고에서 정한 물품 등(다만, 중계무역 물품, 외국인수 수입물품, 외국인도 수출물품, 선용품은 제외한다)을 말한다(규정 제9조).

수출입승인대상 물품

구분	적용품목	수출입요령	고시
수출금지품목	고래고기, 자연석, 개의 생모피, 개의 모피, 개의 모피제품	수출금지	수출입공고 별표1
수출제한품목	규산, 자갈 등	한국골재회 승인 후 수출가능	수출입공고 별표2
	철강제품류	미국 또는 유럽연합으로 수출하는 철강제품의 경우 한국철강협회장 승인 후 수출 가능	
수입제한품목	항공기용 타이어, 강화유리, 엔진등 부분품	한국항공우주산업진흥협회의 승인을 받아 수입 가능	수출입공고 별표3

수출입 공고[산업통상자원부고시 제2022-153호, 2022. 9. 7.]

제1조(목적) 이 고시는 대외무역법 제11조 제1항 내지 제5항의 규정에 의하여 물품 등의 수출 또는 수입의 제한·금지, 승인, 신고, 한정 및 그 절차 등에 관한 사항을 규정함을 목적으로 한다.

제2조(통합공고와의 관계) 이 고시에 따른 수출 또는 수입승인에도 불구하고 대외무역법 제12조의 규정에 의한 통합공고 상에 수출 및 수입하고자 하는 물품의 수출·수입요령을 정한 것이 있는 경우에는 동 요령의 요건을 충족하여야 한다.

제3조(품목분류) 이 고시의 품목분류는 HS(Harmonized Commodity Description and Coding System) 상 품분류에 의하며, 동 분류된 품목의 세분류는 관세·통계통합품목분류표(HSK)에 의한다.

제4조(수출금지품목) 별표1에 게기한 품목은 수출이 금지된다.

제5조(수출제한품목) 별표2에 게기한 품목은 수출이 제한되며, 각 품목별 수출요령에 따라 승인을 받은 경우 수출할 수 있다.

제6조(수입제한품목)
  ① 별표3에 게기한 품목은 각 품목별 수입요령에 따라 수입을 승인하여야 한다.
  ② 대외무역법 제16조의 규정에 의한 외화획득용 원료·기재를 수입하는 경우에는 수입제한품목이라 할지라도 별도의 제한 없이 수입을 승인할 수 있다.

제7조(수출절차의 간소화) 산업통상자원부장관은 수출절차의 간소화를 위하여 특히 필요한 경우 별표2의 수출요령에도 불구하고 수출승인기관을 따로 정하여 승인하게 할 수 있다.

제8조(세부승인요령의 공고 등) 제5조의 규정에 의한 수출제한품목의 수출요령, 제6조의 규정에 의한 수입제한품목의 수입요령 및 제7조의 규정에 의한 수출절차 간소화를 위한 수출요령에서 정하는 승인기관의 장은 산업통상자원부장관의 합의(승인)를 얻어 동 세부승인요령을 공고하여야 한다. 다만, 단체의 경우에는 관계 행정기관의 장을 경유하여야 한다.

제9조(수출입승인실적 등의 보고) 수출입승인기관의 장은 연간 수출입승인실적을 별지서식에 의거하여 당해 연도 경과 후 15일 이내에 산업통상자원부장관에게 보고하여야 한다.

제10조(재검토기한) 「훈령·예규 등의 발령 및 관리에 관한 규정」에 따라 이 고시에 대하여 2017년 1월 1일 기준으로 매 3년이 되는 시점(매 3년째의 12월 31일까지를 말한다)마다 그 타당성을 검토하여 개선 등의 조치를 하여야 한다.

부칙 <산업통상자원부고시 제2022-153호, 2022. 9. 7.>
  이 고시는 2022년 9월 7일부터 시행한다.

2. 수출입 승인기관

수출입의 승인 대상품목 등에 대한 승인기관은 원칙적으로 산업통상자원부장관이다(법 제11조 제2항). 그러나 산업통상자원부장관은 무역관리의 효율성을 도모하기 위하여 수출입 승인에 관한 권한을 수출입공고에서 산업통상자원부장관이 지정·고시한 기관·단체의 장에게 위탁하고 있다(규정 제8조).

3. 수출입승인의 절차

(1) 승인신청(영 제18조 제1항)

물품 등의 수출 또는 수입의 승인을 신청하려는 자 및 수출 또는 수입 승인의 유효기간 연장을 신청하려는 자는 신청서에 산업통상자원부장관이 정하는 서류를 첨부하여 산업통상자원부장관에게 제출하여야 한다. 변경승인을 받으려는 경우에도 같다.

(2) 신청서류(규정 제10조 제1항)

수출·수입의 승인을 받으려는 자는 수출입승인 신청서(업체용, 세관용, 승인기관용(산업통상자원부용) 및 사본(신청자가 신청한 경우만 해당한다)에 다음의 서류를 첨부하여 수출입 승인기관의 장에게 신청하여야 한다.

① 수출신용장, 수출계약서 또는 주문서(수출의 경우만 해당한다)
② 수입계약서 또는 물품 등 매도확약서(수입의 경우만 해당한다)
③ 수출 또는 수입대행계약서(공급자와 수출자가 다른 경우 및 실수요자와 수입자가 다른 경우만 해당한다)
④ 수출입공고에서 규정한 요건을 충족하는 서류(다만, 해당 승인기관에서 승인 요건의 충족 여부를 확인할 수 있는 경우를 제외한다)

(3) 수출입승인의 요건(규정 제11조)

수출입 승인기관의 장은 수출·수입의 승인을 하려는 경우에는 다음의 요건에 합당한지를 확인하여야 한다.

① 수출·수입하려는 자가 승인을 받을 수 있는 자격이 있는 자일 것
② 수출·수입하려는 물품 등이 수출입공고 및 이 규정에 따른 승인 요건을 충족한 물품 등일 것
③ 수출·수입하려는 물품 등의 품목분류번호(HS)의 적용이 적정할 것

(4) 승인서의 발급(규정 제10조 제2항)

수출입의 승인 신청이 수출입승인의 요건에 합당한 경우 수출입 승인기관의 장은 수출입승인서[업체용, 세관용, 승인기관용(산업통상자원부용) 및 사본(신청자가 요청한 경우만 해당한다)]를 발급하여야 한다. 다만, 수출입 물품 등을 분할하여 발급할 수 있다.

(5) 둘 이상의 승인(규정 제13조)

하나의 수출 또는 수입에 대하여 둘 이상의 승인을 받아야 하는 경우 각각의 승인은 상호 독립적으로 받아야 한다. 이 경우 두 번째 이후의 승인기관의 장은 수출입승인서상의 여백에 승인 사항을 표시한다.

(6) 기타 수출승인(법 제11조 제8항)

전략물자 수출승인 또는 플랜트수출의 승인에 따라 수출허가를 받거나 수출승인을 받은 자는 수출승인을 받은 것으로 본다.

03 수출입승인의 면제

대외무역법 제10조에서는 자유로운 수출입을 표명하고 있으나 법 제11조에서 헌법에 따라 체결·공포된 조약과 일반적으로 승인된 국제법규에 따른 의무의 이행, 생물자원의 보호, 교역상대국과의 경제협력 증진 등의 사유를 위하여 필요한 경우에는 물품의 수출 또는 수입을 제한하거나 금지할 수 있으며 이러한 물품에 해당하는 경우 수출 또는 수입승인을 받아야 한다. 그러나 긴급히 처리하여야 하는 물품 등과 그 밖에 수출 또는 수입 절차를 간소화하기 위한 물품 등으로서 대통령령으로 정하는 기준에 해당하는 물품 등의 수출 또는 수입에 대해서는 수출입 승인이 면제되고 있다(법 제11조 제2항 단서).

1. 의의(법 제11조 제2항)

수출 또는 수입이 제한되는 물품 등을 수출하거나 수입하려는 자는 대통령령으로 정하는 바에 따라 산업통상자원부장관의 승인을 받아야 한다. 다만, 긴급히 처리하여야 하는 물품 등과 그 밖에 수출 또는 수입 절차를 간소화하기 위한 물품 등으로서 대통령령으로 정하는 기준에 해당하는 물품 등의 수출 또는 수입은 그러하지 아니하다.

2. 승인 면제 물품(영 제19조)

"대통령령으로 정하는 기준에 해당하는 물품 등"이란 다음의 물품 등을 말한다.

(1) 산업통상자원부장관이 정하여 고시하는 물품 등으로서 외교관이나 그 밖에 산업통상자원부장관이 정하는 자가 출국하거나 입국하는 경우에 휴대하거나 세관에 신고하고 송부하는 물품 등

> 규정 제19조에 따른 별표 3 수출승인의 면제
> 가. 일시적으로 출국하는 자 또는 일시적으로 입국하여 다시 출국하는 자(선박 또는 항공기에 승무하여 출국하는 승무원을 제외한다)가 출국할 때에 휴대하여 반출하는 물품 또는 별송으로 반출하는 물품으로서 출국의 목적, 여행의 기간, 출국자의 직업 그 밖의 사유에 의하여 세관장이 타당하다고 인정하는 물품
> 나. 외국에 주거를 이주할 목적으로 출국하는 자(외국에서 2년 이상 체류할 예정으로 출국하는 자와 1년 이상 체류할 예정으로 출국하는 자 중 가족을 동반한 자를 말하며 일시적으로 입국하여 출국하는 자는 제외한다)가 출국할 때에 휴대하여 반출하는 이사물품이나 별송으로 반출하는 이사물품으로서 그 출국의 사유 등에 의하여 세관장이 타당하다고 인정하는 물품
> 다. 우리나라와 외국 간을 왕래하는 선박 또는 항공기의 승무원이 해당 선박 또는 항공기에 승무하여 출국할 때에 휴대하여 반출하는 개인용품으로서 세관장이 타당하다고 인정하는 물품
> 라. 우리나라에 온 외국의 원수와 그 가족 및 수행원에 속하는 물품으로서 출국 시에 반출하는 물품
> 마. 외국정부의 초청으로 파견된 고문관·기술단원 그 밖에 이에 준하는 자에게 속하는 물품으로서 주무부장관이 확인한 물품
> 바. 「해외이주법」에 의한 해외이주자가 해외이주를 위하여 반출하는 시설기재 및 원료 등의 물품으로서 외교통상부장관 또는 외교통상부장관이 지정하는 기관의 장이 타당하다고 인정하는 물품

> 규정 제19조에 따른 별표 4 수입승인의 면제
> 가. 일시적으로 입국하는 자 또는 일시적으로 출국하여 다시 입국하는 자(선박 또는 항공기에 승무하여 입국하는 승무원을 제외한다)가 입국할 때에 휴대하여 반입하는 물품이나 별송으로 반입하는 물품으로서 그 입국의 목적, 체류의 기간, 입국자의 직업 등의 사유에 의하여 세관장이 타당하다고 인정하는 물품

나. 우리나라로 주거를 이전할 목적으로 입국하는 자(우리나라에서 1년 이상 체류할 예정으로 입국하는 자를 말하며 일시적으로 출국하여 다시 입국하는 자를 제외한다)가 입국할 때에 휴대하여 반입하거나 별송으로 반입하는 이사물품으로서 그 입국의 사유 등에 의하여 세관장이 타당하다고 인정하는 물품

다. 우리나라와 외국 간을 왕래하는 선박 또는 항공기의 승무원이 해당 선박 또는 항공기에 승무하여 입국할 때에 반입하는 개인용품으로서 세관장이 타당하다고 인정하는 물품

라. 우리나라에 온 외국의 원수와 그 가족 및 수행원에 속하는 물품으로서 입국 시에 반입하는 물품

마. 정부와의 사업계약을 수행하기 위하여 외국의 계약자가 계약조건에 의하여 반입하는 업무용품으로서 주무부장관이 확인을 받아 반입하는 물품

바. 정부의 초빙이나 국제연합 또는 외국의 정부로부터 우리나라에 파견된 고문관, 사절단원의 업무용 물품

2. 영 제19조 제2호 가목에 따른 수입승인면제

가. 조난선박의 수리 또는 구호에 필요한 비용과 해당 선박이 항해를 계속하는 데에 필요한 비용을 조달하기 위하여 매각하는 그 선박의 적재물품으로서 세관장이 부득이하다고 인정하여 반입하는 물품

나. 긴급을 요하는 항공기의 부분품(항공용 유류 및 비상구급용품을 포함한다), 공항 내에서 항공기에 전용되는 지원장비의 부분품, 수리용품 및 수리용 원료를 구매 또는 임차함에 있어서 그 구매절차에 의하여는 적기에 공급이 불가능하다고 국토해양부장관 또는 국토해양부장관이 지정한 항공관계 전문기관의 장이 인정하여 반입하는 물품. 다만, 「항공법」 제112조에 따라 면허를 받아 정기항공운송사업을 영위하는 자가 구매 또는 임차하는 경우에는 세관장이 인정하여 반입하는 물품

다. 긴급을 요하는 국제통신시설의 수리용 부품과 기기를 구매 또는 임차함에 있어서 일반적인 절차에 의하여서는 적기에 공급이 불가능하다고 방송통신위원회위원장이 인정하여 반입하는 물품

라. 긴급을 요하는 해난구조용품으로서 일반적인 절차에 의하여는 적기 공급이 불가능하다고 국토해양부장관 또는 국토해양부장관이 지정한 해난관계 전문기관의 장이 인정하여 반입하는 물품

마. 긴급을 요하는 견품으로서 일반적인 절차에 의하여는 적기 공급이 불가능하다고 세관장이 인정하는 물품

(2) 다음의 어느 하나에 해당하는 물품 등 중 산업통상자원부장관이 관계 행정기관의 장과의 협의를 거쳐 고시하는 물품 등

① 긴급히 처리하여야 하는 물품 등으로서 정상적인 수출·수입 절차를 밟아 수출·수입하기에 적합하지 아니한 물품 등

② 무역거래를 원활하게 하기 위하여 주된 수출 또는 수입에 부수된 거래로서 수출·수입하는 물품 등

규정 제19조에 따른 별표 3 수출승인의 면제

가. 반출하는 상품의 견품 및 광고용 물품으로서 세관장이 타당하다고 인정하는 물품. 다만, 유상으로 반출하는 경우 미화 5만 달러 상당액(신고가격 기준)이하의 물품

나. 외국에서 개최되는 박람회, 전람회, 견본시, 영화제 등에 출품하기 위하여 무상으로 반출하는 물품

다. 수출된 물품이나 수입된 물품이 계약조건과 상이하거나, 하자보증이행 또는 용도변경 등의 부득이한 사유로 대체 또는 반송을 위하여 반출하는 물품 또는 수출된 물품의 누락이나 부족분에 대하여 보충을 위하여 반출하는 물품

라. 수출물품의 성능보장기간 내에 해당 물품의 수리 또는 검사를 위하여 반출하는 물품

마. 「외국환거래법」에 따른 허가를 받고 주무부장관의 허가 또는 추천을 받아 반입한 나용선 또는 임차항공기의 반입을 위한 반출물품

바. 무환수탁가공무역에 의하여 수입된 원료의 잔량분 또는 수탁판매수입에 의하여 수입된 물품의 판매되지 아니한 잔량분으로서 무상으로 반출하는 물품

사. 「외국인투자촉진법」 및 「외국환거래법」에 따라 기술도입계약신고를 한 자가 신고된 내용에 따라 기술대가를 현물로 지급하기 위하여 반출하는 물품

아. 해외에서 투자, 건설, 용역, 산업설비수출 그 밖에 이에 준하는 사업에 종사하고 있는 우리나라 업자(현지 합작법인을 포함한다)에게 무상으로 송부하기 위하여 반출하는 시설기재, 원료, 근로자용 생활필수품 및 그 밖에 그 사업에 관련하여 사용하는 물품으로서 주무부장관 또는 주무부장관이 지정한 기관의 장이 확인한 물품

자. 「수산업법」 제41조 및 제42조에 따라 농림수산식품부장관 또는 농림수산식품부장관이 지정한 기관의 장의 허가를 받은 자가 원양어선에 무상으로 송부하기 위하여 반출하는 물품으로서 농림수산식품부장관 또는 농림수산식품부장관이 지정한 기관의 장이 확인한 물품

차. 외국정부와의 사업계약을 수행하기 위하여 계약자가 계약조건에 따라 반출하는 업무용품으로서 주무부장관이 확인한 물품

카. 우리나라 정부와의 사업계약을 수행하기 위하여 외국의 계약자가 계약조건에 따라 반입한 물품으로서 다시 반출하는 물품

타. 우리나라와 외국 간을 왕래하는 선박 또는 항공기 안에서 직접 그 선박 또는 항공기용으로 사용될 물품으로서 세관장이 타당하다고 인정하는 물품

파. 외국업자의 주문으로 제작되어 해당 수출물품의 생산에 사용된 후 반출하려는 금형

하. 그 밖에 무역거래를 원활히 하기 위하여 무상으로 반출하는 물품으로서 산업통상자원부장관이 타당하다고 인정하는 물품

규정 제19조에 따른 별표 4 수입승인의 면제

가. 반입하는 상품의 견품 또는 광고용 물품으로서 세관장이 타당하다고 인정하는 물품. 다만, 유상으로 반입하는 경우 미화 5만 달러 상당액(과세가격 기준)이하의 물품

나. 상품의 견품 또는 광고용 물품 제조용 원료로서 세관장이 타당하다고 인정하는 물품

다. 우리나라에서 수출된 물품으로서 수출할 때의 성질 및 형상을 변경하지 아니하고 다시 반입하는 물품

라. 수입된 물품이나 수출된 물품이 계약조건과 상이하거나, 하자보증이행 또는 용도변경 등의 부득이한 사유로 대체를 위하여 반입하는 물품 또는 수입된 물품의 누락이나 부족품에 대하여 보충을 위하여 반입하는 물품

마. 수입물품의 하자보증기간 내에 동 물품의 유지보수 및 성능보장을 위해 해당 물품의 수출자가 무상으로 공급하는 물품

바. 수출물품의 성능보장기간 내에 해당 물품의 수리 또는 검사를 위하여 반출한 물품으로 다시 반입하는 물품

사. 수출물품의 제조 가공에 공할 일부 외화획득용 원료로서 세관장이 해당 수출계약 이행에 필요하다고 인정하여 무상으로 반입하는 물품

아. 무상으로 반입하는 라벨(LABEL), 택(TAG)등 부자재

자. 「외국환거래법」에 따른 허가를 받고 주무부장관의 허가 또는 추천을 받아 반입하는 나용선과 산업통상자원부장관의 추천을 받아 반입하는 임차항공기. 다만, 장래 소유권이 이전되는 국적취득조건부의 것을 제외한다.

차. 위탁가공무역에 의하여 수출된 원료의 잔량분으로서 무상으로 반입하는 물품

카. 해외에서 투자, 건설, 용역, 산업설비수출 그 밖에 이에 준하는 사업을 행하고 있는 우리나라 업자가 현지에서 사용한 후 무상으로 반입하는 물품으로서 주무부장관 또는 주무부장관이 지정한 기관의 장이 확인한 물품

타. 우리나라의 법령에 따라 설치의 허가나 인가 등을 받은 외국상사의 지사나 출장소 등에 무상으로 송부된 사무용품, 소모품 그 밖에 이에 준하는 물품으로서 세관장이 타당하다고 인정하여 반입하는 물품

파. 건설용역 그 밖에 이에 준하는 업무에 종사하기 위하여 우리나라에 체류하는 외국인의 자용품으로서 세관장이 타당하다고 인정하여 반입하는 물품

하. 우리나라에서 외국 간을 왕래하는 선박 또는 항공기 안에서 직접 그 선박 또는 항공기용으로 사용될 물품으로서 해당 운항사항업을 행하는 자(당해 사업의 대리인을 포함한다)에게 무상으로 송부되어 오는 물품

거. 수출계약의 이행을 위하여 무상으로 반입하는 소모성 자재 또는 시료로서 해당 수출물품의 성능, 시험검사를 위하여 필요하다고 세관장이 인정하는 물품

너. 항공산업용으로 도입하는 중고 치공구

더. 그 밖에 무역거래를 원활히 하기 위하여 무상으로 반입하는 물품으로서 산업통상자원부장관이 타당하다고 인정하는 물품

③ 주된 사업 목적을 달성하기 위하여 부수적으로 수출·수입하는 물품 등

④ 무상(無償)으로 수출·수입하여 무상으로 수입·수출하거나, 무상으로 수입·수출할 목적으로 수출·수입하는 것으로서 사업 목적을 달성하기 위하여 부득이하다고 인정되는 물품 등

규정 제19조에 따른 별표 3 수출승인의 면제

가. 무상으로 반입하여 다시 무상으로 반출하는 물품으로서 다음에 열거하는 물품
  1) 금속제실린더, 컨테이너, 권사구 등 물품의 운송을 위하여 반복 사용될 용기 또는 기구
  2) 우리나라에서 영화를 촬영하기 위하여 입국하는 영화제작자가 반입하는 영화촬영용 기계 및 기구
  3) 우리나라에 입국한 순회 흥행업자의 흥행용 물품
  4) 텔레비전 방송국이 텔레비전 방송을 목적으로 반입한 영화필름
  5) 공사용(수리용을 포함한다)이나 시험용의 기계 또는 기구
  6) 우리나라에서 개최된 박람회 등의 종료 후 반출되는 물품
  7) 항공기(부분품을 포함한다) 또는 선박
  8) 산업설비수출의 이행에 필요하여 반입한 기계 및 장치
  9) 대학 및 연구기관이 외국으로부터 품질이나 성능검사 등을 위탁받아 반입한 검사의뢰 물품 및 검사장비

나. 무상으로 반입할 예정으로 무상으로 반출하는 물품으로서 다음에 열거하는 물품
  1) 금속제 실린더, 컨테이너, 권사구 등 물품의 운송을 위하여 반복 사용될 용기 또는 기구
  2) 항공기(부분품을 포함한다) 또는 선박
  3) 외국에서 영화(뉴스 포함)를 촬영하기 위하여 제작자가 반출하는 영화촬영에 사용되는 기계·기구로서, 해당 영화촬영을 위하여 필요하다고 세관장이 인정하는 물품

다. 외국에서 수리 또는 검사를 받을 목적으로 반출하는 물품이나 국내에서 수리 또는 검사를 받을 목적으로 반입하는 물품으로서 다시 반출하는 물품

규정 제19조에 따른 별표 4 수입승인의 면제

가. 무상으로 반출할 예정으로 무상으로 반입하는 물품 중 다음에 열거하는 물품
  1) 외국의 신문사, 통신사 또는 방송국의 특파원으로서 우리나라에 파견된 자가 뉴스의 취재용으로 반입하는 필름 또는 녹음테이프
  2) 금속제 실린더, 컨테이너, 권사구 등 물품의 운송을 위하여 반복 사용되는 용기 또는 기구
  3) 우리나라에서 영화를 촬영하기 위하여 입국하는 영화제작자가 반입하는 영화촬영용 기계·기구로서 해당 영화촬영을 위하여 필요하다고 세관장이 인정하는 물품
  4) 우리나라에 입국하는 순회 흥행업자의 흥행용 물품
  5) 텔레비전 방송국이 텔레비전 방송을 목적으로 반입한 영화필름
  6) 공사용(수리용을 포함한다)이나 시험용의 기계 또는 기구
  7) 우리나라에서 개최한 박람회, 전시회, 견본시, 영화제 등에 출품하기 위한 물품

              8) 항공기(부분품을 포함한다) 또는 선박
              9) 산업설비수출의 이행에 필요하여 반입하는 기계 또는 장치로서 한국기계공업진흥회장이 추천하는 물품
              10) 대학 및 연구기관에 외국으로부터 품질이나 성능검사 등을 위탁받아 반입하는 검사의뢰 물품 및 검사장비
        나. 무상으로 반출된 물품을 다시 무상으로 반입하는 물품으로서 다음에 열거하는 물품
              1) 금속제 실린더, 컨테이너, 권사구 등 물품의 운송을 위하여 반복 사용되는 용기 또는 기구
              2) 항공기(부분품을 포함한다) 또는 선박
              3) 외국에서 영화(뉴스필름을 포함한다)를 촬영하기 위하여 영화제작자가 반출한 영화촬영용의 기계·기구
              4) 외국에서 개최된 박람회, 전시회, 견본시, 영화제 등에 출품된 물품으로서 반송되어 온 물품
              5) 해외에서 투자, 건설, 용역, 산업설비수출 그 밖에 이에 준하는 사업에 종사하고 있는 우리나라 업자(현지합작법인을 포함한다)에게 무상으로 송부하기 위하여 반출한 시설기재, 원료, 근로자용 생활필수품, 그 밖에 그 사업에 관련하여 사용한 물품
              6) 「수산업법」 제41조 및 제42조에 따라 국토해양부장관 또는 국토해양부장관이 지정한 기관의 장이 허가를 받은 자가 원양어선에 무상으로 송부하기 위하여 반출한 물품
        다. 외국에서 수리 또는 검사를 받을 목적으로 반출한 물품을 반입하거나 국내에서 수리 또는 검사를 받을 목적으로 외국으로부터 반입하는 물품

⑤ 산업통상자원부장관이 정하여 고시하는 지역에 수출하거나 산업통상자원부장관이 정하여 고시하는 지역으로부터 수입하는 물품 등

    규정 제19조에 따른 별표 3 수출승인의 면제
    가. 외국에서 물품을 보세구역에 무상으로 반입하여 가공을 하지 아니하고 다시 무상으로 반출하는 물품
    나. 「외국인투자촉진법」에 따라 외국인투자의 인가를 받은 기업체가 「관세법」에 따른 보세공장에서 무상 또는 계정 간의 이체방식에 의하여 유상으로 수입한 원료를 가공하여 무상 또는 계정 간의 이체방식에 의하여 유상으로 수출하는 물품 및 동 시설보완용 부분품, 소모성 기자재 또는 시설재(단, 산업통상자원부장관이 지정한 기관의 장이 인정하는 경우에만 해당한다).

    규정 제19조에 따른 별표 4 수입승인면제
    가. 「외국인투자촉진법」에 따라 외국인투자의 인가를 받은 기업체가 「관세법」에 따른 보세공장에서 가공할 것을 목적으로 무상 또는 계정 간의 이체방식에 의하여 유상으로 수입하는 원료 및 동 시설보완용 부분품, 소모성 기자재 또는 시설재(단, 산업통상자원부장관이 지정한 기관의 장이 인정하는 경우에 한함)
    나. 「관세법」에 따라 보세판매장 설영특허를 받은 자의 판매용 물품으로서 관세청장이 산업통상자원부장관과 협의하여 지정하는 물품

⑥ 공공성을 가지는 물품 등이거나 이에 준하는 용도로 사용하기 위한 물품 등으로서 따로 수출·수입을 관리할 필요가 없는 물품 등

    규정 제19조에 따른 별표 3 수출승인의 면제
    가. 우리나라 재외공관(대한무역투자진흥공사의 해외무역관을 포함한다) 또는 외교사절 등에 송부하기 위하여 반출하는 공용물품
    나. 외국에 있는 자에게 증여하기 위하여 반출하는 훈장, 기장 그 밖에 이에 준하는 물품
    다. 해외에 파견된 우리나라 군대에 송부하기 위하여 반출하는 군공용물품
    라. 우리나라의 공공기관이 외국의 공공기관에게 우호의 목적으로 기증하기 위하여 반출하는 물품

- 마. 국제운동경기대회에 참가하는 우리나라 선수단에 송부하기 위하여 반출하는 경기용 물품 및 이에 준하는 물품
- 바. 무상으로 반출하는 구호품
- 사. 산업통상자원부장관이 해외에 반출하는 국내우표와 산업통상자원부장관의 해외우표 판매허가를 받은 자가 산업통상자원부장관의 추천을 받아 반출하는 국내우표
- 아. 우리나라에 있는 외국의 대사관, 공사관, 영사관, 통상대표공관 그 밖에 이에 준하는 기관에서 반출하는 공용물품 또는 그 기관에 소속된 외무공무원 및 그 가족이 반출하는 자용물품
- 자. 국제협약 등에 의한 조사단 또는 사찰단이 협약 등에 의한 조사 또는 사찰을 위하여 반출하는 장비, 물품 및 그 구성원의 자용물품

규정 제19조에 따른 별표 4 수입승인면제

- 가. 국가원수에게 반입되는 물품
- 나. 우리나라에 있는 자에게 증여하기 위하여 반입되는 훈장, 기장 그 밖에 이에 준하는 물품
- 다. 외국에 있는 우리나라의 군대, 군함 또는 공관으로부터 반입되는 공용물품
- 라. 사원, 교회 등에 기증된 식전용품 및 예배용품으로서 세관장이 타당하다고 인정하여 반입되는 물품
- 마. 자선 또는 구호의 목적으로 기증된 급영품 및 「관세법」 제91조 제2호에 따른 기획재정부령에 의하여 지정된 구호시설과 사회복지시설에 기증되어 직접 사회복지용에 공하는 물품으로서 세관장이 타당하다고 인정하여 반입하는 물품
- 바. 학교, 박물관, 물품진열소 그 밖에 「관세법」 제90조 제1항 제2호 및 제4호에 따라 지정한 시설에 표본, 참고품, 학술연구 또는 교육용에 직접 공하는 세관장이 타당하다고 인정하여 반입되는 물품
- 사. 외국의 공공기관으로부터 우리나라 공공기관에 우호의 목적으로 기증되어 반입되는 물품
- 아. 정부 또는 지방자치단체에 기증된 물품으로서 해당 기관이 직접 사용하는 물품과 해당 기관에서 실시하는 공공사업에 공하기 위하여 반입되는 물품
- 자. 국제연합교육과학문화기구(유네스코)에서 발행하는 유네스코쿠폰과 교환으로 송부되어 반입하는 물품
- 차. 우리나라에 있는 외국의 대사관, 공사관, 영사관, 통상대표기관 그 밖에 이에 준하는 기관에서 반입하는 공영물품 그 밖에 그 기관에 소속 되는 외국공무원 및 그 가족이 반입하는 자용물품
- 카. 「박물관 및 미술관진흥법」에 따라 등록된 박물관 또는 미술관(설립자가 법인인 박물관 또는 미술관에만 해당한다)이 같은 박물관 또는 미술관에 전시할 목적으로 수입하는 물품으로서 문화체육관광부장관의 추천을 받은 물품
- 타. 국제공동경기에 참가한 우리나라 선수단의 경기용 물품 및 이에 준하는 물품으로 반출하였다가 다시 반입하는 물품
- 파. 국제협약 등에 따른 조사단 또는 사찰단이 협약 등에 따른 조사 또는 사찰을 위하여 반입하는 장비, 물품 및 그 구성원의 자용물품

⑦ 그 밖에 상행위 이외의 목적으로 수출·수입하는 물품 등

규정 제19조에 따른 별표 3 수출승인의 면제

- 가. 무상으로 송부하기 위하여 반출하는 기록문서와 그 밖의 서류(사진 및 마이크로필름을 포함한다.)
- 나. 뉴스를 취재한 필름이나 녹음테이프 등으로서 우리나라의 신문사, 통신사, 방송국 또는 우리나라에 있는 외국의 신문사, 통신사, 방송국의 특파원이 있는 본사, 지사 또는 주재원 등 앞으로 송부하기 위하여 반출하는 물품
- 다. 유골(유체를 포함한다)
- 라. 「외국환거래법」에 따라 인정된 용역계약에 따라 문화체육관광부장관의 추천을 받아 무상으로 반출하는 국산영화

마. 외국환은행으로부터 수입물품을 담보로 자금을 융자받은 무역업자의 파산, 해산, 행방불명 등으로 인하여 그 무역업자에 의한 통관이 불가능한 경우에 해당 외국환은행이 담보권 행사를 위하여 보세구역 내에서 반출하는 물품
바. 국제공동연구를 위하여 반출하는 연구용 기자재·원료 또는 국제공동연구의 결과물로서 산업통상자원부장관이 추천한 물품
사. 그 밖에 무상으로 반출하는 물품 중 반출의 목적·사유 등에 의하여 세관장이 타당하다고 인정하는 물품

규정 제19조에 따른 별표 4 수입승인면제

가. 무상으로 반입하는 간행물, 기록문서와 그 밖의 서류(사진 및 마이크로필름을 포함한다)
나. 해상사고로 인하여 우리나라 선박이 침몰 또는 폐선된 경우에 그 외국가해자로부터 현물배상으로서 제공받아 해외공관장의 확인을 받아 반입하는 선박
다. 우리나라의 선박 또는 항공기가 조난으로 인하여 해체된 경우에 반입하는 해체물품 및 장비품
라. 우리나라에서 출항한 선박 또는 항공기로 반출한 물품으로서 해당 선박 또는 항공기의 사고로 인하여 다시 반입하는 물품
마. 우리나라의 선박 또는 항공기가 국외에서 고장으로 인하여 분리된 부분품(현지 수리 후 반입하는 것을 말한다)
바. 「관세법」제144조에 따라 선박 또는 항공기의 전환이 있는 경우에 해당 선박 또는 항공기에 적재되어 있는 선박용 또는 항공기용품으로서 세관장이 타당하다고 인정하는 물품
사. 유골(유체를 포함한다)
아. 외국환은행으로부터 수입물품을 담보로 자금을 융자받은 수출입업자의 파산, 해산, 행방불명 등으로 인하여 그 수출입업자에 의한 통관이 불능한 경우에 해당 외국환은행이 담보권 행사를 위하여 보세구역으로부터 다른 지역으로 반입하는 물품
자. 「외국환거래법」제18조에 따라 기획재정부장관이 정하는 바에 따라 지급을 인정하는 것으로서 다음에 열거된 물품
  1) 외항운송업자가 경상운항경비로 구입하여 그 선박 또는 항공기용으로 사용된 식용품 및 서비스용품
  2) 자기치료를 위한 미화 2천 달러 이하의 의약품으로서 식품의약품안전청장이 추천한 물품. 다만, 일정한 치료주기가 필요한 물품에 한하여 최소 치료주기에 대한 소요량을 명기한 경우와 각 개인에 대한 진단서를 첨부하여 2명 이상에 필요한 의약품을 수입하는 경우 미화 2천 달러 이상의 경우라도 추천할 수 있다.
  3) 운송사업자가 외국항공기에 공급하기 위하여 반입하는 식용품 및 「관세법」제2조 제10호에 따른 기용품
차. 국제공동연구를 위하여 반입하는 연구기자재 또는 국제공동연구 결과물로서 산업통상자원부장관이 수입 추천하는 물품
카. 시험·연구를 위하여 반입하는 물품으로서 산업통상자원부장관이 추천한 물품
타. 신문사, 통신사 또는 방송국의 해외자사에서 구입·사용 후 내용연한이 경과된 방송·촬영장비 중 무상으로 반입하는 것으로, 반입목적 등의 사유에 의하여 그 타당성이 인정되어 산업통상자원부장관이 주무부장관과 협의하여 수입 추천하는 물품
파. 국내거주자가 자가사용을 위하여 정보통신망 등을 이용하여 구매신청 후 대금을 지급하는 거래에 의하여 외국으로부터 우편 등으로 반입하는 물품으로서, 가격 및 수량 등 그 반입의 목적·사유에 의하여 세관장이 타당하다고 인정하는 경우

(3) 외국환 거래 없이 수입하는 물품 등으로서 산업통상자원부장관이 정하여 고시하는 기준에 해당하는 물품 등

> 규정 제20조 영 제19조 제3호에 따라 수입할 수 있는 물품은 그 반입의 목적, 사유 등에 의하여 세관장이 타당하다고 인정하는 물품 등을 말한다. 이 경우 세관장은 과세가격이 500만원을 초과하는 수입에 대하여 수입승인서의 제출을 요구할 수 있다.

(4) 「해외이주법」에 따른 해외이주자가 해외이주를 위하여 반출하는 원자재, 시설재 및 장비로서 외교부장관이나 외교부장관이 지정하는 기관의 장이 인정하는 물품 등

3. 수출입승인 면제의 확인

산업통상자원부장관은 승인을 받지 아니하고 수출되거나 수입되는 물품 등(제11조 제2항 본문에 해당하는 물품 등만을 말한다)이 제11조 제2항 단서(면제대상)에 따른 물품 등에 해당하는지를 확인하여야 한다.

04 수출입승인의 유효기간

1. 원칙(법 제11조 제3항)

수출 또는 수입 승인(전략물자 수출허가 및 플랜트수출승인을 포함한다)의 유효기간은 1년으로 한다. 다만, 산업통상자원부장관은 국내의 물가 안정, 수급 조정, 물품 등의 인도 조건 및 거래의 특성을 고려하여 대통령령으로 정하는 바에 따라 유효기간을 달리 정할 수 있다.

2. 유효기간의 조정(영 제18조 제2항)

산업통상자원부장관은 다음의 어느 하나에 해당하는 경우에는 해당 물품 등의 수출 또는 수입 승인의 유효기간을 1년 미만으로 하거나 최장 2년의 범위에서 정할 수 있다.
① 국내의 물가안정이나 수급 조정을 위하여 수출 또는 수입 승인의 유효기간을 1년 보다 단축할 필요가 있는 경우
② 수출입계약 체결 후 물품 등의 제조·가공 기간이 1년을 초과하는 경우
③ 수출입계약 체결 후 물품 등이 1년 이내에 선적되거나 도착하기 어려운 경우
④ ①~③까지의 규정 외에 수출입 물품 등의 인도 조건 및 거래의 특성을 고려하여 수출 또는 수입 승인의 유효기간을 1년보다 단축하거나 늘릴 필요가 있다고 인정되는 경우

3. 전략물자(기술포함) 수출허가의 유효기간의 설정

제42조의 2 제2항(전략물자 등의 유효기간의 예외)에 따른 허가의 유효기간(전략물자 및 기술에 따른 수출허가의 유효기간만 해당)이 2년을 초과하는 경우에는 그 기간까지 수출 승인의 유효기간을 정할 수 있다(영 제18조 2항 단서). 이러한 경우 다음의 어느 하나에 해당하는 경우에는 1년 이내 또는 20년의 범위 내에서 유효기간을 단축 또는 초과하여 설정할 수 있다(규정 제12조).

① 산업통상자원부장관이 물가 안정 또는 수급 조정을 위하여 1년 이내로 유효기간의 단축이 필요하다고 인정하는 경우
② 물품 등의 제조·가공기간이 1년을 초과하는 경우 등 물품 등의 선적 또는 도착기일을 감안하여 1년 이내에 물품 등의 선적이나 도착이 어려울 것으로 수출입 승인기관의 장이 인정하는 경우
③ 수출·수입이 혼합된 거래로서 수출입 승인기관의 장이 부득이하다고 인정하는 경우

4. 유효기간의 연장(법 제11조 제4항)

수출 또는 수입 승인의 유효기간은 대통령령으로 정하는 바에 따라 1년을 초과하지 아니하는 범위에서 산업통상자원부장관의 승인을 받아 연장할 수 있다.

05 수출입승인의 변경

1. 의의(법 제11조 제5항)

수출 또는 수입승인을 받은 자가 승인을 받은 사항 중 대통령령으로 정하는 중요한 사항을 변경하려면 산업통상자원부장관의 변경승인을 받아야 하고, 그 밖의 경미한 사항을 변경하려면 산업통상자원부장관에게 신고하여야 한다.

2. 변경승인대상 및 변경신고대상

(1) 변경승인대상(영 제18조 제3항)

변경승인을 받아야 하는 "대통령령으로 정하는 중요한 사항"이란 다음과 같다.
① 물품 등의 수량·가격
② 수출 또는 수입의 당사자에 관한 사항
   당사자의 변경은 파산 등 불가피한 경우에 신청한 것이어야 한다(규정 제17조 제4항).

(2) 변경신고대상(규정 제16조)

변경승인대상에 해당하지 않는 경미한 사항의 경우 당초 승인한 기관의 장에게 변경신고를 하여야 한다. 대상은 다음과 같다.
① 원산지
② 도착항(다만, 수출의 경우에만 해당한다)
③ 규격
④ 수출입 물품 등의 용도(다만, 수출입승인 용도가 지정된 경우에만 해당한다)
⑤ 승인 조건

3. 변경승인 기관(규정 제15조)

수출입승인 사항의 변경은 당초 승인한 기관의 장이 승인한다.

4. 변경승인의 절차

(1) 신청(규정 제17조 제1항)

수출·수입승인 사항을 변경하려는 자는 당초 승인을 받은 수출입승인서 또는 별지 제9호 서식에 의한 수출입승인 사항 변경승인·신고신청서에 변경 사실을 증명하는 서류를 첨부하여 수출입승인 사항의 변경승인기관의 장에게 신청하여야 한다.

(2) 기한(규정 제17조 제2항)

수출·수입승인 사항의 변경은 수출·수입승인의 유효기간 내에 신청하여야 한다. 다만, 수입의 경우로서 수입대금을 지급하고 선적서류를 인수한 후에 수입승인 사항을 변경하려는 경우에는 수입승인의 유효기간 경과 후에도 변경승인·신고를 신청할 수 있다.

(3) 심사(규정 제18조)

수출입승인 사항의 변경승인기관의 장은 수출·수입승인 사항을 변경하려는 경우에는 다음의 요건에 합당한지를 확인하여야 한다.
① 수출입승인을 받은 후에 수출입공고에서 수출·수입을 제한하는 사항이 추가된 품목으로서 관계 기관의 장의 허가 등을 추가로 요하는 품목일 때에는 그 허가 등을 받았을 것
② 수출물품 등의 단가를 인하하거나 수입물품 등의 단가를 인상하는 내용의 수출 또는 수입 승인 사항의 변경은 다음의 어느 하나에 해당하는 경우일 것
  ㉠ 거래상대방의 파산 또는 지급거절 등이 현지의 거래은행, 상공회의소 또는 공공기관에 의하여 객관적으로 확인되는 경우에 수출물품 등을 제3자에게 전매하는 경우
  ㉡ 물품 등의 성질과 국제거래관행상 승인 시점에 단가를 확정할 수 없는 경우
  ㉢ 그 밖에 급격한 시장상황의 변화 등 변경 사유가 불가피하다고 인정되는 경우
③ 변경하려는 내용이 수출신용장, 수출입계약서, 주문서, 물품 등 매도확약서 등에 명시되어 있을 것. 다만, 수출신용장 등에 명시를 요하지 아니하는 경미한 사항일 경우에는 그러하지 아니하다.
④ 수출대상국가의 변경은 수출제한 사유 등을 고려할 때 타국으로 변경하여도 지장이 없을 것

(4) 세관장 통보(규정 제17조 제3항)

승인기관의 장이 변경승인·신고수리한 때에는 그 변경승인·신고사실을 해당 세관장에게 알려야 한다.

06 통합공고

1. 의의

통합공고는 대외무역법 이외의 다른 법령에서 해당물품의 수출입의 요건 및 절차 등을 정하고 있는 경우에 수출입 요건확인 및 통관 업무의 간소화와 무역질서 유지를 위하여 다른 법령이 정한 물품의 수출입의 요건 및 절차에 관한 사항을 조정하고 이를 통합 규정함을 목적으로 한다(통합공고 제1조).

2. 수출입요령의 제출 및 공고(법 제12조)

관계 행정기관의 장은 수출·수입요령을 제정하거나 개정하는 경우에는 그 수출·수입요령이 그 시행일 전에 공고될 수 있도록 이를 산업통상자원부장관에게 제출하여야 한다. 산업통상자원부장관은 제출받은 수출·수입요령을 통합하여 공고하여야 한다.

3. 적용법령(통합공고 제3조)

1. 약사법
1의 2. 첨단재생의료 및 첨단바이오의약품 안전 및 지원에 관한 법률
2. 마약류관리에 관한 법률
3. 화장품법
4. 식품위생법
5. <삭제 2019. 3. 20.>
6. 화학물질 관리법
6의 2. 화학물질의 등록 및 평가 등에 관한 법률
7. 양곡관리법
8. 비료관리법
9. 농약관리법
10. 가축전염병예방법
11. 식물방역법
12. 종자산업법
13. 축산법
14. 전기용품 및 생활용품 안전관리법
15. <삭제 2019. 6. 27.>
16. 계량에 관한 법률
17. 석유 및 석유대체연료사업법
18. 원자력안전법
19. 전파법
20. <삭제 2016. 12. 30.>
21. 야생생물 보호 및 관리에 관한 법률
22. 폐기물의 국가 간 이동 및 그 처리에 관한 법률
23. 대기환경보전법
24. 소음·진동관리법
25. 자동차관리법
26. 산업안전보건법
27. 오존층 보호를 위한 특정물질의 제조규정 등에 관한 법률
28. 건설기계관리법
29. 먹는물관리법
30. 자원의 절약과 재활용촉진에 관한 법률
31. 화학무기·생물무기의 금지와 특정화학물질·생물작용제 등의 제조·수출입 규제 등에 관한 법률
32. 축산물 위생관리법
33. 건강기능식품에 관한 법률
34. 농수산물품질관리법
35. 방위사업법
36. <삭제 2013. 7. 3.>
37. 수산업법
38. 고압가스안전관리법

39. 영화 및 비디오물의 진흥에 관한 법률
40. 게임산업진흥에 관한 법률
41. 음악산업진흥에 관한 법률
42. 하수도법
43. 주세법
44. 지방세법
45. 총포·도검·화약류 등의 안전관리에 관한 법률
46. <삭제 2019. 3. 20.>
47. 의료기기법
48. 인체조직안전 및 관리 등에 관한 법률
49. <삭제 2017. 6. 26.>
50. 수산생물질병 관리법
51. 사료관리법
52. 생물다양성 보전 및 이용에 관한 법률
52의 2. 유전자원의 접근·이용 및 이익 공유에 관한 법률
53. 폐기물 관리법
54. 전기·전자제품 및 자동차의 자원순환에 관한 법률
55. 액화석유의 안전관리 및 사업법
56. 목재의 지속가능한 이용에 관한 법률
57. 농업생명자원의 보존·관리 및 이용에 관한 법률
58. 기타 특정물품의 수출입절차 또는 요령을 정한 법률 및 국제협약
59. 수입식품안전관리 특별법
60. 어린이제품안전특별법
61. 위생용품 관리법
62. 에너지이용 합리화법
63. 잔류성오염물질 관리법
64. 생활화학제품 및 살생물제의 안전관리에 관한 법률
65. 친환경농어업 육성 및 유기식품 등의 관리·지원에 관한 법률
66. 생활주변방사선 안전관리법
67. 해양수산생명자원의 확보·관리 및 이용 등에 관한 법률
68. 체외진단의료기기법

4. 품목별 수출입요령

통합공고 제8조의 별도규정을 제외하고는 통합공고 별표 1 수출요령과 별표 2 수입요령에서 정한 바에 따라 수출입을 하여야 한다.

5. 요건확인절차

[1] 요건확인기관

수출입요건확인기관은 수출입 통관전후에 허가, 추천, 신고, 검사, 검정, 시험방법, 형식승인 등의 수출입을 위한 요건 확인서를 발급하는 주무부처 또는 관련단체를 말하며(통합공고 제2조), 통합공고 별표 1 및 별표 2에 게재된 기관이 요건확인기관이 된다.

(2) 요건확인신청 시 구비서류(통합공고 제11조)

요건확인품목의 수출입을 위해 요건확인기관에 제출해야 할 구비서류는 다음과 같다. 다만, 무역정책상 필요에 의해 전부 또는 일부를 전자문서로 제출할 수 있으며, 일부를 추가하거나 생략할 수 있다.

공통 구비서류	관련 법령에 따른 서류
1. 수출입 요건확인 신청서 또는 표준통관예정보고서 각 3부 2. 수입계약서 또는 물품매도확약서 사본 1부(수입의 경우) 3. 수출신용장 또는 수출계약서 사본 1부(수출의 경우) 4. 수출입 대행계약서 사본 1부(수출입 대행시에 한함)	1. 해당품목에 적용되는 법령 및 이 고시의 품목별 수출입요령에 게기된 요건 및 절차에 관련된 서류 등

(3) 요건확인서의 유효기간

요건확인기관이 발행하는 요건확인서의 유효기간은 통합공고 또는 해당법령에서 별도로 정하지 않는 한 대외무역법시행령상의 수출입 승인 유효기간 관련규정을 준용한다(통합공고 제10조 제1항).

6. 요건면제

(1) 대상(통합공고 제12조 제1항)

요건확인 품목이라도 다음의 1에 해당하는 경우에는 통합공고가 정한 요건 및 절차를 거치지 아니하고 수출입할 수 있다.
① 외화획득용 원료·기재의 수입물품
② 중계무역물품, 외국인수수입물품, 외국인도수출물품, 선(기)용품
③ 대외무역법시행령 제19조의 규정에 의한 사유에 해당하는 경우
④ 해당법령에서 요건확인 면제 사유에 해당하는 경우

(2) 수출용 물품의 수입 시 신청(통합공고 제13조 제1항)

요건면제조건이 수출용인 물품을 수입하고자 하는 자는 요건면제수입확인신청서[업체용, 요건면제확인기관용, 세관용 및 사본(신청자가 신청한 경우에 한함)]에 요건면제확인기관의 장의 확인을 받아야 한다.

(3) 수출용 이외의 요건면제물품을 수입하고자 하는 경우의 신청(통합공고 제13조 제2항)

수출용 이외의 요건면제물품을 수입하고자 하는 자는 요건 면제수입확인신청서[업체용, 요건확인기관용, 세관용 및 사본(신청자가 신청한 경우에 한함)]에 다음의 서류를 첨부하여 요건면제확인기관의 장에게 신청하여야 한다.
① 수입계약서 또는 물품매도확약서
② 요건면제사유에 해당함을 증명할 수 있는 서류

(4) 요건면제수입확인서의 발급(통합공고 제13조 제3항)

요건면제확인기관의 장은 요건면제수입확인 신청이 요건면제사유에 해당하는 경우 요건면제수입확인서를 발급하여야 한다.

(5) 요건면제수입확인의 유효기간(통합공고 제14조)

요건면제수입확인의 유효기간은 1년으로 한다. 다만, 물품의 선적·도착기일, 제조·가공기간 및 기타 사유를 고려하여 요건면제확인기관의 장이 필요하다고 인정하는 경우에는 1년의 범위 내에서 이를 연장할 수 있다.

(6) 2 이상의 요건면제수입확인(통합공고 제15조)

하나의 수입에 대하여 2 이상의 요건면제확인을 얻어야 하는 경우 각각의 요건면제수입확인은 상호 독립적으로 얻어야 한다.

7. 수출입공고등과의 관계(통합공고 제7조)

(1) 통합공고, 수출입공고 및 전략물자 수출입공고와의 관계

통합공고에서 정한 요건확인의 내용과 대외무역법 제11조 규정에 의한 수출입공고등과 대외무역법 제19조의 규정에 의한 전략물자 수출입공고의 제한내용이 동시에 적용될 경우에는 통합공고에서 정한 요건확인의 내용과 수출입공고 등의 제한내용이 모두 충족되어야만 수출 또는 수입할 수 있다.

(2) 동일물품이 2개 이상의 요건확인이 필요한 경우

1개의 요건확인품목에 대해 2개 이상의 법령이 관련되어 수출입요령에서 2개 이상의 요건확인을 받을 것을 규정하고 있는 경우에는 당해 요건확인 품목에 대한 해당법령의 적용대상 물품이나 고시대상품목의 분류가 용도기준으로 된 물품 이외에는 당해 물품에 부과된 2개 이상의 요건을 통합공고가 정한 요건확인기관에서 확인받아야 한다.

II 특정거래 형태의 인정

1. 특정거래형태의 의의(법 제13조 제1항)

산업통상자원부장관은 물품 등의 수출 또는 수입이 원활히 이루어질 수 있도록 대통령령으로 정하는 물품 등의 수출입 거래 형태를 인정할 수 있다.

2. 인정대상(영 제20조 제1항)

법 제13조 제1항에서 "대통령령으로 정하는 물품 등의 수출입 거래 형태"란 해당 거래의 전부 또는 일부가 다음의 어느 하나에 해당하는 수출입 거래 형태로서 산업통상자원부장관이 정하여 고시하는 기준에 해당하는 거래(이하 "특정거래 형태"라 한다)를 말한다.

① 법 제11조 제1항에 따른 수출 또는 수입의 제한을 회피할 우려가 있는 거래
② 산업 보호에 지장을 초래할 우려가 있는 거래
③ 외국에서 외국으로 물품 등의 이동이 있고, 그 대금의 지급이나 영수(領收)가 국내에서 이루어지는 거래로서 대금 결제 상황의 확인이 곤란하다고 인정되는 거래
④ 대금 결제 없이 물품 등의 이동만 이루어지는 거래

3. 특정거래형태의 범위(규정 제21조 제1항)

영 제20조 제1항의 특정거래 형태의 수출입은 제2조 제4호부터 제14호까지의 규정에 해당하는 거래를 말한다.

(1) 위탁판매수출

물품 등을 무환으로 수출하여 해당 물품이 판매된 범위 안에서 대금을 결제하는 계약에 의한 수출을 말한다.

(2) 수탁판매수입

물품 등을 무환으로 수입하여 해당 물품이 판매된 범위 안에서 대금을 결제하는 계약에 의한 수입을 말한다.

(3) 위탁가공무역

가공임을 지급하는 조건으로 외국에서 가공(제조, 조립, 재생, 개조를 포함한다. 이하 같다)할 원료의 전부 또는 일부를 거래 상대방에게 수출하거나 외국에서 조달하여 이를 가공한 후 가공물품 등을 수입하거나 외국으로 인도하는 수출입을 말한다.

(4) 수탁가공무역

가득액을 영수(領收)하기 위하여 원자재의 전부 또는 일부를 거래 상대방의 위탁에 의하여 수입하여 이를 가공한 후 위탁자 또는 그가 지정하는 자에게 가공물품 등을 수출하는 수출입을 말한다. 다만, 위탁자가 지정하는 자가 국내에 있음으로써 보세공장 및 자유무역지역에서 가공한 물품 등을 외국으로 수출할 수 없는 경우 「관세법」에 따른 수탁자의 수출·반출과 위탁자가 지정한 자의 수입·반입·사용은 이를 「대외무역법」(이하 "법"이라 한다)에 따른 수출·수입으로 본다.

(5) 임대수출

임대(사용대차를 포함한다. 이하 같다) 계약에 의하여 물품 등을 수출하여 일정 기간 후 다시 수입하거나 그 기간의 만료 전 또는 만료 후 해당 물품 등의 소유권을 이전하는 수출을 말한다.

(6) 임차수입

임차(사용대차를 포함한다. 이하 같다) 계약에 의하여 물품 등을 수입하여 일정 기간 후 다시 수출하거나 그 기간의 만료 전 또는 만료 후 해당 물품의 소유권을 이전받는 수입을 말한다.

(7) 연계무역

물물교환(Barter Trade), 구상무역(Compensation trade), 대응구매(Counter purchase), 제품환매(Buy Back) 등의 형태에 의하여 수출·수입이 연계되어 이루어지는 수출입을 말한다.

(8) 중계무역

수출할 것을 목적으로 물품 등을 수입하여 「관세법」 제154조에 따른 보세구역 및 같은 법 제156조에 따라 보세구역 외 장치의 허가를 받은 장소 또는 「자유무역지역의 지정 등에 관한 법률」 제4조에 따른 자유무역지역 이외의 국내에 반입하지 아니하고 수출하는 수출입을 말한다.

(9) 외국인수수입

수입대금은 국내에서 지급되지만 수입물품 등은 외국에서 인수하거나 제공받는 수입을 말한다.

(10) 외국인도수출

수출대금은 국내에서 영수하지만 국내에서 통관되지 아니한 수출물품 등을 외국으로 인도하거나 제공하는 수출을 말한다.

(11) 무환수출입

외국환 거래가 수반되지 아니하는 물품 등의 수출·수입을 말한다.

4. 특정거래형태의 인정

특정거래 형태의 인정 절차, 인정의 유효기간, 그 밖에 필요한 사항은 산업통상자원부장관이 정하여 고시한다(영 제20조 제2항). 또한, 산업통상자원부장관은 특정거래 형태를 인정할 때에 새로운 거래 형태의 파악 등을 위하여 필요한 경우에는 관계 행정기관의 장에게 협조를 요청할 수 있다(영 제20조 제3항).

5. 관계행정기관의 장과의 협의(법 제13조 제2항)

기획재정부장관이 외국환 거래 관계 법령에 따라 무역대금 결제 방법을 정하려면 미리 산업통상자원부장관과 협의하여야 한다.

III 과학적 무역업무의 처리기반 구축

1. 의의(법 제15조 제1항)

산업통상자원부장관은 물품 등의 수출입 거래가 질서 있고 효율적으로 이루어질 수 있도록 대외무역통계시스템 및 전자문서 교환체계 등 과학적 무역업무의 처리기반을 구축하기 위하여 노력하여야 한다.

2. 정보제공요청 및 협조

(1) 산업통상자원부장관은 과학적 무역업무의 처리기반을 구축하기 위하여 필요하다고 인정되면 관계 행정기관의 장에게 대통령령으로 정하는 바에 따라 통관기록 등 물품 등의 수출입 거래에 관한 정보를 제공하도록 요청할 수 있다. 이 경우 관계 행정기관의 장은 이에 협조하여야 한다(법 제15조 제2항).

(2) 관계 행정기관의 장은 이 법의 목적의 범위에서 필요하다고 인정되면 산업통상자원부장관에게 구축된 물품 등의 수출입 거래에 관한 정보를 제공하도록 요청할 수 있다. 이 경우 산업통상자원부장관은 이에 협조하여야 한다(법 제15조 제3항).

3. 전산관리체제의 개발 및 운영

(1) 개발 및 운영(영 제21조 제1항)

산업통상자원부장관은 수출입 거래가 질서 있고 효율적으로 이루어질 수 있도록 다음의 전산관리체제를 개발·운영하여야 한다.

① 무역거래자별 고유번호(이하 "무역업고유번호"라 한다)의 부여 및 관리 등 수출입통계 데이터베이스를 구축하기 위한 전산관리체제

② 「불공정무역행위 조사 및 산업피해구제에 관한 법률」 제4조에 따른 불공정무역행위를 방지하기 위한 전산관리체제
③ 효율적인 수출입 거래를 위한 다음의 전산관리체제
  ㉠ 부문별 무역전산관리체제를 유기적으로 연계하기 위한 전산관리체제
  ㉡ 관계 행정기관의 장이 필요하다고 인정하여 산업통상자원부장관과 협의하여 정한 해당 기관 소관의 무역 관련 전산관리체제
④ 그 밖에 무역업계의 요청에 따라 산업통상자원부장관이 필요하다고 인정하는 전산관리체제

(2) 경비의 지원(영 제21조 제2항)

산업통상자원부장관은 제1항에 따른 전산관리체제를 개발·운영하기 위하여 필요하다고 인정하면 그 경비의 일부를 해당 전산관리체제의 개발·운영에 필요한 정보를 제공한 기관에 지원할 수 있다.

4. 수출입 거래에 관한 정보의 수집·분석

(1) 관세청장에게 정보요청(영 제22조 제1항)

산업통상자원부장관은 전산관리체제를 개발·운영하는 데에 필요하면 관세청장에게 다음의 정보를 요청할 수 있다.
① 「관세법」 제241조에 따라 신고한 무역거래자의 상호, 성명 등 무역거래자에 관련된 정보
② 「관세법」 제241조에 따라 신고한 각 신고별 신고 수리일, 수출 또는 수입물품의 품명·수량·금액, 거래 형태 등에 관련된 정보로서 산업통상자원부장관이 정하는 정보

(2) 정보 분석 및 관리(영 제22조 제2항)

산업통상자원부장관은 전산관리체제를 개발·운영하기 위하여 수집된 관련 정보를 종합적으로 분석·관리하여야 한다.
① 관세청 정보 요청사항(영 제22조 제1항)
② 산업통상자원부장관의 권한을 위임받거나 위탁받은 자의 위임받거나 위탁받은 업무의 처리 결과보고사항(영 제92조 제2항)
③ 법 제48조 제1항에 따른 정보: 산업통상자원부장관 또는 관계 행정기관의 장이 다음의 자로부터 받은 보고 또는 자료
  ㉠ 헌법에 따라 체결·공포된 무역에 관한 조약과 일반적으로 승인된 국제법규에서 정한 국제평화와 안전유지 등의 의무를 이행하기 위하여 필요한 경우로서 수출이 제한되거나 금지된 물품 등을 수출, 수입, 경유, 환적 또는 중개하였거나 하려고 한 자
  ㉡ 국제평화와 안전유지를 위한 국제공조에 따른 교역여건의 급변으로 교역상대국과의 무역에 관한 중대한 차질이 생기거나 생길 우려가 있는 경우에 따라 제한되거나 금지된 물품 등을 수출, 수입하였거나 하려고 한 자
  ㉢ 수출허가, 상황허가, 경유 또는 환적허가 및 중개허가를 받지 아니하고 수출, 수출신고, 경유, 환적 또는 중개하였거나 하려고 한 자

> **법 제48조 제1항에 따른 정보**
> 수입국 / 수입자·최종사용자 또는 그의 위임을 받은 자 및 그 소재지, 사업 분야, 주요 거래자 및 사용 목적 / 수입자·최종사용자 또는 그의 위임을 받은 자를 확인하기 위한 수입국의 권한 있는 기관이 발급한 납세증명서 등 관련 자료 또는 대외 공표자료 / 그 밖에 운송수단, 경유국(經由國), 환적국(換積國), 대금 결제방법 등 산업통상자원부장관이 정하여 고시하는 사항

Ⅳ 무역업 고유번호

1. 무역업고유번호의 신청 및 부여

산업통상자원부장관은 전산관리체제의 개발·운영을 위하여 무역거래자별 무역업고유번호를 부여할 수 있다(규정 제24조 제1항).

2. 무역업고유번호 부여 절차

(1) 신청(규정 제24조 제2항)

무역업고유번호를 부여받으려는 자는 별지 제1호 서식에 의하여 우편, 팩시밀리, 전자우편, 전자문서교환체제(EDI) 등의 방법으로 한국무역협회장에게 신청하여야 하며, 한국무역협회장은 접수 즉시 신청자에게 고유번호를 부여하여야 한다.

(2) 변경(규정 제24조 제3항)

무역업고유번호를 부여받은 자가 상호, 대표자, 주소, 전화번호 등의 변동사항이 발생한 경우에는 별지 제2호의 서식에 의한 무역업고유번호신청사항 변경통보서에 따라 변동사항이 발생한 날부터 20일 이내에 한국무역협회장에게 알리거나 한국무역협회에서 운영하고 있는 무역업 데이터베이스에 변동사항을 수정 입력하여야 한다.

(3) 승계신청(규정 제24조 제4항)

무역업고유번호를 부여받은 자가 합병, 상속, 영업의 양수도 등 지위의 변동이 발생하여 기존의 무역업고유번호를 유지 또는 수출입실적 등의 승계를 받으려는 경우에는 변동사항에 대한 증빙서류를 갖추어 무역업고유번호의 승계 등을 한국무역협회장에게 신청할 수 있다.

3. 무역업고유번호 관리

한국무역협회장은 무역업고유번호의 부여 및 변경사항을 확인하고 무역업고유번호관리대장 또는 무역업 데이터베이스에 이를 기록 및 관리하여야 한다(규정 제24조 제5항).

4. 수출입신고 시 기재

무역거래자는 「관세법」 제241조에 따른 수출(입)신고 시 제1항에 따른 무역업고유번호를 수출(입)자 상호명과 함께 기재하여야 한다(규정 제24조 제6항).

Ⅴ 수출·수입실적

01 개요

1. 의의

수출입실적은 수출자 또는 수입자가 일정 기간 동안 법령에서 정하는 범위 내에서 수출입을 이행한 결과에 의해 발생한 금액의 합계를 의미한다. 대외무역법규상 물품의 수출입은 국내외 간에 물품의 이동을 의미하나 수출입실적은 국내외 간의 물품이동은 물론 내국신용장, 구매확인서 등에 의해 국내에서 일어나는 물품이동도 수출실적으로 인정한다. 그러나, 국내에서 외국으로 무상 수출입 거래는 수출입의 범위에는 포함되지만 수출실적으로 인정되지 않는다.

2. 수출실적의 의의

수출실적이란 산업통상자원부장관이 정하여 고시하는 기준에 해당하는 수출통관액·입금액, 가득액(稼得額)과 수출에 제공되는 외화획득용 원료·기재의 국내공급액을 말한다(영 제2조 제11호). 수출실적은 수출의 개념과는 다소 상이하지만 국가무역정책의 목표달성 및 원활한 무역거래 촉진 등을 위해 무역금융 한도 결정 및 자금지원, 무역의 날 포상 등의 기초자료로 활용된다.

> **더 알아보기**
>
> 수출통계는 수출입 신고일을 기준으로 정상적인 통관을 거친 경우에만 계상되는 거시통계이나, 수출실적은 무역정책상 인정하는 개별기업의 수출 등의 실적수치임

3. 수입실적의 의의

수입실적이란 산업통상자원부장관이 정하여 고시하는 기준에 해당하는 수입통관액 및 지급액을 말한다(영 제2조 제12호).

02 일반 물품의 수출실적

1. 수출실적 인정범위

수출실적의 인정범위는 다음으로 한다(규정 제25조 제1항).
(1) 수출의 정의에 따른 수출 중 유상으로 거래되는 수출(대북한 유상반출실적을 포함한다)
(2) 수출승인이 면제되는 수출 중 다음의 어느 하나에 해당하는 수출
   ① 외국에서 개최되는 박람회, 전람회, 견본시, 영화제 등에 출품하기 위하여 무상으로 반출하는 물품 등의 수출로서 현지에서 매각된 것
   ② 해외에서 투자, 건설, 용역, 산업설비수출 그 밖에 이에 준하는 사업에 종사하고 있는 우리나라 업자(현지 합작법인을 포함한다)에게 무상으로 송부하기 위하여 반출하는 시설기재, 원료, 근로자용 생활필수품 및 그 밖에 그 사업에 관련하여 사용하는 물품으로서 주무부장관 또는 주무부장관이 지정한 기관의 장이 확인한 물품 등의 수출 중 해외건설공사에 직접 공하여지는 원료·기재, 공사용 장비 또는 기계류의 수출(수출신고필증에 재반입하지 않는다는 조건이 명시된 분만 해당한다)

> **더 알아보기**
>
> 무상수출은 원칙적으로 수출실적으로 인정되지 않으나, 효율적인 건설공사 수행을 지원하기 위해 수출실적으로 인정

2. 수출실적 인정금액

수출실적 인정금액은 다음의 경우를 제외하고는 수출통관액(FOB가격 기준)으로 한다(규정 제26조 제1항).
(1) 중계무역에 의한 수출의 경우에는 수출금액(FOB가격)에서 수입금액(CIF가격)을 공제한 가득액

> **더 알아보기**
>
> 중계무역에 의한 수출·수입금액을 각각 수출입실적으로 인정하는 경우에는 실제 외화가득금액에서 비해 수출입실적 계상이 과다하게 계상되는 등 불합리한 점이 있어 가득액만을 수출금액으로 인정

(2) 외국인도수출의 경우에는 외국환은행의 입금액(다만, 위탁가공된 물품을 외국에 판매하는 경우에는 판매액에서 원자재 수출금액 및 가공임을 공제한 가득액)
(3) 외국에서 개최되는 박람회, 전람회, 견본시, 영화제 등에 출품하기 위하여 무상으로 반출하는 물품 등의 수출로서 현지에서 매각된 경우의 수출은 외국환은행의 입금액
(4) 원양어로에 의한 수출 중 현지경비사용분은 외국환은행의 확인 분

> **더 알아보기**
>
> 원양어로에 의한 수출금액의 범위 내에서 원양어로작업을 하기 위해 현지에서 사용한 유류비, 원양어선 유지수선비, 소모품비 등의 경비는 관련 증빙서류 등에 의해 외국환은행이 확인한 금액을 수출금액으로 인정

(5) 용역 수출의 경우에는 제30조에 따라 용역의 수출·수입실적의 확인 및 증명 발급기관의 장이 외국환은행을 통해 입금확인한 금액
(6) 전자적 형태의 무체물의 수출의 경우에는 제30조에 따라 한국무역협회장 또는 한국소프트웨어산업협회장이 외국환은행을 통해 입금 확인한 금액

3. 수출실적 인정시점(규정 제27조 제1항)

(1) 수출신고수리일로 보는 경우
  ① 수출의 정의 중 유상으로 거래되는 수출(대북한 유상반출실적을 포함한다)
  ② 해외에서 투자, 건설, 용역, 산업설비수출 그 밖에 이에 준하는 사업에 종사하고 있는 우리나라 업자(현지 합작법인을 포함한다)에게 무상으로 송부하기 위하여 반출하는 시설기재, 원료, 근로자용 생활필수품 및 그 밖에 그 사업에 관련하여 사용하는 물품으로서 주무부장관 또는 주무부장관이 지정한 기관의 장이 확인한 물품 등의 수출 중 해외건설공사에 직접 공하여지는 원료·기재, 공사용 장비 또는 기계류의 수출(수출신고필증에 재반입하지 않는다는 조건이 명시된 분만 해당한다)

(2) 입금일로 보는 경우
  ① 수출의 정의 중 유상으로 거래되는 수출 중 용역 또는 전자적형태의 무체물의 수출
  ② 외국에서 개최되는 박람회, 전람회, 견본시, 영화제 등에 출품하기 위하여 무상으로 반출하는 물품 등의 수출로서 현지에서 매각된 것
  ③ 중계무역
  ④ 외국인도수출

03 외화획득용 원료 또는 물품공급의 수출

1. 수출실적 인정범위

수출자 또는 수출물품 등의 제조업자에 대한 외화획득용 원료 또는 물품 등의 공급 중 수출에 공하여지는 것으로 다음의 어느 하나에 해당하는 경우(규정 제25조 제1항 3호)
① 내국신용장(Local L/C)에 의한 공급
② 구매확인서에 의한 공급
③ 산업통상자원부장관이 지정하는 생산자의 수출물품 포장용 골판지상자의 공급

2. 수출실적 인정금액(규정 제26조 제2항)

수출실적의 인정금액은 외국환은행의 결제액 또는 확인액으로 한다.

3. 수출실적 인정시점(규정 제27조 제2항)

수출실적 인정시점은 다음의 하나로 한다.
① 외국환은행을 통하여 대금을 결제한 경우에는 결제일
② 외국환은행을 통하여 대금을 결제하지 아니한 경우에는 당사자 간의 대금 결제일

04 외국인으로부터 대금 영수 후 물품 국내 공급

1. 수출실적 인정범위(규정 제25조 제1항 제4호 내지 제6호)

① 외국인으로부터 대금을 영수하고 외화획득용 시설기재를 외국인과 임대차계약을 맺은 국내업체에 인도하는 경우
② 외국인으로부터 대금을 영수하고「자유무역지역의 지정 및 운영에 관한 법률」제2조의 자유무역지역으로 반입신고한 물품 등을 공급하는 경우
③ 외국인으로부터 대금을 영수하고 그가 지정하는 자가 국내에 있음으로써 물품 등을 외국으로 수출할 수 없는 경우 「관세법」제154조에 따른 보세구역으로 물품 등을 공급하는 경우

2. 수출실적 인정금액(규정 제26조 제3항)

수출실적의 인정금액은 외국환은행의 입금액으로 한다.

3. 수출실적 인정시점(규정 제27조 제1항)

수출실적 인정시점은 입금일로 한다.

05 외항선에 납품하는 내국선박용품

1. 수출실적 인정범위(규정 제25조 제1항 제7호)

외화를 받고 외항선박에 선박용품 등 관리에 관한 고시에 따른 내국선박용품을 공급하는 경우

2. 수출실적 인정금액(규정 제26조 제4항)

선박용품 등 관리에 관한 고시에 따라 보고된 적재허가서에 기재된 금액으로 한다.

3. 수출실적 인정시점(규정 제27조 제3항)

수출실적의 인정시점은 선박용품 등 관리에 관한 고시에 따른 적재허가서에 기재된 허가일자로 한다.

06 수입실적

1. 수입실적 인정범위(규정 제25조 제2항)

수입실적의 인정범위는 수입(영 제2조 제4호) 중 유상으로 거래되는 수입으로 한다.

2. 수입실적 인정금액(규정 제26조 제5항)

수입실적의 인정금액은 수입통관액(CIF가격 기준)으로 한다. 다만, 외국인수수입과 용역 또는 전자적 형태의 무체물의 수입의 경우에는 외국환은행의 지급액으로 한다.

3. 수입실적 인정시점(규정 제27조 제4항)

수입실적의 인정시점은 수입신고수리일로 한다. 다만, 외국인수수입과 용역 또는 전자적 형태의 무체물의 수입의 경우에는 지급일로 한다.

07 수출·수입실적의 확인 및 증명발급기관

1. 수출입 실적 확인 및 증명발급기관(규정 제28조 제1항)

(1) 외국환은행의 장
① 중계무역에 의한 수출
② 외국인도수출
③ 외국에서 개최되는 박람회, 전람회, 견본시, 영화제 등에 출품하기 위하여 무상으로 반출하는 물품 등의 수출로서 현지에서 매각된 경우의 수출
④ 원양어로에 의한 수출 중 현지 경비사용분
⑤ 수출물품 포장용 골판지 상자의 공급
⑥ 외국인으로부터 대금을 영수하고 외화획득용 시설기재를 외국인과 임대차계약을 맺은 국내업체에 인도하는 경우
⑦ 외국인수수입

(2) 한국무역협회장
① 외국인으로부터 대금을 영수하고 「자유무역지역의 지정 및 운영에 관한 법률」 제2조의 자유무역지역으로 반입신고한 물품 등을 공급하는 경우
② 외국인으로부터 대금을 영수하고 그가 지정하는 자가 국내에 있음으로써 물품 등을 외국으로 수출할 수 없는 경우 「관세법」 제154조에 따른 보세구역으로 물품 등을 공급하는 경우
③ 외화를 받고 외항선박에 선박용품 등 관리에 관한 고시에 따른 내국선박용품을 공급하는 경우

(3) 외국환은행의 장 또는 전자무역기반사업자
① 내국신용장(Local L/C)에 의한 공급
② 구매확인서에 의한 공급. 다만, 당사자 간에 대금을 결제한 경우에는 그 구매확인서의 발급기관이 당사자 간에 대금 결제가 이루어졌음을 증빙하는 서류를 확인하여야 한다.

(4) 용역의 수출입의 경우
① 한국무역협회장
② 한국해운협회장(해운업의 경우만 해당한다)
③ 한국관광협회중앙회장 및 문화체육관광부장관이 지정하는 업종별 관광협회장(관광사업의 경우만 해당한다)

(5) 한국무역협회장 또는 한국소프트웨어산업협회장
전자적 형태의 무체물의 수출입 사실의 확인 및 실적증명 발급받고자 하는 경우

2. 지정신청(규정 제28조 제2항)

수출·수입실적의 확인 및 증명 발급기관으로 지정받으려는 자는 동 증명서 발급에 필요한 인력 및 시설 등을 갖추고 있음을 입증할 수 있는 서류를 첨부하여 산업통상자원부장관에게 신청하여야 한다.

3. 지정(규정 제28조 제3항)

산업통상자원부장관은 신청을 받은 경우 필요한 인력 및 시설 등을 갖추고 있는지를 확인하여 수출·수입실적 확인 및 증명 발급기관으로 지정하여야 한다.

08 물품 등의 수출·수입실적 확인 및 증명 신청

1. 발급신청(규정 제29조 제1항)

물품 등의 수출·수입실적 확인 및 증명 발급을 받으려는 자는 별지 제10호 서식 또는 별지 제11호 서식에 의한 수출·수입실적의 확인 및 증명발급 신청서에 필요한 서류를 첨부하여 발급기관에 신청하여야 한다.

2. 발급상황기록(규정 제29조 제2항)

발급기관은 수출·수입실적 확인 및 증명서를 발급한 때에는 발급대장을 각각 비치하고 발급상황을 기록하여야 한다.

09 용역 또는 전자적 형태의 무체물의 수출·수입실적 확인 및 증명 신청

1. 용역이나 전자적 형태의 무체물의 수출입 확인(영 제23조)

산업통상자원부장관은 용역이나 전자적 형태의 무체물을 수출입한 자가 수출입에 관한 지원을 받기 위하여 수출입 사실의 확인을 신청하면 수출입 확인을 할 수 있다. 수출입 확인에 필요한 세부 절차 등은 산업통상자원부장관이 정하여 고시한다.

2. 용역의 수출입 사실의 확인 및 실적증명 발급(규정 제30조 제1항)

용역의 수출입 사실의 확인 및 실적증명 발급을 받으려는 자는 수출·수입실적의 확인 및 증명발급 신청서에 거래 사실을 증명할 수 있는 서류를 첨부하여 다음의 어느 하나에 해당하는 발급기관의 장에게 신청하여야 한다. 이 경우 발급기관의 장은 수출입 사실의 확인이 가능하고 신청 사실에 하자가 없다고 인정하는 경우에만 수출·수입실적의 확인 및 증명서를 발급하여야 한다.
① 한국무역협회장
② 한국해운협회장(해운업의 경우만 해당한다)
③ 한국관광협회중앙회장 및 문화체육관광부장관이 지정하는 업종별 관광협회장(관광사업의 경우만 해당한다)

3. 전자적 형태의 무체물의 수출입 사실의 확인 및 실적증명 발급(규정 제30조 제2항)

전자적 형태의 무체물의 수출입 사실의 확인 및 실적증명 발급을 받으려는 자는 수출·수입실적의 확인 및 증명발급 신청서에 거래 사실을 증명할 수 있는 서류를 첨부하여 한국무역협회장 또는 한국소프트웨어산업협회장에게 신청하여야 한다. 이 경우 한국무역협회장 또는 한국소프트웨어산업협회장은 수출입 사실의 확인이 가능하고 신청 사실에 하자가 없다고 인정하는 경우에만 수출·수입실적의 확인 및 증명서를 발급하여야 한다.

4. 자료제출 요구(규정 제30조 제3항)

수출·수입실적의 확인 및 증명 발급기관의 장은 신청인에게 수출·수입실적의 확인 및 증명서의 발급심사를 위하여 필요한 자료의 제출을 요구할 수 있다.

5. 실적 보고(규정 제30조 제4항)

수출·수입실적의 확인 및 증명 발급기관의 장은 수출·수입실적의 확인 및 증명서의 발급현황 등에 관한 매 분기 실적을 다음 달 20일까지 산업통상자원부장관과 관세청장에게 보고하여야 한다.

수출실적 요약

	인정범위	인정금액	인정시점	증명확인·발급기관
일반 수출	유상거래수출 (대북한 유상반출실적 포함)	수출통관액 (FOB)	수출신고 수리일	한국무역협회장 (또는 산업통상자원부장관이 지정하는 기관의 장)
	중계무역	가득액 (수출금액 FOB - 수입금액 CIF)	입금일	외국환은행의 장
	외국인도수출	외국환은행 입금액	입금일	
	외국인도수출중 위탁가공된 물품을 외국에 판매하는 경우	판매액 - (원자재수출금액 + 가공임)	입금일	
	원양어로에 의한 수출중 현지경비 사용분	외국환은행 확인분		
	용역의 수출	외국환은행을 통해 입금 확인한 금액	입금일	한국무역협회장 한국해운협회장 한국관광협회중앙회장
	전자적형태의 무체물	외국환은행을 통해 입금 확인한 금액	입금일	한국무역협회장 또는 한국소프트웨어산업협회장
수출 승인 면제 대상 물품	박람회등에 출품된 물품 중 현지매각 분	외국환은행 입금액	입금일	외국환은행의 장
	해외건설공사에 직접 공하여지는 원료, 기재, 공사용 장비 또는 기계류의 수출	수출통관액 (FOB)	수출신고 수리일	한국무역협회장 (또는 산업통상자원부장관이 지정하는 기관의 장)
외화 획득용 원료의 공급	내국신용장에 의한 공급	외국환은행의 결제액 또는 확인액	① 외국환은행을 통하여 결제한 경우: 결제일 ② 외국환은행을 통하지 않은 경우: 당사자 간 대금결제일	외국환은행의 장 또는 전자무역기반사업자
	구매확인서에 의한 공급			외국환은행의 장 또는 전자무역기반사업자
	수출물품 포장용 골판지 상자의 공급			외국환은행의 장
외국인 으로부터 대금 영수 후 국내공급	외화획득용 시설기재를 외국인과 임대차계약을 맺은 국내업체에 인도하는 경우	외국환은행 입금액	입금일	외국환은행의 장
	자유무역지역으로 반입신고한 물품 등을 공급하는 경우	외국환은행 입금액	입금일	한국무역협회장
	지정하는 자가 국내에 있음으로써 물품 등을 외국으로 수출할 수 없는 경우 보세구역으로 물품 등을 공급하는 경우	외국환은행 입금액	입금일	한국무역협회장
외항 선박에 납품하는 선박용품	외화를 받고 외항선박에 선박용품 등 관리에 관한 고시에 따른 내국선박용품을 공급하는 경우	선박용품 등 관리에 관한 고시에 따라 보고된 적재허가서에 기재된 금액	적재허가서에 기재된 허가일자	한국무역협회장

수입실적 요약

인정범위	인정금액	인정시점	증명확인·발급기관
유상거래수입	수입통관액 (CIF)	수입신고 수리일	한국무역협회장 (또는 산업통상자원부장관이 지정하는 기관의 장)
용역의 수입	외국환은행의 지급액	지급일	한국무역협회장 한국해운협회장 한국관광협회중앙회장
전자적형태의 무체물의 수입			한국무역협회장 또는 한국소프트웨어산업협회장
외국인수수입			외국환은행의 장

제4장 수출입 거래(2) - 외화획득용 원료·기재의 수입과 구매 등

I 개요

수출입승인제도는 물품의 수출입을 제한하는 제도이나, 외화획득용 원료·기재의 수입승인제도는 수출 등 외화획득에 사용될 원료 등의 조달을 원활하게 하여 외화획득의 이행을 촉진하는 지원 제도이다.

외화획득의 범위는 수출보다 넓은 개념으로서 수출지원제도만으로 외화획득행위를 적절히 지원하는 데에 한계가 있으며, 외화획득용 원료·기재의 수입승인제도는 외화획득의 이행을 전제로 하는 것으로 일반수입과는 달리 다음과 같은 지원제도가 존재한다.

(1) 수출입공고 수량제한 적용배제

외화획득용 원료·기재의 수입은 외화획득 이행을 위하여 수입하는 것이므로 수출입공고에 의한 수입 제한 품목이라도 수량 등의 제한을 받지 않고 수입 가능

(2) 관세환급

외화획득용으로 수입한 원자재 등을 사용하여 생산한 물품을 수출할 경우 당초 수입통관 시 납부한 관세 등을 환급

(3) 무역금융 지원

원자재수입대금 등을 무역금융에서 융자지원

(4) 원산지표시 면제

외화획득용 원료·기재의 수입 시 원산지 표시 면제

1. 의의

(1) 산업통상자원부장관은 원료, 시설, 기재(機材) 등 외화획득을 위하여 사용되는 물품 등(이하 "원료·기재"라 한다)의 수입에 대하여는 제11조 제6항(수출입공고 등)을 적용하지 아니할 수 있다. 다만, 국산 원료·기재의 사용을 촉진하기 위하여 필요한 경우에는 그러하지 아니하다(법 제16조 제1항).

(2) 산업통상자원부장관은 원료·기재의 범위, 품목 및 수량을 정하여 공고할 수 있다(법 제16조 제2항).

2. 외화획득용 원료·기재의 개념(영 제2조 제5호)

(1) 외화획득용 원료

외화획득에 제공되는 물품, 제3조에 따른 용역 및 제4조에 따른 전자적 형태의 무체물(이하 "물품 등"이라 한다)을 생산하는 데에 필요한 원자재·부자재·부품 및 구성품

(2) 외화획득용 시설기재(施設機材)

외화획득에 제공되는 물품 등을 생산하는 데에 사용되는 시설·기계·장치·부품 및 구성품[물품 등의 하자(瑕疵)를 보수하거나 물품 등을 유지·보수하는 데에 필요한 부품 및 구성품을 포함한다]

(3) 외화획득용 제품

수입 후 또는 국내 구매 후 생산과정을 거치지 않은 상태로 외화획득에 제공되는 물품 등

(4) 외화획득용 용역

외화획득에 제공되는 물품 등을 생산하는 데에 필요한 제3조에 따른 용역

(5) 외화획득용 전자적 형태의 무체물

외화획득에 제공되는 물품 등을 생산하는 데에 필요한 제4조에 따른 전자적 형태의 무체물

3. 외화획득의 범위

산업통상자원부장관은 원료·기재의 범위, 품목 및 수량을 정하여 공고할 수 있으며, 외화획득의 범위, 이행기간, 확인방법, 그 밖에 필요한 사항은 대통령령으로 정한다(법 제16조 제2항, 제4항).

(1) 직접 외화획득(영 제26조 제1항)

외화획득의 범위는 다음의 어느 하나에 해당하는 방법에 따라 외화를 획득하는 것으로 한다.
① 수출
② 주한 국제연합군이나 그 밖의 외국군 기관에 대한 물품 등의 매도
③ 관광
④ 용역 및 건설의 해외 진출
⑤ 국내에서 물품 등을 매도하는 것으로서 산업통상자원부장관이 정하여 고시하는 기준에 해당하는 것
  ㉠ 외국인으로부터 외화를 받고 국내의 보세지역에 물품을 공급하는 경우
  ㉡ 외국인으로부터 외화를 받고 공장건설에 필요한 물품을 국내에서 공급하는 경우
  ㉢ 외국인으로부터 외화를 받고 외화획득용 시설·기재를 외국인과 임대차계약을 맺은 국내업체에 인도하는 경우
  ㉣ 정부·지방자치단체 또는 정부투자기관이 외국으로부터 받은 차관자금에 의한 국제경쟁입찰에 의하여 국내에서 유상으로 물품을 공급하는 경우(대금결제 통화의 종류를 불문한다)
  ㉤ 외화를 받고 외항선박(항공기)에 선(기)용품을 공급하거나 급유하는 경우
  ㉥ 절충교역거래(off set)의 보완거래로서 외국으로부터 외화를 받고 국내에서 제조된 물품을 국가기관에 공급하는 경우(규정 제31조)

(2) 수출의 알선(영 제26조 제2항)

무역거래자가 외국의 수입업자로부터 수수료를 받고 행한 수출 알선은 제1항에 따른 외화획득행위에 준하는 행위로 본다.

4. 외화획득용 원료의 범위(규정 제32조)

외화획득용 원료의 범위는 다음과 같다.
(1) 수출실적으로 인정되는 수출물품 등을 생산하는 데에 소요되는 원료(포장재, 1회용 파렛트를 포함한다)
(2) 외화가득율(외화획득액에서 외화획득용 원료의 수입금액을 공제한 금액이 외화획득액에서 차지하는 비율을 말한다)이 30퍼센트 이상인 군납용 물품 등을 생산하는 데에 소요되는 원료
(3) 해외에서의 건설 및 용역사업용 원료
(4) 제31조 각 호에 따른 외화획득용 물품 등을 생산하는 데에 소요되는 원료
(5) 제1호부터 제4호까지의 규정에 따른 원료로 생산되어 외화획득이 완료된 물품 등의 하자 및 유지보수용 원료

II 외화획득용 원료·기재의 수입과 국내구매

1. 의의(영 제24조)

(1) 수입승인을 받아야 하는 물품 등을 외화획득용 원료·기재로 수입하려는 자는 산업통상자원부장관이 정하여 고시하는 기준에 따라 산업통상자원부장관의 승인을 받아야 한다(영 제24조 제1항).
(2) 산업통상자원부장관은 국산 원료·기재의 사용을 촉진하기 위하여 외화획득용 원료·기재의 수입을 제한하려는 경우에는 그 제한하려는 품목 및 수입에 필요한 절차를 따로 정하여 고시하여야 한다(영 제24조 제2항).

2. 외화획득용 원료의 수입승인

외화획득용 원료의 수입승인에 관한 권한을 위임·위탁받은 기관·단체(외화획득용 원료의 승인기관)의 장은 외화획득용 원료의 수입에 대하여는 수량제한을 받지 아니하고 승인할 수 있다(규정 제33조 제1항). 다만, 농림수산물의 경우에는 농림수산물 중 해당 품목을 관장하는 중앙행정기관의 장 또는 그 중앙행정기관의 장이 지정하는 기관의 장이 정하는 품목은 해당 기관의 장이 정하는 수입승인요령에 따라 승인을 받아야 수입할 수 있다(규정 제33조 제2항 및 제34조).

> **📖 더 알아보기**
>
> **외화획득용 원료의 승인기관(영 제91조 제7항)**
> 산업통상자원부장관은 법 제52조 제1항에 따라 수출입승인 대상물품 등에 대한 다음 각 호의 권한을 산업통상자원부장관이 지정하여 고시하는 관계 행정기관 또는 단체의 장에게 위탁한다.
> 1. 법 제11조 제2항부터 제5항까지에 따른 수출 또는 수입의 승인, 승인의 유효기간 설정 및 연장, 변경승인 및 변경사항 신고의 수리에 관한 권한
> 2. 제24조에 따른 외화획득용 원료·기재의 수입승인에 관한 권한
> 3. 산업통상자원부장관이 관장하는 외화획득용 원료·기재에 대한 제28조에 따른 사후 관리에 관한 권한

3. 국내구매물품의 승인(규정 제33조 제2항)

외화획득용 원료의 승인기관의 장은 유통업자가 구매확인서 또는 내국신용장을 근거로 수출품생산자에게 직접 공급하기 위하여 외화획득용 원료를 수입하려는 경우에는 그 수입을 승인할 수 있다.

4. 외화획득용 원료 수입승인 시 확인 등(규정 제35조)

외화획득용 원료의 승인기관의 장은 외화획득용 원료의 수입승인을 할 때에는 외화획득용원료 수입승인신청서에 다음의 사항 등 기재사항이 적정한지를 확인하여야 한다.
① 외화획득이행의무자의 사후 관리기관(수입대행의 경우에는 실수요자의 사후 관리기관)
② 제33조 제1항 단서(농림수산물의 적정 수입승인 여부)에 따른 수입승인 여부

III 외화획득 의무의 이행

1. 외화획득이행의무자(법 제16조 제3항 및 제17조 제3항)

원료·기재를 수입한 자와 수입을 위탁한 자는 그 수입에 대응하는 외화획득을 하여야 한다. 다만, 제17조에 따라 산업통상자원부장관의 승인을 받은 경우에는 그러하지 아니하다. 그리고 원료·기재 또는 그 원료·기재로 제조된 물품 등을 양수한 자도 외화획득 이행의무를 이행하여야 한다.

> 외화획득이행의무자
> ① 외화획득용 원료·기재를 수입한 자
> ② 외화획득용 원료·기재의 수입을 위탁한 자
> ③ 외화획득용 원료·기재 또는 그 원료·기재로 제조된 물품 등을 양수한 자

2. 외화획득의 이행기간(영 제27조)

(1) 외화획득의 이행기간

외화획득의 이행기간은 다음의 구분에 따른 기간의 범위에서 산업통상자원부장관이 정하여 고시하는 기간으로 한다.
① 외화획득용 원료·기재를 수입한 자가 직접 외화획득의 이행을 하는 경우: 수입통관일 또는 공급일부터 2년
② 다른 사람으로부터 외화획득용 원료·기재 또는 그 원료·기재로 제조된 물품 등을 양수한 자가 외화획득의 이행을 하는 경우: 양수일부터 1년
③ 외화획득을 위한 물품 등을 생산하거나 비축하는 데에 2년 이상의 기간이 걸리는 경우: 생산하거나 비축하는 데에 걸리는 기간에 상당하는 기간
④ 수출이 완료된 기계류의 하자 및 유지 보수를 위한 외화획득용 원료·기재인 경우: 하자 및 유지 보수 완료일부터 2년

> 규정 제39조 제1항(외화획득의 이행기간) 외화획득 이행의무자는 외화획득용 원료의 수입신고수리일, 용역 또는 전자적 형태의 무체물의 공급일, 수입된 외화획득용 원료 또는 해당 원료로 제조된 물품 등(이하 "원료 등"이라 한다)의 구매일 또는 양수일부터 다음 각 호의 기간이 경과한 날까지 외화획득의 이행을 하여야 한다.
> 1. 외화획득 행위의 경우에는 2년
> 2. 국내공급(양도를 포함한다)인 경우에는 1년
> 3. 외화획득 물품의 선적기일이 2년 이상인 경우에는 그 기일까지의 기간
> 4. 수출이 완료된 기계류(HS 84류부터 90류까지의 규정에 해당하는 품목)의 하자 및 유지보수용 원료등인 경우에는 10년

(2) 농림수산물의 외화획득 이행기간(규정 제40조)

외화획득의 이행기간 중 이행기간의 연장 규정에도 불구하고 농림수산물 중 해당 품목을 관장하는 중앙행정기관의 장 또는 그 중앙행정기관의 장이 지정하는 기관의 장으로부터 수입승인을 받은 원료 등의 외화획득 이행기간 및 그 연장에 대하여는 중앙행정기관의 장이 정한다.

3. 외화획득 이행기간의 연장

(1) 외화획득 이행기간의 연장신청(영 제27조 제2항)

외화획득이행의무자는 기간 내에 외화획득의 이행을 할 수 없다고 인정되면 산업통상자원부장관이 정하는 서류를 갖추어 산업통상자원부장관에게 그 기간의 연장을 신청하여야 한다. 이때 관할 업무의 위임·위탁에 따라 외화획득 이행기간 연장신청은 관할 특별시장·광역시장·도지사 또는 특별자치도지사(이하 "시·도지사"라 한다)에게 신청하여야 한다(규정 제39조 제2항).

(2) 외화획득 이행기간 연장(영 제27조 제3항)

산업통상자원부장관은 신청을 받은 경우 그 신청이 타당하다고 인정할 때에는 외화획득의 이행기간을 연장할 수 있다.

(3) 외화획득 이행기간 연장 가능 사유(규정 제39조 제3항)

시·도지사는 다음의 어느 하나에 해당하는 경우 1년의 범위 내에서 외화획득 이행기간을 연장할 수 있다.
① 생산에 장기간이 소요되는 경우
② 제품생산을 위탁한 경우 그 공장의 도산 등으로 인하여 제품 생산이 지연되는 경우
③ 외화획득 이행의무자의 책임 있는 사유가 없음에도 신용장 또는 수출계약이 취소된 경우
④ 외화획득이 완료된 물품의 하자보수용 원료 등으로서 장기간 보관이 불가피한 경우
⑤ 그 밖에 부득이한 사유로 외화획득 이행기간 내에 외화획득 이행이 불가능하다고 인정되는 경우

(4) 사후관리기관에의 통보(규정 제39조 제4항)

시·도지사가 외화획득 이행기간 연장을 승인한 때에는 그 사실을 신청자와 외화획득용 원료 등에 대한 사후 관리에 관한 권한을 위임·위탁받은 기관·단체(이하 "외화획득용 원료 등의 사후 관리기관"이라 한다)의 장에게 알려야 한다.

Ⅳ 외화획득용 원료·기재의 사후 관리

1. 사후관리

(1) 수입승인을 받아야 하는 물품 등을 외화획득용 원료·기재로 수입하려는 자는 산업통상자원부장관이 정하여 고시하는 기준에 따라 산업통상자원부장관의 승인을 받아야 한다(영 제24조 제1항).

(2) 산업통상자원부장관은 승인을 받아 수입한 외화획득용 원료·기재 및 그 원료·기재로 제조된 물품 등에 대하여는 외화획득이행의무자의 외화획득 이행 여부를 사후 관리하여야 한다(영 제28조 제1항).

2. 자율관리기업

(1) 의의(영 제28조 제2항)

산업통상자원부장관은 산업통상자원부장관이 정하여 고시한 요건을 갖춘 자가 수입승인을 받아 수입한 외화획득용 원료·기재에 대하여는 수입승인을 받은 자가 사후 관리하도록 할 수 있다. 외화획득용 원료·기재를 양수한 자로서 산업통상자원부장관이 정하여 고시한 요건을 갖춘 자의 경우에도 또한 같다.

(2) 자율관리기업의 선정요건(규정 제43조 제1항)

자율적으로 사후 관리를 할 수 있는 기업의 선정 요건은 다음과 같다.

① 전년도 수출실적이 미화 50만 달러 상당액 이상인 업체, 수출 유공으로 포상(훈·포장 및 대통령표창을 말한다. 이하 같다)을 받은 업체(84년도 이후 포상 받은 업체만 해당한다)또는 중견수출기업
② 과거 2년간 미화 5천 달러 상당액 이상 외화획득 미이행으로 보고된 사실이 없는 업체

(3) 자율관리기업의 신청(규정 제43조 제3항)

자율관리기업으로 선정 받으려는 자는 다음의 서류를 첨부하여 국가기술표준원장에게 신청하여야 한다.
① 수출실적증명서
② 외화획득용 원료의 승인기관의 장의 외화획득의무 성실이행확인서(제1항 제2호의 사실 확인 내용을 포함한다)
③ 자율관리규정
④ 원료 등을 용도 외에 사용하지 아니할 것임을 약속하는 각서

(4) 자율관리기업의 선정 및 통보

① 선정(규정 제43조 제2항)

자율관리기업은 국가기술표준원장이 수시로 해당업체를 선정한다.

② 유관기관 통보(규정 제43조 제4항)

국가기술표준원장이 자율관리기업을 선정한 때에는 산업통상자원부장관, 세관장에게 그 사실을 알려야 한다.

③ 사후관리(규정 제43조 제5항)

자율관리기업으로 선정받은 자는 자율관리규정에 따라 사후 관리를 하여야 한다.

④ 보고(규정 제43조 제6항)

자율관리기업은 매 반기 종료 다음 달 말일까지 별지 제28호 서식에 의한 대응 외화획득이행내역을 국가기술표준원장에게 보고하여야 한다.

(5) 자율관리기업의 선정 취소(규정 제43조 제7항)

국가기술표준원장은 자율관리기업으로 선정 받은 자가 다음의 어느 하나에 해당하는 경우에는 그 선정을 취소할 수 있다. 이때 취소된 기업은 취소한 날부터 3년 이내에는 재선정될 수 없다.
① 원료 등을 타 상사에 공급하고 공급이행내역을 알리지 아니하거나 승인 없이 원료 등을 사용목적 이외의 용도에 사용하거나 양도 또는 양수한 때
② 파산 등으로 사후 관리가 불가능할 때
③ 법 또는 법에 의한 명령이나 처분을 위반한 때

3. 원료 등의 사후 관리기관(규정 제42조)

외화획득용 원료의 사후 관리기관은 다음의 항목으로 한다.
(1) 외화획득용 원료 중 농림수산물 등 승인을 받도록 정한 품목에 대한 사후 관리는 해당 품목을 관장하는 중앙행정기관의 장 또는 중앙행정기관의 장이 지정하는 기관의 장
(2) 농림수산물을 제외한 원료 등의 사후 관리는 해당 외화획득 원료의 승인기관의 장
(3) 농림수산물 외의 원재료 중 자율관리기업으로 선정된 자가 수입(국내구매 또는 양수를 포함한다)한 원료 등의 사후 관리는 해당 자율관리기업의 장

4. 사후 관리 대상 원료의 분류(규정 제44조)

원료 등의 사후 관리는 다음의 경우를 제외하고는 외화획득 이행의무자별로 원료 등의 품목분류번호(HS 10단위)별로 분기마다 수입 및 구매한 총량을 대상으로 한다.
(1) 품목분류번호(HS 10단위)가 다르더라도 원료 등의 성질상 같은 품목이거나 유사한 품목은 품명단위별로 분기마다 수입 및 구매한 총량을 대상으로 관리한다.
(2) 의류 및 가방 등의 부재료로 사용되는 지퍼는 품목분류번호(HS 10단위)별로 분기마다 수입 및 구매한 양의 총길이로 관리한다.

5. 외화획득용 원료·기재의 사후 관리 면제(영 제29조)

산업통상자원부장관은 승인을 받아 수입한 외화획득용 원료·기재 및 그 원료·기재로 제조된 물품 등에 대하여는 외화획득이행의무자의 외화획득 이행 여부를 사후 관리하여야 한다. 그럼에도 불구하고 산업통상자원부장관은 다음의 어느 하나에 해당하는 경우에는 사후 관리를 하지 아니할 수 있다.
(1) 품목별 외화획득 이행 의무의 미이행률이 10퍼센트 이하인 경우
(2) 외화획득이행의무자의 분기별 미이행률이 10퍼센트 이하이고, 그 미이행 금액이 미화 2만 달러에 상당하는 금액 이하인 경우
(3) 외화획득이행의무자의 책임이 없는 사유로 외화획득의 이행을 하지 못한 경우로서 산업통상자원부장관이 인정하는 경우
(4) 해당 품목이 수입승인 대상에서 제외됨으로써 그 수입에 대응하는 외화획득의 이행을 할 필요가 없는 경우 등 산업통상자원부장관이 사후관리를 할 필요성이 없어진 것으로 인정하는 경우
① 수입승인을 받아 수입한 품목이 수입승인 대상에서 제외되는 원료 등
② 외화획득의 이행을 위하여 보세공장 및 보세창고 또는 자유무역지역에 반입되는 원료 등

> **더 알아보기**

사후관리 방법

1. 외화획득용 원료 등의 구매내역 신고(규정 제45조)

    사후 관리대상 품목을 구매한 자는 분기 중에 구매한 원료 등의 건별내역을 품목분류하여 외화획득용 원료구매내역 신고서에 작성하여 분기종료 후 다음 달 20일까지 외화획득용 원료 등의 사후 관리기관의 장에게 신고하여야 한다.

2. 외화획득 이행신고

    (1) 신고(규정 제47조 제1항)

    수입제한품목을 수입한 외화획득 이행의무자는 외화획득을 이행하고 별지 제16호 서식에 의한 외화획득이행신고서에 다음의 서류를 첨부하여 수출선적일 또는 외화입금일부터 3개월 이내에 외화획득용 원료 등의 사후 관리기관의 장에게 신고하여야 한다.
    ① 수출신고필증(또는 외화입금증명서) 원본
    ② 자율소요량계산서

    (2) 거래관계입증(규정 제47조 제2항)

    외화획득 이행신고자와 수출신고필증의 명의가 상이한 경우에는 내국신용장, 구매확인서, 수출대행계약서 또는 물품 등 구매계약서 등 거래관계를 입증하는 서류를 제출하여야 한다.

    (3) 관리(규정 제47조 제3항)

    외화획득용 원료의 사후 관리기관의 장은 신고가 있을 때에는 지체 없이 외화획득 이행신고서에 표시된 원료 등의 양을 별지 제29호 서식에 의한 외화획득용 원료 사후 관리이행 정리카드에서 차감하여 정리하고 해당 수출신고필증 원본(또는 외화입금증명서 원본)의 뒷면에 사후 관리 사실을 확인 표시하여야 한다.

3. 공급이행신고

    (1) 신고(규정 제48조 제1항)

    사후 관리 대상 품목을 원료 등으로 공급한 자는 별지 제17호 서식에 의한 외화획득용 원료공급이행신고서 3부(공급자 외화획득용 원료의 사후 관리기관용, 인수자 외화획득용 원료의 사후 관리기관용 및 인수자용)에 인수자의 날인 또는 물품 등 수령증을 받아 다음의 서류를 첨부하여 공급일부터 3월 이내에 외화획득용 원료의 사후 관리기관의 장에게 신고하여야 한다. 다만, 공급자가 유통업자인 경우에는 ②의 서류를 면제한다.
    ① 내국신용장 또는 구매확인서
    ② 자율소요량계산서

    (2) 관리(규정 제48조 제2항)

    공급자 외화획득용 원료의 사후 관리기관의 장은 제47조 제3항에 준하여 공급이행정리하고 내국신용장 등의 원본 서류 뒷면에 사후 관리 사실을 확인 표시하여야 한다.

    (3) 통보(규정 제48조 제3항)

    공급자 외화획득용 원료의 사후 관리기관의 장은 제1항의 외화획득용 원료 공급이행신고서에 확인날인한 후 1부는 인수자 외화획득용 원료의 사후 관리기관의 장, 1부는 인수자에게 통보하여야 한다.

    (4) 보세공장의 반입(규정 제48조 제4항)

    원료 등을 보세공장에 반입한 자는 세관장이 발행한 반입확인서를 외화획득용 원료의 사후 관리기관의 장에게 제출하여야 하며, 반입확인서를 외화획득용 원료의 사후 관리기관의 장은 제47조 제3항에 준하여 공급이행정리를 하여야 한다.

    (5) 자율관리기업의 관리(규정 제48조 제5항)

    자율관리기업이 사후 관리 대상 기업에 원료 등을 공급한 경우에는 공급이행신고서 2부를 작성, 공급일부터 3월 이내에 1부는 인수자 외화획득용 원료의 사후 관리기관의 장에게, 1부는 인수자에게 통보하여야 한다. 다만, 자율관리기업에 공급하는 경우에는 인수자에게만 알린다.

4. 사후 관리 카드정리

    (1) 외화획득용 원료의 사후 관리기관의 장은 제45조에 따른 구매내역신고서 및 제48조에 따라 신고 받은 공급이행신고서를 외화획득 이행의무자별로 수입신고수리일 또는 원료 등의 구매일 순으로 관리하여야 한다(규정 제46조 제1항).

    (2) 외화획득용 원료의 사후 관리기관의 장은 제33조에 따라 수입승인된 원료 등과 제1항에 따라 신고된 원료 등에 대하여 품목분류번호(HS 10단위)별로 분기마다 수입 또는 구매한 총량과 금액 등을 별지 제29호 서식에 의한 외화획득용 원료 사후관리이행 정리카드에 기재하여야 한다(규정 제46조 제2항).

V 외화획득용 원료·기재의 사용목적 변경승인 등

1. 개요

(1) 용도 외 사용승인(법 제17조 제1항)

원료·기재를 수입한 자는 그 수입한 원료·기재 또는 그 원료·기재로 제조된 물품 등을 부득이한 사유로 인하여 당초의 목적 외의 용도로 사용하려면 대통령령으로 정하는 바에 따라 산업통상자원부장관의 승인을 받아야 한다. 다만, 대통령령으로 정하는 원료·기재 또는 그 원료·기재로 제조된 물품 등에 대하여는 그러하지 아니하다.

(2) 양도(법 제17조 제2항)

수입한 원료·기재 또는 그 원료·기재로 제조된 물품 등을 당초의 목적과 같은 용도로 사용하거나 수출하려는 자에게 양도(讓渡)하려는 때에는 양도하려는 자와 양수(讓受)하려는 자가 함께 산업통상자원부장관의 승인을 받아야 한다. 다만, 대통령령으로 정하는 원료·기재 또는 그 원료·기재로 제조된 물품 등에 대하여는 그러하지 아니하다.

2. 변경승인 사유(영 제30조 제2항)

원료·기재를 수입한 자는 그 수입한 원료·기재 또는 그 원료·기재로 제조된 물품 등을 부득이한 사유로 인하여 당초의 목적 외의 용도로 사용하려면 대통령령으로 정하는 바에 따라 산업통상자원부장관의 승인을 받아야 한다.

"부득이한 사유"란 다음의 어느 하나에 해당하는 경우를 말한다.

(1) 우리나라나 교역상대국의 전쟁·사변, 천재지변 또는 제도 변경으로 인하여 외화획득의 이행을 할 수 없게 된 경우
(2) 외화획득용 원료·기재로 생산된 물품 등으로서 그 물품 등을 생산하는 데에 고도의 기술이 필요하여 외화획득의 이행에 앞서 시험제품을 생산할 필요가 있는 경우
(3) 외화획득 이행의무자의 책임이 없는 사유로 외화획득의 이행을 할 수 없게 된 경우
(4) 그 밖에 산업통상자원부장관이 불가항력으로 외화획득의 이행을 할 수 없다고 인정한 경우
　① 화재나 천재지변으로 인하여 외화획득 이행이 불가능하게 된 경우
　② 기술혁신이나 유행의 경과로 새로운 제품이 개발되어 수입된 원료 등으로는 외화획득 이행물품 등의 생산에 사용할 수 없는 경우
　③ 수입된 원료가 형질이 변화되어 외화획득 이행물품의 생산에 사용할 수 없게 된 경우
　④ 그 밖에 수입 또는 구매한 자에게 책임을 돌릴 사유가 없이 외화획득을 이행할 수 없는 경우로서 사용목적 변경승인기관의 장이 인정하는 경우

3. 승인면제 물품(영 제30조 제3항)

다만, 다음에 해당하는 원료·기재 또는 그 원료·기재로 제조된 물품 등에 대하여는 승인 없이 용도 외 사용할 수 있다(법 제17조 제1항 단서).

(1) 평균 손실량에 해당하는 외화획득용 원료·기재 또는 그 원료·기재로 생산한 물품 등
(2) 해당 품목이 수입승인 대상에서 제외됨으로써 그 수입에 대응하는 외화획득의 이행을 할 필요가 없는 경우 등 산업통상자원부장관이 사후관리를 할 필요성이 없어진 것으로 인정하는 경우에 해당하는 외화획득용 원료·기재

4. 변경승인 신청

(1) 승인의 신청(영 제30조 제1항 및 규정 제49조 제1항)

외화획득용 원료·기재 또는 그 원료·기재로 제조된 물품 등의 사용목적 변경승인을 받으려는 자는 신청서에 산업통상자원부장관이 정하는 서류를 첨부하여 산업통상자원부장관에게 제출하여야 한다. 원료 등의 사용목적 변경승인을 받으려는 자는 별지 제18호 서식에 의한 외화획득용 원료 사용목적 변경승인 신청서 4부에 다음의 서류를 첨부하여 외화획득 이행기간의 만기일 이전에 관할 시·도지사 또는 제42조 제1호에 따른 기관의 장(원료 등의 사후 관리기관의 장)에게 신청을 하여야 한다.

① 사용목적 변경신청사유서
② 변경하려는 물량을 확인할 수 있는 서류
③ 변경신청하려는 사유를 인정할 수 있는 서류
④ 그 밖에 사용목적 변경승인기관의 장이 필요하다고 인정하는 서류

(2) 양도·양수 승인 신청(영 제30조 제4항)

외화획득용 원료·기재 또는 그 원료·기재로 제조된 물품 등의 양도·양수 승인을 받으려는 자는 신청서에 산업통상자원부장관이 정하는 서류를 첨부하여 산업통상자원부장관에게 제출하여야 한다.

> 규정 제50조 제1항 영 제30조 제4항에 따라 외화획득용 원료 등에 대한 양도·양수의 승인을 받으려는 자는 별지 제19호 서식에 의한 외화획득용 원료 등 양도승인 신청서 3부에 다음 각 호의 서류를 첨부하여 양도인 또는 양수인의 외화획득용 원료 등의 사후 관리기관의 장 또는 제42조 제1호에 따른 기관의 장에게 신청하여야 한다.
> 1. 양수·도계약서
> 2. 수입신고필증 또는 기초원재료 납세증명서

Ⅵ 외화획득용 원료·기재의 국내구매

외화획득용 원료·기재를 확보하는 과정에는 수입을 통한 방법과 국내에서 내국신용장 또는 구매확인서를 통해 확보하는 방법이 있다. 내국신용장과 구매확인서를 통해 국내에서 수출용 원자재, 수출용 완제품 또는 외화획득용 원료·기재를 구매하는 경우 간접 수출로 인정되어 무역금융 융자, 부가가치세 영세율의 적용 및 관세환급 등을 받을 수 있는 혜택을 부여한다.

1. 정의(규정 제2조)

(1) 구매확인서

외화획득용 원료·기재를 구매하려는 경우 또는 구매한 경우 외국환은행의 장 또는 「전자무역 촉진에 관한 법률」 제6조에 따라 산업통상자원부장관이 지정한 전자무역기반사업자(이하 "전자무역기반사업자"라 한다)가 내국신용장에 준하여 발급하는 증서(구매한 경우에는 구매확인서 신청인이 세금계산서를 발급받아 「부가가치세법 시행규칙」 제9조의 2에서 정한 기한 내에 신청하여 발급받은 증서에 한한다)를 말한다.

(2) 내국신용장

한국은행총재가 정하는 바에 따라 외국환은행의 장이 발급하여 국내에서 통용되는 신용장을 말한다.

> **더 알아보기**
>
> **부가가치세법 시행규칙 제21조 내국신용장 등의 범위**
> 법 제21조 제2항 제3호와 영 제31조 제2항 제1호 및 제33조 제2항 제4호에서 "기획재정부령으로 정하는 내국신용장 또는 구매확인서"란 다음 각 호의 내국신용장 또는 구매확인서를 말한다.
> 1. 내국신용장: 사업자가 국내에서 수출용 원자재, 수출용 완제품 또는 수출재화임가공용역을 공급받으려는 경우에 해당 사업자의 신청에 따라 외국환은행의 장이 재화나 용역의 공급시기가 속하는 과세기간이 끝난 후 25일(그 날이 공휴일 또는 토요일인 경우에는 바로 다음 영업일을 말한다) 이내에 개설하는 신용장
> 2. 구매확인서: 「대외무역법 시행령」 제31조 및 제91조 제11항에 따라 외국환은행의 장이나 전자무역기반사업자가 제1호의 내국신용장에 준하여 재화나 용역의 공급시기가 속하는 과세기간이 끝난 후 25일(그 날이 공휴일 또는 토요일인 경우에는 바로 다음 영업일을 말한다) 이내에 발급하는 확인서

2. 구매확인서의 발급 및 관리

(1) 발급(법 제18조 제1항)

산업통상자원부장관은 외화획득용 원료·기재를 구매하려는 자가 「부가가치세법」 제24조에 따른 영(零)의 세율을 적용받기 위하여 확인을 신청하면 외화획득용 원료·기재를 구매하는 것임을 확인하는 서류(이하 "구매확인서"라 한다)를 발급할 수 있다.

(2) 사후관리(법 제18조 제2항)

산업통상자원부장관은 구매확인서를 발급받은 자에 대하여는 외화획득용 원료·기재의 구매 여부를 사후관리하여야 한다.

3. 발급신청

(1) 구비서류(영 제31조 제1항)

구매확인서를 발급받으려는 자는 구매확인신청서에 다음의 서류를 첨부하여 산업통상자원부장관에게 제출하여야 한다.
① 구매자·공급자에 관한 서류
② 외화획득용 원료·기재의 가격·수량 등에 관한 서류
③ 외화획득용 원료·기재라는 사실을 증명하는 서류로서 산업통상자원부장관이 정하여 고시하는 서류 (규정 제36조 제2항)
   ㉠ 수출신용장
   ㉡ 수출계약서(품목·수량·가격 등에 합의하여 서명한 수출계약 입증서류)
   ㉢ 외화매입(예치)증명서(외화획득 이행 관련 대금임이 관계 서류에 의해 확인되는 경우만 해당한다)
   ㉣ 내국신용장
   ㉤ 구매확인서
   ㉥ 수출신고필증(외화획득용 원료·기재를 구매한 자가 신청한 경우에만 해당한다)
   ㉦ 영 제26조 각 호에 따른 외화획득에 제공되는 물품 등을 생산하기 위한 경우임을 입증할 수 있는 서류

(2) 발급 신청

① 국내에서 외화획득용 원료・기재를 구매하려는 자 또는 구매한 자는 외국환은행의 장 또는 전자무역기반사업자에게 구매확인서의 발급을 신청할 수 있다(규정 제37조 제1항).

② 구매확인서를 발급받으려는 자는 구매확인신청서를 「전자무역 촉진에 관한 법률」 제12조에서 정하는 바에 따른 전자무역문서로 작성하여 외국환은행의 장 또는 전자무역기반사업자에게 제출하여야 하고, 제36조 제2항 각 호의 어느 하나에 해당하는 서류를 제출하여야 한다.

4. 구매확인서의 발급

(1) 발급

① 산업통상자원부장관은 구매확인서의 발급 신청을 받은 경우 신청인이 구매하려는 원료・기재가 외화획득의 범위에 해당하는지를 확인하여 발급 여부를 결정한 후 구매확인서를 발급하여야 한다(영 제31조 제2항).

② "외화획득의 범위에 해당하는지를 확인"이란 외국환은행의 장 또는 전자무역기반사업자가 구매확인서 발급 신청인으로부터 외화획득용 원료・기재임을 입증하는 서류 중 어느 하나에 해당하는 서류를 확인하는 것을 말한다(규정 제37조 제6항).

(2) 2차 구매확인서의 발급(규정 제37조 제4항)

외국환은행의 장 또는 전자무역기반사업자는 신청하여 발급된 구매확인서에 의하여 2차 구매확인서를 발급할 수 있으며 외화획득용 원료・기재의 제조・가공・유통(완제품의 유통을 포함한다)과정이 여러 단계인 경우에는 각 단계별로 순차로 발급할 수 있다.

(3) 재발급(규정 제37조 제5항)

구매확인서를 발급한 후 신청 첨부서류의 외화획득용 원료・기재의 내용 변경 등으로 이미 발급받은 구매확인서와 내용이 상이하여 재발급을 요청하는 경우에는 새로운 구매확인서를 발급할 수 있다.

(4) 전자무역문서 발급 정보 제공(규정 제27조 제3항)

외국환은행의 장 또는 전자무역기반사업자는 별지 제13-1호 서식에 의한 외화획득용 원료・기재구매확인서를 전자무역문서로 발급하고 신청한 자에게 발급사실을 알릴 때 승인번호, 개설 및 통지일자, 발신기관 전자서명 등 최소한의 사항만 알릴 수 있다.

5. 발급신청 대행(규정 제38조)

구매확인서를 발급받으려는 자가 전산설비를 갖추지 못하였거나 기타 부득이한 사유로 전자문서를 작성하지 못하는 때에는 전자무역기반사업자에게 위탁하여 신청할 수 있다.

내국신용장과 구매확인서 비교

구분	내국신용장	구매확인서
관련법규	한국은행 무역금융 취급세칙 및 절차(무역금융관리규정)	대외무역법
발급기관	외국환은행	외국환은행, 전자무역기반 사업자
거래대상	수출용 원자재 및 완제품	외화획득용 원료·기재
지급보증	개설은행이 지급 보증함	은행이 지급 보증하지 않음
수출실적 인정	무역금융 및 대외무역 관리규정상의 수출실적으로 인정	대외무역 관리규정상의 수출실적으로 인정
수출실적 인정 시점	결제일	• 외국환은행을 통한 대금 결제: 결제일 • 당사자 간 대금 결제: 세금계산서 발급일
발급근거	신용장기준 • 수출 신용장 • 수출계약서 • 내국 신용장 • 외화표시 물품 공급계약서 • 외화표시 건설용역 공급계약서 실적기준 융자 대상 수출실적	• 수출 신용장 • 수출계약서 • 외화매입(예치)증명서 • 내국 신용장 • 구매확인서 • 수출신고필증 • 외화획득에 제공되는 물품 등을 생산하기 위한 경우임을 입증할 수 있는 서류 없음
발급차수	제안 없이 발급 가능	각 단계별로 순차적으로 제한 없이 발급 가능
사후발급	사후 발급 불가능	사후 발급 가능
혜택	무역금융 융자 가능, 부가가치세 영세율 적용, 관세 환급	

VII 소요량 제도

1. 용어의 정의

(1) 소요량(규정 제2조 제25호)

소요량이란 외화획득용 물품 등의 전량을 생산하는 데에 소요된 원자재의 실량과 손모량을 합한 양을 말한다.

(2) 단위실량(규정 제2조 제22호)

단위실량이란 외화획득용 물품 등 1단위를 형성하고 있는 원자재의 양을 말한다.

(3) 평균 손모량(규정 제2조 제20호)

평균 손모량이란 외화획득용 물품 등을 생산하는 과정에서 생기는 원자재의 손모량(손실량 및 불량품 생산에 소요된 원자재의 양을 포함한다)의 평균량을 말한다.

(4) 손모율(규정 제2조 제21호)

손모율이란 평균 손모량을 백분율로 표시한 값을 말한다.

(5) 기준 소요량(규정 제2조 제23호)

기준 소요량이란 외화획득용 물품 등의 1단위를 생산하는 데에 소요되는 원자재의 양을 고시하기 위한 것으로서 단위실량과 평균 손모량을 합한 양을 말한다.

(6) 단위자율소요량(규정 제2조 제24호)

단위자율소요량이란 기준 소요량이 고시되지 아니한 품목에 대하여 외화획득용 물품 등 1단위를 생산하는 데에 소요된 원자재의 양을 해당 기업이 자율적으로 산출한 것으로서 단위실량과 평균 손모량을 합한 양을 말한다.

(7) 자율소요량계산서(규정 제2조 제26호)

자율소요량계산서란 외화획득을 이행하는 데에 소요된 원자재의 양을 해당 기업이 자체 계산한 서류를 말한다.

2. 외화획득용 원료·기재의 품목 및 수량

(1) 외화획득용 원료·기재의 수량은 외화획득을 위한 물품 등의 1단위를 생산하기 위하여 제공되는 외화획득용 원료·기재의 기준 소요량을 말한다(영 제25조 제1항).

(2) 산업통상자원부장관은 외화획득용 원료·기재의 기준 소요량을 정하는 경우에는 해당 물품 등을 생산하는 데에 필요한 실제 수량 외에 생산 공정에서 생기는 평균 손실량을 포함시킬 수 있다(영 제25조 제2항).

(3) 외화획득용 원료·기재의 품목별 소요량에 관한 계산서의 작성 기준 및 방법 등에 관하여 필요한 사항은 산업통상자원부장관이 정하여 고시한다(영 제25조 제3항).

3. 기준 소요량 책정방법

(1) 책정 기준(규정 제54조 제1항)

기준 소요량은 다음의 어느 하나의 방법에 따라 책정하며 「부가가치세법 시행령」 제69조 제1항, 「소득세법 시행령」 제144조 제1항 및 「법인세법 시행령」 제105조 제1항에 따른 생산수율을 감안하여 책정할 수 있다.

① 현장조사
② 문헌조사
③ 실물 및 카탈로그조사
④ 신청자 제시자료에 의한 조사
⑤ 유사품의 소요량 적용

(2) 조사(규정 제54조 제2항)

기준 소요량을 책정할 때에는 다음 사항 중 필요한 최소한의 사항만을 조사하여야 한다.
① 제조공정 및 공정도
② 공정별 손모율·손모상태 및 그 발생원인
③ 원료 등의 배합비율

4. 기준 소요량의 고시

(1) 고시(규정 제55조 제1항)

외화획득용 물품 등의 생산을 관장하는 중앙행정기관의 장(산업통상자원부장관이 관장하는 품목 중 목재가구는 국립산림과학원장, 그 밖의 품목은 국가기술표준원장)은 소관 품목 중 제41조에 따른 사후 관리 대상 원료 등에 대하여 제54조에 따라 책정한 기준 소요량을 고시할 수 있다.

(2) 고시요청(규정 제55조 제2항)

사후 관리기관 또는 수출업체는 기준 소요량이 고시되지 않은 해당 품목이 계속적인 수출이 예상되는 등 기준 소요량의 고시가 필요하다고 판단되는 때에는 해당 품목에 대하여 제54조에 따른 기준 소요량 책정자료를 첨부하여 고시기관에 기준 소요량 고시를 요청할 수 있으며 고시기관은 이를 가능한 한 고시하여야 한다. 다만, 기준 소요량이 빈번히 바뀌거나 농산물인 경우에는 그러하지 아니할 수 있다.

(3) 자료요청(규정 제55조 제3항)

수출물품 등의 생산을 관장하는 중앙행정기관의 장(산업통상자원부장관이 관장하는 품목 중 목재가구는 국립산림과학원장, 그 밖의 품목에 대하여는 국가기술표준원장)은 기준 소요량을 고시하는 데에 필요한 자료를 해당 외화획득 행위를 하는 자에게 제출하게 할 수 있다.

5. 자율소요량계산서 작성

(1) 작성(규정 제56조 제1항)

사후 관리 대상 품목을 외화획득용 원료 등으로 사용하거나 공급한 업체는 별지 제20호의 서식에 의한 자율소요량계산서에 따라 해당 업체가 자율적으로 작성한다.

(2) 표시(규정 제56조 제2항)

자율소요량계산서는 단위자율소요량 또는 기준 소요량에 외화획득용 물품 등의 수량을 곱한 물량으로 표시하며 단위자율소요량의 산출근거를 품목 및 규격별로 명확히 표시하여야 한다.

(3) 자율소요량계산서 우선 적용(규정 제56조 제3항)

기준 소요량이 고시된 품목이라 하더라도 수출계약서 등의 관련 서류에 소요원료의 품명·규격 및 수량 등이 표시된 경우에는 이에 따라 자율소요량계산서를 작성할 수 있다.

6. 세부절차 협의

(1) 기준 소요량 고시기관이 업무수행을 위하여 필요한 세부지침을 정하려는 경우에는 미리 산업통상자원부장관과 협의하여야 한다(규정 제57조 제1항).

(2) 해당 외화획득용 물품 등의 생산을 관장하는 중앙행정기관의 장이 분명하지 아니할 경우에는 산업통상자원부장관과 협의하여야 한다(규정 제57조 제2항).

7. 지도감독(규정 제58조)

국가기술표준원장은 자율소요량계산서의 작성 및 운용 등과 관련하여 다음의 사항을 지도·감독할 수 있다. 이 경우 필요한 때에는 기준 소요량을 고시한 중앙행정기관의 장과 합동으로 지도·감독할 수 있다.

(1) 자율소요량계산서 작성업무에 대한 교육
(2) 자율소요량계산서의 작성 및 운용실태 조사
(3) 자율소요량계산서 제도와 관련한 재규정 이행실태

VIII 외화획득용 제품의 수입

01 외화획득용 제품의 수입

1. 외화획득용 제품의 범위

외화획득용 제품은 수입 후 또는 국내 구매 후 생산과정을 거치지 않은 상태로 외화획득에 제공되는 물품(영 제2조)으로 외화획득용 제품의 범위는 다음과 같다(규정 제59조).

(1) 주식회사 한국관광용품센터(이하 "관광용품센터"라 한다)가 수입하는 식자재 및 부대용품
(2) 「항만운송사업법」에 따라 수입물품 공급업의 등록을 하고 세관장에 등록한 자(이하 "수입물품 공급업자"라 한다)가 수입하는 선용품
(3) 군납업자가 수입하는 군납용 물품

2. 외화획득용 제품의 수입승인기관

외화획득용 제품(다만, 수출입공고에 의하여 제한되는 품목만 해당한다)의 승인기관은 다음과 같다.

(1) 문화체육관광부장관

관광용품센터가 관광호텔 등에 공급하기 위하여 수입하는 물품 중 법 제11조 제2항에 따른 승인 대상 물품으로서 주방용품, 소모성기계, 기자재류 및 객실 또는 부대업장용 소모성 물품

(2) 제8조에 따른 승인기관의 장(수출입승인기관의 장)

군납업자가 주한 국제연합군 그 밖에 외국군기관에 공급하는 군납용 물품

02 관광호텔용 물품

1. 관광호텔용 물품의 사후 관리(규정 제61조)

(1) 관광용품센터가 수입한 식자재 및 부대용품(이하 "관광호텔용 물품"이라 한다)은 승인권자의 사후 관리를 받아야 한다.
(2) 승인권자가 사후 관리에 필요한 세부지침을 정하려는 경우에는 산업통상자원부장관과 협의하여야 한다.

2. 관광호텔용 물품의 공급

(1) 공급처(규정 제62조 제1항)

관광용품센터는 관광호텔용 물품을 다음의 어느 하나에 해당하는 자에게만 공급할 수 있다.
① 관광숙박업 중 「관광진흥법」에 따라 등록된 호텔업 및 명의이용허가를 득한 식음료업장
② 문화체육관광부장관의 허가를 받아 설립된 외신기자클럽, 서울클럽 및 한국언론회관 내 멤버스클럽과 기자클럽
③ 외화획득 및 관광진흥에 기여도가 높은 관광시설 중 문화체육관광부장관의 추천에 의하여 산업통상자원부장관이 지정한 별표 7에 열거한 시설
④ 「청소년기본법」에 따라 문화체육관광부장관에 신고된 서울올림픽파크텔
⑤ 올림픽, 아시안게임 등 대규모 국제대회의 선수촌, 기자촌, 프레스센터 등 관련 시설로서 산업통상자원부장관의 협의를 거쳐 문화체육관광부장관이 기간을 정하여 지정하는 급식장(다만, 문화체육관광부장관이 정하는 기간 이후의 잔여물량은 관광용품센터 또는 판매대상업소에 같은 기간 종료 후부터 30일 이내에 양도하고 문화체육관광부장관에게 이를 보고하여야 한다)
⑥ 「관세법」에 따라 설영특허를 받은 외교관 면세매점

(2) 공급량(규정 제62조 제2항)

관광용품센터가 관광호텔용 물품을 공급하려는 경우에는 해당 구매자가 시설규모 및 식자재 구입실적 등을 감안하여 적정량을 공급하여야 한다.

3. 관광호텔용 물품의 관리

(1) 정기재고조사(규정 제63조 제1항)

관광용품센터는 보관 중인 관광호텔용 물품에 대하여 연 2회 이상 정기재고조사를 실시하여야 하며, 그 결과를 승인권자에게 보고하여야 한다.

(2) 파손물품의 처리(규정 제63조 제2항)

관광용품센터는 관광호텔용 물품의 운송, 보관 및 공급과정에서 파손 등으로 해당 물품의 용도에 사용하기 곤란한 물품은 손망실품대장에 기재하고 그 사실을 입증할 수 있는 서류 등을 첨부하여 보관하여야 한다.

(3) 기록, 보관(규정 제63조 제3항)

관광용품센터는 관광호텔용 물품의 수입, 재고 및 판매현황에 대한 대장을 비치하고 기록 보관하여야 하며 관광용품센터로부터 관광호텔용 물품을 구매한 자는 구매 및 소비현황에 대한 대장을 비치하고 기록 보관하여야 한다.

(4) 현황보고(규정 제63조 제4항)

관광용품센터는 분기별 관광호텔용 물품의 수입 및 판매현황을 작성하여 분기종료 후 10일 이내에 승인권자에게 보고하여야 한다.

(5) 자료제출(규정 제63조 제5항)

관광용품센터로부터 관광호텔용 물품을 구매한 자는 월별 구입 및 소비현황을 다음 달 10일까지 관광용품센터에 제출하여야 한다.

4. 관광호텔용 물품의 용도 외 사용금지

(1) 용도 외 사용, 유출금지(규정 제64조 제1항)

관광용품센터로부터 관광호텔용 물품을 구매한 자는 해당 사업 이외의 용도에 사용하거나 유출하여서는 아니 된다.

(2) 보고(규정 제64조 제2항)

관광용품센터는 관광호텔용 물품을 용도 외에 사용하거나 유출한 자에 대하여는 문화체육관광부장관에게 이를 보고하여야 한다.

5. 관광호텔용 물품의 사후 관리에 따른 제재

승인권자는 제64조(용도 외 사용금지)를 위반한 자에 대하여는 법 제54조 제2호부터 제4호까지의 규정에 따른 제재를 요청하거나 「관광진흥법」 제2장 제6절에 따른 행정처분을(또는 문화체육관광부장관에게 행정처분을 요청)하여야 한다.

> 제54조(벌칙) 다음 각 호의 어느 하나에 해당하는 자는 3년 이하의 징역 또는 3천만 원 이하의 벌금에 처한다.
> 1. 제9조 제2항을 위반하여 직무상 습득한 기업정보를 타인에게 제공 또는 누설하거나 사용 목적 외의 용도로 사용한 자
> 2. 제11조 제2항 또는 제5항에 따른 승인 또는 변경승인을 받지 아니하고 수출 또는 수입 승인 대상 물품 등을 수출하거나 수입한 자
> 3. 거짓이나 그 밖의 부정한 방법으로 제11조 제2항 또는 제5항에 따른 승인 또는 변경승인을 받거나 그 승인 또는 변경승인을 면제받고 물품 등을 수출하거나 수입한 자
> 4. 제16조 제3항 본문(제17조 제3항에서 준용하는 경우를 포함한다)에 따른 수입에 대응하는 외화획득을 하지 아니한 자
> 5. 제17조 제1항 본문에 따른 승인을 받지 아니하고 목적 외의 용도로 원료·기재 또는 그 원료·기재로 제조된 물품 등을 사용한 자
> 6. 제17조 제2항에 따른 승인을 받지 아니하고 원료·기재 또는 그 원료·기재로 제조된 물품 등을 양도한 자
> 7. 제29조에 따른 비밀 준수 의무를 위반한 자
> 8. 거짓이나 그 밖의 부정한 방법으로 제32조에 따른 승인 또는 변경 승인을 받은 자

03 선용품

1. 선용품의 사후관리

(1) 관리권자(규정 제66조 제1항)

수입물품 공급업자가 수입하는 선용품의 사후 관리는 관세청장이 행한다.

(2) 물품의 공급(규정 제66조 제2항)

수입물품 공급업자는 수입선용품을 다음의 어느 하나에 해당하는 자 이외의 자에게 공급하거나 유출하여서는 아니 된다.
① 국내항에 정박 중인 외항선박(원양어선을 포함한다)
② 신조선박 및 수리선박

2. 선용품의 관리

(1) 재고조사(규정 제67조 제1항)
수입물품 공급업자는 선용품의 수입, 재고 및 공급현황에 대한 대장을 비치하고 기록·보관하여야 한다.

(2) 기록, 보관(규정 제67조 제2항)
수입물품 공급업자는 선용품의 수입, 공급(외화 및 국내통화 구분) 및 재고현황을 작성하여 매 분기 종료 후 10일 이내에 관세청장에게 제출하여야 한다.

3. 선용품의 사후관리에 따른 제재(규정 제68조)
관세청장은 제66조(선용품의 사후관리) 제2항에 위반한 자에게는 법 제54조 제2호부터 제4호까지의 규정에 따른 제재를 요청하여야 한다.

04 군납용 물품

1. 용도 외 사용 및 유출금지(규정 제69조 제1항)
군납업자는 수입되는 물품을 군납외의 용도에 사용하거나 유출하여서는 아니 된다.

2. 양도, 폐기(규정 제69조 제2항)
군납업자는 수입되는 물품을 양도 또는 폐기하려면 미리 승인기관의 장의 승인을 받아야 한다.

3. 관리(규정 제69조 제3항)
수입된 군납용 물품에 의한 군납계약 이행 후 15일 이내에 외화획득 상황을 군납대금회수증명서를 첨부하여 승인기관의 장에게 보고하여야 한다.

4. 제재(규정 제69조 제4항)
승인기관의 장은 제1항에 위반한 자에게는 법 제54조 제2호부터 제4호까지의 규정에 따른 제재를 요청한다.

외화획득용 제품의 수입승인기관 및 사후관리기관

대상	수입승인기관	사후관리기관
수입승인대상물품으로서 관광용품센터가 수입하는 관광호텔용 물품	문화체육관광부장관	문화체육관광부장관
수입승인대상물품으로서 국내에 정박 중인 외항선박 등에 제공되는 선용품	수입승인면제	관세청장
수입승인대상물품으로서 군납업자가 국내에 주둔하는 외국군 기관에 공급하는 군납용 물품	관계 행정기관의 장	관계 행정기관의 장

제5장 수출입 거래(3) - 전략물자의 수출입

01 전략물자의 고시 및 허가

1. 개요

전략물자(strategic items)란 대량살상무기(Weapons of Mass Destruction: WMD)와 그 운반수단인 미사일 및 재래식 무기의 제조·개발·사용 등에 이용될 수 있는 물품, 소프트웨어 및 기술을 말한다. 전략물자 수출통제제도란 이러한 전략물자가 확산국가나 불량국가 또는 테러조직에 이전되어 국제평화와 안전을 위협하는 용도로 전용되는 것을 방지하기 위해 수출허가 등을 통해 전략물자의 무역을 관리하는 제도이다.

국제적으로 전략물자의 수출입을 통제하는 다자 간 수출통제체제는 바세나르체제(Wassenaar Arrangement: WA), 핵공급국그룹(Nuclear Suppliers Group: NSG), 호주그룹(Australia Group; AG), 미사일기술통제체제(Missile Technology Control Regime: MTCR)로 구성되어 있다. 이 4개의 국제체제에서는 수출통제 대상 품목을 구체화하고 거래부적격자에게 전략물자가 이전되지 않도록 하기 위한 조치를 취하는 가이드라인을 제정하는 등 회원국들에게 전략물자 수출통제를 엄격히 시행하도록 요구하고 있다.

2. 전략물자의 개념

전략물자는 산업통상자원부장관이 관계행정기관의 장과 협의하여 국제평화 및 안전유지와 국가안보를 위하여 필요하다고 인정하는 경우에 국제수출통제체제 또는 이에 준하는 다자 간 수출통제 공조(이하 "국제수출통제체제 등"이라 한다)에 따라 지정·고시하는 물품으로서 수출허가 등 제한이 필요한 물품 등을 말한다(법 제19조).

전략물자 수출입고시(제2조)
1. "물품 등"이라 함은 물품(물질, 시설, 장비, 부품), 소프트웨어 등 전자적 형태의 무체물 및 기술을 말한다.
2. "전략물자"라 함은 별표 2(이중용도품목) 및 별표 3(군용물자품목)에 해당하는 물품 등을 말한다.
3. "전략물자 등"이라 함은 전략물자 또는 「대외무역법」(이하 "법"이라 한다) 제19조의 3에 따른 상황허가 대상인 물품 등을 말한다.

3. 전략물자의 지정·고시

(1) 의의(법 제19조)

산업통상자원부장관은 관계 행정기관의 장과 협의하여 국제평화 및 안전유지와 국가안보를 위하여 필요하다고 인정하는 경우에는 대통령령으로 정하는 국제수출통제체제 또는 이에 준하는 다자 간 수출통제 공조(이하 "국제수출통제체제 등"이라 한다)에 따라 수출허가 등 제한이 필요한 물품 등(대통령령으로 정하는 기술을 포함한다. 이하 이 절에서 같다)을 지정·고시하여야 한다.

(2) 국제수출통제체제(영 제32조)

법 제19조에서 "대통령령으로 정하는 국제수출통제체제 또는 이에 준하는 다자 간 수출통제 공조"란 다음의 국제수출통제체제 또는 공조(이하 "국제수출통제체제 등"이라 한다)를 말한다.
① 바세나르체제(WA)
② 핵공급국그룹(NSG)
③ 미사일기술통제체제(MTCR)
④ 오스트레일리아그룹(AG)
⑤ 화학무기의 개발·생산·비축·사용 금지 및 폐기에 관한 협약(CWC)
⑥ 세균무기(생물무기) 및 독소무기의 개발·생산·비축 금지 및 폐기에 관한 협약(BWC)
⑦ 무기거래조약(ATT)
⑧ ①부터 ⑦까지의 어느 하나에 해당하는 국제수출통제체제에서 논의된 안건에 대해 다수의 회원국이 수출통제 조치를 취하거나 수출통제 조치를 지지하는 등의 방식으로 이루어지는 공조

(3) 수출허가 등의 제한이 필요한 기술(영 제32조의 2)

법 제19조에서 "대통령령으로 정하는 기술"이란 국제수출통제체제 등에서 정하는 물품의 제조·개발·사용 또는 보관 등에 관한 기술로서 산업통상자원부장관이 관계 행정기관의 장과 협의하여 고시하는 기술을 말한다. 다만, 다음의 어느 하나에 해당하는 기술은 제외한다.
① 일반에 공개된 기술
② 기초과학연구에 관한 기술
③ 특허 출원에 필요한 최소한의 기술
④ 수출허가, 상황허가, 경유 또는 환적허가 및 중개허가 중 어느 하나에 해당하는 허가를 받은 물품 등의 설치, 운용, 점검, 유지 및 보수에 필요한 최소한의 기술

4. 수출허가 및 상황허가

(1) 수출허가(법 제19조의 2)

전략물자를 수출(제19조에 따른 기술이 다음의 어느 하나에 해당되는 경우로서 대통령령으로 정하는 경우를 포함한다)하려는 자 또는 수출신고를 하려는 자는 대통령령으로 정하는 바에 따라 산업통상자원부장관이나 관계 행정기관의 장의 허가를 받아야 한다. 다만, 방위사업법에 따라 허가를 받은 방위산업물자 및 국방과학기술이 전략물자에 해당하는 경우에는 그러하지 아니하다.
① 국내에서 국외로의 이전
② 국내 또는 국외에서 대한민국 국민(국내법에 따라 설립된 법인을 포함한다)으로부터 외국인(외국의 법률에 따라 설립된 법인을 포함한다)에게로의 이전

"대통령령으로 정하는 경우"란 수출허가 등의 제한이 필요한 기술을 다음의 어느 하나에 해당하는 방법으로 이전하는 경우를 말한다(영 제32조의 3).
① 전화, 팩스, 이메일 등 정보통신망을 통한 이전
② 지시, 교육, 훈련, 실연(實演) 등 구두나 행위를 통한 이전
③ 종이, 필름, 자기디스크, 광디스크, 반도체메모리 등 기록매체나 컴퓨터 등 정보처리장치를 통한 이전

더 알아보기

방위산업물자 관련
대외무역법상 군용 전략물자와 방위사업법상 주요 방산물자 등의 허가절차 및 관련 서류가 유사하고 주요 방산물자의 허가권자는 방위사업청장으로 동일하여 방산 수출업체들이 개별법에 따라 유사 수출허가를 중복 이행함에 따른 부담을 완화하여 주기 위하여 방위사업법에 따라 수출허가를 받은 경우에는 대외무역법에 의한 수출허가를 면제하고 있다.

(2) 상황허가(법 제19조의 3)

전략물자에는 해당되지 아니하나 대량파괴무기와 그 운반수단인 미사일 및 재래식무기(이하 "대량파괴무기 등")의 제조·개발·사용 또는 보관 등의 용도로 이용 또는 전용될 가능성이 높은 물품 등을 수출하려는 자 또는 수출신고하려는 자는 수입자나 최종사용자 등이 이를 대량파괴무기 등의 제조·개발·사용 또는 보관 등의 용도로 이용 또는 전용할 의도가 있음을 알았거나 다음의 어느 하나에 해당되어 그러한 의도가 있다고 의심되면 대통령령으로 정하는 바에 따라 산업통상자원부장관이나 관계 행정기관의 장의 허가(이하 "상황허가")를 받아야 한다.

① 수입자가 해당 물품 등의 최종용도에 관하여 필요한 정보 제공을 기피하는 경우
② 해당 물품 등이 최종사용자의 사업 분야에 활용되지 아니하는 경우
③ 해당 물품 등이 수입국의 기술수준과 현저한 격차가 있는 경우
④ 최종사용자가 해당 물품 등이 활용될 분야의 사업 경력이 없는 경우
⑤ 최종사용자가 해당 물품 등에 대한 전문적 지식이 없으면서도 그 물품 등의 수출을 요구하는 경우
⑥ 최종사용자가 해당 물품 등에 대한 설치·보수 또는 교육훈련 서비스를 거부하는 경우
⑦ 해당 물품 등의 최종수하인이 운송업자인 경우
⑧ 해당 물품 등에 대한 가격조건이나 지불조건이 통상적인 범위를 벗어나는 경우
⑨ 해당 물품 등의 납기일이 통상적인 기간을 벗어난 경우
⑩ 해당 물품 등의 수송경로가 통상적인 경로를 벗어난 경우
⑪ 해당 물품 등의 수입국 내 사용 또는 재수출 여부가 명백하지 아니한 경우
⑫ 해당 물품 등에 대한 정보나 목적지 등에 대하여 통상적인 범위를 벗어나는 보안을 요구하는 경우
⑬ 그 밖에 국제정세의 변화 또는 국가안보를 해치는 사유의 발생 등으로 관계 행정기관의 장과 협의하여 산업통상자원부장관이 상황허가를 받도록 정하여 고시하는 경우

📖 더 알아보기

상황허가 대상품목(전략물자수출입고시 별표 2의 2)

번호	대상품목	상세사양	별표 2의 관련 품목	수출 지역
1	공작기계 (Machine Tools)	공작기계(Machine tools)와 이를 위한 "구성품(Components)" 및 "수치제어(Numerical controls)" 장치로서 다음 중 하나의 것 a. 연삭가공 공작기계로서 한 개 이상의 직선축의 모든 가능한 보정 후 위치결정 정확정밀도가 ISO 230/2(1988)이나 국내 동등 규격에 따라 15 ㎛ 이하(같거나 더 우수한)인 것 주: 본 규정은 별표 2의 2B201.b, 2B001.c에서 통제하고 있는 연삭가공 공작기계에 대해서는 적용되지 않는다. b. 별표 2의 2B001, 2B201, 또는 a항에 의해 통제되는 공작기계를 위해 전용 설계된 "구성품(Components)" 및 "수치제어(Numerical controls)" 장치	2B201.b 2B001.c	이란, 파키스탄
2	유동성형기 또는 회전성형기	별표 2의 2B009, 2B109, 또는 2B209에서 통제하지 않는 회전성형기 또는 유동성형기로서 한 개의 롤러의 힘이 60 kN을 초과하는 것과 이를 위해 전용 설계된 부품 기술해설: 회전성형과 유동성형기능을 겸하고 있는 기계는 본 항에서는 유동성형기로 간주한다.		이란, 파키스탄
3	치수(Dimension)/ 변위(Displacement) 측정기	컴퓨터로 제어되거나 "수치제어(Numerical controls)" 되는 3차원 측정기(CMM) 또는 치수검사기로서 장비의 작동범위 내의 어느 점에서 3차원 최대 허용오차(MPPE)가 ISO 10360-2 (2001)에 따라 3+L/1,000 ㎛ 이하인(같거나 우수한) 것(L은 측정길이(mm))과 이를 위해 설계된 측정용 탐침	2B006.a 2B206.a	이란, 파키스탄
3의2	진동시험시스템	별표 2의 2B116에서 통제하지 않는 진동시험시스템, 장비와 그 부품으로서 다음 중 하나의 것 a. 피드백 또는 폐쇄회로 기법을 사용하고 디지털 제어기를 가진 진동시험시스템으로서, 'Bare table' 측정에서 주파수 범위 0.1 Hz ~ 2 kHz 사이의 전 영역에서 0.1g rms 이상의 가속도로 진동시킬 수 있고, 50 kN 이상의 힘을 전달할 수 있는 것 b. 디지털 제어기로서 전용 설계된 진동시험 "소프트웨어"를 장착하고 실시간 대역폭(Bandwidth)이 5 kHz 초과이며 a항에 제시된 진동시험시스템과 함께 사용하기 위해 설계된 것 c. 가진기(Vibration thruster)로서 증폭기 장착여부에 관계없이 피진동체에 미치는 힘이 'Bare table' 측정에서 50 kN 이상으로 a항의 진동시험시스템에 사용할 수 있는 것 d. 시험체 지지구조물(Test piece support structures) 및 전자 장치로서 다수의 가진기를 결합하여 'Bare table' 측정에서 유효결합력 50 kN 이상을 가할 수 있는 완전한 가진 장치를 구성할 수 있도록 설계된 것으로서 a항의 진동시험시스템에 사용가능한 것 기술해설: 'Bare table'이란 고정구(Fixture)나 피팅(Fitting)이 없는 평평한 테이블, 또는 표면을 말한다.	2B116	이란, 파키스탄

> 📖 **더 알아보기**
>
> 허가기관별 소관품목(전략물자 수출입고시 제5조)
>
> | 허가기관 | 소관품목 |
> |---|---|
> | 산업통상자원부장관 | • 별표 2(이중용도품목)의 제1부부터 제9부까지에 해당되는 물품 등
• 일반 상황허가 대상품목 |
> | 원자력안전위원회 위원장 | • 별표 2(이중용도품목)의 제10부(원자력전용품목)에 해당되는 물품 등
• 관세·통계통합품목분류표상의 제28류 중 방사성동위원소의 유기 또는 무기화합물, 제84류 중 원자로 및 이들의 부분품에 대한 상황허가 |
> | 방위사업청장 | • 별표 3(군용물자품목)에 해당되는 물품 등과 별표 2(이중용도품목)에 해당되는 물품 등(수입국 정부(국방부 등), 군 관련 기관 및 방위산업체에서 군사적 목적으로 사용할 경우에 한함)
• 최종사용자가 수입국 정부(국방부 등), 군 관련 기관 및 방위산업체를 대상으로 하는 군수품에 대한 상황허가 |

5. 수출허가 및 상황허가의 절차 등

(1) 허가의 신청(영 제33조 제1항)

전략물자 또는 전략물자에는 해당되지 않으나 대량파괴무기와 그 운반수단인 미사일 및 재래식무기("대량파괴무기 등")의 제조·개발·사용 또는 보관 등의 용도로 이용 또는 전용(轉用)될 가능성이 높은 물품 등을 수출(기술이전 포함)하려는 자 또는 수출신고 하려는 자는 전략물자 수출허가 신청서나 상황허가 신청서에 산업통상자원부장관이 정하여 고시하는 바에 따라 다음의 서류를 첨부하여 산업통상자원부장관이나 관계 행정기관의 장에게 제출해야 한다.

① 수출계약서, 수출가계약서(輸出假契約書) 또는 이에 준하는 서류
② 수입국의 정부가 발행하는 수입목적확인서 또는 이에 준하는 서류
③ 수출하는 물품 등의 성능과 용도를 표시하는 서류
④ 수출하는 물품 등의 기술적 특성에 관한 서류
⑤ 수출하는 물품 등의 용도 등에 관한 최종사용자의 서약서
⑥ 그 밖에 수출허가나 상황허가에 필요한 서류로서 산업통상자원부장관이 정하여 고시하는 서류

(2) 수출허가 및 상황허가의 기준(법 제19조의 6 제1항)

산업통상자원부장관이나 관계 행정기관의 장은 수출허가, 상황허가, 경유 또는 환적허가 및 중개허가 신청을 받으면 다음의 기준을 고려하여 해당 허가를 할 수 있다. 이 경우 대통령령으로 정하는 바에 따라 조건을 붙여 해당 허가를 할 수 있다.

① 해당 전략물자 등이 평화적 목적에 사용될 것
② 해당 전략물자 등의 거래가 국제평화 및 안전유지와 국가안보에 영향을 미치지 아니할 것
③ 해당 전략물자 등의 수입자나 최종사용자 등이 거래에 적합한 자격을 가지고 있고 그 사용용도를 신뢰할 수 있을 것
④ 그 밖에 국제수출통제체제 등에 따라 관계 행정기관의 장과 협의하여 산업통상자원부장관이 정하여 고시하는 기준에 부합할 것

> **대통령령으로 정하는 바에 따른 조건 - 조건부 허가(영 제33조의 4)**
> 수출허가, 상황허가, 경유 또는 환적허가 및 중개허가의 신청을 받은 산업통상자원부장관 또는 관계 행정기관의 장은 법 제19조의 6 제1항 각 호 외의 부분 후단에 따라 다음의 서류를 산업통상자원부장관 또는 관계 행정기관의 장이 정하는 기간 내에 추가로 제출할 것을 조건으로 수출허가, 상황허가, 경유 또는 환적허가 및 중개허가를 할 수 있다.
> ① 전략물자 등의 설치 여부를 입증할 수 있는 사진, 문서 등을 포함한 설치확인서
> ② 전략물자 등의 사용 또는 보관 여부를 입증할 수 있는 사진, 문서 등을 포함한 이행점검보고서
> ③ 그 밖에 산업통상자원부장관 또는 관계 행정기관의 장이 수출허가, 상황허가, 경유 또는 환적허가 및 중개허가의 사후관리를 위해 필요하다고 인정하는 서류

(3) 추가자료의 요청(법 제19조의 6 제2항)

산업통상자원부장관이나 관계 행정기관의 장은 수출허가 및 상황허가의 기준에 부합하는지를 확인하기 위하여 필요하다고 인정하는 경우 최종사용자 및 사용용도 관련 서류 보완, 증빙자료 제출 등을 요구할 수 있다.

(4) 허가의 처리(영 제33조 제2항)

수출허가 또는 상황허가의 신청을 받은 산업통상자원부장관 또는 관계 행정기관의 장은 15일 이내에 수출허가나 상황허가의 여부를 결정하고 그 결과를 신청인에게 알려야 한다. 다만, 수출허가나 상황허가를 신청한 물품 등에 대하여 별도의 기술 심사, 국내외 관계기관과의 협의 또는 현지조사가 필요한 경우에는 그 협의나 현지조사를 하는 데에 걸리는 기간은 본문에 따른 기간에 산입하지 아니한다.

6. 허가의 면제

(1) 면제사유(법 제19조의 6 제3항)

산업통상자원부장관이나 관계 행정기관의 장은 재외공관에서 사용될 공용물품을 수출하는 경우 등 대통령령으로 정하는 사유에 해당하는 경우에는 수출허가, 상황허가, 경유 또는 환적허가 및 중개허가를 면제할 수 있다.

다음의 어느 하나에 해당하는 경우에는 전략물자의 수출허가 또는 상황허가를 면제한다(영 제33조의 6).
① 재외공관, 해외에 파견된 우리나라 군대 또는 외교사절 등에 사용될 공용물품을 수출하는 경우
② 선박 또는 항공기의 안전운항을 위하여 긴급 수리용으로 사용될 기계, 기구 또는 부분품 등을 수출하는 경우
③ 그 밖에 수출허가 또는 상황허가의 면제가 필요하다고 인정하여 산업통상자원부장관이 관계 행정기관의 장과 협의하여 고시하는 경우

(2) 서류제출(법 제19조의 6 제3항)

해당 허가 면제 사유에 해당하는지를 확인하기 위하여 허가를 면제 받은 자에게 산업통상자원부장관이 정하여 고시하는 서류를 제출하도록 할 수 있다.

7. 허가취소

(1) 허가취소(법 제19조의 7 제1항)

산업통상자원부장관이나 관계 행정기관의 장은 수출허가, 상황허가, 경유 또는 환적허가 및 중개허가를 한 후 다음의 어느 하나에 해당하는 경우에는 해당 허가를 취소할 수 있다.

① 거짓 또는 부정한 방법으로 허가를 받은 사실이 발견된 경우
② 전쟁, 테러 등 국가 간 안보 또는 대량파괴무기 등의 이동·확산 우려 등과 같은 국제정세의 변화가 있는 경우

(2) 관세청장 통보(법 제19조의 7 제2항)

허가를 취소한 경우 산업통상자원부장관이나 관계 행정기관의 장은 그 사실을 관세청장에게 즉시 통보하여야 한다.

(3) 청문(법 제47조 제2호)

산업통상자원부장관 또는 관계 행정기관의 장이 수출허가, 상황허가, 경유 또는 환적허가 및 중개허가의 취소를 하려면 청문을 하여야 한다.

8. 수출허가 등의 유효기간(영 제33조의 5)

(1) 유효기간(영 제33조의 5 제1항)

수출허가, 상황허가의 유효기간은 1년으로 한다.

(2) 유효기간의 조정(영 제33조의 5 제2항)

산업통상자원부장관 또는 관계 행정기관의 장은 다음의 어느 하나에 해당하는 경우에는 허가의 유효기간을 달리 정할 수 있다.

① 제32조의 2에 따라 산업통상자원부장관이 정하여 고시하는 기술을 수출하려는 경우
② 법 제22조 제2항에 따른 자율준수무역거래자(법 제19조의 2 및 이 영 제32조의 3에 따른 기술 이전 행위의 전부 또는 일부를 위임하거나 기술 이전 행위를 하는 자를 포함한다. 이하 제43조부터 제46조까지 및 제75조에서 같다)에 대하여 수출허가를 하는 경우
③ 제1호 및 제2호 외에 전략물자 등의 인도 조건, 대금 결제의 기간이나 조건, 경유 또는 환적이나 중개 등과 관련된 거래의 특성 등을 고려하여 산업통상자원부장관이나 관계 행정기관의 장이 필요하다고 인정하는 경우

9. 전략물자 등의 수출허가 및 상황허가 위반에 따른 벌칙

(1) 7년 이하의 징역 또는 물품가격의 5배 이하의 벌금형(법 제53조 제1항)

전략물자 등의 국제적 확산을 꾀할 목적으로 다음의 어느 하나에 해당하는 위반행위를 한 자는 7년 이하의 징역 또는 수출, 경유, 환적 또는 중개하는 물품 등의 가격의 5배에 해당하는 금액 이하의 벌금에 처한다.

① 수출허가를 받지 아니하고 전략물자를 수출하거나 수출신고한 자
② 상황허가를 받지 아니하고 상황허가 대상인 물품 등을 수출하거나 수출신고한 자

(2) 5년 이하의 징역 또는 물품가격의 3배 이하의 벌금형(법 제53조 제2항)

다음의 어느 하나에 해당하는 자는 5년 이하의 징역 또는 수출, 수입, 경유, 환적 또는 중개하는 물품 등의 가격의 3배에 해당하는 금액 이하의 벌금에 처한다.
① 수출허가를 받지 아니하고 전략물자를 수출하거나 수출신고한 자
② 거짓이나 그 밖의 부정한 방법으로 수출허가를 받은 자
③ 수출허가를 받았으나 산업통상자원부장관이나 관계 행정기관의 장이 정한 조건을 이행하지 아니한 자
④ 상황허가를 받지 아니하고 상황허가 대상인 물품 등을 수출하거나 수출신고한 자
⑤ 거짓이나 그 밖의 부정한 방법으로 상황허가를 받은 자
⑥ 상황허가를 받았으나 산업통상자원부장관이나 관계 행정기관의 장이 정한 조건을 이행하지 아니한 자

(3) 미수범

제53조 제1항, 같은 조 제2항 제2호·제4호·제5호의 3·제6호 및 제53조의 2 제2호·제4호의 미수범은 처벌한다.

(4) 양벌규정(법 제57조)

법인의 대표자나 법인 또는 개인의 대리인, 사용인, 그 밖의 종업원이 그 법인 또는 개인의 업무에 관하여 제53조, 제53조의 2 또는 제54조부터 제56조까지의 어느 하나에 해당하는 위반행위를 하면 그 행위자를 벌하는 외에 그 법인 또는 개인에게도 해당 조문의 벌금형을 과(科)한다. 다만, 법인 또는 개인이 그 위반행위를 방지하기 위하여 해당 업무에 관하여 상당한 주의와 감독을 게을리하지 아니한 경우에는 그러하지 아니하다.

02 전략물자의 판정 등

수출하려는 품목이 전략물자에 해당되면, 사전에 정부의 허가를 받아야 하므로 전략물자 해당여부를 판정하는 것은 전략물자 수출관리의 핵심절차이다. 전략물자를 판정하는 방법은 무역거래자 스스로 판정하는 '자가판정'과 전략물자관리원 등 판정전문기관에 공식적으로 신청하여 판정하는 '전문판정'이 있다. 수출 품목에 대한 기술적 사양에 대한 지식이 있거나, 기 판정된 품목의 경우(통제번호를 알고 있을 경우)에는 자가판정이 유용하다. 그 밖의 경우에는 전략물자관리원 등과 같은 판정전문기관에 의뢰하는 것이 바람직하다.

전략물자에 해당으로 판정된 경우에는 대외무역법 제19조(전략물자)에 의거 수출 시에 수출허가를 받은 후 관세청의 통관절차를 진행해야 한다. 비해당으로 판정된 경우는 수출 시에 상황허가 대상이 되는지 확인하여야 한다. 또한 전략물자관리시스템(YesTrade) 상의 거래상대방의 우려대상자(Denial List) 여부도 확인해보는 것이 바람직하다.

1. 전문판정 신청

(1) 신청(법 제20조 제1항)

물품 등을 수출, 수출신고, 경유, 환적 또는 중개하려는 자(기술 이전 행위의 전부 또는 일부를 위임하거나 기술 이전 행위를 하는 자를 포함한다) 또는 정보수사기관의 장 등은 해당 물품 등이 전략물자인지 또는 상황허가 대상 물품 등인지를 확인하기 위하여 대통령령으로 정하는 바에 따라 산업통상자원부장관이나 관계 행정기관의 장에게 판정("전문판정")을 신청할 수 있다.

(2) 판정의 위임 및 위탁(법 제20조 제1항)

산업통상자원부장관이나 관계 행정기관의 장은 무역안보관리원의 장 또는 대통령령으로 정하는 관련 전문기관에 판정을 위임하거나 위탁할 수 있다.

(3) 정보 사실 여부 점검((법 제20조 제2항)

산업통상자원부장관이나 관계 행정기관의 장은 물품 등을 수출, 수출신고, 경유, 환적 또는 중개하려는 자가 전문판정을 신청할 경우 물품 등의 성능, 용도 및 기술적 특성과 관련하여 제공한 정보의 사실 여부를 점검할 수 있다.

2. 전문판정의 신청 등

(1) 서류 제출(영 제36조 제1항)

해당 물품 등이 전략물자인지 또는 상황허가 대상 물품 등인지를 확인하기 위하여 판정을 받으려는 자는 판정신청서에 다음의 서류를 첨부하여 산업통상자원부장관이나 관계 행정기관의 장에게 제출하여야 한다.
① 물품 등의 성능과 용도를 표시하는 서류
② 물품 등의 기술적 특성에 관한 서류
③ 그 밖에 전략물자 또는 상황허가 대상인 물품 등의 판정에 필요한 서류로서 산업통상자원부장관이 정하여 고시하는 서류

(2) 판정결과 안내(영 제36조 제2항)

산업통상자원부장관이나 관계 행정기관의 장은 15일 이내에 신청한 물품 등이 전략물자인지 또는 상황허가 대상 물품 등인지를 판정하여 신청인에게 알려야 한다. 다만, 판정을 신청한 물품 등에 대하여 별도의 기술 심사나 다른 관계 행정기관과의 협의가 필요한 경우 그 기술 심사나 협의를 하는 데에 필요한 기간은 본문에 따른 기간에 산입하지 아니한다.

(3) 전략물자 판정 업무 등의 위탁

산업통상자원부장관이나 관계 행정기관의 장은 무역안보관리원의 장 또는 대통령령으로 정하는 관련 전문기관에 판정을 위임하거나 위탁할 수 있다(법 제20조 제 1항).

원자력안전위원회 또는 방위사업청장은 법 제20조 제1항 후단에 따라 그 소관 물품 등이 전략물자인지 또는 상황허가 대상 물품 등인지에 대한 전문판정 및 통보 업무를 다음의 구분에 따라 위탁한다.
① 원자력안전위원회: 「원자력안전법」 제6조에 따른 한국원자력통제기술원
② 방위사업청장: 「방위사업법」 제32조에 따른 국방기술품질원

(4) 전문판정의 유효기간(영 제36조 제3항)

판정의 유효기간은 2년으로 한다.

3. 자가판정

(1) 의의(법 제20조의 2 제1항)

물품 등을 수출, 수출신고, 경유, 환적 또는 중개하려는 자로서 산업통상자원부장관이 고시하는 교육을 이수한 자는 해당 물품 등이 전략물자인지 또는 상황허가 대상 물품 등인지를 스스로 확인하기 위하여 자가판정을 할 수 있다. 이 경우 자가판정을 한 자는 물품 등의 성능과 용도 및 기술적 특성 등 산업통상자원부장관이 고시하는 정보를 전략물자 수출입관리 정보시스템에 등록하여야 한다.

(2) 자가판정 제외대상(법 제20조의 2 제2항)

다음의 어느 하나에 해당하는 경우에는 자가판정을 할 수 없다.
① 기술(자율준수무역거래자 중 산업통상자원부장관이 고시하는 무역거래자가 기술을 수출하는 경우는 제외한다)
② 그 밖에 산업통상자원부장관이 자가판정 대상이 아닌 것으로 고시하는 물품 등

(3) 자가판정 결과 점검(법 제20조의 2 제3항)

산업통상자원부장관이나 관계 행정기관의 장은 물품 등을 수출, 수출신고, 경유, 환적 또는 중개하려는 자가 스스로 한 자가판정의 결과를 점검할 수 있다.

4. 서류의 보관(법 제28조)

무역거래자는 다음의 서류를 5년간 보관하여야 한다.
① 전략물자 등을 수출, 수출신고, 경유, 환적 또는 중개한 자의 경우 그 수출허가, 상황허가, 경유 또는 환적허가 및 중개허가에 관한 서류
② 전문판정 및 자가판정에 관한 서류
③ 그 밖에 산업통상자원부장관이 관계 행정기관의 장과 협의하여 고시하는 서류

03 수입목적확인서의 발급 등

1. 개요(법 제27조)

전략물자를 수입하려는 자는 대통령령으로 정하는 바에 따라 산업통상자원부장관이나 관계 행정기관의 장에게 수입목적 등의 확인을 내용으로 하는 수입목적확인서의 발급을 신청할 수 있다. 이 경우 산업통상자원부장관과 관계 행정기관의 장은 확인 신청 내용이 사실인지 확인한 후 수입목적확인서를 발급할 수 있다.

2. 서류의 제출(영 제47조의 2 제1항)

전략물자 수입목적확인서를 발급받으려는 자는 전략물자 수입목적확인서 발급신청서에 그 전략물자의 최종 사용자 및 사용 목적을 증명할 수 있는 서류 등 전략물자의 수입목적을 확인하는 데에 필요한 서류로서 산업통상자원부장관이나 관계 행정기관의 장이 정하여 고시하는 서류를 첨부하여 산업통상자원부장관이나 관계 행정기관의 장에게 제출해야 한다.

3. 발급 절차(영 제47조의 2 제2항)

신청을 받은 산업통상자원부장관이나 관계 행정기관의 장은 7일 이내에 전략물자 수입목적확인서를 발급해야 한다. 다만, 수입목적 확인을 신청한 물품 등에 대하여 별도의 기술 심사나 관계 행정기관과의 협의가 필요한 경우 그 기술 심사나 협의를 하는 데에 필요한 기간은 본문에 따른 기간에 산입하지 않는다.

4. 유효기간(영 제47조의 2 제3항)

발급한 전략물자 수입목적확인서의 유효기간은 1년으로 한다.

04 전략물자 등에 대한 이동제한

1. 이동중지명령 등

(1) 이동중지명령(법 제21조 제1항)

산업통상자원부장관 또는 관계 행정기관의 장은 전략물자 등이 허가를 받지 아니하고 수출, 경유, 환적되거나 거짓이나 그 밖의 부정한 방법으로 허가를 받아 수출, 경유, 환적되는 것(이하 "무허가수출 등"이라 한다)을 막기 위하여 필요하면 적법한 수출, 경유, 환적이라는 사실이 확인될 때까지 이동중지명령을 할 수 있다.

(2) 이동중지조치(법 제21조 제2항)

산업통상자원부장관 또는 관계 행정기관의 장은 무허가수출 등을 막기 위하여 긴급하게 그 이동을 제한할 필요가 있으면 적법한 수출, 경유, 환적이라는 사실이 확인될 때까지 직접 이동중지조치를 할 수 있다.

(3) 기관 간 협조(법 제21조 제3항)

산업통상자원부장관 또는 관계 행정기관의 장은 이동중지조치를 하기가 적절하지 아니하면 다른 행정기관에 협조를 요청할 수 있다. 이 경우 협조를 요청받은 행정기관은 국가 간 무허가수출 등을 막을 수 있도록 협조하여야 한다.

(4) 공무원의 권한표시 제시의무(법 제21조 제4항)

이동중지조치를 하는 공무원은 그 권한을 표시하는 증표를 지니고 이를 관계인에게 내보여야 한다.

(5) 이동중지조치의 기간과 방법(법 제21조 제5항)

이동중지명령 및 이동중지조치의 기간과 방법은 국가 간 무허가수출 등을 막기 위하여 필요한 최소한도에 그쳐야 한다.

(6) 벌칙

① 5년 이하의 징역 또는 1억 원 이하의 벌금(법 제53조의 2)

전략물자 등의 이동중지명령을 위반하거나 이동중지조치를 방해한 자는 5년 이하의 징역 또는 1억 원 이하의 벌금에 처한다.

② 양벌규정(법 제57조)

법인의 대표자나 법인 또는 개인의 대리인, 사용인, 그 밖의 종업원이 그 법인 또는 개인의 업무에 관하여 제53조, 제53조의 2 또는 제54조부터 제56조까지의 어느 하나에 해당하는 위반행위를 하면 그 행위자를 벌하는 외에 그 법인 또는 개인에게도 해당 조문의 벌금형을 과(科)한다. 다만, 법인 또는 개인이 그 위반행위를 방지하기 위하여 해당 업무에 관하여 상당한 주의와 감독을 게을리하지 아니한 경우에는 그러하지 아니하다.

2. 경유 또는 환적허가

(1) 개요(법 제19조의 4)

전략물자 또는 상황허가 대상인 물품 등(이하 "전략물자 등"이라 한다)을 국내 항만이나 공항을 경유하거나 국내에서 환적하려는 자는 대통령령으로 정하는 바에 따라 산업통상자원부장관이나 관계 행정기관의 장의 허가(이하 "경유 또는 환적허가"라 한다)를 받아야 한다.

(2) 경유 또는 환적허가를 받아야 하는 대상(영 제33조의 2 제1항)

전략물자 또는 상황허가 대상인 물품 등(이하 "전략물자 등"이라 한다)을 국내 항만이나 공항을 경유하거나 국내에서 환적하려는 자는 다음의 어느 하나에 해당하는 경우에는 경유 또는 환적허가를 받아야 한다.
① 수입자나 최종사용자 등이 전략물자 등을 대량파괴무기 등의 제조·개발·사용 또는 보관 등의 용도로 이용 또는 전용할 의도가 있음을 알았거나 법 제19조의 3 각 호의 어느 하나에 준하는 경우에 해당되어 그러한 의도가 있다고 의심되는 경우
② 산업통상자원부장관 또는 관계 행정기관의 장으로부터 경유 또는 환적허가를 받아야 하는 것으로 통보받은 경우

(3) 서류의 제출(영 제33조의 2 제2항)

경유 또는 환적허가를 받으려는 자는 산업통상자원부장관이 고시하는 경유 또는 환적허가 신청서에 산업통상자원부장관이 정하여 고시하는 바에 따라 다음의 서류를 첨부하여 산업통상자원부장관 또는 관계 행정기관의 장에게 제출해야 한다.
① 거래계약서 또는 이에 준하는 서류
② 해당 경유 또는 환적에 관련된 수출자, 수입자, 최종사용자 등에 관한 서류
③ 그 밖에 전략물자 등의 경유 또는 환적허가에 필요한 서류로서 산업통상자원부장관이 정하여 고시하는 서류

(4) 경유 또는 환적허가의 기준(법 제19조의 6 제1항)

산업통상자원부장관이나 관계 행정기관의 장은 수출허가, 상황허가, 경유 또는 환적허가 및 중개허가 신청을 받으면 다음의 기준을 고려하여 해당 허가를 할 수 있다. 이 경우 대통령령으로 정하는 바에 따라 조건을 붙여 해당 허가를 할 수 있다.
① 해당 전략물자 등이 평화적 목적에 사용될 것
② 해당 전략물자 등의 거래가 국제평화 및 안전유지와 국가안보에 영향을 미치지 아니할 것
③ 해당 전략물자 등의 수입자나 최종사용자 등이 거래에 적합한 자격을 가지고 있고 그 사용용도를 신뢰할 수 있을 것
④ 그 밖에 국제수출통제체제 등에 따라 관계 행정기관의 장과 협의하여 산업통상자원부장관이 정하여 고시하는 기준에 부합할 것

(5) 허가의 처리(영 제33조의 2 제3항)

경유 또는 환적허가 신청서를 제출받은 산업통상자원부장관이나 관계 행정기관의 장은 15일 이내에 경유 또는 환적허가 여부를 결정하고 그 결과를 신청인에게 알려야 한다. 다만, 경유 또는 환적허가를 신청한 전략물자 등에 대하여 별도의 기술 심사, 국내외 관계기관과의 협의 또는 현지조사가 필요한 경우 이를 위하여 걸리는 기간은 본문에 따른 기간에 산입하지 않는다.

(6) 조건부허가(영 제33조의 4)

수출허가, 상황허가, 경유 또는 환적허가 및 중개허가의 신청을 받은 산업통상자원부장관 또는 관계 행정기관의 장은 법 제19조의 6(허가심사 등) 제1항 각 호 외의 부분 후단에 따라 다음의 서류를 산업통상자원부장관 또는 관계 행정기관의 장이 정하는 기간 내에 추가로 제출할 것을 조건으로 수출허가, 상황허가, 경유 또는 환적허가 및 중개허가를 할 수 있다.
① 전략물자 등의 설치 여부를 입증할 수 있는 사진, 문서 등을 포함한 설치확인서
② 전략물자 등의 사용 또는 보관 여부를 입증할 수 있는 사진, 문서 등을 포함한 이행점검보고서
③ 그 밖에 산업통상자원부장관 또는 관계 행정기관의 장이 수출허가, 상황허가, 경유 또는 환적허가 및 중개허가의 사후관리를 위해 필요하다고 인정하는 서류

3. 허가의 면제

(1) 면제사유(법 제19조의 6 제3항)

산업통상자원부장관이나 관계 행정기관의 장은 재외공관에서 사용될 공용물품을 수출하는 경우 등 대통령령으로 정하는 사유에 해당하는 경우에는 수출허가, 상황허가, 경유 또는 환적허가 및 중개허가를 면제할 수 있다.

다음의 어느 하나에 해당하는 경우에는 전략물자의 수출허가 또는 상황허가를 면제한다(영 제33조의 6).
① 재외공관, 해외에 파견된 우리나라 군대 또는 외교사절 등에 사용될 공용물품을 수출하는 경우
② 선박 또는 항공기의 안전운항을 위하여 긴급 수리용으로 사용될 기계, 기구 또는 부분품 등을 수출하는 경우
③ 그 밖에 수출허가 또는 상황허가의 면제가 필요하다고 인정하여 산업통상자원부장관이 관계 행정기관의 장과 협의하여 고시하는 경우

(2) 서류제출(법 제19조의 6 제3항)

해당 허가 면제 사유에 해당하는지를 확인하기 위하여 허가를 면제 받은 자에게 산업통상자원부장관이 정하여 고시하는 서류를 제출하도록 할 수 있다.

4. 허가취소

(1) 허가취소(법 제19조의 7 제1항)

산업통상자원부장관이나 관계 행정기관의 장은 수출허가, 상황허가, 경유 또는 환적허가 및 중개허가를 한 후 다음의 어느 하나에 해당하는 경우에는 해당 허가를 취소할 수 있다.
① 거짓 또는 부정한 방법으로 허가를 받은 사실이 발견된 경우
② 전쟁, 테러 등 국가 간 안보 또는 대량파괴무기 등의 이동·확산 우려 등과 같은 국제정세의 변화가 있는 경우

(2) 관세청장 통보(법 제19조의 7 제2항)

허가를 취소한 경우 산업통상자원부장관이나 관계 행정기관의 장은 그 사실을 관세청장에게 즉시 통보하여야 한다.

(3) 청문(법 제47조 제2호)

산업통상자원부장관 또는 관계 행정기관의 장은 경유 또는 환적허가의 취소처분을 하려면 청문을 하여야 한다.

5. 경유 또는 환적허가 등의 유효기간(영 제33조의 5)

(1) 유효기간(영 제33조의 5 제1항)

경유 또는 환적허가의 유효기간은 1년으로 한다.

(2) 유효기간의 조정(영 제33조의 5 제2항)

산업통상자원부장관 또는 관계 행정기관의 장은 다음의 어느 하나에 해당하는 경우에는 허가의 유효기간을 달리 정할 수 있다.
① 제32조의 2에 따라 산업통상자원부장관이 정하여 고시하는 기술을 수출하려는 경우
② 법 제22조 제2항에 따른 자율준수무역거래자(법 제19조의 2 및 이 영 제32조의 3에 따른 기술이전 행위의 전부 또는 일부를 위임하거나 기술이전 행위를 하는 자를 포함한다. 이하 제43조부터 제46조까지 및 제75조에서 같다)에 대하여 수출허가를 하는 경우
③ 제1호 및 제2호 외에 전략물자 등의 인도 조건, 대금 결제의 기간이나 조건, 경유 또는 환적이나 중개 등과 관련된 거래의 특성 등을 고려하여 산업통상자원부장관이나 관계 행정기관의 장이 필요하다고 인정하는 경우

6. 서류의 보관(법 제28조)

무역거래자는 다음의 서류를 5년간 보관하여야 한다.
① 전략물자 등을 수출, 수출신고, 경유, 환적 또는 중개한 자의 경우 그 수출허가, 상황허가, 경유 또는 환적허가 및 중개허가에 관한 서류
② 전문판정 및 자가판정에 관한 서류
③ 그 밖에 산업통상자원부장관이 관계 행정기관의 장과 협의하여 고시하는 서류

7. 경유 또는 환적허가 위반에 따른 벌칙

(1) 7년 이하의 징역 또는 물품가격의 5배 이하의 벌금형(법 제53조 제1항)

전략물자 등의 국제적 확산을 꾀할 목적으로 경유 또는 환적허가를 받지 아니하고 전략물자 등을 경유 또는 환적한 자는 7년 이하의 징역 또는 수출, 경유, 환적 또는 중개하는 물품 등의 가격의 5배에 해당하는 금액 이하의 벌금에 처한다.

(2) 5년 이하의 징역 또는 물품가격의 3배 이하의 벌금형(법 제53조 제2항)

다음의 어느 하나에 해당하는 자는 5년 이하의 징역 또는 수출, 수입, 경유, 환적 또는 중개하는 물품 등의 가격의 3배에 해당하는 금액 이하의 벌금에 처한다.

① 경유 또는 환적허가를 받지 아니하고 전략물자 등을 경유 또는 환적한 자
② 부정한 방법으로 경유 또는 환적허가를 받은 자

(3) 미수범

제53조 제1항, 같은 조 제2항 제2호・제4호・제5호의 3・제6호 및 제53조의 2 제2호・제4호의 미수범은 처벌한다.

(4) 양벌규정(법 제57조)

법인의 대표자나 법인 또는 개인의 대리인, 사용인, 그 밖의 종업원이 그 법인 또는 개인의 업무에 관하여 제53조, 제53조의 2 또는 제54조부터 제56조까지의 어느 하나에 해당하는 위반행위를 하면 그 행위자를 벌하는 외에 그 법인 또는 개인에게도 해당 조문의 벌금형을 과(科)한다. 다만, 법인 또는 개인이 그 위반행위를 방지하기 위하여 해당 업무에 관하여 상당한 주의와 감독을 게을리하지 아니한 경우에는 그러하지 아니하다.

05 중개허가

1. 개요(법 제19조의 5)

전략물자 등이 제3국에서 다른 제3국으로 수출되도록 중개하려는 자는 대통령령으로 정하는 바에 따라 산업통상자원부장관이나 관계 행정기관의 장의 허가("중개허가")를 받아야 한다.

2. 중개허가의 절차

(1) 허가의 신청(영 제33조의 3)

전략물자 등을 중개하려는 자는 전략물자 등 중개허가 신청서에 산업통상자원부장관이 정하여 고시하는 바에 따라 다음의 서류를 첨부하여 산업통상자원부장관이나 관계 행정기관의 장에게 제출해야 한다.
① 거래계약서, 거래가계약서(去來假契約書) 또는 이에 준하는 서류
② 해당 중개에 관련된 수출자, 수입자, 중개자 등에 관한 서류
③ 중개하는 전략물자 등의 성능과 용도를 표시하는 서류
④ 중개하는 전략물자 등의 기술적 특성에 관한 서류
⑤ 중개하는 전략물자 등의 용도 등에 관한 최종사용자의 서약서
⑥ 그 밖에 전략물자 등의 중개허가에 필요한 서류로서 산업통상자원부장관이 정하여 고시하는 서류

(2) 허가의 기준(법 제19조의 6 제1항)

산업통상자원부장관이나 관계 행정기관의 장은 수출허가, 상황허가, 경유 또는 환적허가 및 중개허가 신청을 받으면 다음의 기준을 고려하여 해당 허가를 할 수 있다. 이 경우 대통령령으로 정하는 바에 따라 조건을 붙여 해당 허가를 할 수 있다.
① 해당 전략물자 등이 평화적 목적에 사용될 것
② 해당 전략물자 등의 거래가 국제평화 및 안전유지와 국가안보에 영향을 미치지 아니할 것
③ 해당 전략물자 등의 수입자나 최종사용자 등이 거래에 적합한 자격을 가지고 있고 그 사용용도를 신뢰할 수 있을 것

④ 그 밖에 국제수출통제체제 등에 따라 관계 행정기관의 장과 협의하여 산업통상자원부장관이 정하여 고시하는 기준에 부합할 것

(3) 허가의 처리(영 제33조의 3 제2항)

중개허가 신청을 받은 산업통상자원부장관이나 관계 행정기관의 장은 15일 이내에 중개허가 여부를 결정하고 그 결과를 신청인에게 알려야 한다. 다만, 중개허가를 신청한 물품 등에 대하여 별도의 기술 심사, 국내외 관계기관과의 협의 또는 현지조사가 필요한 경우 이를 위하여 걸리는 기간은 본문에 따른 기간에 산입하지 않는다.

(4) 허가의 면제(법 제19조의 5 단서)

「방위사업법」 제57조 제2항에 따라 허가를 받은 방위산업물자 및 국방과학기술이 전략물자 등에 해당하는 경우에는 그러하지 아니하다(참고: 수출허가내용과 동일).

(5) 조건부허가(영 제33조의 4)

수출허가, 상황허가, 경유 또는 환적허가 및 중개허가의 신청을 받은 산업통상자원부장관 또는 관계 행정기관의 장은 법 제19조의 6(허가심사 등) 제1항 각 호 외의 부분 후단에 따라 다음의 서류를 산업통상자원부장관 또는 관계 행정기관의 장이 정하는 기간 내에 추가로 제출할 것을 조건으로 수출허가, 상황허가, 경유 또는 환적허가 및 중개허가를 할 수 있다.
① 전략물자 등의 설치 여부를 입증할 수 있는 사진, 문서 등을 포함한 설치확인서
② 전략물자 등의 사용 또는 보관 여부를 입증할 수 있는 사진, 문서 등을 포함한 이행점검보고서
③ 그 밖에 산업통상자원부장관 또는 관계 행정기관의 장이 수출허가, 상황허가, 경유 또는 환적허가 및 중개허가의 사후관리를 위해 필요하다고 인정하는 서류

3. 유효기간(영 제33조의 5)

(1) 유효기간

전략물자 중개허가의 유효기간은 1년으로 한다.

(2) 유효기간의 조정

> 영 제33조의 5 제2항(유효기간의 조정) 산업통상자원부장관 또는 관계 행정기관의 장은 다음의 어느 하나에 해당하는 경우에는 허가의 유효기간을 달리 정할 수 있다.
> ① 제32조의 2에 따라 산업통상자원부장관이 정하여 고시하는 기술을 수출하려는 경우
> ② 법 제22조 제2항에 따른 자율준수무역거래자(법 제19조의 2 및 이 영 제32조의 3에 따른 기술 이전 행위의 전부 또는 일부를 위임하거나 기술 이전 행위를 하는 자를 포함한다. 이하 제43조부터 제46조까지 및 제75조에서 같다)에 대하여 수출허가를 하는 경우
> ③ 제1호 및 제2호 외에 전략물자 등의 인도 조건, 대금 결제의 기간이나 조건, 경유 또는 환적이나 중개 등과 관련된 거래의 특성 등을 고려하여 산업통상자원부장관이나 관계 행정기관의 장이 필요하다고 인정하는 경우

4. 허가의 취소

(1) 허가취소(법 제19조의 7 제1항)

산업통상자원부장관이나 관계 행정기관의 장은 수출허가, 상황허가, 경유 또는 환적허가 및 중개허가를 한 후 다음의 어느 하나에 해당하는 경우에는 해당 허가를 취소할 수 있다.
① 거짓 또는 부정한 방법으로 허가를 받은 사실이 발견된 경우
② 전쟁, 테러 등 국가 간 안보 또는 대량파괴무기 등의 이동·확산 우려 등과 같은 국제정세의 변화가 있는 경우

(2) 관세청장 통보(법 제19조의 7 제2항)

허가를 취소한 경우 산업통상자원부장관이나 관계 행정기관의 장은 그 사실을 관세청장에게 즉시 통보하여야 한다.

(3) 청문(법 제47조 제2호)

산업통상자원부장관 또는 관계 행정기관의 장이 수출허가, 상황허가, 경유 또는 환적허가 및 중개허가의 취소를 하려면 청문을 하여야 한다.

5. 전략물자 중개허가 위반에 따른 벌칙

(1) 7년 이하의 징역 또는 물품가격의 5배 이하의 벌금형(법 제53조 제1항)

전략물자 등의 국제적 확산을 꾀할 목적으로 중개허가를 받지 아니하고 전략물자 등을 중개한 자는 7년 이하의 징역 또는 수출, 경유, 환적 또는 중개하는 물품 등의 가격의 5배에 해당하는 금액 이하의 벌금에 처한다.

(2) 5년 이하의 징역 또는 물품가격의 3배 이하의 벌금형(법 제53조 제2항)

중개허가를 받지 아니하고 전략물자 등을 중개한 자 5년 이하의 징역 또는 수출, 수입, 경유, 환적 또는 중개하는 물품 등의 가격의 3배에 해당하는 금액 이하의 벌금에 처한다.

(3) 미수범

제53조 제1항, 같은 조 제2항 제2호·제4호·제5호의 3·제6호 및 제53조의 2 제2호·제4호의 미수범은 처벌한다.

(4) 양벌규정(법 제57조)

법인의 대표자나 법인 또는 개인의 대리인, 사용인, 그 밖의 종업원이 그 법인 또는 개인의 업무에 관하여 제53조, 제53조의 2 또는 제54조부터 제56조까지의 어느 하나에 해당하는 위반행위를 하면 그 행위자를 벌하는 외에 그 법인 또는 개인에게도 해당 조문의 벌금형을 과(科)한다. 다만, 법인 또는 개인이 그 위반행위를 방지하기 위하여 해당 업무에 관하여 상당한 주의와 감독을 게을리하지 아니한 경우에는 그러하지 아니하다.

06 자율준수무역거래자

1. 개요

자율준수체제(CP, Compliance Program)란 "기업 또는 대통령령으로 정하는 대학 및 연구기관"이 독립적인 수출거래심사기구("자율수출관리기구")를 갖추고, 전략물자수출관리업무에 대한 운영규정("자율수출관리규정")에 따라 수출거래를 심사한 후 수출거래를 거부하거나 허가기관의 장에게 전문판정 및 수출허가 등을 신청하는 일련의 절차 및 제도를 말한다(전략물자수출입고시 제74조). 일반적으로 영업부서와는 별개의 독립적인 수출거래심사 및 통제시스템을 갖추고, 수출물품에 대해 전략물자 해당여부 및 법령상 수출가능 여부를 판단하여, 우려되는 수출거래를 거부하거나 정부 허가기관과 밀접하게 협력하여 수출허가 절차를 이행하는 기업의 내부관리 체제이다.

산업통상자원부장관은 대외무역법령에 의거하여 사내 자율준수체제를 갖추고 전략물자의 수출을 자율적으로 관리하는 기업들 중에서 소정의 요건을 갖춘 기업을 자율준수무역거래자로 지정하고 특례를 부여하고 있다.

2. 자율준수무역거래자의 지정(법 제22조 제1항)

산업통상자원부장관은 기업 또는 대통령령으로 정하는 대학 및 연구기관의 자율적인 전략물자 수출입관리 능력을 높이기 위하여 전략물자 여부에 대한 판정능력, 수입자 및 최종사용자에 대한 분석능력 등 대통령령으로 정하는 능력을 갖춘 무역거래자를 자율준수무역거래자로 지정할 수 있다.

3. 지정의 기준

(1) 자율준수무역거래자(영 제43조 제1항)

"대통령령으로 정하는 대학 및 연구기관"이란 다음의 어느 하나에 해당하는 대학 및 연구기관을 말한다.
① 「고등교육법」 제2조에 따른 대학, 산업대학, 전문대학 및 기술대학
② 「과학기술분야 정부출연연구기관 등의 설립·운영 및 육성에 관한 법률」에 따라 설립된 과학기술분야 정부출연연구기관
③ 「기초연구진흥 및 기술개발지원에 관한 법률」 제14조의 2 제1항에 따라 인정받은 기업부설연구소
④ 「산업기술연구조합 육성법」에 따른 산업기술연구조합
⑤ 국·공립 연구기관
⑥ 「특정연구기관 육성법」 제2조에 따른 특정연구기관
⑦ 「산업기술혁신 촉진법」 제42조에 따른 전문생산기술연구소

(2) 자율준수무역거래자의 능력(영 제43조 제2항)

"전략물자 여부에 대한 판정능력, 수입자 및 최종사용자에 대한 분석능력 등 대통령령으로 정하는 능력"이란 다음의 능력을 말한다.
① 전략물자 해당 여부에 대한 판정능력
② 수입자 및 최종사용자에 대한 분석능력
③ 자율관리조직의 구축 및 운용 능력

4. 지정의 절차

(1) 신청(영 제43조 제3항)

자율준수무역거래자로 지정받으려는 자는 자율준수무역거래자 지정신청서에 다음의 서류를 첨부하여 산업통상자원부장관에게 제출하여야 한다.

① 제2항 각 호의 능력을 갖추었음을 증명하는 서류
② 자율적인 수출입관리 업무를 위한 규정 및 조직도
③ 그 밖에 자율준수무역거래자의 지정에 필요한 서류로서 산업통상자원부장관이 정하여 고시하는 서류

> **더 알아보기**
>
> **전략물자수출입고시 제78조 자율준수무역거래자 지정의 신청 등 제1항**
>
> 법 제22조 제1항에 따른 자율준수무역거래자로 지정을 받고자 하는 자는 별지 제13호 서식에 따른 자율준수무역거래자 지정신청서에 다음 각 호의 서류를 첨부하여 산업통상자원부장관에게 제출하여야 한다.
> 1. 별지 제15호 서식에 따른 회사소개서
> 2. 자율수출관리기구의 조직도
> 3. 자율수출관리규정
> 4. 별표 20에 따른 등급별 구비서류

(2) 지정 여부의 통지(영 제43조 제5항)

산업통상자원부장관은 자율준수무역거래자 지정신청을 받았을 때에는 신청서 접수일부터 40일 이내에 지정 여부와 그 등급(자율준수무역거래자로 지정된 경우만 해당한다)을 신청인에게 알려야 한다.

> **더 알아보기**
>
> **자율준수무역거래자 신청 및 처리절차**
>
>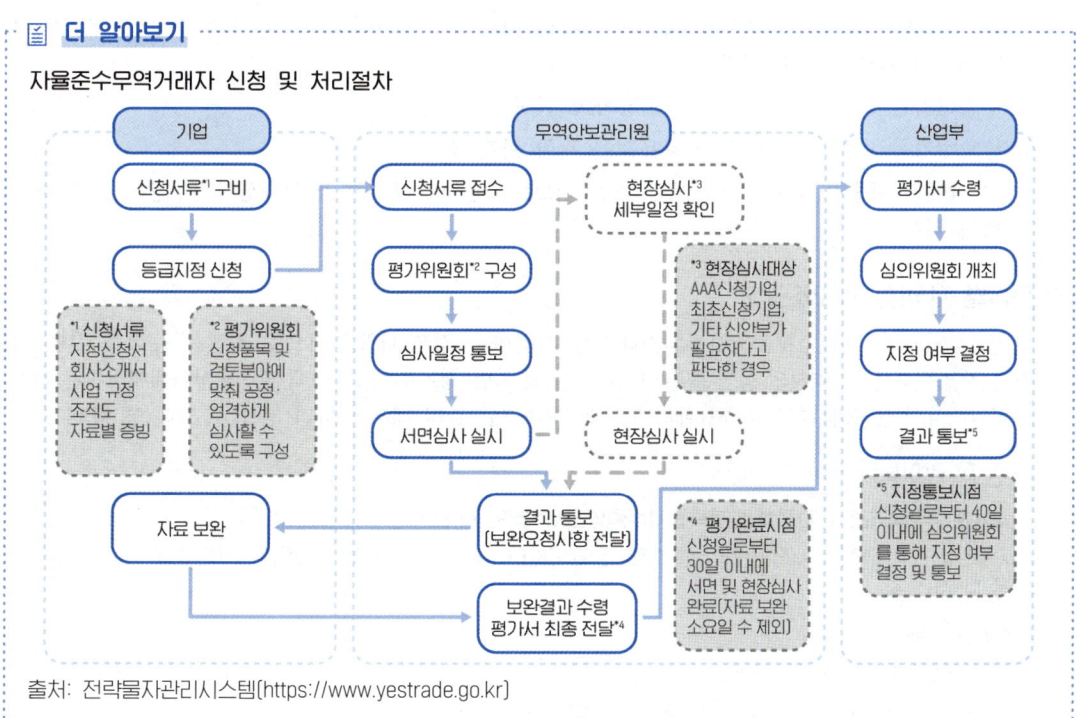
>
> 출처: 전략물자관리시스템(https://www.yestrade.go.kr)

(3) 고시(영 제43조 제6항)

자율준수무역거래자 지정을 위한 능력의 심사 및 등급 결정 등에 관한 세부사항은 산업통상자원부장관이 정하여 고시한다.

> **더 알아보기**
>
> **전략물자수출입고시 제76조 자율준수무역거래자의 지정등급**
> 영 제43조에 따른 자율준수무역거래자의 지정은 별표 20의 등급심사기준(이하 "등급심사기준"이라 한다)에 따라 A, AA 및 AAA의 3개 등급으로 구분한다.
>
> **제77조 자율준수무역거래자의 신청자격**
> 자율준수무역거래자의 등급별 신청자격은 다음 각 호와 같다.
> 1. A등급, AA등급: 전략물자 등을 취급하는 모든 무역거래자, 대학 및 연구기관
> 2. AAA등급: AA등급의 자율준수무역거래자로서 제83조 제2항 제1호에 따라 산업통상자원부장관으로부터 지정된 날로부터 1년 이상 경과한 자

5. 자율준수무역거래자의 자율관리

(1) 자율관리(법 제22조 제2항)

산업통상자원부장관은 지정을 받은 자율준수무역거래자에게 대통령령으로 정하는 바에 따라 전략물자에 대한 수출입관리 업무의 일부를 자율적으로 관리하게 할 수 있다.

(2) 자율관리 업무의 범위(영 제44조 제1항)

산업통상자원부장관은 법 제22조 제2항에 따라 자율준수무역거래자에게 다음의 수출입관리 업무를 자율적으로 관리하게 할 수 있다.
① 수출허가를 받은 물품 등의 최종사용자에 관한 관리 업무
② 수출허가를 받은 물품 등의 사용용도에 관한 관리 업무
③ 그 밖에 전략물자 수출허가 제도를 효율적으로 운용하기 위하여 산업통상자원부장관이 정하여 고시하는 업무

(3) 등급별 지정(법 제22조의 2)

산업통상자원부장관은 자율준수무역거래자를 지정하는 경우 대통령령으로 정하는 능력을 갖춘 정도에 따라 자율준수무역거래자의 등급을 달리 정할 수 있다(법 제22조의 2). 이때 산업통상자원부장관은 자율준수무역거래자의 등급에 따라 수출입관리 업무의 자율적인 관리 내용을 달리 정할 수 있다(영 제44조 제2항).

> **더 알아보기**
>
> **자율준수무역거래자 지정특례(전략물자수출입고시 별표 제19호)**
> 자율준수무역거래자로 지정된 기업은 다음과 같은 다양한 특례를 제공받아 전략물자 수출관리를 위한 행정적 부담을 덜 수 있습니다.
>
> * 주요 혜택
> 1. 포괄수출허가 신청 자격 부여
> 2. 포괄허가 1회 발급으로 3년 내지 2년 동안 반복 수출 가능
> 3. 개별수출허가 처리기간 단축(15일 → 5일), 또는 허가심사 면제
> 4. 동일품목을 동일최종사용자에게 반복 수출 시 첨부서류(6종) 제출면제
> 5. 해외현지법인으로 전략물자 수출 시 허가면제 내지 서류면제

(4) 결과보고(법 제22조 제3항)

자율준수무역거래자는 자율적으로 관리하는 전략물자의 수출실적 등을 대통령령으로 정하는 바에 따라 산업통상자원부장관에게 보고하여야 한다.
① 수출허가의 반기별(半期別) 실적: 다음 반기의 1개월 이내
② 제43조 제2항 각 호(자율준수무역관리자의 능력)에 관한 연간 현황: 다음 해의 1개월 이내

6. 등급 조정 및 지정취소

(1) 등급조정(법 제22조의 2 제2항)

산업통상자원부장관은 다음의 어느 하나에 해당하는 경우에는 자율준수무역거래자의 등급을 조정할 수 있다.
① 제22조 제1항에 따른 대통령령으로 정하는 능력을 유지하지 못하는 경우
② 수출허가를 받지 아니하고 전략물자를 수출하거나 수출신고한 경우
③ 상황허가를 받지 아니하고 상황허가 대상인 물품 등을 수출하거나 수출신고한 경우
④ 경유 또는 환적허가를 받지 아니하고 전략물자 등을 경유 또는 환적한 경우
⑤ 중개허가를 받지 아니하고 전략물자 등을 중개한 경우
⑥ 제22조 제3항에 따른 보고 의무를 이행하지 아니한 경우
⑦ 제28조에 따른 서류 보관 의무를 이행하지 아니한 경우

(2) 지정취소(법 제22조의 2 제2항)

상기 ①에 따른 능력을 현저히 갖추지 못하였거나 고의나 중대한 과실로 인하여 ② ~ ④까지에 해당하는 경우에는 자율준수무역거래자의 지정을 취소할 수 있다.

07 전략물자의 관리 등

1. 전략물자 수출입고시(법 제23조)

산업통상자원부장관은 관계 행정기관의 장과 협의하여 전략물자에 관한 요령을 고시하여야 하며, 관세청장은 전략물자 등의 수출입통관 절차에 관한 사항을 고시하여야 한다.

2. 전략물자 수출입관리 정보시스템의 구축 및 운영(법 제24조)

산업통상자원부장관은 다음의 업무를 수행하기 위하여 관계 행정기관의 장 및 제25조에 따른 무역안보관리원과 공동으로 전략물자 수출입관리 정보시스템을 구축·운영할 수 있다.
① 수출허가, 상황허가, 경유 또는 환적허가, 중개허가, 전문판정, 자가판정, 제27조에 따른 수입목적확인서의 발급 등에 관한 업무
② 전략물자의 수출입관리에 필요한 정보의 수집·분석 및 관리 업무

3. 무역안보관리원

(1) 설립 취지(법 제25조 제1항)
전략물자 수출입관리 업무를 효율적으로 지원하기 위하여 무역안보관리원을 설립한다.

(2) 설립
① 무역안보관리원은 법인으로 한다(법 제25조 제2항).
② 무역안보관리원은 정관으로 정하는 바에 따라 임원과 직원을 둔다(법 제25조 제3항).
③ 무역안보관리원은 그 주된 사무소의 소재지에서 설립등기를 함으로써 성립한다(법 제25조 제4항).
④ 무역안보관리원에 관하여 대외무역법에서 정한 것 외에는 「민법」 중 재단법인에 관한 규정을 준용한다(법 제25조 제7항).
⑤ 정부는 무역안보관리원의 설립·운영에 필요한 경비를 예산의 범위에서 출연하거나 지원할 수 있다(법 제25조 제8항).

(3) 무역안보관리원의 업무(법 제25조 제5항)
무역안보관리원은 정부의 전략물자 수출입관리 정책에 따라 다음의 업무를 수행한다.
① 무역안보 정책수립 지원
② 무역안보 산업영향분석 및 실태조사 지원
③ 무역안보 국제협력 지원(외교안보 관련 사항은 제외한다)
④ 제20조 제1항 후단에 따른 전문판정
⑤ 전문판정 신청 정보 점검 및 자가판정 결과 점검 등 지원
⑥ 제24조 제1항에 따른 전략물자 수출입관리 정보시스템의 운영
⑦ 제30조에 따른 전략물자 등의 수출입 제한 등 및 제48조에 따른 보고·검사 등 지원
⑧ 전략물자 등의 수출입자에 대한 교육
⑨ 그 밖에 대통령령으로 정하는 업무
　㉠ 무역안보 홍보 및 컨설팅 업무
　㉡ 법 제5조 제4호 및 제4호의 2에 따른 무역제한 특별조치 이행을 위한 정보 제공 등 지원 업무
　㉢ 법 제22조 및 제22조의 2에 따른 자율준수무역거래자의 지정, 등급 결정·조정 및 지정 취소 등에 대한 지원 업무
　㉣ 법 제26조에 따른 전략물자 수출입통제 협의회 지원 업무
　㉤ 무역안보에 관하여 산업통상자원부장관이 위탁하는 업무

(4) 수수료의 징수(법 제25조 제6항)
무역안보관리원의 장은 산업통상자원부장관의 승인을 받아 무역안보관리원의 업무에 관하여 무역안보관리원을 이용하는 자에게 일정한 수수료를 징수할 수 있다.

4. 전략물자 수출입통제 협의회

(1) 구성(법 제26조 제1항)
산업통상자원부장관과 관계 행정기관의 장은 전략물자 등의 수출입통제와 관련된 부처 간 협의를 위하여 공동으로 전략물자 수출입통제 협의회(이하 이 조에서 "협의회"라 한다)를 구성할 수 있다.

(2) 전략물자 수출입통제 협의회의 구성

1) 소관사항(영 제47조 제1항)

전략물자 수출입통제 협의회(이하 "협의회"라 한다)의 위원장은 다음의 사항별로 소관 행정기관의 장이 되고, 협의회의 위원장은 소관 사항별로 참석 행정기관의 범위를 정하여 협의회를 소집한다.

① 과학기술정보통신부: 과학기술 및 정보통신기술 중 전략물자 등 관련 기술의 수출입통제에 관한 사항
② 외교부: 외교에 영향을 주는 사항 및 전략물자 등의 수출입통제와 관련된 국제규범에 관한 사항
③ 통일부: 「남북교류협력에 관한 법률」에 따른 반출·반입 승인 대상 품목 중 전략물자 등에 관한 사항 및 남북 교류·협력에 영향을 미치는 사항
④ 국방부: 「방위사업법」에 따른 방위산업물자·국방과학기술의 수출입통제에 관한 사항 및 국가안보에 영향을 미치는 사항
⑤ 산업통상자원부: 전략물자 등(원자력 전용 품목은 제외한다)의 수출입통제 및 통상교섭에 영향을 주는 사항
⑥ 원자력안전위원회: 전략물자 등 중 원자력 전용 품목의 수출입통제에 관한 사항
⑦ 관세청: 전략물자 등 통관 및 법 제21조 제1항에 따른 무허가수출 등(이하 "무허가수출 등"이라 한다)에 관한 사항
⑧ 정보수사기관(법 제26조 제3항에 따른 정보수사기관을 말한다): 국내외 전략물자 등 관련 정보협력, 국가안보에 영향을 미치는 전략물자 등 수출입, 무허가수출 등에 관한 사항

2) 위원(영 제47조 제2항)

협의회의 위원은 소집되는 행정기관의 고위공무원단에 속하는 공무원으로서 전략물자의 수출입통제 관련 업무를 담당하는 자로 한다.

3) 실무협의회(영 제47조 제3항)

협의회를 효율적으로 운영하기 위하여 필요하면 실무협의회를 둘 수 있다.

(3) 회의의 주재(법 제26조 제2항)

협의회의 회의는 관계 행정기관의 소관 업무별로 그 소관 관계 행정기관의 장이 주재한다.

(4) 지원요청(법 제26조 제3항)

협의회의 구성원인 각 행정기관의 장은 전략물자 등의 수출입통제에 필요하면 대통령령으로 정하는 정보수사기관의 장 또는 관세청장에게 조사·지원을 요청할 수 있다.

> **더 알아보기**
>
> 대통령령으로 정하는 정보수사기관
> 1. 국가정보원
> 2. 검찰청
> 3. 경찰청
> 4. 해양경찰청
> 5. 국군방첩사령부

5. 전략물자기술자문단

(1) 구성 및 운영(법 제49조 제1항)
산업통상자원부장관은 다음의 사항에 관한 자문을 하기 위하여 전략물자기술자문단을 구성하여 운영할 수 있다.
① 해당 물품 등이 대량파괴무기 등의 제조·개발·사용 또는 보관 등의 용도로 이용 또는 전용될 가능성에 관한 사항
② 국제수출통제체제 등의 통제대상 물품 등에 대한 평가·분석에 관한 사항
③ 전략물자 해당 여부의 판정에 관한 사항

(2) 고시(법 제49조 제2항)
전략물자기술자문단의 구성·운영 등에 필요한 사항은 산업통상자원부장관이 정하여 고시한다.

08 전략물자의 수출입 제한 등

1. 전략물자의 수출입 제한

(1) 수출입의 제한(법 제30조 제1항)
산업통상자원부장관 또는 관계 행정기관의 장은 다음의 어느 하나에 해당하는 자에게 3년 이내의 범위에서 일정 기간 동안 전략물자 등의 전부 또는 일부의 수출, 수입, 경유, 환적 또는 중개를 제한할 수 있다.
① 수출허가를 받지 아니하고 전략물자를 수출하거나 수출신고한 자
② 상황허가를 받지 아니하고 상황허가 대상인 물품 등을 수출하거나 수출신고한 자
③ 경유 또는 환적허가를 받지 아니하고 전략물자 등을 경유 또는 환적한 자
④ 중개허가를 받지 아니하고 전략물자 등을 중개한 자
⑤ 거짓이나 그 밖의 부정한 방법으로 수출허가, 상황허가, 경유 또는 환적허가 및 중개허가를 받은 자
⑥ 수출허가, 상황허가, 경유 또는 환적허가 및 중개허가를 받았으나 제19조의 6 제1항에 따라 산업통상자원부장관이나 관계 행정기관의 장이 정한 조건을 이행하지 아니한 자
⑦ 제21조 제1항에 따른 이동중지명령을 위반하거나 같은 조 제2항에 따른 이동중지조치를 방해한 자

(2) 통보(법 제30조 제2항)
관계 행정기관의 장은 제1항 각 호의 어느 하나에 해당하는 자가 있음을 알게 되면 즉시 산업통상자원부장관에게 통보하여야 한다.

(3) 공고(법 제30조 제3항)
산업통상자원부장관 또는 관계 행정기관의 장은 제1항에 따라 전략물자 등의 수출입을 제한한 자와 외국 정부가 자국의 법령에 따라 전략물자 등의 수출입을 제한한 자의 명단과 제한 내용을 공고할 수 있다.

2. 교육명령

(1) 교육대상(법 제49조)

산업통상자원부장관 또는 관계 행정기관의 장은 다음의 어느 하나에 해당하는 자에게 대통령령으로 정하는 바에 따라 교육명령을 부과할 수 있다.

① 수출허가 또는 상황허가를 받지 아니하고 수출하거나 수출신고한 자
② 거짓이나 그 밖의 부정한 방법으로 수출허가 또는 상황허가를 받은 자
③ 경유 또는 환적허가 및 중개허가를 받지 아니하고 경유·환적·중개한 자
④ 거짓이나 그 밖의 부정한 방법으로 경유 또는 환적허가 및 중개허가를 받은 자
⑤ 수출허가, 상황허가, 경유 또는 환적허가 및 중개허가를 받았으나 제19조의 6 제1항에 따라 산업통상자원부장관이나 관계 행정기관의 장이 정한 조건을 이행하지 아니한 자
⑥ 제19조의 6 제3항에 따른 허가 면제 사유를 입증하기 위한 서류를 제출하지 아니한 자
⑦ 제21조 제1항에 따른 이동중지명령을 위반하거나 같은 조 제2항에 따른 이동중지조치를 방해한 자

(2) 교육시간(영 제48조 제1항)

교육명령에 따른 교육시간은 8시간 이내로 한다.

(3) 교육기관(영 제48조 제2항)

산업통상자원부장관 또는 관계 행정기관의 장은 법 제25조에 따른 무역안보관리원, 「원자력안전법」 제6조에 따른 한국원자력통제기술원, 그 밖에 산업통상자원부장관이 정하여 고시하는 기관에서 교육을 실시하도록 할 수 있다.

3. 벌칙

(1) 7년 이하의 징역 또는 물품 가격의 5배 이하의 벌금(영 제53조 제1항)

전략물자 등의 국제적 확산을 꾀할 목적으로 다음의 어느 하나에 해당하는 위반행위를 한 자는 7년 이하의 징역 또는 수출, 경유, 환적 또는 중개하는 물품 등의 가격의 5배에 해당하는 금액 이하의 벌금에 처한다.

① 제19조의 2에 따른 수출허가를 받지 아니하고 전략물자를 수출하거나 수출신고한 자
② 제19조의 3에 따른 상황허가를 받지 아니하고 상황허가 대상인 물품 등을 수출하거나 수출신고한 자
③ 제19조의 4에 따른 경유 또는 환적허가를 받지 아니하고 전략물자 등을 경유 또는 환적한 자
④ 제19조의 5에 따른 중개허가를 받지 아니하고 전략물자 등을 중개한 자

(2) 5년 이하의 징역 또는 물품 가격의 3배 이하의 벌금(영 제53조 제2항)

다음의 어느 하나에 해당하는 자는 5년 이하의 징역 또는 수출, 수입, 경유, 환적 또는 중개하는 물품 등의 가격의 3배에 해당하는 금액 이하의 벌금에 처한다.

① 제19조의 2에 따른 수출허가를 받지 아니하고 전략물자를 수출하거나 수출신고한 자
② 거짓이나 그 밖의 부정한 방법으로 제19조의 2에 따른 수출허가를 받은 자
③ 제19조의 2에 따른 수출허가를 받았으나 제19조의 6 제1항에 따라 산업통상자원부장관이나 관계 행정기관의 장이 정한 조건을 이행하지 아니한 자
④ 제19조의 3에 따른 상황허가를 받지 아니하고 상황허가 대상인 물품 등을 수출하거나 수출신고한 자
⑤ 거짓이나 그 밖의 부정한 방법으로 제19조의 3에 따른 상황허가를 받은 자

⑥ 제19조의 3에 따른 상황허가를 받았으나 제19조의 6 제1항에 따라 산업통상자원부장관이나 관계 행정기관의 장이 정한 조건을 이행하지 아니한 자
⑦ 제19조의 4에 따른 경유 또는 환적허가를 받지 아니하고 전략물자 등을 경유 또는 환적한 자
⑧ 거짓이나 그 밖의 부정한 방법으로 제19조의 4에 따른 경유 또는 환적허가를 받은 자
⑨ 제19조의 4에 따른 경유 또는 환적허가를 받았으나 제19조의 6 제1항에 따라 산업통상자원부장관이나 관계 행정기관의 장이 정한 조건을 이행하지 아니한 자
⑩ 제19조의 5에 따른 중개허가를 받지 아니하고 전략물자 등을 중개한 자
⑪ 거짓이나 그 밖의 부정한 방법으로 제19조의 5에 따른 중개허가를 받은 자
⑫ 제19조의 5에 따른 중개허가를 받았으나 제19조의 6 제1항에 따라 산업통상자원부장관이나 관계 행정기관의 장이 정한 조건을 이행하지 아니한 자

제6장 수출입 거래(4) - 플랜트수출

01 플랜트수출의 승인대상

1. 플랜트수출의 개념

플랜트수출은 기계·장치 등의 하드웨어(hardware)와 엔지니어링·know-how·건설시공·시운전 등의 소프트웨어가 결합된 생산 단위체의 종합수출을 의미한다. 일반 건설과는 달리 설계·구매·시공(EPC), 정보, 금융 등의 복합 경쟁력이 요구되는 고위험·고수익 분야에 해당한다. 구체적으로 광의로는 화학, 석유정제, 제련, 자동차, 채광, 섬유공장 등 직접적인 산업설비 뿐만 아니라 교량, 도로, 댐, 항만시설 등 국토개발 플랜트와 학교, 병원, 주택, 도시건설 등 사회개발 플랜트까지 포함되며 협의로는 광업, 제조업, 전기, 가스업, 방송, 통신업을 영위하기 위하여 설치되는 기계 및 장치 등을 말한다.

산업설비수출에는 산업설비만의 수출과 산업설비와 함께 기술용역과 시공을 포괄하는 수출 즉, 일괄수주(turn key) 방식에 의한 수출이 있는데 산업설비수출은 다음과 같은 특성을 가지고 있다.
① 산업설비자체가 거대하므로 수출거래금액이 거액임
② 계약체결에서 대금회수까지 장기간이 소요되고 이에 따라 대금회수의 위험이 큼
③ 산업설비수출은 경제협력의 수단으로 이용되는 경우가 있음

2. 플랜트수출 승인 대상

산업통상자원부장관은 다음의 어느 하나에 해당하는 수출(이하 "플랜트수출"이라 한다)을 하려는 자가 신청하는 경우에는 대통령령으로 정하는 바에 따라 그 플랜트수출을 승인할 수 있다. 승인한 사항을 변경할 때에도 또한 같다(법 제32조 제1항).

(1) 농업·임업·어업·광업·제조업, 전기·가스·수도사업, 운송·창고업 및 방송·통신업을 경영하기 위하여 설치하는 기계·장치 및 대통령령으로 정하는 설비 중 산업통상자원부장관이 정하는 일정 규모 이상의 산업설비의 수출

1) 일정 규모 이상의 산업설비(규정 제70조)

"대통령령으로 정하는 설비 중 산업통상자원부장관이 정하는 일정규모 이상의 산업설비"란 FOB가격으로 미화 50만 달러 상당액 이상인 산업설비를 말한다.

2) 대통령령으로 정하는 설비(영 제51조)

"대통령령으로 정하는 설비"란 다음의 설비를 말한다. 다만, 해외건설공사와 함께 일괄수주방식에 의하여 수출하는 설비는 제외한다.
① 발전설비
② 담수 설비 및 용수처리설비
③ 해양설비 및 수상구조설비
④ 석유 처리설비 및 석유화학설비
⑤ 정유설비 및 송유설비

⑥ 저장탱크 및 저장기지설비
⑦ 냉동 및 냉장설비
⑧ 제철·제강설비 및 철강재구조설비
⑨ 공해방지설비
⑩ 공기조화설비
⑪ 신에너지 및 재생에너지 설비
⑫ 정치식(定置式) 운반하역설비 및 정치식 건설용설비
⑬ 시험연구설비
⑭ 그 밖에 산업 활동을 위하여 필요한 설비

(2) 산업설비·기술용역 및 시공을 포괄적으로 행하는 수출(이하 "일괄수주방식에 의한 수출"이라 한다)

"시공"이란 다음의 공사를 수행하는 것을 말한다(영 제52조 제1항).
① 토목공사
② 건축공사
③ 플랜트 설치공사. 다만, 플랜트수출자나 수출용 기자재를 설계·제작하는 자가 제작한 기계 및 장치를 직접 설치하는 공사는 제외한다.
④ 상기 ③의 단서규정에도 불구하고 「해외건설촉진법 시행령」 제17조 제1항 제1호 라목에 따른 해외공사실적을 인정받으려는 경우에만 산업통상자원부장관은 플랜트수출자나 수출용 기자재를 설계·제작하는 자가 제작한 기계 및 장치를 직접 설치하는 공사를 플랜트 설치공사로 인정할 수 있다.

더 알아보기

해외건설촉진법 시행령 제17조
① 법 제13조에 따라 해외건설사업자가 국토교통부장관에게 통보해야 하는 해외공사 상황의 통보대상 및 통보기한은 별표 3의 2와 같다.
② 국토교통부장관은 해외공사 상황을 신속하게 파악할 필요가 있는 경우에는 제1항 및 별표 3의 2에도 불구하고 해외공사 상황을 수시로 통보하게 할 수 있다.

해외공사 상황의 통보대상 및 통보기한(제17조 제1항 관련)

통보대상		통보기한
1. 수주활동		
	가. 수주활동 현황	1) 도급공사: 입찰예정일 10일 전까지 2) 도급공사 외의 공사: 공사의 시행개시일 20일 전까지
	나. 계약 체결 결과	계약 체결일부터 15일 이내
	다. 해외공사 실적	매년 2월 15일까지
2. 시공		
	가. 시공 경과	매년 7월 31일까지
	나. 준공 결과	준공일부터 30일 이내
	다. 공사내용 변경	공사내용 변경일부터 15일 이내
	라. 해외공사에 따른 각종 사고	사고가 발생한 날부터 15일 이내

02 플랜트수출승인의 신청

1. 개요(법 제32조 제1항)

산업통상자원부장관은 플랜트수출을 하려는 자가 신청하는 경우에는 대통령령으로 정하는 바에 따라 그 플랜트수출을 승인할 수 있다. 승인한 사항을 변경할 때에도 또한 같다.

2. 서류의 제출

플랜트수출의 승인을 받으려는 자는 신청서에 산업통상자원부장관이 정하는 서류를 첨부하여 산업통상자원부장관에게 제출하여야 한다. 변경승인을 받으려는 경우에도 또한 같다(영 제50조).

플랜트수출의 승인을 받으려는 자는 별지 제21호 서식에 의한 플랜트수출승인신청서에 다음의 서류를 첨부하여 산업통상자원부장관에게 신청하여야 한다(규정 제71조 제1항).
① 수출신용장, 수출계약서 또는 주문서(수출의 경우만 해당한다)
② 수출 또는 수입대행계약서(공급자와 수출자가 다른 경우 및 실수요자와 수입자가 다른 경우만 해당한다)
③ 수출입공고에서 규정한 요건을 충족하는 서류(다만, 해당 승인기관에서 승인 요건의 충족 여부를 확인할 수 있는 경우를 제외한다)
④ 통합공고에 의하여 허가, 추천 등을 요하는 경우에는 그 허가 등을 받은 사실을 증명하는 서류

3. 변경승인 신청(규정 제71조 제2항)

변경승인을 받으려는 자는 플랜트수출승인사항 변경승인신청서에 다음의 서류를 첨부하여 산업통상자원부장관에게 신청하여야 한다.
① 수출승인서 사본
② 변경사유서

4. 처리기간(규정 제71조 제3항)

산업통상자원부장관은 플랜트수출승인 또는 변경승인 신청이 있는 경우 접수일부터 5일 이내에 이를 처리하여야 한다. 다만, 다른 기관과의 협의가 필요한 경우 그 협의기간은 처리기간에 산입하지 아니한다.

5. 의견 청취(법 제32조 제2항)

산업통상자원부장관은 승인 또는 변경승인을 하기 위하여 필요하면 플랜트수출의 타당성에 관하여 관계 행정기관의 장의 의견을 들어야 한다. 이 경우 의견을 제시할 것을 요구받은 관계 행정기관의 장은 정당한 사유가 없으면 지체 없이 산업통상자원부장관에게 의견을 제시하여야 한다.

6. 관계기관 통보(법 제32조 제5항)

산업통상자원부장관은 플랜트수출의 승인 또는 변경승인을 한 경우에는 이를 관계 행정기관의 장에게 지체 없이 알려야 한다.

7. 플랜트수출승인의 위반에 따른 벌칙

(1) 3년 이하의 징역 또는 3천만 원 이하의 벌금(법 제54조 제8호)

거짓이나 그 밖의 부정한 방법으로 제32조에 따른 플랜트의 승인 또는 변경 승인을 받은 자는 3년 이하의 징역 또는 3천만 원 이하의 벌금에 처한다.

(2) 양벌규정(법 제57조)

법인의 대표자나 법인 또는 개인의 대리인, 사용인, 그 밖의 종업원이 그 법인 또는 개인의 업무에 관하여 플랜트와 관련된 위반행위를 하면 그 행위자를 벌하는 외에 그 법인 또는 개인에게도 해당 조문의 벌금형을 과(科)한다. 다만, 법인 또는 개인이 그 위반행위를 방지하기 위하여 해당 업무에 관하여 상당한 주의와 감독을 게을리하지 아니한 경우에는 그러하지 아니하다.

03 일괄수주 방식에 의한 동의

1. 일괄수주 방식에 의한 동의(법 제32조 제3항)

산업통상자원부장관이 일괄수주방식에 의한 수출에 대하여 승인 또는 변경승인하려는 때에는 미리 국토교통부장관의 동의를 받아야 한다.

2. 동의요청(영 제53조 제1항)

산업통상자원부장관은 일괄수주방식에 의한 수출에 대하여 승인 또는 변경승인을 하기 위하여 미리 국토교통부장관의 동의를 받으려는 경우에는 해당 플랜트수출의 개요와 다음의 사항을 명시한 서류를 송부하여야 한다.
① 건설용역 및 시공 수행자의 성명(법인인 경우에는 그 명칭과 대표자의 성명) 및 주소
② 건설용역 및 시공사업계획

3. 동의요청의 회신(영 제53조 제2항)

동의요청을 받은 국토교통부장관은 특별한 사유가 없으면 동의요청을 받은 날부터 10일 이내에 동의 여부를 산업통상자원부장관에게 알려야 한다.

4. 건설용역 및 시공부분의 수출승인(법 제32조 제4항)

산업통상자원부장관은 일괄수주방식에 의한 수출로서 건설용역 및 시공부문의 수출에 관하여는 「해외건설촉진법」에 따른 해외건설사업자에 대하여만 승인 또는 변경승인할 수 있다.

04 플랜트수출의 촉진

1. 개요(법 제32조 제6항)

산업통상자원부장관은 플랜트수출을 촉진하기 위하여 그에 관한 제도개선, 시장조사, 정보교류, 수주 지원, 수주질서 유지, 전문인력의 양성, 금융지원, 우수기업의 육성 및 협동화사업을 추진할 수 있다. 이 경우 산업통상자원부장관은 플랜트수출 관련 기관 또는 단체를 지정하여 이들 사업을 수행하게 할 수 있다.

2. 플랜트 수출촉진기관 지정

(1) 지정(영 제54조 제1항)

산업통상자원부장관은 플랜트수출에 관한 시장조사 등의 사업을 촉진하기 위한 사업을 담당할 관련 기관 또는 단체(플랜트수출촉진기관)를 지정하려면 다음의 사항을 종합적으로 검토하여야 한다.
① 플랜트수출자에 대한 대표성
② 시장조사 등 사업계획

(2) 플랜트수출촉진기관(영 제54조 제2항)

플랜트수출촉진기관은 한국기계산업진흥회 및 한국플랜트산업협회로 한다.

3. 시장조사 등 보고(법 제54조 제2항)

산업통상자원부장관은 지정된 플랜트수출촉진기관에 대하여 플랜트수출의 시장조사 등 사업의 촉진과 관련하여 다음의 사항을 보고하게 할 수 있다.
① 플랜트수출 동향
② 플랜트수출에 관한 시장조사, 정보교류, 수주, 협동화사업의 촉진실적 등 촉진활동에 관한 사항
③ 그 밖에 플랜트수출에 관하여 산업통상자원부장관이 요청하는 사항

제7장 수출입 거래(5) - 정부 간 수출계약

01 개요

1. 정의(법 제2조 제4항)

"정부 간 수출계약"이란 외국 정부의 요청이 있을 경우, 제32조의 3 제1항에 따른 정부 간 수출계약 전담기관이 대통령령으로 정하는 절차에 따라 국내 기업을 대신하여 또는 국내 기업과 함께 계약의 당사자가 되어 외국 정부에 물품 등(「방위산업 발전 및 지원에 관한 법률」 제2조 제1항 제1호에 따른 방위산업물자 등은 제외한다)을 유상(有償)으로 수출하기 위하여 외국 정부와 체결하는 수출계약을 말한다.

2. 정부 간 수출계약의 절차(영 제4조의 2)

정부 간 수출계약의 절차란 다음에 규정된 절차를 말한다.

(1) 구매의사의 확인

외국 정부의 물품 등(「방위산업 발전 및 지원에 관한 법률」 제2조 제1항 제1호에 따른 방위산업물자 등은 제외한다. 이하 이 조, 제54조의 5 및 제54조의 6에서 같다) 구매의사에 관한 법 제32조의 3 제1항에 따른 정부 간 수출계약 전담기관(이하 "전담기관"이라 한다)의 확인

(2) 국내기업의 평가 및 추천

국내 기업의 정부 간 수출계약 이행능력에 관한 평가 및 추천. 다만, 외국 정부가 물품 등을 수출할 국내 기업을 지정하는 경우에는 추천을 생략할 수 있다.

(3) 이행약정체결

전담기관과 국내 기업의 정부 간 수출계약 이행에 관한 약정의 체결

(4) 외국정부와 계약체결

전담기관과 외국 정부와의 수출에 관한 계약의 체결(국내 기업과 함께 계약의 당사자가 되어 체결하는 경우를 포함한다)

3. 정부 간 수출계약의 보증 및 원칙

(1) 정부 간 수출계약의 보증(법 제32조의 2 제1항)

정부는 국내 기업의 원활한 정부 간 수출계약을 지원하기 위하여 대통령령으로 정하는 보증·보험기관으로 하여금 국내 기업의 외국 정부에 대한 정부 간 수출계약 이행 등을 위한 보증사업을 하게 할 수 있다.

> **더 알아보기**
>
> **정부 간 수출계약 보증사업의 수행기관(영 제54조의 2)**
> 법 제32조의 2 제1항에서 "대통령령으로 정하는 보증·보험기관"이란 국내에서 수출·수입 등 대외거래에 대한 보증 또는 보험 업무를 10년 이상 영위하고 있는 자 중 산업통상자원부장관이 다음 각 호의 사항을 평가하여 지정하는 기관을 말한다.
> 1. 법 제32조의 2 제1항에 따른 보증사업의 수행에 필요한 재정능력
> 2. 수출·수입 등 대외거래의 당사자에 대한 신용정보의 수집·분석 및 평가에 관한 능력
> 3. 수출·수입 등 대외거래에서 발생한 채권에 대한 관리체계

(2) 정부 간 수출계약의 원칙(법 제32조의 2 제2항)

정부는 정부 간 수출계약과 관련하여 어떠한 경우에도 경제적 이익을 갖지 아니하고, 보증채무 등 경제적 책임 및 손실을 부담하지 아니한다.

4. 국내 기업의 책임 등

(1) 계약내용의 성실이행(법 제32조의 5 제1항)

국내 기업은 정부 간 수출계약이 체결된 경우 그 계약 내용을 성실히 이행하여야 한다.

(2) 계약이행 보증조치(법 제32조의 5 제2항)

국내 기업은 보증·보험의 제공 등 대통령령으로 정하는 계약 이행 보증 조치를 취하여야 한다. "보증·보험의 제공 등 대통령령으로 정하는 계약 이행 보증 조치"란 제54조의 3에 따른 조치를 말한다.

> **더 알아보기**
>
> **제54조의 3(정부 간 수출계약의 이행 보증 조치)**
> 법 제32조의 3 제3항 제1호에서 "보증·보험의 제공 등 대통령령으로 정하는 계약 이행 보증 조치"란 다음 각 호의 것을 말한다. 다만, 외국 정부와 국내 기업이 합의한 경우에는 다음 각 호에 규정된 계약 이행 보증 조치의 일부를 생략할 수 있다.
> 1. 정부 간 수출계약의 내용에 따른 선수금의 반환, 계약 내용의 이행, 하자의 보수 등에 대하여 「금융실명거래 및 비밀보장에 관한 법률」 제2조 제1호에 따른 금융회사 등으로부터 보증을 받아 제공하는 것
> 2. 외국 정부에 대한 정부 간 수출계약 이행 등에 대하여 법 제32조의 2 제1항에 따른 보증·보험기관으로부터 보증을 받아 제공하는 것

(3) 자료제출(법 제32조의 5 제3항)

국내 기업은 제32조의 3 제3항 제2호 또는 제32조의 4 제4항에 따른 자료제출 요구가 있을 경우 특별한 사정이 없으면 이에 따라야 한다.

(4) 책임 위반 시 통보 등(법 제32조의 5 제4항)

국내 기업이 제2항 또는 제3항을 위반할 경우 전담기관은 그 사실을 외국 정부에 통보할 수 있고, 위원회는 해당 기업의 정부 간 수출계약에 대한 심의를 거부할 수 있다.

02 정부 간 수출계약의 전담기관

1. 의의(법 제32조의 3)

정부 간 수출계약 전담기관이란 「대한무역투자진흥공사법」에 따른 대한무역투자진흥공사(이하 "전담기관"이라 한다)를 말한다.

2. 수행업무(법 제32조의 3 제2항)

전담기관은 정부 간 수출계약과 관련하여 다음의 업무를 수행한다.
① 정부 간 수출계약에서 당사자 지위 수행
② 외국 정부의 구매요구 사항을 이행할 국내 기업의 추천
③ 그 밖에 정부 간 수출계약 업무의 수행을 위하여 산업통상자원부장관이 필요하다고 인정하는 업무

3. 권한과 책임(법 제32조의 3 제3항)

전담기관의 권한과 책임은 다음과 같다.

(1) 계약 이행보증조치 요구

전담기관은 정부 간 수출계약이 체결된 경우 국내 기업으로 하여금 보증·보험의 제공 등 대통령령으로 정하는 계약 이행 보증 조치를 취하도록 하여야 한다.

(2) 관련 자료의 제출 요구

전담기관은 국내 기업의 계약 이행 상황을 확인하기 위하여 필요한 경우에는 국내 기업에 대하여 관련 자료의 제출을 요구할 수 있다.

(3) 기타 권한과 책임

그 밖에 전담기관의 권한과 책임에 관하여는 대통령령으로 정한다.
① 관계 행정기관의 협조 요청(영 제54조의 4 제1항)
   전담기관은 정부 간 수출계약의 체결 및 이행을 위하여 필요한 경우에는 관계 행정기관의 장에게 협조를 요청할 수 있다.
② 정부 간 수출계약 심의위원회의 보고(영 제54조의 4 제2항)
   전담기관은 정부 간 수출계약이 체결된 경우 다음의 구분에 따라 법 제32조의 4 제1항에 따른 정부 간 수출계약 심의위원회(이하 "위원회"라 한다)에 보고하여야 한다.
   ㉠ 국내 기업의 정부 간 수출계약 이행 상황을 확인하여 반기별로 1회 이상 보고할 것
   ㉡ 제54조의 5 제2호 단서에 따라 위원회의 심의 대상에서 제외되는 사항은 그 변경 등이 있은 날부터 2주 이내에 보고할 것

4. 관계 공무원 및 유관기관 임직원에 대한 파견근무 요청(법 제32조의 3 제4항)

전담기관의 장은 정부 간 수출계약 관련 업무를 수행하기 위하여 필요한 경우에는 관계 행정기관 및 관련 단체에 대하여 공무원 또는 임직원의 파견 근무를 요청할 수 있다. 다만, 공무원의 파견을 요청할 때에는 미리 주무부장관과 협의하여야 한다.

03 정부 간 수출계약 심의위원회

1. 설치(법 제32조의 4 제1항)

정부 간 수출계약의 체결, 변경, 해지 등 대통령령으로 정하는 사항을 심의·의결하기 위하여 전담기관에 정부 간 수출계약 심의위원회(이하 "위원회"라 한다)를 둔다.

2. 심의·의결 사항(영 제54조의 5)

"정부 간 수출계약의 체결, 변경, 해지 등 대통령령으로 정하는 사항"이란 다음의 사항을 말한다.
(1) 외국 정부와 체결하려는 정부 간 수출계약의 수용 여부, 국내 기업의 이행능력 평가, 법 제32조의 3 제3항 제1호에 따라 국내 기업으로 하여금 조치하도록 할 계약 이행 보증 내용의 적정성 등에 관한 사항
(2) 계약기간·계약금액 등 정부 간 수출계약의 변경에 관한 사항. 다만, 다음의 사항으로서 위원회에서 정하는 경미한 사항은 제외한다.
　① 물품 등의 인도 횟수, 인도 장소의 변경
　② 부품·규격의 변경
　③ 대금의 지급방법 및 지급횟수의 변경
　④ 그 밖에 ①부터 ③까지의 사항에 준하는 사항
(3) 법 제32조의 5 제2항에 따라 국내 기업이 조치를 한 계약 이행 보증 세부 사항의 적정성에 관한 사항
(4) 국내 기업의 정부 간 수출계약에 따른 물품 등의 공급 의무 불이행, 인가·허가·면허 등의 취소·정지 등으로 인한 계약 이행능력의 상실, 부정한 방법에 의한 계약의 체결, 그 밖의 원인으로 인한 정부 간 수출계약의 해지 또는 해제에 관한 사항
(5) 그 밖에 위원회의 위원장이 정부 간 수출계약과 관련하여 위원회의 심의·의결에 부치는 사항

3. 위원회의 구성

(1) 위원회

위원회는 위원장 1명을 포함한 7명 이상 15명 이내의 위원으로 구성하고, 위원장은 대한무역투자진흥공사 사장이 된다(법 제32조의 4 제2항). 위원회의 구성 및 운영에 필요한 사항은 대통령령으로 정한다(법 제32조의 4 제3항).

(2) 위원(영 제54조의 6 제1항)

위원장을 제외한 위원회의 위원은 다음의 사람이 된다.
　① 산업통상자원부 및 조달청의 고위공무원단에 속하는 공무원 중 소속 기관의 장이 지명하는 사람 각 1명
　② 전담기관의 임원 중 전담기관의 장이 지명하는 사람 2명
　③ 정부 간 수출계약의 해당 물품 등과 관련이 있다고 위원회의 위원장이 인정하는 중앙행정기관의 고위공무원단에 속하는 공무원 중에서 소속 기관의 장이 지명하는 사람
　④ 제54조의 2에 따른 보증·보험기관의 임원 중 해당 기관의 장의 추천으로 위원회의 위원장이 지명하는 사람
　⑤ 정부 간 수출계약과 관련된 분야에 학식과 경험이 풍부한 사람 중 7명 이내의 범위에서 위원장이 위촉하는 사람

(3) 위촉위원 임기(영 제54조의 6 제2항)

상기 위원 중 ⑤에 따른 위촉위원의 임기는 2년으로 하되, 연임할 수 있다.

(4) 운영

① 위원장은 위원회의 회의를 소집하고, 그 의장이 된다(영 제54조의 6 제3항).
② 위원장이 부득이한 사유로 그 직무를 수행할 수 없을 때에는 위원장이 미리 지명한 위원이 그 직무를 대행한다(영 제54조의 6 제4항).
③ 위원회의 회의는 재적위원 과반수의 출석으로 개의(開議)하고, 출석위원 3분의 2 이상의 찬성으로 의결한다(영 제54조의 6 제5항).
④ 위원회는 국내 기업의 이행능력 평가를 효율적으로 수행하기 위하여 소위원회를 구성·운영할 수 있다(영 제54조의 6 제6항).
⑤ 상기에서 규정한 사항 외에 위원회의 구성 및 운영에 필요한 사항은 위원회의 의결을 거쳐 위원장이 정한다(영 제54조의 6 제7항).

4. 자료제출 요구(법 제32조의 4 제4항)

위원회는 심의에 필요한 경우 국내 기업 및 관계 기관 등에 자료 등의 제출을 요구할 수 있다.

5. 관련 서류의 비공개(법 제32조의 4 제5항)

위원회는 다음의 사항에 해당하는 경우에는 회의록, 계약서 등 관련 서류를 공개하지 아니할 수 있다.

(1) 공개될 경우 정부 간 수출계약의 체결, 이행, 변경, 해지 등이 크게 곤란하여질 우려가 있거나 위원회 심의의 공정성을 크게 저해할 우려가 있다고 인정되는 사항
(2) 그 밖에 (1)에 준하는 사유로서 공개하기에 적당하지 아니하다고 위원회가 결정한 사항

제8장 원산지제도

Ⅰ 원산지제도의 개요

01 원산지제도의 개요

1. 원산지의 개념

원산지(Country of Origin)란 수출입 물품의 국적을 의미하는 것으로 당해 물품이 성장했거나 생산·제조·가공된 지역을 말하며, 자본투자국·디자인 수행국·기술의 제공국·상표의 소유국과는 무관한 개념이다. 일반적으로 지역은 정치적 실체를 가진 국가를 의미하나 독립적 국가가 아닌 지역도 원산지가 될 수 있다(교토협약 부속서 D.1).

> **더 알아보기**
>
> Hong Kong, Macao, Guam, Samoa Islands 등 독립된 관세영역이나 자치권을 행사하는 특별구역은 원산지가 될 수 있으나 EU, NAFTA, ASEAN 등 지역·경제적 연합체 등은 원산지로 인정하지 않음

2. 원산지제도의 개념

원산지제도란 어떤 상품의 원산지가 어느 국가인지 판정하고, 확인하고, 표시하는 제도를 의미한다.

(1) 원산지 판정

어떤 상품이 여러 국가를 거쳐 제조·가공된 경우 어느 국가를 원산지로 할 것인지 결정하는 기준 및 판정절차 등을 규정

(2) 원산지 확인

수입물품제한, 원산지표시 위반물품 등을 단속하기 위하여 원산지 판정에 필요한 관계 자료를 확인·제출받는 절차를 규정

(3) 원산지 표시

판정된 원산지를 최종소비자에게 알리기 위한 것으로, 당해 물품에 알기 쉽고 견고하게 표시하도록 방법을 규정

3. 원산지의 종류

우리나라의 원산지제도는 그 적용 목적에 따라 관세상 혜택을 부여하는 특혜원산지규정과 관세혜택 등 특혜 없이 소비자보호 및 공정거래질서 확립을 목적으로 운영되는 일반(비특혜)원산지규정으로 이원화 되어 운영되고 있다.

(1) 특혜원산지규정

FTA 등 협정국 간 관세특혜를 부여하는 경우에 적용되는 것으로서 협정국 내에서 재배·사육, 제조·가공된 것임을 확인하기 위한 목적으로 운영된다. 관세법 및 자유무역협정의 이행을 위한 관세법의 특례에 관한 법률 및 각 FTA 협정의 적용을 받는다.

(2) 일반(비특혜)원산지규정

관세혜택 등 특혜 없이 일반적으로 수출물품이 당해 나라에서 재배, 사육, 제조·가공된 것임을 확인하기 위한 목적으로 운영된다. 반덤핑관세, 상계관세부과, 원산지표시, 세이프가드, 차별적 수량제한 등 무역정책 수단과 정부조달, 무역통계 작성 등에 있어서 물품의 원산지를 구별할 필요가 있는 경우 적용하기 위한 목적으로 운영된다. 주로 소비자보호 및 공정거래질서 확립을 위한 목적으로 운영되며 대외무역법의 적용을 받게 된다.

> **더 알아보기**
>
> **특혜원산지제도와 일반원산지제도의 비교**
>
> | 종류 | 필요성 | | 관련 법령 |
> |---|---|---|---|
> | 특혜원산지 | ■ 관세혜택
- 관세감면 또는 면제 특혜 | ⇨ | ○ 해당 협정문에서 관할
- GSP, GSTP, APTA, GATT관세양허, FTA 협정문 등 |
> | 일반원산지 | ■ 물품에 원산지표시
- 시장에서 상품의 차별화를 통해 생산자를 보호
- 정확한 상품정보를 제공함으로 소비자 보호
■ 무역제한조치의 실효성 확보
- 특정국에 대한 반덤핑관세, 긴급수입제한조치, 쿼터제도 등에서 원산지를 확인
⇒ 소비자보호 및 공정거래질서 확립 | ⇨ | ○ 대외무역법, 농수산물 원산지 표시에 관한 법률
○ 관세법, 전기용품 및 생활용품 안전관리법, 불공정무역행위조사 및 산업피해구제에 관한 법률, 수입식품안전특별법등 |

4. 원산지제도의 필요성

(1) 소비자 보호

오늘날 국제적 분업구조를 통한 생산방식의 채택으로 소비자에게 정확한 원산지 정보를 제공하고 타 국가의 수입품과 국산품을 비교할 수 있도록 하고, 품질이 떨어지는 저가의 물품이 국산품으로 둔갑하는 것을 방지하여 소비자를 보호하기 위함이다.

(2) 생산자 보호

특정 지역으로부터 생산된 물품(예 한국 인삼, 프랑스 보르도 와인 등) 또는 양질의 물품을 생산하는 국가는 원산지를 정확히 표시함으로써 시장에서 상품차별화를 통해 소비자에게 우선 선택될 수 있는 기회를 얻게 됨에 따라 생산자를 보호하게 된다.

(3) 무역정책 및 관세 집행

원산지확인을 통해 FTA 등 특혜관세 적용, 덤핑방지관세, 수입규제 등 무역정책의 집행을 할 수 있으며, 역외국의 우회수입을 방지하고, 역내국 간 교역 확대에 기여하며, 시장 접근 및 경쟁 환경을 공정하게 유지할 수 있다.

5. FTA 원산지와 일반원산지 비교

(1) 공통점

일반원산지와 FTA 원산지 모두 수출입 되는 물품의 재배, 사육, 제조, 가공된 국가를 의미한다는 점에서 공통점을 갖는다.

(2) 법적 근거

① 일반원산지제도

대외무역법, 관세법, 농수산물 원산지 표시에 관한 법률, 표시·광고의 공정화에 관한 법률 등 수입물품에 대한 원산지는 대외무역법이 기준이 되고 있으나 국내에서 생산한 물품, 수입 후 일정한 가공행위를 한 제품 등에 대해서는 개별법에서 그 목적에 따라 원산지를 운용한다.

② 특혜원산지제도

다자 간 협상(WTO), 지역무역협정에 의한 양자 간 협상(FTA), 일방적 공여(개도국, 최빈국에 대한 특혜) 등에 의거하여 부여되고, FTA 관련해서는 "자유무역협정 이행을 위한 관세법 특례에 관한 법률"(이하 '특례법')과 양자 간 FTA 협정 내용이 법적 효력을 가지고 있다.

(3) 목적

① 일반원산지제도

소비자에게 정보를 제공하고 생산자를 보호하며, 공정한 거래질서 유지를 목적으로 하고 있으며, 무역통계, 원산지표시, 정부조달, 반덤핑·상계 관세, 세이프가드, 수량제한, 쿼타 등 여러 가지 비특혜 무역제도 운영에 활용되며 통상 최혜국대우(MFN) 관세율 적용하기 위함이다.

② 특혜원산지제도

FTA 원산지는 물품의 수입 시 협상 체결국 간 상호 양호한 관세율을 적용하기 위한 요건으로서의 원산지로 체결국 간 정한 원산지증명서를 근거로 양허관세 적용한다. 일반적으로 최혜국대우의 관세율보다 낮은 관세율을 적용하여 교역의 증대를 도모함을 목적으로 한다.

(4) 원산지 판정기준

① 일반원산지제도

일반원산지 판정의 핵심은 해당 물품에 대하여 최종적으로 "실질적 변형"을 발생시킨 국가로서 그 기준으로 HS세번 변경, 부가가치, 주요공정 수행 등을 채택한다. 우리나라는 수입 전 최종적으로 HS 6단위의 변경을 수행한 국가를 원산지로 하는 세번 변경을 원칙으로 하면서, 일부 물품에 대하여 부가가치와 주요공정 수행을 기준으로 하고 있다.

② 특혜원산지제도

FTA 원산지기준은 HS세번 변경, 부가가치, 주요공정 수행을 적용하고 있으나, 일반 원산지 기준보다는 복잡하게 적용된다. 품목에 따라 부가가치기준(45%, 50%, 60%) 이외에도 HS세번 변경과 가공공정, 그리고 이들의 혼합기준을 선택 활용한다. 이는 FTA 협정은 양 협정체결국 간 관세혜택을 통하여 보다 많은 교역을 유도하자는 목적이 있으나, 양 국가 간 품목별 경쟁력을 감안하여 자국산업 보호를 위한 원산지기준 적용을 주장하고 있어 복잡한 원산지기준이 결정되는 것이다.

02 대외무역법상 원산지 제도

1. 수출입 물품 등의 원산지의 표시(법 제33조 제1항)

산업통상자원부장관이 공정한 거래 질서의 확립과 생산자 및 소비자 보호를 위하여 원산지를 표시하여야 하는 대상으로 공고한 물품 등(이하 "원산지표시대상물품"이라 한다)을 수출하거나 수입하려는 자는 그 물품 등에 대하여 원산지를 표시하여야 한다.

2. 단순 가공활동을 거친 물품의 원산지 표시(법 제33조 제2항)

수입된 원산지표시대상물품에 대하여 대통령령으로 정하는 단순한 가공활동을 거침으로써 해당 물품 등의 원산지 표시를 손상하거나 변형한 자(무역거래자 또는 물품 등의 판매업자에 대하여 제4항이 적용되는 경우는 제외한다)는 그 단순 가공한 물품 등에 당초의 원산지를 표시하여야 한다. 이 경우 다른 법령에서 단순한 가공활동을 거친 수입물품 등에 대하여 다른 기준을 규정하고 있으면 그 기준에 따른다.

> 영 제55조 제2항 "대통령령으로 정하는 단순한 가공활동"이란 판매목적의 물품포장 활동, 상품성 유지를 위한 단순한 작업 활동 등 물품의 본질적 특성을 부여하기에 부족한 가공활동을 말하며, 그 가공활동의 구체적인 범위는 관계 중앙행정기관의 장과 협의하여 산업통상자원부장관이 정하여 고시한다.

3. 금지행위(법 제33조 제4항)

(1) 금지행위(법 제33조 제4항)

무역거래자 또는 물품 등의 판매업자는 수출 또는 수입물품 등 및 제35조에 따른 국내생산물품 등에 대하여 다음의 어느 하나에 해당하는 행위를 하여서는 아니 된다. 다만, ② 및 ③에 따른 금지행위는 수입물품 등에 한정한다.
① 원산지를 거짓으로 표시하거나 원산지를 오인(誤認)하게 하는 표시를 하는 행위
② 원산지의 표시를 손상하거나 변경하는 행위
③ 원산지표시대상물품에 대하여 원산지 표시를 하지 아니하는 행위
④ ①부터 ③까지의 규정에 위반되는 원산지표시대상물품을 국내에서 거래하는 행위

(2) 벌칙

법 제33조 제4항 각 호(제35조 제3항에서 준용하는 경우를 포함한다)를 위반한 무역거래자 또는 물품 등의 판매업자는 5년 이하의 징역 또는 1억 원 이하의 벌금에 처한다. 이 경우 징역과 벌금은 병과(倂科)할 수 있다(법 제53조의 2). 미수범의 경우도 처벌한다(법 제55조). 그리고 중대한 과실로 법 제53조의 2에 해당하는 행위를 한 자는 2천만 원 이하의 벌금에 처한다.

또한, 법인의 대표자나 법인 또는 개인의 대리인, 사용인, 그 밖의 종업원이 그 법인 또는 개인의 업무에 관하여 제53조, 제53조의 2 또는 제54조부터 제56조까지의 어느 하나에 해당하는 위반행위를 하면 그 행위자를 벌하는 외에 그 법인 또는 개인에게도 해당 조문의 벌금형을 과(科)한다. 다만, 법인 또는 개인이 그 위반행위를 방지하기 위하여 해당 업무에 관하여 상당한 주의와 감독을 게을리하지 아니한 경우에는 그러하지 아니하다(법 제57조).

4. 외국산 물품 등을 국산 물품 등으로 가장하는 행위의 금지

(1) 외국산 물품 등을 국산 물품 등으로 가장하는 행위의 금지(법 제38조)

누구든지 원산지증명서를 위조 또는 변조하거나 거짓된 내용으로 원산지증명서를 발급받거나 물품 등에 원산지를 거짓으로 표시하는 등의 방법으로 외국에서 생산된 물품 등(외국에서 생산되어 국내에서 대통령령으로 정하는 단순한 가공활동을 거친 물품 등을 포함한다. 이하 제53조의 2 제4호에서도 같다)의 원산지가 우리나라인 것처럼 가장(假裝)하여 그 물품 등을 수출하거나 외국에서 판매하여서는 아니 된다.

(2) 금지행위 위반에 따른 벌칙

외국산 물품 등의 국산 물품 등으로의 가장 금지 의무를 위반한 자는 5년 이하의 징역 또는 1억 원 이하의 벌금에 처한다. 이 경우 징역과 벌금은 병과(倂科)할 수 있다(법 제53조의 2 제4호). 미수범의 경우도 처벌한다(법 제55조). 그리고 중대한 과실로 법 제53조의 2에 해당하는 행위를 한 자는 2천만 원 이하의 벌금에 처한다.

또한, 법인의 대표자나 법인 또는 개인의 대리인, 사용인, 그 밖의 종업원이 그 법인 또는 개인의 업무에 관하여 제53조, 제53조의 2 또는 제54조부터 제56조까지의 어느 하나에 해당하는 위반행위를 하면 그 행위자를 벌하는 외에 그 법인 또는 개인에게도 해당 조문의 벌금형을 과(科)한다. 다만, 법인 또는 개인이 그 위반행위를 방지하기 위하여 해당 업무에 관하여 상당한 주의와 감독을 게을리하지 아니한 경우에는 그러하지 아니하다(법 제57조).

5. 자료조사(법 제33조 제5항)

산업통상자원부장관 또는 시·도지사는 제1항부터 제4항(제35조 제3항에서 준용하는 경우를 포함한다)까지의 규정을 위반하였는지 확인하기 위하여 필요하다고 인정하면 수입한 물품 등(제35조 제3항에서 준용하는 경우 "국내생산물품 등"으로 본다)과 대통령령으로 정하는 관련 자료에 대하여 관계된 자를 방문이나 서면으로 조사할 수 있다.

> 영 제57조의 2 자료조사 법 제33조 제5항에서 "대통령령으로 정하는 관련 자료"란 다음 각 호에 해당하는 자료를 말한다.
> 1. 수입한 물품 등의 무역거래자 및 판매업자의 정보에 관한 자료
> 2. 수입한 물품 등의 가격, 수량, 품질 및 제조 또는 가공 공정에 관한 자료
> 3. 그 밖에 원산지의 표시에 대한 위반 여부를 확인하기 위하여 산업통상자원부장관이 필요하다고 인정하는 자료

6. 원산지 표시 위반물품에 대한 제재

(1) 시정조치 명령(법 제33조의 2 제1항)

산업통상자원부장관 또는 시·도지사는 제33조 제2항부터 제4항까지의 규정을 위반한 자에게 판매중지, 원상복구, 원산지 표시 등 대통령령으로 정하는 시정조치를 명할 수 있다.

(2) 과징금 부과

① 산업통상자원부장관 또는 시·도지사는 제33조 제2항부터 제4항까지의 규정(제33조 제4항 제4호는 제외한다)을 위반한 자에게 3억 원 이하의 과징금을 부과할 수 있다.

② 산업통상자원부장관 또는 시·도지사는 과징금을 내야 하는 자가 납부기한까지 내지 아니하면 국세강제징수의 예 또는 「지방행정제재·부과금의 징수 등에 관한 법률」에 따라 징수한다(법 제33조의 2 제4항).

③ 산업통상자원부장관 또는 시·도지사는 과징금 부과처분이 확정된 자에 대해서는 대통령령으로 정하는 바에 따라 그 위반자 및 위반자의 소재지와 물품 등의 명칭, 품목, 위반내용 등 처분과 관련된 사항을 공표할 수 있다(법 제33조의 2 제5항).

II 원산지 표시

01 수출입 물품의 원산지 표시

1. 의의

산업통상자원부장관이 공정한 거래 질서의 확립과 생산자 및 소비자 보호를 위하여 원산지를 표시하여야 하는 대상으로 공고한 물품 등(이하 "원산지표시대상물품"이라 한다)을 수출하거나 수입하려는 자는 그 물품 등에 대하여 원산지를 표시하여야 한다(법 제33조 제1항). 산업통상자원부장관은 법 제33조 제1항에 따라 원산지를 표시하여야 할 물품(이하 "원산지표시대상물품"이라 한다)을 공고하려면 해당 물품을 관장하는 관계 행정기관의 장과 미리 협의하여야 한다(영 제55조 제1항).

2. 원산지표시대상물품(영 제75조 제1항)

영 제55조 제1항에 따른 원산지표시대상물품은 별표 8에 게시된 수입물품이며 원산지표시대상물품은 해당 물품에 원산지를 표시하여야 한다.

3. 수출입 물품의 원산지 표시방법

[1] 수입물품의 원산지 표시(영 제56조 제1항 및 규정 제76조)

원산지표시대상물품을 수입하려는 자는 다음의 방법에 따라 해당 물품에 원산지를 표시하여야 한다.
① 한글·한문 또는 영문으로 표시할 것

> 규정 제76조 제1항 수입물품의 원산지는 다음 각 호의 어느 하나에 해당되는 방식으로 한글, 한자 또는 영문으로 표시할 수 있다.
> 1. "원산지: 국명" 또는 "국명 산(産)", "국명 제(製)"
> 2. "Made in 국명" 또는 "Product of 국명"
> 3. "Made by 물품 제조자의 회사명, 주소, 국명"
> 4. "Country of Origin: 국명"
> 5. 영 제61조의 원산지와 동일한 경우로서 국제상거래관행상 타당한 것으로 관세청장이 인정하는 방식

② 최종 구매자가 쉽게 판독할 수 있는 활자체로 표시할 것

> 규정 제76조 제2항 수입물품의 원산지는 최종구매자가 해당 물품의 원산지를 용이하게 판독할 수 있는 크기의 활자체로 표시하여야 한다.

③ 식별하기 쉬운 위치에 표시할 것

> 규정 제76조 제3항 수입물품의 원산지는 최종구매자가 정상적인 물품구매과정에서 원산지표시를 발견할 수 있도록 식별하기 용이한 곳에 표시하여야 한다.

④ 표시된 원산지가 쉽게 지워지거나 떨어지지 아니하는 방법으로 표시할 것

> 규정 제76조 제4항 표시된 원산지는 쉽게 지워지지 않으며 물품(또는 포장·용기)에서 쉽게 떨어지지 않아야 한다.

(2) 수출물품의 원산지표시(영 제56조 제5항)

수출물품에 대하여 원산지를 표시하는 경우에는 제1항 각 호(수입물품의 원산지표시)에서 정한 방법에 따라 원산지를 표시하되, 그 물품에 대한 수입국의 원산지 표시규정이 이와 다르게 표시하도록 되어 있으면 그 규정에 따라 원산지를 표시할 수 있다. 다만, 수입한 물품에 대하여 국내에서 단순한 가공활동을 거쳐 수출하는 경우에는 우리나라를 원산지로 표시하여서는 아니 된다.

4. 수입물품의 원산지표시 원칙(규정 제76조 제5항)

(1) 원칙

수입물품의 원산지는 제조단계에서 인쇄(printing), 등사(stenciling), 낙인(branding), 주조(molding), 식각(etching), 박음질(stitching) 또는 이와 유사한 방식으로 원산지를 표시하는 것을 원칙으로 한다.

(2) 예외

다만, 물품의 특성상 위와 같은 방식으로 표시하는 것이 부적합 또는 곤란하거나 물품을 훼손할 우려가 있는 경우에는 날인(stamping), 라벨(label), 스티커(sticker), 꼬리표(tag)를 사용하여 표시할 수 있다.

5. 국가명의 사용(규정 제76조 제6항)

최종구매자가 수입물품의 원산지를 오인할 우려가 없는 경우에는 다음과 같이 통상적으로 널리 사용되고 있는 국가명 등을 사용하여 원산지를 표시할 수 있다.

① United States of America를 USA로
② Switzerland를 Swiss로
③ Netherlands를 Holland로
④ United Kingdom of Great Britain and Northern Ireland를 UK 또는 GB로
⑤ 특정국가의 식민지, 속령 또는 보호령 지역에서 생산된 경우 관세청 무역통계부호에 규정된 국가별 분류 기준에 따른 국가명
⑥ 기타 관세청장이 산업통상자원부장관과 협의하여 타당하다고 인정하는 국가나 지역명

6. 다른 법령에 의한 원산지 표시방법 인정((규정 제76조 제7항)

「전기용품 및 생활용품 안전관리법」, 「식품 등의 표시광고에 관한 법률」 등 다른 법령에서 물품에 대한 표시방식 등을 정하고 있는 경우에는 이를 적용하여 원산지를 표시할 수 있다.

02 원산지표시방법의 일반원칙에 대한 예외

1. 의의(영 제56조 제2항)

영 제56조 제1항(수출입물품의 원산지표시방법)에도 불구하고 해당 물품에 원산지를 표시하는 것이 곤란하거나 원산지를 표시할 필요가 없다고 인정하여 산업통상자원부장관이 정하여 고시하는 기준에 해당하는 경우에는 산업통상자원부장관이 정하여 고시하는 바에 따라 원산지를 표시하거나 원산지 표시를 생략할 수 있다.

2. 최소포장, 용기표시(규정 제75조 제2항)

원산지표시대상물품이 다음의 어느 하나에 해당되는 경우에는 영 제56조 제2항에 따라 해당 물품에 원산지를 표시하지 않고 해당 물품의 최소포장, 용기 등에 수입물품의 원산지를 표시할 수 있다.
① 해당 물품에 원산지를 표시하는 것이 불가능한 경우
② 원산지 표시로 인하여 해당 물품이 크게 훼손되는 경우(예 당구 공, 콘택트렌즈, 포장하지 않은 집적회로 등)
③ 원산지 표시로 인하여 해당 물품의 가치가 실질적으로 저하되는 경우
④ 원산지 표시의 비용이 해당 물품의 수입을 막을 정도로 과도한 경우(예 물품 값보다 표시비용이 더 많이 드는 경우 등)
⑤ 상거래 관행상 최종구매자에게 포장, 용기에 봉인되어 판매되는 물품 또는 봉인되지는 않았으나 포장, 용기를 뜯지 않고 판매되는 물품(예 비누, 칫솔, 밀봉된 의약품 등)
⑥ 실질적 변형을 일으키는 제조공정에 투입되는 부품 및 원재료를 수입 후 실수요자에게 직접 공급하는 경우
⑦ 물품의 외관상 원산지의 오인 가능성이 적은 경우(예 두리안, 오렌지, 바나나와 같은 과일·채소 등)
⑧ 관세청장이 산업통상자원부장관과 협의하여 타당하다고 인정하는 물품

3. 수입물품 원산지 표시의 예외 등

(1) 국명표시(규정 제76조의 2 제1항)

수입물품의 크기가 작아 제76조 제1항 제1호부터 제4호까지의 방식으로 해당 물품의 원산지를 표시할 수 없을 경우에는 국명만을 표시할 수 있다.

(2) 보조표시(규정 제76조의 2 제2항)

최종구매자가 수입물품의 원산지를 오인할 우려가 없도록 표시하는 전제하에 제76조 제1항 제1호부터 제4호까지의 원산지표시와 병기하여 물품별 제조공정상의 다양한 특성을 반영할 수 있도록 다음의 예시에 따라 보조표시를 할 수 있다.

① "Designed in 국명", "Fashioned in 국명", "Moded in 국명", "stlyed in 국명", "Licensed by 국명", "Finished in 국명"…
② 기타 관세청장이 제1호에 준하여 타당하다고 인정한 보조표시 방식

(3) 원산지를 특정하기 어려운 물품(규정 제76조의 2 제3항)

수출국에서의 주요 부분품의 단순 결합물품. 원재료의 단순 혼합물품, 중고물품으로 원산지를 특정하기 어려운 물품은 다음과 같이 원산지를 표시할 수 있다.
① 단순 조립물품: "Organized in 국명(부분품별 원산지 나열)"
② 단순 혼합물품: "Mixed in 국명(원재료별 원산지 나열)"
③ 중고물품: "Imported from 국명"

4. 수입물품 원산지 표시의 면제

(1) 수입물품 원산지 표시의 면제(규정 제82조 제1항)

물품 또는 포장·용기에 원산지를 표시하여야 하는 수입물품이 다음의 어느 하나에 해당되는 경우에는 원산지를 표시하지 아니할 수 있다.
① 영 제2조 제6호 및 제7호에 의한 외화획득용 원료 및 시설기재로 수입되는 물품
② 개인에게 무상 송부된 탁송품, 별송품 또는 여행자 휴대품
③ 수입 후 실질적 변형을 일으키는 제조공정에 투입되는 부품 및 원재료로서 실수요자가 직접 수입하는 경우(실수요자를 위하여 수입을 대행하는 경우를 포함한다)
④ 판매 또는 임대목적에 제공되지 않는 물품으로서 실수요자가 직접 수입하는 경우. 다만, 해당 물품 중 제조용 시설 및 기자재(부분품 및 예비용 부품을 포함한다)는 실수요자를 위하여 수입을 대행하는 경우까지도 인정할 수 있다.
⑤ 연구개발용품으로서 실수요자가 수입하는 경우(실수요자를 위하여 수입을 대행하는 경우를 포함한다)
⑥ 견본품(진열·판매용이 아닌 것에 한함) 및 수입된 물품의 하자보수용 물품(수입된 물품의 자체 결함에 따른 하자를 보수하기 위해 직접 수입하는 경우에 한함)
⑦ 보세운송, 환적 등에 의하여 우리나라를 단순히 경유하는 통과 화물
⑧ 재수출조건부 면세 대상 물품 등 일시 수입물품
⑨ 우리나라에서 수출된 후 재수입되는 물품
⑩ 외교관 면세 대상 물품
⑪ 개인이 자가소비용으로 수입하는 물품으로서 세관장이 타당하다고 인정하는 물품
⑫ 그 밖에 관세청장이 산업통상자원부장관과 협의하여 타당하다고 인정하는 물품

(2) 의무 이행의 확인(규정 제82조 제2항)

세관장은 원산지 표시가 면제되는 물품에 대하여 외화획득 이행 여부, 목적 외 사용 등 원산지표시 면제의 적합여부를 사후 확인할 수 있다.

03 수입 후 단순한 가공활동을 수행한 물품 등의 원산지 표시

1. 개요

수입된 원산지표시대상물품에 대하여 대통령령으로 정하는 단순한 가공활동을 거침으로써 해당 물품 등의 원산지 표시를 손상하거나 변형한 자(무역거래자 또는 물품 등의 판매업자에 대하여 제4항이 적용되는 경우는 제외한다)는 그 단순 가공한 물품 등에 당초의 원산지를 표시하여야 한다. 이 경우 다른 법령에서 단순한 가공활동을 거친 수입물품 등에 대하여 다른 기준을 규정하고 있으면 그 기준에 따른다(법 제33조 제2항).

"대통령령으로 정하는 단순한 가공활동"이란 판매목적의 물품포장 활동, 상품성 유지를 위한 단순한 작업활동 등 물품의 본질적 특성을 부여하기에 부족한 가공활동을 말하며, 그 가공활동의 구체적인 범위는 관계 중앙행정기관의 장과 협의하여 산업통상자원부장관이 정하여 고시한다(영 제55조 제2항).

2. 표시방법

물품의 원산지 표시는 다음의 어느 하나의 방법에 따라 원산지를 표시하여야 한다. 다만, 다음에서 달리 규정하지 아니한 사항에 대하여는 제75조부터 제77조까지, 제79조부터 제81조까지의 규정을 준용한다.

> 제75조(수입물품의 원산지표시대상물품 등)
> 제76조(수입물품 원산지 표시의 일반원칙)
> 제76조의 2(수입물품 원산지 표시의 예외 등)
> 제77조(원산지 오인 우려 수입물품의 원산지 표시)
> 제79조(수입 세트물품의 원산지 표시)
> 제80조(수입용기의 원산지 표시)
> 제81조(수입물품 원산지 표시방법의 세부사항)

(1) 완성가공품에 원산지 표시(규정 제78조 제1항 제1호)

원산지표시대상물품이 수입된 후, 최종구매자가 구매하기 이전에 국내에서 단순 제조·가공 처리되어 수입물품의 원산지가 은폐·제거되거나 은폐·제거될 우려가 있는 물품의 경우에는 제조·가공업자(수입자가 제조업자인 경우를 포함한다)는 완성 가공품에 수입물품의 원산지가 분명하게 나타나도록 원산지를 표시하여야 한다.

(2) 재포장 용기에 원산지 표시(규정 제78조 제1항 제2호)

원산지표시대상물품이 대형 포장 형태로 수입된 후에 최종구매자가 구매하기 이전에 국내에서 소매단위로 재포장되어 판매되는 물품인 경우에는 재포장 판매업자(수입자가 판매업자인 경우를 포함한다)는 재포장 용기에 수입물품의 원산지가 분명하게 나타나도록 원산지를 표시하여야 한다. 재포장되지 않고 낱개 또는 산물로 판매되는 경우에도 물품 또는 판매용기·판매장소에 스티커 부착, 푯말부착 등의 방법으로 수입품의 원산지를 표시하여야 한다.

(3) 수입물품에 표시(규정 제78조 제1항 제3호)

원산지표시대상물품이 수입된 후에 최종구매자가 구매하기 이전에 다른 물품과 결합되어 판매되는 경우(예 바이올린과 바이올린케이스, 라이터와 라이터케이스 등)에는 제조·가공업자(수입자가 제조업자인 경우를 포함한다)는 수입된 해당 물품의 원산지가 분명하게 나타나도록 "(해당 물품명)의 원산지: 국명"의 형태로 원산지를 표시하여야 한다.

3. 명령(규정 제78조 제2항)

수입 후 단순한 가공활동을 수행한 물품 등의 원산지 표시의 경우에는 세관장이 수입자에게 수입 통관 후 법령에 따른 원산지 표시를 준수하도록 명할 수 있다.

4. 의무이행의 통보(규정 제78조 제3항)

수입 후 단순한 가공활동을 수행한 물품 등의 원산지 표시에 해당되는 물품을 수입하는 자가 같은 물품을 제3자(중간 구매업자 또는 판매자 등)에게 양도(제3자가 재양도하는 경우를 포함한다)하는 경우에는 양수인에게 서면으로 법령에 따른 원산지 표시의무를 준수하여야 할 것을 알려야 한다.

04 원산지 오인 우려 수입물품의 원산지표시

1. 의의(법 제33조 제4항)

무역거래자 또는 물품 등의 판매업자는 수출 또는 수입물품 등 및 제35조에 따른 국내생산물품 등에 대하여 다음의 어느 하나에 해당하는 행위를 하여서는 아니 된다. 다만, ② 및 ③에 따른 금지행위는 수입물품에 한정한다.
① 원산지를 거짓으로 표시하거나 원산지를 오인(誤認)하게 하는 표시를 하는 행위
② 원산지의 표시를 손상하거나 변경하는 행위
③ 원산지표시대상물품에 대하여 원산지 표시를 하지 아니하는 행위
④ ①부터 ③까지의 규정에 위반되는 원산지표시대상물품을 국내에서 거래하는 행위

2. 원산지 오인 우려 수입물품(규정 제77조 제1항)

법 제33조 제4항 제1호의 원산지오인에 있어 특히 원산지 오인이 우려되는 물품은 다음의 어느 하나에 해당되는 물품을 말한다.
① 주문자 상표부착(OEM)방식에 의해 생산된 수입물품의 원산지와 주문자가 위치한 국명이 상이하여 최종구매자가 해당 물품의 원산지를 오인할 우려가 있는 물품
② 물품 또는 포장·용기에 현저하게 표시되어 있는 상호·상표·지역·국가 또는 언어명이 수입물품의 원산지와 상이하여 최종구매자가 해당 물품의 원산지를 오인할 우려가 있는 물품

3. 표시 방법(규정 제77조 제2항)

(1) 원산지 오인 우려 수입물품은 해당 물품 또는 포장·용기의 전면에 제76조(수입물품 원산지 표시의 일반원칙)에 따라 원산지를 표시하여야 하며, 물품의 특성상 전후면의 구별이 어렵거나 전면에 표시하기 어려운 경우 등에는 원산지 오인을 초래하는 표시와 가까운 곳에 표시하여야 한다.

(2) 다만, 해당물품에 원산지가 적합하게 표시되어 있고, 최종판매단계에서 진열된 물품 등을 통하여 최종 구매자가 원산지 확인이 가능하며, 국제 상거래 관행상 통용되는 방법으로 원산지를 표시하는 경우 세관장은 산업통상자원부장관과 협의하여 포장·용기에 표시된 원산지가 원산지 오인을 초래하는 표시와 가깝지 않은 곳에 있어도 원산지 오인이 없는 것으로 볼 수 있다.

4. 판매 시 원산지 표시의무(규정 제77조 제3항)

원산지 오인 우려 수입물품에 해당되는 수입물품을 판매하는 자는 판매 또는 진열 시 소비자가 알아볼 수 있도록 상품에 표시된 원산지와는 별도로 스티커, 푯말 등을 이용하여 원산지를 표시하여야 한다.

5. 대외무역관리규정의 우선 적용(규정 제77조 제4항)

다른 법령에서 정한 표시사항의 생산국(또는 제조국 등) 표시가 이 규정의 원산지와 다른 경우에는, 이 규정의 원산지를 병기한다.

05 기타 물품의 원산지 표시

1. 수입 세트물품의 원산지 표시

(1) 표시 원칙(규정 제79조 제1항)

수입 세트물품의 경우 해당 세트물품을 구성하는 개별 물품들의 원산지가 동일하고 최종 구매자에게 세트물품으로 판매되는 경우에는 개별 물품에 원산지를 표시하지 아니하고 그 물품의 포장·용기에 원산지를 표시할 수 있다.

(2) 2개국 이상의 원산지(규정 제79조 제2항)

수입세트물품을 구성하는 개별 물품들의 원산지가 2개국 이상인 경우에는 개별 물품에 각각의 원산지를 표시하고, 해당 세트물품의 포장·용기에는 개별 물품들의 원산지를 모두 나열·표시하여야 한다 (예 Made in China, Taiwan,…).

(3) 원산지 표시대상(규정 제79조 제3항)

수입세트물품에 해당되는 원산지 표시대상은 관세청장이 정한다.

2. 수입용기의 원산지 표시

(1) 별도 표기(규정 제80조 제1항)

관세율표에 따라 용기로 별도 분류되어 수입되는 물품의 경우에는 용기에 "(용기명)의 원산지: (국명)"에 상응하는 표시를 하여야 한다(예 "Bottle made in 국명").

(2) 1회 사용용기의 표시(규정 제80조 제2항)

1회 사용으로 폐기되는 용기의 경우에는 최소 판매단위의 포장에 용기의 원산지를 표시할 수 있으며, 실수요자가 이들 물품을 수입하는 경우에는 용기의 원산지를 표시하지 않아도 무방하다.

06 원산지 표시방법의 확인

1. 원산지 표시 사전 확인

(1) 사전확인 요청(영 제57조 제1항)

제56조(수출입 물품의 원산지 표시방법)에 따른 원산지 표시방법에 따라 원산지를 표시하여야 하는 자는 해당 물품이 수입되기 전에 문서로 그 물품의 적절한 원산지 표시방법에 관한 확인을 산업통상자원부장관에게 요청할 수 있다.

(2) 사전확인 절차(규정 제84조 제1항)

관세청장은 적정한 원산지 표시방법에 관한 확인을 요청받은 경우에는 신청을 접수한 날부터 30일 이내에 해당 물품의 적정한 표시방법을 확인하여 요청인에게 알려야 한다.

(3) 이의 제기(영 제57조 제2항)

산업통상자원부장관의 원산지 표시방법의 확인에 관하여 이의가 있는 자는 확인 결과를 통보받은 날부터 30일 이내에 서면으로 산업통상자원부장관에게 이의를 제기할 수 있다.

(4) 이의제기에 대한 통보(규정 제84조 제2항)

이의제기를 접수한 관세청장은 접수한 날부터 30일 이내에 이의제기에 대하여 결정을 하고 이를 요청인에게 알려야 한다.

(5) 협의(규정 제84조 제3항)

관세청장은 원산지 표시 확인 및 이의제기에 필요한 사항을 산업통상자원부장관과 협의하여 별도로 정할 수 있다.

2. 통관 시 확인

(1) 개요(영 제57조 제4항)

산업통상자원부장관은 원산지표시대상물품을 수입하는 자에 대하여 해당 물품이 통관할 때 원산지의 표시방법 및 표시 여부 등을 확인할 수 있다. 이 경우 확인방법과 확인절차 등에 관하여는 산업통상자원부장관이 정하여 고시 한다.

(2) 원산지 표시의 확인, 검사(규정 제83조 제1항)

원산지표시 대상 물품에 대하여 세관장은 필요하다고 판단되면, 해당 물품의 통관 시 원산지 표시 여부를 확인할 수 있다.

(3) 조치 명령(규정 제83조 제2항)

세관장은 수출·수입되는 물품이 제75조부터 제81조까지의 규정(원산지표시 규정)에 위반되는 것으로 인정되는 경우에는 원산지의 표시·정정·말소 등 적절한 조치를 지시할 수 있다.

3. 통관 후 확인(규정 제83조 제3항)

관계 행정기관의 장, 시·도지사는 수입신고 후 통관된 물품이 제75조부터 제81조까지의 규정에 위반되는 것으로 인정되는 경우에는 원산지의 표시·정정·말소 등 적절한 조치를 지시할 수 있다.

07 원산지 표시 위반물품에 대한 제재

1. 개요

(1) 시정조치(법 제33조의 2 제1항)

산업통상자원부장관 또는 시·도지사는 제33조 제2항부터 제4항까지의 규정을 위반한 자에게 판매중지, 원상복구, 원산지 표시 등 대통령령으로 정하는 시정조치를 명할 수 있다.

(2) 과징금(법 제33조의 2 제2항)

산업통상자원부장관 또는 시·도지사는 제33조 제2항부터 제4항까지의 규정(제33조 제4항 제4호는 제외한다)을 위반한 자에게 3억 원 이하의 과징금을 부과할 수 있다.

2. 원산지표시 위반물품에 대한 시정조치

(1) 시정조치의 내용(영 제58조 제1항)

시정조치의 내용은 다음과 같다.
① 원산지표시의 원상 복구, 정정, 말소 또는 원산지표시명령
② 위반물품의 거래 또는 판매 행위의 중지

(2) 시정조치 명령(영 제58조 제2항)

시정조치 명령은 다음의 사항을 명시한 서면으로 해야 한다.
① 위반행위의 내용
② 시정조치 명령의 사유 및 내용
③ 시정기한

(3) 벌칙

원산지 표시 위반물품에 대한 시정조치 명령을 위반한 자는 5년 이하의 징역 또는 1억 원 이하의 벌금에 처한다. 이 경우 징역과 벌금은 병과(倂科)할 수 있다.

3. 과징금

(1) 의의

① 산업통상자원부장관 또는 시·도지사는 제33조 제2항부터 제4항까지의 규정(제33조 제4항 제4호는 제외한다)을 위반한 자에게 3억 원 이하의 과징금을 부과할 수 있다(법 제33조의 2 제2항).
② 과징금을 부과하는 위반행위의 종류와 정도에 따른 과징금의 금액과 그 밖에 필요한 사항은 대통령령으로 정한다(법 제33조의 2 제3항).

[2] 과징금의 부과 및 납부
　① 서면통지(영 제59조 제1항)
　　산업통상자원부장관 또는 시·도지사는 법 제33조의 2 제2항에 따라 과징금을 부과하려면 그 위반행위의 종류와 과징금의 금액을 명시하여 과징금을 낼 것을 서면으로 알려야 한다.
　② 납부기한(영 제59조 제2항)
　　통보를 받은 자는 납부 통지일부터 20일 이내에 과징금을 산업통상자원부장관 또는 시·도지사가 정하는 수납기관에 내야 한다.
　③ 납부영수증 발급(영 제59조 제3항)
　　과징금을 받은 수납기관은 과징금을 낸 자에게 영수증을 발급하여야 한다.
　④ 과징금 수납 통지(영 제59조 제4항)
　　과징금의 수납기관은 과징금을 받으면 지체 없이 그 사실을 산업통상자원부장관 또는 시·도지사에게 알려야 한다.

[3] 과징금 납부기한 연기 및 분할 납부
　① 납부기한 연기 및 분할 납부(영 제59조의 2 제1항)
　　산업통상자원부장관 또는 시·도지사는 법 제33조의 2 제2항에 따라 과징금을 부과 받은 자가 내야 할 과징금의 금액이 1천만 원 이상이거나 과징금을 부과 받은 자가 중소기업인 경우에는 「행정기본법」 제29조 단서에 따라 과징금의 납부기한을 연기하거나 분할 납부하게 할 수 있다.
　② 납부기한(영 제59조의 2 제3항)
　　납부기한의 연장은 그 납부기한의 다음 날부터 1년을 초과할 수 없다.
　③ 분할 납부 간격 및 분할 횟수(영 제59조의 2 제4항)
　　분할 납부를 하게 하는 경우 각 분할된 납부기한 간의 간격은 4개월을 초과할 수 없으며, 분할 횟수는 3회를 초과할 수 없다.

[4] 과징금을 부과할 위반행위의 종류와 과징금의 금액(영 제60조)
　① 법 제33조의 2 제2항에 따라 과징금을 부과하는 위반행위의 종류와 위반 정도에 따른 과징금의 금액은 별표 2와 같다.
　② 산업통상자원부장관 또는 시·도지사는 해당 무역거래자 등의 수출입 규모, 중소기업 여부, 위반 정도 및 위반 횟수 등을 고려하여 과징금 금액의 2분의 1의 범위에서 가중하거나 경감할 수 있다. 다만, 가중하는 경우에도 과징금의 총액은 3억 원을 넘을 수 없다.

위반행위의 종류와 과징금의 금액(제60조 제1항 관련)

위반행위	근거 법조문	과징금 금액
1. 법 제33조 제2항을 위반하여 단순한 가공활동을 거침으로써 해당 물품 등의 원산지 표시를 손상하거나 변형한 자(무역거래자 또는 물품 등의 판매업자에 대하여 법 제33조 제4항이 적용되는 경우는 제외한다)가 그 단순 가공한 물품 등에 당초의 원산지를 표시하지 아니하거나 다르게 표시한 행위	법 제33조의 2 제2항	해당 위반물품 등의 수출입 신고 금액(판매업자의 경우에는 판매한 물품 등과 판매하지 아니한 물품 등을 구분하여 판매한 물품 등의 매출가액과 판매하지 아니한 물품 등의 매입가액을 합한 금액을 말한다)의 100분의 10에 해당하는 금액이나 1억 원 중 적은 금액
2. 법 제33조 제3항에 따른 원산지의 표시방법을 위반한 행위	법 제33조의 2 제2항	해당 위반물품 등의 수출입 신고 금액의 100분의 10에 해당하는 금액이나 2억 원 중 적은 금액
3. 무역거래자 또는 물품 등의 판매업자가 법 제33조 제4항 제1호를 위반하여 물품 등의 원산지를 거짓으로 표시하거나 원산지를 오인(誤認)하게 하는 표시를 하는 행위	법 제33조의 2 제2항	해당 위반물품 등의 수출입 신고 금액(판매업자의 경우에는 판매한 물품 등과 판매하지 아니한 물품 등을 구분하여 판매한 물품 등의 매출가액과 판매하지 아니한 물품 등의 매입가액을 합한 금액을 말한다)의 100분의 10에 해당하는 금액이나 3억 원 중 적은 금액
4. 무역거래자 또는 물품 등의 판매업자가 법 제33조 제4항 제2호를 위반하여 물품 등의 원산지 표시를 손상하거나 변경하는 행위	법 제33조의 2 제2항	해당 위반물품 등의 수출입 신고 금액(판매업자의 경우에는 판매한 물품 등과 판매하지 아니한 물품 등을 구분하여 판매한 물품 등의 매출가액과 판매하지 아니한 물품 등의 매입가액을 합한 금액을 말한다)의 100분의 10에 해당하는 금액이나 3억 원 중 적은 금액
5. 무역거래자가 법 제33조 제4항 제3호를 위반하여 원산지표시대상물품에 대하여 원산지 표시를 하지 아니하는 행위	법 제33조의 2 제2항	해당 위반물품 등의 수출입 신고 금액의 100분의 10에 해당하는 금액이나 2억 원 중 적은 금액

(5) 과징금의 징수(법 제33조의 2 제4항)

산업통상자원부장관 또는 시·도지사는 과징금을 내야 하는 자가 납부기한까지 내지 아니하면 국세 강제징수의 예 또는 「지방행정제재·부과금의 징수 등에 관한 법률」에 따라 징수한다.

(6) 공표(법 제33조의 2 제5항)

산업통상자원부장관 또는 시·도지사는 과징금 부과처분이 확정된 자에 대해서는 대통령령으로 정하는 바에 따라 그 위반자 및 위반자의 소재지와 물품 등의 명칭, 품목, 위반내용 등 처분과 관련된 사항을 공표할 수 있다.

1) 공표대상자(영 제60조의 2 제1항)

공표의 대상자는 같은 조 제2항에 따른 과징금 부과처분이 확정된 자로서 다음의 어느 하나에 해당하는 자로 한다.

① 별표 2 각 호의 구분에 따른 해당 위반물품 등의 수출입 신고 금액(판매업자의 경우에는 판매한 물품 등과 판매하지 아니한 물품 등을 구분하여 판매한 물품 등의 매출가액과 판매하지 아니한 물품 등의 매입가액을 합한 금액을 말하며, 이하 이 항에서 "원산지 표시 위반물품 등의 가액"이라 한다)이 10억 원(「관세법」 별표에 따른 품목 중 제1류부터 제24류까지의 품목 및 소금의 경우에는 5억 원을 말한다) 이상인 자

② 「관세법」 별표에 따른 품목 중 제1류부터 제24류까지의 품목 및 소금에 대한 별표 2 제3호 또는 제4호에 해당하는 원산지 표시 위반물품 등의 가액 중 다음의 위반행위로 인한 가액을 합산한 금액이 5천만 원 이상인 자
  ㉠ 원산지를 국내산으로 거짓 표시하거나 원산지를 국내산으로 오인하게 하는 표시를 하는 행위
  ㉡ 원산지 표시를 국내산으로 변경하는 행위
③ 다음의 요건을 모두 갖춘 자
  ㉠ 법 제33조의 2 제2항에 따라 과징금 부과처분을 받은 날부터 과거 2년 이내의 기간(초일을 산입한다) 동안 법 제33조의 2 제2항에 따라 과징금 부과처분을 받은 횟수가 3회 이상일 것
  ㉡ 가목에 따른 과징금 부과처분 중 확정된 처분이 3회 이상일 것
  ㉢ 나목에 따른 확정된 과징금 부과처분의 사유가 된 원산지 표시 위반물품 등의 가액을 합산한 금액이 5천만 원 이상일 것
④ 「관세법」 별표에 따른 품목 중 제1류부터 제24류까지의 품목 및 소금에 대한 원산지 표시의무를 위반한 경우로서 다음의 요건을 모두 갖춘 자
  ㉠ 법 제33조의 2 제2항에 따라 과징금 부과처분을 받은 날부터 과거 2년 이내의 기간(초일을 산입한다) 동안 법 제33조의 2 제2항에 따라 과징금 부과처분을 받은 횟수가 3회 이상일 것
  ㉡ 가목에 따른 과징금 부과처분 중 확정된 처분이 3회 이상일 것

2) 홈페이지에 공표(영 제60조의 2 제2항)

산업통상자원부장관 또는 시·도지사는 공표 대상자에 대해서는 법 제33조의 2 제5항에 따라 다음의 사항을 산업통상자원부 또는 시·도의 홈페이지에 공표하여야 한다.
① "「대외무역법」에 따른 원산지 표시의무 위반사실의 공표"라는 표제
② 위반자의 성명 또는 명칭(법인의 경우에는 대표자의 성명을 포함한다) 및 주소(법인의 경우 주된 영업소의 주소와 원산지 표시의무 위반행위를 한 사업장 주소를 말한다)
③ 원산지 표시 위반물품 등의 종류, 명칭 및 위반내용
④ 원산지 표시 위반행위에 대한 처분권자, 처분일, 처분 내용

III 원산지 판정

1. 의의(법 제34조 제1항)

산업통상자원부장관은 필요하다고 인정하면 수출 또는 수입물품 등의 원산지 판정을 할 수 있다.

2. 원산지판정 기준의 공고

원산지 판정의 기준은 대통령령으로 정하는 바에 따라 산업통상자원부장관이 정하여 공고한다(법 제34조 제2항). 완전생산물품, 실질적 변형, 단순한 가공활동의 기준 등 원산지 판정 기준에 관한 구체적인 사항은 관계 중앙행정기관의 장과 협의하여 산업통상자원부장관이 정하여 고시한다(영 제61조 제2항).

3. 수출입 물품의 원산지 판정기준

(1) 수입물품의 원산지 판정(영 제61조 제1항)

수입물품에 대한 원산지 판정은 다음의 어느 하나의 기준에 따라야 한다.
① 수입물품의 전부가 하나의 국가에서 채취되거나 생산된 물품(이하 "완전생산물품"이라 한다)인 경우에는 그 국가를 그 물품의 원산지로 할 것
② 수입물품의 생산·제조·가공 과정에 둘 이상의 국가가 관련된 경우에는 최종적으로 실질적 변형을 가하여 그 물품에 본질적 특성을 부여하는 활동(이하 "실질적 변형"이라 한다)을 한 국가를 그 물품의 원산지로 할 것
③ 수입물품의 생산·제조·가공 과정에 둘 이상의 국가가 관련된 경우 단순한 가공활동을 하는 국가를 원산지로 하지 아니할 것

(2) 수출물품의 원산지 판정(영 제61조 제3항)

수출물품에 대한 원산지 판정은 제1항 및 제2항에 따른 기준을 준용하여 판정하되, 그 물품에 대한 원산지 판정기준이 수입국의 원산지 판정기준과 다른 경우에는 수입국의 원산지 판정기준에 따라 원산지를 판정할 수 있다.

4. 완전생산기준(규정 제85조)

다음에 해당되는 물품을 영 제61조 제1항 제1호에 따른 완전생산물품으로 본다.
① 해당국 영역에서 생산한 광산물, 농산물 및 식물성 생산물
② 해당국 영역에서 번식, 사육한 산동물과 이들로부터 채취한 물품
③ 해당국 영역에서 수렵, 어로로 채포한 물품
④ 해당국 선박에 의하여 해당국 이외 국가의 영해나 배타적 경제수역이 아닌 곳에서 채포(採捕)한 어획물, 그 밖의 물품
⑤ 해당국에서 제조, 가공공정 중에 발생한 잔여물
⑥ 해당국 또는 해당국의 선박에서 제1호부터 제5호까지의 물품을 원재료로 하여 제조·가공한 물품

5. 실질적 변형기준

(1) 세번 변경기준

① 원칙(규정 제85조 제2항)
영 제61조 제1항 제2호에서 "실질적 변형"이란 해당국에서의 제조·가공과정을 통하여 원재료의 세번과 상이한 세번(HS 6단위 기준)의 제품을 생산하는 것을 말한다.

② 예외(규정 제85조 제3항)
산업통상자원부장관은 관세율표상에 해당 물품과 그 원재료의 세번이 구분되어 있지 아니함으로 인하여 제조·가공 과정을 통하여 그 물품의 본질적 특성을 부여하는 활동을 가하더라도 세번(HS 6단위 기준)이 변경되지 아니하는 경우에는 관계기관의 의견을 들은 후 해당 물품 생산에서 발생한 부가가치와 주요 공정 등 종합적인 특성을 감안하여 실질적 변형에 대한 기준을 제시할 수 있다.

(2) 부가가치, 주요공정 등에 의한 기준

① 개요(규정 제85조 제4항)
산업통상자원부장관이 별표 9에서 별도로 정하는 물품에 대하여는 부가가치, 주요 부품 또는 주요 공정 등이 해당 물품의 원산지 판정기준이 된다.

② 부가가치비율의 기준(규정 제85조 제5항)

부가가치의 비율은 해당 물품의 제조·생산에 사용된 원료 및 구성품의 원산지별 가격누계가 해당 물품의 수입가격(FOB가격 기준)에서 점하는 비율로 한다.

③ 주요부품기준(규정 제85조 제6항)

주요 부품에 대하여는 다음의 국가를 원산지로 본다.

㉠ 해당 주요 부품의 원료 및 구성품의 부가가치생산에 최대로 기여한 국가가 해당 완제품의 부가가치비율 기준 상위 2개국 중 어느 하나에 해당하는 경우는 해당 국가

구분	한국	베트남	미국	중국
완제품 부가가치비율(%)	15	20	40	25
주요부품 부가가치비율(%)	25	15	50	10
원산지판정			O	

㉡ 해당 주요 부품의 원료 및 구성품의 부가가치생산에 최대로 기여한 국가가 해당 완제품의 부가가치비율 기준 상위 2개국 중 어느 하나에 해당하지 아니하는 경우는 해당 완제품을 최종적으로 제조한 국가

구분	한국	베트남	미국	중국
완제품 부가가치비율(%)	15	40	20	25
주요부품 부가가치비율(%)	25	15	50	10
원산지판정	당해 완제품을 최종적으로 제조한 국가			

④ 부가가치비율 산정기준(규정 제85조 제7항)

제5항 및 제6항에 따라 부가가치의 비율을 산정하는 경우 해당 물품의 제조·생산에 사용된 원료 및 구성품의 가격은 다음의 어느 하나에서 정하는 가격으로 한다.

㉠ 해당 제조·생산국에서 외국으로부터 수입 조달한 원료 및 구성품의 가격은 각기 수입단위별 FOB가격

㉡ 해당 제조·생산국에서 국내적으로 공급된 원료 및 구성품의 가격은 각기 구매단위별 공장도가격

6. 단순한 가공활동(규정 제85조 제7항)

다음의 어느 하나를 영 제61조 제1항 제3호에 규정된 "단순한 가공활동"으로 보며, 단순한 가공활동을 수행하는 국가에는 원산지를 부여하지 아니한다.

① 운송 또는 보관 목적으로 물품을 양호한 상태로 보존하기 위해 행하는 가공활동
② 선적 또는 운송을 용이하게 하기 위한 가공활동
③ 판매목적으로 물품의 포장 등과 관련된 활동
④ 제조·가공결과 HS 6단위가 변경되는 경우라도 다음의 어느 하나에 해당되는 가공과 이들이 결합되는 가공은 단순한 가공활동의 범위에 포함된다.

㉠ 통풍
㉡ 건조 또는 단순가열(볶거나 굽는 것을 포함한다)
㉢ 냉동, 냉장
㉣ 손상부위의 제거, 이물질 제거, 세척
㉤ 기름칠, 녹방지 또는 보호를 위한 도색, 도장

ⓑ 거르기 또는 선별(sifting or screening)
ⓢ 정리(sorting), 분류 또는 등급선정(classifying, or grading)
ⓞ 시험 또는 측정
ⓩ 표시나 라벨의 수정 또는 선명화
ⓩ 가수, 희석, 흡습, 가염, 가당, 전리(ionizing)
㉠ 각피(husking), 탈각(shelling or unshelling), 씨제거 및 신선 또는 냉장육류의 냉동, 단순 절단 및 단순 혼합
㉡ 별표 9에서 정한 HS 01류의 가축을 수입하여 해당국에서 도축하는 경우 같은 별표에서 정한 품목별 사육기간 미만의 기간 동안 해당국에서 사육한 가축의 도축(slaughtering)
㉣ 펴기(spreading out), 압착(crushing)
㉤ ㉠부터 ㉣까지의 규정에 준하는 가공으로서 산업통상자원부장관이 별도로 판정하는 단순한 가공활동

7. 원산지 판정 기준의 특례

(1) 부속품 등(규정 제87조 제1항)

기계·기구·장치 또는 차량에 사용되는 부속품·예비부분품 및 공구로서 기계 등과 함께 수입되어 동시에 판매되고 그 종류 및 수량으로 보아 정상적인 부속품, 예비부분품 및 공구라고 인정되는 물품의 원산지는 해당 기계·기구·장치 또는 차량의 원산지와 동일한 것으로 본다.

(2) 포장용품(규정 제87조 제2항)

포장용품의 원산지는 해당 포장된 내용품의 원산지와 동일한 것으로 본다. 다만, 법령에 따라 포장용품과 내용품을 각각 별개로 구분하여 수입신고하도록 규정된 경우에는 포장용품의 원산지는 내용품의 원산지와 구분하여 결정한다.

(3) 촬영된 영화필름(규정 제87조 제3항)

촬영된 영화용 필름은 그 영화제작자가 속하는 나라를 원산지로 한다.

(4) 전자적 형태의 무체물(규정 제87조 제4항)

전자적 형태의 무체물은 저작권자가 속하는 나라를 원산지로 한다.

8. 직접운송원칙

(1) 직접운송원칙의 적용(규정 제93조)

수입물품의 원산지는 그 물품이 원산지 국가 이외의 국가(이하 "비원산국"이라 한다)를 경유하지 아니하고 원산지 국가로부터 직접 우리나라로 운송반입된 물품에만 해당 물품의 원산지를 인정한다.

(2) 예외적용(규정 제93조 단서)

다만, 다음의 어느 하나에 해당하는 경우에는 해당 물품이 비원산국의 보세구역 등에서 세관 감시 하에 환적 또는 일시장치 등이 이루어지고, 이들 이외의 다른 행위가 없었음이 인정되는 경우에만 이를 우리나라로 직접 운송된 물품으로 본다.
① 지리적 또는 운송 상의 이유로 비원산국에서 환적 또는 일시장치가 이루어진 물품의 경우
② 박람회, 전시회 그 밖에 이에 준하는 행사에 전시하기 위하여 비원산국으로 수출하였던 물품으로서 해당 물품의 전시목적에 사용 후 우리나라로 수출한 물품의 경우

더 알아보기

별표 9 특정수입물품의 원산지

품목명	원산지판정기준
HS 9006.53 기타(폭이 35밀리미터의 롤필름용인 것에 한하며 특수용도 사진기 또는 일회용 사진기는 제외)	다음 각 호의 기준을 순차적으로 적용한다. 1. 해당 물품에 사용된 원료 및 부품의 부가가치가 완제품 부가가치의 35% 이상인 경우 해당 원료 및 부품을 생산 또는 최초로 공급한 국가 2. 제1호의 국가가 없거나 2개국 이상인 경우는 주요부품(셔터, 렌즈, 줌경통, 파인더)이 차지하는 부가가치의 비율이 높은 국가
HS 0102 소	출생국을 원산지로 한다. 다만, 출생국과 사육국이 다른 경우에는 다음 기준에 따른다. 해당 국가에서 6개월 이상 사육된 경우에는 당해 사육국을 원산지로 하고, 6개월 미만 사육된 경우에는 출생국을 원산지로 한다.
HS 0103 돼지	출생국을 원산지로 한다. 다만, 출생국과 사육국이 다른 경우에는 다음 기준에 따른다. 해당 국가에서 2개월 이상 사육된 경우에는 해당 사육국을 원산지로 하고, 2개월 미만 사육된 경우에는 출생국을 원산지로 한다.
소와 돼지 이외의 그 밖의 가축으로서 HS 이류의 것	출생국을 원산지로 한다. 다만, 출생국과 사육국이 다른 경우에는 다음 기준에 따른다. 해당 국가에서 1개월 이상 사육된 경우에는 해당 사육국을 원산지로 하고, 1개월 미만 사육된 경우에는 출생국을 원산지로 한다.

	품목명	원산지기준(안)
HS 6101-6117 (편직된 의류 및 그 부속품)	1) 제품형태로 편물(knit to shape)되는 물품(부품과 부속품을 포함한다); 6101-6117의 것	편직공정 수행국 (knit shape)
	2) 부품형태로 편물된 부품을 봉제하여 생산되는 물품; 6101-6115의 것	봉제공정 수행국
	3) 재단(cut to shape)된 부품을 봉제하여 생산되는 물품; 6101-6115의 것	봉제공정 수행국
	4) 자수된 편평제품 (손수건, 쇼울, 스카프, 머플러, 만틸라, 베일 및 이와 유사한 물품); 6117.10, 6117.80의 것	편직공정 수행국. 단, 기포원단의 공장도 가격의 50%를 초과하는 자수공정을 수행할 경우 자수공정 수행국
	5) 그 밖의 편평제품 (손수건, 쇼울, 스카, 머플러, 만틸라, 베일 및 이와 유사한 물품); 6117.10, 6117.80의 것	편직공정 수행국
	6) 부품형태로 편물된 부품을 봉제하여 생산되는 부속품 (넥타이류, 장갑류 및 이와 유사한 물품); 6116, 6117.20, 6117.80의 것	부품의 편직공정 수행국 (형태를 갖게 knit된 곳)
	7) 재단된 부품을 봉제하여 생산되는 부속품(넥타이류, 장갑류 및 이와 유사한 물품); 6116, 6117.20, 6117.80의 것	봉제공정 수행국
	8) 부품형태로 편물된 부품을 봉제하여 생산된 부품; 6117.90의 것	부품 편직공정 수행국
	9) 재단된 부품을 봉제하여 생산되는 부품; 6117.90의 것	재단공정 수행국
	10) 자수되었으나 봉제되지 아니한 부품; 6101-6117의 것	편직공정 수행국. 단, 기포원단의 공장도 가격의 50%를 초과하는 자수공정을 수행할 경우 자수공정 수행국
	11) 그 밖에 봉제되지 아니한 부품; 6101-6107의 것	편직공정 수행국

품목명		원산지기준(안)
HS 6201-6217 (편직을 제외한 의류 및 그 부속품)	1) 부품을 봉제하여 생산되는 물품(6209의 기저귀를 제외한다); 6201-6212	봉제공정 수행국
	2) 기저귀; 6209의 것	제직공정 수행국
	3) 자수된 편평제품(손수건, 쇼울, 스카프, 머플러, 만틸라, 베일 및 이와 유사한 물품); 6213, 6214, 6217.10의 것	제직공정 수행국. 단, 기포원단의 공장도 가격의 50%를 초과하는 자수공정을 수행할 경우 자수공정 수행국
	4) 그 밖의 편평제품(손수건, 쇼울, 스카프, 머플러, 만틸라, 베일 및 이와 유사한 물품); 6213, 6214, 6217.10의 것	제직공정 수행국
	5) 부품을 봉제하여 생산된 부속품(넥타이류, 장갑류 및 이와 유사한 물품); 6215, 6216, 6217.10의 것	봉제공정 수행국
	6) 봉제된 부품; 6217.90의 것	재단공정 수행국
	7) 자수된 부품; 6201-6217의 것	제직공정 수행국. 단 기포원단의 공장도 가격의 50%를 초과하는 자수공정을 수행할 경우 자수공정 수행국
	8) 그 밖의 부품; 6201-6217의 것	제직공정 수행국
HS 6301-6308 (제품으로 된 방직용 섬유제품)	1) 부품을 봉제하여 생산되는 물품; 6303, 6304, 6306, 6307.20	재단공정 수행국
	2) 자수된 물품; 6301-6308의 것 (6301.10 제외)	제직(또는 편직)공정 수행국. 단 기포원단의 공장도 가격의 50%를 초과하는 자수공정을 수행할 경우 자수공정 수행국
	3) 부분품으로 구성된 물품; 6308의 것	Set의 본질적 특성을 구성하는 물품 제조국
	4) 그 밖의 제품; 6301, 6302, 6305, 6307.10, 6307.90 (6301.10 제외)	제직(또는 편직)공정 수행국
HS 7411.22 구리 - 니켈 합금으로 만든 것(백동)이나 구리 - 니켈 - 아연 합금으로 만든 것(양백)		냉간인발공정(인발, 열처리, 확관) 수행국

02 수입원료를 사용한 국내생산 물품 등의 원산지 판정

1. 개요(법 제35조 제1항)

산업통상자원부장관은 공정한 거래질서의 확립과 생산자 및 소비자 보호를 위하여 필요하다고 인정하면 수입원료를 사용하여 국내에서 생산되어 국내에서 유통되거나 판매되는 물품 등(이하 "국내생산물품 등"이라 한다)에 대한 원산지 판정에 관한 기준을 관계 중앙행정기관의 장과 협의하여 정할 수 있다. 다만, 다른 법령에서 국내생산물품 등에 대하여 다른 기준을 규정하고 있는 경우에는 그러하지 아니하다.

2. 공고(법 제35조 제2항)

산업통상자원부장관은 국내생산물품 등에 대한 원산지 판정에 관한 기준을 정하면 이를 공고하여야 한다.

3. 준용(법 제35조 제3항)

국내생산물품 등의 판매자에 대해서는 제33조 제4항 제1호 및 제4호를 준용한다. 이 경우 "제1호부터 제3호"는 "제1호"로, "원산지표시대상물품"은 "국내생산물품 등"으로 본다.

> **더 알아보기**
>
> 법 제33조 제4항
>
> 무역거래자 또는 물품 등의 판매업자는 수출 또는 수입물품 등 및 제35조에 따른 국내생산물품 등에 대하여 다음 각 호의 어느 하나에 해당하는 행위를 하여서는 아니 된다. 다만, 제2호 및 제3호에 따른 금지행위는 수입물품 등에 한정한다.
> 1. 원산지를 거짓으로 표시하거나 원산지를 오인(誤認)하게 하는 표시를 하는 행위
> 2. 원산지의 표시를 손상하거나 변경하는 행위
> 3. 원산지표시대상물품에 대하여 원산지 표시를 하지 아니하는 행위
> 4. 제1호부터 제3호까지의 규정에 위반되는 원산지표시대상물품을 국내에서 거래하는 행위

4. 원산지 판정기준

(1) 대상(규정 제86조 제1항)

법 제35조에 따른 수입원료를 사용한 국내생산물품 등에서, 원산지 판정 기준 적용 대상물품은 다음의 어느 하나에도 해당되지 않는 물품이다.

① 국내수입 후 제85조 제8항의 단순한 가공활동을 거친 물품
② 1류~24류(농수산물·식품), 30류(의료용품), 33류(향료·화장품), 48류(지와 판지), 49류(서적·신문·인쇄물), 50류~58류(섬유), 70류(유리), 72류(철강), 87류(8701~8708의 일반차량), 89류(선박)

(2) 우리나라를 원산지로 하는 물품의 기준(규정 제86조 제2항)

제1항의 원산지 판정 기준 적용 대상물품 중에서, 다음의 어느 하나에 해당하는 경우, 우리나라를 원산지로 하는 물품으로 본다. 이 경우 제조원가란, 일반적으로 물품의 공장도 공급가액에서 이윤과 판매·관리비를 제외한 금액이 되나, 정확한 계산이 곤란한 경우 등, 예외적인 경우에는 국가를 당사자로 하는 계약에 관한 법률 시행규칙 제9조에 따른 공인원가계산용역기관이 계산한 원가로 대체할 수 있다.

① 우리나라에서 제조·가공과정을 통해 수입원료의 세번과 상이한 세번(HS 6단위 기준)의 물품(세번 HS 4단위에 해당하는 물품의 세번이 HS 6단위에서 전혀 분류되지 아니한 물품을 포함한다)을 생산하고, 해당 물품의 제조원가에서 수입원료의 수입가격(CIF 기준으로 실제 거래된 가격, 이하 같다)을 공제한 금액이, 제조원가의 51퍼센트 이상인 경우
② 우리나라에서 제조·가공과정을 통해 제1호의 세번 변경이 되지 않은 물품을 최종적으로 생산하고, 해당 물품의 제조원가에서 수입원료의 수입가격을 공제한 금액이, 제조원가의 85퍼센트 이상인 경우
③ 천일염은 외국산 원재료가 사용되지 않고 제조되어야 우리나라를 원산지로 본다(규정 제86조 제3항).

(3) 수입원료로 간주(규정 제86조 제6항)

제2항에 따른 판정 시, 원산지를 우리나라로 입증할 수 없는 원료는 수입원료로 본다.

5. 원산지 충족 물품의 표시 방법(규정 제86조 제4항)

국내생산물품 등의 원산지를 우리나라로 볼 수 있는 경우에는 제76조 제1항의 규정을 준용하여 표시할 수 있다.

> **더 알아보기**
>
> **규정 제76조 제1항**
> 수입물품의 원산지는 다음 각 호의 어느 하나에 해당되는 방식으로 한글, 한자 또는 영문으로 표시할 수 있다.
> 1. "원산지: 국명" 또는 "국명 산(産)", "국명 제(製)"
> 2. "Made in 국명" 또는 "Product of 국명"
> 3. "Made by 물품 제조자의 회사명, 주소, 국명"
> 4. "Country of Origin: 국명"
> 5. 영 제61조의 원산지와 동일한 경우로서 국제상거래관행상 타당한 것으로 관세청장이 인정하는 방식

6. 원산지 미충족 물품의 표시 방법(규정 제86조 제5항)

법 제35조에 따른 수입원료를 사용한 국내생산물품 중 제2항의 원산지 규정을 충족하지 아니한 물품의 원산지 표시는 다음의 방법에 따라 표시할 수 있다.

① 우리나라를 "가공국" 또는 "조립국" 등으로 표시하되 원료 또는 부품의 원산지를 동일한 크기와 방법으로 병행하여 표시
② 제1호의 원료나 부품이 1개국의 생산품인 경우에는 "원료(또는 부품)의 원산지: 국명"을 표시
③ 제1호의 원료나 부품이 2개국 이상(우리나라를 포함한다)에서 생산된 경우에는 완성품의 제조원가의 재료비에서 차지하는 구성 비율이 높은 순으로 2개 이상의 원산지를 각각의 구성비율과 함께 표시(예 "원료 (또는 부품)의 원산지: 국명(○%), 국명(○%)")

03 원산지판정 절차

1. 개요

(1) 무역거래자 또는 물품 등의 판매업자 등은 수출 또는 수입물품 등의 원산지 판정을 산업통상자원부장관에게 요청할 수 있다(법 제34조 제3항).
(2) 산업통상자원부장관은 제3항에 따라 요청을 받은 경우에는 해당 물품 등의 원산지 판정을 하여서 요청한 사람에게 알려야 한다(법 제34조 제4항).

2. 판정의 절차

(1) 신청(영 제62조 제1항)

수출 또는 수입물품의 원산지 판정을 받으려는 자는 대상 물품의 관세·통계통합품목분류표(「관세법 시행령」 제98조에 따른 관세·통계통합품목분류표를 말한다. 이하 같다)상의 품목번호·품목명(모델명을 포함한다), 요청 사유, 요청자가 주장하는 원산지 등을 명시한 요청서에 견본 1개와 그 밖에 원산지 판정에 필요한 자료를 첨부하여 산업통상자원부장관에게 제출하여야 한다. 다만, 물품의 성질상 견본을 제출하기 곤란하거나 견본이 없어도 그 물품의 원산지 판정에 지장이 없다고 인정되는 경우에는 견본의 제출을 생략할 수 있다.

(2) 자료제출 요청(규정 제88조)

관세청장은 원산지 판정을 위하여 필요한 경우 해당 사안과 관련된 행정기관의 장, 무역거래자 및 그 밖의 이해관계인에게 자료의 제출을 요청할 수 있다.

(3) 보완의 요청

산업통상자원부장관은 제출된 요청서 등이 미비하여 수출 또는 수입물품의 원산지를 판정하기 곤란한 경우에는 기간을 정하여 자료의 보정(補正)을 요구할 수 있으며, 그 기간 내에 보정하지 아니하면 요청서 등을 되돌려 보낼 수 있다(영 제62조 제2항).

이때 보정기간은 법 제34조 제6항에 따른 이의제기 결정기간에 산입하지 아니한다(규정 제90조).

(4) 회신

① 산업통상자원부장관은 원산지 판정의 요청을 받은 경우에는 60일 이내에 원산지 판정을 하여 그 결과를 요청한 사람에게 문서로 알려야 한다. 다만, 그 판정과 관련된 자료수집 등을 위하여 필요한 기간은 이에 산입하지 아니한다(영 제62조 제3항).

② 원산지 판정의 결과가 요청인의 주장과 다른 경우에는 판정의 근거 등을 적어야 한다(영 제62조 제4항).

3. 이의제기

(1) 이의제기(법 제34조 제5항)

원산지 판정 통보를 받은 자가 원산지 판정에 불복하는 경우에는 통보를 받은 날부터 30일 이내에 산업통상자원부장관에게 이의를 제기할 수 있다.

(2) 자료 등의 제출(영 제63조 제1항)

원산지 판정에 이의를 제기하려는 자는 대상 물품의 관세·통계통합품목분류표상의 품목번호·품목명(모델명을 포함한다), 이의제기 사유, 신청자가 주장하는 원산지 등을 명시한 이의신청서에 원산지 판정에 필요한 자료를 첨부하여 산업통상자원부장관에게 제출하여야 한다.

(3) 보완요청(영 제63조 제2항)

산업통상자원부장관은 제출된 신청서 등이 미비하여 이의제기에 대한 결정을 하기 곤란한 경우에는 기간을 정하여 자료의 보정을 요구할 수 있으며, 그 기간 내에 보정하지 아니하면 신청서 등을 되돌려 보낼 수 있다.

(4) 자문 및 의견청취(영 제63조 제3항)

산업통상자원부장관은 이의제기에 대한 결정을 하기 위하여 관계 전문가에게 자문하거나 이해관계자 등의 의견을 들을 수 있다.

(5) 회신(법 제34조 제6항)

산업통상자원부장관은 이의를 제기 받은 경우에는 이의제기를 받은 날부터 150일 이내에 이의제기에 대한 결정을 알려야 한다.

IV 원산지증명서

01 수입물품의 원산지증명서의 제출

1. 개요(법 제36조 제1항)

산업통상자원부장관은 원산지를 확인하기 위하여 필요하다고 인정하면 물품 등을 수입하려는 자에게 그 물품 등의 원산지 국가 또는 물품 등을 선적(船積)한 국가의 정부 등이 발행하는 원산지증명서를 제출하도록 할 수 있다.

2. 원산지증명서의 제출요청(영 제65조 제1항)

산업통상자원부장관은 산업통상자원부장관이 정하여 고시하는 지역으로부터 산업통상자원부장관이 정하여 고시하는 물품을 수입하려는 자에게 다음의 기관에서 발행하는 원산지증명서를 그 물품을 수입할 때에 제출하도록 할 수 있다.
① 그 물품의 원산지 국가
② 그 물품을 선적(船積)한 국가의 정부
③ ①의 국가 또는 ②의 정부가 인정하는 기관

3. 제출대상 및 시기

(1) 제출시기(규정 제91조 제1항)

원산지를 확인하여야 할 물품을 수입하는 자는 수입신고 전까지 원산지증명서 등 관계 자료를 제출하고 확인을 받아야 한다.

(2) 제출대상(규정 제91조 제2항)

수입 시 원산지증명서를 제출하여야 하는 경우는 다음과 같다.
① 통합공고에 의하여 특정지역으로부터 수입이 제한되는 물품
② 원산지 허위표시, 오인·혼동표시 등을 확인하기 위하여 세관장이 필요하다고 인정하는 물품
③ 그 밖에 법령에 따라 원산지 확인이 필요한 물품

(3) 확인요청(규정 제91조 제3항)

관계 자료를 제출받은 세관장은 해당 자료의 발행기관에 이의 확인을 요청할 수 있다.

(4) 협의(규정 제91조 제4항)

관세청장은 원산지 확인에 필요한 사항을 산업통상자원부장관과 협의하여 별도로 정할 수 있다.

(5) 영업상 비밀 보호 요청(규정 제91조 제5항)

관계 자료를 제출한 자는 자료제출기관에 제출한 자료를 영업상 비밀로 보호하여 줄 것을 요청할 수 있다.

4. 제출 면제(규정 제92조)

다음의 어느 하나에 해당하는 물품은 원산지증명서 등의 제출을 면제한다.
① 과세가격(종량세의 경우에는 이를 「관세법」 제15조에 준하여 산출한 가격)이 15만 원 이하인 물품
② 우편물(「관세법」 제258조 제2항에 해당하는 것을 제외한다)
③ 개인에게 무상 송부된 탁송품, 별송품 또는 여행자의 휴대품
④ 재수출조건부 면세 대상 물품 등 일시 수입물품
⑤ 보세운송, 환적 등에 의하여 우리나라를 단순히 경유하는 통과화물
⑥ 물품의 종류, 성질, 형상 또는 그 상표, 생산국명, 제조자 등에 의하여 원산지가 인정되는 물품
⑦ 그 밖에 관세청장이 산업통상자원부장관과 협의하여 타당하다고 인정하는 물품

02 수출물품 등의 원산지증명서의 발급 등

1. 개요(법 제37조 제1항)

수출물품 또는 국내생산물품 등의 원산지증명서를 발급받으려는 자는 산업통상자원부장관에게 원산지증명서의 발급을 신청하여야 한다. 이 경우 수수료를 내야 한다.

2. 외국산 물품을 국산 물품 등으로 가장하는 행위의 금지(법 제38조)

누구든지 원산지증명서를 위조 또는 변조하거나 거짓된 내용으로 원산지증명서를 발급받거나 물품 등에 원산지를 거짓으로 표시하는 등의 방법으로 외국에서 생산된 물품 등(외국에서 생산되어 국내에서 대통령령으로 정하는 단순한 가공활동을 거친 물품 등을 포함한다. 이하 제53조의 2 제4호에서도 같다)의 원산지가 우리나라인 것처럼 가장(假裝)하여 그 물품 등을 수출하거나 외국에서 판매하여서는 아니 된다.

3. 원산지증명서 발급기준(영 제66조 제1항)

수출물품 또는 수입원료를 사용하여 국내에서 생산되어 국내에서 유통되거나 판매되는 물품 등(이하 "국내생산물품 등"이라 한다)의 원산지증명서의 발급기준은 다음과 같다.
① 헌법에 따라 체결·공포된 조약이나 협정에서 정한 기준
② 상대 수입국에서 정한 기준
③ 법 제35조에 따라 산업통상자원부장관이 정하여 공고하는 기준

4. 서류의 제출(영 제66조 제2항)

수출물품 또는 국내생산물품 등의 원산지증명서를 발급받으려는 자는 수출물품 또는 국내생산물품 등의 원산지증명서발급신청서에 다음의 서류를 첨부하여 산업통상자원부장관에게 제출하여야 한다.
① 구매자·공급자에 관한 서류
② 가격·수량 등에 관한 서류
③ 그 밖에 수출물품 또는 국내생산물품 등의 원산지를 증명하는 데에 필요한 서류로서 산업통상자원부장관이 정하여 공고하는 서류

5. 제출서류의 확인(영 제66조 제3항)

산업통상자원부장관은 제2항에 따른 신청을 받은 경우 제1항에 따른 원산지증명서 발급기준에 적합한지를 조사·확인하여 발급 여부를 결정한 후 수출물품 또는 국내생산물품 등의 원산지증명서를 발급하여야 한다.

6. 유효기간(영 제66조 제4항)

원산지증명서의 유효기간은 1년으로 한다. 다만, 헌법에 따라 체결·공포된 조약이나 협정에서 그 유효기간을 다르게 정하고 있는 경우에는 그 유효기간으로 한다.

제9장 수입수량 제한조치

01 수입수량 제한조치

1. 의의(법 제39조 제1항)

산업통상자원부장관은 특정 물품의 수입 증가로 인하여 같은 종류의 물품 또는 직접적인 경쟁 관계에 있는 물품을 생산하는 국내산업이 심각한 피해를 입고 있거나 입을 우려("심각한 피해 등")가 있음이 무역위원회의 조사를 통하여 확인되고 심각한 피해 등을 구제하기 위한 조치가 건의된 경우로서 그 국내산업을 보호할 필요가 있다고 인정되면 그 물품의 국내산업에 대한 심각한 피해 등을 방지하거나 치유하고 조정을 촉진하기 위하여 필요한 범위에서 물품의 수입수량을 제한하는 조치("수입수량제한조치")를 시행할 수 있다.

2. 수입수량 제한조치의 시행여부와 내용의 결정(법 제39조 제2항)

산업통상자원부장관은 무역위원회의 건의, 해당 국내산업 보호의 필요성, 국제통상 관계, 수입수량 제한조치의 시행에 따른 보상수준 및 국민경제에 미치는 영향 등을 검토하여 수입수량제한조치의 시행 여부와 내용을 결정한다.

3. 수입수량의 제한

(1) 기준수량(영 제68조 제1항)

산업통상자원부장관이 수입수량을 제한하는 경우 그 제한수량은 최근의 대표적인 3년간의 수입량을 연평균수입량으로 환산한 수량("기준 수량") 이상으로 하여야 한다. 이 경우 최근의 대표적인 연도를 정할 때에는 통상적인 수입량과 비교하여 수입량이 급증하거나 급감한 연도는 제외한다.

(2) 기준 수량 적용의 예외(영 제68조 제2항)

산업통상자원부장관은 기준 수량 이상으로 수입수량 제한조치를 하는 경우 해당 산업의 심각한 피해를 방지하거나 구제하기 어렵다고 명백하게 인정되는 경우에는 제1항에도 불구하고 기준 수량 미만으로 수입수량을 제한할 수 있다.

(3) 국가별 수입수량 할당(영 제68조 제3항)

산업통상자원부장관은 제1항이나 제2항에 따라 제한되는 수입수량을 각 국가별로 할당할 수 있다.

4. 무역보상에 대한 협의(법 제39조 제3항)

정부는 수입수량 제한조치를 시행하려면 이해 당사국과 수입수량 제한조치의 부정적 효과에 대한 적절한 무역보상에 관하여 협의할 수 있다.

5. 수입수량 제한조치의 적용

(1) 적용 시기(법 제39조 제4항)
수입수량 제한조치는 조치 시행일 이후 수입되는 물품에만 적용한다.

(2) 적용 기간(법 제39조 제5항)
수입수량 제한조치의 적용 기간은 4년을 넘어서는 아니 된다.

(3) 공고(법 제39조 제6항)
산업통상자원부장관은 수입수량 제한조치의 대상 물품, 수량, 적용기간 등을 공고하여야 한다.

6. 협조요청(법 제39조 제7항)

산업통상자원부장관은 수입수량 제한조치의 시행 여부를 결정하기 위하여 필요하다고 인정하면 관계 행정기관의 장 및 이해관계인 등에게 관련 자료의 제출 등 필요한 협조를 요청할 수 있다.

7. 수입수량 제한조치의 적용의 제한(법 제39조 제8항)

산업통상자원부장관은 수입수량 제한조치의 대상이었거나 「관세법」 제65조에 따른 긴급관세 또는 같은 법 제66조에 따른 잠정 긴급관세의 대상이었던 물품에 대하여는 그 수입수량 제한조치의 적용기간, 긴급관세의 부과기간 또는 잠정긴급관세의 부과기간이 끝난 날부터 그 적용 기간 또는 부과기간에 해당하는 기간(적용기간 또는 부과기간이 2년 미만인 경우에는 2년)이 지나기 전까지는 다시 수입수량 제한조치를 시행할 수 없다.

다만, 다음의 요건을 모두 충족하는 경우에는 180일 이내의 수입수량제한조치를 시행할 수 있다.
① 해당 물품에 대한 수입수량 제한조치가 시행되거나 긴급관세 또는 잠정긴급관세가 부과된 후 1년이 지날 것
② 수입수량 제한조치를 다시 시행하는 날부터 소급하여 5년 안에 그 물품에 대한 수입수량 제한조치의 시행 또는 긴급관세의 부과가 2회 이내일 것

8. 수입수량 제한조치에 대한 연장 등

(1) 내용변경 및 적용기간 연장(법 제40조 제1항)
산업통상자원부장관은 무역위원회의 건의가 있고 필요하다고 인정하면 수입수량 제한조치의 내용을 변경하거나 적용기간을 연장할 수 있다. 이 경우 변경되는 조치 내용 및 연장되는 적용기간 이내에 변경되는 조치 내용은 최초의 조치 내용보다 완화되어야 한다.

(2) 적용기간(법 제40조 제2항)
수입수량 제한조치의 적용기간을 연장하는 때에는 수입수량 제한조치의 적용기간과 긴급관세 또는 잠정긴급관세의 부과기간 및 그 연장기간을 전부 합산한 기간이 8년을 넘어서는 아니 된다.

(3) 연장 적용의 검토(영 제69조)
산업통상자원부장관은 시행 중인 수입수량 제한조치에 대하여 무역위원회가 그 조치 내용의 변경이나 적용기간의 연장을 건의하면 그 건의가 접수된 날부터 1개월 이내(연장의 경우 법 제39조 제1항에 따른 수입수량 제한조치의 적용기간이 끝나는 날 이전)에 그 조치의 변경이나 조치 기간의 연장 여부를 결정하고 그 내용을 무역위원회에 통보하여야 한다.

제10장 수출입 질서유지

01 수출입 물품 등의 가격 조작 금지

1. 수출입 물품 등의 가격 조작 금지(법 제43조)

무역거래자는 외화도피의 목적으로 물품 등의 수출 또는 수입 가격을 조작(造作)하여서는 아니 된다.

2. 가격 조작 시 처벌

(1) 5년 이하의 징역 또는 물품가격의 3배 이하의 벌금(법 제53조 제2항 제9호)

물품 등의 수출과 수입의 가격을 조작한 자는 5년 이하의 징역 또는 수출, 수입, 경유, 환적 또는 중개하는 물품 등의 가격의 3배에 해당하는 금액 이하의 벌금에 처한다.

(2) 양벌규정(법 제57조)

법인의 대표자나 법인 또는 개인의 대리인, 사용인, 그 밖의 종업원이 그 법인 또는 개인의 업무에 관하여 제53조, 제53조의 2 또는 제54조부터 제56조까지의 어느 하나에 해당하는 위반행위를 하면 그 행위자를 벌하는 외에 그 법인 또는 개인에게도 해당 조문의 벌금형을 과(科)한다. 다만, 법인 또는 개인이 그 위반행위를 방지하기 위하여 해당 업무에 관하여 상당한 주의와 감독을 게을리하지 아니한 경우에는 그러하지 아니하다.

02 무역거래자 간 무역분쟁의 신속한 해결

1. 무역분쟁의 해결 원칙(법 제44조 제1항)

무역거래자는 그 상호 간이나 교역상대국의 무역거래자와 물품 등의 수출·수입과 관련하여 분쟁이 발생한 경우에는 정당한 사유 없이 그 분쟁의 해결을 지연시켜서는 아니 된다.

2. 정보제공의 요구

(1) 의견 진술 및 서류 요구(법 제44조 제2항)

산업통상자원부장관은 제1항에 따른 분쟁이 발생한 경우 무역거래자에게 분쟁의 해결에 관한 의견을 진술하게 하거나 그 분쟁과 관련되는 서류의 제출을 요구할 수 있다.

(2) 자료의 제출

산업통상자원부장관으로부터 무역분쟁 관련 서류의 제출을 요구받은 무역거래자는 다음의 사항을 기재하여 이를 산업통상자원부장관에게 제출하여야 한다.
① 무역분쟁의 당사자
② 무역분쟁의 발생경위 및 내용
③ 그 밖에 필요한 서류

3. 분쟁의 조사(법 제44조 제3항)

산업통상자원부장관은 서류를 제출받거나 의견을 들은 후에 필요하다고 인정하면 그 분쟁에 관하여 사실조사를 할 수 있다.

4. 중재의 권고(법 제44조 제4항)

산업통상자원부장관은 분쟁을 신속하고 공정하게 처리하는 것이 필요하다고 인정하거나 무역분쟁 당사자의 신청을 받으면 대통령령으로 정하는 바에 따라 분쟁을 조정하거나 분쟁의 해결을 위한 중재(仲裁) 계약의 체결을 권고할 수 있다.

5. 무역분쟁의 통지 등

(1) 분쟁통지(영 제75조 제1항)

대한민국재외공관의 장이 교역상대국의 무역거래자 및 무역분쟁해결기관의 장으로부터 무역분쟁 사실의 신고를 받거나 업무를 수행하면서 무역분쟁 사실을 알게 된 경우에는 지체 없이 그 사실을 산업통상자원부장관에게 알려야 한다. 대한무역투자진흥공사, 수출입조합, 그 밖에 수출·수입과 관련된 기관의 경우에도 또한 같다.

(2) 조정 또는 알선(영 제75조 제2항)

산업통상자원부장관은 제1항에 따라 무역분쟁 사실의 통지를 받은 경우 그 분쟁을 신속하게 해결하기 위하여 필요하다고 인정할 때에는 조정(調停) 또는 알선을 할 수 있다.

03 선적 전 검사와 관련한 분쟁

1. 개요

선적 전 검사(PSI: Preshipment Inspection)제도는 농산물 및 특히 공산품의 자국수입과 관련하여 동 상품의 품질(성능, 규격, 재질, 제작형태, 상태 등), 수량, 수입거래가격의 적정성 여부 등을 수입국 정부기관 또는 중앙은행이 지정한 선적 전 검사기관이 선적 전에 수출국 현지에서 검사하고, 동 검사결과에 따라 수입국 도착 후 통관처분 및 일정한 관세를 부과하는 것으로 관세평가 능력이나 세관업무능력 부족을 이유로 후발 개발도상국 기업 및 정부기관이 이용하는 제도이다.

2. 선적 전 검사와 무역장벽

(1) 의의(법 제45조 제1항)

수입국 정부와의 계약 체결 또는 수입국 정부의 위임을 받아 기업이 수출하는 물품 등에 대하여 국내에서 선적 전에 검사를 실시하는 기관("선적 전 검사기관")은 「세계무역기구 선적 전 검사에 관한 협정」을 지켜야 한다. 이 경우 선적 전 검사기관은 선적 전 검사가 기업의 수출에 대한 무역장벽으로 작용하도록 하여서는 아니 된다.

(2) 무역장벽으로 간주되는 경우(영 제76조)

선적 전 검사기관이 선적 전 검사를 하면서 「세계무역기구 선적 전 검사에 관한 협정」 제2조를 위반하여 수출 이행에 장애를 초래하였을 때에 그 선적 전 검사는 무역장벽으로 작용한 것으로 본다.

더 알아보기

WTO 선적 전 검사에 관한 협정 제2조

제2조

사용회원국의 의무

무차별

1. 사용회원국은 선적 전 검사활동이 무차별적으로 수행되고 이러한 활동을 수행하는데 있어서 사용되는 절차와 기준이 객관적이며 이러한 활동에 의하여 영향을 받는 모든 수출자에게 동등한 기초 위에서 적용되는 것을 보장한다. 사용회원국은 자기나라에 의하여 계약되거나 위임된 선적 전 검사기관의 모든 검사자가 일관되게 검사를 수행하는 것을 보장한다.

정부에 대한 요건

2. 사용회원국은 자기나라의 법률, 규정 및 요건과 관련된 선적 전 검사활동의 과정에서 1994년도 GATT 제3조 제4항의 규정이 관련되는 범위 내에서 준수되도록 보장한다.

검사장소

3. 사용회원국은 검사결과보고서 발급 또는 비발급 통지를 포함한 모든 선적 전 검사활동이 그로부터 상품이 수출되는 관세영역 내에서, 또는 관련 상품의 복잡한 특성으로 인하여 검사가 그 관세영역 내에서 이루어질 수 없는 경우 또는 양 당사자가 합의한 경우에는 상품이 제조된 관세영역 내에서 이루어질 것을 보장한다.

표준

4. 사용회원국은 수량 및 품질검사가 구매합의에 판매자와 구매자가 규정한 표준에 따라 수행되며 이러한 표준이 없는 경우에는 관련 국제표준(Re.2)이 적용되는 것을 보장한다.
[Remark 2] 국제표준은 회원자격이 모든 회원국에 개방되어 있고 자신의 인정된 활동 중의 하나가 표준화 분야에 있는 정부 간 또는 비정부기관에 의하여 채택된 표준을 말한다.

투명성

5. 사용회원국은 선적 전 검사활동이 투명한 방법으로 수행되는 것을 보장한다.
6. 사용회원국은 선적 전 검사기관이 수출자와의 최초 접촉 시 검사요건을 준수하는데 필요한 모든 정보의 목록을 수출자에게 제공하는 것을 보장한다. 선적 전 검사기관은 수출자의 요청이 있을 경우 사실상의 정보를 제공한다. 이러한 정보에는 선적 전 검사활동과 관련된 사용회원국의 법률 및 규정에 대한 언급이 포함되며, 또한 검사 및 가격과 환율의 검증을 위하여 사용된 절차 및 기준, 검사기관에 대한 수출자의 권리, 제21항에 따라 설치된 이의제기 절차가 포함된다. 추가적인 절차요건 또는 기존 절차의 변경은 검사일자가 결정될 때 이러한 변경이 관련 수출자에게 통보되지 아니한 경우의 선적분에 대하여 적용되지 아니한다. 그러나 1994년 GATT 제20조 및 제21조에 의해 다루어지는 형태의 긴급 상황 하에서는 수출자에게 통보되기 전에 이러한 추가적인 요건 또는 변경이 선적분에 적용될 수 도 있다. 그러나 이러한 지원이 사용회원국의 수입규정에 대한 수출자의 준수의무를 면제하는 것은 아니다.
7. 사용회원국은 수출자가 제6항에 언급된 정보를 편리하게 입수할 수 있도록 보장하여야 하며, 또한 선적 전 검사기관이 유지하는 선적 전 검사사무소가 이러한 정보를 제공하여 주는 안내처로서 기능하는 것을 보장한다.
8. 사용회원국은 선적 전 검사활동과 관련한 모든 법률 및 규정을 다른 나라의 정부와 무역업자가 인지할 수 있도록 하는 방법으로 신속하게 공표한다.

비밀 영업정보의 보호

9. 사용회원국은 선적 전 검사기관이 선적 전 검사과정에서 접수한 모든 정보가 이미 공표되지 아니하였거나, 제3자가 일반적으로 입수가능하지 않거나 달리 공공의 영역에 있지 아니하는 한, 이러한 정보를 영업비밀로 취급할 것을 보장한다. 사용회원국은 선적 전 검사기관이 이러한 목적을 위한 절차를 유지하는 것을 보장한다.
10. 사용회원국은 요청이 있는 경우 회원국에게 제9항의 실행을 위하여 취한 조치에 관한 정보를 제공한다. 이 항의 규정은 회원국에게 선적 전 검사계획의 효율성을 위협하거나 특정 공기업 또는 사기업의 정당한 상업적 이익을 저해시킬 수 있는 비밀정보의 공개를 요구하지 아니한다.

11. 사용회원국은 선적 전 검사기관이 자신과 계약을 체결하거나 자신에게 동 활동을 위임한 정부기관과 정보를 공유하는 경우를 제외하고는 선적 전 검사기관이 제3자에 비밀 영업정보를 누설하지 아니하도록 보장한다. 사용회원국은 계약을 체결하거나 위임하여 준 선적 전 검사기관으로부터 입수한 비밀 영업정보가 적절히 보호되도록 보장한다. 선적 전 검사기관은 신용장 또는 다른 지불형식이나 통관, 수입허가 또는 외환통제의 목적상 관례적으로 요구되는 경우에 한하여 비밀 영업정보를 자신과 계약을 체결하거나 자신에게 위임한 정부와 공유한다.
12. 사용회원국은 선적 전 검사기관이 수출자에게 아래와 관련된 정보제공을 요청하지 아니하도록 보장한다.
    가. 특허되거나 허가되거나, 또는 공개되지 아니한 제법, 또는 특허가 계류 중인 제법과 관련된 생산 자료
    나. 기술규정 또는 표준과의 합치여부를 입증하는데 필요한 자료 이외의 공개되지 아니한 기술적 자료
    다. 제조비용을 포함한 내부가격 책정
    라. 이윤 수준
    마. 수출자와 공급자 간의 계약조건. 단, 동 정보가 제공되지 아니하면 당해 검사가 수행 될 수 없는 경우는 제외된다. 이러한 경우 검사기관은 이러한 목적을 위하여 필요한 정보만을 요청한다.
13. 수출자는 선적 전 검사기관이 달리 요청할 수 없는 제12항에 명시된 정보를 특정사안의 설명을 위하여 자발적으로 공개할 수 있다.

이해의 상충
14. 사용회원국은 선적 전 검사기관이 제9항부터 제13항까지의 비밀 영업정보의 보호에 관한 규정을 염두에 두면서 아래의 이해상충을 회피하기 위한 절차를 유지하는 것을 보장한다.
    가. 선적 전 검사기관과, 당해 선적 전 검사기관이 상업적, 재정적 이해관계를 가진 기관 또는 당해 선적 전 검사기관에 대하여 재정적 이해관계를 가진 검사기관 및 자신의 선적을 선적 전 검사기관이 검사하는 기관을 포함하여, 당해 선적 전 검사기관과 관련된 모든 기관 간의 이해상충
    나. 선적 전 검사기관과, 검사를 계약하거나 위임한 정부기관을 제외한 선적 전 검사의 대상이 되는 다른 기관을 포함하는 그 밖의 기관 간의 이해상충
    다. 검사과정의 수행에 요구되는 활동 이외의 활동에 종사하는 선적 전 검사기관의 부서와의 이해상충

지연
15. 사용회원국은 선적 전 검사기관이 선적검사 시 부당한 지연을 피하도록 보장한다. 사용회원국은 선적 전 검사기관과 수출자가 일단 검사일자에 합의한 경우 선적 전 검사기관과 수출자 간의 상호 합의 하에 검사일이 변경되거나, 수출자 또는 불가항력(Re.3)에 의하여 선적 전 검사기관이 검사를 하지 못하는 경우를 제외하고는, 선적 전 검사기관이 그 일자에 검사를 수행하도록 보장한다.
    [Remark 3] 이 협정의 목적상, "불가항력"은 "계약의 이행으로부터 면제되는 저항할 수 없는 강압 또는 강제, 예견할 수 없는 사건의 진행"을 의미하는 것으로 양해된다.
16. 사용회원국은 선적 전 검사기관이 최종문서의 수령 및 검사 종결 이후 5 근무일 이내에 검사결과 보고서를 발급하거나 비발급의 이유를 명시한 상세 서면 해명을 제공하도록 보장한다. 사용회원국은 후자의 경우 선적 전 검사기관이 수출자에게 자신의 견해를 서면으로 제출할 기회를 부여하고 수출자가 요청할 경우 가능한 한 조속히 상호 편리한 일자에 재검사가 이루어지도록 보장한다.
17. 사용회원국은 수출자의 요청이 있을 경우 언제나 실제 검사일 이전에 선적 전 검사기관이 수출자와 수입자 간의 계약, 견적 송장 및 적용 가능한 경우 수입승인신청에 근거하여 예비적인 가격의 검증 및 적용 가능한 경우 환율의 검증을 수행하는 것을 보장한다. 사용회원국은 상품이 수입서류 및/또는 수입허가서와 일치하는 한 선적 전 검사기관이 이러한 예비검증에 근거하여 수락한 가격 및 환율이 철회되지 아니하도록 보장한다. 사용회원국은 선적 전 검사기관이 예비검증 이후 즉시 가격 및/또는 환율의 수락을 수출자에게 서면으로 통보하거나 또는 비수락 시 이에 대한 상세한 사유를 서면으로 수출자에게 통보하도록 보장한다.
18. 사용회원국은 지불의 지연을 피하기 위하여 선적 전 검사기관이 수출자 또는 수출자의 지명대표에게 검사결과 보고서를 가능한 한 신속히 송부하는 것을 보장한다.
19. 사용회원국은 검사결과보고서에 오기가 있는 경우, 선적 전 검사기관이 동 오기를 교정하고 교정된 정보를 관련 당사자에게 가능한 한 신속히 송부하도록 보장한다.

가격 검증

20. 사용회원국은 송장상 과도 또는 과소금액 기재와 사기행위를 방지하기 위하여 선적 전 검사기관이 다음과 같은 지침에 따라 가격의 검증(Re.4)을 실시하도록 보장한다.

[Remark 4] 관세평가와 관련하여 선적 전 검사기관의 서비스에 대한 사용회원국의 의무는 사용회원국이 1994년도 GATT 및 세계무역 기구협정의 부속서 1가에 포함된 그 밖의 다자간무역협정에서 수락한 의무이다.

가. 선적 전 검사기관은 자신의 가격 부적합판정이 하기 나호부터 마호까지에 명시된 기준에 적합한 검증절차에 의한 것임을 입증할 수 있는 경우에만 수출자와 수입자 간에 합의된 계약가격을 거부할 수 있다.

나. 선적 전 검사기관의 수출가격의 검증을 위한 가격비교는 경쟁적이며 비교가능한 판매조건 하에서 동시 또는 거의 동시에 동일한 수출국으로부터 수출되는 동종동질 또는 유사상품의 가격을 기초로 하되 통상적인 상업적 관행에 따르고 적용 가능한 표준 할인을 제외한다. 이러한 비교는 다음 사항을 기초로 한다.

  (1) 수입국 및 가격비교를 위하여 사용된 국가에 해당되는 관련 경제적 요소를 고려하여 비교의 타당한 기초를 제공하는 가격만이 이용된다.
  (2) 선적 전 검사기관은 선적분에 가장 낮은 가격을 자의적으로 부과하기 위하여 상이한 수입국으로 수출되는 상품의 가격에 의존하지 아니한다.
  (3) 선적 전 검사기관은 다호에 열거되어 있는 구체적인 요소를 고려한다.
  (4) 위에 기술된 과정의 어떤 단계에서도 선적 전 검사기관은 수출자에게 가격에 대하여 설명할 수 있는 기회를 부여한다.

다. 가격검증 시 선적 전 검사기관은 판매계약조건과 거래에 관련되는 일반적으로 적용되는 조정 요소를 적절히 참작한다. 이러한 요소에는 판매의 상업적 단계 및 수량, 인도기간과 조건, 가격상승조항, 품질명세, 특별한 도안상 특징, 특별한 선적 또는 포장명세, 주문크기, 현물판매, 계절적 영향, 허가 또는 다른 지적재산권 사용료 및 관행상 별도의 송장이 없이 계약의 일부분으로서 제공된 서비스가 포함되나 이에 국한되지 아니한다. 이러한 요소에는 또한 수출자와 수입자 간의 계약관계와 같은 수출자의 가격에 관계되는 특정요소도 포함된다.

라. 운임의 검증은 판매계약에 명시된 수출국 내 운송형태의 합의가격에만 관련된다.

마. 다음의 요소는 가격 검증의 목적으로 이용되지 아니한다.
  (1) 수입국내에서 생산된 상품의 수입국내 판매가격
  (2) 수출국이 아닌 국가로부터의 수출 상품의 가격
  (3) 생산비용
  (4) 자의적 또는 허구적인 가격 또는 가치

이의제기 절차

21. 사용회원국은 선적 전 검사기관인 수출자가 제기한 불만을 접수하고 이를 검토하며 이에 대해 결정을 내리는 절차를 확립하고 제6항 및 제7항의 규정에 따라 이러한 절차에 관한 정보를 수출자가 이용할 수 있도록 하는 것을 보장한다. 사용회원국은 아래 지침에 따라 절차가 발전되고 유지되는 것을 보장한다.

가. 선적 전 검사기관은 수출자의 이의제기 또는 불만을 접수하고 이를 검토하고 결정을 내릴 수 있도록 선적 전 검사 행정사무소를 각 시 또는 항구에 설치하고 1명 또는 그 이상의 관리를 지정하여 정상근무시간에 관련 업무를 볼 수 있도록 한다.

나. 수출자는 당해 특정 거래, 불만의 성격 및 제안된 해결방안에 관한 사실을 지정된 관리에게 서면으로 제출한다.

다. 지정된 관리는 수출자의 불만을 호의적으로 고려하고 나호에 언급된 문서가 접수된 후 가능한 한 조속히 결정을 내린다.

일탈

22. 제2조의 규정에 대한 일탈로서, 사용회원국은 분할 선적을 제외하고는 사용회원국이 규정한 선적에 적용되는 최소가치 이하의 선적은 예외적인 상황이 아닌 한 검사받지 아니하도록 규정한다. 이러한 최소가치는 제6항의 규정에 의하여 수출자에게 제공되는 정보의 일부를 구성한다.

3. 조정의 실시(법 제45조 제2항)

산업통상자원부장관은 선적 전 검사와 관련하여 수출자와 선적 전 검사기관 간에 분쟁이 발생하였을 경우에는 그 해결을 위하여 필요한 조정(調整)을 할 수 있다.

4. 중재기관 및 준거법

(1) 중재기관(법 제45조 제3항)

분쟁에 관한 중재(仲裁)를 담당할 수 있도록 대통령령으로 정하는 바에 따라 독립적인 중재기관을 설치할 수 있다.

(2) 선적 전 검사 중재기관(영 제85조 제1항)

중재기관은 「중재법」 제40조에 따라 산업통상자원부장관이 지정하는 사단법인("대한상사중재원")으로 한다.

(3) 준거법(영 제85조 제2항)

중재에 대하여는 「중재법」을 적용한다.

5. 세계무역기구협정상의 분쟁 해결절차와의 관계(영 제86조)

대외무역법에 따른 선적 전 검사와 관련한 분쟁의 해결절차는 세계무역기구협정상의 분쟁 해결절차를 방해하지 아니한다.

04 조정명령

1. 조정명령의 사유(법 제46조 제1항)

산업통상자원부장관은 다음의 어느 하나에 해당하는 경우에는 무역거래자에게 수출하는 물품 등의 가격, 수량, 품질, 그 밖에 거래조건 또는 그 대상지역 등에 관하여 필요한 조정(調整)을 명할 수 있다.

(1) 헌법에 따라 체결·공포된 조약과 일반적으로 승인된 국제법규에 따른 의무 이행을 위하여 필요한 경우
(2) 우리나라 또는 교역상대국의 관련 법령에 위반되는 경우
(3) 그 밖에 물품 등의 수출의 공정한 경쟁을 교란할 우려가 있거나 대외 신용을 손상하는 행위를 방지하기 위한 것으로서 다음의 어느 하나에 해당하는 경우
   ① 물품 등의 수출과 관련하여 부당하게 다른 무역거래자를 제외하는 경우

> "부당하게 다른 무역거래자를 제외하는 경우"란 물품 등을 수출할 때에 정당한 이유 없이 그 수출에 소요되는 비용보다 낮은 가격으로 수출함으로써 다른 무역거래자를 제외시킬 우려가 있는 경우를 말한다(규정 제103조).

② 물품 등의 수출과 관련하여 부당하게 다른 무역거래자의 상대방에 대하여 다른 무역거래자와 거래하지 아니하도록 유인하거나 강제하는 경우

> "부당하게 다른 무역거래자의 상대방에 대해 다른 무역거래자와 거래하지 않도록 유인하거나 강제하는 경우"란 정상적인 거래관행에 비추어 부당한 이익을 제공 또는 제공할 제의를 하여 다른 무역거래자의 상대방을 자기와 거래하도록 유인하는 행위를 말한다(규정 제103조).

③ 물품 등의 수출과 관련하여 부당하게 다른 무역거래자의 해외에서의 사업활동을 방해하는 경우

> "부당하게 다른 무역거래자의 해외에서의 사업활동을 방해하는 경우"란 다음의 경우를 말한다.
> 가. 기술, 영업정보의 부당사용: 다른 무역거래자의 기술 또는 영업정보를 부당하게 이용하여 다른 무역거래자의 해외에서의 사업활동을 곤란하게 할 정도로 방해하는 행위
> 나. 인력의 부당유인·채용: 다른 무역거래자의 인력을 부당하게 유인·채용하여 다른 무역거래자의 해외에서의 사업활동을 곤란하게 할 정도로 방해하는 행위

2. 조정명령 시 고려사항(법 제46조 제2항)

산업통상자원부장관은 제1항에 따라 조정을 명하는 경우에는 다음의 사항을 고려하여야 한다.
① 수출기반의 안정, 새로운 상품의 개발 또는 새로운 해외시장의 개척에 기여할 것
② 다른 무역거래자의 권익을 부당하게 침해하거나 차별하지 아니할 것
③ 물품 등의 수출·수입의 질서 유지를 위한 목적에 필요한 정도를 넘지 아니할 것

3. 조정명령

(1) 조정명령의 기준(영 제87조)

산업통상자원부장관은 필요하다고 인정하면 조정을 명할 수 있는 경우에 대한 기준을 정하여 고시할 수 있다. 이 경우 산업통상자원부장관은 미리 해당 품목을 관장하는 관계 중앙행정기관의 장의 의견을 들어야 한다.

(2) 의견청취(영 제88조 제1항)

산업통상자원부장관은 조정을 명하기 위하여 관계 전문가에게 자문하거나 이해관계자 등의 의견을 들을 수 있다.

(3) 공고(영 제88조 제2항)

산업통상자원부장관은 조정을 명하는 경우 기업의 영업비밀 보호를 침해할 우려 등의 특별한 사유가 없으면 조정을 명하는 이유, 대상, 내용 등을 공고하여야 한다.

4. 수출입승인의 예외(법 제46조 제4항)

산업통상자원부장관은 조정을 명하는 경우에 필요하다고 인정하면 제11조 제2항(수출입승인)에 따른 승인을 하지 아니하거나 관계 기관의 장에게 승인에 관련된 절차를 중지하게 할 수 있다.

5. 타법률과의 관계

(1) 산업통상자원부장관의 조정명령의 이행에 대하여는 「독점규제 및 공정거래에 관한 법률」을 적용하지 아니한다(법 제50조 제1항).
(2) 산업통상자원부장관은 제46조에 따른 조정명령이 「독점규제 및 공정거래에 관한 법률」 제2조 제1호에 따른 사업자 간의 국내 시장에서의 경쟁을 제한하는 것이면 공정거래위원회와 미리 협의하여야 한다(법 제50조 제2항).

6. 조정명령 위반에 따른 벌칙

(1) 5년 이하의 징역 또는 물품가격 3배 이하의 벌금(법 제53조 제2항 제10호)

조정명령을 위반한자는 자는 5년 이하의 징역 또는 수출, 수입, 경유, 환적 또는 중개하는 물품 등의 가격의 3배에 해당하는 금액 이하의 벌금에 처한다.

(2) 양벌규정(법 제57조)

법인의 대표자나 법인 또는 개인의 대리인, 사용인, 그 밖의 종업원이 그 법인 또는 개인의 업무에 관하여 제53조, 제53조의 2 또는 제54조부터 제56조까지의 어느 하나에 해당하는 위반행위를 하면 그 행위자를 벌하는 외에 그 법인 또는 개인에게도 해당 조문의 벌금형을 과(科)한다. 다만, 법인 또는 개인이 그 위반행위를 방지하기 위하여 해당 업무에 관하여 상당한 주의와 감독을 게을리하지 아니한 경우에는 그러하지 아니하다.

05 분쟁 조정 신청

1. 개요

무역거래 또는 선적 전 검사와 관련한 분쟁이 발생한 경우 당사자의 일방 또는 쌍방은 법 제44조 제4항이나 법 제45조 제2항에 따라 산업통상자원부장관에게 분쟁의 조정을 신청할 수 있다.

2. 분쟁조정의 절차

(1) 조정신청(규정 제98조 제1항)

조정을 신청하려는 자("신청인")는 조정비용의 예납과 함께 다음의 사항을 기재한 조정신청서 5부를 대한상사중재원장(이하 "중재원장"이라 한다)에게 제출하여야 한다.
① 당사자의 성명 및 주소(다만, 법인인 경우는 법인의 명칭 및 주소와 그 대표자의 성명 및 주소를 병기)
② 조정을 구하는 취지 및 이유
③ 그 밖에 분쟁조정을 위한 참고자료

(2) 조정신청의 통지(규정 제98조 제2항)

중재원장은 조정의 신청을 접수한 경우에는 이를 당사자에게 서면으로 알린다. 접수된 사항의 추가 또는 변경하려는 경우에도 또한 같다. 다만, 경미한 사항은 그러하지 아니하다.

(3) 답변(규정 제99조)

조정신청통지를 받은 조정의 피신청인은 3일 이내에 대한상사중재원에 서면으로 이에 대한 의견을 제출할 수 있다.

(4) 반대신청(규정 제100조 제1항)

피신청인은 조정신청 통지를 받은 날부터 3일 이내에 반대신청을 할 수 있다. 다만, 반대신청이 정상적인 조정절차를 방해한다고 인정되는 경우 중재원장은 직권으로 이를 허가하지 아니할 수 있다.

(5) 심리(규정 제100조 제2항)

피신청인의 반대신청은 신청인의 조정신청과 병합하여 심리한다.

3. 조정의 자문 또는 의견 청취(영 제80조 제3항)

산업통상자원부장관은 조정을 위하여 관계 전문가에게 자문하거나 이해관계자 등의 의견을 들을 수 있다.

4. 조정안의 작성

(1) 회신기간(영 제81조 제1항)

산업통상자원부장관은 조정신청을 받은 때에는 30일 이내에 조정안을 작성하여 당사자에게 제시하여야 한다.

(2) 조정안의 내용(영 제81조 제2항)

조정안에는 다음의 사항이 포함되어야 한다.
① 조정 사건의 표시
② 조정의 일시 및 장소
③ 당사자의 성명 또는 명칭
④ 조정안의 주요 내용

5. 조정안의 통지

(1) 통지(영 제82조 제1항)

산업통상자원부장관은 조정안이 작성된 경우에는 당사자에게 알려야 한다.

(2) 수락 여부 통지(영 제82조 제2항)

조정안을 통지받은 분쟁 당사자는 7일 이내에 조정안에 대한 수락 여부를 서면으로 산업통상자원부장관에게 알려야 한다.

6. 조정의 종료

(1) 종료 사유(영 제83조 제1항)

산업통상자원부장관은 다음의 어느 하나에 해당하는 경우에는 해당 조정 사건을 끝낼 수 있다.
① 당사자 간에 합의가 이루어지거나 조정안이 수락된 경우
② 조정신청인이나 당사자가 조정신청을 철회한 경우
③ 당사자가 조정안을 거부한 경우
④ 당사자 간에 합의가 성립될 가능성이 없다고 인정되는 경우나 그 밖에 조정할 필요가 없다고 판단되는 경우

(2) 통지(영 제83조 제2항)
산업통상자원부장관은 조정이 끝난 경우에는 당사자에게 알려야 한다.

7. 조정비용

(1) 조정비용의 부담
① 산업통상자원부장관은 대외무역법에 따른 조정과 관련하여 당사자에게 조정비용을 부담하도록 할 수 있다(영 제84조 제1항).
② 조정비용은 신청요금, 경비 및 수당으로 구분하며, 조정비용의 금액, 예납절차(豫納節次) 등에 관하여 필요한 사항은 산업통상자원부장관이 정하여 고시한다(영 제84조 제2항).
③ 당사자의 신청에 의한 경우 조정위원 및 간사의 소요경비, 증인 또는 감정인의 소요경비, 검사 또는 조사경비, 통역 또는 번역경비 등 조정에 소요되는 일체의 경비는 해당 당사자가 부담한다. 다만 그 경비가 중재원장의 요청에 의한 것일 경우에는 당사자 간에 따로 정함이 없는 경우 신청인이 부담한다(규정 제101조 제2항).

(2) 예납
① 조정신청을 하려는 신청인은 조정비용을 중재원에 예납하여야 한다(규정 제102조 제1항).
② 제1항의 예납액이 부족한 경우 중재원장은 신청인에게 추가예납을 요청할 수 있다(규정 제102조 제2항).

(3) 예납의 미이행(규정 제102조 제3항)
당사자가 조정비용의 예납요청을 받은 날부터 3일 이내에 이를 이행하지 않는 때에는 중재원장은 조정절차를 정지하거나 끝낼 수 있다. 다만, 일방의 당사자가 다른 당사자가 지급하여야 할 조정비용을 지급한 경우에는 그러하지 아니하다.

(4) 조정비용의 정산(규정 제102조 제4항)
중재원장은 조정이 끝난 때에는 예납된 조정비용을 정산하고 잔액이 있는 경우는 이를 당사자에게 반환하여야 한다.

제11장 보칙

01 청문 등

1. 청문(법 제47조)

산업통상자원부장관 또는 관계 행정기관의 장은 다음의 어느 하나에 해당하는 처분을 하려면 청문을 하여야 한다.
① 제8조의 2 제3항에 따른 전문무역상사의 지정 취소
② 제19조의 7에 따른 수출허가, 상황허가, 경유 또는 환적허가 및 중개허가의 취소
③ 제46조 제1항에 따른 조정명령

2. 보고와 검사 등

(1) 자료의 제출(법 제48조 제1항)

산업통상자원부장관 또는 관계 행정기관의 장은 제5조 제4호에 따라 제한되거나 금지된 물품 등을 수출, 수입, 경유, 환적 또는 중개하였거나 하려고 한 자, 같은 조 제4호의 2에 따라 제한되거나 금지된 물품 등을 수출, 수입하였거나 하려고 한 자 또는 수출허가, 상황허가, 경유 또는 환적허가 및 중개허가를 받지 아니하고 수출, 수출신고, 경유, 환적 또는 중개하였거나 하려고 한 자에게 다음의 사항에 관한 보고 또는 자료의 제출을 명할 수 있다.
① 수입국
② 수입자·최종사용자 또는 그의 위임을 받은 자 및 그 소재지, 사업 분야, 주요 거래자 및 사용 목적
③ 수입자·최종사용자 또는 그의 위임을 받은 자를 확인하기 위한 수입국의 권한 있는 기관이 발급한 납세증명서 등 관련 자료 또는 대외 공표자료
④ 그 밖에 운송수단, 경유국(經由國), 환적국(換積國), 대금 결제방법 등 산업통상자원부장관이 정하여 고시하는 사항

> **더 알아보기**
>
> 법 제5조 제4호
> 산업통상자원부장관은 다음 각 호의 어느 하나에 해당하는 경우에는 대통령령으로 정하는 바에 따라 물품 등의 수출과 수입을 제한하거나 금지할 수 있다. 다만, 제4호에 해당하는 경우에는 대통령령으로 정하는 바에 따라 물품 등의 수출, 수입, 경유, 환적[換積] 또는 중개를 제한하거나 금지할 수 있다.
> 4. 헌법에 따라 체결·공포된 무역에 관한 조약과 일반적으로 승인된 국제법규에서 정한 국제평화와 안전유지 등의 의무를 이행하기 위하여 필요할 경우
> 4의 2. 국제평화와 안전유지를 위한 국제공조에 따른 교역여건의 급변으로 교역상대국과의 무역에 관한 중대한 차질이 생기거나 생길 우려가 있는 경우

(2) 전문판정 관련 자료의 제출(법 제48조 제2항)

산업통상자원부장관 또는 관계 행정기관의 장은 전문판정 신청 정보 점검이나 자가판정 결과 점검을 위하여 전문판정을 신청한 자 또는 자가판정을 한 자에게 물품 등의 성능, 용도 및 기술적 특성을 표시하는 상품안내서, 사양서 등 자료의 제출을 명할 수 있다.

(3) 현장 검사(법 제48조 제3항)

산업통상자원부장관 또는 관계 행정기관의 장은 대외무역법의 시행을 위하여 필요하다고 인정하면 그 소속 공무원에게 제1항에 규정된 자의 사무소, 영업소, 공장 또는 창고 등에서 장부·서류나 그 밖의 물건을 검사하게 할 수 있다.

(4) 증표 소지(법 제48조 제4항)

제3항에 따라 검사를 하는 공무원은 그 권한을 표시하는 증표를 지니고, 이를 관계인에게 내보여야 한다.

3. 교육명령

(1) 교육대상(법 제49조)

산업통상자원부장관 또는 관계 행정기관의 장은 다음의 어느 하나에 해당하는 자에게 대통령령으로 정하는 바에 따라 교육명령을 부과할 수 있다.
① 수출허가 또는 상황허가를 받지 아니하고 수출하거나 수출신고한 자
② 거짓이나 그 밖의 부정한 방법으로 수출허가 또는 상황허가를 받은 자
③ 경유 또는 환적허가 및 중개허가를 받지 아니하고 경유·환적·중개한 자
④ 거짓이나 그 밖의 부정한 방법으로 경유 또는 환적허가 및 중개허가를 받은 자
⑤ 수출허가, 상황허가, 경유 또는 환적허가 및 중개허가를 받았으나 제19조의 6 제1항에 따라 산업통상자원부장관이나 관계 행정기관의 장이 정한 조건을 이행하지 아니한 자
⑥ 제19조의 6 제3항에 따른 허가 면제 사유를 입증하기 위한 서류를 제출하지 아니한 자
⑦ 제21조 제1항에 따른 이동중지명령을 위반하거나 같은 조 제2항에 따른 이동중지조치를 방해한 자

(2) 교육기간(영 제48조 제1항)

법 제49조에 따른 교육(이하 "교육"이라 한다)시간은 8시간 이내로 한다.

(3) 교육기관(영 48조 제2항)

산업통상자원부장관 또는 관계 행정기관의 장은 법 제25조에 따른 무역안보관리원, 「원자력안전법」 제6조에 따른 한국원자력통제기술원, 그 밖에 산업통상자원부장관이 정하여 고시하는 기관에서 교육을 실시하도록 할 수 있다.

4. 타 법률과의 관계

(1) 독점규제 및 공정거래에 관한 법률과의 관계(법 제50조)
① 제46조에 따른 산업통상자원부장관의 조정명령의 이행에 대하여는 「독점규제 및 공정거래에 관한 법률」을 적용하지 아니한다.
② 산업통상자원부장관은 제46조에 따른 조정명령이 「독점규제 및 공정거래에 관한 법률」 제2조 제1호에 따른 사업자 간의 국내 시장에서의 경쟁을 제한하는 것이면 공정거래위원회와 미리 협의하여야 한다.

(2) 국가보안법과의 관계(법 제51조)

이 법에 따른 물품 등의 수출·수입행위에 대하여는 그 행위가 업무 수행상 정당하다고 인정되는 범위에서 「국가보안법」을 적용하지 아니한다.

02 권한의 위임과 위탁

행정권한을 위임하거나 위탁한다는 것은 법령에 따라 권한을 부여받은 행정기관이 그 권한의 일부를 다른 행정기관, 지방자치단체, 민간기관단체 등에 맡기고, 이를 받은 수임자 또는 수탁자가 그의 명의와 책임으로 그 권한을 행사하도록 하는 것을 말한다.

권한의 '위임'이란 원(原) 권한자인 행정기관의 권한의 일부를 그 보조기관 또는 하급행정기관의 장이나 지방자치단체의 장 등 그의 지휘 계통에 속하는 하급기관에 맡기는 것을 말한다. 또한, 권한의 '위탁'이란 원 권한자로부터 독립되어 있는 다른 행정기관의 장에게 그 권한을 맡기는 것을 말하며, 사무의 '민간위탁'이란 사무의 수탁자가 행정청이나 지방자치단체가 아닌 법인, 단체나 개인이 되는 경우, 즉 행정기관이 아닌 민간이 되는 것을 말한다.

권한이 위임되거나 위탁되면 수임자 또는 수탁자의 명의로 그 책임 하에 처리되며, 그 처리의 법적 효과도 우선은 수임자 또는 수탁자에게 귀속된다는 점에서 수임자 또는 수탁자에게 권한이 이관된다는 특징이 있다. 이러한 점에서 권한의 위임 또는 위탁은 권한을 이관하는 효과를 가져오지 않는 '대리 또는 대행'이나 '내부위임'과 구분된다.

또한, 위임 또는 위탁은 권한이 이관된다는 점에서는 권한의 이양과 유사하나, 위임 또는 위탁된 경우 위임자 또는 위탁자가 비용부담과 최종적인 책임을 지게 된다는 점에서 최종적인 책임을 이양 받은 자가 모두 책임을 지게 되는 권한의 이양과 구분된다.

1. 개요(법 제52조 제1항)

대외무역법에 따른 산업통상자원부장관의 권한은 대통령령으로 정하는 바에 따라 그 일부를 소속기관의 장, 시·도지사에게 위임하거나 관계 행정기관의 장, 세관장, 한국은행 총재, 한국수출입은행장, 외국환은행의 장, 그 밖에 대통령령으로 정하는 법인 또는 단체에 위탁할 수 있다.

2. 감독

(1) 감독의 실시(법 제52조 제2항)

산업통상자원부장관은 제1항에 따라 위임하거나 위탁한 사무에 관하여 그 위임 또는 위탁을 받은 자를 지휘·감독한다.

(2) 자료 제출 요청(법 제52조 제3항)

산업통상자원부장관은 제1항에 따라 위임하거나 위탁한 사무에 관하여 그 위임 또는 위탁을 받은 자에게 필요한 자료의 제출을 요청할 수 있다.

3. 위임·위탁기관

(1) 중앙행정기관의 장(영 제91조 제1항)

산업통상자원부장관은 법 제52조 제1항에 따라 다음의 권한을 그 대상 물품 등의 품목에 따라 그 물품 등을 관장하는 중앙 행정기관의 장에게 위탁한다. 다만, 산업통상자원부장관이 관장하는 물품 등에 대한 권한은 제외한다.

① 외화획득용 원료·기재의 수입 제한에 관한 권한
② 외화획득용 원료·기재의 기준 소요량 결정에 관한 권한
③ 외화획득 이행기간의 결정 및 그 연장에 관한 권한
④ 외화획득용 원료·기재 또는 그 원료·기재로 제조된 물품 등(산업통상자원부장관이 정하여 고시하는 품목만 해당한다)에 대한 다음의 권한
   ㉠ 외화획득 이행 여부의 사후 관리에 관한 권한
   ㉡ 사용목적 변경승인에 관한 권한
   ㉢ 양도·양수의 승인에 관한 권한
⑤ 조정명령에 관한 권한
⑥ 특별시장·광역시장·특별자치시장·도지사 또는 특별자치도지사(이하 "시·도지사"라 한다)에게 위임된 사무에 대한 지휘·감독 및 자료의 제출 요청에 관한 권한

(2) 국가기술표준원장(영 제91조 제2항)

산업통상자원부장관은 산업통상자원부장관이 관장하는 품목의 물품 등에 대한 다음의 권한을 국가기술표준원장에게 위임한다. 다만, 제1호의 권한 중 목재가구에 대한 권한은 국립산림과학원장에게 위탁한다.

① 외화획득용 원료·기재의 기준 소요량 결정에 관한 권한
② 외화획득 이행 여부의 사후 관리에 관한 권한
③ 시·도지사에게 위임된 사무에 대한 지휘·감독 및 자료의 제출요청에 관한 권한
④ 산업통상자원부장관이 지정·고시한 관계 행정기관 또는 단체에 위탁된 사무에 대한 지휘·감독 및 자료의 제출 요청에 관한 권한

(3) 시·도지사(영 제91조 제3항)

산업통상자원부장관은 산업통상자원부장관이 관장하는 물품 등에 대한 다음의 권한을 시·도지사에게 위임한다. 다만, 자유무역지역관리원의 관할구역의 입주업체에 대한 권한은 자유무역지역관리원장에게 위임한다.

① 외화획득 이행기간의 연장에 관한 권한
② 사용목적 변경승인에 관한 권한

(4) 세관장(영 제91조 제4항)

산업통상자원부장관은 다음의 권한을 세관장에게 위탁한다. 다만, ⑦의 권한 중 자유무역지역관리원의 관할구역의 입주업체에 대한 권한은 자유무역지역관리원장에게 위임한다.

① 수출입 승인 면제의 확인에 관한 권한
② 원산지 표시의 확인에 관한 권한
③ 수입한 물품 등과 관련 서류의 검사에 관한 권한
④ 시정조치 명령

⑤ 과징금 부과 및 과징금 납부기한의 연장, 분할납부 및 그 결정의 취소에 관한 권한
⑥ 원산지증명서의 제출 명령에 관한 권한
⑦ 원산지증명서 발급 업무 중 관세양허(關稅讓許)를 받기 위한 원산지증명서 발급 업무에 관한 권한
⑧ 법 제59조 제2항 제3호(이 항 제3호의 권한에 따른 경우만 해당한다)의 자에 대한 같은 조 제4항에 따른 과태료의 부과·징수에 관한 권한

(5) 한국무역협회(영 제91조 제5항)

산업통상자원부장관은 법 제52조 제1항에 따라 다음의 업무를 한국무역협회에 위탁한다.
① 전문무역상사의 지정 및 지정의 취소
② 무역업고유번호의 부여 및 관리 등 수출입통계 데이터베이스를 구축하기 위한 전산관리체제의 개발·운영
③ 수출입 거래에 관한 정보의 수집·분석
④ 용역의 수출입 확인

(6) 한국해운협회(영 제91조 제5항)

산업통상자원부장관은 민법 제32조에 따라 해양수상부장관의 허가를 받아 설립된 한국해운협회에게 해운업의 수출입 확인 업무를 위탁한다.

(7) 한국관광협회중앙회(영 제91조 제5항)

산업통상자원부장관은 관광진흥법에 따른 한국관광협회중앙회에 관광사업의 수출입 확인 업무를 위탁한다.

(8) 한국소프트웨어산업협회(영 제91조 제5항)

산업통상자원부장관은 소프트웨어 진흥법에 따른 한국소프트웨어산업협회에 전자적 형태의 무체물의 수출입 확인 업무를 위탁한다.

(9) 관세청장(영 제91조 제6항)

산업통상자원부장관은 다음의 권한을 관세청장에게 위탁한다.
① 산업통상자원부장관이 정하는 원산지 표시방법의 범위에서 그 표시방법에 관한 세부적인 사항을 정하는 권한
② 원산지 표시방법의 확인 및 이의제기에 대한 처리 권한
③ 원산지표시의무 위반자의 공표에 관한 권한
④ 원산지의 판정 및 이의제기의 처리에 관한 권한
⑤ 세관장에게 위탁된 사무에 대한 지휘·감독 및 자료의 제출 요청에 관한 권한

(10) 관계 행정기관 또는 단체의 장(영 제91조 제7항)

산업통상자원부장관은 수출입승인 대상물품 등에 대한 다음의 권한을 산업통상자원부장관이 지정하여 고시하는 관계 행정기관 또는 단체의 장에게 위탁한다.
① 수출 또는 수입의 승인, 승인의 유효기간 설정 및 연장, 변경승인 및 변경사항 신고의 수리에 관한 권한
② 외화획득용 원료·기재의 수입승인에 관한 권한
③ 산업통상자원부장관이 관장하는 외화획득용 원료·기재에 대한 제28조에 따른 사후 관리에 관한 권한

(11) 한국기계산업진흥회(영 제91조 제8항)

산업통상자원부장관은 플랜트수출의 승인 및 변경승인(일괄수주방식에 의한 수출로서 국토교통부장관의 동의가 필요한 경우는 제외한다)에 관한 권한을 「산업발전법」 제38조에 따라 산업통상자원부장관의 인가를 받아 설립된 한국기계산업진흥회에 위탁한다. 다만, 연불금융(延拂金融) 지원의 경우에는 「한국수출입은행법」에 따른 한국수출입은행에 위탁한다.

(12) 대한상사중재원(영 제91조 제9항)

산업통상자원부장관은 다음의 권한을 대한상사중재원에 위탁한다.
① 무역분쟁에 대한 조정 또는 알선에 관한 권한
② 분쟁조정, 조정비용 부담 등에 관한 권한

(13) 대한상공회의소 등(영 제91조 제10항)

산업통상자원부장관은 원산지증명서 발급 업무(관세양허를 받기 위한 원산지증명서 발급 업무를 포함한다)를 「상공회의소법」에 따라 설립된 대한상공회의소나 「민법」 제32조에 따라 설립된 법인 중 산업통상자원부장관이 지정하여 고시하는 법인에 위탁한다.

(14) 외국환은행의 장 및 전자무역기반사업자(영 제91조 제10항)

산업통상자원부장관은 구매확인서의 발급 및 사후 관리에 관한 권한을 외국환은행의 장 및 「전자무역 촉진에 관한 법률」 제6조에 따라 산업통상자원부장관이 지정한 전자무역기반사업자에게 위탁한다.

(15) 무역안보관리원(영 제91조 제11항)

산업통상자원부장관은 전략물자의 판정 및 통보에 관한 권한을 무역안보관리원에 위탁한다.

4. 업무의 처리

(1) 위임·위탁사무의 처리요령(규정 제107조 제1항)

산업통상자원부장관의 권한을 위임 또는 위탁받은 자는 위임 또는 위탁받은 업무의 처리기준 및 절차를 제정·운용할 수 있다.

(2) 협의(규정 제107조 제2항)

업무처리기준 및 절차를 제정 또는 개정하려는 경우에는 산업통상자원부장관과 미리 협의하여야 한다.

(3) 위임·위탁사무의 처리결과보고

영 제92조 제2항에 따른 위임·위탁업무 처리결과의 보고시기는 다음의 어느 하나와 같다. 다만, 산업통상자원부장관이 필요하다고 인정하여 사안별로 요청하는 경우에는 그러하지 아니하다.
① 해당 분기가 끝난 후 30일 이내
  ㉠ 영 제91조 제3항 제3호부터 제5호까지에 관한 사항
  ㉡ 영 제91조 제4항에 관한 사항(세관장, 자유무역지역관리원장)
  ㉢ 영 제91조 제5항에 관한 사항(한국무역협회, 한국해운협회, 한국관광협회중앙회, 한국소프트웨어산업협회)
  ㉣ 영 제91조 제6항에 관한 사항(관세청장)

ⓜ 영 제91조 제7항에 관한 사항(산업통상자원부장관이 지정하여 고시하는 관계 행정기관 또는 단체의 장)

ⓗ 영 제91조 제10항에 관한 사항(대한상공회의소)

② 해당 반기가 끝난 후 45일 이내

㉠ 영 제91조 제2항에 관한 사항(국가기술표준원장, 국립산림과학원장)

㉡ 영 제91조 제3항 제1호 및 제2호에 관한 사항(시·도지사, 자유무역지역관리원장)

㉢ 영 제91조 제8항에 관한 사항(한국기계산업진흥회, 한국수출입은행)

㉣ 영 제91조 제9항에 관한 사항(대한상사중재원)

ⓜ 영 제91조 제11항에 관한 사항(외국환은행의 장, 전자무역기반사업자)

③ 영 제91조 제1항 제1호부터 제6호까지에 관한 사항은 해당 연도가 끝난 후 2개월 이내(중앙행정기관의 장)

5. 권한의 위임, 위탁에 관한 조정

[1] 사전협의

① 협의 대상(영 제92조 제1항)

시·도지사 또는 세관장은 법 제33조의 2 제2항, 법 제59조 제4항(법 제59조 제2항 제3호를 위반한 경우만 해당한다) 또는 이 영 제91조 제4항 제4호의 2 및 제7호에 따라 과징금이나 과태료를 부과하려면 각각 세관장이나 시·도지사와 미리 협의하여야 한다.

② 협의기관(규정 제109조 제1항)

세관장과 시·도지사와의 과징금 및 과태료부과 협의대상 기관은 다음의 어느 하나와 같다.

㉠ 세관장이 적발하여 시·도지사(시·군·구)와 협의하려는 경우에는 위반업체의 주소지를 관할하는 시·도지사(시·군·구)

㉡ 시·도지사(시·군·구)가 적발하여 세관장과 협의하려는 경우에는 해당 주소지를 관할하는 세관장

③ 통보 사항(규정 제109조 제2항)

과징금 및 과태료부과 협의를 할 경우 협의대상 기관에 통보할 사항은 다음과 같다.

㉠ 위반업체의 현황(수입업체명, 주소, 대표자 등)

㉡ 위반물품 현황(물품명, 수량 등)

㉢ 원산지 표시 위반내용

㉣ 관련 서류(위반물품의 수입신고필증, 그 밖의 관련 서류)

ⓜ 적발일자 및 장소

ⓗ 처벌 여부 및 처벌 내용 등

④ 동일 건 간주(규정 제109조 제3항)

동일한 수입신고에 의하여 수입된 물품의 경우에는 적발지역 또는 품목이 다른 경우에도 동일한 건으로 본다.

[2] 보고(영 제92조 제2항)

산업통상자원부장관의 권한을 위임받거나 위탁받은 자는 위임받거나 위탁받은 업무의 처리 결과를 산업통상자원부장관에게 보고하여야 한다. 보고시기, 보고방법 등에 관하여 필요한 사항은 산업통상자원부장관이 정한다.

(3) 조치의 요구

① 산업통상자원부장관은 권한을 위임받거나 위탁받은 자가 법 또는 이 영을 위반하여 그 위임 또는 위탁받은 업무를 처리한 경우에는 시정조치 등 필요한 조치를 요구할 수 있다(영 제92조 제3항).

② 시정조치 등을 요구받은 자는 지체 없이 그 업무를 시정하고 그 결과를 산업통상자원부장관에게 보고하여야 한다(영 제92조 제4항).

제12장 벌칙

01 개요

행정상의 의무위반에 대하여 과하는 제재로서의 벌을 행정벌이라고 하며, 이는 그 처벌내용에 따라 행정형벌과 행정질서벌로 나누어진다. 행정벌로서 형법에 정해진 형(징역, 벌금 등)이 과하는 것을 행정형벌이라고 하며, 과태료가 부과되는 경우를 행정질서벌이라고 한다. 행정형벌은 행정상의 의무를 위반함으로써 직접적으로 행정목적을 침해하는 경우에 과하여지는 것임에 반하여, 행정질서벌은 행정상의 신고, 등록 등의 의무를 태만히 하는 것과 같이 간접적으로 행정목적의 달성에 장해를 미칠 위험성이 있는 행위에 과해지게 된다.

02 벌칙

1. 7년 이하의 징역, 물품 가격의 5배 이하의 벌금(법 제53조 제1항)

전략물자 등의 국제적 확산을 꾀할 목적으로 다음의 어느 하나에 해당하는 위반행위를 한 자는 7년 이하의 징역 또는 수출, 경유, 환적 또는 중개하는 물품 등의 가격의 5배에 해당하는 금액 이하의 벌금에 처한다.
① 제19조의 2에 따른 수출허가를 받지 아니하고 전략물자를 수출하거나 수출신고한 자
② 제19조의 3에 따른 상황허가를 받지 아니하고 상황허가 대상인 물품 등을 수출하거나 수출신고한 자
③ 제19조의 4에 따른 경유 또는 환적허가를 받지 아니하고 전략물자 등을 경유 또는 환적한 자
④ 제19조의 5에 따른 중개허가를 받지 아니하고 전략물자 등을 중개한 자

2. 5년 이하의 징역, 물품 가격 3배 이하의 벌금(법 제53조 제2항)

다음의 어느 하나에 해당하는 자는 5년 이하의 징역 또는 수출, 수입, 경유, 환적 또는 중개하는 물품 등의 가격의 3배에 해당하는 금액 이하의 벌금에 처한다.
① 제5조 제1호부터 제3호까지, 제4호의 2 또는 제5호에 따른 수출, 수입의 제한이나 금지조치를 위반한 자
①-2 제5조 제4호에 따른 수출, 수입, 경유, 환적 또는 중개의 제한이나 금지조치를 위반한 자
② 제19조의 2에 따른 수출허가를 받지 아니하고 전략물자를 수출하거나 수출신고한 자
③ 거짓이나 그 밖의 부정한 방법으로 제19조의 2에 따른 수출허가를 받은 자
③-2 제19조의 2에 따른 수출허가를 받았으나 제19조의 6 제1항에 따라 산업통상자원부장관이나 관계 행정기관의 장이 정한 조건을 이행하지 아니한 자
④ 제19조의 3에 따른 상황허가를 받지 아니하고 상황허가 대상인 물품 등을 수출하거나 수출신고한 자
⑤ 거짓이나 그 밖의 부정한 방법으로 제19조의 3에 따른 상황허가를 받은 자
⑤-2 제19조의 3에 따른 상황허가를 받았으나 제19조의 6 제1항에 따라 산업통상자원부장관이나 관계 행정기관의 장이 정한 조건을 이행하지 아니한 자
⑤-3 제19조의 4에 따른 경유 또는 환적허가를 받지 아니하고 전략물자 등을 경유 또는 환적한 자

⑤-4 거짓이나 그 밖의 부정한 방법으로 제19조의 4에 따른 경유 또는 환적허가를 받은 자
⑤-5 제19조의 4에 따른 경유 또는 환적허가를 받았으나 제19조의 6 제1항에 따라 산업통상자원부장관이나 관계 행정기관의 장이 정한 조건을 이행하지 아니한 자
⑥ 제19조의 5에 따른 중개허가를 받지 아니하고 전략물자 등을 중개한 자
⑦ 거짓이나 그 밖의 부정한 방법으로 제19조의 5에 따른 중개허가를 받은 자
⑦-2 제19조의 5에 따른 중개허가를 받았으나 제19조의 6 제1항에 따라 산업통상자원부장관이나 관계 행정기관의 장이 정한 조건을 이행하지 아니한 자
⑧ 제43조를 위반하여 물품 등의 수출과 수입의 가격을 조작한 자
⑨ 제46조 제1항에 따른 조정명령을 위반한 자

3. 5년 이하의 징역 또는 1억 원 이하의 벌금(법 제53조의 2)

다음의 어느 하나에 해당하는 자는 5년 이하의 징역 또는 1억 원 이하의 벌금에 처한다. 이 경우 징역과 벌금은 병과(倂科)할 수 있다.
① 제21조 제1항에 따른 이동중지명령을 위반하거나 같은 조 제2항에 따른 이동중지조치를 방해한 자
② 제33조 제4항 각 호(제35조 제3항에서 준용하는 경우를 포함한다)를 위반한 무역거래자 또는 물품 등의 판매업자
③ 제33조의 2 제1항에 따른 시정조치 명령을 위반한 자
④ 제38조에 따른 외국산 물품 등의 국산 물품 등으로의 가장 금지 의무를 위반한 자

4. 3년 이하의 징역 또는 3천만 원 이하의 벌금(법 제54조)

다음의 어느 하나에 해당하는 자는 3년 이하의 징역 또는 3천만 원 이하의 벌금에 처한다.
① 제9조 제2항을 위반하여 직무상 습득한 기업정보를 타인에게 제공 또는 누설하거나 사용 목적 외의 용도로 사용한 자
② 제11조 제2항 또는 제5항에 따른 승인 또는 변경승인을 받지 아니하고 수출 또는 수입 승인 대상 물품 등을 수출하거나 수입한 자
③ 거짓이나 그 밖의 부정한 방법으로 제11조 제2항 또는 제5항에 따른 승인 또는 변경승인을 받거나 그 승인 또는 변경승인을 면제받고 물품 등을 수출하거나 수입한 자
④ 제16조 제3항 본문(제17조 제3항에서 준용하는 경우를 포함한다)에 따른 수입에 대응하는 외화획득을 하지 아니한 자
⑤ 제17조 제1항 본문에 따른 승인을 받지 아니하고 목적 외의 용도로 원료·기재 또는 그 원료·기재로 제조된 물품 등을 사용한 자
⑥ 제17조 제2항에 따른 승인을 받지 아니하고 원료·기재 또는 그 원료·기재로 제조된 물품 등을 양도한 자
⑦ 제29조에 따른 비밀 준수 의무를 위반한 자
⑧ 거짓이나 그 밖의 부정한 방법으로 제32조에 따른 승인 또는 변경 승인을 받은 자

5. 미수범(법 제55조)

제53조 제1항, 같은 조 제2항 제2호·제4호·제5호의 3·제6호 및 제53조의 2 제2호·제4호의 미수범은 처벌한다.

6. 과실범(법 제56조)

중대한 과실로 제53조의 2 제2호에 해당하는 행위를 한 자는 2천만 원 이하의 벌금에 처한다.

7. 양벌규정(법 제57조)

법인의 대표자나 법인 또는 개인의 대리인, 사용인, 그 밖의 종업원이 그 법인 또는 개인의 업무에 관하여 제53조, 제53조의 2 또는 제54조부터 제56조까지의 어느 하나에 해당하는 위반행위를 하면 그 행위자를 벌하는 외에 그 법인 또는 개인에게도 해당 조문의 벌금형을 과(科)한다. 다만, 법인 또는 개인이 그 위반행위를 방지하기 위하여 해당 업무에 관하여 상당한 주의와 감독을 게을리하지 아니한 경우에는 그러하지 아니하다.

8. 벌칙 적용 시의 공무원 의제(법 제58조)

제25조 제5항의 업무를 수행하는 무역안보관리원의 임직원과 산업통상자원부장관이 제52조에 따라 위탁한 사무에 종사하는 한국은행, 한국수출입은행, 외국환은행, 그 밖에 대통령령으로 정하는 법인 또는 단체의 임직원은 「형법」 제129조부터 제132조까지의 벌칙을 적용할 때에는 공무원으로 본다.

> **더 알아보기**
>
> **영 93조 공무원 의제**
> 법 제58조에서 "대통령령으로 정하는 법인 또는 단체"란 다음 각 호에 해당하는 기관 또는 단체를 말한다.
> 1. 한국무역협회
> 2. 한국소프트웨어산업협회
> 3. 한국해운협회
> 4. 「관광진흥법」 제41조 제1항·제45조 제1항에 따른 한국관광협회중앙회 및 업종별 관광협회
> 5. 제91조 제7항에 따라 지정된 단체
> 6. 한국기계산업진흥회
> 7. 대한상사중재원
> 8. 대한상공회의소
> 9. 제91조 제10항에 따라 지정된 법인

03 과태료

과태료는 행정법상 의무위반에 대한 제재로서 부과·징수되는 금전을 말한다. 과태료 부과 대상 행위에 대해서는 개별 법령에서 규정하고 있다. 과태료는 형벌이 아니므로(행정질서벌에 해당) 원칙적으로 형법이 적용되지 않으며, 과태료를 받는 경우에도 전과로 되지 않고 다른 형벌과 누범관계가 생기지 않는다.

1. 2천만 원 이하의 과태료(법 제59조 제1항)

다음의 어느 하나에 해당하는 자에게는 2천만 원 이하의 과태료를 부과한다.
① 제44조 제2항을 위반하여 관련되는 서류를 제출하지 아니한 자
② 제44조 제3항에 따른 사실 조사를 거부, 방해 또는 기피한 자
③ 제48조 제1항에 따른 보고 또는 자료의 제출을 하지 아니하거나 거짓으로 보고 또는 자료를 제출한 자
③-2 제48조 제2항을 위반하여 관련되는 자료를 제출하지 아니하거나 거짓으로 자료를 제출한 자
④ 제48조 제3항에 따른 검사를 거부, 방해 또는 기피한 자

2. 1천만 원 이하의 과태료(법 제59조 제2항)

다음의 어느 하나에 해당하는 자에게는 1천만 원 이하의 과태료를 부과한다.
① 제19조의 6 제3항에 따른 허가 면제 사유를 입증하기 위한 서류를 제출하지 아니한 자
①-2 제20조의 2 제1항 전단을 위반하여 교육을 이수하지 아니하고 자가판정을 한 자 또는 같은 항 후단을 위반하여 자가판정을 한 후 물품 등의 성능과 용도 및 기술적 특성 등 정보를 전략물자 수출입관리 정보시스템에 등록하지 아니한 자
①-3 제28조에 따른 서류 보관의무를 위반한 자
② 제33조 제5항에 따른 검사를 거부, 방해 또는 기피한 자
③ 제49조에 따른 교육명령을 이행하지 아니한 자

3. 부과징수기관(법 제59조 제3항)

과태료는 대통령령으로 정하는 바에 따라 산업통상자원부장관이나 시·도지사 또는 관계 행정기관의 장이 부과·징수한다.

> **더 알아보기**
>
> 대외무역법 시행령 [별표 4] <개정 2024. 10. 8.>
> 과태료의 부과기준(제94조 관련)
>
> 1. 일반기준
>   가. 위반행위의 횟수에 따른 과태료의 가중된 부과기준은 최근 5년간 같은 위반행위로 과태료 부과처분을 받은 경우에 적용한다. 이 경우 기간의 계산은 위반행위에 대하여 과태료 부과처분을 받은 날과 그 처분 후 다시 같은 위반행위를 하여 적발된 날을 기준으로 한다.
>   나. 가목에 따라 가중된 부과처분을 하는 경우 가중처분의 적용 차수는 그 위반행위 전 부과처분 차수(가목에 따른 기간 내에 과태료 부과처분이 둘 이상 있었던 경우에는 높은 차수를 말한다)의 다음 차수로 한다.
>   다. 제2호 나목 및 다목에 대한 과태료의 금액은 부과권자가 위반행위의 동기·내용 및 그 결과 등을 고려하여 과태료 금액의 2분의 1의 범위에서 줄일 수 있다.
>   라. 제2호 라목에 대한 과태료의 금액은 1천만 원을 넘지 못한다.
> 2. 개별기준
>
> (단위: 만원)
>
> | 위반행위 | 근거 법조문 | 과태료 금액 | | |
> |---|---|---|---|---|
> | | | 1차 위반 | 2차 위반 | 3차 이상 위반 |
> | 가. 법 제19조의 6 제3항에 따른 허가 면제 사유를 입증하기 위한 서류를 제출하지 않은 경우 | 법 제59조 제2항 제1호 | 500 | 700 | 1,000 |
> | 나. 법 제20조의 2 제1항 전단을 위반하여 교육을 이수하지 않고 자가판정을 한 경우 또는 같은 항 후단을 위반하여 자가판정을 한 후 물품 등의 성능과 용도 및 기술적 특성 등 정보를 전략물자 수출입관리 정보시스템에 등록하지 않은 경우 | 법 제59조 제2항 제1호의 2 | 500 | 700 | 1,000 |

다. 법 제28조에 따른 서류 보관의무를 위반한 경우	법 제59조 제2항 제1호의 3	500	700	1,000
라. 법 제33조 제5항에 따른 검사를 거부, 방해 또는 기피한 경우. 다만, 농수산물 및 농수산물 가공품의 경우에는 「농수산물의 원산지 표시 등에 관한 법률 시행령」에서 정한 과태료를 적용한다.	법 제59조 제2항 제3호	해당 물품의 판매장소 및 양도장소에서 원산지 표시를 하지 않고 유통시킨 물량(판매를 위한 창고 저장 물량과 이미 판매된 물량 중 확인 가능한 물량을 포함한다)에 현지의 실제 거래가격을 곱한 금액이나 500만원 중 많은 금액	해당 물품의 판매장소 및 양도장소에서 원산지 표시를 하지 않고 유통시킨 물량(판매를 위한 창고 저장 물량과 이미 판매된 물량 중 확인 가능한 물량을 포함한다)에 현지의 실제 거래가격을 곱한 금액이나 700만원 중 많은 금액	1,000
마. 법 제44조 제2항을 위반하여 관련되는 서류를 제출하지 않은 경우	법 제59조 제1항 제1호	1,000	1,500	2,000
바. 법 제44조 제3항에 따른 사실 조사를 거부, 방해 또는 기피한 경우	법 제59조 제1항 제2호	1,000	1,500	2,000
사. 법 제48조 제1항에 따른 보고 또는 자료의 제출을 하지 않거나 거짓으로 보고 또는 자료를 제출한 경우	법 제59조 제1항 제3호	1,000	1,500	2,000
아. 법 제48조 제2항을 위반하여 관련되는 자료를 제출하지 않거나 거짓으로 자료를 제출한 경우	법 제59조 제1항 제3호의 2	1,000	1,500	2,000
자. 법 제48조 제3항에 따른 검사를 거부, 방해 또는 기피한 경우	법 제59조 제1항 제4호	1,000	1,500	2,000
차. 법 제49조에 따른 교육명령을 이행하지 않은 경우	법 제59조 제2항 제4호	500	700	1,000

해커스관세사 cca.Hackers.com

제2편

외국환거래법

제1장 외국환거래법 개요
제2장 외국환거래법 총칙
제3장 외국환업무 취급기관 등
제4장 외국환평형기금
제5장 지급과 거래
제6장 지급 등의 방법
제7장 자본거래
제8장 해외직접투자 및 부동산 취득
제9장 보칙
제10장 벌칙

제1장 외국환거래법 개요

01 개요

1. 외국환거래법의 의의

외국환거래법(Foreign Exchange Transaction Act)은 우리나라의 모든 대외거래 및 외환거래를 총괄하는 법으로서 외환위기 직후인 1990년대 말 제정(1998년 9월 16일(법률 제5550호))된 이후 지금까지 법체계를 유지해 오고 있다. 제정 당시 우리나라는 외화유동성의 절대적 부족으로 인한 원화환율의 급등과 대외건전성의 약화로 경제가 큰 어려움에 처해 있었던 상황을 반영하여 외국환거래법은 대외거래의 자유화와 시장기능의 활성화를 추진하는 동시에 한편으로는 대외안정을 유지하기 위한 조치들을 법에 반영하여 제정되었다.

외국환거래법은 과거 외환관리법 체계 하에서의 대외거래의 조정 및 관리 방식에서 벗어나 대외 및 외환거래 시 원칙적 자유, 예외적 규제(negative system)를 표방하고 외자의 유입은 물론 유출의 촉진을 지향하였다. 또한 이를 뒷받침하기 위해 우리나라의 환율제도를 종전의 관리변동환율제도 형태인 시장평균환율제도에서 자유변동환율제도로 변경하였다.

2. 외국환거래법의 목적(법 제1조)

외국환거래법은 외국환거래와 그 밖의 대외거래의 자유를 보장하고 시장기능을 활성화하여 대외거래의 원활화 및 국제수지의 균형과 통화가치의 안정을 도모함으로써 국민경제의 건전한 발전에 이바지함을 목적으로 한다.

(1) 대외거래의 원활화

기획재정부장관은 이 법에 따른 제한을 필요한 최소한의 범위에서 함으로써 외국환거래나 그 밖의 대외거래가 원활하게 이루어질 수 있도록 노력하여야 하며, 안정적인 외환수급의 기반 조성과 외환시장의 안정을 위하여 노력하여야 하며, 이를 위한 시책을 마련하여야 한다(법 제4조).

(2) 국제수지의 균형

정책당국은 환율의 안정을 통하여 국제수지의 균형에 가깝도록 외국환의 수급을 조정해야 할 필요가 있다. 외국환의 수급은 균형 환율을 결정하고 변동 환율제도 하에서 국제수지를 조정하는 역할을 한다. 결국 외국환거래에 대한 제한이나 규제를 함으로써 국제수지의 균형을 달성하는 것이 외국환거래법의 목적이라 할 수 있다.

(3) 통화가치의 안정

외화의 유출입은 국내 총 통화의 증감에 연결되어 있다. 외화의 유입은 통화량을 증가시키고 통화량이 증가하면 물가가 상승하고 통화가치가 하락한다. 반대로 외화의 유출은 통화량을 감소시키고 통화량이 감소하면 물가가 하락하므로 통화가치가 상승하게 된다. 따라서 대외거래에 대한 각종 제한이나 규제를 함으로써, 통화가치의 급격한 변동을 방지하고 통화가치의 안정을 꾀하는 것이 중요하다.

3. 외국환거래법의 특징

(1) 외국환거래의 자유화

(구)외국환관리법에서는 국내외 자금이동을 수반하는 자본거래 등을 원칙적으로 금지하고 외국환관리법의 목적에 비추어 필요하다고 인정되는 경우에만 예외적으로 허용하는 Positive System 방식이었으나, 외국환거래법에서는 자본거래를 자유화하되 제한을 필요한 최소한의 범위에서 함으로써 외국환거래나 그 밖의 대외거래가 원활하게 이루어질 수 있도록 하는 Negative System을 채택하고 있다(법 제4조).

(2) 위임·위탁에 의한 관리

기획재정부장관은 외국환거래법에 따른 권한의 일부를 대통령령으로 정하는 바에 따라 금융위원회, 증권선물위원회, 관계 행정기관의 장, 한국은행총재, 금융감독원장, 외국환업무취급기관등의 장, 그 밖에 대통령령으로 정하는 자에게 위임하거나 위탁할 수 있도록 규정한다(법 제23조).

(3) 속인주의

외국환거래법은 우리나라에 주소 또는 거소를 둔 개인이나 법인 및 이들의 대리인 등이 우리나라와 외국 간의 거래 또는 지급·수령 등과 관련된 행위뿐만 아니라 외국에서 행하는 재산 또는 업무에 관한 행위도 외국환거래법을 적용함으로써 속인주의를 채택하고 있다(법 제2조).

(4) 속지주의

외국환거래법은 대한민국에서의 외국환과 대한민국에서 하는 외국환거래 및 그 밖에 이와 관련되는 행위에 대해 적용하므로 속지주의를 채택하고 있다(법 제2조).

(5) 외국환업무취급기관

외국환거래의 자유와 거래 활성화를 보장하는 한편, 국가경제의 건전성과 국제 금융질서 및 안전을 유지하기 위해 외국환업무를 수행할 수 있는 기관의 자격, 조건, 책임을 명확히 하기 위하여 외국환업무를 취급할 수 있는 금융기관(외국환업무취급기관)에 대한 규정을 두어, 기획재정부장관에게 등록을 한 후 외국환업무를 취득할 수 있도록 하고 있다.

02 외국환거래 법령의 체계와 외국환거래법의 구성

1. 외국환거래 법령의 체계

외국환거래를 관리하는 기본법은 외국환거래법이며, 외국환거래법에서 위임된 사항과 그 시행에 관하여 필요한 사항을 대통령령에 의해 규정함을 목적으로 한다. 외국환거래규정은 외국환거래법 및 외국환거래법 시행령에서 위임된 사항과 그 시행에 관하여 필요한 사항을 기획재정부장관의 고시에 의해 정함을 목적으로 하고 있다. 이외에도 유관기관인 한국은행과 금융위원회의 여러 통첩, 시행세칙 및 지침 등이 있다.

구분	법	시행령	규정/고시
기본법령	외국환거래법	동법 시행령	외국환거래규정
관련법령	대외무역법	동법 시행령	대외무역관리규정
	외국인투자촉진법	동법 시행령	동법 시행규칙
			외국인투자 및 기술도입에 관한 규정
	자본시장과 금융투자업에 관한 법률	동법 시행령	동법 시행규칙
	금융실명거래 및 비밀보장에 관한 법률	동법 시행령	동법 시행규칙
	특정 금융거래정보의 보고 및 이용 등에 관한 법률	동법 시행령	동법 시행규칙

2. 외국환거래법의 구성

구분	외국환거래법	시행령	외국환거래규정
제1장 총칙	제1조 목적 제2조 적용 대상 제3조 정의 제4조 대외거래의 원활화 촉진 등 제5조 환율 제6조 외국환거래의 정지 등 제7조 (삭제)	제1조 ~ 제12조 (제12조 삭제)	제1-1조 ~ 제1-4조 (제1-3조 삭제)
제2장 외국환업무취급 기관 등	제8조 외국환업무의 등록 등 제9조 외국환중개업무 등 제10조 업무상의 의무 제10조의2 외국환업무에 필요한 일부 사무의 위탁 제11조 업무의 감독과 건전성 규제 등 제11조의2 외환건전성부담금 제11조의3 부담금의 징수 및 이의신청 제12조 인가의 취소 등 제12조의2 과징금	제13조 ~ 제23조 (제24조 삭제)	제2-1조 ~ 제3-4조 (제2-15 ~ 제2-19조 삭제)
제3장 외국환평형기금	제13조 외국환평형기금 제14조 외국환평형기금 채권의 원리금 상환	제25조 ~ 제28조	

제4장 지급과 거래	제15조 지급절차 등 제16조 지급 또는 수령의 방법의 신고 제17조 지급수단 등의 수출입 신고 제18조 자본거래의 신고 등	제29조 ~ 제32조	제4-1조 ~ 제9-43조 (제4-6조 ~ 제4-7조, 제9-10조 ~ 제9-15조, 제9-19조 ~ 제9-20조, 제9-26조 ~ 제9-31조, 제9-41조 삭제)
제5장 보칙	제19조 경고 및 거래정지 등 제20조 보고·검사 제21조 국세청장 등에게의 통보 등 제22조 외국환거래의 비밀보장 제23조 권한의 위임·위탁 등 제24조 전자문서에 의한 허가 등 제25조 사무처리 등 제26조 다른 법률과의 관계	제33조 ~ 제39조	제10-1조 ~ 제10-23조
제6장 벌칙	제27조 벌칙 제27조의2 벌칙 제28조 벌칙 제29조 벌칙 제30조 몰수·추징 제31조 양벌규정 제32조 과태료	제41조	

제2장 외국환거래법 총칙

I. 외국환거래법의 적용대상

01 개요

외국환거래법 제2조에서는 대한민국에서의 외국환과 대한민국에서 하는 외국환거래 및 그 밖에 이와 관련되는 행위와 대한민국과 외국 간의 거래 또는 지급·수령, 그 밖에 이와 관련되는 행위(외국에서 하는 행위로서 대한민국에서 그 효과가 발생하는 것을 포함한다) 및 외국에 주소 또는 거소를 둔 개인과 외국에 주된 사무소를 둔 법인이 하는 거래로서 대한민국 통화(通貨)로 표시되거나 지급받을 수 있는 거래와 그 밖에 이와 관련되는 행위 등에 대해 외국환거래법이 적용된다고 규정하고 있다. 따라서 적용대상을 인적기준 적용대상인 거주자와 비거주자, 적용대상 행위로서 외국환거래행위와 제3조 정의에 따른 물적 적용대상으로서 외국환, 내국지급수단, 귀금속 등으로 구분할 수 있다.

02 행위대상(법 제2조)

외국환거래법은 다음의 어느 하나에 해당하는 경우에 적용한다.
(1) 대한민국에서의 외국환과 대한민국에서 하는 외국환거래 및 그 밖에 이와 관련되는 행위
(2) 대한민국과 외국 간의 거래 또는 지급·수령, 그 밖에 이와 관련되는 행위(외국에서 하는 행위로서 대한민국에서 그 효과가 발생하는 것을 포함한다)
(3) 외국에 주소 또는 거소를 둔 개인과 외국에 주된 사무소를 둔 법인이 하는 거래로서 대한민국 통화(通貨)로 표시되거나 지급받을 수 있는 거래와 그 밖에 이와 관련되는 행위
(4) 대한민국에 주소 또는 거소를 둔 개인 또는 그 대리인, 사용인, 그 밖의 종업원이 외국에서 그 개인의 재산 또는 업무에 관하여 한 행위
(5) 대한민국에 주된 사무소를 둔 법인의 대표자, 대리인, 사용인, 그 밖의 종업원이 외국에서 그 법인의 재산 또는 업무에 관하여 한 행위

> "그 밖에 이와 관련되는 행위"의 범위는 제1호부터 제3호까지의 규정에 따른 거래·지급 또는 수령과 직접 관련하여 행하여지는 지급수단·귀금속·증권 등의 취득·보유·송금·추심·수출·수입 등을 말한다(영 제2조).

03 인적대상

1. 개요

외국환거래법은 인적대상을 거주자와 비거주자로 구분하여 달리 적용하고 있다. 거주자와 비거주자를 구분하는 기준은 국적과 상관없이 경제활동의 주된 장소 또는 일정 기간 거주를 하고 있거나 거주할 의사가 있는지 여부에 따라 구분된다.

2. 거주자

(1) 원칙(법 제2조 제1항 제14호)

"거주자"란 대한민국에 주소 또는 거소를 둔 개인과 대한민국에 주된 사무소를 둔 법인을 말한다.

(2) 불분명한 경우(영 제10조 제1항)

다음의 자는 법 제3조 제2항에 따라 거주자로 본다.

① 대한민국 재외공관
② 국내에 주된 사무소가 있는 단체·기관, 그 밖에 이에 준하는 조직체
③ 다음의 어느 하나에 해당하는 대한민국 국민
   ㉠ 대한민국 재외공관에서 근무할 목적으로 외국에 파견되어 체재하고 있는 자
   ㉡ 비거주자이었던 자로서 입국하여 국내에 3개월 이상 체재하고 있는 자
   ㉢ 그 밖에 영업 양태, 주요 체재지 등을 고려하여 거주자로 판단할 필요성이 인정되는 자로서 기획재정부장관이 정하는 자
④ 다음의 어느 하나에 해당하는 외국인(제2항 제2호 및 제6호 가목·나목에 해당하는 자는 제외한다)
   ㉠ 국내에서 영업활동에 종사하고 있는 자
   ㉡ 6개월 이상 국내에서 체재하고 있는 자

3. 비거주자

(1) 원칙(법 제3조 제1항 제15호)

"비거주자"란 거주자 외의 개인 및 법인을 말한다. 다만, 비거주자의 대한민국에 있는 지점, 출장소, 그 밖의 사무소는 법률상 대리권의 유무에 상관없이 거주자로 본다.

(2) 불분명한 경우(영 제10조 제2항)

다음의 자는 비거주자로 본다.

① 국내에 있는 외국정부의 공관과 국제기구
② 「대한민국과 아메리카합중국 간의 상호방위조약 제4조에 의한 시설과 구역 및 대한민국에서의 합중국군대의 지위에 관한 협정」에 따른 미합중국군대 및 이에 준하는 국제연합군(이하 이 호에서 "미합중국군대 등"이라 한다), 미합중국군대 등의 구성원·군속·초청계약자와 미합중국군대 등의 비세출자금기관·군사우편국 및 군용은행시설
③ 외국에 있는 국내법인 등의 영업소 및 그 밖의 사무소
④ 외국에 주된 사무소가 있는 단체·기관, 그 밖에 이에 준하는 조직체

⑤ 다음의 어느 하나에 해당하는 대한민국 국민
  ㉠ 외국에서 영업활동에 종사하고 있는 자
  ㉡ 외국에 있는 국제기구에서 근무하고 있는 자
  ㉢ 2년 이상 외국에 체재하고 있는 자. 이 경우 일시 귀국의 목적으로 귀국하여 3개월 이내의 기간 동안 체재한 경우 그 체재기간은 2년에 포함되는 것으로 본다.
  ㉣ 그 밖에 영업양태, 주요 체재지 등을 고려하여 비거주자로 판단할 필요성이 인정되는 자로서 기획재정부장관이 정하는 자
⑥ 다음의 어느 하나에 해당하는 외국인
  ㉠ 국내에 있는 외국정부의 공관 또는 국제기구에서 근무하는 외교관·영사 또는 그 수행원이나 사용인
  ㉡ 외국정부 또는 국제기구의 공무로 입국하는 자
  ㉢ 거주자였던 외국인으로서 출국하여 외국에서 3개월 이상 체재 중인 자

4. 가족의 거주성(영 제10조 제3항)

거주자 또는 비거주자에 의하여 주로 생계를 유지하는 동거 가족은 해당 거주자 또는 비거주자의 구분에 따라 거주자 또는 비거주자로 구분한다.

04 물적대상

1. 개요

외국환거래법의 물적대상은 외국환, 내국지급수단, 귀금속으로 외국환거래법의 적용을 받는다.

2. 외국환(법 제3조 제1항 제13호)

외국환이란 대외지급수단, 외화증권, 외화파생상품 및 외화채권을 말한다.

(1) 대외지급수단
  ① 정의(법 제3조 제1항 제4호)
    대외지급수단이란 외국통화, 외국통화로 표시된 지급수단, 그 밖에 표시통화에 관계없이 외국에서 사용할 수 있는 지급수단을 말한다.
  ② 지급수단의 범위(법 제3조 제1항 제3호)
    지급수단이란 다음의 어느 하나에 해당하는 것을 말한다.
    ㉠ 정부지폐·은행권·주화·수표·우편환·신용장
    ㉡ 대통령령으로 정하는 환어음, 약속어음, 그 밖의 지급지시
    ㉢ 증표, 플라스틱카드 또는 그 밖의 물건에 전자 또는 자기적 방법으로 재산적 가치가 입력되어 불특정 다수인 간에 지급을 위하여 통화를 갈음하여 사용할 수 있는 것으로서 대통령령으로 정하는 것

> 외국환거래규정 제1-2조(용어의 정의) 제34호
> "지급수단"이라 함은 법 제3조 제1항 제3호에서 규정하는 정부지폐·은행권·주화·수표·우편환·신용장과 환어음·약속어음·상품권·기타 지급받을 수 있는 내용이 표시된 우편 또는 전신에 의한 지급지시 및 전자금융거래법상 전자화폐, 선불전자지급수단 등 전자적 방법에 따른 지급수단을 말한다. 다만, 액면가격을 초과하여 매매되는 금화 등은 주화에서 제외한다.

(2) 외화증권

① 정의(법 제3조 제1항 제8호)

외화증권이란 외국통화로 표시된 증권 또는 외국에서 지급받을 수 있는 증권을 말한다.

② 증권의 범위(법 제3조 제1항 제7호)

증권이란 제3호(지급수단)에 해당하지 아니하는 것으로서 「자본시장과 금융투자업에 관한 법률」 제4조에 따른 증권과 그 밖에 대통령령으로 정하는 것(무기명양도성예금증서, 그 밖에 재산적 가치가 있는 권리가 표시된 증권 또는 증서로서 투자의 대상으로 유통될 수 있는 것)을 말한다.

> 「자본시장과 금융투자업에 관한 법률」 제4조에 따른 증권 ① 이 법에서 "증권"이란 내국인 또는 외국인이 발행한 금융투자상품으로서 투자자가 취득과 동시에 지급한 금전 등 외에 어떠한 명목으로든지 추가로 지급의무(투자자가 기초자산에 대한 매매를 성립시킬 수 있는 권리를 행사하게 됨으로써 부담하게 되는 지급의무를 제외한다)를 부담하지 아니하는 것을 말한다.
> ② 제1항의 증권은 다음 각 호와 같이 구분한다.
> 1. 채무증권
> 2. 지분증권
> 3. 수익증권
> 4. 투자계약증권
> 5. 파생결합증권
> 6. 증권예탁증권

> 영 제4조(증권) "대통령령으로 정하는 것"이란 무기명양도성예금증서, 그 밖에 재산적 가치가 있는 권리가 표시된 증권 또는 증서로서 투자의 대상으로 유통될 수 있는 것을 말한다.

(3) 외화파생상품

① 정의(법 제3조 제1항 제8호)

외화증권이란 외국통화로 표시된 증권 또는 외국에서 지급받을 수 있는 증권을 말한다.

② 파생상품의 범위((법 제3조 제1항 제9호)

파생상품이란 「자본시장과 금융투자업에 관한 법률」 제5조에 따른 파생상품과 그 밖에 대통령령으로 정하는 것(상품의 구성이 복잡하고 향후 수익을 예측하기 어려워 대규모 외환유출입을 야기할 우려가 있는 금융상품으로서 기획재정부장관이 고시하는 것)을 말한다.

> 자본시장과 금융투자업에 관한 법률 제5조 파생상품 ① 이 법에서 "파생상품"이란 다음 각 호의 어느 하나에 해당하는 계약상의 권리를 말한다. 다만, 해당 금융투자상품의 유통 가능성, 계약당사자, 발행사유 등을 고려하여 증권으로 규제하는 것이 타당한 것으로서 대통령령으로 정하는 금융투자상품은 그러하지 아니하다.
> 1. 기초자산이나 기초자산의 가격·이자율·지표·단위 또는 이를 기초로 하는 지수 등에 의하여 산출된 금전 등을 장래의 특정 시점에 인도할 것을 약정하는 계약
> 2. 당사자 어느 한쪽의 의사표시에 의하여 기초자산이나 기초자산의 가격·이자율·지표·단위 또는 이를 기초로 하는 지수 등에 의하여 산출된 금전 등을 수수하는 거래를 성립시킬 수 있는 권리를 부여하는 것을 약정하는 계약
> 3. 장래의 일정 기간 동안 미리 정한 가격으로 기초자산이나 기초자산의 가격·이자율·지표·단위 또는 이를 기초로 하는 지수 등에 의하여 산출된 금전 등을 교환할 것을 약정하는 계약
> 4. 제1호부터 제3호까지의 규정에 따른 계약과 유사한 것으로서 대통령령으로 정하는 계약
> ② 이 법에서 "장내파생상품"이란 다음 각 호의 어느 하나에 해당하는 것을 말한다.
> 1. 파생상품시장에서 거래되는 파생상품
> 2. 해외 파생상품시장(파생상품시장과 유사한 시장으로서 해외에 있는 시장과 대통령령으로 정하는 해외 파생상품거래가 이루어지는 시장을 말한다)에서 거래되는 파생상품
> 3. 그 밖에 금융투자상품시장을 개설하여 운영하는 자가 정하는 기준과 방법에 따라 금융투자상품시장에서 거래되는 파생상품
> ③ 이 법에서 "장외파생상품"이란 파생상품으로서 장내파생상품이 아닌 것을 말한다.
> ④ 제1항 각 호의 어느 하나에 해당하는 계약 중 매매계약이 아닌 계약의 체결은 이 법을 적용함에 있어서 매매계약의 체결로 본다.

> 영 제5조 파생상품 법 제3조 제1항 제9호에서 "대통령령으로 정하는 것"이란 상품의 구성이 복잡하고 향후 수익을 예측하기 어려워 대규모 외환유출입을 야기할 우려가 있는 금융상품으로서 기획재정부장관이 고시하는 것을 말한다.

(4) 외화채권

① 정의(법 제3조 제1항 제12호)

외화채권이란 외국통화로 표시된 채권 또는 외국에서 지급받을 수 있는 채권을 말한다.

② 채권의 범위(법 제3조 제1항 제11호)

채권이란 모든 종류의 예금·신탁·보증·대차(貸借) 등으로 생기는 금전 등의 지급을 청구할 수 있는 권리로서 제1호부터 제10호까지의 규정에 해당되지 아니하는 것을 말한다.

법 제3조 제1항 제1호 ~ 제10호
내국통화, 외국통화, 지급수단, 대외지급수단, 내국지급수단, 귀금속, 증권, 외화증권, 파생상품, 외화파생상품

---

3. 내국지급수단(법 제3조 제1항 제5호)

내국지급수단이란 대외지급수단 외의 지급수단을 말한다.

4. 귀금속(법 제3조 제1항 제6호)

귀금속이란 금, 금합금의 지금(地金), 유통되지 아니하는 금화, 그 밖에 금을 주재료로 하는 제품 및 가공품을 말한다.

> 지금(地金): 다듬어서 상품화(商品化)하지 아니한 황금(黃金)

II 대외거래의 원활화 촉진 및 제한

1. 대외거래의 원활화 촉진(법 제4조)

(1) 기획재정부장관은 이 법에 따른 제한을 필요한 최소한의 범위에서 함으로써 외국환거래나 그 밖의 대외거래가 원활하게 이루어질 수 있도록 노력하여야 한다.

(2) 기획재정부장관은 안정적인 외국환수급(需給)의 기반 조성과 외환시장의 안정을 위하여 노력하여야 하며, 이를 위한 시책을 마련하여야 한다.

> **더 알아보기**
>
> **대외거래의 체계**
> 1. 경상거래(In & Out)
>   (1) 무역거래
>   ① 수출거래: 수출 대금의 수령(송금, D/P, D/A, 신용장 등)
>   ② 수입거래: 수입 대금의 지급(송금, D/P, D/A, 신용장 등)
>   (2) 무역외거래
>   ① 여행거래: 일반여행경비, 해외유학경비, 해외체재비, 단체여행경비, 여행알선료 등
>   ② 운수거래: 화물운임, 여객운임, 운항경비, 운송장비의 임대차 및 금융리스 등
>   ③ 보험거래: 보험료, 보험금, 보험관련 보조서비스 제공대가 등
>   ④ 투자수익: 이자, 배당금, 증권의 매매손익 등
>   ⑤ 정부거래: 외교단경비, 군사활동경비, 국제기구경비 등
>   ⑥ 이전거래: 증여(성), 리베이트, 기부금, 의연금, 구호자금, 선교자금, 해외이주비 등
>   ⑦ 기타서비스거래(용역거래): 임금, 임대차료 금융서비스, 무역서비스, 건설서비스, 컴퓨터·정보·통신 관련 서비스, 문화·오락·교육 관련 서비스, 사업서비스, 지적재산권 등의 사용료(로열티) 및 매매대금, 기타 잡용역 등
> 2. 투자 및 자본거래(In & Out)
>   ① 금전대차: 비거주자로부터의 원·외화 자금 차입, 비거주자에 대한 원·외화 금전대여 등
>   ② 예금거래: 거주자의 해외 예금·신탁, 비거주자의 국내(대한민국) 원·외화 예금·신탁 등
>   ③ 증권거래: 거주자의 해외 증권취득(투자) 또는 증권발행(펀딩), 비거주자의 국내 증권취득(투자) 또는 증권발행(펀딩) 등
>   ④ 부동산거래: 거주자의 해외 부동산 취득, 비거주자의 국내 부동산 취득 등(부동산에 대한 권리: 소유권, 지상권, 지역권, 전세권, 저당권, 임차권)
>   ⑤ 직접투자: 거주자의 해외직접투자, 외국인직접투자 등
>   ⑥ 기타: 국내외 지사, 보증(담보)거래, 현지금융, 파생금융거래, 임대차·사용대차, 해외에서의 학교·병원·조합의 설립·운용 등

2. 환율에 대한 제한

(1) 환율의 의미

환율(exchange rate)이란 한 나라 통화와 다른 나라 통화 간 교환비율로 두 나라 통화의 상대적 가치를 나타낸다. 즉 외국통화 한 단위를 받기 위해 자국통화를 몇 단위 지불해야 하는가를 나타내는 것으로 자국통화로 표시하는 외국통화의 가격을 의미한다.

(2) 환율의 결정구조

우리나라의 환율제도는 경제의 발전과 국제환경의 변화에 맞추어 크게 다섯 차례 변경되었다. 1964년까지 시행된 고정환율제도와 이후의 단일변동환율제도 기간 중에는 한국은행에서 고시하는 집중기준율을 중심으로 외환을 집중·관리하면서 사실상 환율이 고정된 형태로 운용되었다. 그러나 1980년대 들어 복수통화바스켓제도를 도입하여 변동환율제도로 이행하는 중간단계를 거친 후 1990년대에는 시장평균환율제도를 도입하여 환율의 일일변동 허용폭을 점차 확대하였다. 그리고 1997년 12월 외환위기 당시에는 환율변동 허용폭 제한을 철폐하여 자유변동환율제도로 이행하였다.

① 매매기준율(규정 1-2조 제7호)

매매기준율이라 함은 최근 거래일의 오전 9시 00분부터 오후 3시 30분(대한민국 표준시 기준)까지 외국환중개회사를 통하여 거래가 이루어진 미화(USD)와 위안화(CNY) 각각의 현물환매매 중 익일영업일 결제거래에서 형성되는 율과 그 거래량을 가중 평균하여 산출되는 시장평균환율을 의미한다.

② 재정된 매매기준율(규정 1-2조 제7호)

"재정된 매매기준율"이라 함은 최근 주요 국제금융시장에서 형성된 미화(USD)와 위안화(CNY) 이외의 통화와 미화(USD)와의 매매중간율을 미화 매매기준율로 재정한 율을 말한다.

(3) 환율에 대한 제한(법 제5조)

① 기획재정부장관은 원활하고 질서 있는 외국환거래를 위하여 필요하면 외국환거래에 관한 기준환율, 외국환의 매도율·매입률 및 재정환율(이하 "기준환율 등"이라 한다)을 정할 수 있다.

② 거주자와 비거주자는 제1항에 따라 기획재정부장관이 기준환율 등을 정한 경우에는 그 기준환율 등에 따라 거래하여야 한다.

3. 외국환거래의 일시정지의무 및 외국환의 집중의무

(1) 요건(법 제6조 제1항)

기획재정부장관은 천재지변, 전시·사변, 국내외 경제사정의 중대하고도 급격한 변동, 그 밖에 이에 준하는 사태가 발생하여 부득이 하다고 인정되는 경우에는 대통령령으로 정하는 바에 따라 다음 각 호의 어느 하나에 해당하는 조치를 할 수 있다.

(2) 조치내용(법 제6조 제2항)

① 이 법을 적용받는 지급 또는 수령, 거래의 전부 또는 일부에 대한 일시 정지

② 지급수단 또는 귀금속을 한국은행·정부기관·외국환평형기금·금융회사 등에 보관·예치 또는 매각하도록 하는 의무의 부과

③ 비거주자에 대한 채권을 보유하고 있는 거주자로 하여금 그 채권을 추심하여 국내로 회수하도록 하는 의무의 부과. 조치를 하기 위하여 필요한 경우 해당 거주자의 관할 세무관서의 장에게 「국제조세조정에 관한 법률」 제52조 제3호에 따른 해외금융계좌정보의 제공을 요청할 수 있다. 이 경우 해외금융계좌정보의 제공을 요청받은 관할 세무관서의 장은 특별한 사정이 없으면 그 요청에 따라야 한다(법 제6조 제5항).

(3) 기간(법 제6조 제3항)

조치는 특별한 사유가 없으면 6개월의 범위에서 할 수 있으며, 그 조치 사유가 소멸된 경우에는 그 조치를 즉시 해제하여야 한다.

(4) 고시

1) 고시사항(영 제11조 제1항 제1호 내지 제3호)

기획재정부장관은 외국환거래의 일시정지 등의 조치를 하거나 이를 변경하려는 경우에는 다음의 사항을 고시하여야 한다.

① 지급 또는 수령, 거래의 일시정지를 하려는 경우에는 그 대상이 되는 지급 또는 수령, 거래의 범위 및 정지기간
② 지급수단 또는 귀금속을 보관·예치 또는 매각하도록 하는 경우에는 그 대상·범위 및 기간
③ 비거주자에 대한 채권을 추심하여 국내로 회수하도록 하는 경우 회수 대상 채권의 범위 및 회수기한

2) 사후고시(영 제11조 제3항)

고시를 할 여유가 없는 긴급한 사유가 있는 경우 기획재정부장관은 조치를 즉시 시행할 수 있다. 이 경우 기획재정부장관은 조치내용을 지체 없이 고시하여야 한다.

3) 조치 해제 고시(영 제11조 제4항)

기획재정부장관은 조치를 해제하려는 경우에는 고시하여야 한다.

(5) 의무부과의 배제(법 제6조 제4항)

상기 의무는 「외국인투자 촉진법」 제2조 제1항 제4호에 따른 외국인투자에 대하여 적용하지 아니한다.

> 외국인투자 촉진법 제2조 제1항 제4호 "외국인투자"란 다음 각 목의 어느 하나에 해당하는 것을 말한다.
> 가. 외국인이 이 법에 따라 대한민국 법인 또는 기업(설립 중인 법인을 포함한다. 이하 이 조에서 같다)의 경영활동에 참여하는 등 그 법인 또는 기업과 지속적인 경제관계를 수립할 목적으로 대통령령으로 정하는 바에 따라 그 법인이나 기업의 주식 또는 지분(이하 "주식 등"이라 한다)을 다음 어느 하나의 방법으로 소유하는 것
>   1) 대한민국 법인 또는 기업이 새로 발행하는 주식 등을 취득하는 것
>   2) 대한민국 법인 또는 기업이 이미 발행한 주식 또는 지분(이하 "기존주식 등"이라 한다)을 취득하는 것
> 나. 다음의 어느 하나에 해당하는 자가 해당 외국인투자기업에 대부하는 5년 이상의 차관(최초의 대부계약 시에 정해진 대부기간을 기준으로 한다)
>   1) 외국인투자기업의 해외 모기업(母企業)
>   2) 1)의 기업과 대통령령으로 정하는 자본출자관계가 있는 기업
>   3) 외국투자가
>   4) 3)의 투자가와 대통령령으로 정하는 자본출자관계가 있는 기업
> 다. 외국인이 이 법에 따라 과학기술 분야의 대한민국 법인 또는 기업으로서 연구인력·시설 등에 관하여 대통령령으로 정하는 기준에 해당하는 비영리법인과 지속적인 협력관계를 수립할 목적으로 그 법인에 출연(出捐)하는 것
> 라. 외국인투자기업이 미처분이익잉여금을 그 기업의 공장시설 신설 또는 증설 등 대통령령으로 정하는 용도에 사용하는 것(이 경우 외국인투자기업은 이 법의 외국인으로 보며 외국인투자금액은 사용하는 금액에 제5조 제3항에 따른 외국인투자비율을 곱한 금액으로 한다)
> 마. 그 밖에 외국인의 비영리법인에 대한 출연으로서 비영리법인의 사업내용 등에 관하여 대통령령으로 정하는 기준에 따라 제27조에 따른 외국인투자위원회(이하 "외국인투자위원회"라 한다)가 외국인투자로 인정하는 것

4. 자본거래 허가 및 예치 의무의 부과

(1) 요건(법 제6조 제2항)
기획재정부장관은 국제수지 및 국제금융상 심각한 어려움에 처하거나 처할 우려가 있는 경우 또는 대한민국과 외국 간의 자본 이동으로 통화정책, 환율정책, 그 밖의 거시경제정책을 수행하는 데에 심각한 지장을 주거나 줄 우려가 있는 경우에는 다음의 조치를 취할 수 있다.

(2) 조치(법 제6조 제2항)
① 자본거래를 하려는 자에게 허가를 받도록 하는 의무를 부과
② 자본거래를 하는 자에게 그 거래와 관련하여 취득하는 지급수단의 일부를 한국은행·외국환평형기금 또는 금융회사 등에 예치하도록 하는 의무를 부과하는 조치

(3) 기간(법 제6조 제3항)
조치는 특별한 사유가 없으면 6개월의 범위에서 할 수 있으며, 그 조치 사유가 소멸된 경우에는 그 조치를 즉시 해제하여야 한다.

(4) 고시

1) 고시사항(영 제11조 제1항 제1호 내지 제3호)
기획재정부장관은 외국환거래의 일시정지 등의 조치를 하거나 이를 변경하려는 경우에는 다음의 사항을 고시하여야 한다.
① 자본거래의 허가를 받도록 하는 경우에는 허가를 받아야 하는 자본거래의 종류·범위·기간 및 허가절차
② 자본거래를 하는 자로 하여금 해당 거래로 인하여 취득한 지급수단의 일부를 예치하도록 하는 경우에는 예치대상·예치비율·예치금리·예치기간 및 예치기관

> 영 제11조 제2항(예치비율 및 예치금리의 기준) 예치비율 및 예치금리는 다음 각 호의 기준에 따라 정한다.
> 1. 예치비율은 국제수지·통화·환율동향 등 종합적으로 고려하여 정할 것
> 2. 예치금리는 무이자로 할 것. 다만, 기획재정부장관이 원활하고 질서있는 외국환관리를 위하여 특히 필요하다고 인정하는 경우에는 그러하지 아니하다.

2) 사후고시(영 제11조 제3항)
고시를 할 여유가 없는 긴급한 사유가 있는 경우 기획재정부장관은 조치를 즉시 시행할 수 있다. 이 경우 기획재정부장관은 조치내용을 지체 없이 고시하여야 한다.

3) 조치 해제 고시(영 제11조 제4항)
기획재정부장관은 조치를 해제하려는 경우에는 고시하여야 한다.

(5) 의무부과의 배제(법 제6조 제4항)
상기 의무는 「외국인투자 촉진법」 제2조 제1항 제4호에 따른 외국인투자에 대하여 적용하지 아니한다.

제3장 외국환업무 취급기관 등

I 업무의 등록

01 외국환업무의 등록

1. 개요

외국환업무를 업으로 하려는 자는 대통령령으로 정하는 바에 따라 외국환업무를 하는 데에 충분한 자본·시설 및 전문 인력을 갖추어 미리 기획재정부장관에게 등록하여야 한다. 다만, 기획재정부장관이 업무의 내용을 고려하여 등록이 필요하지 아니하다고 인정하여 대통령령으로 정하는 금융회사 등은 그러하지 아니하다(법 제8조 제1항). 대통령령으로 정하는 금융회사 등은 체신관서를 의미한다(영 제13조 제9항).

외국환업무는 금융회사 등만 할 수 있으며, 외국환업무를 하는 금융회사 등은 대통령령으로 정하는 바에 따라 그 금융회사 등의 업무와 직접 관련되는 범위에서 외국환업무를 할 수 있다(법 제8조 제2항).

2. 등록 요건(영 제13조 제2항)

(1) 금융회사(영 제13조 제2항 제1호)

> 「금융위원회의 설치 등에 관한 법률」 제38조(제9호 및 제10호는 제외한다), 이 영 제7조 제1호부터 제4호까지, 제6호 또는 제7호에 해당하는 금융회사(영 제13조 제2항 제1호)
> 은행, 금융투자업자, 증권금융회사, 종합금융회사 및 명의대서대행회사, 보험회사, 상호저축은행과 중앙회, 신용협동조합 및 그 중앙회, 여신전문금융회사 및 겸영여신업자, 농협은행, 수협은행, 한국산업은행, 한국수출입은행, 중소기업은행, 체신관서, 새마을금고 및 중앙회 및 한국해양 진흥공사

1) 자본요건

해당 금융회사 등에 대하여 금융위원회(「새마을금고법」에 따른 새마을금고 및 중앙회는 행정안전부장관, 「한국해양진흥공사법」에 따른 한국해양진흥공사는 해양수산부장관을 말한다)가 정하는 재무건전성 기준에 비추어 자본 규모와 재무구조가 적정할 것

2) 시설요건

① 법 제25조 제2항에 따라 외국환거래, 지급 또는 수령에 관한 자료를 중계·집중·교환하는 기관으로 지정된 기관(이하 "외환정보집중기관"이라 한다)과 전산망이 연결되어 있을 것
② 외국환업무 및 그에 따른 사후관리를 원활하게 수행할 수 있는 전산설비를 갖출 것

3) 인력요건

외국환업무에 2년 이상 종사한 경력이 있는 자 또는 기획재정부장관이 정하는 교육을 이수한 자를 영업소 별로 2명 이상 확보할 것

(2) 외국금융기관(외국의 법령에 따라 설립되어 외국에서 금융업을 영위하는 자를 말한다) 중 기획재정부장관이 정하여 고시하는 업종 및 재무건전성 기준에 해당하는 기관

1) 신용 공여 약정의 체결

기획재정부장관이 정하여 고시하는 바에 따라 제18조 제4항 제3호부터 제5호까지에 해당하는 자 또는 제14조 각 호 외의 부분에 따른 외국환업무취급기관인 외국금융기관과 신용공여를 받을 수 있는 약정을 체결할 것

> 영 제18조 제4항 제3호에서 규정하는 제14조 제1호 및 제2호의 기관
> 1. 「은행법」에 따른 은행, 「농업협동조합법」에 따른 농협은행, 「수산업협동조합법」에 따른 수협은행, 「한국산업은행법」에 따른 한국산업은행, 「한국수출입은행법」에 따른 한국수출입은행, 「중소기업은행법」에 따른 중소기업은행
> 2. 「자본시장과 금융투자업에 관한 법률」에 따른 종합금융회사를 의미한다.

영 제18조 제4항 제4호 「자본시장과 금융투자업에 관한 법률」에 따른 투자매매업자, 투자중개업자 및 증권금융회사

영 제18조 제4항 제5호 「보험업법」에 따른 보험회사

2) 계좌 개설

① 해당 금융회사 등 명의의 외국통화 계좌를 외국환은행(제14조 제1호에 따른 금융회사 등으로서 같은 호에 따른 외국환업무를 취급하는 금융회사 등을 말한다), 국내에 본점을 둔 외국환은행의 해외 현지법인이나 해외지점 또는 외국금융기관 중 한 곳 이상에 개설할 것

② 해당 금융회사 등 명의의 내국통화 계좌를 외국환은행 중 한 곳 이상에 개설할 것

3) 시설요건

외환정보집중기관과 전산망이 연결되어 있을 것

3. 사전검토

(1) 사전검토의 요청

외국환업무를 업으로 하려는 자는 등록을 신청하기 전에 기획재정부장관에게 제2항의 요건 중 일부 또는 전부에 대한 사전검토를 요청할 수 있다(영 제13조 제3항). 사전검토를 요청하려는 자는 사전검토를 요청하는 내용을 적은 요청서에 기획재정부장관이 정해 고시하는 서류를 첨부해 기획재정부장관에게 제출해야 한다(영 제13조 제4항).

(2) 금융감독원장 및 외환정보집중기관의 장에게 확인 요청(영 제13조 제5항)

기획재정부장관은 등록신청이나 사전검토 요청을 받은 때에는 「금융위원회의 설치 등에 관한 법률」에 따른 금융감독원의 원장("금융감독원장") 및 외환정보집중기관의 장에게 등록요건(제3항에 따른 사전검토 요청의 경우에는 사전검토를 요청한 요건에 한정한다)을 갖췄는지에 대한 확인을 요청할 수 있다. 이 경우 금융감독원장 및 외환정보집중기관의 장은 확인 요청을 받은 날부터 10일(토요일 및 공휴일은 기간에 산입하지 않는다) 이내에 기획재정부장관에게 확인 결과를 통보해야 한다.

(3) 사전검토 및 갈음(영 제13조 제6항)

기획재정부장관은 사전검토 요청을 받은 경우 사전검토 요청을 받은 날부터 20일(토요일 및 공휴일은 기간에 산입하지 않는다) 이내에 사전검토를 요청한 자에게 검토 결과를 통보해야 한다. 다만, 사전검토 요청에 대한 검토 결과를 통보하기 전에 사전검토를 요청한 자가 등록신청을 한 경우에는 등록신청에 대한 검토 결과 통보로 사전검토 요청에 대한 검토 결과 통보를 갈음할 수 있다.

4. 등록절차

(1) 신청서류의 구비(영 제13조 제1항)

외국환업무를 업으로 하려는 자는 다음의 사항을 적은 신청서에 재무상태표·손익계산서 등 기획재정부장관이 정하여 고시하는 서류를 첨부하여 기획재정부장관에게 등록을 신청해야 한다.
① 명칭
② 본점(외국법인의 경우에는 외국에 있는 본점을 말한다) 및 국내영업소의 소재지
③ 외국환업무의 취급 범위
④ 자본·시설 및 전문인력에 관한 사항
⑤ 임원에 관한 사항

(2) 금융감독원장 및 외환정보집중기관의 장에게 확인 요청(영 제13조 제5항)

기획재정부장관은 등록신청이나 사전검토 요청을 받은 때에는 「금융위원회의 설치 등에 관한 법률」에 따른 금융감독원의 원장("금융감독원장") 및 외환정보집중기관의 장에게 등록요건(제3항에 따른 사전검토 요청의 경우에는 사전검토를 요청한 요건에 한정한다)을 갖췄는지에 대한 확인을 요청할 수 있다. 이 경우 금융감독원장 및 외환정보집중기관의 장은 확인 요청을 받은 날부터 10일(토요일 및 공휴일은 기간에 산입하지 않는다) 이내에 기획재정부장관에게 확인 결과를 통보해야 한다.

(3) 등록(영 제13조 제7항)

기획재정부장관은 등록 신청이 다음의 어느 하나에 해당하는 경우를 제외하고는 등록을 해 주어야 한다.
① 등록을 신청한 자가 금융회사 등이 아닌 경우
② 제2항에 따른 등록 요건을 갖추지 못한 경우
③ 제출받은 서류에 흠이 있다고 인정되는 경우
④ 등록을 신청한 자(등록을 신청한 자가 법인인 경우 그 임원을 포함한다)가 법 제12조 제4항에 따라 등록할 수 없는 자인 경우
⑤ 그 밖에 이 법 또는 다른 법령에 따른 제한에 위반되는 경우

(4) 등록증 발급(영 제13조 제8항)

기획재정부장관은 등록을 한 경우에는 신청인에게 등록증을 발급해야 한다.

(5) 사무처리의 기간(규정 제1-4조)

① 외국환업무취급기관의 등록의 사무에 대한 처리기간은 등록신청일부터 20일 이내로 한다.
② 처리기간의 계산에 있어서는 초일을 산입하되 공휴일과 보완에 소요되는 기간은 산입하지 아니한다.
③ 등록·인가·신고 등의 사무처리에 대해 이 규정(권한을 위탁받은 자가 정하는 규정 등을 포함한다)에서 별도로 정한 사항이 없는 경우에는 민원사무처리에관한법령 및 행정절차법령의 규정을 준용한다.

5. 등록내용의 변경 등

(1) 개요(법 제8조 제4항)

외국환업무의 등록을 한 금융회사 등과 제3항에 따라 외국환업무의 등록을 한 자("전문외국환업무취급업자")가 그 등록사항 중 대통령령으로 정하는 사항을 변경하려 하거나 외국환업무를 폐지하려는 경우에는 대통령령으로 정하는 바에 따라 기획재정부장관에게 미리 그 사실을 신고하여야 한다.

(2) 등록 내용의 변경(영 제16조)

① 대통령령으로 정하는 사항은 다음의 사항을 말한다.
  ㉠ 명칭
  ㉡ 본점(외국법인의 경우에는 외국에 있는 본점을 말한다) 및 국내영업소의 소재지
  ㉢ 외국환업무의 취급 범위
② 등록사항의 변경이나 외국환업무의 폐지를 신고하려는 자는 기획재정부장관이 정하여 고시하는 서류를 변경 또는 폐지하려는 날의 7일 전까지 기획재정부장관에게 제출하여야 한다.

6. 업무 수행에 관한 기준(영 제17조)

외국환업무취급기관은 다음에 해당하는 기준에 따라 업무를 수행해야 한다.

(1) 거래 내용을 기록하고 관련 서류를 보존할 것
(2) 외국환업무와 그 밖의 업무를 겸영하는 경우에는 해당 외국환업무와 다른 업무를 구분하여 관리(회계처리를 포함한다. 이하 이 호에서 같다)할 것. 이 경우 전문외국환업무취급업자가 법 제8조 제3항 각 호의 업무를 겸영하거나 기타전문외국환업무를 2개 이상 겸영하는 경우에는 다음 각 목의 구분에 따라 관리해야 한다.
  ① 법 제8조 제3항 각 호의 업무를 겸영하는 경우: 같은 항 각 호의 업무별로 구분하여 관리
  ② 기타전문외국환업무를 2개 이상 겸영하는 경우: 해당 기타전문외국환업무별로 구분하여 관리
(3) 외국환업무취급 관련위험을 효율적으로 관리하기 위하여 종합적인 위험관리 체제를 구축·운용할 것
(4) 그 밖에 외국환업무의 원활한 수행과 안정성 확보를 위하여 기획재정부장관이 정하여 고시하는 기준을 따를 것

7. 기획재정부 장관의 인가(법 제8조 제5항)

외국환업무의 등록을 한 금융회사 등("외국환업무취급기관")은 국민경제의 건전한 발전, 국제 평화와 안전의 유지 등을 위하여 필요하다고 인정하여 대통령령으로 정하는 경우에는 이 법을 적용받는 업무에 관하여 외국금융기관과 계약을 체결할 때 기획재정부장관의 인가를 받아야 한다.

> 영 제16조 제6항 법 제8조 제5항에서 "대통령령으로 정하는 경우"란 급격한 국제금융시장의 불안정 및 외환시장의 변동성 확대로 인하여 국민경제에 심각한 지장을 초래할 우려가 있어 외환의 유입 및 유출에 대한 자세한 주의가 필요한 경우로서 기획재정부장관이 인정하는 경우를 말한다.

02 환전 영업자

1. 환전영업자의 등록(법 제8조 제3항)

금융회사 등이 아닌 자가 외국환업무를 업으로 하려는 경우에는 대통령령으로 정하는 바에 따라 해당 업무에 필요한 자본·시설 및 전문인력 등 대통령령으로 정하는 요건을 갖추어 미리 기획재정부장관에게 등록하여야 한다. 이 경우 외국환업무의 규모, 방식 등 구체적인 범위 및 안전성 확보를 위한 기준은 대통령령으로 정한다.

2. 환전 업무의 범위(법 제8조 제3항 제1호)

① 외국통화의 매입 또는 매도
② 외국에서 발행한 여행자수표의 매입

3. 등록 요건(영 제15조 제2항)

환전업무를 등록하려는 자는 다음의 요건을 모두 갖추어야 한다.
① 환전업무를 하는 데에 필요한 영업장
② 환전업무 및 그에 따른 사후관리를 원활하게 수행하기 위하여 기획재정부장관이 정하여 고시하는 전산설비

4. 등록절차(영 제15조)

(1) 신청서류의 구비(영 제15조 제1항)

환전업무를 업으로 하려는 자는 다음의 사항을 적은 신청서에 기획재정부장관이 정하여 고시하는 서류를 첨부하여 기획재정부장관에게 등록을 신청하여야 한다.
① 명칭
② 영업소의 소재지
③ 환전업무의 취급 범위
④ 임원에 관한 사항(등록신청인이 법인인 경우로 한정한다)

(2) 등록(영 제15조 제3항)

기획재정부장관은 등록 신청이 다음의 어느 하나에 해당하는 경우를 제외하고는 등록을 해주어야 한다.
① 제2항에 따른 영업장 및 전산설비를 갖추지 못한 경우
② 제출받은 서류에 흠이 있다고 인정되는 경우
③ 등록을 신청한 자(등록을 신청한 자가 법인인 경우 그 임원을 포함한다)가 법 제12조 제4항에 따라 등록할 수 없는 자에 해당하는 경우
④ 그 밖에 이 법 또는 다른 법령에 따른 제한에 위반되는 경우

(3) 등록증 발급(영 제15조 제4항)

기획재정부장관은 등록을 한 경우에는 신청인에게 등록증을 발급하여야 한다.

(4) 사무처리의 기간(규정 제1-4조)
① 외국환업무취급기관의 등록의 사무에 대한 처리기간은 등록신청일부터 20일 이내로 한다.
② 처리기간의 계산에 있어서는 초일을 산입하되 공휴일과 보완에 소요되는 기간은 산입하지 아니한다.
③ 등록·인가·신고 등의 사무처리에 대해 이 규정(권한을 위탁받은 자가 정하는 규정 등을 포함한다)에서 별도로 정한 사항이 없는 경우에는 민원사무처리에관한법령 및 행정절차법령의 규정을 준용한다.

5. 등록내용의 변경 등

(1) 개요(법 제8조 제4항)
환전업무의 등록을 한 자가 그 등록사항 중 대통령령으로 정하는 사항을 변경하려 하거나 환전업무를 폐지하려는 경우에는 대통령령으로 정하는 바에 따라 기획재정부장관에게 미리 그 사실을 신고하여야 한다.

(2) 등록내용의 변경 등
① 대통령령으로 정하는 사항은 다음의 사항을 말한다.
　㉠ 명칭
　㉡ 영업소의 소재지
　㉢ 환전업무의 취급 범위
② 등록사항의 변경이나 외국환업무의 폐지를 신고하려는 자는 기획재정부장관이 정하여 고시하는 서류를 변경 또는 폐지하려는 날의 7일 전까지 기획재정부장관에게 제출하여야 한다.

6. 업무 수행에 관한 기준(영 제17조)

환전영업자는 다음에 해당하는 기준에 따라 업무를 수행해야 한다.
① 거래 내용을 기록하고 관련 서류를 보존할 것
② 외국환업무와 그 밖의 업무를 겸영하는 경우에는 해당 외국환업무와 다른 업무를 구분하여 관리(회계처리를 포함한다. 이하 이 호에서 같다)할 것. 이 경우 전문외국환업무취급업자가 법 제8조 제3항 각 호의 업무를 겸영하거나 기타전문외국환업무를 2개 이상 겸영하는 경우에는 다음의 구분에 따라 관리해야 한다.
　㉠ 법 제8조 제3항 각 호의 업무를 겸영하는 경우: 같은 항 각 호의 업무별로 구분하여 관리
　㉡ 기타전문외국환업무를 2개 이상 겸영하는 경우: 해당 기타전문외국환업무별로 구분하여 관리
③ 그 밖에 외국환업무의 원활한 수행과 안정성 확보를 위하여 기획재정부장관이 정하여 고시하는 기준을 따를 것

7. 보증금의 예탁 또는 공제보험 가입(법 제8조 제7항)

기획재정부장관은 외국환업무의 성실한 이행을 위하여 전문외국환업무취급업자(환전영업자)로 등록한 자에게 기획재정부장관이 지정하는 기관에 보증금을 예탁하게 하거나 보험 또는 공제에 가입하게 하는 등 대통령령으로 정하는 바에 따라 필요한 조치를 할 수 있다.

8. 환전업무 등의 겸영(영 제15조의 6)

환전업무, 소액해외송금업무 또는 기타전문외국환업무를 겸영하려는 자는 업무별로 각각 등록해야 한다. 이 경우 기타전문외국환업무 중 2개 이상의 업무를 겸영하려는 자도 그 업무별로 각각 등록해야 한다.

03 소액해외송금업자

1. 소액해외송금업자의 등록(법 제8조 제3항)

금융회사 등이 아닌 자가 외국환업무를 업으로 하려는 경우에는 대통령령으로 정하는 바에 따라 해당 업무에 필요한 자본·시설 및 전문인력 등 대통령령으로 정하는 요건을 갖추어 미리 기획재정부장관에게 등록하여야 한다. 이 경우 외국환업무의 규모, 방식 등 구체적인 범위 및 안전성 확보를 위한 기준은 대통령령으로 정한다.

2. 소액해외송금업무의 범위(법 제8조 제3항 제2호)

소액해외송금업무의 등록을 한 소액해외송금업자는 대한민국과 외국 간의 지급 및 수령과 이에 수반되는 외국통화의 매입 또는 매도와 관련된 외국환업무를 할 수 있다.

3. 등록요건(영 제15조의 2 제2항)

소액해외송금업무를 등록하려는 자는 다음의 요건을 모두 갖추어야 한다.
① 「상법」 제169조에 따른 회사로서 자기자본이 10억 원 이상일 것
② 기획재정부장관이 정하여 고시하는 재무건전성 기준(자기자본 대비 부채총액의 비율이 100분의 200 이내)을 충족할 것
③ 외환정보집중기관과 전산망이 연결되어 있을 것
④ 소액해외송금업무 및 그에 따른 사후관리를 원활하게 수행할 수 있는 기획재정부장관이 정하여 고시하는 전산설비 및 전산 전문 인력을 갖추고 있을 것
⑤ 외국환업무에 2년 이상 종사한 경력이 있는 사람 또는 기획재정부장관이 정하는 교육을 이수한 사람을 2명 이상 확보할 것
⑥ 임원이 「금융회사의 지배구조에 관한 법률」 제5조 제1항 각 호에 따른 결격사유에 해당하지 아니할 것

4. 등록절차(영 제15조의 2)

(1) 신청서류의 구비(영 제15조의 2 제1항)

소액해외송금업무를 업으로 하려는 자는 다음의 사항을 적은 신청서에 정관 등 기획재정부장관이 정하여 고시하는 서류를 첨부하여 기획재정부장관에게 등록을 신청하여야 한다.
① 명칭
② 본점 및 영업소의 소재지
③ 소액해외송금업무 대상국가 및 취급통화 등을 포함한 취급 범위에 관한 사항
④ 소액해외송금업무의 수행 방식에 관한 사항
⑤ 소액해외송금업무에 사용할 계좌(소액해외송금업무의 등록을 하려는 자의 명의로 금융회사 등에 개설된 계좌로 한정한다)의 정보

⑥ 소액해외송금업무 과정에서 관여하는 외국 협력업자에 관한 사항
⑦ 제2항에 따른 자본·시설 및 전문 인력에 관한 사항
⑧ 임원에 관한 사항

(2) 요건확인(영 제15조의 2 제3항)
기획재정부장관은 등록 신청을 받은 때에는 금융감독원장 및 외환정보집중기관의 장에게 제2항에 따른 요건을 갖추었는지 여부에 대한 확인을 요청할 수 있다.

(3) 등록(영 제15조의 2 제4항)
기획재정부장관은 등록 신청이 다음의 어느 하나에 해당하는 경우를 제외하고는 등록을 해주어야 한다.
① 제2항 각 호에 따른 등록 요건을 갖추지 못한 경우
② 제출받은 서류에 흠이 있다고 인정되는 경우
③ 등록을 신청한 자(등록을 신청한 자의 임원을 포함한다)가 법 제12조 제4항에 따라 등록할 수 없는 자에 해당하는 경우
④ 그 밖에 이 법 또는 다른 법령에 따른 제한에 해당하는 경우

(4) 등록증 발급(영 제15조의 2 제5항)
기획재정부장관은 등록을 한 경우 신청인에게 등록증을 발급하여야 한다.

(5) 사무처리의 기간(규정 제1-4조)
① 외국환업무취급기관의 등록의 사무에 대한 처리기간은 등록신청일부터 20일 이내로 한다.
② 처리기간의 계산에 있어서는 초일을 산입하되 공휴일과 보완에 소요되는 기간은 산입하지 아니한다.
③ 등록·인가·신고 등의 사무처리에 대해 이 규정(권한을 위탁받은 자가 정하는 규정 등을 포함한다)에서 별도로 정한 사항이 없는 경우에는 민원사무처리에관한법령 및 행정절차법령의 규정을 준용한다.

(6) 운용기준
① 소액해외송금업무를 등록한 자(소액해외송금업자)는 최저자기자본(자기자본의 100의 70에 해당하는 금액)에 미달하지 아니하도록 운용하여야 한다.
② 각 회계연도 말을 기준으로 최저자기자본을 충족하지 못한 소액해외송금업자는 다음 회계연도 말까지 자기자본 요건을 충족하여야 한다(영 제15조의 2 제6항).

5. 등록내용의 변경 등
(1) 개요(법 제8조 제4항)
외국환업무의 등록을 한 소액해외송금업자가 그 등록사항 중 대통령령으로 정하는 사항을 변경하려 하거나 환전업무를 폐지하려는 경우에는 대통령령으로 정하는 바에 따라 기획재정부장관에게 미리 그 사실을 신고하여야 한다.

(2) 등록내용의 변경 등(영 제16조 제1항 제3호)
① 대통령령으로 정하는 사항은 다음의 사항을 말한다.
㉠ 명칭
㉡ 본점 및 영업소의 소재지
㉢ 소액해외송금업무 대상국가 및 취급통화 등을 포함한 취급 범위에 관한 사항
㉣ 소액해외송금업무의 수행 방식에 관한 사항
㉤ 소액해외송금업무에 사용할 계좌(소액해외송금업무의 등록을 하려는 자의 명의로 금융회사 등에 개설된 계좌로 한정한다)의 정보
㉥ 소액해외송금업무 과정에서 관여하는 외국 협력업자에 관한 사항
② 등록사항의 변경이나 외국환업무의 폐지를 신고하려는 자는 기획재정부장관이 정하여 고시하는 서류를 변경 또는 폐지하려는 날의 7일 전까지 기획재정부장관에게 제출하여야 한다.

6. 업무 수행에 관한 기준(영 제17조)

소액해외송금업자는 다음에 해당하는 기준에 따라 업무를 수행해야 한다.
① 거래 내용을 기록하고 관련 서류를 보존할 것
② 외국환업무와 그 밖의 업무를 겸영하는 경우에는 해당 외국환업무와 다른 업무를 구분하여 관리(회계처리를 포함한다. 이하 이 호에서 같다)할 것. 이 경우 전문외국환업무취급업자가 법 제8조 제3항 각 호의 업무를 겸영하거나 기타전문외국환업무를 2개 이상 겸영하는 경우에는 다음의 구분에 따라 관리해야 한다.
㉠ 법 제8조 제3항 각 호의 업무를 겸영하는 경우: 같은 항 각 호의 업무별로 구분하여 관리
㉡ 기타전문외국환업무를 2개 이상 겸영하는 경우: 해당 기타전문외국환업무별로 구분하여 관리
③ 그 밖에 외국환업무의 원활한 수행과 안정성 확보를 위하여 기획재정부장관이 정하여 고시하는 기준을 따를 것

7. 소액해외송금업무의 규모 및 방식

(1) 소액해외송금업무의 규모(영 제15조의 3 제1항)

소액해외송금업자가 취급할 수 있는 건당 지급 및 수령 범위는 각각 미화 5천 달러를 한도로 기획재정부장관이 정하여 고시하는 금액으로 하며, 고객별 연간 지급 및 수령 누계 범위는 외국환수급 안정과 대외거래 원활화를 위하여 기획재정부장관이 정하여 고시하는 금액으로 한다.

> 외국환거래규정 제2-31조 제1항 ① 영 제15조의 3 제1항에 따른 소액해외송금업무의 건당 지급 및 수령 한도는 각각 건당 미화 5천 불로 하며, 동일인당 연간 지급 및 수령 누계 한도는 각각 미화 5만 불로 한다.

(2) 전용계좌 사용원칙(영 제15조의 3 제2항)

소액해외송금업자는 소액해외송금업무에 사용할 계좌를 통해서만 고객에게 자금을 지급하거나 고객으로부터 자금을 수령하여야 한다. 다만, 계좌를 통한 거래에 준하는 수준의 투명성 확보가 담보되는 것으로 기획재정부장관이 인정하는 방식으로 자금을 지급 또는 수령하는 경우에는 소액해외송금업무에 사용할 계좌를 통하지 아니할 수 있다.

> 외국환거래규정 제2-31조 제4항 ④ 영 제15조의 3 제2항에서 "계좌를 통한 거래에 준하는 수준의 투명성 확보가 담보되는 것으로 기획재정부장관이 인정하는 방식으로 자금을 지급 또는 수령하는 경우"란 다음 각 호의 1을 말한다.
> 1. 법 제8조 제2항에 따라 외국환업무를 등록한 금융회사 등(다만, 영 제7조 제7호의 「한국해양진흥공사법」에 따른 한국해양진흥공사는 제외한다) 및 영 제15조의 5 제2항에 따라 기타전문외국환업무를 등록한 자(다만, 제2-39조 제2항 및 제3항의 업무를 영위하는 자에 한한다)를 통하여 고객에게 자금을 지급하거나 고객으로부터 자금을 수령하는 경우
> 2. 제2-28조 제1항 제2호에서 정하는 방식으로 업무를 영위하는 환전영업자 및 「전자금융감독규정」 제3조 제2호에서 정하는 사업자를 통하여 고객에게 자금을 지급하거나 고객으로부터 자금을 수령하는 경우(소액해외송금업자가 이 규정 제2-28조 제1항 제2호의 업무를 등록한 경우 보유하고 있는 무인환전기기를 통하여 고객에게 자금을 지급하거나 고객으로부터 자금을 수령하는 경우를 포함한다.)

(3) 전용계좌의 용도제한
① 소액해외송금업자는 제15조의 2 제1항 제5호에 따른 계좌(소액해외송금업무에 사용할 계좌)를 제2항 본문에 따른 지급・수령의 용도로만 사용하여야 한다(영 제15조의 3 제3항).
② 소액해외송금업자는 제15조의 2 제1항 제5호에 따른 계좌의 자산을 다른 자산과 구분하여 회계처리 하여야 한다(영 제15조의 3 제4항).

8. 소액해외송금업무의 안전성 확보 기준 등

(1) 정보기술부문 및 인증방법에 대한 기준 준수(영 제15조의 4 제1항)
소액해외송금업자는 소액해외송금업무의 안전성과 신뢰성을 확보할 수 있도록 전자적 전송이나 처리를 위한 인력, 시설, 전자적 장치, 소요경비 등의 정보기술부문 및 인증방법에 관하여 기획재정부장관이 정하는 기준을 준수하여야 한다.

(2) 정보보호최고책임자 지정(영 제15조의 4 제2항)
소액해외송금업자는 기획재정부장관이 정하는 자격요건을 갖춘 사람을 소액해외송금업무의 기반이 되는 정보기술부문 보안을 총괄하여 책임질 정보보호최고책임자로 지정하여야 한다.

(3) 약관 제정 및 변경관련의무
① 소액해외송금업자는 소액해외송금업무의 수행과 관련하여 약관을 정하거나 변경하려는 경우 미리 기획재정부장관에게 신고하여야 한다(영 제15조의 4 제3항).
② 기획재정부장관은 건전한 외환거래 질서를 유지하기 위하여 필요한 경우 소액해외송금업자에게 약관의 변경을 권고할 수 있다(영 제15조의 4 제4항).
③ 소액해외송금업자는 약관을 정하거나 변경한 경우 인터넷 홈페이지 등을 통하여 공시하여야 하며, 고객과 소액해외송금업무와 관련한 계약을 체결할 때 약관을 명시하여야 한다(영 제15조의 4 제5항).

(4) 손해배상 절차의 마련(영 제15조의 4 제6항)
소액해외송금업자는 업무와 관련하여 고객이 제기하는 정당한 의견이나 불만을 반영하고 고객이 소액해외송금업무와 관련하여 입은 손해를 배상하기 위한 절차를 마련하여야 한다.

(5) 주요 정보 제공(영 제15조의 4 제7항)

소액해외송금업자는 기획재정부장관이 정하여 고시하는 소액해외송금업무와 관련된 주요 정보를 고객에게 제공하여야 한다.

9. 보증금의 예탁 또는 공제보험 가입(법 제8조 제7항)

(1) 보증금의 예탁 등

기획재정부장관은 외국환업무의 성실한 이행을 위하여 전문외국환업무취급업자(소액해외송금업자)로 등록한 자에게 기획재정부장관이 지정하는 기관에 보증금을 예탁하게 하거나 보험 또는 공제에 가입하게 하는 등 대통령령으로 정하는 바에 따라 필요한 조치를 할 수 있다.

(2) 이행보증금의 산정

① 소액해외송금업자가 예탁하여야 하는 보증금(이행보증금)은 3억 원 이상으로 하며, 그 구체적인 금액은 해당 소액해외송금업자의 거래 규모를 고려하여 기획재정부장관이 정하여 고시한다(영 제17조의 2 제1항).

> 규정 제2-35 제2항 ② 영 제17조의 2 제1항에 따른 소액해외송금업자의 이행보증금은 영업개시일로부터 그 다음 월의 말일까지는 3억 원 이상으로 하고, 그 기간이 지난 후부터는 다음의 계산식에 따라 산정한 금액 이상으로 한다. 다만, 다음의 계산식에 따라 산정한 금액이 3억 원보다 작은 경우에는 3억 원으로 한다.

② 소액해외송금업자는 법 제8조 제7항에 따라 기획재정부장관이 지정하는 기관(이행보증금예탁기관)에 이행보증금을 현금으로 예탁하고 등록기간 동안 이를 유지하여야 한다. 다만, 기획재정부장관이 인정하는 보증보험에 가입하는 경우에는 보장금액에 해당하는 범위에서 이행보증금의 일부 또는 전부를 예탁하지 아니할 수 있다(영 제17조의 2 제2항).

③ 소액해외송금업자는 제2항에 따라 예탁하거나 보장되는 금액이 제1항에 따른 금액에 미치지 못할 경우 기획재정부장관이 정하는 기간 내에 그 부족한 금액을 다시 예탁하여야 한다(영 제17조의 2 제3항).

④ 소액해외송금업자는 이행보증금의 산정, 예탁 근거 및 내역을 기록하고 기획재정부장관에게 보고하여야 한다(영 제17조의 2 제4항).

⑤ 제1항부터 제4항까지에서 규정한 사항 외에 이행보증금의 산정, 예탁 및 보고 등에 필요한 사항은 기획재정부장관이 정하여 고시한다(영 제17조의 2 제5항).

(3) 이행보증금의 지급

① 소액해외송금업자에게 대한민국에서 외국으로 지급을 요청한 고객은 다음의 어느 하나에 해당하는 사유가 발생한 경우 그 소액해외송금업자의 이행보증금의 한도에서 이행보증금예탁기관에 이행보증금의 지급을 신청할 수 있다(영 제17조의 3 제1항).
   ㉠ 소액해외송금업자의 파산, 업무정지, 등록취소 또는 이에 준하는 사유로 고객의 지급 요청을 수행하지 못하는 경우
   ㉡ 소액해외송금업자가 고객의 지급 요청을 수행하지 아니하였거나 수행하는 과정에서 고객에게 손해가 발생한 경우(손해배상합의, 화해, 법원의 확정 판결, 그 밖에 이에 준하는 효력의 결정이 있는 경우로 한정한다)

② 제1항에 따른 신청을 받은 이행보증금예탁기관의 장은 기획재정부장관이 정하는 절차에 따라 고객에게 소액해외송금업자의 이행보증금의 전부 또는 일부를 지급할 수 있다(영 제17조의 3 제2항).

(4) 이행보증금의 반환(영 제17조의 4)

이행보증금예탁기관의 장은 다음의 어느 하나에 해당하는 경우 기획재정부장관이 정하는 바에 따라 이행보증금의 전부 또는 일부를 소액해외송금업자에게 반환하여야 한다.
① 소액해외송금업자가 소액해외송금업무를 폐지한 경우
② 소액해외송금업자인 법인이 파산 또는 해산하거나 합병으로 소멸한 경우
③ 법 제12조에 따라 소액해외송금업자의 등록이 취소된 경우
④ 기획재정부장관이 정하는 기간 동안 소액해외송금업자가 이미 예탁한 이행보증금이 제17조의 2 제1항에 따라 예탁하여야 할 이행보증금을 초과한 경우

10. 환전업무 등의 겸영(영 제15조의 6)

환전업무, 소액해외송금업무 또는 기타전문외국환업무를 겸영하려는 자는 업무별로 각각 등록해야 한다. 이 경우 기타전문외국환업무 중 2개 이상의 업무를 겸영하려는 자도 그 업무별로 각각 등록해야 한다.

04 기타전문외국환업무취급업자

1. 기타전문외국환업무취급업자의 등록(법 제8조 제3항 제3호)

금융회사 등이 아닌 자가 외국환업무를 업으로 하려는 경우에는 해당 업무에 필요한 자본·시설 및 전문인력 등 대통령령으로 정하는 요건을 갖추어 미리 기획재정부장관에게 등록하여야 한다. 외국환업무의 규모, 방식 등 구체적인 범위 및 안전성 확보를 위한 기준은 대통령령으로 정한다.

2. 기타외국환업무취급업자의 업무의 범위

기타외국환업무취급업자는 법 제8조 제3항 제3호에 의해 그 밖에 외국환거래의 편의 증진을 위하여 필요하다고 인정하여 대통령령으로 정하는 외국환업무를 할 수 있다.

"대통령령으로 정하는 외국환업무"란 「전자금융거래법」에 따른 전자화폐의 발행·관리업무, 선불전자지급수단의 발행·관리업무 또는 전자지급결제대행에 관한 업무와 직접 관련된 외국환업무로서 기획재정부장관이 정하여 고시하는 업무(이하 "기타전문외국환업무"라 한다)를 말한다(영 제15조의 5 제1항).

3. 등록할 수 있는 자(영 제15조의 5 제2항)

기타전문외국환업무를 등록할 수 있는 자는 「전자금융거래법」 제28조에 따라 전자화폐의 발행·관리업무를 허가받은 자, 선불전자지급수단의 발행·관리업무를 등록한 자 또는 전자지급결제대행에 관한 업무를 등록한 자로 한정한다.

4. 등록요건 및 절차의 준용(영 제15조의 5 제3항)

기타전문외국환업무를 등록하려는 자의 등록 요건 및 절차에 관하여는 제13조(제7항 제1호는 제외한다)를 준용한다. 이 경우 제13조 제1항 본문에서 "법 제8조 제1항 본문에 따라 외국환업무"는 "기타전문외국환업무"로, 같은 조 제2항 제1호에서 "해당 금융회사 등"은 "「전자금융거래법」에 따라 전자화폐의 발행·관리업무를 허가받은 자, 선불전자지급수단의 발행·관리업무를 등록한 자 또는 전자지급결제대행에 관한 업무를 등록한 자"로 본다.

더 알아보기

기타전문외국환업무 등록요건 및 절차

1. 등록 요건(영 제13조 제2항)
   (1) 자본요건
   「전자금융거래법」에 따라 전자화폐의 발행・관리업무를 허가받은 자, 선불전자지급수단의 발행・관리업무를 등록한 자 또는 전자지급결제대행에 관한 업무를 등록한 자에 대하여 금융위원회가 정하는 재무건전성 기준에 비추어 자본 규모와 재무구조가 적정할 것
   (2) 시설요건
   ① 외환정보집중기관과 전산망이 연결되어 있을 것
   ② 기타전문외국환업무 및 그에 따른 사후관리를 원활하게 수행할 수 있는 전산설비를 갖출 것
   (3) 인력요건
   외국환업무에 2년 이상 종사한 경력이 있는 자 또는 기획재정부장관이 정하는 교육을 이수한 자를 영업소별로 2명 이상 확보할 것

2. 등록절차
   (1) 신청서류의 구비(영 제13조 제1항)
   기타전문외국환업무를 업으로 하려는 자는 다음의 사항을 적은 신청서에 재무상태표・손익계산서 등 기획재정부장관이 정하여 고시하는 서류를 첨부하여 기획재정부장관에게 등록을 신청해야 한다.
   ① 명칭
   ② 본점(외국법인의 경우에는 외국에 있는 본점을 말한다) 및 국내영업소의 소재지
   ③ 외국환업무의 취급 범위
   ④ 자본・시설 및 전문 인력에 관한 사항
   ⑤ 임원에 관한 사항
   (2) 사전검토의 요청
   ① 외국환업무를 업으로 하려는 자는 등록을 신청하기 전에 기획재정부장관에게 제2항의 요건 중 일부 또는 전부에 대한 사전검토를 요청할 수 있다(영 제13조 제3항).
   ② 사전검토를 요청하려는 자는 사전검토를 요청하는 내용을 적은 요청서에 기획재정부장관이 정해 고시하는 서류를 첨부해 기획재정부장관에게 제출해야 한다(영 제13조 제4항).
   (3) 금융감독원장 및 외환정보집중기관의 장에게 확인 요청(영 제13조 제5항)
   기획재정부장관은 등록신청이나 사전검토 요청을 받은 때에는 「금융위원회의 설치 등에 관한 법률」에 따른 금융감독원의 원장("금융감독원장") 및 외환정보집중기관의 장에게 등록요건(제3항에 따른 사전검토 요청의 경우에는 사전검토를 요청한 요건에 한정한다)을 갖췄는지에 대한 확인을 요청할 수 있다. 이 경우 금융감독원장 및 외환정보집중기관의 장은 확인 요청을 받은 날부터 10일(토요일 및 공휴일은 기간에 산입하지 않는다) 이내에 기획재정부장관에게 확인 결과를 통보해야 한다.
   (4) 등록(영 제13조 제7항)
   기획재정부장관은 등록 신청이 다음의 어느 하나에 해당하는 경우를 제외하고는 등록을 해주어야 한다.
   ① 등록을 신청한 자가 금융회사 등이 아닌 경우
   ② 제2항에 따른 등록 요건을 갖추지 못한 경우
   ③ 제출받은 서류에 흠이 있다고 인정되는 경우
   ④ 등록을 신청한 자(등록을 신청한 자가 법인인 경우 그 임원을 포함한다)가 법 제12조제 4항에 따라 등록할 수 없는 자인 경우
   ⑤ 그 밖에 이 법 또는 다른 법령에 따른 제한에 위반되는 경우
   (5) 등록증 발급(영 제13조 제8항)
   기획재정부장관은 등록을 한 경우에는 신청인에게 등록증을 발급해야 한다.
   (6) 사무처리의 기간(규정 제1-4조)
   ① 외국환업무취급기관의 등록의 사무에 대한 처리기간은 등록신청일부터 20일 이내로 한다.
   ② 처리기간의 계산에 있어서는 초일을 산입하되 공휴일과 보완에 소요되는 기간은 산입하지 아니한다.
   ③ 등록・인가・신고 등의 사무처리에 대해 이 규정(권한을 위탁받은 자가 정하는 규정 등을 포함한다)에서 별도로 정한 사항이 없는 경우에는 민원사무처리에관한법령 및 행정절차법령의 규정을 준용한다.

3. 등록내용의 변경 등
    (1) 개요(법 제8조 제4항)
        기타전문외국환업무취급업자가 그 등록사항 중 대통령령으로 정하는 사항을 변경하려 하거나 외국환업무를 폐지하려는 경우에는 대통령령으로 정하는 바에 따라 기획재정부장관에게 미리 그 사실을 신고하여야 한다.
    (2) 등록 내용의 변경(영 제16조)
        ① 대통령령으로 정하는 사항은 다음의 사항을 말한다.
            가. 명칭
            나. 본점(외국법인의 경우에는 외국에 있는 본점을 말한다) 및 국내영업소의 소재지
            다. 외국환업무의 취급 범위
        ② 등록사항의 변경이나 외국환업무의 폐지를 신고하려는 자는 기획재정부장관이 정하여 고시하는 서류를 변경 또는 폐지하려는 날의 7일 전까지 기획재정부장관에게 제출하여야 한다.

4. 업무 수행에 관한 기준(영 제17조)
    외국환업무취급기관은 다음에 해당하는 기준에 따라 업무를 수행해야 한다.
    (1) 거래 내용을 기록하고 관련 서류를 보존할 것
    (2) 외국환업무와 그 밖의 업무를 겸영하는 경우에는 해당 외국환업무와 다른 업무를 구분하여 관리(회계처리를 포함한다. 이하 이 호에서 같다)할 것. 이 경우 전문외국환업무취급업자가 법 제8조 제3항 각 호의 업무를 겸영하거나 기타전문외국환업무를 2개 이상 겸영하는 경우에는 다음 각 목의 구분에 따라 관리해야 한다.
        ① 법 제8조 제3항 각 호의 업무를 겸영하는 경우: 같은 항 각 호의 업무별로 구분하여 관리
        ② 기타전문외국환업무를 2개 이상 겸영하는 경우: 해당 기타전문외국환업무별로 구분하여 관리
    (3) 외국환업무취급 관련위험을 효율적으로 관리하기 위하여 종합적인 위험관리 체제를 구축·운용할 것
    (4) 그 밖에 외국환업무의 원활한 수행과 안정성 확보를 위하여 기획재정부장관이 정하여 고시하는 기준을 따를 것

5. 보증금의 예탁 또는 공제보험 가입(법 제8조 제7항)

기획재정부장관은 외국환업무의 성실한 이행을 위하여 전문외국환업무취급업자(환전영업자)로 등록한 자에게 기획재정부장관이 지정하는 기관에 보증금을 예탁하게 하거나 보험 또는 공제에 가입하게 하는 등 대통령령으로 정하는 바에 따라 필요한 조치를 할 수 있다.

6. 환전업무 등의 겸영(영 제15조의 6)

환전업무, 소액해외송금업무 또는 기타전문외국환업무를 겸영하려는 자는 업무별로 각각 등록해야 한다. 이 경우 기타전문외국환업무 중 2개 이상의 업무를 겸영하려는 자도 그 업무별로 각각 등록해야 한다.

05 외국환중개회사의 인가

1. 개요

외국환중개업무란 외국통화의 매매, 교환, 대여의 중개, 외국통화를 기초재산으로 하는 파생상품거래의 중개 및 그 밖에 관련된 업무를 말한다. "외국환중개회사"는 이러한 외국환중개업무를 업으로 하기 위하여 대통령령으로 정하는 바에 따라 자본·시설 및 전문 인력을 갖추어 기획재정부장관의 인가를 받은 자를 의미한다(법 제9조 제1항).

2. 외국환중개업무

(1) 외국환중개업무의 범위(법 제3조 제16조의 2)

"외국환중개업무"란 다음의 어느 하나에 해당하는 것을 말한다.
① 외국통화의 매매·교환·대여의 중개
② 외국통화를 기초자산으로 하는 파생상품거래의 중개
③ 그 밖에 가목 및 나목과 관련된 업무

(2) 업종별 구분(법 제9조 제1항)

외국환중개업무를 업으로 하려는 자는 다음의 구분에 따른 업종별로 대통령령으로 정하는 바에 따라 자본·시설 및 전문 인력을 갖추어 기획재정부장관의 인가를 받아야 한다. 이 경우 인가를 받은 사항 중 대통령령으로 정하는 중요 사항을 변경하려면 기획재정부장관에게 신고하여야 한다.

① 일반외국환중개업

외국환거래 관련 전문성을 갖춘 금융회사 등 및 관련 기관으로서 대통령령으로 정하는 자("전문금융기관 등") 간의 외국환중개업무에 관한 영업

② 대(對)고객외국환중개업

전문금융기관등과 전문금융기관 등에 속하지 아니한 외국환거래 상대방으로서 대통령령으로 정하는 자 간의 외국환중개업무에 관한 영업

> 대통령령으로 정하는 자(영 제18조 제5항) - 거래대상 법 제9조 제1항 제2호에서 "대통령령으로 정하는 자"란 제4항 각 호의 자를 제외한 자를 말한다.

(3) 거래대상(법 제9조 제2항)

인가받은 외국환중개회사는 업종별로 정하는 자를 상대로 외국환중개업무를 하여야 한다.

① 일반외국환중개업(영 제18조 제4항)

한국은행, 정부, 은행 및 종합금융회사, 투자매매업자, 투자중개업자 및 증권금융회사, 보험회사, 외국금융기관를 상대로 외국환중개업무를 하여야 한다.

> 대통령령으로 정하는 자(영 제18조 제4항) - 거래대상 법 제9조 제1항 제1호에서 "대통령령으로 정하는 자"란 다음 각 호의 자를 말한다.
> 1. 한국은행
> 2. 정부(외국환평형기금을 운용·관리하는 경우에 한정한다)
> 3. 제14조 제1호 및 제2호의 기관(은행 및 종합금융회사)
> 4. 「자본시장과 금융투자업에 관한 법률」에 따른 투자매매업자, 투자중개업자 및 증권금융회사
> 5. 「보험업법」에 따른 보험회사
> 6. 외국금융기관(내국지급수단과 대외지급수단의 매매에 대한 중개는 외국환업무취급기관인 외국금융기관으로 한정한다)

② 대(對)고객외국환중개업(영 제18조 제5항)

대고객외국환중개업을 영위하는 자는 영 제18조 제4항의 자를 제외한 자를 대상으로 외국환중개업무를 하여야 한다.

3. 인가의 요건(영 제18조 제2항)

외국환중개업무의 인가를 받으려는 자는 다음의 구분에 따른 요건을 갖춰야 한다.

(1) 일반외국환중개업의 인가(영 제18조 제2항 제1호)
① 자본요건

납입자본금(외국법인의 경우에는 국내 지점 또는 영업소의 「자본시장과 금융투자업에 관한 법률」 제65조 제1항에 따른 영업기금을 말한다)이 40억 원 이상일 것. 다만, 외국통화의 매매(선물환은 제외한다)의 중개 및 그와 관련된 업무를 수행하려는 자는 50억 원 이상일 것

② 시설요건

외국환중개업무 및 이에 관한 보고 등을 수행할 수 있는 시설로서 기획재정부장관이 정하여 고시하는 전산시설을 갖출 것

③ 인력요건
  ㉠ 외국환중개업무에 관한 지식·경험 등 업무 수행에 필요한 능력을 가진 전문 인력을 2명 이상 갖출 것
  ㉡ 인가를 신청한 자(인가를 신청한 자의 임원을 포함한다)가 법 제12조 제4항에 따라 인가받을 수 없는 자에 해당하지 않을 것

(2) 대고객외국환중개업의 인가
① 자본요건

납입자본금이 30억 원 이상일 것

② 시설요건

외국환중개업무 및 이에 관한 보고 등을 수행할 수 있는 시설로서 기획재정부장관이 정하여 고시하는 전산시설을 갖출 것

③ 인력요건
  ㉠ 외국환중개업무에 관한 지식·경험 등 업무 수행에 필요한 능력을 가진 전문 인력을 2명 이상 갖출 것
  ㉡ 인가를 신청한 자(인가를 신청한 자의 임원을 포함한다)가 법 제12조 제4항에 따라 인가받을 수 없는 자에 해당하지 않을 것

4. 인가절차

(1) 신청서류의 구비(영 제18조 제1항)

외국환중개업무를 업으로 하려는 자는 다음의 사항을 적은 신청서에 기획재정부장관이 정하여 고시하는 서류를 첨부하여 기획재정부장관에게 인가를 신청하여야 한다.

① 명칭
② 본점(외국법인의 경우에는 외국에 있는 본점을 말한다) 및 국내영업소의 소재지
③ 제2항에 따른 자본·시설 및 전문 인력에 관한 사항
④ 임원에 관한 사항

(2) 예비인가의 신청(규정 제2-40조 제2항)

영 제18조 제1항에 의한 인가("본인가"라 한다)를 신청하고자 하는 자는 기획재정부장관에게 예비인가를 신청할 수 있으며, 이 경우 예비인가를 신청하고자 하는 자는 외국환중개업무예비인가신청서를 기획재정부장관에게 제출하여야 한다.

(3) 합병, 양도, 양수 인가

외국환중개회사가 다음의 어느 하나에 해당하는 행위를 하려는 경우에는 대통령령으로 정하는 구분에 따라 기획재정부장관의 인가를 받거나 기획재정부장관에게 신고하여야 한다.
① 합병 또는 해산
② 영업의 전부 또는 일부의 폐지·양도·양수

외국환중개회사가 합병 또는 영업의 전부 또는 일부를 양도·양수하려는 경우에는 법 제9조 제3항에 따라 신청서에 재무상태표·손익계산서 등 기획재정부장관이 정하여 고시하는 서류를 첨부하여 기획재정부장관에게 인가를 신청해야 한다(영 제18조 제6항).

(4) 인가의 결정(영 제18조 제7항)

기획재정부장관은 제1항(본인가) 또는 제6항(합병 등의 인가)에 따라 인가신청을 받은 때에는 신청일부터 30일 이내에 인가 여부를 결정하고 신청인에게 알려야 한다.

(5) 신청사항의 변경(영 제18조 제8항)

외국환중개회사는 제1항 각 호의 사항(신청사항)을 변경하거나, 해산 또는 영업의 전부나 일부를 폐지하려는 경우에는 법 제9조 제1항 및 제3항에 따라 7일 전까지 기획재정부장관이 정하여 고시하는 신고서류를 기획재정부장관에게 제출하여야 한다.

5. 운용의 기준(영 제18조 제3항)

외국환중개업무를 인가받은 외국환중개회사는 인가를 받은 후 자본금(외국법인의 경우에는 국내 지점 또는 영업소의 총자산에서 총부채를 뺀 금액을 말한다)이 납입자본금 기준의 100분의 70에 미달하지 아니하도록 운용하여야 하며, 이를 충족하지 못하는 경우 기획재정부장관은 다음 회계연도 말일까지 자본금을 확충하도록 요구할 수 있다. 이 경우 자본금 기준은 매 회계연도 말일을 기준으로 적용한다.

6. 보증금의 예탁

(1) 보증금의 예탁(법 제9조 제4항)

기획재정부장관은 외국환중개업무의 성실한 이행을 위하여 외국환중개회사에 대하여 기획재정부장관이 지정하는 기관에 보증금을 예탁하게 하거나 보험 또는 공제에 가입하게 하는 등 대통령령으로 정하는 바에 따라 필요한 조치를 할 수 있다.

(2) 예탁금(영 제18조 제9항 제1호)

기획재정부장관은 외국환중개회사에 대하여 납입자본금의 100분의 20 범위에서 기획재정부장관이 정하여 고시하는 비율에 해당하는 금액을 금융회사 등에 예탁하게 하는 조치를 취할 수 있다. 이 경우 해당 조치에 관하여 필요한 세부사항은 기획재정부장관이 정하여 고시한다.

(3) 손해보험 또는 공제가입(영 제18조 제9항 제2호)

기획재정부장관은 외국환중개회사에 대하여 책임한도액이 10억 원 이상인 손해보험 또는 공제에 가입하게 하는 조치를 취할 수 있다. 이 경우 해당 조치에 관하여 필요한 세부사항은 기획재정부장관이 정하여 고시한다.

(4) 보증금의 반환 등(영 제18조 제10항)

외국환중개회사는 다음의 어느 하나에 해당하는 경우에는 제9항 제1호에 따라 예탁한 보증금의 반환을 신청하거나 같은 항 제2호에 따라 가입한 손해보험 또는 공제의 계약을 해지할 수 있다.
① 외국환중개업무를 폐지한 경우
② 인가가 취소되어 그 잔무를 종결한 경우

7. 외국에서 외국환중개업무의 수행

(1) 개요(법 제9조 제5항)

외국환중개회사가 외국에서 외국환중개업무를 하려는 경우에는 대통령령으로 정하는 바에 따라 기획재정부장관의 인가를 받아야 한다.

(2) 인가(영 제19조 제1항)

외국환중개회사는 외국에서 외국환중개업무를 하기 위하여 인가를 받으려는 경우에는 기획재정부장관이 정하여 고시하는 신청 서류를 첨부하여 기획재정부장관에게 제출하여야 한다. 인가받은 내용을 변경하려는 경우에도 또한 같다.

(3) 외국환중개업무의 방법(영 제19조 제2항)

외국에서의 외국환중개업무는 다음의 어느 하나에 해당하는 방법에 따른다.
① 지점 및 사무소를 설치하는 방법
② 외국환중개업무를 하는 외국법인의 주식 또는 출자지분을 취득하여 해당 법인의 경영에 참가하는 방법
③ 해당 외국환중개회사가 사실상 경영권을 지배하고 있는 외국법인으로 하여금 외국환중개업무를 하는 다른 외국법인의 주식 또는 출자지분을 취득하게 하여 그 경영에 참가하는 방법
④ 법 제3조 제1항 제16호의 2 다목에 따른 외국환중개업무로서 기획재정부장관이 정하여 고시하는 업무를 외국법인과의 제휴를 통해 수행하는 방법

8. 업무 수행 절차 준용(영 제20조)

외국환중개회사의 업무 수행에 관하여는 제17조 제1호 및 제2호 전단을 준용한다. 이 경우 "외국환업무취급기관 및 전문외국환업무취급업자"는 "외국환중개회사"로, "외국환업무"는 "외국환중개업무"로 본다.

> **영 제17조**
> 제17조(업무 수행에 관한 기준) 법 제8조 제6항에 따라 외국환업무취급기관과 전문외국환업무취급업자는 다음 각 호에 해당하는 기준에 따라 업무를 수행해야 한다.
> 1. 외국환업무취급기관 및 전문외국환업무취급업자는 거래 내용을 기록하고 관련 서류를 보존할 것

2. 외국환업무취급기관 및 전문외국환업무취급업자는 외국환업무와 그 밖의 업무를 겸영하는 경우에는 해당 외국환업무와 다른 업무를 구분하여 관리(회계처리를 포함한다. 이하 이 호에서 같다)할 것. 이 경우 전문외국환업무취급업자가 법 제8조 제3항 각 호의 업무를 겸영하거나 기타전문외국환업무를 2개 이상 겸영하는 경우에는 다음 각 목의 구분에 따라 관리해야 한다.
   가. 법 제8조 제3항 각 호의 업무를 겸영하는 경우: 같은 항 각 호의 업무별로 구분하여 관리
   나. 기타전문외국환업무를 2개 이상 겸영하는 경우: 해당 기타전문외국환업무별로 구분하여 관리

9. 규제의 재검토(영 제39조의 3)

기획재정부장관은 제18조에 따른 외국환중개업무의 인가 등에 대하여 2014년 1월 1일을 기준으로 3년마다 (매 3년이 되는 해의 1월 1일 전까지를 말한다) 그 타당성을 검토하여 개선 등의 조치를 해야 한다.

II 금융회사 등의 외국환업무

01 개요

1. 금융회사

(1) 정의(법 제3조 제1항 제17조)

"금융회사 등"이란 「금융위원회의 설치 등에 관한 법률」 제38조(제9호 및 제10호는 제외한다)에 따른 기관과 그 밖에 금융업 및 금융 관련 업무를 하는 자로서 대통령령으로 정하는 자를 말한다.

> **금융위원회의 설치 등에 관한 법률 제38조**
> 제38조(검사 대상 기관) 금융감독원의 검사를 받는 기관은 다음 각 호와 같다.
> 1. 「은행법」에 따른 인가를 받아 설립된 은행
> 2. 「자본시장과 금융투자업에 관한 법률」에 따른 금융투자업자, 증권금융회사, 종합금융회사 및 명의개서대행회사(名義改書代行會社)
> 3. 「보험업법」에 따른 보험회사
> 4. 「상호저축은행법」에 따른 상호저축은행과 그 중앙회
> 5. 「신용협동조합법」에 따른 신용협동조합 및 그 중앙회
> 6. 「여신전문금융업법」에 따른 여신전문금융회사 및 겸영여신업자(兼營與信業者)
> 7. 「농업협동조합법」에 따른 농협은행
> 8. 「수산업협동조합법」에 따른 수협은행
> 9. 다른 법령에서 금융감독원이 검사를 하도록 규정한 기관 (제외대상)
> 10. 그 밖에 금융업 및 금융 관련 업무를 하는 자로서 대통령령으로 정하는 자(제외대상)

(2) 대통령령으로 정하는 자(영 제7조)

법 제3조 제1항 제17호에서 "대통령령으로 정하는 자"란 다음의 자를 말한다.
① 「한국산업은행법」에 따른 한국산업은행
② 「한국수출입은행법」에 따른 한국수출입은행
③ 「중소기업은행법」에 따른 중소기업은행
④ 과학기술정보통신부장관이 지정하는 체신관서
⑤ 「새마을금고법」에 따른 새마을금고 및 중앙회
⑥ 「한국해양진흥공사법」에 따른 한국해양진흥공사
⑦ 외국금융기관(외국의 법령에 따라 설립되어 외국에서 금융업을 영위하는 자를 말한다. 이하 같다) 중 기획재정부장관이 정하여 고시하는 업종 및 재무건전성 기준에 해당하는 기관

2. 외국환업무

(1) 외국환업무(법 제3조 제1항 제16호 및 영 제6조)

"외국환업무"란 다음의 어느 하나에 해당하는 것을 말한다.
① 외국환의 발행 또는 매매
② 대한민국과 외국 간의 지급·추심(推尋) 및 수령
③ 외국통화로 표시되거나 지급되는 거주자와의 예금, 금전의 대차 또는 보증
④ 비거주자와의 예금, 금전의 대차 또는 보증
⑤ 비거주자와의 내국통화로 표시되거나 지급되는 증권 또는 채권의 매매 및 매매의 중개
⑥ 거주자 간의 신탁·보험 및 파생상품거래(외국환과 관련된 경우에 한정한다) 또는 거주자와 비거주자 간의 신탁·보험 및 파생상품거래
⑦ 외국통화로 표시된 시설대여(「여신전문금융업법」에 따른 시설대여)
⑧ 기타 ①부터 ⑦까지의 업무에 딸린 업무

3. 외국환업무의 취급범위

(1) 개요(법 제8조 제2항)

외국환업무는 금융회사 등만 할 수 있으며, 외국환업무를 하는 금융회사 등은 대통령령으로 정하는 바에 따라 그 금융회사 등의 업무와 직접 관련되는 범위에서 외국환업무를 할 수 있다.

(2) 은행 등(영 제14조 제1호)

1) 대상

「은행법」에 따른 은행, 「농업협동조합법」에 따른 농협은행, 「수산업협동조합법」에 따른 수협은행, 「한국산업은행법」에 따른 한국산업은행, 「한국수출입은행법」에 따른 한국수출입은행, 「중소기업은행법」에 따른 중소기업

2) 수행가능업무(법 제3조 제1항 제16호)
① 외국환의 발행 또는 매매
② 대한민국과 외국 간의 지급·추심(推尋) 및 수령
③ 외국통화로 표시되거나 지급되는 거주자와의 예금, 금전의 대차 또는 보증
④ 비거주자와의 예금, 금전의 대차 또는 보증

⑤ 비거주자와의 내국통화로 표시되거나 지급되는 증권 또는 채권의 매매 및 매매의 중개
⑥ 거주자 간의 신탁·보험 및 파생상품거래(외국환과 관련된 경우에 한정한다) 또는 거주자와 비거주자 간의 신탁·보험 및 파생상품거래
⑦ 외국통화로 표시된 시설대여(「여신전문금융업법」에 따른 시설대여)
⑧ 기타 ①부터 ⑦까지의 업무에 딸린 업무

(3) 종합금융회사(영 제14조 제2호)

1) 대상
「자본시장과 금융투자업에 관한 법률」에 따른 종합금융회사

2) 수행가능업무
① 외국환의 발행 또는 매매
② 대한민국과 외국 간의 지급·추심(推尋) 및 수령
③ 외국통화로 표시되거나 지급되는 거주자와의 예금, 금전의 대차 또는 보증
④ 비거주자와의 예금, 금전의 대차 또는 보증
⑤ 비거주자와의 내국통화로 표시되거나 지급되는 증권 또는 채권의 매매 및 매매의 중개
⑥ 거주자 간의 신탁·보험 및 파생상품거래(외국환과 관련된 경우에 한정한다) 또는 거주자와 비거주자 간의 신탁·보험 및 파생상품거래
⑦ 외국통화로 표시된 시설대여(「여신전문금융업법」에 따른 시설대여)
⑧ 기타 ①부터 ⑦까지의 업무에 딸린 업무
다만, ③의 경우 다른 외국환업무취급기관과의 외국통화로 표시되거나 지급되는 예금업무에 한하며, ④의 경우 외국금융기관과의 외국통화로 표시되거나 지급되는 예금업무에 한정한다.

(4) 체신관서(영 제14조 제3호)

1) 대상
「우정사업 운영에 관한 특례법」에 따른 체신관서

2) 수행가능업무
「우정사업 운영에 관한 특례법」에 따른 체신관서의 업무와 직접 관련된 외국환업무

(5) 기타 외국환업무취급기관(영 제14조 제4호)

1) 대상
투자매매업자, 투자중개업자, 집합투자업자, 투자일임업자, 신탁업자 및 증권금융회사, 보험회사, 상호저축은행등(상호저축은행, 신용협동조합과 중앙회, 새마을금고와 중앙회, 한국해양공사), 여신전문금융회사

2) 수행가능업무
① 외화채권의 매매
② 외화증권의 발행 및 매매
③ 비거주자와의 내국통화로 표시되거나 지급되는 증권·채권의 매매 및 매매의 중개
④ 대한민국과 외국 간의 지급·추심(推尋) 및 수령
⑤ 거주자와의 외국통화로 표시되거나 지급받을 수 있는 예금·금전의 대차 또는 보증
⑥ 비거주자와의 예금·금전의 대차 또는 보증

⑦ 대외지급수단의 발행 및 매매
⑧ 파생상품거래
⑨ 거주자와의 외국통화로 표시된 보험거래 또는 비거주자와의 보험 거래
⑩ 외국통화로 표시된 시설대여
⑪ 투자판단을 일임 받아 투자자별로 구분하여 운용하는 업무
⑫ 신탁업무
⑬ 그 밖에 「자본시장과 금융투자업에 관한 법률」, 「보험업법」, 「상호저축은행법」, 「신용협동조합법」, 「새마을금고법」, 「여신전문금융업법」 및 「한국해양진흥공사법」에 따른 업무

02 지급 및 수령(외국환은행)

외국환은행이라 함은 「은행법」에 따른 은행, 「농업협동조합법」에 따른 농협은행, 「수산업협동조합법」에 따른 수협은행, 「한국산업은행법」에 따른 한국산업은행, 「한국수출입은행법」에 따른 한국수출입은행, 「중소기업은행법」에 따른 중소기업을 의미한다.

1. 지급 등의 절차 준용

외국환은행이 이 규정의 적용을 받는 지급 또는 수령을 요청받은 경우에는 제4장(지급과 수령)에서 정한 지급 등의 절차에 따라 거래하여야 한다(규정 제2-1조의 2 제1항).

> 지급 등[규정 제1-2조(용어의 정의) 제33-1호)]
> "지급 등"이라 함은 이 법에 따른 지급 또는 수령을 말한다.

2. 신고 등의 대상여부 확인 및 서류 보관

외국환은행의 장은 건당 미화 5천 불을 초과하는 지급 등에 대해서는 당해 지급 등이 법·영 및 이 규정에 의한 신고 등의 대상인지 확인하여야 하며, 지급신청서 및 제4-3조 제1항 제2호 단서의 규정에 의한 수령의 경우 확인절차를 이행하였음을 입증하는 서류를 5년간 보관하여야 한다(규정 제2-1조의 2 제2항).

그리고 수령하고자 하는 자의 소재불명으로 인하여 수령사유를 확인할 수 없는 경우에는 제2항에 따른 확인절차를 이행하지 아니할 수 있다(규정 제2-1조의 2 제3항).

> 규정 제1-2조 제13호
> "신고 등"이라 함은 법 및 영과 이 규정에 의한 허가·신고수리·신고·확인·인정을 말한다.
>
> 제4-3조(거주자의 지급 등 절차 예외) 제1항 제2호
> 이 규정에 따른 신고를 필요로 하지 않는 수령. 다만, 동일자·동일인 기준 미화 10만 불을 초과하는 경우에는 서면에 의하여 외국환은행의 장으로부터 수령사유를 확인받아야 한다.

3. 제출받은 서류의 확인

외국환은행의 장은 제4장(지급과 수령)의 규정에 의하여 제출받은 지급 등의 증빙서류 및 취득경위 입증서류를 확인하여야 한다(규정 제2-1조의 2 제4항).

03 외국환의 매입(외국환은행)

1. 신고대상 확인(규정 제2-2조 제1항)

(1) 확인 의무

외국환은행이 외국환을 매입하고자 하는 경우에는 매각하고자 하는 자의 당해 외국환의 취득이 신고 등의 대상인지 여부를 확인하여야 한다.

(2) 확인 예외 대상

① 미화 2만 불 이하인 대외지급수단을 매입하는 경우. 다만, 동일자에 동일인으로부터 2회 이상 매입하는 경우에는 이를 합산한 금액이 미화 2만 불 이하인 경우에 한한다.
② 정부, 지방자치단체, 외국환업무취급기관, 환전영업자 및 소액해외송금업자로부터 대외지급수단을 매입하는 경우
③ 거주자로부터 당해 거주자의 거주자계정 및 거주자외화신탁계정에 예치된 외국환을 매입하는 경우(제2-14조 제3항에 따른 투자매매업자·투자중개업자 명의의 거주자계정에 예치된 당해 거주자의 외국환을 매입하는 경우도 포함한다)
④ 영 제10조 제2항 제1호, 제2호 및 제6호 가목 및 나목에 해당하는 자로부터 대외지급수단을 매입하는 경우

> **영 제10조 제2항 제1호, 제2호 및 제6호 가목 및 나목에 해당하는 자**
> 제10조(거주자와 비거주자의 구분) ② 다음 각 호의 자는 법 제3조제2항에 따라 비거주자로 본다.
> 1. 국내에 있는 외국정부의 공관과 국제기구
> 2. 「대한민국과 아메리카합중국 간의 상호방위조약 제4조에 의한 시설과 구역 및 대한민국에서의 합중국군대 의 지위에 관한 협정」에 따른 미합중국군대 및 이에 준하는 국제연합군(이하 이 호에서 "미합중국군대 등"이라 한다), 미합중국군대 등의 구성원·군속·초청계약자와 미합중국군대 등의 비세출자금기관·군사우편국 및 군용은행시설
> 6. 다음 각 목의 어느 하나에 해당하는 외국인
>   가. 국내에 있는 외국정부의 공관 또는 국제기구에서 근무하는 외교관·영사 또는 그 수행원이나 사용인
>   나. 외국정부 또는 국제기구의 공무로 입국하는 자

2. 유관기관 통보(규정 제2-2조 제2항)

동일자·동일인 기준 미화 1만 불 이하인 대외지급수단을 매입하는 경우, 제1항 제2호 내지 제4호(상기 (2)의 ②~④)에 해당하는 경우와 외국에 있는 금융기관으로부터 매입하는 경우 및 외화표시내국신용장어음을 매입하는 경우를 제외하고 외국환은행은 외국환을 매입한 경우에는 매월별로 익월 10일 이내에 매입에 관한 사항을 국세청장 및 관세청장에게 통보하여야 한다.

3. 한국은행총재 신고 대상(규정 제2-2조 제3항)

제1항 제1호 및 제4호(상기 (2)의 ①, ④)를 제외하고 외국환은행이 외국인거주자 또는 비거주자로부터 취득 경위를 입증하는 서류를 제출하지 않는 대외지급수단을 매입하는 경우에는 당해 매각을 하고자 하는 자가 대외지급수단매매신고서에 의하여 한국은행총재에게 신고하여야 한다.

4. 증빙서류의 교부(규정 제2-2조 제4항)

외국환은행은 외국인거주자 또는 비거주자로부터 외국환을 매입하는 경우에는 1회에 한하여 외국환매입증명서·영수증·계산서 등 외국환의 매입을 증명할 수 있는 서류를 발행·교부하여야 한다.

04 외국환의 매각(외국환은행)

1. 거주자에 대한 매각(규정 제2-3조 제1항 제1호)

외국환은행은 다음의 1에 해당하는 경우에 한하여 거주자에게 내국지급수단을 대가로 외국환을 매각할 수 있다.

① 외국환을 매입하고자 하는 자가 당해 외국환을 인정된 거래 또는 지급에 사용하기 위한 경우

> "인정된 거래"라 함은 법 및 영과 이 규정에 의하여 신고 등 또는 보고를 하였거나 신고 등을 요하지 아니하는 거래를 말한다(규정 제1-2조 제25호).

② 외국인거주자에게 매각하는 경우에는 외국환의 매각금액이 최근 입국일 이후 미화 1만 불 이내 또는 제4-4조(비거주자 또는 외국인거주자의 지급)의 규정에 의한 금액범위 내인 경우

③ 외국인거주자를 제외한 거주자가 외국통화, 여행자수표를 소지할 목적으로 매입하는 경우

④ 제7-8조 제1항 제2호의 규정에 따라 거주자계정 및 거주자외화신탁계정에의 예치를 위하여 매각하는 경우

> **제7-8조(계정에의 예치)** ① 거주자계정 및 거주자외화신탁계정에 예치할 수 있는 지급수단은 다음 각 호의 1에 해당하는 대외지급수단으로 한다.
>   2. 내국지급수단을 대가로 하여 외국환은행 등 또는 제2-14조 제3항에 따른 투자매매업자·투자중개업자로부터 매입한 대외지급수단

⑤ 다른 외국환은행으로 이체하기 위하여 외국환을 매각하는 경우. 다만, 대외계정 및 비거주자외화신탁계정으로 이체하고자 하는 경우에는 인정된 거래에 따른 지급에 한한다.

⑥ 제2-31조 제2항에 따라 소액해외송금업자에게 외국통화를 매각하는 경우

> **제2-31조(소액해외송금업자의 업무)** ② 소액해외송금업자는 제1항의 업무를 수행하기 위해 외국환은행을 상대로 외국통화를 매입 또는 매도할 수 있다.

⑦ 제2-29조 제6항에 따라 환전영업자에게 외국통화를 매각하는 경우

> **제2-29조(환전영업자의 업무)** ⑥ 환전영업자는 다음 각 호의 1에 해당하는 거래를 위하여 거래외국환은행을 지정하여야 한다.
>   1. 제2항에 따른 외국통화 등의 외국환은행에 대한 매각 및 예치
>   2. 제3항 및 제5항을 위한 외국환은행으로부터의 외국통화 매입

2. 비거주자에 대한 매각(규정 제2-3조 제1항 제2호)

외국환은행은 다음의 1에 해당하는 경우에 한하여 비거주자에게 내국지급수단을 대가로 외국환을 매각할 수 있다.

① 비거주자가 최근 입국일 이후 당해 체류기간 중 외국환업무취급기관 또는 환전영업자에게 내국통화 및 원화표시여행자수표를 대가로 외국환을 매각한 실적범위 내
② 비거주자가 외국환은행해외지점, 현지법인금융기관 및 외국금융기관에 내국통화 및 원화표시여행자수표를 대가로 외국환을 매각한 실적범위 내
③ 외국에서 발행된 신용카드 또는 직불카드를 소지한 비거주자가 국내에서 원화현금서비스를 받거나 직불카드로 원화를 인출한 경우에는 그 금액범위 내
④ ① 내지 ③의 매각실적 등이 없는 비거주자의 경우에는 미화 1만 불 이내
⑤ 인정된 거래에 따른 대외지급을 위한 경우
⑥ 제4-4조(비거주자 또는 외국인거주자의 지급)의 규정에 의한 금액범위 내

3. 한국은행총재 신고(규정 제2-3조 제1항 제3호)

다음의 1에 해당하는 지급을 위하여 매각하는 경우에는 당해 매입을 하고자 하는 자가 대외지급수단매매신고서에 의하여 한국은행총재에게 신고하여야 한다.

① 국민인 비거주자가 국내에서 사용하기 위하여 내국통화로 예금거래 및 신탁거래를 하는 경우 동 국내원화예금·신탁계정관련 원리금의 지급. 다만, 비거주자인 재외동포의 국내재산 반출의 경우에는 제4-4조 제1항 제8호의 규정을 적용한다.

> 제4-4조 제1항 제8호 비거주자인 재외동포가 관할세무서장으로부터 발급받은 부동산매각자금확인서 또는 자금출처확인서의 범위 이내에서 지정거래외국환은행을 통해 지급하는 경우

② 외국인거주자의 국내부동산 매각대금의 지급. 다만, 외국으로부터 휴대수입 또는 송금(대외계정에 예치된 자금을 포함한다)된 자금으로 국내부동산을 취득한 후 해당 부동산을 매각하여 매각대금을 지급하고자 하는 경우로서 부동산소재지 또는 신청자의 최종주소지 관할세무서장이 발행한 부동산매각자금확인서를 제출하는 경우에는 그러하지 아니하다.
③ 교포 등에 대한 여신과 관련하여 담보제공 또는 보증에 따른 대지급의 경우 및 2-8조 제1항 5호 라목의 단서에 해당하는 경우를 제외하고 비거주자 간의 거래와 관련하여 비거주자가 담보·보증 제공 후 국내재산 처분대금의 지급
④ 제2-6조(거주자가 담보 또는 보증을 제공한 경우에 한한다), 제7-13조 제4호, 제7-16조, 제7-17조 제9호, 제7-45조 제1항 제11호 및 제18호 단서의 규정에 의하여 비거주자가 취득한 원화자금의 대외지급. 다만, 비거주자인 재외동포가 제2-6조 또는 제7-45조 제1항 제11호, 제18호 단서 및 제23호의 규정에 의하여 취득한 원화자금을 대외지급하는 경우에는 제4-4조 제1항 제8호의 규정에 따른다.

> 제7-13조(신고의 예외거래) 제4호 국민인 거주자와 국민인 비거주자 간에 국내에서 내국통화로 표시되고 지급되는 금전의 대차계약을 하는 경우
>
> 제7-16조(거주자의 비거주자에 대한 대출)
>
> 제7-17조(신고의 예외거래) 제9호 국민인 거주자와 국민인 비거주자 간에 다른 거주자를 위하여 내국통화로 표시되고 지급되는 채무의 보증계약을 하는 경우

> 제7-45조(신고의 예외거래) 제1항 제11호 및 제18호 ① 거주자와 비거주자 간의 다음 각 호의 1에 해당하는 거래 또는 행위를 하고자 하는 자는 허가 및 신고를 요하지 아니한다.
> 11. 거주자와 국민인 비거주자 간에 국내에서 내국통화로 표시되고 지급되는 제7-44조 제1항 제1호 및 제2호의 거래 또는 행위를 하는 경우
> 18. 거주자가 비거주자로부터 국내부동산을 임차하는 경우. 다만, 내국통화로 지급하는 경우에 한한다.

⑤ 제1호 나목 및 제2호의 범위를 초과하여 내국지급수단을 대가로 지급하고자 하는 경우

4. 매각금액 표시(규정 제2-3조 제2항)

외국환은행의 장은 제1항 제1호 나목의 미화 1만 불 이내 및 제1항 제2호 라목의 규정에 의하여 외국환을 매각한 경우에는 당해 거래자의 여권에 매각금액을 표시하여야 한다. 다만, 1백만 원 이하에 상당하는 외국통화를 매각하는 경우에는 그러하지 아니하다.

5. 타 외국통화의 매각(규정 제2-3조 제3항)

외국환은행은 거주자 또는 비거주자에게 취득 또는 보유가 인정된 외국환을 대가로 다른 외국통화표시 외국환을 매각할 수 있다. 다만, 외국환은행이 외국인거주자 또는 비거주자에게 취득경위를 입증하는 서류를 제출하지 않는 외국환을 대가로 다른 외국통화표시 외국환을 매각하고자 하는 경우에는 제2-2조 제3항(외국환의 매입에 따른 한국은행 총재 신고 대상)의 규정을 준용한다.

6. 국내거주기간이 5년 미만인 외국인거주자 또는 비거주자에 대한 매각(규정 제2-3조 제4항)

외국환은행은 국내거주기간이 5년 미만인 외국인거주자 또는 비거주자에게 외국환을 매각하는 경우에는 매각실적 등을 증빙하는 서류를 제출받아 당해 외국환의 매각일자·금액 기타 필요한 사항을 기재하여야 한다. 다만, 영 제10조 제2항 제1호 및 제6호 가목 및 나목의 규정에 정한 비거주자에 대하여는 본인의 확인서로 증빙서류에 갈음할 수 있다.

> 영 제10조 제2항 제1호 국내에 있는 외국정부의 공관과 국제기구
>
> 제6호 다음 각 목의 어느 하나에 해당하는 외국인
> 가. 국내에 있는 외국정부의 공관 또는 국제기구에서 근무하는 외교관·영사 또는 그 수행원이나 사용인
> 나. 외국정부 또는 국제기구의 공무로 입국하는 자

7. 유관기관 통보(규정 제2-3조 제5항)

외국환은행은 거주자에게 동일자, 동일인 기준 미화 1만 불을 초과하는 외국통화, 여행자카드 및 여행자수표를 매각한 경우에는 동 사실을 매월별로 익월 10일 이내에 국세청장 및 관세청장에게 통보하여야 한다. 다만, 정부, 지방자치단체, 외국환업무취급기관, 외국인거주자 및 환전영업자에게 매각한 경우에는 그러하지 아니하다.

05 대출(외국환은행)

1. 외화대출

(1) 원칙(신고 면제)(규정 제2-6조 제1항)

외국환은행이 거주자 또는 비거주자에게 외화대출을 하고자 하는 경우에는 신고를 요하지 아니한다.

(2) 예외(한국은행총재 신고)

외국환은행이 거주자로부터 보증 또는 담보를 제공받아 비거주자에게 외화대출을 하는 경우에는 대출을 받고자 하는 비거주자가 한국은행총재에게 신고하여야 하며, 한국은행총재는 필요시 동 신고내용을 국세청장에게 열람하도록 하여야 한다(규정 제2-6조 제1항 단서).

다만, 외국환은행이 제7-14조의 2에서 정하는 현지법인 등에 제2-10조의 규정에 의하여 역외금융대출을 하는 경우에는 제7-14조의 2의 규정(현지법인 등의 외화자금차입 등)을 적용하며, 다음의 1에 해당하는 경우에는 신고를 요하지 아니한다(규정 제2-6조 제2항).

① 한국수출입은행장이 기획재정부장관의 승인을 받은 업무계획범위 내에서 「한국수출입은행법」에 의해 지원하는 외국법인에 대한 사업자금 대출 및 외국정부 등에 대한 대출
② 한국무역보험공사사장이 산업통상자원부장관의 승인을 받은 업무계획범위 내에서 「무역보험법」에 의해 지원하는 수출보험에 부보한 외국법인에 대한 사업자금 대출 및 외국정부 등에 대한 대출

2. 원화대출

(1) 신고면제(규정 제2-6조 제3항)

외국환은행이 국내에서 비거주자에게 다음의 1에 해당하는 원화자금을 대출하고자 하는 경우에는 신고를 요하지 아니한다.

① 다음에 해당하는 비거주자에 대한 원화자금 대출
  ㉠ 국내에 있는 외국정부의 공관과 국제기구
  ㉡ 국내에 있는 외국정부의 공관 또는 국제기구에서 근무하는 외교관·영사 또는 그 수행원이나 사용인
  ㉢ 외국정부 또는 국제기구의 공무로 입국하는 자
② 비거주자자유원계정(당좌예금에 대한 당좌대출에 한한다) 및 투자전용비거주자원화계정(증권매매자금 결제와 직접 관련된 경우에 한한다)을 개설한 비거주자에 대한 2영업일 이내의 결제자금을 위한 원화대출
③ 국민인 비거주자에 대한 원화자금 대출
④ ①~③에 해당하지 않는 자에 대한 동일인 기준 10억 원 이하(다른 외국환은행의 대출 포함)의 원화자금 대출
⑤ 한국 현지통화 직거래은행으로 선정된 외국환은행이 상대국 현지통화 직거래은행에게 원화자금을 대출하고자 하는 경우 다만, 1천억 원을 초과하여 대출(다른 한국 현지통화 직거래은행으로부터의 대출을 포함한다)하고자 하는 경우에는 대출을 받고자 하는 상대국 현지통화 직거래은행이 한국은행총재에게 신고하여야 하며, 한국은행총재는 상대국 현지통화 직거래은행으로 하여금 당월 원화 차입거래 내역을 매 익월 말일까지 보고하게 할 수 있다(규정 제2-6조 제6항).

(2) 외국환은행장 신고 대상(규정 제2-6조 제4항)

제3항 신고면제대상에 해당하는 경우를 제외하고 외국환은행이 국내에서 동일인 기준 300억 원 이하(다른 외국환은행의 대출 포함)의 원화자금을 비거주자에게 대출하고자 하는 경우에는 당해 비거주자가 외국환은행의 장에게 신고하여야 한다. 다만, 거주자의 보증 또는 담보제공을 받아 대출하는 경우에는 당해 비거주자가 한국은행총재에게 신고하여야 한다.

(3) 한국은행총재 신고 대상(규정 제2-6조 제5항)

외국환은행이 비거주자에 대하여 제3항(신고면제) 또는 제4항(외국환은행장 신고대상)에 해당하지 않는 원화자금을 대출하고자 하는 경우에는 대출을 받고자 하는 비거주자가 차입자금의 용도 등을 명기하여 한국은행총재에게 신고하여야 한다.

06 예금 및 신탁(외국환은행)

1. 계정의 종류(규정 제2-6조의 2 제1항)

외국환은행이 거주자 또는 비거주자를 위하여 개설할 수 있는 예금계정 및 금전신탁계정의 종류는 다음과 같다.

① 개인인 외국인거주자(개인사업자인 외국인거주자는 제외) 및 대한민국정부의 재외공관 근무자 및 그 동거가족을 제외한 거주자의 외화자금 예치를 위한 거주자계정 및 거주자외화신탁계정
② 다음의 1에 해당하는 자의 외화자금 예치를 위한 대외계정 및 비거주자외화신탁계정
  ㉠ 비거주자
  ㉡ 개인인 외국인거주자
  ㉢ 대한민국정부의 재외공관 근무자 및 그 동거가족
③ 비거주자가 국내에서 사용하기 위한 목적의 원화자금을 예치하는 비거주자원화계정
④ 비거주자(외국인거주자 포함)가 대외지급이 자유로운 원화자금을 예치하는 비거주자자유원계정 및 비거주자원화신탁계정
⑤ 해외이주자 또는 재외동포가 국내재산 반출용 외화자금을 예치하는 해외이주자계정
⑥ 거주자가 외화증권 투자용 외화자금을 예치하는 외화증권투자전용외화계정
⑦ 비거주자 또는 외국인거주자가 국내원화증권·장내파생상품 투자용 원화자금 및 외화자금을 각각 예치하는 투자전용비거주자원화계정 및 투자전용대외계정
⑧ 비거주자 또는 외국인거주자가 장외파생상품의 청산(장외파생상품의 거래를 함에 따라 발생하는 채무를 채무인수, 경개(更改), 그 밖의 방법으로 부담하는 것을 말한다)을 위한 원화자금 및 외화자금을 각각 예치하는 투자전용비거주자원화계정 및 투자전용대외계정
⑨ 투자매매업자·투자중개업자·한국거래소 및 증권금융회사가 비거주자 또는 외국인거주자의 증권·장내파생상품의 투자자금 관리를 위하여 제7장 제6절 내지 제7절의 규정에 따라 외화자금을 예치하는 투자전용외화계정
⑩ 청산회사(「자본시장과 금융투자업에 관한 법률」 제323조의 3에 따라 금융위원회로부터 같은 법 제9조 제25항에 따른 금융투자상품거래청산업의 인가를 받은 금융투자상품거래청산회사를 말한다)가 비거주자 또는 외국인거주자의 장외파생상품의 청산을 위하여 제7장 제6절부터 제7절의 규정에 따라 외화자금을 예치하는 투자전용외화계정

⑪ 한국예탁결제원(이하 "예탁결제원"이라 한다)이 비거주자의 주식예탁증서 발행 관련 자금을 관리하기 위하여 외화자금을 예치하는 원화증권전용외화계정

2. 보고(규정 제2-6조의 2 제2항)

계정별 예금의 종류는 한국은행총재가 정하며 한국은행총재가 예금의 종류를 신설하거나 변경한 경우에는 그 내용을 지체 없이 기획재정부장관에게 보고하여야 한다.

3. 계정별 예치 또는 처분사유(규정 제2-6조의 2 제3항)

각 호의 계정별 예치 또는 처분 사유는 제7장(자본거래)에서 정하는 바에 의한다.

07 보증(외국환은행)

은행의 부수업무인 보증은 채무의 보증으로 지급보증을 의미하며, 은행이 고객의 의뢰에 의하여 동 고객이 제3자에게 부담하는 채무(확정채무)의 지급을 약정하거나 보증채무 등 장래에 부담하게 될 가능성이 있는 우발채무를 인수하는 것을 말한다.

1. 신고예외(규정 제2-8조 제1항)

외국환은행이 다음의 1에 해당하는 보증을 하고자 하는 경우에는 신고를 요하지 아니한다.
① 거주자 간의 거래에 관하여 보증을 하는 경우
② 거주자(채권자)와 비거주자(채무자)의 인정된 거래에 관하여 채권자인 거주자에 대하여 보증을 하는 경우로서 비거주자가 외국환은행에 보증 또는 담보를 제공하는 경우
③ 거주자(채무자)와 비거주자(채권자)의 인정된 거래에 관하여 채권자인 비거주자에 대하여 보증을 하는 경우
④ 교포 등에 대한 여신과 관련하여 당해 여신을 받는 동일인당 미화 50만 불 이내에서 보증(담보관리승낙을 포함한다)하는 경우
⑤ 비거주자 간의 거래에 관하여 보증을 하는 경우로서 다음의 1에 해당하는 경우
  ㉠ 현지금융에 해당하는 보증
  ㉡ 해외건설 및 용역사업에 있어 거주자가 비거주자와 합작하여 수주·시공 등을 하는 공사계약과 관련한 입찰보증 등을 위한 보증금의 지급에 갈음하는 보증
  ㉢ 국내기업의 현지법인 또는 해외지점이 체결하는 해외건설 및 용역사업, 수출, 기타 외화획득을 위한 계약과 관련한 입찰보증 등을 위한 보증금의 지급에 갈음하는 보증
  ㉣ ㉠~㉢의 경우를 제외하고 거주자가 외국환은행에 보증 또는 담보를 제공하지 않은 경우. 다만, 비거주자로부터 국내재산을 담보로 제공받아 보증(담보관리승낙을 포함한다)하는 경우 제외

2. 한국은행총재 신고(규정 제2-8조 제2항)

제1항에 해당하는 경우를 제외하고 외국환은행이 보증(담보관리승낙을 포함한다)을 하고자 하는 경우에는 보증을 의뢰하는 당사자가 한국은행총재에게 신고하여야 하며, 한국은행총재는 필요시 동 신고내용을 국세청장에게 열람하도록 하여야 한다.

08 외국환포지션(외국환은행)

외국환포지션이란 외국환업무취급기관이 일정 시점의 특정 통화에 대한 자산과 부채의 차이를 의미한다. 주로 외국환은행과 고객과의 외환거래에서 발생하게 되며 외화상품의 재고 상태를 '포지션'이라 한다. 즉, 원화나 외화를 대가로 하여 외국환을 매매한 경우에 외국환의 매도액과 매입액의 차감잔액으로 환리스크에 노출된 부분을 계량적으로 파악한 개념이다.

1. 외국환포지션의 구분(규정 제2-9조)

외국환은행의 외국환 매입초과액과 매각초과액("외국환포지션")은 다음과 같이 구분한다.
① 현물환포지션(현물외화자산잔액과 현물외화부채잔액과의 차액에 상당하는 금액)
② 선물환포지션(선물외화자산잔액과 선물외화부채잔액과의 차액에 상당하는 금액)
③ 종합포지션(현물외화자산 잔액 및 선물외화자산잔액의 합계액과 현물외화부채잔액 및 선물외화부채잔액의 합계액과의 차액에 상당하는 금액)

외환포지션의 종류

현금포지션	모든 외국환거래에 대한 자금의 인수도가 완결된 외환매입액과 외환매도액의 차액으로 언제든지 사용이 가능한 가처분포지션을 의미한다. 예 타행에 개설한 당해 외국환은행의 외화당좌예금계정에 남아 있는 예치잔액
현물환포지션	현물환거래에 의한 외환매입액과 외환매도액의 차이를 말하며, 이 현물환포지션은 외환매매는 이루어졌으나 아직 현금화되지 않은 외환까지를 고려한 외환포지션을 말한다.
선물환포지션	선물환거래로 생기는 외환매입액과 외환매도액의 차이를 의미한다. 미래의 일정 기간에 외환을 매매하기로 약정한 선물환거래의 경우 현금결제가 미래에 이루어지므로 현재의 외화자산 혹은 부채에 영향을 끼치지 않으나, 미래의 외화자산 혹은 부차에 영향을 주므로 현물환포지션과 같이 관리대상이 된다.
종합포지션	현금포지션, 현물환포지션, 선물환포지션을 모두 합하여 산출한 외환매입액과 외환매도액의 차액을 의미한다.

2. 종합포지션의 한도(규정 제2-9조의 2 제1항)

종합포지션의 한도는 다음과 같다.

(1) 종합매입초과포지션

각 외국통화별 매입초과액의 합계액 기준으로 전월 말 자기자본의 100분의 50에 상당하는 금액. 다만, 한국수출입은행의 경우 외화자금 대출잔액의 100분의 150에 해당하는 금액으로 한다.

(2) 종합매각초과포지션

각 외국통화별 매각초과액의 합계액 기준으로 전월 말 자기자본의 100분의 50에 상당하는 금액

3. 선물환포지션의 한도(규정 제2-9조의 2 제2항)

선물환포지션의 한도는 다음과 같다.

(1) 외국환은행의 매입초과포지션 또는 매각초과포지션을 기준으로 전월 말 자기자본의 100분의 50에 상당하는 금액. 다만, 「은행법」 제58조에 의한 외국금융기관의 국내지점의 경우는 전월 말 자기자본의 100분의 250에 상당하는 금액으로 한다.

(2) 제1호에도 불구하고 기획재정부장관은 자본유출입의 변동성이 확대되는 등 외환시장 안정 등을 위하여 긴급히 필요한 경우에는 제10-15조에 따라 제1호에서 정한 한도를 100분의 50 범위 내에서 가감하여 정할 수 있다.

4. 별도 한도의 인정(규정 제2-9조의 2 제3항)

한국은행총재는 이월이익잉여금의 환리스크 헤지를 위한 외국환매입분에 대하여 별도 한도를 인정받고자 하는 외국은행국내지점과 외국환포지션 한도의 초과가 필요하다고 인정되는 외국환은행에 대하여는 제1항 및 제2항에서 정한 외국환포지션 한도 외에 별도 한도를 인정할 수 있다.

5. 자기자본(규정 제2-9조의 2 제4항)

종합포지션과 선물환포지션의 자기자본은 국내외국환은행의 경우에는 납입자본금·적립금 및 이월이익잉여금의 합계액을 말하며 외국은행국내지점의 경우에는 갑기금·을기금·적립금 및 이월이익잉여금의 합계액을 말한다.

6. 보고 및 통보(규정 제2-9조의 2 제5항)

외국환은행의 장은 외국환포지션 한도와 관련하여 한국은행총재에게 매월 외국환포지션상황을 보고하여야 하며, 한국은행총재는 이를 금융감독원장에게 통보하여야 한다.

09 역외계정의 설치·운영(외국환은행)

역외계정은 역외금융시장에서 비거주자로부터 자금을 조달하여 비거주자에게 운용하는데 어느 국가 또는 어느 지역에 소재하더라도 금리 규제나 외환관리를 받지 않는 등 외환당국의 규제가 없으며 조세를 부과하지 않는 등 거주자와 차별하는 금융거래를 말한다.

1. 역외계정의 운용(규정 제2-10조 제1항)

외국환은행이 비거주자(다른 역외계정을 포함한다)로부터 외화자금을 조달하여 비거주자(다른 역외계정을 포함한다)를 상대로 운용하는 역외계정을 설치한 경우에는 이를 일반계정과 구분계리하여야 한다.

2. 기획재정부장관 허가(규정 제2-10조 제2항)

역외계정과 일반계정간의 자금이체는 기획재정부장관의 허가를 받아야 한다. 다만, 직전 회계연도 중 역외외화자산평잔(월말 잔액을 기준으로 한 평잔을 말한다)의 100분의 10 범위 내에서의 자금이체는 그러하지 아니하다.

3. 기획재정부장관 신고(규정 제2-10조 제3항)

외국환은행이 역외계정에의 예치목적으로 미화 5천만 불을 초과하는 외화증권을 상환기간 1년 초과의 조건으로 발행하고자 하는 경우에는 기획재정부장관에게 신고하여야 한다.

4. 유관기관 통보(규정 제2-10조 제4항)

외국환은행의 장은 당해 법인의 당월 중 역외계정의 자산 및 부채상황을 익월 10일까지 한국은행총재 및 금융감독원장에게 보고하여야 하며, 한국은행총재는 그 내용을 종합하여 매 분기별로 기획재정부장관에게 제출하여야 한다.

10 기타 거래(외국환은행)

1. 외국환은행 등과의 외국환매매

(1) 외국환은행이 한국은행, 외국환평형기금, 외국환업무취급기관인 종합금융회사·투자매매업자·투자중개업자·증권금융회사·보험사업자, 외국에 있는 금융기관(내국지급수단을 대가로 한 대외지급수단의 매매는 제외한다) 및 다른 외국환은행과 외국환을 매매할 경우에는 제2-2조(외국환의 매입) 및 제2-3조(외국환의 매각)의 규정을 적용하지 아니한다. 다만, 증권금융회사에 대해서는 이 조항을 현재의 계약환율에 따라 서로 다른 통화를 교환하고 일정 기간 후 최초 계약시점에서 정한 환율에 따라 재교환하는 거래를 하는 경우에만 적용한다(규정 제2-4조 제1항).

(2) 외국환업무취급기관인 투자매매업자·투자중개업자가 다른 투자매매업자·투자중개업자·증권금융회사 및 외국에 있는 금융기관(내국지급수단을 대가로 한 대외지급수단의 매매는 제외한다)과 외국환을 매매하는 경우에도 제1항과 같다(규정 제2-4조 제2항).

2. 외환증거금거래

(1) 의의

외환증거금거래라 함은 통화의 실제인수도 없이 외국환은행에 일정액의 거래증거금을 예치한 후 통화를 매매하고, 환율변동 및 통화 간 이자율 격차 등에 따라 손익을 정산하는 거래를 말한다(규정 제1-2조 제20-1호).

(2) 거래기준

① 외환증거금거래를 취급하고자 하는 외국환은행은 은행 간 공통거래기준(최소계약단위, 최소거래증거금 등을 포함한다)을 따라야 한다(규정 제2-4조의 2 제1항).
② 거래기준을 정하는 경우에는 기획재정부장관과 사전에 협의하여야 한다(규정 제2-4조의 2 제2항).

(3) 보고(규정 제2-4조의 2 제3항)

외국환은행의 장은 월간 외환증거금거래 실적을 다음 달 10일까지 한국은행총재에게 보고하여야 하며, 한국은행총재는 은행별 거래실적을 다음 달 20일까지 기획재정부장관에게 보고하여야 한다.

3. 외화자금차입 및 증권발행

(1) 신고대상(규정 제2-5조 제1항)

외국환은행이 비거주자로부터 미화 5천만 불 초과의 외화자금을 상환기간(거치기간을 포함하며, 이하 같다) 1년 초과의 조건으로 차입(외화증권발행 포함)하고자 하는 경우에는 기획재정부장관에게 신고하여야 한다.

(2) 신고예외(규정 제2-5조 제2항)

제1항의 경우를 제외하고 외국환은행이 외화자금을 차입(외화증권발행 포함)하는 경우에는 신고를 요하지 아니한다.

4. 대출채권 등의 매매(규정 제2-7조)

외국환은행이 거주자 또는 비거주자와 대출채권, 대출어음, 대출채권의 원리금 수취권, 외화증권 및 외화채권을 매매하는 경우에는 신고를 요하지 아니한다.

5. 대외지급수단의 발행(규정 제2-7조의 2)

외국환은행이 발행하는 전자금융거래법상 전자화폐, 선불전자지급수단 등 전자적 방법에 따른 대외지급수단은 다른 전자지급수단이나 주식·채권·파생상품 등 자산 등이 아닌 재화 및 용역 구입에 사용되는 것으로 한정하며, 「금융실명거래 및 비밀보장에 관한 법률」 제2조 제4호에 따른 실지명의로 발행되거나 예금계좌와 연결되어 발행된 것만 보유할 수 있으며, 타인으로부터 양도받는 것은 보유할 수 없다.

6. 파생상품의 거래

(1) 규정의 준용(규정 제2-10조의 2 제1항)

외국환은행이 거주자 및 비거주자와 외환파생상품거래를 체결하고 결제일에 계약금액의 전부 또는 일부를 실제 인수도하고자 할 경우, 동 외국환의 결제는 제2-2조 내지 제2-4조를 준용한다.

> 규정 제1-2조 제20-2호 "외환파생상품"이라 함은 「자본시장과 금융투자업에 관한 법률」 제5조의 파생상품 중 외국통화를 기초자산으로 하는 파생상품을 말한다.

(2) 보고(규정 제2-10조의 2 제2항)

① 외국환은행은 매월 파생상품거래실적(파생상품매매의 중개를 포함한다)을 한국은행총재에게 보고하여야 한다. 다만, 신용파생상품거래(신용파생결합증권을 포함한다)의 경우 거래일로부터 5영업일 이내에 한국은행총재에게 거래내역을 보고하여야 한다.
② 한국은행총재는 제2항에 따른 보고내역을 종합하여 기획재정부장관에게 보고하여야 한다.

7. 외국은행국내지점 및 사무소(규정 제2-11조)

(1) 외국은행국내지점의 본지점 간 거래에 대하여는 금융위원회가 정하는 바에 따른다.
(2) 외국은행국내사무소의 유지·운영에 필요한 제경비 등에 관하여는 제9-34조의 규정을 준용한다.
(3) 외국은행국내지사의 설치 등에 관하여는 「은행법」에서 정한 바에 따른다.

> 제9-34조(영업기금 등의 도입) ① 국내지사가 외국의 본사로부터 영업기금을 도입하고자 하는 경우에는 지정거래외국환은행을 통하여 도입하여야 한다.
> ② 한국은행총재는 제1항에 따라 도입된 영업기금을 매연도별로 다음 연도 2월 말까지 금융감독원장에게 통보하여야 한다.

11 기타 금융회사의 외국환업무

1. 체신관서

(1) 업무의 범위(규정 제2-13조 제1항)

체신관서는 「우정사업 운영에 관한 특례법」에 따른 체신관서의 업무와 직접 관련된 외국환업무를 영위할 수 있다.

(2) 유관기관 통보(규정 제2-13조 제2항)

과학기술정보통신부장관은 제1항에 의한 체신관서의 외국통화표시 외국환업무취급실적을 매 연도별로 한국은행총재에게 통보하여야 한다.

2. 투자매매업자 등

(1) 업무의 범위(규정 제2-14조 제1항)

영 제14조 제4호에 따라 「자본시장과 금융투자업에 관한 법률」에 따른 투자매매업자, 투자중개업자, 집합투자업자, 투자일임업자, 신탁업자 및 증권금융회사는 「자본시장과 금융투자업에 관한 법률」에 따른 해당 금융회사의 업무와 직접 관련된 외국환업무를 영위할 수 있다.

다만, 다음의 업무는 제외한다.
① 대한민국과 외국 간의 지급·추심(推尋) 및 수령
② 거주자와의 외국통화로 표시되거나 지급받을 수 있는 예금·금전의 대차 또는 보증 중 예금업무
③ 비거주자와의 예금·금전의 대차 또는 보증 중 예금업무

> **투자매매업자**
> 누구의 명의로 하든지 자기의 계산으로 금융투자 상품의 매도·매수, 증권의 발행·인수 또는 그 청약의 권유, 청약, 청약의 승낙을 영업으로 하는 자를 의미한다.
>
> **투자중개업자**
> 누구의 명의로 하든지 타인의 계산으로 금융투자상품의 매도·매수, 그 청약의 권유, 청약, 청약의 승낙 또는 증권의 발행·인수에 대한 청약의 권유, 청약, 청약의 승낙을 영업으로 하는 자를 의미한다.

> **집합투자업자**
> 2인 이상에게 투자권유를 하여 모은 금전 등 또는 「국가재정법」 제81조에 따른 여유자금을 투자자 또는 각 기금관리주체로부터 일상적인 운용지시를 받지 아니하면서 재산적 가치가 있는 투자대상자산을 취득·처분, 그 밖의 방법으로 운용하고 그 결과를 투자자 또는 각 기금관리주체에게 배분하여 귀속시키는 것을 업으로 하는 자를 말한다.
>
> **투자일임업자**
> 투자자로부터 금융투자상품에 대한 투자판단의 전부 또는 일부를 일임 받아 투자자별로 구분하여 금융투자상품을 취득·처분, 그 밖의 방법으로 운용하는 것을 영업으로 하는 것을 말한다.

(2) 지급 및 수령의 한도(규정 제2-14조 제2항)

투자매매업자·투자중개업자는 영 제14조 제4호 라목의 업무(대한민국과 외국 간의 지급·추심(推尋) 및 수령)를 건당 각각 미화 5천 불의 지급 및 수령 한도, 동일인당 각각 미화 5만 불의 연간 지급 및 수령 누계 한도 범위 내에서 할 수 있다. 다만, 소액해외송금업자가 소액해외송금업무를 수행하기 위하여 외국 협력업자에게 사전에 정산 자금을 예치하기 위한 목적으로 투자매매업자·투자중개업자에게 지급 등을 요청하는 금액은 그 한도에 포함되지 아니한다.

(3) 종합금융투자사업자(규정 제2-14조 제3항)

투자매매업자·투자중개업자 중 「자본시장과 금융투자업에 관한 법률」 제77조의 2에 따라 금융위원회로부터 종합금융투자사업자로 지정을 받은 자는 [별표 1]에 규정된 인적·물적 요건을 갖추어 기획재정부 장관의 확인을 받은 이후 외국환거래규정 제2-2조(외국환의 매입) 및 제2-3조(외국환의 매각)에 따라 내국통화 및 외국통화를 매매할 수 있다.

(4) 규정 준용(규정 제2-14조 제4항)

투자매매업자·투자중개업자의 해외송금업무의 경우에는 제2-31조(소액해외송금업자의 업무) 제3항부터 제5항의 규정을 준용한다.

3. 보험회사(규정 제2-20조)

「보험업법」에 따른 보험회사는 「보험업법」에 따른 보험회사의 업무와 직접 관련된 외국환업무를 영위할 수 있다. 다만, 다음의 업무는 제외한다(규정 제2-14 투자매매업자의 제외업무와 동일).
① 대한민국과 외국 간의 지급·추심(推尋) 및 수령
② 거주자와의 외국통화로 표시되거나 지급받을 수 있는 예금·금전의 대차 또는 보증 중 예금업무
③ 비거주자와의 예금·금전의 대차 또는 보증 중 예금업무

4. 상호저축은행

(1) 업무범위(규정 제2-21조 제1항)

「상호저축은행법」에 따른 상호저축은행, 「신용협동조합법」에 따른 신용협동조합과 중앙회, 「새마을금고법」에 따른 새마을금고와 중앙회 및 「한국해양진흥공사법」에 따른 한국해양진흥공사는 「상호저축은행법」에 따른 상호저축은행, 「신용협동조합법」에 따른 신용협동조합과 중앙회, 「새마을금고법」에 따른 새마을금고와 중앙회, 「한국해양진흥공사법」에 따른 한국해양진흥공사의 업무와 직접 관련된 외국환업무를 영위할 수 있다.

다만, 다음의 업무는 제외한다.
① 대한민국과 외국 간의 지급·추심(推尋) 및 수령
② 거주자와 비거주자 간의 금전대차의 중개

(2) 업무의 제한(규정 제2-21조 제2항)

제1항의 규정에도 불구하고, 신용협동조합 중앙회와 새마을금고 중앙회가 영위할 수 있는 외국환업무는 해외용 직불카드의 발행으로 한한다.

(3) 지급 및 수령의 한도(규정 제2-21조 제3항)

직전 분기 말 총자산이 1조 원 이상인 경우 상호저축은행법에 따른 상호저축은행은 영 제14조 제4호 라목의 업무(대한민국과 외국 간의 지급·추심(推尋) 및 수령)를 건당 각각 미화 5천 불의 지급 및 수령 한도, 동일인당 각각 미화 5만 불의 연간 지급 및 수령 누계 한도 범위 내에서 할 수 있다.

다만, 상호저축은행이 소액해외송금업자에게 소액해외송금업무에 사용할 계좌를 개설하여 준 경우 소액해외송금업무를 위하여 사용된 금액은 그 한도에 포함되지 아니한다.

(4) 규정 준용(규정 제2-21조 제4항)

상호저축은행의 해외송금업무에는 제2-31조 제3항부터 제5항의 규정을 준용한다(투자매매업자와 동일).

5. 여신전문금융회사

(1) 업무범위(규정 제2-22조 제1항)

「여신전문금융업법」에 따른 여신전문금융회사는 「여신전문금융업법」에 따른 여신전문금융회사의 업무와 직접 관련된 외국환업무를 영위할 수 있다.

다만, 다음의 업무는 제외한다.
① 대한민국과 외국 간의 지급·추심(推尋) 및 수령
② 거주자와의 외국통화로 표시되거나 지급받을 수 있는 예금·금전의 대차 또는 보증 중 예금업무
③ 비거주자와의 예금·금전의 대차 또는 보증 중 예금업무

(2) 지급 및 수령의 한도(규정 제2-22조 제2항)

「여신전문금융업법」에 따른 신용카드업자는 영 제14조 제4호 라목의 업무(대한민국과 외국 간의 지급·추심(推尋) 및 수령)를 건당 각각 미화 5천 불의 지급 및 수령 한도, 동일인당 각각 미화 5만 불의 연간 지급 및 수령 누계 한도 범위 내에서 할 수 있다.

다만, 소액해외송금업자가 소액해외송금업무를 수행하기 위하여 외국 협력업자에게 사전에 정산 자금을 예치하기 위한 목적으로 「여신전문금융업법」에 따른 신용카드업자에게 지급 등을 요청하는 금액은 그 한도에 포함되지 아니한다.

(3) 규정 준용(규정 제2-22조 제3항)

신용카드업자의 해외송금업무의 경우에는 제2-31조 제3항부터 제5항의 규정을 준용한다.

6. 종합금융회사

(1) 업무범위(규정 제2-23조 제1항)

「자본시장과 금융투자업에 관한 법률」에 따른 종합금융회사는 「자본시장과 금융투자업에 관한 법률」에 따른 종합금융회사의 업무와 직접 관련된 외국환업무를 영위할 수 있다.

다만, 영 제14조 제4호 마목 및 바목의 업무 중 예금업무는 다음의 구분에 따른 업무로 한정한다.

① 영 제14조 제4호 마목(거주자와의 외국통화로 표시되거나 지급받을 수 있는 예금·금전의 대차 또는 보증): 다른 외국환업무취급기관과의 외국통화로 표시되거나 지급되는 예금업무

② 영 제14조 제4호 바목(비거주자와의 예금·금전의 대차 또는 보증): 외국금융기관의 외국통화로 표시되거나 지급되는 예금업무

(2) 외국환업무의 영위(규정 제2-23조 제2항)

종합금융회사가 제1항에 따라 외국환업무를 영위하는 경우 제2-1조부터 제2-10조의 2의 규정(외국환은행 업무규정)에 따른다.

(3) 합병 후 업무 영위(규정 제2-23조 제3항)

「금융산업의 구조개선에 관한 법률」에 의하여 종합금융회사와 합병한 투자매매업자·투자중개업자는 합병 전 종합금융회사의 외국환업무를 합병일부터 10년 동안 영위할 수 있다.

III 외국환업무 취급기관 등의 관리

01 업무상의 의무

1. 업무상 확인의무(법 제10조 제1항)

외국환업무취급기관, 전문외국환업무취급업자 및 외국환중개회사("외국환업무취급기관 등")는 그 고객과 이 법을 적용받는 거래를 할 때에는 고객의 거래나 지급 또는 수령이 이 법에 따른 허가를 받았거나 신고를 한 것인지를 확인하여야 한다. 다만, 외국환수급 안정과 대외거래 원활화를 위하여 기획재정부장관이 정하여 고시하는 경우에는 그러하지 아니하다.

2. 업무상 금지행위(법 제10조 제2항)

외국환업무취급기관 등은 외국환업무와 관련하여 부당한 이익을 얻거나 제3자에게 부당한 이익을 얻게 할 목적으로 다음의 어느 하나에 해당하는 행위를 하여서는 아니 된다.

① 외국환의 시세를 변동 또는 고정시키는 행위
② ①의 행위와 유사한 행위로서 대통령령으로 정하는 건전한 거래질서를 해치는 행위

"대통령령으로 정하는 건전한 거래질서를 해치는 행위"란 다음의 어느 하나에 해당하는 경우를 말한다.

㉠ 다른 외국환업무취급기관, 전문외국환업무취급업자 및 외국환중개회사(이하 "외국환업무취급기관 등"이라 한다)와 같은 시기에 같은 가격 또는 약정수치로 거래할 것을 사전에 서로 모의한 후 거래하여 외국환의 시세에 부당한 영향을 주거나 영향을 줄 우려가 있는 행위

㉡ 풍문을 유포하거나 거짓으로 계책을 꾸미는 등의 방법으로 외국환의 수요·공급 상황이나 그 가격에 대하여 타인에게 잘못된 판단이나 오해를 유발함으로써 외국환의 시세에 부당한 영향을 주거나 영향을 줄 우려가 있는 행위

02 외국환업무에 필요한 일부 사무의 위탁

1. 개요(법 제10조의 2 제1항)

외국환업무취급기관 등("위탁기관")은 외국환 매매 또는 지급·수령 등의 업무 수행에 필요한 일부 사무로서 대통령령으로 정하는 사무를 다른 외국환업무취급기관 등 또는 그 밖에 대통령령으로 정하는 자("수탁기관")에게 위탁할 수 있다. 이 경우 수탁기관은 제10조에 따른 업무상의 의무를 준수하여야 하며, 위탁기관은 이를 감독하여야 한다.

2. 위탁사무의 종류(영 제20조의 3 제1항)

법 제10조의 2 제1항 전단에서 "대통령령으로 정하는 사무"란 다음의 사무를 말한다.
① 외국환 매매 또는 지급·수령 신청의 접수
② 외국환 매매 또는 지급·수령을 신청하는 자에 대한 실명확인 또는 실명확인의 지원
③ 외국환 매매 또는 지급·수령 대금의 수납 및 전달
④ ①부터 ③까지의 사무에 딸린 사무
⑤ 그 밖에 외국환거래의 편의 증진을 위한 사무로서 기획재정부장관이 정하여 고시하는 사무

3. 업무 수탁기관(영 제20조의 3 제2항)

법 제10조의 2 제1항 전단에서 "대통령령으로 정하는 자"란 다음의 자를 말한다.
① 「상법」 제169조에 따른 회사로서 국내에 설립된 회사 또는 같은 법 제614조에 따른 외국회사의 영업소로서 다음의 요건을 모두 갖춘 자
  ㉠ 직전 사업연도의 자기자본(직전 사업연도가 없는 경우에는 자본금을 말한다) 또는 영업기금이 3억 원 이상일 것
  ㉡ 위탁받은 사무의 처리에 필요한 인력과 전산설비를 갖출 것
  ㉢ 회사·영업소 또는 그 임원(영업소의 경우 대표자를 말한다. 이하 라목에서 같다)이 법 제12조 제4항에 따라 등록하거나 인가받을 수 없는 자에 해당하지 않을 것
  ㉣ 발기인 또는 임원이 「금융회사의 지배구조에 관한 법률」 제5조 제1항 각 호에 해당하지 않을 것
② 「전자금융거래법」 제2조 제5호에 따른 전자금융보조업자 중 정보처리시스템을 통하여 「은행법」 제2조 제1항 제2호에 따른 은행의 자금인출업무 및 환업무를 지원하는 사업자

4. 위탁계약의 보고(영 제20조의 3 제3항)

외국환업무취급기관 등은 법 제10조의 2 제1항 전단에 따라 사무를 위탁하려는 경우 위탁계약 체결 예정일을 기준으로 15영업일 전까지 기획재정부장관이 정하여 고시하는 서류를 첨부하여 기획재정부장관에게 보고해야 한다. 다만, 체결하려는 계약이 종전의 위탁계약을 동일한 내용으로 갱신하는 것인 경우에는 계약 갱신 후 1개월 이내에 보고할 수 있다.

5. 위탁계약의 변경 및 종료(영 제20조의 3 제4항)

외국환업무취급기관 등이 위탁계약의 내용을 변경하거나 종료하려는 경우에는 변경계약 체결 예정일 또는 계약 종료일을 기준으로 7영업일 전까지 기획재정부장관이 정하여 고시하는 서류를 첨부하여 기획재정부장관에게 보고해야 한다.

6. 수탁기관 소속직원의 의제(법 제10조의 2 제2항)

수탁기관이 위탁받은 사무를 처리하는 과정에서 그 사무와 관련한 법률의 규정을 위반하여 발생한 손해배상책임에 대하여는 수탁기관을 위탁기관의 소속 직원으로 본다.

03 업무의 감독과 건전성 규제

1. 업무의 감독(법 제11조 제1항)

기획재정부장관은 외국환업무취급기관 등(외국환업무취급기관 등의 외국에 있는 영업소를 포함한다)의 업무를 감독하고 감독상 필요한 명령을 할 수 있다.

2. 건전성 규제

(1) 개요(법 제11조 제2항)

기획재정부장관은 외환시장의 안정과 외국환업무취급기관 등의 건전성을 유지하기 위하여 필요하다고 인정되는 경우에는 외국환업무취급기관 등의 외국통화 자산·부채비율을 정하는 등 외국통화의 조달·운용에 필요한 제한을 할 수 있다.

(2) 건전성 규제 기준(영 제21조)

기획재정부장관은 법 제11조 제2항에 따라 외국환업무취급기관 등의 업무에 대하여 필요한 제한을 하려는 경우에는 다음의 기준에 따른다.
① 특정 외화부채에 대한 지급준비금의 최저한도를 설정하는 경우에는 외화부채의 범위, 지급준비금의 대상통화·적립시기 및 최저한도를 정할 것
② 외국환매입초과액과 매각초과액의 한도를 설정하는 경우에는 외국환의 매입초과액과 매각초과액의 구분 및 한도, 그 산정기준이 되는 자산 및 부채의 범위, 산정방법, 시기 및 기간을 정할 것
③ 외화자금의 조달 및 운용방법을 지정하는 경우에는 조달·운용항목과 항목별 조달·운용방법을 정할 것
④ 외화자산 및 외화부채의 비율을 설정하는 경우에는 만기별 자금의 조달 및 운용방법과 자산 및 부채의 범위 및 기준을 정할 것

⑤ 비거주자로부터 자금을 조달하여 비거주자를 대상으로 운용하는 계정을 설정하게 하는 경우에는 설치대상 외국환업무취급기관의 범위, 자금의 조달·운용방법과 회계처리방법의 기준을 정할 것
⑥ 외국환업무취급기관의 외국환계정의 회계처리기준을 정하는 경우에는 계정과목과 회계처리방법을 정할 것
⑦ 외국환업무에 따른 위험관리기준을 설정하는 경우에는 대상 업무 및 기준을 정할 것
⑧ 외국환중개업무에 대한 기준을 설정하는 경우에는 대상 업무 및 운용방법을 정할 것
⑨ 환전영업자에 대한 환전업무기준을 설정하는 경우에는 외국통화의 매도에 대한 제한 대상 및 기준을 정할 것
⑩ 소액해외송금업무에 대한 기준을 설정하는 경우에는 외국환 매입초과액 또는 매도초과액의 구분 및 한도, 그 산정기준이 되는 자산 및 부채의 범위, 산정방법, 시기 및 기간을 정할 것

3. 외환건전성협의회

(1) 개요(영 제20조의 4 제1항)

안정적인 외국환수급 및 외환건전성 유지 정책의 수립·추진에 관하여 관계기관 간 협의가 필요한 사항을 효율적으로 협의·조정하기 위해 기획재정부에 외환건전성협의회(이하 "협의회"라 한다)를 둔다.

(2) 협의 및 조정사항(영 제20조의 4 제2항)

협의회는 다음의 사항을 협의·조정한다.
① 외환유출입 및 외국환수급상황의 분석에 관한 사항
② 외국환업무취급기관 등에 대한 외환건전성 감독·규제 및 부담금 운영에 관한 사항
③ 외국환업무취급기관 등의 지급과 거래에 대한 모니터링 및 사후관리에 관한 사항
④ 그 밖에 자본유출입 변동 관리 등 외환건전성 정책의 수립·추진을 위해 관계기관 간 논의가 필요하다고 기획재정부장관이 인정하는 사항

(3) 협의회의 구성(영 제20조의 4 제3항)

협의회 의장은 기획재정부 제1차관으로 하고, 협의회 위원은 다음의 사람으로 한다.
① 금융위원회 부위원장
② 한국은행 부총재
③ 금융감독원 부원장 중 금융감독원장이 지명하는 사람

(4) 협의회의 소집(규정 제10-16조)

① 외환건전성협의회(이하 "협의회"라 한다)는 분기별 1회 개최를 원칙으로 하되, 의장이 필요하다고 인정하는 경우에는 수시로 협의회를 소집할 수 있다.
② 협의회는 대면회의를 원칙으로 하되, 안건의 내용이 경미하거나 대면회의를 소집할 시간적 여유가 없다고 의장이 인정하는 경우에는 서면회의로 대체할 수 있다.
③ 의장은 필요한 경우 관계 행정기관의 공무원, 관계기관·연구단체의 소속 임직원을 협의회에 참석하게 하여 그 의견을 들을 수 있다.
④ 영 제20조의 3 제3항의 위원이 부득이한 사유로 회의에 출석하지 못하는 경우에는 그 하위직에 있는 자가 위원을 대신하여 회의에 출석하여 그 직무를 대리할 수 있다.

(5) 협의회 안건의 상정(규정 제10-17조)

① 의장은 협의회에서 논의할 사항을 선정하여 영 제20조의 4 제3항 각 호의 위원으로 하여금 안건을 상정하도록 요청한다.
② 영 제20조의 4 제3항 각 호의 위원은 의장에게 구체적인 안건을 제시하여 협의회에서 논의하기를 요청할 수 있다.
③ 협의회에 안건을 상정하는 위원은 원칙적으로 협의회 개최 2일 전까지 안건을 제출하여야 한다. 다만, 긴급을 요하는 경우에는 그렇지 않다.
④ 의장은 협의회에 상정하는 안건을 효율적으로 논의하기 위하여 실무협의회를 둘 수 있다.

(6) 협의회에 대한 자료 제출(규정 제10-18조)

① 기획재정부장관은 협의회에서 논의를 위하여 이 법을 적용받는 관계 기관의 장으로 하여금 다음의 사항과 관련된 자료 또는 정보를 제출하도록 요청할 수 있다.
　㉠ 금융위원회, 한국은행총재, 금융감독원장 등이 영 제37조에 의하여 기획재정부장관으로부터 위임 또는 위탁받아 수행하는 외국환업무취급기관 등에 대한 법 제11조 제1항에 따른 감독현황 및 제2항에 따른 업무상 제한의 운영현황
　㉡ 영 제35조 제4항에 따라 기획재정부장관의 위탁을 받아 한국은행총재 또는 금융감독원장이 수행한 검사결과. 다만, 영 제20조의 3 제2항 각 호의 논의를 위한 사항으로 한정하며, 고객의 금융거래정보 등은 제외할 수 있다.
　㉢ 이 규정에서 금융위원회, 관세청장, 한국은행총재, 금융감독원장 등이 기획재정부장관에게 보고·통보·제출하도록 정하고 있는 자료 또는 정보
　㉣ 외국환업무취급기관이 은행업감독규정, 금융투자업규정, 보험업감독규정 등에 따라 금융감독원장에게 제출하는 외국환업무현황보고서의 내용 중 협의회에서의 논의를 위하여 필요한 사항
　㉤ 외국환업무취급기관 등의 외화유동성에 대한 위기상황분석 실시 기준 및 결과
　㉥ 외국환업무취급기관 등의 외화자금 조달액 및 소요액, 순외화자산 비율, 외화 조달 및 운용의 만기현황 등 그 밖에 협의회에서 논의를 위하여 필요하다고 인정하는 자료 또는 정보
② 제1항에 따른 자료 또는 정보의 제출은 안건 또는 참고자료 등 기획재정부장관이 요청하는 방법에 따른다.

4. 외환건전성부담금

(1) 개요(법 제11조의 2 제1항)

기획재정부장관은 외화자금의 급격한 유입·유출에 따른 금융시장의 불안을 최소화하고 국민경제의 건전한 발전을 위하여 금융시장에서의 역할, 취급 외국환업무 및 외국통화 표시 부채의 규모 등을 종합적으로 고려하여 대통령령으로 정하는 금융회사 등에 외환건전성부담금(이하 이 조 및 제11조의 3에서 "부담금"이라 한다)을 부과·징수할 수 있다.

(2) 부담금 납부의무자(영 제21조의 2)

"대통령령으로 정하는 금융회사 등"이란 다음의 어느 하나에 해당하는 기관(이하 "부담금납부의무자"라 한다)을 말한다.
① 「은행법」에 따른 인가를 받아 설립된 은행
② 「농업협동조합법」에 따른 농협은행
③ 「수산업협동조합법」에 따른 수협은행

④ 「한국산업은행법」에 따른 한국산업은행
⑤ 「한국수출입은행법」에 따른 한국수출입은행
⑥ 「중소기업은행법」에 따른 중소기업은행
⑦ 다음의 어느 하나에 해당하는 기관으로서 사업연도 종료일 현재 제21조의 4 제1항에 따라 산정한 비예금성외화부채 등(2015년 7월 1일 이후 발생한 것으로 한정한다)의 잔액이 미화 1천 만 달러를 초과하는 기관
　㉠ 「자본시장과 금융투자업에 관한 법률」에 따른 투자매매업자 또는 투자중개업자
　㉡ 「보험업법」에 따른 보험회사
　㉢ 「여신전문금융업법」에 따른 여신전문금융회사

[3] 부담금의 산정(법 제11조의 2 제2항)

부과·징수하는 부담금은 비예금성외화부채 등의 잔액에 1천분의 5 이내의 범위에서 금융회사 등의 영업구역, 비예금성외화부채 등의 만기 등을 고려하여 대통령령으로 정하는 부과요율을 곱하여 계산한 금액으로 한다.

> 법 제3조 제1항 제20호 정의 "비예금성외화부채 등"이란 금융회사 등의 외국통화표시 부채(외화예수금은 제외한다) 및 이와 유사한 것으로서 대통령령으로 정하는 것을 말한다.
>
> 영 제9조의2 비예금성외화부채 등 법 제3조 제1항 제20호에서 "대통령령으로 정하는 것"이란 제21조 제6호에 따른 외국환계정의 계정과목 중 지급·결제를 위한 계정, 최종 처리 전 경과적 성격의 계정, 정책성 자금을 처리하기 위한 계정 등으로서 법 제11조의 2에 따른 외환건전성부담금(이하 "부담금"이라 한다)의 부과목적을 고려하여 기획재정부장관이 고시하는 계정과목은 제외한 것을 말한다.
>
> 규정 제2-11조의 2 외국환은행의 비예금성외화부채 등에서 제외하는 "기획재정부장관이 고시하는 계정과목"
> 1. 매도외환　2. 미지급외환　3. 외화타점차　4. 외화표시원화차입금　5. 전대차입금
> 6. 외화수탁금　7. 외화직불카드채무　8. 외화미지급금　9. 외화가수금　10. 외화선수수익
> 11. 외화미지급비용　12. 외화미지급미결제현물환　13. 외화지급보증충당금　14. 외화파생상품부채
> 15. 역외외화예수금　16. 역외파생상품부채　17. 외화차입금의 기타 중 내국수입유산스와 관련된 것
> 18. 외화차입금의 기타 중 정부 또는 지방자치단체의 정책수행을 대행하기 위해 정부, 지방자치단체 또는 외국환은행이 아닌 공공기관으로부터 차입한 자금
> 19. 국외본지점 중 제3호, 제12호 또는 제17호에 해당하는 것과 갑갑계정 중 을기금 한도 내의 것

[4] 부과요율(영 제21조의 3)

"대통령령으로 정하는 부과요율"이란 1만분의 10(제21조의 2 제7호에 해당하는 기관 및 「은행법」 제2조 제1항 제10호 가목에 따른 지방은행이 부담금납부의무자에 대하여 보유한 비예금성외화부채 등의 잔액에 대해서는 1만분의 5)에서 부담금납부의무자의 사업연도 종료일 현재 비예금성외화부채 등의 남아 있는 만기를 남은 금액에 따라 1년 단위(6개월 초과 1년 이하의 기간은 1년으로 본다)로 가중평균하여 산정한 만기(이하 이 항에서 "가중평균 만기"라 한다)를 기준으로 다음의 구분에 따른 요율을 차감하여 산정한 요율을 말한다.

① 가중평균 만기가 2년 초과 3년 이하인 경우: 1만분의 2
② 가중평균 만기가 3년 초과 4년 이하인 경우: 1만분의 3
③ 가중평균 만기가 4년 초과인 경우: 1만분의 4

(5) 비예금성외화부채 등 잔액의 산정방법

① 비예금성외화부채 등의 잔액은 다음의 계산식에 따라 산정한다. 이 경우 부과기간은 부담금납부의무자의 사업연도 종료일이 속한 월을 포함한 직전 12개월 동안의 기간을 말한다(영 제21조의 4 제1항).

> 비예금성외화부채 등의 잔액
> = 부과기간 동안의 남아 있는 만기가 1년 이하인 비예금성외화부채 등의 월말 잔액의 합계액 / 12

② 기획재정부장관은 부담금을 부과할 때 외화 조달구조 개선 또는 외국환거래 촉진 등을 위해 필요하면 제1항에 따라 산정된 비예금성외화부채 등의 잔액(이하 "공제 전 잔액"이라 한다)에서 다음에 해당하는 금액(이하 "공제액"이라 한다)을 각각 공제한 후 나머지 금액을 비예금성외화부채 등의 잔액으로 적용하여 부과할 수 있다(영 제21조의 4 제2항).

㉠ 별표 1에 따라 외화예수금에 남아 있는 만기별 가중치를 곱한 금액. 이 경우 해당 금액이 0보다 작은 경우에는 0으로 한다.

㉡ 외국환 매매의 활성화 등 기획재정부장관이 정하여 고시하는 바에 따라 외국환거래의 촉진을 위해 수행한 역할과 관련한 금액으로서 기획재정부장관이 정하여 고시하는 바에 따라 산정한 금액

③ 제2항에 따른 총 공제액의 상한은 공제 전 잔액의 100분의 60으로 하며, 같은 항 각 호별 공제액의 상한은 기획재정부장관이 정하여 고시한다(영 제21조의 4 제3항).

(6) 추가 부과요율의 부과·징수(법 제11조의 2 제3항)

기획재정부장관은 제2항에도 불구하고 국제금융시장의 불안정, 외화자금의 급격한 유출·유입 등으로 금융시장과 국민경제의 안정을 현저히 해칠 우려가 있다고 인정되는 경우에는 6개월 이내의 기간을 정하여 다음의 어느 하나에 해당하는 금액을 부담금으로 부과·징수할 수 있다.

① 해당 기간의 비예금성외화부채 등 잔액에 대하여 제2항에 따른 부과요율 대신에 기획재정부장관이 하향하여 고시하는 부과요율을 곱하여 계산한 금액

② 해당 기간의 비예금성외화부채 등 잔액 증가분에 대하여 기획재정부장관이 제2항에 따른 부과요율보다 상향하여 고시하는 부과요율(이하 이 호에서 "추가부과요율"이라 한다)을 적용하여 계산한 금액을 제2항에 따라 산정한 부담금 금액에 더한 금액. 이 경우 추가부과요율은 제2항에 따른 부과요율을 더하여 1천분의 10을 넘지 아니하도록 하여야 한다.

(7) 부담금 감면기간의 적용 등(영 제21조의 5)

① 법 제11조의 2 제3항 제1호에 따른 기간(이하 이 조에서 "부담금 감면기간"이라 한다)이 속하는 사업연도 중 부담금 감면기간에 대한 비예금성외화부채 등의 잔액은 남아 있는 만기가 1년 이하인 비예금성외화부채 등의 일별잔액의 합계액을 해당 기간의 날 수로 나눈 금액으로 한다(제1항).

② 법 제11조의 2 제3항 제2호 및 제5항에 따라 비예금성외화부채 등 잔액의 증가분은 법 제11조의 2 제3항 제2호에 따른 추가부과요율(이하 이 조에서 "추가부과요율"이라 한다) 적용기간 동안의 일평균잔액에서 추가부과요율 적용일 직전 3개월 간의 일평균잔액을 뺀 금액으로 한다(제2항).

③ 제1항에 따라 부담금 감면기간을 적용하거나 제2항에 따라 비예금성외화부채 등 잔액의 증가분에 대하여 추가부과요율을 적용할 때에는 그 적용기간에 따라 일할계산하여 부담금을 부과·징수하여야 한다(제3항).

(8) 부담금의 귀속(법 제11조의 2 제4항)

징수한 부담금은 제13조 제1항에 따른 외국환평형기금에 귀속된다.

[9] 부담금의 납부고지 및 납부기한(영 제21조의 6 제1항)

기획재정부장관은 사업연도 종료 후 4개월 이내에 부담금의 납부금액, 납부기한 등을 명시하여 부담금 납부의무자에게 납부고지를 하여야 한다. 납부기한은 사업연도 종료 후 5개월이 되는 날로 한다.

[10] 부담금의 징수

① 분할납부(법 제11조의 3 제1항)

기획재정부장관은 금융회사 등이 내야 하는 부담금을 대통령령으로 정하는 바에 따라 나누어 내게 할 수 있다.

㉠ 기획재정부장관은 부담금납부의무자가 경영상 어려움 등으로 부담금을 한꺼번에 낼 수 없다고 인정되는 경우에는 제21조의 6 제2항의 납부기한부터 1년 이내의 기간 동안 4회 이내의 범위에서 나누어 내게 할 수 있다.

㉡ 부담금을 나누어 내려는 부담금납부의무자는 제21조의 6 제1항에 따른 납부고지를 받은 날부터 15일 이내에 기획재정부장관에게 분할납부 신청을 하여야 한다.

㉢ 분할납부 신청을 받은 기획재정부장관은 신청을 받은 날부터 10일 이내에 분할납부 여부를 서면으로 신청인에게 통지하여야 하며, 분할납부를 하도록 한 경우에는 분할납부 금액, 분할납부 기간, 그 밖에 분할납부에 필요한 사항을 함께 통지하여야 한다.

② 독촉장 발급(법 제11조의 3 제2항)

기획재정부장관은 금융회사 등이 부담금을 납부기한까지 내지 아니하면 납부기한이 지난 후 10일 이내에 10일 이상의 기간을 정하여 독촉장을 발급하여야 한다.

③ 가산금 징수(법 제11조의 3 제3항)

기획재정부장관은 체납된 부담금에 대하여는 100분의 10 이내의 범위에서 대통령령으로 정하는 가산금을 징수할 수 있다.

"대통령령으로 정하는 가산금"이란 다음의 구분에 따른 금액을 말한다(영 제21조의 8).

㉠ 체납기간(부담금 납부기한의 다음 날부터 납부일 전 날까지의 기간을 말한다. 이하 이 조에서 같다)이 1개월 이하인 경우: 체납된 부담금의 1천분의 30에 해당하는 금액

㉡ 체납기간이 1개월을 초과하는 경우: 제1호의 금액에 1개월이 지날 때마다 체납된 부담금의 1천분의 10을 더한 금액. 이 경우 가산하는 기간은 6개월을 초과하지 못한다.

④ 부담금과 가산금의 징수(법 제11조의 3 제4항)

기획재정부장관은 독촉장을 받은 금융회사 등이 정하여진 기한까지 납부하지 아니할 때에는 국세 체납처분의 예에 따라 부담금과 가산금을 징수한다.

⑤ 자료제출(법 제11조의 3 제5항)

㉠ 기획재정부장관은 제11조의 2에 따른 부담금의 부과·징수를 위하여 필요하다고 인정되는 경우에는 해당 금융회사 등에 관련 자료의 제출을 요구할 수 있다. 이 경우 자료의 제출을 요구받은 금융회사 등은 특별한 사유가 없으면 요구에 따라야 한다.

㉡ 기획재정부장관이 법 제11조의 3 제5항에 따라 부담금납부의무자에게 제출을 요구할 수 있는 자료는 비예금성외화부채 등의 보유 현황자료, 비예금성외화부채 등 잔액의 산정자료 등 부담금의 부과·징수를 위하여 필요한 외화부채에 관한 자료로 한다(영 제21조의 9).

(11) 이의신청
① 부담금을 부과 받은 금융회사 등이 부과 받은 사항에 대하여 이의가 있는 경우에는 기획재정부장관에게 이의를 신청할 수 있다(법 제11조의 3 제6항).

납부고지를 받은 부담금납부의무자는 다음의 어느 하나에 해당하는 경우에는 납부고지를 받은 날부터 15일 이내에 이의신청을 할 수 있다(영 제21조의 10 제1항).
㉠ 부담금 납부 대상자가 잘못된 경우
㉡ 납부고지된 부담금 금액에 이의가 있는 경우
② 이의신청을 받은 기획재정부장관은 15일 이내에 그 처리결과를 신청인 또는 적법한 납부 대상자에게 통지하여야 한다. 이 경우 이의신청 처리 결과 부담금 금액을 조정한 경우에는 조정된 금액을 다시 부과·징수하여야 하며, 부담금을 이미 납부한 경우에는 납부한 금액과 조정된 금액과의 차액을 다시 부과·징수하거나 환급하여야 한다(영 제21조의 10 제2항).
③ 이의신청은 부담금의 납부기한에 영향을 미치지 아니한다(영 제21조의 10 제2항).

(12) 부담금의 조정
① 기획재정부장관은 검사한 결과 이미 납부고지하거나 납부한 부담금 금액을 조정할 필요가 있다고 인정하는 경우에는 이미 납부고지하거나 납부한 금액과 조정된 금액과의 차액을 다시 부과·징수하거나 환급할 수 있다(영 제21조의 10 제4항).
② 적법한 부담금 납부 대상자에게 부담금을 다시 부과·징수하거나 조정된 부담금 또는 차액을 다시 부과·징수하는 경우 그 납부기한은 납부고지한 날의 다음 달 말일로 한다(영 제21조의 10 제5항).

04 인가의 취소 등

1. 제재의 종류(법 제12조 제1항)

기획재정부장관은 외국환업무취급기관 등이 제재사유의 어느 하나에 해당하는 경우에는 등록 또는 인가를 취소하거나 6개월 이내의 기간을 정하여 외국환업무취급기관 등(영업소를 포함한다)의 업무를 제한하거나 업무의 전부 또는 일부를 정지할 수 있다.

2. 제재의 사유(법 제12조 제1항)

① 거짓이나 그 밖의 부정한 방법으로 등록을 하거나 인가를 받은 경우
② 업무의 제한 또는 정지 기간에 그 업무를 한 경우
③ 등록 또는 인가의 내용이나 조건을 위반한 경우
④ 제8조 제2항(외국환업무 범위)을 위반하여 외국환업무를 한 경우
⑤ 제8조 제4항(등록사항의 변경) 또는 제9조 제3항(외국환중개회사의 합병해산 등)에 따른 인가를 받지 아니한 경우 또는 신고를 하지 아니하거나 거짓으로 신고를 한 경우
⑥ 제8조 제6항(업무 수행에 관한 기준)에 따른 외국환업무취급기관 및 전문외국환업무취급업자의 업무 수행에 필요한 사항을 따르지 아니한 경우
⑦ 제8조 제7항(이행보증금을 예탁하게 하거나 보험 또는 공제에 가입하게 하는 조치)에 따른 보증금 예탁 등 필요한 조치를 따르지 아니한 경우
⑧ 제8조 제7항에 따른 조치에도 불구하고 전문외국환업무취급업자의 파산 또는 지급불능 우려 사유가 발생한 경우

⑨ 제9조 제2항(외국환중개업무의 상대방)을 위반하여 외국환중개업무를 한 경우 또는 같은 조 제4항에 따른 보증금 예탁 등 필요한 조치를 따르지 아니한 경우
⑩ 제10조(업무상의 확인업무)에 따른 의무를 위반한 경우
⑪ 제11조 제1항(기획재정부장관의 감독상 필요한 명령)에 따른 감독상의 명령 또는 같은 조 제2항(건전성 규제)에 따른 업무상 제한을 위반한 경우
⑫ 제20조 제1항(거래 당사자 또는 관계인 등의 보고) 또는 제2항(한국은행, 금융감독원 등 관계 기관의 보고)에 따른 보고 또는 자료·정보 제출을 하지 아니하거나 거짓 보고 또는 거짓 자료·정보를 제출한 경우
⑬ 제20조 제3항(외환검사) 또는 제6항(외환검사의 권한 위탁)에 따른 검사에 응하지 아니하거나 이 검사를 거부·방해 또는 기피한 경우
⑭ 제20조 제4항(외환검사를 위한 자료 제출 요구) 또는 제6항(외환검사의 권한 위탁)에 따른 자료의 제출을 거부하거나 거짓 자료를 제출한 경우
⑮ 제20조 제5항(외환검사에 따른 시정명령) 또는 제6항(외환검사의 권한 위탁)에 따른 시정명령에 따르지 아니한 경우
⑯ 제21조(국세청장 등에게의 통보)에 따른 기획재정부장관의 명령을 위반하여 통보 또는 제공을 하지 아니하거나 거짓으로 통보 또는 제공한 경우
⑰ 제24조 제2항(전자문서에 의한 신고, 신청의 자료통보 등)에 따른 기획재정부장관의 명령을 위반하여 신고, 신청, 보고, 자료의 통보 및 제출을 전자문서의 방법으로 하지 아니한 경우

3. 청문의 실시(법 제12조 제3항)

기획재정부장관은 제1항에 따라 등록 또는 인가를 취소하려는 경우에는 청문을 하여야 한다.

4. 재등록 및 재인가의 제한(법 제12조 제4항)

등록 또는 인가가 취소된 자(제1항에 따라 등록 또는 인가가 취소된 자의 임직원이었던 자로서 그 취소 사유의 발생에 직접 또는 이에 상응하는 책임이 있는 자를 포함한다)는 등록 또는 인가가 취소된 날부터 3년이 경과하지 아니한 경우에는 해당 외국환업무를 다시 제8조 제1항 또는 제3항에 따라 등록하거나 제9조 제1항에 따라 인가받을 수 없다.

> **더 알아보기**
>
> **외국환거래법 시행령 [별표 2] <개정 2025. 9. 16.>**
> **등록·인가취소 및 업무정지의 기준(제22조 관련)**
>
> 1. 일반기준
>   기획재정부장관은 위반행위의 동기·내용 및 위반의 정도 등을 고려하여 다음 각 목에 따라 100의 50 범위에서 가중하거나 감경할 수 있다. 다만, 위반행위가 등록 또는 인가 취소 대상인 경우(법 제12조 제1항 제3호에 따른 등록 또는 인가 취소인 경우는 제외한다)에는 3개월 이상의 업무정지 처분으로 감경할 수 있고, 외국환업무취급기관등의 위반행위가 착오 또는 과실로 인한 것임이 인정되는 경우이거나 위반의 내용 정도가 경미한 위반행위자가 처음 해당 위반행위를 한 경우에는 경고로 처분을 갈음할 수 있다.
>   가. 가중 사유
>   1) 1년에 2회 이상 위반한 경우 각각의 위반행위에 해당하는 업무정지 기간을 합산하여 총업무정지기간을 계산하되, 동일한 사항을 위반한 경우에는 총업무정지기간을 기준으로 가중 처분할 수 있다.
>   2) 위반행위가 고의나 중대한 과실에 의한 경우에는 100분의 30 범위에서 가중할 수 있다.

나. 감경 사유
  1) 위반의 내용·정도가 경미하여 외환시장 및 금융기관 이용자에 미치는 피해가 적다고 인정되는 경우
  2) 위반행위자가 처음 해당 위반행위를 한 경우로서 5년 이상 해당 외국환업무를 모범적으로 수행한 사실이 인정되는 경우
  3) 위반행위로 인하여 취득한 이익이 5천만 원 미만인 경우
  4) 위반 사유를 지체 없이 시정한 경우

2. 개별기준

해당 행위		해당 법조문	처분기준
가. 거짓이나 그 밖의 부정한 방법으로 등록을 하거나 인가를 받은 경우		법 제12조 제1항 제1호	등록 또는 인가 취소
나. 업무의 제한 또는 정지 기간에 그 업무를 한 경우		법 제12조 제1항 제2호	등록 또는 인가 취소
다. 등록 또는 인가의 내용이나 조건을 위반한 경우	1) 등록 또는 인가의 내용이나 조건을 처음 위반한 경우	법 제12조 제1항 제3호	업무정지 3개월
	2) 등록 또는 인가의 내용이나 조건을 위반하여 법 제12조에 따른 처분을 받은 자가 처분일부터 3개월 이내에 시정하지 않은 경우		등록 또는 인가 취소
라. 법 제8조 제2항을 위반하여 외국환업무를 한 경우		법 제12조 제1항 제4호	업무정지 2개월
마. 법 제8조 제4항 또는 제9조 제3항에 따른 인가를 받지 않은 경우 또는 신고를 하지 않거나 거짓으로 신고를 한 경우		법 제12조 제1항 제5호	업무정지 2개월
바. 법 제8조 제6항에 따른 외국환업무취급기관 및 전문외국환업무취급업자의 업무 수행에 필요한 사항을 따르지 않은 경우		법 제12조 제1항 제5호의 2	업무정지 2개월
사. 법 제8조 제7항에 따른 보증금 예탁 등 필요한 조치를 따르지 않은 경우		법 제12조 제1항 제5호의 3	업무정지 2개월
아. 법 제8조 제7항에 따른 조치에도 불구하고 전문외국환업무취급업자의 파산 또는 지급불능 우려 사유가 발생한 경우		법 제12조 제1항 제5호의 4	업무정지 2개월
자. 법 제9조 제2항을 위반하여 외국환중개업무를 한 경우 또는 같은 조 제4항에 따른 보증금 예탁 등 필요한 조치를 따르지 않은 경우		법 제12조 제1항 제6호	업무정지 2개월
차. 법 제10조 제1항에 따른 확인 의무를 위반한 경우		법 제12조 제1항 제7호	업무정지 2개월
카. 법 제10조 제2항에 해당하는 행위를 한 경우		법 제12조 제1항 제7호	업무정지 3개월
타. 법 제11조 제1항에 따른 감독상의 명령 또는 같은 조 제2항에 따른 업무상 제한을 위반한 경우		법 제12조 제1항 제8호	업무정지 2개월
파. 법 제20조 제1항 또는 제2항의 보고 또는 자료·정보 제출을 하지 않거나 거짓으로 한 경우	1) 보고 또는 자료·정보 제출을 하지 아니한 경우	법 제12조 제1항 제9호	업무정지 2개월
	2) 거짓 보고 또는 거짓 자료·정보를 제출한 경우		업무정지 3개월
하. 법 제20조 제3항 또는 제6항에 따른 검사에 응하지 않거나 검사를 거부·방해 또는 기피한 경우		법 제12조 제1항 제10호	업무정지 3개월
거. 법 제20조 제4항 또는 제6항에 따른 자료의 제출을 거부하거나 거짓 자료를 제출한 경우		법 제12조 제1항 제11호	업무정지 3개월

너. 법 제20조 제5항 또는 제6항에 따른 시정명령에 따르지 않은 경우	법 제12조 제1항 제12호	업무정지 2개월
더. 법 제21조에 따른 기획재정부장관의 명령을 위반하여 통보 또는 제공을 하지 않거나 거짓으로 통보 또는 제공한 경우	법 제12조 제1항 제13호	업무정지 2개월
러. 법 제24조 제2항에 따른 기획재정부장관의 명령을 위반하여 신고, 신청, 보고, 자료의 통보 및 제출을 전자문서의 방법으로 하지 않은 경우	법 제12조 제1항 제14호	업무정지 1개월

05 과징금의 부과

1. 개요(법 제12조의 2 제1항)

기획재정부장관은 제12조 제1항 각 호의 어느 하나에 해당하는 위반행위를 한 자에 대하여 업무를 제한하거나 업무의 전부 또는 일부를 정지할 수 있는 경우에는 이를 갈음하여 그 위반행위로 취득한 이익의 범위에서 과징금을 부과할 수 있다.

2. 과징금 부과 시 고려사항(법 제12조의 2 제2항)

과징금을 부과하는 경우에는 대통령령으로 정하는 기준에 따라 다음의 사항을 고려하여야 한다.
① 위반행위의 내용 및 정도
② 위반행위의 기간 및 횟수
③ 위반행위로 취득한 이익의 규모

3. 과징금 부과기준(영 제23조) - 외국환거래법시행령 별표 3

(1) 기획재정부장관은 업무정지처분을 갈음하여 과징금을 부과할 수 있으며, 위반행위로 취득한 이익에 다음의 부과 비율을 곱한 금액을 상한으로 한다.
① 업무정지 1개월에 해당하는 경우: 100분의 20
② 업무정지 2개월에 해당하는 경우: 100분의 40
③ 업무정지 3개월에 해당하는 경우: 100분의 50
④ 업무정지 4개월에 해당하는 경우: 100분의 70

(2) (1)에도 불구하고 다음의 어느 하나에 해당하는 경우에는 위반행위로 인하여 취득한 이익의 100분의 50 이상을 과징금으로 부과하여야 한다. 다만, 별표 2 제1호 나목 1) 또는 4)에 해당하는 경우에는 그러하지 아니하다.
① 위반행위가 1년 이상 지속되거나 최근 1년간 3회 이상 반복적으로 이루어진 경우
② 위반행위로 인하여 취득한 이익의 규모가 1억 원 이상인 경우

4. 체납처분(법 제12조의 2 제4항)

기획재정부장관은 과징금 납부 의무자가 납부기한까지 과징금을 납부하지 아니한 경우에는 국세 체납처분의 예에 따라 징수할 수 있다.

제4장 외국환평형기금

외국환평형기금은 자국통화의 안정을 유지하고 투기적인 외화의 유출입에 따른 악영향을 피하기 위하여 정부가 직접 혹은 간접적으로 외환시장에 개입하여 외환의 매매조작을 실시하기 위하여 보유·운용되는 자금을 말하며, 외국환평형기금은 외환의 약세 또는 강세를 방어하기 위한 목적이지만 우리나라는 원화의 강세(= 달러의 약세)를 방어하기 위해 원화표시 외국환평형기금을 조성하여 달러를 매입하고 원화를 시장에 푸는 경우가 많은 편이다.

01 외국환평형기금

1. 개요(법 제13조 제1항)

외국환거래를 원활하게 하기 위하여 「국가재정법」 제5조에 따른 기금으로서 외국환평형기금을 설치한다.

2. 재원의 조성

(1) 재원의 조성(법 제13조 제2항)

외국환평형기금은 다음의 재원(財源)으로 조성한다.
① 정부로부터의 출연금 및 예수금
② 외국환평형기금채권의 발행으로 조성된 자금

②에 따른 외국환평형기금채권을 발행하는 경우에는 「국채법」 제4조를 적용하지 아니한다(법 제13조 제10항).

③ 외국정부, 외국중앙은행, 그 밖의 거주자 또는 비거주자로부터의 예수금 또는 일시차입금
④ 제6조 제1항 제2호 및 같은 조 제2항(외국환거래의 정지 등 정부명령에 의한 보관·예치 또는 매각 의무가 부여된 기금)에 따른 예수금
⑤ 제11조의 2에 따른 외환건전성부담금 및 제11조의 3 제3항에 따른 가산금
⑥ 그 밖에 외국환거래의 원활화를 위하여 필요한 자금 등 대통령령으로 정하는 자금

"외국환거래의 원활화를 위하여 필요한 자금 등 대통령령으로 정하는 자금"이란 외국환평형기금의 운용으로 발생하는 이자 등의 수입을 말한다(영 제25조 제1항).

(2) 예치증서의 발행

① 기획재정부장관은 제2항에 따라 외국환평형기금에 예치된 자금에 대하여 대통령령으로 정하는 바에 따라 예치증서를 발행할 수 있다. 이 경우 기획재정부장관은 그 예치증서의 사용 용도를 정할 수 있다(법 제13조 제9항).
② 예치증서를 발행받으려는 자는 예치금액, 사용용도 등을 적은 신청 서류를 기획재정부장관에게 제출하여야 한다(영 제28조 제1항).
③ 기획재정부장관은 신청이 있는 경우 예치증서의 발행이 필요하다고 인정되면 신청일부터 7일 이내에 예치증서를 발행·교부하여야 한다(영 제28조 제2항).

3. 기금의 운용

(1) 주체(법 제13조 제6항)

외국환평형기금은 기획재정부장관이 운용·관리한다.

(2) 운용방법(법 제13조 제3항)

외국환평형기금은 다음의 방법으로 운용한다. 다만, 외환건전성부담금 및 가산금으로 조성된 외국환평형기금의 경우에는 ②의 방법 또는 ④ 중 금융회사 등에 대한 외화유동성 공급을 위한 거래에 한하여 운용한다.
① 외국환의 매매
② 한국은행·외국정부·외국중앙은행 또는 국내외 금융회사 등에의 예치·예탁 또는 대여
③ 외국환업무취급기관의 외화채무로서 국가가 보증한 채무를 상환하기 위하여 국가가 예비비 또는 추가경정예산으로 지급하기 전까지 국가를 대신하여 일시적으로 하는 지급
  ③에 따라 외국환평형기금에서 채무를 대신 지급한 경우 정부는 이를 보전(補塡)하는 조치를 하여야 한다(법 제13조 제4항).
④ 그 밖에 외국환거래의 원활화를 위하여 필요하다고 인정되어 대통령령으로 정하는 방법
  "대통령령으로 정하는 방법"이란 다음의 어느 하나에 해당하는 방법을 말한다. 다만, 법 제13조 제3항 각 호 외의 부분 단서에 따라 같은 조 제2항 제5호에 따른 부담금 및 가산금으로 조성된 외국환평형기금의 경우에는 제2호의 방법 중 금융회사 등과의 「자본시장과 금융투자업에 관한 법률」 제5조 제1항 제3호에 따른 파생상품에 대한 거래만을 말한다.
  ㉠ 한국은행·외국환업무취급기관 또는 외국금융기관의 외국환거래에 따른 채무의 보증
  ㉡ 파생상품에 대한 거래
  ㉢ 외국환업무취급기관 등에 대한 위탁을 통한 운용

(3) 통화(법 제13조 제5항)

외국환평형기금의 조성 및 운용은 내국지급수단 또는 대외지급수단으로 할 수 있다.

(4) 외국환평형기금계정의 설치

① 기획재정부장관은 외국환평형기금의 수입과 지출을 명확하게 하기 위하여 한국은행에 외국환평형기금계정을 설치하여야 한다(영 제27조 제1항).
② 외국환평형기금은 원화자금 및 외화자금으로 운용할 수 있다(영 제27조 제2항).

(5) 평가(영 제27조 제4항)

외국환평형기금이 보유하는 외화자금의 가액은 환율에 의하여 평가하되, 이로 인한 손익은 해당 손익이 발생한 이후 최초로 도래하는 결산기에 평가익 또는 평가손으로 처리하여야 한다.

(6) 구분 관리(법 제13조 제12항)

기획재정부장관은 외국환평형기금의 재원 중 외환건전성부담금 및 가산금을 대통령령으로 정하는 바에 따라 다른 재원과 구분하여 별도로 관리하여야 한다.

기획재정부장관은 외국환평형기금계정을 운용·관리할 때 법 제13조 제2항 제1호부터 제4호까지 및 제6호에 따른 재원과 법 제13조 제2항 제5호에 따른 재원을 구분하여 회계처리하여야 한다.

02 외국환평형기금 채권

1. 발행
(1) 기획재정부장관은 외국환평형기금채권을 발행할 수 있다(법 제13조 제7항).
(2) 외국환평형기금채권(이하 "기금채권"이라 한다)의 발행은 모집, 매출 또는 입찰의 방법으로 한다(영 제26조 제1항).

2. 기금채권의 인수(영 제26조 제2항)
기획재정부장관은 기금채권의 원활한 발행을 위하여 필요하다고 인정되는 경우에는 다음의 기관으로 하여금 기금채권을 인수하게 할 수 있다.
① 한국은행
② 외국환업무취급기관
③ 「자본시장과 금융투자업에 관한 법률」에 따른 투자매매업자, 투자중개업자, 집합투자업자, 신탁업자 및 증권금융회사
④ 「보험업법」에 따른 보험회사

3. 대행기관의 활용
(1) 기획재정부장관은 기금채권의 원활한 발행을 위하여 기금채권의 발행에 관련된 업무를 다음의 구분에 따라 금융회사, 법무법인, 회계법인(이하 "대행기관"이라 한다)에게 대행하게 할 수 있다(영 제26조 제3항).
  ① 금융회사: 기금채권의 발행전략의 수립 지원 및 기금채권의 모집·매출의 알선 등에 관한 업무
  ② 법무법인: 기금채권 발행과 관련한 신고서류 및 투자계약서의 작성, 법률자문 등에 관한 업무
  ③ 회계법인: 기금채권 발행과 관련된 회계업무
(2) 기획재정부장관은 대행기관의 투명하고 공정한 선정을 위하여 관계전문가로부터 의견을 들을 수 있다(영 제26조 제4항).
(3) 대행기관의 선정 등에 필요한 사항은 기획재정부장관이 정한다(영 제26조 제5항).

4. 외국환평형기금채권의 원리금 상환(법 제14조)
(1) 외국환평형기금채권의 발행으로 인한 원리금은 「국가재정법」 제90조 제6항에 따른 절차에 따라 일반회계 세계잉여금으로 상환할 수 있다.
(2) 일반회계 세계잉여금으로 상환할 수 있는 금액은 외국환평형기금채권의 이자에 그 이자 외의 외국환평형기금 운용손익을 더하거나 뺀 금액으로 한다.

5. 기타규정
(1) 외국환평형기금채권을 발행하는 경우에는 「국채법」 제4조를 적용하지 아니한다.
(2) 기획재정부장관은 외국통화로 표시하는 외국환평형기금채권 발행액의 변경 범위가 해당 회계연도의 외국환평형기금 기금운용계획에 따른 외국통화 표시 외국환평형기금채권 발행액의 10분의 2를 초과한 경우에는 변경명세서를 국회 소관 상임위원회 및 예산결산특별위원회에 제출하여야 한다. 이 경우 변경명세서에는 외국환평형기금채권의 발행 및 상환 내역과 변경 사유 등이 포함되어야 한다(법 제13조 제11항).

제5장 지급과 거래

01 지급 등의 허가

지급과 수령(지급 등)에서 국내로부터 외국에 지급하고자 하는 거주자 및 비거주자, 비거주자에게 지급하거나 비거주자로부터 영수하고자 하는 거주자로 하여금 지급 등을 함에 있어 각종 절차를 정하고 있다.

거주자 또는 비거주자가 국내에서 해외송금하는 경우에는 모두 외국으로 자금유출이 일어나는 형태이므로 거주성에 관계없이 거래주체의 지급절차에 적용하고, 국경이나 지역 간 이동과 관계없이 국내에서 거주자가 비거주자에게 보내는 자금도 지급행위에 포함하고 있다. 한편 지급의 범위에서 비거주자가 국내에서 해외로 송금하는 것이 아닌 외국에서 외국으로 발생하는 지급은 지급의 적용대상에서 제외하고 있다.

1. 개요(법 제15조 제2항)

기획재정부장관은 다음의 어느 하나에 해당한다고 인정되는 경우에는 국내로부터 외국에 지급하려는 거주자·비거주자, 비거주자에게 지급하거나 비거주자로부터 수령하려는 거주자에게 그 지급 또는 수령을 할 때 대통령령으로 정하는 바에 따라 허가를 받도록 할 수 있다.
① 우리나라가 체결한 조약 및 일반적으로 승인된 국제법규를 성실하게 이행하기 위하여 불가피한 경우
② 국제 평화 및 안전을 유지하기 위한 국제적 노력에 특히 기여할 필요가 있는 경우

2. 고시(영 제29조 제1항)

기획재정부장관은 법 제15조 제2항에 따라 지급 또는 수령의 허가를 받도록 하는 경우에는 허가를 받아야 하는 사유와 지급 또는 수령의 종류 및 범위를 정하여 고시하여야 한다.

3. 허가의 절차

(1) 신청(영 제29조 제2항)
지급 또는 수령의 허가를 받으려는 자는 기획재정부장관이 정하여 고시하는 허가신청 서류를 기획재정부장관에게 제출하여야 한다.

(2) 심사(영 제29조 제3항)
기획재정부장관은 지급 또는 수령의 허가신청을 받은 때에는 다음의 사항을 심사하여 허가 여부를 결정하고 신청인에게 통지하여야 한다.
① 해당 지급 또는 수령이 허가 대상인지의 여부
② 해당 지급 또는 수령의 사유와 금액
③ 해당 지급 또는 수령의 원인이 되는 거래 또는 행위의 내용

4. 허가의 위탁(영 제37조 제3항 제7호)

지급 또는 수령의 허가에 관한 기획재정부장관의 권한은 한국은행총재에게 위탁한다.

5. 조치의 해제(영 제29조 제4항)

기획재정부장관은 지급 또는 수령에 대하여 허가를 받도록 조치한 사유가 소멸하게 된 때에는 해당 조치를 지체 없이 해제하여야 한다.

02 지급 등의 절차

1. 개요(법 제15조 제1항)

기획재정부장관은 이 법을 적용받는 지급 또는 수령과 관련하여 환전절차, 송금절차, 재산반출절차 등 필요한 사항을 정할 수 있다.

2. 지급 등의 절차

(1) 지급 등의 증빙서류의 제출(규정 제4-2조 제1항)

건당 미화 5천 불을 초과하는 지급 등을 하고자 하는 자는 외국환은행의 장에게 지급 등의 사유와 금액을 입증하는 서류(이하 이 장에서 "지급 등의 증빙서류"라 한다)를 제출하여야 한다. 다만, 이 규정에 따른 신고를 요하지 않는 거래로서 비거주자 또는 외국인거주자가 외국에 있는 자금을 국내로 반입하기 위하여 수령하는 경우에는 그러하지 아니하다.

(2) 사전 신고의 이행(규정 제4-2조 제2항)

지급 등을 하고자 하는 자는 당해 지급 등을 하기에 앞서 당해 지급 등 또는 그 원인이 되는 거래, 행위가 법, 영, 이 규정 및 타법령 등에 의하여 신고 등을 하여야 하는 경우에는 그 신고 등을 먼저 하여야 한다.

(3) 신고의 사후이행(규정 제4-2조 제3항)

지급 등을 하고자 하는 자가 당해 지급 등과 관련하여 필요한 신고 등 또는 보고를 이행하지 않는 등 법, 영 및 이 규정을 위반한 경우에는 당해 위반사실을 제재기관의 장(금융감독원장을 포함)에게 외국환은행을 경유하여 보고하고 필요한 신고 또는 보고절차를 사후적으로 완료한 후 지급 등을 할 수 있다. 다만, 수령을 하고자 하는 경우에는 위반사실을 제재기관의 장에게 보고한 후 수령할 수 있다.

(4) 지급 등의 중단(규정 제4-2조 제4항)

제재기관의 장은 위반한 당사자가 법 제19조 제2항(경고 및 거래정지 등)에 따른 제재를 받을 우려가 있거나 기타 제재의 실효성 확보를 위하여 필요하다고 인정되는 경우 제재처분 확정 시까지 지급 등을 중단시킬 수 있다.

(5) 거래외국환은행의 이용(규정 제4-2조 제5항)

거래외국환은행을 지정한 경우에는 당해 외국환은행을 통하여 지급 등(휴대수출입을 위한 환전을 포함한다)을 하여야 한다.

(6) 증빙서류의 전자적 제출 허용(규정 제4-2조 제6항)

지급 등을 하고자 하는 자는 지급 등의 증빙서류를 전자적 방법을 통해 제출할 수 있다.

3. 거주자의 지급 등 절차 예외

(1) 적용대상(규정 제4-3조 제1항)
거주자(외국인거주자는 제외한다)는 제출면제사유에 해당하는 경우 지급 등의 증빙서류를 제출하지 아니하고 지급 등을 할 수 있다.

(2) 제출면제사유(규정 제4-3조 제1항)
① 이 규정에 따른 신고를 필요로 하지 않는 거래로서 다음의 1에 해당하는 지급
  ㉠ 연간 누계금액이 미화 10만 불 이내(제7-2조 제8호의 거래에 따른 지급금액을 포함한다)인 경우
  ㉡ 연간 누계금액이 미화 10만 불을 초과하는 지급으로서 당해 거래의 내용과 금액을 서류를 통해 외국환은행의 장이 확인할 수 있는 경우
② 이 규정에 따른 신고를 필요로 하지 않는 수령. 다만, 동일자・동일인 기준 미화 10만 불을 초과하는 경우에는 서면에 의하여 외국환은행의 장으로부터 수령사유를 확인받아야 한다.
③ 정부 또는 지방자치단체의 지급 등
④ 제4-5조 규정에 의한 지급을 제외하고 거래 또는 행위가 발생하기 전에 하는 지급. 이 경우 거래 또는 행위발생 후 일정한 기간 내에 지급 증빙서류를 제출하여 정산하여야 한다. 다만, 그 지급금액의 100분의 10 이내에서는 정산의무를 면제할 수 있다.
⑤ 전년도 수출실적이 미화 3천만 불 이상인 기업의 송금방식 수출대금의 수령 및 전년도 수입실적이 미화 3천만 불 이상인 기업의 송금방식 수입대금의 지급(다만, 「새만금사업 추진 및 지원에 관한 특별법」 제2조 제1호에 따른 새만금사업지역 내에 소재한 기업의 경우 전년도 수출 또는 수입실적이 미화 1천만 불 이상인 경우로 한다). 다만, 지급 등의 증빙서류 제출을 면제받은 기업은 관련 지급 등의 증빙서류를 5년간 보관하여야 한다.
⑥ 「외국인투자촉진법」상 외국인투자기업 및 외국기업 국내지사의 설립을 위하여 비거주자가 지출한 비용의 반환을 위한 지급과 해외직접투자 및 해외지사 설립을 위하여 거주자가 지출한 비용의 회수를 위한 수령. 다만, 지출비용을 수령 또는 지급한 외국환은행을 통하여 지급 등을 하여야 한다.
⑦ 해외이주자(「해외이주법」 등 관련 법령에 의하여 해외이주가 인정된 자를 말한다)가 관할세무서장으로부터 발급받은 자금출처확인서의 범위 이내에서 해외이주비를 지급하는 경우

(3) 외국환은행의 장의 확인(규정 제4-3조 제2항)
상기 ①, ②에 따라 증빙서류를 제출하지 않는 경우에도 지급 등을 하고자 하는 자는 외국환은행의 장에게 당해 거래의 내용을 설명하고 확인을 받아야 한다.

(4) 거래외국환은행 지정(규정 제4-3조 제3항)
상기 ①, ⑦에 따른 지급을 하고자 하는 자는 거래외국환은행을 지정하여야 한다.

4. 비거주자 또는 외국인거주자의 지급

(1) 개요(규정 제4-4조 제1항)
비거주자 및 외국인거주자는 자금의 취득경위를 입증하는 서류(이하 "취득경위 입증서류"라 한다)를 제출하여 외국환은행 장의 확인을 받은 경우에 한하여 지급할 수 있다.

(2) 취득 경우 입증 사유(규정 제4-4조 제1항)
① 비거주자 또는 외국인거주자(배우자와 직계존비속을 포함한다)가 외국으로부터 이 규정에서 정한 바에 따라 수령 또는 휴대수입한 대외지급수단 범위 이내의 경우. 다만, 비거주자의 경우 최근 입국일 이후 수령 또는 휴대수입한 대외지급수단에 한한다.
② 제2-3조 제1항 제3호(기타 대외지급수단매매)의 규정에 의하여 한국은행총재에게 신고한 범위 이내의 경우
③ 국내에서의 고용, 근무에 따라 취득한 국내보수 또는 자유업 영위에 따른 소득 및 국내로부터 지급받는 사회보험 및 보장급부 또는 연금 기타 이와 유사한 소득범위 이내에서 지정거래외국환은행을 통해 지급하는 경우. 다만, 「외국인근로자의 고용 등에 관한 법률」에 따른 출국만기보험 수령은 지정거래외국환은행을 통하지 아니하여도 된다.
④ 주한 외교기관이 징수한 영사수입 기타 수수료의 지급
⑤ 제2-2조 제1항 제4호(외국인거주자 또는 비거주자로부터 외국환을 매입하는 경우)의 규정에 의한 매각실적 범위 내의 지급
⑥ 제2-3조 제4항 단서(외국공관, 외국공관원 및 주둔군인(매각실적에 한함)규정에서 정한 비거주자의 지급
⑦ 기타 제7장 내지 제9장(자본거래, 현지금융, 부동산 취득 등 자본거래규정)의 규정에 따라 대외지급이 인정된 자금의 지급
⑧ 비거주자인 재외동포가 관할세무서장으로부터 발급받은 부동산매각자금확인서 또는 자금출처확인서의 범위 이내에서 지정거래외국환은행을 통해 지급하는 경우

(3) 지정거래외국환은행 또는 신용카드사를 통한 지급(규정 제4-4조 제2항)
제1항 각 호의 사유에 해당되지 않는 경우 비거주자 등은 연간 미화 5만 불(외국인거주자의 연간 미화 5만 불 이내에서 해외여행경비 금액을 포함한다) 범위 내에서 제1항 제3호의 지정거래외국환은행 또는 신용카드사를 통해 지급할 수 있다. 다만 신용카드사를 통해 지급하는 경우에는 거래신용카드사를 지정하여야 한다.

(4) 기타의 지급(규정 제4-4조 제3항)
비거주자와 외국인거주자는 제1항 및 제2항의 규정에도 불구하고 다음의 금액을 지급할 수 있다.
① 제2-3조 제1항 제2호 라목(매각실적 등이 없는 비거주자의 경우에는 미화 1만 불 이내)의 규정에 따라 매입한 외화
② 외국인거주자의 미화 1만 불 이내의 해외여행경비 지급
③ 외국인거주자가 제1항 3호에 해당하는 자금의 취득경위를 입증하는 서류를 제출하여 체신관서를 통하여 지급

03 해외여행경비의 지급

1. 해외여행경비(규정 제1-2조 제39호)

"해외여행경비"라 함은 해외여행자가 지급할 수 있는 해외여행에 필요한 경비를 말한다.

2. 해외여행자의 구분(규정 제1-2조 제40호)

"해외여행자"라 함은 다음의 구분에 의한다.

(1) 해외체재자

다음에 해당하는 자로서 체재기간이 30일을 초과하여 외국에 체재하는 자
① 상용, 문화, 공무, 기술훈련, 국외연수(6월 미만의 경우에 한한다)를 목적으로 외국에 체재하는 자. 다만, 국내거주기간이 5년 미만인 외국인거주자는 제외한다.
② 국내기업 및 연구기관 등에 근무하는 자로서 그 근무기관의 업무를 위하여 외국에 체재하는 국내거주기간 5년 미만인 외국인거주자

(2) 해외유학생

다음의 어느 하나에 해당하는 자로서 외국의 교육기관·연구기관 또는 연수기관에서 6월 이상의 기간에 걸쳐 수학하거나 학문·기술을 연구 또는 연수할 목적으로 외국에 체재하는 자
① 국민 또는 국내 거주기간 5년 이상인 외국인인 경우
② ①에 해당되지 않은 자로서, 유학경비를 지급하는 부 또는 모가 국민인 거주자인 경우

(3) 일반해외여행자

해외체재자 및 해외유학생에 해당하지 아니하는 거주자인 해외여행자

3. 지급의 절차 등

(1) 지급방법(규정 제4-5조 제1항)

해외여행자는 해외여행경비를 외국환은행을 통하여 지급하거나 휴대수출할 수 있다.

다만, 일반해외여행자가 외국환은행을 통하여 외국에 지급할 수 있는 경우는 다음의 하나에 한한다.
① 다음의 하나에 해당하는 기관의 예산으로 지급되는 금액
  ㉠ 정부, 지방자치단체
  ㉡ 「공공기관의 운영에 관한 법률」에 따라 지정된 공공기관
  ㉢ 한국은행, 외국환은행
  ㉣ 한국무역협회·중소기업협동조합중앙회·언론기관(국내 신문사, 통신사, 방송국에 한함)·대한체육회·전국경제인연합회·대한상공회의소
② 다음의 하나에 해당하는 자에 대하여 주무부장관 또는 한국무역협회의 장이 필요성을 인정하여 추천하는 금액
  ㉠ 수출·해외건설 등 외화획득을 위한 여행자
  ㉡ 방위산업체 근무자
  ㉢ 기술·연구목적 여행자
③ 외국에서의 치료비
④ 당해 수학기관에 지급하는 등록금, 연수비와 교재대금 등 교육관련 경비
⑤ 외국에 소재한 여행업자, 숙박업자, 운수업자에 대한 해외여행경비의 지급(소속 임직원의 일반해외여행경비에 대해서 당해 법인이 지급하는 경우 및 해외여행자의 관광상품권 비용을 여행업자가 일괄지급하는 경우를 포함한다)

(2) 거래외국환은행의 지정 및 증빙서류의 제출(규정 제4-5조 제2항)

해외체재자 및 해외유학생이 해외여행경비를 지급하고자 하는 경우에는 거래외국환은행을 지정하여야 하며, 해외체재 또는 해외유학을 입증할 수 있는 서류를 제출하여야 한다. 다만, 해외유학생은 이후에도 매 연도별로 외국교육기관의 장이 발급하는 재학증명서 등 재학사실을 입증할 수 있는 서류를 제출하여야 한다.

(3) 신용카드 등에 의한 지급(규정 제4-5조 제6항)

해외여행자는 해외여행경비를 신용카드 등(여행자카드 포함)으로 지급(현지에서의 외국통화 인출을 포함하며, 이하 이 항에서 같다)할 수 있다. 다만, 외국인거주자의 경우 제4-4조 제2항의 금액범위(미화 5만 불) 이내에서 해외여행경비를 신용카드 등으로 지정거래외국환은행을 통하여 지급할 수 있다.

(4) 법인명의의 지급(규정 제4-5조 제7항)

법인은 당해 법인의 예산으로 소속 임직원(일반해외여행자에 한함)에게 해외여행경비 지급할 경우 법인 명의로 환전하여 지급하거나, 법인명의의 신용카드 등(여행자카드 포함)으로 지급할 수 있다.

4. 여행업자, 교육기관 등의 지급

(1) 여행업자 또는 교육기관을 통한 지급(규정 제4-5조 제3항)

여행업자 또는 교육기관 등(국내 해외연수알선업체를 포함하며, 이하 이 조에서 같다)과의 계약에 의하여 해외여행을 하고자 하는 해외여행자는 해외여행경비의 전부 또는 일부를 당해 여행업자 또는 교육기관 등에게 외국환은행을 통하여 지급할 수 있으며, 여행업자 또는 교육기관 등은 동 경비를 외국의 숙박업자·여행사 또는 해외연수기관(외국의 연수알선업체를 포함한다)에 외국환은행을 통하여 지급하거나 휴대수출하여 지급할 수 있다.

(2) 대리환전(규정 제4-5조 제4항)

여행업자 또는 교육기관 등이 해외여행자와의 계약에 의한 필요외화 소요경비를 환전하고자 하는 경우에는 외국환은행의 장으로부터 환전금액이 해외여행자와의 계약에 따른 필요외화 소요경비임을 확인받아야 한다.

(3) 매각금액의 표시(규정 제4-5조 제5항)

지정거래외국환은행의 장은 제4항의 규정에 의하여 해외여행경비를 매각하는 경우로서 해외여행자가 외국인거주자인 경우에는 당해 해외여행자의 여권에 매각금액을 표시하여야 한다. 다만, 1백만 원 이하에 상당하는 외국통화를 매각하는 경우에는 그러하지 아니하다.

> **더 알아보기**
>
> 해외이주비 관련 규정
> 1. 해외이주비의 정의(규정 제1-2조 제41호)
>   "해외이주비"라 함은 해외이주자(「해외이주법」 등 관련 법령에 의하여 해외이주가 인정된 자를 말한다)가 지급할 수 있는 경비를 말한다.
> 2. 예금 및 신탁(규정 제2-6조의 2 제1항 제5호)
>   외국환은행은 거주자 또는 비거주자를 위하여 해외이주자 또는 재외동포가 국내재산 반출용 외화자금을 예치하는 해외이주자 계정을 개설할 수 있다.

3. 거주자의 지급 등 절차 예외(규정 4-3조 제1항 제8호)
   해외이주자(「해외이주법」 등 관련 법령에 의하여 해외이주가 인정된 자를 말한다)가 관할세무서장으로부터 발급받은 자금출처확인서의 범위 이내에서 해외이주비를 지급하는 경우 거주자는(외국인거주자는 제외한다) 지급 등의 증빙서류를 제출하지 아니하고 지급 등을 할 수 있다.

4. 신고 등(규정 제5-11조 제1항 2호)
   해외여행자(여행업자 및 교육기관 등을 포함한다) 또는 해외이주자 및 재외동포(제4-4조 제1항 제8호에 해당하는 경우를 말한다)가 해외여행경비, 해외이주비 및 국내재산을 외국에서 직접 지급하는 경우 신고를 요하지 아니한다. 다만, 해외이주자 및 재외동포가 미화 1만 불을 초과하는 대외지급수단을 휴대수출하여 지급하는 경우에는 지정거래외국환은행의 장의 확인을 받아야 한다.

5. 계정에의 예치(규정 제7-8조 제3항 제1호)
   해외이주자계정에 예치할 수 있는 지급수단은 해외이주자의 자기명의의 재산으로 국내에 있는 재산을 처분하여 취득한 내국지급수단을 대가로 외국환은행 등으로부터 매입한 대외지급수단으로 한다.

6. 계정의 처분(규정 제7-9조 제3항)
   해외이주자계정은 다음의 하나에 해당하는 용도로 처분할 수 있다.
   (1) 해외이주비 송금(송금수표 및 여행자수표 인출을 포함한다) 및 국내재산의 송금
   (2) 외국환은행 등에 내국지급수단을 대가로 한 매각

※ 규정 제4-6조(해외이주비의 지급절차) <기획재정부고시 제2025-4호, 2025. 2. 10. 삭제>

더 알아보기

재외동포 재산 반출

1. 재외동포의 범위(규정 제1-2조 제29호)
   "재외동포"라 함은 다음 각 목의 1에 해당하는 자를 말한다.
   (1) 「해외이주법」에 의한 해외이주자로서 외국 국적을 취득한 자
   (2) 대한민국 국민으로서 외국의 영주권 또는 이에 준하는 자격을 취득한 자
   (3) 출생에 의하여 대한민국 국적을 보유하였던 자(대한민국 정부 수립 전에 국외로 이주한 자를 포함한다) 또는 그 직계비속으로서 대한민국 국적을 가지지 아니한 자

2. 예금 및 신탁(규정 제2-6조의 2 제1항 제5호)
   외국환은행은 거주자 또는 비거주자를 위하여 해외이주자 또는 재외동포가 국내재산 반출용 외화자금을 예치하는 해외이주자 계정을 개설할 수 있다.

3. 지급(규정 제4-4조 제1항 제8호)
   비거주자인 재외동포는 관할세무서장으로부터 발급받은 부동산매각자금확인서 또는 자금출처확인서의 범위 이내에서 지정거래외국환은행을 통해 지급할 수 있다.

4. 신고 등(규정 제5-11조 제1항 2호)
   해외여행자(여행업자 및 교육기관 등을 포함한다) 또는 해외이주자 및 재외동포(제4-4조 제1항 제8호에 해당하는 경우를 말한다)가 해외여행경비, 해외이주비 및 국내재산을 외국에서 직접 지급하는 경우 신고를 요하지 아니한다. 다만, 해외이주자 및 재외동포가 미화 1만 불을 초과하는 대외지급수단을 휴대수출하여 지급하는 경우에는 지정거래외국환은행의 장의 확인을 받아야 한다.

5. 계정에의 예치(규정 제7-8조 제3항 제1호)
   해외이주자계정에 예치할 수 있는 지급수단은 해외이주자의 자기명의의 재산으로 국내에 있는 재산을 처분하여 취득한 내국지급수단을 대가로 외국환은행 등으로부터 매입한 대외지급수단으로 한다.

※ 규정 제4-7조(재외동포의 국내재산 반출절차) <기획재정부고시 제2025-4호, 2025. 2. 10. 삭제>

제6장 지급 등의 방법

현행 외국환거래법상 모든 외환거래는 원인행위와 지급행위를 각각 관리하고 있다. 정상거래의 경우 수출입거래나 용역거래 등의 계약체결에는 제한이 없으나 이를 결제할 때에는 정상적인 방법은 자유롭게 결제할 수 있으나 그렇지 않을 경우 외국환은행의 장이나 한국은행 총재에게 신고 등을 하여야 한다.

외국에 대해 지급 및 수령을 하고자 하는 자는 원칙적으로 외국환은행에 동 사유과 금액을 입증하는 증빙서류를 제출하여야 하며, 이때 당해 지급 및 수령 또는 그 원인이 되는 거래가 신고 등을 하여야 하는 경우에는 먼저 그 절차를 거쳐야 한다. 외국환은행은 당해 지급 및 수령을 하기에 앞서 고객의 지급 및 수령이 허가를 받았거나 신고를 하였는지의 여부를 확인하여야 한다.

다만, 외국환은행의 확인이 용이하지 않아 거주자와 비거주자 간의 채권·채무를 소멸시키거나 불법적인 외화유출입 수단으로 이용될 가능성이 있는 상계에 의한 지급 및 수령, 일정 기간을 초과하는 지급 및 수령, 제3자 지급 및 수령, 외국환은행을 통하지 아니하는 지급 및 수령에 대해서는 외국환거래규정에서 특별히 규정하고 있다.

01 통칙

1. 지급 또는 수령 방법의 신고(법 제16조)

거주자 간, 거주자와 비거주자 간 또는 비거주자 상호 간의 거래나 행위에 따른 채권·채무를 결제할 때 거주자가 다음의 어느 하나에 해당하면(제18조에 따라 신고를 한 자가 그 신고된 방법으로 지급 또는 수령을 하는 경우는 제외한다) 대통령령으로 정하는 바에 따라 그 지급 또는 수령의 방법을 기획재정부장관에게 미리 신고하여야 한다.

다만, 외국환수급 안정과 대외거래 원활화를 위하여 대통령령으로 정하는 거래의 경우에는 사후에 보고하거나 신고하지 아니할 수 있다.

① 상계 등의 방법으로 채권·채무를 소멸시키거나 상쇄시키는 방법으로 결제하는 경우
② 기획재정부장관이 정하는 기간을 넘겨 결제하는 경우
③ 거주자가 해당 거래의 당사자가 아닌 자와 지급 또는 수령을 하거나 해당 거래의 당사자가 아닌 거주자가 그 거래의 당사자인 비거주자와 지급 또는 수령을 하는 경우
④ 외국환업무취급기관 등을 통하지 아니하고 지급 또는 수령을 하는 경우

2. 지급 또는 수령 방법의 신고절차

[1] 법 제16조에 따라 지급 또는 수령의 방법을 신고하려는 자는 기획재정부장관이 정하여 고시하는 신고서류를 기획재정부장관에게 제출하여야 한다(영 제30조 제1항).
[2] 이 장의 규정에 의한 신고를 하고자 하는 자는 별지 제5-1호 서식의 지급 등의 방법(변경)신고(보고)서에 신고기관이 정하는 관계서류를 첨부하여 신고기관에 제출하여야 한다. 신고내용을 변경하고자 하는 경우에도 같다(규정 제5-3조 제1항).

(3) 제5-2조에 해당하는 경우를 제외하고 제5장에 의한 신고(지급 등의 방법) 등의 서류는 전자적 방법을 통해 실명확인을 받고 제출할 수 있다(규정 제5-3조 제2항).

3. 지급 또는 수령 방법 신고의 예외

법 제16조 각 호 외의 부분 단서에서 "대통령령으로 정하는 거래의 경우"란 다음의 경우를 말한다.

(1) 거주자와 비거주자가 상계의 방법으로 결제할 때 기획재정부장관이 정하여 고시하는 방법으로 일정한 외국환은행을 통하여 주기적으로 결제하는 경우
(2) 법 제18조에 따라 기획재정부장관에게 신고한 방법에 따라 채권을 매매, 양도 또는 인수하는 경우
(3) 계약 건당 미화 5만 달러 이내의 수출대금을 기획재정부장관이 정하여 고시하는 기간을 초과하여 수령하는 경우
(4) 거주자가 건당 미화 1만 달러 이하의 경상거래에 따른 대가를 외국환업무취급기관 등을 통하지 아니하고 직접 지급하는 경우
(5) 그 밖에 기획재정부장관이 정하여 고시하는 경우
① 제7장 내지 제9장의 규정(자본거래, 직접투자 및 부동산 취득)에 의하여 자본거래의 신고를 한 자(외국환은행에 신고한 경우를 포함한다. 단 제5-11조에 따른 지급 등은 제외한다)가 그 신고내용에 포함된 지급 등의 방법으로 지급 등을 하는 경우
② 한국은행, 외국환은행, 기타 외국환업무취급기관, 소액해외송금업자, 기타전문외국환업무를 등록한자 및 종합금융회사가 외국환업무와 관련하여 지급 등을 하는 경우
③ 조약 또는 일반적으로 승인된 국제법규에서 정하는 지급 등의 방법으로 지급 등을 하는 경우
④ 거래당사자의 일방이 신고한 경우
⑤ 정부 또는 지방자치단체가 지급 등을 하는 경우
⑥ 「공공차관의 도입 및 관리에 관한 법률」에 의한 차관자금으로 수입대금을 지급하는 경우
⑦ 대외무역관리규정 별표 3(수출승인의 면제) 및 별표 4(수입승인의 면제)에서 정한 물품의 수출입대금을 지급 또는 수령하는 경우
※ ① ~ ⑤에 해당하는 경우에는 제5장 지급 등의 방법에 의한 신고를 요하지 않으며, ⑥ ~ ⑧에 해당하는 경우에는 제3절(기획재정부장관이 정하는 기간을 초과하는 지급 등의 방법)의 규정에 의한 신고를 요하지 아니한다.

02 상계

상계란 쌍방이 서로 같은 종류를 목적으로 한 채무를 부담한 경우에 그 쌍방의 채무의 이행기가 도래한 때에 각 채무자는 대등한 금액에 관하여 상쇄하여 서로의 권리관계를 소멸시키는 것으로 상계는 상대방에 대한 의사표시로 한다. 이 의사표시에는 조건 또는 기한을 붙이지 못한다.

상계는 수출입거래·용역거래·자본거래 등 거래가 있을 때마다 건별로 결제하는 경우의 번잡을 피하고 송금 비용의 절약 및 위험 등의 불이익을 제거할 수 있다. 상계에 의한 결제방법은 외국환거래의 규모·잔액 등 외국환거래내역 정보를 외환감독당국이 신속히 파악하여 대책을 수립하기가 어려운 점이 있으며, 이러한 거래를 통해 자본의 불법적인 유출입 등이 있을 수 있어 신고 및 사후보고제도를 유지하고 있다.

외국환거래에서 상계에 의한 방법으로 결제하고자 하는 경우 신고 예외거래, 외국환은행 사전신고, 외국환은행 사후 보고, 한국은행 신고대상으로 구분하여 처리하고 있다.

1. 개요(법 제16조 제1항)

거주자 간, 거주자와 비거주자 간 또는 비거주자 상호 간의 거래나 행위에 따른 채권·채무를 결제할 때 거주자가 상계 등의 방법으로 채권·채무를 소멸시키거나 상쇄시키는 방법으로 결제하는 경우 대통령령으로 정하는 바에 따라 그 지급 또는 수령의 방법을 기획재정부장관에게 미리 신고하여야 한다. 다만, 외국환수급 안정과 대외거래 원활화를 위하여 대통령령으로 정하는 거래의 경우에는 사후에 보고하거나 신고하지 아니할 수 있다.

2. 신고예외(규정 제5-4조 제1항)

다음의 1에 해당하는 방법으로 지급 등을 하고자 하는 경우에는 신고를 요하지 아니한다.
(1) 일방의 금액(분할하여 지급 등을 하는 경우에는 각각의 지급 등의 금액을 합산한 금액을 말한다)이 미화 5천 불 이하인 채권 또는 채무를 상계하고자 하는 경우
(2) 거주자가 거주자와 비거주자 간의 거래 또는 행위에 따른 채권 또는 채무를 이 절 제2관의 규정에 의한 상호계산계정을 통하여 당해 거래의 당사자인 비거주자에 대한 채무 또는 채권으로 상계하고자 하는 경우
(3) 신용카드발행업자가 외국에 있는 신용카드발행업자로부터 수령할 금액과 당해 외국에 있는 신용카드발행업자에게 지급할 금액(거주자의 신용카드 대외지급대금, 사용수수료 및 회비)을 상계하거나 그 상계한 잔액을 지급 또는 수령하는 경우
(4) 「보험업법」에 의한 보험사업자 및 특정보험사업자(「신용협동조합법」, 「수산업협동조합법」 및 「새마을금고법」에 따른 공제사업자를 포함한다)가 외국의 보험사업자와의 재보험계약에 의하여 재보험료, 재보험금, 대행중개수수료, 대행업무비용, 공탁금 및 공탁금 이자 등을 지급 또는 수령함에 있어서 그 대차를 차감한 잔액을 지급 또는 수령하는 경우
(5) 거주자가 제7장 제7절의 규정에 의한 파생상품거래에 의하여 취득하는 채권 또는 채무를 당해 거래상대방과의 반대거래 또는 당해 장내파생상품시장에서 동종의 파생상품거래에 의하여 취득하는 채무 또는 채권과 상계하거나 그 상계한 잔액을 지급 또는 수령하는 경우
(6) 연계무역, 위탁가공무역 및 수탁가공무역에 의하여 수출대금과 관련 수입대금을 상계하고자 하는 경우
(7) 물품의 수출입대금과 당해 수출입거래에 직접 수반되는 중개 또는 대리점 수수료 등을 상계하고자 하는 경우
(8) 외국항로에 취항하는 국내의 항공 또는 선박회사가 외국에서 취득하는 외국항로의 항공임 또는 선박임과 경상운항경비를 상계하거나 그 상계한 잔액을 지급 또는 수령하는 경우
(9) 외국항로에 취항하고 있는 국내선박회사가 외국선박회사와 공동운항계약을 체결하고 선복 및 장비의 상호사용에 따른 채권과 채무를 상계하고자 하는 경우
(10) 국내외철도승차권 등(선박, 항공기 또는 교통수단 등의 이용권을 포함한다)의 판매대금과 당해 거래에 직접 수반되는 수수료를 상계하고자 하는 경우
(11) 거주자 간에 외화표시 채권 또는 채무를 상계하고자 하는 경우
(12) 국내 통신사업자가 외국에 있는 통신사업자로부터 수령할 통신망 사용대가와 당해 통신사업자에게 지급할 통신망 사용대가를 상계하거나 그 상계한 잔액을 지급 또는 수령하는 경우
(13) 조세에 관한 법률 등에 따라 거주자와 비거주자 간 거래와 관련하여 발생한 소득에 대한 원천징수 후 잔액을 지급 또는 수령하는 경우
(14) 거주자와 비거주자 간 국내 소송·중재 등에 따른 지급 등과 관련하여 소송비용 등을 상계하거나 그 상계한 잔액을 지급 또는 수령하는 경우

(15) 제1-2조 제18호의 해운대리점이 외국 선박회사를 대리하면서 국내에서 징수한 선박임과 국내에서 지급한 경상운항경비를 상계하거나 상계한 잔액을 외국 선박회사와 지급 또는 수령하고자 하는 경우

3. 신고의무

(1) 외국환은행장 신고 및 사후보고(규정 제5-4조 제2항)

제1항에 규정된 경우를 제외하고 거주자가 수출입, 자본거래 등 대외거래를 함에 있어서 계정의 대기 또는 차기에 의하여 결제하는 등 비거주자에 대한 채권 또는 채무를 비거주자에 대한 채무 또는 채권으로 상계를 하고자 하는 경우에는 외국환은행의 장에게 신고하거나, 상계처리 후 1개월 이내에 외국환은행의 장에게 사후 보고를 하여야 한다.

(2) 한국은행 총재 신고(규정 제5-4조 제3항)

제2항의 규정에도 불구하고 다국적 기업의 상계센터를 통하여 상계하거나 다수의 당사자의 채권 또는 채무를 상계하고자 하는 경우에는 한국은행총재에게 신고하여야 한다.

> **다자간 상계**
> 다자간 상계는 통상 상계과정을 총괄하는 자금관리기구로서 그룹 내에 중앙집중적인 상계센터를 설립하여 모든 자회사들이 기업 간의 채권·채무관계를 정기적으로 상계센터에 보고하면, 상계센터에서 자회사 간의 채권·채무 상계 금액을 총괄관리하여 각 자회사 간의 상계금액과 결제금액을 결정하는 방식으로 운영된다. 다국적 기업의 본지사 간 거래빈도 및 거래금액이 감소하는 데 따른 비용 절감, 환리스크 축소 등의 이점이 있다.

4. 유관기관 통보(규정 제5-4조 제4항)

제2항 또는 제3항의 규정에 의한 신고 또는 사후보고를 받은 한국은행 총재 또는 외국환은행의 장은 동 신고 또는 사후보고 내용을 다음 반기 첫째 달 말일까지 국세청장 및 관세청장에게 통보하여야 한다.

5. 서류보관 의무(규정 제5-4조 제5항)

상계를 실시하는 자는 관계증빙서류를 5년간 보관하여야 한다.

03 상호계산

상호계산은 수출입거래뿐만 아니라 거주자와 비거주자 간의 인정된 거래에 의해 발생한 모든 채권 및 채무의 상계가 빈번하게 발생하는 경우 일정 기간 동안의 거래내역을 상호계산하여 정산하는 방식을 통하여 채권 ASLC 채무를 서로 상계하는 제도로 외국환은행의 장에게 신고하고 사후관리를 받아야 한다.

1. 상호계산의 신고(규정 제5-5조 제1항)

상대방과의 거래가 빈번하여 상호계산방법으로 지급 등을 하고자 하는 자는 별지 제5-2호 서식의 상호계산 신고서를 지정거래외국환은행의 장에게 제출하여야 하며, 폐쇄하고자 하는 경우에도 신고하여야 한다.

2. 대차기 항목 및 기장시점

(1) 대차기 항목(규정 제5-6조 제1항)

상호계산계정을 통하여 대기 또는 차기할 수 있는 항목은 상호계산상대방과의 채권 또는 채무로 한다. 다만, 법·영 및 이 규정에 의하여 지급, 지급방법 및 자본거래에 있어 신고를 요하는 경우에는 신고하여야 한다.

(2) 기장시점(규정 제5-6조 제2항)

상호계산계정의 기장은 당해 거래가 수출입인 경우에는 그 수출입의 완료 후 30일 이내, 기타의 경우에는 당해 거래에 따른 채권·채무의 확정 후 30일 이내에 행하여야 한다.

3. 결산

(1) 결산주기(규정 제5-7조 제1항)

상호계산계정의 결산은 회계기간의 범위 내에서 월 단위로 결산주기를 정하여 실시하여야 한다. 다만, 필요한 경우 회계기간의 범위 내에서 결산주기를 달리 정할 수 있다.

(2) 대기 및 차기잔액(규정 제5-7조 제2항)

상호계산계정의 결산에 있어서의 대기 및 차기잔액은 각 상대방별 계정의 대차기잔액을 합산한 금액으로 한다.

(3) 대차기잔액의 지급 및 수령(규정 제5-7조 제3항)

상호계산계정의 대차기잔액은 매 결산기간 종료 후 3월 이내에 지정거래외국환은행의 장에게 신고한 후 지급하거나 수령하여야 한다.

(4) 결산보고서 제출(규정 제5-7조 제4항)

상호계산을 실시하는 자는 결산보고서 등 지정거래외국환은행의 장이 정하는 보고서를 지정거래외국환은행의 장에게 제출하여야 한다.

(5) 장부보관(규정 제5-7조 제5항)

상호계산을 실시하는 자는 장부 및 관계증빙서류를 5년간 보관하여야 한다.

4. 계정의 폐쇄(규정 제5-5조 제2항)

(1) 지정거래외국환은행의 장은 상호계산을 실시하는 자가 법·영·이 규정 및 기타 법령에 규정하는 사항을 위반하거나 그 거래실적·거래내용이나 기타 사정에 비추어 상호계산계정의 존속이 필요없다고 인정되는 경우에는 그 상호계산계정을 폐쇄할 수 있다.

(2) 폐쇄된 계정의 대차기잔액 처리에 관하여는 제5-7조 제3항(대차기잔액의 지급 및 수령)의 규정을 준용한다.

5. 유관기관 통보(규정 제5-5조 제4항)

신고를 받은 지정거래외국환은행의 장은 동 신고사실을 국세청장 및 관세청장에게 통보하여야 한다.

> **더 알아보기**
>
> **상계와 상호계산의 차이점**
> 1. 신고의 대상
>   (1) 상계
>   상계는 거주자와 비거주자 간 이미 발생한 채권·채무를 총액 계산하지 않고 차액만 지급 또는 수령하는 것으로 양자간 상계는 외국환은행 또는 한국은행 신고사항(다국적 기업의 상계)이다.
>   (2) 상호계산
>   거주자와 비거주자 간의 지속적으로 거래가 이루어지고 향후 발생할 채권·채무를 정기적으로 차액 정산하는 것으로 지정거래외국환은행 신고사항이다.
> 2. 거래발생유무
>   (1) 상계
>   이미 거래가 이루어져 발생한 채권·채무금액을 차액 결제한다.
>   (2) 상호계산
>   거주자와 비거주자 간의 지속적으로 거래가 이루어지고 향후 발생할 채권·채무를 결제하기 위해 사용된다.
> 3. 다자간 거래
>   다자간의 거래에 대해서는 상호계산으로 채권·채무를 차액 정산하는 것은 불가능하고 상계 신고를 한국은행에 하여야 한다.

04 기획재정부장관이 정하는 기간을 초과하는 지급 등의 방법

거주자가 수출입대금의 지급 등을 하고자 하는 경우에는 신고를 요하지 아니한다는 대원칙이 있으나, 무역거래의 결제방법, 거래금액, 거래물품 등에서 절차적으로 방법을 제한하고 있다.

일정 기간을 초과하는 지급 등에 대하여 신고의무를 부여한 것은 수출대가의 신속하고 정확한 회수, 과도한 연지급방식에 의한 수입 및 수출의 제한, 거래 상대방의 우월적 지위에 따른 선지급 요구, 물품 공급자에 대한 제조지용 지원 등 경상거래를 가장한 비거주자에 대한 대출 또는 비거주자로부터의 차입 등의 자본거래로 악용될 가능성이 많으므로 이를 방지하고자 하는데 목적이 있다.

1. 기간 초과 지급 등의 신고(법 제16조)

거주자 간, 거주자와 비거주자 간 또는 비거주자 상호 간의 거래나 행위에 따른 채권·채무를 결제할 때 거주자가 기획재정부장관이 정하는 기간을 넘겨 결제하는 경우 대통령령으로 정하는 바에 따라 그 지급 또는 수령의 방법을 기획재정부장관에게 미리 신고하여야 한다.

2. 신고의무(규정 제5-8조 제1항)

거주자가 수출입대금(물품거래 대금으로 한정한다)을 다음의 하나에 해당하는 방법으로 지급 등을 하고자 하는 자는 한국은행총재에게 신고하여야 한다.
① 계약 건당 미화 10만 불을 초과하는 수출대금을 물품의 선적 전 1년을 초과하여 수령하고자 하는 경우
② 계약 건당 미화 10만 불을 초과하는 수입대금을 선적서류 또는 물품의 수령 전 1년을 초과하여 지급하고자 하는 경우

3. 신고예외(규정 제5-8조 제1항 단서)

선박, 철도차량, 항공기, 「대외무역법」에 의한 산업설비를 수출입하는 경우에는 신고를 요하지 아니한다.

4. 사후신고(규정 제5-8조 제2항)

수출입 상대방의 귀책 등 불가피한 사유가 인정되는 경우에는 1년을 초과한 날로부터 3월 이내에 한국은행총재에게 사후신고를 할 수 있다.

5. 유관기관 통보(규정 제5-8조 제3항)

신고를 받은 한국은행총재는 매월별로 익월 10일 이내에 동 신고사실을 국세청장 및 관세청장에게 통보하여야 한다.

05 제3자 지급 등에 의한 지급 등의 방법

거주자 간, 거주자와 비거주자 간 또는 비거주자의 상호 간의 거래 또는 행위에 따른 채권·채무의 결제에 있어서 거주자가 당해 거래의 당사자가 아닌 자와 지급과 수령을 하거나 당해 거래의 당사자가 아닌 거주자가 당해 거래의 당사자인 비거주자와 지급과 수령을 하는 것을 '제3자 지급 등'이라고 한다.

제3자 지급 등은 거래의 당사자가 아니라 제3자가 거래의 당사자 일방과 지급과 수령을 하여 결제를 종결하는 것을 말하며, 거래 당사자와 전혀 무관한 제3자에게 외화의 지급이 이루어질 경우 지급인 또는 수취인별 제3자 명의를 이용한 분산 송금을 함으로써 신고의 예외로 정한 한도를 잠탈할 염려가 있거나 대체송금 등 자본의 유출·마약 등 불법자금의 세탁·조세의 회피수단으로 악용될 소지가 크기 때문에 제한을 하고 있다.

1. 제3자 지급 등의 신고(법 제16조)

거주자 간, 거주자와 비거주자 간 또는 비거주자 상호 간의 거래나 행위에 따른 채권·채무를 결제할 때 거주자가 해당 거래의 당사자가 아닌 자와 지급 또는 수령을 하거나 해당 거래의 당사자가 아닌 거주자가 그 거래의 당사자인 비거주자와 지급 또는 수령을 하는 경우 대통령령으로 정하는 바에 따라 그 지급 또는 수령의 방법을 기획재정부장관에게 미리 신고하여야 한다.

2. 신고예외(규정 제5-10조 제1항)

다음의 어느 하나에 해당하는 경우에는 제3자 지급 등에 관한 신고를 요하지 아니한다.

(1) 미화 5천 불 이하의 금액을 제3자 지급 등을 하는 경우(분할하여 지급 등을 하는 경우에는 각각의 지급 등의 금액을 합산한 금액을 말한다)
(2) 거주자 간 또는 거주자와 비거주자 간 거래의 결제를 위하여 당해 거래의 당사자인 거주자가 당해 거래의 당사자가 아닌 비거주자로부터 수령하는 경우
(3) 비거주자 간 또는 거주자와 비거주자 간 거래의 결제를 위하여 당해 거래의 당사자가 아닌 거주자가 당해 거래의 당사자인 비거주자로부터 수령하는 경우 및 동 자금을 당해 거래의 당사자인 거주자가 당해 거래의 당사자가 아닌 거주자로부터 수령하는 경우
(4) 외국환은행이 당해 외국환은행의 해외지점 및 현지법인의 여신과 관련하여 차주, 담보제공자 또는 보증인으로부터 여신원리금을 회수하여 지급하고자 하는 경우
(5) 거주자인 예탁결제원이 예탁기관으로서 법·영 및 이 규정에서 정하는 바에 따라 비거주자가 발행한 주식예탁증서의 권리행사 및 의무이행과 관련된 내국지급수단 또는 대외지급수단을 지급 또는 수령하는 경우
(6) 거래당사자가 회원으로 가입된 국제적인 결제기구와 지급 또는 수령하는 경우
(7) 인정된 거래에 따른 채권의 매매 및 양도, 채무의 인수가 이루어진 경우(비거주자 간의 외화채권의 이전을 포함한다)
(8) 인정된 거래에 따라 제9장 제4절의 외국에 있는 부동산 또는 이에 관한 권리를 취득하고자 하는 거주자가 동 취득대금을 당해 부동산 소재지 국가에서 부동산계약을 중개·대리하는 자(제9-39조 제2항 제2호에 해당하는 경우에는 거주자의 배우자를 포함한다)에게 지급하는 경우
(9) 인정된 거래에 따라 외국에서 외화증권을 발행한 거주자가 원리금상환 및 매입소각 등을 위하여 자금관리위탁계약을 맺은 자에게 지급하고자 하는 경우
(10) 인정된 거래에 따라 외화증권을 취득하고자 하는 자가 관련자금을 예탁결제원에게 지급하는 경우
(11) 제7-31조 제1항 제10호의 규정에 따라 주식 또는 지분을 취득하는 경우 동 취득대금을 「외국인투자촉진법」에 의한 외국인투자기업(국내자회사를 포함한다), 제9장 제3절에 의한 외국기업국내지사, 외국은행국내지점 또는 사무소가 본사(본사의 지주회사나 방계회사를 포함한다)에게 직접 지급하는 경우
(12) 제9장의 규정에 의한 해외현지법인을 설립하거나 해외지사를 설치하고자 하는 거주자가 동 자금을 해외직접투자와 관련된 대리관계가 확인된 거주자 또는 비거주자에게 지급하는 경우
(13) 외교부의 「신속 해외송금 지원제도 운영지침」에 따라 대한민국 재외공관이 국민인 비거주자에게 긴급경비를 지급하는 경우
(14) 수입대행업체(거주자)에게 단순수입대행을 위탁한 거주자(납세의무자)가 수입대행계약 시 미리 정한 바에 따라 수입대금을 수출자인 비거주자에게 지급하는 경우
(15) 거주자가 인터넷으로 물품 수입을 하고 수입대금은 국내 구매대행업체를 통하여 지급하는 경우 및 수입대금을 받은 구매대행업체가 수출자에게 지급하는 경우
(16) 비거주자가 인터넷으로 판매자인 다른 비거주자로부터 물품을 구매하고 구매대금을 거주자인 구매대행업체를 통하여 지급하는 경우 및 구매대금을 받은 거주자인 구매대행업체가 판매자인 다른 비거주자에게 지급하는 경우
(17) 거주자인 정유회사 및 원유, 액화천연가스 또는 액화석유가스 수입업자가 외국정부 또는 외국정부가 운영하는 기업으로부터 원유, 액화천연가스 또는 액화석유가스를 수입함에 있어 당해 수출국의 법률이 정한 바에 따라 수입대금을 수출국의 중앙은행에 지급하는 경우

(18) 제1-2조 제18호의 해운대리점 또는 선박관리업자가 비거주자인 선주(운항사업자를 포함한다)로부터 수령한 자금으로 국내에 입항 또는 국내에서 건조중인 선박(이하 '외항선박')의 외항선원 급여 등 해상운항경비를 외항선박의 선장 등 관리책임자에게 지급하는 경우
(19) 거주자 간 거래의 결제를 위하여 당해 거래의 당사자인 거주자가 당해 거래의 당사자가 아닌 거주자와 지급 등을 하는 경우
(20) 거주자인 통신사업자와 비거주자인 통신사업자 간 통신망 사용대가의 결제를 위하여 당해 거래의 당사자인 거주자가 당사자가 아닌 비거주자와 지급 등을 하는 경우
(21) 「정보통신망 이용촉진 및 정보보호 등에 관한 법률」에 따라 등록된 통신과금서비스제공자가 거주자 또는 비거주자의 전자적 방법에 의한 재화의 구입 또는 용역의 이용에 있어 그 대가의 정산을 대행하기 위해 지급 등을 하는 경우
(22) 거주자가 외국환은행 또는 이에 상응하는 금융기관에 개설된 에스크로 계좌(거래의 안정성을 확보하기 위하여 중립적인 제3자로 하여금 거래대금을 일시적으로 예치하였다가 일정 조건이 충족되면 당초 약정한 대로 자금의 집행이 이루어지는 계좌를 말한다)를 통해 비거주자와 지급 등을 하는 경우
(23) 해외광고 및 선박관리 대리대행계약에 따라 동 업무를 대리·대행하는 자가 지급 또는 수령하는 경우
(24) 「국제개발협력기본법」에 따른 국제개발협력과 관련한 자금을 거래당사자가 아닌 자에게 지급하는 경우
(25) 제5-4조 제3항에 따라 다국적 기업의 상계센터를 통한 상계로서 한국은행총재에게 상계 신고를 이행한 후 상계잔액을 해당 센터에 지급하는 경우
(26) 거주자인 「외국인관광객 등에 대한 부가가치세 및 개별소비세 특례규정」에 따른 환급창구운영사업자가 지급 업무의 대행에 대한 협약을 맺은 업체를 통해 비거주자에게 환급금을 지급하는 경우
(27) 거주자가 외국에 있는 과세당국에 세금을 납부하기 위해 비거주자인 납세대리인을 지정하고, 당해 대리인에게 지급하는 경우
(28) 「선주상호보험조합법」에 따른 선주상호보험조합이 선주상호보험사업과 관련한 자금을 거래당사자가 아닌 자에게 지급 등을 하는 경우
(29) 비거주자가 국내에 있는 과세당국 또는 조세와 관련하여 권한 있는 당국에 납부해야 하는 세금을 위해 거주자인 세무대리인을 임명하고 당해 대리인이 법·영 및 이 규정에서 정하는 바에 따라 환급금을 수령한 후 이를 비거주자에게 지급하는 경우
(30) 비거주자가 국내 법원의 소송을 위해 거주자인 소송대리인(변호인)을 임명하고 당해 대리인이 동 법원 또는 동 소송의 상대방으로부터 법원 재판에 따른 배상금 또는 제반 소송비용(공탁금 포함)과 관련된 환급금을 수령한 후 이를 비거주자에게 지급하는 경우
(31) 비거주자와 거주자 간 제9장 제5절의 국내에 있는 부동산 또는 이에 관한 권리의 거래를 위해 비거주자가 거주자인 대리인을 임명하고 인정된 거래에 따라 거주자가 당해 대리인에게 동 취득대금을 지급한 후 당해 대리인이 이를 비거주자에게 지급하는 경우

3. 신고의무

(1) 외국환은행장 신고(규정 제5-10조 제2항)

제1항에 해당하는 경우를 제외하고 거주자가 미화 5천 불을 초과하고 미화 1만 불 이내의 금액(분할하여 지급 등을 하는 경우에는 각각의 지급 등의 금액을 합산한 금액을 말한다)을 제3자와 지급 등을 하려는 경우에는 외국환은행의 장에게 신고하여야 한다.

(2) 한국은행총재 신고(규정 제5-10조 제3항)

제1항(신고예외) 및 제2항(외국환은행장 신고)에 해당하는 경우를 제외하고 거주자가 제3자와 지급 등을 하려는 경우에는 한국은행총재에게 신고하여야 한다.

(3) 사후보고(규정 제5-10조 제4항)

거주자와 다국적회사인 비거주자와의 거래의 결제를 위하여 당해 거래의 당사자가 아닌 다국적회사의 자금관리전문회사로 지정된 자에게 지급하는 경우에는 지급일로부터 1개월 이내에 제2항(외국환은행장 신고) 또는 제3항(한국은행총재 신고)의 신고를 사후 보고할 수 있다.

4. 유관기관 통보(규정 제5-10조 제5항)

신고를 받은 외국환은행의 장 또는 한국은행총재는 매월별로 익월 10일 이내에 동 신고사실을 국세청장 및 관세청장에게 통보하여야 한다.

06 외국환은행을 통하지 아니하는 지급 등의 방법

외국환거래를 외국환은행을 통하여 거래하도록 일원화하면, 외국환제도의 운용을 체계적으로 유지할 수 있고 시장 전반의 거래내역을 일괄적으로 파악하는 데 용이하며, 사후 모니터링 등 효율적인 관리가 가능하다.

'외국환은행을 통한 지급 등'이라 함은 외국환은행을 통하여 지급·추심, 수령을 하거나 외국환은행에 개설된 계정 간의 이체에 의한 방법으로 지급 등을 하는 것을 말한다. 그러나 실무에서 거래 당사자가 아닌 제3자인 외국환은행이 직접 송금하거나 수령할 수 없는 경우가 있어 현실적으로 예외규정이 불가피하므로 외국환은행을 통하지 아니하는 지급 등의 절차를 두고 있는 것이다.

본 규정에서는 외국환 등을 수령할 경우 대부분 외국환은행을 통하지 않아도 되나 대외지급 하고자 하는 경우에는 거래상 필요한 부분을 일일이 열거하여 신고 예외 거래로 정하고 그 외 외국환은행을 통하지 않고 지급하는 경우 모두 한국은행총재에게 신고하도록 하고 있다.

1. 개요(법 제16조)

거주자 간, 거주자와 비거주자 간 또는 비거주자 상호 간의 거래나 행위에 따른 채권·채무를 결제할 때 거주자가 외국환업무취급기관 등을 통하지 아니하고 지급 또는 수령을 하는 경우 대통령령으로 정하는 바에 따라 그 지급 또는 수령의 방법을 기획재정부장관에게 미리 신고하여야 한다.

2. 신고예외(규정 제5-11조 제1항)

거주자가 외국환은행을 통하지 아니하고 지급수단을 수령하고자 하는 경우 및 다음의 하나에 해당하는 방법으로 지급을 하고자 하는 경우에는 신고를 요하지 아니한다.

(1) 외항운송업자와 승객 간에 외국항로에 취항하는 항공기 또는 선박 안에서 매입, 매각한 물품대금을 직접 지급 또는 수령하는 경우
(2) 해외여행자(여행업자 및 교육기관 등을 포함한다) 또는 해외이주자 및 재외동포(제4-4조 제1항 제8호에 해당하는 경우를 말한다)가 해외여행경비, 해외이주비 및 국내재산을 외국에서 직접 지급하는 경우. 다만, 미화 1만 불을 초과하는 대외지급수단을 휴대수출하여 지급하는 경우는 다음의 하나에 한한다.

① 지정거래외국환은행의 장의 확인
  ㉠ 해외체재자, 해외유학생이 대외지급수단을 휴대수출하여 지급하는 경우
  ㉡ 해외이주자 및 재외동포가 대외지급수단을 휴대수출하여 지급하는 경우
② 일반해외여행자(외국인거주자는 제외한다)가 대외지급수단을 관할세관의 장에게 신고한 후 휴대수출하여 지급하는 경우
③ 제4-5조 제1항 제1호에 해당하는 기관의 예산으로 지급되는 해외여행경비를 휴대수출하여 지급하는 경우
④ ①의 ㉠의 해외체재자 및 해외유학생이 지정거래외국환은행의 장이 확인한 금액을 초과하여 관할세관의 장에게 신고한 후 휴대수출하여 지급하는 경우. 다만, 초과금액이 미화 1만 불 이하의 경우에는 신고를 요하지 아니한다.
⑤ 여행업자(교육기관 등을 포함한다)가 외국환은행의 장의 확인을 받은 대외지급수단을 휴대수출하여 지급하는 경우

〔3〕 거주자가 인정된 거래에 따른 지급을 위하여 송금수표, 우편환 또는 유네스코쿠폰으로 지급하는 경우
〔4〕 거주자가 외국에서 보유가 인정된 대외지급수단으로 인정된 거래에 따른 대가를 외국에서 직접 지급하는 경우
〔5〕 거주자와 비거주자 간에 국내에서 내국통화로 표시된 거래를 함에 따라 내국지급수단으로 지급하고자 하는 경우
〔6〕 제4-2조의 규정에 의한 절차를 거친 후 당해 외국환은행의 장의 확인을 받은 다음의 1에 해당하는 경우
  ① 대외무역관리규정 별표 3 및 별표 4에서 정한 물품을 외국에서 수리 또는 검사를 위하여 출국하는 자가 외국통화 및 여행자수표를 휴대수출하여 당해 수리 또는 검사비를 외국에서 직접 지급하는 경우
  ② 외국항로에 취항하는 항공 또는 선박회사가 외국통화를 휴대수출하여 외국에서 운항경비를 직접 지급하는 경우
  ③ 원양어업자가 어업규정준수 여부 확인 등을 위하여 승선하는 상대국의 감독관 등에게 지급하여야 할 경비를 휴대수출하여 지급하는 경우
  ④ 영화, 음반, 방송물 및 광고물을 외국에서 제작함에 필요한 경비를 당해 거주자가 대외지급수단을 휴대수출하여 외국에서 직접 지급하는 경우
  ⑤ 스포츠경기, 현상광고, 국제학술대회 등과 관련한 상금을 당해 입상자에게 직접 지급하는 경우
  ⑥ 외국인거주자(비거주자를 포함한다)가 제4-4조 제1항 제3호에 따라 지정거래외국환은행으로부터 매입한 대외지급수단을 휴대수출하여 지급하는 경우
  ⑦ 제4-5조 제1항 제2호 내지 제4호의 규정에 의한 해외여행경비를 휴대수출하여 지급하는 경우
  ⑧ 외국인거주자(비거주자를 포함한다)가 제2-3조 제1항 제3호의 규정에 의하여 취득한 대외지급수단을 휴대수출하여 지급하는 경우
  ⑨ 제1-2조 제18호의 해운대리점 또는 선박관리업자가 비거주자인 선주(운항사업자를 포함한다)로부터 수령한 자금으로 국내에 입항 또는 국내에서 건조중인 선박(이하 '외항선박')의 외항선원 급여 등 해상운항경비를 외항선박의 선장 등 관리책임자에게 지급하는 경우

〔7〕 제7장 제2절의 규정에 의하여 인정된 외화자금을 직접 예치·처분하는 경우 및 인정된 거래에 따른 대가를 당해 예금기관이 발행한 외화수표 또는 신용카드 등으로 국내에서 직접 지급하는 경우

(8) 거주자와 비거주자 간 또는 거주자와 다른 거주자 간의 건당 미화 1만 불 이하(단, 「경제자유구역의 지정 및 운영에 관한 특별법」에 따른 경제자유구역에서는 10만 불 이하)의 경상거래에 따른 대가를 대외지급수단으로 직접 지급하는 경우
(9) 본인명의의 신용카드 등(여행자카드 포함)으로 다음의 1에 해당하는 지급을 하고자 하는 경우
　① 외국에서의 해외여행경비 지급(외국통화를 인출하여 지급하는 것을 포함한다)
　② 거주자가 국제기구, 국제단체, 국제회의에 대한 가입비, 회비 및 분담금을 지급하는 경우
　③ 거주자의 외국간행물에 연구논문, 창작작품 등의 발표, 기고에 따른 게재료 및 별책대금 등 제경비 지급
　④ 기타 비거주자와의 인정된 거래(자본거래를 제외한다)에 따른 결제대금을 국내에서 지급(국내계정에서 지급하는 것을 의미한다)하는 경우
(10) 외국인관광객 등에 대한 부가가치세 및 개별소비세 특례규정에 의한 환급창구운영사업자가 환급금을 직접 지급하는 경우
(11) 법인의 예산으로 해외여행을 하고자 하는 법인소속의 해외여행자(일반해외여행자에 한함)가 당해 법인명의로 환전한 해외여행경비를 휴대수출하여 지급하는 경우
(12) 거주자가 제9장 제1절, 제2절, 제4절의 규정에 의한 건당 미화 1만 불 이하 대외지급수단을 직접 지급하는 경우
(13) 원양어업자가 원양어로자금 조달을 위한 현지금융의 원리금 또는 어로경비 및 해외지사의 유지활동비를 외국에서 직접 수출하는 어획물의 판매대금으로 상환하거나 지급하는 경우

3. 외국환신고(확인)필증 발행(규정 제5-11조 제2항)

제1항의 규정에 의하여 확인요청을 받은 외국환은행의 장은 지급수단의 취득사실을 확인하고 당해 거주자에게 별지 제6-1호 서식의 외국환신고(확인)필증을 발행·교부하여야 한다.

4. 신고의무(규정 제5-11조 제3항)

제1항에 해당하는 경우를 제외하고 거주자가 외국환은행을 통하지 아니하고 지급 등을 하고자 하는 경우(물품 또는 용역의 제공, 권리의 이전 등으로 비거주자와의 채권·채무를 결제하는 경우를 포함한다)에는 한국은행총재에게 신고하여야 한다.

5. 유관기관 통보(규정 제5-11조 제4항)

신고를 받은 관할세관의 장 및 지급 등의 방법(변경)신고필증을 교부한 한국은행총재는 매월별로 익월 10일 이내에 동 신고사실을 국세청장 및 관세청장에게 통보하여야 한다.

07 지급수단 등의 수출입신고

지급수단 등의 수출입에 대한 규정은 외국환거래법령 내에서 다른 규정과 별도로 준수해야 하는 특별한 조항이다. 지급수단 등이 대외무역법상 물품은 아니지만 수출입 시 세관을 통과하므로 국경선의 하나인 관세선에서 지급수단 등의 수출입 시 단속절차가 필요하게 되었다. 따라서 외국환거래법령에서는 지급수단 등의 수출입 시 관할 세관장에게 신고하도록 규정하고 있다. 다만, 지급 등의 방법(법 제16조)나 자본거래(법 제18조 제1항)에 대해 신고를 한 자가 그 신고된 내용에 따라 지급수단 등을 수출입하는 경우에는 추가적인 허가나 신고를 요하지 않도록 하여 이중규제가 적용되지 않도록 규정한다.

1. 개요(법 제17조)

기획재정부장관은 이 법의 실효성을 확보하기 위하여 필요하다고 인정되어 대통령령으로 정하는 경우에는 지급수단 또는 증권을 수출 또는 수입하려는 거주자나 비거주자로 하여금 그 지급수단 또는 증권을 수출 또는 수입할 때 대통령령으로 정하는 바에 따라 신고하게 할 수 있다.

> 지급수단(법 제3조 제1항 제3호 내지 제5호, 제7호, 제8호)
> 3. "지급수단"이란 다음 각 목의 어느 하나에 해당하는 것을 말한다.
>   가. 정부지폐·은행권·주화·수표·우편환·신용장
>   나. 대통령령으로 정하는 환어음, 약속어음, 그 밖의 지급지시
>   "대통령령으로 정하는 환어음, 약속어음, 그 밖의 지급지시"란 증권에 해당하지 아니하는 환어음, 약속어음, 우편 또는 전신에 의한 지급지시와 그 밖에 지급을 받을 수 있는 내용이 표시된 것으로서 기획재정부장관이 인정하는 것을 말한다(영 제3조 제1항).
>   다. 증표, 플라스틱카드 또는 그 밖의 물건에 전자 또는 자기적 방법으로 재산적 가치가 입력되어 불특정 다수인 간에 지급을 위하여 통화를 갈음하여 사용할 수 있는 것으로서 대통령령으로 정하는 것
>   "대통령령으로 정하는 것"이란 대금을 미리 받고 발행하는 선불카드와 그 밖에 이와 유사한 것으로서 기획재정부장관이 인정하는 것을 말한다(영 제3조 제2항).
> 4. "대외지급수단"이란 외국통화, 외국통화로 표시된 지급수단, 그 밖에 표시통화에 관계없이 외국에서 사용할 수 있는 지급수단을 말한다.
> 5. "내국지급수단"이란 대외지급수단 외의 지급수단을 말한다.
> 7. "증권"이란 제3호에 해당하지 아니하는 것으로서 「자본시장과 금융투자업에 관한 법률」 제4조에 따른 증권과 그 밖에 대통령령으로 정하는 것을 말한다.
>   "대통령령으로 정하는 것"이란 무기명양도성예금증서, 그 밖에 재산적 가치가 있는 권리가 표시된 증권 또는 증서로서 투자의 대상으로 유통될 수 있는 것을 말한다(영 제4조).
> 8. "외화증권"이란 외국통화로 표시된 증권 또는 외국에서 지급받을 수 있는 증권을 말한다.

2. 신고대상(영 제31조 제1항)

법 제17조에 따라 지급수단 또는 증권("지급수단 등")의 수출 또는 수입에 대하여 신고를 하게 할 수 있는 경우는 다음과 같다. 다만, 법 제16조 및 제18조 제1항에 따라 신고를 한 자가 신고 내용에 따라 지급수단 등을 수출 또는 수입하는 경우는 제외한다.
① 우리나라가 체결한 조약 및 일반적으로 승인된 국제법규의 성실한 이행을 위하여 필요한 경우
② 자본의 불법적인 유출·유입을 방지하기 위하여 필요한 경우

3. 신고예외(규정 제6-2조 제1항)

거주자 또는 비거주자가 다음의 하나에 해당하는 지급수단 등을 수출입하는 경우에는 신고를 요하지 아니한다.

(1) 미화 1만 불 이하의 지급수단 등을 수입하는 경우. 다만, 내국통화, 원화표시여행자수표 및 원화표시자기앞수표 이외의 내국지급수단을 제외한다.
(2) 약속어음·환어음·신용장을 수입하는 경우
(3) 미화 1만 불 이하의 지급수단(대외지급수단, 내국통화, 원화표시자기앞수표 및 원화표시여행자수표를 말한다) 및 제3항의 규정에서 정한 절차를 거친 대외지급수단을 수출하는 경우
(4) 영 제10조 제2항 제1호, 제2호 및 제6호 가목 및 나목에 해당하는 자가 대외지급수단을 수출입하는 경우
(5) 다음의 하나에 해당하는 지급수단 등을 수출하는 경우
   ① 제5-11조의 규정에 의하여 인정된 대외지급수단을 수출하는 경우
   ② 비거주자가 다음에 해당하는 대외지급수단을 수출하는 경우
      ㉠ 인정된 거래에 따른 대외지급을 위하여 송금수표 또는 우편환을 수출하는 경우
      ㉡ 최근 입국 시 휴대수입한 범위 내 또는 국내에서 인정된 거래에 의하여 취득한 대외지급수단을 수출하는 경우
      ㉢ 이 법의 적용을 받지 않는 거래에 의하여 취득한 채권을 처분하고자 발행한 수표를 수출하는 경우
      ㉣ 주한 미합중국 군대 및 이에 준하는 국제연합군이 한미행정협정과 관련한 근무 또는 고용에 따라 취득하거나 외국의 원천으로부터 취득한 대외지급수단 또는 당해 국가의 공금인 대외지급수단을 수출하는 경우
   ③ 외국인거주자가 이 법의 적용을 받지 않는 거래에 의하여 취득한 대외지급수단을 수출하는 경우
   ④ 다음에 해당하는 내국지급수단을 수출하는 경우
      ㉠ 수출물품에 포함 또는 가공되어 「대외무역법」에서 정하는 바에 의해 내국지급수단을 수출하는 경우
      ㉡ 비거주자가 입국 시 휴대수입하거나 국내에서 매입한 원화표시여행자수표를 수출하는 경우
(6) 외국환은행이 외국환은행해외지점, 외국환은행현지법인 또는 외국금융기관(외국환전영업자를 포함한다)과 내국통화를 수출입하는 경우

(7) 다음의 하나에 해당하는 지급수단 등을 수출입하는 경우
① 다음에 해당하는 무기명식증권이나 기명식증권을 수출입하는 경우
  ㉠ 자본거래의 신고를 한 자가 신고한 바에 따라 기명식증권을 수출입하는 경우
  ㉡ 「외국인투자촉진법」에 의하여 취득한 기명식증권을 수출입하는 경우
  ㉢ 제7-31조 제1항 제10호의 규정에 의하여 거주자가 취득한 본사의 주식이나 국제수익증권 등을 수출입하는 경우
③ 거주자가 미화 5만 불 상당액 이내의 외국통화 또는 내국통화를 지급수단으로 사용하지 아니하고 자가화폐수집용·기념용·자동판매기시험용·외국전시용 또는 화폐수집가 등에 대한 판매를 위하여 수출입하고자 하는 경우
④ 한국은행·외국환은행 또는 체신관서가 인정된 업무를 영위함에 있어 대외지급수단을 수출입하는 경우
⑤ 거주자가 수출대금 및 용역대금의 수령을 위하여 외국통화표시수표를 휴대수입 이외의 방법으로 수입하는 경우

4. 신고의무

(1) 관할세관장 신고(규정 제6-2조 제2항)

제1항(신고예외)의 경우를 제외하고 다음의 하나에 해당하는 경우에는 관할세관의 장에게 신고하여야 한다.
① 거주자 또는 비거주자가 미화 1만 불을 초과하는 지급수단(대외지급수단과 내국통화, 원화표시여행자수표 및 원화표시자기앞수표를 말한다)을 휴대수입하는 경우
② 국민인 거주자가 미화 1만 불을 초과하는 지급수단(대외지급수단, 내국통화, 원화표시여행자수표 및 원화표시자기앞수표를 말한다)을 휴대수출하는 경우

(2) 외국환은행장의 확인(규정 제6-2조 제3항)

다음의 하나에 해당하는 자가 미화 1만 불을 초과하는 대외지급수단을 국내에서 취득하는 경우에는 당해 취득사실에 대하여 외국환은행의 장의 확인을 받아야 한다.
① 영 제10조 제2항 제1호, 제2호 및 제6호 가목 및 나목에 해당하는 자를 제외한 비거주자가 다음의 하나에 해당하는 방법으로 취득하는 경우
  ㉠ 대외지급수단을 대외계정 및 비거주자외화신탁계정의 인출 등으로 취득하거나 송금을 수령하는 경우
  ㉡ 제4-4조 제1항 제1호의 규정에 의하여 취득하는 경우

> **규정 제4-4조 제1항 제1호**
> 제4-4조(비거주자 또는 외국인거주자의 지급) ① 제4-2조 제1항의 규정에도 불구하고 비거주자 및 외국인거주자는 다음 각 호의 1에 해당하는 자금의 취득경위를 입증하는 서류(이하 "취득경위 입증서류"라 한다)를 제출하여 외국환은행 장의 확인을 받은 경우에 한하여 지급할 수 있다.
> 1. 비거주자 또는 외국인거주자(배우자와 직계존비속을 포함한다)가 외국으로부터 이 규정에서 정한 바에 따라 수령 또는 휴대수입한 대외지급수단 범위 이내의 경우. 다만, 비거주자의 경우 최근 입국일 이후 수령 또는 휴대수입한 대외지급수단에 한한다.

② 외국인거주자가 다음의 하나에 해당하는 방법으로 취득하는 경우
  ㉠ 제1호 가목(대외지급수단을 대외계정 및 비거주자외화신탁계정의 인출 등으로 취득하거나 송금을 수령하는 경우)에 해당하는 경우
  ㉡ 제4-4조 제1항 제1호의 규정에 의하여 취득하는 경우
  ㉢ 해외여행경비 지급을 위하여 취득하는 경우. 다만, 해외체재자 및 해외유학생은 제5-11조의 규정에 따른다.

5. 외국환신고(확인)필증을 발행·교부(규정 제6-2조 제4항)

제2항(관할세관장 신고) 및 제3항(외국환은행의 확인)의 규정에 의하여 신고를 받거나 확인요청을 받은 관할세관의 장 또는 외국환은행의 장은 지급수단의 신고 및 취득사실을 확인하고 당해 거주자 또는 비거주자에게 외국환신고(확인)필증을 발행·교부하여야 한다.

6. 유관기관 통보(규정 제6-2조 제5항)

외국환신고(확인)필증을 발행·교부한 세관의 장은 매월별로 익월 10일 이내에 동 신고사실을 국세청장에게 통보하여야 한다.

7. 한국은행 총재 보고(규정 제6-2조 제6항)

내국통화를 수출입한 외국환은행의 장은 매 분기 내국통화수출입실적을 종합하여 다음 분기 첫째 달 10일까지 한국은행총재에게 보고하여야 한다.

8. 관할세관의 장에 대한 신고

(1) 개요(규정 제6-3조 제1항)

제6-2조의 규정을 제외하고 거주자 또는 비거주자가 지급수단 등을 수출입하고자 하는 경우에는 관할세관의 장에게 신고하여야 하며, 국제우편물로 수입되어 수입된 사실을 알지 못하는 등 불가피한 사유로 인정되는 경우에는 지급수단이 수입된 날로부터 30일 이내에 사후 보고를 할 수 있다.

(2) 신고서류(규정 제6-3조 제2항)

신고를 하고자 하는 자는 지급수단 등의 수출입(변경) 신고서에 다음의 하나에 해당하는 서류를 첨부하여 당해 신고기관에 제출하여야 한다. 신고한 내용을 변경하고자 하는 경우에도 같다.
① 당해 지급수단 등의 수출입사유나 원인이 되는 거래 또는 행위의 증빙서류
② 정상적인 거래관행에 부합하는지 여부 등 수출입의 필요성을 입증하는 서류

9. 세관의 장의 수출입제한 조치 등(규정 제6-4조)

세관의 장은 입출국하는 자가 지급수단 등을 수출입할 때에는 질문, 증빙서류 제시요구 등을 통하여 지급수단 등의 수출입 신고를 하였는지 여부를 확인하여야 하며 신고를 하여야 하는 수출입으로서 신고를 하지 아니하고 수출입하는 경우에 대하여는 제6-3조의 규정에 의한 신고를 하게 하거나 당해 지급수단 등의 수출 또는 수입을 제한하는 등 필요한 조치를 할 수 있다.

지급수단 등의 수출입 비교

구분	수출	수입
신고예외	• 1만 불 이하 지급수단(대외지급수단, 내국통화, 원화표시자기앞수표 및 원화표시여행자수표) 및 은행의 확인필증을 소지한 대외지급수단 휴대수출 • 외국정부, 공관, 외교관, 외국군대 • 신고 등의 규정에 의해 인정된 대외지급수단의 수출 • 비거주자의 최근 입국 시 휴대수입 범위 내 또는 인정된 거래에 따른 대외지급을 위한 송금수표 또는 우편환의 수출 • 외국인거주자가 외국환거래법의 적용을 받지 않는 거래에 의하여 취득한 대외지급수단 수출 • 수출물품에 포함 또는 가공되어 내국지급수단을 수출하는 경우 • 한국은행, 외국환은행, 체신관서의 업무관련 대외지급수단 수출 • 허가 신고 등 인정된 거래로 취득한 기명·무기명증권의 수출 • 5만 불 이내의 외국통화 또는 내국통화를 자가 화폐수집용·기념용·자동판매기시험용·외국전시용 또는 화폐수집가 등에 대한 판매용 수출 • 거주자가 취득한 본사의 주식이나 국제수익증권의 수출	• 1만 불 상당액 이하의 지급수단 수입(내국통화, 원화표시여행자수표 및 원화표시자기앞수표 이외의 내국지급수단을 제외) • 약속어음·환어음·신용장 수입 • 외국환은행의 해외지점, 현지법인 또는 외국금융기관과의 내국통화수입 • 외국정부의 공관, 국제기구, 외국군대 • 허가 신고 등 인정된 거래로 취득한 기명·무기명증권의 수입 • 5만 불 이내의 외국통화 또는 내국통화를 자가 화폐수집용·기념용·자동판매기시험용·외국전시용 또는 화폐수집가 등에 대한 판매용 수입 • 한국은행, 외국환은행, 체신관서의 업무관련 대외지급수단 수입 • 거주자가 수출대금 및 용역대금의 수령을 위해 외국통화표시 수표를 휴대수입 이외의 방법으로 수입 • 거주자가 취득한 본사의 주식이나 국제수익증권의 수입
관할 세관장 신고	국민인 거주자가 미화 1만 불을 초과하는 지급수단(대외지급수단, 내국통화, 원화표시여행자수표 및 원화표시자기앞수표)를 휴대수출하는 경우	거주자 또는 비거주자가 미화 1만 불을 초과하는 지급수단(대외지급수단과 내국통화, 원화표시여행자수표 및 원화표시자기앞수표)을 휴대수입하는 경우

제7장 자본거래

자본거래란 예금계약, 신탁계약, 금전대차계약, 채무보증계약, 증권의 발행·모집·매매, 파생상품 거래, 부동산 취득 등 수출입 및 용역 거래에 해당하지 않는 외환 거래를 의미한다. 자본거래는 원인계약에 수반되어 채권 또는 채무의 발생·변경·변제·소멸이나 직접 또는 간접의 이전 기타의 처분(채권의 발생 등)이 대개 중장기에 걸쳐 일어나는 거래이므로 단기계약이 많은 경상거래와 달리 원인거래의 내용파악이 어렵거나 거액거래일 가능성이 높아 이들 거래를 통제하지 않을 경우 대규모 자금의 급격한 이동이나 투기가 발생해 국가 경제와 외환 시장에 부정적 영향을 끼칠 수 있다.

경상거래 관련 규정은 경상계약의 지급과 영수의 절차적 규정에 해당되나 자본거래규정은 원칙적으로 원인거래에 대한 사전적 절차에 대한 규정이므로 지급 등의 규정을 포괄적으로 준용하고 있다. 또한 외국인 국내투자 등 비거주자의 국내 자본시장 유입부문은 시장개방으로 인하여 투기적 자본거래 금지 외에 주로 절차적 제한이 이루어지고 있으며, 거주자의 해외투자 등 외국자본시장 진출은 자본유출의 문제로 인해 아직까지 원인거래서부터 제도적 규제가 상대적으로 많은 편이다. 이러한 거주자의 해외 자본투자 규제는 단계적으로 완화될 것으로 예상된다.

외국환거래법에서 자본거래규정의 체계는 거래주체가 거주자인지 비거주자인지 여부에 따라 크게 양분하여 동 거래의 형태별 계약금액, 계약기간 등 또는 역내거래인지 아니면 역외거래인지에 따라 적용방법을 달리한다. 또한 자본거래의 유형별로 신고예외, 신고, 신고 수리사항으로 구분되어 있다.

자본거래의 적용범위와 관련하여서는 각 거래유형별로 구분하여 처리절차를 규정하고 있다. 특히 현지금융(제8장)과 해외직접투자(제9장) 업무는 자본거래에 해당하나 그 절차가 복잡하고 다양하여 본 규정에서 다루지 않고 다른 별도의 장을 만들었으며, 신고 등에 관하여 적용의 우선순위는 제8장 및 제9장이며 여기에서 정한 경우를 제외하고는 제7장을 따르도록 하고 있다. 자본거래규정은 원인거래에 대한 처리절차이나 부동산취득 규정처럼 원인거래 및 지급절차가 없는 경우에도 제4장의 지급과 영수의 일반절차를 따르도록 하고 있다. 또한 자본거래의 신고된 내용 중에서 지급 등의 방법(상계, 제3자지급 등)이 포함되어 있다면 별도의 지급 등의 방법 신고를 면제하고 이중규제를 피하도록 하고 업무의 간소화를 꾀하고 있다.

01 통칙

1. 자본거래의 범위(법 제3조 제1항 제19호)

"자본거래"란 다음의 어느 하나에 해당하는 거래 또는 행위를 말한다.
(1) 예금계약, 신탁계약, 금전대차계약, 채무보증계약, 대외지급수단·채권 등의 매매계약(다목에 해당하는 경우는 제외한다)에 따른 채권의 발생·변경 또는 소멸에 관한 거래(거주자 간 거래는 외국환과 관련된 경우로 한정한다)
(2) 증권의 발행·모집, 증권 또는 이에 관한 권리의 취득(파생상품거래에 해당하는 경우는 제외하며, 거주자 간 거래는 외국환과 관련된 경우로 한정한다)
(3) 파생상품거래(거주자 간의 파생상품거래는 외국환과 관련된 경우로 한정한다)
(4) 거주자에 의한 외국에 있는 부동산이나 이에 관한 권리의 취득 또는 비거주자에 의한 국내에 있는 부동산이나 이에 관한 권리의 취득

(5) (1)의 경우를 제외하고 법인의 국내에 있는 본점, 지점, 출장소, 그 밖의 사무소(이하 이 목에서 "사무소"라 한다)와 외국에 있는 사무소 사이에 이루어지는 사무소의 설치·확장 또는 운영 등과 관련된 행위와 그에 따른 자금의 수수(授受)(사무소를 유지하는 데에 필요한 경비나 경상적 거래와 관련된 자금의 수수로서 대통령령으로 정하는 것은 제외한다)

> "대통령령으로 정하는 것"이란 다음 각 호의 것을 말한다(영 제9조 제1항).
> 1. 집기구매대금, 사무실 임대비용 등 사무소를 유지하는 데에 직접 필요한 경비의 지급 또는 수령
> 2. 물품의 수출입대금과 이에 직접 딸린 운임·보험료, 그 밖의 비용의 지급 또는 수령
> 3. 용역거래의 대가와 이에 직접 딸린 비용의 지급 또는 수령

(6) 그 밖에 (1)부터 (5)까지의 규정과 유사한 형태로서 대통령령으로 정하는 거래 또는 행위

> "대통령령으로 정하는 거래 또는 행위"란 다음 각 호의 거래 또는 행위를 말한다(영 제9조 제2항).
> 1. 법 제3조 제1항 제19호 가목(상기 (1)에 해당하지 아니하는 거래로서 거주자와 비거주자 간 또는 거주자 간의 임대차·담보제공·보험·조합, 그 밖에 이와 유사한 계약에 따른 채권의 발생·변경 또는 소멸에 관한 거래. 다만, 거주자 간의 거래인 경우에는 외국통화로 표시되거나 지급받을 수 있는 채권의 발생·변경 또는 소멸에 관한 거래에 한정한다.
> 2. 거주자와 비거주자 간 또는 거주자 간의 상속·유증 또는 증여에 따른 채권의 발생·변경 또는 소멸에 관한 거래. 다만, 거주자 간의 거래인 경우에는 외국통화로 표시되거나 지급받을 수 있는 채권의 발생·변경 또는 소멸에 관한 거래에 한정한다.
> 3. 비거주자 간의 거래로서 내국통화로 표시되거나 지급받을 수 있는 채권의 발생·변경 또는 소멸에 관한 거래
> 4. 거주자에 의한 다른 거주자로부터의 외화증권 또는 이에 관한 권리의 취득
> 5. 비거주자에 의한 다른 비거주자로부터의 내국통화로 표시되거나 지급받을 수 있는 증권 또는 이에 관한 권리의 취득
> 6. 개인의 국내에 있는 영업소 및 그 밖의 사무소와 외국에 있는 영업소 및 그 밖의 사무소 간의 법 제3조 제1항 제19호 마목(상기 (5))에 해당하는 행위 및 그에 따른 자금의 수수(授受)
> 7. 거주자와 외국에 있는 학교 또는 병원 간의 학교 또는 병원의 설립·운영 등과 관련된 행위 및 그에 따른 자금의 수수
> 8. 그 밖에 거주자와 비거주자 간의 채권의 발생·변경 또는 소멸에 관한 거래(물품의 수출·수입 및 용역거래는 제외한다)나 거주자 간의 외국통화로 표시되거나 지급받을 수 있는 채권의 발생·변경 또는 소멸에 관한 거래로서 기획재정부장관이 인정하는 거래

2. 신고의무(법 제18조)

(1) 자본거래를 하려는 자는 대통령령으로 정하는 바에 따라 기획재정부장관에게 신고하여야 한다(법 제18조 제1항). 신고와 신고수리(申告受理)는 제15조 제1항(지급과 수령)에 따른 절차 이전에 완료하여야 한다(법 제18조 제2항).

(2) 자본거래의 신고를 하려는 자는 기획재정부장관이 정하여 고시하는 신고 서류를 기획재정부장관에게 제출하여야 한다. 이 경우 신고의 절차 및 방법 등에 관한 세부 사항은 기획재정부장관이 정하여 고시한다(영 제32조 제1항).

(3) 자본거래의 신고 등에 관하여는 외국환거래규정 제9장의 규정에서 정한 경우를 제외하고는 제7장에서 정하는 바에 의한다(규정 제7-1조).

3. 신고 등의 절차

(1) 신청 및 변경사항 서류제출(규정 제7-4조 제1항)

자본거래의 신고수리를 받고자 하거나 신고 또는 보고를 하고자 하는 자는 다음의 하나에서 정하는 신고(수리)서를 당해 자본거래의 신고(수리) 또는 보고기관에 제출하여야 한다. 또한, 신고 또는 보고내용을 변경하고자 하는 경우에는 변경사항을 첨부하여 당해신고(수리) 또는 보고기관에 제출하여야 한다. 다만, 기존 신고인·대리인·거래상대방에 관한 정보 변경에 대해서는 사후보고 할 수 있다.

① 예금, 신탁계약에 따른 채권의 발생 등에 관한 거래: 별지 제7-1호 서식
② 금전의 대차계약에 따른 채권의 발생 등에 관한 거래: 별지 제7-2호 서식
③ 채무의 보증계약에 따른 채권의 발생 등에 관한 거래: 별지 제7-3호 서식
④ 대외지급수단, 채권 기타의 매매계약에 따른 채권의 발생 등에 관한 거래: 별지 제7-4호 서식
⑤ 증권의 발행 또는 모집: 별지 제7-5호 서식
⑥ 증권취득: 별지 제7-6호, 서식
⑦ 파생상품거래: 별지 제7-7호 서식
⑧ 담보계약에 따른 채권의 발생 등에 관한 거래: 별지 제7-8호 서식
⑨ 임대차계약에 따른 채권의 발생 등에 관한 거래: 별지 제7-9호 서식
⑩ 증권대차계약에 따른 채권의 발생 등에 관한 거래: 별지 제7-11호 서식

(2) 전자제출(규정 제7-4조 제2항)

제7-2조(신고 등의 예외거래)에 해당하는 경우를 제외하고 제7장에 의한 신고 등 또는 보고의 서류는 전자적 방법을 통해 실명확인을 받고 제출할 수 있다.

4. 신고예외

외국환수급 안정과 대외거래 원활화를 위하여 대통령령으로 정하는 자본거래는 사후에 보고하거나 신고하지 아니할 수 있다(법 제18조 제1항).

"대통령령으로 정하는 자본거래"란 다음의 거래를 말한다(영 제32조 제2항).

(1) 외국환업무취급기관이 외국환업무로서 수행하는 거래. 다만, 외환거래질서를 해할 우려가 있거나 급격한 외환유출입을 야기할 위험이 있는 거래로서 기획재정부장관이 고시하는 경우에는 신고하도록 할 수 있다.
(2) 기획재정부장관이 정하여 고시하는 금액 미만의 소액 자본거래
(3) 해외에서 체재 중인 자의 비거주자와의 예금거래
(4) 추가적인 자금유출입이 발생하지 아니하는 계약의 변경 등으로서 기획재정부장관이 경미한 사항으로 인정하는 거래
(5) 그 밖에 기획재정부장관이 정하여 고시하는 거래

> 다음 각 호의 1에 해당하는 자본거래를 하고자 하는 경우에는 신고 등을 요하지 아니한다(규정 제7-2조).
> 1. 한국은행이 외국환업무로서 행하는 거래
> 2. 외국환업무취급기관이 외국환업무로서 행하는 거래 및 동 외국환업무취급기관을 거래상대방으로 하는 거래 (제2장 및 이 장에서 신고하도록 규정되어 있는 경우에는 신고한 경우에 한한다)
> 3. 환전영업자가 제2장 제4절의 규정(환전영업자)에서 정하는 바에 따라 환전업무로서 행하는 거래

4. 소액해외송금업자가 제2장 제5절의 규정(소액해외송금업자)에서 정하는 바에 따라 소액해외송금업무로서 행하는 거래
5. 기타전문외국환업무를 등록한 자가 제2장 제6절의 규정(기타전문외국환업무를 등록한자)에서 정하는 바에 따라 기타전문외국환업무로서 행하는 거래
6. 외국환평형기금이 법·영 및 이 규정에 의하여 행하는 거래
7. 거래당사자의 일방이 신고 등을 한 거래(다만, 신고인이 정해진 경우 해당 신고인이 신고 등을 한 거래)
8. 제7-46조 제2항(거주자의 자금통합관리를 위한 자본거래규정(제7-44조))에 따라 신고한 거주자가 자금통합관리를 위하여 미화 5천만 불 이내에서 지정거래외국환은행을 통하여 비거주자와 행하는 해외예금, 금전대차, 담보제공거래 및 외국환은행에 대한 담보제공
9. 이 장에 의한 자본거래로서 거래 건당 지급 등의 금액(분할하여 지급 등을 하는 경우에는 각각의 지급 등의 금액을 합산한 금액을 말하며, 이하 이 조에서 같다)이 미화 5천 불 이내인 경우
10. 이 장에 의한 자본거래로서 거주자(외국인거주자를 제외하며, 이하 이 조에서 같다)의 거래 건당 지급금액이 미화 5천 불 초과 10만 불 이내이고, 연간 지급누계금액이 제4-3조 제1항 제1호 가목 본문(연간 누계금액이 미화 10만 불 이내)의 금액을 초과하지 않는 경우. 다만, 지급 시 제4-3조 제3항의 지정거래외국환은행의 장으로부터 거래의 내용을 확인받아야 한다.
11. 이 장에 의한 자본거래로서 거주자의 거래 건당 수령금액이 미화 5천 불 초과 10만 불 이내이고, 연간 수령누계금액이 미화 10만 불을 초과하지 않는 경우. 다만, 지정거래외국환은행의 장으로부터 거래내용을 확인받아야 하며 제4-3조의 절차에 따라 수령하여야 한다.

5. 신고의 수리

(1) 개요(법 제18조 제3항)

기획재정부장관은 제1항에 따라 신고하도록 정한 사항 중 거주자의 해외직접투자와 해외부동산 또는 이에 관한 권리의 취득의 경우에는 투자자 적격성 여부, 투자가격 적정성 여부 등의 타당성을 검토하여 신고수리 여부를 결정할 수 있다.

(2) 보완요구(영 제32조 제4항)

기획재정부장관은 심사를 할 때 신고 내용이 불명확하여 심사가 곤란하다고 인정되는 경우에는 지체 없이 상당한 기간을 정하여 보완을 요구할 수 있으며, 신고인이 이 기간에 보완을 하지 아니하면 신고 서류를 반려할 수 있다.

(3) 심사결과의 통지

① 기획재정부장관은 제3항에 따른 신고에 대하여 대통령령으로 정하는 처리기간에 다음의 어느 하나에 해당하는 결정을 하여 신고인에게 통지하여야 한다(법 제18조 제4항).
  ㉠ 신고의 수리
  ㉡ 신고의 수리 거부
  ㉢ 거래 내용의 변경 권고
② 기획재정부장관은 신고수리 여부를 결정할 때에는 제7항에 따른 처리기간(30일)에 신고수리, 거부 또는 거래 내용의 변경 권고 여부를 정하여 신고인에게 통지하여야 한다. 이 경우 투자 업종, 투자 유형, 투자 규모 등을 고려하여 정형화된 해외직접투자로 인정되는 것으로 미리 고시한 경우에 해당하면 요건심사를 생략할 수 있다(영 제32조 제3항).

(4) 결과에 따른 행위 등
① 기획재정부장관이 신고의 수리 거부를 한 경우 그 신고를 한 거주자는 해당 거래를 하여서는 아니 된다(법 제18조 제5항).
② 거래 내용의 변경 권고에 해당하는 통지를 받은 자가 해당 권고를 수락한 경우에는 그 수락한 바에 따라 그 거래를 할 수 있으며, 수락하지 아니한 경우에는 그 거래를 하여서는 아니 된다(법 제18조 제6항).
    ㉠ 거래 내용의 변경 권고를 받은 자는 변경 권고를 받은 날부터 10일 이내에 해당 변경 권고에 대한 수락 여부를 기획재정부장관에게 알려야 하며, 그 기간에 수락 여부를 알리지 아니하면 수락하지 아니한 것으로 본다(영 제32조 제5항).
    ㉡ 기획재정부장관은 거래내용의 변경권고 수락하지 아니한다는 통지를 받은 때에는 통지를 받은 날(통지가 없는 경우에는 신고인이 변경 권고를 받은 날부터 10일이 지난 날)부터 10일 이내에 해당 자본거래의 변경 또는 중지를 명할 것인지의 여부를 결정하여 신고인에게 알려야 한다(영 제32조 제6항).

6. 내신고수리(규정 제7-5조)
(1) 제7-4조의 규정에 의한 자본거래의 신고수리를 함에 있어서 자본거래의 신고수리기관은 내신고수리를 하여 일정 기간의 준비기간이 경과한 후에 본신고수리를 할 수 있다.
(2) 제1항에서 "일정 기간의 준비기간"이라 함은 당해 자본거래에 관한 당사자 간의 합의, 예약, 가계약 등 이후 본계약 체결 전까지의 기간을 말하며 그 기간은 1년을 초과할 수 없다.

> 내신고수리 목적
> 자본거래의 내신고수리제도는 계약의 이행에 장기간을 요하는 금융기관의 해외진출이나 부동산 취득 등의 경우에 필요한 준비기간을 주어 안정된 투자 등을 하도록 하기 위함이다.

7. 지급절차
(1) 외국환은행을 통한 지급 및 수령(규정 제7-3조 제1항)
이 장(제7장 자본거래)에서 별도로 정한 경우를 제외하고 거주자 간 자본거래 또는 행위에 따른 대금의 지급 등은 외국환은행을 통하여 지급·수령하여야 한다.

(2) 예외사항(규정 제7-3조 제1항 단서)
건당 지급·수령금액이 미화 5천 불 이하인 경우와 다음의 1에 해당하는 경우에는 그러하지 아니하다.
① 외국에 체재하고 있는 거주자 간 금전대차거래의 경우
② 특정보험사업자가 국내의 거주자와 외국통화표시 보험계약을 체결하는 경우
③ 거주자가 해외여행경비의 지급에 충당하기 위하여 외국인거주자로부터 대외지급수단을 증여받는 경우. 외국에서 발행된 항공권, 선표, 여객운임선급통지서(P.T.A), 항공권교환증을 포함한다.
④ 거주자가 다른 거주자로부터 「자본시장과 금융투자업에 관한 법률」에 의한 증권시장(이하 "증권시장"이라 한다)에 상장된 외화증권을 한국거래소를 통하여 취득하는 경우

(3) 신고의무(규정 제7-3조 제2항)
외국환은행을 통하지 아니하고 대금을 지급·수령하고자 하는 경우에는 제5-11조에 따라 한국은행총재에게 신고하여야 한다.

02 국내예금 및 국내신탁

외국환거래규정에서는 거주성을 기본으로 계정의 종류를 나누고 또 예금자산의 원천이 국내 자산인지 외국 자산인지 여부에 따라 각 계정별 예치와 처분의 기준을 각각 다르게 정하여 관리하고 있다. 거주자 계정은 거주자인 국내의 일반 국민들이나 국내 소재 회사가 개설하는 외화예금계정을 말한다. 반면에 외국인이나 비거주자가 개설하는 대외계정은 대외자산의 성격으로 자금의 원천을 반드시 확인 후 예치할 수 있도록 하고 대외송금 등 처분을 완전 자유롭게 하는 독특한 성격의 계정을 말한다. 또한 외국인거주자의 개인사업자 계정은 거주자 계정으로 개설하도록 하여 개인 계정과 구별하고 있다.

거주자계정과 대외계정 간의 국내이체는 국내외 간의 자본이동과 같은 효과를 나타내므로 대외지급과 영수의 기본원칙에 따라야 한다. 원화예금은 비구자의 경우 개설조건과 계정과목이 정해져 있고 외국인거주자는 특별한 제한 사항이 없다. 원화계정에서 비거주자 자유원계정은 원화로 표시된 대외자산이므로 외화계정인 대외계정과 성격이 거의 같아서 예치 시 제한을 두고 대외송금만을 자유롭게 할 수 있도록 되어 있다. 계정별 예금의 종류는 한국은행의 외국환거래업무취급세칙에서 별도로 정한 바를 따르고 있다.

한편 금전신탁 계정은 예금계정과 개설대상자, 예치와 처분의 내용이 동일하다.

(1) 예금계약

금전의 보관과 이자를 목적으로 하는 은행과 고객 간의 일종의 채권계약으로, 그 법률적 성질은 소비임차계약 중에서도 계약의 성립에 급부를 요하는 요물소비임치 계약이다. 보통·정기계금, 부금, 예치금 등을 포함하여 은행은 물론 단기금융기관, 체신관서 등 비은행금융기관에 금전을 맡기는 일체의 계약이 포함된다. 거주자와 비거주자 간의 예금계약에는 외화예금은 물론 원화예금도 포함된다.

(2) 신탁계약

신탁설정자(위탁자)와 신탁을 인수하는 자(수탁자)와의 특별한 신임관계에 기초하여 위탁자가 특정의 재산권을 수탁자에게 이전하거나 처분하여 수탁자에게 위탁한 자의 이익을 위하여 그 재산권을 관리·처분하게 하는 법률관계이다. 거주자와 비거주자 간의 신탁계약에는 외화신탁은 물론 원화신탁도 포함된다.

1. 신고예외(규정 제7-6조 제1항)

거주자 또는 비거주자가 국내에서 다음의 하나에 해당하는 예금거래 및 신탁거래를 하고자 하는 경우에는 신고를 요하지 아니한다.
(1) 거주자 또는 비거주자가 이 관에서 정하는 예치 및 처분사유에 따라 외국환은행 및 종합금융회사(이하 이 관에서 "외국환은행 등"이라 한다)와 예금거래 및 금전신탁거래를 하는 경우
(2) 국민인 비거주자가 국내에서 사용하기 위하여 내국통화로 예금거래 및 신탁거래를 하는 경우

2. 신고의무(규정 제7-6조 제2항)

(1) 예금, 신탁거래에 대한 신고(규정 제7-6조 제2항)

제1항(신고예외)에서 규정된 경우를 제외하고 거주자 또는 비거주자가 거주자와 국내에서 예금거래 및 신탁거래를 하고자 하는 경우에는 한국은행총재에게 신고하여야 한다.

(2) 자산 취득에 대한 신고(규정 제7-6조 제3항)

거주자와 국내에서 신탁거래(거주자 간의 원화신탁거래를 포함한다)를 하는 자가 신탁계약이 만료됨에 따라 금전이 아닌 자산 또는 이에 대한 권리를 취득하고자 하는 경우에는 이 규정에서 정하는 바에 따라 신고 등을 하여야 한다.

3. 계정에의 예치

(1) 거주자계정 및 거주자외화신탁계정(규정 제7-8조 제1항)

거주자계정 및 거주자외화신탁계정에 예치할 수 있는 지급수단은 다음의 하나에 해당하는 대외지급수단으로 한다.
① 취득 또는 보유가 인정된 대외지급수단
② 내국지급수단을 대가로 하여 외국환은행 등 또는 투자매매업자·투자중개업자로부터 매입한 대외지급수단

(2) 대외계정 및 비거주자외화신탁계정(규정 제7-8조 제2항)

대외계정 및 비거주자외화신탁계정에 예치할 수 있는 지급수단은 다음의 하나에 해당하는 대외지급수단으로 한다.
① 외국으로부터 송금되어 온 대외지급수단
② 인정된 거래에 따라 대외지급이 인정된 대외지급수단
③ 국내금융기관과 외국환은행해외지점, 외국환은행현지법인, 외국금융기관(이하 '외국환은행해외지점 등'이라 하며, 이하 이 항에서 같다) 간 또는 외국환은행해외지점 등 간 외화결제에 따라 취득한 대외지급수단
④ 제5절 제2관(증권의 발행)의 규정에 따라 국내에서 증권의 발행으로 조달한 자금
⑤ 「외국 금융기관의 외국환업무에 관한 지침」 제3-3조에 따른 비거주자 본인 명의 업무용외화계좌로부터의 이체

(3) 해외이주자계정(규정 제7-8조 제3항)

해외이주자계정에 예치할 수 있는 지급수단은 다음의 하나에 해당하는 국내에 있는 재산을 처분하여 취득한 내국지급수단을 대가로 외국환은행 등으로부터 매입한 대외지급수단으로 한다.
① 해외이주자의 자기명의 재산
② 비거주자인 재외동포의 자기명의 국내재산

(4) 비거주자원화계정(규정 제7-8조 제4항)

비거주자원화계정에 예치할 수 있는 지급수단은 다음의 하나에 해당하는 내국지급수단으로 한다.
① 비거주자가 국내에서 취득한 내국지급수단(외국으로부터 수입 또는 수령한 대외지급수단을 대가로 하여 취득한 내국지급수단을 포함한다)
② 비거주자가 「대외경제협력기금법」 시행령에 의한 차관공여계약서에 따라 지급받은 내국지급수단

(5) 비거주자자유원계정 및 비거주자원화신탁계정(규정 제7-8조 제5항)

비거주자자유원계정 및 비거주자원화신탁계정에 예치할 수 있는 지급수단은 다음의 하나에 해당하는 내국지급수단으로 한다.

① 비거주자(외국인거주자를 포함하며, 제2호를 제외하고 이하 이 항에서 같다)가 외국으로부터 송금하거나 휴대반입한 외화자금 또는 본인 명의의 대외계정 및 비거주자외화신탁계정에 예치된 외화자금을 내국지급수단을 대가로 매각한 자금
② 비거주자(경상거래대금의 추심·결제업무를 수행하는 외국환은행해외지점, 외국환은행현지법인, 외국금융기관을 포함한다)가 내국통화표시 경상거래대금(수출입거래와 관련된 운임, 보험료 등을 포함한다) 또는 내국통화표시 재보험거래대금으로 취득한 내국지급수단
③ 비거주자 본인 명의의 다른 비거주자자유원계정, 투자전용비거주자원화계정 비거주자원화신탁계정 및 「외국 금융기관의 외국환업무에 관한 지침」 제3-3조에 따른 업무용원화계좌로부터의 이체
④ 국제금융기구의 경우 한국은행 내에 있는 본인 명의의 비거주자원화계정으로부터의 이체(대외지급이 인정된 자금에 한한다)
⑤ 인정된 자본거래에 따라 국내에서 취득한 자금으로서 대외지급이 인정된 자금
⑥ 비거주자(자금의 수령을 지시받은 외국에 있는 금융기관 포함)가 외환동시결제시스템을 통한 결제 또는 이와 관련된 거래에 따라 취득한 내국지급수단
⑦ 제2-6조(외화대출) 및 제10-21조(청산업무)에 의하여 차입한 원화자금(다만, 거주자로부터 보증 또는 담보제공을 받아 차입한 원화자금은 제외한다.
⑧ 외국에 소재한 공인된 거래소에서 거래되는 증권·장내파생상품의 원화결제에 따라 취득한 자금
⑨ 제5절 제2관(증권의 발행)의 규정에 따라 국내에서 증권의 발행으로 조달한 자금
⑩ 제7-37조 제1항 단서에서 정한 바에 따라 외국인투자자가 국채 또는 「한국은행법」 제69조에 따른 통화안정증권의 매매를 국제예탁결제기구에 위탁하여 투자하는 경우로서, 국제예탁결제기구 명의의 투자전용비거주자원화계정으로부터 이체되어온 자금. 다만, 국제예탁결제기구 명의의 투자전용비거주자원화계정 내 예치된 당해 외국인투자자의 자금에 한한다.
⑪ 제7-48조 제1항 제13호에 따른 한국은행과 외국 중앙은행 간 통화스왑자금을 활용한 비거주자 간 내국통화표시 금전대차 계약과 관련하여 취득한 내국지급수단(외국환은행해외지점, 외국환은행현지법인 명의의 계정의 경우 당해 외국환은행해외지점 및 현지법인이 금전대차 관련 대금의 결제업무를 수행하는 경우를 포함한다)
⑫ 외국환은행해외지점, 외국환은행현지법인 또는 외국금융기관이 제6-2조 제1항 제6호의 규정에 따라 외국환은행에 내국통화를 수출한 대가로 취득한 내국지급수단(외국환은행해외지점, 외국환은행현지법인 명의의 계정의 경우 당해 외국환은행해외지점 및 현지법인이 내국통화 수출 관련 대금의 결제업무를 수행하는 경우를 포함한다)
⑬ 한국거래소가 개설한 금현물시장에서 거래되는 금현물의 매매와 관련하여 취득한 내국지급수단
⑭ 제10-21조(청산업무)와 관련하여 청산은행이 다른 청산은행 명의의 비거주자자유원계정으로부터 지급받은 내국지급수단
⑮ 상대국 현지통화 직거래은행이 제1-2조 제47호의 현지통화 직거래(LCT) 체제에 의해 허용된 거래에 따라 취득한 내국지급수단
⑯ 국내에 본점을 둔 외국환은행의 해외지점, 현지법인 또는 외국 금융기관에 예치된 본인의 외화자금을 매각하여 취득한 내국지급수단
⑰ 「외국 금융기관의 외국환업무에 관한 지침」 제1-2조 제2호에 따른 해외외국환업무취급기관에 본인의 외화자금을 매각하여 취득한 내국지급수단
⑱ 인정된 거래에 따라 「외국 금융기관의 외국환업무에 관한 지침」 제3-3조 제1항의 업무용원화계좌로부터 이체된 내국지급수단(본인의 내국지급수단을 이체 받는 경우도 포함한다)

4. 계정의 처분

(1) 거주자계정 및 거주자외화신탁계정(규정 제7-9조 제1항)

거주자계정 및 거주자외화신탁계정의 처분에는 제한을 두지 아니한다. 다만, 대외지급(대외계정 및 비거주자외화신탁계정으로의 이체를 포함한다)을 하고자 하는 경우에는 제4장(지급과 수령)의 규정에서 정하는 바에 따른다.

(2) 대외계정 및 비거주자외화신탁계정(규정 제7-9조 제2항)

대외계정 및 비거주자외화신탁계정은 다음의 하나에 해당하는 용도로 처분할 수 있다.
① 외국에 대한 송금
② 다른 외화예금계정 및 외화신탁계정에의 이체
③ 대외지급수단으로의 인출 또는 외국환은행 등으로부터의 다른 대외지급수단의 매입
④ 외국환은행 등에 내국지급수단을 대가로 한 매각
⑤ 기타 인정된 거래에 따른 지급
⑥ 국내금융기관과 외국환은행해외지점, 외국환은행현지법인, 외국금융기관(이하 '외국환은행해외지점 등'이라 하며, 이하 이 항에서 같다) 간 또는 외국환은행해외지점 등 간 외화결제에 따른 지급

(3) 해외이주자계정(규정 제7-9조 제3항)

해외이주자계정은 다음의 하나에 해당하는 용도로 처분할 수 있다.
① 제4-3조 제1항 제8호의 규정에 의하여 인정된 해외이주비 송금(송금수표 및 여행자수표 인출을 포함한다) 및 제4-4조 제1항 제8호의 규정에 의하여 인정된 국내재산의 송금
② 외국환은행 등에 내국지급수단을 대가로 한 매각

(4) 비거주자원화계정(규정 제7-9조 제4항)

비거주자원화계정은 다음의 하나에 해당하는 용도로 처분할 수 있다.
① 내국지급수단으로의 인출 또는 거주자원화계정 및 다른 비거주자원화계정으로의 이체
② 「대외경제협력기금법」시행령에 의한 차관공여계약서에서 정하는 바에 따라 지급된 비거주자원화계정 예치금으로 비거주자가 외국환을 매입하거나 매입한 외국환을 외국환은행을 통한 외국으로의 송금 기타 인정된 거래에 사용하는 경우
③ 외국에 대한 비거주자원화계정으로 발생한 이자송금을 위하여 외국환은행 등에 대외지급수단을 대가로 한 매각

(5) 비거주자자유원계정 및 비거주자원화신탁계정(규정 제7-9조 제5항)

비거주자자유원계정 및 비거주자원화신탁계정은 다음의 하나에 해당하는 용도로 처분할 수 있다.
① 외국환은행 등에 대외지급수단을 대가로 한 매각
② 내국통화표시 경상거래대금 또는 내국통화표시 재보험거래대금 지급(지급을 하는 자는 경상거래 대금의 추심·결제업무를 수행하는 외국환은행해외지점, 외국환은행현지법인, 외국금융기관을 포함하며, 지급방법은 계좌 간 이체 방식에 한한다)
③ 비거주자(외국인거주자를 포함한다) 본인 명의의 다른 비거주자자유원계정, 투자전용 비거주자원화계정, 비거주자원화신탁계정 및 「외국 금융기관의 외국환업무에 관한 지침」제3-3조에 따른 비거주자 본인명의의 업무용원화계좌로의 이체
④ 국제금융기구의 경우 한국은행 내에 있는 본인 명의의 비거주자원화계정으로의 이체

⑤ 제7-15조(거주자의 원화자금차입) 및 제10-21조(청산업무)에 의하여 인정된 거주자에 대한 원화자금 대출
⑥ 외국에서 국내로 지급 의뢰된 건당(동일자, 동일인 기준) 미화 2만 불 상당 이하 원화자금의 지급(외국환은행해외지점, 외국환은행현지법인, 외국금융기관 명의의 계정에 한한다)
⑦ 외환동시결제시스템을 통한 결제 또는 이와 관련된 거래를 위한 자금의 이체(자금의 지급을 지시받은 외국에 있는 금융기관의 처분을 포함)
⑧ 제2-6조(외화대출) 및 제10-21조(청산업무)에 의하여 차입한 원화자금의 원리금 상환
⑨ 외국에 소재한 공인된 거래소에서 거래되는 증권·장내파생상품의 원화결제를 위한 자금의 지급
⑩ 제5절 제2관(증권의 발행)의 규정에 따라 발행한 증권의 원리금상환, 증권의 매입 및 증권발행 수수료 등 발행비용의 지급
⑪ 신용카드 등의 사용에 따른 대금 지급(카드사용대금 결제 및 현금 인출에 한한다)
⑫ 외국환은행이 비거주자자유원계정의 예치금을 담보로 제공받아 원화대출한 경우, 담보권의 행사를 위한 외국환은행의 예치금 처분
⑬ 제7-37조 제1항 단서에서 정한 바에 따라 외국인투자자가 국채 또는「한국은행법」제69조에 따른 통화안정증권의 매매를 국제예탁결제기구에 위탁하고자 하는 경우, 국제예탁결제기구 명의의 투자전용비거주자원화계정으로의 이체
⑭ 제7-48조 제1항 제13호에 따른 한국은행과 외국중앙은행 간 통화스왑 자금을 활용한 비거주자 간 내국통화표시 금전대차 계약과 관련된 내국지급수단의 지급(외국환은행해외지점, 외국환은행현지법인 명의의 계정의 경우 당해 외국환은행해외지점 및 현지법인이 금전대차 관련 대금의 결제업무를 수행하는 경우를 포함한다)
⑮ 외국환은행해외지점, 외국환은행현지법인 또는 외국금융기관이 제6-2조 제1항 제6호의 규정에 따라 외국환은행으로부터 내국통화를 수입한 대가의 지급(외국환은행해외지점, 외국환은행현지법인 명의의 계정의 경우 당해 외국환은행해외지점 및 현지법인이 내국통화 수입 관련 대금의 결제업무를 수행하는 경우를 포함한다)
⑯ 한국거래소가 개설한 금현물시장에서 거래되는 금현물의 매매와 관련한 내국지급수단의 지급
⑰ 제10-21조(청산업무)와 관련하여 청산은행 명의의 비거주자자유원계정으로부터 다른 청산은행 명의의 비거주자자유원계정으로의 이체
⑱ 상대국 현지통화 직거래은행이 제1-2조 제47호의 현지통화 직거래(LCT) 체제에 의해 허용된 거래를 위한 지급
⑲ 국내에 본점을 둔 외국환은행의 해외지점·현지법인 또는 외국 금융기관에 본인의 외화자금을 예치하기 위한 원화자금 매각
⑳「외국 금융기관의 외국환업무에 관한 지침」제1-2조 제2호에 따른 해외외국환업무취급기관에 대외지급수단을 대가로 한 매각
㉑「외국 금융기관의 외국환업무에 관한 지침」제3-3조 제1항의 업무용원화계좌로의 이체
㉒ ①~㉑을 제외하고 이 규정에 의해 인정된 거래에 따른 지급

5. 은행의 확인의무(규정 제7-10조)

(1) 다음의 하나에 해당하는 경우의 외국환은행 등의 확인 등에 관하여는 제2-1조의 2(지급 및 수령), 제2-2조제1항, 제3항 및 제4항(외국환 매입)의 규정을 준용한다.
　① 제7-8조 제1항 제1호의 규정에 의하여 거주자계정 및 거주자외화신탁계정에 예금 및 신탁을 예수 또는 수탁하는 경우 다만, 다른 거주자계정 및 거주자외화신탁계정으로부터의 이체는 그러하지 아니하다.
　② 제7-9조 제2항 제4호의 규정에 의한 용도(외국환은행 등에 내국지급수단을 대가로 한 매각용도)로 대외계정 및 비거주자외화신탁계정을 처분하는 경우

(2) 제7-8조 제2항 제2호(인정된 거래에 따라 대외지급이 인정된 대외지급수단)에 해당하는 대외지급수단의 대외계정 및 비거주자외화신탁계정에 예치와 관련하여 외국환은행 등은 제4-4조 제1항(취득영위 입증서류 확인) 및 제2항(연간 미화 5만 불 범위 내에서 지급)에 해당하는지 여부를 확인하여야 한다.

03 해외예금 및 해외신탁

1. 신고예외(규정 제7-11조 제1항)

거주자가 비거주자와 해외에서 다음의 하나에 해당하는 예금거래 및 신탁거래를 하고자 하는 경우에는 신고를 요하지 아니한다.

(1) 외국에 체재하고 있는 거주자가 외화예금 또는 외화신탁거래를 하는 경우
(2) 거주자가 「공공차관의 도입 및 관리에 관한 법률」 또는 이 규정에 의한 비거주자로부터의 외화자금차입과 관련하여 외화예금거래를 하는 경우
(3) 이 장 제7절(파생상품거래) 및 관계법령에서 정하는 바에 의하여 해외장내파생상품거래를 하고자 하는 거주자가 당해 거래와 관련하여 외국에 있는 금융기관과 외화예금거래를 하는 경우
(4) 국민인 거주자가 거주자가 되기 이전에 외국에 있는 금융기관에 예치한 외화예금 또는 외화신탁계정을 처분하는 경우
(5) 거주자가 제5절(증권의 발행)의 규정에 의한 외국에서의 증권발행과 관련하여 예금거래를 하는 경우
(6) 거주자가 이 장 제6절(증권의 취득)의 규정에 의한 증권투자, 제7-14조 제1항 및 제5항에 의한 거주자의 현지 사용목적 외화자금 차입, 제9장의 규정에 의한 해외직접투자 및 해외지사와 관련하여 외화예금거래를 하는 경우
(7) 예탁결제원이 제6절 제2관(거주자의 외화증권 투자절차)에 의하여 거주자가 취득한 외화증권을 외국에 있는 증권예탁기관 또는 금융기관에 예탁·보관하고 동 예탁·보관증권의 권리행사를 위하여 외화예금거래를 하는 경우
(8) 인정된 거래에 따른 지급을 위하여 외화예금 및 외화신탁계정을 처분하는 경우
(9) 외환동시결제시스템을 통한 결제와 관련하여 외국환업무취급기관이 CLS은행 또는 외환동시결제시스템의 비거주자 회원은행과 복수통화(원화 포함)예금 또는 원화예금거래를 하는 경우

> **외환동시결제시스템(규정 제1-21조 제20호)**
> "외환동시결제시스템"이라 함은 매도통화와 매입통화의 동시결제를 통한 외환결제리스크의 감축을 목적으로 설립된 외환결제전문기관인 CLS은행(CLS Bank International)이 운영하는 결제시스템을 말한다.

(10) 인정된 거래에 따라 제9장 제4절(거주자의 외국부동산 취득)의 외국에 있는 부동산 또는 이에 관한 권리를 취득하고자 하거나 이미 취득한 거주자가 신고한 내용에 따라 당해 부동산 취득과 관련하여 국내에서 송금한 자금으로 외화예금거래를 하는 경우
(11) 예탁결제원, 증권금융회사 또는 증권대차거래의 중개업무를 영위하는 투자매매업자 또는 투자중개업자가 제7-45조 제1항 제16호 및 제7-48조 제1항 제6호의 규정에 의한 증권대차거래와 관련하여 외화예금거래를 하는 경우
(12) 제2항(지정거래외국환은행의 장 신고)의 규정에 따른 외화예금거래 신고를 한 거주자가 인정된 거래에 따라 해외에서 취득한 자금을 예치하는 경우
(13) 제7-14조 제8항 단서의 규정에 따라 국내에 본점을 둔 외국환은행해외지점 또는 현지법인 금융기관, 외국 금융기관에 예치하는 경우
(14) 거주자인 「채무자 회생 및 파산에 관한 법률」에 따른 파산관재인이 해외에서 채권을 회수하여 취득한 자금으로 비거주자와 외화예금거래를 하고자 하는 경우

2. 신고의무

(1) 지정거래외국환은행장 신고(규정 제7-11조 제2항)

제1항(신고예외)의 규정에 해당하는 경우를 제외하고 거주자가 해외에서 비거주자와 외화예금거래를 하고자 하는 경우에는 지정거래외국환은행의 장에게 신고하여야 한다. 다만, 국내에서 송금한 자금으로 예치하고자 하는 경우에는 지정거래외국환은행을 통하여 송금하여야 한다.

(2) 한국은행총재 신고(규정 제7-11조 제3항)

거주자가 해외에서 비거주자와 다음의 하나에 해당하는 예금거래 및 신탁거래를 하고자 하는 경우에는 한국은행총재에게 신고하여야 한다.
① 제2항의 규정에 불구하고 다음의 하나에 해당하는 자를 제외한 거주자가 건당(동일자, 동일인 기준) 미화 5만 불을 초과하여 국내에서 송금한 자금으로 예치하고자 하는 경우. 이 경우에도 지정거래외국환은행을 통하여 송금하여야 한다.
  ㉠ 기관투자가
  ㉡ 전년도 수출입 실적이 미화 5백만 불 이상인 자
  ㉢ 「해외건설촉진법」에 의한 해외건설업자
  ㉣ 외국항로에 취항하고 있는 국내의 항공 또는 선박회사
  ㉤ 원양어업자
② 제1항 제1호, 제4호 및 제8호의 규정에 해당하는 경우를 제외하고 거주자가 해외에서 비거주자와 신탁거래를 하고자 하는 경우

(3) 자산 취득에 대한 신고(규정 제7-11조 제4항)

제1항 및 제3항의 규정에 따라 해외에서 비거주자와 신탁거래를 하는 거주자가 신탁계약기간이 만료됨에 따라 금전이 아닌 자산 또는 이에 대한 권리를 취득하고자 하는 경우에는 이 규정에서 정하는 바에 따라 신고 등을 하여야 한다.

3. 보고의무

(1) 제7-11조 제1항 제12호, 제2항 및 제3항의 규정에 의하여 해외에서 예금거래를 하는 자(기관투자가는 제7-35조에 의한 보고로 갈음한다)가 해외에서 건당 미화 1만 불을 초과하여 입금한 경우에는 입금일부터 30일 이내에 해외입금보고서를 지정거래외국환은행의 장에게 제출하여야 하며, 지정거래외국환은행의 장은 다음 연도 첫째 달 말일까지 한국은행총재에게 보고하여야 한다(규정 제7-12조 제1항).

(2) 제7-11조 제1항 제12호, 제2항 및 제3항의 규정에 의하여 해외에서 예금거래를 하는 자(기관투자가는 제7-35조에 의한 보고로 갈음한다) 및 제7-11조 제3항의 규정에 의하여 해외에서 신탁거래를 하는 자(기관투자가는 제7-35조에 의한 보고로 갈음한다)중 다음의 하나에 해당하는 자는 지정거래외국환은행을 경유하여 다음 연도 첫째 달 말일까지 잔액현황보고서를 한국은행총재에게 제출하여야 한다(규정 제7-12조 제2항).
  ① 법인: 연간 입금액 또는 연말 잔액이 미화 50만 불을 초과하는 경우
  ② 법인 이외의 자: 연간입금액 또는 연말 잔액이 미화 10만 불을 초과하는 경우

4. 유관기관 통보(규정 제7-12조 제3항)

한국은행총재는 제1항에 의한 해외입금보고서 및 제2항에 의한 잔액현황보고서를 국세청장 및 관세청장에게 통보하여야 한다.

04 금전의 대차계약

금전대차거래는 거주자 간 또는 거주자와 비거주자 간 이루어지는 금전의 차입 및 대출거래를 말하며 유가증권 등 금전 이외의 물건의 대차는 제외한다. 거주자와 비거주자의 금전대차는 외국통화 뿐만 아니라 원화의 대차도 포함한다. 금전의 수수 없는 계약체결도 금전의 대차에 해당되며 외국환은행의 해외 수입자에 대한 은행신용방식 제공, 국내 수입업자의 해외은행으로부터 받은 은행신용방식 공여도 금전의 대차에 포함된다.

거주자 간 금전의 대차는 제한사항이 없으며 다만, 외국환은행을 통하여 지급·수령하여야 한다. 즉, 국내 거주자인 경우 서로의 외화계정을 통하여 외화를 자유롭게 빌려주고 빌릴 수 있다는 것이다. 그러나 금전의 대차계약 당사자가 거주자와 비거주자인 경우 차주·차입기간·차입규모 등에 따라 처리절차가 복합해진다. 크게 나누어 국내 거주자의 해외 비거주자 앞 대출은 해외직접투자 관계에 있는 법인에 대한 단기대출은 지정거래외국환은행의 장 신고, 기타 대출은 한국은행총재 신고 또는 조건부 신고사항으로 제한하고 있으며, 반대로 국내 거주자가 해외 비거주자로부터 외화를 차입하는 경우에는 금액과 차주 구분에 따라 지정거래외국환은행, 한국은행, 기획재정부 신고로 나누어지고 원화차입의 경우는 지정거래외국환은행, 10억 원을 초과하는 경우 기획재정부 신고사항으로 되어 있다.

1. 신고예외(규정 제7-13조)

거주자가 금전의 대차계약에 따른 채권의 발생 등에 관한 거래를 하고자 하는 경우로서 다음의 하나에 해당하는 경우에는 신고를 요하지 아니한다.

(1) 거주자가 다른 거주자와 금전의 대차계약에 따른 외국통화로 표시되거나 지급을 받을 수 있는 채권의 발생 등에 관한 거래를 하고자 하는 경우

> **채권의 발생 등(규정 제1-2조 제36호)**
> "채권의 발생 등"이라 함은 채권 또는 채무의 발생·변경·변제·소멸이나 직접 또는 간접의 이전 기타의 처분을 말한다.

(2) 거주자가 비거주자와 「외국인투자촉진법」에 의한 차관계약을 체결하거나 「공공차관의 도입 및 관리에 관한 법률」에 의한 공공차관협약을 체결하는 경우
(3) 거주자가 비거주자와 「대외경제협력기금법」에 의한 차관공여계약을 체결하는 경우
(4) 국민인 거주자와 국민인 비거주자 간에 국내에서 내국통화로 표시되고 지급되는 금전의 대차계약을 하는 경우
(5) 대한민국정부의 재외공관근무자, 그 동거가족 또는 해외체재자 및 해외유학생이 그 체재함에 필요한 생활비 및 학자금 등의 지급을 위하여 비거주자와 금전의 대차계약을 하는 경우
(6) 국제유가증권결제기구에 가입한 거주자가 유가증권거래의 결제와 관련하여 비거주자로부터 일중대출(intra-day credit) 또는 일일대출(over-night credit)을 받는 경우
(7) 인정된 거래에 따라 제9-39조 제2항의 부동산을 취득하면서 취득자금에 충당하기 위해 취득부동산을 담보로 비거주자로부터 외화자금을 차입하는 경우
(8) 외환동시결제시스템을 통한 결제와 관련하여 거주자 회원은행이 CLS은행으로부터 CLS은행이 정한 일정 한도의 원화 지급포지션(Short Position)을 받거나 비거주자에게 일중 원화신용공여(Intra-day Credit) 또는 일일 원화신용공여(Over-night Credit)를 하는 경우
(9) 외환동시결제시스템을 통한 결제와 관련하여 외국환업무취급기관이 비거주자 회원은행으로부터 일중신용공여(Intra-day Credit) 또는 일일 신용공여(Over-night Credit)를 받는 경우
(10) 외국인투자기업이 국내에 있는 과세당국에 해외본사의 세금을 대납하기 위해 해외본사에게 상환기간이 1년 이하인 대출을 하는 경우

2. 신고의무

(1) 지정거래외국환은행장 신고(규정 제7-14조 제1항)

제7-13조의 규정(신고예외)에 해당하는 경우를 제외하고 다음의 하나에 해당하는 거주자가 비거주자로부터 외화자금을 차입(외화증권 및 원화연계외화증권 발행을 포함하며 이하 이 관에서 같다)하고자 하는 경우에는 현지금융 여부를 명시하여 지정거래외국환은행의 장(단, 제7-22조 제2항에 의해 증권발행 신고를 한 경우에는 제7-22조 제2항의 지정거래외국환은행의 장으로 한다. 이하 이 조에서 같다)에게 자금을 수령한 날로부터 1개월 이내에 거래사실을 보고하여야 하며(현지금융의 경우 다른 거주자가 보증 및 담보를 제공하지 않는 경우에 한한다), 제7-18조에 따라 인정된 거래에 대해서는 보고를 요하지 아니한다.

① 지방자치단체, 공공기관

> 공공기관(규정 제1-2조 제28호) "공공기관"이라 함은 「공공기관의 운영에 관한 법률」에 따라 지정된 공공기관을 말한다.

② 공공목적의 달성을 위해 정부 또는 제1호의 기관이 설립하거나 출자·출연한 법인 또는 정부업무수탁법인
③ 영리법인

> 원화연계외화증권(규정 제1-2조 제23호) "원화연계외화증권"이라 함은 표시통화 또는 지급금액의 결정통화 또는 결제통화가 내국통화인 외화증권을 말한다.

[2] 기획재정부장관 신고

① 다만, 미화 5천만 불(차입신고시점으로부터 과거 1년간의 누적차입금액을 포함하며, 현지금융 자금은 산입에서 제외한다. 이하 이 조에서 같다)을 초과하여 차입하고자 하는 경우에는 지정거래외국환은행을 경유하여 기획재정부장관에게 신고하여야 한다(규정 제7-14조 제1항).
② 제1항의 규정에 의하여 신고를 하는 자 중 제1항 제1호 및 제2호에 해당하는 자가 미화 5천만 불 초과의 외화자금을 차입하고자 하는 경우에는 기획재정부장관과 사전협의 후 신고하여야 한다(규정 제7-14조 제6항).

[3] 한국은행총재 신고(규정 제7-14조 제5항)

제7-13조(신고예외)의 규정에 해당하는 경우를 제외하고 제1항 제1호 및 제2호 이외의 개인 및 비영리법인이 비거주자로부터 외화자금을 차입하고자 하는 경우에는 지정거래외국환은행을 경유하여 한국은행총재에게 신고하여야 한다. 다만, 비영리법인의 현지 사용목적 현지차입의 경우에는 지정거래외국환은행의 장에게 거래가 있었던 날로부터 1개월 이내에 거래사실을 보고하여야 한다.

[4] 외국인투자기업의 차입신고(규정 제7-14조 제2항)

제1항에 불구하고 「외국인투자촉진법」에 의하여 일반제조업을 영위하는 업체(이하 이 항에서 "일반제조업체"라 한다) 또는 기획재정부장관으로부터 조세감면 결정을 받은 외국인투자기업으로서 고도의 기술을 수반하는 사업 및 산업지원서비스업을 영위하는 업체(이하 이 항에서 "고도기술업체"라 한다)가 다음의 하나에 해당하는 한도범위 내에서 비거주자로부터 상환기간이 1년 이하(자금인출일부터 기산한다)인 단기외화자금을 차입하고자 하는 경우에는 제1항에 의한 지정거래외국환은행의 장에게 신고하여야 한다.

① 고도기술업체의 경우 외국인투자금액(외화금액 기준으로서 외국인투자기업등록증명서상의 투자금액과 등록되지 않은 주금납입액을 말하며 이하 같다) 이내. 다만, 고도기술업체 중 외국인투자비율이 3분의 1 미만인 기업은 외국인투자금액의 100분의 75 이내
② 일반제조업체의 경우 외국인투자금액의 100분의 50

> 단기외화자금(규정 제1-2조 제5호) "단기외화자금"이라 함은 다음 각 목에 해당하는 자금을 말한다.
> 가. 상환기간이 자금인출일로부터 기산하여 1년 이내인 외화자금(증권발행의 경우에는 1년 미만을 말하며, 주식예탁증서는 제외한다)

나. 상환기간이 1년을 초과하는 외화자금차입 중 자금인출일로부터 1년 이내에 분할·중도상환하거나 조기상환할 수 있는 권리가 있는 외화자금(평균차입기간이 1년을 초과하고 1년 이내의 상환금액이 총차입금액의 100분의 20 이하인 경우는 제외한다)

(5) 정유회사 등의 차입신고(규정 제7-14조 제3항)

제1항의 규정에 불구하고 정유회사 및 원유, 액화천연가스 또는 액화석유가스 수입업자가 원유, 액화천연가스 또는 액화석유가스의 일람불방식, 수출자신용방식(Shipper's Usance) 또는 사후송금방식 수입대금 결제를 위하여 상환기간이 1년 이하의 단기외화자금을 차입하는 경우에는 거래외국환은행의 장(L/C 방식인 경우에는 L/C 개설은행을 말하며 D/P·D/A 방식인 경우에는 수입환어음 추심은행, 사후송금방식인 경우에는 수입대금 결제를 위한 송금은행을 말한다)에게 신고하여야 한다.

(6) 투자매매업자 또는 투자중개업자의 차입신고(규정 제7-14조 제4항)

제1항에도 불구하고 직전 분기 말 자기자본이 1조 원 이상인 투자매매업자 또는 투자중개업자가 비거주자로부터 외화자금을 차입하는 경우에는 제2-5조의 규정에 따른다. 이 경우 "외국환은행"은 "직전 분기 말 자기자본이 1조 원 이상인 투자매매업자 또는 투자중개업자"로 본다. 다만, 직전 분기 말 자기자본 1조 원 이상인 투자매매업자 또는 투자중개업자는 외화자금 차입현황을 매월별로 다음 달 10일까지 한국은행총재 및 금융감독원장에게 보고하여야 한다.

(7) 차입자금의 용도 제출(규정 제7-14조 제7항)

제1항(지정거래외국환은행장 신고) 및 제5항(한국은행 총재 신고)의 규정에 의하여 신고를 하고자 하는 자는 차입 시 별지 제7-2호 서식의 금전의 대차계약신고서[증권발행의 경우에는 별지 제7-5호 서식의 증권발행신고서]에 차입자금의 용도를 명기하여 신고기관 등에 제출하여야 한다.

3. 차입금의 처리

(1) 외화를 차입한 거주자는 조달한 외화자금(제7-13조 제7호의 규정에 의하여 조달한 외화자금은 제외)을 다음의 1에 해당하는 절차에 따라 사용하여야 한다(규정 제7-14조 제8항).

① 현지금융이 아닌 경우에는 조달한 외화자금을 지정거래외국환은행에 개설된 거주자계정에 예치한 후 신고 또는 보고 시 명기한 용도로 사용하여야 한다. 다만, 경상거래대금의 대외지급, 해외직접투자를 위해 조달한 자금은 국내에 본점을 둔 외국환은행의 해외지점·현지법인 또는 외국 금융기관에 예치 후 지급하거나 비거주자에게 직접 지급할 수 있으며, 외화증권발행에 의하여 조달한 자금은 국내에 본점을 둔 외국환은행의 해외지점·현지법인에 예치할 수 있다.

② 현지금융의 경우에는 제1항에 따른 변경 보고 또는 신고를 하거나 현지법인 등과 국내 거주자 간의 인정된 경상거래에 따른 결제자금의 국내 유입의 경우를 제외하고는 국내에 예치하거나 국내로 유입할 수 없다.

(2) 상기 (1)의 ① 단서의 규정에 의하여 외화자금을 예치하거나 지급한 자는 동 계정의 예치·인출 및 상환상황을 지정거래외국환은행의 장에게 보고하여야 한다(규정 제7-14조 제9항).

(3) 지정거래외국환은행의 장은 매 분기 제8항의 규정에 의한 거주자계정 또는 외화예금계정의 예치·인출 및 상환상황을 한국은행총재에게 보고하여야 하며, 한국은행총재는 이를 종합하여 다음 분기 첫째 달 20일 이내에 기획재정부장관에게 보고하여야 한다(규정 제7-14조 제10항).

(4) 기획재정부장관은 제1항(지정거래외국환은행장 신고) 또는 제4항(투자매매업자 또는 투자중개업자의 차입신고)에 따라 신고를 하는 자 중 원화조달목적으로 외화자금을 차입한 거주자에 대하여 환율변동위험 방지를 위해 필요한 조치를 취하도록 지도할 수 있다(규정 제7-14조 제11항).

(5) 외국환은행의 장 및 한국은행 총재는 필요시 제1항 내지 제5항의 신고내용을 국세청장에게 열람하도록 하여야 한다(규정 제7-14조 제12항).

4. 현지법인 등의 외화자금차입

(1) 지정거래외국환은행장 보고(규정 제7-14조의 2 제1항)

다음의 1에 해당하는 자(이하 현지법인등)가 현지금융을 받고자 하는 경우에는 현지법인 등을 설치한 거주자(국내 다른 기업과 공동출자하여 현지법인 등을 설치한 경우에는 출자지분이 가장 많은 기업, 출자지분이 같은 경우에는 자기자본이 가장 큰 기업)가 현지금융을 받은 날로부터 1개월 이내에 지정거래외국환은행의 장에게 보고하여야 하며, 주채무계열 소속 기업체는 부득이한 경우를 제외하고 주채권은행을 현지금융관련 거래외국환은행으로 지정하여야 한다. 다만, 제7-18조에 따라 인정된 거래에 대해서는 보고를 요하지 아니한다.

① 거주자의 현지법인(거주자의 현지법인이 100분의 50 이상 출자한 자회사를 포함한다)
② 거주자의 해외지점

(2) 신고예외(규정 제7-14조의 2 제2항)

제1항에도 불구하고 현지법인 등이 거주자의 보증 및 담보를 받지 아니하고 현지금융을 받는 경우에는 보고를 요하지 아니한다. 다만, 해외지점 및 다음의 1에 해당하는 현지법인의 경우에는 현지법인 등을 설치한 거주자가 당해 현지법인 등의 현지금융 차입 및 상환 반기보를 다음 반기 첫째 달 말일까지 지정거래외국환은행의 장에게 보고하여야 한다.

① 거주자의 투자비율이 100분의 50 이상인 현지법인
② 제1호의 현지법인이 100분의 50 이상 출자한 자회사

(3) 차입 및 상환반기보 보고(규정 제7-14조의 2 제3항)

제7-14조(거주자의 외화자금차입) 및 제7-14조의 2(현지법인 등의 외화자금차입 등)의 규정에 의하여 현지금융을 받은 자는(현지법인 등을 설치한 거주자를 포함한다) 차입한 자금을 신고 또는 보고한 바에 따라 사용하여야 하며, 현지금융의 차입 및 상환 반기보를 당해 거주자의 지정거래외국환은행의 장에게 다음 반기 첫째 달 말일까지 보고하여야 한다.

(4) 유관기관 통보(규정 제7-14조의 2 제4항)

제7-14조(현지금융 목적의 자금으로 한정), 제7-14조의 2, 제7-18조 제1항 제4호 및 제5호의 규정에 의한 보고를 받은 지정거래외국환은행의 장은 현지금융차입 및 상환상황 반기보를 다음 반기 둘째 달 말일까지 한국은행총재에게 보고하여야 하며, 한국은행총재는 현지금융 차입 및 상환 상황을 국세청장 및 금융감독원장에게 통보하여야 한다.

> **규정 제7-18조 제1항 제4호, 제5호**
> 제7-18조(외국환은행의 장에게 보고 등) ① 거주자가 비거주자와 채무의 보증계약에 따른 채권의 발생 등에 관한 거래를 하고자 하는 경우로서 다음 각 호의 1에 해당하는 경우에는 외국환은행의 장에게 거래가 있었던 날로부터 1개월 이내에 거래사실을 보고(제4호 및 제5호의 경우에는 현지금융을 받는 거주자 또는 현지법인 등을 설치한 거주자의 지정거래외국환은행에 보고)하여야 한다.

4. 제7-14조 제1항에 해당하는 현지금융 관련 거주자가 보증(담보 포함)을 하는 경우
   5. 제7-14조의 2에 해당하는 현지금융 관련 거주자가 보증(담보 포함)을 하는 경우

(5) 지정거래외국환은행을 통한 송금(규정 제7-14조의 제5항)

제7-14조(현지금융 목적의 자금으로 한정), 제7-14조의 2, 제7-18조 제1항 제4호 및 제5호에 따라 현지금융을 받은 자 또는 현지금융관련 보증 등을 제공한 자가 그 원금 및 이자와 부대비용을 국내에서 외국에 지급하고자 하는 경우에는 지정거래외국환은행을 통하여 송금하여야 한다. 다만, 외국환은행이 보증과 관련하여 대지급하는 경우에는 그러하지 아니하다.

5. 거주자의 원화자금차입

(1) 제7-13조의 규정에 해당하는 경우를 제외하고 거주자가 비거주자로부터 원화자금을 차입하고자 하는 경우에는 지정거래외국환은행의 장에게 신고하여야 한다. 다만, 10억 원(차입신고시점으로부터 과거 1년간의 누적차입금액을 포함한다)을 초과하여 차입하고자 하는 경우에는 지정거래외국환은행을 경유하여 기획재정부장관에게 신고하여야 한다(규정 제7-15조 제1항).

(2) 거주자가 비거주자로부터 원화자금을 차입하는 경우에는 비거주자자유원계정에 예치된 내국지급수단에 한한다(규정 제7-15조 제2항).

6. 거주자의 비거주자에 대한 대출

(1) 지정거래외국환은행장 보고(규정 제7-16조 제1항)

제7-13조(신고의 예외거래)에 규정된 경우를 제외하고 영 제8조 제1항 제1호부터 제3호까지의 규정에 따라 외국 법인에 투자한 거주자가 해당 외국법인에 대하여 상환기간을 1년 미만으로 하여 금전을 대여하는 경우에는 지정거래외국환은행의 장에게 자금을 지급한 날로부터 1개월 이내에 거래사실을 보고하여야 한다.

> **영 제8조 제1항제1호부터 제3호**
> 제8조(해외직접투자) ① 법 제3조 제1항 제18호 가 목에서 "대통령령으로 정하는 것"이란 다음 각 호의 것을 말한다.
>   1. 외국 법령에 따라 설립된 법인(설립 중인 법인을 포함한다. 이하 "외국법인"이라 한다)의 경영에 참가하기 위하여 취득한 주식 또는 출자지분이 해당 외국법인의 발행주식총수 또는 출자총액에서 차지하는 비율(주식 또는 출자지분을 공동으로 취득하는 경우에는 그 주식 또는 출자지분 전체의 비율을 말한다. 이하 이 항에서 "투자비율"이라 한다)이 100분의 10 이상인 투자
>   2. 투자비율이 100분의 10 미만인 경우로서 해당 외국법인과 다음 각 목의 어느 하나에 해당하는 관계를 수립하는 것
>   가. 임원의 파견
>   나. 계약기간이 1년 이상인 원자재 또는 제품의 매매계약의 체결
>   다. 기술의 제공·도입 또는 공동연구개발계약의 체결
>   라. 해외건설 및 산업설비공사를 수주하는 계약의 체결
>   3. 제1호 또는 제2호에 따라 이미 투자한 외국법인의 주식 또는 출자지분을 추가로 취득하는 것

(2) 한국은행총재 신고(규정 제7-16조 제2항)

제7-13조와 제1항에 규정된 경우를 제외하고 거주자가 비거주자에게 대출을 하고자 하는 경우(제2장에서 외국환업무취급기관의 외국환업무로서 허용된 경우 제외)에는 한국은행총재에게 신고하여야 한다. 다만, 이 항에 의한 신고사항 중 다른 거주자의 보증 또는 담보를 제공받아 대출하는 경우 및 10억 원을 초과하는 원화자금을 대출하고자 하는 경우에는 대출을 받고자 하는 비거주자가 신고하여야 한다.

(3) 유관기관 통보(규정 제7-16조 제3항)

지정거래외국환은행의 장과 한국은행총재는 각각 제1항과 제2항에 의한 신고 중 법인이 아닌 거주자의 비거주자에 대한 대출에 대해서는 동 신고내용을 매월별로 익월 20일까지 국세청장에게 통보하여야 한다.

05 채무의 보증계약

채무의 보증계약이란 채권의 발생 등에 관련된 거래 시 채권자 및 채무자가 거래의 직접 당사자이고 제3자인 보증제공자가 채권자를 위하여 보증하는 계약을 의미하며, 외국환거래법에서는 통상적으로 지급보증을 지칭한다. 외국환거래법의 적용을 받는 외화표시 보증은 채권자와 보증인이 한쪽이 거주자이고 다른 한쪽이 비거주자인 경우만 적용되며 채권자와 채무자 모두 거주자인 경우에는 적용대상이 되지 않는다. 보증계약은 원인거래의 당사자가 아닌 제3자가 개입하여 보증행위를 함으로써 본 거래를 지원하여 계약을 성사시키는 형태이므로 본 거래가 규정에서 어떤 제한이 있다면 보증계약은 더 큰 제약을 두는 것이 일반적이므로 규정체계는 신고 예외, 외국환은행의 장 신고, 한국은행총재 신고대상으로 세분화하여 상당히 복잡한 절차로 규정되어 있다.

1. 신고예외(규정 제7-17조)

다음의 하나에 해당하는 채무의 보증계약에 따른 채권의 발생 등에 관한 거래를 하고자 하는 경우에는 신고를 요하지 아니한다.

(1) 거주자(채권자)와 거주자(채무자)의 거래에 대하여 거주자가 외국통화표시 보증을 하는 경우
(2) 거주자의 수출거래와 관련하여 외국의 수입업자가 외국환은행으로부터 역외금융대출을 받음에 있어 당해 거주자가 그 역외금융대출에 대하여 당해 외국환은행에 외국통화표시 보증을 하는 경우(당해 외국환은행은 수출관련 역외금융대출보증에 관한 보고서를 매 분기별로 익월 20일까지 한국은행총재에게 제출하여야 한다)
(3) 국내에 본점을 둔 시설대여회사가 당해 시설대여회사 현지법인에 대한 외국환은행의 역외금융대출에 대하여 본사의 출자금액 범위 내에서 외국통화표시 보증을 하는 경우
(4) 거주자가 이 규정에 의해 인정된 거래를 함에 따라 비거주자로부터 보증을 받는 경우
(5) 거주자가 다음의 하나에 해당하는 보증을 하는 경우
　① 제7-14조 및 제7-15조의 규정에 의한 자금차입계약(현지금융은 제외한다)에 관하여 거주자가 비거주자에게 보증을 하는 경우. 다만, 제7-14조 제1항의 규정에 의한 주채무계열 소속 상위 30대 계열기업체의 외화자금차입계약에 관하여 동 계열 소속 다른 기업체가 보증하고자 하는 경우에는 그러하지 아니하다.
　② 거주자가 제4장에서 규정한 지급(제4-5조 내지 제4-7조의 규정에 의한 경우는 제외한다)을 위한 외국통화표시 보증을 하는 경우

③ 거주자가 이 장 제8절 제2관의 규정에 의하여 인정된 임차계약을 함에 따라 국내의 다른 거주자가 외국통화표시 보증을 하거나 시설대여회사가 외국의 시설대여회사와 국내의 실수요자 간의 인정된 시설대여계약에 대하여 외국통화표시 보증을 하는 경우

④ 거주자의 제7-21조 제1항 제5호의 규정에 의한 약속어음매각과 관련하여 당해 거주자의 계열기업이 외국통화표시 대외보증을 하는 경우

⑤ 제2-6조 제1항 단서에 따라 비거주자가 한국은행총재에게 신고하고(제2-6조 제2항에 의해 신고가 면제되는 경우를 포함한다) 외국환은행으로부터 대출을 받음에 있어, 거주자가 보증 또는 담보를 제공하는 경우

(6) 거주자가 비거주자와 물품의 수출·수입 또는 용역거래를 함에 있어서 보증을 하는 경우

(7) 거주자 및 거주자의 현지법인이나 해외지점의 수출, 해외건설 및 용역사업 등 외화획득을 위한 국제입찰 또는 계약과 관련한 입찰보증 등을 위하여 비거주자가 보증금을 지급하거나 이에 갈음하는 보증을 함에 있어서 보증 등을 하는 비거주자가 부담하는 채무의 이행을 당해 거주자 또는 계열관계에 있는 거주자가 보증 또는 부담하는 계약을 체결하는 경우

(8) 거주자의 제7-11조 제1항 제3호에 해당하는 해외장내파생상품거래에 필요한 자금의 지급에 갈음하여 비거주자가 지급 또는 보증을 함에 있어서 지급 또는 보증을 하는 비거주자가 부담하는 채무의 이행을 당해 거주자 또는 당해 거주자의 계열기업이 보증 또는 부담하는 계약을 체결하는 경우

(9) 국민인 거주자와 국민인 비거주자 간에 다른 거주자를 위하여 내국통화로 표시되고 지급되는 채무의 보증계약을 하는 경우

(10) 제7-45조 제1항 제16호 및 제7-48조 제1항 제6호의 규정과 관련하여 「자본시장과 금융투자업에 관한 법률」에 의한 증권금융회사가 비거주자에게 보증하는 경우

(11) 거주자 및 거주자의 현지법인이나 해외지점이 비거주자와 해외건설 및 용역사업, 물품수출거래를 함에 있어 당해 비거주자(입찰대행기관 및 수입대행기관을 포함한다)와 보증 등을 하는 경우

(12) 제7-40조 제2항의 규정에 의한 파생상품거래에 관하여 거주자가 비거주자에게 보증을 하는 경우

2. 보고의무

(1) 외국환은행의 장에게 보고(규정 제7-18조 제1항)

거주자가 비거주자와 채무의 보증계약에 따른 채권의 발생 등에 관한 거래를 하고자 하는 경우로서 다음의 하나에 해당하는 경우에는 외국환은행의 장에게 거래가 있었던 날로부터 1개월 이내에 거래사실을 보고(제4호 및 제5호의 경우에는 현지금융을 받는 거주자 또는 현지법인 등을 설치한 거주자의 지정거래외국환은행에 보고)하여야 한다.

① 국내에 본점을 둔 투자매매업자·투자중개업자가 당해 투자매매업자·투자중개업자 현지법인의 인정된 업무에 수반되는 현지차입에 대하여 보증을 하는 경우. 다만, 보증금액은 당해 현지법인에 대한 거주자의 출자금액의 300% 이내에 한한다.

② 거주자의 현지법인이 외국의 시설대여회사로부터 인정된 사업수행에 필요한 시설재를 임차함에 있어서 당해 현지법인이 부담하는 채무의 이행을 당해 거주자 또는 계열관계에 있는 거주자가 보증하는 경우

③ 국내에 본점을 둔 시설대여회사가 당해 시설대여회사 현지법인의 인정된 업무에 수반되는 현지차입에 대하여 본사의 출자금액 범위 내에서 보증을 하는 경우

④ 제7-14조 제1항에 해당하는 현지금융 관련 거주자가 보증(담보 포함)을 하는 경우

⑤ 제7-14조의 2에 해당하는 현지금융 관련 거주자가 보증(담보 포함)을 하는 경우

(2) 지정거래외국환은행의 장에게 보고
① 주채무계열 소속 상위 30대 계열기업체(규정 제7-18조 제2항)

주채무계열 소속 상위 30대 계열기업체의 제7-14조 제1항의 규정에 의한 상환기간이 1년을 초과하는 장기외화자금차입계약과 관련하여 동 계열 소속 다른 기업체가 보증하고자 하는 경우에는 보증하고자 하는 자가 차입자의 지정거래외국환은행의 장에게 거래가 있었던 날로부터 1개월 이내에 거래사실을 보고하여야 한다. 이 경우 제7-14조 제1항의 규정에 의하여 차입에 관한 보고 또는 신고를 하는 자가 보증하는 자를 대신하여 보고할 수 있다.

② 교포 등에 대한 여신(규정 제7-18조 제3항)

교포 등에 대한 여신과 관련하여 거주자 또는 당해 여신을 받는 비거주자가 국내에 있는 금융기관에 미화 50만 불 이내에서 원리금의 상환을 보증하고자 하는 경우에는 지정거래외국환은행의 장에게 거래가 있었던 날로부터 1개월 이내에 거래사실을 보고하여야 한다. 이 경우 거래외국환은행의 지정은 여신을 받는 자의 명의로 하고, 해외에서도 하나의 외국환은행해외지점 또는 현지법인금융기관등을 거래금융기관으로 지정하여야 한다.

③ 지정거래외국환은행을 통한 송금(규정 제7-18조 제4항)

제3항의 규정과 관련하여 보증을 제공한 자가 대지급을 하고자 하는 경우에는 지정거래외국환은행을 통하여 송금하여야 한다. 다만, 외국환은행이 대지급 하는 경우에는 그러하지 아니하다.

(3) 한국은행총재 신고(규정 제7-19조)

제7-17조 및 제7-18조에서 규정된 경우를 제외하고 거주자와 비거주자의 거래 또는 비거주자 간 거래에 관하여 거주자가 채권자인 거주자 또는 비거주자와 채무의 보증계약(외국환은행에 보증 또는 담보를 제공하는 행위를 포함한다, 다만 제2-6조 제3항 제3호 및 제4호의 경우는 제외한다.)에 따른 채권의 발생 등에 관한 거래를 하고자 하는 경우에는 한국은행총재에게 신고하여야 하며, 한국은행총재는 필요시 동 신고내용을 국세청장에게 열람하도록 하여야 한다.

06 대외지급수단, 채권 기타의 매매 및 용역에 따른 자본거래

외국통화와 외국통화로 표시되거나 또는 표시통화에 관계없이 외국에서 사용할 수 있는 '대외지급수단'과 예금, 보험증권, 대차 및 입찰 등으로 인하여 생기는 '금전채권'을 대외지급수단 또는 내국지급수단(원화)을 대가로 매매하는 거래 및 동산, 부동산을 불문하고 재산권을 매매하는 '기타의 매매계약'과 운송, 건설 등 타인을 위한 노무 또는 편의의 제공을 목적으로 하는 '용역계약'에 따른 자본거래에 대한 규정이다. 거주자 간 거래이든 거주자와 비거주자 간의 거래이든 신고 예외 거래가 아니면 대부분 한국은행총재의 신고대상이며, 외국환은행의 신고대상은 일부만 신설되어 있는 등 상당히 거래 제한이 있는 규정이라 할 수 있다.

1. 거주자 간의 거래

(1) 신고예외(규정 제7-20조 제1항 및 제3항)

거주자가 다른 거주자와 대외지급수단, 채권 기타의 매매 및 용역계약에 따른 외국통화로 표시되거나 지급을 받을 수 있는 채권의 발생 등에 관한 거래를 하고자 하는 경우로서 다음의 하나에 해당하는 경우에는 신고를 요하지 아니한다.

① 거주자와 다른 거주자 간 물품 기타의 매매, 용역계약에 따른 외국통화로 지급받을 수 있는 채권의 발생 등에 관한 거래

② 거주자 간에 지급수단으로 사용목적이 아닌 화폐수집용 및 기념용으로 외국통화를 매매하는 거래

③ 해외건설 및 용역사업자와 면세용품제조자 간에 해외취업근로자에 대한 면세쿠폰을 매매하는 거래
④ 외국환은행이 거주자의 수입대금의 지급을 위하여 유네스코쿠폰을 당해 거주자에게 매각하는 거래
⑤ 거주자 간 인정된 거래로 취득한 채권의 매매계약에 따른 외국통화로 표시되거나 지급받을 수 있는 채권의 발생 등에 관한 거래
⑥ 거주자 간 매매차익을 목적으로 하지 않는 거래로서 동일자에 미화 5천 불 이내에서 대외지급수단을 매매하는 거래

상기 ① 및 ⑤의 규정에 따른 대금은 외국환은행을 통하여 지급 또는 수령하여야 한다(규정 제7-20조 제3항).

(2) 한국은행총재 신고(규정 제7-20조 제2항)

제1항의 규정에 해당하는 경우를 제외하고 거주자가 다른 거주자와 대외지급수단의 매매계약에 따른 외국통화로 표시되거나 지급받을 수 있는 채권의 발생 등에 관한 거래를 하고자 하는 경우에는 한국은행총재에게 신고하여야 한다.

2. 거주자와 비거주자 간의 거래

(1) 신고예외(규정 제7-21조 제1항)

거주자가 비거주자와 대외지급수단, 채권의 매매계약에 따른 채권의 발생 등에 관한 거래를 하고자 하는 경우로서 다음의 하나에 해당하는 경우에는 신고를 요하지 아니한다.
① 외국환은행해외지점, 외국환은행현지법인, 외국금융기관(외국환전영업자를 포함한다)이 해외에 체재하는 거주자와 원화표시여행자수표, 원화표시자기앞수표 또는 내국통화의 매매거래를 하는 경우
② 외국에 체재하는 거주자(재외공관근무자 또는 그 동거가족, 해외체재자를 포함한다)가 비거주자와 체재에 직접 필요한 대외지급수단, 채권의 매매거래를 하는 경우
③ 거주자가 외국에서 보유가 인정된 대외지급수단 또는 외화채권으로 다른 외국통화표시 대외지급수단 또는 외화채권을 매입하는 경우
④ 거주자가 수출관련 외화채권을 비거주자에게 매각하고 동 매각자금 전액을 외국환은행을 통하여 국내로 회수하는 경우
⑤ 거주자가 국내외 부동산·시설물 등의 이용·사용과 관련된 회원권, 비거주자가 발행한 약속어음 및 비거주자에 대한 외화채권 등을 비거주자에게 매각하고 동 매각자금을 외국환은행을 통하여 국내로 회수하는 경우
⑥ 거주자가 비거주자에게 매각한 국내의 부동산·시설물 등의 이용·사용과 관련된 회원권 등을 비거주자로부터 재매입하는 경우

(2) 신고의무

① 외국환은행의 장 보고(규정 제7-21조 제2항)

제1항의 규정에 해당하는 경우를 제외하고 거주자가 거주자 또는 비거주자와 외국의 부동산·시설물 등의 이용·사용 또는 이에 관한 권리의 취득에 따른 회원권의 매입거래를 하고자 하는 경우에는 외국환은행의 장에게 거래가 있었던 날로부터 1개월 이내에 거래사실을 보고하여야 한다.

② 한국은행총재 신고(규정 제7-21조 제3항)

제1항 및 제2항의 규정에 해당하는 경우를 제외하고 거주자가 비거주자와 대외지급수단 및 채권의 매매계약에 따른 채권의 발생 등에 관한 거래를 하고자 하는 경우에는 한국은행총재에게 신고하여야 한다.

(3) 유관기관 통보(규정 제7-21조 제4항)

외국환은행의 장은 제2항의 규정에 의한 취득금액이 건당 미화 10만 불을 초과하는 경우 국세청장 및 관세청장에게, 건당 미화 5만 불을 초과하는 경우 금융감독원장에게 회원권 등의 매매내용을 익월 10일까지 통보하여야 한다.

07-1 증권의 발행(통칙)

증권이란 지급수단에 해당하지 않는 것으로서 「자본시장과 금융투자업에 관한 법률」 제4조와 「외국환거래법 시행령」 제4조에서 정하는 것을 말한다. 「자본시장과 금융투자업에 관한 법률」 제4조 제1항에서는 "내국인 또는 외국인이 발행한 금융투자상품으로서 투자자가 취득과 동시에 지급한 금전 등 외에 어떠한 명목으로든지 추가로 지급의무(투자자가 기초자산에 대한 매매를 성립시킬 수 있는 권리를 행사하게 됨으로써 부담하게 되는 지급의무를 제외한다)를 부담하지 아니하는 것을 말한다."로 규정한다. 증권은 다음과 같이 구분된다(자본시장법 제4조).

구분	정의	범위
채무증권	지급청구권 표시된 것	국채증권, 지방채증권, 특수채증권, 사채권, 기업어음증권
지분증권	출자지분 또는 출자지분을 취득할 권리가 표시된 것	주권, 신주인수권이 표시된 것, 출자증권, 합자회사·유한책임회사·유한회사·합자조합·익명조합의 출자지분
수익증권	신탁의 수약권이 표시된 것	금전신탁계약에 의한 수익증권, 투자신탁의 수익권
투자계약증권	특정 투자자가 그 투자자와 타인(다른 투자자를 포함)간의 공동사업에 금전 등을 투자하고 주로 타인이 수행한 공동사업의 결과에 따른 손익을 귀속 받는 계약상의 권리가 표시된 것	민법상 조합·상법상 익명조합을 활용한 간접 투자기구에 대한 지분 등
파생결합증권	기초자산의 가격·이자율·지표·단위 또는 이를 기초로 하는 지수 등의 변동과 연계하여 미리 정하여진 방법에 따라 지급하거나 회수하는 금전 등이 결정되는 권리가 표시된 것	주가연계증권(ELS), 신용연계증권(CLN)등
증권예탁증권	증권을 예탁받은 자가 그 증권이 발행된 국가 외의 국가에서 발행한 것으로서 그 예탁받은 증권에 관련된 권리가 표시된 것	국내 증권예탁증권(KDR)
기타 증권	증권은 발행되지 않았지만 위의 어느 하나에 해당하는 증권에 표시될 수 있거나 표시할 권리는 증권이 발행되지 아니한 경우에도 그 증권으로 본다.	
※ 기초자산	다음 각 호의 어느 하나에 해당하는 것을 말한다(법 제4조 제10항). 1. 금융투자상품 2. 통화(외국의 통화를 포함한다) 3. 일반상품(농산물·축산물·수산물·임산물·광산물·에너지에 속하는 물품 및 이 물품을 원료로 하여 제조하거나 가공한 물품, 그 밖에 이와 유사한 것을 말한다) 4. 신용위험(당사자 또는 제삼자의 신용등급의 변동, 파산 또는 채무재조정 등으로 인한 신용의 변동을 말한다) 5. 그 밖에 자연적·환경적·경제적 현상 등에 속하는 위험으로서 합리적이고 적정한 방법에 의하여 가격·이자율·지표·단위의 산출이나 평가가 가능한 것	

외국환거래법 시행령 제4조에서 증권은 무기명양도성예금증서, 그 밖에 재산적 가치가 있는 권리가 표시된 증권 또는 증서로서 투자의 대상으로 유통될 수 있는 것을 말한다.

증권발행규정은 증권의 발행주체와 발행장소, 발행통화에 따라 처리절차를 구분하여 신고 예외, 외국환은행 또는 기획재정부 신고대상으로 나누어져 있다. 거주자나 비거주자가 외국에서 원화증권을 발행하거나 비거주자가 국내에서 외화증권 또는 원화증권을 발행하고자 하는 경우 모두 기획재정부 신고대상에 해당한다.

1. 거주자의 증권발행

(1) 신고예외(규정 제7-22조 제1항)

거주자가 국내에서 외화증권을 발행 또는 모집(이하 이절에서 "발행"이라 한다)하고자 하는 경우에는 허가 및 신고를 요하지 아니한다.

(2) 신고의무

① 외국에서 외화증권을 발행(규정 제7-22조 제2항)

거주자가 외국에서 외화증권을 발행하고자 하는 경우(거주자가 국내에서 발행한 외화증권을 비거주자가 「자본시장과 금융투자업에 관한 법률」 제9조 제8항에서 규정하는 사모로 취득하는 경우를 포함한다)에는 지정거래외국환은행의 장(단, 제7-14조 제1항에 의해 외화차입 신고를 한 경우에는 제7-14조 제1항의 지정거래외국환은행의 장으로 한다. 이하 이 항에서 같다) 등에게 보고 또는 신고 등을 하여야 하며, 제7-14조의 규정을 준용한다.

② 기획재정부장관 신고(규정 제7-22조 제2항)

다만, 외화증권발행방식에 의하여 미화 5천만 불을 초과하는 현지금융을 받고자 하는 경우에는 지정거래외국환은행을 경유하여 기획재정부장관에게 신고하여야 한다.

③ 외국에서 원화증권 발행(규정 제7-22조 제3항)

거주자(외국환업무취급기관을 포함하며, 이하 이 조에서 같다)가 외국에서 원화증권을 발행하고자 하는 경우에는 기획재정부장관에게 신고하여야 한다.

(3) 증권발행보고서 제출(규정 제7-22조 제4항)

증권발행을 한 자가 납입을 완료했을 경우에는 지체 없이 별지 제7-10호 서식의 증권발행보고서를 신고기관의 장에게 제출하여야 한다.

2. 비거주자의 증권 발행

(1) 신고의무(규정 제7-23조 제1항)

비거주자가 다음의 하나에 해당하는 증권을 발행하고자 하는 경우에는 기획재정부장관에게 신고하여야 한다. 다만, 증권의 발행으로 조달한 자금은 신고 시 명기한 용도로 사용하여야 한다.

① 비거주자가 이 절 제2관의 규정에 의하여 국내에서 외화증권 또는 원화연계외화증권을 발행(외국에서 기발행된 외화증권을 증권시장에 상장하는 경우를 포함한다)하고자 하거나 원화증권을 발행하고자 하는 경우

② 비거주자가 외국에서 원화증권 또는 원화연계외화증권을 발행하고자 하는 경우

3. 상장증권의 거래소간 이동

(1) 신고의무(규정 제7-23조의 2 제1항)

제7-22조(거주자의 증권발행) 및 제7-23조(비거주자의 증권발행)의 규정에도 불구하고 국내증권시장과 해외증권시장 간에 증권의 이동이 이루어지는 방식으로 증권을 상장하고자 하는 경우에는 최초 상장시점에 1회에 한하여 기획재정부장관에게 신고하여야 한다.

(2) 보고의무(규정 제7-23조의 2 제2항)

제1항의 신고를 한 자는 시장 간 유가증권의 이동 또는 전체 증권발행수량의 변동이 발생한 경우 매월별로 다음 달 말까지 기획재정부장관에게 보고하여야 한다.

07-2 증권의 발행의 절차

1. 비거주자의 국내에서 증권의 발행절차

(1) 신고서 제출(규정 제7-24조 제1항)

증권을 발행하고자 하는 비거주자는 증권발행신고서에 발행자금의 용도를 기재한 발행계획서를 첨부하여 기획재정부장관에게 제출하여야 한다.

(2) 계정의 개설(규정 제7-24조 제2항)

주식예탁증서를 발행하고자 하는 자는 이 관에서 정하는 바에 따라 발행되는 주식예탁증서의 신주인수권행사에 따른 증권납입대금 및 배당금지급 등 주식예탁증서의 권리행사 및 의무이행에 관련된 자금의 예치 및 처분을 위하여 예탁결제원에 예탁결제원 명의의 원화증권전용외화계정(발행자 명의도 부기함)을 지정거래외국환은행에 개설하도록 요청하여야 하며, 요청받은 예탁결제원은 지정거래외국환은행에 예탁결제원 명의의 원화증권전용외화계정을 개설하여야 한다.

(3) 대금의 예치(규정 제7-24조 제3항)

비거주자가 제1항의 규정에 따라 국내에서 증권을 발행한 경우, 원화증권인 경우에는 비거주자자유원계정을, 외화증권인 경우에는 대외계정을 개설하여 증권납입대금을 예치하여야 한다.

(4) 기획재정부장관 보고(규정 제7-27조 제1항)

증권발행신고를 한 자가 납입을 완료하였을 경우에는 지체 없이 별지 제7-10호 서식의 증권발행보고서에 다음의 서류를 첨부하여 기획재정부장관에게 제출하여야 한다.
① 발행조건 및 비용명세서
② 인수기관별 인수내역

(5) 유관기관의 통보

① 예탁결제원은 예탁결제원 명의의 원화증권전용외화계정의 지급 및 수령상황을 매월 외화계정이 개설된 지정거래외국환은행의 장에게 통보하여야 한다(규정 제7-27조 제2항).
② 지정거래외국환은행의 장은 예탁결제원 명의의 원화증권전용외화계정의 예치 및 처분상황을 매월 한국은행총재에게 보고하여야 한다(규정 제7-27조 제3항).
③ 한국은행총재는 제3항의 예치 및 처분상황을 종합하여 매월 기획재정부장관에게 보고하여야 한다(규정 제7-27조 제4항).

(6) 해외판매채권의 매매(규정 제7-28조)

① 발행채권의 일부를 해외에서 판매하고자 하는 자는 해외에서의 해외판매채권의 매매(외화결제에 한한다)를 위해 국제적으로 인정되는 결제기구 또는 예탁기관에 해외판매채권을 예탁할 수 있다.
② 제1항에서 정하는 바에 따라 예탁하고자 하는 자는 제7-23조에서 정하는 발행신고 시에 기획재정부장관에게 신고하여야 한다.

2. 외국에서 원화증권의 발행절차

(1) 신고서 제출

① 거주자가 외국에서 원화증권을 발행하고자 하는 경우에는 별지 제7-5호 서식의 증권발행신고서에 발행자금의 용도를 기재한 발행계획서를 첨부하여 기획재정부장관에게 제출하여야 한다(규정 제7-29조 제1항).
② 비거주자가 외국에서 원화증권(원화연계외화증권을 포함하며 이하 이 조에서 같다)을 발행하고자 하는 경우에는 별지 제7-5호 서식의 증권발행신고서에 발행자금의 용도를 기재한 발행계획서를 첨부하여 기획재정부장관에게 제출하여야 한다(규정 제7-30조 제1항).

(2) 보고(규정 제7-29조 제2항, 규정 제7-30조 제2항)

원화증권발행신고를 한 자가 납입을 완료하였을 경우에는 지체 없이 별지 제7-10호 서식의 증권발행보고서를 기획재정부장관에게 제출하여야 한다.

증권발행 유형별 신고 체계

발행자	발행장소	통화	신고여부
거주자	국내	원화	외국환거래법 적용대상 아님
		외화	신고 예외
	외국	원화	기획재정부장관 신고
		외화	지정거래 외국환은행장 신고
비거주자	국내	원화	기획재정부장관 신고
		외화	
	외국	원화	기획재정부장관 신고
		외화	적용대상 아님

08-1 증권의 취득(통칙 - 제6절 제1관)

'증권의 취득'이라 함은 증권 또는 증권에 부여된 전환권, 신주인수권, 교환권 등의 권리(담보권은 제외)의 취득을 의미하며, 경영참여를 목적으로 하지 않고, 이자·배당 및 시세차익 등을 목적으로 주식이나 채권 등의 금융상품에 투자하는 것을 말한다. 거주자가 외국법인의 경영에 참가하기 위하여 해당 법인의 주식 또는 출자지분을 취득하는 직접투자 목적의 증권취득은 해외직접투자 규정을 따른다.

비거주자의 비상장 증권취득 중 주식취득은 외국환은행 신고사항이나 주식이 아닌 채권 등의 증권취득은 한국은행 신고사항으로 다소 제한적으로 운영하고 있으며, 국내법인의 경영참여 목적으로 주식이나 출자지분을 취득하는 외국인 직접투자는 '외국인투자 촉진법'의 절차를 우선하여 적용받는다.

1. 거주자의 증권취득

(1) 신고예외

거주자가 비거주자로부터 증권을 취득하고자 하는 경우로서 다음의 하나에 해당하는 경우에는 신고를 요하지 아니한다. 다만, 외국법인의 경영에 참가하기 위하여 당해 법인의 주식 또는 출자지분을 취득하고자 하는 경우에는 제9장(해외직접투자)의 규정에 의한다.

① 거주자가 제2관(거주자의 외화증권 투자절차)의 규정에 정하는 바에 따라 외화증권에 투자하는 경우
② 거주자가 비거주자로부터 상속·유증·증여로 인하여 증권을 취득하는 경우
③ 거주자가 이 장 제5절(증권의 발행)의 규정에서 정하는 바에 의하여 발행한 증권의 만기 전 상환 및 매입소각 등을 위하여 증권을 취득하는 경우
④ 거주자가 인정된 거래에 따라 취득한 주식 또는 지분에 대신하여 합병 후 존속·신설된 법인의 주식 또는 지분을 비거주자로부터 취득하는 경우
⑤ 거주자가 외국의 법령에 의한 의무를 이행하기 위하여 비거주자로부터 외화증권을 취득하는 경우
⑥ 거주자가 국민인 비거주자로부터 국내에서 원화증권을 내국통화로 취득하는 경우
⑦ 거주자가 인정된 거래에 따른 대부금의 대물변제, 담보권의 행사와 관련하여 비거주자로부터 외화증권을 취득하는 경우
⑧ 거주자가 제5절의 규정에 의하여 비거주자가 국내 또는 국외에서 발행한 만기 1년 이상인 원화증권을 취득하거나 비거주자가 발행한 해외판매채권을 「자본시장과 금융투자업에 관한 법률」 및 시행령이 정하는 바에 따라 비거주자에게 매각할 목적으로 국내인수회사가 취득하는 경우. 다만, 거주자가 원주를 취득하는 경우에는 제2관의 규정을 준용한다.
⑨ 국내기업이 사업활동과 관련하여 외국기업과의 거래관계의 유지 또는 원활화를 위하여 미화 5만 불 이하의 당해 외국기업의 주식 또는 지분을 취득하는 경우
⑩ 「외국인투자촉진법」에 의한 외국인투자기업(국내자회사를 포함한다), 제9장 제3절(제9장 직접투자 및 부동산 취득-제3절 외국기업 등의 국내지사)에 의한 외국기업국내지사, 외국은행국내지점 또는 사무소에 근무하는 자가 본사(본사의 지주회사나 방계회사를 포함한다)의 주식 또는 지분을 취득하는 경우
⑪ 거주자가 국내유가증권시장에 상장 또는 등록된 외화증권을 비거주자로부터 취득하거나, 거주자의 인정된 거래를 통해 부여된 권리를 거주자가 행사함으로써 주식 또는 지분을 취득하는 경우
⑫ 제7-32조 제1항 제1호, 제2호 및 제11호, 제7-32조 제2항 및 제3항의 규정에 의해 증권을 취득한 비거주자로부터 동 증권을 취득하는 경우

> 제7-32조(비거주자의 증권취득) 제1항 제1호, 제2호 및 제11호
>
> 비거주자가 거주자로부터 증권을 취득하고자 하는 경우로서 다음 각 호의 1에 해당하는 경우에는 신고를 요하지 아니한다.
>
> 1. 제3관의 규정에 의하여 원화증권을 취득하는 경우. 다만, 인정된 증권대차거래를 위하여 외국금융기관에 개설한 계좌에 외화담보를 예치 및 처분하는 경우에는 제3관에 의한 거래로 간주한다.
> 2. 「외국인투자촉진법」의 규정에 의하여 인정된 외국인투자를 위하여 비거주자가 거주자로부터 증권을 취득하는 경우
> 11. 제7-31조 제1항 제1호 및 제12호, 제7-31조 제2항의 규정에 의해 증권을 취득한 거주자로부터 동 증권을 취득하는 경우
>
> 제7-32조 제2항 및 제3항 ② 제1항 제1호에 해당하는 경우를 제외하고 비거주자가 거주자로부터 국내법인의 비상장·비등록 내국통화표시 주식 또는 지분을 「외국인투자촉진법」에서 정한 출자목적물에 의해 취득하는 경우로서 「외국인투자촉진법」에서 정한 외국인투자에 해당하지 아니하는 경우에는 외국환은행의 장에게 신고하여야 한다.
>
> ③ 제1항 및 제2항의 규정에 해당하는 경우를 제외하고 비거주자가 거주자로부터 증권을 취득하고자 하는 경우에는 한국은행총재에게 신고하여야 한다.

(2) 한국은행총재 신고(규정 제7-31조 제2항)

제1항의 규정에 해당하는 경우를 제외하고 거주자가 비거주자로부터 증권을 취득하고자 하는 경우에는 한국은행총재에게 신고하여야 하며, 한국은행총재는 필요시 동 신고내용을 국세청장에게 열람하도록 하여야 한다. 다만, 거주자가 보유증권을 대가로 하여 비거주자로부터 증권을 취득하고자 하는 경우에는 교환대상증권의 가격 적정성을 입증하여야 한다.

(3) 보고(규정 제7-31조 제3항)

한국은행총재는 연도별 증권취득현황 등을 다음 연도 둘째 달 말일까지 기획재정부장관에게 보고하여야 한다.

2. 비거주자의 증권취득

(1) 신고예외(규정 제7-32조 제1항)

비거주자가 거주자로부터 증권을 취득하고자 하는 경우로서 다음의 하나에 해당하는 경우에는 신고를 요하지 아니한다.

① 제3관(외국인투자자의 국내원화증권 투자절차)의 규정에 의하여 원화증권을 취득하는 경우. 다만, 인정된 증권대차거래를 위하여 외국금융기관에 개설한 계좌에 외화담보를 예치 및 처분하는 경우에는 제3관에 의한 거래로 간주한다.
② 「외국인투자촉진법」의 규정에 의하여 인정된 외국인투자를 위하여 비거주자가 거주자로부터 증권을 취득하는 경우
③ 비거주자가 거주자로부터 상속·유증으로 증권을 취득하는 경우
④ 비거주자가 국내법령에 정하는 의무의 이행을 위하여 국공채를 매입하는 경우
⑤ 제7-31조 제1항 제10호의 규정에 의하여 거주자가 취득한 본사의 주식(지분 포함)을 비거주자가 당해 거주자로부터 매입하는 경우

⑥ 비거주자가 제2-5조(외화자금차입 및 증권발행), 제2-10조(역외계정의 설치·운영) 및 제7-22조(거주자의 증권발행)의 규정에 의하여 거주자가 외국에서 발행한 외화증권을 취득하거나, 비거주자의 인정된 거래를 통해 부여된 권리를 비거주자가 행사함으로써 주식 또는 지분을 취득하는 경우

⑦ 국민인 비거주자가 거주자로부터 국내에서 원화증권을 취득하는 경우

⑧ 이 장 제5절 제2관(거주자의 외화증권 투자절차)의 규정에서 정하는 바에 따라 국내에서 원화증권 및 원화연계외화증권을 발행한 비거주자가 당초 허가를 받거나 신고된 바에 따라 만기 전 상환 등을 위하여 증권을 취득하는 경우, 비거주자가 이 장 제5절 제2관의 규정에서 정하는 바에 따라 비거주자가 발행한 주식예탁증서를 「자본시장과 금융투자업에 관한 법률」 및 시행령이 정하는 바에 따라 거주자로부터 취득하거나 비거주자가 주식예탁증서의 원주를 거주자로부터 취득하는 경우 또는 이 장 제5절 제2관의 규정에서 정하는 바에 따라 발행되는 해외판매채권을 「자본시장과 금융투자업에 관한 법률」 및 시행령이 정하는 바에 따라 인수한 국내 인수회사로부터 취득하는 경우. 다만, 비거주자가 이 장 제5절 제2관의 규정에서 정하는 바에 따라 비거주자가 발행한 주식예탁증서를 거주자로부터 취득하는 경우에는 제7-37조의 규정을 준용한다. 또한 이 장 제5절 제2관의 규정에서 정하는 바에 따라 주식예탁증서를 발행한 비거주자가 당해 주식예탁증서를 취득하는 경우에는 제7-24조(신고 및 발행자금의 사용)의 규정을 준용한다.

⑨ 비거주자가 인정된 거래에 따른 대부금의 대물변제, 담보권의 행사 및 채권의 출자전환(「금융산업의 구조개선에 관한 법률」, 「기업구조조정촉진법」, 「채무자 회생 및 파산에 관한 법률」에 따른 출자전환을 말한다)과 관련하여 거주자로부터 증권을 취득하는 경우

⑩ 비거주자가 국내유가증권시장에 상장 또는 등록된 외화증권 또는 국내 외국환은행이 발행한 외화 양도성예금증서를 취득하는 경우. 다만, 절차 등은 제3관(외국인투자자의 국내원화증권 투자절차)의 규정을 준용한다.

⑪ 제7-31조 제1항 제1호 및 제12호, 제7-31조 제2항의 규정에 의해 증권을 취득한 거주자로부터 동 증권을 취득하는 경우

(2) 신고의무

① 외국환은행장 신고(규정 제7-32조 제2항)

제1항 제1호에 해당하는 경우를 제외하고 비거주자가 거주자로부터 국내법인의 비상장·비등록 내국통화표시 주식 또는 지분을 「외국인투자촉진법」에서 정한 출자목적물에 의해 취득하는 경우로서 「외국인투자촉진법」에서 정한 외국인투자에 해당하지 아니하는 경우에는 외국환은행의 장에게 신고하여야 한다.

② 한국은행총재 신고(규정 제7-32조 제3항)

제1항 및 제2항의 규정에 해당하는 경우를 제외하고 비거주자가 거주자로부터 증권을 취득하고자 하는 경우에는 한국은행총재에게 신고하여야 한다.

08-2 증권 투자의 절차

1. 거주자의 외화증권 투자절차(제6절 제2관)

(1) 투자대상

거주자가 투자를 할 수 있는 외화증권은 제한을 두지 아니한다(규정 제7-33조 제1항).

(2) 신고의무

① 기관투자가가 외화증권을 매매하고자 하는 경우에는 신고를 요하지 아니한다. 다만, 제7-35조에 의한 보고의무를 준수하여야 한다(규정 제7-33조 제2항).

② 제2항 본문의 규정에도 불구하고 기관투자자가 신용파생결합증권을 매매하고자 하는 경우에는 한국은행총재에게 신고하여야 한다. 다만, 외국환업무취급기관이 외국환업무로서 행하는 거래는 제2장(외국환업무취급기관 등)에서 정한 절차에 따른다(규정 제7-33조 제3항).

> 규정 제1-2조 제4호 "기관투자가"라 함은 「자본시장과 금융투자업에 관한 법률」 시행령 제10조 제2항의 금융기관(제18호의 외국 금융기관은 제외한다) 및 집합투자기구, 제10조 제3항 제3호(한국주택금융공사)·제12호(법률에 따라 설립된 기금 및 그 기금을 관리·운용하는 법인)·제13호(법률에 따라 공제사업을 경영하는 법인)의 자 및 영 제7조 제4호에 따른 체신관서를 말한다.

(3) 거래의 절차(규정 제7-33조 제4항)

기관투자가 이외의 일반투자가가 외화증권을 매매하고자 하는 경우에는 투자중개업자를 통하여 외화증권의 매매를 위탁하여야 한다. 다만, 「자본시장과 금융투자업에 관한 법률」이 정하는 바에 의하여 외국집합투자증권을 매매하고자 하는 경우에는 투자매매업자 또는 투자중개업자를 상대방으로 하여 외국집합투자증권을 매매할 수 있다.

(4) 투자중개업자를 통하지 않는 매매거래(규정 제7-33조 제5항)

제4항에도 불구하고, 해외에서 취득한 외화증권을 해외에서 매도하려는 경우로서 다음의 요건을 모두 충족하는 경우에는 투자중개업자를 통하지 않고 매매거래를 할 수 있다.

① 투자매매업자를 상대방으로 하거나 투자중개업자를 통하여 취득한 외화증권이 아닐 것
② 외화증권을 인정된 거래에 따라 취득하였을 것

(5) 외화증권투자전용외화계정의 개설

① 일반투자가로부터 외화증권의 매매를 위탁받은 투자중개업자는 외국환은행에 개설된 일반투자가명의(투자중개업자의 명의를 부기함) 또는 투자중개업자 명의의 외화증권투자전용외화계정을 통하여 투자관련 자금을 송금하거나 회수하여야 한다(규정 제7-34조 제1항).

② 거주자가 이 관의 규정에 의하여 외화증권을 매매하고자 할 경우, 투자매매업자 또는 투자중개업자는 증권금융회사 명의의 외화증권투자전용계정에 투자자예탁금(「자본시장과 금융투자업에 관한 법률 제74조 제1항에 따른 투자자예탁금을 말한다)을 예치하여야 한다(규정 제7-34조 제2항).

③ 제1항에도 불구하고, 투자매매업자 또는 투자중개업자가 제2항에 따라 증권금융회사 명의의 외화증권투자전용외화계정에 예치된 투자자예탁금으로 증권 매수대금을 결제하고자 하는 경우에는 증권금융회사 명의의 외화증권투자전용외화계정에서 예탁결제원으로 증권 매수대금을 송금할 수 있다(규정 제7-34조 제3항).

(6) 보고

① 기관투자가는 외화증권 투자자금의 원천에 따라 구분하여 매월 외화증권의 인수, 매매, 보유, 대여 및 외화예금의 보유, 운영실적과 투자자금의 대외지급 및 국내회수실적(「국민연금법」 제102조 제6항에 따라 국민연금기금의 관리·운용에 관한 업무를 위탁받은 법인의 경우에는 6개월 전 거래실적에 한한다)을 다음 달 10일까지 한국은행총재에게 보고하여야 한다(규정 제7-35조 제1항).

② 투자중개업자 및 외국집합투자증권을 매매하는 투자매매업자는 제7-33조에 따른 일반투자가의 매 분기별 외화증권의 투자현황, 매매실적 등(이하 "외화증권투자현황"이라 한다)을 다음 분기 첫째 달 10일까지 한국은행총재 및 금융감독원장에게 보고하여야 한다(규정 제7-35조 제2항).

(7) 유관기관 통보

한국은행총재는 제1항의 규정에 의하여 보고받은 외화증권투자현황을 종합하여 기획재정부장관에게 통보하여야 한다(규정 제7-35조 제3항).

2. 외국인투자자의 국내원화증권 투자절차(제6절 3관)

(1) 적용범위

① 비거주자(국민인 경우에는 해외영주권을 가진 자에 한한다) 또는 증권투자자금의 대외송금을 보장받고자 하는 외국인거주자(이하 "외국인투자자"라 한다. 단, 외국인투자자가 「금융투자업규정」 제6-7조에 따른 "외국인 통합계좌"로 투자하는 경우 당해 통합계좌를 개설한 외국 금융투자업자를 이 규정에 의한 외국인투자자로 간주한다)가 다음의 국내원화증권을 취득하거나 그 취득증권을 국내에서 매각 또는 제7-45조 제16호 및 제7-48조 제1항 제6호의 증권대차거래("인정된 증권대차거래") 또는 금융투자업규정 제5-1조 제6호의 환매조건부매매(이하 이 관에서는 "환매조건부매매"라 한다)를 함에 관하여는 이 관(제6절 3관)에 정하는 바에 의한다(규정 제7-36조 제1항).

> 증권 기업어음 상업어음 무역어음 양도성예금증서 표지어음 종합금융회사 발행어음

② 외국인투자자가 제1항의 규정에 의하여 취득한 증권에 부여된 권리행사 및 상속·유증에 따른 승계 취득으로 인하여 국내원화증권을 취득하거나 그 취득증권을 국내에서 매각하는 경우에도 그러하다 (규정 제7-36조 제2항).

(2) 투자전용계정의 개설

① 외국인투자자는 국내원화 증권에 투자(증권매각대금의 외국으로 송금을 포함한다)하거나 인정된 증권대차거래 및 환매조건부매매와 관련된 자금의 지급 등을 위해 외국환은행에 본인 명의 투자전용대외계정 및 투자전용비거주자원화계정(이하 "투자전용계정"이라 한다)을 통해 관련자금을 예치·처분할 수 있다(규정 제7-37조 제1항).

② 제1항에도 불구하고 외국인투자자는 다음의 하나에 해당하는 경우에는 다음의 1에서 정한 투자전용계정을 통해 관련자금을 예치·처분할 수 있다.
  ㉠ 외국인투자자가 국제예탁결제기구에 보관 또는 결제를 위탁하여 국채증권 및 통화안정증권의 매매 등을 하고자 하는 경우: 국제예탁결제기구 명의 투자전용계정
  ㉡ 외국인투자자가 당해 외국인투자자와 증권의 보관·관리 업무와 관련된 계약을 맺은 외국 금융회사를 통해 증권의 매매 등을 하고자 하는 경우: 외국 금융회사 명의 투자전용계정

ⓒ 국외에서 투자매매업, 투자중개업 또는 집합투자업에 상당하는 영업을 적법하게 영위하고 있는 외국 금융회사가 외국인투자자의 증권 매매거래 등을 처리하기 위해 필요한 경우: 외국 금융회사 명의 투자전용계정

ⓔ 외국 정부, 중앙은행, 국부펀드 또는 국제기구 등이 외국인투자자의 증권 매매거래 등을 처리하기 위해 필요한 경우: 외국기관 명의 투자전용계정

[3] 투자전용대외계정

① 예치(규정 제7-37조 제2항)

외국인투자자가 제1항의 투자전용대외계정에 예치할 수 있는 외화자금은 다음의 하나에 한한다.

㉠ 외국인투자자가 외국으로부터 송금 또는 휴대반입한 외화자금

㉡ 본인 명의의 다른 투자전용대외계정·대외계정·비거주자외화신탁계정·「외국 금융기관의 외국환업무에 관한 지침」 제3-3조에 따른 업무용외화계좌 및 투자중개업자·투자매매업자(이하 "투자중개업자 등"이라고 한다)의 투자전용외화계정, 한국거래소·예탁결제원·증권금융회사·청산회사의 투자전용외화계정에서 이체되어 온 외화자금

㉢ 제7-36조(적용범위)의 규정에 의하여 취득한 증권의 매각대금·배당금·이자 및 인정된 증권대차거래·환매조건부매매와 관련된 자금 등을 대가로 매입한 외화자금. 다만, 제2-3조의 규정에도 불구하고 외국환은행은 외화를 매각한 다음 날로부터 3영업일 이내에 관련 거래내역을 확인할 수 있다.

㉣ 본인 명의의 투자전용비거주자원화계정·비거주자자유원계정·비거주자원화신탁계정에 예치자금을 대가로 매입한 외화자금

② 처분(규정 제7-37조 제3항)

외국인투자자가 제1항의 투자전용대외계정을 처분할 수 있는 경우는 다음의 하나에 한한다.

㉠ 내국지급수단을 대가로 한 매각. 다만, 제1항의 원화계정에 예치하거나, 제7-36조의 규정에 의한 증권의 취득 및 인정된 증권대차거래·환매조건부매매를 위하여 외국환은행·투자중개업자 등·예탁결제원·증권금융회사·종합금융회사·상호저축은행 또는 체신관서의 원화계정으로 이체하는 경우에 한한다.

㉡ 외국에 대한 송금

㉢ 본인 명의의 다른 투자전용대외계정·대외계정·비거주자외화신탁계정·「외국 금융기관의 외국환업무에 관한 지침」 제3-3조에 따른 업무용외화계좌 및 투자중개업자등의 투자전용외화계정, 한국거래소·예탁결제원·증권금융회사·청산회사의 투자전용외화계정으로의 이체

㉣ 대외지급수단으로의 인출 또는 다른 대외지급수단의 매입

[4] 투자전용비거주자원화계정

① 예치(규정 제7-37조 제4항)

외국인투자자가 투자전용비거주자원화계정에 예치할 수 있는 자금은 다음의 하나에 한한다.

㉠ 제7-36조의 규정에 의한 증권의 매각대금·배당금·이자 및 인정된 증권대차거래·환매조건부매매와 관련된 자금 등. 다만, 외국환은행·투자중개업자 등·예탁결제원·증권금융회사·종합금융회사·상호저축은행 또는 체신관서의 원화계정으로부터 이체하는 방법에 의한다.

㉡ 본인 명의의 다른 투자전용비거주자원화계정·비거주자자유원계정·비거주자원화신탁계정·「외국 금융기관의 외국환업무에 관한 지침」 제3-3조에 따른 업무용원화계좌로부터 이체되어 온 자금

㉢ 증권매매와 관련한 위탁증거금

㉣ 본인 명의의 투자전용대외계정에 예치된 외화자금을 내국지급수단을 대가로 매각한 자금

ⓑ 제1항 단서에서 정한 바에 따라 외국인투자자가 국채 또는 「한국은행법」 제69조에 따른 통화안정증권의 매매를 국제예탁결제기구에 위탁하여 투자하는 경우로서, 국제예탁결제기구 명의의 투자전용비거주자원화계정으로부터 이체되어 온 자금. 다만, 국제예탁결제기구 명의의 투자전용비거주자원화계정 내 예치된 당해 외국인투자자의 자금에 한한다.
ⓑ 국내에 본점을 둔 외국환은행의 해외지점, 현지법인 또는 외국 금융기관에 예치된 본인의 외화자금을 매각하여 취득한 내국지급수단
ⓐ 「외국 금융기관의 외국환업무에 관한 지침」 제1-2조 제2호에 따른 해외외국환업무취급기관에 본인의 외화자금을 매각하여 취득한 원화자금
ⓞ 제2-6조 제3항 제2호에 따라 증권매매자금 결제와 직접 관련된 경우로서 2영업일 이내 결제자금을 위해 차입한 자금
ⓧ 제2-6조 제3항 제2호 단서에 따라 당해 외국인투자자와 증권의 보관·관리 업무와 관련된 계약을 맺은 외국 금융기관 명의의 투자전용비거주자원화계정으로부터의 이체
ⓧ 제7-9조 제5항 제18호에 따라 외국인투자자가 주소 또는 거소를 둔 상대국 현지통화 직거래은행 명의의 비거주자자유원계정으로부터 이체된 자금
ⓣ 「외국 금융기관의 외국환업무에 관한 지침」 제3-3조 제1항의 업무용원화계좌로부터 이체된 본인의 내국지급수단

② 처분(규정 제7-37조 제5항)
투자전용비거주자원화계정을 처분할 수 있는 경우는 다음의 하나에 한한다.
㉠ 제2항의 본인 명의 투자전용대외계정으로 이체
㉡ 제7-36조의 규정에 의한 증권 취득 관련 자금 또는 인정된 증권대차거래·환매조건부매매와 관련된 자금의 지급을 위한 외국환은행·투자중개업자 등·예탁결제원·증권금융회사·종합금융회사·상호저축은행 또는 체신관서의 원화계정으로의 이체
㉢ 본인명의의 다른 투자전용비거주자원화계정·비거주자자유원계정·비거주자원화신탁계정·「외국 금융기관의 외국환업무에 관한 지침」 제3-3조에서 규정하고 있는 업무용원화계좌로의 이체
㉣ 외국인투자자가 국내에서 체재함에 수반하는 생활비, 일상품 또는 용역의 구입 등을 위한 내국지급수단으로의 인출

> 제5항 제4호의 내국지급수단으로 인출하는 경우로서 동일자, 동일인 기준 미화 1만 불 상당액을 초과하는 내국지급수단을 인출하는 경우에는 금융감독원장에게 통보하여야 한다(규정 제7-37조 제6항).

㉤ 외국환은행으로부터의 제7-36조 제1항 제3호 내지 제6호(상업어음, 무역어음, 양도성예금증서, 표지어음)에 해당하는 증권의 매수
㉥ 제1항 단서에서 정한 바에 따라 외국인투자자가 국채 또는 「한국은행법」 제69조에 따른 통화안정증권의 매매를 국제예탁결제기구에 위탁하고자 하는 경우, 국제예탁결제기구 명의의 투자전용비거주자원화계정으로의 이체
㉦ 국내에 본점을 둔 외국환은행의 해외지점·현지법인 또는 외국 금융기관에 본인의 외화자금을 예치하기 위한 원화자금 매각
㉧ 「외국 금융기관의 외국환업무에 관한 지침」 제1-2조 제2호에 따른 해외외국환업무취급기관에 대외지급수단을 대가로 한 매각
㉨ 제2-6조 제3항 제2호에 따라 증권매매자금 결제와 직접 관련된 경우로서 2영업일 이내 결제자금을 위해 차입한 자금을 상환하는 경우
㉩ 제2-6조 제3항 제2호 단서에 따라 당해 외국인투자자와 증권의 보관·관리 업무와 관련된 계약을 맺은 외국 금융기관 명의의 투자전용비거주자원화계정으로의 송금

ⓒ 제1-2조 제47호의 현지통화 직거래(LCT) 체제에 의해 허용된 거래를 통해 취득한 자금을 상대국 현재통화 직거래은행 명의의 비거주자자유원계정으로 송금하는 경우

> 현지통화 직거래(LCT) 체제라 함은 대한민국과 특정 외국 간 합의에 따라 무역거래 등을 함에 있어 원화와 상대국 통화를 사용할 수 있도록 하는 시스템을 말한다.

ⓓ 외국 금융기관의 외국환업무에 관한 지침」 제3-3조 제1항의 업무용원화계좌로의 이체

(5) 외국보관기관의 계정 개설(규정 제7-37조 제7항)

외국보관기관은 배당금수령 등 보관증권의 권리행사(매매거래는 제외한다)를 위하여 외국환은행에 보관기관 명의의 대외계정 및 비거주자원화계정을 개설할 수 있다. 다만, 외국보관기관의 대외계정 및 원화계정의 예치 및 처분은 외국인투자자의 투자전용대외계정 및 투자전용비거주자원화계정 간에 상호이체하는 방법에 의하거나 외국예탁기관이 외국인투자자에게 권리를 배분하기 위하여 외국에 개설한 외국예탁기관의 계좌로 이체하는 방법에 의한다.

(6) 투자중개업자 등 투자전용외화계정

① 제7-37조의 규정에 불구하고 투자중개업자 등은 제7-36조의 규정에 의한 외국인투자자의 국내원화증권 취득 및 매각 또는 인정된 증권대차거래 또는 환매조건부매매를 위하여 외국환은행에 투자중개업자 등의 명의로 투자전용외화계정을 개설할 수 있다.

② 제1항의 규정에 따른 투자전용외화계정의 예치 및 처분은 제7-37조 제2항 및 제3항을 각각 준용한다.

(7) 보고(규정 제7-39조)

① 외국환은행의 장은 제7-37조의 투자전용계정 현황을 증권종류별로 분리하여 다음 영업일까지 한국은행총재에게 제출하여야 한다. 증권종류의 구분 및 세부 보고내역 등은 한국은행 총재가 정하는 바에 따른다.

② 투자매매업자・투자중개업자는 증권투자현황(제7-38조의 투자전용계정을 포함한다), 매매실적 등을 투자자별・증권종류별로 분리하여 다음 영업일까지 한국은행총재에게 제출하여야 하며, 한국은행총재는 제출받은 자료 중 통계형 자료를 다음 분기 첫째 달 10일까지 금융감독원장에게 통보하여야 한다. 증권종류의 구분 및 세부 보고내역 등은 한국은행 총재가 정하는 바에 따른다.

③ 한국은행총재는 ① 내지 ②의 규정에 의하여 보고받은 투자전용계정현황 및 증권종류별 매매현황을 종합하여 기획재정부장관에게 보고하여야 한다.

④ 제7-37조 제8항 제1호에 의하여 투자전용계정을 개설한 국제예탁결제기구는 당해 국제예탁결제기구에 국채증권 및 통화안정증권의 매매를 직접 위탁한 외국인투자자의 월별 거래 및 보유내역을 다음 달 10일까지 한국은행총재에게 보고하여야 한다.

⑤ 제7-37조 제8항에 의해 투자전용계정을 개설한 자는 외국인투자자의 거래내역을 5년 동안 보관하여야 하며, 한국은행총재의 자료제출 요구가 있는 경우에는 이에 응해야 한다.

09 파생상품거래

외환, 주식, 채권과 같은 금융상품의 경우 거래 당시의 시장가격으로 매매계약이 체결되고 즉시 대금결제가 이루어진다. 그러나 이러한 거래와 달리 거래 자산의 미래가치를 미리 결정하여 매매하기로 약정한 후 일정기간이 경과한 뒤 계약조건에 따라 결제가 일어나는 금융계약을 파생상품거래라 한다.

파생상품거래는 파생상품시장(국내 및 해외)에서 거래되는 장내파생상품과 그 밖의 장외파생상품으로 구분되며, 개별 상품으로는 거래되는 기초자산과 그 기초자산으로부터 파생된 금전의 인도, 권리부여, 금전의 교환, 신용의 연계 등 계약 조건에 따라 여러 가지 상품으로 세분화 된다.

외국환업무취급기관이 고객의 위탁을 받아 취급하는 파생상품거래는 신고 예외 거래이나, 위탁거래가 아닌 거래이거나 일부 고위험 신용파생상품거래는 한국은행총재에게 신고하도록 하고 있다. 비거주자가 국내거래소를 통하여 장내파생상품에 투자하는 경우에는 투자전용계정을 통하여 거래하도록 하고 있으며 증권투자와 마찬가지로 신고 예외 거래에 해당한다.

자본시장과 금융투자업에 관한 법률 제5조 파생상품 ① 이 법에서 "파생상품"이란 다음 각 호의 어느 하나에 해당하는 계약상의 권리를 말한다. 다만, 해당 금융투자상품의 유통 가능성, 계약당사자, 발행사유 등을 고려하여 증권으로 규제하는 것이 타당한 것으로서 대통령령으로 정하는 금융투자상품은 그러하지 아니하다.
1. 기초자산이나 기초자산의 가격·이자율·지표·단위 또는 이를 기초로 하는 지수 등에 의하여 산출된 금전 등을 장래의 특정 시점에 인도할 것을 약정하는 계약
2. 당사자 어느 한쪽의 의사표시에 의하여 기초자산이나 기초자산의 가격·이자율·지표·단위 또는 이를 기초로 하는 지수 등에 의하여 산출된 금전등을 수수하는 거래를 성립시킬 수 있는 권리를 부여하는 것을 약정하는 계약
3. 장래의 일정기간 동안 미리 정한 가격으로 기초자산이나 기초자산의 가격·이자율·지표·단위 또는 이를 기초로 하는 지수 등에 의하여 산출된 금전 등을 교환할 것을 약정하는 계약
4. 제1호부터 제3호까지의 규정에 따른 계약과 유사한 것으로서 대통령령으로 정하는 계약

② 이 법에서 "장내파생상품"이란 다음 각 호의 어느 하나에 해당하는 것을 말한다. <개정 2013.5.28>
1. 파생상품시장에서 거래되는 파생상품
2. 해외 파생상품시장(파생상품시장과 유사한 시장으로서 해외에 있는 시장과 대통령령으로 정하는 해외 파생상품거래가 이루어지는 시장을 말한다)에서 거래되는 파생상품
3. 그 밖에 금융투자상품시장을 개설하여 운영하는 자가 정하는 기준과 방법에 따라 금융투자상품시장에서 거래되는 파생상품

③ 이 법에서 "장외파생상품"이란 파생상품으로서 장내파생상품이 아닌 것을 말한다.

외국환거래규정

규정 제1-2조 제13-2호 "신용파생상품"이라 함은 「자본시장과 금융투자업에 관한 법률」 제5조에 따른 파생상품 중 신용위험을 기초자산으로 하는 파생상품을 말한다.

규정 제1-2조 제20-2호 "외환파생상품"이라 함은 「자본시장과 금융투자업에 관한 법률」 제5조의 파생상품 중 외국통화를 기초자산으로 하는 파생상품을 말한다.

규정 제1-2조 제27-1호 "장내파생상품"이라 함은 「자본시장과 금융투자업에 관한 법률」 제5조제2항에 따른 파생상품시장 또는 해외파생상품시장에서 거래되는 파생상품을 말한다.

규정 제1-2조 제27-2호 "장외파생상품"이라 함은 「자본시장과 금융투자업에 관한 법률」 제5조제3항에 따른 파생상품으로서 장내파생상품이 아닌 것을 말한다.

1. 신고예외(규정 제7-40조 제1항)

거주자 간 또는 거주자와 비거주자 간 파생상품거래로서 제2장에서 정하는 바에 따라 외국환업무취급기관이 외국환업무로서 행하는 거래는 신고를 요하지 아니한다.

2. 신고의무(규정 제7-40조 제2항)

거주자 간 또는 거주자와 비거주자 간 파생상품거래로서 제1항에 해당하지 않는 거래 또는 제1항에 해당하는 거래 중 다음의 하나에 해당하는 경우에는 거주자가 한국은행총재에게 신고하여야 하며, 한국은행총재는 필요시 동 신고내용을 국세청장에게 열람하도록 하여야 한다. 다만, ① 내지 ③에 해당하는 거래를 하고자 하는 경우에는 한국은행총재가 인정하는 거래타당성 입증서류를 제출하여야 한다.
① 액면금액의 100분의 20이상을 옵션프리미엄 등 선급수수료로 지급하는 거래를 하는 경우
② 기체결된 파생상품거래를 변경·취소 및 종료할 경우에 기체결된 파생상품거래에서 발생한 손실을 새로운 파생상품거래의 가격에 반영하는 거래를 하고자 하는 경우
③ 파생상품거래를 자금유출입·거주자의 비거주자에 대한 원화대출·거주자의 비거주자로부터의 자금조달 등의 거래에 있어 이 법·영 및 규정에서 정한 신고 등의 절차를 회피하기 위하여 행하는 경우
④ 한국은행총재에게 신고해야 한다고 규정된 경우

3. 기획재정부장관 보고(규정 제7-41조)

한국거래소는 매월 파생상품거래실적을 한국은행총재에게 보고하여야 하며, 한국은행총재는 파생상품거래 신고 및 보고 내역을 종합하여 기획재정부장관에게 보고하여야 한다.

4. 투자전용계정

(1) 투자전용계정의 개설(규정 제7-42조 제1항)

비거주자 또는 투자자금의 대외송금을 보장받고자 하는 외국인거주자가 장내파생상품에 투자하거나 장외파생상품을 청산회사를 통하여 청산하고자 하는 경우에는 외국환은행에 투자자 명의의 제7-37조 제1항의 투자전용대외계정과 투자전용비거주자원화계정을 개설하여 투자관련자금 또는 청산관련자금을 송금하거나 회수하여야 한다. 이 경우 계정의 예치·처분은 제7-37조를 준용한다.

(2) 투자전용외화계정의 개설(규정 제7-42조 제2항)

투자중개업자 또는 한국거래소·증권금융회사 또는 청산회사는 비거주자 또는 투자자금의 대외송금을 보장받고자 하는 외국인거주자의 제1항에 의한 장내파생상품의 투자 또는 장외파생상품의 청산을 위해 투자중개업자 명의의 투자전용외화계정 또는 한국거래소·증권금융회사·청산회사 명의의 투자전용외화계정을 개설할 수 있다. 이 경우 투자전용외화계정의 예치·처분은 제7-38조(투자중개업자등 투자전용외화계정)를 준용한다.

(3) 보고(규정 제7-42조 제4항)

제2항과 관련한 투자중개업자·한국거래소·증권금융회사·청산회사 명의의 투자전용외화계정의 현황, 장내파생상품 투자현황, 장외파생상품 청산 현황 및 매매실적 등의 보고 등은 제7-39조를 준용한다.

(4) 업무상 확인(규정 제7-42조 제3항)

투자중개업자는 비거주자의 장내파생상품 투자 및 장외파생상품 청산을 위한 계정을 관리함에 있어 투자자의 결제자금이 이 규정에 의한 인정된 거래에 의한 것인지를 확인하여야 한다.

10 기타의 자본거래

기타의 자본거래는 자본거래 중 타 규정에서 적용되는 대상을 제외한 모든 자본거래 및 예측되는 채권발생 등의 거래까지 포함하여 포괄적으로 적용하고 있다. 기타의 자본거래 특징은 자본시장에서 현실적으로 발생하고 있는 거래들을 열거식으로 구분하여 신고 예외, 외국환은행 신고, 한국은행 신고대상으로 처리절차를 정하고 국내외 자본시장의 상황과 경제적 여건을 감안하여 규제가 필요한 부분에 대한 각각의 개별절차를 마련하고 있으므로 원칙 제한, 예외 허용방식의 규정체계가 적용되고 있다.

1. 거주자와 다른 거주자 간 외국통화표시 기타 자본거래(제8절 제1관)

(1) 적용범위(규정 제7-43조 제1항)

거주자가 다른 거주자와 다음의 하나에 해당하는 거래 또는 행위를 함에 관하여는 이 관에서 정하는 바에 의한다.

① 법 제3조 제1항 제19호 가목에 해당하는 경우를 제외하고 거주자가 다른 거주자와 외국통화로 표시되거나 지급을 받을 수 있는 임대차계약·담보·보증·보험(「보험업법」에 의한 보험사업자의 보험거래는 제외한다)·조합·사용대차·채무의 인수 기타 이와 유사한 계약에 따른 채권의 발생 등에 관한 거래
② 거주자 간의 상속·유증·증여에 따른 외국통화로 지급을 받을 수 있는 채권의 발생 등에 관한 거래
③ 거주자가 다른 거주자로부터 외화증권 또는 이에 관한 권리의 취득. 다만, 당해 외화증권의 취득으로 인하여 해외직접투자의 요건을 충족하게 된 경우에는 제9장의 규정에 따른다.

(2) 신고예외(규정 제7-43조 제2항)

거주자가 다른 거주자와 제1항의 규정에 해당하는 거래 또는 행위를 하고자 하는 경우에는 신고를 요하지 아니한다. 다만, 제1항 제1호의 거래 중 담보·보증계약에 따른 채권의 발생 등에 관한 거래에 관하여는 이 장 제3절 제2관의 채무의 보증계약에 관한 규정을 준용한다.

2. 거주자와 비거주자 간 기타 자본거래(제8절 제2관)

(1) 적용범위

거주자와 비거주자 간의 다음의 하나에 해당하는 거래 또는 행위를 함에 관하여는 이 관에서 정하는 바에 의한다.

① 법 제3조 제1항 제19호 가목에 해당하는 경우를 제외하고 거주자와 비거주자 간의 임대차계약(비거주자의 국내부동산 임차는 제외한다)·담보·보증·보험(「보험업법」에 의한 보험사업자의 보험거래는 제외한다)·조합·채무의 인수·화해 기타 이와 유사한 계약에 따른 채권의 발생 등에 관한 거래

> 법 제3조 제1항 제19호 "자본거래"란 다음 각 목의 어느 하나에 해당하는 거래 또는 행위를 말한다.
> 가. 예금계약, 신탁계약, 금전대차계약, 채무보증계약, 대외지급수단·채권 등의 매매계약(다목에 해당하는 경우는 제외한다)에 따른 채권의 발생·변경 또는 소멸에 관한 거래(거주자 간 거래는 외국환과 관련된 경우로 한정한다)

② 거주자와 비거주자 간 상속·유증·증여에 따른 채권의 발생 등에 관한 거래
③ 거주자가 해외에서 학교 또는 병원의 설립·운영 등과 관련된 행위 및 그에 따른 자금의 수수
④ 거주자의 자금통합관리 및 그와 관련된 행위

(2) 규정의 준용

① 제1항 제1호의 거래 중 담보 및 보증계약에 따른 채권의 발생 등에 관한 거래에 관하여는 이 장 제3절 제2관의 채무의 보증계약에 관한 규정을 준용한다. 다만, 비거주자가 부동산 담보를 취득하는 경우에는 이 항 본문의 규정 및 제9장 제5절(비거주자의 국내부동산 취득)의 규정을 준용하여야 한다(규정 제7-44조 제2항).
② 제1항 제1호의 거래 중 조합 기타 이와 유사한 계약에 따른 채권의 발생 등에 관한 거래로서 해외직접투자에 해당하는 경우에는 제9장의 규정에서 정하는 바에 의한다.

(3) 신고예외(규정 제7-45조)

거주자와 비거주자 간의 다음의 하나에 해당하는 거래 또는 행위를 하고자 하는 자는 허가 및 신고를 요하지 아니한다.

① 한국은행, 외국환업무취급기관 등이 외국환업무를 영위함에 따라 비거주자에게 담보를 제공하는 경우
② 신용카드에 의한 현금서비스거래
③ 거주자가 물품의 수출과 관련하여 외국에 있는 금융기관이 발행한 신용장을 그 신용장 조건에 따라 비거주자에게 양도하는 경우
④ 소유권 이전의 경우를 제외하고 국내의 외항운송업자와 비거주자 간의 선박이나 항공기(항공기엔진 및 외국환거래업무취급지침에서 정하는 관련 주요부품을 포함하며 이하 이 관에서 같다)를 임대차기간이 1년 미만인 조건으로 외화표시 임대차계약을 체결하는 경우
⑤ 거주자가 제9장 제4절(거주자의 외국부동산 취득)의 규정에 의하여 신고수리를 받아 취득한 외국에 있는 부동산을 비거주자에게 취득신고수리 시 인정된 범위 내에서 외국통화표시 임대를 하는 경우
⑥ 거주자가 비거주자로부터 부동산 이외의 물품을 무상으로 임차하는 경우
⑦ 비거주자가 이 규정에 의하여 외국으로의 원리금 송금이 허용되는 예금·신탁·증권 등을 금융기관의 자기여신에 관련된 담보로 제공하거나 제3자를 위해 담보로 제공하는 경우
⑧ 비거주자가 국내에서의 법적절차를 위해 필요한 예치금을 납입하거나 예치금에 갈음하여 내국법인이 발행한 외화증권을 제공하는 경우

⑨ 보험에 관한 법령의 규정에 의하여 인정된 바에 따라 국내의 거주자가 비거주자와 외국통화표시 보험계약을 체결하거나 외국에 있는 보험사업자와 재보험계약을 체결하는 경우
⑩ 해외건설 및 용역사업자가 해외건설 및 용역사업과 관련하여 현지에서 비거주자로부터 장비를 임차하는 계약을 체결하는 경우
⑪ 거주자와 국민인 비거주자 간에 국내에서 내국통화로 표시되고 지급되는 제7-44조 제1항 제1호 및 제2호의 거래 또는 행위를 하는 경우
⑫ 거주자가 비거주자로부터 상속・유증・증여에 의한 채권의 발생 등의 당사자가 되는 경우
⑬ 국제유가증권결제기구에 가입한 거주자가 제7-13조 제6호의 일중대출과 관련하여 담보를 제공하는 경우
⑭ 기관투자가가 인정된 거래에 따라 보유한 외화증권을 외국증권대여기관 (Securities Lending Agent)을 통하여 대여하는 경우
⑭-1 직전 분기 말 기준 자기자본 1조 원 이상의 투자매매업자 또는 투자중개업자가 외화증권을 차입・대여하는 경우
⑮ 제7-46조 제1항 제1호의 규정에 해당하는 경우로서 임차계약 만료 전에 수출자유지역 내에서 당해 수출자유지역 관리소장의 허가를 받아 폐기처분하는 경우

> **제7-46조 제1항 제1호**
> 제7-46조(신고 등) ① 비거주자와 다음 각 호의 1에 해당하는 거래 또는 행위를 하고자 하는 거주자는 거래 또는 행위가 있었던 날로부터 1개월 이내에 외국환은행의 장에게 거래사실을 보고하여야 한다.
>   1. 거주자와 비거주자 간에 계약 건당 미화 3천만 불 이하인 경우로서 부동산 이외의 물품임대차 계약을(소유권 이전하는 경우를 포함한다) 체결하는 경우

⑯ 거주자와 비거주자가 예탁결제원, 증권금융회사 또는 증권대차거래의 중개업무를 영위하는 투자매매업자 또는 투자중개업자를 통하여 원화증권 및 원화연계외화증권을 차입・대여하거나 이와 관련하여 원화증권, 외화증권 또는 현금(외국통화를 포함한다)을 담보로 제공하는 경우
⑰ 거주자의 현지법인이 거주자의 보증・담보제공이 수반된 현지금융을 상환하기 위하여 제5절의 규정에서 정하는 바에 따라 국내에서 원화증권을 발행하는 경우로서 현지법인을 위하여 당해 거주자(계열회사를 포함한다)가 보증 및 담보를 제공하는 경우
⑱ 거주자가 비거주자로부터 국내부동산을 임차하는 경우. 다만, 내국통화로 지급하는 경우에 한한다.
⑲ 외환동시결제시스템을 통한 결제와 관련하여 거주자 회원은행이 CLS은행과 결제관련 약정(손실부담 약정 포함)을 체결하고 동 약정에 따라 자금을 지급 또는 수령하는 경우
⑳ 외환동시결제시스템을 통한 결제와 관련하여 외국환업무취급기관이 비거주자와 결제관련 약정(손실부담에 관한 합의 포함)을 체결하고 동 약정에 따라 자금을 지급 또는 수령하는 경우
㉑ 종교단체가 해외에 선교자금을 지급하는 경우
㉒ 비영리법인이 해외에서의 구호활동에 필요한 자금을 지급하는 경우. 다만, 당해법인의 설립취지에 부합하여야 한다.
㉓ 비거주자가 거주자로부터 상속・유증을 받는 경우
㉔ 거주자가 국제기구, 국제단체 또는 외국정부에 대해 의연금, 기부금을 지급하는 경우

(4) 보고
① 상기 ⑯호 에도 불구하고 비거주자는 차입잔액이 300억 원을 초과한 경우 최초로 초과한 날로부터 3영업일 이내에 한국은행총재에게 이를 보고하여야 하며, 차입잔액 300억 원을 초과하는 경우의 그 차입 변동내역은 매월별로 다음 달 10일까지 한국은행총재에게 보고하여야 한다.
② 상기 ⑭-1호에도 불구하고 직전 분기 말 기준 자기자본 1조 원 이상의 투자매매업자 또는 투자중개업자는 외화증권의 차입·대여 내역(제1항 제4호에 의한 대여 내역을 포함한다)을 매월별로 다음 날 10일까지 한국은행총재 및 금융감독원장에게 보고하여야 한다.

(5) 신고의무
① 외국환은행장 보고(규정 제7-46조 제1항)
   비거주자와 다음의 하나에 해당하는 거래 또는 행위를 하고자 하는 거주자는 거래 또는 행위가 있었던 날로부터 1개월 이내에 외국환은행의 장에게 거래사실을 보고하여야 한다.
   ㉠ 거주자와 비거주자 간에 계약 건당 미화 3천만 불 이하인 경우로서 부동산 이외의 물품임대차 계약을(소유권 이전하는 경우를 포함한다) 체결하는 경우
   ㉡ 소유권 이전의 경우를 제외하고 국내의 외항운송업자와 비거주자간의 선박이나 항공기를 임대차 기간이 1년 이상인 조건으로 외국통화표시 임대차계약을 체결하는 경우
② 한국은행 총재 신고
   ㉠ 거주자와 비거주자 간에 제1항 및 제7-45조의 규정에 해당하는 경우를 제외하고 제7-44조에 해당하는 거래 또는 행위를 하는 경우에는 당해 거주자가 한국은행총재에게 신고하여야 한다(규정 제7-46조 제2항).
   ㉡ 제2항의 규정에 따라 자금통합관리를 하고자 하는 자는 자금통합관리 참여법인 및 대출차입한도 등을 자금통합관리 개시 전에 지정거래외국환은행을 경유하여 한국은행총재에게 신고하여야 한다(규정 제7-46조 제3항).

(6) 보고
① 자금통합관리 신고를 한 자는 그 운영현황을 매 분기별로 익월 20일까지 한국은행총재에게 보고하여야 한다(규정 제7-46조 제3항).
② 제2항의 규정에 의하여 해외에서 학교 또는 병원의 설립·운영 등과 관련된 행위 및 그에 따른 자금의 수수를 위하여 한국은행총재에게 신고한 거주자는 학교 또는 병원의 설립·운영 등과 관련된 자금운영현황 등을 다음 연도 첫째 달 20일까지 한국은행총재에게 보고하여야 한다(규정 제7-46조 제4항).

(7) 내역제출(규정 제7-46조 제6항)
제7-44조 제1항 제1호의 거래 중 화해 기타 이와 유사한 계약에 따른 채권의 발생 등에 관한 거래를 신고하는 자는 신고 시 한국은행총재가 요구하는 계약 타당성을 입증할 수 있는 서류를 제출하여야 하며, 지급일로부터 1개월 이내에 실제 계약과 관련된 자료와 지급 등 내역을 제출하여야 한다.

3. 비거주자와 다른 비거주자 간 내국통화표시 자본거래(제8절 제3관)

(1) 적용범위(규정 제7-47조)

비거주자가 다른 비거주자와 다음의 하나에 해당하는 거래 또는 행위를 함에 관하여는 이 관에서 정하는 바에 의한다.
① 비거주자 간 내국통화로 표시되거나 지급받을 수 있는 채권의 발생 등에 관한 거래
② 비거주자가 다른 비거주자로부터 원화증권 또는 이에 관한 권리를 취득하는 경우

(2) 신고예외(규정 제7-48조 제1항)

비거주자가 다른 비거주자와 다음의 하나에 해당하는 거래 또는 행위를 하고자 하는 경우에는 신고를 요하지 아니한다.
① 외국환은행해외지점, 외국환은행현지법인이 비거주자와 내국통화표시 거래(비거주자와의 내국통화, 원화표시여행자수표 및 원화표시자기앞수표의 매매에 한한다)를 하는 경우
② 국민인 비거주자 간에 국내에서 내국통화표시거래(자본거래를 포함한다)를 하는 경우
③ 비거주자가 대한민국 내에 체재함에 수반하는 생활비, 일상품 또는 용역의 구입 등과 관련하여 다른 비거주자와 내국통화표시거래를 하거나 비거주자가 대한민국 내에서 허용되는 사업의 영위와 관련하여 다른 비거주자와 내국통화표시거래를 하는 경우
④ 비거주자가 다른 비거주자로부터 인정된 거래에 따라 취득한 원화증권을 취득하는 경우
⑤ 비거주자가 외국에 있는 금융기관과 내국통화표시예금거래를 하는 경우
⑥ 비거주자 간에 예탁결제원, 증권금융회사 또는 「자본시장과 금융투자업에 관한 법률」 시행령상 인정된 증권대차거래의 중개업무를 영위하는 투자매매업자 또는 투자중개업자를 통하여 원화증권을 차입·대여하거나 이와 관련하여 원화증권 또는 현금(외국통화를 포함한다)을 담보로 제공하는 경우
⑦ 외국인투자가가 「외국인투자촉진법」 또는 제7장 제6절 제3관(외국인투자자의 국내원화증권 투자절차)에서 정하는 바에 따라 취득한 증권을 비거주자에게 담보로 제공하는 경우
⑧ 외국금융기관 및 외국환전영업자가 비거주자와 내국통화, 원화표시여행자수표 및 원화표시자기앞수표의 매매를 하는 경우
⑨ 비거주자 간 상속·유증에 따른 내국통화로 표시되거나 지급받을 수 있는 채권의 발생 등에 관한 거래
⑩ 비거주자 간 해외에서 행하는 내국통화표시 파생상품거래로서 결제 차액을 외화로 지급하는 경우
⑪ 외환동시결제시스템을 통한 결제와 관련하여 비거주자와 다른 비거주자 간의 원화가 개재된 다음의 1에 해당하는 거래를 하는 경우
　㉠ CLS은행과 외환동시결제시스템의 비거주자 회원은행 간 또는 비거주자 회원은행과 다른 비거주자간의 결제관련 약정
　㉡ 외환동시결제시스템의 비거주자 회원은행이 CLS은행으로부터 CLS은행이 정한 일정 한도의 원화 지급포지션(Short Position)을 받거나 고객인 비거주자가 비거주자 회원은행으로부터 일중(Intra-day) 또는 일일(Over-night) 원화신용공여를 받는 거래
　㉢ 외환동시결제시스템의 비거주자 회원은행 간의 결제유동성 감축을 목적으로 하는 In/Out Swap 또는 이와 유사한 거래
　㉣ 유동성공급약정에 따른 CLS은행과 비거주자(Liquidity Provider)간의 현물환, 선물환 또는 스왑거래
　㉤ 외환동시결제시스템의 비거주자가 CLS은행 또는 회원은행으로부터 당초 약정한 통화와 다른 통화로 수령하는 거래

ⓑ CLS은행과 외환동시결제시스템의 비거주자 회원은행 간의 손실부담약정 체결
　　ⓢ 외환동시결제시스템의 비거주자 회원은행과 고객인 비거주자와의 손실부담에 관한 합의
⑫ 비거주자가 외국으로의 원리금 송금이 자유로운 원화예금 및 원화신탁을 다른 비거주자에게 담보로 제공하는 경우
⑬ 한국은행과 외국 중앙은행 간의 통화스왑 자금을 활용하여 비거주자 간 내국통화표시 금전대차 계약을 하는 경우
⑭ 청산은행 및 청산은행이 지정된 국가의 외환시장에서 청산은행에 내국통화 계좌를 둔 외국금융기관(단, 영 제14조 제1호에 준하는 금융기관으로 한정한다) 간의 현지통화와 내국통화 간 매매 및 파생상품거래와 내국통화표시 대차거래
⑮ 청산은행이 지정된 국가의 외환시장에서 청산은행에 내국통화 계좌를 둔 외국금융기관(단, 영 제14조 제1호에 해당하는 금융기관으로 한정함)과 비거주자로서 해당국에 주소 또는 거소를 둔 자 간의 무역관련 현지통화와 내국통화 간 파생상품거래 또는 내국통화표시 대차거래(무역금융)를 하는 경우(단, 확인된 무역거래 대금 범위 내로 한정한다)
⑯ 제7-37조 제8항에 따라 투자전용계정을 개설한 자와 당해 투자전용계정을 통해 관련자금을 예치·처분하는 외국인투자자 간 증권매매자금 결제와 직접 관련된 원화 대차거래
⑰ 제7-37조 제1항 단서에 따라 동일한 국제예탁결제기구에 투자를 위탁한 비거주자 간에 해당 국제예탁결제기구를 통하여 국채 또는 통화안정증권의 매매, 환매조건부 매매, 담보제공 거래 등을 하는 경우
⑱ 상대국 현지통화 직거래은행 간의 원화표시 대차거래, 원화와 상대국 통화 간 매매 및 외환 파생상품 거래
⑲ 상대국 현지통화 직거래은행이 상대국 내 주소 또는 거소를 둔 비거주자와 물품 또는 용역거래 결제와 관련된 원화표시 대차거래, 원화와 상대국 통화 간 매매 및 외환 파생상품 거래를 하는 경우

(3) 신고의무(규정 제7-48조 제2항)

비거주자가 다른 비거주자와 제1항의 규정에 해당하는 경우를 제외하고 제7-47조에 해당하는 거래 또는 행위를 하고자 하는 경우에는 한국은행총재에게 신고를 하여야 한다.

제8장 해외직접투자 및 부동산 취득

해외직접투자는 거주자가 장래의 수익을 목적으로 외국에서 자본을 투여하는 국가 간의 장기자본 이동의 한 형태이며 외국법인에 대한 일정 비율 이상의 출자지분을 취득함으로써 동 법인의 경영참여를 주된 목적으로 국내 자본이나 기술 등의 생산요소를 해외에 이전 시키는 거래이다. 이에 비해 해외간접투자(증권취득)는 경영에는 참가하지 않고 단기 차익이나 배당금 등 단순한 투자 과실의 획득만을 목적으로 하여 해외직접투자와는 성격과 절차가 다르다고 할 수 있다.

해외직접투자는 증권취득이나 개인사업 영위의 형태가 주를 이루고 있으며, 국제경쟁의 심화로 인한 기업의 경쟁력 약화, 생산성 저하 등 기업환경의 급격한 변동으로 기업들의 해외생산기지 이전 목적의 해외직접투자가 지속적으로 증가하고 있는 추세이다. 해외직접투자자는 우리나라와 외국의 법령을 모두 따라야 하므로 「외국환거래법」등 국내법령에 의한 해외직접투자 사전신고 절차를 우선적으로 이행하여 하며, 현지국의 법에 의한 인·허가 업무를 사전에 확인하는 절차도 필요하다. 이는 순서상으로 국내 해외직접투자 신고일 이후로 현지법인 설립일이 도래하여야 하기 때문이다. 해외직접투자 업무는 대외자본유출의 대표적인 거래소 해외지점의 영업활동 제한 등 일부 유형에 대하여 해외부동산 취득과 함께 신고(수리)라는 절차를 거치도록 되어 있다. 신고 시 확인하고 점검하여야 할 절차가 복잡한 편이며, 특히 사후관리를 소홀히 한 예가 많아 정부의 감독당국이 관리감독을 강화하고 있어 사후관리 업무가 중요하다.

이 편에서는 거주자 또는 비거주자의 직접투자, 지사설치, 부동산 취득을 대상으로 하며, 비거주자가 「외국인투자 촉진법」의 규정에 따라 국내에 직접투자를 하고자 하는 경우에는 자본거래 규정(규정 제7장)을 따르도록 하고 있다.

01 해외직접투자의 개요

1. 의의

(1) 기획재정부장관은 법 제18조 제1항(자본거래의 신고)에 따라 신고하도록 정한 사항 중 거주자의 해외직접투자와 해외부동산 또는 이에 관한 권리의 취득의 경우에는 투자자 적격성 여부, 투자가격 적정성 여부 등의 타당성을 검토하여 신고수리 여부를 결정할 수 있다(법 제18조 제3항).

(2) 기획재정부장관은 제3항에 따른 신고에 대하여 대통령령으로 정하는 처리기간에 다음의 어느 하나에 해당하는 결정을 하여 신고인에게 통지하여야 한다(법 제18조 제4항).
① 신고의 수리
② 신고의 수리 거부
③ 거래 내용의 변경 권고

2. 해외직접투자의 정의(법 제3조 제1항 제18호 및 영 제8조)

"해외직접투자"란 거주자가 하는 다음의 어느 하나에 해당하는 거래·행위 또는 지급을 말한다.

(1) 증권의 취득 등

외국법령에 따라 설립된 법인(설립 중인 법인을 포함한다)이 발행한 증권을 취득하거나 그 법인에 대한 금전의 대여 등을 통하여 그 법인과 지속적인 경제관계를 맺기 위하여 하는 거래 또는 행위로서 대통령령으로 정하는 것

① 외국 법령에 따라 설립된 법인(설립 중인 법인을 포함한다. 이하 "외국법인"이라 한다)의 경영에 참가하기 위하여 취득한 주식 또는 출자지분이 해당 외국법인의 발행주식총수 또는 출자총액에서 차지하는 비율(주식 또는 출자지분을 공동으로 취득하는 경우에는 그 주식 또는 출자지분 전체의 비율을 말한다. 이하 이 항에서 "투자비율"이라 한다)이 100분의 10 이상인 투자

② 투자비율이 100분의 10 미만인 경우로서 해당 외국법인과 다음의 어느 하나에 해당하는 관계를 수립하는 것
  ㉠ 임원의 파견
  ㉡ 계약기간이 1년 이상인 원자재 또는 제품의 매매계약의 체결
  ㉢ 기술의 제공·도입 또는 공동연구개발계약의 체결
  ㉣ 해외건설 및 산업설비공사를 수주하는 계약의 체결

③ ① 또는 ②에 따라 이미 투자한 외국법인의 주식 또는 출자지분을 추가로 취득하는 것

④ ①부터 ③까지의 규정에 따라 외국법인에 투자한 거주자가 해당 외국법인에 대하여 상환기간을 1년 이상으로 하여 금전을 대여하는 것

(2) 영업소의 설치·확장·운영 등

외국에서 영업소를 설치·확장·운영하거나 해외사업 활동을 하기 위하여 자금을 지급하는 행위로서 대통령령으로 정하는 것

① 지점 또는 사무소의 설치비 및 영업기금
② 거주자가 외국에서 법인 형태가 아닌 기업을 설치·운영하기 위한 자금
③ 「해외자원개발 사업법」제2조에 따른 해외자원개발사업 또는 사회간접자본개발사업을 위한 자금. 다만, 해외자원개발을 위한 조사자금 및 해외자원의 구매자금은 제외한다.

3. 해외직접투자의 신고 등

(1) 신고의무(규정 제9-1조 제1항)

거주자 또는 비거주자가 직접투자, 지사설치, 부동산취득(이하 이 조에서 "직접투자 등"이라 한다)을 하고자 하는 경우에는 이 장에서 정한 바에 따라 신고 등을 하여야 한다. 다만, 비거주자가 「외국인투자촉진법」의 규정에 따라 국내에 직접투자를 하고자 하는 경우에는 제7장에서 정한 바에 따른다.

(2) 사전지급(규정 제9-1조 제2항)

제1항 본문에도 불구하고, 거주자가 해외에 직접투자 등을 하고자 하는 경우에는 제9장 각 절에서 정한 신고 등의 절차를 이행하기 전에 미화 10만 불 범위 내에서 이 장 각 절에서 정한 지정거래외국환은행을 통해 지급할 수 있다. 이 경우 당해 거래의 계약이 성립한 날로부터 1년 이내에 이 장에 따른 신고 등의 절차를 이행하여야 한다.

(3) 변경신고(규정 제9-1조 제3항)

제9장에 의해 직접투자 등 신고를 하거나 신고수리를 받은 자가 신고내용을 변경하고자 하는 경우에는 변경사항을 첨부하여 당해신고(수리)기관에 제출하여야 한다. 다만, 기존 신고인·대리인·거래상대방에 관한 정보 변경에 대해서는 사후보고 할 수 있다.

(4) 전자적 방법에 대한 실명확인(규정 제9-1조 제6항)

제1항에 의한 신고 등의 서류는 전자적 방법을 통해 실명확인을 받고 제출할 수 있다.

(5) 영주권자 및 시민권자에 대한 적용배제(규정 제9-1조 제7항)

직접투자 등을 한 자가 영주권, 시민권을 취득한 경우에는 제9-4조(투자금의 회수), 제9-6조(해외직접투자사업의 청산), 제9-9조(해외직접투자 사후관리) 및 제9-40조(거주자의 외국부동산취득의 사후관리)의 규정은 적용하지 아니한다. 다만, 영주권을 취득한 자가 이후 국내에 체재하여 거주자가 된 경우에는 그러하지 아니하다.

4. 해외직접투자 수단(제9-1조의 2)

해외직접투자의 수단은 다음의 하나에 해당하는 것으로 한다.
① 지급수단
② 현지법인의 이익유보금 및 자본잉여금
③ 자본재(「외국인투자촉진법」 제2조 제1항 제9호의 자본재)
④ 산업재산권 기타 이에 준하는 기술과 이의 사용에 관한 권리
⑤ 해외법인 또는 해외지점·사무소를 청산한 경우의 그 잔여재산
⑥ 대외채권
⑦ 주식
⑧ 기타 그 가치와 금액의 적정성을 입증할 수 있는 자산

5. 한국수출입은행장의 보고서 제출의무(규정 제9-2조의 2)

한국수출입은행장은 해외직접투자자 또는 신고기관으로부터 제출받은 각종 통계·보고서 등을 종합관리하고, 다음의 하나의 보고서를 작성하여 다음의 하나에서 정한 기일 내에 기획재정부장관에게 제출하여야 한다.
① 해외직접투자 신고 및 투자실적(월보): 매 익월 말일 이내
② 해외직접투자 동향분석(분기보 및 연보): 매 분기 익익월 10일 이내 및 매 익년도 3월 이내
③ 해외직접투자 경영분석보고서: 매 익년도 10월 이내

6. 해외직접투자의 지원 등(규정 제9-3조)

기획재정부장관은 해외직접투자가 국내산업·국제수지·대외관계 등에 미치는 영향을 고려하여 투자유형·업종 또는 지역 등에 따라 투자 및 이에 대한 각종 지원을 제한하거나 우대하게 할 수 있다.

7. 투자금의 회수(규정 제9-4조)

해외직접투자자는 당해 신고의 내용에 따라 투자원금과 과실을 국내에 회수하여야 한다. 그럼에도 불구하고 해외에서 이 규정에 의해 인정된 자본거래를 하고자 하는 경우에는 그러하지 아니하다.

02 금융기관을 제외한 거주자의 해외직접투자

1. 해외직접투자의 신고 등

(1) 외국환은행장 신고(규정 제9-5조 제1항)

거주자가 해외직접투자(증액투자 포함)를 하고자 하는 경우 다음의 하나에서 정하는 외국환은행의 장에게 신고하여야 한다.
① 주채무계열 소속 기업체인 경우에는 당해 기업의 주채권은행
② 거주자가 주채무계열 소속 기업체가 아닌 경우에는 여신최다은행
③ ① 내지 ②에 해당하지 않는 거주자의 경우 거주자가 지정하는 은행

(2) 사후보고(규정 제9-5조 제2항)

제1항의 규정에도 불구하고, 거주자가 다음의 하나에 해당하는 해외직접투자를 하고자 하는 경우에는 거래가 있은 날로부터 3개월 이내에 사후보고를 할 수 있다.
① 거주자가 해외직접투자를 한 거주자로부터 당해 주식 또는 지분을 양수받아 해외직접투자를 하고자 하는 경우
② 이미 투자한 외국법인이 자체이익 유보금 또는 자본잉여금으로 증액투자하는 경우

(3) 신고서류(규정 제9-5조 제3항)

해외직접투자를 하고자 하는 자는 별지 제9-1호 서식의 해외직접투자신고서(보고서)에 다음의 서류를 첨부하여 외국환은행의 장에게 제출하여야 한다. 사후보고의 경우에도 같다.
① 사업계획서(자금조달 및 운용계획 포함)
② 해외직접투자를 하고자 하는 자가 「신용정보의 이용 및 보호에 관한 법률」에 의한 금융거래 등 상거래에 있어서 약정한 기일 내에 채무를 변제하지 아니한 자로서 종합신용정보 집중기관에 등록되어 있지 않음을 입증하는 서류. 다만, 「회사정리법」 또는 「화의법」에 의하여 정리절차가 진행되고 있는 기업체가 기존의 유휴설비나 보유기술을 투자하거나 관련 법령이 정한 법원 또는 채권관리단의 결정에 의한 경우에는 그러하지 아니하다.
③ 조세체납이 없음을 입증하는 서류
④ 기타 신고기관의 장이 필요하다고 인정하는 서류

(4) 사후신고(규정 제9-5조 제5항)

거주자가 신고를 하지 아니하거나 신고된 내용과 다르게 해외직접투자를 한 경우에는 당해 위반사실을 제재기관의 장에게 보고하고 당해 투자에 대하여 신고기관의 장에게 사후신고를 할 수 있다.

2. 해외직접투자사업의 청산(규정 제9-6조)

(1) 해외직접투자자가 투자사업을 청산할 때에는 분배잔여재산을 제9-4조(투자금의 회수)의 규정에 따라 즉시 국내로 회수하고 청산관련서류를 신고기관에 보고하여야 한다. 다만, 해외직접투자자가 잔여재산을 즉시 국내로 회수하는 것이 불가능하다고 신고기관이 인정하는 경우에는 분할하여 회수할 수 있다(제1항).
(2) 제1항의 규정에 불구하고 청산 보고 후 해외에서 이 규정에 의해 인정된 자본거래를 하고자 하는 경우에는 청산자금을 국내로 회수하지 아니할 수 있다(제2항).

3. 현지공관장에 대한 조사의뢰 등(규정 제9-8조)

기획재정부장관은 현지공관의 장에게 투자환경의 조사를 의뢰할 수 있으며, 현지공관의 장으로 하여금 현지국 정부의 외국인투자 관련조치 및 투자환경의 변화내용을 보고하게 할 수 있다.

4. 사후관리

(1) 직접투자자의 보고서 제출(규정 제9-9조 제1항)

해외직접투자자는 다음의 하나의 보고서 또는 서류를 다음의 1에서 정한 기일 내에 당해 신고기관의 장에게 제출하여야 한다. 다만, 해외직접투자자 또는 투자한 현지법인의 휴·폐업, 현지의 재난·재해 등 불가피한 사유로 해외직접투자자가 보고서 등을 제출하는 것이 불가능하다고 신고기관의 장이 인정하는 경우에는 당해 불가피한 사유가 해소되기 전까지 다음 1의 보고서 또는 서류를 제출하지 아니할 수 있다.

① 외화증권(채권)취득보고서(법인 및 개인기업 설립보고서 포함): 투자금액 납입 또는 대여자금 제공 후 6월 이내. 다만, 영 제8조 제2항 제3호의 규정에 의한 해외자원개발사업 및 사회간접자본개발사업으로서 법인 형태가 아닌 투자의 경우에는 외화증권(채권)취득보고서 제출을 면제한다.
② 송금(투자)보고서: 송금 또는 투자 즉시(투자금액을 현지금융으로 현지에서 조달하는 경우 투자시점)
③ 연간사업실적보고서(투자금액 합계가 미화 300만 불 초과인 경우를 대상으로 하며, 해외자원개발사업 및 사회간접자본개발사업으로서 법인 형태가 아닌 투자의 경우는 제외한다): 회계기간 종료 후 5월 이내
④ 청산보고서(금전대여의 경우 원리금회수내용을 포함한다): 청산자금 수령 또는 원리금회수 후 즉시
⑤ 거주자가 동 규정 제9-5조 제1항의 규정에 의하여 신고하거나 보고한 내용을 변경하는 경우: 제9-1조 제3항에도 불구하고 변경사유가 발생한 회계기간 종료 후 5월 이내
⑥ 해외직접투자를 한 거주자가 다른 거주자에게 당해 주식 또는 지분을 매각하는 경우: 변경사유가 발생한 후 3개월 이내
⑦ 기타 신고기관의 장이 해외직접투자의 사후관리에 필요하다고 인정하여 요구하는 서류

제1항에 의한 보고서 또는 서류는 전자적 방법을 통해 실명확인을 받고 제출할 수 있다(규정 제9-9조 제8항).

(2) 신고기관의 보고서 제출(규정 제9-9조 제2항)

신고기관의 장은 이 절(해외직접투자)의 규정에 의하여 신고를 받은 해외직접투자사업에 대한 사후관리를 위하여 해외직접투자 관리대장을 작성하여야 하며, 다음의 하나에서 정한 기일 내에 한국수출입은행장에게 제출하여야 한다. 다만, 제1항 단서에 따라 신고기관의 장이 해외직접투자자 및 투자한 현지법인으로부터 관련 보고서나 서류를 제출받는 것이 불가능한 것으로 인정되는 경우에는 그러하지 아니하며 이 경우 신고기관의 장은 보고서 제출 곤란 등의 사실을 한국수출입은행장에게 보고하여야 한다.

① 해외직접투자 신고서 사본(내용변경보고서 포함), 해외직접투자 신고 및 투자실적(월보): 매 익월 15일 이내
② 연간사업실적보고서(현지법인 투자현황표): 해외직접투자자로부터 제출받은 즉시
③ 사후관리종합내역 등 기타 통계 또는 사후관리에 필요한 서류

(3) 전자제출(규정 제9-9조 제3항)

신고기관의 장이 신고, 송금, 사후관리(회수, 지분매각, 청산 등), 사업실적 내역을 한국수출입은행 해외직접투자 통계시스템에 입력하는 경우 제2항에 의한 서류를 제출한 것으로 본다. 다만, 본문의 규정에 의한 입력기일은 제2항의 규정을 준용한다.

(4) 해외직접투자기업 현황 작성 및 송부(규정 제9-9조 제5항)

한국수출입은행장은 매년 해외직접투자기업 현황을 작성하여 기획재정부장관 및 해외공관의 장에게 송부하여야 한다. 이 경우 기획재정부장관은 사실 확인 등을 위하여 추가적인 자료의 요청 및 실태 점검 등을 실시할 수 있다.

(5) 유관기관 통보(규정 제9-9조 제7항)

신고기관의 장은 개인, 개인사업자 또는 법인의 투자, 부동산관련업에 대한 투자 및 주식을 출자한 투자에 대하여는 다음의 보고서 등을 다음의 하나에서 정한 기일 내에 한국수출입은행을 경유하여 국세청장, 관세청장 및 금융감독원장에게 통보하여야 한다.

① 해외직접투자 신고내용, 송금(투자)보고 내용, 해외직접투자사업 청산 및 대부채권 회수보고 내용, 해외직접투자자 또는 투자한 현지법인의 휴·폐업, 소재불명 및 시민권의 취득 등의 사실: 매 익월 25일 이내
② 제2항 제2호에 따른 연간사업실적보고서: 매 익년도 9월 말일 이내

03 역외금융회사 등에 대한 해외직접투자

1. 신고의무

(1) 한국은행 총재 신고(규정 제9-15조의 2 제1항)

제9-5조(해외직접투자의 신고 등)의 규정에도 불구하고 거주자(개인 및 개인사업자는 제외하며, 이하 이 조에서 같다)가 역외금융회사 등에 대한 해외직접투자를 하고자 하는 경우에는 이 조에서 정한 바에 따라 한국은행총재에게 신고하여야 한다.

2. 역외금융회사 등에 대한 해외직접투자

(1) 해외직접투자의 유형(규정 제9-15조의 2 제2항)

거주자(공동으로 동일한 역외금융회사 등에 대하여 투자하고자 하는 경우에는 투자비율이 가장 높은 자)가 역외금융회사 등에 대하여 다음의 하나에 해당하는 해외직접투자를 하고자 하는 경우에는 별지 제9-2호 서식의 역외금융회사(현지법인금융기관)투자 신고서를 한국은행총재에게 제출하여야 한다.

① 영 제8조 제1항(해외직접투자 중 주식 또는 출자지분의 취득)에 준하는 투자의 경우
② 제1호에 의한 투자금액을 포함하여 역외금융회사에 대하여 투자(부채성증권 매입, 제7장의 규정에서 정한 절차를 거친 대출·보증 및 담보제공을 말한다)한 총투자금액이 당해 역외금융회사 총자산의 100분의 10 이상인 경우(외국환업무취급기관이 투자목적이 아닌 업무로서 행하는 거래의 경우는 제외한다)
③ 역외금융회사에 대한 투자(제1호 또는 제2호에 준하는 경우를 말한다)를 목적으로 외국금융기관에 대하여 제2호에 해당하는 투자를 하는 경우
④ 역외금융회사 또는 외국금융기관에 소속된 자금운용단위에 대한 제1호 내지 제3호에 해당하는 투자인 경우

(2) 자회사 등의 투자(규정 제9-15조의 2 제3항)

거주자의 현지법인(역외금융회사를 포함한다) 및 그 자회사, 손회사 또는 해외지점이 제2항 각 호의 1에 해당하는 투자를 하는 경우에는 법 제20조 제1항에 따라 별지 제9-3호 서식의 역외금융회사(현지법인금융기관) 지점(자회사·손회사) 설립 보고서를 투자일로부터 1개월 이내에 한국은행총재에게 보고하여야 한다.

(3) 한국은행총재 보고(규정 제9-15조의 2 제5항)

제2항 및 제3항에 의거 역외금융회사 등에 대한 해외직접투자 신고(보고)를 한 자는 매 반기별 역외금융회사의 설립 및 운영 현황 등을 다음 반기 첫째 달 말일까지 한국은행총재에게 보고하여야 하며, 한국은행총재는 역외금융회사의 신고(수리)서 및 보고서 사본, 설립 및 운영현황 등을 종합하여 다음 반기 둘째 달 말일(역외금융회사 신고(수리)서 또는 보고서 사본의 경우에는 매 익월 10일)까지 기획재정부장관에게 보고하고, 국세청장 및 금융감독원장에게 통보하여야 한다.

3. 신고내용의 변경 및 폐지보고(규정 제9-15조의 2 제4항)

역외금융회사 등에 대한 해외직접투자 신고를 한 자가 당해 신고내용을 변경하거나 역외금융회사를 폐지하는 경우에는 법 제20조 제1항에 따라 별지 제9-4호 서식의 역외금융회사(현지법인금융기관)등의 변경(폐지)보고서를 변경(폐지)사유가 발생한 후 1개월 이내에 한국은행총재에게 보고하여야 한다. 다만, 역외금융회사 등에 대한 해외직접투자를 한 거주자가 다른 거주자에게 당해 주식 또는 지분을 매각하는 경우에는 변경(폐지)보고서를 변경(폐지)사유가 발생한 즉시 한국은행총재에게 보고하여야 한다.

4. 증권취득 갈음(규정 제9-15조의 2 제6항)

거주자가 역외금융회사 등에 대한 해외직접투자 신고 후 1년간 투자금액(또는 해외직접투자 변경보고 후 6개월 간 투자금액)이 역외금융회사의 총 출자액 또는 총자산의 100분의 10 미만인 경우에는 그 역외금융회사 등에 대한 해외직접투자 신고는 제7-31조 제2항(거주자의 비거주자로부터의 증권 취득)에 따른 신고를 한 것으로 본다.

5. 폐지 권고(규정 제9-15조의 2 제7항)

역외금융회사가 자본잠식 또는 투자금을 전액 회수한 상태에서 6개월 이상 존속하는 경우 한국은행 총재는 해당 거주자에 대하여 역외금융회사에 대한 폐지보고를 권고할 수 있다. 한국은행총재의 폐지보고 권고 이후 1개월 이내에 투자지속의사를 밝히지 않은 역외금융회사는 폐지보고를 한 것으로 본다.

6. 회수내역 보고(규정 제9-15조의 2 제8항)

거주자가 역외금융회사 등에 대한 투자금을 회수한 경우 회수일로부터 1개월 이내에 한국은행총재에게 회수내역을 보고하여야 한다. 다만, 제4항에 따라 역외금융회사 등의 변경(폐지) 보고를 한 경우에는 그러하지 아니한다.

04 국내기업의 해외지사

해외지사는 해외지점과 해외사무소를 의미한다. 지점은 외국에서 영업소를 설치 운영하는 것으로 영리를 목적으로 활동하나 사무소는 비영리 활동을 목적으로 설치하게 된다. 지사와 현지법인은 취급절차나 자금의 유출입 및 회계처리 방법이 다르기 때문에 구분되어야 한다. 현지법인은 설립이라 표현하며, 해외지사는 설치한다고 표현하며 현지법인은 제3의 회사인 관계로 자금의 지원은 출자지분의 증대나 금전의 대차관계에 있는 반면, 지사는 본사의 경제적 영향 하에 놓여 있기 때문에 운전자금이나 영업기금의 성격으로 자금을 지원하며 동일한 재무상태표 내에서 회계처리하는 점을 차이점으로 들 수 있다.

해외지사 설치는 지정거래외국환은행의 신고대상이며, 해외지점의 부동산·증권 및 비거주자에 대한 상환기간 1년 초과의 대부에 대해서는 한국은행총재의 신고수리 대상으로 지정하고 있다. 또한 해외지사 설치 후 해외직접투자의 현지법인에 대한 사후관리와 유사한 방법으로 사후관리를 하여야 한다.

1. 적용범위(규정 제9-16조)

거주자가 법 제3조 제1항 제18호 나목 및 영 제8조 제2항 제1호에 따라 외국에 당해 거주자의 지점 또는 사무소(이하 "해외지사"라 한다)를 설치·운용 및 그에 따른 자금의 수수를 하고자 하는 경우에는 이 절(9장 제2절 국내기업의 해외지사)에서 정하는 바에 의한다.

2. 해외지사의 구분(규정 제9-17조)

해외지사는 다음과 같이 구분한다.
① 독립채산제를 원칙으로 하여 외국에서 영업활동을 영위하고자 설치하는 "해외지점"
② 외국에서 영업활동을 영위하지 아니하고 업무연락, 시장조사, 연구개발활동 등의 비영업적 기능만을 수행하거나 비영리단체(종교단체를 포함한다)가 국외에서 당해 단체의 설립목적에 부합하는 활동을 수행하기 위하여 설치하는 "해외사무소"

3. 설치신고 등

(1) 지정거래외국환은행장 신고(규정 제9-18조 제1항)

비금융기관이 해외지사를 설치하고자 하는 경우에는 지정거래외국환은행의 장에게 신고하여야 한다.

(2) 지정거래외국환은행을 통한 지급(규정 제9-18조 제2항)

해외지사를 설치한 자가 해외지사의 설치·운영·확장에 필요한 자금을 지급하고자 하는 경우에는 제1항의 지정거래외국환은행을 통하여 지급하여야 한다.

4. 국내항공 또는 선박회사 해외지점의 운영경비

(1) 외국항로에 취항하는 국내항공 또는 선박회사는 제4-5조 및 제9-20조의 규정에 불구하고 그 항공 또는 선박회사의 해외지점의 주재원급여·설치비 및 유지활동비를 그 항공 또는 선박회사의 전 해외지점의 당해 연도 수입금의 100분의 30 범위 내에서 직접 사용할 수 있다(규정 제9-21조 제1항).

(2) 국내항공 또는 선박회사는 매 연도별로 각 해외지점의 현지수입금 및 제1항에서 규정하는 현지수입금 사용명세서를 당해 연도 종료일부터 2월 이내에 지정거래외국환은행의 장에게 제출하고 사후관리를 받아야 한다(규정 제9-21조 제2항).

5. 해외지점의 영업활동

(1) 한국은행총재 신고수리(규정 제9-22조 제1항)

해외지점이 다음의 하나에 해당하는 거래 또는 행위를 하고자 하는 경우에는 한국은행총재에게 신고하여 수리를 받아야 한다.

① 부동산에 관한 거래 또는 행위. 다만, 당해 해외지점의 영업기금과 이익금유보액 범위 내(독립채산제의 예외적용을 받는 해외지점의 경우에는 인정된 설치비 및 유지활동비 범위 내)에서 사무실 및 주재원의 주거용 부동산 등 해외에서의 영업활동에 필요한 외국에 있는 부동산의 취득 등과 관련하여 행하는 부동산 거래는 그러하지 아니하다.
② 증권에 관한 거래 또는 행위. 다만, 당해 해외지점의 영업활동과 관련하여 당해 주재국 법령에 의한 의무를 이행하기 위한 경우와 당해 주재국내의 정부기관 또는 금융기관이 발행한 증권으로서 즉시 환금이 가능하며 시장성이 있는 증권에 대한 거래는 그러하지 아니하다.
③ 비거주자에 대한 상환기한이 1년을 초과하는 대부. 다만, 현지금융에 해당하는 경우는 제8-2조의 규정에 의한 경우를 제외한다.

(2) 절차의 준용(규정 제9-22조 제2항)

한국은행총재는 제1항 제1호의 규정에 의한 부동산의 거래 또는 행위에 대하여 신고수리함에 있어서는 제9장 제4절(거주자의 외국부동산 취득)의 규정을 준용하여야 한다.

6. 해외지점의 결산 순이익금의 처분

(1) 지정거래외국환은행을 통한 수령(규정 제9-23조 제1항)

해외지점을 설치한 자가 해외지점으로부터 결산순이익금을 수령하고자 하는 경우에는 설치신고를 한 지정거래외국환은행을 통해 수령하여야 한다.

(2) 서류 제출(규정 제9-23조 제2항)

제1항에 따른 결산순이익금은 지정거래외국환은행의 장에게 해외지점의 재무제표, 국내 본사의 연결재무제표 등의 서류를 제출하여 확인을 받은 뒤 수령할 수 있다.

7. 해외지사의 폐쇄 등

(1) 변경내용 사후보고(규정 제9-24조 제1항)

해외지사의 명칭 또는 위치를 변경한 자는 지정거래외국환은행의 장에게 그 변경내용을 사후보고 할 수 있다.

(2) 해외지사의 폐쇄(규정 제9-24조 제2항)

해외지사를 폐쇄할 때는 잔여재산을 국내로 즉시 회수하고 당해 해외지사의 재산목록, 대차대조표, 재산처분명세서, 외국환매각증명서류를 지정거래외국환은행의 장에게 제출하여야 한다. 다만, 잔여재산을 국내로 즉시 회수하는 것이 불가능하다고 지정거래외국환은행이 인정하는 경우에는 분할하여 회수할 수 있으며, 해외에서 이 규정에 의해 인정된 자본거래를 하고자 하는 경우에는 국내로 회수하지 아니할 수 있다.

8. 해외지사에 관한 사후관리 등

(1) 설치완료보고(규정 제9-25조 제1항)

해외지사의 설치에 관한 신고를 한 자는 설치신고를 한 날부터 6월 이내에 현지법규에 의한 등록증 등 지사설치를 확인할 수 있는 서류를 첨부하여 그 설치신고를 한 지정거래외국환은행의 장에게 설치행위의 완료내용을 보고하여야 한다.

(2) 부동산 취득 및 처분 보고(규정 제9-25조 제2항)

제9-18조(국내기업의 해외지사 설치신고 등), 제9-22조(해외지점의 영업활동)의 규정에 의하여 해외지사가 부동산을 취득 또는 처분하는 경우에는 그 취득 또는 처분일부터 6월 이내에 지정거래외국환은행의 장에게 그 취득 또는 처분내용을 보고하여야 한다.

(3) 영업활동 상황보고(규정 제9-25조 제3항)

해외지점을 설치한 자는 당해 해외지점의 연도별 영업활동 상황(외화자금의 차입 및 대여명세표를 포함한다)을 회계기간 종료 후 5월 이내에 지정거래외국환은행의 장에게 제출하여야 한다. 다만, 해외지점을 설치한 자가 휴·폐업 등으로 인해 보고서를 제출하는 것이 불가능하다고 신고기관의 장이 인정하는 경우에는 당해 휴·폐업의 기간에 보고서를 제출하지 아니할 수 있다.

(4) 지정거래외국환은행을 통한 지급(규정 제9-25조 제4항)

영업기금, 설치비, 유지활동비의 지급은 해외지사의 설치신고를 한 지정거래 외국환은행을 통하여 이루어져야 하며 동 지정거래외국환은행은 부동산의 취득 및 처분, 결산, 자금의 차입 및 대여 등에 대하여 해외지사별로 종합관리카드를 작성 비치하거나 전자적 방법으로 사후관리를 하여야 한다.

(5) 유관기관 통보(규정 제9-25조 제5항)

지정거래외국환은행의 장(한국은행총재 신고내용을 포함한다)은 다음의 보고서 또는 서류를 작성하여 다음의 하나에서 정한 기일 내에 한국수출입은행을 경유하여 한국은행총재, 국세청장 및 관세청장에게 통보하여야 한다. 다만, 해외지사를 설치한 자가 휴·폐업의 상태에 있어 신고기관의 장이 해외지사를 설치한 자로부터 보고서를 제출받는 것이 불가능한 것으로 인정되는 경우에는 그러하지 아니하며 이 경우 신고기관의 장은 휴·폐업의 사실을 한국수출입은행장에게 보고하여야 한다.

① 해외지사 설치(변경·폐지)신고(수리)서 사본, 해외지사 설치·현황보고서(분기보): 매 분기 익익월 10일 이내
② 연간영업활동보고서(해외사무소와 비독립채산제 해외지점은 제외한다): 매 익년도 9월 말일 이내
③ 사후관리종합내역 등 기타 통계 또는 사후관리에 필요한 서류(해외지사별 영업기금·유지활동비 지급 현황 및 부동산 취득·처분 현황 포함)

(6) 전자제출(규정 제9-25조 제6항)

지정거래외국환은행의 장이 신고(수리), 송금, 사후관리(회수, 청산, 폐지 등), 사업실적 내역을 한국수출입은행 해외직접투자 통계시스템에 입력하는 경우 제5항 본문에 의한 서류를 제출한 것으로 본다. 다만, 본문의 규정에 의한 입력기일은 제5항의 규정을 준용한다.

05 외국기업 등의 국내지사

외국기업이 국내지사를 설치하고자 하는 경우에는 외국환은행을 지정하여 신고하고 폐쇄 시에도 지정거래 외국환은행의 장에게 신고하면 된다. 다만 외국기업 국내지사가 국내에서 자금의 융자, 해외금융의 알선, 증권업무 및 보험업무와 관련된 업무 등을 하는 경우에는 기획재정부장관에게 신고하여야 한다.

1. 적용범위(규정 제9-32조 제1항)

비거주자가 국내에 지점 및 사무소(이하 이 절에서 "국내지사"라 한다)를 설치·운영하기 위하여 법 제3조 제1항 제19호 마목 및 법 제15조의 규정에 의한 자금의 수수를 하고자 하는 경우에는 이 절(제9장 제3절 외국기업 등의 국내지사)에서 정하는 바에 의한다. 다만, 외국은행 국내지점 및 사무소는 제2장(외국환업무 취급기관)의 규정에서 정하는 바에 의한다.

2. 국내지사의 구분(규정 제9-32조 제2항)

비거주자의 국내지사는 다음과 같이 구분한다.
① 국내에서 수익을 발생시키는 영업활동을 영위하는 "지점"
② 국내에서 수익을 발생시키는 영업활동을 영위하지 아니하고 업무연락, 시장조사, 연구개발활동 등 비영업적 기능만을 수행하는 "사무소"

3. 설치 및 변경신고

(1) 지정거래외국환은행장 신고(규정 제9-33조 제1항)

비거주자가 국내지사를 설치하고자 하는 경우에는 지정거래외국환은행의 장에게 신고하여야 한다.

(2) 기획재정부장관 신고(규정 제9-33조 제2항)

제1항의 규정에 불구하고 비거주자가 다음의 하나에 해당하는 업무 또는 이와 관련된 업무의 영위를 목적으로 하는 국내지사를 설치하고자 하는 경우에는 기획재정부장관에게 신고하여야 한다.
① 자금의 융자, 해외금융의 알선 및 중개, 카드업무, 할부금융 등 은행업 이외의 금융관련업무
② 증권업무 및 보험업무와 관련된 업무
③ 「외국인투자촉진법」 등 다른 법령의 규정에 의하여 허용되지 아니하는 업무

(3) 신고서 제출(규정 제9-33조 제3항)

제1항 및 제2항의 규정에 의하여 신고를 하고자 하는 자는 별지 제9-8호 서식의 외국기업국내지사설치신고서에 다음의 서류를 첨부하여 기획재정부장관 또는 지정거래외국환은행의 장에게 제출하여야 한다.
① 본점인 외국법인의 명칭·소재지 및 주된 영위업무의 내용을 증빙하는 서류
② 다른 법령의 규정에 의하여 그 설치에 관한 허가 등을 요하는 경우에는 그 사실을 증빙하는 서류사본
③ 국내에서 영위하고자 하는 업무의 내용과 범위에 관한 명세서

(4) 변경신고(규정 제9-33조 제4항)

국내지사 설치신고를 한 자가 신고한 내용을 변경하고자 하는 경우에는 별지 제9-9호 서식의 외국기업 국내지사변경신고서에 다음의 하나에 해당하는 서류를 첨부하여 해당 설치신고를 받은 자에게 제출하여야 한다.
① 변경사실 입증서류
② 사업계획서(지사의 업무내용 변경 시)

4. 영업기금 등의 도입

(1) 지정거래외국환은행을 통한 도입(규정 제9-34조 제1항)

국내지사가 외국의 본사로부터 영업기금을 도입하고자 하는 경우에는 지정거래외국환은행을 통하여 도입하여야 한다.

(2) 금융감독원장 통보(규정 제9-34조 제2항)

한국은행총재는 제1항에 따라 도입된 영업기금을 매 연도별로 다음 연도 2월 말까지 금융감독원장에게 통보하여야 한다.

5. 결산순이익금의 대외송금

(1) 지정거래외국환은행을 통한 송금(규정 제9-35조 제1항)

제9-33조의 규정에 의하여 설치신고를 한 지점이 결산순이익금을 외국에 송금하고자 하는 경우에는 지정거래외국환은행을 통하여 송금하여야 한다.

(2) 제출서류(규정 제9-35조 제2항)

제1항의 규정에 의하여 송금을 하고자 하는 자는 별지 제9-10호 서식의 외국기업국내지사결산순이익금 송금신청서에 다음의 서류를 첨부하여 지정거래외국환은행의 장에게 제출하여야 한다. 다만, 제9-33조 제2항의 규정에 의하여 기획재정부장관에게 설치신고를 한 지점의 경우에는 결산순이익금 대외처분에 관한 관계법령에 의한 허가서 등으로 이를 갈음할 수 있다.
① 당해 지점의 대차대조표 및 손익계산서
② 납세증명
③ 당해 회계기간의 순이익금의 영업기금도입액에 대한 비율이 100분의 100 이상이거나 순이익금이 1억 원을 초과할 경우에는 공인회계사의 감사증명서

(3) 감액된 영업기금의 지급(규정 제9-36조)

제2-11조(외국은행국내지점 및 사무소) 및 제9-33조(외국기업 등의 국내지사)의 규정에 의하여 설치신고를 한 지점(금융기관에 한함)이 관계법령에서 정한 절차에 따라 감액된 영업기금을 외국에 송금하고자 하는 경우에는 제9-35조 제2항을 준용한다.

6. 국내지사의 폐쇄

(1) 폐쇄신고서 제출(규정 제9-37조 제1항)

설치신고를 한 자가 국내지사를 폐쇄하고자 하는 경우에는 별지 제9-11호 서식의 외국기업국내지사폐쇄신고서를 해당 설치신고를 받은 자에게 제출하여야 한다.

(2) 송금(규정 제9-37조 제2항)

폐쇄신고를 한 자가 국내보유자산의 처분대금을 외국으로 송금하고자 하는 경우에는 지정거래 외국환은행의 장에게 당해 국내지사의 관할세무서장이 발급한 납세증명을 제출하여야 한다.

06 거주자의 외국부동산 취득

1. 의의

기획재정부장관은 제18조 제1항(자본거래 신고)에 따라 신고하도록 정한 사항 중 거주자의 해외직접투자와 해외부동산 또는 이에 관한 권리의 취득의 경우에는 투자자 적격성 여부, 투자가격 적정성 여부 등의 타당성을 검토하여 신고수리 여부를 결정할 수 있다(법 제18조 제3항).

기획재정부장관은 제3항에 따른 신고에 대하여 대통령령으로 정하는 처리기간에 다음의 어느 하나에 해당하는 결정을 하여 신고인에게 통지하여야 한다.
① 신고의 수리
② 신고의 수리 거부
③ 거래 내용의 변경 권고

2. 신고수리요건의 심사(규정 제9-38조)

거주자의 외국에 있는 부동산 또는 이에 관한 권리의 취득과 관련하여 한국은행총재 또는 지정거래외국환은행의 장은 외국부동산 취득 신고가 있는 경우에는 다음의 하나의 사항을 심사하여 수리여부를 결정하여야 한다.

(1) 외국에 있는 부동산 또는 이에 관한 물권·임차권 기타 이와 유사한 권리(이하 이 관에서 "권리"라 한다)를 취득하고자 하는 자가 다음의 1에 해당하는 자가 아닌지 여부
   ① 「신용정보의 이용 및 보호에 관한 법률」에 의한 금융거래 등 상거래에 있어서 약정한 기일 내에 채무를 변제하지 아니한 자로서 종합신용정보집중기관에 등록된 자
   ② 조세체납자

(2) 부동산취득금액이 현지금융기관 및 감정기관 등에서 적당하다고 인정하는 수준인지 여부
(3) 부동산취득이 해외사업활동 및 거주목적 등 실제 사용목적에 적합한지 여부

3. 신고수리 절차

(1) 신고예외(규정 제9-39조 제1항)

거주자가 외국에 있는 부동산 또는 이에 관한 권리를 취득하고자 하는 경우로서 다음의 하나에 해당하는 경우에는 신고를 요하지 아니한다.

① 외국환업무취급기관이 해외지사의 설치 및 운영에 직접 필요한 부동산의 소유권 또는 임차권을 취득하는 경우(당해 해외지점의 여신회수를 위한 담보권의 실행으로 인한 취득을 포함한다)
② 거주자가 비거주자로부터 상속·유증·증여로 인하여 부동산에 관한 권리를 취득하는 경우
③ 정부가 외국에 있는 비거주자로부터 부동산 또는 이에 관한 권리를 취득하는 경우
④ 외국인거주자와 법 제3조 제1항 제15호 단서의 규정에 해당하는 거주자가 법 또는 영의 적용을 받는 거래 이외의 거래에 의하여 외국에 있는 부동산 또는 이에 관한 권리를 취득하는 경우
⑤ 외국환업무취급기관이 외국환업무를 영위함에 따라 해외소재 부동산을 담보로 취득하는 경우
⑥ 「부동산투자회사법」에 의한 부동산투자회사, 「자본시장과 금융투자업에 관한 법률」에 의한 금융투자업자가 당해 법령이 정한 바에 의하여 외국에 있는 부동산 또는 이에 관한 권리를 취득하는 경우
⑦ 법률에 따라 설립된 기금을 관리·운용하는 법인 및 「국민연금법」 제102조 제5항에 따라 국민연금기금의 관리·운용에 관한 업무를 위탁받은 법인이 당해 법령에 따라 해외자산운용목적으로 부동산을 매매 또는 임대하기 위한 경우
⑧ 다음에 해당하는 자가 해외자산운용목적으로 부동산을 매매 또는 임대하기 위한 경우로서 다음에서 정하는 범위 내에서 외국에 있는 부동산 또는 이에 관한 권리를 취득하는 경우

　　은행, 보험회사, 종합금융회사: 당해 기관의 관련 법령이나 규정 등에서 정한 범위 내
⑨ 해외체재자 및 해외유학생이 본인 거주 목적으로 외국에 있는 부동산을 임차하는 경우
⑩ 외국에 있는 부동산을 임차하는 경우(임차보증금이 미화 1만 불 이하인 경우에 한한다)

(2) 지정거래외국환은행장 신고수리

① 서류제출(규정 제9-39조 제2항)

　제1항의 규정에 해당하는 경우를 제외하고 거주자가 다음의 하나에 해당하는 외국에 있는 부동산 또는 이에 관한 권리를 취득하고자 하는 경우에는 별지 제9-12호 서식의 부동산취득신고(수리)서를 작성하여 지정거래외국환은행의 장에게 신고하여 수리를 받아야 한다.

　㉠ 거주자가 주거 이외의 목적으로 외국에 있는 부동산을 취득하는 경우
　㉡ 거주자 본인 또는 거주자의 배우자가 해외에서 체재할 목적으로 주거용 주택을 취득하는 경우(거주자의 배우자 명의의 취득을 포함한다)
　㉢ 외국에 있는 부동산을 임차하는 경우(임차보증금이 미화 1만 불 초과인 경우로 한한다)

② 사전지급(규정 제9-39조 제3항)

　제2항의 규정에도 불구하고 거주자가 외국부동산 매매계약이 확정되기 이전에 지정거래외국환은행의 장으로부터 내신고수리를 받은 경우에는 취득 예정금액의 100분의 10이내에서 외국부동산 취득대금을 지급할 수 있다. 이 경우 내신고수리를 받은 날로부터 3개월 이내에 제2항의 규정에 의하여 신고하여 수리를 받거나, 지급한 자금을 국내로 회수하여야 한다.

(3) 한국은행총재 신고수리(규정 제9-39조 제4항)

제1항 및 제2항에 규정된 경우를 제외하고 거주자가 외국에 있는 부동산 또는 이에 관한 권리를 취득하고자 하는 경우에는 별지 제9-12호 서식의 부동산취득신고(수리)서를 작성하여 한국은행총재에게 신고하여 수리를 받아야 한다.

(4) 규정 준용(규정 제9-39조 제5항)

이 절(거주자의 외국부동산 취득)의 규정에 의한 부동산 또는 이에 관한 권리의 취득에 관하여는 이 절에서 별도로 규정한 경우를 제외하고는 제9-4조(투자금의 회수) 및 제9-6조(해외직접투자사업의 청산)를 준용한다.

4. 사후관리

(1) 유관기관 통보(규정 제9-40조 제1항)

한국은행총재 또는 지정거래외국환은행의 장은 제9-39조 제2항 및 제4항의 규정에 의한 거주자의 외국에 있는 부동산 또는 이에 관한 권리 취득에 대한 신고수리 내용을 매 익월 20일까지 국세청장, 관세청장 및 금융감독원장에게 통보하여야 한다.

(2) 보고서 제출(규정 제9-40조 제2항)

제9-39조 제2항 및 제4항의 규정에 의한 신고수리를 받아 외국에 있는 부동산 또는 이에 관한 권리를 취득한 자는 다음의 보고서를 한국은행총재 또는 지정거래외국환은행의 장에게 제출하여야 하며, 한국은행총재 또는 지정거래외국환은행의 장은 제1호 및 제2호의 보고서를 제출받은 날이 속하는 달의 익월 말일까지 국세청장, 관세청장 및 금융감독원장에게 제출하여야 한다. 다만, 현지의 재난·재해 등 불가피한 사유로 인해 부동산 또는 이에 관한 권리를 취득한 자가 보고서를 제출하는 것이 불가능한 것으로 한국은행총재 또는 지정거래외국환은행의 장이 인정하는 경우에는 그 사유가 해소될 때까지 다음의 보고서 또는 서류를 제출하지 아니할 수 있으며, 이 경우 한국은행총재 또는 지정거래외국환은행의 장은 국세청장, 관세청장 및 금융감독원장에게 그 사실을 통보하여야 한다.

① 해외부동산취득보고서: 부동산 취득대금 송금 후 3월 이내
② 해외부동산처분(변경)보고서: 부동산 처분(변경) 후 3월 이내. 다만, 3월 이내에 처분대금을 수령하는 경우에는 수령하는 시점
③ 수시보고서: 한국은행총재 또는 지정거래외국환은행의 장이 취득부동산의 계속 보유여부의 증명 등 사후관리에 필요하다고 인정하여 요구하는 경우

(3) 전자제출(규정 제9-40조 제3항)

보고서 또는 서류는 전자적 방법을 통해 실명확인을 받고 제출할 수 있다.

07 비거주자의 국내부동산 취득

1. 신고예외(규정 제9-42조 제1항)

비거주자가 국내에 있는 부동산 또는 이에 관한 물권·임차권 기타 이와 유사한 권리(이하 이 관에서 "권리"라 한다)를 취득하고자 하는 경우로서 다음의 하나에 해당하는 경우에는 신고를 요하지 아니한다.
(1) 「해저광물자원개발법」의 규정에 의하여 인정된 바에 따라 비거주자인 조광권자가 국내에 있는 부동산 또는 이에 관한 권리를 취득하는 경우
(2) 비거주자가 본인, 친족, 종업원의 거주용으로 국내에 있는 부동산을 임차하는 경우
(3) 국민인 비거주자가 국내에 있는 부동산 또는 이에 관한 권리를 취득하는 경우
(4) 비거주자가 국내에 있는 비거주자로부터 토지 이외의 부동산 또는 이에 관한 권리를 취득하는 경우
(5) 외국인비거주자가 상속 또는 유증으로 인하여 국내에 있는 부동산 또는 이에 관한 권리를 취득하는 경우

2. 신고의무

(1) 외국환은행장 신고(규정 제9-42조 제2항)

제1항에서 정한 경우를 제외하고 비거주자가 국내부동산 또는 이에 관한 권리를 취득하고자 하는 경우로서 다음의 하나에 해당하는 경우에는 별지 제9-12호 서식의 부동산취득신고(수리)서에 당해 부동산거래를 입증할 수 있는 서류 또는 담보취득을 입증할 수 있는 서류를 첨부하여 외국환은행의 장에게 신고하여야 한다.

① 외국으로부터 휴대수입 또는 송금(대외계정에 예치된 자금을 포함한다)된 자금으로 취득하는 경우
② 거주자와의 인정된 거래에 따른 담보권을 취득하는 경우
③ ①에 의한 자금(외국에서 직접 결제하는 경우를 포함한다) 또는 상기 제1항 및 ②의 방법으로 부동산 또는 이에 관한 권리를 취득한 비거주자로부터 부동산 또는 이에 관한 권리를 취득하는 경우

(2) 한국은행총재 신고(규정 제9-42조 제3항)

제1항 및 제2항의 경우를 제외하고 비거주자가 국내에 있는 부동산 또는 이에 관한 권리를 취득하고자 하는 경우에는 한국은행총재에게 신고하여야 한다.

3. 매각대금의 지급

(1) 외국환은행의 장에게 제출(규정 제9-43조 제1항)

비거주자가 다음의 하나에 해당하는 방법으로 취득한 국내에 있는 부동산 또는 이에 관한 권리의 매각대금을 외국으로 지급하고자 하는 경우에는 당해 부동산 또는 이에 관한 권리의 취득 및 매각을 입증할 수 있는 서류를 외국환은행의 장에게 제출하여야 한다. 다만, 비거주자인 재외동포의 국내재산 반출의 경우에는 제4-4조 제1항 제8호의 규정을 적용한다.

① 제9-42조 제2항 제1호에 의한 자금으로 제9-42조 제1항 제1호 내지 제4호의 규정에 의하여 국내에 있는 부동산 또는 이에 관한 권리를 취득한 경우
② 제9-42조 제2항의 규정에 의하여 국내에 있는 부동산 또는 이에 관한 권리를 취득한 경우. 다만, 제7-13조 제4호의 규정에 의하여 국내부동산 또는 이에 관한 권리를 취득한 경우를 제외한다.
③ 제9-42조 제1항 제5호 및 제9-42조 제3항의 규정에 의하여 국내에 있는 부동산 또는 이에 관한 권리를 취득한 경우

(2) 한국은행총재 신고(규정 제9-43조 제2항)

제1항 본문의 경우를 제외하고 비거주자가 국내에 있는 부동산 또는 이에 관한 권리의 매각대금을 외국으로 지급하기 위하여 대외지급수단을 매입하는 경우에는 제7-21조 제3항의 규정에 따라 별지 제7-4호 서식의 대외지급수단매매신고서에 의하여 한국은행총재에게 신고하여야 한다.

제9장 보칙

01 경고 및 거래정지

1. 경고

(1) 경고의 실시(법 제19조 제1항)

기획재정부장관은 이 법을 적용받는 자가 다음의 어느 하나에 해당하는 경우에는 경고를 할 수 있다.

① 제15조부터 제18조까지의 규정에 따라 허가를 받거나 신고를 한 경우 허가사항 또는 신고사항에 정하여진 기한이 지난 후에 거래 또는 행위를 한 경우
② 대통령령으로 정하는 금액(거래 또는 행위 유형에 따라 금액을 달리 정할 수 있다) 이하의 거래 또는 행위로서 제15조부터 제18조까지의 규정에 따른 절차 준수, 허가 또는 신고(이하 "신고 등"이라 한다)의 의무를 위반하여 거래 또는 행위를 한 경우

(2) 행정처분 대상금액(영 제33조)

법 제19조 제1항 제2호에서 "대통령령으로 정하는 금액"이란 다음의 구분에 따른 금액을 말한다.

① 법 제15조(지급절차) 위반: 미화 1만 달러
② 법 제16조(지급 또는 수령의 방법의 신고) 위반: 미화 1만 달러
③ 법 제17조(지급수단 등의 수출입 신고) 위반: 미화 1만 달러
④ 법 제18조(자본거래의 신고 등) 위반: 미화 5만 달러

2. 거래의 제한 등(법 제19조 제2항)

기획재정부장관은 이 법을 적용받는 자의 거래 또는 행위가 제15조부터 제18조까지의 규정에 따른 신고 등의 의무를 5년 이내에 2회 이상 위반한 경우에는 각각의 위반행위에 대하여 1년 이내의 범위에서 관련 외국환거래 또는 행위를 정지·제한하거나 허가를 취소할 수 있다.

3. 청문의 실시(법 제19조 제3항)

기획재정부장관은 제2항에 따른 처분을 하려는 경우에는 청문을 하여야 한다.

더 알아보기

법 제19조에 따른 행정처분의 기준(시행령 별표 3의 2)

1. 일반기준

가. 위반행위의 횟수에 따른 행정처분의 기준은 최근 5년간 같은 위반행위로 행정처분을 받은 경우(법 제15조부터 제18조까지의 규정에 따른 신고 등의 의무를 위반하였으나 법 제19조 제1항 제2호에 따른 행정처분 요건에 해당하지 않은 경우를 포함하며, 마목에 따라 행정처분을 면제받은 경우는 제외한다)에 적용한다.

이 경우 기간의 계산은 같은 위반행위에 대해 행정처분을 받은 날(법 제15조부터 제18조까지의 규정에 따른 신고 등의 의무를 위반하였으나 법 제19조 제1항 제2호에 따른 행정처분 요건에 해당하지 않는 경우에는 과태료 부과처분을 받은 날을 말한다)과 그 처분 후에 다시 같은 위반행위를 하여 적발된 날을 기준으로 하며, 위반 횟수 산정 시 같은 위반행위이면 제2호 나목에 따른 위반금액은 고려하지 않는다.

나. 가목에 따라 가중된 행정처분을 하는 경우 가중처분의 적용 차수는 그 위반행위 전 행정처분 차수(가목에 따른 기간 내에 행정처분이 둘 이상 있었던 경우에는 높은 차수를 말한다)의 다음 차수로 한다.

다. 다음의 어느 하나에 해당하는 경우에는 제2호에 따른 거래정지(법 제19조에 따라 각각의 위반행위에 대해 1년 이내의 범위에서 관련 외국환거래 또는 행위를 정지·제한하는 것을 말한다. 이하 같다) 기간을 2분의 1의 범위에서 가중할 수 있다. 다만, 가중하는 경우에도 1년을 넘을 수 없다.
   1) 위반행위가 고의나 중대한 과실에 따른 것으로 인정되는 경우
   2) 법 제20조에 따른 검사에 응하지 않거나 검사를 거부·방해 또는 기피한 것으로 인정되는 경우
   3) 그 밖에 위반행위의 동기와 그 결과, 위반 정도 등에 비추어 가중이 필요하다고 인정되는 경우

라. 부과권자는 다음의 어느 하나에 해당하는 경우에는 제2호에 따른 거래정지 기간의 2분의 1의 범위에서 감경할 수 있다.
   1) 위반의 내용·정도가 경미하여 즉시 시정할 수 있다고 인정되는 경우
   2) 위반행위가 고의나 중대한 과실이 아닌 사소한 부주의나 단순한 오류에 따른 것으로 인정되는 경우
   3) 위반행위자가 해당 위반행위를 자진 신고하고 법 제20조에 따른 검사에 협조한 것으로 인정되는 경우
   4) 그 밖에 위반행위의 동기와 그 결과, 위반 정도 등에 비추어 감경이 필요하다고 인정되는 경우

마. 부과권자는 다음의 어느 하나에 해당하는 경우에는 경고 및 거래정지 등 행정처분을 면제할 수 있다.
   1) 신고기관의 착오로 인하여 이 법에 따른 신고 등의 의무가 있는 자가 잘못된 기관에 해당 절차를 이행한 경우
   2) 위반행위자의 사망, 폐업, 해산, 파산, 회생절차 개시 등으로 행정처분 부과의 실효성이 없는 경우
   3) 해당 위반행위가 종료된 날부터 5년이 경과한 경우

2. 개별기준

가. 법 제19조 제1항에 해당하는 경우

위반사항	근거 법조문	처분기준
1) 법 제15조부터 제18조까지의 규정에 따라 허가를 받거나 신고를 한 경우 허가사항 또는 신고사항에 정해진 기한이 지난 후에 거래 또는 행위를 한 경우	법 제19조 제1항 제1호	경고
2) 제33조 제1항 각 호의 구분에 따른 금액 이하의 거래 또는 행위로서 법 제15조부터 제18조까지의 규정에 따른 절차 준수, 허가 또는 신고의 의무를 위반하여 거래 또는 행위를 한 경우(1회 위반의 경우에 한정한다)	법 제19조 제1항 제2호	경고

나. 법 제19조 제2항에 해당하는 경우

법 제19조 제2항에 따른 행정처분의 기준은 위반사항, 다음 표의 위반사항란에 규정된 위반금액 및 위반횟수에 따라 결정한다. 이 경우 위반금액이란 위반행위를 통해 지급·수령하거나 이동시킨 자금 등의 크기를 말한다.

위반사항	근거 법조문	위반 횟수별 처분기준	
		2회	3회 이상
1) 법 제15조 제1항에 따른 지급절차 등을 위반하여 지급·수령을 하거나 자금을 이동시킨 경우[2)의 경우는 제외한다] 가) 1억 원 이하 나) 1억 원 초과 3억 원 이하 다) 3억 원 초과 5억 원 이하 라) 5억 원 초과	법 제19조 제2항	1개월 1개월 3개월 6개월	3개월 3개월 6개월 12개월

위반행위	근거 법조문	1차 위반	2차 이상 위반
2) 법 제15조 제1항에 따른 지급절차 등을 위반하여 지급·수령을 하거나 자금을 이동시킨 경우(거짓으로 증명서류를 제출한 경우로 한정한다)	법 제19조 제2항		
가) 1억 원 이하		1개월	3개월
나) 1억 원 초과 3억 원 이하		3개월	6개월
다) 3억 원 초과 5억 원 이하		3개월	6개월
라) 5억 원 초과		6개월	12개월
3) 법 제16조에 따른 신고를 하지 않거나 거짓으로 신고를 하고 지급 또는 수령을 한 경우	법 제19조 제2항		
가) 외국환업무취급기관의 장에 대한 신고사항 위반			
(1) 1억 원 이하		1개월	3개월
(2) 1억 원 초과 3억 원 이하		1개월	3개월
(3) 3억 원 초과 5억 원 이하		3개월	6개월
(4) 5억 원 초과		6개월	12개월
나) 기획재정부장관, 한국은행총재에 대한 신고사항 위반			
(1) 1억 원 이하		1개월	3개월
(2) 1억 원 초과 3억 원 이하		3개월	6개월
(3) 3억 원 초과 5억 원 이하		3개월	6개월
(4) 5억 원 초과		6개월	12개월
4) 법 제16조 또는 제18조를 위반하여 신고를 갈음하는 사후 보고를 하지 않거나 거짓으로 사후 보고를 한 경우	법 제19조 제2항		
가) 1억 원 이하		1개월	3개월
나) 1억 원 초과 3억 원 이하		1개월	3개월
다) 3억 원 초과 5억 원 이하		3개월	6개월
라) 5억 원 초과		6개월	12개월
5) 법 제17조에 따른 신고를 하지 않거나 거짓으로 신고를 하고 지급수단 또는 증권을 수출입하거나 수출입하려 한 경우	법 제19조 제2항		
가) 1억 원 이하		1개월	3개월
나) 1억 원 초과 3억 원 이하		3개월	6개월
다) 3억 원 초과 5억 원 이하		3개월	6개월
라) 5억 원 초과		6개월	12개월
6) 법 제18조 제1항에 따른 신고를 하지 않거나 거짓으로 신고를 하고 자본거래를 한 경우	법 제19조 제2항		
가) 외국환업무취급기관의 장에 대한 신고사항 위반			
(1) 1억 원 이하		1개월	3개월
(2) 1억 원 초과 3억 원 이하		1개월	3개월
(3) 3억 원 초과 5억 원 이하		3개월	6개월
(4) 5억 원 초과		6개월	12개월
나) 기획재정부장관, 금융위원회, 금융감독원장, 한국은행 총재에 대한 신고사항 위반			
(1) 1억 원 이하		1개월	3개월
(2) 1억 원 초과 3억 원 이하		3개월	6개월
(3) 3억 원 초과 5억 원 이하		3개월	6개월
(4) 5억 원 초과		6개월	12개월
7) 법 제18조 제5항을 위반하여 신고수리가 거부되었음에도 그 신고에 해당하는 자본거래를 한 경우	법 제19조 제2항		
가) 외국환업무취급기관의 장에 대한 신고사항 위반			
(1) 1억 원 이하		1개월	3개월
(2) 1억 원 초과 3억 원 이하		1개월	3개월
(3) 3억 원 초과 5억 원 이하		3개월	6개월
(4) 5억 원 초과		6개월	12개월

나) 기획재정부장관, 금융위원회, 금융감독원장, 한국은행 총재에 대한 신고사항 위반 (1) 1억 원 이하 (2) 1억 원 초과 3억 원 이하 (3) 3억 원 초과 5억 원 이하 (4) 5억 원 초과		1개월 3개월 3개월 6개월	3개월 6개월 6개월 12개월
8) 법 제18조 제6항을 위반하여 같은 조 제4항 제3호의 권고내용과 달리 자본거래를 한 경우 가) 외국환업무취급기관의 장에 대한 신고사항 위반 (1) 1억 원 이하 (2) 1억 원 초과 3억 원 이하 (3) 3억 원 초과 5억 원 이하 (4) 5억 원 초과	법 제19조 제2항	 1개월 1개월 3개월 6개월	 3개월 3개월 6개월 12개월
나) 기획재정부장관, 금융위원회, 금융감독원장, 한국은행 총재에 대한 신고사항 위반 (1) 1억 원 이하 (2) 1억 원 초과 3억 원 이하 (3) 3억 원 초과 5억 원 이하 (4) 5억 원 초과		1개월 3개월 3개월 6개월	3개월 6개월 6개월 12개월

02 보고 및 검사

1. 보고의 요구(법 제20조 제1항)

기획재정부장관은 이 법의 실효성을 확보하기 위하여 거래 당사자 또는 관계인으로 하여금 필요한 보고를 하게 할 수 있으며, 비거주자에 대한 채권을 보유하고 있는 거주자로 하여금 대통령령으로 정하는 바에 따라 그 보유 채권의 현황을 기획재정부장관에게 보고하게 할 수 있다.

> 제34조(보유 채권의 현황 보고) ① 법 제20조 제1항에 따라 비거주자에 대한 채권보유현황을 보고하여야 하는 대상은 미화 1만 달러를 초과하는 채권으로 한다. 이 경우 보고 대상 채권의 범위, 보고 시기, 보고 시한, 그 밖에 필요한 사항은 기획재정부장관이 정하여 고시한다.
> ② 외국인인 거주자와 법 제3조 제1항 제15호 단서에 해당하는 거주자에 대하여는 법 또는 이 영의 적용을 받는 거래에 의하여 취득한 채권에 한정하여 제1항을 적용한다.

2. 자료제출의 요구(법 제20조 제2항)

기획재정부장관은 이 법을 시행하기 위하여 필요하다고 인정되는 경우에는 국세청, 한국은행, 금융감독원, 외국환업무취급기관 등 이 법을 적용받는 관계 기관의 장에게 관련 자료 또는 정보의 제출을 요구할 수 있다. 이 경우 관계 기관의 장은 특별한 사유가 없으면 그 요구에 따라야 한다.

3. 검사의 실시

(1) 검사권 부여(법 제20조 제3항)

기획재정부장관은 이 법을 시행하기 위하여 필요하다고 인정되는 경우에는 소속 공무원으로 하여금 외국환업무취급기관 등이나 그 밖에 이 법을 적용받는 거래 당사자 또는 관계인의 업무에 관하여 검사하게 할 수 있다.

(2) 자료제출의 요구(법 제20조 제4항)

기획재정부장관은 효율적인 검사를 위하여 필요하다고 인정되는 경우에는 외국환업무취급기관 등이나 그 밖에 이 법을 적용받는 거래 당사자 또는 관계인의 업무와 재산에 관한 자료의 제출을 요구할 수 있다.

(3) 조치의 명령(법 제20조 제5항)

기획재정부장관은 제3항에 따른 검사 결과 위법한 사실을 발견하였을 때에는 그 시정을 명하거나 그 밖에 대통령령으로 정하는 필요한 조치를 할 수 있다.

법 제20조 제5항에서 "대통령령으로 정하는 필요한 조치"란 다음의 조치를 말한다.
① 업무방법의 개선 요구 및 개선 권고
② 법령을 위반한 경우 관계 기관이나 수사기관에의 통보
③ 그 밖에 기획재정부장관이 법, 이 영 및 그 밖의 관련 법령 등에 따라 할 수 있는 조치

(4) 업무의 위탁(법 제20조 제6항)

기획재정부장관은 필요하다고 인정되는 경우에는 대통령령으로 정하는 바에 따라 한국은행총재, 금융감독원장, 그 밖에 대통령령으로 정하는 자(관세청장)에게 위탁하여 그 소속 직원으로 하여금 제3항부터 제5항까지의 규정에 따른 업무를 수행하게 할 수 있다.

(5) 증표 제시(법 제20조 제7항)

제3항이나 제6항에 따라 검사를 하는 사람은 그 권한을 표시하는 증표를 지니고 이를 관계인에게 내보여야 한다.

4. 검사 권한(영 제35조 제4항)

기획재정부장관은 법 제20조 제6항에 따라 한국은행총재, 금융감독원장 또는 관세청장에게 다음의 구분에 따라 같은 조 제3항부터 제5항까지의 규정에 따른 검사 등 업무를 위탁하여 그 소속 직원으로 하여금 수행하게 할 수 있다.

(1) 한국은행총재

다음의 자에 대한 검사 등 업무. 다만, ㉢의 자에 대해서는 금융감독원장에게 검사 등을 요구하거나 금융감독원장이 수행하는 검사 등에 공동으로 참여하는 방법으로 하여야 하고, ㉠(관계인으로 한정한다) 및 ㉡의 자에 대해서는 금융감독원장에게 검사 등을 요구하거나 금융감독원장이 수행하는 검사 등에 공동으로 참여하는 방법으로도 할 수 있다.
㉠ 외국환업무취급기관인 외국금융기관과 그 관계인
㉡ 외국환중개업무를 영위하는 자와 그 거래 당사자 및 관계인
㉢ 제37조 제3항 제3호에 따라 한국은행총재가 위탁받아 수행하는 업무의 대상인 외국환업무취급기관 중 「한국은행법」 제11조에 따른 금융기관

㉣ 제37조 제3항 제11호에 따라 한국은행총재가 위탁받아 수행하는 업무에 관련되는 보고 대상자

㉤ 제37조 제3항 제13호에 따라 한국은행총재가 위탁받아 수행하는 업무의 대상인 부담금납부의무자

(2) 금융감독원장

다음의 자에 대한 검사 등 업무. 다만, 제1호 각 목의 자에 대한 검사 등 업무(제1호 단서에 따라 수행하는 검사 등 업무는 제외한다) 및 제3호 각 목의 자에 대한 검사 등 업무는 제외한다.

㉠ 외국환업무를 취급하는 자와 그 거래 당사자 및 관계인

㉡ 소액해외송금업무를 영위하는 자와 그 거래 당사자 및 관계인

㉢ 기타전문외국환업무를 영위하는 자와 그 거래당사자 및 관계인

㉣ 수출입거래와 관련되지 아니한 용역거래 또는 자본거래 당사자 등 제1호 각 목 및 제3호 각 목에 해당하지 아니하는 자

(3) 관세청장

다음의 자에 대한 검사 등 업무

㉠ 환전업무를 영위하는 자와 그 거래 당사자 및 관계인

㉡ 수출입거래나 용역거래·자본거래(용역거래·자본거래의 경우 수출입거래와 관련된 거래 또는 대체송금을 목적으로 법 제16조 제3호 및 제4호의 방법으로 지급하거나 수령하는 경우로 한정한다)의 당사자 및 관계인

5. 검사업무의 수행

(1) 기획재정부장관은 제4항에 따라 검사 등 업무를 수행하게 하는 경우에는 그 대상 업무를 명시해야 한다(영 제35조 제5항).

(2) 제4항에 따라 검사 등 업무를 위탁받은 자는 검사의 기준, 방법, 절차와 그 밖에 검사 등 업무에 관한 사항을 정할 수 있다(영 제35조 제6항).

(3) 한국은행총재는 제4항 제2호 각 목의 어느 하나에 해당하는 자의 행위가 외환시장의 안정에 지장을 초래하거나 초래할 우려가 있다고 인정하는 경우(법 제10조 제2항에 해당되거나 해당될 우려가 있다고 인정하는 경우를 포함한다)에는 금융감독원장에게 구체적 범위를 정하여 제4항 제2호에 해당하는 자에 대한 검사를 요구할 수 있으며, 「한국은행법」 제11조에 따른 금융기관, 거래 당사자 및 관계인에 대하여 금융감독원장이 수행하는 검사에 한국은행 소속 직원이 공동으로 참여할 수 있도록 요구할 수 있다(영 제35조 제7항).

(4) 한국은행총재는 제7항에 따라 검사를 요구하거나 그 소속 직원이 공동으로 참여하는 검사(이하 "공동검사"라 한다)를 요구하는 경우에는 그 사실을 기획재정부장관에게 미리 보고해야 한다(영 제35조 제8항).

(5) 한국은행총재는 금융감독원장에게 제7항에 따른 검사 결과의 송부 또는 검사 결과에 따른 시정조치를 요구할 수 있다(영 제35조 제9항).

(6) 금융감독원장은 용역거래나 자본거래를 하는 자의 수출입거래와 관련된 행위가 외국환 거래질서에 위해를 초래하거나 초래할 우려가 있다고 인정되는 경우에는 관세청장에게 수출입거래의 당사자 및 관계인에 대한 공동검사를 요구할 수 있다. 이 경우 공동검사를 요구받은 관세청장은 특별한 사정이 없으면 그 요구에 따라야 한다(영 제35조 제10항).

(7) 금융감독원장은 제10항에 따라 공동검사를 했을 때에는 관세청장에게 검사 결과서를 송부해야 하며, 검사 결과에 따른 시정조치를 요구할 수 있다(영 제35조 제11항).

⑻ 관세청장과 금융감독원장은 환전업무와 소액해외송금업무 및 기타전문외국환업무를 영위하는 자의 행위가 환전업무 또는 소액해외송금업무 및 기타전문외국환업무의 영업 질서에 위해를 초래하거나 초래할 우려가 있다고 인정되는 경우에는 상대 기관의 장에게 공동검사를 요구할 수 있다. 이 경우 공동검사를 요구받은 관세청장 또는 금융감독원장은 특별한 사정이 없으면 그 요구에 따라야 한다(영 제35조 제12항).

⑼ 제12항에도 불구하고 외국환 거래질서에 위해를 초래할 우려가 명백한 경우에는 단독으로 검사 및 이에 따른 필요한 조치를 한 후에 상대 기관의 장에게 그 결과를 통보할 수 있다(영 제35조 제13항).

⑽ 관세청장 또는 금융감독원장은 제12항에 따라 공동검사를 했을 때에는 상대 기관의 장에게 검사 결과서를 송부해야 하며, 검사 결과에 따른 시정조치를 요구할 수 있다(영 제35조 제14항).

⑾ 관세청장은 수출입업자의 용역거래나 자본거래와 관련된 행위가 외국환 거래질서에 위해를 초래하거나 초래할 우려가 있다고 인정되는 경우에는 금융감독원장에게 용역거래나 자본거래의 당사자 및 관계인에 대한 공동검사를 요구할 수 있다. 이 경우 공동검사를 요구받은 금융감독원장은 특별한 사정이 없으면 그 요구에 따라야 한다(영 제35조 제15항).

⑿ 관세청장은 제15항에 따라 공동검사를 했을 때에는 금융감독원장에게 검사 결과서를 송부해야 하며, 검사 결과에 따른 시정조치를 요구할 수 있다(영 제35조 제16항).

⒀ 한국은행총재, 금융감독원장 및 관세청장은 검사업무를 수행하는 과정에서 다른 기관의 검사업무와 관련된 사실을 알게 된 때에는 지체 없이 해당 기관에 알려야 한다(영 제35조 제17항).

6. 유관기관 통보

⑴ 검사기준 통보(규정 제10-8조 제1항)

검사업무를 수행하는 자가 검사의 기준·방법·절차·제재 등을 제정 또는 개정한 경우에는 그 내용을 지체 없이 기획재정부장관에게 통보하여야 한다.

⑵ 위규사항 통보(규정 제10-8조 제2항)

검사업무를 수행하는 자는 검사결과 발견된 위규사항이 외환정책, 금융정책과 관련된 중요사항이라고 판단될 경우 그 내용을 기획재정부장관, 한국은행총재 등 관계기관에 통보하여야 한다.

⑶ 제재의 통보(규정 제10-8조 제4항)

검사업무를 행하는 자는 검사를 행함에 따른 제재 등의 조치를 한 경우에는 그 내용을 상호 간에 통보하여야 한다.

7. 행정정보 공동이용(영 제35조의 2)

기획재정부장관(법 제20조 제6항에 따라 검사 등 업무를 위탁받은 기관을 포함한다)은 같은 조에 따른 검사 등 업무 수행을 위해 필요한 경우 「전자정부법」 제36조 제1항에 따라 다음의 행정정보를 공동 이용할 수 있다.

① 출입국에 관한 사실증명
② 외국인등록 사실증명
③ 국내거소신고 사실증명
④ 외국인의 부동산등기등록증명
⑤ 해외이주신고 확인서

⑥ 주민등록표 등·초본
⑦ 법인 등기사항증명서
⑧ 건물등기사항증명서
⑨ 토지등기사항증명서
⑩ 가족관계등록 전산정보
⑪ 사업자등록증명
⑫ 폐업사실증명

03 유관기관 통보

1. 개요

(1) 다른 법률에도 불구하고 기획재정부장관은 이 법을 적용받는 거래, 지급, 수령, 자금의 이동 등에 관한 자료를 국세청장, 관세청장, 금융감독원장 또는 한국수출입은행장에게 직접 통보하거나 한국은행총재, 외국환업무취급기관등의 장, 세관의 장, 그 밖에 대통령령으로 정하는 자(외환정보집중기관의 장, 여신전문금융업협회의장)로 하여금 국세청장, 관세청장, 금융감독원장 또는 한국수출입은행장에게 통보하도록 할 수 있다(법 제21조 제1항).

> **영 제36조 제1항**
> 제36조(국세청장 등에게의 통보) ① 법 제21조 제1항에서 "대통령령으로 정하는 자"란 외환정보집중기관의 장과 「여신전문금융업법」에 따른 여신전문금융업협회의 장을 말한다.

(2) 기획재정부장관은 대통령령으로 정하는 자(외환정보집중기관)에게 이 법을 적용받는 거래, 지급, 수령, 자금의 이동 등에 관한 자료를 「신용정보의 이용 및 보호에 관한 법률」 제25조에 따른 신용정보집중기관에 제공하도록 할 수 있다(법 제21조 제2항).

2. 통보의 범위(영 제36조 제2항)

기획재정부장관은 법 제21조 제1항에 따라 한국은행총재, 외국환업무취급기관등의 장, 세관의 장, 외환정보집중기관의 장과 「여신전문금융업법」에 따른 여신전문금융업협회의 장으로 하여금 국세청장, 관세청장, 금융감독원장 또는 한국수출입은행장에게 통보하도록 명하는 경우에는 통보 대상 거래, 통보 시기 등 필요한 사항을 정하여 고시하여야 한다.

3. 통보거래 및 시기

(1) 국세청장 통보(규정 제10-12조 제1항)

한국은행총재, 외국환업무취급기관의 장, 여신협회장 및 전문외국환업무취급업자가 이 규정에서 정하는 바에 의하여 국세청장에게 통보 또는 열람하도록 하여야 하는 거래 및 통보시기는 다음과 같다. 단, 제3호에 해당하는 거래의 경우 국세청장은 조세탈루혐의의 확인을 위해 필요시 당해 신고기관에 제출된 신고서류를 열람만 할 수 있다.

① 통보대상거래: 제2-2조, 제2-3조, 제2-24조, 제2-29조, 제2-31조, 제2-39조, 제4-8조 제1항, 제5-4조, 제5-5조, 제5-8조, 제5-10조, 제5-11조, 제6-2조, 제7-12조, 제7-16조, 제7-21조, 제8-4조, 제9-9조, 제9-15조의 2, 제9-25조, 제9-40조 및 제10-6조의 규정에 의한 지급 등 또는 거래 사실(인별·건별 내역을 포함한다)

② 통보시기: 매월별로 익월 10일 이내. 다만 규정에서 따로 정하는 경우에는 그 정하는 바에 의한다.
③ 열람대상거래: 제2-6조 제1항, 제2-8조, 제7-14조, 제7-19조, 제7-31조 및 제7-40조

(2) 관세청장 통보(규정 제10-12조 제2항)

한국은행총재, 외국환업무취급기관의 장, 여신협회장 및 전문외국환업무취급업자가 이 규정에서 정하는 바에 의하여 관세청장에게 통보하여야 하는 거래 및 통보시기는 다음과 같다.

① 통보대상거래: 제2-2조, 제2-3조, 제2-29조, 제2-31조, 제2-39조, 제4-8조 제2항, 제5-4조, 제5-5조, 제5-8조, 제5-10조, 제5-11조, 제7-12조, 제7-21조, 제9-9조, 제9-25조, 제9-40조, 제9-42조 및 제10-6조의 규정에 의한 지급 등 또는 거래사실(인별·건별 내역을 포함한다)
② 통보시기: 매월별로 익월 10일 이내. 다만, 규정에서 따로 정하는 경우에는 그 정하는 바에 의한다.

(3) 금융감독원장 통보(규정 제10-12조 제3항)

한국은행총재, 외국환업무취급기관의 장 및 전문외국환업무취급업자가 이 규정에서 정하는 바에 의하여 금융감독원장에게 통보하여야 하는 거래 및 통보시기는 다음과 같다.

① 통보대상거래: 제2-9조의 2 제5항, 제2-31조, 제2-39조, 제4-8조 제3항, 제5-4조, 제5-5조, 제5-10조, 제7-21조, 제7-37조, 제8-4조 제2항, 제9-9조, 9-34조 및 제9-40조 및 제10-11조의 규정에 의한 지급 등 또는 거래사실과 제2-10조의 2 제2항의 규정에 의한 파생상품거래실적 중 차액결제선물환거래 내역(인별·건별 내역을 포함한다)
② 통보시기: 매월별로 익월 10일 이내. 다만 규정에서 따로 정하는 경우에는 그 정하는 바에 의한다.

4. 자료의 사용 범위(규정 제10-12조 제4항)

국세청장, 관세청장 및 금융감독원장은 이 규정에 의하여 통보받은 자료를 법 제23조 및 영 제37조의 규정에 의하여 기획재정부장관으로부터 위임·위탁받은 업무처리의 필요한 범위 내에서 이용하여야 한다.

04 권한의 위임·위탁

1. 개요(법 제23조 제1항)

기획재정부장관은 이 법에 따른 권한의 일부를 대통령령으로 정하는 바에 따라 금융위원회, 증권선물위원회, 관계 행정기관의 장, 한국은행총재, 금융감독원장, 외국환업무취급기관등의 장, 그 밖에 대통령령으로 정하는 자에게 위임하거나 위탁할 수 있다.

2. 공무원 의제(법 제23조 제2항)

제1항 및 제20조 제6항에 따른 업무를 담당하는 사람과 그 소속 임원 및 직원(공무원 및 다른 법률에서 공무원으로 보도록 하는 사람은 제외한다)은 「형법」이나 그 밖의 법률에 따른 벌칙을 적용할 때에는 공무원으로 본다.

3. 관세청장에게 위임(영 제37조 제1항)

(1) 위임과 재위임

법 제23조 제1항에 따라 다음의 사항에 관한 기획재정부장관의 권한은 관세청장에게 위임한다. 관세청장은 기획재정부장관의 승인을 받아 위임받은 권한의 일부를 세관의 장에게 재위임할 수 있다.

(2) 위임업무

① 법 제8조 제3항 제1호 및 같은 조 제4항에 따른 환전업무의 등록과 등록사항 변경 및 폐지의 신고
①의 2. 법 제11조 제1항에 따른 환전영업자에 대한 감독 및 감독상 필요한 명령
①의 3. 법 제11조 제2항에 따른 환전영업자에 대한 제21조 제9호의 사항에 관한 제한
② 법 제12조 제1항에 따른 환전영업자의 등록취소·업무제한 또는 업무정지와 같은 조 제3항에 따른 청문
③ 법 제12조의 2에 따른 환전영업자에 대한 과징금의 부과
④ 법 제17조에 따른 지급수단 등의 수출 또는 수입 신고
⑤ 법 제19조에 따른 경고 및 거래정지 등의 행정처분(제35조 제4항 제3호 각 목에 해당하는 자에 대한 처분에 한정한다)과 같은 조 제3항에 따른 청문
⑥ 법 제20조 제1항에 따른 보고 및 같은 조 제2항에 따른 자료 또는 정보 제출의 요구(이 항에 따라 위탁받은 사무를 처리하기 위한 경우로 한정한다)
⑦ 법 제32조 제1항부터 제4항까지(같은 조 제2항 제3호에 해당하는 경우는 제외한다)에 따른 과태료의 부과·징수(제35조 제4항 제3호 각 목에 해당하는 자에 한정한다)
⑧ 법 제32조 제2항 제3호에 따른 과태료의 부과·징수

4. 금융위원회 위탁(영 제37조 제2항)

(1) 위임과 재위임

법 제23조 제1항에 따라 다음의 사항에 관한 기획재정부장관의 권한은 금융위원회에 위탁한다. 금융위원회는 기획재정부장관의 승인을 받아 위탁받은 권한의 일부를 금융감독원장에게 재위탁할 수 있다.

(2) 위임업무

① 법 제11조 제1항에 따른 외국환업무취급기관(외국금융기관은 제외한다. 이하 이 항에서 같다) 및 기타전문외국환업무를 등록한 자에 대한 감독 및 감독상 필요한 명령
② 법 제11조 제2항에 따른 다음의 사항에 대한 제한
  ㉠ 제21조 제2호의 사항(제14조 제1호의 기관에 대한 제한은 제외한다)
  ㉡ 제21조 제4호부터 제7호까지의 사항
③ 법 제12조 제1항에 따른 외국환업무취급기관 및 기타전문외국환업무를 등록한 자에 대한 업무제한 또는 업무정지
④ 법 제12조의 2에 따른 외국환업무취급기관 및 기타전문외국환업무를 등록한 자에 대한 과징금의 부과
⑤ 법 제18조에 따른 자본거래의 신고(기획재정부장관이 고시한 사항으로 한정한다)
⑥ 법 제19조에 따른 경고 및 거래정지 등 행정처분(제35조 제4항 제2호 각 목에 해당하는 자에 대한 처분에 한정하되, 소액해외송금업자와 그 거래당사자 및 관계인에 대한 처분과 제5항 제3호에 해당하는 경우는 제외한다)과 같은 조 제3항에 따른 청문

⑦ 법 제20조 제1항에 따른 보고 및 같은 조 제2항에 따른 자료 또는 정보 제출의 요구(이 항에 따라 위탁받은 사무를 처리하기 위한 경우로 한정한다)
⑧ 법 제32조 제1항부터 제4항까지(같은 조 제2항 제3호에 해당하는 경우는 제외한다)에 따른 과태료의 부과·징수(제35조 제4항 제2호 각 목에 해당하는 자에 한정하되, 소액해외송금업자와 그 거래 당사자 및 관계인에 대한 처분은 제외한다)

5. 한국은행총재 위탁(영 제37조 제3항)

법 제23조 제1항에 따라 다음의 사항에 관한 기획재정부장관의 권한은 한국은행총재에게 위탁한다.
① 법 제11조 제1항에 따른 외국환업무취급기관(외국금융기관으로 한정한다)에 대한 감독 및 감독상 필요한 명령
② 법 제11조 제1항에 따른 외국환중개회사에 대한 감독 및 감독상 필요한 명령
③ 법 제11조 제2항에 따른 다음의 사항에 대한 제한
　㉠ 제21조 제1호·제3호 및 제8호의 사항. 다만, 제21조 제3호에 따른 외화자금의 조달 및 운용방법에 관한 사항은 한국은행 외의 외국환업무취급기관에 대하여 적용되는 것에 한정한다.
　㉡ 제21조 제2호의 사항(제14조 제1호의 기관에 대한 제한에 한정한다)
④ 법 제12조 제1항에 따른 외국환중개회사의 업무제한 또는 업무정지
⑤ 법 제13조 및 제14조에 따른 외국환평형기금의 운용 및 관리에 관한 사무
⑥ 법 제15조에 따른 지급 또는 수령의 허가
⑦ 법 제16조에 따른 지급 또는 수령방법의 신고(제5항 제1호에 해당하는 경우는 제외한다)
⑧ 법 제18조에 따른 자본거래의 신고(기획재정부장관이 고시한 사항에 한정한다)
⑨ 법 제19조에 따른 경고 및 거래정지 등의 행정처분(제35조 제4항 제1호 각 목에 해당하는 자에 한정한다)
⑩ 법 제20조 제1항에 따른 보고 및 같은 조 제2항에 따른 자료 또는 정보 제출의 요구(이 항에 따라 위탁받은 사무를 처리하기 위한 경우와 외환통계의 작성에 필요한 경우로 한정한다)
⑪ 법 제11조의 2 및 제11조의 3에 따른 부담금 및 가산금의 부과·징수에 관한 다음의 사항
　㉠ 법 제11조의 2 제1항 및 이 영 제21조의 6 제1항에 따른 부담금의 납부고지 및 수납처리
　㉡ 법 제11조의 3 제1항 및 이 영 제21조의 7에 따른 분할납부 신청의 접수 및 분할납부 여부의 통보
　㉢ 법 제11조의 3 제2항에 따른 독촉장의 발급
　㉣ 법 제11조의 3 제3항에 따른 가산금의 징수
　㉤ 법 제11조의 3 제4항에 따른 부담금과 가산금의 강제징수
　㉥ 법 제11조의 3 제5항에 따른 자료제출의 요구
　㉦ 법 제11조의 3 제6항 및 이 영 제21조의 10에 따른 이의신청의 접수·처리 및 처리결과의 통지, 조정된 부담금 또는 차액의 부과·징수 또는 환급
　㉧ 제21조의 3부터 제21조의 5까지에 따른 만기, 비예금성외화부채 등 잔액 및 비예금성외화부채 등 잔액의 증가분의 산정에 필요한 세부 사항
　㉨ 그 밖에 부담금 및 가산금의 부과·징수 업무를 효율적으로 수행하기 위하여 필요한 사항

6. 금융감독원장 위탁(영 제37조 제4항)

법 제23조 제1항에 따라 다음의 사항에 관한 기획재정부장관의 권한은 금융감독원장에게 위탁한다.
① 소액해외송금업자에 대한 법 제11조 제1항에 따른 감독 및 감독상 필요한 명령
② 소액해외송금업자와 관련된 제21조 제10호의 사항에 대한 법 제11조 제2항에 따른 제한
③ 법 제20조 제1항에 따른 보고 및 같은 조 제2항에 따른 자료 또는 정보 제출의 요구(제2항 및 이 항에 따라 위탁·재위탁 받은 사무를 처리하기 위한 경우로 한정한다)
④ 제15조의 2 제1항에 따른 등록 신청서의 접수 및 확인, 소액해외송금업자에 대한 제16조 제2항에 따른 변경 또는 폐지 신고의 접수 및 확인
⑤ 제15조의 2 제2항 제4호에 따른 소액해외송금업자의 등록요건에 관한 사항
⑥ 제15조의 3 제2항 단서에 따른 계좌를 통한 거래에 준하는 수준의 투명성 확보 여부에 관한 사항
⑦ 제15조의 4 제3항 및 제4항에 따른 약관의 제정, 변경 신고 및 소액해외송금업자에 대한 약관의 변경 권고
⑧ 제17조의 2 제4항에 따른 소액해외송금업자의 이행보증금 산정 등에 관한 보고의 수령

7. 외국환업무취급기관의장 위탁

(1) 위탁 범위(영 제37조 제5항)

법 제23조 제1항에 따라 다음의 사항에 관한 기획재정부장관의 권한은 외국환업무취급기관의 장에게 위탁한다.
① 법 제16조 제1호 또는 제3호에 따른 방법의 신고(기획재정부장관이 고시한 사항에 한정한다)
② 법 제18조에 따른 자본거래의 신고(기획재정부장관이 고시하는 것에 한정한다)
③ 법 제19조에 따른 경고나 관련 외국환거래 또는 지급 또는 수령의 정지 또는 제한(「여신전문금융업법」에 따른 신용카드업자가 카드회원에 대하여 행하는 경우에 한정한다)과 같은 조 제3항에 따른 청문
④ 법 제20조 제1항에 따른 보고의 요구(이 항에 따라 위탁받은 사무를 처리하기 위한 경우로 한정한다)

(2) 위탁업무처리기준 및 절차

① 외국환거래업무취급지침 제정(규정 제10-13조 제1항)

영 제37조 제5항의 규정에 의하여 기획재정부장관의 권한의 일부를 위임받은 외국환은행은 위탁업무처리기준 및 절차 등(이하 "외국환거래업무취급지침"이라 한다)을 정할 수 있다.

② 간사은행(규정 제10-13조 제2항)

제1항의 규정에 의한 위탁업무취급의 통일성을 기하기 위하여 하나의 외국환은행을 간사은행으로 지정할 수 있으며 전국은행연합회의 외국환전문위원회를 합의기구로 활용할 수 있다.

③ 보고 및 건의(규정 제10-13조 제3항)

제2항의 규정에 의한 간사 외국환은행의 장은 외국환거래업무취급지침을 기획재정부장관, 한국은행총재 및 금융감독원장에게 보고하여야 하며, 한국은행총재는 외국환은행 위탁업무의 적정한 수행을 위하여 필요하다고 인정되는 경우 기획재정부장관에게 그 내용을 변경하도록 건의할 수 있다.

8. 일괄처분(영 제37조 제6항)

동일한 당사자가 법 제15조부터 제18조까지의 사항을 두 가지 이상 위반함에 따라 법 제19조 제1항 및 제2항에 따른 경고·거래정지 또는 법 제32조 제1항부터 제4항까지에 따른 과태료 처분을 관세청장과 금융위원회가 각각 하게 될 경우에는 제1항 및 제2항에도 불구하고 기획재정부장관이 정하는 기관이 일괄하여 처분할 수 있다.

9. 기획재정부장관과의 협의(영 제37조 제7항)

제1항부터 제5항까지의 규정에 따라 권한을 위임 또는 위탁받은 자는 위임 또는 위탁업무처리기준을 정하려는 때에는 미리 기획재정부장관과 협의하여야 한다.

05 전자문서에 의한 허가

1. 개요(법 제24조 제1항)

기획재정부장관은 이 법에 따른 허가·인가·통지·통보를 대통령령으로 정하는 바에 따라 전자문서(전산망 또는 전산처리설비를 이용한 자료의 제출을 포함한다. 이하 이 조에서 같다)의 방법으로 할 수 있다.

2. 전자문서제출 명령(법 제24조 제2항)

기획재정부장관은 이 법의 실효성을 확보하기 위하여 필요하다고 인정되는 경우에는 외국환업무취급기관 등이나 그 밖에 이 법을 적용받는 거래 당사자 또는 관계인으로 하여금 신고, 신청, 보고, 자료의 통보 및 제출을 전자문서의 방법으로 하도록 명할 수 있다.

3. 전자문서제출 절차 제정(영 제38조 제2항)

기획재정부장관은 제1항에 따른 서류 또는 자료를 전자문서의 방법으로 제출할 때 필요한 표준서식, 방법, 절차 등에 관한 사항을 정할 수 있다.

4. 전자문서의 효력 등(영 제38조 제3항)

허가 등의 서류 또는 자료가 전자문서의 방법으로 제출된 경우 그 전자문서의 효력, 도달시기 등에 관한 사항은 「정보통신망 이용촉진 및 정보보호 등에 관한 법률」에서 정하는 바에 따른다.

06 외환정보집중기관 및 외환정보분석기관

1. 개요(법 제25조 제2항)

기획재정부장관은 대통령령으로 정하는 바에 따라 외국환업무와 관련이 있거나 전문성을 갖춘 법인 또는 단체 중에서 하나 이상의 법인 또는 단체를 지정하여 외국환거래, 지급 또는 수령에 관한 자료를 중계·집중·교환 또는 분석하는 기관으로 운영할 수 있다.

2. 외환정보집중기관 및 외환정보분석기관의 지정

(1) 지정요건(영 제39조 제1항)

기획재정부장관은 법 제25조 제2항에 따라 외환정보집중기관을 지정하거나 외국환거래, 지급 또는 수령에 관한 자료를 분석하는 기관(이하 "외환정보분석기관"이라 한다)을 지정할 수 있으며, 지정할 때에는 다음 사항을 고려하여야 한다.
① 외국환업무취급기관과 외환전산망을 연결하는 등의 방법으로 외환정보를 집중할 수 있는 체계를 구축하고 있을 것
② 외환통계의 작성 및 분석을 수행할 수 있는 전문 인력을 5명 이상 갖추고 있을 것

(2) 기관(규정 제10-14조 제1항)

한국은행을 외환정보집중기관으로 하고 국제금융센터를 외환정보분석기관으로 한다.

3. 자료의 제공

(1) 자료제출 요구 통보

① 외국환업무취급기관 등은 외국환거래나 지급 또는 수령의 업무를 수행한 때에는 그 내용을 외환정보집중기관에 통보하여야 한다(영 제39조 제2항).
② 기획재정부장관은 외국환업무취급기관 등에 대하여 외환거래정보의 신속한 집중과 집중된 자료의 사실여부 확인 등을 위하여 필요한 자료를 외환정보집중기관의 장에게 제출하도록 요구할 수 있다(영 제39조 제6항).
③ 외환정보집중기관의 장은 외환정보집중기관의 업무에 필요한 세부 운영기준을 정할 수 있으며, 외국환업무취급기관 등 외국환거래당사자 및 관계기관으로 하여금 외환정보집중기관에 필요한 보고를 하게 하거나 관련자료 또는 정보의 제출을 요구할 수 있다(규정 제10-14조 제2항).
④ 외국환업무취급기관 등 외국환거래당사자 또는 관계인이 이 규정에 의하여 기획재정부장관, 한국은행총재 또는 금융감독원장, 국세청장 또는 관세청장 등에게 보고할 경우에는 한국은행총재가 따로 정하는 경우와 금융감독원이 관리하고 있는 외국인투자관리시스템을 통하여 보고하는 경우를 제외하고는 외환정보집중기관을 통하여 이를 행하여야 한다(규정 제10-14조 제3항).

(2) 정보의 제공

① 정보의 제공
외환정보집중기관은 제4항에 따른 업무처리기준에서 정하는 외국환거래 자료를 외환정보분석기관에 제공할 수 있다(영 제39조 제2항).
② 자료제공의 요구
외환정보분석기관의 장은 기획재정부장관이 인정하는 경우 외환정보분석업무에 필요한 자료의 제공을 외환정보집중기관에 요구할 수 있다(영 제39조 제7항).

③ 정보 제공범위

외환정보분석기관의 장은 외환정보집중기관 업무처리기준에서 정하는 바에 따라 다음의 정보를 외환정보집중기관으로부터 제공받을 수 있다(규정 제10-14조 제4항).
- ㉠ 기관투자가의 증권투자 관련자료
- ㉡ 금융기관 외화유동성 관련자료
- ㉢ 비거주자 국내증권투자 관련자료
- ㉣ 환율 및 외환거래, 파생거래 관련자료
- ㉤ 기타 기획재정부장관이 외환정보분석을 위하여 필요하다고 인정하는 정보

4. 정보보안(영 제39조 제3항)

외환정보집중기관의 장은 외환정보전산시스템에 대한 제3자의 불법 접근 또는 입력된 정보의 변경, 훼손, 파괴나 그 밖의 위험에 대한 기술적·물리적 보안대책을 수립하여야 하며, 외환정보분석기관의 장은 외환정보의 유출 및 훼손 방지 등에 대한 보안대책을 수립하여야 한다.

5. 세부 운영기준의 수립

(1) 기획재정부장관은 외환정보집중기관 및 외환정보분석기관의 업무처리기준을 정할 수 있으며, 외환정보집중기관 및 외환정보분석기관으로 하여금 그 세부 운영기준을 정하게 할 수 있다(영 제39조 제4항).

(2) 외환정보집중기관의 장 및 외환정보분석기관의 장은 제4항에 따라 세부 운영기준을 정한 경우에는 그 내용을 지체 없이 기획재정부장관에게 통보하여야 한다(영 제39조 제5항).

6. 필요경비의 지원(영 제39조 제8항)

기획재정부장관 및 한국은행총재는 외환정보분석기관의 업무 수행과 관련하여 예산의 범위에서 필요한 경비를 지원할 수 있다.

07 기타기관의 업무

1. 개요(법 제25조 제1항)

기획재정부장관은 이 법의 효율적인 운영과 실효성 확보를 위하여 필요하다고 인정되는 경우에는 사무처리나 지급 또는 수령의 절차와 그 밖에 필요한 사항을 정할 수 있다.

2. 국제금융정책자문기구(규정 제10-19조)

기획재정부장관은 법 제25조 제1항의 규정에 의하여 외환 및 국제금융시장 모니터링 및 정책수립 등을 위하여 외환 및 국제금융분야 전문가로 구성된 자문기구를 둘 수 있다.

3. 외국환거래 촉진 외국환업무취급기관의 선정(규정 제10-20조)

기획재정부장관은 한국은행으로 하여금 「외국환거래법」 시행령 제21조의 4 제2항 제2호에 따라 외국환거래의 촉진을 위한 역할을 수행하는 외국환업무취급기관을 원화·위안화 시장 시장조성자 또는 원화·미화 시장 선도은행으로 선정하게 할 수 있다.

4. 청산업무

(1) 청산은행 지정(규정 제10-21조 제1항)

기획재정부장관은 한국은행총재로 하여금 원화와 특정 외국통화의 원활한 거래를 위해 특정 외국환은행, 외국환은행해외지점 및 외국환은행현지법인을 청산은행으로 지정하여 해당 통화의 자금결제와 유동성 공급 역할을 수행하도록 할 수 있다.

(2) 회계처리방법(규정 제10-21조 제2항)

제1항에 따라 청산은행으로 지정된 외국환은행, 외국환은행해외지점 및 외국환은행현지법인은 해당 통화의 자금결제와 유동성 공급 역할을 수행하는 다음의 업무와 관련된 자금에 대해서는 다른 자금과 구분하여 회계 처리하여야 한다.
① 청산은행에 본인 명의의 해당 통화 계정을 두고 거래하는 금융회사(이하 '참가금융회사'라 한다)의 해당 통화의 청산 및 결제를 위한 계좌개설 및 예금. 다만, 만기 3개월을 초과하는 예금은 제외
② 참가금융회사의 포지션 조정거래
③ 참가금융회사와의 콜거래
④ 참가금융회사의 자금운용을 위한 채권거래

(3) 보고(규정 제10-21조 제3항)

기획재정부장관은 한국은행총재로 하여금 청산은행의 장으로부터 외환시장에서의 거래와 관련한 자료를 보고받도록 할 수 있다.

(4) 한국은행총재신고(규정 제10-21조 제4항)

제2-6조(대출) 및 제7-15조(거주자의 원화자금차입)의 규정에도 불구하고 청산은행으로 지정된 외국환은행해외지점 및 외국환은행현지법인이 제1항에 따라 청산은행 명의의 비거주자자유원계정이 개설된 외국환은행과 3조 원을 초과하는 원화대출 또는 3조 원을 초과하는 원화차입(다른 외국환은행과의 대출 또는 차입을 포함한다)을 하려는 경우에는 한국은행 총재에게 신고하여야 한다. 또한, 해당 청산은행은 전단과 관련하여 당월 원화 대차거래 내역 등을 매 익월 말일까지 한국은행총재에게 보고하여야 한다.

5. 서울외환시장운영협의회

(1) 협의회의 구성 및 운영(규정 제10-22조 제1항)

기획재정부장관은 외환시장 참가자들의 자율 협의체인 서울외환시장운영협의회(이하 이 조에서 '협의회'라 한다)를 구성·운영토록 할 수 있다.

(2) 협의회 업무(규정 제10-22조 제2항)

협의회는 외환시장 참가자 상호 간의 업무질서 유지 및 공정한 거래 관행 확립을 통한 외환시장의 건전한 발전을 위하여 참가기관 및 구성, 외환시장 행동규범 등을 정할 수 있다.

6. 외환제도발전심의위원회

(1) 의의(규정 제10-23조 제1항)

외국환거래제도에 관한 사항을 심의하기 위하여 기획재정부장관 소속으로 외환제도발전심의위원회(이하 "위원회"라 한다)를 둔다.

(2) 심의사항(규정 제10-23조 제2항)

위원회는 다음의 사항을 심의한다.
① 외국환거래제도에 관한 주요정책의 수립에 관한 사항
② 외국환거래 관련 법령의 제정·개정 및 해석에 관한 사항
③ 그 밖에 위원회의 위원장이 심의가 필요하다고 인정하여 회의에 부치는 사항

(3) 의원회의 구성

위원회는 위원장을 포함한 10명 이내의 위원으로 구성한다(규정 제10-23조 제3항).

위원회의 위원장은 기획재정부의 고위공무원단에 속하는 일반직 공무원 중에서 기획재정부장관이 지명하는 사람이 되고, 위원은 다음의 어느 하나에 해당하는 사람이 된다(규정 제10-23조 제4항).
① 기획재정부, 금융위원회 및 관세청의 3급 또는 4급 공무원 중에서 해당 기관의 장이 지명하는 사람
② 다음의 어느 하나에 해당하는 사람 중에서 기획재정부장관이 위촉하는 사람
    ㉠ 한국은행총재가 추천하는 사람
    ㉡ 금융감독원장이 추천하는 사람
    ㉢ 은행연합회, 금융투자협회, 여신금융협회, 핀테크산업협회 소속 또는 소속 기관의 외국환거래 업무 경력자로서 부장급 이상이거나 10년 이상 해당 업무에 종사한 사람
    ㉣ 외국환거래 관련 업무에 7년 이상 종사한 변호사이거나, 법률전문대학원 또는 법과대학에서 관련 분야 조교수 이상 경력을 3년 이상 보유한 사람
    ㉤ 국제금융 또는 외국환거래제도 관련 연구 경력을 보유하고 관련 연구기관에서 10년 이상 종사한 사람

(4) 위원회의 임기 및 운영

① 제4항 제2호에 따라 위촉되는 위원의 임기는 2년으로 하며, 한 차례만 연임할 수 있다.
② 반기별 1회 대면회의 개최를 원칙으로 하되, 의장이 필요하다고 인정하는 경우에는 수시로 위원회를 소집하거나 서면회의로 대체할 수 있다.

제10장 벌칙

01 벌칙

행정벌은 행정질서벌과 행정형벌로 구분되는데, 과태료 부과처분은 행정질서벌에 해당하며 징역, 벌금, 몰수 등은 행정형벌로서 행정형벌은 특별히 규정하지 않는 사항은 「형법」 총칙을 적용한다.

행정형벌은 행정법상 의무위반에 대한 제재로서 「형법」에서 정한 형의 종류인 사형, 징역, 금고, 자격상실, 자격정지, 벌금, 구류, 몰수와 같이 「형법」에서 정한 9개의 형을 과하는 것이다. 행정형벌에 관하여는 원칙적으로 「형법」 총칙의 규정이 적용되며, 「외국환거래법」에서는 징역, 벌금, 몰수의 세 가지 종류의 형을 법령에서 규정하고 있다.

1. 5년 이하의 징역 또는 5억 원 이하의 벌금

(1) 다음의 어느 하나에 해당하는 자는 5년 이하의 징역 또는 5억 원 이하의 벌금에 처한다. 다만, 위반행위의 목적물 가액(價額)의 3배가 5억 원을 초과하는 경우에는 그 벌금을 목적물 가액의 3배 이하로 한다(법 제27조 제1항).
  ① 제5조 제2항을 위반하여 기준환율 등에 따르지 아니하고 거래한 자
  ② 제6조 제1항 제1호의 조치를 위반하여 지급 또는 수령이나 거래를 한 자
  ③ 제6조 제1항 제2호의 조치에 따른 보관·예치 또는 매각 의무를 위반한 자
  ④ 제6조 제1항 제3호의 조치에 따른 회수의무를 위반한 자
  ⑤ 제6조 제2항의 조치에 따른 허가를 받지 아니하거나, 거짓이나 그 밖의 부정한 방법으로 허가를 받고 자본거래를 한 자 또는 예치의무를 위반한 자
  ⑥ 제10조 제2항을 위반하여 외국환업무를 한 자

(2) 제1항의 징역과 벌금은 병과(倂科)할 수 있다(법 제27조 제2항).

2. 3년 이하의 징역 또는 3억 원 이하의 벌금

(1) 다음의 어느 하나에 해당하는 자는 3년 이하의 징역 또는 3억 원 이하의 벌금에 처한다. 다만, 위반행위의 목적물 가액의 3배가 3억 원을 초과하는 경우에는 그 벌금을 목적물 가액의 3배 이하로 한다(법 제27조의 2 제1항).
  ① 제8조 제1항 본문 또는 같은 조 제3항에 따른 등록을 하지 아니하거나, 거짓이나 그 밖의 부정한 방법으로 등록을 하고 외국환업무를 한 자(제8조 제4항에 따른 폐지신고를 거짓으로 하고 외국환업무를 한 자 및 제12조 제1항에 따른 처분을 위반하여 외국환업무를 한 자를 포함한다)
  ② 제9조 제1항 전단, 같은 조 제3항 또는 제5항에 따른 인가를 받지 아니하거나, 거짓이나 그 밖의 부정한 방법으로 인가를 받고 외국환중개업무를 한 자(제9조 제3항에 따른 신고를 거짓으로 하고 외국환중개업무를 한 자 및 제12조 제1항에 따른 처분을 위반하여 외국환중개업무를 한 자를 포함한다)
  ③ 제15조 제2항에 따른 허가를 받지 아니하거나, 거짓이나 그 밖의 부정한 방법으로 허가를 받고 지급 또는 수령을 한 자

(2) 제1항의 징역과 벌금은 병과할 수 있다(법 제27조의 2 제2항).

3. 2년 이하의 징역 또는 2억 원 이하의 벌금

(1) 제22조(외국환거래의 비밀보장)를 위반하여 정보를 이 법에서 정하는 용도가 아닌 용도로 사용하거나 다른 사람에게 누설한 사람은 2년 이하의 징역 또는 2억 원 이하의 벌금에 처한다.
(2) 제1항의 징역과 벌금은 병과할 수 있다.

4. 1년 이하의 징역 또는 1억 원 이하의 벌금

(1) 다음의 어느 하나에 해당하는 자는 1년 이하의 징역 또는 1억 원 이하의 벌금에 처한다. 다만, 위반행위의 목적물 가액의 3배가 1억 원을 초과하는 경우에는 그 벌금을 목적물 가액의 3배 이하로 한다(법 제29조 제1항).
  ① 제8조 제5항에 따른 인가를 받지 아니하거나, 거짓이나 그 밖의 부정한 방법으로 인가를 받고 계약을 체결한 자
  ② 제10조 제1항을 위반하여 확인하지 아니한 자
  ③ 제16조 또는 제18조에 따른 신고의무를 위반한 금액이 5억 원 이상의 범위에서 대통령령으로 정하는 금액을 초과하는 자
  ④ 제17조에 따른 신고를 하지 아니하거나 거짓으로 신고를 하고 지급수단 또는 증권을 수출하거나 수입한 자(제17조에 따른 신고의무를 위반한 금액이 미화 2만 달러 이상의 범위에서 대통령령으로 정하는 금액을 초과하는 경우로 한정한다)
  ⑤ 제19조 제2항에 따른 거래 또는 행위의 정지·제한을 위반하여 거래 또는 행위를 한 자
  ⑥ 제32조 제1항에 따른 과태료 처분을 받은 자가 해당 처분을 받은 날부터 2년 이내에 다시 같은 항에 따른 위반행위를 한 경우

(2) 제1항 제4호의 미수범은 처벌한다.
(3) 제1항의 징역과 벌금은 병과할 수 있다.

5. 몰수와 추징(법 제30조)

제27조 제1항 각 호, 제27조의 2 제1항 각 호 또는 제29조 제1항 각 호의 어느 하나에 해당하는 자가 해당 행위를 하여 취득한 외국환이나 그 밖에 증권, 귀금속, 부동산 및 내국지급수단은 몰수하며, 몰수할 수 없는 경우에는 그 가액을 추징한다.

6. 양벌규정(법 제31조)

법인의 대표자나 법인 또는 개인의 대리인, 사용인, 그 밖의 종업원이 그 법인 또는 개인의 재산 또는 업무에 관하여 제27조, 제27조의 2, 제28조 및 제29조의 어느 하나에 해당하는 위반행위를 하면 그 행위자를 벌하는 외에 그 법인 또는 개인에게도 해당 조문의 벌금형을 과(科)한다. 다만, 법인 또는 개인이 그 위반행위를 방지하기 위하여 해당 재산 또는 업무에 관하여 상당한 주의와 감독을 게을리하지 아니한 경우에는 그러하지 아니하다.

02 과태료의 부과

과태료는 행정법상의 의무위반에 대한 제재로서 「형법」에 없는 과태료를 과하는 행정벌을 의미한다. 일정한 신고, 보고, 등록, 서류비치 등을 이행할 행정법상의 의무를 태만히 하는 것과 같이 직접적으로 행정 목적을 침해하는 것이 아니라 간접적으로 행정 목적의 달성에 장애를 미칠 위험성이 있는 행위에 대한 제재로서 과해지는 것이다. 과태료 부과처분은 행정질서벌에 해당하며 「형법」상의 형벌이 아니므로 「형법」 총칙은 적용되지 않는다.

1. 1억 원 이하의 과태료(법 제32조 제1항)

다음의 어느 하나에 해당하는 자에게는 1억 원 이하의 과태료를 부과한다. 다만, 제29조(1년 이하의 징역 또는 1억 원 이하의 벌금)에 해당하는 경우는 제외한다.
① 제8조 제4항에 따른 변경신고를 하지 아니하거나 거짓으로 변경신고를 하고 외국환업무를 한 자
② 제9조 제1항 후단에 따른 변경신고를 하지 아니하거나 거짓으로 변경신고를 하고 외국환중개업무를 한 자 또는 같은 조 제2항을 위반하여 외국환중개업무를 한 자
③ 제16조에 따른 신고를 하지 아니하거나 거짓으로 신고를 하고 지급 또는 수령을 한 자
④ 제18조 제1항에 따른 신고를 하지 아니하거나 거짓으로 신고를 하고 자본거래를 한 자
⑤ 제18조 제5항을 위반하여 신고수리가 거부되었음에도 그 신고에 해당하는 자본거래를 한 자
⑥ 제18조 제6항을 위반하여 같은 조 제4항 제3호의 권고내용과 달리 자본거래를 한 자

2. 5천만 원 이하의 과태료(법 제32조 제2항)

다음의 어느 하나에 해당하는 자에게는 5천만 원 이하의 과태료를 부과한다. 다만, 제29조에 해당하는 경우는 제외한다.
① 제11조의 3 제5항에 따른 자료를 제출하지 아니하거나 거짓으로 제출한 자
② 제15조 제1항에 따른 지급절차 등을 위반하여 지급·수령을 하거나 자금을 이동시킨 자
③ 제17조에 따른 신고를 하지 아니하거나 거짓으로 신고를 하고 지급수단 또는 증권을 수출입하거나 수출입하려 한 자

3. 3천만 원 이하의 과태료(법 제32조 제3항)

다음의 어느 하나에 해당하는 자에게는 3천만 원 이하의 과태료를 부과한다.
① 제16조 또는 제18조를 위반하여 신고를 갈음하는 사후 보고를 하지 아니하거나 거짓으로 사후 보고를 한 자
② 제20조 제3항 또는 제6항에 따른 검사에 응하지 아니하거나 검사를 거부·방해 또는 기피한 자
③ 제20조 제5항 또는 제6항에 따른 시정명령에 따르지 아니한 자
④ 제21조에 따른 기획재정부장관의 명령을 위반하여 통보 또는 제공을 하지 아니하거나 거짓으로 통보 또는 제공한 자

4. 1천만 원 이하의 과태료(법 제32조 제4항)

다음의 어느 하나에 해당하는 자에게는 1천만 원 이하의 과태료를 부과한다.
① 제8조 제4항에 따른 폐지신고를 하지 아니한 자
② 제9조 제3항에 따른 신고를 하지 아니한 자
③ 제19조 제1항에 따른 경고를 받고 2년 이내에 경고 사유에 해당하는 위반행위를 한 자
④ 제20조 제1항 또는 제2항에 따른 보고 또는 자료 제출을 하지 아니하거나 거짓으로 보고 또는 자료 제출을 한 자
⑤ 제20조 제4항 또는 제6항에 따른 자료를 제출하지 아니하거나 거짓으로 자료 제출을 한 자
⑥ 제24조 제2항에 따른 기획재정부장관의 명령을 위반하여 신고, 신청, 보고, 자료의 통보 및 제출을 전자문서의 방법으로 하지 아니한 자

5. 징수권자(법 제32조 제5항)

제1항부터 제4항까지의 규정에 따른 과태료는 대통령령으로 정하는 바에 따라 기획재정부장관이 부과·징수한다.

cca.Hackers.com

해커스관세사 cca.Hackers.com

해커스관세사 김기만 대외무역법·외국환거래법

부록

01 2013-2025년 기출문제

02 대외무역법 관련 법규

03 외국환거래법 관련 법규

01 2013-2025년 기출문제

2013년 제30회 기출문제

【문제 1】 Incoterms® 2010의 CIF규칙을 설명하고, 동 규칙으로 매매계약체결 시 소유권 이전과 관련된 문제점과 대응방안에 대하여 논하시오. (50점)

【문제 2】 외국환거래법령상에 규정된 지급수단의 개념과 대외지급수단에 대하여 설명하시오. (10점)

【문제 3】 대외무역법령상에 나타난 원산지 판정 절차 및 이의제기에 대하여 설명하시오. (10점)

【문제 4】 Incoterms® 2010의 E, F, C, D Terms별로 통관의무 및 통관관련비용 부담의 당사자를 설명하시오. (10점)

【문제 5】 뉴욕협약에 따른 중재판정의 승인과 집행의 거부사유에 대하여 설명하시오. (10점)

【문제 6】 사전송금결제방식에 대하여 설명하시오. (10점)

2014년 제31회 기출문제

【문제 1】 화환추심결제에서 D/P at sight, D/P usance, D/A 조건을 비교 설명하고, 매도인과 매수인 입장에서 이들 3가지 조건에 대한 한계성을 각각 제시한 후, 매도인의 신용위험(credit risks)을 줄일 수 있는 방안을 논하시오. (50점)

【문제 2】 대외무역법에 의하면, 수출자와 선적 전 검사기관 간에 분쟁이 발생할 경우에는 그 해결을 위하여 필요한 조정(調整)을 할 수 있도록 규정하고 있다. 이 경우 ① 선적 전 검사가 무역장벽으로 간주되는 경우, ② 조정안의 작성(제시 시기와 기재내용 포함), ③ 조정안의 통지, ④ 조정이 종료되는 경우를 대외무역법령에 의하여 설명하시오. (10점)

【문제 3】 외국환거래규정상 비금융기관의 해외지사 설치신고 시, 설치신고를 하는 각각의 경우에 따른 신고자 또는 신고기관을 서술하시오. (10점)

【문제 4】 부정기선의 용선계약 시, 이용하는 하역비부담조건들에 대하여 설명하시오. (10점)

【문제 5】 영국해상보험법(MIA)상 미평가보험증권(unvalued policy)과 선명미상보험증권(floating policy by ship or ships)에 대하여 설명하시오. (10점)

2015년 32회 기출문제

【문제 1】 국제물품매매계약에서 비엔나협약(CISG)과 Incoterms® 2010의 위험의 이전에 관한 규정을 각각 설명하고, 양 규정의 유사점과 차이점을 논하시오. (50점)

【문제 2】 외국환거래법령상 '외국환거래의 정지 등'을 다루고 있는 규정을 조치의 대상, 관련 사항의 고시, 적용기간, 적용의 제한 등으로 나누어서 설명하시오. (10점)

【문제 3】 해상보험에서 적용되는 위부(Abandonment)와 대위(Subrogation)의 개념과 차이점을 설명하시오. (10점)

【문제 4】 신용장통일규칙(UCP600) 제2조에 규정된 '지급이행(Honour)'의 의미를 적용 가능한 신용장과 연계하여 설명하시오. (10점)

【문제 5】 대외무역법령상 특정거래 형태의 수출입의 종류와 내용을 설명하시오. (10점)

【문제 6】 무역계약의 수량조건 중 과부족용인조항(M/L Clause)의 개념과 그에 대한 신용장 통일규칙(UCP 600)상의 해석기준을 설명하시오. (10점)

2016년 33회 기출문제

【문제 1】 국제상거래에서 발생하는 수입업자의 대금지급 거절이나 지급불능과 같은 신용위험에 대처하기 위하여 수출업자는 수출대금회수불능에 대한 안전장치를 마련할 필요가 있다. 다음 물음에 답하시오. (50점)

물음 1) 이 경우 수출업자가 활용할 수 있는 우리나라 단기성 및 중장기성 무역 보험을 종류별로 설명하시오. (15점)

물음 2) 수출업자가 수입업자의 신용위험에 대처하기 위하여 국제팩터링(Factoring) 제도와 포페이팅(Forfaiting)제도를 활용할 경우 그 효용과 한계점을 설명하시오. (35점)

【문제 2】 영국해상보험법상 해상보험 기간 중에 발생하는 위험 변경의 형태 중 이로(離路: Deviation)의 성립요건, 이로의 효과, 정당한 이로의 사유에 대하여 설명하시오. (10점)

【문제 3】 항공화물운송장(Air Waybill) 원본의 용도별 기능, 선하증권(B/L)과의 차이점을 설명하시오. (10점)

【문제 4】 무역결제방식 중 송금결제방식의 특징과 실무상 유의점을 설명하고, 사전송금방식 및 사후송금방식 각각의 개념과 위험관리방안에 대하여 설명하시오. (10점)

【문제 5】 대외무역법령상 구매확인서의 정의와 발급절차, 구매확인서와 내국신용장의 차이점, 구매확인서의 전자발급 의무화에 대하여 설명하시오. (10점)

【문제 6】 외국환거래법령상 자본거래의 신고 등에 관한 내용 중 경미하거나 정형화된 자본거래로서 ① 사후에 보고하는 거래의 종류와 ② 자본거래신고 등의 예외 거래의 종류를 설명하시오. (10점)

2017년 34회 기출문제

【문제 1】 국제물품매매계약에 관한 UN협약(UN Convention on Contracts for the International Sale of Goods: CISG)에 관한 다음 물음에 답하시오. (50점)

물음 1) 계약위반의 유형을 그 발생원인에 따라 설명하시오. (10점)

물음 2) 매도인의 계약위반에 따른 매수인의 구제방법에 관하여 설명하시오. (20점)

물음 3) 매수인의 계약위반에 따른 매도인의 구제방법에 관하여 설명하시오. (20점)

【문제 2】 한국 중재법에서 규정하고 있는 중재판정의 취소사유를 설명하시오. (10점)

【문제 3】 신협회적화약관(Institute Cargo Clauses, 2009 revision)상 보험자의 책임이 개시되는 보험의 시기와 보험자의 책임의 계속, 보험자의 책임이 종료되는 종기에 관하여 설명하시오. (10점)

【문제 4】 신용장 양도의 정의와 양도요건에 관하여 설명하시오. (10점)

【문제 5】 외국환거래법(제3조 제19호)에서 규정하고 있는 자본거래의 정의에 관하여 설명하시오. (10점)

【문제 6】 대외무역법 제5조에 따른 물품 등의 수출입의 제한 또는 금지사유를 설명하시오. (10점)

2018년 35회 기출문제

【문제 1】 항공운송에 대한 다음 물음에 답하시오. (50점)

물음 1) 항공화물운송장(AWB)의 개념과 기능에 대하여 설명하시오. (10점)

물음 2) 신용장통일규칙(UCP600) 제23조의 항공운송서류(Air Transport Document) 수리요건에 대하여 설명하시오. (15점)

물음 3) ① 항공화물 운임요율의 종류, ② 항공화물 사고의 유형, ③ 항공화물 사고 유형에 따른 클레임 청구 기한에 대하여 설명하시오. (25점)

【문제 2】 수출입기업의 환리스크관리를 위한 대내적, 대외적 기법에 대하여 설명하시오. (10점)

【문제 3】 국제물품매매계약에서 정지조건과 해제조건을 비교·설명하시오. (10점)

【문제 4】 영국해상보험법(MIA)상 보험자 면책위험에 대하여 설명하시오. (10점)

【문제 5】 대외무역법령상 '수출'과 관세법상 '수출'의 개념과 차이점에 대하여 설명하시오. (10점)

【문제 6】 외국환거래법령상 외국환업무취급기관 등의 '건전성 규제' 기준에 대하여 설명하시오. (10점)

2019년 36회 기출문제

【문제 1】 해상보험에 대한 다음 물음에 답하시오. (50점)

물음 1) 피보험이익의 의의와 요건에 대하여 각각 설명하시오. (10점)

물음 2) 2009년 개정 신협회적화약관(Institute Cargo Clauses, 2009 revision)의 (B)약관에서 보험자의 면책위험을 일반면책, 선박의 불내항(Unseaworthiness) 및 부적합면책, 전쟁위험면책, 동맹파업위험면책으로 분류하여 설명하시오. (25점)

물음 3) 신용장통일규칙(UCP600) 제28조의 보험서류의 수리요건에 대하여 설명하시오. (15점)

【문제 2】 국제물품매매계약에 관한 UN협약(UN Convention on Contracts for the International Sale of Goods: CISG) 제35조의 물품의 계약적합성에 대하여 설명하시오. (10점)

【문제 3】 한국 중재법상 임시적 처분 전의 잠정적 처분의 내용과 임시적 처분의 요건을 각각 설명하시오. (10점)

【문제 4】 중계무역에 사용되는 제3자 선화증권과 스위치선화증권에 대하여 각각 설명하시오. (10점)

【문제 5】 대외무역법령 및 관리규정상의 수출입승인의 요건과 전략물자 수출허가의 기준을 각각 설명하시오. (10점)

【문제 6】 외국환거래법령상 소액해외송금업자와 관련한 이행보증예탁기관의 이행보증금의 지급사유와 반환사유에 대하여 각각 설명하시오. (10점)

2020년 37회 기출문제

【문제 1】 화환신용장통일규칙(UCP600)상 제시된 운송서류는 그 종류에 따라 제19조에서 제25조가 규정하고 있는 요건에 따라 심사한다. 다음 물음에 답하시오. (50점)

물음 1) 제19조에서 제25조의 제목을 이용하여 운송서류의 명칭 7개를 쓰시오.
(예: 제○조 ○○서류) (10점)

물음 2) 제19조 운송서류의 수리요건 6가지를 설명하시오. (30점)

물음 3) 제20조 운송서류의 환적에 관한 규정을 설명하시오. (10점)

【문제 2】 외국환거래법상 '거주자'의 정의와 이와 관련된 '거주자의 범위'(시행령 제10조 제1항) 7가지를 쓰시오. (10점)

【문제 3】 Incoterms® 2020 소개문에서 'Incoterms 규칙이 하지 않는 역할(What the Incoterms® rules do not do)'에 대해 10가지를 쓰시오. (10점)

【문제 4】 대외무역법령상 권한의 위임과 위탁에 관한 다음 물음에 답하시오. (10점)

물음 1) 관세청장에 위탁된 권한 4개를 쓰시오. (4점)

물음 2) 세관장에게 위탁된 권한 6개를 쓰시오. (6점)

【문제 5】 무역계약에 있어서 청약의 효력이 소멸되는 사유 5가지를 쓰시오. (10점)

【문제 6】 정기선운송에서 선사들이 대외적으로 화주들을 구속(유인)하기 위한 각종 계약제도에 관한 다음 물음에 답하시오. (10점)

물음 1) 계약운임제에 대해 간단히 설명하시오. (5점)

물음 2) 삼중운임제에 대해 간단히 설명하시오. (5점)

2021년 38회 기출문제

【문제 1】 항공운송에 관한 다음 물음에 답하시오. (50점)

물음 1) 몬트리올 협약(Montreal Convention)의 (1) 제정 목적, (2) 각 장(Chapter)의 제목 및 (3) 제1조 제1항의 적용범위를 쓰시오. (10점)

물음 2) 몬트리올 협약(Montreal Convention)상 (1) 항공운송인의 책임원칙 3가지와 (2) 면책사유 4가지를 쓰고, (3) 청구기한(손상된 위탁수하물/화물, 지연된 위탁수하물/화물) 및 (4) 제소기한을 구체적으로 설명하시오. (20점)

물음 3) 항공화물운임 중 부대요금(Other Charges) 종류 6가지를 쓰고, 설명하시오. (20점)

【문제 2】 외국환거래법상 제21조의 2 부담금납부의무자에 해당되는 5개 기관만 쓰시오. (제21조의 2 7호 각 목 제외) (10점)

【문제 3】 비엔나협약상 승낙기간에 관한 다음 물음에 답하시오. (10점)

물음 1) 승낙기간의 결정에 관하여 설명하시오. (4점)

물음 2) 통신수단별 승낙기간의 기산일에 관하여 설명하시오. (6점)

【문제 4】 UCP600 제16조의 불일치서류에 관한 다음 물음에 답하시오. (10점)

물음 1) 발행은행의 불일치서류에 대한 권리포기와 관련하여 권리포기의 교섭 가능성 및 교섭기간에 관하여 설명하시오. (4점)

물음 2) 불일치서류의 거절통지에 포함될 내용 6가지를 쓰시오. (6점)

【문제 5】 대외무역법령상 수출입승인의 유효기간을 달리 정할 수 있는 사유 4가지를 쓰시오. (10점)

【문제 6】 Incoterms 2020의 CIF 규칙에서 복수의 운송인이 존재하는 경우에 관한 다음 물음에 답하시오. (10점)

물음 1) 당사자 간에 선적항에 대한 합의가 있는 경우 (1) 복수의 운송인이 존재하는 운송구간 및 (2) 위험이전시기에 관하여 설명하시오. (4점)

물음 2) 당사자 간에 선적항에 대한 합의가 없는 경우 (1) 복수의 운송인이 존재하는 운송구간, (2) 위험이전시기 및 (3) 위험부담시점의 연장방법에 관하여 설명하시오. (6점)

2022년 39회 기출문제

【문제 1】 신용장의 양도에 관한 다음 물음에 답하시오. (30점)

물음 1) UCP600상 양도가능신용장의 (1) 개념을 쓰고, (2) 양도요건 4가지만 쓰시오. (12점)

물음 2) 신용장 양도의 이유를 4가지만 쓰시오. (8점)

물음 3) 신용장 양도에서 송장대체(invoice substitution)의 (1) 개념을 쓰고, (2) 단순 양도와 (3) 조건변경부양도에 관하여 설명하시오. (10점)

【문제 2】 국제물품매매계약에 관한 UN협약(UN Convention on Contracts for the International Sale of Goods: CISG)의 제25조에 대한 다음 물음에 답하시오. (20점)

물음 1) 본질적 위반의 (1) 정의와 요건을 쓰고, 본질적 위반이 인정되는 채무자의 (2) 예견가능성에 관하여 설명하시오. (8점)

물음 2) 본질적 위반이 계약에 미치는 효과를 6가지만 쓰시오. (12점)

【문제 3】 2009년 개정 신협회적화약관(Institute Cargo Clauses, 2009 revision)에 관한 다음 물음에 답하시오. (30점)

물음 1) ICC(C)약관 제1조(위험)의 (1) 담보위험 6가지만 쓰고, ICC(B)약관 제1조(위험)에 (2) 추가 열거된 담보위험 4가지를 쓰시오. (10점)

물음 2) ICC(B) 제8조(운송약관)에 규정된 (1) 보험의 시기와 계속, (2) 보험의 종기를 각각 쓰시오. (10점)

물음 3) ICC(B)에 규정된 (1) 양륙 후 재운송(제8조 제2항), 위험의 변경(제8조 제3항), 항해변경(제10조)의 내용을 각각 기술하고, 각 상황에 따른 (2) 보험의 개시·계속·종료 여부를 각각 설명하시오. (10점)

【문제 4】 다음 물음에 답하시오. (20점)

물음 1) 대외무역법령상 전략물자의 수출입과 관련하여 (1) 대통령령으로 정하는 국제 수출통제체제(시행령 제32조) 7가지와 (2) 자율준수무역거래자로 지정받기 위해 갖춰야 할 대통령령으로 정하는 능력(시행령 제43조 제2항) 3가지를 각각 쓰시오. (10점)

물음 2) 외국환거래법상 외국환평형기금을 조성(법 제13조 제2항)하기 위한 재원(財源) 5가지만 쓰시오. (10점)

2023년 40회 기출문제

【문제 1】 Incoterms® 2020에 관한 다음 물음에 답하시오. (30점)

물음 1) Introduction(소개문)에서 제시되어 있는 (1) 'Incoterms® 2020 규칙 내(內) 조항의 내부적 순서(소개문 53)' 중에서 "A1/B1 ~ A5/B5 조항의 명칭"을 국문과 영문으로 쓰고, (2) "Incoterms® 2020 규칙에서 변경한 사항(소개문 62)"을 5가지만 쓰시오. (10점)

물음 2) FCA 규칙의 (1) 사용자를 위한 설명문(EXPLANATORY NOTES FOR USERS)에 규정되어 있는 "인도와 위험(Delivery and risk)"과 (2) 매수인의 의무(THE BUYER'S OBLIGATIONS)에 규정되어 있는 "B6(Delivery/transport document)"에 대하여 각각 설명하시오. (10점)

물음 3) CPT 규칙의 (1) 매도인의 의무(THE SELLER'S OBLIGATIONS) A9(Allocation of costs)에 규정되어 있는 "매도인이 부담하여야 하는 비용"과 (2) 매수인의 의무(THE BUYER'S OBLIGATIONS) B9(Allocation of costs)에 규정되어 있는 "매수인이 부담하여야 하는 비용"을 각각 5가지만 쓰시오. (10점)

【문제 2】 추심에 관한 통일규칙(Uniform Rules for Collection: URC 522)에 관한 다음 물음에 답하시오. (20점)

물음 1) (1) 추심의 정의, (2) 추심 당사자의 명칭과 그 정의를 쓰고, (3) 제7조에서 규정하고 있는 "상업서류의 인도(Release of Commercial Documents)"에 대하여 설명하시오. (10점)

물음 2) 제26조에서 규정하고 있는 (1) 통지형식(Form of Advice)과 (2) 통지방법 (Method of Advice)을 각각 설명하시오. (10점)

【문제 3】 국제운송에 관한 다음 물음에 답하시오. (30점)

물음 1) 화환신용장통일규칙(UCP600) 제31조에서 규정하고 있는 (1) 특송·우편에 의한 복수선적의 분할선적 해석기준(c항)과 (2) 특송·우편 이외의 운송방식에 의한 복수선적의 분할선적 해석기준(b항)에 대하여 각각 설명하시오. (10점)

물음 2) 화환신용장통일규칙(UCP600) 제24조에서 규정하고 있는 "도로, 철도 또는 내(륙)수로운송서류(Road, Rail or Inland Waterway Transport Documents)"의 (1) 서명요건(a항 ⅰ호), (2) 선적일 판단기준(a항 ⅱ호), (3) 원본요건(b항)에 대하여 각각 설명하시오. (10점)

물음 3) 신용장(Letter of Credit: L/C) 거래 시 (1) 일반적으로 신용장상에 표기되는 선하증권 조항을 영문으로 작성하고(단, 작성조건은 FOB Busan Port, Korea, Incoterms® 2020, ABC은행 지시식이며, 배서방식은 작성하지 않는다), (2) 작성된 선하증권 조항의 의미를 설명하시오. (10점)

【문제 4】 다음 물음에 답하시오. (20점)

물음 1) 대외무역법령상 원산지의 표시 등과 관련하여 (1) 수출입 물품의 원산지 표시방법(시행령 제56조 제1항) 4가지를 쓰고, (2) 수입된 원산지표시대상물품에 대하여 "대통령령으로 정하는 단순한 가공활동(시행령 제55조 제2항)"이란 무엇인지 쓰시오. (10점)

물음 2) 외국환거래법령상 (1) 외국환업무(법 제3조) 4가지(단, 법 제3조 제1항 제16호 마목 제외)를 쓰고, (2) 대통령령으로 정하는 외국환업무(시행령 제6조)를 모두 쓰시오. (10점)

2024년 41회 기출문제

【문제 1】 해상보험에 관한 다음 물음에 답하시오. (30점)

물음 1) 영국해상보험법(MIA)에서 규정하고 있는 고지의무위반과 담보위반을 위반 내역, 결과, 효력, 보험료로 구분하여 설명하시오. (10점)

물음 2) 영국해상보험법(MIA)에서 규정하고 있는 담보의 정의를 쓰고, 명시담보(Express Warranty)와 묵시담보(Implied Warranty)의 종류를 2가지씩 쓰고 그 내용을 설명하시오. (10점)

물음 3) 신해상보험증권(1982년)의 본문약관 4가지만 쓰고 설명하시오. (10점)

【문제 2】 무역계약에 관한 다음 물음에 답하시오. (20점)

물음 1) 국제물품매매계약에 관한 UN협약(CISG)과 Incoterms® 2020의 관계에서 우선 적용 내용을 CISG 제9조에 근거하여 설명하시오. (6점)

물음 2) CISG 제2조의 '적용이 배제되는 매매'에 대한 내용 6가지와 Incoterms® 2020에서 다루지 않는 사항(소개문7)을 8가지만 쓰시오. (14점)

【문제 3】 화환신용장통일규칙(UCP600)에 관한 다음 물음에 답하시오. (30점)

물음 1) 제2조의 '일치하는 제시'(Complying presentation)와 제15조의 '일치하는 제시'(Complying Presentation)를 각각 설명하시오. (6점)

물음 2) 제14조에서 규정한 서류심사기준(14조 a), 심사기간(14조 b), 유효기일의 제한(14조 c)에 대하여 설명하시오. (8점)

물음 3) 제34조, 제35조, 제36조에서 규정하고 있는 은행의 면책조항을 각각 설명하시오. (16점)

【문제 4】 다음 물음에 답하시오. (20점)

물음 1) 대외무역법령상 수입수량제한조치(세이프가드조치)와 관련하여 (1) 수입수량 제한조치의 시행대상물품 등의 공고에서 적용 시기, 적용 기간, 공고 대상에 대해 쓰고, (2) 수입수량제한조치 시행의 제한에 대하여 쓰시오. (10점)

물음 2) 외국환거래법령상 소액해외송금업자와 관련하여 (1) 등록의 요건(영 제15조의 2)을 모두 쓰고, (2) 소액해외송금업무의 안전성 확보 기준 등(영 제15조의 4)을 4가지만 쓰시오. (10점)

2025년 42회 기출문제

【문제 1】 화환신용장통일규칙(UCP600)에 관한 다음 물음에 답하시오. (30점)

물음 1) 19조(Transport Document Covering at Least Two Different Modes of Transport)에서 규정하고 있는 (1) 복합운송서류에 대한 서명요건(a항 i호)과 (2) 환적의 의미(b항), 제25조(Courier Receipt, Post Receipt or Certificate of Posting)에서 규정하고 있는 (3) 특송수령증의 서명요건(a항)에 대하여 각각 설명하시오. (10점)

물음 2) 제17조(Original Documents and Copies)에서 신용장에 명시된 서류는 각 서류마다 적어도 원본 한 통은 제시되어야 하는데 (1) 그 서류에 원본 여부에 대한 다른 명시가 없을 때의 원본서류 수리요건(c항), 제18조 Commercial Invoice에서 규정하고 있는 (2) 발행요건(a항)에 대하여 각각 설명하시오. (10점)

물음 3) 제29조(Extension of Expiry Date or Last Day for Presentation)에서 규정하고 있는 (1) 유효기일 또는 최종제시일의 연장, 제30조(Tolerance in Credit Amount, Quantity and Unit Prices)에서 규정하고 있는 (2) 신용장 금액, 수량 그리고 단가의 허용에 대하여 각각 설명하시오. (10점)

【문제 2】 국제물품매매계약에 관한 UN협약(CISG)에 관한 다음 물음에 답하시오. (20점)

물음 1) 제10조에서 규정하고 있는 (1) 영업소의 의미, 제24조에서 규정하고 있는 (2) 도달의 의미, 제33조에서 규정하고 있는 (3) 물품의 인도시기에 대하여 각각 설명하시오. (10점)

물음 2) 제9조에서 규정하고 있는 (1) 관습(usage)과 관례(practices)의 구속력, 제16조에서 규정하고 있는 (2) 청약의 취소에 대하여 각각 설명하시오. (10점)

【문제 3】 다음 물음에 답하시오. (30점)

물음 1) 영국해상보험법(MIA) 제57조와 규정하고 있는 (1) 현실전손의 3가지 경우와 (2) 추정전손 2가지 경우를 각각 쓰시오. (10점)

물음 2) 영국해상보험법(MIA) 제55조에서 규정하고 있는 (1) 보험자의 귀책손해(Included Losses)와 면책손해(Excluded losses)의 개념을 각각 쓰고, (2) 보험자의 면책손해 8가지를 쓰시오. (10점)

물음 3) 2009년 개정 신협회적하약관(Institute Cargo Clauses, 2009 revision) (1) ICC(A), ICC(B), ICC(C) 세 약관의 제4조에 공통으로 규정하고 있는 면책위험 7가지를 쓰고, (2) ICC(B), ICC(C) 두 약관의 제4조에만 규정하고 있는 면책위험 1가지를 쓰시오. (10점)

【문제 4】 다음 물음에 답하시오. (20점)

물음 1) 대외무역법령상 외화획득용 원료·기재를 수입한 자와 수입을 위탁한 자는 그 수입에 대응하는 외화획득을 하여야 한다. 이에 따른 대통령령이 정하는 (1) 외화획득의 범위 6가지를 쓰고, (2) 외화획득 이행기간의 4가지 경우와 경우별 기간을 설명하시오. (10점)

물음 2) 외국환거래법 제6조 제1항의 (1) 외국환거래의 정지 등이 부득이하다고 인정되는 경우 4가지 경우를 쓰고, (2) 외국환거래의 정지 등이 부득이하다고 인정되는 경우 대통령령으로 정하는 바에 따라 기획재정부장관이 할 수 있는 3가지 조치를 쓰시오. (10점)

02 대외무역법 관련 법규

대외무역법

[시행 2026. 1. 2.] [법률 제21065호, 2025. 10. 1., 타법개정]

제1장 총칙

제1조(목적)
이 법은 대외 무역을 진흥하고 공정한 거래 질서를 확립하여 국제 수지의 균형과 통상의 확대를 도모함으로써 국민 경제를 발전시키는 데 이바지함을 목적으로 한다.

제2조(정의)
이 법에서 사용하는 용어의 뜻은 다음과 같다.
1. "무역"이란 다음 각 목의 어느 하나에 해당하는 것(이하 "물품등"이라 한다)의 수출과 수입을 말한다.
    가. 물품
    나. 대통령령으로 정하는 용역
    다. 대통령령으로 정하는 전자적 형태의 무체물(無體物)
2. "물품"이란 다음 각 목의 것을 제외한 동산(動産)을 말한다.
    가. 「외국환거래법」에서 정하는 지급수단
    나. 「외국환거래법」에서 정하는 증권
    다. 「외국환거래법」에서 정하는 채권을 화체(化體)한 서류
3. "무역거래자"란 수출 또는 수입을 하는 자, 외국의 수입자 또는 수출자에게서 위임을 받은 자 및 수출과 수입을 위임하는 자 등 물품등의 수출행위와 수입행위의 전부 또는 일부를 위임하거나 행하는 자를 말한다.
4. "정부간 수출계약"이란 외국 정부의 요청이 있을 경우, 제32조의3 제1항에 따른 정부간 수출계약 전담기관이 대통령령으로 정하는 절차에 따라 국내 기업을 대신하여 또는 국내 기업과 함께 계약의 당사자가 되어 외국 정부에 물품등(「방위산업 발전 및 지원에 관한 법률」 제2조 제1항 제1호에 따른 방위산업물자 등은 제외한다)을 유상(有償)으로 수출하기 위하여 외국 정부와 체결하는 수출계약을 말한다.

제3조(자유롭고 공정한 무역의 원칙 등)
① 우리나라의 무역은 헌법에 따라 체결·공포된 무역에 관한 조약과 일반적으로 승인된 국제법규에서 정하는 바에 따라 자유롭고 공정한 무역을 조장함을 원칙으로 한다.

② 정부는 이 법이나 다른 법률 또는 헌법에 따라 체결·공포된 무역에 관한 조약과 일반적으로 승인된 국제 법규에 무역을 제한하는 규정이 있는 경우에는 그 제한하는 목적을 달성하기 위하여 필요한 최소한의 범위에서 이를 운영하여야 한다.

제4조(무역의 진흥을 위한 조치)
① 산업통상부장관은 무역의 진흥을 위하여 필요하다고 인정되면 대통령령으로 정하는 바에 따라 물품등의 수출과 수입을 지속적으로 증대하기 위한 조치를 할 수 있다.
② 산업통상부장관은 제1항에 따른 무역의 진흥을 위하여 필요하다고 인정되면 대통령령으로 정하는 바에 따라 다음 각 호의 어느 하나에 해당하는 자에게 필요한 지원을 할 수 있다.
1. 무역의 진흥을 위한 자문, 지도, 대외 홍보, 전시, 연수, 상담 알선 등을 업(業)으로 하는 자
2. 무역전시장이나 무역연수원 등의 무역 관련 시설을 설치·운영하는 자
3. 과학적인 무역업무 처리기반을 구축·운영하는 자

제5조(무역에 관한 제한 등 특별 조치)
산업통상부장관은 다음 각 호의 어느 하나에 해당하는 경우에는 대통령령으로 정하는 바에 따라 물품등의 수출과 수입을 제한하거나 금지할 수 있다. 다만, 제4호에 해당하는 경우에는 대통령령으로 정하는 바에 따라 물품등의 수출, 수입, 경유, 환적(換積) 또는 중개를 제한하거나 금지할 수 있다.
1. 우리나라 또는 우리나라의 무역 상대국(이하 "교역상대국"이라 한다)에 전쟁·사변 또는 천재지변이 있을 경우
2. 교역상대국이 조약과 일반적으로 승인된 국제법규에서 정한 우리나라의 권익을 인정하지 아니할 경우
3. 교역상대국이 우리나라의 무역에 대하여 부당하거나 차별적인 부담 또는 제한을 가할 경우
4. 헌법에 따라 체결·공포된 무역에 관한 조약과 일반적으로 승인된 국제법규에서 정한 국제평화와 안전유지 등의 의무를 이행하기 위하여 필요할 경우
4의2. 국제평화와 안전유지를 위한 국제공조에 따른 교역여건의 급변으로 교역상대국과의 무역에 관한 중대한 차질이 생기거나 생길 우려가 있는 경우
5. 인간의 생명·건강 및 안전, 동물과 식물의 생명 및 건강, 환경보전 또는 국내 자원보호를 위하여 필요할 경우

제6조(무역에 관한 법령 등의 협의 등)
① 무역에 관하여는 이 법에서 정하는 바에 따른다.
② 관계 행정기관의 장은 물품등의 수출 또는 수입을 제한하는 법령이나 훈령·고시 등(이하 "수출·수입요령"이라 한다)을 제정하거나 개정하려면 미리 산업통상부장관과 협의하여야 한다. 이 경우 산업통상부장관은 관계 행정기관의 장에게 그 수출·수입요령의 조정을 요청할 수 있다.

제2장 통상의 진흥

제7조(통상진흥 시책의 수립)
① 산업통상부장관은 무역과 통상을 진흥하기 위하여 매년 다음 연도의 통상진흥 시책을 세워야 한다.
② 제1항에 따른 통상진흥 시책에는 다음 각 호의 사항이 포함되어야 한다.
1. 통상진흥 시책의 기본 방향
2. 국제통상 여건의 분석과 전망
3. 무역·통상 협상 추진 방안과 기업의 해외 진출 지원 방안
4. 통상진흥을 위한 자문, 지도, 대외 홍보, 전시, 상담 알선, 전문인력 양성 등 해외시장 개척 지원 방안
5. 통상 관련 정보수집·분석 및 활용 방안

6. 원자재의 원활한 수급을 위한 국내외 협력 추진 방안
7. 그 밖에 대통령령으로 정하는 사항

③ 산업통상부장관은 제1항에 따른 통상진흥 시책의 수립을 위한 기초 자료를 수집하기 위하여 교역상대국의 통상 관련 제도·관행 등과 기업이 해외에서 겪는 고충 사항을 조사할 수 있다.

④ 산업통상부장관은 해외에 진출한 기업에 제1항에 따른 통상진흥 시책의 수립에 필요한 자료를 요청하고, 필요한 경우 지원할 수 있다.

⑤ 산업통상부장관은 제1항에 따라 통상진흥 시책을 세우는 경우에는 미리 특별시장, 광역시장, 특별자치시장, 도지사 또는 특별자치도지사(이하 "시·도지사"라 한다)의 의견을 들어야 하고, 통상진흥 시책을 수립한 때에는 이를 시·도지사에게 알려야 한다. 이를 변경한 경우에도 또한 같다.

⑥ 제5항에 따라 통상진흥 시책을 통보받은 시·도지사는 그 관할 구역의 실정에 맞는 지역별 통상진흥 시책을 수립·시행하여야 한다.

⑦ 시·도지사는 제6항에 따라 지역별 통상진흥 시책을 수립한 때에는 이를 산업통상부장관에게 알려야 한다. 이를 변경한 때에도 또한 같다.

제8조(민간 협력 활동의 지원 등)

① 산업통상부장관은 무역·통상 관련 기관 또는 단체가 교역상대국의 정부, 지방정부, 기관 또는 단체와 통상, 산업, 기술, 에너지 등에서 협력활동을 추진하는 경우 대통령령으로 정하는 바에 따라 필요한 지원을 할 수 있다.

② 산업통상부장관은 기업의 해외 진출을 지원하기 위하여 무역·통상 관련 기관 또는 단체로부터 정보를 체계적으로 수집하고 분석하여 지방자치단체와 기업에 필요한 정보를 제공할 수 있다.

③ 산업통상부장관은 제2항에 따른 정보의 수집·분석 및 제공을 위하여 필요한 경우 관계 중앙행정기관의 장, 시·도지사, 무역·통상 및 기업의 해외 진출과 관련한 기관 또는 단체에 자료 및 통계의 제출을 요청할 수 있다.

④ 산업통상부장관은 기업의 해외 진출과 관련된 상담·안내·홍보·조사와 그 밖에 기업의 해외 진출에 대한 지원 업무를 종합적으로 수행하기 위하여 「대한무역투자진흥공사법」에 따른 대한무역투자진흥공사에 해외진출지원센터를 둔다.

⑤ 제4항에 따른 해외진출지원센터의 구성·운영 및 감독 등에 필요한 사항은 대통령령으로 정한다.

제8조의2(전문무역상사의 지정 및 지원)

① 산업통상부장관은 신시장 개척, 신제품 발굴 및 중소기업·중견기업의 수출확대를 위하여 수출실적 및 중소기업 제품 수출비중 등을 고려하여 무역거래자 중에서 전문무역상사를 지정하고 지원할 수 있다.

② 제1항에 따른 지정의 기준 및 절차, 지원내용 등에 관하여 필요한 사항은 대통령령으로 정한다.

③ 산업통상부장관은 제1항에 따라 지정을 받은 전문무역상사가 제2항에 따른 지정기준에 적합하지 아니하게 된 때에는 그 지정을 취소할 수 있다. 다만, 거짓이나 그 밖에 부정한 방법으로 지정을 받은 경우에는 그 지정을 취소하여야 한다.

제9조(무역에 관한 조약의 이행을 위한 자료제출)

① 산업통상부장관은 우리나라가 체결한 무역에 관한 조약의 이행을 위하여 필요한 때에는 대통령령으로 정하는 바에 따라 관련 공공기관, 기업 및 단체 등으로부터 필요한 자료의 제출을 요구할 수 있다.

② 제1항에 따라 무역에 관한 조약의 이행을 위하여 필요한 자료를 직무상 습득한 자는 자료 제공자의 동의 없이 그 습득한 자료 중 기업의 영업비밀 등 비밀유지가 필요하다고 인정되는 기업정보를 타인에게 제공 또는 누설(漏泄)하거나 사용 목적 외의 용도로 사용하여서는 아니 된다.

제3장 수출입 거래

제1절 수출입 거래 총칙

제10조(수출입의 원칙)

① 물품등의 수출입과 이에 따른 대금을 받거나 지급하는 것은 이 법의 목적의 범위에서 자유롭게 이루어져야 한다.

② 무역거래자는 대외신용도 확보 등 자유무역질서를 유지하기 위하여 자기 책임으로 그 거래를 성실히 이행하여야 한다.

제11조(수출입의 제한 등)

① 산업통상부장관은 다음 각 호의 어느 하나에 해당하는 이행 등을 위하여 필요하다고 인정하여 지정·고시하는 물품등의 수출 또는 수입을 제한하거나 금지할 수 있다.
1. 헌법에 따라 체결·공포된 조약과 일반적으로 승인된 국제법규에 따른 의무의 이행
2. 생물자원의 보호
3. 교역상대국과의 경제협력 증진
4. 국방상 원활한 물자 수급
5. 과학기술의 발전
6. 그 밖에 통상·산업정책에 필요한 사항으로서 대통령령으로 정하는 사항

② 제1항에 따라 수출 또는 수입이 제한되는 물품등을 수출하거나 수입하려는 자는 대통령령으로 정하는 바에 따라 산업통상부장관의 승인을 받아야 한다. 다만, 긴급히 처리하여야 하는 물품등과 그 밖에 수출 또는 수입 절차를 간소화하기 위한 물품등으로서 대통령령으로 정하는 기준에 해당하는 물품등의 수출 또는 수입은 그러하지 아니하다.

③ 제2항 본문에 따른 수출 또는 수입 승인(제8항에 따라 수출승인을 받은 것으로 보는 경우를 포함한다)의 유효기간은 1년으로 한다. 다만, 산업통상부장관은 국내의 물가 안정, 수급 조정, 물품등의 인도 조건 및 거래의 특성을 고려하여 대통령령으로 정하는 바에 따라 유효기간을 달리 정할 수 있다.

④ 제3항에 따른 수출 또는 수입 승인의 유효기간은 대통령령으로 정하는 바에 따라 1년을 초과하지 아니하는 범위에서 산업통상부장관의 승인을 받아 연장할 수 있다.

⑤ 제2항에 따라 승인을 받은 자가 승인을 받은 사항 중 대통령령으로 정하는 중요한 사항을 변경하려면 산업통상부장관의 변경승인을 받아야 하고, 그 밖의 경미한 사항을 변경하려면 산업통상부장관에게 신고하여야 한다.

⑥ 산업통상부장관은 필요하다고 인정하면 제1항과 제2항에 따른 승인 대상 물품등의 품목별 수량·금액·규격 및 수출 또는 수입지역 등을 한정할 수 있다.

⑦ 산업통상부장관은 제1항부터 제6항까지의 규정에 따른 제한·금지, 승인, 승인의 유효기간 설정 및 연장, 신고, 한정 및 그 절차 등을 정한 경우에는 이를 공고하여야 한다.

⑧ 제19조의2 또는 제32조에 따라 수출허가를 받거나 수출승인을 받은 자는 제2항에 따른 수출승인을 받은 것으로 본다.

제12조(통합 공고)

① 관계 행정기관의 장은 수출·수입요령을 제정하거나 개정하는 경우에는 그 수출·수입요령이 그 시행일 전에 제2항에 따라 공고될 수 있도록 이를 산업통상부장관에게 제출하여야 한다.

② 산업통상부장관은 제1항에 따라 제출받은 수출·수입요령을 통합하여 공고하여야 한다.

제13조(특정 거래 형태의 인정 등)

① 산업통상부장관은 물품등의 수출 또는 수입이 원활히 이루어질 수 있도록 대통령령으로 정하는 물품등의 수출입 거래 형태를 인정할 수 있다.

② 재정경제부장관이 외국환 거래 관계 법령에 따라 무역대금 결제 방법을 정하려면 미리 산업통상부장관과 협의하여야 한다.

제14조(수출입 승인 면제의 확인)

산업통상부장관은 승인을 받지 아니하고 수출되거나 수입되는 물품등(제11조 제2항 본문에 해당하는 물품등만을 말한다)이 제11조 제2항 단서에 따른 물품등에 해당하는지를 확인하여야 한다.

제15조(과학적 무역업무의 처리기반 구축)

① 산업통상부장관은 물품등의 수출입 거래가 질서 있고 효율적으로 이루어질 수 있도록 대외무역통계시스템 및 전자문서 교환체계 등 과학적 무역업무의 처리기반을 구축하기 위하여 노력하여야 한다.

② 산업통상부장관은 제1항에 따른 과학적 무역업무의 처리기반을 구축하기 위하여 필요하다고 인정되면 관계 행정기관의 장에게 대통령령으로 정하는 바에 따라 통관기록 등 물품등의 수출입 거래에 관한 정보를 제공하도록 요청할 수 있다. 이 경우 관계 행정기관의 장은 이에 협조하여야 한다.

③ 관계 행정기관의 장은 이 법의 목적의 범위에서 필요하다고 인정되면 산업통상부장관에게 제1항과 제2항에 따라 구축된 물품등의 수출입 거래에 관한 정보를 제공하도록 요청할 수 있다. 이 경우 산업통상부장관은 이에 협조하여야 한다.

제2절 외화획득용 원료·기재의 수입과 구매 등

제16조(외화획득용 원료·기재의 수입 승인 등)

① 산업통상부장관은 원료, 시설, 기재(機材) 등 외화획득을 위하여 사용되는 물품등(이하 "원료·기재"라 한다)의 수입에 대하여는 제11조 제6항을 적용하지 아니할 수 있다. 다만, 국산 원료·기재의 사용을 촉진하기 위하여 필요한 경우에는 그러하지 아니하다.

② 산업통상부장관은 제1항에 따른 원료·기재의 범위, 품목 및 수량을 정하여 공고할 수 있다.

③ 제1항에 따라 원료·기재를 수입한 자와 수입을 위탁한 자는 그 수입에 대응하는 외화획득을 하여야 한다. 다만, 제17조에 따라 산업통상부장관의 승인을 받은 경우에는 그러하지 아니하다.

④ 제3항에 따른 외화획득의 범위, 이행기간, 확인방법, 그 밖에 필요한 사항은 대통령령으로 정한다.

제17조(외화획득용 원료·기재의 목적을 벗어난 사용 등)

① 제16조 제1항에 따라 원료·기재를 수입한 자는 그 수입한 원료·기재 또는 그 원료·기재로 제조된 물품등을 부득이한 사유로 인하여 당초의 목적 외의 용도로 사용하려면 대통령령으로 정하는 바에 따라 산업통상부장관의 승인을 받아야 한다. 다만, 대통령령으로 정하는 원료·기재 또는 그 원료·기재로 제조된 물품등에 대하여는 그러하지 아니하다.

② 제16조 제1항에 따라 수입한 원료·기재 또는 그 원료·기재로 제조된 물품등을 당초의 목적과 같은 용도로 사용하거나 수출하려는 자에게 양도(讓渡)하려는 때에는 양도하려는 자와 양수(讓受)하려는 자가 함께 산업통상부장관의 승인을 받아야 한다. 다만, 대통령령으로 정하는 원료·기재 또는 그 원료·기재로 제조된 물품등에 대하여는 그러하지 아니하다.

③ 제2항에 따라 원료·기재 또는 그 원료·기재로 제조된 물품등을 양수한 자에 관하여는 제16조 제3항 및 제4항을 준용한다.

제18조(구매확인서의 발급 등)

① 산업통상부장관은 외화획득용 원료·기재를 구매하려는 자가 「부가가치세법」 제24조에 따른 영(零)의 세율을 적용받기 위하여 확인을 신청하면 외화획득용 원료·기재를 구매하는 것임을 확인하는 서류(이하 "구매확인서"라 한다)를 발급할 수 있다.

② 산업통상부장관은 구매확인서를 발급받은 자에 대하여는 외화획득용 원료·기재의 구매 여부를 사후관리하여야 한다.

③ 제1항과 제2항에 따른 구매확인서의 신청·발급절차 및 사후관리 등에 필요한 사항은 대통령령으로 정한다.

제3절 전략물자의 수출입

제19조(전략물자)

산업통상부장관은 관계 행정기관의 장과 협의하여 국제평화 및 안전유지와 국가안보를 위하여 필요하다고 인정하는 경우에는 대통령령으로 정하는 국제수출통제체제 또는 이에 준하는 다자간 수출통제 공조(이하 "국제수출통제체제등"이라 한다)에 따라 수출허가 등 제한이 필요한 물품등(대통령령으로 정하는 기술을 포함한다. 이하 이 절에서 같다)을 지정·고시하여야 한다.

제19조의2(수출허가)

제19조에 따라 지정·고시된 물품등(이하 "전략물자"라 한다)을 수출(제19조에 따른 기술이 다음 각 호의 어느 하나에 해당되는 경우로서 대통령령으로 정하는 경우를 포함한다. 이하 제19조의3부터 제19조의7까지, 제20조, 제20조의2, 제21조, 제22조, 제22조의2, 제24조, 제25조, 제28조, 제30조, 제47조부터 제49조까지, 제53조 제1항, 제53조 제2항 제2호·제3호·제3호의2·제4호·제5호·제5호의2부터 제5호의5까지·제6호·제7호·제7호의2 및 제53조의2 제1호에서 같다)하려는 자 또는 수출신고(「관세법」 제241조 제1항에 따른 수출신고를 말한다. 이하 같다)하려는 자는 대통령령으로 정하는 바에 따라 산업통상부장관이나 관계 행정기관의 장의 허가(이하 "수출허가"라 한다)를 받아야 한다. 다만, 「방위사업법」 제57조 제2항에 따라 허가를 받은 방위산업물자 및 국방과학기술이 전략물자에 해당하는 경우에는 그러하지 아니하다.

1. 국내에서 국외로의 이전
2. 국내 또는 국외에서 대한민국 국민(국내법에 따라 설립된 법인을 포함한다)으로부터 외국인(외국의 법률에 따라 설립된 법인을 포함한다)에게로의 이전

제19조의3(상황허가)

전략물자에는 해당되지 아니하나 대량파괴무기와 그 운반수단인 미사일 및 재래식무기(이하 "대량파괴무기 등"이라 한다)의 제조·개발·사용 또는 보관 등의 용도로 이용 또는 전용될 가능성이 높은 물품등을 수출하려는 자 또는 수출신고하려는 자는 수입자나 최종사용자 등이 이를 대량파괴무기등의 제조·개발·사용 또는 보관 등의 용도로 이용 또는 전용할 의도가 있음을 알았거나 다음 각 호의 어느 하나에 해당되어 그러한 의도가 있다고 의심되면 대통령령으로 정하는 바에 따라 산업통상부장관이나 관계 행정기관의 장의 허가(이하 "상황허가"라 한다)를 받아야 한다.

1. 수입자가 해당 물품등의 최종용도에 관하여 필요한 정보 제공을 기피하는 경우
2. 해당 물품등이 최종사용자의 사업 분야에 활용되지 아니하는 경우
3. 해당 물품등이 수입국의 기술수준과 현저한 격차가 있는 경우
4. 최종사용자가 해당 물품등이 활용될 분야의 사업 경력이 없는 경우
5. 최종사용자가 해당 물품등에 대한 전문적 지식이 없으면서도 그 물품등의 수출을 요구하는 경우
6. 최종사용자가 해당 물품등에 대한 설치·보수 또는 교육훈련 서비스를 거부하는 경우
7. 해당 물품등의 최종수하인이 운송업자인 경우
8. 해당 물품등에 대한 가격조건이나 지불조건이 통상적인 범위를 벗어나는 경우
9. 해당 물품등의 납기일이 통상적인 기간을 벗어난 경우
10. 해당 물품등의 수송경로가 통상적인 경로를 벗어난 경우
11. 해당 물품등의 수입국 내 사용 또는 재수출 여부가 명백하지 아니한 경우
12. 해당 물품등에 대한 정보나 목적지 등에 대하여 통상적인 범위를 벗어나는 보안을 요구하는 경우
13. 그 밖에 국제정세의 변화 또는 국가안보를 해치는 사유의 발생 등으로 관계 행정기관의 장과 협의하여 산업통상부장관이 상황허가를 받도록 정하여 고시하는 경우

제19조의4(경유 또는 환적허가)

전략물자 또는 상황허가 대상인 물품등(이하 "전략물자등"이라 한다)을 국내 항만이나 공항을 경유하거나 국내에서 환적하려는 자는 대통령령으로 정하는 바에 따라 산업통상부장관이나 관계 행정기관의 장의 허가(이하 "경유 또는 환적허가"라 한다)를 받아야 한다.

제19조의5(중개허가)

전략물자등이 제3국에서 다른 제3국으로 수출되도록 중개하려는 자는 대통령령으로 정하는 바에 따라 산업통상부장관이나 관계 행정기관의 장의 허가(이하 "중개허가"라 한다)를 받아야 한다. 다만, 「방위사업법」 제57조 제2항에 따라 허가를 받은 방위산업물자 및 국방과학기술이 전략물자등에 해당하는 경우에는 그러하지 아니하다.

제19조의6(허가 심사 등)

① 산업통상부장관이나 관계 행정기관의 장은 수출허가, 상황허가, 경유 또는 환적허가 및 중개허가 신청을 받으면 다음 각 호의 기준을 고려하여 해당 허가를 할 수 있다. 이 경우 대통령령으로 정하는 바에 따라 조건을 붙여 해당 허가를 할 수 있다.

1. 해당 전략물자등이 평화적 목적에 사용될 것
2. 해당 전략물자등의 거래가 국제평화 및 안전유지와 국가안보에 영향을 미치지 아니할 것
3. 해당 전략물자등의 수입자나 최종사용자 등이 거래에 적합한 자격을 가지고 있고 그 사용용도를 신뢰할 수 있을 것

4. 그 밖에 국제수출통제체제등에 따라 관계 행정기관의 장과 협의하여 산업통상부장관이 정하여 고시하는 기준에 부합할 것

② 산업통상부장관이나 관계 행정기관의 장은 제1항 각 호의 기준에 부합하는지를 확인하기 위하여 필요하다고 인정하는 경우 최종사용자 및 사용용도 관련 서류 보완, 증빙자료 제출 등을 요구할 수 있다.

③ 산업통상부장관이나 관계 행정기관의 장은 재외공관에서 사용될 공용물품을 수출하는 경우 등 대통령령으로 정하는 사유에 해당하는 경우에는 수출허가, 상황허가, 경유 또는 환적허가 및 중개허가를 면제할 수 있다. 이 경우 해당 허가 면제 사유에 해당하는지를 확인하기 위하여 허가를 면제 받은 자에게 산업통상부장관이 정하여 고시하는 서류를 제출하도록 할 수 있다.

제19조의7(허가 취소)

① 산업통상부장관이나 관계 행정기관의 장은 수출허가, 상황허가, 경유 또는 환적허가 및 중개허가를 한 후 다음 각 호의 어느 하나에 해당하는 경우에는 해당 허가를 취소할 수 있다.
1. 거짓 또는 부정한 방법으로 허가를 받은 사실이 발견된 경우
2. 전쟁, 테러 등 국가 간 안보 또는 대량파괴무기등의 이동·확산 우려 등과 같은 국제정세의 변화가 있는 경우

② 제1항에 따라 허가를 취소한 경우 산업통상부장관이나 관계 행정기관의 장은 그 사실을 관세청장에게 즉시 통보하여야 한다.

제20조(전문판정)

① 물품등을 수출, 수출신고, 경유, 환적 또는 중개하려는 자(제19조의2에 따른 기술이전 행위의 전부 또는 일부를 위임하거나 기술이전 행위를 하는 자를 포함한다. 이하 이 조, 제20조의2, 제22조, 제22조의2 및 제28조에서 같다) 또는 정보수사기관의 장 등은 해당 물품등이 전략물자인지 또는 제19조의3 제13호에 따른 상황허가 대상 물품등인지를 확인하기 위하여 대통령령으로 정하는 바에 따라 산업통상부장관이나 관계 행정기관의 장에게 판정(이하 "전문판정"이라 한다)을 신청할 수 있다. 이 경우 산업통상부장관이나 관계 행정기관의 장은 제25조에 따른 무역안보관리원의 장 또는 대통령령으로 정하는 관련 전문기관에 판정을 위임하거나 위탁할 수 있다.

② 산업통상부장관이나 관계 행정기관의 장은 물품등을 수출, 수출신고, 경유, 환적 또는 중개하려는 자가 전문판정을 신청할 경우 물품등의 성능, 용도 및 기술적 특성과 관련하여 제공한 정보의 사실 여부를 점검할 수 있다.

제20조의2(자가판정)

① 제20조에도 불구하고 물품등을 수출, 수출신고, 경유, 환적 또는 중개하려는 자로서 산업통상부장관이 고시하는 교육을 이수한 자는 해당 물품등이 전략물자인지 또는 제19조의3 제13호에 따른 상황허가 대상 물품등인지를 스스로 확인하기 위하여 자가판정(이하 "자가판정"이라 한다)을 할 수 있다. 이 경우 자가판정을 한 자는 물품등의 성능과 용도 및 기술적 특성 등 산업통상부장관이 고시하는 정보를 제24조의 전략물자 수출입관리 정보시스템에 등록하여야 한다.

② 제1항에도 불구하고 다음 각 호의 어느 하나에 해당하는 경우에는 자가판정을 할 수 없다.
1. 기술(제22조에 따른 자율준수무역거래자 중 산업통상부장관이 고시하는 무역거래자가 기술을 수출하는 경우는 제외한다)
2. 그 밖에 산업통상부장관이 자가판정 대상이 아닌 것으로 고시하는 물품등

③ 산업통상부장관이나 관계 행정기관의 장은 물품등을 수출, 수출신고, 경유, 환적 또는 중개하려는 자가 제1항에 따라 스스로 한 자가판정의 결과를 점검할 수 있다.

제21조(이동중지명령 등)

① 산업통상부장관 또는 관계 행정기관의 장은 전략물자등이 허가를 받지 아니하고 수출, 경유, 환적되거나 거짓이나 그 밖의 부정한 방법으로 허가를 받아 수출, 경유, 환적되는 것(이하 "무허가수출등"이라 한다)을 막기 위하여 필요하면 적법한 수출, 경유, 환적이라는 사실이 확인될 때까지 이동중지명령을 할 수 있다.

② 제1항에도 불구하고 산업통상부장관 또는 관계 행정기관의 장은 무허가수출등을 막기 위하여 긴급하게 그 이동을 제한할 필요가 있으면 적법한 수출, 경유, 환적이라는 사실이 확인될 때까지 직접 이동중지조치를 할 수 있다.

③ 산업통상부장관 또는 관계 행정기관의 장은 제2항에 따른 이동중지조치를 하기가 적절하지 아니하면 다른 행정기관에 협조를 요청할 수 있다. 이 경우 협조를 요청받은 행정기관은 국가 간 무허가수출등을 막을 수 있도록 협조하여야 한다.

④ 제2항에 따라 이동중지조치를 하는 공무원은 그 권한을 표시하는 증표를 지니고 이를 관계인에게 내보여야 한다.

⑤ 제1항에 따른 이동중지명령 및 제2항에 따른 이동중지조치의 기간과 방법은 국가 간 무허가수출등을 막기 위하여 필요한 최소한도에 그쳐야 한다.

제22조(자율준수무역거래자)

① 산업통상부장관은 기업 또는 대통령령으로 정하는 대학 및 연구기관의 자율적인 전략물자 수출입관리 능력을 높이기 위하여 전략물자 여부에 대한 판정능력, 수입자 및 최종사용자에 대한 분석능력 등 대통령령으로 정하는 능력을 갖춘 무역거래자를 자율준수무역거래자로 지정할 수 있다.

② 산업통상부장관은 제1항에 따라 지정을 받은 자율준수무역거래자(이하 이 조에서 "자율준수무역거래자"라 한다)에게 대통령령으로 정하는 바에 따라 전략물자에 대한 수출입관리 업무의 일부를 자율적으로 관리하게 할 수 있다.

③ 자율준수무역거래자는 제2항에 따라 자율적으로 관리하는 전략물자의 수출실적 등을 대통령령으로 정하는 바에 따라 산업통상부장관에게 보고하여야 한다.

④ 삭제

제22조의2(자율준수무역거래자 등급 조정 및 지정 취소)

① 산업통상부장관은 제22조 제1항에 따라 자율준수무역거래자를 지정하는 경우 같은 항에 따른 대통령령으로 정하는 능력을 갖춘 정도에 따라 자율준수무역거래자의 등급을 달리 정할 수 있다.

② 산업통상부장관은 다음 각 호의 어느 하나에 해당하는 경우에는 자율준수무역거래자의 등급을 조정할 수 있다. 다만, 제1호에 따른 능력을 현저히 갖추지 못하였거나 고의나 중대한 과실로 인하여 제2호부터 제4호까지에 해당하는 경우에는 자율준수무역거래자의 지정을 취소할 수 있다.

1. 제22조 제1항에 따른 대통령령으로 정하는 능력을 유지하지 못하는 경우
2. 수출허가를 받지 아니하고 전략물자를 수출하거나 수출신고한 경우
3. 상황허가를 받지 아니하고 상황허가 대상인 물품등을 수출하거나 수출신고한 경우
4. 경유 또는 환적허가를 받지 아니하고 전략물자등을 경유 또는 환적한 경우
5. 중개허가를 받지 아니하고 전략물자등을 중개한 경우

6. 제22조 제3항에 따른 보고 의무를 이행하지 아니한 경우
7. 제28조에 따른 서류 보관 의무를 이행하지 아니한 경우

제23조(전략물자수출입고시 등)

① 산업통상부장관은 관계 행정기관의 장과 협의하여 제19조, 제19조의2부터 제19조의7까지, 제20조, 제20조의2, 제21조, 제22조, 제22조의2, 제27조 및 제28조 등에 관한 요령을 고시하여야 한다.
② 관세청장은 전략물자등의 수출입통관 절차에 관한 사항을 고시하여야 한다.

제24조(전략물자 수출입관리 정보시스템)

① 산업통상부장관은 다음 각 호의 업무를 수행하기 위하여 관계 행정기관의 장 및 제25조에 따른 무역안보관리원과 공동으로 전략물자 수출입관리 정보시스템을 구축·운영할 수 있다.
1. 수출허가, 상황허가, 경유 또는 환적허가, 중개허가, 전문판정, 자가판정, 제27조에 따른 수입목적확인서의 발급 등에 관한 업무
2. 전략물자의 수출입관리에 필요한 정보의 수집·분석 및 관리 업무

② 제1항에 따른 전략물자 수출입관리 정보시스템의 구축·운영에 필요한 사항은 대통령령으로 정한다.

제24조의2

삭제

제25조(무역안보관리원의 설립 등)

① 전략물자 수출입관리 업무를 효율적으로 지원하기 위하여 무역안보관리원을 설립한다.
② 무역안보관리원은 법인으로 한다.
③ 무역안보관리원은 정관으로 정하는 바에 따라 임원과 직원을 둔다.
④ 무역안보관리원은 그 주된 사무소의 소재지에서 설립등기를 함으로써 성립한다.
⑤ 무역안보관리원은 정부의 전략물자 수출입관리 정책에 따라 다음 각 호의 업무를 수행한다.
1. 무역안보 정책수립 지원
2. 무역안보 산업영향분석 및 실태조사 지원
3. 무역안보 국제협력 지원(외교안보 관련 사항은 제외한다)
4. 제20조 제1항 후단에 따른 전문판정
5. 전문판정 신청 정보 점검 및 자가판정 결과 점검 등 지원
6. 제24조 제1항에 따른 전략물자 수출입관리 정보시스템의 운영
7. 제30조에 따른 전략물자등의 수출입 제한 등 및 제48조에 따른 보고·검사 등 지원
8. 전략물자등의 수출입자에 대한 교육
9. 그 밖에 대통령령으로 정하는 업무

⑥ 무역안보관리원의 장은 산업통상부장관의 승인을 받아 제5항 각 호의 업무에 관하여 무역안보관리원을 이용하는 자에게 일정한 수수료를 징수할 수 있다.
⑦ 무역안보관리원에 관하여 이 법에서 정한 것 외에는 「민법」 중 재단법인에 관한 규정을 준용한다.
⑧ 정부는 무역안보관리원의 설립·운영에 필요한 경비를 예산의 범위에서 출연하거나 지원할 수 있다.

제26조(전략물자 수출입통제 협의회)

① 산업통상부장관과 관계 행정기관의 장은 전략물자등의 수출입통제와 관련된 부처간 협의를 위하여 공동으로 전략물자 수출입통제 협의회(이하 이 조에서 "협의회"라 한다)를 구성할 수 있다.

② 협의회의 회의는 관계 행정기관의 소관 업무별로 그 소관 관계 행정기관의 장이 주재한다.

③ 협의회의 구성원인 각 행정기관의 장은 전략물자등의 수출입통제에 필요하면 대통령령으로 정하는 정보수사기관의 장 또는 관세청장에게 조사·지원을 요청할 수 있다.

④ 제3항에 따른 정보수사기관의 장 또는 관세청장은 전략물자등의 무허가수출등 행위를 인지한 경우에는 협의회의 각 행정기관의 장에게 통보하는 등 필요한 조치를 취할 수 있다.

⑤ 협의회의 구성과 운영에 필요한 사항은 대통령령으로 정한다.

제27조(수입목적확인서)

전략물자를 수입하려는 자는 대통령령으로 정하는 바에 따라 산업통상부장관이나 관계 행정기관의 장에게 수입목적 등의 확인을 내용으로 하는 수입목적확인서의 발급을 신청할 수 있다. 이 경우 산업통상부장관과 관계 행정기관의 장은 확인 신청 내용이 사실인지 확인한 후 수입목적확인서를 발급할 수 있다.

제28조(서류 보관)

무역거래자는 다음 각 호의 서류를 5년간 보관하여야 한다.

1. 전략물자등을 수출, 수출신고, 경유, 환적 또는 중개한 자의 경우 그 수출허가, 상황허가, 경유 또는 환적허가 및 중개허가에 관한 서류
2. 전문판정 및 자가판정에 관한 서류
3. 그 밖에 산업통상부장관이 관계 행정기관의 장과 협의하여 고시하는 서류

제29조(비밀 준수)

이 법에 따른 전략물자의 수출입관리 업무와 관련된 공무원, 제25조에 따른 무역안보관리원의 임직원과 제25조 제5항 제4호의 판정 업무와 관련된 자는 전략물자 수출입관리 업무의 수행과정에서 알게 된 영업상 비밀을 해당 무역거래자의 동의 없이 외부에 누설하여서는 아니 된다.

제30조(전략물자등의 수출입 제한 등)

① 산업통상부장관 또는 관계 행정기관의 장은 다음 각 호의 어느 하나에 해당하는 자에게 3년 이내의 범위에서 일정 기간 동안 전략물자등의 전부 또는 일부의 수출, 수입, 경유, 환적 또는 중개를 제한할 수 있다.

1. 수출허가를 받지 아니하고 전략물자를 수출하거나 수출신고한 자
2. 상황허가를 받지 아니하고 상황허가 대상인 물품등을 수출하거나 수출신고한 자
3. 경유 또는 환적허가를 받지 아니하고 전략물자등을 경유 또는 환적한 자
4. 중개허가를 받지 아니하고 전략물자등을 중개한 자
5. 거짓이나 그 밖의 부정한 방법으로 수출허가, 상황허가, 경유 또는 환적허가 및 중개허가를 받은 자
6. 수출허가, 상황허가, 경유 또는 환적허가 및 중개허가를 받았으나 제19조의6 제1항에 따라 산업통상부장관이나 관계 행정기관의 장이 정한 조건을 이행하지 아니한 자
7. 제21조 제1항에 따른 이동중지명령을 위반하거나 같은 조 제2항에 따른 이동중지조치를 방해한 자

② 관계 행정기관의 장은 제1항 각 호의 어느 하나에 해당하는 자가 있음을 알게 되면 즉시 산업통상부장관에게 통보하여야 한다.

③ 산업통상부장관 또는 관계 행정기관의 장은 제1항에 따라 전략물자등의 수출입을 제한한 자와 외국 정부가 자국의 법령에 따라 전략물자등의 수출입을 제한한 자의 명단과 제한 내용을 공고할 수 있다.

제31조
[제30조로 이동]

제4절 플랜트수출

제32조(플랜트수출의 촉진 등)
① 산업통상부장관은 다음 각 호의 어느 하나에 해당하는 수출(이하 "플랜트수출"이라 한다)을 하려는 자가 신청하는 경우에는 대통령령으로 정하는 바에 따라 그 플랜트수출을 승인할 수 있다. 승인한 사항을 변경할 때에도 또한 같다.
1. 농업·임업·어업·광업·제조업, 전기·가스·수도사업, 운송·창고업 및 방송·통신업을 경영하기 위하여 설치하는 기재·장치 및 대통령령으로 정하는 설비 중 산업통상부장관이 정하는 일정 규모 이상의 산업설비의 수출
2. 산업설비·기술용역 및 시공을 포괄적으로 행하는 수출(이하 "일괄수주방식에 의한 수출"이라 한다)

② 산업통상부장관은 제1항에 따른 승인 또는 변경승인을 하기 위하여 필요하면 플랜트수출의 타당성에 관하여 관계 행정기관의 장의 의견을 들어야 한다. 이 경우 의견을 제시할 것을 요구받은 관계 행정기관의 장은 정당한 사유가 없으면 지체 없이 산업통상부장관에게 의견을 제시하여야 한다.

③ 산업통상부장관이 일괄수주방식에 의한 수출에 대하여 승인 또는 변경승인하려는 때에는 미리 국토교통부장관의 동의를 받아야 한다.

④ 산업통상부장관은 일괄수주방식에 의한 수출로서 건설용역 및 시공부문의 수출에 관하여는 「해외건설촉진법」에 따른 해외건설사업자에 대하여만 승인 또는 변경승인할 수 있다.

⑤ 산업통상부장관은 제1항에 따른 플랜트수출의 승인 또는 변경승인을 한 경우에는 이를 관계 행정기관의 장에게 지체 없이 알려야 한다.

⑥ 산업통상부장관은 플랜트수출을 촉진하기 위하여 그에 관한 제도개선, 시장조사, 정보교류, 수주 지원, 수주질서 유지, 전문인력의 양성, 금융지원, 우수기업의 육성 및 협동화사업을 추진할 수 있다. 이 경우 산업통상부장관은 플랜트수출 관련 기관 또는 단체를 지정하여 이들 사업을 수행하게 할 수 있다.

제5절 정부간 수출계약

제32조의2(정부간 수출계약의 보증 및 원칙)
① 정부는 국내 기업의 원활한 정부간 수출계약을 지원하기 위하여 대통령령으로 정하는 보증·보험기관으로 하여금 국내 기업의 외국 정부에 대한 정부간 수출계약 이행 등을 위한 보증사업을 하게 할 수 있다.

② 정부는 정부간 수출계약과 관련하여 어떠한 경우에도 경제적 이익을 갖지 아니하고, 보증채무 등 경제적 책임 및 손실을 부담하지 아니한다.

제32조의3(정부간 수출계약의 전담기관)
① 제2조 제4호의 "정부간 수출계약 전담기관"이란 「대한무역투자진흥공사법」에 따른 대한무역투자진흥공사(이하 "전담기관"이라 한다)를 말한다.

② 전담기관은 정부간 수출계약과 관련하여 다음 각 호의 업무를 수행한다.

1. 정부간 수출계약에서 당사자 지위 수행
2. 외국 정부의 구매요구 사항을 이행할 국내 기업의 추천
3. 그 밖에 정부간 수출계약 업무의 수행을 위하여 산업통상부장관이 필요하다고 인정하는 업무

③ 전담기관의 권한과 책임은 다음 각 호와 같다.
1. 전담기관은 정부간 수출계약이 체결된 경우 국내 기업으로 하여금 보증·보험의 제공 등 대통령령으로 정하는 계약 이행 보증 조치를 취하도록 하여야 한다.
2. 전담기관은 국내 기업의 계약 이행 상황을 확인하기 위하여 필요한 경우에는 국내 기업에 대하여 관련 자료의 제출을 요구할 수 있다.
3. 그 밖에 전담기관의 권한과 책임에 관하여는 대통령령으로 정한다.

④ 전담기관의 장은 정부간 수출계약 관련 업무를 수행하기 위하여 필요한 경우에는 관계 행정기관 및 관련 단체에 대하여 공무원 또는 임직원의 파견 근무를 요청할 수 있다. 다만, 공무원의 파견을 요청할 때에는 미리 주무부장관과 협의하여야 한다.

제32조의4(정부간 수출계약 심의위원회)

① 정부간 수출계약의 체결, 변경, 해지 등 대통령령으로 정하는 사항을 심의·의결하기 위하여 전담기관에 정부간 수출계약 심의위원회(이하 이 절에서 "위원회"라 한다)를 둔다.

② 위원회는 위원장 1명을 포함한 7명 이상 15명 이내의 위원으로 구성하고, 위원장은 대한무역투자진흥공사 사장이 된다.

③ 위원회의 구성 및 운영에 필요한 사항은 대통령령으로 정한다.

④ 위원회는 제1항에 따른 심의에 필요한 경우 국내 기업 및 관계 기관 등에 자료 등의 제출을 요구할 수 있다.

⑤ 위원회는 다음 각 호의 사항에 해당하는 경우에는 회의록, 계약서 등 관련 서류를 공개하지 아니할 수 있다.
1. 공개될 경우 정부간 수출계약의 체결, 이행, 변경, 해지 등이 크게 곤란하여질 우려가 있거나 위원회 심의의 공정성을 크게 저해할 우려가 있다고 인정되는 사항
2. 그 밖에 제1호에 준하는 사유로서 공개하기에 적당하지 아니하다고 위원회가 결정한 사항

제32조의5(국내 기업의 책임 등)

① 국내 기업은 정부간 수출계약이 체결된 경우 그 계약 내용을 성실히 이행하여야 한다.

② 국내 기업은 보증·보험의 제공 등 대통령령으로 정하는 계약 이행 보증 조치를 취하여야 한다.

③ 국내 기업은 제32조의3 제3항 제2호 또는 제32조의4 제4항에 따른 자료제출 요구가 있을 경우 특별한 사정이 없으면 이에 따라야 한다.

④ 국내 기업이 제2항 또는 제3항을 위반할 경우 전담기관은 그 사실을 외국 정부에 통보할 수 있고, 위원회는 해당 기업의 정부간 수출계약에 대한 심의를 거부할 수 있다.

제3장의2 원산지의 표시 등

제33조(수출입 물품등의 원산지의 표시)

① 산업통상부장관이 공정한 거래 질서의 확립과 생산자 및 소비자 보호를 위하여 원산지를 표시하여야 하는 대상으로 공고한 물품등(이하 "원산지표시대상물품"이라 한다)을 수출하거나 수입하려는 자는 그 물품등에 대하여 원산지를 표시하여야 한다.

② 수입된 원산지표시대상물품에 대하여 대통령령으로 정하는 단순한 가공활동을 거침으로써 해당 물품등의 원산지 표시를 손상하거나 변형한 자(무역거래자 또는 물품등의 판매업자에 대하여 제4항이 적용되는 경우는 제외한다)는 그 단순 가공한 물품등에 당초의 원산지를 표시하여야 한다. 이 경우 다른 법령에서 단순한 가공활동을 거친 수입 물품등에 대하여 다른 기준을 규정하고 있으면 그 기준에 따른다.

③ 제1항 및 제2항 전단에 따른 원산지의 표시방법·확인, 그 밖에 표시에 필요한 사항은 대통령령으로 정한다.

④ 무역거래자 또는 물품등의 판매업자는 수출 또는 수입 물품등 및 제35조에 따른 국내생산물품등에 대하여 다음 각 호의 어느 하나에 해당하는 행위를 하여서는 아니 된다. 다만, 제2호 및 제3호에 따른 금지행위는 수입 물품등에 한정한다.

1. 원산지를 거짓으로 표시하거나 원산지를 오인(誤認)하게 하는 표시를 하는 행위
2. 원산지의 표시를 손상하거나 변경하는 행위
3. 원산지표시대상물품에 대하여 원산지 표시를 하지 아니하는 행위
4. 제1호부터 제3호까지의 규정에 위반되는 원산지표시대상물품을 국내에서 거래하는 행위

⑤ 산업통상부장관 또는 시·도지사는 제1항부터 제4항(제35조 제3항에서 준용하는 경우를 포함한다)까지의 규정을 위반하였는지 확인하기 위하여 필요하다고 인정하면 수입한 물품등(제35조 제3항에서 준용하는 경우 "국내생산물품등"으로 본다)과 대통령령으로 정하는 관련 자료에 대하여 관계된 자를 방문이나 서면으로 조사할 수 있다.

⑥ 삭제

⑦ 삭제

⑧ 삭제

제33조의2(원산지의 표시 위반에 대한 시정명령 등)

① 산업통상부장관 또는 시·도지사는 제33조 제2항부터 제4항까지의 규정을 위반한 자에게 판매중지, 원상복구, 원산지 표시 등 대통령령으로 정하는 시정조치를 명할 수 있다.

② 산업통상부장관 또는 시·도 지사는 제33조 제2항부터 제4항까지의 규정(제33조 제4항 제4호는 제외한다)을 위반한 자에게 3억원 이하의 과징금을 부과할 수 있다.

③ 제2항에 따라 과징금을 부과하는 위반행위의 종류와 정도에 따른 과징금의 금액과 그 밖에 필요한 사항은 대통령령으로 정한다.

④ 산업통상부장관 또는 시·도지사는 제2항에 따라 과징금을 내야 하는 자가 납부기한까지 내지 아니하면 국세 강제징수의 예 또는 「지방행정제재·부과금의 징수 등에 관한 법률」에 따라 징수한다.

⑤ 산업통상부장관 또는 시·도지사는 제2항에 따라 과징금 부과처분이 확정된 자에 대해서는 대통령령으로 정하는 바에 따라 그 위반자 및 위반자의 소재지와 물품등의 명칭, 품목, 위반내용 등 처분과 관련된 사항을 공표할 수 있다.

제34조(원산지 판정 등)

① 산업통상자원부장관은 필요하다고 인정하면 수출 또는 수입 물품등의 원산지 판정을 할 수 있다.

② 원산지 판정의 기준은 대통령령으로 정하는 바에 따라 산업통상자원부장관이 정하여 공고한다.

③ 무역거래자 또는 물품등의 판매업자 등은 수출 또는 수입 물품등의 원산지 판정을 산업통상자원부장관에게 요청할 수 있다.

④ 산업통상자원부장관은 제3항에 따라 요청을 받은 경우에는 해당 물품등의 원산지 판정을 하여서 요청한 사람에게 알려야 한다.

⑤ 제4항에 따라 통보를 받은 자가 원산지 판정에 불복하는 경우에는 통보를 받은 날부터 30일 이내에 산업통상자원부장관에게 이의를 제기할 수 있다.

⑥ 산업통상자원부장관은 제5항에 따라 이의를 제기받은 경우에는 이의 제기를 받은 날부터 150일 이내에 이의 제기에 대한 결정을 알려야 한다.

⑦ 원산지 판정의 요청, 이의 제기 등 원산지 판정의 절차에 필요한 사항은 대통령령으로 정한다.

제35조(수입원료를 사용한 국내생산 물품등의 원산지 판정 기준 등)

① 산업통상자원부장관은 공정한 거래질서의 확립과 생산자 및 소비자 보호를 위하여 필요하다고 인정하면 수입원료를 사용하여 국내에서 생산되어 국내에서 유통되거나 판매되는 물품등(이하 "국내생산물품등"이라 한다)에 대한 원산지 판정에 관한 기준을 관계 중앙행정기관의 장과 협의하여 정할 수 있다. 다만, 다른 법령에서 국내생산물품등에 대하여 다른 기준을 규정하고 있는 경우에는 그러하지 아니하다.

② 산업통상자원부장관은 제1항에 따라 국내생산물품등에 대한 원산지 판정에 관한 기준을 정하면 이를 공고하여야 한다.

③ 국내생산물품등의 판매자에 대해서는 제33조 제4항 제1호 및 제4호를 준용한다. 이 경우 "제1호부터 제3호"는 "제1호"로, "원산지표시대상물품"은 "국내생산물품등"으로 본다.

제36조(수입 물품등의 원산지증명서의 제출)

① 산업통상자원부장관은 원산지를 확인하기 위하여 필요하다고 인정하면 물품등을 수입하려는 자에게 그 물품등의 원산지 국가 또는 물품등을 선적(船積)한 국가의 정부 등이 발행하는 원산지증명서를 제출하도록 할 수 있다.

② 제1항에 따른 원산지증명서의 제출과 그 확인에 필요한 사항은 대통령령으로 정한다.

제37조(원산지증명서의 발급 등)

① 수출 물품 또는 국내생산물품등의 원산지증명서를 발급받으려는 자는 산업통상자원부장관에게 원산지증명서의 발급을 신청하여야 한다. 이 경우 수수료를 내야 한다.

② 제1항에 따른 원산지증명서의 발급기준·발급절차, 유효기간, 수수료와 그 밖에 발급에 필요한 사항은 대통령령으로 정한다.

제38조(외국산 물품등을 국산 물품등으로 가장하는 행위의 금지)

누구든지 원산지증명서를 위조 또는 변조하거나 거짓된 내용으로 원산지증명서를 발급받거나 물품등에 원산지를 거짓으로 표시하는 등의 방법으로 외국에서 생산된 물품등(외국에서 생산되어 국내에서 대통령령으로 정하는 단순한 가공활동을 거친 물품등을 포함한다. 이하 제53조의2 제4호에서도 같다)의 원산지가 우리나라인 것처럼 가장(假裝)하여 그 물품등을 수출하거나 외국에서 판매하여서는 아니 된다.

제4장 수입수량 제한조치

제39조(수입수량 제한조치)

① 산업통상부장관은 특정 물품의 수입 증가로 인하여 같은 종류의 물품 또는 직접적인 경쟁 관계에 있는 물품을 생산하는 국내산업(이하 이 조에서 "국내산업"이라 한다)이 심각한 피해를 입고 있거나 입을 우려(이하 이 조에서 "심각한 피해등"이라 한다)가 있음이 「불공정무역행위 조사 및 산업피해구제에 관한 법률」 제27조에 따른 무역위원회(이하 "무역위원회"라 한다)의 조사를 통하여 확인되고 심각한 피해등을 구제하기 위한 조치가 건의된 경우로서 그 국내산업을 보호할 필요가 있다고 인정되면 그 물품의 국내산업에 대한 심각한 피해등을 방지하거나 치유하고 조정을 촉진하기 위하여 필요한 범위에서 물품의 수입수량을 제한하는 조치(이하 "수입수량제한조치"라 한다)를 시행할 수 있다.

② 산업통상부장관은 무역위원회의 건의, 해당 국내산업 보호의 필요성, 국제통상 관계, 수입수량제한조치의 시행에 따른 보상수준 및 국민경제에 미치는 영향 등을 검토하여 수입수량제한조치의 시행 여부와 내용을 결정한다.

③ 정부는 수입수량제한조치를 시행하려면 이해 당사국과 수입수량제한조치의 부정적 효과에 대한 적절한 무역보상에 관하여 협의할 수 있다.

④ 수입수량제한조치는 조치 시행일 이후 수입되는 물품에만 적용한다.

⑤ 수입수량제한조치의 적용 기간은 4년을 넘어서는 아니 된다.

⑥ 산업통상부장관은 수입수량제한조치의 대상 물품, 수량, 적용기간 등을 공고하여야 한다.

⑦ 산업통상부장관은 수입수량제한조치의 시행 여부를 결정하기 위하여 필요하다고 인정하면 관계 행정기관의 장 및 이해관계인 등에게 관련 자료의 제출 등 필요한 협조를 요청할 수 있다.

⑧ 산업통상부장관은 수입수량제한조치의 대상이었거나 「관세법」 제65조에 따른 긴급관세(이하 "긴급관세"라 한다) 또는 같은 법 제66조에 따른 잠정 긴급관세(이하 "잠정긴급관세"라 한다)의 대상이었던 물품에 대하여는 그 수입수량제한조치의 적용기간, 긴급관세의 부과기간 또는 잠정긴급관세의 부과기간이 끝난 날부터 그 적용 기간 또는 부과기간에 해당하는 기간(적용기간 또는 부과기간이 2년 미만인 경우에는 2년)이 지나기 전까지는 다시 수입수량제한조치를 시행할 수 없다. 다만, 다음 각 호의 요건을 모두 충족하는 경우에는 180일 이내의 수입수량제한조치를 시행할 수 있다.

1. 해당 물품에 대한 수입수량제한조치가 시행되거나 긴급관세 또는 잠정긴급관세가 부과된 후 1년이 지날 것
2. 수입수량제한조치를 다시 시행하는 날부터 소급하여 5년 안에 그 물품에 대한 수입수량제한조치의 시행 또는 긴급관세의 부과가 2회 이내일 것

제40조(수입수량제한조치에 대한 연장 등)

① 산업통상부장관은 무역위원회의 건의가 있고 필요하다고 인정하면 수입수량제한조치의 내용을 변경하거나 적용기간을 연장할 수 있다. 이 경우 변경되는 조치 내용 및 연장되는 적용기간 이내에 변경되는 조치 내용은 최초의 조치 내용보다 완화되어야 한다.

② 제1항에 따라 수입수량제한조치의 적용기간을 연장하는 때에는 수입수량제한조치의 적용기간과 긴급관세 또는 잠정긴급관세의 부과기간 및 그 연장기간을 전부 합산한 기간이 8년을 넘어서는 아니 된다.

제41조
삭제

제5장 수출입의 질서 유지

제42조
삭제

제43조(수출입 물품등의 가격 조작 금지)
무역거래자는 외화도피의 목적으로 물품등의 수출 또는 수입 가격을 조작(造作)하여서는 아니 된다.

제44조(무역거래자간 무역분쟁의 신속한 해결)
① 무역거래자는 그 상호 간이나 교역상대국의 무역거래자와 물품등의 수출·수입과 관련하여 분쟁이 발생한 경우에는 정당한 사유 없이 그 분쟁의 해결을 지연시켜서는 아니 된다.
② 산업통상부장관은 제1항에 따른 분쟁이 발생한 경우 무역거래자에게 분쟁의 해결에 관한 의견을 진술하게 하거나 그 분쟁과 관련되는 서류의 제출을 요구할 수 있다.
③ 산업통상부장관은 제2항에 따라 서류를 제출받거나 의견을 들은 후에 필요하다고 인정하면 그 분쟁에 관하여 사실 조사를 할 수 있다.
④ 산업통상부장관은 제1항에 따른 분쟁을 신속하고 공정하게 처리하는 것이 필요하다고 인정하거나 무역분쟁 당사자의 신청을 받으면 대통령령으로 정하는 바에 따라 분쟁을 조정하거나 분쟁의 해결을 위한 중재(仲裁) 계약의 체결을 권고할 수 있다.

제45조(선적 전 검사와 관련한 분쟁 조정 등)
① 수입국 정부와의 계약 체결 또는 수입국 정부의 위임을 받아 기업이 수출하는 물품등에 대하여 국내에서 선적 전에 검사를 실시하는 기관(이하 "선적전검사기관"이라 한다)은 「세계무역기구 선적 전 검사에 관한 협정」을 지켜야 한다. 이 경우 선적전검사기관은 선적 전 검사가 기업의 수출에 대한 무역장벽으로 작용하도록 하여서는 아니 된다.
② 산업통상부장관은 선적 전 검사와 관련하여 수출자와 선적전검사기관 간에 분쟁이 발생하였을 경우에는 그 해결을 위하여 필요한 조정(調整)을 할 수 있다.
③ 제2항의 분쟁에 관한 중재(仲裁)를 담당할 수 있도록 대통령령으로 정하는 바에 따라 독립적인 중재기관을 설치할 수 있다.

제46조(조정명령)
① 산업통상부장관은 다음 각 호의 어느 하나에 해당하는 경우에는 무역거래자에게 수출하는 물품등의 가격, 수량, 품질, 그 밖에 거래조건 또는 그 대상지역 등에 관하여 필요한 조정(調整)을 명할 수 있다.
1. 헌법에 따라 체결·공포된 조약과 일반적으로 승인된 국제법규에 따른 의무 이행을 위하여 필요한 경우
2. 우리나라 또는 교역상대국의 관련 법령에 위반되는 경우

3. 그 밖에 물품등의 수출의 공정한 경쟁을 교란할 우려가 있거나 대외 신용을 손상하는 행위를 방지하기 위한 것으로서 다음 각 목의 어느 하나에 해당하는 경우
   가. 물품등의 수출과 관련하여 부당하게 다른 무역거래자를 제외하는 경우
   나. 물품등의 수출과 관련하여 부당하게 다른 무역거래자의 상대방에 대하여 다른 무역거래자와 거래하지 아니하도록 유인하거나 강제하는 경우
   다. 물품등의 수출과 관련하여 부당하게 다른 무역거래자의 해외에서의 사업활동을 방해하는 경우

② 산업통상부장관은 제1항에 따라 조정을 명하는 경우에는 다음 각 호의 사항을 고려하여야 한다.
1. 수출기반의 안정, 새로운 상품의 개발 또는 새로운 해외시장의 개척에 기여할 것
2. 다른 무역거래자의 권익을 부당하게 침해하거나 차별하지 아니할 것
3. 물품등의 수출·수입의 질서 유지를 위한 목적에 필요한 정도를 넘지 아니할 것

③ 제1항에 따라 조정을 명하는 절차 등에 필요한 사항은 대통령령으로 정한다.

④ 산업통상부장관은 제1항에 따라 조정을 명하는 경우에 필요하다고 인정하면 제11조 제2항에 따른 승인을 하지 아니하거나 관계 기관의 장에게 승인에 관련된 절차를 중지하게 할 수 있다.

제6장 보칙

제47조(청문)

산업통상부장관 또는 관계 행정기관의 장은 다음 각 호의 어느 하나에 해당하는 처분을 하려면 청문을 하여야 한다.
1. 제8조의2 제3항에 따른 전문무역상사의 지정 취소
2. 제19조의7에 따른 수출허가, 상황허가, 경유 또는 환적허가 및 중개허가의 취소
3. 제46조 제1항에 따른 조정명령

제48조(보고와 검사 등)

① 산업통상부장관 또는 관계 행정기관의 장은 제5조 제4호에 따라 제한되거나 금지된 물품등을 수출, 수입, 경유, 환적 또는 중개하였거나 하려고 한 자, 같은 조 제4호의2에 따라 제한되거나 금지된 물품등을 수출, 수입하였거나 하려고 한 자 또는 수출허가, 상황허가, 경유 또는 환적허가 및 중개허가를 받지 아니하고 수출, 수출신고, 경유, 환적 또는 중개하였거나 하려고 한 자에게 다음 각 호의 사항에 관한 보고 또는 자료의 제출을 명할 수 있다.
1. 수입국
2. 수입자·최종사용자 또는 그의 위임을 받은 자 및 그 소재지, 사업 분야, 주요 거래자 및 사용 목적
3. 수입자·최종사용자 또는 그의 위임을 받은 자를 확인하기 위한 수입국의 권한 있는 기관이 발급한 납세증명서 등 관련 자료 또는 대외 공표자료
4. 그 밖에 운송수단, 경유국(經由國), 환적국(換積國), 대금 결제방법 등 산업통상부장관이 정하여 고시하는 사항

② 산업통상부장관 또는 관계 행정기관의 장은 전문판정 신청 정보 점검이나 자가판정 결과 점검을 위하여 전문판정을 신청한 자 또는 자가판정을 한 자에게 물품등의 성능, 용도 및 기술적 특성을 표시하는 상품안내서, 사양서 등 자료의 제출을 명할 수 있다.

③ 산업통상부장관 또는 관계 행정기관의 장은 이 법의 시행을 위하여 필요하다고 인정하면 그 소속 공무원에게 제1항에 규정된 자의 사무소, 영업소, 공장 또는 창고 등에서 장부·서류나 그 밖의 물건을 검사하게 할 수 있다.

④ 제3항에 따라 검사를 하는 공무원은 그 권한을 표시하는 증표를 지니고, 이를 관계인에게 내보여야 한다.

제49조(교육명령)

산업통상부장관 또는 관계 행정기관의 장은 다음 각 호의 어느 하나에 해당하는 자에게 대통령령으로 정하는 바에 따라 교육명령을 부과할 수 있다.

1. 수출허가 또는 상황허가를 받지 아니하고 수출하거나 수출신고한 자
2. 거짓이나 그 밖의 부정한 방법으로 수출허가 또는 상황허가를 받은 자
3. 경유 또는 환적허가 및 중개허가를 받지 아니하고 경유·환적·중개한 자
4. 거짓이나 그 밖의 부정한 방법으로 경유 또는 환적허가 및 중개허가를 받은 자
5. 수출허가, 상황허가, 경유 또는 환적허가 및 중개허가를 받았으나 제19조의6 제1항에 따라 산업통상부장관이나 관계 행정기관의 장이 정한 조건을 이행하지 아니한 자
6. 제19조의6 제3항에 따른 허가 면제 사유를 입증하기 위한 서류를 제출하지 아니한 자
7. 제21조 제1항에 따른 이동중지명령을 위반하거나 같은 조 제2항에 따른 이동중지조치를 방해한 자

제50조(「독점규제 및 공정거래에 관한 법률」과의 관계)

① 제46조에 따른 산업통상부장관의 조정명령의 이행에 대하여는 「독점규제 및 공정거래에 관한 법률」을 적용하지 아니한다.

② 산업통상부장관은 제46조에 따른 조정명령이 「독점규제 및 공정거래에 관한 법률」 제2조 제1호에 따른 사업자 간의 국내 시장에서의 경쟁을 제한하는 것이면 공정거래위원회와 미리 협의하여야 한다.

제51조(「국가보안법」과의 관계)

이 법에 따른 물품등의 수출·수입행위에 대하여는 그 행위가 업무 수행상 정당하다고 인정되는 범위에서 「국가보안법」을 적용하지 아니한다.

제52조(권한의 위임·위탁)

① 이 법에 따른 산업통상부장관의 권한은 대통령령으로 정하는 바에 따라 그 일부를 소속기관의 장, 시·도지사에게 위임하거나 관계 행정기관의 장, 세관장, 한국은행 총재, 한국수출입은행장, 외국환은행의 장, 그 밖에 대통령령으로 정하는 법인 또는 단체에 위탁할 수 있다.

② 산업통상부장관은 제1항에 따라 위임하거나 위탁한 사무에 관하여 그 위임 또는 위탁을 받은 자를 지휘·감독한다.

③ 산업통상부장관은 제1항에 따라 위임하거나 위탁한 사무에 관하여 그 위임 또는 위탁을 받은 자에게 필요한 자료의 제출을 요청할 수 있다.

제7장 벌칙

제53조(벌칙)

① 전략물자등의 국제적 확산을 꾀할 목적으로 다음 각 호의 어느 하나에 해당하는 위반행위를 한 자는 7년 이하의 징역 또는 수출, 경유, 환적 또는 중개하는 물품등의 가격의 5배에 해당하는 금액 이하의 벌금에 처한다.

1. 제19조의2에 따른 수출허가를 받지 아니하고 전략물자를 수출하거나 수출신고한 자
2. 제19조의3에 따른 상황허가를 받지 아니하고 상황허가 대상인 물품등을 수출하거나 수출신고한 자
3. 제19조의4에 따른 경유 또는 환적허가를 받지 아니하고 전략물자등을 경유 또는 환적한 자
4. 제19조의5에 따른 중개허가를 받지 아니하고 전략물자등을 중개한 자

② 다음 각 호의 어느 하나에 해당하는 자는 5년 이하의 징역 또는 수출, 수입, 경유, 환적 또는 중개하는 물품등의 가격의 3배에 해당하는 금액 이하의 벌금에 처한다.

1. 제5조 제1호부터 제3호까지, 제4호의2 또는 제5호에 따른 수출, 수입의 제한이나 금지조치를 위반한 자
1의2. 제5조 제4호에 따른 수출, 수입, 경유, 환적 또는 중개의 제한이나 금지조치를 위반한 자
2. 제19조의2에 따른 수출허가를 받지 아니하고 전략물자를 수출하거나 수출신고한 자
3. 거짓이나 그 밖의 부정한 방법으로 제19조의2에 따른 수출허가를 받은 자
3의2. 제19조의2에 따른 수출허가를 받았으나 제19조의6 제1항에 따라 산업통상부장관이나 관계 행정기관의 장이 정한 조건을 이행하지 아니한 자
4. 제19조의3에 따른 상황허가를 받지 아니하고 상황허가 대상인 물품등을 수출하거나 수출신고한 자
5. 거짓이나 그 밖의 부정한 방법으로 제19조의3에 따른 상황허가를 받은 자
5의2. 제19조의3에 따른 상황허가를 받았으나 제19조의6 제1항에 따라 산업통상부장관이나 관계 행정기관의 장이 정한 조건을 이행하지 아니한 자
5의3. 제19조의4에 따른 경유 또는 환적허가를 받지 아니하고 전략물자등을 경유 또는 환적한 자
5의4. 거짓이나 그 밖의 부정한 방법으로 제19조의4에 따른 경유 또는 환적허가를 받은 자
5의5. 제19조의4에 따른 경유 또는 환적허가를 받았으나 제19조의6 제1항에 따라 산업통상부장관이나 관계 행정기관의 장이 정한 조건을 이행하지 아니한 자
6. 제19조의5에 따른 중개허가를 받지 아니하고 전략물자등을 중개한 자
7. 거짓이나 그 밖의 부정한 방법으로 제19조의5에 따른 중개허가를 받은 자
7의2. 제19조의5에 따른 중개허가를 받았으나 제19조의6 제1항에 따라 산업통상부장관이나 관계 행정기관의 장이 정한 조건을 이행하지 아니한 자
8. 삭제
9. 제43조를 위반하여 물품등의 수출과 수입의 가격을 조작한 자
10. 제46조 제1항에 따른 조정명령을 위반한 자

제53조의2(벌칙)

다음 각 호의 어느 하나에 해당하는 자는 5년 이하의 징역 또는 1억원 이하의 벌금에 처한다. 이 경우 징역과 벌금은 병과(倂科)할 수 있다.

1. 제21조 제1항에 따른 이동중지명령을 위반하거나 같은 조 제2항에 따른 이동중지조치를 방해한 자
1의2. 삭제

2. 제33조 제4항 각 호(제35조 제3항에서 준용하는 경우를 포함한다)를 위반한 무역거래자 또는 물품등의 판매업자
3. 제33조의2 제1항에 따른 시정조치 명령을 위반한 자
4. 제38조에 따른 외국산 물품등의 국산 물품등으로의 가장 금지 의무를 위반한 자

제54조(벌칙)

다음 각 호의 어느 하나에 해당하는 자는 3년 이하의 징역 또는 3천만원 이하의 벌금에 처한다.

1. 제9조 제2항을 위반하여 직무상 습득한 기업정보를 타인에게 제공 또는 누설하거나 사용 목적 외의 용도로 사용한 자
2. 제11조 제2항 또는 제5항에 따른 승인 또는 변경승인을 받지 아니하고 수출 또는 수입 승인 대상 물품등을 수출하거나 수입한 자
3. 거짓이나 그 밖의 부정한 방법으로 제11조 제2항 또는 제5항에 따른 승인 또는 변경승인을 받거나 그 승인 또는 변경승인을 면제받고 물품등을 수출하거나 수입한 자
4. 제16조 제3항 본문(제17조 제3항에서 준용하는 경우를 포함한다)에 따른 수입에 대응하는 외화획득을 하지 아니한 자
5. 제17조 제1항 본문에 따른 승인을 받지 아니하고 목적 외의 용도로 원료·기재 또는 그 원료·기재로 제조된 물품등을 사용한 자
6. 제17조 제2항에 따른 승인을 받지 아니하고 원료·기재 또는 그 원료·기재로 제조된 물품등을 양도한 자
7. 제29조에 따른 비밀 준수 의무를 위반한 자
8. 거짓이나 그 밖의 부정한 방법으로 제32조에 따른 승인 또는 변경 승인을 받은 자
9. 삭제
10. 삭제
11. 삭제

제55조(미수범)

제53조 제1항, 같은 조 제2항 제2호·제4호·제5호의3·제6호 및 제53조의2 제2호·제4호의 미수범은 처벌한다.

제56조(과실범)

중대한 과실로 제53조의2 제2호에 해당하는 행위를 한 자는 2천만원 이하의 벌금에 처한다.

제57조(양벌규정)

법인의 대표자나 법인 또는 개인의 대리인, 사용인, 그 밖의 종업원이 그 법인 또는 개인의 업무에 관하여 제53조, 제53조의2 또는 제54조부터 제56조까지의 어느 하나에 해당하는 위반행위를 하면 그 행위자를 벌하는 외에 그 법인 또는 개인에게도 해당 조문의 벌금형을 과(科)한다. 다만, 법인 또는 개인이 그 위반행위를 방지하기 위하여 해당 업무에 관하여 상당한 주의와 감독을 게을리하지 아니한 경우에는 그러하지 아니하다.

제58조(벌칙 적용 시의 공무원 의제)

제25조 제5항의 업무를 수행하는 무역안보관리원의 임직원과 산업통상부장관이 제52조에 따라 위탁한 사무에 종사하는 한국은행, 한국수출입은행, 외국환은행, 그 밖에 대통령령으로 정하는 법인 또는 단체의 임직원은 「형법」 제129조부터 제132조까지의 벌칙을 적용할 때에는 공무원으로 본다.

제59조(과태료)

① 다음 각 호의 어느 하나에 해당하는 자에게는 2천만원 이하의 과태료를 부과한다.
1. 제44조 제2항을 위반하여 관련되는 서류를 제출하지 아니한 자
2. 제44조 제3항에 따른 사실 조사를 거부, 방해 또는 기피한 자
3. 제48조 제1항에 따른 보고 또는 자료의 제출을 하지 아니하거나 거짓으로 보고 또는 자료를 제출한 자
3의2. 제48조 제2항을 위반하여 관련되는 자료를 제출하지 아니하거나 거짓으로 자료를 제출한 자
4. 제48조 제3항에 따른 검사를 거부, 방해 또는 기피한 자

② 다음 각 호의 어느 하나에 해당하는 자에게는 1천만원 이하의 과태료를 부과한다.
1. 제19조의6 제3항에 따른 허가 면제 사유를 입증하기 위한 서류를 제출하지 아니한 자
1의2. 제20조의2 제1항 전단을 위반하여 교육을 이수하지 아니하고 자가판정을 한 자 또는 같은 항 후단을 위반하여 자가판정을 한 후 물품등의 성능과 용도 및 기술적 특성 등 정보를 전략물자 수출입관리 정보시스템에 등록하지 아니한 자
1의3. 제28조에 따른 서류 보관의무를 위반한 자
2. 삭제
3. 제33조 제5항에 따른 검사를 거부, 방해 또는 기피한 자
4. 제49조에 따른 교육명령을 이행하지 아니한 자

③ 삭제

④ 제1항 및 제2항에 따른 과태료는 대통령령으로 정하는 바에 따라 산업통상부장관이나 시·도지사 또는 관계 행정기관의 장이 부과·징수한다.

⑤ 삭제

⑥ 삭제

부칙

<제21065호, 2025. 10. 1.> (정부조직법)

제1조(시행일)

이 법은 공포한 날부터 시행한다. 다만, 부칙 제7조에 따라 개정되는 법률 중 이 법 시행 전에 공포되었으나 시행일이 도래하지 아니한 법률을 개정한 부분은 각각 해당 법률의 시행일부터 시행하고, 다음 각 호의 개정규정은 해당 호에서 정하는 날부터 시행한다.
1. 다음 각 목의 개정규정은 2026년 1월 2일부터 시행한다. 다만, 부칙 제7조에 따라 개정되는 법률(가목 및 나목의 개정규정과 관련되는 부분으로 한정한다) 중 본문에 따른 시행일 전에 공포되었으나 본문에 따른 시행일이 도래하지 아니한 법률을 개정한 부분은 각각 해당 법률의 시행일부터 시행한다.
   가. 제19조 제4항, 제23조, 제29조 제1항 제1호 및 제30조의 개정규정
   나. 제12조 제2항, 제19조 제3항, 제22조 및 제29조 제2항 단서의 개정규정(재정경제부장관 및 재정경제부에 관한 부분으로 한정한다)

다. 부칙 제7조에 따라 개정되는 법률(가목 및 나목의 개정규정과 관련되는 부분으로 한정한다)
2. 생략

제2조부터 제6조까지

생략

제7조(다른 법률의 개정)

①부터 <220>까지 생략

<221> 대외무역법 일부를 다음과 같이 개정한다.

제4조 제1항, 같은 조 제2항 각 호 외의 부분, 제5조 각 호 외의 부분 본문, 제6조 제2항 전단·후단, 제7조 제1항·제3항·제4항, 같은 조 제5항 전단, 같은 조 제7항 전단, 제8조 제1항부터 제4항까지, 제8조의2 제1항, 같은 조 제3항 본문, 제9조 제1항, 제11조 제1항 각 호 외의 부분, 같은 조 제2항 본문, 같은 조 제3항 단서, 같은 조 제4항부터 제7항까지, 제12조 제1항·제2항, 제13조 제1항·제2항, 제14조, 제15조 제1항, 같은 조 제2항 전단, 같은 조 제3항 전단·후단, 제16조 제1항 본문, 같은 조 제2항, 같은 조 제3항 단서, 제17조 제1항 본문, 같은 조 제2항 본문, 제18조 제1항·제2항, 제19조, 제19조의2 각 호 외의 부분 본문, 제19조의3 각 호 외의 부분, 같은 조 제13호, 제19조의4, 제19조의5 본문, 제19조의6 제1항 각 호 외의 부분 전단, 같은 항 제4호, 같은 조 제2항, 같은 조 제3항 전단·후단, 제19조의7 제1항 각 호 외의 부분, 같은 조 제2항, 제20조 제1항 전단·후단, 같은 조 제2항, 제20조의2 제1항 전단·후단, 같은 조 제2항 제1호·제2호, 같은 조 제3항, 제21조 제1항·제2항, 같은 조 제3항 전단, 제22조 제1항부터 제3항까지, 제22조의2 제1항, 같은 조 제2항 각 호 외의 부분 본문, 제23조 제1항, 제24조 제1항 각 호 외의 부분, 제25조 제6항, 제26조 제1항, 제27조 전단·후단, 제28조 제3호, 제30조 제1항 각 호 외의 부분, 같은 항 제6호, 같은 조 제2항·제3항, 제32조 제1항 각 호 외의 부분 전단, 같은 항 제1호, 같은 조 제2항 전단·후단, 같은 조 제3항부터 제5항까지, 같은 조 제6항 전단·후단, 제32조의3 제2항 제3호, 제33조 제1항·제5항, 제33조의2 제1항·제2항·제4항·제5항, 제34조 제1항부터 제6항까지, 제35조 제1항 본문, 같은 조 제2항, 제36조 제1항, 제37조 제1항 전단, 제39조 제1항·제2항·제6항·제7항, 같은 조 제8항 각 호 외의 부분 본문, 제40조 제1항 전단, 제44조 제2항부터 제4항까지, 제45조 제2항, 제46조 제1항 각 호 외의 부분, 같은 조 제2항 각 호 외의 부분, 같은 조 제4항, 제47조 각 호 외의 부분, 제48조 제1항 각 호 외의 부분, 같은 항 제4호, 같은 조 제2항·제3항, 제49조 각 호 외의 부분, 같은 조 제5호, 제50조 제1항·제2항, 제52조 제1항부터 제3항까지, 제53조 제2항 제3호의2·제5호의2·제5호의5·제7호의2, 제58조 및 제59조 제4항 중 "산업통상자원부장관"을 각각 "산업통상부장관"으로 한다.

제13조 제2항 중 "기획재정부장관"을 "재정경제부장관"으로 한다.

<222>부터 <626>까지 생략

제8조

생략

대외무역법 시행령

[시행 2025. 10. 1.] [대통령령 제35803호, 2025. 10. 1., 타법개정]

제1장 총칙

제1조(목적)
이 영은 「대외무역법」에서 위임된 사항과 그 시행에 필요한 사항을 정함을 목적으로 한다.

제2조(정의)
이 영에서 사용하는 용어의 뜻은 다음과 같다.
1. "국내"란 대한민국의 주권(主權)이 미치는 지역을 말한다.
2. "외국"이란 국내 이외의 지역을 말한다.
3. "수출"이란 다음 각 목의 어느 하나에 해당하는 것을 말한다.
    가. 매매, 교환, 임대차, 사용대차(使用貸借), 증여 등을 원인으로 국내에서 외국으로 물품이 이동하는 것[우리나라의 선박으로 외국에서 채취한 광물(鑛物) 또는 포획한 수산물을 외국에 매도(賣渡)하는 것을 포함한다]
    나. 「관세법」 제196조에 따른 보세판매장에서 외국인에게 국내에서 생산(제조·가공·조립·수리·재생 또는 개조하는 것을 말한다. 이하 같다)된 물품을 매도하는 것
    다. 유상(有償)으로 외국에서 외국으로 물품을 인도(引渡)하는 것으로서 산업통상부장관이 정하여 고시하는 기준에 해당하는 것
    라. 「외국환거래법」 제3조 제1항 제14호에 따른 거주자(이하 "거주자"라 한다)가 같은 법 제3조 제1항 제15호에 따른 비거주자(이하 "비거주자"라 한다)에게 산업통상부장관이 정하여 고시하는 방법으로 제3조에 따른 용역을 제공하는 것
    마. 거주자가 비거주자에게 정보통신망을 통한 전송과 그 밖에 산업통상부장관이 정하여 고시하는 방법으로 제4조에 따른 전자적 형태의 무체물(無體物)을 인도하는 것
4. "수입"이란 다음 각 목의 어느 하나에 해당하는 것을 말한다.
    가. 매매, 교환, 임대차, 사용대차, 증여 등을 원인으로 외국으로부터 국내로 물품이 이동하는 것
    나. 유상으로 외국에서 외국으로 물품을 인수하는 것으로서 산업통상부장관이 정하여 고시하는 기준에 해당하는 것
    다. 비거주자가 거주자에게 산업통상부장관이 정하여 고시하는 방법으로 제3조에 따른 용역을 제공하는 것
    라. 비거주자가 거주자에게 정보통신망을 통한 전송과 그 밖에 산업통상부장관이 정하여 고시하는 방법으로 제4조에 따른 전자적 형태의 무체물을 인도하는 것
5. "외화획득용 원료·기재"란 다음 각 목의 어느 하나에 해당하는 것을 말한다.
    가. 외화획득용 원료: 외화획득에 제공되는 물품, 제3조에 따른 용역 및 제4조에 따른 전자적 형태의 무체물(이하 "물품등"이라 한다)을 생산하는 데에 필요한 원자재·부자재·부품 및 구성품
    나. 외화획득용 시설기재(施設機材): 외화획득에 제공되는 물품등을 생산하는 데에 사용되는 시설·기계·장치·부품 및 구성품[물품등의 하자(瑕疵)를 보수하거나 물품등을 유지·보수하는 데에 필요한 부품 및 구성품을 포함한다]

다. 외화획득용 제품: 수입 후 또는 국내 구매 후 생산과정을 거치지 않은 상태로 외화획득에 제공되는 물품등
　　라. 외화획득용 용역: 외화획득에 제공되는 물품등을 생산하는 데에 필요한 제3조에 따른 용역
　　　마. 외화획득용 전자적 형태의 무체물: 외화획득에 제공되는 물품등을 생산하는 데에 필요한 제4조에 따른 전자적 형태의 무체물
6. 삭제
7. 삭제
8. 삭제
9. 삭제
10. 삭제
11. "수출실적"이란 산업통상부장관이 정하여 고시하는 기준에 해당하는 수출통관액·입금액, 가득액(稼得額)과 수출에 제공되는 외화획득용 원료·기재의 국내공급액을 말한다.
12. "수입실적"이란 산업통상부장관이 정하여 고시하는 기준에 해당하는 수입통관액 및 지급액을 말한다.

제3조(용역의 범위)

「대외무역법」(이하 "법"이라 한다) 제2조 제1호 나목에서 "대통령령으로 정하는 용역"이란 다음 각 호의 어느 하나에 해당하는 용역을 말한다.
1. 「부가가치세법 시행령」 제3조에 따른 용역(출판업과 영상·오디오 기록물 제작 및 배급업을 포함한다)
2. 지식기반용역 등 수출유망산업으로서 산업통상부장관이 정하여 고시하는 업종의 사업을 영위하는 자가 제공하는 용역
3. 국내의 법령 또는 대한민국이 당사자인 조약에 따라 보호되는 특허권·실용신안권·디자인권·상표권·저작권·저작인접권·프로그램저작권·반도체집적회로의 배치설계권의 양도(讓渡), 전용실시권(專用實施權)의 설정 또는 통상실시권(通常實施權)의 허락

제4조(전자적 형태의 무체물)

법 제2조 제1호 다목에서 "대통령령으로 정하는 전자적 형태의 무체물"이란 다음 각 호의 어느 하나에 해당하는 것을 말한다.
1. 「소프트웨어 진흥법」 제2조 제1호에 따른 소프트웨어
2. 부호·문자·음성·음향·이미지·영상 등을 디지털 방식으로 제작하거나 처리한 자료 또는 정보 등으로서 산업통상부장관이 정하여 고시하는 것
3. 제1호와 제2호의 집합체와 그 밖에 이와 유사한 전자적 형태의 무체물로서 산업통상부장관이 정하여 고시하는 것

제4조의2(정부간 수출계약의 절차)

법 제2조 제4호에서 "대통령령으로 정하는 절차"란 다음 각 호에 규정된 절차를 말한다.
1. 외국 정부의 물품등(「방위산업 발전 및 지원에 관한 법률」 제2조 제1항 제1호에 따른 방위산업물자등은 제외한다. 이하 이 조, 제54조의5 및 제54조의6에서 같다) 구매의사에 관한 법 제32조의3 제1항에 따른 정부간 수출계약 전담기관(이하 "전담기관"이라 한다)의 확인
2. 국내 기업의 정부간 수출계약 이행능력에 관한 평가 및 추천. 다만, 외국 정부가 물품등을 수출할 국내 기업을 지정하는 경우에는 추천을 생략할 수 있다.
3. 전담기관과 국내 기업의 정부간 수출계약 이행에 관한 약정의 체결

4. 전담기관과 외국 정부와의 수출에 관한 계약의 체결(국내 기업과 함께 계약의 당사자가 되어 체결하는 경우를 포함한다)

제5조(무역의 진흥을 위한 조치)

① 산업통상부장관은 법 제4조에 따라 무역의 진흥을 위한 다음 각 호의 조치를 하거나 관계 행정기관의 장에게 필요한 조치를 하여 줄 것을 요청할 수 있다.
1. 수출산업의 국제경쟁력을 높이기 위한 여건의 조성과 설비 투자의 촉진
2. 외화획득률(외화획득액에서 외화획득용 원료의 수입금액을 공제한 금액이 차지하는 비율을 말한다)을 높이기 위한 품질 향상과 국내에서 생산되는 외화획득용 원료·기재의 사용 촉진
3. 통상협력 증진을 위한 수출·수입에 대한 조정
4. 지역별 무역균형을 달성하기 위한 수출·수입의 연계
5. 민간의 통상활동 및 산업협력의 지원
6. 무역 관련 시설에 대한 조세 등의 감면
7. 과학적인 무역업무 처리기반을 효율적으로 구축·운영하기 위한 여건의 조성
8. 무역업계 등 유관기관의 과학적인 무역업무 처리기반 이용 촉진
9. 국내기업의 해외 진출 지원
10. 해외에 진출한 국내기업의 고충 사항의 조사와 그 해결을 위한 지원
11. 그 밖에 수출·수입을 지속적으로 증대하기 위하여 필요하다고 인정하는 조치

② 법 제4조 제2항 제2호에 따른 지원 대상이 되는 무역 관련 시설은 다음 각 호의 구분에 따른 기능과 규모를 갖춘 시설로서 산업통상부장관이 지정하는 것으로 한다.
1. 무역전시장: 실내 전시 연면적이 2천 제곱미터 이상인 무역견본품을 전시할 수 있는 시설과 50명 이상을 수용할 수 있는 회의실을 갖출 것
2. 무역연수원: 무역전문인력을 양성할 수 있는 시설로서 연면적이 2천 제곱미터 이상이고 최대수용 인원이 500명 이상일 것
3. 컨벤션센터: 회의용 시설로서 연면적이 4천 제곱미터 이상이고 최대 수용 인원이 2천명 이상일 것

③ 법 제4조 제2항 제3호에서 "과학적인 무역업무 처리기반을 구축·운영하는 자"란 「전자무역 촉진에 관한 법률」 제6조 제1항에 따른 전자무역기반사업자 중에서 과학적인 무역업무 처리기반을 구축·운영하고 있는 사업자를 말한다.

제6조(특별조치를 위한 조사 및 협의 절차)

① 산업통상부장관은 법 제5조 제2호·제3호·제4호의2 또는 제5호에 해당하는 사유로 교역상대국에 대하여 물품등의 수출·수입의 제한 또는 금지에 관한 조치(이하 이 조에서 "특별조치"라 한다)를 하려면 미리 그 사실에 관하여 조사를 하여야 한다.

② 법 제5조 제2호·제3호·제4호의2 또는 제5호에 해당하는 사실에 대하여 이해관계가 있는 자는 산업통상부장관에게 특별조치를 하여 줄 것을 신청할 수 있다.

③ 산업통상부장관은 제2항에 따른 신청이 있으면 신청일부터 30일 이내에 그 사실관계에 대한 조사 여부를 결정하고 그 내용을 신청인에게 알려야 한다.

④ 산업통상부장관은 제1항에 따른 조사를 할 때에 필요하다고 인정하면 미리 해당 교역상대국과 협의를 하여야 한다.

⑤ 산업통상부장관은 제1항에 따라 조사를 시작하면 지체 없이 그 사실을 공고하고, 조사를 시작한 날부터 1년 이내에 끝내야 한다.

⑥ 산업통상부장관은 특별조치를 하려는 경우에는 미리 관계 중앙행정기관의 장과 협의하여야 한다.

⑦ 산업통상부장관은 법 제5조에 따른 특별조치를 하려는 경우에는 그 특별조치의 내용을 공고하고 그 특별조치가 제2항에 따른 신청에 따른 것일 때에는 해당 신청인에게 그 사실을 알려야 한다. 그 특별조치를 해제할 경우에도 또한 같다.

제2장 통상의 진흥

제7조(통상진흥 시책의 수립)

산업통상부장관은 법 제7조 제1항에 따라 통상진흥 시책을 세우려면 다음 각 호의 기관이나 단체에 필요한 협조를 요청할 수 있다.

1. 관계 행정기관
2. 지방자치단체
3. 「대한무역투자진흥공사법」에 따른 대한무역투자진흥공사(이하 "대한무역투자진흥공사"라 한다)
4. 「민법」 제32조에 따라 산업통상부장관의 허가를 받아 설립된 한국무역협회(이하 "한국무역협회"라 한다)
5. 그 밖에 무역·통상과 관련되는 기관 또는 단체

제8조(그 밖의 통상진흥 시책의 내용)

법 제7조 제2항 제7호에서 "그 밖에 대통령령으로 정하는 사항"이란 다음 각 호의 것을 말한다.

1. 주요 지역별, 경제권별 또는 업종별 통상진흥 시책
2. 무역·통상의 진흥과 관련되는 기관 또는 단체의 통상활동 계획
3. 그 밖에 산업통상부장관이 무역·통상의 진흥과 관련하여 필요하다고 인정하는 통상진흥 시책

제9조(통상 관련 제도 조사)

산업통상부장관은 법 제7조 제3항에 따라 통상진흥 시책을 수립하기 위하여 필요한 경우에는 제7조 각 호(제2호는 제외한다)의 기관이나 단체에 해당 분야나 특정 사안에 대한 조사 또는 사실 확인을 요청할 수 있다.

제10조(지방자치단체와의 협조 등)

① 산업통상부장관은 법 제7조 제6항에 따른 지역별 통상진흥시책이 효과적으로 추진될 수 있도록 특별시·광역시·특별자치시·도 또는 특별자치도(이하 "시·도"라 한다) 및 무역·통상 관련기관 또는 단체 등이 포함되는 협의기구를 설치·운영할 수 있다.

② 제1항에 따른 협의기구의 구성 및 운영 등에 필요한 사항은 산업통상부장관이 정한다.

제11조(민간 협력 활동의 지원 절차)

① 법 제8조 제1항에 따른 지원을 받으려는 무역·통상 관련기관 또는 단체는 신청서에 사업 내용과 사업성과 등이 포함된 사업계획서를 첨부하여 산업통상부장관에게 제출하여야 한다.

② 산업통상부장관은 제1항에 따라 제출받은 사업계획서를 검토하여 통상, 산업, 기술, 에너지 등에서 협력활동을 효율적으로 추진하기 위하여 필요하다고 인정되면 자금, 인력 및 정보 등을 지원할 수 있다.

③ 제2항의 지원 기준 등에 관하여 필요한 사항은 산업통상부장관이 정한다.

④ 산업통상부장관은 제2항의 지원과 관련하여 필요한 경우에는 관계 행정기관의 장에게 협조를 요청할 수 있다.

⑤ 지원을 받은 관련 단체는 해당 지원 사업이 끝난 후 3개월 이내에 산업통상부장관에게 사업결과보고서를 제출하여야 한다.

제12조(해외진출지원센터의 구성·운영 및 감독)

① 법 제8조 제4항에 따른 해외진출지원센터(이하 "해외진출지원센터"라 한다)는 대한무역투자진흥공사 소속 임직원과 제3항에 따른 파견자로 구성한다.

② 대한무역투자진흥공사의 장은 기업의 해외진출 지원업무를 수행하기 위하여 필요한 경우에는 관계 행정기관의 장 및 해외진출과 관련된 기관 또는 단체(이하 "해외진출 유관기관"이라 한다)의 장에게 소속 공무원 또는 그 임직원의 파견을 요청할 수 있다.

③ 제2항에 따라 공무원 또는 임직원의 파견을 요청받은 관계 행정기관의 장 및 해외진출 유관기관의 장은 업무수행에 적합한 자를 선발하여 해외진출지원센터에 파견하여야 하며, 파견기간 중 파견근무를 해제하려는 경우에는 대한무역투자진흥공사의 장과 미리 협의하여야 한다.

④ 제3항에 따라 해외진출지원센터에 파견된 공무원 또는 임직원의 복무에 관해서는 대한무역투자진흥공사의 장의 지휘·감독을 받는다.

⑤ 대한무역투자진흥공사의 장은 제3항에 따라 파견된 공무원에게는 「공무원 성과평가 등에 관한 규정」 제17조 제3항 또는 「지방공무원 임용령」 제31조의3 제3항에 따라 근무성적평정에 관한 의견서를 작성하여 그 공무원을 파견한 관계 행정기관의 장에게 이를 송부하여야 하며, 그 의견서를 송부받은 관계 행정기관의 장은 근무성적을 평정할 때 이를 참작하여야 한다.

⑥ 대한무역투자진흥공사의 장은 매년 1월 31일까지 전년도의 해외진출 지원업무 추진실적 및 해당 연도의 해외진출지원 업무추진계획을 작성하여 산업통상부장관에게 보고하고, 매 분기 종료 후 1개월 이내에 분기별 업무추진실적을 산업통상부장관에게 보고하여야 한다. 이 경우 산업통상부장관은 보고받은 사항 중 관계 행정기관의 협조가 필요한 사항에 대하여는 해당 행정기관의 장에게 통보하여야 한다.

⑦ 산업통상부장관은 해외진출지원센터의 운영에 필요한 경비를 지원할 수 있다.

⑧ 제1항부터 제7항까지에서 규정한 사항 외에 해외진출지원센터의 구성·운영 등에 필요한 세부 사항은 대한무역투자진흥공사의 장이 산업통상부장관과 협의하여 정한다.

제12조의2(전문무역상사의 지정 기준 등)

① 법 제8조의2 제1항에 따라 전문무역상사로 지정받을 수 있는 자는 다음 각 호의 어느 하나에 해당하는 자로서 신용등급이 산업통상부장관이 정하여 고시하는 기준을 충족하는 자로 한다.

1. 다음 각 목의 요건을 모두 갖춘 무역거래자
   가. 전년도 수출실적 또는 직전 3개 연도의 연평균 수출실적이 미화 100만달러 이상의 범위에서 산업통상부장관이 정하여 고시하는 금액 이상일 것
   나. 가목에 따른 수출실적 중 다른 중소기업(「중소기업기본법」 제2조에 따른 중소기업을 말한다. 이하 같다)이나 중견기업(「중견기업 성장촉진 및 경쟁력 강화에 관한 특별법」 제2조 제1호에 따른 중견기업을 말한다. 이하 이 조 및 제12조의3에서 같다)이 생산한 물품등의 수출실적 비율이 100분의 20 이상의 범위에서 산업통상부장관이 정하여 고시하는 비율 이상일 것

2. 신시장의 개척, 신제품의 발굴 및 중소기업 또는 중견기업에 대한 효과적인 수출 지원 등을 위하여 산업통상부장관이 농업·어업·수산업 등 업종별 특성과 조합 등 법인의 조직 형태별 수출 특성을 고려하여 고시하는 기준을 갖춘 무역거래자

② 법 제8조의2 제1항에 따라 전문무역상사로 지정을 받으려는 자는 지정신청서에 산업통상부장관이 정하여 고시하는 서류를 갖추어 산업통상부장관에게 제출하여야 한다.

③ 산업통상부장관은 제2항에 따라 전문무역상사의 지정을 신청한 자가 제1항에 따른 지정 요건을 갖추었을 때에는 전문무역상사로 지정하고, 그 결과를 신청인에게 통보하여야 한다.

④ 제1항부터 제3항까지에서 규정한 사항 외에 전문무역상사의 지정 절차 등에 관하여 필요한 세부 사항은 산업통상부장관이 정하여 고시한다.

제12조의3(전문무역상사에 대한 지원)

① 산업통상부장관은 전문무역상사를 통한 신시장의 개척, 신제품의 발굴 및 중소기업 또는 중견기업의 수출 확대 등을 위하여 필요하다고 인정되는 경우에는 법 제8조의2 제1항에 따라 전문무역상사의 국내외 홍보, 우수제품의 발굴, 해외 판로개척 등에 필요한 사항을 지원할 수 있다.

② 산업통상부장관은 제1항에 따른 지원과 관련하여 필요하다고 인정되는 경우에는 관계 중앙행정기관 및 지방자치단체, 무역 또는 통상 업무를 수행하는 기관이나 단체에 협조를 요청할 수 있다.

제13조(무역에 관한 조약의 이행을 위한 자료제출 요구)

산업통상부장관은 법 제9조 제1항에 따라 자료제출을 요구하려면 제출대상 자료 및 제출기한 등을 적은 문서(전자문서를 포함한다)로 하여야 한다.

제14조
삭제

제15조
삭제

제3장 수출입 거래

제1절 수출입 거래 총칙

제16조(수출입의 제한)

법 제11조 제1항 제6호에서 "대통령령으로 정하는 사항"이란 항공 관련 품목의 안전관리에 관한 사항을 말한다.

제17조
삭제

제18조(수출입의 승인 절차 등)

① 법 제11조 제2항 본문에 따라 물품등의 수출 또는 수입의 승인을 신청하려는 자 및 법 제11조 제4항에 따라 수출 또는 수입 승인의 유효기간 연장을 신청하려는 자는 신청서에 산업통상부장관이 정하는 서류를 첨부하여 산업통상부장관에게 제출하여야 한다. 변경승인을 받으려는 경우(법 제11조 제2항 본문에 따라 승인을 받은 경우만 해당한다)에도 같다.

② 산업통상부장관은 법 제11조 제3항 단서에 따라 다음 각 호의 어느 하나에 해당하는 경우에는 해당 물품등의 수출 또는 수입 승인의 유효기간을 1년 미만으로 하거나 최장 2년의 범위에서 정할 수 있다. 다만, 제33조의5 제2항에 따른 허가의 유효기간(법 제19조의2에 따른 수출허가의 유효기간만 해당한다)이 2년을 초과하는 경우에는 그 기간까지 수출 승인의 유효기간을 정할 수 있다.

1. 국내의 물가안정이나 수급 조정을 위하여 수출 또는 수입 승인의 유효기간을 1년 보다 단축할 필요가 있는 경우
2. 수출입계약 체결 후 물품등의 제조·가공 기간이 1년을 초과하는 경우
3. 수출입계약 체결 후 물품등이 1년 이내에 선적되거나 도착하기 어려운 경우
4. 제1호부터 제3호까지의 규정 외에 수출입 물품등의 인도 조건 및 거래의 특성을 고려하여 수출 또는 수입 승인의 유효기간을 1년보다 단축하거나 늘릴 필요가 있다고 인정되는 경우

③ 법 제11조 제5항에서 "대통령령으로 정하는 중요한 사항"이란 다음 각 호를 말한다.
1. 물품등의 수량·가격
2. 삭제
3. 수출 또는 수입의 당사자에 관한 사항

제19조(수출입승인의 면제)

법 제11조 제2항 단서에서 "대통령령으로 정하는 기준에 해당하는 물품등"이란 다음 각 호의 물품등을 말한다.

1. 산업통상부장관이 정하여 고시하는 물품등으로서 외교관이나 그 밖에 산업통상부장관이 정하는 자가 출국하거나 입국하는 경우에 휴대하거나 세관에 신고하고 송부하는 물품등
2. 다음 각 목의 어느 하나에 해당하는 물품등 중 산업통상부장관이 관계 행정기관의 장과의 협의를 거쳐 고시하는 물품등
    가. 긴급히 처리하여야 하는 물품등으로서 정상적인 수출·수입 절차를 밟아 수출·수입하기에 적합하지 아니한 물품등
    나. 무역거래를 원활하게 하기 위하여 주된 수출 또는 수입에 부수된 거래로서 수출·수입하는 물품등
    다. 주된 사업 목적을 달성하기 위하여 부수적으로 수출·수입하는 물품등
    라. 무상(無償)으로 수출·수입하여 무상으로 수입·수출하거나, 무상으로 수입·수출할 목적으로 수출·수입하는 것으로서 사업 목적을 달성하기 위하여 부득이하다고 인정되는 물품등
    마. 산업통상부장관이 정하여 고시하는 지역에 수출하거나 산업통상부장관이 정하여 고시하는 지역으로부터 수입하는 물품등
    바. 공공성을 가지는 물품등이거나 이에 준하는 용도로 사용하기 위한 물품등으로서 따로 수출·수입을 관리할 필요가 없는 물품등
    사. 그 밖에 상행위 이외의 목적으로 수출·수입하는 물품등
3. 외국환 거래 없이 수입하는 물품등으로서 산업통상부장관이 정하여 고시하는 기준에 해당하는 물품등
4. 「해외이주법」에 따른 해외이주자가 해외이주를 위하여 반출하는 원자재, 시설재 및 장비로서 외교부장관이나 외교부장관이 지정하는 기관의 장이 인정하는 물품등

제20조(특정 거래 형태의 수출입 인정)

① 법 제13조 제1항에서 "대통령령으로 정하는 물품등의 수출입 거래 형태"란 해당 거래의 전부 또는 일부가 다음 각 호의 어느 하나에 해당하는 수출입 거래 형태로서 산업통상부장관이 정하여 고시하는 기준에 해당하는 거래(이하 "특정거래 형태"라 한다)를 말한다.

1. 법 제11조 제1항에 따른 수출 또는 수입의 제한을 회피할 우려가 있는 거래
2. 산업 보호에 지장을 초래할 우려가 있는 거래
3. 외국에서 외국으로 물품등의 이동이 있고, 그 대금의 지급이나 영수(領收)가 국내에서 이루어지는 거래로서 대금 결제 상황의 확인이 곤란하다고 인정되는 거래
4. 대금 결제 없이 물품등의 이동만 이루어지는 거래

② 특정거래 형태의 인정 절차, 인정의 유효기간, 그 밖에 필요한 사항은 산업통상부장관이 정하여 고시한다.

③ 산업통상부장관은 특정거래 형태를 인정할 때에 새로운 거래 형태의 파악 등을 위하여 필요한 경우에는 관계 행정기관의 장에게 협조를 요청할 수 있다.

제21조(전산관리체제의 개발·운영)

① 산업통상부장관은 수출입 거래가 질서 있고 효율적으로 이루어질 수 있도록 법 제15조 제1항에 따라 다음 각 호의 전산관리체제를 개발·운영하여야 한다.

1. 무역거래자별 고유번호(이하 "무역업고유번호"라 한다)의 부여 및 관리 등 수출입통계 데이터베이스를 구축하기 위한 전산관리체제
2. 「불공정무역행위 조사 및 산업피해구제에 관한 법률」 제4조에 따른 불공정무역행위를 방지하기 위한 전산관리체제
3. 효율적인 수출입 거래를 위한 다음 각 목의 전산관리체제
   가. 부문별 무역전산관리체제를 유기적으로 연계하기 위한 전산관리체제
   나. 관계 행정기관의 장이 필요하다고 인정하여 산업통상부장관과 협의하여 정한 해당 기관 소관의 무역 관련 전산관리체제
4. 그 밖에 무역업계의 요청에 따라 산업통상부장관이 필요하다고 인정하는 전산관리체제

② 산업통상부장관은 제1항에 따른 전산관리체제를 개발·운영하기 위하여 필요하다고 인정하면 그 경비의 일부를 해당 전산관리체제의 개발·운영에 필요한 정보를 제공한 기관에 지원할 수 있다.

제22조(수출입 거래에 관한 정보의 수집·분석)

① 산업통상부장관은 제21조에 따른 전산관리체제를 개발·운영하는 데에 필요하면 법 제15조 제2항에 따라 관세청장에게 다음 각 호의 정보를 요청할 수 있다.

1. 「관세법」 제241조에 따라 신고한 무역거래자의 상호, 성명 등 무역거래자에 관련된 정보
2. 「관세법」 제241조에 따라 신고한 각 신고별 신고 수리일, 수출 또는 수입 물품의 품명·수량·금액, 거래 형태 등에 관련된 정보로서 산업통상부장관이 정하는 정보

② 산업통상부장관은 제21조에 따른 전산관리체제를 개발·운영하기 위하여 제1항, 제92조 제2항 및 법 제48조 제1항에 따라 수집된 관련 정보를 종합적으로 분석·관리하여야 한다.

③ 제1항과 제2항에 따른 정보의 제공 시기 및 방법, 정보의 형태, 그 밖에 정보 수집에 관하여 필요한 사항은 산업통상부장관이 정한다.

제23조(용역이나 전자적 형태의 무체물의 수출입 확인)

① 산업통상부장관은 제3조에 따른 용역이나 제4조에 따른 전자적 형태의 무체물을 수출입한 자가 수출입에 관한 지원을 받기 위하여 수출입 사실의 확인을 신청하면 수출입 확인을 할 수 있다.

② 제1항에 따른 수출입 확인에 필요한 세부 절차 등은 산업통상부장관이 정하여 고시한다.

제2절 외화획득용 원료·기재의 수입과 구매 등

제24조(외화획득용 원료·기재의 수입승인)

① 법 제11조 제2항에 따라 수입승인을 받아야 하는 물품등을 법 제16조 제1항 본문에 따라 외화획득용 원료·기재로 수입하려는 자는 산업통상부장관이 정하여 고시하는 기준에 따라 산업통상부장관의 승인을 받아야 한다.

② 산업통상부장관은 법 제16조 제1항 단서에 따라 국산 원료·기재의 사용을 촉진하기 위하여 외화획득용 원료·기재의 수입을 제한하려는 경우에는 그 제한하려는 품목 및 수입에 필요한 절차를 따로 정하여 고시하여야 한다.

제25조(외화획득용 원료·기재의 품목 및 수량)

① 법 제16조 제2항에 따른 외화획득용 원료·기재의 수량은 외화획득을 위한 물품등의 1단위를 생산하기 위하여 제공되는 외화획득용 원료·기재의 기준 소요량을 말한다.

② 산업통상부장관은 제1항에 따른 외화획득용 원료·기재의 기준 소요량을 정하는 경우에는 해당 물품등을 생산하는 데에 필요한 실제 수량 외에 생산 공정에서 생기는 평균 손실량을 포함시킬 수 있다.

③ 외화획득용 원료·기재의 품목별 소요량에 관한 계산서의 작성 기준 및 방법 등에 관하여 필요한 사항은 산업통상부장관이 정하여 고시한다.

제26조(외화획득의 범위)

① 법 제16조 제4항에 따른 외화획득의 범위는 다음 각 호의 어느 하나에 해당하는 방법에 따라 외화를 획득하는 것으로 한다.
1. 수출
2. 주한 국제연합군이나 그 밖의 외국군 기관에 대한 물품등의 매도
3. 관광
4. 용역 및 건설의 해외 진출
5. 국내에서 물품등을 매도하는 것으로서 산업통상부장관이 정하여 고시하는 기준에 해당하는 것

② 무역거래자가 외국의 수입업자로부터 수수료를 받고 행한 수출 알선은 제1항에 따른 외화획득행위에 준하는 행위로 본다.

제27조(외화획득 이행기간)

① 법 제16조 제4항에 따른 외화획득의 이행기간은 다음 각 호의 구분에 따른 기간의 범위에서 산업통상부장관이 정하여 고시하는 기간으로 한다.
1. 외화획득용 원료·기재를 수입한 자가 직접 외화획득의 이행을 하는 경우: 수입통관일 또는 공급일부터 2년

2. 다른 사람으로부터 외화획득용 원료·기재 또는 그 원료·기재로 제조된 물품등을 양수한 자가 외화획득의 이행을 하는 경우: 양수일부터 1년
3. 외화획득을 위한 물품등을 생산하거나 비축하는 데에 2년 이상의 기간이 걸리는 경우: 생산하거나 비축하는 데에 걸리는 기간에 상당하는 기간
4. 수출이 완료된 기계류의 하자 및 유지 보수를 위한 외화획득용 원료·기재인 경우: 하자 및 유지 보수 완료일부터 2년

② 외화획득 이행의무자는 제1항에 따른 기간 내에 외화획득의 이행을 할 수 없다고 인정되면 산업통상부장관이 정하는 서류를 갖추어 산업통상부장관에게 그 기간의 연장을 신청하여야 한다.

③ 산업통상부장관은 제2항에 따른 신청을 받은 경우 그 신청이 타당하다고 인정할 때에는 외화획득의 이행기간을 연장할 수 있다.

제28조(외화획득용 원료·기재의 사후 관리)

① 산업통상부장관은 제24조에 따라 승인을 받아 수입한 외화획득용 원료·기재 및 그 원료·기재로 제조된 물품등에 대하여는 외화획득 이행의무자의 외화획득 이행 여부를 사후 관리하여야 한다.

② 산업통상부장관은 산업통상부장관이 정하여 고시한 요건을 갖춘 자가 법 제11조 제2항에 따른 수입승인을 받아 수입한 외화획득용 원료·기재에 대하여는 제1항에도 불구하고 수입승인을 받은 자가 사후 관리하도록 할 수 있다. 법 제17조에 따라 외화획득용 원료·기재를 양수한 자로서 산업통상부장관이 정하여 고시한 요건을 갖춘 자의 경우에도 또한 같다.

③ 제1항과 제2항에 따른 사후 관리는 외화획득 이행의무자별 및 품목별로 매 분기에 수입한 총량을 대상으로 행하되, 사후 관리의 방법 등에 관하여 필요한 사항은 산업통상부장관이 정하여 고시한다.

제29조(외화획득용 원료·기재의 사후 관리 면제)

산업통상부장관은 제28조 제1항에도 불구하고 다음 각 호의 어느 하나에 해당하는 경우에는 사후 관리를 하지 아니할 수 있다.
1. 품목별 외화획득 이행 의무의 미이행률이 10퍼센트 이하인 경우
2. 외화획득 이행의무자의 분기별 미이행률이 10퍼센트 이하이고, 그 미이행 금액이 미화 2만 달러에 상당하는 금액 이하인 경우
3. 외화획득 이행의무자의 책임이 없는 사유로 외화획득의 이행을 하지 못한 경우로서 산업통상부장관이 인정하는 경우
4. 해당 품목이 수입승인 대상에서 제외됨으로써 그 수입에 대응하는 외화획득의 이행을 할 필요가 없는 경우 등 산업통상부장관이 사후관리를 할 필요성이 없어진 것으로 인정하는 경우

제30조(외화획득용 원료·기재의 사용목적 변경승인 등)

① 법 제17조 제1항 본문에 따라 외화획득용 원료·기재 또는 그 원료·기재로 제조된 물품등의 사용 목적 변경승인을 받으려는 자는 신청서에 산업통상부장관이 정하는 서류를 첨부하여 산업통상부장관에게 제출하여야 한다.

② 법 제17조 제1항 본문에서 "부득이한 사유"란 다음 각 호의 어느 하나에 해당하는 경우를 말한다.
1. 우리나라 교역상대국의 전쟁·사변, 천재지변 또는 제도 변경으로 인하여 외화획득의 이행을 할 수 없게 된 경우
2. 외화획득용 원료·기재로 생산된 물품등으로서 그 물품등을 생산하는 데에 고도의 기술이 필요하여 외화획득의 이행에 앞서 시험제품을 생산할 필요가 있는 경우

3. 외화획득 이행의무자의 책임이 없는 사유로 외화획득의 이행을 할 수 없게 된 경우
4. 그 밖에 산업통상부장관이 불가항력으로 외화획득의 이행을 할 수 없다고 인정한 경우

③ 법 제17조 제1항 단서에서 "대통령령으로 정하는 원료·기재 또는 그 원료·기재로 제조된 물품등"이란 다음 각 호의 어느 하나에 해당하는 물품등을 말한다.

1. 제25조 제2항에 따른 평균 손실량에 해당하는 외화획득용 원료·기재 또는 그 원료·기재로 생산한 물품등
2. 제29조 제4호에 해당하는 외화획득용 원료·기재

④ 법 제17조 제2항에 따라 외화획득용 원료·기재 또는 그 원료·기재로 제조된 물품등의 양도·양수 승인을 받으려는 자는 신청서에 산업통상부장관이 정하는 서류를 첨부하여 산업통상부장관에게 제출하여야 한다.

⑤ 법 제17조 제2항 단서에서 "대통령령으로 정하는 원료·기재"란 제29조 각 호의 어느 하나에 해당하는 외화획득용 원료·기재를 말한다.

제31조(구매확인서의 신청·발급 등)

① 법 제18조 제1항에 따른 구매확인서를 발급받으려는 자는 구매확인신청서에 다음 각 호의 서류를 첨부하여 산업통상부장관에게 제출하여야 한다.

1. 구매자·공급자에 관한 서류
2. 외화획득용 원료·기재의 가격·수량 등에 관한 서류
3. 외화획득용 원료·기재라는 사실을 증명하는 서류로서 산업통상부장관이 정하여 고시하는 서류

② 산업통상부장관은 제1항에 따른 신청을 받은 경우 신청인이 구매하려는 원료·기재가 제26조에 따른 외화획득의 범위에 해당하는지를 확인하여 발급 여부를 결정한 후 구매확인서를 발급하여야 한다.

③ 제1항과 제2항에서 규정한 것 외에 구매확인서의 발급 등에 필요한 세부 사항은 산업통상부장관이 정하여 고시한다.

제3절 전략물자의 수출입

제32조(국제수출통제체제 등)

법 제19조에서 "대통령령으로 정하는 국제수출통제체제 또는 이에 준하는 다자간 수출통제 공조"란 다음 각 호의 국제수출통제체제 또는 공조(이하 "국제수출통제체제등"이라 한다)를 말한다.

1. 바세나르체제(WA)
2. 핵공급국그룹(NSG)
3. 미사일기술통제체제(MTCR)
4. 오스트레일리아그룹(AG)
5. 화학무기의 개발·생산·비축·사용 금지 및 폐기에 관한 협약(CWC)
6. 세균무기(생물무기) 및 독소무기의 개발·생산·비축 금지 및 폐기에 관한 협약(BWC)
7. 무기거래조약(ATT)
8. 제1호부터 제7호까지의 어느 하나에 해당하는 국제수출통제체제에서 논의된 안건에 대해 다수의 회원국이 수출통제 조치를 취하거나 수출통제 조치를 지지하는 등의 방식으로 이루어지는 공조

제32조의2(수출허가 등의 제한이 필요한 기술)

법 제19조에서 "대통령령으로 정하는 기술"이란 국제수출통제체제등에서 정하는 물품의 제조·개발·사용 또는 보관 등에 관한 기술로서 산업통상부장관이 관계 행정기관의 장과 협의하여 고시하는 기술을 말한다. 다만, 다음 각 호의 어느 하나에 해당하는 기술은 제외한다.

1. 일반에 공개된 기술
2. 기초과학연구에 관한 기술
3. 특허 출원에 필요한 최소한의 기술
4. 다음 각 목의 어느 하나에 해당하는 허가를 받은 물품등의 설치, 운용, 점검, 유지 및 보수에 필요한 최소한의 기술
   가. 법 제19조의2에 따른 수출허가(이하 "수출허가"라 한다)
   나. 법 제19조의3에 따른 상황허가(이하 "상황허가"라 한다)
   다. 법 제19조의4에 따른 경유 또는 환적허가(이하 "경유 또는 환적허가"라 한다)
   라. 법 제19조의5 본문에 따른 중개허가(이하 "중개허가"라 한다)

제32조의3(기술이전)

법 제19조의2 각 호 외의 부분 본문에서 "대통령령으로 정하는 경우"란 제32조의2 각 호 외의 부분 본문에 따라 고시하는 기술을 다음 각 호의 어느 하나에 해당하는 방법으로 이전하는 경우를 말한다.

1. 전화, 팩스, 이메일 등 정보통신망을 통한 이전
2. 지시, 교육, 훈련, 실연(實演) 등 구두나 행위를 통한 이전
3. 종이, 필름, 자기디스크, 광디스크, 반도체메모리 등 기록매체나 컴퓨터 등 정보처리장치를 통한 이전

제33조(수출허가 또는 상황허가의 신청 등)

① 법 제19조의2 및 제19조의3에 따라 전략물자 또는 전략물자에는 해당되지 않으나 대량파괴무기와 그 운반수단인 미사일 및 재래식무기(이하 "대량파괴무기등"이라 한다)의 제조·개발·사용 또는 보관 등의 용도로 이용 또는 전용(轉用)될 가능성이 높은 물품등을 수출(법 제19조에 따른 기술이 법 제19조의2 각 호의 어느 하나에 해당하는 경우로서 제32조의3 각 호의 어느 하나에 해당하는 방법으로 이전되는 경우를 포함한다. 이하 이 조, 제33조의2부터 제33조의6까지, 제36조 및 제43조부터 제47조까지에서 같다)하려는 자 또는 수출신고(「관세법」 제241조 제1항에 따른 수출신고를 말한다)하려는 자는 전략물자 수출허가 신청서나 상황허가 신청서에 산업통상부장관이 정하여 고시하는 바에 따라 다음 각 호의 서류를 첨부하여 산업통상부장관이나 관계 행정기관의 장에게 제출해야 한다.

1. 수출계약서, 수출가계약서(輸出假契約書) 또는 이에 준하는 서류
2. 수입국의 정부가 발행하는 수입목적확인서 또는 이에 준하는 서류
3. 수출하는 물품등의 성능과 용도를 표시하는 서류
4. 수출하는 물품등의 기술적 특성에 관한 서류
4의2. 수출하는 물품등의 용도 등에 관한 최종사용자의 서약서
5. 그 밖에 수출허가나 상황허가에 필요한 서류로서 산업통상부장관이 정하여 고시하는 서류

② 제1항에 따른 수출허가 또는 상황허가의 신청을 받은 산업통상부장관 또는 관계 행정기관의 장은 15일 이내에 수출허가나 상황허가의 여부를 결정하고 그 결과를 신청인에게 알려야 한다. 다만, 수출허가나 상황허가를 신청한 물품등에 대하여 별도의 기술 심사, 국내외 관계기관과의 협의 또는 현지조사가 필요한 경우에는 그 협의나 현지조사를 하는 데에 걸리는 기간은 본문에 따른 기간에 산입하지 아니한다.

제33조의2(경유 또는 환적허가의 신청 등)

① 법 제19조의4에 따라 전략물자 또는 상황허가 대상인 물품등(이하 "전략물자등"이라 한다)을 국내 항만이나 공항을 경유하거나 국내에서 환적하려는 자는 다음 각 호의 어느 하나에 해당하는 경우에는 경유 또는 환적허가를 받아야 한다.
1. 수입자나 최종사용자 등이 전략물자등을 대량파괴무기등의 제조·개발·사용 또는 보관 등의 용도로 이용 또는 전용할 의도가 있음을 알았거나 법 제19조의3 각 호의 어느 하나에 준하는 경우에 해당되어 그러한 의도가 있다고 의심되는 경우
2. 산업통상부장관 또는 관계 행정기관의 장으로부터 경유 또는 환적허가를 받아야 하는 것으로 통보받은 경우

② 법 제19조의4에 따라 경유 또는 환적허가를 받으려는 자는 산업통상부장관이 고시하는 경유 또는 환적허가 신청서에 산업통상부장관이 정하여 고시하는 바에 따라 다음 각 호의 서류를 첨부하여 산업통상부장관 또는 관계 행정기관의 장에게 제출해야 한다.
1. 거래계약서 또는 이에 준하는 서류
2. 해당 경유 또는 환적에 관련된 수출자, 수입자, 최종사용자 등에 관한 서류
3. 그 밖에 전략물자등의 경유 또는 환적허가에 필요한 서류로서 산업통상부장관이 정하여 고시하는 서류

③ 제2항에 따른 경유 또는 환적허가 신청서를 제출받은 산업통상부장관이나 관계 행정기관의 장은 15일 이내에 경유 또는 환적허가 여부를 결정하고 그 결과를 신청인에게 알려야 한다. 다만, 경유 또는 환적허가를 신청한 전략물자등에 대하여 별도의 기술 심사, 국내외 관계기관과의 협의 또는 현지조사가 필요한 경우 이를 위하여 걸리는 기간은 본문에 따른 기간에 산입하지 않는다.

제33조의3(중개허가의 신청 등)

① 법 제19조의5에 따라 전략물자등을 중개하려는 자는 전략물자등 중개허가 신청서에 산업통상부장관이 정하여 고시하는 바에 따라 다음 각 호의 서류를 첨부하여 산업통상부장관이나 관계 행정기관의 장에게 제출해야 한다.
1. 거래계약서, 거래가계약서(去來假契約書) 또는 이에 준하는 서류
2. 해당 중개에 관련된 수출자, 수입자, 중개자 등에 관한 서류
3. 중개하는 전략물자등의 성능과 용도를 표시하는 서류
4. 중개하는 전략물자등의 기술적 특성에 관한 서류
5. 중개하는 전략물자등의 용도 등에 관한 최종사용자의 서약서
6. 그 밖에 전략물자등의 중개허가에 필요한 서류로서 산업통상부장관이 정하여 고시하는 서류

② 제1항에 따른 중개허가 신청을 받은 산업통상부장관이나 관계 행정기관의 장은 15일 이내에 중개허가 여부를 결정하고 그 결과를 신청인에게 알려야 한다. 다만, 중개허가를 신청한 물품등에 대하여 별도의 기술 심사, 국내외 관계기관과의 협의 또는 현지조사가 필요한 경우 이를 위하여 걸리는 기간은 본문에 따른 기간에 산입하지 않는다.

제33조의4(조건부 허가)

수출허가, 상황허가, 경유 또는 환적허가 및 중개허가의 신청을 받은 산업통상부장관 또는 관계 행정기관의 장은 법 제19조의6 제1항 각 호 외의 부분 후단에 따라 다음 각 호의 서류를 산업통상부장관 또는 관계 행정기관의 장이 정하는 기간 내에 추가로 제출할 것을 조건으로 수출허가, 상황허가, 경유 또는 환적허가 및 중개허가를 할 수 있다.
1. 전략물자등의 설치 여부를 입증할 수 있는 사진, 문서 등을 포함한 설치확인서

2. 전략물자등의 사용 또는 보관 여부를 입증할 수 있는 사진, 문서 등을 포함한 이행점검보고서
3. 그 밖에 산업통상부장관 또는 관계 행정기관의 장이 수출허가, 상황허가, 경유 또는 환적허가 및 중개허가의 사후관리를 위해 필요하다고 인정하는 서류

제33조의5(수출허가 등의 유효기간)

① 다음 각 호의 어느 하나에 해당하는 허가의 유효기간은 1년으로 한다.
1. 수출허가
2. 상황허가
3. 경유 또는 환적허가
4. 중개허가

② 산업통상부장관 또는 관계 행정기관의 장은 다음 각 호의 어느 하나에 해당하는 경우에는 제1항 각 호에 따른 허가의 유효기간을 달리 정할 수 있다.
1. 제32조의2에 따라 산업통상부장관이 정하여 고시하는 기술을 수출하려는 경우
2. 법 제22조 제2항에 따른 자율준수무역거래자(법 제19조의2 및 이 영 제32조의3에 따른 기술이전 행위의 전부 또는 일부를 위임하거나 기술이전 행위를 하는 자를 포함한다. 이하 제43조부터 제46조까지 및 제75조에서 같다)에 대하여 수출허가를 하는 경우
3. 제1호 및 제2호 외에 전략물자등의 인도 조건, 대금 결제의 기간이나 조건, 경유 또는 환적이나 중개 등과 관련된 거래의 특성 등을 고려하여 산업통상부장관이나 관계 행정기관의 장이 필요하다고 인정하는 경우

③ 제2항에 따른 허가 유효기간의 설정과 관련된 세부적인 사항은 산업통상부장관이 관계 행정기관의 장과 협의하여 고시할 수 있다.

제33조의6(수출허가 등의 면제)

① 법 제19조의6 제3항에 따라 다음 각 호의 어느 하나에 해당하는 경우에는 전략물자의 수출허가 또는 상황허가를 면제한다.
1. 재외공관, 해외에 파견된 우리나라 군대 또는 외교사절 등에 사용될 공용물품을 수출하는 경우
2. 선박 또는 항공기의 안전운항을 위하여 긴급 수리용으로 사용될 기계, 기구 또는 부분품 등을 수출하는 경우
3. 그 밖에 수출허가 또는 상황허가의 면제가 필요하다고 인정하여 산업통상부장관이 관계 행정기관의 장과 협의하여 고시하는 경우

② 법 제19조의6 제3항에 따라 산업통상부장관이 경유 또는 환적허가의 면제가 필요하다고 인정하여 관계 행정기관의 장과 협의하여 고시하는 경우에는 경유 또는 환적허가를 면제할 수 있다.

③ 법 제19조의6 제3항에 따라 다음 각 호의 어느 하나에 해당하는 경우에는 중개허가를 면제한다.
1. 국제수출통제체제등에 속하는 수출국으로부터 수출허가를 받은 경우
2. 산업통상부장관이 고시하는 지역에서 중개에 따른 수출 또는 수입을 하는 경우
3. 그 밖에 산업통상부장관이 중개허가의 면제가 필요하다고 인정하여 관계 행정기관의 장과 협의하여 고시하는 경우

제34조

삭제

제35조

삭제

제36조(전략물자의 판정 신청 등)

① 법 제20조 제1항 전단에 따라 해당 물품등이 전략물자인지 또는 법 제19조의3 제13호에 따른 상황허가 대상 물품등인지를 확인하기 위하여 판정을 받으려는 자는 판정신청서에 다음 각 호의 서류를 첨부하여 산업통상부장관이나 관계 행정기관의 장에게 제출하여야 한다.
1. 물품등의 성능과 용도를 표시하는 서류
2. 물품등의 기술적 특성에 관한 서류
3. 그 밖에 전략물자 또는 법 제19조의3 제13호에 따른 상황허가 대상인 물품등의 판정에 필요한 서류로서 산업통상부장관이 정하여 고시하는 서류

② 제1항에 따른 신청을 받은 산업통상부장관이나 관계 행정기관의 장은 15일 이내에 신청한 물품등이 전략물자인지 또는 법 제19조의3 제13호에 따른 상황허가 대상 물품등인지를 판정하여 신청인에게 알려야 한다. 다만, 판정을 신청한 물품등에 대하여 별도의 기술 심사나 다른 관계 행정기관과의 협의가 필요한 경우 그 기술 심사나 협의를 하는 데에 필요한 기간은 본문에 따른 기간에 산입하지 아니한다.

③ 제2항에 따른 판정의 유효기간은 2년으로 한다.

④ 삭제

제37조(전략물자 판정 업무 등의 위탁)

원자력안전위원회 또는 방위사업청장은 법 제20조 제1항 후단에 따라 그 소관 물품등이 전략물자인지 또는 법 제19조의3 제13호에 따른 상황허가 대상 물품등인지에 대한 제36조 제2항의 판정 및 통보 업무를 다음 각 호의 구분에 따라 위탁한다.
1. 원자력안전위원회: 「원자력안전법」 제6조에 따른 한국원자력통제기술원
2. 방위사업청장: 「방위사업법」 제32조에 따른 국방기술품질원

제38조

삭제

제39조

삭제

제40조

삭제

제40조의2

삭제

제40조의3

삭제

제41조

삭제

제41조의2

삭제

제42조

삭제

제42조의2

삭제

제43조(자율준수무역거래자의 지정 등)

① 법 제22조 제1항에서 "대통령령으로 정하는 대학 및 연구기관"이란 다음 각 호의 어느 하나에 해당하는 대학 및 연구기관을 말한다.

1. 「고등교육법」 제2조에 따른 대학, 산업대학, 전문대학 및 기술대학
2. 「과학기술분야 정부출연연구기관 등의 설립·운영 및 육성에 관한 법률」에 따라 설립된 과학기술분야 정부출연연구기관
3. 「기초연구진흥 및 기술개발지원에 관한 법률」 제14조의2 제1항에 따라 인정받은 기업부설연구소
4. 「산업기술연구조합 육성법」에 따른 산업기술연구조합
5. 국·공립 연구기관
6. 「특정연구기관 육성법」 제2조에 따른 특정연구기관
7. 「산업기술혁신 촉진법」 제42조에 따른 전문생산기술연구소

② 법 제22조 제1항에서 "전략물자 여부에 대한 판정능력, 수입자 및 최종사용자에 대한 분석능력 등 대통령령으로 정하는 능력"이란 다음 각 호의 능력을 말한다.

1. 전략물자 해당 여부에 대한 판정능력
2. 수입자 및 최종사용자에 대한 분석능력
3. 자율관리조직의 구축 및 운용 능력

③ 법 제22조 제1항에 따라 자율준수무역거래자로 지정받으려는 자는 자율준수무역거래자지정신청서에 다음 각 호의 서류를 첨부하여 산업통상부장관에게 제출하여야 한다.

1. 제2항 각 호의 능력을 갖추었음을 증명하는 서류
2. 자율적인 수출입관리 업무를 위한 규정 및 조직도
3. 그 밖에 자율준수무역거래자의 지정에 필요한 서류로서 산업통상부장관이 정하여 고시하는 서류

④ 삭제

⑤ 산업통상부장관은 제3항에 따라 자율준수무역거래자 지정신청을 받았을 때에는 신청서 접수일부터 40일 이내에 지정 여부와 그 등급(자율준수무역거래자로 지정된 경우만 해당한다)을 신청인에게 알려야 한다.

⑥ 제2항에 따른 자율준수무역거래자 지정을 위한 능력의 심사 및 등급 결정 등에 관한 세부사항은 산업통상부장관이 정하여 고시한다.

제44조(자율준수무역거래자의 자율관리 업무의 범위)

① 산업통상부장관은 법 제22조 제2항에 따라 자율준수무역거래자에게 다음 각 호의 수출입관리 업무를 자율적으로 관리하게 할 수 있다.
1. 수출허가를 받은 물품등의 최종사용자에 관한 관리 업무
2. 수출허가를 받은 물품등의 사용용도에 관한 관리 업무
3. 그 밖에 전략물자 수출허가 제도를 효율적으로 운용하기 위하여 산업통상부장관이 정하여 고시하는 업무

② 산업통상부장관은 법 제22조의2 제1항의 등급에 따라 제1항에 따른 수출입관리 업무의 자율적인 관리 내용을 달리 정할 수 있다.

제45조(자율준수무역거래자의 보고)

법 제22조 제3항에 따라 자율준수무역거래자는 다음 각 호의 사항별로 해당 기간 내에 그 현황이나 실적을 산업통상부장관에게 보고하여야 한다.
1. 수출허가의 반기별(半期別) 실적: 다음 반기의 1개월 이내
2. 제43조 제2항 각 호에 관한 연간 현황: 다음 해의 1개월 이내

제46조(무역안보관리원의 업무)

법 제25조 제5항 제9호에서 "대통령령으로 정하는 업무"란 다음 각 호의 업무를 말한다.
1. 무역안보 홍보 및 컨설팅 업무
2. 법 제5조 제4호 및 제4호의2에 따른 무역제한 특별조치 이행을 위한 정보 제공 등 지원 업무
3. 법 제22조 및 제22조의2에 따른 자율준수무역거래자의 지정, 등급 결정·조정 및 지정 취소 등에 대한 지원 업무
4. 법 제26조에 따른 전략물자 수출입통제 협의회 지원 업무
5. 무역안보에 관하여 산업통상부장관이 위탁하는 업무

제47조(전략물자 수출입통제 협의회의 구성 및 운영 등)

① 법 제26조 제1항에 따른 전략물자 수출입통제 협의회(이하 "협의회"라 한다)의 위원장은 다음 각 호의 사항별로 소관 행정기관의 장이 되고, 협의회의 위원장은 소관 사항별로 참석 행정기관의 범위를 정하여 협의회를 소집한다.
1. 과학기술정보통신부: 과학기술 및 정보통신기술 중 전략물자등 관련 기술의 수출입통제에 관한 사항
2. 외교부: 외교에 영향을 주는 사항 및 전략물자등의 수출입통제와 관련된 국제규범에 관한 사항
3. 통일부: 「남북교류협력에 관한 법률」에 따른 반출·반입 승인 대상 품목 중 전략물자등에 관한 사항 및 남북 교류·협력에 영향을 미치는 사항
4. 국방부: 「방위사업법」에 따른 방위산업물자·국방과학기술의 수출입통제에 관한 사항 및 국가안보에 영향을 미치는 사항
5. 산업통상부: 전략물자등(원자력 전용 품목은 제외한다)의 수출입통제 및 통상교섭에 영향을 주는 사항
6. 원자력안전위원회: 전략물자등 중 원자력 전용 품목의 수출입통제에 관한 사항
7. 관세청: 전략물자등 통관 및 법 제21조 제1항에 따른 무허가수출등(이하 "무허가수출등"이라 한다)에 관한 사항
8. 정보수사기관(법 제26조 제3항에 따른 정보수사기관을 말한다): 국내외 전략물자등 관련 정보협력, 국가안보에 영향을 미치는 전략물자등 수출입, 무허가수출등에 관한 사항

② 협의회의 위원은 제1항에 따라 소집되는 행정기관의 고위공무원단에 속하는 공무원으로서 전략물자의 수출입통제 관련 업무를 담당하는 자로 한다.

③ 협의회를 효율적으로 운영하기 위하여 필요하면 실무협의회를 둘 수 있다.

④ 협의회와 실무협의회의 운영에 필요한 사항은 제1항에 따른 관계 행정기관의 장이 협의하여 정한다.

⑤ 법 제26조 제3항에서 "대통령령으로 정하는 정보수사기관"이란 다음 각 호의 기관을 말한다.
1. 국가정보원
2. 검찰청
3. 경찰청
4. 해양경찰청
5. 국군방첩사령부

제47조의2(전략물자 수입목적확인서의 발급 등)

① 법 제27조에 따라 전략물자 수입목적확인서를 발급받으려는 자는 전략물자 수입목적확인서 발급신청서에 그 전략물자의 최종사용자 및 사용 목적을 증명할 수 있는 서류 등 전략물자의 수입목적을 확인하는 데에 필요한 서류로서 산업통상부장관이나 관계 행정기관의 장이 정하여 고시하는 서류를 첨부하여 산업통상부장관이나 관계 행정기관의 장에게 제출해야 한다.

② 제1항에 따른 신청을 받은 산업통상부장관이나 관계 행정기관의 장은 7일 이내에 전략물자 수입목적확인서를 발급해야 한다. 다만, 수입목적 확인을 신청한 물품등에 대하여 별도의 기술 심사나 관계 행정기관과의 협의가 필요한 경우 그 기술 심사나 협의를 하는 데에 필요한 기간은 본문에 따른 기간에 산입하지 않는다.

③ 제2항에 따라 발급한 전략물자 수입목적확인서의 유효기간은 1년으로 한다.

제48조(허가의무 위반자 등에 대한 교육)

① 법 제49조에 따른 교육(이하 "교육"이라 한다)시간은 8시간 이내로 한다.

② 산업통상부장관 또는 관계 행정기관의 장은 법 제25조에 따른 무역안보관리원, 「원자력안전법」 제6조에 따른 한국원자력통제기술원, 그 밖에 산업통상부장관이 정하여 고시하는 기관에서 교육을 실시하도록 할 수 있다.

③ 제1항 및 제2항에서 규정한 사항 외에 교육에 필요한 사항은 산업통상부장관이 관계 행정기관의 장과 협의하여 정한다.

제49조(전략물자기술자문단의 구성 및 운영)

① 산업통상부장관은 다음 각 호의 사항에 관한 자문을 하기 위하여 전략물자기술자문단을 구성하여 운영할 수 있다.
1. 해당 물품등이 대량파괴무기등의 제조·개발·사용 또는 보관 등의 용도로 이용 또는 전용될 가능성에 관한 사항
2. 국제수출통제체제등의 통제대상 물품등에 대한 평가·분석에 관한 사항
3. 전략물자 해당 여부의 판정에 관한 사항

② 전략물자기술자문단의 구성·운영 등에 필요한 사항은 산업통상부장관이 정하여 고시한다.

제4절 플랜트수출

제50조(수출승인의 신청 등)
법 제32조 제1항에 따라 플랜트수출의 승인을 받으려는 자는 신청서에 산업통상부장관이 정하는 서류를 첨부하여 산업통상부장관에게 제출하여야 한다. 변경승인을 받으려는 경우에도 또한 같다.

제51조(설비)
법 제32조 제1항 제1호에서 "대통령령으로 정하는 설비"란 다음 각 호의 설비를 말한다. 다만, 해외건설공사와 함께 일괄수주방식에 의하여 수출하는 설비는 제외한다.
1. 발전설비
2. 담수 설비 및 용수처리설비
3. 해양설비 및 수상구조설비
4. 석유 처리설비 및 석유화학설비
5. 정유설비 및 송유설비
6. 저장탱크 및 저장기지설비
7. 냉동 및 냉장설비
8. 제철·제강설비 및 철강재구조설비
9. 공해방지설비
10. 공기조화설비
11. 신에너지 및 재생에너지 설비
12. 정치식(定置式) 운반하역설비 및 정치식 건설용설비
13. 시험연구설비
14. 그 밖에 산업 활동을 위하여 필요한 설비

제52조(시공)
① 법 제32조 제1항 제2호에서 "시공"이란 다음 각 호의 공사를 수행하는 것을 말한다.
1. 토목공사
2. 건축공사
3. 플랜트 설치공사. 다만, 플랜트수출자나 수출용 기자재를 설계·제작하는 자가 제작한 기계 및 장치를 직접 설치하는 공사는 제외한다.

② 제1항 제3호 단서에도 불구하고 「해외건설촉진법 시행령」 제17조 제1항 제1호 라목에 따른 해외공사실적을 인정받으려는 경우에만 산업통상부장관은 플랜트수출자나 수출용 기자재를 설계·제작하는 자가 제작한 기계 및 장치를 직접 설치하는 공사를 플랜트 설치공사로 인정할 수 있다.

제53조(동의 요청 등)
① 산업통상부장관은 법 제32조 제3항에 따라 일괄수주방식에 의한 수출에 대하여 승인 또는 변경승인을 하기 위하여 미리 국토교통부장관의 동의를 받으려는 경우에는 해당 플랜트수출의 개요와 다음 각 호의 사항을 명시한 서류를 송부하여야 한다.
1. 건설용역 및 시공 수행자의 성명(법인인 경우에는 그 명칭과 대표자의 성명) 및 주소
2. 건설용역 및 시공사업계획

② 제1항에 따라 동의 요청을 받은 국토교통부장관은 특별한 사유가 없으면 동의요청을 받은 날부터 10일 이내에 동의 여부를 산업통상부장관에게 알려야 한다.

제54조(플랜트수출 관련 기관 등 지정)

① 산업통상부장관은 법 제32조 제6항 후단에 따라 플랜트수출에 관한 시장조사 등의 사업을 촉진하기 위한 사업을 담당할 관련 기관 또는 단체(이하 "플랜트수출촉진기관"이라 한다)를 지정하려면 다음 각 호의 사항을 종합적으로 검토하여야 한다.
1. 플랜트수출자에 대한 대표성
2. 시장조사 등 사업계획

② 산업통상부장관은 제1항에 따라 지정된 플랜트수출촉진기관에 대하여 플랜트수출의 시장조사 등 사업의 촉진과 관련하여 다음 각 호의 사항을 보고하게 할 수 있다.
1. 플랜트수출 동향
2. 플랜트수출에 관한 시장조사, 정보교류, 수주, 협동화사업의 촉진실적 등 촉진활동에 관한 사항
3. 그 밖에 플랜트수출에 관하여 산업통상부장관이 요청하는 사항

제5절 정부간 수출계약

제54조의2(정부간 수출계약 보증사업의 수행 기관)

법 제32조의2 제1항에서 "대통령령으로 정하는 보증·보험기관"이란 국내에서 수출·수입 등 대외거래에 대한 보증 또는 보험 업무를 10년 이상 영위하고 있는 자 중 산업통상부장관이 다음 각 호의 사항을 평가하여 지정하는 기관을 말한다.
1. 법 제32조의2 제1항에 따른 보증사업의 수행에 필요한 재정능력
2. 수출·수입 등 대외거래의 당사자에 대한 신용정보의 수집·분석 및 평가에 관한 능력
3. 수출·수입 등 대외거래에서 발생한 채권에 대한 관리체계

제54조의3(정부간 수출계약의 이행 보증 조치)

법 제32조의3 제3항 제1호에서 "보증·보험의 제공 등 대통령령으로 정하는 계약 이행 보증 조치"란 다음 각 호의 것을 말한다. 다만, 외국 정부와 국내 기업이 합의한 경우에는 다음 각 호에 규정된 계약 이행 보증 조치의 일부를 생략할 수 있다.
1. 정부간 수출계약의 내용에 따른 선수금의 반환, 계약 내용의 이행, 하자의 보수 등에 대하여 「금융실명거래 및 비밀보장에 관한 법률」 제2조 제1호에 따른 금융회사등으로부터 보증을 받아 제공하는 것
2. 외국 정부에 대한 정부간 수출계약 이행 등에 대하여 법 제32조의2 제1항에 따른 보증·보험기관으로부터 보증을 받아 제공하는 것

제54조의4(전담기관의 권한과 책임)

① 전담기관은 정부간 수출계약의 체결 및 이행을 위하여 필요한 경우에는 관계 행정기관의 장에게 협조를 요청할 수 있다.

② 전담기관은 정부간 수출계약이 체결된 경우 다음 각 호의 구분에 따라 법 제32조의4 제1항에 따른 정부간 수출계약 심의위원회(이하 "위원회"라 한다)에 보고하여야 한다.
1. 국내 기업의 정부간 수출계약 이행 상황을 확인하여 반기별로 1회 이상 보고할 것

2. 제54조의5 제2호 단서에 따라 위원회의 심의 대상에서 제외되는 사항은 그 변경 등이 있은 날부터 2주 이내에 보고할 것

제54조의5(정부간 수출계약 심의위원회의 심의·의결 사항)
법 제32조의4 제1항에서 "정부간 수출계약의 체결, 변경, 해지 등 대통령령으로 정하는 사항"이란 다음 각 호의 사항을 말한다.
1. 외국 정부와 체결하려는 정부간 수출계약의 수용 여부, 국내 기업의 이행능력 평가, 법 제32조의3 제3항 제1호에 따라 국내 기업으로 하여금 조치하도록 할 계약 이행 보증 내용의 적정성 등에 관한 사항
2. 계약기간·계약금액 등 정부간 수출계약의 변경에 관한 사항. 다만, 다음 각 목의 사항으로서 위원회에서 정하는 경미한 사항은 제외한다.
    가. 물품등의 인도 횟수, 인도 장소의 변경
    나. 부품·규격의 변경
    다. 대금의 지급방법 및 지급횟수의 변경
    라. 그 밖에 가목부터 다목까지의 사항에 준하는 사항
3. 법 제32조의5 제2항에 따라 국내 기업이 조치를 한 계약 이행 보증 세부 사항의 적정성에 관한 사항
4. 국내 기업의 정부간 수출계약에 따른 물품등의 공급 의무 불이행, 인가·허가·면허 등의 취소·정지 등으로 인한 계약 이행능력의 상실, 부정한 방법에 의한 계약의 체결, 그 밖의 원인으로 인한 정부간 수출계약의 해지 또는 해제에 관한 사항
5. 그 밖에 위원회의 위원장이 정부간 수출계약과 관련하여 위원회의 심의·의결에 부치는 사항

제54조의6(정부간 수출계약 심의위원회의 구성 및 운영)
① 위원장을 제외한 위원회의 위원은 다음 각 호의 사람이 된다.
1. 산업통상부 및 조달청의 고위공무원단에 속하는 공무원 중 소속 기관의 장이 지명하는 사람 각 1명
2. 전담기관의 임원 중 전담기관의 장이 지명하는 사람 2명
3. 정부간 수출계약의 해당 물품등과 관련이 있다고 위원회의 위원장이 인정하는 중앙행정기관의 고위공무원단에 속하는 공무원 중에서 소속 기관의 장이 지명하는 사람
4. 제54조의2에 따른 보증·보험기관의 임원 중 해당 기관의 장의 추천으로 위원회의 위원장이 지명하는 사람
5. 정부간 수출계약과 관련된 분야에 학식과 경험이 풍부한 사람 중 7명 이내의 범위에서 위원장이 위촉하는 사람

② 제1항 제5호에 따른 위촉위원의 임기는 2년으로 하되, 연임할 수 있다.
③ 위원장은 위원회의 회의를 소집하고, 그 의장이 된다.
④ 위원장이 부득이한 사유로 그 직무를 수행할 수 없을 때에는 위원장이 미리 지명한 위원이 그 직무를 대행한다.
⑤ 위원회의 회의는 재적위원 과반수의 출석으로 개의(開議)하고, 출석위원 3분의 2 이상의 찬성으로 의결한다.
⑥ 위원회는 국내 기업의 이행능력 평가를 효율적으로 수행하기 위하여 소위원회를 구성·운영할 수 있다.
⑦ 제1항부터 제6항까지에서 규정한 사항 외에 위원회의 구성 및 운영에 필요한 사항은 위원회의 의결을 거쳐 위원장이 정한다.

제54조의7(국내 기업의 계약 이행 보증 조치)

법 제32조의5 제2항에서 "보증·보험의 제공 등 대통령령으로 정하는 계약 이행 보증 조치"란 제54조의3에 따른 조치를 말한다.

제3장의2 원산지의 표시 등

제55조(원산지표시대상물품 지정 등)

① 산업통상부장관은 법 제33조 제1항에 따라 원산지를 표시하여야 할 물품(이하 "원산지표시대상물품"이라 한다)을 공고하려면 해당 물품을 관장하는 관계 행정기관의 장과 미리 협의하여야 한다.

② 법 제33조 제2항에서 "대통령령으로 정하는 단순한 가공활동"이란 판매목적의 물품포장 활동, 상품성 유지를 위한 단순한 작업 활동 등 물품의 본질적 특성을 부여하기에 부족한 가공활동을 말하며, 그 가공활동의 구체적인 범위는 관계 중앙행정기관의 장과 협의하여 산업통상부장관이 정하여 고시한다.

제56조(수출입 물품의 원산지 표시방법)

① 원산지표시대상물품을 수입하려는 자는 다음 각 호의 방법에 따라 해당 물품에 원산지를 표시하여야 한다.
1. 한글·한문 또는 영문으로 표시할 것
2. 최종 구매자가 쉽게 판독할 수 있는 활자체로 표시할 것
3. 식별하기 쉬운 위치에 표시할 것
4. 표시된 원산지가 쉽게 지워지거나 떨어지지 아니하는 방법으로 표시할 것

② 제1항에도 불구하고 해당 물품에 원산지를 표시하는 것이 곤란하거나 원산지를 표시할 필요가 없다고 인정하여 산업통상부장관이 정하여 고시하는 기준에 해당하는 경우에는 산업통상부장관이 정하여 고시하는 바에 따라 원산지를 표시하거나 원산지 표시를 생략할 수 있다.

③ 제1항에 규정된 것 외에 수입 물품의 원산지 표시방법에 관하여 필요한 사항은 산업통상부장관이 정하여 고시한다. 다만, 수입물품을 관장하는 중앙행정기관의 장은 소비자를 보호하기 위하여 필요한 경우에는 산업통상부장관과 협의하여 해당 물품의 원산지 표시에 관한 세부적인 사항을 따로 정하여 고시할 수 있다.

④ 삭제

⑤ 수출 물품에 대하여 원산지를 표시하는 경우에는 제1항 각 호에서 정한 방법에 따라 원산지를 표시하되, 그 물품에 대한 수입국의 원산지 표시규정이 이와 다르게 표시하도록 되어 있으면 그 규정에 따라 원산지를 표시할 수 있다. 다만, 수입한 물품에 대하여 국내에서 단순한 가공활동을 거쳐 수출하는 경우에는 우리나라를 원산지로 표시하여서는 아니 된다.

제57조(원산지 표시방법의 확인)

① 제56조에 따른 원산지 표시방법에 따라 원산지를 표시하여야 하는 자는 해당 물품이 수입되기 전에 문서로 그 물품의 적절한 원산지 표시방법에 관한 확인을 산업통상부장관에게 요청할 수 있다.

② 제1항에 따른 산업통상부장관의 원산지 표시방법의 확인에 관하여 이의가 있는 자는 확인 결과를 통보받은 날부터 30일 이내에 서면으로 산업통상부장관에게 이의를 제기할 수 있다.

③ 원산지 표시방법에 대한 확인 요청과 확인 결과에 대한 이의제기에 필요한 사항은 산업통상부장관이 정하여 고시한다.

④ 산업통상부장관은 법 제33조 제3항에 따라 원산지표시대상물품을 수입하는 자에 대하여 해당 물품이 통관할 때 제56조 제1항부터 제3항까지의 규정에 따른 원산지의 표시방법 및 표시 여부 등을 확인할 수 있다. 이 경우 확인방법과 확인절차 등에 관하여는 산업통상부장관이 정하여 고시 한다.

제57조의2(자료조사)

법 제33조 제5항에서 "대통령령으로 정하는 관련 자료"란 다음 각 호에 해당하는 자료를 말한다.
1. 수입한 물품등의 무역거래자 및 판매업자의 정보에 관한 자료
2. 수입한 물품등의 가격, 수량, 품질 및 제조 또는 가공 공정에 관한 자료
3. 그 밖에 원산지의 표시에 대한 위반 여부를 확인하기 위하여 산업통상부장관이 필요하다고 인정하는 자료

제58조(원산지표시 위반물품에 대한 시정조치)

① 법 제33조의2 제1항에 따른 시정조치의 내용은 다음 각 호와 같다.
1. 원산지표시의 원상 복구, 정정, 말소 또는 원산지표시명령
2. 위반물품의 거래 또는 판매 행위의 중지

② 법 제33조의2 제1항에 따른 시정조치 명령은 다음 각 호의 사항을 명시한 서면으로 해야 한다.
1. 위반행위의 내용
2. 시정조치 명령의 사유 및 내용
3. 시정기한

제59조(과징금의 부과 및 납부)

① 산업통상부장관 또는 시·도지사는 법 제33조의2 제2항에 따라 과징금을 부과하려면 그 위반행위의 종류와 과징금의 금액을 명시하여 과징금을 낼 것을 서면으로 알려야 한다.

② 제1항에 따라 통보를 받은 자는 납부 통지일부터 20일 이내에 과징금을 산업통상부장관 또는 시·도지사가 정하는 수납기관에 내야 한다.

③ 제2항에 따라 과징금을 받은 수납기관은 과징금을 낸 자에게 영수증을 발급하여야 한다.

④ 과징금의 수납기관은 제2항에 따른 과징금을 받으면 지체 없이 그 사실을 산업통상부장관 또는 시·도지사에게 알려야 한다.

⑤ 삭제

제59조의2(과징금의 납부기한 연기 및 분할 납부)

① 산업통상부장관 또는 시·도지사는 법 제33조의2 제2항에 따라 과징금을 부과받은 자가 내야 할 과징금의 금액이 1천만원 이상이거나 과징금을 부과받은 자가 중소기업인 경우에는 「행정기본법」 제29조 단서에 따라 과징금의 납부기한을 연기하거나 분할 납부하게 할 수 있다.

② 삭제

③ 제1항에 따른 납부기한의 연장은 그 납부기한의 다음 날부터 1년을 초과할 수 없다.

④ 제1항에 따라 분할납부를 하게 하는 경우 각 분할된 납부기한 간의 간격은 4개월을 초과할 수 없으며, 분할 횟수는 3회를 초과할 수 없다.

⑤ 삭제

제60조(과징금을 부과할 위반행위의 종류와 과징금의 금액)

① 법 제33조의2 제2항에 따라 과징금을 부과하는 위반행위의 종류와 위반 정도에 따른 과징금의 금액은 별표 2와 같다.

② 산업통상부장관 또는 시·도지사는 해당 무역거래자 등의 수출입 규모, 중소기업 여부, 위반 정도 및 위반 횟수 등을 고려하여 제1항에 따른 과징금 금액의 2분의 1의 범위에서 가중하거나 경감할 수 있다. 다만, 가중하는 경우에도 과징금의 총액은 3억원을 넘을 수 없다.

제60조의2(원산지 표시의무 위반자의 공표)

① 법 제33조의2 제5항에 따른 공표의 대상자는 같은 조 제2항에 따른 과징금 부과처분이 확정된 자로서 다음 각 호의 어느 하나에 해당하는 자로 한다.
1. 별표 2 각 호의 구분에 따른 해당 위반물품등의 수출입 신고 금액(판매업자의 경우에는 판매한 물품등과 판매하지 아니한 물품등을 구분하여 판매한 물품등의 매출가액과 판매하지 아니한 물품등의 매입가액을 합한 금액을 말하며, 이하 이 항에서 "원산지 표시 위반물품등의 가액"이라 한다)이 10억원(「관세법」 별표에 따른 품목 중 제1류부터 제24류까지의 품목 및 소금의 경우에는 5억원을 말한다) 이상인 자
2. 「관세법」 별표에 따른 품목 중 제1류부터 제24류까지의 품목 및 소금에 대한 별표 2 제3호 또는 제4호에 해당하는 원산지 표시 위반물품등의 가액 중 다음 각 목의 위반행위로 인한 가액을 합산한 금액이 5천만원 이상인 자
   가. 원산지를 국내산으로 거짓 표시하거나 원산지를 국내산으로 오인하게 하는 표시를 하는 행위
   나. 원산지 표시를 국내산으로 변경하는 행위
3. 다음 각 목의 요건을 모두 갖춘 자
   가. 법 제33조의2 제2항에 따라 과징금 부과처분을 받은 날부터 과거 2년 이내의 기간(초일을 산입한다) 동안 법 제33조의2 제2항에 따라 과징금 부과처분을 받은 횟수가 3회 이상일 것
   나. 가목에 따른 과징금 부과처분 중 확정된 처분이 3회 이상일 것
   다. 나목에 따른 확정된 과징금 부과처분의 사유가 된 원산지 표시 위반물품등의 가액을 합산한 금액이 5천만원 이상일 것
4. 「관세법」 별표에 따른 품목 중 제1류부터 제24류까지의 품목 및 소금에 대한 원산지 표시의무를 위반한 경우로서 다음 각 목의 요건을 모두 갖춘 자
   가. 법 제33조의2 제2항에 따라 과징금 부과처분을 받은 날부터 과거 2년 이내의 기간(초일을 산입한다) 동안 법 제33조의2 제2항에 따라 과징금 부과처분을 받은 횟수가 3회 이상일 것
   나. 가목에 따른 과징금 부과처분 중 확정된 처분이 3회 이상일 것

② 산업통상부장관 또는 시·도지사는 제1항에 따른 공표 대상자에 대해서는 법 제33조의2 제5항에 따라 다음 각 호의 사항을 산업통상부 또는 시·도의 홈페이지에 공표하여야 한다.
1. "「대외무역법」에 따른 원산지 표시의무 위반사실의 공표"라는 표제
2. 위반자의 성명 또는 명칭(법인의 경우에는 대표자의 성명을 포함한다) 및 주소(법인의 경우 주된 영업소의 주소와 원산지 표시의무 위반행위를 한 사업장 주소를 말한다)
3. 원산지 표시 위반물품등의 종류, 명칭 및 위반내용
4. 원산지 표시 위반행위에 대한 처분권자, 처분일, 처분 내용

제60조의3(자료의 요청)

산업통상부장관은 법 제33조 및 제33조의2에 따른 업무가 통일적이고 원활하게 집행되도록 하기 위하여 해당 업무에 대한 자료의 제출을 지방자치단체의 장에게 요청할 수 있다.

제61조(수출입 물품의 원산지 판정 기준)

① 법 제34조에 따른 수입 물품에 대한 원산지 판정은 다음 각 호의 어느 하나의 기준에 따라야 한다.

1. 수입 물품의 전부가 하나의 국가에서 채취되거나 생산된 물품(이하 "완전생산물품"이라 한다)인 경우에는 그 국가를 그 물품의 원산지로 할 것
2. 수입 물품의 생산·제조·가공 과정에 둘 이상의 국가가 관련된 경우에는 최종적으로 실질적 변형을 가하여 그 물품에 본질적 특성을 부여하는 활동(이하 "실질적 변형"이라 한다)을 한 국가를 그 물품의 원산지로 할 것
3. 수입 물품의 생산·제조·가공 과정에 둘 이상의 국가가 관련된 경우 단순한 가공활동을 하는 국가를 원산지로 하지 아니할 것

② 제1항에 따른 완전생산물품, 실질적 변형, 단순한 가공활동의 기준 등 원산지 판정 기준에 관한 구체적인 사항은 관계 중앙행정기관의 장과 협의하여 산업통상부장관이 정하여 고시한다.

③ 법 제34조에 따른 수출 물품에 대한 원산지 판정은 제1항 및 제2항에 따른 기준을 준용하여 판정하되, 그 물품에 대한 원산지 판정기준이 수입국의 원산지 판정기준과 다른 경우에는 수입국의 원산지 판정기준에 따라 원산지를 판정할 수 있다.

제62조(원산지 판정 절차)

① 법 제34조 제3항에 따라 수출 또는 수입 물품의 원산지 판정을 받으려는 자는 대상 물품의 관세·통계통합품목분류표(「관세법 시행령」 제98조에 따른 관세·통계통합품목분류표를 말한다. 이하 같다)상의 품목번호·품목명(모델명을 포함 한다), 요청 사유, 요청자가 주장하는 원산지 등을 명시한 요청서에 견본 1개와 그 밖에 원산지 판정에 필요한 자료를 첨부하여 산업통상부장관에게 제출하여야 한다. 다만, 물품의 성질상 견본을 제출하기 곤란하거나 견본이 없어도 그 물품의 원산지 판정에 지장이 없다고 인정되는 경우에는 견본의 제출을 생략할 수 있다.

② 산업통상부장관은 제1항에 따라 제출된 요청서 등이 미비하여 수출 또는 수입 물품의 원산지를 판정하기 곤란한 경우에는 기간을 정하여 자료의 보정(補正)을 요구할 수 있으며, 그 기간 내에 보정하지 아니하면 요청서 등을 되돌려 보낼 수 있다.

③ 산업통상부장관은 제1항에 따라 원산지 판정의 요청을 받은 경우에는 60일 이내에 원산지 판정을 하여 그 결과를 요청한 사람에게 문서로 알려야 한다. 다만, 그 판정과 관련된 자료수집 등을 위하여 필요한 기간은 이에 산입하지 아니한다.

④ 원산지 판정의 결과가 요청인의 주장과 다른 경우에는 판정의 근거 등을 적어야 한다.

⑤ 원산지 판정의 요청 방법과 그 밖에 판정에 필요한 사항은 산업통상부장관이 정하여 고시한다.

제63조(이의제기)

① 법 제34조 제5항에 따라 원산지 판정에 이의를 제기하려는 자는 대상 물품의 관세·통계통합품목분류표상의 품목번호·품목명(모델명을 포함한다), 이의제기 사유, 신청자가 주장하는 원산지 등을 명시한 이의 신청서에 원산지 판정에 필요한 자료를 첨부하여 산업통상부장관에게 제출하여야 한다.

② 산업통상부장관은 제1항에 따라 제출된 신청서 등이 미비하여 이의제기에 대한 결정을 하기 곤란한 경우에는 기간을 정하여 자료의 보정을 요구할 수 있으며, 그 기간 내에 보정하지 아니하면 신청서 등을 되돌려 보낼 수 있다.

③ 산업통상부장관은 제1항에 따른 이의제기에 대한 결정을 하기 위하여 관계 전문가에게 자문하거나 이해관계자 등의 의견을 들을 수 있다.

④ 원산지 판정에 대한 이의제기 절차 등에 관하여 필요한 세부적인 사항은 산업통상부장관이 정한다.

제64조
삭제

제65조(수입 물품의 원산지증명서의 제출)
① 산업통상부장관은 법 제36조에 따라 산업통상부장관이 정하여 고시하는 지역으로부터 산업통상부장관이 정하여 고시하는 물품을 수입하려는 자에게 다음 각 호의 기관에서 발행하는 원산지증명서를 그 물품을 수입할 때에 제출하도록 할 수 있다.
1. 그 물품의 원산지 국가
2. 그 물품을 선적(船積)한 국가의 정부
3. 제1호의 국가 또는 제2호의 정부가 인정하는 기관

② 그 밖에 제1항에 따른 원산지증명서에 관하여 필요한 사항은 산업통상부장관이 정하여 고시한다.

제66조(원산지증명서의 발급기준 등)
① 법 제37조 제1항에 따른 수출 물품 또는 수입원료를 사용하여 국내에서 생산되어 국내에서 유통되거나 판매되는 물품등(이하 "국내생산물품등"이라 한다)의 원산지증명서의 발급기준은 다음 각 호와 같다.
1. 헌법에 따라 체결·공포된 조약이나 협정에서 정한 기준
2. 상대 수입국에서 정한 기준
3. 법 제35조에 따라 산업통상부장관이 정하여 공고하는 기준

② 수출 물품 또는 국내생산물품등의 원산지증명서를 발급받으려는 자는 수출 물품 또는 국내생산물품등의 원산지증명서발급신청서에 다음 각 호의 서류를 첨부하여 산업통상부장관에게 제출하여야 한다.
1. 구매자·공급자에 관한 서류
2. 가격·수량 등에 관한 서류
3. 그 밖에 수출 물품 또는 국내생산물품등의 원산지를 증명하는 데에 필요한 서류로서 산업통상부장관이 정하여 공고하는 서류

③ 산업통상부장관은 제2항에 따른 신청을 받은 경우 제1항에 따른 원산지증명서 발급기준에 적합한지를 조사·확인하여 발급 여부를 결정한 후 수출 물품 또는 국내생산물품등의 원산지증명서를 발급하여야 한다.

④ 제3항에 따른 원산지증명서의 유효기간은 1년으로 한다. 다만, 헌법에 따라 체결·공포된 조약이나 협정에서 그 유효기간을 다르게 정하고 있는 경우에는 그 유효기간으로 한다.

⑤ 제1항부터 제4항까지에서 규정한 것 외에 수출 물품 또는 국내생산물품등의 원산지증명서의 발급 등에 필요한 세부사항은 산업통상부장관이 정하여 고시한다.

제67조(단순한 가공활동)
법 제38조에서 "대통령령으로 정하는 단순한 가공활동"이란 제61조 제2항에 따라 고시된 단순한 가공활동의 기준에 따른 활동을 말한다.

제4장 수입수량 제한조치

제68조(수입수량 제한조치)

① 법 제39조 제1항에 따라 산업통상부장관이 수입수량을 제한하는 경우 그 제한수량은 최근의 대표적인 3년 간의 수입량을 연평균수입량으로 환산한 수량(이하 "기준 수량"이라 한다) 이상으로 하여야 한다. 이 경우 최근의 대표적인 연도를 정할 때에는 통상적인 수입량과 비교하여 수입량이 급증하거나 급감한 연도는 제외한다.

② 산업통상부장관은 기준수량 이상으로 수입수량 제한조치를 하는 경우 해당 산업의 심각한 피해를 방지하거나 구제하기 어렵다고 명백하게 인정되는 경우에는 제1항에도 불구하고 기준수량 미만으로 수입수량을 제한할 수 있다.

③ 산업통상부장관은 제1항이나 제2항에 따라 제한되는 수입수량을 각 국가별로 할당할 수 있다.

제69조(수입수량 제한조치의 연장 등)

산업통상부장관은 시행 중인 수입수량 제한조치에 대하여 무역위원회가 그 조치 내용의 변경이나 적용기간의 연장을 건의하면 그 건의가 접수된 날부터 1개월 이내(연장의 경우 법 제39조 제1항에 따른 수입수량 제한조치의 적용기간이 끝나는 날 이전)에 그 조치의 변경이나 조치 기간의 연장 여부를 결정하고 그 내용을 무역위원회에 통보하여야 한다.

제70조

삭제

제5장 수출입의 질서유지

제1절 무역거래자 등의 수출입 질서의 유지

제71조

삭제

제72조

삭제

제73조

삭제

제74조

삭제

제2절 분쟁조정 등

제75조(무역분쟁의 통지 등)

① 대한민국재외공관의 장이 교역상대국의 무역거래자 및 무역분쟁해결기관의 장으로부터 무역분쟁 사실의 신고를 받거나 업무를 수행하면서 무역분쟁 사실을 알게된 경우에는 지체 없이 그 사실을 산업통상부장관에게 알려야 한다. 대한무역투자진흥공사, 수출입조합, 그 밖에 수출·수입과 관련된 기관의 경우에도 또한 같다.

② 산업통상부장관은 제1항에 따라 무역분쟁 사실의 통지를 받은 경우 그 분쟁을 신속하게 해결하기 위하여 필요하다고 인정할 때에는 조정(調停) 또는 알선을 할 수 있다.

제76조(선적 전 검사가 무역장벽으로 간주되는 경우)

법 제45조 제1항에 따른 선적전검사기관이 선적 전 검사를 하면서「세계무역기구 선적 전 검사에 관한 협정」제2조를 위반하여 수출 이행에 장애를 초래하였을 때에 그 선적 전 검사는 무역장벽으로 작용한 것으로 본다.

제77조
삭제

제78조
삭제

제79조
삭제

제80조(분쟁조정 신청 등)

① 무역거래 또는 선적 전 검사와 관련한 분쟁이 발생한 경우 당사자의 일방 또는 쌍방은 법 제44조 제4항이나 법 제45조 제2항에 따라 산업통상부장관에게 분쟁의 조정을 신청할 수 있다.

② 제1항에 따른 신청절차 등 신청에 필요한 사항은 산업통상부장관이 따로 정하여 고시한다.

③ 산업통상부장관은 조정을 위하여 관계 전문가에게 자문하거나 이해관계자 등의 의견을 들을 수 있다.

제81조(조정안의 작성)

① 산업통상부장관은 조정신청을 받은 때에는 30일 이내에 조정안을 작성하여 당사자에게 제시하여야 한다.

② 제1항에 따른 조정안에는 다음 각 호의 사항이 포함되어야 한다.

1. 조정 사건의 표시
2. 조정의 일시 및 장소
3. 당사자의 성명 또는 명칭
4. 조정안의 주요 내용

제82조(조정안의 통지)

① 산업통상부장관은 제81조에 따라 조정안이 작성된 경우에는 당사자에게 알려야 한다.

② 제1항에 따라 조정안을 통지받은 분쟁 당사자는 7일 이내에 조정안에 대한 수락 여부를 서면으로 산업통상부장관에게 알려야 한다.

제83조(조정의 종료)

① 산업통상부장관은 다음 각 호의 어느 하나에 해당하는 경우에는 해당 조정 사건을 끝낼 수 있다.
1. 당사자 간에 합의가 이루어지거나 조정안이 수락된 경우
2. 조정신청인이나 당사자가 조정신청을 철회한 경우
3. 당사자가 조정안을 거부한 경우
4. 당사자 간에 합의가 성립될 가능성이 없다고 인정되는 경우나 그 밖에 조정할 필요가 없다고 판단되는 경우

② 산업통상부장관은 조정이 끝난 경우에는 당사자에게 알려야 한다.

제84조(조정비용)

① 산업통상부장관은 이 법에 따른 조정과 관련하여 당사자에게 조정비용을 부담하도록 할 수 있다.

② 조정비용은 신청요금, 경비 및 수당으로 구분하며, 조정비용의 금액, 예납절차(豫納節次) 등에 관하여 필요한 사항은 산업통상부장관이 정하여 고시한다.

제85조(선적전검사중재기관)

① 법 제45조 제3항에 따른 중재기관은 「중재법」 제40조에 따라 산업통상부장관이 지정하는 사단법인(이하 "대한상사중재원"이라 한다)으로 한다.

② 법 제45조 제3항에 따른 중재에 대하여는 「중재법」을 적용한다.

제86조(세계무역기구협정상의 분쟁 해결절차와의 관계)

이 법에 따른 선적 전 검사와 관련한 분쟁의 해결절차는 세계무역기구협정상의 분쟁 해결절차를 방해하지 아니한다.

제87조(조정명령의 기준)

산업통상부장관은 필요하다고 인정하면 법 제46조 제1항 제3호에 따른 조정을 명할 수 있는 경우에 대한 기준을 정하여 고시할 수 있다. 이 경우 산업통상부장관은 미리 해당 품목을 관장하는 관계 중앙행정기관의 장의 의견을 들어야 한다.

제88조(조정명령 등)

① 산업통상부장관은 법 제46조에 따른 조정을 명하기 위하여 관계 전문가에게 자문하거나 이해관계자 등의 의견을 들을 수 있다.

② 산업통상부장관은 법 제46조에 따른 조정을 명하는 경우 기업의 영업비밀 보호를 침해할 우려 등의 특별한 사유가 없으면 조정을 명하는 이유, 대상, 내용 등을 공고하여야 한다.

제6장 보칙

제89조
삭제

제90조(수수료)
법 제37조에 따라 수출 물품 또는 국내생산물품등의 원산지증명서를 발급받으려는 자는 산업통상부장관이 정하여 고시하는 수수료를 내야 한다.

제91조(권한의 위임·위탁)
① 산업통상부장관은 법 제52조 제1항에 따라 다음 각 호의 권한을 그 대상 물품등의 품목에 따라 그 물품등을 관장하는 중앙 행정기관의 장에게 위탁한다. 다만, 산업통상부장관이 관장하는 물품등에 대한 권한은 제외한다.
1. 제24조 제2항에 따른 외화획득용 원료·기재의 수입 제한에 관한 권한
2. 제25조에 따른 외화획득용 원료·기재의 기준 소요량 결정에 관한 권한
3. 제27조에 따른 외화획득 이행기간의 결정 및 그 연장에 관한 권한
4. 외화획득용 원료·기재 또는 그 원료·기재로 제조된 물품등(산업통상부장관이 정하여 고시하는 품목만 해당한다)에 대한 다음 각 목의 권한
   가. 제28조 제1항에 따른 외화획득 이행 여부의 사후 관리에 관한 권한
   나. 법 제17조 제1항에 따른 사용목적 변경승인에 관한 권한
   다. 법 제17조 제2항에 따른 양도·양수의 승인에 관한 권한
5. 법 제46조 제1항에 따른 조정명령에 관한 권한
6. 제3항 제2호에 따라 특별시장·광역시장·특별자치시장·도지사 또는 특별자치도지사(이하 "시·도지사"라 한다)에게 위임된 사무에 대한 법 제52조 제2항 및 제3항에 따른 지휘·감독 및 자료의 제출 요청에 관한 권한

② 산업통상부장관은 법 제52조 제1항에 따라 산업통상부장관이 관장하는 품목의 물품등에 대한 다음 각 호의 권한을 국가기술표준원장에게 위임한다. 다만, 제1호의 권한 중 목재가구에 대한 권한은 국립산림과학원장에게 위탁한다.
1. 제25조에 따른 외화획득용 원료·기재의 기준 소요량 결정에 관한 권한
2. 제28조 제1항에 따른 외화획득 이행 여부의 사후 관리에 관한 권한
3. 제3항 제2호에 따라 시·도지사에게 위임된 사무에 대한 법 제52조 제2항 및 제3항에 따른 지휘·감독 및 자료의 제출요청에 관한 권한
4. 제7항 제2호 및 제3호에 따라 산업통상부장관이 지정·고시한 관계 행정기관 또는 단체에 위탁된 사무에 대한 법 제52조 제2항 및 제3항에 따른 지휘·감독 및 자료의 제출 요청에 관한 권한

③ 산업통상부장관은 법 제52조 제1항에 따라 산업통상부장관이 관장하는 물품등에 대한 다음 각 호의 권한을 시·도지사에게 위임한다. 다만, 자유무역지역관리원의 관할구역의 입주업체에 대한 권한은 자유무역지역관리원장에게 위임한다.
1. 제27조 제2항 및 제3항에 따른 외화획득 이행기간의 연장에 관한 권한
2. 법 제17조 제1항에 따른 사용목적 변경승인에 관한 권한
3. 삭제

4. 삭제

5. 삭제

④ 산업통상부장관은 법 제52조 제1항에 따라 다음 각 호의 권한을 세관장에게 위탁한다. 다만, 제6호의 권한 중 자유무역지역관리원의 관할구역의 입주업체에 대한 권한은 자유무역지역관리원장에게 위임한다.

1. 법 제14조에 따른 수출입 승인 면제의 확인에 관한 권한
2. 제57조 제4항에 따른 원산지 표시의 확인에 관한 권한
3. 법 제33조 제5항에 따른 수입한 물품등과 관련 서류의 검사에 관한 권한
4. 법 제33조의2 제1항에 따른 시정조치 명령
4의2. 법 제33조의2 제2항에 따른 과징금 부과 및 이 영 제59조의2에 따른 과징금 납부기한의 연장, 분할납부 및 그 결정의 취소에 관한 권한
5. 제65조에 따른 원산지증명서의 제출 명령에 관한 권한
6. 제66조 제2항 및 제3항에 따른 원산지증명서 발급 업무 중 관세양허(關稅讓許)를 받기 위한 원산지증명서 발급 업무에 관한 권한
7. 법 제59조 제2항 제3호(이 항 제3호의 권한에 따른 경우만 해당한다)의 자에 대한 같은 조 제4항에 따른 과태료의 부과·징수에 관한 권한

⑤ 산업통상부장관은 법 제52조 제1항에 따라 다음 각 호의 업무를 한국무역협회, 「민법」 제32조에 따라 해양수산부장관의 허가를 받아 설립된 한국해운협회(이하 "한국해운협회"라 하고, 제4호의 업무에만 해당한다), 「관광진흥법」 제41조 제1항 및 같은 법 제45조 제1항에 따른 한국관광협회중앙회(제5호의 업무에만 해당한다), 업종별 관광협회(제5호의 업무에만 해당한다) 및 「소프트웨어 진흥법」 제10조에 따른 한국소프트웨어산업협회(이하 "한국소프트웨어산업협회"라 하고, 제6호의 업무에만 해당한다)에 위탁한다.

1. 법 제8조의2 제1항 및 이 영 제12조의2 제2항·제3항에 따른 전문무역상사의 지정 및 법 제8조의2 제3항에 따른 지정의 취소
1의2. 제21조 제1항에 따른 무역업고유번호의 부여 및 관리 등 수출입통계 데이터베이스를 구축하기 위한 전산관리체제의 개발·운영
2. 제22조 제2항에 따른 수출입 거래에 관한 정보의 수집·분석
3. 제23조에 따른 용역의 수출입 확인
4. 제23조에 따른 용역 중 해운업의 수출입 확인
5. 제23조에 따른 용역 중 관광사업의 수출입 확인
6. 제23조에 따른 전자적 형태의 무체물의 수출입 확인

⑥ 산업통상부장관은 법 제52조 제1항에 따라 다음 각 호의 권한을 관세청장에게 위탁한다.

1. 제56조 제3항 본문에 따라 산업통상부장관이 정하는 원산지 표시방법의 범위에서 그 표시방법에 관한 세부적인 사항을 정하는 권한
1의2. 제57조 제1항 및 제2항에 따른 원산지 표시방법의 확인 및 이의제기에 대한 처리 권한
1의3. 제60조의2 제2항에 따른 공표에 관한 권한
2. 제62조 및 제63조에 따른 원산지의 판정 및 이의제기의 처리에 관한 권한
3. 제4항에 따라 세관장에게 위탁된 사무에 대한 법 제52조 제2항 및 제3항에 따른 지휘·감독 및 자료의 제출 요청에 관한 권한

⑦ 산업통상부장관은 법 제52조 제1항에 따라 수출입승인 대상물품등에 대한 다음 각 호의 권한을 산업통상부장관이 지정하여 고시하는 관계 행정기관 또는 단체의 장에게 위탁한다.

1. 법 제11조 제2항부터 제5항까지에 따른 수출 또는 수입의 승인, 승인의 유효기간 설정 및 연장, 변경승인 및 변경사항 신고의 수리에 관한 권한
2. 제24조에 따른 외화획득용 원료·기재의 수입승인에 관한 권한
3. 산업통상부장관이 관장하는 외화획득용 원료·기재에 대한 제28조에 따른 사후 관리에 관한 권한

⑧ 산업통상부장관은 법 제52조 제1항에 따라 법 제32조 제1항에 따른 플랜트수출의 승인 및 변경승인(일괄수주방식에 의한 수출로서 국토교통부장관의 동의가 필요한 경우는 제외한다)에 관한 권한을 「산업발전법」 제38조에 따라 산업통상부장관의 인가를 받아 설립된 한국기계산업진흥회(이하 "한국기계산업진흥회"라 한다)에 위탁한다. 다만, 연불금융(延拂金融) 지원의 경우에는 「한국수출입은행법」에 따른 한국수출입은행에 위탁한다.

⑨ 산업통상부장관은 법 제52조 제1항에 따라 다음 각 호의 권한을 대한상사중재원에 위탁한다.
1. 제75조 제2항에 따른 무역분쟁에 대한 조정 또는 알선에 관한 권한
2. 제80조부터 제84조까지의 규정에 따른 분쟁조정, 조정비용 부담 등에 관한 권한

⑩ 산업통상부장관은 법 제52조 제1항에 따라 제66조 제2항 및 제3항에 따른 원산지증명서 발급 업무(관세양허를 받기 위한 원산지증명서 발급 업무를 포함한다)를 「상공회의소법」에 따라 설립된 대한상공회의소(이하 "대한상공회의소"라 한다)나 「민법」 제32조에 따라 설립된 법인 중 산업통상부장관이 지정하여 고시하는 법인에 위탁한다.

⑪ 산업통상부장관은 법 제52조 제1항에 따라 제31조에 따른 구매확인서의 발급 및 사후 관리에 관한 권한을 외국환은행의 장 및 「전자무역 촉진에 관한 법률」 제6조에 따라 산업통상부장관이 지정한 전자무역기반사업자에게 위탁한다.

⑫ 산업통상부장관은 법 제52조 제1항에 따라 제36조 제2항에 따른 전략물자의 판정 및 통보에 관한 권한을 법 제25조에 따른 무역안보관리원에 위탁한다.

제92조(권한의 위임·위탁 등에 따른 조정)

① 시·도지사 또는 세관장은 법 제33조의2 제2항, 법 제59조 제4항(법 제59조 제2항 제3호를 위반한 경우만 해당한다) 또는 이 영 제91조 제4항 제4호의2 및 제7호에 따라 과징금이나 과태료를 부과하려면 각각 세관장이나 시·도지사와 미리 협의하여야 한다.

② 제91조에 따라 산업통상부장관의 권한을 위임받거나 위탁받은 자는 위임받거나 위탁받은 업무의 처리 결과를 산업통상부장관에게 보고하여야 한다. 보고시기, 보고방법 등에 관하여 필요한 사항은 산업통상부장관이 정한다.

③ 산업통상부장관은 제91조에 따라 권한을 위임받거나 위탁받은 자가 법 또는 이 영을 위반하여 그 위임 또는 위탁받은 업무를 처리한 경우에는 시정조치 등 필요한 조치를 요구할 수 있다.

④ 제3항에 따른 시정조치 등을 요구받은 자는 지체 없이 그 업무를 시정하고 그 결과를 산업통상부장관에게 보고하여야 한다.

제93조(공무원 의제)

법 제58조에서 "대통령령으로 정하는 법인 또는 단체"란 다음 각 호에 해당하는 기관 또는 단체를 말한다.
1. 한국무역협회
2. 한국소프트웨어산업협회
3. 한국해운협회
4. 「관광진흥법」 제41조 제1항·제45조 제1항에 따른 한국관광협회중앙회 및 업종별 관광협회

5. 제91조 제7항에 따라 지정된 단체
6. 한국기계산업진흥회
7. 대한상사중재원
8. 대한상공회의소
9. 제91조 제10항에 따라 지정된 법인

제93조의2(규제의 재검토)

산업통상부장관은 제12조의2 제1항에 따른 전문무역상사의 지정 기준에 대하여 2025년 1월 1일을 기준으로 5년마다(매 5년이 되는 해의 1월 1일 전까지를 말한다) 그 타당성을 검토하여 개선 등의 조치를 해야 한다.

제94조(과태료의 부과기준)

법 제59조 제1항 및 제2항에 따른 과태료의 부과기준은 별표 4와 같다.

부칙

<제35803호, 2025. 10. 1.> (산업통상부와 그 소속기관 직제)

제1조(시행일)

이 영은 공포한 날부터 시행한다. 다만, 부칙 제6조에 따라 개정되는 대통령령 중 이 영 시행 전에 공포되었으나 시행일이 도래하지 않은 대통령령을 개정한 부분은 각각 해당 대통령령의 시행일부터 시행한다.

제2조부터 제5조까지

생략

제6조(다른 법령의 개정)

①부터 ⑳까지 생략

㉑ 대외무역법 시행령 일부를 다음과 같이 개정한다.

제2조 제3호 다목·라목·마목, 같은 조 제4호 나목·다목·라목, 같은 조 제11호·제12호, 제3조 제2호, 제4조 제2호·제3호, 제5조 제1항 각 호 외의 부분, 같은 조 제2항 각 호 외의 부분, 제6조 제1항부터 제6항까지, 같은 조 제7항 전단, 제7조 각 호 외의 부분, 같은 조 제4호, 제8조 제3호, 제9조, 제10조 제1항·제2항, 제11조 제1항부터 제5항까지, 제12조 제6항 전단·후단, 같은 조 제7항·제8항, 제12조의2 제1항 각 호 외의 부분, 같은 항 제1호 가목·나목, 같은 항 제2호, 같은 조 제2항부터 제4항까지, 제12조의3 제1항·제2항, 제13조, 제18조 제1항 전단, 같은 조 제2항 각 호 외의 부분 본문, 제19조 제1호, 같은 조 제2호 각 목 외의 부분, 같은 호 마목, 같은 조 제3호, 제20조 제1항 각 호 외의 부분, 같은 조 제2항·제3항, 제21조 제1항 각 호 외의 부분, 같은 항 제3호 나목, 같은 항 제4호, 같은 조 제2항, 제22조 제1항 각 호 외의 부분, 같은 항 제2호, 같은 조 제2항·제3항, 제23조 제1항·제2항, 제24조 제1항·제2항, 제25조 제2항·제3항, 제26조 제1항 제5호, 제27조 제1항 각 호 외의 부분, 같은 조 제2항·제3항, 제28조 제1항, 같은 조 제2항 전단·후단, 같은 조 제3항, 제29조 각 호 외의 부분, 같은 조 제3호·제4호, 제30조 제1항, 같은 조 제2항 제4호, 같은 조 제4항, 제31조 제1항 각 호 외의 부분, 같은 항 제3호, 같은 조 제2항·제3항, 제32조의2 각 호 외의 부분 본문, 제33조 제1항 각 호 외의 부분, 같은 항 제5호, 같은 조 제2항 본문, 제33조의2 제1항 제2호, 같은 조 제2항 각 호 외의 부분, 같은 항 제3호, 같은 조 제3항 본문, 제33조의3 제1항 각 호 외의 부분, 같은 항 제6호, 같은 조 제2항 본문, 제33조의4 각 호 외의 부분, 같은 조 제3호, 제33조의5 제2항 각 호 외의 부분, 같은 항 제1호·제3호, 같은 조 제3항, 제33조의6 제1항 제3호, 같은 조 제2항, 같은 조

제3항 제2호·제3호, 제36조 제1항 각 호 외의 부분, 같은 항 제3호, 같은 조 제2항 본문, 제43조 제3항 각 호 외의 부분, 같은 항 제3호, 같은 조 제5항·제6항, 제44조 제1항 각 호 외의 부분, 같은 항 제3호, 같은 조 제2항, 제45조 각 호 외의 부분, 제46조 제5호, 제47조의2 제1항, 같은 조 제2항 본문, 제48조 제2항·제3항, 제49조 제1항 각 호 외의 부분, 제49조 제2항, 제50조, 제52조 제2항, 제53조 제1항 각 호 외의 부분, 제53조 제2항, 제54조 제1항 각 호 외의 부분, 제54조 제2항 각 호 외의 부분, 같은 항 제3호, 제54조의2 각 호 외의 부분, 제55조 제1항·제2항, 제56조 제2항, 같은 조 제3항 본문·단서, 제57조 제1항부터 제3항까지, 같은 조 제4항 전단·후단, 제57조의2 제3호, 제59조 제1항, 같은 조 제2항·제4항, 제59조의2 제1항, 제60조 제2항 본문, 제60조의2 제2항 각 호 외의 부분, 제60조의3, 제61조 제2항, 제62조 제1항 본문, 같은 조 제2항, 같은 조 제3항 본문, 같은 조 제5항, 제63조 제1항에서 제4항까지, 제65조 제1항 각 호 외의 부분, 같은 조 제2항, 제66조 제1항 제3호, 같은 조 제2항 각 호 외의 부분, 같은 항 제3호, 같은 조 제3항·제5항, 제68조 제1항 전단, 제68조 제2항·제3항, 제69조, 제75조 제1항 전단, 같은 조 제2항, 제80조 제1항부터 제3항까지, 제81조 제1항, 제82조 제1항·제2항, 제83조 제1항 각 호 외의 부분, 같은 조 제2항, 제84조 제1항·제2항, 제85조 제1항, 제87조 전단·후단, 제88조 제1항·제2항, 제90조, 제91조 제1항 각 호 외의 부분 본문·단서, 같은 항 제4호 각 목 외의 부분, 같은 조 제2항 각 호 외의 부분, 같은 항 제4호, 같은 조 제3항 각 호 외의 부분 본문, 같은 조 제4항 각 호 외의 부분 본문, 같은 조 제5항 각 호 외의 부분, 같은 조 제6항 각 호 외의 부분, 같은 항 제1호, 같은 조 제7항 각 호 외의 부분, 같은 항 제3호, 같은 조 제8항 본문, 같은 조 제9항 각 호 외의 부분, 같은 조 제10항부터 제12항까지, 제92조 제2항 전단·후단, 같은 조 제3항·제4항 및 제93조의2 중 "산업통상자원부장관"을 각각 "산업통상부장관"으로 한다.

제47조 제1항 제5호 및 제54조의6 제1항 제1호 중 "산업통상자원부"를 각각 "산업통상부"로 한다.

제60조의2 제2항 각 호 외의 부분 중 "산업통상자원부 또는"을 "산업통상부 또는"으로 한다.

㉒부터 <101>까지 생략

대외무역관리규정

[시행 2024. 3. 8.] [산업통상자원부고시 제2024-43호, 2024. 3. 8., 일부개정.]

제1장 총칙

제1조(목적)

이 규정은 「대외무역법」과 「대외무역법 시행령」에서 위임한 사항과 그 시행에 필요한 사항을 정함을 목적으로 한다.

제2조(정의)

이 규정에서 사용하는 용어의 뜻은 다음과 같다.

1. "외화"란 「외국환거래법」령에 따른 대외지급수단을 말한다.
2. "수출입공고"란 「대외무역법 시행령」(이하 "영"이라 한다)제16조에 따른 수출입공고를 말한다.
3. 영 제2조 제3호 다목 및 제4호 나목의 "산업통상자원부장관이 정하여 고시하는 기준에 해당하는 것"이란 제11호부터 제13호까지의 규정에 따른 거래를 말한다.

4. "위탁판매수출"이란 물품등을 무환으로 수출하여 해당 물품이 판매된 범위안에서 대금을 결제하는 계약에 의한 수출을 말한다.
5. "수탁판매수입"이란 물품등을 무환으로 수입하여 해당 물품이 판매된 범위안에서 대금을 결제하는 계약에 의한 수입을 말한다.
6. "위탁가공무역"이란 가공임을 지급하는 조건으로 외국에서 가공(제조, 조립, 재생, 개조를 포함한다. 이하 같다)할 원료의 전부 또는 일부를 거래 상대방에게 수출하거나 외국에서 조달하여 이를 가공한 후 가공물품등을 수입하거나 외국으로 인도하는 수출입을 말한다.
7. "수탁가공무역"이란 가득액을 영수(領收)하기 위하여 원자재의 전부 또는 일부를 거래 상대방의 위탁에 의하여 수입하여 이를 가공 한 후 위탁자 또는 그가 지정하는 자에게 가공물품등을 수출하는 수출입을 말한다. 다만, 위탁자가 지정하는 자가 국내에 있음으로써 보세공장 및 자유무역지역에서 가공한 물품등을 외국으로 수출할 수 없는 경우「관세법」에 따른 수탁자의 수출·반출과 위탁자가 지정한 자의 수입·반입·사용은 이를「대외무역법」(이하 "법"이라 한다)에 따른 수출·수입으로 본다.
8. "임대수출"이란 임대(사용대차를 포함한다. 이하 같다) 계약에 의하여 물품등을 수출하여 일정기간 후 다시 수입하거나 그 기간의 만료 전 또는 만료 후 해당 물품등의 소유권을 이전하는 수출을 말한다.
9. "임차수입"이란 임차(사용대차를 포함한다. 이하 같다) 계약에 의하여 물품등을 수입하여 일정기간 후 다시 수출하거나 그 기간의 만료 전 또는 만료 후 해당 물품의 소유권을 이전받는 수입을 말한다.
10. "연계무역"이란 물물교환(Barter Trade), 구상무역(Compensation trade), 대응구매(Counter purchase), 제품환매(Buy Back) 등의 형태에 의하여 수출·수입이 연계되어 이루어지는 수출입을 말한다.
11. "중계무역"이란 수출할 것을 목적으로 물품등을 수입하여「관세법」제154조에 따른 보세구역 및 같은 법 제156조에 따라 보세구역외 장치의 허가를 받은 장소 또는「자유무역지역의 지정 등에 관한 법률」제4조에 따른 자유무역지역 이외의 국내에 반입하지 아니하고 수출하는 수출입을 말한다.
12. "외국인수수입"이란 수입대금은 국내에서 지급되지만 수입 물품등은 외국에서 인수하거나 제공받는 수입을 말한다.
13. "외국인도수출"이란 수출대금은 국내에서 영수하지만 국내에서 통관되지 아니한 수출 물품등을 외국으로 인도하거나 제공하는 수출을 말한다.
14. "무환수출입"이란 외국환 거래가 수반되지 아니하는 물품등의 수출·수입을 말한다.
15. "기자재"란 기계, 장치 및 자재를 말한다.
16. "시설기재"란 시설, 기계, 장치, 부품 및 구성품을 말한다.
17. "수출유망중소기업"이란 산업통상자원부장관이 정한 "수출유망중소기업 지원요령"에 따라 수출유망중소기업으로 지정된 업체를 말한다.
18. "구매확인서"란 외화획득용 원료·기재를 구매하려는 경우 또는 구매한 경우 외국환은행의 장 또는「전자무역 촉진에 관한 법률」제6조에 따라 산업통상자원부장관이 지정한 전자무역기반사업자(이하 "전자무역기반사업자"라 한다)가 내국신용장에 준하여 발급하는 증서(구매한 경우에는 구매확인서 신청인이 세금계산서를 발급받아「부가가치세법 시행규칙」제9조의2에서 정한 기한 내에 신청하여 발급받은 증서에 한한다)를 말한다.
19. "내국신용장"이란 한국은행총재가 정하는 바에 따라 외국환은행의 장이 발급하여 국내에서 통용되는 신용장을 말한다.
20. "평균 손모량"이란 외화획득용 물품등을 생산하는 과정에서 생기는 원자재의 손모량(손실량 및 불량품 생산에 소요된 원자재의 양을 포함한다)의 평균량을 말한다.
21. "손모율"이란 평균 손모량을 백분율로 표시한 값을 말한다.
22. "단위실량"이란 외화획득용 물품등 1단위를 형성하고 있는 원자재의 양을 말한다.

23. "기준 소요량"이란 외화획득용 물품등의 1단위를 생산하는 데에 소요되는 원자재의 양을 고시하기 위한 것으로서 단위실량과 평균 손모량을 합한 양을 말한다.
24. "단위자율소요량"이란 기준 소요량이 고시되지 아니한 품목에 대하여 외화획득용 물품등 1단위를 생산하는 데에 소요된 원자재의 양을 해당 기업이 자율적으로 산출한 것으로서 단위실량과 평균 손모량을 합한 양을 말한다.
25. "소요량"이란 외화획득용 물품등의 전량을 생산하는 데에 소요된 원자재의 실량과 손모량을 합한 양을 말한다.
26. "자율소요량계산서"란 외화획득을 이행하는 데에 소요된 원자재의 양을 해당 기업이 자체 계산한 서류를 말한다.
27. "사후 관리기관의 장"이란 각종 수출 또는 수입승인의 이행상황을 확인하고 그 결과에 따라 필요한 조치를 하는 업무를 담당하도록 산업통상자원부장관이 지정·고시한 기관·단체의 장을 말한다.
28. "유통업자"란 「부가가치세법」에 따른 사업자등록증상의 도매업자(한국표준 산업분류상의 도매업 영위자), 조달청 및 「중소기업 협동조합법」에서 정하는 중소기업 협동조합을 말한다.

제3조(용역의 공급)

① 영 제2조 제3호 라목에 따른 "산업통상자원부장관이 정하여 고시하는 방법으로 제공하는 것"이란 다음 각 호의 어느 하나의 방법에 따라 제공하는 것을 말한다.
1. 용역의 국경을 넘은 이동에 의한 제공
2. 비거주자의 국내에서의 소비에 의한 제공
3. 거주자의 상업적 해외주재에 의한 제공
4. 거주자의 외국으로의 이동에 의한 제공

② 영 제2조 제4호 다목에 따른 "산업통상자원부장관이 정하여 고시하는 방법으로 제공하는 것"이란 다음 각 호의 어느 하나의 방법에 따라 공급하는 것을 말한다.
1. 용역의 국경을 넘은 이동에 의한 제공
2. 거주자의 외국에서의 소비에 의한 제공
3. 비거주자의 상업적 국내주재에 의한 제공
4. 비거주자의 국내로 이동에 의한 제공

③ 영 제3조 제1호 차목에서 "그 밖에 지식기반용역 등 수출유망산업으로서 산업통상자원부장관이 정하여 고시하는 업종"이란 다음 각 호의 업종을 말한다.
1. 전기통신업
2. 금융 및 보험업
3. 임대업
4. 광고업
5. 사업시설 유지관리 서비스업
6. 교육 서비스업
7. 보건업
8. 연구개발업
9. 번역 및 통역 서비스업

제4조(전자적 형태의 무체물)

영 제4조 제2호에 따른 "부호·문자·음성·음향·이미지·영상 등을 디지털방식으로 제작하거나 처리한 자료 또는 정보 등으로서 산업통상자원부장관이 정하여 고시하는 것"이란 다음 각 호의 자료 또는 정보 등을 말한다.

1. 영상물(영화, 게임, 애니메이션, 만화, 캐릭터를 포함한다)
2. 음향·음성물
3. 전자서적
4. 데이터베이스

제5조(전자적 형태의 무체물의 수출입)

영 제2조 제3호 마목 및 제4호 라목에 따른 "그 밖에 산업통상자원부장관이 정하여 고시하는 방법"이란 컴퓨터 등 정보처리능력을 가진 장치에 저장한 상태로 반출·반입한 후 인도·인수하는 것을 말한다.

제6조(무역 관련 시설의 지정)

① 영 제5조 제2항에 규정된 무역 관련 시설로 지정받으려는 자는 다음 각 호의 서류를 첨부하여 산업통상자원부장관에게 신청하여야 한다.

1. 사업계획서 1부
2. 산업통상자원부 장관은 건축물 등기부등본, 건축물 관리대장 및 토지대장 등본 각 1부 또는 건축허가서 사본을 전자정부법 제36조 제1항에 따른 행정정보의 공동이용을 통하여 확인하여야 한다.

② 제1항 제1호에 따른 사업계획서에는 시설 및 부속토지의 면적 등 시설계획, 조직, 사업운영 기본방향 등 향후 2개년의 사업계획 등이 포함되어야 한다.

③ 산업통상자원부장관은 제1항에 따른 신청을 받은 경우 영 제5조 제2항의 기준과 무역진흥 관련 사업타당성 등을 검토하여 무역 관련 시설로 지정하여야 한다.

④ 삭제

⑤ 제3항에 따라 지정된 무역 관련 시설은 별표 1과 같다.

제7조 (전문무역상사의 지정요건)

① 영 제12조의2 제1항 제1호에 따라 전문무역상사로 지정받을 수 있는 자는 다음 각호의 기준을 충족하는 자로 한다.

1. 전년도의 수출실적 또는 최근 3년간의 평균 수출실적이 미화 100만불 이상인 자
2. 전체 수출실적 대비 타 중소·중견기업 생산 제품의 전년도 수출 비중 또는 최근 3년간 평균 수출 비중이 100분의 20 이상인 자

② 영 제12조의2 제1항 제2호에 따라 전문무역상사로 지정받을 수 있는 자는 농업·어업·수산업, 서비스업 등 수출시장 다변화를 위해 전략적 수출확대 지원이 필요한 분야에서, 다음 각 호의 어느 하나에 해당하여 주무 부처 장관의 추천을 받은 자 중 산업통상자원부 장관이 그 능력이 있다고 인정하는 자로 한다.

1. 협동조합기본법에 의한 협동조합
2. 농어업경영체 육성 및 지원에 관한 법률에 따른 영농조합법인 또는 영어조합법인
3. 농업협동조합법에 따라 설립된 조합 및 조합공동사업법인
4. 수산업협동조합법에 따라 설립된 조합

5. 중소기업협동조합법에 따라 설립된 협동조합, 사업협동조합 또는 협동조합연합회
6. 대중소기업 공동출자형 수출전문기업
7. 업종별 협회·단체의 무역자회사
8. 공공기관(「공공기관의 운영에 관한 법률」제4조에 따른 공공기관을 말한다)이 출자하여 설립한 무역상사
9. 기타 전문무역상사의 취지에 적합하다고 주무 부처 장관의 추천을 받아 신청한 수출조직

③ 영 제12조의2 제1항 제2호에 따라 중소·중견 기업에 대한 효과적인 수출 지원을 위하여 다음 각 호의 어느 하나에 해당하여 산업통상자원부 장관이 그 능력이 있다고 인정하는 자로 한다.
1. 전년도 또는 최근 3년간 평균 수출 실적이 미화 1억불 이상인자로서 무역거래를 주로 영위하는 자
2. 유통산업발전법 제2조 3호에 따른 대규모 점포를 국외에서 운영하면서 직전년도 매출액이 500억원 이상인자
3. 국내·외에서 방송채널 및 사이버몰 등 전자상거래 수단을 1개 이상 직접 운영하면서 직전년도 국외 매출액 또는 거래액이 미화 100만불 이상인 자
4. 최근 2년 내 해외정부 또는 국제기구에 대하여 직접 조달 납품한 실적이 미화 100만불 이상인 자
5. 재외동포의출입국과법적지위에관한법률 제2조에 따른 재외동포로서 직전년도 한국제품 교역실적이 미화 100만불 이상이면서 한국제품 구매실적이 미화 50만불 이상인 자

④ 제1항 내지 제3항에도 불구하고 한국무역보험공사 신용조사 보고서상 신용등급 중 최하위 2개 등급인 경우에는 전문무역상사의 지정을 거부 또는 취소한다.

제7조의2 (전문무역상사의 지정 절차)

① 영 제12조의2 제2항에 따라 전문무역상사로 지정받고자 하는 자는 다음 각 호의 서류를 갖추어 한국무역협회 회장에게 신청하여야 한다.
1. 전문무역상사 지정신청서
2. 사업자등록증
3. 중소기업 수출지원 기여에 관한 사업계획서
4. 기타 실적증명 및 활동계획서 등 전문무역상사 지정요건에 부합함을 증명하는 서류 등

② 한국무역협회 회장은 전문무역상사의 지정, 갱신, 지정취소 등을 심사·의결하기 위하여 전문무역상사 심사위원회(이하 이 절에서 "심사위원회"라 한다)를 구성하여 운영한다. 심사위원회의 구성 및 운영에 필요한 세부사항은 별도로 정한다.

③ 한국무역협회 회장은 심사위원회를 통해 전문무역상사 지정한 경우에는 지정증을 발급하여야 한다.

제2장 수출입 거래 총칙

제1절 수출입승인 등

제8조(수출입 승인기관)

영 제91조 제7항의 "산업통상자원부장관이 지정하여 고시하는 관계 행정기관 또는 단체의 장"은 수출입공고에서 산업통상자원부장관이 지정·고시한 기관·단체(이하 "승인기관"이라 한다)의 장을 말한다.

제9조(수출입승인 물품등)

법 제11조 제1항 및 영 제16조에 따라 "산업통상자원부장관이 수출 또는 수입 승인 대상물품등으로 지정·고시한 물품등"이란 수출입공고에서 정한 물품등(다만, 중계무역 물품, 외국인수수입 물품, 외국인도수출 물품, 선용품은 제외한다)을 말한다.

제10조 (수출입의 승인 신청 등)

① 영 제18조에 따라 수출·수입의 승인을 받으려는 자는 별지 제3호부터 별지 제5호까지의 서식에 의한 수출입승인 신청서(업체용, 세관용, 승인기관용(산업통상자원부용) 및 사본(신청자가 신청한 경우만 해당한다)에 다음 각 호의 서류를 첨부하여 수출입 승인기관의 장에게 신청하여야 한다.

1. 수출신용장, 수출계약서 또는 주문서(수출의 경우만 해당한다)
2. 수입계약서 또는 물품등매도확약서(수입의 경우만 해당한다)
3. 수출 또는 수입대행계약서(공급자와 수출자가 다른 경우 및 실수요자와 수입자가 다른 경우만 해당한다)
4. 수출입공고에서 규정한 요건을 충족하는 서류(다만, 해당 승인기관에서 승인 요건의 충족 여부를 확인할 수 있는 경우를 제외한다)

② 제1항에 따른 수출입의 승인 신청이 제11조에 따른 수출입승인의 요건에 합당한 경우 수출입 승인기관의 장은 별지 제3호부터 별지 제5호까지의 서식에 의한 수출입승인서[업체용, 세관용, 승인기관용(산업통상자원부용) 및 사본(신청자가 요청한 경우만 해당한다)]를 발급하여야 한다. 다만, 수출입 물품등을 분할하여 발급할 수 있다.

제11조(수출입승인의 요건)

수출입 승인기관의 장은 수출·수입의 승인을 하려는 경우에는 다음 각 호의 요건에 합당한지를 확인하여야 한다.

1. 수출·수입하려는 자가 승인을 받을 수 있는 자격이 있는 자일 것
2. 수출·수입하려는 물품등이 수출입공고 및 이 규정에 따른 승인 요건을 충족한 물품등일 것
3. 수출·수입하려는 물품등의 품목분류번호(HS)의 적용이 적정할 것

제12조(수출입승인 유효기간의 설정)

영 제18조 제2항 단서에 따라 다음 각 호의 어느 하나에 해당하는 경우에는 1년 이내 또는 20년의 범위 내에서 유효기간을 단축 또는 초과하여 설정할 수 있다.

1. 산업통상자원부장관이 물가 안정 또는 수급 조정을 위하여 1년 이내로 유효기간의 단축이 필요하다고 인정하는 경우
2. 물품등의 제조·가공기간이 1년을 초과하는 경우 등 물품등의 선적 또는 도착기일을 감안하여 1년 이내에 물품등의 선적이나 도착이 어려울 것으로 수출입 승인기관의 장이 인정하는 경우
3. 수출·수입이 혼합된 거래로서 수출입 승인기관의 장이 부득이하다고 인정하는 경우

제13조(둘 이상의 승인)

하나의 수출 또는 수입에 대하여 둘 이상의 승인을 받아야 하는 경우 각각의 승인은 상호 독립적으로 받아야 한다. 이 경우 두 번째 이후의 승인기관의 장은 수출입승인서상의 여백에 승인 사항을 표시한다.

제14조

삭제

제2절 수출입승인 사항의 변경

제15조(수출입승인 사항의 변경승인)
수출입승인 사항의 변경은 당초 승인한 기관의 장이 승인한다.

제16조(수출입승인사항의 변경신고)
다음 각 호의 어느 하나에 해당하는 사항에 대하여는 당초 승인한 기관의 장에게 변경신고를 하여야 한다.
1. 원산지
2. 도착항(다만, 수출의 경우에만 해당한다)
3. 규격
4. 수출입 물품등의 용도(다만, 수출입승인 용도가 지정된 경우에만 해당한다)
5. 승인 조건

제17조(수출입승인 사항의 변경승인 신청 등)
① 수출·수입승인 사항을 변경하려는 자는 당초 승인을 받은 수출입승인서 또는 별지 제9호 서식에 의한 수출입승인 사항 변경승인·신고신청서에 변경 사실을 증명하는 서류를 첨부하여 수출입승인 사항의 변경승인기관의 장에게 신청하여야 한다.

② 수출·수입승인 사항의 변경은 수출·수입승인의 유효기간 내에 신청하여야 한다. 다만, 수입의 경우로서 수입대금을 지급하고 선적서류를 인수한 후에 수입승인 사항을 변경하려는 경우에는 수입승인의 유효기간 경과 후에도 변경승인·신고를 신청할 수 있다.

③ 제2항 단서에 따라 승인기관의 장이 변경승인·신고수리한 때에는 그 변경승인·신고사실을 해당 세관장에게 알려야 한다.

④ 영 제18조 제3항에 따른 당사자의 변경은 파산 등 불가피한 경우에 신청한 것일 것

제18조(수출입승인사항의 변경승인 등)
① 수출입승인 사항의 변경승인기관의 장은 수출·수입승인 사항을 변경하려는 경우에는 다음 각 호의 요건에 합당한지를 확인하여야 한다.
1. 수출입승인을 받은 후에 수출입공고에서 수출·수입을 제한하는 사항이 추가된 품목으로서 관계 기관의 장의 허가 등을 추가로 요하는 품목일 때에는 그 허가 등을 받았을 것
2. 수출 물품등의 단가를 인하하거나 수입 물품등의 단가를 인상하는 내용의 수출 또는 수입 승인 사항의 변경은 다음 각 목의 어느 하나에 해당하는 경우일 것
    가. 거래상대방의 파산 또는 지급거절 등이 현지의 거래은행, 상공회의소 또는 공공기관에 의하여 객관적으로 확인되는 경우에 수출 물품등을 제3자에게 전매하는 경우
    나. 물품등의 성질과 국제거래관행상 승인 시점에 단가를 확정할 수 없는 경우
    다. 그 밖에 급격한 시장상황의 변화 등 변경 사유가 불가피하다고 인정되는 경우
3. 변경하려는 내용이 수출신용장, 수출입계약서, 주문서, 물품등매도확약서 등에 명시되어 있을 것. 다만, 수출신용장 등에 명시를 요하지 아니하는 경미한 사항일 경우에는 그러하지 아니하다.
4. 수출대상국가의 변경은 수출제한 사유 등을 고려할 때 타국으로 변경하여도 지장이 없을 것

② 수출입승인 사항의 변경승인기관의 장은 제17조에 따라 수출·수입승인 사항에 관하여 변경신고가 있는 경우 이를 확인한 후 신고를 수리하여야 한다.

제3절 수출입승인 면제

제19조(수출입의 승인 면제)

영 제19조 제1호 및 제2호에 따라 수출·수입의 승인이 면제되는 수출·수입의 범위는 별표 3 및 별표 4와 같다.

제20조(그 밖에 외국환거래가 수반되지 아니하는 물품등의 수입)

영 제19조 제3호에 따라 수입할 수 있는 물품은 그 반입의 목적, 사유 등에 의하여 세관장이 타당하다고 인정하는 물품등을 말한다. 이 경우 세관장은 과세가격이 500만원을 초과하는 수입에 대하여 수입승인서의 제출을 요구할 수 있다.

제4절 특정거래 형태의 수출입인정

제21조(특정 거래 형태의 범위)

영 제20조 제1항의 특정거래 형태의 수출입은 제2조 제4호부터 제14호까지의 규정에 해당하는 거래를 말한다.

제22조
삭제

제23조
삭제

제5절 무역업고유번호

제24조(무역업고유번호의 신청 및 부여)

① 산업통상자원부장관은 영 제21조 및 제22조에 따른 전산관리체제의 개발·운영을 위하여 무역거래자별 무역업고유번호를 부여할 수 있다.

② 영 제21조 및 제1항에 따른 무역업고유번호를 부여받으려는 자는 별지 제1호 서식에 의하여 우편, 팩시밀리, 전자우편, 전자문서교환체제(EDI) 등의 방법으로 한국무역협회장에게 신청하여야 하며, 한국무역협회장은 접수 즉시 신청자에게 고유번호를 부여하여야 한다.

③ 제2항에 따라 무역업고유번호를 부여받은 자가 상호, 대표자, 주소, 전화번호 등의 변동사항이 발생한 경우에는 별지 제2호의 서식에 의한 무역업고유번호신청사항 변경통보서에 따라 변동사항이 발생한 날부터 20일 이내에 한국무역협회장에게 알리거나 한국무역협회에서 운영하고 있는 무역업 데이터베이스에 변동사항을 수정입력하여야 한다.

④ 제2항에 따라 무역업고유번호를 부여받은 자가 합병, 상속, 영업의 양수도 등 지위의 변동이 발생하여 기존의 무역업고유번호를 유지 또는 수출입실적 등의 승계를 받으려는 경우에는 변동사항에 대한 증빙서류를 갖추어 무역업고유번호의 승계 등을 한국무역협회장에게 신청할 수 있다.

⑤ 한국무역협회장은 제2항부터 제4항까지의 규정에 따른 무역업고유번호의 부여 및 변경사항을 확인하고 무역업고유번호관리대장 또는 무역업 데이터베이스에 이를 기록 및 관리하여야 한다.

⑥ 무역거래자는 「관세법」 제241조에 따른 수출(입)신고시 제1항에 따른 무역업고유번호를 수출(입)자 상호명과 함께 기재하여야 한다.

제6절 수출·수입실적

제25조(수출·수입실적의 인정범위)

① 수출실적의 인정범위는 다음 각 호로 한다.

1. 영 제2조 제3호에 따른 수출 중 유상으로 거래되는 수출(대북한 유상반출실적을 포함한다)
2. 영 제19조 제2호에 따라 승인이 면제되는 수출 중 다음 각 목의 어느 하나에 해당하는 수출
   가. 별표 3의 제2호 나목에 해당하는 물품등의 수출로서 현지에서 매각된 것
   나. 별표 3의 제2호 아목에서 해당하는 물품등의 수출 중 해외건설공사에 직접 공하여지는 원료·기재, 공사용 장비 또는 기계류의 수출(수출신고필증에 재반입하지 않는다는 조건이 명시된 분만 해당한다)
3. 수출자 또는 수출 물품등의 제조업자에 대한 외화획득용 원료 또는 물품등의 공급 중 수출에 공하여 지는 것으로 다음 각 목의 어느 하나에 해당하는 경우
   가. 내국신용장(Local L/C)에 의한 공급
   나. 구매확인서에 의한 공급
   다. 산업통상자원부장관이 지정하는 생산자의 수출 물품 포장용 골판지상자의 공급
4. 외국인으로부터 대금을 영수하고 외화획득용 시설기재를 외국인과 임대차계약을 맺은 국내업체에 인도하는 경우
5. 외국인으로부터 대금을 영수하고 「자유무역지역의 지정 및 운영에 관한 법률」 제2조의 자유무역지역으로 반입신고한 물품등을 공급하는 경우
6. 외국인으로부터 대금을 영수하고 그가 지정하는 자가 국내에 있음으로써 물품등을 외국으로 수출할 수 없는 경우 「관세법」 제154조에 따른 보세구역으로 물품등을 공급하는 경우
7. 외화를 받고 외항선박에 선박용품 등 관리에 관한 고시에 따른 내국선박용품을 공급하는 경우

② 수입실적의 인정범위는 영 제2조 제4호에 따른 수입 중 유상으로 거래되는 수입으로 한다.

제26조(수출·수입실적의 인정금액)

① 제25조 제1항 제1호 및 제2호에 따른 수출실적 인정금액은 다음 각 호의 경우를 제외하고는 수출통관액(FOB가격 기준)으로 한다.

1. 중계무역에 의한 수출의 경우에는 수출금액(FOB가격)에서 수입금액(CIF가격)을 공제한 가득액
2. 외국인도수출의 경우에는 외국환은행의 입금액(다만, 위탁가공된 물품을 외국에 판매하는 경우에는 판매액에서 원자재 수출금액 및 가공임을 공제한 가득액)
3. 제25조 제1항 제2호 가목의 수출은 외국환은행의 입금액
4. 원양어로에 의한 수출 중 현지경비사용분은 외국환은행의 확인분
5. 용역 수출의 경우에는 제30조에 따라 용역의 수출·수입실적의 확인 및 증명 발급기관의 장이 외국환은행을 통해 입금확인한 금액
6. 전자적 형태의 무체물의 수출의 경우에는 제30조에 따라 한국무역협회장 또는 한국소프트웨어산업협회장이 외국환은행을 통해 입금확인한 금액

② 제25조 제1항 제3호에 따른 수출실적의 인정금액은 외국환은행의 결제액 또는 확인액으로 한다.

③ 제25조 제1항 제4호 내지 제6호에 따른 수출실적의 인정금액은 외국환은행의 입금액으로 한다.

④ 제25조 제1항 제7호에 따른 수출실적의 인정금액은 선박용품 등 관리에 관한 고시에 따라 보고된 적재허가서에 기재된 금액으로 한다.

⑤ 제25조 제2항에 따른 수입실적의 인정금액은 수입통관액(CIF가격 기준)으로 한다. 다만, 외국인수수입과 용역 또는 전자적 형태의 무체물의 수입의 경우에는 외국환은행의 지급액으로 한다.

제27조(수출·수입실적의 인정시점)

① 제25조 제1항 제1호 및 제2호에 따른 수출실적의 인정시점은 수출신고수리일로 한다. 다만, 제25조 제1항 제1호의 수출 중 용역 또는 전자적 형태의 무체물의 수출, 제25조 제1항 제2호 가목의 수출, 중계무역, 외국인도수출, 제25조 제1항 제4호 내지 제6호의 수출의 경우에는 입금일로 한다.

② 제25조 제1항 제3호에 따른 수출실적의 인정시점은 다음 각 호로 한다.
1. 외국환은행을 통하여 대금을 결제한 경우에는 결제일
2. 외국환은행을 통하여 대금을 결제하지 아니한 경우에는 당사자간의 대금 결제일

③ 제25조 제1항 제7호에 따른 수출실적의 인정시점은 선박용품 등 관리에 관한 고시에 따른 적재허가서에 기재된 허가일자로 한다.

④ 제25조 제2항에 따른 수입실적의 인정시점은 수입신고수리일로 한다. 다만, 외국인수수입과 용역 또는 전자적 형태의 무체물의 수입의 경우에는 지급일로 한다.

제28조(수출·수입실적의 확인 및 증명발급기관)

① 수출·수입 실적의 확인 및 증명 발급기관은 다음 각 호로 한다.
1. 제26조 제1항 제1호부터 제4호까지, 제2항 중 제25조 제1항 제3호 다목, 제3항 중 제25조 제1항 제4호 및 제5항 단서 중 물품의 외국인수수입의 경우에는 외국환은행의 장
1-1. 제26조 제3항 중 제25조 제1항 제5호 및 제6호, 제26조 제4항의 수출실적 인정금액의 확인 및 증명 발급기관은 한국무역협회장
1-2. 제26조 제2항 중 제25조 제1항 제3호 가목 및 나목의 수출실적 인정금액의 확인 및 증명발급기관은 외국환은행의 장 또는 전자무역기반사업자(다만, 제25조 제1항 제3호 나목의 구매확인서에 의한 공급 중 당사자간에 대금을 결제한 경우에는 그 구매확인서의 발급기관이 당사자간에 대금 결제가 이루어졌음을 증빙하는 서류를 확인하여야 한다).
2. 제26조 제1항 제5호 및 제5항 단서 중 용역의 수입의 경우에는 제30조 제1항 각 호에 따른 기관의 장
3. 제26조 제1항 제6호 및 제5항 단서 중 전자적형태의 무체물의 수입의 경우에는 제30조 제2항에 따른 기관의 장
4. 제1호 내지 제3호 이외의 경우에는 한국무역협회장 또는 산업통상자원부장관이 지정하는 기관의 장

② 제1항 제2호에 따른 수출·수입실적의 확인 및 증명 발급기관으로 지정받으려는 자는 동 증명서 발급에 필요한 인력 및 시설 등을 갖추고 있음을 입증할 수 있는 서류를 첨부하여 산업통상자원부장관에게 신청하여야 한다.

③ 산업통상자원부장관은 제2항에 따른 신청을 받은 경우 필요한 인력 및 시설 등을 갖추고 있는지를 확인하여 수출·수입실적 확인 및 증명 발급기관으로 지정하여야 한다.

제29조(물품등의 수출·수입실적 확인 및 증명 신청)

① 물품등의 수출·수입실적 확인 및 증명 발급을 받으려는 자는 별지 제10호 서식 또는 별지 제11호 서식에 의한 수출·수입실적의 확인 및 증명발급 신청서에 필요한 서류를 첨부하여 발급기관에 신청하여야 한다.

② 발급기관은 수출·수입실적 확인 및 증명서를 발급한 때에는 발급대장을 각각 비치하고 발급상황을 기록하여야 한다.

제30조(용역 또는 전자적 형태의 무체물의 수출·수입실적 확인 및 증명 신청)

① 영 제23조에 따른 용역의 수출입 사실의 확인 및 실적증명 발급을 받으려는 자는 별지 제24호 서식에 의한 수출·수입실적의 확인 및 증명발급 신청서에 거래 사실을 증명할 수 있는 서류를 첨부하여 다음 각 호의 어느 하나에 해당하는 발급기관의 장에게 신청하여야 한다. 이 경우 발급기관의 장은 수출입 사실의 확인이 가능하고 신청 사실에 하자가 없다고 인정하는 경우에만 별지 제25호 서식에 의한 수출·수입실적의 확인 및 증명서를 발급하여야 한다.

1. 한국무역협회장
2. 한국해운협회장(해운업의 경우만 해당한다)
3. 한국관광협회중앙회장 및 문화체육관광부장관이 지정하는 업종별 관광협회장(관광사업의 경우만 해당한다)

② 영 제23조에 따른 전자적 형태의 무체물의 수출입 사실의 확인 및 실적증명 발급을 받으려는 자는 별지 제26호 서식에 의한 수출·수입실적의 확인 및 증명발급 신청서에 거래 사실을 증명할 수 있는 서류를 첨부하여 한국무역협회장 또는 한국소프트웨어산업협회장에게 신청하여야 한다. 이 경우 한국무역협회장 또는 한국소프트웨어산업협회장은 수출입 사실의 확인이 가능하고 신청 사실에 하자가 없다고 인정하는 경우에만 별지 제27호 서식에 의한 수출·수입실적의 확인 및 증명서를 발급하여야 한다.

③ 제1항 및 제2항에 따른 수출·수입실적의 확인 및 증명 발급기관의 장은 신청인에게 수출·수입실적의 확인 및 증명서의 발급심사를 위하여 필요한 자료의 제출을 요구할 수 있다.

④ 제1항 및 제2항에 따른 수출·수입실적의 확인 및 증명 발급기관의 장은 수출·수입실적의 확인 및 증명서의 발급현황 등에 관한 매분기 실적을 다음달 20일까지 산업통상자원부장관과 관세청장에게 보고하여야 한다.

제3장 외화획득용 원료·기재의 수입

제1절 외화획득의 범위

제31조(외화획득의 범위)

영 제26조 제1항 제5호에 따른 "산업통상자원부장관이 정하여 고시하는 기준에 해당하는 것"이란 다음 각 호의 어느 하나에 해당하는 거래를 말한다.

1. 외국인으로부터 외화를 받고 국내의 보세지역에 물품등을 공급하는 경우
2. 외국인으로부터 외화를 받고 공장건설에 필요한 물품등을 국내에서 공급하는 경우
3. 외국인으로부터 외화를 받고 외화획득용 시설·기재를 외국인과 임대차계약을 맺은 국내업체에 인도하는 경우
4. 정부·지방자치단체 또는 정부투자기관이 외국으로부터 받은 차관자금에 의한 국제경쟁입찰에 의하여 국내에서 유상으로 물품등을 공급하는 경우(대금 결제통화의 종류를 불문한다)
5. 외화를 받고 외항선박(항공기)에 선(기)용품을 공급하거나 급유하는 경우
6. 절충교역거래(off set)의 보완거래로서 외국으로부터 외화를 받고 국내에서 제조된 물품등을 국가기관에 공급하는 경우

제2절 외화획득용 원료의 수입

제32조(외화획득용 원료의 범위)

법 제16조 제2항에 따른 외화획득용 원료의 범위는 다음 각 호로 한다.

1. 제25조에 따라 수출실적으로 인정되는 수출 물품등을 생산하는 데에 소요되는 원료(포장재, 1회용 파렛트를 포함한다)
2. 외화가득율(외화획득액에서 외화획득용 원료의 수입금액을 공제한 금액이 외화획득액에서 차지하는 비율을 말한다)이 30퍼센트 이상인 군납용 물품등을 생산하는 데에 소요되는 원료
3. 해외에서의 건설 및 용역사업용 원료
4. 제31조 각 호에 따른 외화획득용 물품등을 생산하는 데에 소요되는 원료
5. 제1호부터 제4호까지의 규정에 따른 원료로 생산되어 외화획득이 완료된 물품등의 하자 및 유지보수용 원료

제33조(외화획득용 원료의 수입승인)

① 영 제91조 제7항에 따라 외화획득용 원료의 수입승인에 관한 권한을 위임·위탁받은 기관·단체(이하 "외화획득용 원료의 승인기관"이라 한다)의 장은 제32조에 따른 외화획득용 원료의 수입에 대하여는 영 제24조 제1항에 따라 수량제한을 받지 아니하고 승인할 수 있다. 다만, 영 제24조 제2항에 따라 농림수산물의 경우에는 제34조에 따라 수입승인하여야 한다.

② 외화획득용 원료의 승인기관의 장은 유통업자가 구매확인서 또는 내국신용장을 근거로 수출품생산자에게 직접 공급하기 위하여 외화획득용 원료를 수입하려는 경우에는 제1항의 규정을 준용하여 그 수입을 승인할 수 있다.

제34조(농림수산물)

농림수산물 중 해당 품목을 관장하는 중앙행정기관의 장 또는 그 중앙행정기관의 장이 지정하는 기관의 장이 영 제24조 제2항에 따라 정하는 품목은 해당 기관의 장이 정하는 수입승인요령에 따라 승인을 받아야 수입할 수 있다.

제35조(외화획득용 원료 수입승인시 확인 등)

외화획득용 원료의 승인기관의 장은 외화획득용 원료의 수입승인을 할 때에는 별지 제12호 서식에 의한 외화획득용원료 수입승인신청서에 다음 각 호의 사항 등 기재사항이 적정한지를 확인하여야 한다.

1. 외화획득 이행의무자의 사후 관리기관(수입대행의 경우에는 실수요자의 사후 관리기관)
2. 제33조 제1항 단서에 따른 수입승인 여부

제36조(구매확인서의 신청서류)

① 영 제31조 제1항 제1호 및 제2호에 규정한 서류는 구매확인서를 발급받으려는 자가 별지 제13호 서식에 의한 외화획득용원료·기재구매확인신청서(이하 "구매확인신청서"라 한다)를 「전자무역 촉진에 관한 법률」 제12조에서 정하는 바에 따른 전자무역문서로 작성하여 외국환은행의 장 또는 전자무역기반사업자에게 제출하는 경우 첨부한 것으로 본다.

② 영 제31조 제1항 제3호에 규정한 "외화획득용 원료·기재라는 사실을 증명하는 서류"란 다음 각 호의 어느 하나를 말한다.

1. 수출신용장

2. 수출계약서(품목·수량·가격 등에 합의하여 서명한 수출계약 입증서류)
3. 외화매입(예치)증명서(외화획득 이행 관련 대금임이 관계 서류에 의해 확인되는 경우만 해당한다)
4. 내국신용장
5. 구매확인서
6. 수출신고필증(외화획득용 원료·기재를 구매한 자가 신청한 경우에만 해당한다)
7. 영 제26조 각 호에 따른 외화획득에 제공되는 물품등을 생산하기 위한 경우임을 입증할 수 있는 서류

제37조(구매확인서의 발급신청 등)

① 영 제31조에 따라 국내에서 외화획득용 원료·기재를 구매하려는 자 또는 구매한 자는 외국환은행의 장 또는 전자무역기반사업자에게 구매확인서의 발급을 신청할 수 있다.

② 구매확인서를 발급받으려는 자는 구매확인신청서를 「전자무역 촉진에 관한 법률」 제12조에서 정하는 바에 따른 전자무역문서로 작성하여 외국환은행의 장 또는 전자무역기반사업자에게 제출하여야 하고, 제36조 제2항 각호의 어느 하나에 해당하는 서류를 동법 제19조에서 정하는 바에 따라 제출하여야 한다.

③ 외국환은행의 장 또는 전자무역기반사업자는 별지 제13-1호 서식에 의한 외화획득용원료·기재구매확인서를 전자무역문서로 발급하고 신청한 자에게 발급사실을 알릴 때 승인번호, 개설 및 통지일자, 발신기관 전자서명 등 최소한의 사항만 알릴 수 있다.

④ 외국환은행의 장 또는 전자무역기반사업자는 제1항에 따라 신청하여 발급된 구매확인서에 의하여 2차 구매확인서를 발급할 수 있으며 외화획득용 원료·기재의 제조·가공·유통(완제품의 유통을 포함한다)과정이 여러 단계인 경우에는 각 단계별로 순차로 발급할 수 있다.

⑤ 구매확인서를 발급한 후 신청 첨부서류의 외화획득용 원료·기재의 내용 변경 등으로 이미 발급받은 구매확인서와 내용이 상이하여 재발급을 요청하는 경우에는 새로운 구매확인서를 발급할 수 있다.

⑥ 영 제31조 제2항에 규정한 "외화획득의 범위에 해당하는지를 확인"이란 외국환은행의 장 또는 전자무역기반사업자가 구매확인서 발급 신청인으로부터 제36조 제2항 각 호의 어느 하나에 해당하는 서류를 확인하는 것을 말한다.

제38조 (발급신청 대행)

구매확인서를 발급받으려는 자가 전산설비를 갖추지 못하였거나 기타 부득이한 사유로 전자문서를 작성하지 못하는 때에는 전자무역기반사업자에게 위탁하여 신청할 수 있다.

제39조(외화획득의 이행기간)

① 외화획득 이행의무자는 외화획득용 원료의 수입신고수리일, 용역 또는 전자적 형태의 무체물의 공급일, 수입된 외화획득용 원료 또는 해당 원료로 제조된 물품등(이하 "원료등"이라 한다)의 구매일 또는 양수일부터 다음 각 호의 기간이 경과한 날까지 외화획득의 이행을 하여야 한다.

1. 외화획득 행위의 경우에는 2년
2. 국내공급(양도를 포함한다)인 경우에는 1년
3. 외화획득 물품의 선적기일이 2년 이상인 경우에는 그 기일까지의 기간
4. 수출이 완료된 기계류(HS 84류부터 90류까지의 규정에 해당하는 품목)의 하자 및 유지보수용 원료등인 경우에는 10년

② 영 제27조 제2항에 따라 외화획득의 이행기간을 연장하려는 자는 그 기간 종료일 전에 별지 제14호 서식에 의한 외화획득이행기간 연장신청서 3부에 제3항 각 호의 사실을 인정할 수 있는 서류 1부를 첨부하여 관할 특별시장·광역시장·도지사 또는 특별자치도지사(이하 "시·도지사"라 한다)에게 신청하여야 한다.

③ 시·도지사는 다음 각 호의 어느 하나에 해당하는 경우 1년의 범위 내에서 외화획득 이행기간을 연장할 수 있다.
1. 생산에 장기간이 소요되는 경우
2. 제품생산을 위탁한 경우 그 공장의 도산 등으로 인하여 제품 생산이 지연되는 경우
3. 외화획득 이행의무자의 책임 있는 사유가 없음에도 신용장 또는 수출계약이 취소된 경우
4. 외화획득이 완료된 물품의 하자보수용 원료등으로서 장기간 보관이 불가피한 경우
5. 그 밖에 부득이한 사유로 외화획득 이행기간 내에 외화획득 이행이 불가능하다고 인정되는 경우

④ 시·도지사가 외화획득 이행기간 연장을 승인한 때에는 그 사실을 신청자와 영 제91조 제7항에 따라 외화획득용 원료등에 대한 영 제28조에 따른 사후 관리에 관한 권한을 위임·위탁받은 기관·단체(이하 "외화획득용 원료등의 사후 관리기관"이라 한다)의 장에게 알려야 한다.

제40조(농림수산물의 외화획득 이행기간 등)

제39조에도 불구하고 제34조에 따른 수입승인을 받은 원료등의 외화획득 이행기간 및 그 연장에 대하여는 제34조에 따른 중앙행정기관의 장이 정한다.

제41조(원료등의 사후 관리의 대상)

제42조에 따른 사후 관리기관의 장은 영 제24조에 따른 원료등에 대하여 사후 관리를 하여야 한다. 다만, 다음 각 호의 어느 하나에 해당하는 경우에는 사후 관리를 하지 아니할 수 있다.
1. 영 제29조 제1호부터 제3호까지의 규정에 해당하는 경우
2. 영 제29조 제4호에 따라 산업통상자원부장관이 사후 관리를 할 필요성이 없어진 것으로 인정하는 다음 각 목의 어느 하나에 해당하는 경우
   가. 수입승인을 받아 수입한 품목이 수입승인 대상에서 제외되는 원료등
   나. 외화획득의 이행을 위하여 보세공장 및 보세창고 또는 자유무역지역에 반입되는 원료등

제42조(원료등의 사후 관리기관)

외화획득용 원료의 사후 관리기관은 다음 각 호로 한다.
1. 외화획득용 원료 중 제34조에 따라 승인을 받도록 정한 품목에 대한 사후 관리는 해당 품목을 관장하는 중앙행정기관의 장 또는 중앙행정기관의 장이 지정하는 기관의 장
2. 제1호에 따른 원료등을 제외한 원료등의 사후 관리는 해당 외화획득 원료의 승인기관의 장
3. 제2호에 따른 원료등 중 제43조에 따라 자율관리기업으로 선정된 자가 수입(국내구매 또는 양수를 포함한다)한 원료등의 사후 관리는 해당 자율관리기업의 장

제43조(자율관리기업)

① 영 제28조 제2항에 따라 자율적으로 사후 관리를 할 수 있는 기업의 선정 요건은 다음과 같다.
1. 전년도 수출실적이 미화 50만 달러 상당액 이상인 업체, 수출 유공으로 포상(훈·포장 및 대통령표창을 말한다. 이하 같다)을 받은 업체(84년도 이후 포상받은 업체만 해당한다)또는 중견수출기업
2. 과거 2년간 미화 5천 달러 상당액 이상 외화획득 미이행으로 보고된 사실이 없는 업체

② 제1항에 따른 자율관리기업은 국가기술표준원장이 수시로 해당업체를 선정한다.

③ 제2항에 따라 자율관리기업으로 선정받으려는 자는 다음 각 호의 서류를 첨부하여 국가기술표준원장에게 신청하여야 한다.

1. 수출실적증명서
2. 외화획득용 원료의 승인기관의 장의 외화획득의무 성실이행확인서(제1항 제2호의 사실 확인 내용을 포함한다)
3. 자율관리규정
4. 원료등을 용도 외에 사용하지 아니할 것임을 약속하는 각서

④ 제2항에 따라 국가기술표준원장이 자율관리기업을 선정한 때에는 산업통상자원부장관, 세관장에게 그 사실을 알려야 한다.

⑤ 자율관리기업으로 선정받은 자는 자율관리규정에 따라 사후 관리를 하여야 한다.

⑥ 자율관리기업은 매반기 종료 다음 달 말일까지 별지 제28호 서식에 의한 대응 외화획득이행내역을 국가기술표준원장에게 보고하여야 한다.

⑦ 국가기술표준원장은 자율관리기업으로 선정받은 자가 다음 각 호의 어느 하나에 해당하는 경우에는 그 선정을 취소할 수 있다. 이때 취소된 기업은 취소한 날부터 3년 이내에는 재선정될 수 없다.

1. 원료등을 타상사에 공급하고 공급이행내역을 알리지 아니하거나 승인 없이 원료등을 사용목적 이외의 용도에 사용하거나 양도 또는 양수한 때
2. 파산등으로 사후 관리가 불가능할 때
3. 법 또는 법에 의한 명령이나 처분을 위반한 때

제44조(사후 관리 대상 원료의 분류 등)

원료등의 사후 관리는 다음 각 호의 경우를 제외하고는 외화획득 이행의무자별로 원료등의 품목분류번호(HS 10단위)별로 분기마다 수입 및 구매한 총량을 대상으로 한다.

1. 품목분류번호(HS 10단위)가 다르더라도 원료등의 성질상 같은 품목이거나 유사한 품목은 품명단위별로 분기마다 수입 및 구매한 총량을 대상으로 관리한다.
2. 의류 및 가방 등의 부재료로 사용되는 지퍼는 품목분류번호(HS 10단위)별로 분기마다 수입 및 구매한 양의 총길이로 관리한다.

제45조(외화획득용 원료등의 구매내역 신고)

제41조에 따른 사후 관리대상 품목을 구매한 자는 분기 중에 구매한 원료등의 건별내역을 제44조에 따라 품목분류하여 별지 제15호 서식에 의한 외화획득용원료구매내역신고서에 작성하여 분기종료 후 다음 달 20일까지 외화획득용 원료등의 사후 관리기관의 장에게 신고하여야 한다.

제46조(사후 관리 카드정리)

① 외화획득용 원료의 사후 관리기관의 장은 제45조에 따른 구매내역신고서 및 제48조에 따라 신고받은 공급이행신고서를 외화획득 이행의무자별로 수입신고수리일 또는 원료등의 구매일 순으로 관리하여야 한다.

② 외화획득용 원료의 사후 관리기관의 장은 제33조에 따라 수입승인된 원료등과 제1항에 따라 신고된 원료등에 대하여 품목분류번호(HS 10단위)별로 분기마다 수입 또는 구매한 총량과 금액 등을 별지 제29호 서식에 의한 외화획득용 원료 사후관리이행 정리카드에 기재하여야 한다.

제47조(외화획득 이행신고)

① 수입제한품목을 수입한 외화획득 이행의무자는 외화획득을 이행하고 별지 제16호 서식에 의한 외화획득 이행신고서에 다음의 서류를 첨부하여 수출선적일 또는 외화입금일부터 3개월 이내에 외화획득용 원료등의 사후 관리기관의 장에게 신고하여야 한다.

1. 수출신고필증(또는 외화입금증명서) 원본
2. 자율소요량계산서

② 외화획득 이행신고자와 수출신고필증의 명의가 상이한 경우에는 내국신용장, 구매확인서, 수출대행계약서 또는 물품등구매계약서 등 거래관계를 입증하는 서류를 제출하여야 한다.

③ 외화획득용 원료의 사후 관리기관의 장은 제1항에 따른 신고가 있을 때에는 지체 없이 외화획득 이행신고서에 표시된 원료등의 양을 별지 제29호 서식에 의한 외화획득용원료 사후 관리이행 정리카드에서 차감하여 정리하고 해당 수출신고필증 원본(또는 외화입금증명서 원본)의 뒷면에 사후 관리 사실을 확인 표시하여야 한다.

제48조(공급이행 신고)

① 영 제28조에 따른 사후 관리 대상 품목을 원료등으로 공급한 자는 별지 제17호 서식에 의한 외화획득용 원료공급이행신고서 3부(공급자 외화획득용 원료의 사후 관리기관용, 인수자 외화획득용 원료의 사후 관리기관용 및 인수자용)에 인수자의 날인 또는 물품등수령증을 받아 다음의 서류를 첨부하여 공급일부터 3월 이내에 외화획득용 원료의 사후 관리기관의 장에게 신고하여야 한다. 다만, 공급자가 유통업자인 경우에는 제2호의 서류를 면제한다.

1. 내국신용장 또는 구매확인서
2. 자율소요량계산서

② 제1항에 따라 공급자 외화획득용 원료의 사후 관리기관의 장은 제47조 제3항에 준하여 공급이행정리하고 내국신용장 등의 원본서류 뒷면에 사후 관리 사실을 확인 표시하여야 한다.

③ 공급자 외화획득용 원료의 사후 관리기관의 장은 제1항의 외화획득용 원료 공급이행신고서에 확인날인 한 후 1부는 인수자 외화획득용 원료의 사후 관리기관의 장, 1부는 인수자에게 통보하여야 한다.

④ 원료등을 보세공장에 반입한 자는 세관장이 발행한 반입확인서를 외화획득용 원료의 사후 관리기관의 장에게 제출하여야 하며, 반입확인서를 외화획득용 원료의 사후 관리기관의 장은 제47조 제3항에 준하여 공급이행정리를 하여야 한다.

⑤ 자율관리기업이 사후 관리 대상 기업에 원료등을 공급한 경우에는 공급이행신고서 2부를 작성, 공급일부터 3월 이내에 1부는 인수자 외화획득용 원료의 사후 관리기관의 장에게, 1부는 인수자에게 통보하여야 한다. 다만, 자율관리기업에 공급하는 경우에는 인수자에게만 알린다.

제49조(사용목적 변경승인)

① 영 제30조 제1항에 따라 원료등의 사용목적 변경승인을 받으려는 자는 별지 제18호 서식에 의한 외화획득용원료 사용목적 변경승인 신청서 4부에 다음 각 호의 서류를 첨부하여 외화획득 이행기간의 만기일 이전에 관할 시·도지사 또는 제42조 제1호에 따른 기관의 장에게 신청을 하여야 한다.

1. 사용목적 변경신청사유서
2. 변경하려는 물량을 확인할 수 있는 서류
3. 변경신청하려는 사유를 인정할 수 있는 서류
4. 그 밖에 사용목적 변경승인기관의 장이 필요하다고 인정하는 서류

② 영 제30조 제2항 제4호에서 "그 밖에 산업통상자원부장관이 불가항력으로 외화획득의 이행을 할 수 없다고 인정한 경우"란 다음 각 호의 어느 하나에 해당하는 것으로 한다.
1. 화재나 천재지변으로 인하여 외화획득 이행이 불가능하게 된 경우
2. 기술혁신이나 유행의 경과로 새로운 제품이 개발되어 수입된 원료등으로는 외화획득 이행물품등의 생산에 사용할 수 없는 경우
3. 수입된 원료가 형질이 변화되어 외화획득 이행물품의 생산에 사용할 수 없게 된 경우
4. 그 밖에 수입 또는 구매한 자에게 책임을 돌릴 사유가 없이 외화획득을 이행할 수 없는 경우로서 사용목적 변경승인기관의 장이 인정하는 경우

③ 제1항에 따라 사용목적 변경승인을 한 기관의 장은 승인서를 신청자 외화획득용 원료의 사후 관리기관의 장, 신청자의 관할세무서장에게 각각 알려야 한다.

제50조(양도승인)

① 영 제30조 제4항에 따라 외화획득용 원료등에 대한 양도·양수의 승인을 받으려는 자는 별지 제19호 서식에 의한 외화획득용원료등 양도승인 신청서 3부에 다음 각 호의 서류를 첨부하여 양도인 또는 양수인의 외화획득용 원료등의 사후 관리기관의 장 또는 제42조 제1호에 따른 기관의 장에게 신청하여야 한다.
1. 양수·도계약서
2. 수입신고필증 또는 기초원재료 납세증명서

② 자율관리기업이 다른 자율관리기업에 양도하려는 경우에는 양도인의 외화획득용 원료의 사후 관리기관의 장에게 신청하여야 한다.

③ 양도인 및 양수인의 외화획득용 원료의 사후 관리기관의 장은 승인한 원료 등을 제48조에 준하여 처리하여야 한다.

제51조(지도감독)

국가기술표준원장은 시·도지사, 외화획득용 원료의 사후 관리기관의 장 및 자율관리기업의 장에 대하여 다음 각 호의 지도 감독을 하여야 한다.
1. 사후관리업무담당자의 교육
2. 사후관리대장 정리실태
3. 공급이행신고서 통보실태
4. 미이행 보고실태
5. 그 밖에 제규정 이행실태

제52조(보고)

① 외화획득용 원료의 사후 관리기관의 장은 원료등을 수입 또는 구매한 후 외화획득 이행만기일까지 외화획득을 미이행한 자에 대하여 그 내역을 별지 제30호 서식에 따라 해당 만기일 경과 후 20일까지 미이행자에게 알려야 한다.

② 제1항에 따라 외화획득 미이행자에게 통보한 날부터 30일 이내에 외화획득 이행신고가 없는 경우 외화획득용 원료의 사후 관리기관의 장은 그 내역을 별지 제30호 서식에 따라 국가기술표준원장에게 보고하여야 한다. 다만, 제34조에 따라 수입승인된 물품등은 해당 중앙행정기관의 장에게 보고하여야 한다.

③ 외화획득용 원료의 사후 관리기관의 장은 제2항에 따른 정기보고 이외에 사후 관리 대상 업체의 파산 등으로 사후 관리가 불가능하다고 판단되는 경우에는 즉시 그 내역을 국가기술표준원장에게 보고하여야 한다. 다만, 제34조에 따른 물품의 보고는 제2항의 단서와 같다.

제53조(제재)

① 중앙행정기관의 장(제34조의 물품등을 제외한 분은 국가기술표준원장)은 제52조에 따라 보고된 외화획득 미이행자에 대하여 법 제54조 제2호부터 제4호까지의 규정에 따른 제재에 필요한 조치를 하여야 한다.

② 국가기술표준원장은 영 제29조 제1호, 제2호 및 제4호의 경우에는 사후 관리를 자동 면제하며, 영 제29조 제3호에 해당하는 경우에는 제재심사위원회의 심의를 거쳐 사후 관리를 면제할 수 있다.

③ 제2항에 따른 제재심사위원회의 구성 및 운영 등 필요한 사항은 국가기술표준원장이 정한다.

제3절 자율소요량계산서

제54조(기준 소요량 책정방법)

① 기준 소요량은 다음 각 호의 어느 하나의 방법에 따라 책정하며 「부가가치세법 시행령」 제69조 제1항, 「소득세법 시행령」 제144조 제1항 및 「법인세법 시행령」 제105조 제1항에 따른 생산수율을 감안하여 책정할 수 있다.
1. 현장조사
2. 문헌조사
3. 실물 및 카다로그조사
4. 신청자 제시자료에 의한 조사
5. 유사품의 소요량 적용

② 기준 소요량을 책정할 때에는 다음 사항 중 필요한 최소한의 사항만을 조사하여야 한다.
1. 제조공정 및 공정도
2. 공정별 손모율·손모상태 및 그 발생원인
3. 원료 등의 배합비율

제55조(기준 소요량의 고시)

① 외화획득용 물품등의 생산을 관장하는 중앙행정기관의 장(산업통상자원부장관이 관장하는 품목 중 목재가구는 국립산림과학원장, 그 밖의 품목은 국가기술표준원장)은 소관 품목 중 제41조에 따른 사후 관리 대상 원료등에 대하여 제54조에 따라 책정한 기준 소요량을 고시할 수 있다.

② 제42조에 따른 사후 관리기관 또는 수출업체는 기준 소요량이 고시되지 않은 해당 품목이 계속적인 수출이 예상되는 등 기준 소요량의 고시가 필요하다고 판단되는 때에는 해당 품목에 대하여 제54조에 따른 기준 소요량 책정자료를 첨부하여 고시기관에 기준 소요량 고시를 요청할 수 있으며 고시기관은 이를 가능한 한 고시하여야 한다. 다만, 기준 소요량이 빈번히 바뀌거나 농산물인 경우에는 그러하지 아니할 수 있다.

③ 수출 물품등의 생산을 관장하는 중앙행정기관의 장(산업통상자원부장관이 관장하는 품목 중 목재가구는 국립산림과학원장, 그 밖의 품목에 대하여는 국가기술표준원장)은 기준 소요량을 고시하는 데에 필요한 자료를 해당 외화획득 행위를 하는 자에게 제출하게 할 수 있다.

제56조(자율소요량계산서 작성)

① 영 제28조에 따른 사후 관리 대상 품목을 외화획득용 원료등으로 사용하거나 공급한 업체는 별지 제20호의 서식에 의한 자율소요량계산서에 따라 해당 업체가 자율적으로 작성한다.

② 자율소요량계산서는 단위자율소요량 또는 기준 소요량에 외화획득용 물품등의 수량을 곱한 물량으로 표시하며 단위자율소요량의 산출근거를 품목 및 규격별로 명확히 표시하여야 한다.

③ 기준 소요량이 고시된 품목이라 하더라도 수출계약서 등의 관련 서류에 소요원료의 품명·규격 및 수량 등이 표시된 경우에는 이에 따라 자율소요량계산서를 작성할 수 있다.

제57조(세부절차)

① 기준 소요량 고시기관이 업무수행을 위하여 필요한 세부지침을 정하려는 경우에는 미리 산업통상자원부장관과 협의하여야 한다.

② 해당 외화획득용 물품등의 생산을 관장하는 중앙행정기관의 장이 분명하지 아니할 경우에는 산업통상자원부장관과 협의하여야 한다.

제58조(지도감독)

국가기술표준원장은 자율소요량계산서의 작성 및 운용 등과 관련하여 다음 각 호의 사항을 지도·감독할 수 있다. 이 경우 필요한 때에는 기준 소요량을 고시한 중앙행정기관의 장과 합동으로 지도·감독할 수 있다.

1. 자율소요량계산서 작성업무에 대한 교육
2. 자율소요량계산서의 작성 및 운용실태 조사
3. 자율소요량계산서 제도와 관련한 제규정 이행실태

제4절 외화획득용 제품의 수입

제59조(외화획득용 제품의 범위)

법 제16조 제2항에 따른 외화획득용 제품의 범위는 다음 각 호로 한다.

1. 주식회사 한국관광용품센타(이하 "관광용품센타"라 한다)가 수입하는 식자재 및 부대용품
2. 「항만운송사업법」에 따라 수입 물품 공급업의 등록을 하고 세관장에 등록한 자(이하 "수입 물품 공급업자"라 한다)가 수입하는 선용품
3. 군납업자가 수입하는 군납용 물품

제60조(외화획득용 제품의 수입승인기관)

제59조에 따른 외화획득용 제품(다만, 수출입공고에 의하여 제한되는 품목만 해당한다)의 승인기관은 다음 각 호와 같다.

1. 관광용품센타가 관광호텔 등에 공급하기 위하여 수입하는 물품 중 법 제11조 제2항에 따른 승인 대상 물품으로서 주방용품, 소모성기계, 기자재류 및 객실 또는 부대업장용 소모성 물품: 문화체육관광부장관
2. 군납업자가 주한 국제연합군 그 밖에 외국군기관에 공급하는 군납용 물품: 제8조에 따른 승인기관의 장

제61조(관광호텔용 물품의 사후 관리)

① 제60조 제1호에 따라 관광용품센타가 수입한 식자재 및 부대용품(이하 "관광호텔용 물품"이라 한다)은 승인권자의 사후 관리를 받아야 한다.

② 제1항에 따라 승인권자가 사후 관리에 필요한 세부지침을 정하려는 경우에는 산업통상자원부장관과 협의하여야 한다.

제62조(관광호텔용 물품의 공급)

① 관광용품센타는 관광호텔용 물품을 다음 각 호의 어느 하나에 해당하는 자에게만 공급할 수 있다.
1. 관광숙박업 중 「관광진흥법」에 따라 등록된 호텔업 및 명의이용허가를 득한 식음료업장
2. 문화체육관광부장관의 허가를 받아 설립된 외신기자클럽, 서울클럽 및 한국언론회관 내 멤버스클럽과 기자클럽
3. 외화획득 및 관광진흥에 기여도가 높은 관광시설 중 문화체육관광부장관의 추천에 의하여 산업통상자원부장관이 지정한 별표 7에 열거한 시설
4. 「청소년기본법」에 따라 문화체육관광부장관에 신고된 서울올림픽파크텔
5. 올림픽, 아시안게임 등 대규모 국제대회의 선수촌, 기자촌, 프레스센터 등 관련 시설로서 산업통상자원부장관의 협의를 거쳐 문화체육관광부장관이 기간을 정하여 지정하는 급식장(다만, 문화체육관광부장관이 정하는 기간 이후의 잔여물량은 관광용품센터 또는 판매대상업소에 같은 기간 종료 후부터 30일 이내에 양도하고 문화체육관광부장관에게 이를 보고하여야 한다)
6. 「관세법」에 따라 설영특허를 받은 외교관 면세매점

② 관광용품센타가 제1항에 따라 관광호텔용 물품을 공급하려는 경우에는 해당 구매자가 시설규모 및 식자재 구입실적 등을 감안하여 적정량을 공급하여야 한다.

제63조(관광호텔용 물품의 관리 등)

① 관광용품센타는 보관 중인 관광호텔용 물품에 대하여 연 2회 이상 정기재고조사를 실시하여야 하며, 그 결과를 승인권자에게 보고하여야 한다.

② 관광용품센타는 관광호텔용 물품의 운송, 보관 및 공급과정에서 파손 등으로 해당 물품의 용도에 사용하기 곤란한 물품은 손망실품대장에 기재하고 그 사실을 입증할 수 있는 서류 등을 첨부하여 보관하여야 한다.

③ 관광용품센타는 관광호텔용 물품의 수입, 재고 및 판매현황에 대한 대장을 비치하고 기록보관하여야 하며 관광용품센타로부터 관광호텔용 물품을 구매한 자는 구매 및 소비현황에 대한 대장을 비치하고 기록 보관하여야 한다.

④ 관광용품센타는 분기별 관광호텔용 물품의 수입 및 판매현황을 작성하여 분기종료 후 10일 이내에 승인권자에게 보고하여야 한다.

⑤ 관광용품센타로부터 관광호텔용 물품을 구매한 자는 월별 구입 및 소비현황을 다음 달 10일까지 관광용품센타에 제출하여야 한다.

제64조(관광호텔용 물품의 용도외 사용금지)

① 관광용품센타로부터 관광호텔용 물품을 구매한 자는 해당 사업 이외의 용도에 사용하거나 유출하여서는 아니된다.

② 관광용품센타는 관광호텔용 물품을 용도 외에 사용하거나 유출한 자에 대하여는 문화체육관광부장관에게 이를 보고하여야 한다.

제65조(관광호텔용 물품의 사후 관리에 따른 제재)

승인권자는 제64조에 위반한 자에 대하여는 법 제54조 제2호부터 제4호까지의 규정에 따른 제재를 요청하거나 「관광진흥법」 제2장 제6절에 따른 행정처분을(또는 문화체육관광부장관에게 행정처분을 요청)하여야 한다.

제66조(선용품의 사후 관리)

① 수입 물품 공급업자가 수입하는 선용품의 사후 관리는 관세청장이 행한다.

② 수입 물품 공급업자는 수입선용품을 다음 각 호의 어느 하나에 해당하는 자 이외의 자에게 공급하거나 유출하여서는 아니된다.
1. 국내항에 정박 중인 외항선박(원양어선을 포함한다)
2. 신조선박 및 수리선박

제67조(선용품의 관리 등)

① 수입 물품 공급업자는 선용품의 수입, 재고 및 공급현황에 대한 대장을 비치하고 기록·보관하여야 한다.

② 수입 물품 공급업자는 선용품의 수입, 공급(외화 및 국내통화 구분) 및 재고현황을 작성하여 매분기 종료 후 10일 이내에 관세청장에게 제출하여야 한다.

제68조(선용품의 사후 관리에 따른 제재)

관세청장은 제66조 제2항에 위반한 자에게는 법 제54조 제2호부터 제4호까지의 규정에 따른 제재를 요청하여야 한다.

제69조(군납용 물품의 사후 관리 등)

① 군납업자는 수입되는 물품을 군납외의 용도에 사용하거나 유출하여서는 아니된다.

② 군납업자는 수입되는 물품을 양도 또는 폐기하려면 미리 승인기관의 장의 승인을 받아야 한다.

③ 수입된 군납용 물품에 의한 군납계약 이행 후 15일 이내에 외화획득 상황을 군납대금회수증명서를 첨부하여 승인기관의 장에게 보고하여야 한다.

④ 승인기관의 장은 제1항에 위반한 자에게는 법 제54조 제2호부터 제4호까지의 규정에 따른 제재를 요청한다.

제4장 플랜트수출

제70조(플랜트의 범위)

법 제32조 제1항 제1호에서 "대통령령으로 정하는 설비 중 산업통상자원부장관이 정하는 일정규모 이상의 산업설비"란 FOB가격으로 미화 50만 달러 상당액 이상인 산업설비를 말한다.

제71조(플랜트수출승인의 신청)

① 영 제50조에 따라 플랜트수출의 승인을 받으려는 자는 별지 제21호 서식에 의한 플랜트수출승인신청서에 제10조 제1항 제1호, 제3호 및 제4호에 따른 서류 및 법 제12조 제2항에 따른 통합공고에 의하여 허가, 추천 등을 요하는 경우에는 그 허가 등을 받은 사실을 증명하는 서류를 첨부하여 산업통상자원부장관에게 신청하여야 한다.

② 영 제50조 후단에 따라 변경승인을 받으려는 자는 별지 제22호 서식에 의한 플랜트수출승인사항 변경승인신청서에 다음 각 호의 서류를 첨부하여 산업통상자원부장관에게 신청하여야 한다.
1. 수출승인서 사본
2. 변경사유서

③ 산업통상자원부장관은 제1항 및 제2항에 따라 플랜트수출승인 또는 변경승인 신청이 있는 경우 접수일부터 5일 이내에 이를 처리하여야 한다. 다만, 다른 기관과의 협의가 필요한 경우 그 협의기간은 처리기간에 산입하지 아니한다.

제72조(플랜트수출 관련 기관 지정)

영 제54조 제1항에 따른 플랜트수출촉진기관은 한국기계산업진흥회 및 한국플랜트산업협회로 한다.

제5장 원산지

제1절 적용범위 등

제73조(적용범위)

이 장의 규정은 법 제12조, 제33조부터 제38까지 및 제41조 등에 따라 원산지 표시, 원산지 판정 및 확인 등이 필요한 물품에 대하여 적용한다.

제74조(협의)

① 이 장의 규정을 운용하기 위하여 필요한 경우 산업통상자원부장관은 관계 행정기관의 장 및 해당 사안과 관련된 공무원, 전문가 등과 협의하거나 의견을 들을 수 있다.

② 이 장의 규정을 적용할 때에 해당 사안과 관련된 행정기관의 장, 무역거래자·판매업자 및 단순한 가공활동을 수행한 자, 그 밖의 이해관계인은 산업통상자원부장관에게 의견을 제출할 수 있다.

제2절 원산지 표시

제75조(수입 물품의 원산지표시대상물품 등)

① 영 제55조 제1항에 따른 원산지표시대상물품은 별표 8에 게기된 수입 물품이며 원산지표시대상물품은 해당 물품에 원산지를 표시하여야 한다.

② 제1항에도 불구하고 원산지표시대상물품이 다음 각 호의 어느 하나에 해당되는 경우에는 영 제56조 제2항에 따라 해당 물품에 원산지를 표시하지 않고 해당 물품의 최소포장, 용기 등에 수입 물품의 원산지를 표시할 수 있다.

1. 해당 물품에 원산지를 표시하는 것이 불가능한 경우
2. 원산지 표시로 인하여 해당 물품이 크게 훼손되는 경우(예: 당구 공, 콘택즈렌즈, 포장하지 않은 집적회로 등)
3. 원산지 표시로 인하여 해당 물품의 가치가 실질적으로 저하되는 경우
4. 원산지 표시의 비용이 해당 물품의 수입을 막을 정도로 과도한 경우(예: 물품값보다 표시비용이 더 많이 드는 경우 등)
5. 상거래 관행상 최종구매자에게 포장, 용기에 봉인되어 판매되는 물품 또는 봉인되지는 않았으나 포장, 용기를 뜯지 않고 판매되는 물품(예: 비누, 칫솔, 밀봉된 의약품 등)

6. 실질적 변형을 일으키는 제조공정에 투입되는 부품 및 원재료를 수입 후 실수요자에게 직접 공급하는 경우
7. 물품의 외관상 원산지의 오인 가능성이 적은 경우(예: 두리안, 오렌지, 바나나와 같은 과일·채소 등)
8. 관세청장이 산업통상자원부장관과 협의하여 타당하다고 인정하는 물품

③ 영 제55조 제2항에 따른 단순한 가공활동의 구체적인 사항은 제85조 제8항 각호를 준용한다.

제76조(수입 물품 원산지 표시의 일반원칙)

① 수입 물품의 원산지는 다음 각 호의 어느 하나에 해당되는 방식으로 한글, 한자 또는 영문으로 표시할 수 있다.
1. "원산지: 국명" 또는 "국명 산(産)", "국명 제(製)"
2. "Made in 국명" 또는 "Product of 국명"
3. "Made by 물품 제조자의 회사명, 주소, 국명"
4. "Country of Origin: 국명"
5. 영 제61조의 원산지와 동일한 경우로서 국제상거래관행상 타당한 것으로 관세청장이 인정하는 방식
6. 삭제

② 수입 물품의 원산지는 최종구매자가 해당 물품의 원산지를 용이하게 판독할 수 있는 크기의 활자체로 표시하여야 한다.

③ 수입물품의 원산지는 최종구매자가 정상적인 물품구매과정에서 원산지표시를 발견할 수 있도록 식별하기 용이한 곳에 표시하여야 한다.

④ 표시된 원산지는 쉽게 지워지지 않으며 물품(또는 포장·용기)에서 쉽게 떨어지지 않아야 한다.

⑤ 수입 물품의 원산지는 제조단계에서 인쇄(printing), 등사(stenciling), 낙인(branding), 주조(molding), 식각(etching), 박음질(stitching) 또는 이와 유사한 방식으로 원산지를 표시하는 것을 원칙으로 한다. 다만, 물품의 특성상 위와 같은 방식으로 표시하는 것이 부적합 또는 곤란하거나 물품을 훼손할 우려가 있는 경우에는 날인(stamping), 라벨(label), 스티커(sticker), 꼬리표(tag)를 사용하여 표시할 수 있다.

⑥ 최종구매자가 수입 물품의 원산지를 오인할 우려가 없는 경우에는 다음 각호와 같이 통상적으로 널리 사용되고 있는 국가명 등을 사용하여 원산지를 표시할 수 있다.
1. United States of America를 USA로
2. Switzerland를 Swiss로
3. Netherlands를 Holland로
4. United Kingdom of Great Britain and Northern Ireland를 UK 또는 GB로
5. 삭제
6. 특정국가의 식민지, 속령 또는 보호령 지역에서 생산된 경우 관세청 무역통계부호에 규정된 국가별 분류기준에 따른 국가명
7. 기타 관세청장이 산업통상자원부장관과 협의하여 타당하다고 인정하는 국가나 지역명

⑦ 「전기용품 및 생활용품 안전관리법」, 「식품 등의 표시·광고에 관한 법률」등 다른 법령에서 물품에 대한 표시방식 등을 정하고 있는 경우에는 이를 적용하여 원산지를 표시할 수 있다.

제76조의2(수입 물품 원산지 표시의 예외 등)

① 수입 물품의 크기가 작아 제76조 제1항 제1호부터 제4호까지의 방식으로 해당 물품의 원산지를 표시할 수 없을 경우에는 국명만을 표시할 수 있다.

② 최종구매자가 수입물품의 원산지를 오인할 우려가 없도록 표시하는 전제하에 제76조 제1항 제1호부터 제4호까지의 원산지표시와 병기하여 물품별 제조공정상의 다양한 특성을 반영할 수 있도록 다음 각호의 예시에 따라 보조표시를 할 수 있다.

1. "Designed in 국명", "Fashioned in 국명", "Moded in 국명", "stlyed in 국명", "Licensed by 국명", "Finished in 국명" …
2. 기타 관세청장이 제1호에 준하여 타당하다고 인정한 보조표시 방식

③ 수출국에서의 주요 부분품의 단순 결합물품. 원재료의 단순 혼합물품, 중고물품으로 원산지를 특정하기 어려운 물품은 다음과 같이 원산지를 표시할 수 있다.

1. 단순 조립물품: "Organized in 국명(부분품별 원산지 나열)"
2. 단순 혼합물품: "Mixed in 국명(원재료별 원산지 나열)"
3. 중고물품: "Imported from 국명"

제77조(원산지 오인 우려 수입 물품의 원산지 표시)

① 법 제33조 제4항 제1호의 원산지오인에 있어 특히 원산지 오인이 우려되는 물품은 다음 각 호의 어느 하나에 해당되는 물품을 말한다.

1. 주문자 상표부착(OEM)방식에 의해 생산된 수입 물품의 원산지와 주문자가 위치한 국명이 상이하여 최종구매자가 해당 물품의 원산지를 오인할 우려가 있는 물품
2. 물품 또는 포장·용기에 현저하게 표시되어 있는 상호·상표·지역·국가 또는 언어명이 수입 물품의 원산지와 상이하여 최종구매자가 해당 물품의 원산지를 오인할 우려가 있는 물품

② 제1항에 해당되는 수입 물품은 해당 물품 또는 포장·용기의 전면에 제76조에 따라 원산지를 표시하여야 하며, 물품의 특성상 전후면의 구별이 어렵거나 전면에 표시하기 어려운 경우 등에는 원산지 오인을 초래하는 표시와 가까운 곳에 표시하여야 한다. 다만, 해당물품에 원산지가 적합하게 표시되어 있고, 최종판매단계에서 진열된 물품 등을 통하여 최종구매자가 원산지 확인이 가능하며, 국제 상거래 관행상 통용되는 방법으로 원산지를 표시하는 경우 세관장은 산업통상자원부장관과 협의하여 포장·용기에 표시된 원산지가 원산지 오인을 초래하는 표시와 가깝지 않은 곳에 있어도 원산지 오인이 없는 것으로 볼 수 있다.

③ 제1항에 해당되는 수입 물품을 판매하는 자는 판매 또는 진열시 소비자가 알아볼 수 있도록 상품에 표시된 원산지와는 별도로 스티커, 푯말 등을 이용하여 원산지를 표시하여야 한다.

④ 다른 법령에서 정한 표시사항의 생산국(또는 제조국 등) 표시가 이 규정의 원산지와 다른 경우에는, 이 규정의 원산지를 병기한다.

제78조(수입 후 단순한 가공활동을 수행한 물품등의 원산지 표시)

① 영 제55조 제2항에 해당하는 물품의 원산지 표시는 다음 각 호의 어느 하나의 방법에 따라 원산지를 표시하여야 한다. 다만, 다음 각 호에서 달리 규정하지 아니한 사항에 대하여는 제75조부터 제77조까지, 제79조부터 제81조까지의 규정을 준용한다.

1. 원산지표시대상물품이 수입된 후, 최종구매자가 구매하기 이전에 국내에서 단순 제조·가공처리되어 수입 물품의 원산지가 은폐·제거되거나 은폐·제거될 우려가 있는 물품의 경우에는 제조·가공업자(수입자가 제조업자인 경우를 포함한다)는 완성 가공품에 수입 물품의 원산지가 분명하게 나타나도록 원산지를 표시하여야 한다.
2. 원산지표시대상물품이 대형 포장 형태로 수입된 후에 최종구매자가 구매하기 이전에 국내에서 소매단위로 재포장되어 판매되는 물품인 경우에는 재포장 판매업자(수입자가 판매업자인 경우를 포함한다)는 재포장 용기에 수입 물품의 원산지가 분명하게 나타나도록 원산지를 표시하여야 한다. 재포장되지 않고 낱개 또는 산물로 판매되는 경우에도 물품 또는 판매용기·판매장소에 스티커 부착, 푯말부착 등의 방법으로 수입품의 원산지를 표시하여야 한다.
3. 원산지표시대상물품이 수입된 후에 최종구매자가 구매하기 이전에 다른 물품과 결합되어 판매되는 경우(예: 바이올린과 바이올린케이스, 라이터와 라이터케이스 등)에는 제조·가공업자(수입자가 제조업자인 경우를 포함한다)는 수입된 해당 물품의 원산지가 분명하게 나타나도록 "(해당 물품명)의 원산지: 국명"의 형태로 원산지를 표시하여야 한다.

② 제1항에 해당되는 경우에는 세관장이 수입자에게 수입 통관 후 법령에 따른 원산지 표시를 준수하도록 명할 수 있다.

③ 제1항에 해당되는 물품을 수입하는 자가 같은 물품을 제3자(중간 구매업자 또는 판매자 등)에게 양도(제3자가 재양도하는 경우를 포함한다)하는 경우에는 양수인에게 서면으로 법령에 따른 원산지 표시의무를 준수하여야 할 것을 알려야 한다.

제79조(수입 세트물품의 원산지 표시)

① 수입 세트물품의 경우 해당 세트물품을 구성하는 개별 물품들의 원산지가 동일하고 최종 구매자에게 세트물품으로 판매되는 경우에는 개별 물품에 원산지를 표시하지 아니하고 그 물품의 포장·용기에 원산지를 표시할 수 있다.

② 수입세트물품을 구성하는 개별 물품들의 원산지가 2개국 이상인 경우에는 개별 물품에 각각의 원산지를 표시하고, 해당 세트물품의 포장·용기에는 개별 물품들의 원산지를 모두 나열·표시하여야 한다. (예: Made in China, Taiwan, …)

③ 수입세트물품에 해당되는 원산지 표시대상은 관세청장이 정한다.

제80조(수입용기의 원산지 표시)

① 관세율표에 따라 용기로 별도 분류되어 수입되는 물품의 경우에는 용기에 "(용기명)의 원산지: (국명)"에 상응하는 표시를 하여야 한다(예: "Bottle made in 국명").

② 제1항에도 불구하고 1회 사용으로 폐기되는 용기의 경우에는 최소 판매단위의 포장에 용기의 원산지를 표시할 수 있으며, 실수요자가 이들 물품을 수입하는 경우에는 용기의 원산지를 표시하지 않아도 무방하다.

제81조(수입 물품 원산지 표시방법의 세부사항)

① 관세청장은 산업통상자원부장관과의 사전협의를 거쳐 제75조부터 제80조까지의 원산지 표시방법에 따라 물품의 특성을 감안한 세부적인 표시방법을 정할 수 있다.

② 관세청장은 수입 물품의 원산지 표시방법에 관한 세부사항을 정할 경우 이를 고시하여야 한다.

제82조(수입 물품 원산지 표시의 면제)

① 제75조에 따라 물품 또는 포장·용기에 원산지를 표시하여야 하는 수입 물품이 다음 각 호의 어느 하나에 해당되는 경우에는 원산지를 표시하지 아니할 수 있다.

1. 영 제2조 제6호 및 제7호에 의한 외화획득용 원료 및 시설기재로 수입되는 물품
2. 개인에게 무상 송부된 탁송품, 별송품 또는 여행자 휴대품
3. 수입 후 실질적 변형을 일으키는 제조공정에 투입되는 부품 및 원재료로서 실수요자가 직접 수입하는 경우(실수요자를 위하여 수입을 대행하는 경우를 포함한다)
4. 판매 또는 임대목적에 제공되지 않는 물품으로서 실수요자가 직접 수입하는 경우. 다만, 해당 물품 중 제조용 시설 및 기자재(부분품 및 예비용 부품을 포함한다)는 실수요자를 위하여 수입을 대행하는 경우까지도 인정할 수 있다.
5. 연구개발용품으로서 실수요자가 수입하는 경우(실수요자를 위하여 수입을 대행하는 경우를 포함한다)
6. 견본품(진열·판매용이 아닌 것에 한함) 및 수입된 물품의 하자보수용 물품(수입된 물품의 자체 결함에 따른 하자를 보수하기 위해 직접 수입하는 경우에 한함)
7. 보세운송, 환적 등에 의하여 우리나라를 단순히 경유하는 통과 화물
8. 재수출조건부 면세 대상 물품 등 일시 수입 물품
9. 우리나라에서 수출된 후 재수입되는 물품
10. 외교관 면세 대상 물품
11. 개인이 자가소비용으로 수입하는 물품으로서 세관장이 타당하다고 인정하는 물품
12. 그 밖에 관세청장이 산업통상자원부장관과 협의하여 타당하다고 인정하는 물품

② 세관장은 제1항에 따라 원산지 표시가 면제되는 물품에 대하여 외화획득 이행 여부, 목적외 사용 등 원산지표시 면제의 적합여부를 사후 확인할 수 있다.

제83조(원산지 표시의 확인·조사)

① 별표 8의 물품에 대하여 세관장은 필요하다고 판단되면, 해당 물품의 통관시 원산지 표시 여부를 확인할 수 있다.

② 세관장은 수출·수입되는 물품이 제75조부터 제81조까지의 규정에 위반되는 것으로 인정되는 경우에는 원산지의 표시·정정·말소 등 적절한 조치를 지시할 수 있다.

③ 관계 행정기관의 장, 시·도지사는 수입신고 후 통관된 물품이 제75조부터 제81조까지의 규정에 위반되는 것으로 인정되는 경우에는 원산지의 표시·정정·말소 등 적절한 조치를 지시할 수 있다.

④ 법 제33조 제5항에 따른 조사를 하는 공무원의 증표는 별표 11과 같다.

제84조(원산지 표시의 확인 및 이의제기)

① 관세청장은 영 제57조 제1항에 따라 적정한 원산지 표시방법에 관한 확인을 요청받은 경우에는 신청을 접수한 날부터 30일 이내에 영 제56조에 따라 해당 물품의 적정한 표시방법을 확인하여 요청인에게 알려야 한다.

② 제1항의 통보 내용에 대하여 영 제57조 제2항에 따른 이의제기를 접수한 관세청장은 접수한 날부터 30일 이내에 이의제기에 대하여 결정을 하고 이를 요청인에게 알려야 한다.

③ 관세청장은 제1항에 따른 원산지 표시 확인 및 이의제기에 필요한 사항을 산업통상자원부장관과 협의하여 별도로 정할 수 있다.

제3절 원산지 판정

제85조(수입 물품의 원산지 판정 기준)

① 다음 각 호에 해당되는 물품을 영 제61조 제1항 제1호에 따른 완전생산물품으로 본다.
1. 해당국 영역에서 생산한 광산물, 농산물 및 식물성 생산물
2. 해당국 영역에서 번식, 사육한 산동물과 이들로부터 채취한 물품
3. 해당국 영역에서 수렵, 어로로 채포한 물품
4. 해당국 선박에 의하여 해당국 이외 국가의 영해나 배타적 경제수역이 아닌 곳에서 채포(採捕)한 어획물, 그 밖의 물품
5. 해당국에서 제조, 가공공정 중에 발생한 잔여물
6. 해당국 또는 해당국의 선박에서 제1호부터 제5호까지의 물품을 원재료로 하여 제조·가공한 물품

② 영 제61조 제1항 제2호에서 "실질적 변형"이란 해당국에서의 제조·가공과정을 통하여 원재료의 세번과 상이한 세번(HS 6단위 기준)의 제품을 생산하는 것을 말한다.

③ 산업통상자원부장관은 관세율표상에 해당 물품과 그 원재료의 세번이 구분되어 있지 아니함으로 인하여 제조·가공 과정을 통하여 그 물품의 본질적 특성을 부여하는 활동을 가하더라도 세번(HS 6단위 기준)이 변경되지 아니하는 경우에는 관계기관의 의견을 들은 후 해당 물품 생산에서 발생한 부가가치와 주요 공정 등 종합적인 특성을 감안하여 실질적 변형에 대한 기준을 제시할 수 있다.

④ 제2항에도 불구하고 산업통상자원부장관이 별표 9에서 별도로 정하는 물품에 대하여는 부가가치, 주요 부품 또는 주요 공정 등이 해당 물품의 원산지 판정기준이 된다.

⑤ 제4항에 따른 부가가치의 비율은 해당 물품의 제조·생산에 사용된 원료 및 구성품의 원산지별 가격누계가 해당 물품의 수입가격(FOB가격 기준)에서 점하는 비율로 한다.

⑥ 제4항의 주요 부품에 대하여는 다음 각 호의 국가를 원산지로 본다.
1. 해당 주요 부품의 원료 및 구성품의 부가가치생산에 최대로 기여한 국가가 해당 완제품의 부가가치비율 기준 상위 2개국 중 어느 하나에 해당하는 경우는 해당 국가
2. 해당 주요 부품의 원료 및 구성품의 부가가치생산에 최대로 기여한 국가가 해당 완제품의 부가가치비율 기준 상위 2개국 중 어느 하나에 해당하지 아니하는 경우는 해당 완제품을 최종적으로 제조한 국가

⑦ 제5항 및 제6항에 따라 부가가치의 비율을 산정하는 경우 해당 물품의 제조·생산에 사용된 원료 및 구성품의 가격은 다음 각 호의 어느 하나에서 정하는 가격으로 한다.
1. 해당 제조·생산국에서 외국으로부터 수입조달한 원료 및 구성품의 가격은 각기 수입단위별 FOB가격
2. 해당 제조·생산국에서 국내적으로 공급된 원료 및 구성품의 가격은 각기 구매단위별 공장도가격

⑧ 다음 각 호의 어느 하나를 영 제61조 제1항 제3호에 규정된 "단순한 가공활동"으로 보며, 단순한 가공활동을 수행하는 국가에는 원산지를 부여하지 아니한다.
1. 운송 또는 보관 목적으로 물품을 양호한 상태로 보존하기 위해 행하는 가공활동
2. 선적 또는 운송을 용이하게 하기 위한 가공활동
3. 판매목적으로 물품의 포장 등과 관련된 활동
4. (삭제)
5. 제조·가공결과 HS 6단위가 변경되는 경우라도 다음 각 목의 어느 하나에 해당되는 가공과 이들이 결합되는 가공은 단순한 가공활동의 범위에 포함된다.
   가. 통풍

나. 건조 또는 단순가열(볶거나 굽는 것을 포함한다)
다. 냉동, 냉장
라. 손상부위의 제거, 이물질 제거, 세척
마. 기름칠, 녹방지 또는 보호를 위한 도색, 도장
바. 거르기 또는 선별(sifting or screening)
사. 정리(sorting), 분류 또는 등급선정(classifying, or grading)
아. 시험 또는 측정
자. 표시나 라벨의 수정 또는 선명화
차. 가수, 희석, 흡습, 가염, 가당, 전리(ionizing)
카. 각피(husking), 탈각(shelling or unshelling), 씨제거 및 신선 또는 냉장육류의 냉동, 단순 절단 및 단순 혼합
타. 별표 9에서 정한 HS 01류의 가축을 수입하여 해당국에서 도축하는 경우 같은 별표에서 정한 품목별 사육기간 미만의 기간 동안 해당국에서 사육한 가축의 도축(slaughtering)
파. 펴기(spreading out), 압착(crushing)
하. 가목부터 파목까지의 규정에 준하는 가공으로서 산업통상자원부장관이 별도로 판정하는 단순한 가공활동

제86조(수입원료를 사용한 국내생산물품등의 원산지 판정 기준)

① 법 제35조에 따른 수입원료를 사용한 국내생산물품 등에서, 원산지 판정 기준 적용 대상물품은 다음 각 호의 어느 하나에도 해당되지 않는 물품이다.

1. 국내수입후 제85조 제8항의 단순한 가공활동을 거친 물품
2. 1류~24류(농수산물·식품), 30류(의료용품), 33류(향료·화장품), 48류(지와 판지), 49류(서적·신문·인쇄물), 50류~58류(섬유), 70류(유리), 72류(철강), 87류(8701~8708의 일반차량), 89류(선박)

② 제1항의 원산지 판정 기준 적용 대상물품중에서, 다음 각 호의 어느 하나에 해당하는 경우, 우리나라를 원산지로 하는 물품으로 본다. 이 경우 제조원가란, 일반적으로 물품의 공장도 공급가액에서 이윤과 판매·관리비를 제외한 금액이 되나, 정확한 계산이 곤란한 경우 등, 예외적인 경우에는 국가를 당사자로 하는 계약에 관한 법률 시행규칙 제9조에 따른 공인원가계산용역기관이 계산한 원가로 대체할 수 있다.

1. 우리나라에서 제조·가공과정을 통해 수입원료의 세번과 상이한 세번(HS 6단위 기준)의 물품(세번 HS 4단위에 해당하는 물품의 세번이 HS 6단위에서 전혀 분류되지 아니한 물품을 포함한다)을 생산하고, 해당 물품의 제조원가에서 수입원료의 수입가격(CIF 기준으로 실제 거래된 가격, 이하 같다)을 공제한 금액이, 제조원가의 51퍼센트 이상인 경우
2. 우리나라에서 제조·가공과정을 통해 제1호의 세번 변경이 되지 않은 물품을 최종적으로 생산하고, 해당 물품의 제조원가에서 수입원료의 수입가격을 공제한 금액이, 제조원가의 85퍼센트 이상인 경우

③ 제2항에도 불구하고 천일염은 외국산 원재료가 사용되지 않고 제조되어야 우리나라를 원산지로 본다.

④ 제2항 및 제3항에 따라 국내생산물품 등의 원산지를 우리나라로 볼 수 있는 경우에는 제76조 제1항의 규정을 준용하여 표시할 수 있다.

⑤ 법 제35조에 따른 수입원료를 사용한 국내생산물품중 제2항의 원산지 규정을 충족하지 아니한 물품의 원산지 표시는 다음 각 호의 방법에 따라 표시할 수 있다.

1. 우리나라를 "가공국" 또는 "조립국" 등으로 표시하되 원료 또는 부품의 원산지를 동일한 크기와 방법으로 병행하여 표시
2. 제1호의 원료나 부품이 1개국의 생산품인 경우에는 "원료(또는 부품)의 원산지: 국명"을 표시

3. 제1호의 원료나 부품이 2개국 이상(우리나라를 포함한다)에서 생산된 경우에는 완성품의 제조원가의 재료비에서 차지하는 구성비율이 높은 순으로 2개 이상의 원산지를 각각의 구성비율과 함께 표시(예: "원료 (또는 부품)의 원산지: 국명(○%), 국명(○%)")

⑥ 제2항에 따른 판정 시, 원산지를 우리나라로 입증할 수 없는 원료는 수입원료로 본다.

제87조(원산지 판정 기준의 특례)

① 기계·기구·장치 또는 차량에 사용되는 부속품·예비부분품 및 공구로서 기계 등과 함께 수입되어 동시에 판매되고 그 종류 및 수량으로 보아 정상적인 부속품, 예비부분품 및 공구라고 인정되는 물품의 원산지는 해당 기계·기구·장치 또는 차량의 원산지와 동일한 것으로 본다.

② 포장용품의 원산지는 해당 포장된 내용품의 원산지와 동일한 것으로 본다. 다만, 법령에 따라 포장용품과 내용품을 각각 별개로 구분하여 수입신고하도록 규정된 경우에는 포장용품의 원산지는 내용품의 원산지와 구분하여 결정한다.

③ 촬영된 영화용 필름은 그 영화제작자가 속하는 나라를 원산지로 한다.

④ 영 제4조에 따른 전자적 형태의 무체물은 저작권자가 속하는 나라를 원산지로 한다.

제88조(수출입 물품의 원산지 판정)

관세청장은 영 제62조에 따른 원산지 판정을 위하여 필요한 경우 해당 사안과 관련된 행정기관의 장, 무역거래자 및 그 밖의 이해관계인에게 자료의 제출을 요청할 수 있다.

제89조

삭제

제90조(원산지의 판정자료 보정기간)

영 제63조 제2항의 보정기간은 법 제34조 제6항에 따른 이의제기 결정기간에 산입하지 아니한다.

제91조(원산지의 확인)

① 영 제65조 제1항에 따라 원산지를 확인하여야 할 물품을 수입하는 자는 수입신고전까지 원산지증명서 등 관계 자료를 제출하고 확인을 받아야 한다.

② 제1항의 규정에 따라 수입시 원산지증명서를 제출하여야 하는 경우는 다음과 같다.
1. 통합공고에 의하여 특정지역으로부터 수입이 제한되는 물품
2. 원산지 허위표시, 오인·혼동표시 등을 확인하기 위하여 세관장이 필요하다고 인정하는 물품
3. 그 밖에 법령에 따라 원산지 확인이 필요한 물품

③ 제1항에 따라 관계 자료를 제출받은 세관장은 해당 자료의 발행기관에 이의 확인을 요청할 수 있다.

④ 관세청장은 제1항의 원산지 확인에 필요한 사항을 산업통상자원부장관과 협의하여 별도로 정할 수 있다.

⑤ 제1항에 따라 관계 자료를 제출한 자는 자료제출기관에 제출한 자료를 영업상 비밀로 보호하여 줄 것을 요청할 수 있다.

제92조(원산지증명서 등의 제출면제)

제91조 제1항에도 불구하고 다음 각 호의 어느 하나에 해당하는 물품은 원산지증명서 등의 제출을 면제한다.
1. 과세가격(종량세의 경우에는 이를「관세법」제15조에 준하여 산출한 가격)이 15만원 이하인 물품
2. 우편물(「관세법」제258조 제2항에 해당하는 것을 제외한다)
3. 개인에게 무상 송부된 탁송품, 별송품 또는 여행자의 휴대품
4. 재수출조건부 면세 대상 물품 등 일시 수입 물품
5. 보세운송, 환적 등에 의하여 우리나라를 단순히 경유하는 통과화물
6. 물품의 종류, 성질, 형상 또는 그 상표, 생산국명, 제조자 등에 의하여 원산지가 인정되는 물품
7. 그 밖에 관세청장이 산업통상자원부장관과 협의하여 타당하다고 인정하는 물품

제93조(원산지 확인에 있어서의 직접운송원칙)

① 수입 물품의 원산지는 그 물품이 원산지 국가 이외의 국가(이하 "비원산국"이라 한다)를 경유하지 아니하고 원산지 국가로부터 직접 우리나라로 운송반입된 물품에만 해당 물품의 원산지를 인정한다. 다만, 다음 각 호의 어느 하나에 해당하는 경우에는 해당 물품이 비원산국의 보세구역 등에서 세관 감시하에 환적 또는 일시장치 등이 이루어지고, 이들 이외의 다른 행위가 없었음이 인정되는 경우에만 이를 우리나라로 직접 운송된 물품으로 본다.
1. 지리적 또는 운송상의 이유로 비원산국에서 환적 또는 일시장치가 이루어진 물품의 경우
2. 박람회, 전시회 그 밖에 이에 준하는 행사에 전시하기 위하여 비원산국으로 수출하였던 물품으로서 해당 물품의 전시목적에 사용 후 우리나라로 수출한 물품의 경우

② 제1항의 단서에 해당하는 물품의 경우에는 관세청장이 정하는 서류를 원산지증명서와 함께 제91조에 따라 세관장에게 제출하여야 한다.

제6장 수출입 질서유지

제1절 분쟁조정 등

제94조(무역분쟁 관련 서류 제출)

① 법 제44조 제2항에 따라 산업통상자원부장관으로부터 무역분쟁 관련 서류의 제출을 요구받은 무역거래자는 다음 각 호의 사항을 기재하여 이를 산업통상자원부장관에게 제출하여야 한다.
1. 무역분쟁의 당사자
2. 무역분쟁의 발생경위 및 내용
3. 그 밖에 필요한 서류

제95조
삭제

제96조
삭제

제97조
삭제

제98조(조정신청의 접수 및 통지)

① 영 제80조에 따라 조정을 신청하려는 자(이하 "신청인"이라 한다)는 조정비용의 예납과 함께 다음 각 호의 사항을 기재한 조정신청서 5부를 대한상사중재원장(이하 "중재원장"이라 한다)에게 제출하여야 한다.

1. 당사자의 성명 및 주소(다만, 법인인 경우는 법인의 명칭 및 주소와 그 대표자의 성명 및 주소를 병기)
2. 조정을 구하는 취지 및 이유
3. 그 밖에 분쟁조정을 위한 참고자료

② 중재원장은 조정의 신청을 접수한 경우에는 이를 당사자에게 서면으로 알린다. 접수된 사항의 추가 또는 변경하려는 경우에도 또한 같다. 다만, 경미한 사항은 그러하지 아니하다.

제99조(답변)

제98조에 따른 조정신청통지를 받은 조정의 피신청인(이하 "피신청인"이라 한다)은 3일 이내에 대한상사중재원(이하 "중재원"이라 한다)에 서면으로 이에 대한 의견을 제출할 수 있다.

제100조(반대신청)

① 피신청인은 조정신청 통지를 받은 날부터 3일 이내에 반대신청을 할 수 있다. 다만, 반대신청이 정상적인 조정절차를 방해한다고 인정되는 경우 중재원장은 직권으로 이를 허가하지 아니할 수 있다.

② 피신청인의 반대신청은 신청인의 조정신청과 병합하여 심리한다.

③ 제98조 및 제99조의 규정은 반대신청의 경우에 준용한다.

제101조(조정비용)

① 영 제84조의 조정비용 기준은 별표 12와 같다.

② 당사자의 신청에 의한 경우 조정위원 및 간사의 소요경비, 증인 또는 감정인의 소요경비, 검사 또는 조사경비, 통역 또는 번역경비 등 조정에 소요되는 일체의 경비는 해당 당사자가 부담한다. 다만 그 경비가 중재원장의 요청에 의한 것일 경우에는 당사자간에 따로 정함이 없는 경우 신청인이 부담한다.

제102조(예납방법)

① 조정신청을 하려는 신청인은 제101조의 조정비용을 중재원에 예납하여야 한다.

② 제1항의 예납액이 부족한 경우 중재원장은 신청인에게 추가예납을 요청할 수 있다.

③ 당사자가 제101조 제2항 및 제102조 제2항의 조정비용의 예납요청을 받은 날부터 3일 이내에 이를 이행하지 않는 때에는 중재원장은 조정절차를 정지하거나 끝낼 수 있다. 다만, 일방의 당사자가 다른 당사자가 지급하여야 할 조정비용을 지급한 경우에는 그러하지 아니하다.

④ 중재원장은 조정이 끝난 때에는 예납된 조정비용을 정산하고 잔액이 있는 경우는 이를 당사자에게 반환하여야 한다.

제103조(조정명령의 기준)

영 제87조에서 규정한 "법 제43조 제1항 제3호에 따른 조정을 명할 수 있는 경우에 대한 기준"이란 다음 각 호의 경우를 말한다.

1. 법 제46조 제1항 제3호 가목의 "부당하게 다른 무역거래자를 제외하는 경우"란 물품등을 수출할 때에 정당한 이유 없이 그 수출에 소요되는 비용보다 낮은 가격으로 수출함으로써 다른 무역거래자를 제외시킬 우려가 있는 경우를 말한다.

2. 법 제46조 제1항 제3호 나목의 "부당하게 다른 무역거래자의 상대방에 대해 다른 무역거래자와 거래하지 않도록 유인하거나 강제하는 경우"란 정상적인 거래관행에 비추어 부당한 이익을 제공 또는 제공할 제의를 하여 다른 무역거래자의 상대방을 자기와 거래하도록 유인하는 행위를 말한다.
3. 법 제46조 제1항 제3호 다목의 "부당하게 다른 무역거래자의 해외에서의 사업활동을 방해하는 경우"란 다음 각 목의 경우를 말한다.
   가. 기술, 영업정보의 부당사용: 다른 무역거래자의 기술 또는 영업정보를 부당하게 이용하여 다른 무역거래자의 해외에서의 사업활동을 곤란하게 할 정도로 방해하는 행위
   나. 인력의 부당유인·채용: 다른 무역거래자의 인력을 부당하게 유인·채용하여 다른 무역거래자의 해외에서의 사업활동을 곤란하게 할 정도로 방해하는 행위

제104조
삭제

제105조
삭제

제106조
삭제

제7장 보칙

제107조(위임·위탁사무의 처리요령)
① 법 제52조에 따라 산업통상자원부장관의 권한을 위임 또는 위탁받은 자는 위임 또는 위탁받은 업무의 처리기준 및 절차를 제정·운용할 수 있다.

② 제1항에 따라 업무처리기준 및 절차를 제정 또는 개정하려는 경우에는 산업통상자원부장관과 미리 협의하여야 한다.

제108조(위임·위탁사무의 처리결과보고)
① 영 제92조 제2항에 따른 위임·위탁업무 처리결과의 보고시기는 다음 각 호의 어느 하나와 같다. 다만, 산업통상자원부장관이 필요하다고 인정하여 사안별로 요청하는 경우에는 그러하지 아니하다.
1. 해당 분기가 끝난 후 30일 이내
   가. 영 제91조 제3항 제3호부터 제5호까지에 관한 사항
   나. 영 제91조 제4항에 관한 사항
   다. 영 제91조 제5항에 관한 사항
   라. 영 제91조 제6항에 관한 사항
   마. 영 제91조 제7항에 관한 사항
   바. 영 제91조 제10항에 관한 사항
2. 해당 반기가 끝난 후 45일 이내
   가. 영 제91조 제2항에 관한 사항
   나. 영 제91조 제3항 제1호 및 제2호에 관한 사항
   다. 영 제91조 제8항에 관한 사항

라. 영 제91조 제9항에 관한 사항
　　마. 영 제91조 제11항에 관한 사항
3. 영 제91조 제1항 제1호부터 제6호까지에 관한 사항은 해당 연도가 끝난 후 2개월 이내

② 보고항목, 양식 등은 산업통상자원부장관과 수임·수탁기관의 장이 협의하여 정하되 영 제91조 각 항 각 호에 따른 위임·위탁업무별로 종합적인 처리결과와 특이사항의 파악이 가능하도록 한다.

제109조(과태료부과 협의 등)

① 영 제92조 제1항에 따른 세관장과 시·도지사와의 과징금 및 과태료부과 협의대상 기관은 다음 각 호의 어느 하나와 같다.
1. 세관장이 적발하여 시·도지사(시·군·구)와 협의하려는 경우에는 위반업체의 주소지를 관할하는 시·도지사(시·군·구)
2. 시·도지사(시·군·구)가 적발하여 세관장과 협의하려는 경우에는 해당 주소지를 관할하는 세관장

② 제1항에 따라 과징금 및 과태료부과 협의를 할 경우 협의대상 기관에 통보할 사항은 다음 각 호와 같다.
1. 위반업체의 현황(수입업체명, 주소, 대표자 등)
2. 위반물품 현황(물품명, 수량 등)
3. 원산지 표시 위반내용
4. 관련 서류(위반물품의 수입신고필증, 그 밖의 관련 서류)
5. 적발일자 및 장소
6. 처벌 여부 및 처벌 내용 등

③ 동일한 수입신고에 의하여 수입된 물품의 경우에는 적발지역 또는 품목이 다른 경우에도 동일한 건으로 본다.

제110조(재검토기한)

산업통상자원부장관은 「훈령·예규 등의 발령 및 관리에 관한 규정」에 따라 이 고시에 대하여 2019년 1월 1일 기준으로 매3년이 되는 시점(매 3년째의 12월 31일까지를 말한다)마다 그 타당성을 검토하여 개선 등의 조치를 하여야 한다.

제111조(규제의 재검토)

산업통상자원부장관은 원산지표시대상물품을 정한 제75조 제1항 및 별표 8에 대하여 2015년 1월 1일을 기준으로 매 2년이 되는 시점(매 2년째의 12월 31일까지를 말한다)마다 그 타당성을 검토하여 개선 등의 조치를 하여야 한다.

제112조(규제의 효력기간)

다음 각 호의 사항은 2015년 12월 31일까지 효력을 가진다.
1. 제39조에 따른 외화획득의 이행기간
2. 제45조에 따른 외화획득용 원료등의 구매내역 신고
3. 제47조에 따른 외화획득 이행신고
4. 제48조에 따른 공급이행 신고
5. 제49조에 따른 사용목적 변경승인
6. 제50조에 따른 양도승인

7. 제61조에 따른 관광호텔용 물품의 사후 관리
8. 제62조에 따른 관광호텔용 물품의 공급
9. 제63조에 따른 관광호텔용 물품의 관리 등
10. 제64조에 따른 관광호텔용 물품의 용도외 사용금지
11. 제65조에 따른 관광호텔용 물품의 사후 관리에 따른 제재
12. 제66조에 따른 선용품의 사후 관리
13. 제67조에 따른 선용품의 관리 등
14. 제68조에 따른 선용품의 사후 관리에 따른 제재
15. 제69조에 따른 군납용 물품의 사후 관리 등

부칙 <제2024-43호, 2024. 3. 8.>
이 고시는 2024년 3월 8일부터 시행한다.

03 외국환거래법 관련 법규

외국환거래법

[시행 2025. 9. 19.] [법률 제20781호, 2025. 3. 18., 일부개정]

제1장 총칙

제1조(목적)
이 법은 외국환거래와 그 밖의 대외거래의 자유를 보장하고 시장기능을 활성화하여 대외거래의 원활화 및 국제수지의 균형과 통화가치의 안정을 도모함으로써 국민경제의 건전한 발전에 이바지함을 목적으로 한다.

제2조(적용 대상)
① 이 법은 다음 각 호의 어느 하나에 해당하는 경우에 적용한다.
1. 대한민국에서의 외국환과 대한민국에서 하는 외국환거래 및 그 밖에 이와 관련되는 행위
2. 대한민국과 외국 간의 거래 또는 지급·수령, 그 밖에 이와 관련되는 행위(외국에서 하는 행위로서 대한민국에서 그 효과가 발생하는 것을 포함한다)
3. 외국에 주소 또는 거소를 둔 개인과 외국에 주된 사무소를 둔 법인이 하는 거래로서 대한민국 통화(通貨)로 표시되거나 지급받을 수 있는 거래와 그 밖에 이와 관련되는 행위
4. 대한민국에 주소 또는 거소를 둔 개인 또는 그 대리인, 사용인, 그 밖의 종업원이 외국에서 그 개인의 재산 또는 업무에 관하여 한 행위
5. 대한민국에 주된 사무소를 둔 법인의 대표자, 대리인, 사용인, 그 밖의 종업원이 외국에서 그 법인의 재산 또는 업무에 관하여 한 행위

② 제1항 제1호부터 제3호까지의 규정에 따른 "그 밖에 이와 관련되는 행위"의 범위는 대통령령으로 정한다.

제3조(정의)
① 이 법에서 사용하는 용어의 뜻은 다음과 같다.
1. "내국통화"란 대한민국의 법정통화인 원화(貨)를 말한다.
2. "외국통화"란 내국통화 외의 통화를 말한다.
3. "지급수단"이란 다음 각 목의 어느 하나에 해당하는 것을 말한다.
    - 가. 정부지폐·은행권·주화·수표·우편환·신용장
    - 나. 대통령령으로 정하는 환어음, 약속어음, 그 밖의 지급지시
    - 다. 증표, 플라스틱카드 또는 그 밖의 물건에 전자 또는 자기적 방법으로 재산적 가치가 입력되어 불특정 다수인 간에 지급을 위하여 통화를 갈음하여 사용할 수 있는 것으로서 대통령령으로 정하는 것
4. "대외지급수단"이란 외국통화, 외국통화로 표시된 지급수단, 그 밖에 표시통화에 관계없이 외국에서 사용할 수 있는 지급수단을 말한다.

5. "내국지급수단"이란 대외지급수단 외의 지급수단을 말한다.
6. "귀금속"이란 금, 금합금의 지금(地金), 유통되지 아니하는 금화, 그 밖에 금을 주재료로 하는 제품 및 가공품을 말한다.
7. "증권"이란 제3호에 해당하지 아니하는 것으로서 「자본시장과 금융투자업에 관한 법률」 제4조에 따른 증권과 그 밖에 대통령령으로 정하는 것을 말한다.
8. "외화증권"이란 외국통화로 표시된 증권 또는 외국에서 지급받을 수 있는 증권을 말한다.
9. "파생상품"이란 「자본시장과 금융투자업에 관한 법률」 제5조에 따른 파생상품과 그 밖에 대통령령으로 정하는 것을 말한다.
10. "외화파생상품"이란 외국통화로 표시된 파생상품 또는 외국에서 지급받을 수 있는 파생상품을 말한다.
11. "채권"이란 모든 종류의 예금·신탁·보증·대차(貸借) 등으로 생기는 금전 등의 지급을 청구할 수 있는 권리로서 제1호부터 제10호까지의 규정에 해당되지 아니하는 것을 말한다.
12. "외화채권"이란 외국통화로 표시된 채권 또는 외국에서 지급받을 수 있는 채권을 말한다.
13. "외국환"이란 대외지급수단, 외화증권, 외화파생상품 및 외화채권을 말한다.
14. "거주자"란 대한민국에 주소 또는 거소를 둔 개인과 대한민국에 주된 사무소를 둔 법인을 말한다.
15. "비거주자"란 거주자 외의 개인 및 법인을 말한다. 다만, 비거주자의 대한민국에 있는 지점, 출장소, 그 밖의 사무소는 법률상 대리권의 유무에 상관없이 거주자로 본다.
16. "외국환업무"란 다음 각 목의 어느 하나에 해당하는 것을 말한다.
    가. 외국환의 발행 또는 매매
    나. 대한민국과 외국 간의 지급·추심(推尋) 및 수령
    다. 외국통화로 표시되거나 지급되는 거주자와의 예금, 금전의 대차 또는 보증
    라. 비거주자와의 예금, 금전의 대차 또는 보증
    마. 그 밖에 가목부터 라목까지의 규정과 유사한 업무로서 대통령령으로 정하는 업무
16의2. "외국환중개업무"란 다음 각 목의 어느 하나에 해당하는 것을 말한다.
    가. 외국통화의 매매·교환·대여의 중개
    나. 외국통화를 기초자산으로 하는 파생상품거래의 중개
    다. 그 밖에 가목 및 나목과 관련된 업무
17. "금융회사등"이란 「금융위원회의 설치 등에 관한 법률」 제38조(제9호 및 제10호는 제외한다)에 따른 기관과 그 밖에 금융업 및 금융 관련 업무를 하는 자로서 대통령령으로 정하는 자를 말한다.
18. "해외직접투자"란 거주자가 하는 다음 각 목의 어느 하나에 해당하는 거래·행위 또는 지급을 말한다.
    가. 외국법령에 따라 설립된 법인(설립 중인 법인을 포함한다)이 발행한 증권을 취득하거나 그 법인에 대한 금전의 대여 등을 통하여 그 법인과 지속적인 경제관계를 맺기 위하여 하는 거래 또는 행위로서 대통령령으로 정하는 것
    나. 외국에서 영업소를 설치·확장·운영하거나 해외사업 활동을 하기 위하여 자금을 지급하는 행위로서 대통령령으로 정하는 것
19. "자본거래"란 다음 각 목의 어느 하나에 해당하는 거래 또는 행위를 말한다.
    가. 예금계약, 신탁계약, 금전대차계약, 채무보증계약, 대외지급수단·채권 등의 매매계약(다목에 해당하는 경우는 제외한다)에 따른 채권의 발생·변경 또는 소멸에 관한 거래(거주자 간 거래는 외국환과 관련된 경우로 한정한다)
    나. 증권의 발행·모집, 증권 또는 이에 관한 권리의 취득(다목에 해당하는 경우는 제외하며, 거주자 간 거래는 외국환과 관련된 경우로 한정한다)
    다. 파생상품거래(거주자 간의 파생상품거래는 외국환과 관련된 경우로 한정한다)

라. 거주자에 의한 외국에 있는 부동산이나 이에 관한 권리의 취득 또는 비거주자에 의한 국내에 있는 부동산이나 이에 관한 권리의 취득

마. 가목의 경우를 제외하고 법인의 국내에 있는 본점, 지점, 출장소, 그 밖의 사무소(이하 이 목에서 "사무소"라 한다)와 외국에 있는 사무소 사이에 이루어지는 사무소의 설치·확장 또는 운영 등과 관련된 행위와 그에 따른 자금의 수수(授受)(사무소를 유지하는 데에 필요한 경비나 경상적 거래와 관련된 자금의 수수로서 대통령령으로 정하는 것은 제외한다)

바. 그 밖에 가목부터 마목까지의 규정과 유사한 형태로서 대통령령으로 정하는 거래 또는 행위

20. "비예금성외화부채등"이란 금융회사등의 외국통화표시 부채(외화예수금은 제외한다) 및 이와 유사한 것으로서 대통령령으로 정하는 것을 말한다.

② 제1항 제14호 및 제15호에 따른 거주자와 비거주자의 구분이 명백하지 아니한 경우에는 대통령령으로 정하는 바에 따른다.

제4조(대외거래의 원활화 촉진 등)

① 기획재정부장관은 이 법에 따른 제한을 필요한 최소한의 범위에서 함으로써 외국환거래나 그 밖의 대외거래가 원활하게 이루어질 수 있도록 노력하여야 한다.

② 기획재정부장관은 안정적인 외국환수급(需給)의 기반 조성과 외환시장의 안정을 위하여 노력하여야 하며, 이를 위한 시책을 마련하여야 한다.

제4조(대외거래의 원활화 촉진 등)

① 재정경제부장관은 이 법에 따른 제한을 필요한 최소한의 범위에서 함으로써 외국환거래나 그 밖의 대외거래가 원활하게 이루어질 수 있도록 노력하여야 한다.

② 재정경제부장관은 안정적인 외국환수급(需給)의 기반 조성과 외환시장의 안정을 위하여 노력하여야 하며, 이를 위한 시책을 마련하여야 한다.

[시행일: 2026. 1. 2.] 제4조

제5조(환율)

① 기획재정부장관은 원활하고 질서 있는 외국환거래를 위하여 필요하면 외국환거래에 관한 기준환율, 외국환의 매도율·매입률 및 재정환율(이하 "기준환율등"이라 한다)을 정할 수 있다.

② 거주자와 비거주자는 제1항에 따라 기획재정부장관이 기준환율등을 정한 경우에는 그 기준환율등에 따라 거래하여야 한다.

제5조(환율)

① 재정경제부장관은 원활하고 질서 있는 외국환거래를 위하여 필요하면 외국환거래에 관한 기준환율, 외국환의 매도율·매입률 및 재정환율(이하 "기준환율등"이라 한다)을 정할 수 있다.

② 거주자와 비거주자는 제1항에 따라 재정경제부장관이 기준환율등을 정한 경우에는 그 기준환율등에 따라 거래하여야 한다.

[시행일: 2026. 1. 2.] 제5조

제6조(외국환거래의 정지 등)

① 기획재정부장관은 천재지변, 전시·사변, 국내외 경제사정의 중대하고도 급격한 변동, 그 밖에 이에 준하는 사태가 발생하여 부득이 하다고 인정되는 경우에는 대통령령으로 정하는 바에 따라 다음 각 호의 어느 하나에 해당하는 조치를 할 수 있다.

1. 이 법을 적용받는 지급 또는 수령, 거래의 전부 또는 일부에 대한 일시 정지
2. 지급수단 또는 귀금속을 한국은행·정부기관·외국환평형기금·금융회사등에 보관·예치 또는 매각하도록 하는 의무의 부과
3. 비거주자에 대한 채권을 보유하고 있는 거주자로 하여금 그 채권을 추심하여 국내로 회수하도록 하는 의무의 부과

② 기획재정부장관은 다음 각 호의 어느 하나에 해당된다고 인정되는 경우에는 대통령령으로 정하는 바에 따라 자본거래를 하려는 자에게 허가를 받도록 하는 의무를 부과하거나, 자본거래를 하는 자에게 그 거래와 관련하여 취득하는 지급수단의 일부를 한국은행·외국환평형기금 또는 금융회사등에 예치하도록 하는 의무를 부과하는 조치를 할 수 있다.

1. 국제수지 및 국제금융상 심각한 어려움에 처하거나 처할 우려가 있는 경우
2. 대한민국과 외국 간의 자본 이동으로 통화정책, 환율정책, 그 밖의 거시경제정책을 수행하는 데에 심각한 지장을 주거나 줄 우려가 있는 경우

③ 제1항과 제2항에 따른 조치는 특별한 사유가 없으면 6개월의 범위에서 할 수 있으며, 그 조치 사유가 소멸된 경우에는 그 조치를 즉시 해제하여야 한다.

④ 제1항부터 제3항까지의 규정에 따른 조치는 「외국인투자 촉진법」 제2조 제1항 제4호에 따른 외국인투자에 대하여 적용하지 아니한다.

⑤ 기획재정부장관은 제1항 제3호의 조치를 하기 위하여 필요한 경우 해당 거주자의 관할 세무관서의 장에게 「국제조세조정에 관한 법률」 제52조 제3호에 따른 해외금융계좌정보의 제공을 요청할 수 있다. 이 경우 해외금융계좌정보의 제공을 요청받은 관할 세무관서의 장은 특별한 사정이 없으면 그 요청에 따라야 한다.

제6조(외국환거래의 정지 등)

① 재정경제부장관은 천재지변, 전시·사변, 국내외 경제사정의 중대하고도 급격한 변동, 그 밖에 이에 준하는 사태가 발생하여 부득이 하다고 인정되는 경우에는 대통령령으로 정하는 바에 따라 다음 각 호의 어느 하나에 해당하는 조치를 할 수 있다.

1. 이 법을 적용받는 지급 또는 수령, 거래의 전부 또는 일부에 대한 일시 정지
2. 지급수단 또는 귀금속을 한국은행·정부기관·외국환평형기금·금융회사등에 보관·예치 또는 매각하도록 하는 의무의 부과
3. 비거주자에 대한 채권을 보유하고 있는 거주자로 하여금 그 채권을 추심하여 국내로 회수하도록 하는 의무의 부과

② 재정경제부장관은 다음 각 호의 어느 하나에 해당된다고 인정되는 경우에는 대통령령으로 정하는 바에 따라 자본거래를 하려는 자에게 허가를 받도록 하는 의무를 부과하거나, 자본거래를 하는 자에게 그 거래와 관련하여 취득하는 지급수단의 일부를 한국은행·외국환평형기금 또는 금융회사등에 예치하도록 하는 의무를 부과하는 조치를 할 수 있다.

1. 국제수지 및 국제금융상 심각한 어려움에 처하거나 처할 우려가 있는 경우
2. 대한민국과 외국 간의 자본 이동으로 통화정책, 환율정책, 그 밖의 거시경제정책을 수행하는 데에 심각한 지장을 주거나 줄 우려가 있는 경우

③ 제1항과 제2항에 따른 조치는 특별한 사유가 없으면 6개월의 범위에서 할 수 있으며, 그 조치 사유가 소멸된 경우에는 그 조치를 즉시 해제하여야 한다.

④ 제1항부터 제3항까지의 규정에 따른 조치는 「외국인투자 촉진법」 제2조 제1항 제4호에 따른 외국인투자에 대하여 적용하지 아니한다.

⑤ 재정경제부장관은 제1항 제3호의 조치를 하기 위하여 필요한 경우 해당 거주자의 관할 세무관서의 장에게 「국제조세조정에 관한 법률」 제52조 제3호에 따른 해외금융계좌정보의 제공을 요청할 수 있다. 이 경우 해외금융계좌정보의 제공을 요청받은 관할 세무관서의 장은 특별한 사정이 없으면 그 요청에 따라야 한다.

[시행일: 2026. 1. 2.] 제6조

제7조

삭제

제2장 외국환업무취급기관 등

제8조(외국환업무의 등록 등)

① 외국환업무를 업으로 하려는 자는 대통령령으로 정하는 바에 따라 외국환업무를 하는 데에 충분한 자본·시설 및 전문인력을 갖추어 미리 기획재정부장관에게 등록하여야 한다. 다만, 기획재정부장관이 업무의 내용을 고려하여 등록이 필요하지 아니하다고 인정하여 대통령령으로 정하는 금융회사등은 그러하지 아니하다.

② 외국환업무는 금융회사등만 할 수 있으며, 외국환업무를 하는 금융회사등은 대통령령으로 정하는 바에 따라 그 금융회사등의 업무와 직접 관련되는 범위에서 외국환업무를 할 수 있다.

③ 제1항 및 제2항에도 불구하고 금융회사등이 아닌 자가 다음 각 호의 어느 하나에 해당하는 외국환업무를 업으로 하려는 경우에는 대통령령으로 정하는 바에 따라 해당 업무에 필요한 자본·시설 및 전문인력 등 대통령령으로 정하는 요건을 갖추어 미리 기획재정부장관에게 등록하여야 한다. 이 경우 제1호 및 제2호의 외국환업무의 규모, 방식 등 구체적인 범위 및 안전성 확보를 위한 기준은 대통령령으로 정한다.

1. 외국통화의 매입 또는 매도, 외국에서 발행한 여행자수표의 매입
2. 대한민국과 외국 간의 지급 및 수령과 이에 수반되는 외국통화의 매입 또는 매도
3. 그 밖에 외국환거래의 편의 증진을 위하여 필요하다고 인정하여 대통령령으로 정하는 외국환업무

④ 제1항 본문에 따라 외국환업무의 등록을 한 금융회사등과 제3항에 따라 외국환업무의 등록을 한 자(이하 "전문외국환업무취급업자"라 한다)가 그 등록사항 중 대통령령으로 정하는 사항을 변경하려 하거나 외국환업무를 폐지하려는 경우에는 대통령령으로 정하는 바에 따라 기획재정부장관에게 미리 그 사실을 신고하여야 한다.

⑤ 제1항에 따라 외국환업무의 등록을 한 금융회사등(제1항 단서에 따른 금융회사등을 포함한다. 이하 "외국환업무취급기관"이라 한다)은 국민경제의 건전한 발전, 국제 평화와 안전의 유지 등을 위하여 필요하다고 인정하여 대통령령으로 정하는 경우에는 이 법을 적용받는 업무에 관하여 외국금융기관과 계약을 체결할 때 기획재정부장관의 인가를 받아야 한다.

⑥ 외국환업무취급기관 및 전문외국환업무취급업자의 업무 수행에 필요한 사항은 대통령령으로 정한다.

⑦ 기획재정부장관은 외국환업무의 성실한 이행을 위하여 제3항에 따라 등록한 자에게 기획재정부장관이 지정하는 기관에 보증금을 예탁하게 하거나 보험 또는 공제에 가입하게 하는 등 대통령령으로 정하는 바에 따라 필요한 조치를 할 수 있다.

제8조(외국환업무의 등록 등)

① 외국환업무를 업으로 하려는 자는 대통령령으로 정하는 바에 따라 외국환업무를 하는 데에 충분한 자본·시설 및 전문인력을 갖추어 미리 재정경제부장관에게 등록하여야 한다. 다만, 재정경제부장관이 업무의 내용을 고려하여 등록이 필요하지 아니하다고 인정하여 대통령령으로 정하는 금융회사등은 그러하지 아니하다.

② 외국환업무는 금융회사등만 할 수 있으며, 외국환업무를 하는 금융회사등은 대통령령으로 정하는 바에 따라 그 금융회사등의 업무와 직접 관련되는 범위에서 외국환업무를 할 수 있다.

③ 제1항 및 제2항에도 불구하고 금융회사등이 아닌 자가 다음 각 호의 어느 하나에 해당하는 외국환업무를 업으로 하려는 경우에는 대통령령으로 정하는 바에 따라 해당 업무에 필요한 자본·시설 및 전문인력 등 대통령령으로 정하는 요건을 갖추어 미리 재정경제부장관에게 등록하여야 한다. 이 경우 제1호 및 제2호의 외국환업무의 규모, 방식 등 구체적인 범위 및 안전성 확보를 위한 기준은 대통령령으로 정한다.

1. 외국통화의 매입 또는 매도, 외국에서 발행한 여행자수표의 매입
2. 대한민국과 외국 간의 지급 및 수령과 이에 수반되는 외국통화의 매입 또는 매도
3. 그 밖에 외국환거래의 편의 증진을 위하여 필요하다고 인정하여 대통령령으로 정하는 외국환업무

④ 제1항 본문에 따라 외국환업무의 등록을 한 금융회사등과 제3항에 따라 외국환업무의 등록을 한 자(이하 "전문외국환업무취급업자"라 한다)가 그 등록사항 중 대통령령으로 정하는 사항을 변경하려 하거나 외국환업무를 폐지하려는 경우에는 대통령령으로 정하는 바에 따라 재정경제부장관에게 미리 그 사실을 신고하여야 한다.

⑤ 제1항에 따라 외국환업무의 등록을 한 금융회사등(제1항 단서에 따른 금융회사등을 포함한다. 이하 "외국환업무취급기관"이라 한다)은 국민경제의 건전한 발전, 국제 평화와 안전의 유지 등을 위하여 필요하다고 인정하여 대통령령으로 정하는 경우에는 이 법을 적용받는 업무에 관하여 외국금융기관과 계약을 체결할 때 재정경제부장관의 인가를 받아야 한다.

⑥ 외국환업무취급기관 및 전문외국환업무취급업자의 업무 수행에 필요한 사항은 대통령령으로 정한다.

⑦ 재정경제부장관은 외국환업무의 성실한 이행을 위하여 제3항에 따라 등록한 자에게 재정경제부장관이 지정하는 기관에 보증금을 예탁하게 하거나 보험 또는 공제에 가입하게 하는 등 대통령령으로 정하는 바에 따라 필요한 조치를 할 수 있다.

[시행일: 2026. 1. 2.] 제8조

제9조(외국환중개업무 등)

① 외국환중개업무를 업으로 하려는 자는 다음 각 호의 구분에 따른 업종별로 대통령령으로 정하는 바에 따라 자본·시설 및 전문인력을 갖추어 기획재정부장관의 인가를 받아야 한다. 이 경우 인가를 받은 사항 중 대통령령으로 정하는 중요 사항을 변경하려면 기획재정부장관에게 신고하여야 한다.

1. 일반외국환중개업: 외국환거래 관련 전문성을 갖춘 금융회사등 및 관련 기관으로서 대통령령으로 정하는 자(이하 이 조에서 "전문금융기관등"이라 한다) 간의 외국환중개업무에 관한 영업
2. 대(對)고객외국환중개업: 전문금융기관등과 전문금융기관등에 속하지 아니한 외국환거래 상대방으로서 대통령령으로 정하는 자 간의 외국환중개업무에 관한 영업

② 제1항에 따라 인가받은 자(이하 "외국환중개회사"라 한다)는 같은 항 각 호의 구분에 따른 업종별로 해당 호에서 정하는 자를 상대로 외국환중개업무를 하여야 한다.

③ 외국환중개회사가 다음 각 호의 어느 하나에 해당하는 행위를 하려는 경우에는 대통령령으로 정하는 구분에 따라 기획재정부장관의 인가를 받거나 기획재정부장관에게 신고하여야 한다.

1. 합병 또는 해산
2. 영업의 전부 또는 일부의 폐지·양도·양수

④ 기획재정부장관은 외국환중개업무의 성실한 이행을 위하여 외국환중개회사에 대하여 기획재정부장관이 지정하는 기관에 보증금을 예탁하게 하거나 보험 또는 공제에 가입하게 하는 등 대통령령으로 정하는 바에 따라 필요한 조치를 할 수 있다.

⑤ 외국환중개회사가 외국에서 외국환중개업무를 하려는 경우에는 대통령령으로 정하는 바에 따라 기획재정부장관의 인가를 받아야 한다.

⑥ 이 법에 따른 외국환중개업무에 관하여는 「자본시장과 금융투자업에 관한 법률」 및 「금융소비자 보호에 관한 법률」을 적용하지 아니한다. 다만, 외국환중개회사의 거래상대방 보호를 위하여 다음 각 호의 구분에 따른 규정을 준용하며, 이 경우 "금융투자업자" 또는 "금융상품판매업자"는 각각 "외국환중개회사"로, "금융투자업" 또는 "금융상품판매업"은 각각 "외국환중개업무"로, "투자자" 또는 "금융소비자"는 각각 "외국환중개회사의 거래상대방"으로 본다.

1. 일반외국환중개업의 경우: 「자본시장과 금융투자업에 관한 법률」 제37조, 제38조 제1항(이 경우 "금융투자"는 "외국환중개"로 본다), 제39조, 제44조, 제54조, 제55조, 제71조, 제428조 제4항, 제430조부터 제434조까지, 제434조의2부터 제434조의4까지, 제444조 제6호의2·제8호, 제445조 제3호·제9호·제10호, 제446조 제3호(이 경우 "금융투자"는 "외국환중개"로 본다), 제447조 제2항 및 제449조 제1항(제29호 중 제71조를 위반한 자에 한정한다)·제4항
2. 대고객외국환중개업의 경우: 다음 각 목의 구분에 따른 규정
   가. 전문금융기관등과 외국환중개회사 간의 거래: 제1호에 따른 규정
   나. 전문금융기관등에 속하지 아니한 자와 외국환중개회사 간의 거래: 제1호에 따른 규정과 「금융소비자 보호에 관한 법률」 제14조부터 제16조까지, 제17조, 제19조부터 제21조까지, 제22조, 제28조, 제44조, 제47조(제1항 중 제18조에 관한 부분은 제외한다), 제57조(제3항은 제외하며, 이 경우 "금융상품직접판매업자"는 "외국환중개회사"로 본다)부터 제64조까지 및 제69조 제1항(제1호부터 제5호까지 및 제12호에 한정한다)·제2항(제1호 및 제2호에 한정한다)·제5항

⑦ 제1항부터 제6항까지에서 규정한 사항 외에 외국환중개회사의 업무 수행에 필요한 사항은 대통령령으로 정한다.

제9조(외국환중개업무 등)

① 외국환중개업무를 업으로 하려는 자는 다음 각 호의 구분에 따른 업종별로 대통령령으로 정하는 바에 따라 자본·시설 및 전문인력을 갖추어 재정경제부장관의 인가를 받아야 한다. 이 경우 인가를 받은 사항 중 대통령령으로 정하는 중요 사항을 변경하려면 재정경제부장관에게 신고하여야 한다.

1. 일반외국환중개업: 외국환거래 관련 전문성을 갖춘 금융회사등 및 관련 기관으로서 대통령령으로 정하는 자(이하 이 조에서 "전문금융기관등"이라 한다) 간의 외국환중개업무에 관한 영업
2. 대(對)고객외국환중개업: 전문금융기관등과 전문금융기관등에 속하지 아니한 외국환거래 상대방으로서 대통령령으로 정하는 자 간의 외국환중개업무에 관한 영업

② 제1항에 따라 인가받은 자(이하 "외국환중개회사"라 한다)는 같은 항 각 호의 구분에 따른 업종별로 해당 호에서 정하는 자를 상대로 외국환중개업무를 하여야 한다.

③ 외국환중개회사가 다음 각 호의 어느 하나에 해당하는 행위를 하려는 경우에는 대통령령으로 정하는 구분에 따라 재정경제부장관의 인가를 받거나 재정경제부장관에게 신고하여야 한다.

1. 합병 또는 해산
2. 영업의 전부 또는 일부의 폐지·양도·양수

④ 재정경제부장관은 외국환중개업무의 성실한 이행을 위하여 외국환중개회사에 대하여 재정경제부장관이 지정하는 기관에 보증금을 예탁하게 하거나 보험 또는 공제에 가입하게 하는 등 대통령령으로 정하는 바에 따라 필요한 조치를 할 수 있다.

⑤ 외국환중개회사가 외국에서 외국환중개업무를 하려는 경우에는 대통령령으로 정하는 바에 따라 재정경제부장관의 인가를 받아야 한다.

⑥ 이 법에 따른 외국환중개업무에 관하여는 「자본시장과 금융투자업에 관한 법률」 및 「금융소비자 보호에 관한 법률」을 적용하지 아니한다. 다만, 외국환중개회사의 거래상대방 보호를 위하여 다음 각 호의 구분에 따른 규정을 준용하며, 이 경우 "금융투자업자" 또는 "금융상품판매업자"는 각각 "외국환중개회사"로, "금융투자업" 또는 "금융상품판매업"은 각각 "외국환중개업무"로, "투자자" 또는 "금융소비자"는 각각 "외국환중개회사의 거래상대방"으로 본다.

1. 일반외국환중개업의 경우: 「자본시장과 금융투자업에 관한 법률」 제37조, 제38조 제1항(이 경우 "금융투자"는 "외국환중개"로 본다), 제39조, 제44조, 제54조, 제55조, 제71조, 제428조 제4항, 제430조부터 제434조까지, 제434조의2부터 제434조의4까지, 제444조 제6호의2·제8호, 제445조 제3호·제9호·제10호, 제446조 제3호(이 경우 "금융투자"는 "외국환중개"로 본다), 제447조 제2항 및 제449조 제1항(제29호 중 제71조를 위반한 자에 한정한다)·제4항
2. 대고객외국환중개업의 경우: 다음 각 목의 구분에 따른 규정
   가. 전문금융기관등과 외국환중개회사 간의 거래: 제1호에 따른 규정
   나. 전문금융기관등에 속하지 아니한 자와 외국환중개회사 간의 거래: 제1호에 따른 규정과 「금융소비자 보호에 관한 법률」 제14조부터 제16조까지, 제17조, 제19조부터 제21조까지, 제22조, 제28조, 제44조, 제47조(제1항 중 제18조에 관한 부분은 제외한다), 제57조(제3항은 제외하며, 이 경우 "금융상품직접판매업자"는 "외국환중개회사"로 본다)부터 제64조까지 및 제69조 제1항(제1호부터 제5호까지 및 제12호에 한정한다)·제2항(제1호 및 제2호에 한정한다)·제5항

⑦ 제1항부터 제6항까지에서 규정한 사항 외에 외국환중개회사의 업무 수행에 필요한 사항은 대통령령으로 정한다.

[시행일: 2026. 1. 2.] 제9조

제10조(업무상의 의무)

① 외국환업무취급기관, 전문외국환업무취급업자 및 외국환중개회사(이하 "외국환업무취급기관등"이라 한다)는 그 고객과 이 법을 적용받는 거래를 할 때에는 고객의 거래나 지급 또는 수령이 이 법에 따른 허가를 받았거나 신고를 한 것인지를 확인하여야 한다. 다만, 외국환수급 안정과 대외거래 원활화를 위하여 기획재정부장관이 정하여 고시하는 경우에는 그러하지 아니하다.

② 외국환업무취급기관등은 외국환업무와 관련하여 부당한 이익을 얻거나 제3자에게 부당한 이익을 얻게 할 목적으로 다음 각 호의 어느 하나에 해당하는 행위를 하여서는 아니 된다.
1. 외국환의 시세를 변동 또는 고정시키는 행위
2. 제1호의 행위와 유사한 행위로서 대통령령으로 정하는 건전한 거래질서를 해치는 행위

제10조(업무상의 의무)

① 외국환업무취급기관, 전문외국환업무취급업자 및 외국환중개회사(이하 "외국환업무취급기관등"이라 한다)는 그 고객과 이 법을 적용받는 거래를 할 때에는 고객의 거래나 지급 또는 수령이 이 법에 따른 허가를 받았거나 신고를 한 것인지를 확인하여야 한다. 다만, 외국환수급 안정과 대외거래 원활화를 위하여 재정경제부장관이 정하여 고시하는 경우에는 그러하지 아니하다.

② 외국환업무취급기관등은 외국환업무와 관련하여 부당한 이익을 얻거나 제3자에게 부당한 이익을 얻게 할 목적으로 다음 각 호의 어느 하나에 해당하는 행위를 하여서는 아니 된다.
1. 외국환의 시세를 변동 또는 고정시키는 행위
2. 제1호의 행위와 유사한 행위로서 대통령령으로 정하는 건전한 거래질서를 해치는 행위

[시행일: 2026. 1. 2.] 제10조

제10조의2(외국환업무에 필요한 일부 사무의 위탁)

① 외국환업무취급기관등(이하 이 조에서 "위탁기관"이라 한다)은 외국환 매매 또는 지급·수령 등의 업무 수행에 필요한 일부 사무로서 대통령령으로 정하는 사무를 다른 외국환업무취급기관등 또는 그 밖에 대통령령으로 정하는 자(이하 이 조에서 "수탁기관"이라 한다)에게 위탁할 수 있다. 이 경우 수탁기관은 제10조에 따른 업무상의 의무를 준수하여야 하며, 위탁기관은 이를 감독하여야 한다.

② 수탁기관이 위탁받은 사무를 처리하는 과정에서 그 사무와 관련한 법률의 규정을 위반하여 발생한 손해배상책임에 대하여는 수탁기관을 위탁기관의 소속 직원으로 본다.

③ 그 밖에 위탁 방법·절차 및 수탁기관의 자격 등 사무 위탁에 필요한 사항은 대통령령으로 정한다.

제11조(업무의 감독과 건전성 규제 등)

① 기획재정부장관은 외국환업무취급기관등(외국환업무취급기관등의 외국에 있는 영업소를 포함한다. 이하 이 조에서 같다)의 업무를 감독하고 감독상 필요한 명령을 할 수 있다.

② 기획재정부장관은 외환시장의 안정과 외국환업무취급기관등의 건전성을 유지하기 위하여 필요하다고 인정되는 경우에는 외국환업무취급기관등의 외국통화 자산·부채비율을 정하는 등 외국통화의 조달·운용에 필요한 제한을 할 수 있다. 이 경우 제한의 구체적인 기준은 대통령령으로 정한다.

제11조(업무의 감독과 건전성 규제 등)

① 재정경제부장관은 외국환업무취급기관등(외국환업무취급기관등의 외국에 있는 영업소를 포함한다. 이하 이 조에서 같다)의 업무를 감독하고 감독상 필요한 명령을 할 수 있다.

② 재정경제부장관은 외환시장의 안정과 외국환업무취급기관등의 건전성을 유지하기 위하여 필요하다고 인정되는 경우에는 외국환업무취급기관등의 외국통화 자산·부채비율을 정하는 등 외국통화의 조달·운용에 필요한 제한을 할 수 있다. 이 경우 제한의 구체적인 기준은 대통령령으로 정한다.

[시행일: 2026. 1. 2.] 제11조

제11조의2(외환건전성부담금)

① 기획재정부장관은 외화자금의 급격한 유입·유출에 따른 금융시장의 불안을 최소화하고 국민경제의 건전한 발전을 위하여 금융시장에서의 역할, 취급 외국환업무 및 외국통화 표시 부채의 규모 등을 종합적으로 고려하여 대통령령으로 정하는 금융회사등에 외환건전성부담금(이하 이 조 및 제11조의3에서 "부담금"이라 한다)을 부과·징수할 수 있다.

② 제1항에 따라 부과·징수하는 부담금은 비예금성외화부채등의 잔액에 1천분의 5 이내의 범위에서 금융회사등의 영업구역, 비예금성외화부채등의 만기 등을 고려하여 대통령령으로 정하는 부과요율을 곱하여 계산한 금액으로 한다.

③ 기획재정부장관은 제2항에도 불구하고 국제금융시장의 불안정, 외화자금의 급격한 유출·유입 등으로 금융시장과 국민경제의 안정을 현저히 해칠 우려가 있다고 인정되는 경우에는 6개월 이내의 기간을 정하여 다음 각 호의 어느 하나에 해당하는 금액을 부담금으로 부과·징수할 수 있다.

1. 해당 기간의 비예금성외화부채등 잔액에 대하여 제2항에 따른 부과요율 대신에 기획재정부장관이 하향하여 고시하는 부과요율을 곱하여 계산한 금액
2. 해당 기간의 비예금성외화부채등 잔액 증가분에 대하여 기획재정부장관이 제2항에 따른 부과요율보다 상향하여 고시하는 부과요율(이하 이 호에서 "추가부과요율"이라 한다)을 적용하여 계산한 금액을 제2항에 따라 산정한 부담금 금액에 더한 금액. 이 경우 추가부과요율은 제2항에 따른 부과요율을 더하여 1천분의 10을 넘지 아니하도록 하여야 한다.

④ 제1항에 따라 징수한 부담금은 제13조 제1항에 따른 외국환평형기금에 귀속된다.

⑤ 제2항의 비예금성외화부채등의 잔액과 제3항의 비예금성외화부채등 잔액의 증가분의 산정방법 및 그 밖에 부담금의 부과에 필요한 사항은 대통령령으로 정한다.

제11조의2(외환건전성부담금)

① 재정경제부장관은 외화자금의 급격한 유입·유출에 따른 금융시장의 불안을 최소화하고 국민경제의 건전한 발전을 위하여 금융시장에서의 역할, 취급 외국환업무 및 외국통화 표시 부채의 규모 등을 종합적으로 고려하여 대통령령으로 정하는 금융회사등에 외환건전성부담금(이하 이 조 및 제11조의3에서 "부담금"이라 한다)을 부과·징수할 수 있다.

② 제1항에 따라 부과·징수하는 부담금은 비예금성외화부채등의 잔액에 1천분의 5 이내의 범위에서 금융회사등의 영업구역, 비예금성외화부채등의 만기 등을 고려하여 대통령령으로 정하는 부과요율을 곱하여 계산한 금액으로 한다.

③ 재정경제부장관은 제2항에도 불구하고 국제금융시장의 불안정, 외화자금의 급격한 유출·유입 등으로 금융시장과 국민경제의 안정을 현저히 해칠 우려가 있다고 인정되는 경우에는 6개월 이내의 기간을 정하여 다음 각 호의 어느 하나에 해당하는 금액을 부담금으로 부과·징수할 수 있다.

1. 해당 기간의 비예금성외화부채등 잔액에 대하여 제2항에 따른 부과요율 대신에 재정경제부장관이 하향하여 고시하는 부과요율을 곱하여 계산한 금액
2. 해당 기간의 비예금성외화부채등 잔액 증가분에 대하여 재정경제부장관이 제2항에 따른 부과요율보다 상향하여 고시하는 부과요율(이하 이 호에서 "추가부과요율"이라 한다)을 적용하여 계산한 금액을 제2항에 따라 산정한 부담금 금액에 더한 금액. 이 경우 추가부과요율은 제2항에 따른 부과요율을 더하여 1천분의 10을 넘지 아니하도록 하여야 한다.

④ 제1항에 따라 징수한 부담금은 제13조 제1항에 따른 외국환평형기금에 귀속된다.

⑤ 제2항의 비예금성외화부채등의 잔액과 제3항의 비예금성외화부채등 잔액의 증가분의 산정방법 및 그 밖에 부담금의 부과에 필요한 사항은 대통령령으로 정한다.

[시행일: 2026. 1. 2.] 제11조의2

제11조의3(부담금의 징수 및 이의신청)

① 기획재정부장관은 금융회사등이 내야 하는 부담금을 대통령령으로 정하는 바에 따라 나누어 내게 할 수 있다.

② 기획재정부장관은 금융회사등이 부담금을 납부기한까지 내지 아니하면 납부기한이 지난 후 10일 이내에 10일 이상의 기간을 정하여 독촉장을 발급하여야 한다.

③ 기획재정부장관은 체납된 부담금에 대하여는 100분의 10 이내의 범위에서 대통령령으로 정하는 가산금을 징수할 수 있다.

④ 기획재정부장관은 제2항에 따라 독촉장을 받은 금융회사등이 정하여진 기한까지 납부하지 아니할 때에는 국세 체납처분의 예에 따라 부담금과 가산금을 징수한다.

⑤ 기획재정부장관은 제11조의2에 따른 부담금의 부과·징수를 위하여 필요하다고 인정되는 경우에는 해당 금융회사등에 관련 자료의 제출을 요구할 수 있다. 이 경우 자료의 제출을 요구받은 금융회사등은 특별한 사유가 없으면 요구에 따라야 한다.

⑥ 제11조의2에 따라 부담금을 부과받은 금융회사등이 부과받은 사항에 대하여 이의가 있는 경우에는 기획재정부장관에게 이의를 신청할 수 있다.

⑦ 그 밖에 부담금의 징수 및 이의신청 등에 필요한 사항은 대통령령으로 정한다.

제11조의3(부담금의 징수 및 이의신청)

① 재정경제부장관은 금융회사등이 내야 하는 부담금을 대통령령으로 정하는 바에 따라 나누어 내게 할 수 있다.

② 재정경제부장관은 금융회사등이 부담금을 납부기한까지 내지 아니하면 납부기한이 지난 후 10일 이내에 10일 이상의 기간을 정하여 독촉장을 발급하여야 한다.

③ 재정경제부장관은 체납된 부담금에 대하여는 100분의 10 이내의 범위에서 대통령령으로 정하는 가산금을 징수할 수 있다.

④ 재정경제부장관은 제2항에 따라 독촉장을 받은 금융회사등이 정하여진 기한까지 납부하지 아니할 때에는 국세 체납처분의 예에 따라 부담금과 가산금을 징수한다.

⑤ 재정경제부장관은 제11조의2에 따른 부담금의 부과·징수를 위하여 필요하다고 인정되는 경우에는 해당 금융회사등에 관련 자료의 제출을 요구할 수 있다. 이 경우 자료의 제출을 요구받은 금융회사등은 특별한 사유가 없으면 요구에 따라야 한다.

⑥ 제11조의2에 따라 부담금을 부과받은 금융회사등이 부과받은 사항에 대하여 이의가 있는 경우에는 재정경제부장관에게 이의를 신청할 수 있다.

⑦ 그 밖에 부담금의 징수 및 이의신청 등에 필요한 사항은 대통령령으로 정한다.

[시행일: 2026. 1. 2.] 제11조의3

제12조(인가의 취소 등)

① 기획재정부장관은 외국환업무취급기관등이 다음 각 호의 어느 하나에 해당하는 경우에는 제8조 및 제9조에 따른 등록 또는 인가를 취소하거나 6개월 이내의 기간을 정하여 외국환업무취급기관등(영업소를 포함한다)의 업무를 제한하거나 업무의 전부 또는 일부를 정지할 수 있다.

1. 거짓이나 그 밖의 부정한 방법으로 등록을 하거나 인가를 받은 경우
2. 업무의 제한 또는 정지 기간에 그 업무를 한 경우
3. 등록 또는 인가의 내용이나 조건을 위반한 경우
4. 제8조 제2항을 위반하여 외국환업무를 한 경우
5. 제8조 제4항 또는 제9조 제3항에 따른 인가를 받지 아니한 경우 또는 신고를 하지 아니하거나 거짓으로 신고를 한 경우

5의2. 제8조 제6항에 따른 외국환업무취급기관 및 전문외국환업무취급업자의 업무 수행에 필요한 사항을 따르지 아니한 경우
5의3. 제8조 제7항에 따른 보증금 예탁 등 필요한 조치를 따르지 아니한 경우
5의4. 제8조 제7항에 따른 조치에도 불구하고 전문외국환업무취급업자의 파산 또는 지급불능 우려 사유가 발생한 경우
6. 제9조 제2항을 위반하여 외국환중개업무를 한 경우 또는 같은 조 제4항에 따른 보증금 예탁 등 필요한 조치를 따르지 아니한 경우
7. 제10조에 따른 의무를 위반한 경우
8. 제11조 제1항에 따른 감독상의 명령 또는 같은 조 제2항에 따른 업무상 제한을 위반한 경우
9. 제20조 제1항 또는 제2항에 따른 보고 또는 자료·정보 제출을 하지 아니하거나 거짓 보고 또는 거짓 자료·정보를 제출한 경우
10. 제20조 제3항 또는 제6항에 따른 검사에 응하지 아니하거나 이 검사를 거부·방해 또는 기피한 경우
11. 제20조 제4항 또는 제6항에 따른 자료의 제출을 거부하거나 거짓 자료를 제출한 경우
12. 제20조 제5항 또는 제6항에 따른 시정명령에 따르지 아니한 경우
13. 제21조에 따른 기획재정부장관의 명령을 위반하여 통보 또는 제공을 하지 아니하거나 거짓으로 통보 또는 는 제공한 경우
14. 제24조 제2항에 따른 기획재정부장관의 명령을 위반하여 신고, 신청, 보고, 자료의 통보 및 제출을 전자문서의 방법으로 하지 아니한 경우

② 삭제

③ 기획재정부장관은 제1항에 따라 등록 또는 인가를 취소하려는 경우에는 청문을 하여야 한다.

④ 제1항에 따라 등록 또는 인가가 취소된 자(제1항에 따라 등록 또는 인가가 취소된 자의 임직원이었던 자로서 그 취소 사유의 발생에 직접 또는 이에 상응하는 책임이 있는 자를 포함한다)는 등록 또는 인가가 취소된 날부터 3년이 경과하지 아니한 경우에는 해당 외국환업무를 다시 제8조 제1항 또는 제3항에 따라 등록하거나 제9조 제1항에 따라 인가받을 수 없다.

⑤ 제1항에 따른 처분의 구체적인 기준은 대통령령으로 정한다.

제12조(인가의 취소 등)

① 재정경제부장관은 외국환업무취급기관등이 다음 각 호의 어느 하나에 해당하는 경우에는 제8조 및 제9조에 따른 등록 또는 인가를 취소하거나 6개월 이내의 기간을 정하여 외국환업무취급기관등(영업소를 포함한다)의 업무를 제한하거나 업무의 전부 또는 일부를 정지할 수 있다.

1. 거짓이나 그 밖의 부정한 방법으로 등록을 하거나 인가를 받은 경우
2. 업무의 제한 또는 정지 기간에 그 업무를 한 경우
3. 등록 또는 인가의 내용이나 조건을 위반한 경우
4. 제8조 제2항을 위반하여 외국환업무를 한 경우
5. 제8조 제4항 또는 제9조 제3항에 따른 인가를 받지 아니한 경우 또는 신고를 하지 아니하거나 거짓으로 신고를 한 경우
5의2. 제8조 제6항에 따른 외국환업무취급기관 및 전문외국환업무취급업자의 업무 수행에 필요한 사항을 따르지 아니한 경우
5의3. 제8조 제7항에 따른 보증금 예탁 등 필요한 조치를 따르지 아니한 경우

5의4. 제8조 제7항에 따른 조치에도 불구하고 전문외국환업무취급업자의 파산 또는 지급불능 우려 사유가 발생한 경우
6. 제9조 제2항을 위반하여 외국환중개업무를 한 경우 또는 같은 조 제4항에 따른 보증금 예탁 등 필요한 조치를 따르지 아니한 경우
7. 제10조에 따른 의무를 위반한 경우
8. 제11조 제1항에 따른 감독상의 명령 또는 같은 조 제2항에 따른 업무상 제한을 위반한 경우
9. 제20조 제1항 또는 제2항에 따른 보고 또는 자료·정보 제출을 하지 아니하거나 거짓 보고 또는 거짓 자료·정보를 제출한 경우
10. 제20조 제3항 또는 제6항에 따른 검사에 응하지 아니하거나 이 검사를 거부·방해 또는 기피한 경우
11. 제20조 제4항 또는 제6항에 따른 자료의 제출을 거부하거나 거짓 자료를 제출한 경우
12. 제20조 제5항 또는 제6항에 따른 시정명령에 따르지 아니한 경우
13. 제21조에 따른 재정경제부장관의 명령을 위반하여 통보 또는 제공을 하지 아니하거나 거짓으로 통보 또는 는 제공한 경우
14. 제24조 제2항에 따른 재정경제부장관의 명령을 위반하여 신고, 신청, 보고, 자료의 통보 및 제출을 전자문서의 방법으로 하지 아니한 경우

② 삭제

③ 재정경제부장관은 제1항에 따라 등록 또는 인가를 취소하려는 경우에는 청문을 하여야 한다.

④ 제1항에 따라 등록 또는 인가가 취소된 자(제1항에 따라 등록 또는 인가가 취소된 자의 임직원이었던 자로서 그 취소 사유의 발생에 직접 또는 이에 상응하는 책임이 있는 자를 포함한다)는 등록 또는 인가가 취소된 날부터 3년이 경과하지 아니한 경우에는 해당 외국환업무를 다시 제8조 제1항 또는 제3항에 따라 등록하거나 제9조 제1항에 따라 인가받을 수 없다.

⑤ 제1항에 따른 처분의 구체적인 기준은 대통령령으로 정한다.

[시행일: 2026. 1. 2.] 제12조

제12조의2(과징금)

① 기획재정부장관은 제12조 제1항 각 호의 어느 하나에 해당하는 위반행위를 한 자에 대하여 업무를 제한하거나 업무의 전부 또는 일부를 정지할 수 있는 경우에는 이를 갈음하여 그 위반행위로 취득한 이익의 범위에서 과징금을 부과할 수 있다.

② 제1항에 따라 과징금을 부과하는 경우에는 대통령령으로 정하는 기준에 따라 다음 각 호의 사항을 고려하여야 한다.
1. 위반행위의 내용 및 정도
2. 위반행위의 기간 및 횟수
3. 위반행위로 취득한 이익의 규모

③ 과징금의 부과, 과징금 납부기한의 연장, 분할납부, 담보, 그 밖에 과징금의 징수에 필요한 사항은 대통령령으로 정한다.

④ 기획재정부장관은 과징금 납부 의무자가 납부기한까지 과징금을 납부하지 아니한 경우에는 국세 체납처분의 예에 따라 징수할 수 있다.

제12조의2(과징금)

① 재정경제부장관은 제12조 제1항 각 호의 어느 하나에 해당하는 위반행위를 한 자에 대하여 업무를 제한하거나 업무의 전부 또는 일부를 정지할 수 있는 경우에는 이를 갈음하여 그 위반행위로 취득한 이익의 범위에서 과징금을 부과할 수 있다.

② 제1항에 따라 과징금을 부과하는 경우에는 대통령령으로 정하는 기준에 따라 다음 각 호의 사항을 고려하여야 한다.
1. 위반행위의 내용 및 정도
2. 위반행위의 기간 및 횟수
3. 위반행위로 취득한 이익의 규모

③ 과징금의 부과, 과징금 납부기한의 연장, 분할납부, 담보, 그 밖에 과징금의 징수에 필요한 사항은 대통령령으로 정한다.

④ 재정경제부장관은 과징금 납부 의무자가 납부기한까지 과징금을 납부하지 아니한 경우에는 국세 체납처분의 예에 따라 징수할 수 있다.

[시행일: 2026. 1. 2.] 제12조의2

제3장 외국환평형기금

제13조(외국환평형기금)

① 외국환거래를 원활하게 하기 위하여 「국가재정법」 제5조에 따른 기금으로서 외국환평형기금을 설치한다.

② 외국환평형기금은 다음 각 호의 재원(財源)으로 조성한다.
1. 정부로부터의 출연금 및 예수금
2. 외국환평형기금 채권의 발행으로 조성된 자금
3. 외국정부, 외국중앙은행, 그 밖의 거주자 또는 비거주자로부터의 예수금 또는 일시차입금
4. 제6조 제1항 제2호 및 같은 조 제2항에 따른 예수금
5. 제11조의2에 따른 외환건전성부담금 및 제11조의3 제3항에 따른 가산금
6. 그 밖에 외국환거래의 원활화를 위하여 필요한 자금 등 대통령령으로 정하는 자금

③ 외국환평형기금은 다음 각 호의 방법으로 운용한다. 다만, 제2항 제5호에 따른 외환건전성부담금 및 가산금으로 조성된 외국환평형기금의 경우에는 제2호의 방법 또는 제4호 중 금융회사등에 대한 외화유동성 공급을 위한 거래에 한하여 운용한다.
1. 외국환의 매매
2. 한국은행·외국정부·외국중앙은행 또는 국내외 금융회사등에의 예치·예탁 또는 대여
3. 외국환업무취급기관의 외화채무로서 국가가 보증한 채무를 상환하기 위하여 국가가 예비비 또는 추가경정예산으로 지급하기 전까지 국가를 대신하여 일시적으로 하는 지급
4. 그 밖에 외국환거래의 원활화를 위하여 필요하다고 인정되어 대통령령으로 정하는 방법

④ 제3항 제3호에 따라 외국환평형기금에서 채무를 대신 지급한 경우 정부는 이를 보전(補塡)하는 조치를 하여야 한다.

⑤ 제2항과 제3항에 따른 외국환평형기금의 조성 및 운용은 내국지급수단 또는 대외지급수단으로 할 수 있다.

⑥ 외국환평형기금은 기획재정부장관이 운용·관리한다.

⑦ 기획재정부장관은 외국환평형기금 채권을 발행할 수 있다.

⑧ 외국환평형기금의 운용·관리, 예수금의 지급이자 및 외국환평형기금 채권의 발행 등에 필요한 사항은 대통령령으로 정한다.

⑨ 기획재정부장관은 제2항에 따라 외국환평형기금에 예치된 자금에 대하여 대통령령으로 정하는 바에 따라 예치증서를 발행할 수 있다. 이 경우 기획재정부장관은 그 예치증서의 사용 용도를 정할 수 있다.

⑩ 제2항 제2호에 따른 외국환평형기금 채권을 발행하는 경우에는 「국채법」 제4조를 적용하지 아니한다.

⑪ 기획재정부장관은 외국통화로 표시하는 외국환평형기금 채권 발행액의 변경 범위가 해당 회계연도의 외국환평형기금 기금운용계획에 따른 외국통화 표시 외국환평형기금 채권 발행액의 10분의 2를 초과한 경우에는 변경명세서를 국회 소관 상임위원회 및 예산결산특별위원회에 제출하여야 한다. 이 경우 변경명세서에는 외국환평형기금 채권의 발행 및 상환 내역과 변경 사유 등이 포함되어야 한다.

⑫ 기획재정부장관은 외국환평형기금의 재원 중 제2항 제5호에 따른 외환건전성부담금 및 가산금을 대통령령으로 정하는 바에 따라 다른 재원과 구분하여 별도로 관리하여야 한다.

제13조(외국환평형기금)

① 외국환거래를 원활하게 하기 위하여 「국가재정법」 제5조에 따른 기금으로서 외국환평형기금을 설치한다.

② 외국환평형기금은 다음 각 호의 재원(財源)으로 조성한다.
1. 정부로부터의 출연금 및 예수금
2. 외국환평형기금 채권의 발행으로 조성된 자금
3. 외국정부, 외국중앙은행, 그 밖의 거주자 또는 비거주자로부터의 예수금 또는 일시차입금
4. 제6조 제1항 제2호 및 같은 조 제2항에 따른 예수금
5. 제11조의2에 따른 외환건전성부담금 및 제11조의3 제3항에 따른 가산금
6. 그 밖에 외국환거래의 원활화를 위하여 필요한 자금 등 대통령령으로 정하는 자금

③ 외국환평형기금은 다음 각 호의 방법으로 운용한다. 다만, 제2항 제5호에 따른 외환건전성부담금 및 가산금으로 조성된 외국환평형기금의 경우에는 제2호의 방법 또는 제4호 중 금융회사등에 대한 외화유동성 공급을 위한 거래에 한하여 운용한다.
1. 외국환의 매매
2. 한국은행·외국정부·외국중앙은행 또는 국내외 금융회사등에의 예치·예탁 또는 대여
3. 외국환업무취급기관의 외화채무로서 국가가 보증한 채무를 상환하기 위하여 국가가 예비비 또는 추가경정예산으로 지급하기 전까지 국가를 대신하여 일시적으로 하는 지급
4. 그 밖에 외국환거래의 원활화를 위하여 필요하다고 인정되어 대통령령으로 정하는 방법

④ 제3항 제3호에 따라 외국환평형기금에서 채무를 대신 지급한 경우 정부는 이를 보전(補塡)하는 조치를 하여야 한다.

⑤ 제2항과 제3항에 따른 외국환평형기금의 조성 및 운용은 내국지급수단 또는 대외지급수단으로 할 수 있다.

⑥ 외국환평형기금은 재정경제부장관이 운용·관리한다.

⑦ 재정경제부장관은 외국환평형기금 채권을 발행할 수 있다.

⑧ 외국환평형기금의 운용·관리, 예수금의 지급이자 및 외국환평형기금 채권의 발행 등에 필요한 사항은 대통령령으로 정한다.

⑨ 재정경제부장관은 제2항에 따라 외국환평형기금에 예치된 자금에 대하여 대통령령으로 정하는 바에 따라 예치증서를 발행할 수 있다. 이 경우 재정경제부장관은 그 예치증서의 사용 용도를 정할 수 있다.

⑩ 제2항 제2호에 따른 외국환평형기금 채권을 발행하는 경우에는 「국채법」 제4조를 적용하지 아니한다.

⑪ 재정경제부장관은 외국통화로 표시하는 외국환평형기금 채권 발행액의 변경 범위가 해당 회계연도의 외국환평형기금 기금운용계획에 따른 외국통화 표시 외국환평형기금 채권 발행액의 10분의 2를 초과한 경우에는 변경명세서를 국회 소관 상임위원회 및 예산결산특별위원회에 제출하여야 한다. 이 경우 변경명세서에는 외국환평형기금 채권의 발행 및 상환 내역과 변경 사유 등이 포함되어야 한다.

⑫ 재정경제부장관은 외국환평형기금의 재원 중 제2항 제5호에 따른 외환건전성부담금 및 가산금을 대통령령으로 정하는 바에 따라 다른 재원과 구분하여 별도로 관리하여야 한다.

[시행일: 2026. 1. 2.] 제13조

제14조(외국환평형기금 채권의 원리금 상환)

① 외국환평형기금 채권의 발행으로 인한 원리금은 「국가재정법」 제90조 제6항에 따른 절차에 따라 일반회계 세계잉여금으로 상환할 수 있다.

② 제1항에 따라 일반회계 세계잉여금으로 상환할 수 있는 금액은 외국환평형기금 채권의 이자에 그 이자 외의 외국환평형기금 운용손익을 더하거나 뺀 금액으로 한다.

제4장 지급과 거래

제15조(지급절차 등)

① 기획재정부장관은 이 법을 적용받는 지급 또는 수령과 관련하여 환전절차, 송금절차, 재산반출절차 등 필요한 사항을 정할 수 있다.

② 기획재정부장관은 다음 각 호의 어느 하나에 해당한다고 인정되는 경우에는 국내로부터 외국에 지급하려는 거주자·비거주자, 비거주자에게 지급하거나 비거주자로부터 수령하려는 거주자에게 그 지급 또는 수령을 할 때 대통령령으로 정하는 바에 따라 허가를 받도록 할 수 있다.

1. 우리나라가 체결한 조약 및 일반적으로 승인된 국제법규를 성실하게 이행하기 위하여 불가피한 경우
2. 국제 평화 및 안전을 유지하기 위한 국제적 노력에 특히 기여할 필요가 있는 경우

제15조(지급절차 등)

① 재정경제부장관은 이 법을 적용받는 지급 또는 수령과 관련하여 환전절차, 송금절차, 재산반출절차 등 필요한 사항을 정할 수 있다.

② 재정경제부장관은 다음 각 호의 어느 하나에 해당한다고 인정되는 경우에는 국내로부터 외국에 지급하려는 거주자·비거주자, 비거주자에게 지급하거나 비거주자로부터 수령하려는 거주자에게 그 지급 또는 수령을 할 때 대통령령으로 정하는 바에 따라 허가를 받도록 할 수 있다.

1. 우리나라가 체결한 조약 및 일반적으로 승인된 국제법규를 성실하게 이행하기 위하여 불가피한 경우
2. 국제 평화 및 안전을 유지하기 위한 국제적 노력에 특히 기여할 필요가 있는 경우

[시행일: 2026. 1. 2.] 제15조

제16조(지급 또는 수령의 방법의 신고)

거주자 간, 거주자와 비거주자 간 또는 비거주자 상호 간의 거래나 행위에 따른 채권·채무를 결제할 때 거주자가 다음 각 호의 어느 하나에 해당하면(제18조에 따라 신고를 한 자가 그 신고된 방법으로 지급 또는 수령을 하는 경우는 제외한다) 대통령령으로 정하는 바에 따라 그 지급 또는 수령의 방법을 기획재정부장관에게 미리 신고하여야 한다. 다만, 외국환수급 안정과 대외거래 원활화를 위하여 대통령령으로 정하는 거래의 경우에는 사후에 보고하거나 신고하지 아니할 수 있다.

1. 상계 등의 방법으로 채권·채무를 소멸시키거나 상쇄시키는 방법으로 결제하는 경우
2. 기획재정부장관이 정하는 기간을 넘겨 결제하는 경우
3. 거주자가 해당 거래의 당사자가 아닌 자와 지급 또는 수령을 하거나 해당 거래의 당사자가 아닌 거주자가 그 거래의 당사자인 비거주자와 지급 또는 수령을 하는 경우
4. 외국환업무취급기관등을 통하지 아니하고 지급 또는 수령을 하는 경우

제16조(지급 또는 수령의 방법의 신고)

거주자 간, 거주자와 비거주자 간 또는 비거주자 상호 간의 거래나 행위에 따른 채권·채무를 결제할 때 거주자가 다음 각 호의 어느 하나에 해당하면(제18조에 따라 신고를 한 자가 그 신고된 방법으로 지급 또는 수령을 하는 경우는 제외한다) 대통령령으로 정하는 바에 따라 그 지급 또는 수령의 방법을 재정경제부장관에게 미리 신고하여야 한다. 다만, 외국환수급 안정과 대외거래 원활화를 위하여 대통령령으로 정하는 거래의 경우에는 사후에 보고하거나 신고하지 아니할 수 있다.

1. 상계 등의 방법으로 채권·채무를 소멸시키거나 상쇄시키는 방법으로 결제하는 경우
2. 재정경제부장관이 정하는 기간을 넘겨 결제하는 경우
3. 거주자가 해당 거래의 당사자가 아닌 자와 지급 또는 수령을 하거나 해당 거래의 당사자가 아닌 거주자가 그 거래의 당사자인 비거주자와 지급 또는 수령을 하는 경우
4. 외국환업무취급기관등을 통하지 아니하고 지급 또는 수령을 하는 경우

[시행일: 2026. 1. 2.] 제16조

제17조(지급수단 등의 수출입 신고)

기획재정부장관은 이 법의 실효성을 확보하기 위하여 필요하다고 인정되어 대통령령으로 정하는 경우에는 지급수단 또는 증권을 수출 또는 수입하려는 거주자나 비거주자로 하여금 그 지급수단 또는 증권을 수출 또는 수입할 때 대통령령으로 정하는 바에 따라 신고하게 할 수 있다.

제17조(지급수단 등의 수출입 신고)

재정경제부장관은 이 법의 실효성을 확보하기 위하여 필요하다고 인정되어 대통령령으로 정하는 경우에는 지급수단 또는 증권을 수출 또는 수입하려는 거주자나 비거주자로 하여금 그 지급수단 또는 증권을 수출 또는 수입할 때 대통령령으로 정하는 바에 따라 신고하게 할 수 있다.

[시행일: 2026. 1. 2.] 제17조

제18조(자본거래의 신고 등)

① 자본거래를 하려는 자는 대통령령으로 정하는 바에 따라 기획재정부장관에게 신고하여야 한다. 다만, 외국환수급 안정과 대외거래 원활화를 위하여 대통령령으로 정하는 자본거래는 사후에 보고하거나 신고하지 아니할 수 있다.

② 제1항의 신고와 제3항의 신고수리(申告受理)는 제15조 제1항에 따른 절차 이전에 완료하여야 한다.

③ 기획재정부장관은 제1항에 따라 신고하도록 정한 사항 중 거주자의 해외직접투자와 해외부동산 또는 이에 관한 권리의 취득의 경우에는 투자자 적격성 여부, 투자가격 적정성 여부 등의 타당성을 검토하여 신고수리 여부를 결정할 수 있다.

④ 기획재정부장관은 제3항에 따른 신고에 대하여 대통령령으로 정하는 처리기간에 다음 각 호의 어느 하나에 해당하는 결정을 하여 신고인에게 통지하여야 한다.

1. 신고의 수리
2. 신고의 수리 거부
3. 거래 내용의 변경 권고

⑤ 기획재정부장관이 제4항 제2호의 결정을 한 경우 그 신고를 한 거주자는 해당 거래를 하여서는 아니 된다.

⑥ 제4항 제3호에 해당하는 통지를 받은 자가 해당 권고를 수락한 경우에는 그 수락한 바에 따라 그 거래를 할 수 있으며, 수락하지 아니한 경우에는 그 거래를 하여서는 아니 된다.

⑦ 제4항에 따른 처리기간에 기획재정부장관의 통지가 없으면 그 기간이 지난 날에 해당 신고가 수리된 것으로 본다.

제18조(자본거래의 신고 등)

① 자본거래를 하려는 자는 대통령령으로 정하는 바에 따라 재정경제부장관에게 신고하여야 한다. 다만, 외국환수급 안정과 대외거래 원활화를 위하여 대통령령으로 정하는 자본거래는 사후에 보고하거나 신고하지 아니할 수 있다.

② 제1항의 신고와 제3항의 신고수리(申告受理)는 제15조 제1항에 따른 절차 이전에 완료하여야 한다.

③ 재정경제부장관은 제1항에 따라 신고하도록 정한 사항 중 거주자의 해외직접투자와 해외부동산 또는 이에 관한 권리의 취득의 경우에는 투자자 적격성 여부, 투자가격 적정성 여부 등의 타당성을 검토하여 신고수리 여부를 결정할 수 있다.

④ 재정경제부장관은 제3항에 따른 신고에 대하여 대통령령으로 정하는 처리기간에 다음 각 호의 어느 하나에 해당하는 결정을 하여 신고인에게 통지하여야 한다.

1. 신고의 수리
2. 신고의 수리 거부
3. 거래 내용의 변경 권고

⑤ 재정경제부장관이 제4항 제2호의 결정을 한 경우 그 신고를 한 거주자는 해당 거래를 하여서는 아니 된다.

⑥ 제4항 제3호에 해당하는 통지를 받은 자가 해당 권고를 수락한 경우에는 그 수락한 바에 따라 그 거래를 할 수 있으며, 수락하지 아니한 경우에는 그 거래를 하여서는 아니 된다.

⑦ 제4항에 따른 처리기간에 재정경제부장관의 통지가 없으면 그 기간이 지난 날에 해당 신고가 수리된 것으로 본다.

[시행일: 2026. 1. 2.] 제18조

제5장 보칙

제19조(경고 및 거래정지 등)

① 기획재정부장관은 이 법을 적용받는 자가 다음 각 호의 어느 하나에 해당하는 경우에는 경고를 할 수 있다.

1. 제15조부터 제18조까지의 규정에 따라 허가를 받거나 신고를 한 경우 허가사항 또는 신고사항에 정하여진 기한이 지난 후에 거래 또는 행위를 한 경우
2. 대통령령으로 정하는 금액(거래 또는 행위 유형에 따라 금액을 달리 정할 수 있다) 이하의 거래 또는 행위로서 제15조부터 제18조까지의 규정에 따른 절차 준수, 허가 또는 신고(이하 "신고등"이라 한다)의 의무를 위반하여 거래 또는 행위를 한 경우

② 기획재정부장관은 이 법을 적용받는 자의 거래 또는 행위가 제15조부터 제18조까지의 규정에 따른 신고등의 의무를 5년 이내에 2회 이상 위반한 경우에는 각각의 위반행위에 대하여 1년 이내의 범위에서 관련 외국환거래 또는 행위를 정지·제한하거나 허가를 취소할 수 있다.

③ 기획재정부장관은 제2항에 따른 처분을 하려는 경우에는 청문을 하여야 한다.

④ 제1항 또는 제2항에 따른 처분에 필요한 사항은 대통령령으로 정한다.

제19조(경고 및 거래정지 등)

① 재정경제부장관은 이 법을 적용받는 자가 다음 각 호의 어느 하나에 해당하는 경우에는 경고를 할 수 있다.

1. 제15조부터 제18조까지의 규정에 따라 허가를 받거나 신고를 한 경우 허가사항 또는 신고사항에 정하여진 기한이 지난 후에 거래 또는 행위를 한 경우
2. 대통령령으로 정하는 금액(거래 또는 행위 유형에 따라 금액을 달리 정할 수 있다) 이하의 거래 또는 행위로서 제15조부터 제18조까지의 규정에 따른 절차 준수, 허가 또는 신고(이하 "신고등"이라 한다)의 의무를 위반하여 거래 또는 행위를 한 경우

② 재정경제부장관은 이 법을 적용받는 자의 거래 또는 행위가 제15조부터 제18조까지의 규정에 따른 신고등의 의무를 5년 이내에 2회 이상 위반한 경우에는 각각의 위반행위에 대하여 1년 이내의 범위에서 관련 외국환거래 또는 행위를 정지·제한하거나 허가를 취소할 수 있다.

③ 재정경제부장관은 제2항에 따른 처분을 하려는 경우에는 청문을 하여야 한다.

④ 제1항 또는 제2항에 따른 처분에 필요한 사항은 대통령령으로 정한다.

[시행일: 2026. 1. 2.] 제19조

제20조(보고·검사)

① 기획재정부장관은 이 법의 실효성을 확보하기 위하여 거래 당사자 또는 관계인으로 하여금 필요한 보고를 하게 할 수 있으며, 비거주자에 대한 채권을 보유하고 있는 거주자로 하여금 대통령령으로 정하는 바에 따라 그 보유 채권의 현황을 기획재정부장관에게 보고하게 할 수 있다.

② 기획재정부장관은 이 법을 시행하기 위하여 필요하다고 인정되는 경우에는 국세청, 한국은행, 금융감독원, 외국환업무취급기관등 이 법을 적용받는 관계 기관의 장에게 관련 자료 또는 정보의 제출을 요구할 수 있다. 이 경우 관계 기관의 장은 특별한 사유가 없으면 그 요구에 따라야 한다.

③ 기획재정부장관은 이 법을 시행하기 위하여 필요하다고 인정되는 경우에는 소속 공무원으로 하여금 외국환업무취급기관등이나 그 밖에 이 법을 적용받는 거래 당사자 또는 관계인의 업무에 관하여 검사하게 할 수 있다.

④ 기획재정부장관은 효율적인 검사를 위하여 필요하다고 인정되는 경우에는 외국환업무취급기관등이나 그 밖에 이 법을 적용받는 거래 당사자 또는 관계인의 업무와 재산에 관한 자료의 제출을 요구할 수 있다.

⑤ 기획재정부장관은 제3항에 따른 검사 결과 위법한 사실을 발견하였을 때에는 그 시정을 명하거나 그 밖에 대통령령으로 정하는 필요한 조치를 할 수 있다.

⑥ 기획재정부장관은 필요하다고 인정되는 경우에는 대통령령으로 정하는 바에 따라 한국은행총재, 금융감독원장, 그 밖에 대통령령으로 정하는 자에게 위탁하여 그 소속 직원으로 하여금 제3항부터 제5항까지의 규정에 따른 업무를 수행하게 할 수 있다.

⑦ 제3항이나 제6항에 따라 검사를 하는 사람은 그 권한을 표시하는 증표를 지니고 이를 관계인에게 내보여야 한다.

제20조(보고·검사)

① 재정경제부장관은 이 법의 실효성을 확보하기 위하여 거래 당사자 또는 관계인으로 하여금 필요한 보고를 하게 할 수 있으며, 비거주자에 대한 채권을 보유하고 있는 거주자로 하여금 대통령령으로 정하는 바에 따라 그 보유 채권의 현황을 재정경제부장관에게 보고하게 할 수 있다.

② 재정경제부장관은 이 법을 시행하기 위하여 필요하다고 인정되는 경우에는 국세청, 한국은행, 금융감독원, 외국환업무취급기관등 이 법을 적용받는 관계 기관의 장에게 관련 자료 또는 정보의 제출을 요구할 수 있다. 이 경우 관계 기관의 장은 특별한 사유가 없으면 그 요구에 따라야 한다.

③ 재정경제부장관은 이 법을 시행하기 위하여 필요하다고 인정되는 경우에는 소속 공무원으로 하여금 외국환업무취급기관등이나 그 밖에 이 법을 적용받는 거래 당사자 또는 관계인의 업무에 관하여 검사하게 할 수 있다.

④ 재정경제부장관은 효율적인 검사를 위하여 필요하다고 인정되는 경우에는 외국환업무취급기관등이나 그 밖에 이 법을 적용받는 거래 당사자 또는 관계인의 업무와 재산에 관한 자료의 제출을 요구할 수 있다.

⑤ 재정경제부장관은 제3항에 따른 검사 결과 위법한 사실을 발견하였을 때에는 그 시정을 명하거나 그 밖에 대통령령으로 정하는 필요한 조치를 할 수 있다.

⑥ 재정경제부장관은 필요하다고 인정되는 경우에는 대통령령으로 정하는 바에 따라 한국은행총재, 금융감독원장, 그 밖에 대통령령으로 정하는 자에게 위탁하여 그 소속 직원으로 하여금 제3항부터 제5항까지의 규정에 따른 업무를 수행하게 할 수 있다.

⑦ 제3항이나 제6항에 따라 검사를 하는 사람은 그 권한을 표시하는 증표를 지니고 이를 관계인에게 내보여야 한다.

[시행일: 2026. 1. 2.] 제20조

제21조(국세청장 등에게의 통보 등)

① 다른 법률에도 불구하고 기획재정부장관은 이 법을 적용받는 거래, 지급, 수령, 자금의 이동 등에 관한 자료를 국세청장, 관세청장, 금융감독원장 또는 한국수출입은행장에게 직접 통보하거나 한국은행총재, 외국환업무취급기관등의 장, 세관의 장, 그 밖에 대통령령으로 정하는 자로 하여금 국세청장, 관세청장, 금융감독원장 또는 한국수출입은행장에게 통보하도록 할 수 있다.

② 기획재정부장관은 대통령령으로 정하는 자에게 이 법을 적용받는 거래, 지급, 수령, 자금의 이동 등에 관한 자료를 「신용정보의 이용 및 보호에 관한 법률」 제25조에 따른 신용정보집중기관에 제공하도록 할 수 있다.

제21조(국세청장 등에게의 통보 등)

① 다른 법률에도 불구하고 재정경제부장관은 이 법을 적용받는 거래, 지급, 수령, 자금의 이동 등에 관한 자료를 국세청장, 관세청장, 금융감독원장 또는 한국수출입은행장에게 직접 통보하거나 한국은행총재, 외국환업무취급기관등의 장, 세관의 장, 그 밖에 대통령령으로 정하는 자로 하여금 국세청장, 관세청장, 금융감독원장 또는 한국수출입은행장에게 통보하도록 할 수 있다.

② 재정경제부장관은 대통령령으로 정하는 자에게 이 법을 적용받는 거래, 지급, 수령, 자금의 이동 등에 관한 자료를 「신용정보의 이용 및 보호에 관한 법률」 제25조에 따른 신용정보집중기관에 제공하도록 할 수 있다.

[시행일: 2026. 1. 2.] 제21조

제22조(외국환거래의 비밀보장)

이 법에 따른 허가·인가·등록·신고·보고·통보·중개(仲介)·중계(中繼)·집중(集中)·교환 등의 업무에 종사하는 사람은 그 업무와 관련하여 알게 된 정보를 「금융실명거래 및 비밀보장에 관한 법률」 제4조에서 정하는 경우를 제외하고는 이 법에서 정하는 용도가 아닌 용도로 사용하거나 다른 사람에게 누설하여서는 아니 된다.

제23조(권한의 위임·위탁 등)

① 기획재정부장관은 이 법에 따른 권한의 일부를 대통령령으로 정하는 바에 따라 금융위원회, 증권선물위원회, 관계 행정기관의 장, 한국은행총재, 금융감독원장, 외국환업무취급기관등의 장, 그 밖에 대통령령으로 정하는 자에게 위임하거나 위탁할 수 있다.

② 제1항 및 제20조 제6항에 따른 업무를 담당하는 사람과 그 소속 임원 및 직원(공무원 및 다른 법률에서 공무원으로 보도록 하는 사람은 제외한다)은 「형법」이나 그 밖의 법률에 따른 벌칙을 적용할 때에는 공무원으로 본다.

제23조(권한의 위임·위탁 등)

① 재정경제부장관은 이 법에 따른 권한의 일부를 대통령령으로 정하는 바에 따라 금융위원회, 증권선물위원회, 관계 행정기관의 장, 한국은행총재, 금융감독원장, 외국환업무취급기관등의 장, 그 밖에 대통령령으로 정하는 자에게 위임하거나 위탁할 수 있다.

② 제1항 및 제20조 제6항에 따른 업무를 담당하는 사람과 그 소속 임원 및 직원(공무원 및 다른 법률에서 공무원으로 보도록 하는 사람은 제외한다)은 「형법」이나 그 밖의 법률에 따른 벌칙을 적용할 때에는 공무원으로 본다.

[시행일: 2026. 1. 2.] 제23조

제24조(전자문서에 의한 허가 등)

① 기획재정부장관은 이 법에 따른 허가·인가·통지·통보를 대통령령으로 정하는 바에 따라 전자문서(전산망 또는 전산처리설비를 이용한 자료의 제출을 포함한다. 이하 이 조에서 같다)의 방법으로 할 수 있다.

② 기획재정부장관은 이 법의 실효성을 확보하기 위하여 필요하다고 인정되는 경우에는 외국환업무취급기관등이나 그 밖에 이 법을 적용받는 거래 당사자 또는 관계인으로 하여금 신고, 신청, 보고, 자료의 통보 및 제출을 전자문서의 방법으로 하도록 명할 수 있다.

제24조(전자문서에 의한 허가 등)

① 재정경제부장관은 이 법에 따른 허가·인가·통지·통보를 대통령령으로 정하는 바에 따라 전자문서(전산망 또는 전산처리설비를 이용한 자료의 제출을 포함한다. 이하 이 조에서 같다)의 방법으로 할 수 있다.

② 재정경제부장관은 이 법의 실효성을 확보하기 위하여 필요하다고 인정되는 경우에는 외국환업무취급기관등이나 그 밖에 이 법을 적용받는 거래 당사자 또는 관계인으로 하여금 신고, 신청, 보고, 자료의 통보 및 제출을 전자문서의 방법으로 하도록 명할 수 있다.

[시행일: 2026. 1. 2.] 제24조

제25조(사무처리 등)

① 기획재정부장관은 이 법의 효율적인 운영과 실효성 확보를 위하여 필요하다고 인정되는 경우에는 사무처리나 지급 또는 수령의 절차와 그 밖에 필요한 사항을 정할 수 있다.

② 기획재정부장관은 대통령령으로 정하는 바에 따라 외국환업무와 관련이 있거나 전문성을 갖춘 법인 또는 단체 중에서 하나 이상의 법인 또는 단체를 지정하여 외국환거래, 지급 또는 수령에 관한 자료를 중계·집중·교환 또는 분석하는 기관으로 운영할 수 있다.

제25조(사무처리 등)

① 재정경제부장관은 이 법의 효율적인 운영과 실효성 확보를 위하여 필요하다고 인정되는 경우에는 사무처리나 지급 또는 수령의 절차와 그 밖에 필요한 사항을 정할 수 있다.

② 재정경제부장관은 대통령령으로 정하는 바에 따라 외국환업무와 관련이 있거나 전문성을 갖춘 법인 또는 단체 중에서 하나 이상의 법인 또는 단체를 지정하여 외국환거래, 지급 또는 수령에 관한 자료를 중계·집중·교환 또는 분석하는 기관으로 운영할 수 있다.

[시행일: 2026. 1. 2.] 제25조

제26조(다른 법률과의 관계)

제11조의3 제5항, 제20조, 제23조, 제24조 및 제25조 제2항은 「금융실명거래 및 비밀보장에 관한 법률」 제4조에 우선하여 적용된다.

제6장 벌칙

제27조(벌칙)

① 다음 각 호의 어느 하나에 해당하는 자는 5년 이하의 징역 또는 5억원 이하의 벌금에 처한다. 다만, 위반행위의 목적물 가액(價額)의 3배가 5억원을 초과하는 경우에는 그 벌금을 목적물 가액의 3배 이하로 한다.
1. 제5조 제2항을 위반하여 기준환율등에 따르지 아니하고 거래한 자
2. 제6조 제1항 제1호의 조치를 위반하여 지급 또는 수령이나 거래를 한 자
3. 제6조 제1항 제2호의 조치에 따른 보관·예치 또는 매각 의무를 위반한 자
4. 제6조 제1항 제3호의 조치에 따른 회수의무를 위반한 자

5. 제6조 제2항의 조치에 따른 허가를 받지 아니하거나, 거짓이나 그 밖의 부정한 방법으로 허가를 받고 자본거래를 한 자 또는 예치의무를 위반한 자
6. 제10조 제2항을 위반하여 외국환업무를 한 자

② 제1항의 징역과 벌금은 병과(倂科)할 수 있다.

제27조의2(벌칙)

① 다음 각 호의 어느 하나에 해당하는 자는 3년 이하의 징역 또는 3억원 이하의 벌금에 처한다. 다만, 위반행위의 목적물 가액의 3배가 3억원을 초과하는 경우에는 그 벌금을 목적물 가액의 3배 이하로 한다.

1. 제8조 제1항 본문 또는 같은 조 제3항에 따른 등록을 하지 아니하거나, 거짓이나 그 밖의 부정한 방법으로 등록을 하고 외국환업무를 한 자(제8조 제4항에 따른 폐지신고를 거짓으로 하고 외국환업무를 한 자 및 제12조 제1항에 따른 처분을 위반하여 외국환업무를 한 자를 포함한다)
2. 제9조 제1항 전단, 같은 조 제3항 또는 제5항에 따른 인가를 받지 아니하거나, 거짓이나 그 밖의 부정한 방법으로 인가를 받고 외국환중개업무를 한 자(제9조 제3항에 따른 신고를 거짓으로 하고 외국환중개업무를 한 자 및 제12조 제1항에 따른 처분을 위반하여 외국환중개업무를 한 자를 포함한다)
3. 제15조 제2항에 따른 허가를 받지 아니하거나, 거짓이나 그 밖의 부정한 방법으로 허가를 받고 지급 또는 수령을 한 자

② 제1항의 징역과 벌금은 병과할 수 있다.

제28조(벌칙)

① 제22조를 위반하여 정보를 이 법에서 정하는 용도가 아닌 용도로 사용하거나 다른 사람에게 누설한 사람은 2년 이하의 징역 또는 2억원 이하의 벌금에 처한다.

② 제1항의 징역과 벌금은 병과할 수 있다.

제29조(벌칙)

① 다음 각 호의 어느 하나에 해당하는 자는 1년 이하의 징역 또는 1억원 이하의 벌금에 처한다. 다만, 위반행위의 목적물 가액의 3배가 1억원을 초과하는 경우에는 그 벌금을 목적물 가액의 3배 이하로 한다.

1. 제8조 제5항에 따른 인가를 받지 아니하거나, 거짓이나 그 밖의 부정한 방법으로 인가를 받고 계약을 체결한 자
2. 제10조 제1항을 위반하여 확인하지 아니한 자
3. 제16조 또는 제18조에 따른 신고의무를 위반한 금액이 5억원 이상의 범위에서 대통령령으로 정하는 금액을 초과하는 자
4. 제17조에 따른 신고를 하지 아니하거나 거짓으로 신고를 하고 지급수단 또는 증권을 수출하거나 수입한 자(제17조에 따른 신고의무를 위반한 금액이 미화 2만달러 이상의 범위에서 대통령령으로 정하는 금액을 초과하는 경우로 한정한다)
5. 제19조 제2항에 따른 거래 또는 행위의 정지·제한을 위반하여 거래 또는 행위를 한 자
6. 제32조 제1항에 따른 과태료 처분을 받은 자가 해당 처분을 받은 날부터 2년 이내에 다시 같은 항에 따른 위반행위를 한 경우

② 제1항 제4호의 미수범은 처벌한다.

③ 제1항의 징역과 벌금은 병과할 수 있다.

제30조(몰수・추징)

제27조 제1항 각 호, 제27조의2 제1항 각 호 또는 제29조 제1항 각 호의 어느 하나에 해당하는 자가 해당 행위를 하여 취득한 외국환이나 그 밖에 증권, 귀금속, 부동산 및 내국지급수단은 몰수하며, 몰수할 수 없는 경우에는 그 가액을 추징한다.

제31조(양벌규정)

법인의 대표자나 법인 또는 개인의 대리인, 사용인, 그 밖의 종업원이 그 법인 또는 개인의 재산 또는 업무에 관하여 제27조, 제27조의2, 제28조 및 제29조의 어느 하나에 해당하는 위반행위를 하면 그 행위자를 벌하는 외에 그 법인 또는 개인에게도 해당 조문의 벌금형을 과(科)한다. 다만, 법인 또는 개인이 그 위반행위를 방지하기 위하여 해당 재산 또는 업무에 관하여 상당한 주의와 감독을 게을리하지 아니한 경우에는 그러하지 아니하다.

제32조(과태료)

① 다음 각 호의 어느 하나에 해당하는 자에게는 1억원 이하의 과태료를 부과한다. 다만, 제29조에 해당하는 경우는 제외한다.
1. 제8조 제4항에 따른 변경신고를 하지 아니하거나 거짓으로 변경신고를 하고 외국환업무를 한 자
2. 제9조 제1항 후단에 따른 변경신고를 하지 아니하거나 거짓으로 변경신고를 하고 외국환중개업무를 한 자 또는 같은 조 제2항을 위반하여 외국환중개업무를 한 자
3. 제16조에 따른 신고를 하지 아니하거나 거짓으로 신고를 하고 지급 또는 수령을 한 자
3의2. 삭제
4. 제18조 제1항에 따른 신고를 하지 아니하거나 거짓으로 신고를 하고 자본거래를 한 자
5. 제18조 제5항을 위반하여 신고수리가 거부되었음에도 그 신고에 해당하는 자본거래를 한 자
6. 제18조 제6항을 위반하여 같은 조 제4항 제3호의 권고내용과 달리 자본거래를 한 자

② 다음 각 호의 어느 하나에 해당하는 자에게는 5천만원 이하의 과태료를 부과한다. 다만, 제29조에 해당하는 경우는 제외한다.
1. 제11조의3 제5항에 따른 자료를 제출하지 아니하거나 거짓으로 제출한 자
2. 제15조 제1항에 따른 지급절차 등을 위반하여 지급・수령을 하거나 자금을 이동시킨 자
3. 제17조에 따른 신고를 하지 아니하거나 거짓으로 신고를 하고 지급수단 또는 증권을 수출입하거나 수출입하려 한 자

③ 다음 각 호의 어느 하나에 해당하는 자에게는 3천만원 이하의 과태료를 부과한다.
1. 제16조 또는 제18조를 위반하여 신고를 갈음하는 사후 보고를 하지 아니하거나 거짓으로 사후 보고를 한 자
2. 제20조 제3항 또는 제6항에 따른 검사에 응하지 아니하거나 검사를 거부・방해 또는 기피한 자
3. 제20조 제5항 또는 제6항에 따른 시정명령에 따르지 아니한 자
4. 제21조에 따른 기획재정부장관의 명령을 위반하여 통보 또는 제공을 하지 아니하거나 거짓으로 통보 또는 제공한 자

④ 다음 각 호의 어느 하나에 해당하는 자에게는 1천만원 이하의 과태료를 부과한다.
1. 제8조 제4항에 따른 폐지신고를 하지 아니한 자
2. 제9조 제3항에 따른 신고를 하지 아니한 자
3. 제19조 제1항에 따른 경고를 받고 2년 이내에 경고 사유에 해당하는 위반행위를 한 자

4. 제20조 제1항 또는 제2항에 따른 보고 또는 자료 제출을 하지 아니하거나 거짓으로 보고 또는 자료 제출을 한 자
5. 제20조 제4항 또는 제6항에 따른 자료를 제출하지 아니하거나 거짓으로 자료 제출을 한 자
6. 제24조 제2항에 따른 기획재정부장관의 명령을 위반하여 신고, 신청, 보고, 자료의 통보 및 제출을 전자문서의 방법으로 하지 아니한 자

⑤ 제1항부터 제4항까지의 규정에 따른 과태료는 대통령령으로 정하는 바에 따라 기획재정부장관이 부과·징수한다.

제32조(과태료)

① 다음 각 호의 어느 하나에 해당하는 자에게는 1억원 이하의 과태료를 부과한다. 다만, 제29조에 해당하는 경우는 제외한다.
1. 제8조 제4항에 따른 변경신고를 하지 아니하거나 거짓으로 변경신고를 하고 외국환업무를 한 자
2. 제9조 제1항 후단에 따른 변경신고를 하지 아니하거나 거짓으로 변경신고를 하고 외국환중개업무를 한 자 또는 같은 조 제2항을 위반하여 외국환중개업무를 한 자
3. 제16조에 따른 신고를 하지 아니하거나 거짓으로 신고를 하고 지급 또는 수령을 한 자

3의2. 삭제
4. 제18조 제1항에 따른 신고를 하지 아니하거나 거짓으로 신고를 하고 자본거래를 한 자
5. 제18조 제5항을 위반하여 신고수리가 거부되었음에도 그 신고에 해당하는 자본거래를 한 자
6. 제18조 제6항을 위반하여 같은 조 제4항 제3호의 권고내용과 달리 자본거래를 한 자

② 다음 각 호의 어느 하나에 해당하는 자에게는 5천만원 이하의 과태료를 부과한다. 다만, 제29조에 해당하는 경우는 제외한다.
1. 제11조의3 제5항에 따른 자료를 제출하지 아니하거나 거짓으로 제출한 자
2. 제15조 제1항에 따른 지급절차 등을 위반하여 지급·수령을 하거나 자금을 이동시킨 자
3. 제17조에 따른 신고를 하지 아니하거나 거짓으로 신고를 하고 지급수단 또는 증권을 수출입하거나 수출입하려 한 자

③ 다음 각 호의 어느 하나에 해당하는 자에게는 3천만원 이하의 과태료를 부과한다.
1. 제16조 또는 제18조를 위반하여 신고를 갈음하는 사후 보고를 하지 아니하거나 거짓으로 사후 보고를 한 자
2. 제20조 제3항 또는 제6항에 따른 검사에 응하지 아니하거나 검사를 거부·방해 또는 기피한 자
3. 제20조 제5항 또는 제6항에 따른 시정명령에 따르지 아니한 자
4. 제21조에 따른 재정경제부장관의 명령을 위반하여 통보 또는 제공을 하지 아니하거나 거짓으로 통보 또는 제공한 자

④ 다음 각 호의 어느 하나에 해당하는 자에게는 1천만원 이하의 과태료를 부과한다.
1. 제8조 제4항에 따른 폐지신고를 하지 아니한 자
2. 제9조 제3항에 따른 신고를 하지 아니한 자
3. 제19조 제1항에 따른 경고를 받고 2년 이내에 경고 사유에 해당하는 위반행위를 한 자
4. 제20조 제1항 또는 제2항에 따른 보고 또는 자료 제출을 하지 아니하거나 거짓으로 보고 또는 자료 제출을 한 자
5. 제20조 제4항 또는 제6항에 따른 자료를 제출하지 아니하거나 거짓으로 자료 제출을 한 자

6. 제24조 제2항에 따른 재정경제부장관의 명령을 위반하여 신고, 신청, 보고, 자료의 통보 및 제출을 전자문서의 방법으로 하지 아니한 자

⑤ 제1항부터 제4항까지의 규정에 따른 과태료는 대통령령으로 정하는 바에 따라 재정경제부장관이 부과·징수한다.

[시행일: 2026. 1. 2.] 제32조

부칙 <제20781호, 2025. 3. 18.>

제1조(시행일)

이 법은 공포 후 6개월이 경과한 날부터 시행한다.

제2조(외국환중개업무 인가에 관한 경과조치)

이 법 시행 전에 종전의 제9조 제1항에 따라 외국환중개업무의 인가를 받은 자는 제9조 제1항 제1호의 개정규정에 따른 일반외국환중개업의 인가를 받은 것으로 본다.

외국환거래법 시행령

[시행 2025. 9. 19.] [대통령령 제35743호, 2025. 9. 16., 일부개정]

제1장 총칙

제1조(목적)

이 영은 「외국환거래법」에서 위임된 사항과 그 시행에 관하여 필요한 사항을 규정함을 목적으로 한다.

제2조(적용 대상)

「외국환거래법」(이하 "법"이라 한다) 제2조 제1항 제1호부터 제3호까지의 규정에 따른 "그 밖에 이와 관련되는 행위"란 같은 항 제1호부터 제3호까지의 규정에 따른 거래·지급 또는 수령과 직접 관련하여 행하여지는 지급수단·귀금속·증권 등의 취득·보유·송금·추심·수출·수입 등을 말한다.

제3조(지급수단)

① 법 제3조 제1항 제3호 나목에서 "대통령령으로 정하는 환어음, 약속어음, 그 밖의 지급지시"란 증권에 해당하지 아니하는 환어음, 약속어음, 우편 또는 전신에 의한 지급지시와 그 밖에 지급을 받을 수 있는 내용이 표시된 것으로서 기획재정부장관이 인정하는 것을 말한다.

② 법 제3조 제1항 제3호 다목에서 "대통령령으로 정하는 것"이란 대금을 미리 받고 발행하는 선불카드와 그 밖에 이와 유사한 것으로서 기획재정부장관이 인정하는 것을 말한다.

제4조(증권)

법 제3조 제1항 제7호에서 "대통령령으로 정하는 것"이란 무기명양도성예금증서, 그 밖에 재산적 가치가 있는 권리가 표시된 증권 또는 증서로서 투자의 대상으로 유통될 수 있는 것을 말한다.

제5조(파생상품)

법 제3조 제1항 제9호에서 "대통령령으로 정하는 것"이란 상품의 구성이 복잡하고 향후 수익을 예측하기 어려워 대규모 외환유출입을 야기할 우려가 있는 금융상품으로서 기획재정부장관이 고시하는 것을 말한다.

제6조(외국환업무)

법 제3조 제1항 제16호 마목에서 "대통령령으로 정하는 업무"란 다음 각 호의 업무를 말한다.
1. 비거주자와의 내국통화로 표시되거나 지급되는 증권 또는 채권의 매매 및 매매의 중개
2. 거주자 간의 신탁·보험 및 파생상품거래(외국환과 관련된 경우에 한정한다) 또는 거주자와 비거주자 간의 신탁·보험 및 파생상품거래
3. 외국통화로 표시된 시설대여(「여신전문금융업법」에 따른 시설대여를 말한다. 이하 같다)
4. 그 밖에 법 제3조 제1항 제16호 가목부터 라목까지 및 이 조 제1호부터 제3호까지의 업무에 딸린 업무

제7조(금융회사등)

법 제3조 제1항 제17호에서 "대통령령으로 정하는 자"란 다음 각 호의 자를 말한다.
1. 「한국산업은행법」에 따른 한국산업은행

1의2. 삭제

2. 「한국수출입은행법」에 따른 한국수출입은행
3. 「중소기업은행법」에 따른 중소기업은행
4. 과학기술정보통신부장관이 지정하는 체신관서
5. 삭제
6. 「새마을금고법」에 따른 새마을금고 및 중앙회
7. 「한국해양진흥공사법」에 따른 한국해양진흥공사
8. 외국금융기관(외국의 법령에 따라 설립되어 외국에서 금융업을 영위하는 자를 말한다. 이하 같다) 중 기획재정부장관이 정하여 고시하는 업종 및 재무건전성 기준에 해당하는 기관

제8조(해외직접투자)

① 법 제3조 제1항 제18호 가목에서 "대통령령으로 정하는 것"이란 다음 각 호의 것을 말한다.
1. 외국 법령에 따라 설립된 법인(설립 중인 법인을 포함한다. 이하 "외국법인"이라 한다)의 경영에 참가하기 위하여 취득한 주식 또는 출자지분이 해당 외국법인의 발행주식총수 또는 출자총액에서 차지하는 비율(주식 또는 출자지분을 공동으로 취득하는 경우에는 그 주식 또는 출자지분 전체의 비율을 말한다. 이하 이 항에서 "투자비율"이라 한다)이 100분의 10 이상인 투자
2. 투자비율이 100분의 10 미만인 경우로서 해당 외국법인과 다음 각 목의 어느 하나에 해당하는 관계를 수립하는 것
   가. 임원의 파견
   나. 계약기간이 1년 이상인 원자재 또는 제품의 매매계약의 체결
   다. 기술의 제공·도입 또는 공동연구개발계약의 체결

라. 해외건설 및 산업설비공사를 수주하는 계약의 체결
3. 제1호 또는 제2호에 따라 이미 투자한 외국법인의 주식 또는 출자지분을 추가로 취득하는 것
4. 제1호부터 제3호까지의 규정에 따라 외국법인에 투자한 거주자가 해당 외국법인에 대하여 상환기간을 1년 이상으로 하여 금전을 대여하는 것

② 법 제3조 제1항 제18호 나목에서 "대통령령으로 정하는 것"이란 다음 각 호의 자금을 지급하는 것을 말한다.
1. 지점 또는 사무소의 설치비 및 영업기금
2. 거주자가 외국에서 법인 형태가 아닌 기업을 설치·운영하기 위한 자금
3. 「해외자원개발 사업법」제2조에 따른 해외자원개발사업 또는 사회간접자본개발사업을 위한 자금. 다만, 해외자원개발을 위한 조사자금 및 해외자원의 구매자금은 제외한다.

제9조(자본거래)

① 법 제3조 제1항 제19호 마목에서 "대통령령으로 정하는 것"이란 다음 각 호의 것을 말한다.
1. 집기구매대금, 사무실 임대비용 등 사무소를 유지하는 데에 직접 필요한 경비의 지급 또는 수령
2. 물품의 수출입대금과 이에 직접 딸린 운임·보험료, 그 밖의 비용의 지급 또는 수령
3. 용역거래의 대가와 이에 직접 딸린 비용의 지급 또는 수령

② 법 제3조 제1항 제19호 바목에서 "대통령령으로 정하는 거래 또는 행위"란 다음 각 호의 거래 또는 행위를 말한다.
1. 법 제3조 제1항 제19호 가목에 해당하지 아니하는 거래로서 거주자와 비거주자 간 또는 거주자 간의 임대차·담보제공·보험·조합, 그 밖에 이와 유사한 계약에 따른 채권의 발생·변경 또는 소멸에 관한 거래. 다만, 거주자 간의 거래인 경우에는 외국통화로 표시되거나 지급받을 수 있는 채권의 발생·변경 또는 소멸에 관한 거래에 한정한다.
2. 거주자와 비거주자 간 또는 거주자 간의 상속·유증 또는 증여에 따른 채권의 발생·변경 또는 소멸에 관한 거래. 다만, 거주자 간의 거래인 경우에는 외국통화로 표시되거나 지급받을 수 있는 채권의 발생·변경 또는 소멸에 관한 거래에 한정한다.
3. 비거주자 간의 거래로서 내국통화로 표시되거나 지급받을 수 있는 채권의 발생·변경 또는 소멸에 관한 거래
4. 거주자에 의한 다른 거주자로부터의 외화증권 또는 이에 관한 권리의 취득
5. 비거주자에 의한 다른 비거주자로부터의 내국통화로 표시되거나 지급받을 수 있는 증권 또는 이에 관한 권리의 취득
6. 개인의 국내에 있는 영업소 및 그 밖의 사무소와 외국에 있는 영업소 및 그 밖의 사무소 간의 법 제3조 제1항 제19호 마목에 해당하는 행위 및 그에 따른 자금의 수수(授受)
7. 거주자와 외국에 있는 학교 또는 병원 간의 학교 또는 병원의 설립·운영 등과 관련된 행위 및 그에 따른 자금의 수수
8. 그 밖에 거주자와 비거주자 간의 채권의 발생·변경 또는 소멸에 관한 거래(물품의 수출·수입 및 용역거래는 제외한다)나 거주자 간의 외국통화로 표시되거나 지급받을 수 있는 채권의 발생·변경 또는 소멸에 관한 거래로서 기획재정부장관이 인정하는 거래

제9조의2(비예금성외화부채등)

법 제3조 제1항 제20호에서 "대통령령으로 정하는 것"이란 제21조 제6호에 따른 외국환계정의 계정과목 중 지급·결제를 위한 계정, 최종 처리 전 경과적 성격의 계정, 정책성 자금을 처리하기 위한 계정 등으로서 법 제11조의2에 따른 외환건전성부담금(이하 "부담금"이라 한다)의 부과목적을 고려하여 기획재정부장관이 고시하는 계정과목은 제외한 것을 말한다.

제10조(거주자와 비거주자의 구분)

① 다음 각 호의 자는 법 제3조 제2항에 따라 거주자로 본다.
1. 대한민국 재외공관
2. 국내에 주된 사무소가 있는 단체·기관, 그 밖에 이에 준하는 조직체
3. 다음 각 목의 어느 하나에 해당하는 대한민국국민
    가. 대한민국 재외공관에서 근무할 목적으로 외국에 파견되어 체재하고 있는 자
    나. 비거주자이었던 자로서 입국하여 국내에 3개월 이상 체재하고 있는 자
    다. 그 밖에 영업 양태, 주요 체재지 등을 고려하여 거주자로 판단할 필요성이 인정되는 자로서 기획재정부장관이 정하는 자
4. 다음 각 목의 어느 하나에 해당하는 외국인(제2항 제2호 및 제6호 가목·나목에 해당하는 자는 제외한다)
    가. 국내에서 영업활동에 종사하고 있는 자
    나. 6개월 이상 국내에서 체재하고 있는 자

② 다음 각 호의 자는 법 제3조 제2항에 따라 비거주자로 본다.
1. 국내에 있는 외국정부의 공관과 국제기구
2. 「대한민국과 아메리카합중국 간의 상호방위조약 제4조에 의한 시설과 구역 및 대한민국에서의 합중국군대의 지위에 관한 협정」에 따른 미합중국군대 및 이에 준하는 국제연합군(이하 이 호에서 "미합중국군대등"이라 한다), 미합중국군대등의 구성원·군속·초청계약자와 미합중국군대등의 비세출자금기관·군사우편국 및 군용은행시설
3. 외국에 있는 국내법인 등의 영업소 및 그 밖의 사무소
4. 외국에 주된 사무소가 있는 단체·기관, 그 밖에 이에 준하는 조직체
5. 다음 각 목의 어느 하나에 해당하는 대한민국 국민
    가. 외국에서 영업활동에 종사하고 있는 자
    나. 외국에 있는 국제기구에서 근무하고 있는 자
    다. 2년 이상 외국에 체재하고 있는 자. 이 경우 일시 귀국의 목적으로 귀국하여 3개월 이내의 기간 동안 체재한 경우 그 체재기간은 2년에 포함되는 것으로 본다.
    라. 그 밖에 영업양태, 주요 체재지 등을 고려하여 비거주자로 판단할 필요성이 인정되는 자로서 기획재정부장관이 정하는 자
6. 다음 각 목의 어느 하나에 해당하는 외국인
    가. 국내에 있는 외국정부의 공관 또는 국제기구에서 근무하는 외교관·영사 또는 그 수행원이나 사용인
    나. 외국정부 또는 국제기구의 공무로 입국하는 자
    다. 거주자였던 외국인으로서 출국하여 외국에서 3개월 이상 체재 중인 자

③ 거주자 또는 비거주자에 의하여 주로 생계를 유지하는 동거 가족은 해당 거주자 또는 비거주자의 구분에 따라 거주자 또는 비거주자로 구분한다.

제11조(외국환거래의 정지 등)

① 기획재정부장관은 법 제6조 제1항 및 제2항에 따른 조치를 하거나 이를 변경하려는 경우에는 다음 각 호의 사항을 고시하여야 한다.
1. 법 제6조 제1항 제1호에 따라 지급 또는 수령, 거래의 일시정지를 하려는 경우에는 그 대상이 되는 지급 또는 수령, 거래의 범위 및 정지기간
2. 법 제6조 제1항 제2호에 따라 지급수단 또는 귀금속을 보관·예치 또는 매각하도록 하는 경우에는 그 대상·범위 및 기간
3. 법 제6조 제1항 제3호에 따라 비거주자에 대한 채권을 추심하여 국내로 회수하도록 하는 경우 회수 대상 채권의 범위 및 회수기한
4. 법 제6조 제2항에 따라 자본거래의 허가를 받도록 하는 경우에는 허가를 받아야 하는 자본거래의 종류·범위·기간 및 허가절차
5. 법 제6조 제2항에 따라 자본거래를 하는 자로 하여금 해당 거래로 인하여 취득한 지급수단의 일부를 예치하도록 하는 경우에는 예치대상·예치비율·예치금리·예치기간 및 예치기관

② 제1항 제5호의 예치비율 및 예치금리는 다음 각 호의 기준에 따라 정한다.
1. 예치비율은 국제수지·통화·환율동향 등을 종합적으로 고려하여 정할 것
2. 예치금리는 무이자로 할 것. 다만, 기획재정부장관이 원활하고 질서있는 외국환관리를 위하여 특히 필요하다고 인정하는 경우에는 그러하지 아니하다.

③ 제1항에도 불구하고 고시를 할 여유가 없는 긴급한 사유가 있는 경우 기획재정부장관은 법 제6조 제1항 및 제2항에 따른 조치를 즉시 시행할 수 있다. 이 경우 기획재정부장관은 조치내용을 지체 없이 고시하여야 한다.

④ 기획재정부장관은 법 제6조 제3항에 따라 같은 조 제1항 및 제2항에 따른 조치를 해제하려는 경우에는 고시하여야 한다.

제12조

삭제

제2장 외국환업무취급기관 등

제13조(외국환업무의 등록)

① 법 제8조 제1항 본문에 따라 외국환업무를 업으로 하려는 자는 다음 각 호의 사항을 적은 신청서에 재무상태표·손익계산서 등 기획재정부장관이 정하여 고시하는 서류를 첨부하여 기획재정부장관에게 등록을 신청해야 한다.
1. 명칭
2. 본점(외국법인의 경우에는 외국에 있는 본점을 말한다) 및 국내영업소의 소재지
3. 외국환업무의 취급 범위
4. 자본·시설 및 전문인력에 관한 사항
5. 임원에 관한 사항

② 법 제8조 제1항 본문에 따른 등록을 하려는 자는 다음 각 호의 구분에 따른 요건을 갖추어야 한다.
1. 「금융위원회의 설치 등에 관한 법률」 제38조(제9호 및 제10호는 제외한다), 이 영 제7조 제1호부터 제4호까지, 제6호 또는 제7호에 해당하는 금융회사등의 경우:

가. 해당 금융회사등에 대하여 금융위원회(「새마을금고법」에 따른 새마을금고 및 중앙회는 행정안전부장관, 「한국해양진흥공사법」에 따른 한국해양진흥공사는 해양수산부장관을 말한다)가 정하는 재무건전성 기준에 비추어 자본 규모와 재무구조가 적정할 것
   나. 법 제25조 제2항에 따라 외국환거래, 지급 또는 수령에 관한 자료를 중계·집중·교환하는 기관으로 지정된 기관(이하 "외환정보집중기관"이라 한다)과 전산망이 연결되어 있을 것
   다. 외국환업무 및 그에 따른 사후관리를 원활하게 수행할 수 있는 전산설비를 갖출 것
   라. 외국환업무에 2년 이상 종사한 경력이 있는 자 또는 기획재정부장관이 정하는 교육을 이수한 자를 영업소별로 2명 이상 확보할 것
2. 제7조 제8호에 해당하는 금융회사등의 경우:
   가. 기획재정부장관이 정하여 고시하는 바에 따라 제18조 제4항 제3호부터 제5호까지에 해당하는 자 또는 제14조 각 호 외의 부분에 따른 외국환업무취급기관인 외국금융기관과 신용공여를 받을 수 있는 약정을 체결할 것
   나. 해당 금융회사등 명의의 외국통화 계좌를 외국환은행(제14조 제1호에 따른 금융회사등으로서 같은 호에 따른 외국환업무를 취급하는 금융회사등을 말한다. 이하 같다), 국내에 본점을 둔 외국환은행의 해외 현지법인이나 해외지점 또는 외국금융기관 중 한 곳 이상에 개설할 것
   다. 해당 금융회사등 명의의 내국통화 계좌를 외국환은행 중 한 곳 이상에 개설할 것
   라. 외환정보집중기관과 전산망이 연결되어 있을 것

③ 법 제8조 제1항 본문에 따라 외국환업무를 업으로 하려는 자는 제1항에 따른 등록을 신청하기 전에 기획재정부장관에게 제2항의 요건 중 일부 또는 전부에 대한 사전검토를 요청할 수 있다.

④ 제3항에 따라 사전검토를 요청하려는 자는 사전검토를 요청하는 내용을 적은 요청서에 기획재정부장관이 정해 고시하는 서류를 첨부해 기획재정부장관에게 제출해야 한다.

⑤ 기획재정부장관은 제1항에 따른 등록신청이나 제3항에 따른 사전검토 요청을 받은 때에는 「금융위원회의 설치 등에 관한 법률」에 따른 금융감독원의 원장(이하 "금융감독원장"이라 한다) 및 외환정보집중기관의 장에게 제2항에 따른 요건(제3항에 따른 사전검토 요청의 경우에는 사전검토를 요청한 요건에 한정한다)을 갖췄는지에 대한 확인을 요청할 수 있다. 이 경우 금융감독원장 및 외환정보집중기관의 장은 확인 요청을 받은 날부터 10일(토요일 및 공휴일은 기간에 산입하지 않는다) 이내에 기획재정부장관에게 확인 결과를 통보해야 한다.

⑥ 기획재정부장관은 제3항에 따른 사전검토 요청을 받은 경우 사전검토 요청을 받은 날부터 20일(토요일 및 공휴일은 기간에 산입하지 않는다) 이내에 사전검토를 요청한 자에게 검토 결과를 통보해야 한다. 다만, 사전검토 요청에 대한 검토 결과를 통보하기 전에 사전검토를 요청한 자가 제1항에 따른 등록신청을 한 경우에는 등록신청에 대한 검토 결과 통보로 사전검토 요청에 대한 검토 결과 통보를 갈음할 수 있다.

⑦ 기획재정부장관은 제1항에 따른 등록 신청이 다음 각 호의 어느 하나에 해당하는 경우를 제외하고는 등록을 해 주어야 한다.
1. 등록을 신청한 자가 금융회사등이 아닌 경우
2. 제2항에 따른 등록 요건을 갖추지 못한 경우
3. 제출받은 서류에 흠이 있다고 인정되는 경우
4. 등록을 신청한 자(등록을 신청한 자가 법인인 경우 그 임원을 포함한다)가 법 제12조 제4항에 따라 등록할 수 없는 자인 경우
5. 그 밖에 이 법 또는 다른 법령에 따른 제한에 위반되는 경우

⑧ 기획재정부장관은 제7항에 따른 등록을 한 경우에는 신청인에게 등록증을 발급해야 한다.

⑨ 법 제8조 제1항 단서에서 "대통령령으로 정하는 금융회사등"이란 제7조 제4호에 따른 체신관서를 말한다.

제14조(외국환업무의 취급 범위)

법 제8조 제1항에 따라 등록한 금융회사등(같은 항 단서에 따른 금융회사등을 포함한다. 이하 "외국환업무취급기관"이라 한다)의 외국환업무의 취급 범위는 다음과 같다.

1. 「은행법」에 따른 은행, 「농업협동조합법」에 따른 농협은행, 「수산업협동조합법」에 따른 수협은행, 「한국산업은행법」에 따른 한국산업은행, 「한국수출입은행법」에 따른 한국수출입은행, 「중소기업은행법」에 따른 중소기업은행: 법 제3조 제1항 제16호 각 목의 업무
2. 「자본시장과 금융투자업에 관한 법률」에 따른 종합금융회사: 종합금융회사의 업무와 직접 관련된 외국환업무. 다만, 법 제3조 제1항 제16호 다목 및 라목의 업무 중 예금업무는 다음 각 목의 구분에 따른 업무로 한정한다.
    가. 법 제3조 제1항 제16호 다목에 따른 업무의 경우: 다른 외국환업무취급기관과의 외국통화로 표시되거나 지급되는 예금업무
    나. 법 제3조 제1항 제16호 라목에 따른 업무의 경우: 외국금융기관과의 외국통화로 표시되거나 지급되는 예금업무
3. 체신관서: 「우정사업 운영에 관한 특례법」에 따른 체신관서의 업무와 직접 관련된 외국환업무
4. 그 밖의 외국환업무취급기관: 다음 각 목의 업무 중 해당 외국환업무취급기관의 업무와 직접 관련되는 업무로서 기획재정부장관이 정하여 고시하는 업무
    가. 외화채권의 매매
    나. 외화증권의 발행 및 매매
    다. 비거주자와의 내국통화로 표시되거나 지급되는 증권·채권의 매매 및 매매의 중개
    라. 대한민국과 외국 간의 지급·추심(推尋) 및 수령
    마. 거주자와의 외국통화로 표시되거나 지급받을 수 있는 예금·금전의 대차 또는 보증
    바. 비거주자와의 예금·금전의 대차 또는 보증
    사. 대외지급수단의 발행 및 매매
    아. 파생상품거래
    자. 거주자와의 외국통화로 표시된 보험거래 또는 비거주자와의 보험 거래
    차. 외국통화로 표시된 시설대여
    카. 투자판단을 일임받아 투자자별로 구분하여 운용하는 업무
    타. 신탁업무
    파. 그 밖에 「자본시장과 금융투자업에 관한 법률」, 「보험업법」, 「상호저축은행법」, 「신용협동조합법」, 「새마을금고법」, 「여신전문금융업법」 및 「한국해양진흥공사법」에 따른 업무

제15조(환전업무의 등록)

① 법 제8조 제3항 제1호에 해당하는 외국환업무(이하 "환전업무"라 한다)를 업으로 하려는 자는 다음 각 호의 사항을 적은 신청서에 기획재정부장관이 정하여 고시하는 서류를 첨부하여 기획재정부장관에게 등록을 신청하여야 한다.

1. 명칭
2. 영업소의 소재지
3. 환전업무의 취급 범위
4. 임원에 관한 사항(등록신청인이 법인인 경우로 한정한다)

② 환전업무를 등록하려는 자는 다음 각 호의 요건을 모두 갖추어야 한다.
1. 환전업무를 하는 데에 필요한 영업장
2. 환전업무 및 그에 따른 사후관리를 원활하게 수행하기 위하여 기획재정부장관이 정하여 고시하는 전산설비

③ 기획재정부장관은 제1항에 따른 등록 신청이 다음 각 호의 어느 하나에 해당하는 경우를 제외하고는 등록을 해 주어야 한다.
1. 제2항에 따른 영업장 및 전산설비를 갖추지 못한 경우
2. 제출받은 서류에 흠이 있다고 인정되는 경우
3. 등록을 신청한 자(등록을 신청한 자가 법인인 경우 그 임원을 포함한다)가 법 제12조 제4항에 따라 등록할 수 없는 자에 해당하는 경우
4. 그 밖에 이 법 또는 다른 법령에 따른 제한에 위반되는 경우

④ 기획재정부장관은 제3항에 따른 등록을 한 경우에는 신청인에게 등록증을 발급하여야 한다.

제15조의2(소액해외송금업무의 등록)

① 법 제8조 제3항 제2호에 해당하는 외국환업무(이하 "소액해외송금업무"라 한다)를 업으로 하려는 자는 다음 각 호의 사항을 적은 신청서에 정관 등 기획재정부장관이 정하여 고시하는 서류를 첨부하여 기획재정부장관에게 등록을 신청하여야 한다.
1. 명칭
2. 본점 및 영업소의 소재지
3. 소액해외송금업무 대상국가 및 취급통화 등을 포함한 취급 범위에 관한 사항
4. 소액해외송금업무의 수행 방식에 관한 사항
5. 소액해외송금업무에 사용할 계좌(소액해외송금업무의 등록을 하려는 자의 명의로 금융회사등에 개설된 계좌로 한정한다)의 정보
6. 소액해외송금업무 과정에서 관여하는 외국 협력업자에 관한 사항
7. 삭제
8. 제2항에 따른 자본·시설 및 전문인력에 관한 사항
9. 임원에 관한 사항

② 소액해외송금업무를 등록하려는 자는 다음 각 호의 요건을 모두 갖추어야 한다.
1. 「상법」 제169조에 따른 회사로서 자기자본이 10억원 이상일 것
2. 기획재정부장관이 정하여 고시하는 재무건전성 기준을 충족할 것
3. 외환정보집중기관과 전산망이 연결되어 있을 것
4. 소액해외송금업무 및 그에 따른 사후관리를 원활하게 수행할 수 있는 기획재정부장관이 정하여 고시하는 전산설비 및 전산 전문인력을 갖추고 있을 것
5. 외국환업무에 2년 이상 종사한 경력이 있는 사람 또는 기획재정부장관이 정하는 교육을 이수한 사람을 2명 이상 확보할 것
6. 임원이 「금융회사의 지배구조에 관한 법률」 제5조 제1항 각 호에 따른 결격사유에 해당하지 아니할 것

③ 기획재정부장관은 제1항에 따른 등록 신청을 받은 때에는 금융감독원장 및 외환정보집중기관의 장에게 제2항에 따른 요건을 갖추었는지 여부에 대한 확인을 요청할 수 있다.

④ 기획재정부장관은 제1항에 따른 등록 신청이 다음 각 호의 어느 하나에 해당하는 경우를 제외하고는 등록을 해주어야 한다.
1. 제2항 각 호에 따른 등록 요건을 갖추지 못한 경우
2. 제출받은 서류에 흠이 있다고 인정되는 경우
3. 등록을 신청한 자(등록을 신청한 자의 임원을 포함한다)가 법 제12조 제4항에 따라 등록할 수 없는 자에 해당하는 경우
4. 그 밖에 이 법 또는 다른 법령에 따른 제한에 해당하는 경우

⑤ 기획재정부장관은 제4항에 따른 등록을 한 경우 신청인에게 등록증을 발급하여야 한다.

⑥ 법 제8조 제3항 제2호에 따라 소액해외송금업무를 등록한 자(이하 "소액해외송금업자"라 한다)는 제2항 제1호에 따른 자기자본을 같은 호에서 정한 금액의 100의 70에 해당하는 금액(이하 이 조에서 "최저자기자본"이라 한다)에 미달하지 아니하도록 운용하여야 한다.

⑦ 각 회계연도 말을 기준으로 최저자기자본을 충족하지 못한 소액해외송금업자는 다음 회계연도 말까지 제2항 제1호에 따른 자기자본 요건을 충족하여야 한다.

⑧ 삭제

제15조의3(소액해외송금업무의 규모 및 방식 등)

① 소액해외송금업자가 취급할 수 있는 건당 지급 및 수령 범위는 각각 미화 5천달러를 한도로 기획재정부장관이 정하여 고시하는 금액으로 하며, 고객별 연간 지급 및 수령 누계 범위는 외국환수급 안정과 대외거래 원활화를 위하여 기획재정부장관이 정하여 고시하는 금액으로 한다.

② 소액해외송금업자는 제15조의2 제1항 제5호에 따른 계좌를 통해서만 고객에게 자금을 지급하거나 고객으로부터 자금을 수령하여야 한다. 다만, 계좌를 통한 거래에 준하는 수준의 투명성 확보가 담보되는 것으로 기획재정부장관이 인정하는 방식으로 자금을 지급 또는 수령하는 경우에는 제15조의2 제1항 제5호에 따른 계좌를 통하지 아니할 수 있다.

③ 소액해외송금업자는 제15조의2 제1항 제5호에 따른 계좌를 제2항 본문에 따른 지급·수령의 용도로만 사용하여야 한다.

④ 소액해외송금업자는 제15조의2 제1항 제5호에 따른 계좌의 자산을 다른 자산과 구분하여 회계처리하여야 한다.

제15조의4(소액해외송금업무의 안전성 확보 기준 등)

① 소액해외송금업자는 소액해외송금업무의 안전성과 신뢰성을 확보할 수 있도록 전자적 전송이나 처리를 위한 인력, 시설, 전자적 장치, 소요경비 등의 정보기술부문 및 인증방법에 관하여 기획재정부장관이 정하는 기준을 준수하여야 한다.

② 소액해외송금업자는 기획재정부장관이 정하는 자격요건을 갖춘 사람을 소액해외송금업무의 기반이 되는 정보기술부문 보안을 총괄하여 책임질 정보보호최고책임자로 지정하여야 한다.

③ 소액해외송금업자는 소액해외송금업무의 수행과 관련하여 약관을 정하거나 변경하려는 경우 미리 기획재정부장관에게 신고하여야 한다.

④ 기획재정부장관은 건전한 외환거래 질서를 유지하기 위하여 필요한 경우 소액해외송금업자에게 제3항에 따른 약관의 변경을 권고할 수 있다.

⑤ 소액해외송금업자는 약관을 정하거나 변경한 경우 인터넷 홈페이지 등을 통하여 공시하여야 하며, 고객과 소액해외송금업무와 관련한 계약을 체결할 때 약관을 명시하여야 한다.

⑥ 소액해외송금업자는 업무와 관련하여 고객이 제기하는 정당한 의견이나 불만을 반영하고 고객이 소액해외송금업무와 관련하여 입은 손해를 배상하기 위한 절차를 마련하여야 한다.

⑦ 소액해외송금업자는 기획재정부장관이 정하여 고시하는 소액해외송금업무와 관련된 주요 정보를 고객에게 제공하여야 한다.

제15조의5(기타전문외국환업무의 등록)

① 법 제8조 제3항 제3호에서 "대통령령으로 정하는 외국환업무"란 「전자금융거래법」에 따른 전자화폐의 발행·관리업무, 선불전자지급수단의 발행·관리업무 또는 전자지급결제대행에 관한 업무와 직접 관련된 외국환업무로서 기획재정부장관이 정하여 고시하는 업무(이하 "기타전문외국환업무"라 한다)를 말한다.

② 법 제8조 제3항 각 호 외의 부분 전단에 따라 기타전문외국환업무를 등록할 수 있는 자는 「전자금융거래법」 제28조에 따라 전자화폐의 발행·관리업무를 허가받은 자, 선불전자지급수단의 발행·관리업무를 등록한 자 또는 전자지급결제대행에 관한 업무를 등록한 자로 한정한다.

③ 기타전문외국환업무를 등록하려는 자의 등록 요건 및 절차에 관하여는 제13조(제7항 제1호는 제외한다)를 준용한다. 이 경우 제13조 제1항 본문에서 "법 제8조 제1항 본문에 따라 외국환업무"는 "기타전문외국환업무"로, 같은 조 제2항 제1호에서 "해당 금융회사등"은 "「전자금융거래법」에 따라 전자화폐의 발행·관리업무를 허가받은 자, 선불전자지급수단의 발행·관리업무를 등록한 자 또는 전자지급결제대행에 관한 업무를 등록한 자"로 본다.

제15조의6(환전업무 등의 겸영)

환전업무, 소액해외송금업무 또는 기타전문외국환업무를 겸영하려는 자는 업무별로 각각 등록해야 한다. 이 경우 기타전문외국환업무 중 2개 이상의 업무를 겸영하려는 자도 그 업무별로 각각 등록해야 한다.

제16조(등록 내용의 변경 등)

① 법 제8조 제4항에서 "대통령령으로 정하는 사항"이란 다음 각 호의 사항을 말한다.

1. 외국환업무취급기관: 제13조 제1항 제1호부터 제3호까지의 사항(국내영업소의 소재지는 제외한다)
2. 환전업무의 등록을 한 자(이하 "환전영업자"라 한다): 제15조 제1항 제1호부터 제3호까지의 사항
3. 소액해외송금업자: 제15조의2 제1항 제1호부터 제6호까지의 사항
4. 기타전문외국환업무를 등록한 자: 제15조의5 제3항에서 준용되는 제13조 제1항 제1호부터 제3호까지의 사항(국내영업소의 소재지는 제외한다)

② 법 제8조 제4항에 따라 등록사항의 변경이나 외국환업무의 폐지를 신고하려는 다음 각 호의 어느 하나에 해당하는 자는 기획재정부장관이 정하여 고시하는 서류를 변경 또는 폐지하려는 날의 7일 전까지 기획재정부장관에게 제출하여야 한다.

1. 외국환업무취급기관
2. 법 제8조 제3항에 따라 외국환업무를 등록한 자(이하 "전문외국환업무취급업자"라 한다)

③ 삭제

④ 삭제

⑤ 삭제

⑥ 법 제8조 제5항에서 "대통령령으로 정하는 경우"란 급격한 국제금융시장의 불안정 및 외환시장의 변동성 확대로 인하여 국민경제에 심각한 지장을 초래할 우려가 있어 외환의 유입 및 유출에 대한 자세한 주의가 필요한 경우로서 기획재정부장관이 인정하는 경우를 말한다.

⑦ 법 제8조 제5항에 따라 인가를 받아야 하는 경우는 기획재정부장관이 정하여 고시한다.

제17조(업무 수행에 관한 기준)

법 제8조 제6항에 따라 외국환업무취급기관과 전문외국환업무취급업자는 다음 각 호에 해당하는 기준에 따라 업무를 수행해야 한다.

1. 외국환업무취급기관 및 전문외국환업무취급업자는 거래 내용을 기록하고 관련 서류를 보존할 것
2. 외국환업무취급기관 및 전문외국환업무취급업자는 외국환업무와 그 밖의 업무를 겸영하는 경우에는 해당 외국환업무와 다른 업무를 구분하여 관리(회계처리를 포함한다. 이하 이 호에서 같다)할 것. 이 경우 전문외국환업무취급업자가 법 제8조 제3항 각 호의 업무를 겸영하거나 기타전문외국환업무를 2개 이상 겸영하는 경우에는 다음 각 목의 구분에 따라 관리해야 한다.
    가. 법 제8조 제3항 각 호의 업무를 겸영하는 경우: 같은 항 각 호의 업무별로 구분하여 관리
    나. 기타전문외국환업무를 2개 이상 겸영하는 경우: 해당 기타전문외국환업무별로 구분하여 관리
3. 외국환업무취급기관은 외국환업무취급 관련위험을 효율적으로 관리하기 위하여 종합적인 위험관리 체제를 구축·운용할 것
4. 그 밖에 외국환업무의 원활한 수행과 안정성 확보를 위하여 기획재정부장관이 정하여 고시하는 기준을 따를 것

제17조의2(이행보증금의 산정)

① 법 제8조 제7항에 따라 소액해외송금업자가 예탁하여야 하는 보증금(이하 "이행보증금"이라 한다)은 3억원 이상으로 하며, 그 구체적인 금액은 해당 소액해외송금업자의 거래 규모를 고려하여 기획재정부장관이 정하여 고시한다.

② 소액해외송금업자는 법 제8조 제7항에 따라 기획재정부장관이 지정하는 기관(이하 "이행보증금예탁기관"이라 한다)에 이행보증금을 현금으로 예탁하고 등록기간 동안 이를 유지하여야 한다. 다만, 기획재정부장관이 인정하는 보증보험에 가입하는 경우에는 보장금액에 해당하는 범위에서 이행보증금의 일부 또는 전부를 예탁하지 아니할 수 있다.

③ 소액해외송금업자는 제2항에 따라 예탁하거나 보장되는 금액이 제1항에 따른 금액에 미치지 못할 경우 기획재정부장관이 정하는 기간 내에 그 부족한 금액을 다시 예탁하여야 한다.

④ 소액해외송금업자는 이행보증금의 산정, 예탁 근거 및 내역을 기록하고 기획재정부장관에게 보고하여야 한다.

⑤ 제1항부터 제4항까지에서 규정한 사항 외에 이행보증금의 산정, 예탁 및 보고 등에 필요한 사항은 기획재정부장관이 정하여 고시한다.

제17조의3(이행보증금의 지급)

① 소액해외송금업자에게 대한민국에서 외국으로 지급을 요청한 고객은 다음 각 호의 어느 하나에 해당하는 사유가 발생한 경우 그 소액해외송금업자의 이행보증금의 한도에서 이행보증금예탁기관에 이행보증금의 지급을 신청할 수 있다.

1. 소액해외송금업자의 파산, 업무정지, 등록취소 또는 이에 준하는 사유로 고객의 지급 요청을 수행하지 못하는 경우

2. 소액해외송금업자가 고객의 지급 요청을 수행하지 아니하였거나 수행하는 과정에서 고객에게 손해가 발생한 경우(손해배상합의, 화해, 법원의 확정 판결, 그 밖에 이에 준하는 효력의 결정이 있는 경우로 한정한다)

② 제1항에 따른 신청을 받은 이행보증금예탁기관의 장은 기획재정부장관이 정하는 절차에 따라 고객에게 소액해외송금업자의 이행보증금의 전부 또는 일부를 지급할 수 있다.

제17조의4(이행보증금의 반환)

이행보증금예탁기관의 장은 다음 각 호의 어느 하나에 해당하는 경우 기획재정부장관이 정하는 바에 따라 이행보증금의 전부 또는 일부를 소액해외송금업자에게 반환하여야 한다.
1. 소액해외송금업자가 소액해외송금업무를 폐지한 경우
2. 소액해외송금업자인 법인이 파산 또는 해산하거나 합병으로 소멸한 경우
3. 법 제12조에 따라 소액해외송금업자의 등록이 취소된 경우
4. 기획재정부장관이 정하는 기간 동안 소액해외송금업자가 이미 예탁한 이행보증금이 제17조의2 제1항에 따라 예탁하여야 할 이행보증금을 초과한 경우

제18조(외국환중개업무의 인가 등)

① 외국환중개업무를 업으로 하려는 자는 다음 각 호의 사항을 적은 신청서에 기획재정부장관이 정하여 고시하는 서류를 첨부하여 기획재정부장관에게 인가를 신청하여야 한다.
1. 명칭
2. 본점(외국법인의 경우에는 외국에 있는 본점을 말한다) 및 국내영업소의 소재지
3. 제2항에 따른 자본·시설 및 전문인력에 관한 사항
4. 임원에 관한 사항

② 법 제9조 제1항에 따라 외국환중개업무의 인가를 받으려는 자는 다음 각 호의 구분에 따른 요건을 갖추어야 한다.
1. 법 제9조 제1항 제1호에 따른 일반외국환중개업의 인가
   가. 납입자본금(외국법인의 경우에는 국내 지점 또는 영업소의 「자본시장과 금융투자업에 관한 법률」 제65조 제1항에 따른 영업기금을 말한다. 이하 이 조에서 같다)이 40억원 이상일 것. 다만, 외국통화의 매매(선물환은 제외한다)의 중개 및 그와 관련된 업무를 수행하려는 자는 50억원 이상일 것
   나. 외국환중개업무 및 이에 관한 보고 등을 수행할 수 있는 시설로서 기획재정부장관이 정하여 고시하는 전산시설을 갖출 것
   다. 외국환중개업무에 관한 지식·경험 등 업무 수행에 필요한 능력을 가진 전문인력을 2명 이상 갖출 것
   라. 인가를 신청한 자(인가를 신청한 자의 임원을 포함한다)가 법 제12조 제4항에 따라 인가받을 수 없는 자에 해당하지 않을 것
2. 법 제9조 제1항 제2호에 따른 대(對)고객외국환중개업의 인가
   가. 납입자본금이 30억원 이상일 것
   나. 제1호 나목부터 라목까지의 요건을 갖출 것

③ 법 제9조 제1항에 따라 외국환중개업무를 인가받은 자(이하 "외국환중개회사"라 한다)는 인가를 받은 후 자본금(외국법인의 경우에는 국내 지점 또는 영업소의 총자산에서 총부채를 뺀 금액을 말한다. 이하 이 조에서 같다)이 제2항 제1호 가목 및 같은 항 제2호 가목에서 정한 납입자본금 기준의 100분의 70에 미달하지 아니하도록 운용하여야 하며, 이를 충족하지 못하는 경우 기획재정부장관은 다음 회계연도 말일까지 자본금을 확충하도록 요구할 수 있다. 이 경우 자본금 기준은 매 회계연도 말일을 기준으로 적용한다.

④ 법 제9조 제1항 제1호에서 "대통령령으로 정하는 자"란 다음 각 호의 자를 말한다.
1. 한국은행
2. 정부(외국환평형기금을 운용·관리하는 경우에 한정한다)
3. 제14조 제1호 및 제2호의 기관
4. 「자본시장과 금융투자업에 관한 법률」에 따른 투자매매업자, 투자중개업자 및 증권금융회사
5. 「보험업법」에 따른 보험회사
6. 외국금융기관(내국지급수단과 대외지급수단의 매매에 대한 중개는 외국환업무취급기관인 외국금융기관으로 한정한다)

⑤ 법 제9조 제1항 제2호에서 "대통령령으로 정하는 자"란 제4항 각 호의 자를 제외한 자를 말한다.

⑥ 외국환중개회사가 합병 또는 영업의 전부 또는 일부를 양도·양수하려는 경우에는 법 제9조 제3항에 따라 신청서에 재무상태표·손익계산서 등 기획재정부장관이 정하여 고시하는 서류를 첨부하여 기획재정부장관에게 인가를 신청해야 한다.

⑦ 기획재정부장관은 제1항 또는 제6항에 따라 인가신청을 받은 때에는 신청일부터 30일 이내에 인가 여부를 결정하고 신청인에게 알려야 한다.

⑧ 외국환중개회사는 제1항 각 호의 사항을 변경하거나, 해산 또는 영업의 전부나 일부를 폐지하려는 경우에는 법 제9조 제1항 및 제3항에 따라 7일 전까지 기획재정부장관이 정하여 고시하는 신고 서류를 기획재정부장관에게 제출하여야 한다.

⑨ 기획재정부장관은 법 제9조 제4항에 따라 외국환중개회사에 대하여 다음 각 호의 어느 하나에 해당하는 조치를 할 수 있다. 이 경우 해당 호에 따른 조치에 관하여 필요한 세부사항은 기획재정부장관이 정하여 고시한다.
1. 납입자본금의 100분의 20 범위에서 기획재정부장관이 정하여 고시하는 비율에 해당하는 금액을 금융회사등에 예탁하게 하는 조치
2. 책임한도액이 10억원 이상인 손해보험 또는 공제에 가입하게 하는 조치

⑩ 외국환중개회사는 다음 각 호의 어느 하나에 해당하는 경우에는 제9항 제1호에 따라 예탁한 보증금의 반환을 신청하거나 같은 항 제2호에 따라 가입한 손해보험 또는 공제의 계약을 해지할 수 있다.
1. 외국환중개업무를 폐지한 경우
2. 인가가 취소되어 그 잔무를 종결한 경우

제19조(외국에서의 외국환중개업무의 인가)

① 외국환중개회사는 외국에서 외국환중개업무를 하기 위하여 법 제9조 제5항에 따른 인가를 받으려는 경우에는 기획재정부장관이 정하여 고시하는 신청 서류를 첨부하여 기획재정부장관에게 제출하여야 한다. 인가받은 내용을 변경하려는 경우에도 또한 같다.

② 법 제9조 제5항의 외국에서의 외국환중개업무는 다음 각 호의 어느 하나에 해당하는 방법에 따른다.
1. 지점 및 사무소를 설치하는 방법
2. 외국환중개업무를 하는 외국법인의 주식 또는 출자지분을 취득하여 해당 법인의 경영에 참가하는 방법
3. 해당 외국환중개회사가 사실상 경영권을 지배하고 있는 외국법인으로 하여금 외국환중개업무를 하는 다른 외국법인의 주식 또는 출자지분을 취득하게 하여 그 경영에 참가하는 방법
4. 법 제3조 제1항 제16호의2다목에 따른 외국환중개업무로서 기획재정부장관이 정하여 고시하는 업무를 외국법인과의 제휴를 통해 수행하는 방법

제20조(외국환중개회사의 업무 수행)

외국환중개회사의 업무 수행에 관하여는 제17조 제1호 및 제2호 전단을 준용한다. 이 경우 "외국환업무취급기관 및 전문외국환업무취급업자"는 "외국환중개회사"로, "외국환업무"는 "외국환중개업무"로 본다.

제20조의2(건전한 외국환 거래질서 위반행위)

① 법 제10조 제2항 제2호에 따른 "대통령령으로 정하는 건전한 거래질서를 해치는 행위"란 다음 각 호의 어느 하나에 해당하는 경우를 말한다.
1. 다른 외국환업무취급기관, 전문외국환업무취급업자 및 외국환중개회사(이하 "외국환업무취급기관등"이라 한다)와 같은 시기에 같은 가격 또는 약정수치로 거래할 것을 사전에 서로 모의한 후 거래하여 외국환의 시세에 부당한 영향을 주거나 영향을 줄 우려가 있는 행위
2. 풍문을 유포하거나 거짓으로 계책을 꾸미는 등의 방법으로 외국환의 수요·공급 상황이나 그 가격에 대하여 타인에게 잘못된 판단이나 오해를 유발함으로써 외국환의 시세에 부당한 영향을 주거나 영향을 줄 우려가 있는 행위

② 제1항에서 정한 사항 외에 법 제10조 제2항 및 이 조 제1항을 적용할 때 필요한 사항은 기획재정부장관이 정하여 고시한다.

제20조의3(외국환업무의 위탁)

① 법 제10조의2 제1항 전단에서 "대통령령으로 정하는 사무"란 다음 각 호의 사무를 말한다.
1. 외국환 매매 또는 지급·수령 신청의 접수
2. 외국환 매매 또는 지급·수령을 신청하는 자에 대한 실명확인 또는 실명확인의 지원
3. 외국환 매매 또는 지급·수령 대금의 수납 및 전달
4. 제1호부터 제3호까지의 사무에 딸린 사무
5. 그 밖에 외국환거래의 편의 증진을 위한 사무로서 기획재정부장관이 정하여 고시하는 사무

② 법 제10조의2 제1항 전단에서 "대통령령으로 정하는 자"란 다음 각 호의 자를 말한다.
1. 「상법」 제169조에 따른 회사로서 국내에 설립된 회사 또는 같은 법 제614조에 따른 외국회사의 영업소로서 다음 각 목의 요건을 모두 갖춘 자
    가. 직전 사업연도의 자기자본(직전 사업연도가 없는 경우에는 자본금을 말한다) 또는 영업기금이 3억원 이상일 것
    나. 위탁받은 사무의 처리에 필요한 인력과 전산설비를 갖출 것
    다. 회사·영업소 또는 그 임원(영업소의 경우 대표자를 말한다. 이하 라목에서 같다)이 법 제12조 제4항에 따라 등록하거나 인가받을 수 없는 자에 해당하지 않을 것
    라. 발기인 또는 임원이 「금융회사의 지배구조에 관한 법률」 제5조 제1항 각 호에 해당하지 않을 것
2. 「전자금융거래법」 제2조 제5호에 따른 전자금융보조업자 중 정보처리시스템을 통하여 「은행법」 제2조 제1항 제2호에 따른 은행의 자금인출업무 및 환업무를 지원하는 사업자

③ 외국환업무취급기관등은 법 제10조의2 제1항 전단에 따라 사무를 위탁하려는 경우 위탁계약 체결 예정일을 기준으로 15영업일 전까지 기획재정부장관이 정하여 고시하는 서류를 첨부하여 기획재정부장관에게 보고해야 한다. 다만, 체결하려는 계약이 종전의 위탁계약을 동일한 내용으로 갱신하는 것인 경우에는 계약 갱신 후 1개월 이내에 보고할 수 있다.

④ 외국환업무취급기관등이 위탁계약의 내용을 변경하거나 종료하려는 경우에는 변경계약 체결 예정일 또는 계약 종료일을 기준으로 7영업일 전까지 기획재정부장관이 정하여 고시하는 서류를 첨부하여 기획재정부장관에게 보고해야 한다.

⑤ 제1항 각 호에 따른 위탁사무의 종류별 수탁기관의 범위와 위탁사무의 구체적인 내용은 기획재정부장관이 정하여 고시한다.

제20조의4(외환건전성협의회)

① 안정적인 외국환수급 및 외환건전성 유지 정책의 수립·추진에 관하여 관계기관 간 협의가 필요한 사항을 효율적으로 협의·조정하기 위해 기획재정부에 외환건전성협의회(이하 "협의회"라 한다)를 둔다.

② 협의회는 다음 각 호의 사항을 협의·조정한다.
1. 외환유출입 및 외국환수급상황의 분석에 관한 사항
2. 외국환업무취급기관등에 대한 외환건전성 감독·규제 및 부담금 운영에 관한 사항
3. 외국환업무취급기관등의 지급과 거래에 대한 모니터링 및 사후관리에 관한 사항
4. 그 밖에 자본유출입 변동 관리 등 외환건전성 정책의 수립·추진을 위해 관계기관 간 논의가 필요하다고 기획재정부장관이 인정하는 사항

③ 협의회 의장은 기획재정부 제1차관으로 하고, 협의회 위원은 다음 각 호의 사람으로 한다.
1. 금융위원회 부위원장
2. 한국은행 부총재
3. 금융감독원 부원장 중 금융감독원장이 지명하는 사람

④ 그 밖에 협의회의 운영 등에 필요한 사항은 기획재정부장관이 정한다.

제21조(건전성 규제)

기획재정부장관은 법 제11조 제2항에 따라 외국환업무취급기관등의 업무에 대하여 필요한 제한을 하려는 경우에는 다음 각 호의 기준에 따른다.
1. 특정 외화부채에 대한 지급준비금의 최저한도를 설정하는 경우에는 외화부채의 범위, 지급준비금의 대상통화·적립시기 및 최저한도를 정할 것
2. 외국환매입초과액과 매각초과액의 한도를 설정하는 경우에는 외국환의 매입초과액과 매각초과액의 구분 및 한도, 그 산정기준이 되는 자산 및 부채의 범위, 산정방법, 시기 및 기간을 정할 것
3. 외화자금의 조달 및 운용방법을 지정하는 경우에는 조달·운용항목과 항목별 조달·운용방법을 정할 것
4. 외화자산 및 외화부채의 비율을 설정하는 경우에는 만기별 자금의 조달 및 운용방법과 자산 및 부채의 범위 및 기준을 정할 것
5. 비거주자로부터 자금을 조달하여 비거주자를 대상으로 운용하는 계정을 설정하게 하는 경우에는 설치대상 외국환업무취급기관의 범위, 자금의 조달·운용방법과 회계처리방법의 기준을 정할 것
6. 외국환업무취급기관의 외국환계정의 회계처리기준을 정하는 경우에는 계정과목과 회계처리방법을 정할 것
7. 외국환업무에 따른 위험관리기준을 설정하는 경우에는 대상 업무 및 기준을 정할 것
8. 외국환중개업무에 대한 기준을 설정하는 경우에는 대상 업무 및 운용방법을 정할 것
9. 환전영업자에 대한 환전업무기준을 설정하는 경우에는 외국통화의 매도에 대한 제한 대상 및 기준을 정할 것
10. 소액해외송금업무에 대한 기준을 설정하는 경우에는 외국환 매입초과액 또는 매도초과액의 구분 및 한도, 그 산정기준이 되는 자산 및 부채의 범위, 산정방법, 시기 및 기간을 정할 것

제21조의2(부담금납부의무자)

법 제11조의2 제1항에서 "대통령령으로 정하는 금융회사등"이란 다음 각 호의 어느 하나에 해당하는 기관(이하 "부담금납부의무자"라 한다)을 말한다.

1. 「은행법」에 따른 인가를 받아 설립된 은행
2. 「농업협동조합법」에 따른 농협은행
3. 「수산업협동조합법」에 따른 수협은행
4. 「한국산업은행법」에 따른 한국산업은행
5. 「한국수출입은행법」에 따른 한국수출입은행
6. 「중소기업은행법」에 따른 중소기업은행
7. 다음 각 목의 어느 하나에 해당하는 기관으로서 사업연도 종료일 현재 제21조의4 제1항에 따라 산정한 비예금성외화부채등(2015년 7월 1일 이후 발생한 것으로 한정한다)의 잔액이 미화 1천만달러를 초과하는 기관
   가. 「자본시장과 금융투자업에 관한 법률」에 따른 투자매매업자 또는 투자중개업자
   나. 「보험업법」에 따른 보험회사
   다. 「여신전문금융업법」에 따른 여신전문금융회사

제21조의3(부과요율)

법 제11조의2 제2항에서 "대통령령으로 정하는 부과요율"이란 1만분의 10(제21조의2 제7호에 해당하는 기관 및 「은행법」 제2조 제1항 제10호 가목에 따른 지방은행이 부담금납부의무자에 대하여 보유한 비예금성외화부채등의 잔액에 대해서는 1만분의 5)에서 부담금납부의무자의 사업연도 종료일 현재 비예금성외화부채등의 남아 있는 만기를 남은 금액에 따라 1년 단위(6개월 초과 1년 이하의 기간은 1년으로 본다)로 가중평균하여 산정한 만기(이하 이 항에서 "가중평균 만기"라 한다)를 기준으로 다음 각 호의 구분에 따른 요율을 차감하여 산정한 요율을 말한다.

1. 가중평균 만기가 2년 초과 3년 이하인 경우: 1만분의 2
2. 가중평균 만기가 3년 초과 4년 이하인 경우: 1만분의 3
3. 가중평균 만기가 4년 초과인 경우: 1만분의 4

제21조의4(비예금성외화부채등 잔액의 산정방법)

① 법 제11조의2 제2항 및 제5항에 따른 비예금성외화부채등의 잔액은 다음의 계산식에 따라 산정한다. 이 경우 부과기간은 부담금납부의무자의 사업연도 종료일이 속한 월을 포함한 직전 12개월 동안의 기간을 말한다.

$$\text{비예금성외화부채등의 잔액} = \frac{\text{부과기간 동안의 남아 있는 만기가 1년 이하인 비예금성외화부채등의 월말 잔액의 합계액}}{12}$$

② 기획재정부장관은 부담금을 부과할 때 외화 조달구조 개선 또는 외국환거래 촉진 등을 위해 필요하면 제1항에 따라 산정된 비예금성외화부채등의 잔액(이하 "공제전잔액"이라 한다)에서 다음 각 호에 해당하는 금액(이하 "공제액"이라 한다)을 각각 공제한 후 나머지 금액을 비예금성외화부채등의 잔액으로 적용하여 부과할 수 있다.

1. 별표 1에 따라 외화예수금에 남아 있는 만기별 가중치를 곱한 금액. 이 경우 해당 금액이 0보다 작은 경우에는 0으로 한다.

2. 외국환 매매의 활성화 등 기획재정부장관이 정하여 고시하는 바에 따라 외국환거래의 촉진을 위해 수행한 역할과 관련한 금액으로서 기획재정부장관이 정하여 고시하는 바에 따라 산정한 금액

③ 제2항에 따른 총 공제액의 상한은 공제전잔액의 100분의 60으로 하며, 같은 항 각 호별 공제액의 상한은 기획재정부장관이 정하여 고시한다.

제21조의5(부담금 감면기간의 적용 등)

① 법 제11조의2 제3항 제1호에 따른 기간(이하 이 조에서 "부담금 감면기간"이라 한다)이 속하는 사업연도 중 부담금 감면기간에 대한 비예금성외화부채등의 잔액은 남아 있는 만기가 1년 이하인 비예금성외화부채등의 일별잔액의 합계액을 해당 기간의 날 수로 나눈 금액으로 한다.

② 법 제11조의2 제3항 제2호 및 제5항에 따라 비예금성외화부채등 잔액의 증가분은 법 제11조의2 제3항 제2호에 따른 추가부과요율(이하 이 조에서 "추가부과요율"이라 한다) 적용기간 동안의 일평균잔액에서 추가부과요율 적용일 직전 3개월간의 일평균잔액을 뺀 금액으로 한다.

③ 제1항에 따라 부담금 감면기간을 적용하거나 제2항에 따라 비예금성외화부채등 잔액의 증가분에 대하여 추가부과요율을 적용할 때에는 그 적용기간에 따라 일할계산하여 부담금을 부과·징수하여야 한다.

제21조의6(납부고지 및 납부기한)

① 기획재정부장관은 사업연도 종료 후 4개월 이내에 부담금의 납부금액, 납부기한 등을 명시하여 부담금 납부의무자에게 납부고지를 하여야 한다.

② 제1항에 따른 납부기한은 사업연도 종료 후 5개월이 되는 날로 한다.

제21조의7(분할납부)

① 기획재정부장관은 법 제11조의3 제1항에 따라 부담금납부의무자가 경영상 어려움 등으로 부담금을 한꺼번에 낼 수 없다고 인정되는 경우에는 제21조의6 제2항의 납부기한부터 1년 이내의 기간 동안 4회 이내의 범위에서 나누어 내게 할 수 있다.

② 부담금을 나누어 내려는 부담금납부의무자는 제21조의6 제1항에 따른 납부고지를 받은 날부터 15일 이내에 기획재정부장관에게 분할납부 신청을 하여야 한다.

③ 제2항에 따라 분할납부 신청을 받은 기획재정부장관은 신청을 받은 날부터 10일 이내에 분할납부 여부를 서면으로 신청인에게 통지하여야 하며, 분할납부를 하도록 한 경우에는 분할납부 금액, 분할납부 기간, 그 밖에 분할납부에 필요한 사항을 함께 통지하여야 한다.

제21조의8(가산금)

법 제11조의3 제3항에서 "대통령령으로 정하는 가산금"이란 다음 각 호의 구분에 따른 금액을 말한다.

1. 체납기간(부담금 납부기한의 다음 날부터 납부일 전날까지의 기간을 말한다. 이하 이 조에서 같다)이 1개월 이하인 경우: 체납된 부담금의 1천분의 30에 해당하는 금액
2. 체납기간이 1개월을 초과하는 경우: 제1호의 금액에 1개월이 지날 때마다 체납된 부담금의 1천분의 10을 더한 금액. 이 경우 가산하는 기간은 6개월을 초과하지 못한다.

제21조의9(자료제출)

기획재정부장관이 법 제11조의3 제5항에 따라 부담금납부의무자에게 제출을 요구할 수 있는 자료는 비예금성외화부채등의 보유 현황자료, 비예금성외화부채등 잔액의 산정자료 등 부담금의 부과·징수를 위하여 필요한 외화부채에 관한 자료로 한다.

제21조의10(이의신청 및 부담금의 조정)

① 제21조의6 제1항에 따른 납부고지를 받은 부담금납부의무자는 법 제11조의3 제7항에 따라 다음 각 호의 어느 하나에 해당하는 경우에는 납부고지를 받은 날부터 15일 이내에 이의신청을 할 수 있다.
1. 부담금 납부 대상자가 잘못된 경우
2. 납부고지된 부담금 금액에 이의가 있는 경우

② 제1항에 따라 이의신청을 받은 기획재정부장관은 15일 이내에 그 처리결과를 신청인 또는 적법한 납부 대상자에게 통지하여야 한다. 이 경우 이의신청 처리 결과 부담금 금액을 조정한 경우에는 조정된 금액을 다시 부과·징수하여야 하며, 부담금을 이미 납부한 경우에는 납부한 금액과 조정된 금액과의 차액을 다시 부과·징수하거나 환급하여야 한다.

③ 제1항에 따른 이의신청은 부담금의 납부기한에 영향을 미치지 아니한다.

④ 기획재정부장관은 법 제20조 제3항에 따라 검사한 결과 이미 납부고지하거나 납부한 부담금 금액을 조정할 필요가 있다고 인정하는 경우에는 이미 납부고지하거나 납부한 금액과 조정된 금액과의 차액을 다시 부과·징수하거나 환급할 수 있다.

⑤ 제2항 또는 제4항에 따라 적법한 부담금 납부 대상자에게 부담금을 다시 부과·징수하거나 조정된 부담금 또는 차액을 다시 부과·징수하는 경우 그 납부기한은 납부고지한 날의 다음 달 말일로 한다.

제21조의11(기한의 특례)

제21조의6에 따른 납부고지 및 납부, 제21조의7에 따른 분할납부의 신청 및 분할납부 여부의 통지, 제21조의10에 따른 이의신청, 처리결과의 통지 및 재부과·징수에 따른 납부에 관한 기한이 공휴일, 토요일이거나 「근로자의 날 제정에 관한 법률」에 따른 근로자의 날일 때에는 공휴일, 토요일 또는 근로자의 날의 다음 날을 기한으로 한다.

제22조(인가의 취소 등)

법 제12조 제1항에 따른 처분의 기준은 별표 2와 같다.

제23조(과징금의 부과기준 등)

법 제12조의2 제1항에 따른 과징금의 부과기준은 별표 3과 같다.

제24조

삭제

제3장 외국환평형기금

제25조(외국환평형기금의 조성 및 운용)

① 법 제13조 제2항 제6호에서 "외국환거래의 원활화를 위하여 필요한 자금 등 대통령령으로 정하는 자금"이란 외국환평형기금의 운용으로 발생하는 이자 등의 수입을 말한다.

② 법 제13조 제3항 제4호에서 "대통령령으로 정하는 방법"이란 다음 각 호의 어느 하나에 해당하는 방법을 말한다. 다만, 법 제13조 제3항 각 호 외의 부분 단서에 따라 같은 조 제2항 제5호에 따른 부담금 및 가산금으로 조성된 외국환평형기금의 경우에는 제2호의 방법 중 금융회사등과의 「자본시장과 금융투자업에 관한 법률」 제5조 제1항 제3호에 따른 파생상품에 대한 거래만을 말한다.

1. 한국은행·외국환업무취급기관 또는 외국금융기관의 외국환거래에 따른 채무의 보증
2. 파생상품에 대한 거래
3. 외국환업무취급기관 등에 대한 위탁을 통한 운용

제26조(기금채권의 발행 등)

① 법 제13조 제7항에 따른 외국환평형기금채권(이하 "기금채권"이라 한다)의 발행은 모집, 매출 또는 입찰의 방법으로 한다.

② 기획재정부장관은 기금채권의 원활한 발행을 위하여 필요하다고 인정되는 경우에는 다음 각 호의 기관으로 하여금 기금채권을 인수하게 할 수 있다.
1. 한국은행
2. 외국환업무취급기관
3. 「자본시장과 금융투자업에 관한 법률」에 따른 투자매매업자, 투자중개업자, 집합투자업자, 신탁업자 및 증권금융회사
4. 「보험업법」에 따른 보험회사

③ 기획재정부장관은 기금채권의 원활한 발행을 위하여 기금채권의 발행에 관련된 업무를 다음 각 호의 구분에 따라 금융회사, 법무법인, 회계법인(이하 "대행기관"이라 한다)에게 대행하게 할 수 있다.
1. 금융회사: 기금채권의 발행전략의 수립 지원 및 기금채권의 모집·매출의 알선 등에 관한 업무
2. 법무법인: 기금채권 발행과 관련한 신고서류 및 투자계약서의 작성, 법률자문 등에 관한 업무
3. 회계법인: 기금채권 발행과 관련된 회계업무

④ 기획재정부장관은 대행기관의 투명하고 공정한 선정을 위하여 관계전문가로부터 의견을 들을 수 있다.

⑤ 제3항에 따른 대행기관의 선정 등에 필요한 사항은 기획재정부장관이 정한다.

제27조(외국환평형기금의 운용·관리 등)

① 기획재정부장관은 외국환평형기금의 수입과 지출을 명확하게 하기 위하여 한국은행에 외국환평형기금계정을 설치하여야 한다.

② 외국환평형기금은 원화자금 및 외화자금으로 운용할 수 있다.

③ 기획재정부장관은 법 제13조 제12항에 따라 제1항에 따른 외국환평형기금계정을 운용·관리할 때 법 제13조 제2항 제1호부터 제4호까지 및 제6호에 따른 재원과 법 제13조 제2항 제5호에 따른 재원을 구분하여 회계처리하여야 한다.

④ 외국환평형기금이 보유하는 외화자금의 가액은 환율에 의하여 평가하되, 이로 인한 손익은 해당 손익이 발생한 이후 최초로 도래하는 결산기에 평가익 또는 평가손으로 처리하여야 한다.

⑤ 제1항부터 제4항까지의 규정에 따른 외국환평형기금의 운용·관리 등에 필요한 세부 사항은 기획재정부장관이 정한다.

제28조(예치증서의 발행)

① 법 제13조 제9항에 따라 예치증서를 발행받으려는 자는 예치금액, 사용용도 등을 적은 신청 서류를 기획재정부장관에게 제출하여야 한다.

② 기획재정부장관은 제1항에 따른 신청이 있는 경우 예치증서의 발행이 필요하다고 인정되면 신청일부터 7일 이내에 예치증서를 발행·교부하여야 한다.

제4장 지급과 거래

제29조(지급 또는 수령의 허가)

① 기획재정부장관은 법 제15조 제2항에 따라 지급 또는 수령의 허가를 받도록 하는 경우에는 허가를 받아야 하는 사유와 지급 또는 수령의 종류 및 범위를 정하여 고시하여야 한다.

② 제1항에 따른 지급 또는 수령의 허가를 받으려는 자는 기획재정부장관이 정하여 고시하는 허가신청 서류를 기획재정부장관에게 제출하여야 한다.

③ 기획재정부장관은 제2항에 따라 지급 또는 수령의 허가신청을 받은 때에는 다음 각 호의 사항을 심사하여 허가 여부를 결정하고 신청인에게 통지하여야 한다.
1. 해당 지급 또는 수령이 허가 대상인지의 여부
2. 해당 지급 또는 수령의 사유와 금액
3. 해당 지급 또는 수령의 원인이 되는 거래 또는 행위의 내용

④ 기획재정부장관은 법 제15조 제2항에 따라 지급 또는 수령에 대하여 허가를 받도록 조치한 사유가 소멸하게 된 때에는 해당 조치를 지체 없이 해제하여야 한다.

제30조(지급 또는 수령 방법의 신고)

① 법 제16조에 따라 지급 또는 수령의 방법을 신고하려는 자는 기획재정부장관이 정하여 고시하는 신고 서류를 기획재정부장관에게 제출하여야 한다.

② 법 제16조 각 호 외의 부분 단서에서 "대통령령으로 정하는 거래의 경우"란 다음 각 호의 경우를 말한다.
1. 거주자와 비거주자가 상계의 방법으로 결제할 때 기획재정부장관이 정하여 고시하는 방법으로 일정한 외국환은행을 통하여 주기적으로 결제하는 경우
2. 법 제18조에 따라 기획재정부장관에게 신고한 방법에 따라 채권을 매매, 양도 또는 인수하는 경우
3. 계약 건당 미화 5만달러 이내의 수출대금을 기획재정부장관이 정하여 고시하는 기간을 초과하여 수령하는 경우
4. 거주자가 건당 미화 1만달러 이하의 경상거래에 따른 대가를 외국환업무취급기관등을 통하지 아니하고 직접 지급하는 경우
5. 그 밖에 기획재정부장관이 정하여 고시하는 경우

제31조(지급수단 등의 수출입 신고)

① 법 제17조에 따라 지급수단 또는 증권(이하 "지급수단등"이라 한다)의 수출 또는 수입에 대하여 신고를 하게 할 수 있는 경우는 다음 각 호와 같다. 다만, 법 제16조 및 제18조 제1항에 따라 신고를 한 자가 신고 내용에 따라 지급수단등을 수출 또는 수입하는 경우는 제외한다.
1. 우리나라가 체결한 조약 및 일반적으로 승인된 국제법규의 성실한 이행을 위하여 필요한 경우
2. 자본의 불법적인 유출·유입을 방지하기 위하여 필요한 경우

② 기획재정부장관은 지급수단등의 수출 또는 수입에 대하여 신고를 하게 하는 경우에는 신고를 하여야 하는 지급수단등의 수출 또는 수입의 범위와 기준, 그 밖에 필요한 사항을 정하여 고시하여야 한다.

③ 제1항에 따라 지급수단등의 수출 또는 수입의 신고를 하려는 자는 기획재정부장관이 정하여 고시하는 신고 서류를 기획재정부장관에게 제출하여야 한다.

제32조(자본거래의 신고 등)

① 법 제18조 제1항에 따라 자본거래의 신고를 하려는 자는 기획재정부장관이 정하여 고시하는 신고 서류를 기획재정부장관에게 제출하여야 한다. 이 경우 신고의 절차 및 방법 등에 관한 세부 사항은 기획재정부장관이 정하여 고시한다.

② 법 제18조 제1항 단서에서 "대통령령으로 정하는 자본거래"란 다음 각 호의 거래를 말한다.
1. 외국환업무취급기관이 외국환업무로서 수행하는 거래. 다만, 외환거래질서를 해할 우려가 있거나 급격한 외환유출입을 야기할 위험이 있는 거래로서 기획재정부장관이 고시하는 경우에는 신고하도록 할 수 있다.
2. 기획재정부장관이 정하여 고시하는 금액 미만의 소액 자본거래
3. 해외에서 체재 중인 자의 비거주자와의 예금거래
4. 추가적인 자금유출입이 발생하지 아니하는 계약의 변경 등으로서 기획재정부장관이 경미한 사항으로 인정하는 거래
5. 그 밖에 기획재정부장관이 정하여 고시하는 거래

③ 기획재정부장관은 법 제18조 제3항에 따라 신고수리 여부를 결정할 때에는 제7항에 따른 처리기간에 신고수리, 거부 또는 거래 내용의 변경 권고 여부를 정하여 신고인에게 통지하여야 한다. 이 경우 투자 업종, 투자 유형, 투자 규모 등을 고려하여 정형화된 해외직접투자로 인정되는 것으로 미리 고시한 경우에 해당하면 요건심사를 생략할 수 있다.

④ 기획재정부장관은 제3항에 따른 심사를 할 때 신고 내용이 불명확하여 심사가 곤란하다고 인정되는 경우에는 지체 없이 상당한 기간을 정하여 보완을 요구할 수 있으며, 신고인이 이 기간에 보완을 하지 아니하면 신고 서류를 반려할 수 있다.

⑤ 제3항에 따라 거래 내용의 변경 권고를 받은 자는 변경 권고를 받은 날부터 10일 이내에 해당 변경 권고에 대한 수락 여부를 기획재정부장관에게 알려야 하며, 그 기간에 수락 여부를 알리지 아니하면 수락하지 아니한 것으로 본다.

⑥ 기획재정부장관은 제5항에 따라 수락하지 아니한다는 통지를 받은 때에는 통지를 받은 날(통지가 없는 경우에는 신고인이 변경 권고를 받은 날부터 10일이 지난 날)부터 10일 이내에 해당 자본거래의 변경 또는 중지를 명할 것인지의 여부를 결정하여 신고인에게 알려야 한다.

⑦ 법 제18조 제4항 각 호 외의 부분에서 "대통령령으로 정하는 처리기간"이란 30일을 말한다. 이 경우 제4항에 따른 보완에 걸리는 기간은 처리기간에 산입하지 아니한다.

제5장 보칙

제33조(행정처분)

① 법 제19조 제1항 제2호에서 "대통령령으로 정하는 금액"이란 다음 각 호의 구분에 따른 금액을 말한다.
1. 법 제15조 위반: 미화 1만달러
2. 법 제16조 위반: 미화 1만달러
3. 법 제17조 위반: 미화 1만달러
4. 법 제18조 위반: 미화 5만달러

② 법 제19조 제1항 및 제2항에 따른 행정처분의 기준은 별표 3의2와 같다.

제34조(보유 채권의 현황 보고)

① 법 제20조 제1항에 따라 비거주자에 대한 채권보유현황을 보고하여야 하는 대상은 미화 1만달러를 초과하는 채권으로 한다. 이 경우 보고 대상 채권의 범위, 보고 시기, 보고 시한, 그 밖에 필요한 사항은 기획재정부장관이 정하여 고시한다.

② 외국인인 거주자와 법 제3조 제1항 제15호 단서에 해당하는 거주자에 대하여는 법 또는 이 영의 적용을 받는 거래에 의하여 취득한 채권에 한정하여 제1항을 적용한다.

제35조(검사 등)

① 법 제20조 제3항에 따른 검사는 서면검사 또는 실지검사로 구분하여 할 수 있다.

② 법 제20조 제5항에서 "대통령령으로 정하는 필요한 조치"란 다음 각 호의 조치를 말한다.
1. 업무방법의 개선 요구 및 개선 권고
2. 법령을 위반한 경우 관계 기관이나 수사기관에의 통보
3. 그 밖에 기획재정부장관이 법, 이 영 및 그 밖의 관련 법령 등에 따라 할 수 있는 조치

③ 법 제20조 제6항에서 "대통령령으로 정하는 자"란 관세청장을 말한다.

④ 기획재정부장관은 법 제20조 제6항에 따라 한국은행총재, 금융감독원장 또는 관세청장에게 다음 각 호의 구분에 따라 같은 조 제3항부터 제5항까지의 규정에 따른 검사 등 업무를 위탁하여 그 소속 직원으로 하여금 수행하게 할 수 있다.
1. 한국은행총재: 다음 각 목의 자에 대한 검사 등 업무. 다만, 다목의 자에 대해서는 금융감독원장에게 검사 등을 요구하거나 금융감독원장이 수행하는 검사 등에 공동으로 참여하는 방법으로 하여야 하고, 가목(관계인으로 한정한다) 및 마목의 자에 대해서는 금융감독원장에게 검사 등을 요구하거나 금융감독원장이 수행하는 검사 등에 공동으로 참여하는 방법으로도 할 수 있다.
   가. 외국환업무취급기관인 외국금융기관과 그 관계인
   나. 외국환중개업무를 영위하는 자와 그 거래 당사자 및 관계인
   다. 제37조 제3항 제3호에 따라 한국은행총재가 위탁받아 수행하는 업무의 대상인 외국환업무취급기관 중 「한국은행법」 제11조에 따른 금융기관
   라. 제37조 제3항 제11호에 따라 한국은행총재가 위탁받아 수행하는 업무에 관련되는 보고 대상자
   마. 제37조 제3항 제13호에 따라 한국은행총재가 위탁받아 수행하는 업무의 대상인 부담금납부의무자
2. 금융감독원장: 다음 각 목의 자에 대한 검사 등 업무. 다만, 제1호 각 목의 자에 대한 검사 등 업무(제1호 단서에 따라 수행하는 검사 등 업무는 제외한다) 및 제3호 각 목의 자에 대한 검사 등 업무는 제외한다.
   가. 외국환업무를 취급하는 자와 그 거래 당사자 및 관계인
   나. 소액해외송금업무를 영위하는 자와 그 거래 당사자 및 관계인
   다. 기타전문외국환업무를 영위하는 자와 그 거래당사자 및 관계인
   라. 수출입거래와 관련되지 아니한 용역거래 또는 자본거래 당사자 등 제1호 각 목 및 제3호 각 목에 해당하지 아니하는 자
3. 관세청장: 다음 각 목의 자에 대한 검사 등 업무
   가. 환전업무를 영위하는 자와 그 거래 당사자 및 관계인
   나. 수출입거래나 용역거래·자본거래(용역거래·자본거래의 경우 수출입거래와 관련된 거래 또는 대체송금을 목적으로 법 제16조 제3호 및 제4호의 방법으로 지급하거나 수령하는 경우로 한정한다)의 당사자 및 관계인

⑤ 기획재정부장관은 제4항에 따라 검사 등 업무를 수행하게 하는 경우에는 그 대상 업무를 명시해야 한다.

⑥ 제4항에 따라 검사 등 업무를 위탁받은 자는 검사의 기준, 방법, 절차와 그 밖에 검사 등 업무에 관한 사항을 정할 수 있다.

⑦ 한국은행총재는 제4항 제2호 각 목의 어느 하나에 해당하는 자의 행위가 외환시장의 안정에 지장을 초래하거나 초래할 우려가 있다고 인정하는 경우(법 제10조 제2항에 해당되거나 해당될 우려가 있다고 인정하는 경우를 포함한다)에는 금융감독원장에게 구체적 범위를 정하여 제4항 제2호에 해당하는 자에 대한 검사를 요구할 수 있으며, 「한국은행법」 제11조에 따른 금융기관, 거래 당사자 및 관계인에 대하여 금융감독원장이 수행하는 검사에 한국은행 소속 직원이 공동으로 참여할 수 있도록 요구할 수 있다.

⑧ 한국은행총재는 제7항에 따라 검사를 요구하거나 그 소속 직원이 공동으로 참여하는 검사(이하 "공동검사"라 한다)를 요구하는 경우에는 그 사실을 기획재정부장관에게 미리 보고해야 한다.

⑨ 한국은행총재는 금융감독원장에게 제7항에 따른 검사 결과의 송부 또는 검사 결과에 따른 시정조치를 요구할 수 있다.

⑩ 금융감독원장은 용역거래나 자본거래를 하는 자의 수출입거래와 관련된 행위가 외국환 거래질서에 위해를 초래하거나 초래할 우려가 있다고 인정되는 경우에는 관세청장에게 수출입거래의 당사자 및 관계인에 대한 공동검사를 요구할 수 있다. 이 경우 공동검사를 요구받은 관세청장은 특별한 사정이 없으면 그 요구에 따라야 한다.

⑪ 금융감독원장은 제10항에 따라 공동검사를 했을 때에는 관세청장에게 검사 결과서를 송부해야 하며, 검사 결과에 따른 시정조치를 요구할 수 있다.

⑫ 관세청장과 금융감독원장은 환전업무와 소액해외송금업무 및 기타전문외국환업무를 영위하는 자의 행위가 환전업무 또는 소액해외송금업무 및 기타전문외국환업무의 영업 질서에 위해를 초래하거나 초래할 우려가 있다고 인정되는 경우에는 상대 기관의 장에게 공동검사를 요구할 수 있다. 이 경우 공동검사를 요구받은 관세청장 또는 금융감독원장은 특별한 사정이 없으면 그 요구에 따라야 한다.

⑬ 제12항에도 불구하고 외국환 거래질서에 위해를 초래할 우려가 명백한 경우에는 단독으로 검사 및 이에 따른 필요한 조치를 한 후에 상대 기관의 장에게 그 결과를 통보할 수 있다.

⑭ 관세청장 또는 금융감독원장은 제12항에 따라 공동검사를 했을 때에는 상대 기관의 장에게 검사 결과서를 송부해야 하며, 검사 결과에 따른 시정조치를 요구할 수 있다.

⑮ 관세청장은 수출입업자의 용역거래나 자본거래와 관련된 행위가 외국환 거래질서에 위해를 초래하거나 초래할 우려가 있다고 인정되는 경우에는 금융감독원장에게 용역거래나 자본거래의 당사자 및 관계인에 대한 공동검사를 요구할 수 있다. 이 경우 공동검사를 요구받은 금융감독원장은 특별한 사정이 없으면 그 요구에 따라야 한다.

⑯ 관세청장은 제15항에 따라 공동검사를 했을 때에는 금융감독원장에게 검사 결과서를 송부해야 하며, 검사 결과에 따른 시정조치를 요구할 수 있다.

⑰ 한국은행총재, 금융감독원장 및 관세청장은 검사업무를 수행하는 과정에서 다른 기관의 검사업무와 관련된 사실을 알게 된 때에는 지체 없이 해당 기관에 알려야 한다.

제35조의2(행정정보 공동이용)

기획재정부장관(법 제20조 제6항에 따라 검사 등 업무를 위탁받은 기관을 포함한다)은 같은 조에 따른 검사 등 업무 수행을 위해 필요한 경우 「전자정부법」 제36조 제1항에 따라 다음 각 호의 행정정보를 공동이용할 수 있다.

1. 출입국에 관한 사실증명

2. 외국인등록 사실증명
3. 국내거소신고 사실증명
4. 외국인의 부동산등기등록증명
5. 해외이주신고 확인서
6. 주민등록표 등·초본
7. 법인 등기사항증명서
8. 건물등기사항증명서
9. 토지등기사항증명서
10. 가족관계등록 전산정보
11. 사업자등록증명
12. 폐업사실증명

제36조(국세청장 등에게의 통보)

① 법 제21조 제1항에서 "대통령령으로 정하는 자"란 외환정보집중기관의 장과 「여신전문금융업법」에 따른 여신전문금융업협회의 장을 말한다.

② 기획재정부장관은 법 제21조 제1항에 따라 한국은행총재, 외국환업무취급기관등의 장, 세관의 장, 외환정보집중기관의 장과 「여신전문금융업법」에 따른 여신전문금융업협회의 장으로 하여금 국세청장, 관세청장, 금융감독원장 또는 한국수출입은행장에게 통보하도록 명하는 경우에는 통보 대상 거래, 통보 시기 등 필요한 사항을 정하여 고시하여야 한다.

③ 법 제21조 제2항에서 "대통령령으로 정하는 자"란 외환정보집중기관을 말한다.

제37조(권한의 위임·위탁)

① 법 제23조 제1항에 따라 다음 각 호의 사항에 관한 기획재정부장관의 권한은 관세청장에게 위임한다. 관세청장은 기획재정부장관의 승인을 받아 위임받은 권한의 일부를 세관의 장에게 재위임할 수 있다.
1. 법 제8조 제3항 제1호 및 같은 조 제4항에 따른 환전업무의 등록과 등록사항 변경 및 폐지의 신고
1의2. 법 제11조 제1항에 따른 환전영업자에 대한 감독 및 감독상 필요한 명령
1의3. 법 제11조 제2항에 따른 환전영업자에 대한 제21조 제9호의 사항에 관한 제한
2. 법 제12조 제1항에 따른 환전영업자의 등록취소·업무제한 또는 업무정지와 같은 조 제3항에 따른 청문
3. 법 제12조의2에 따른 환전영업자에 대한 과징금의 부과
4. 법 제17조에 따른 지급수단등의 수출 또는 수입 신고
5. 법 제19조에 따른 경고 및 거래정지 등의 행정처분(제35조 제4항 제3호 각 목에 해당하는 자에 대한 처분에 한정한다)과 같은 조 제3항에 따른 청문
6. 법 제20조 제1항에 따른 보고 및 같은 조 제2항에 따른 자료 또는 정보 제출의 요구(이 항에 따라 위탁받은 사무를 처리하기 위한 경우로 한정한다)
7. 법 제32조 제1항부터 제4항까지(같은 조 제2항 제3호에 해당하는 경우는 제외한다)에 따른 과태료의 부과·징수(제35조 제4항 제3호 각 목에 해당하는 자에 한정한다)
8. 법 제32조 제2항 제3호에 따른 과태료의 부과·징수

② 법 제23조 제1항에 따라 다음 각 호의 사항에 관한 기획재정부장관의 권한은 금융위원회에 위탁한다. 금융위원회는 기획재정부장관의 승인을 받아 위탁받은 권한의 일부를 금융감독원장에게 재위탁할 수 있다.

1. 법 제11조 제1항에 따른 외국환업무취급기관(외국금융기관은 제외한다. 이하 이 항에서 같다) 및 기타전문외국환업무를 등록한 자에 대한 감독 및 감독상 필요한 명령
2. 법 제11조 제2항에 따른 다음 각 목의 사항에 대한 제한
    가. 제21조 제2호의 사항(제14조 제1호의 기관에 대한 제한은 제외한다)
    나. 제21조 제4호부터 제7호까지의 사항
3. 법 제12조 제1항에 따른 외국환업무취급기관 및 기타전문외국환업무를 등록한 자에 대한 업무제한 또는 업무정지
4. 법 제12조의2에 따른 외국환업무취급기관 및 기타전문외국환업무를 등록한 자에 대한 과징금의 부과
5. 법 제18조에 따른 자본거래의 신고(기획재정부장관이 고시한 사항으로 한정한다)
6. 법 제19조에 따른 경고 및 거래정지 등 행정처분(제35조 제4항 제2호 각 목에 해당하는 자에 대한 처분에 한정하되, 소액해외송금업자와 그 거래당사자 및 관계인에 대한 처분과 제5항 제3호에 해당하는 경우는 제외한다)과 같은 조 제3항에 따른 청문
7. 법 제20조 제1항에 따른 보고 및 같은 조 제2항에 따른 자료 또는 정보 제출의 요구(이 항에 따라 위탁받은 사무를 처리하기 위한 경우로 한정한다)
8. 법 제32조 제1항부터 제4항까지(같은 조 제2항 제3호에 해당하는 경우는 제외한다)에 따른 과태료의 부과·징수(제35조 제4항 제2호 각 목에 해당하는 자에 한정하되, 소액해외송금업자와 그 거래 당사자 및 관계인에 대한 처분은 제외한다)

③ 법 제23조 제1항에 따라 다음 각 호의 사항에 관한 기획재정부장관의 권한은 한국은행총재에게 위탁한다.
1. 법 제11조 제1항에 따른 외국환업무취급기관(외국금융기관으로 한정한다)에 대한 감독 및 감독상 필요한 명령
2. 법 제11조 제1항에 따른 외국환중개회사에 대한 감독 및 감독상 필요한 명령
3. 법 제11조 제2항에 따른 다음 각 목의 사항에 대한 제한
    가. 제21조 제1호·제3호 및 제8호의 사항. 다만, 제21조 제3호에 따른 외화자금의 조달 및 운용방법에 관한 사항은 한국은행 외의 외국환업무취급기관에 대하여 적용되는 것에 한정한다.
    나. 제21조 제2호의 사항(제14조 제1호의 기관에 대한 제한에 한정한다)
4. 삭제
5. 법 제12조 제1항에 따른 외국환중개회사의 업무제한 또는 업무정지
6. 법 제13조 및 제14조에 따른 외국환평형기금의 운용 및 관리에 관한 사무
7. 법 제15조에 따른 지급 또는 수령의 허가
8. 법 제16조에 따른 지급 또는 수령방법의 신고(제5항 제1호에 해당하는 경우는 제외한다)
9. 법 제18조에 따른 자본거래의 신고(기획재정부장관이 고시한 사항에 한정한다)
10. 법 제19조에 따른 경고 및 거래정지 등의 행정처분(제35조 제4항 제1호 각 목에 해당하는 자에 한정한다)
11. 법 제20조 제1항에 따른 보고 및 같은 조 제2항에 따른 자료 또는 정보 제출의 요구(이 항에 따라 위탁받은 사무를 처리하기 위한 경우와 외환통계의 작성에 필요한 경우로 한정한다)
12. 삭제
13. 법 제11조의2 및 제11조의3에 따른 부담금 및 가산금의 부과·징수에 관한 다음 각 목의 사항
    가. 법 제11조의2 제1항 및 이 영 제21조의6 제1항에 따른 부담금의 납부고지 및 수납처리
    나. 법 제11조의3 제1항 및 이 영 제21조의7에 따른 분할납부 신청의 접수 및 분할납부 여부의 통보
    다. 법 제11조의3 제2항에 따른 독촉장의 발급
    라. 법 제11조의3 제3항에 따른 가산금의 징수

마. 법 제11조의3 제4항에 따른 부담금과 가산금의 강제징수
　　바. 법 제11조의3 제5항에 따른 자료제출의 요구
　　사. 법 제11조의3 제6항 및 이 영 제21조의10에 따른 이의신청의 접수·처리 및 처리결과의 통지, 조정된 부담금 또는 차액의 부과·징수 또는 환급
　　아. 제21조의3부터 제21조의5까지에 따른 만기, 비예금성외화부채등 잔액 및 비예금성외화부채등 잔액의 증가분의 산정에 필요한 세부 사항
　　자. 그 밖에 부담금 및 가산금의 부과·징수 업무를 효율적으로 수행하기 위하여 필요한 사항

④ 법 제23조 제1항에 따라 다음 각 호의 사항에 관한 기획재정부장관의 권한은 금융감독원장에게 위탁한다.
1. 소액해외송금업자에 대한 법 제11조 제1항에 따른 감독 및 감독상 필요한 명령
2. 소액해외송금업자와 관련된 제21조 제10호의 사항에 대한 법 제11조 제2항에 따른 제한
3. 법 제20조 제1항에 따른 보고 및 같은 조 제2항에 따른 자료 또는 정보 제출의 요구(제2항 및 이 항에 따라 위탁·재위탁받은 사무를 처리하기 위한 경우로 한정한다)
4. 제15조의2 제1항에 따른 등록 신청서의 접수 및 확인, 소액해외송금업자에 대한 제16조 제2항에 따른 변경 또는 폐지 신고의 접수 및 확인
5. 제15조의2 제2항 제4호에 따른 소액해외송금업자의 등록요건에 관한 사항
6. 제15조의3 제2항 단서에 따른 계좌를 통한 거래에 준하는 수준의 투명성 확보 여부에 관한 사항
7. 제15조의4 제3항 및 제4항에 따른 약관의 제정, 변경 신고 및 소액해외송금업자에 대한 약관의 변경 권고
8. 삭제
9. 제17조의2 제4항에 따른 소액해외송금업자의 이행보증금 산정 등에 관한 보고의 수령

⑤ 법 제23조 제1항에 따라 다음 각 호의 사항에 관한 기획재정부장관의 권한은 외국환업무취급기관의 장에게 위탁한다.
1. 법 제16조 제1호 또는 제3호에 따른 방법의 신고(기획재정부장관이 고시한 사항에 한정한다)
2. 법 제18조에 따른 자본거래의 신고(기획재정부장관이 고시하는 것에 한정한다)
3. 법 제19조에 따른 경고나 관련 외국환거래 또는 지급 또는 수령의 정지 또는 제한(「여신전문금융업법」에 따른 신용카드업자가 카드회원에 대하여 행하는 경우에 한정한다)과 같은 조 제3항에 따른 청문
4. 법 제20조 제1항에 따른 보고의 요구(이 항에 따라 위탁받은 사무를 처리하기 위한 경우로 한정한다)

⑥ 동일한 당사자가 법 제15조부터 제18조까지의 사항을 두 가지 이상 위반함에 따라 법 제19조 제1항 및 제2항에 따른 경고·거래정지 또는 법 제32조 제1항부터 제4항까지에 따른 과태료 처분을 관세청장과 금융위원회가 각각 하게 될 경우에는 제1항 및 제2항에도 불구하고 기획재정부장관이 정하는 기관이 일괄하여 처분할 수 있다.

⑦ 제1항부터 제5항까지의 규정에 따라 권한을 위임 또는 위탁받은 자는 위임 또는 위탁업무처리기준을 정하려는 때에는 미리 기획재정부장관과 협의하여야 한다.

제38조(전자문서에 의한 허가 등)

① 기획재정부장관은 법 제24조 제1항에 따라 허가·인가·통지·통보를 외환정보집중기관의 전산망이나 그 밖에 기획재정부장관이 지정하는 전산망을 이용하여 전자문서의 방법으로 할 수 있으며, 법 제24조 제2항에 따라 신고, 신청, 보고, 자료의 통보 및 제출을 전자문서의 방법으로 하도록 명할 수 있다.

② 기획재정부장관은 제1항에 따른 서류 또는 자료를 전자문서의 방법으로 제출할 때 필요한 표준서식, 방법, 절차 등에 관한 사항을 정할 수 있다.

③ 제1항에 따라 허가 등의 서류 또는 자료가 전자문서의 방법으로 제출된 경우 그 전자문서의 효력, 도달시기 등에 관한 사항은 「정보통신망 이용촉진 및 정보보호 등에 관한 법률」에서 정하는 바에 따른다.

제39조(외국환거래 자료의 중계·집중·교환·분석 등)

① 기획재정부장관은 법 제25조 제2항에 따라 외환정보집중기관을 지정하거나 외국환거래, 지급 또는 수령에 관한 자료를 분석하는 기관(이하 "외환정보분석기관"이라 한다)을 지정할 수 있으며, 지정할 때에는 다음 사항을 고려하여야 한다.

1. 외국환업무취급기관과 외환전산망을 연결하는 등의 방법으로 외환정보를 집중할 수 있는 체계를 구축하고 있을 것
2. 외환통계의 작성 및 분석을 수행할 수 있는 전문인력을 5명 이상 갖추고 있을 것

② 외국환업무취급기관등은 외국환거래나 지급 또는 수령의 업무를 수행한 때에는 그 내용을 외환정보집중기관에 통보하여야 하며, 외환정보집중기관은 제4항에 따른 업무처리기준에서 정하는 외국환거래 자료를 외환정보분석기관에 제공할 수 있다.

③ 외환정보집중기관의 장은 외환정보전산시스템에 대한 제3자의 불법 접근 또는 입력된 정보의 변경, 훼손, 파괴나 그 밖의 위험에 대한 기술적·물리적 보안대책을 수립하여야 하며, 외환정보분석기관의 장은 외환정보의 유출 및 훼손 방지 등에 대한 보안대책을 수립하여야 한다.

④ 기획재정부장관은 외환정보집중기관 및 외환정보분석기관의 업무처리기준을 정할 수 있으며, 외환정보집중기관 및 외환정보분석기관으로 하여금 그 세부 운영기준을 정하게 할 수 있다.

⑤ 외환정보집중기관의 장 및 외환정보분석기관의 장은 제4항에 따라 세부 운영기준을 정한 경우에는 그 내용을 지체 없이 기획재정부장관에게 통보하여야 한다.

⑥ 기획재정부장관은 외국환업무취급기관등에 대하여 외환거래정보의 신속한 집중과 집중된 자료의 사실여부 확인 등을 위하여 필요한 자료를 외환정보집중기관의 장에게 제출하도록 요구할 수 있다.

⑦ 외환정보분석기관의 장은 기획재정부장관이 인정하는 경우 외환정보분석업무에 필요한 자료의 제공을 외환정보집중기관에 요구할 수 있다.

⑧ 기획재정부장관 및 한국은행총재는 외환정보분석기관의 업무 수행과 관련하여 예산의 범위에서 필요한 경비를 지원할 수 있다.

제39조의2(고유식별정보의 처리)

① 기획재정부장관(제37조에 따라 기획재정부장관의 권한을 위임·위탁받은 기관의 장을 포함한다)은 다음 각 호의 사무를 수행하기 위하여 불가피한 경우 「개인정보 보호법 시행령」 제19조 제1호, 제2호 또는 제4호에 따른 주민등록번호, 여권번호 또는 외국인등록번호(이하 이 조에서 "주민등록번호등"이라 한다)가 포함된 자료를 처리할 수 있다.

1. 법 제6조 제1항 제3호에 따른 채권의 회수명령에 관한 사무
1의2. 법 제8조 제1항 및 제3항부터 제5항까지에 따른 외국환업무의 등록, 변경·폐지 신고 및 외국금융기관과 계약체결의 인가에 관한 사무
2. 법 제9조에 따른 외국환중개업무의 인가에 관한 사무
3. 법 제11조에 따른 업무의 감독과 건전성 규제 등에 관한 사무
4. 법 제15조에 따른 지급절차 등에 관한 사무
5. 법 제16조에 따른 지급 또는 수령의 방법의 신고 사무
6. 법 제17조에 따른 지급수단 등의 수출입 신고 사무

7. 법 제18조에 따른 자본거래의 신고에 관한 사무
8. 법 제19조에 따른 경고 및 거래정지 등에 관한 사무
9. 법 제20조에 따른 보고·검사 사무
10. 법 제21조에 따른 자료의 통보 등에 관한 사무
11. 법 제30조에 따른 몰수·추징에 관한 사무

② 외국환업무취급기관등은 법 제10조 제1항 본문에 따른 확인을 위하여 불가피한 경우 주민등록번호등이 포함된 자료를 처리할 수 있다.

제39조의3(규제의 재검토)

기획재정부장관은 제18조에 따른 외국환중개업무의 인가 등에 대하여 2014년 1월 1일을 기준으로 3년마다 (매 3년이 되는 해의 1월 1일 전까지를 말한다) 그 타당성을 검토하여 개선 등의 조치를 해야 한다.

제40조(벌칙 등)

① 법 제29조 제1항 제3호에서 "대통령령으로 정하는 금액"이란 다음 각 호의 금액을 말한다.
1. 법 제16조 위반의 경우: 50억원
2. 법 제18조 위반의 경우: 20억원

② 법 제29조 제1항 제4호에서 "대통령령으로 정하는 금액"이란 미화 3만달러를 말한다.

제41조(과태료의 부과기준)

법 제32조에 따른 과태료의 부과기준은 별표 4와 같다.

부칙 <제35743호, 2025. 9. 16.>

이 영은 2025년 9월 19일부터 시행한다.

외국환거래규정

[시행 2025. 2. 10.] [기획재정부고시 제2025-4호, 2025. 2. 10., 일부개정.]

제1장 총칙

제1-1조(목적)

이 규정은 「외국환거래법」(이하 "법"이라 한다)과 동법시행령(이하 "영"이라 한다)에서 위임된 사항과 그 시행에 관하여 필요한 사항을 정함을 목적으로 한다.

제1-2조(용어의 정의)

이 규정에서 사용하는 용어의 정의는 다음과 같다.

1. "갑기금" 및 "을기금"이라 함은 금융위원회의 은행업감독규정에서 정하는 "갑기금" 및 "을기금"을 말한다.
2. "계열회사"라 함은 「독점규제및공정거래에관한법률」 제2조에서 정하는 "계열회사"를 말한다.
3. "교포등에 대한 여신"이라 함은 국내에 본점을 둔 외국환은행의 해외지점 및 제9장에 의한 현지법인금융기관등의 외국에 있는 거주자(일반해외여행자는 제외한다), 국민인비거주자 또는 국민인비거주자가 전액 출자하여 현지에 설립한 법인에 대한 여신을 말한다.
3-1. "금융·보험업"이라 함은 통계청에서 고시하는 한국표준산업분류표상의 금융 및 보험업을 말한다.
4. "기관투자가"라 함은 「자본시장과 금융투자업에 관한 법률」 시행령 제10조 제2항의 금융기관(제18호의 외국 금융기관은 제외한다) 및 집합투자기구, 제10조 제3항 제3호·제12호·제13호의 자 및 영 제7조 제4호에 따른 체신관서를 말한다.
5. "단기외화자금"이라 함은 다음 각목에 해당하는 자금을 말한다.
   가. 상환기간이 자금인출일로부터 기산하여 1년 이내인 외화자금(증권발행의 경우에는 1년 미만을 말하며, 주식예탁증서는 제외한다)
   나. 상환기간이 1년을 초과하는 외화자금차입중 자금인출일로부터 1년 이내에 분할·중도상환하거나 조기상환할 수 있는 권리가 있는 외화자금(평균차입기간이 1년을 초과하고 1년 이내의 상환금액이 총차입금액의 100분의 20 이하인 경우는 제외한다)
6. "물품"이라 함은 지급수단 및 증권 기타 채권을 표시하는 서류 이외의 동산을 말한다.
7. "매매기준율"이라 함은 최근 거래일의 오전 9시 00분부터 오후 3시 30분(대한민국 표준시 기준)까지 외국환중개회사를 통하여 거래가 이루어진 미화와 위안화 각각의 현물환매매중 익익영업일 결제거래에서 형성되는 율과 그 거래량을 가중 평균하여 산출되는 시장평균환율을 말하며, "재정된 매매기준율"이라 함은 최근 주요 국제금융시장에서 형성된 미화와 위안화 이외의 통화와 미화와의 매매중간율을 미화 매매기준율로 재정한 율을 말한다.
8. "미화"라 함은 미합중국통화를 말한다. 다만, 따로 정하는 경우를 제외하고는 미화표시금액은 그 상당액의 다른 통화표시금액을 포함하는 것으로 한다.
9. "본지사간 거래"라 함은 국내에 본점을 둔 국내기업과 동 기업의 해외지사나 현지법인과의 거래를 말한다.
10. "부동산 관련업"이라 함은 부동산 임대업, 부동산 분양공급업, 골프장 운영업을 말한다.
11. "선물환거래"라 함은 대외지급수단의 매매계약일의 제3영업일 이후 장래의 약정한 시기에 거래당사자간에 매매계약시 미리 약정한 환율에 의하여 대외지급수단을 매매하고 그 대금을 결제하는 거래로서 「자본시장과 금융투자업에 관한 법률」에 따른 파생상품시장 또는 해외파생상품시장에서 이루어지는 거래를 제외한 거래를 말한다.
12. "무역", "수입", "수입실적", "수출", "수출실적"이라 함은 「대외무역법」에서 정하는 바에 의한 "무역", "수입", "수입실적", "수출" 및 "수출실적"을 말한다.
13. "신고등"이라 함은 법 및 영과 이 규정에 의한 허가·신고수리·신고·확인·인정을 말한다.
13-1. "신용파생결합증권"이라 함은 「자본시장과 금융투자업에 관한 법률」상의 증권 중, 신용사건 발생시 신용위험을 거래당사자의 일방에게 전가하는 신용연계채권(Credit Linked Note) 및 손실을 우선 부담(First to Default 또는 First Loss)시키는 합성담보부채권(Synthetic Collateralized Debt Obligations, Synthetic Collateralized Loan Obligations) 또는 이와 유사한 거래를 말한다.
13-2. "신용파생상품"이라 함은 「자본시장과 금융투자업에 관한 법률」 제5조에 따른 파생상품 중 신용위험을 기초자산으로 하는 파생상품을 말한다.

13-3. "신용카드등"이라 함은 「여신전문금융업법」에 의한 신용카드, 직불카드, 선불카드, 여행자카드 또는 외국환은행이 발급한 현금인출기능이 포함된 카드를 말한다.

13-4. "일반상품"이라 함은 「자본시장과 금융투자업에 관한 법률」 제4조 제10항 제3호에 따른 기초자산을 말한다.

14. "여행자카드"라 함은 해외여행경비 지급을 위한 수단으로 외국환은행이 대금을 미리 받고 이에 상당하는 외화금액을 기록(전자 또는 자기적 방법에 의하여 개별카드 또는 중앙전산처리장치에서의 기록을 말한다)하여 발행 또는 판매하는 증표로서 여행자카드 매입자가 그 기록된 범위내에서 현금을 인출하거나 물품 또는 용역을 제공받을 수 있게 한 증표를 말한다.

15. "역외금융회사"라 함은 직접 또는 자회사 등을 통하여 증권, 채권 및 파생상품에 투자하여 수익을 얻는 것을 주된 목적으로 외국법에 따라 설립된 회사(설립중인 회사 및 계약형태를 포함한다)로서 설립준거법령지역에 실질적인 경영활동을 위한 영업소를 설치하지 않은 회사를 말한다.

15-1. <삭제>

16. "외국환은행"이라 함은 영 제14조 제1호에 규정된 금융회사등의 외국환업무를 영위하는 국내영업소를 말한다.

17. "외국환은행을 통한 지급등"이라 함은 외국환은행을 통하여 지급·추심 또는 수령을 하거나 외국환은행에 개설된 계정간의 이체에 의한 방법으로 지급등을 하는 것을 말한다.

18. "외항운송업자"라 함은 「해운법」, 「항공법」 또는 「화물유통촉진법」의 규정에 의하여 허가 또는 면허를 받거나 신고 또는 등록을 한 다음 각목의 1에 해당하는 자를 말한다.
    가. 외국항로에 취항하고 있는 국내의 항공 또는 선박회사
    나. 외국의 선박 또는 항공회사의 대리업무를 영위하는 해운대리점업자와 항공화물운송대리점업자 및 항공운송 총대리점업자(외국의 선박 또는 항공회사의 국내에 있는 지사를 포함한다)
    다. 복합운송주선업자
    라. 선박관리업자

19. "외화획득실적"이라 함은 다음 각목의 1에 해당하는 방법에 의한 외화획득실적을 말한다.
    가. 「대외무역법」에서 정하는 바에 의하여 인정된 수출실적
    나. 주한국제연합군 기타 외국군기관에 대한 물품의 매각, 공사의 수급 및 용역의 제공에 의한 외화획득실적
    다. 「관광진흥법」에서 규정하고 있는 관광사업으로 인한 외화획득실적
    라. 해외건설 및 용역사업에 의한 외화획득실적
    마. 외항운송사업에 의한 외화획득실적
    바. 기타 인정된 거래에 의한 외화획득실적

20. "외환동시결제시스템"이라 함은 매도통화와 매입통화의 동시결제를 통한 외환결제리스크의 감축을 목적으로 설립된 외환결제전문기관인 CLS은행(CLS Bank International)이 운영하는 결제시스템을 말한다.

20-1. "외환증거금거래"라 함은 통화의 실제인수도 없이 외국환은행에 일정액의 거래증거금을 예치한 후 통화를 매매하고, 환율변동 및 통화간 이자율 격차 등에 따라 손익을 정산하는 거래를 말한다.

20-2. "외환파생상품"이라 함은 「자본시장과 금융투자업에 관한 법률」 제5조의 파생상품 중 외국통화를 기초자산으로 하는 파생상품을 말한다.

21. "용역"이라 함은 기술원조, 뉴스나 정보의 제공, 흥행(필름상영권의 제공을 포함한다), 항만작업, 항만시설의 제공, 선박 및 항공기의 수리, 대리업무, 은행업무, 보험, 보관, 운수, 기타 타인을 위한 노무, 편의 또는 오락의 제공을 말한다.

22. "원양어업자"라 함은 외국의 항구를 주로 어업의 근거지로 하거나 모선식어업 또는 국내항구를 근거지로 하는 독항 식어업 등을 영위하는 자로서 「수산업법」에 의하여 해양수산부장관이 인정하는 자를 말한다.
23. "원화연계외화증권"이라 함은 표시통화 또는 지급금액의 결정통화 또는 결제통화가 내국통화인 외화증권을 말한다.
24. "원화증권"이라 함은 표시통화, 지급금액의 결정통화 및 결제통화가 내국통화인 증권을 말한다.
24의2. "위안화"라 함은 중화인민공화국통화를 말한다.
25. "인정된 거래"라 함은 법 및 영과 이 규정에 의하여 신고등 또는 보고를 하였거나 신고등을 요하지 아니하는 거래를 말한다.
26. "입찰보증등"이라 함은 입찰보증·계약이행보증·하자보증·착수금 및 선수금의 환급보증 기타 보증금의 지급에 갈음하는 보증을 말한다.
27. "자금통합관리"라 함은 국내기업 또는 「외국인투자촉진법」에 의한 외국인투자기업이 현지법인 또는 외국본사(그 계열회사를 포함하며 이하 이 호에서 같다)와 수시로 대출이나 차입 등이 가능한 자금공유계약을 맺고 그 계약내용에 따라 국내외 금융기관과 외화예금, 외화차입, 담보제공거래를 하거나 현지법인 또는 외국본사와 외화대차거래를 함으로써 참여기업간에 잉여·부족자금을 통합관리하는 것을 말한다.
27-1. "장내파생상품"이라 함은 「자본시장과 금융투자업에 관한 법률」 제5조 제2항에 따른 파생상품시장 또는 해외파생상품시장에서 거래되는 파생상품을 말한다.
27-2. "장외파생상품"이라 함은 「자본시장과 금융투자업에 관한 법률」 제5조 제3항에 따른 파생상품으로서 장내파생상품이 아닌 것을 말한다.
28. "공공기관"이라 함은 「공공기관의 운영에 관한 법률」에 따라 지정된 공공기관을 말한다.
29. "재외동포"라 함은 다음 각 목의 1에 해당하는 자를 말한다.
    가. 「해외이주법」에 의한 해외이주자로서 외국 국적을 취득한 자
    나. 대한민국 국민으로서 외국의 영주권 또는 이에 준하는 자격을 취득한 자
    다. 출생에 의하여 대한민국 국적을 보유하였던 자(대한민국 정부 수립 전에 국외로 이주한 자를 포함한다) 또는 그 직계비속으로서 대한민국 국적을 가지지 아니한 자
30. <삭제>
31. "주채권은행", "주채무계열 소속 기업체"라 함은 금융위원회의 은행업감독규정에서 정하는 "주채권은행", "주채무계열"의 소속 기업체를 말한다.
32. "중소기업"이라 함은 「중소기업기본법」의 규정에 의한 중소기업을 말한다.
33. "증권의 취득"이라 함은 증권 또는 증권에 부여된 전환권, 신주인수권, 교환권 등의 권리(담보권은 제외한다)의 취득을 말한다.
33-1. "지급등"이라 함은 이 법에 따른 지급 또는 수령을 말한다.
34. "지급수단"이라 함은 법 제3조 제1항 제3호에서 규정하는 정부지폐·은행권·주화·수표·우편환·신용장과 환어음·약속어음·상품권·기타 지급받을 수 있는 내용이 표시된 우편 또는 전신에 의한 지급지시 및 전자금융거래법상 전자화폐, 선불전자지급수단 등 전자적 방법에 따른 지급수단을 말한다. 다만, 액면가격을 초과하여 매매되는 금화 등은 주화에서 제외한다.
35. "지정거래외국환은행"이라 함은 이 규정의 적용을 받는 행위 또는 거래의 당사자가 대외거래 및 사후관리를 위하여 지정한 외국환은행을 말한다.
36. "채권의 발생등"이라 함은 채권 또는 채무의 발생·변경·변제·소멸이나 직접 또는 간접의 이전 기타의 처분을 말한다.
37. "특정보험사업자"라 함은 「무역보험법」 및 「산업재해보상보험법」의 규정에 의하여 보험업을 영위하는 자를 말한다.

38. "해외건설 및 용역사업"이라 함은 외국에서의 건설공사 및 건설용역·항만용역·운송·기타 이와 직접 관련된 용역으로서 당해 사업과 관련하여 현지에서 경비지출이 필요한 사업(당해 사업의 전부 또는 일부에 대하여 하도급계약을 체결하는 경우를 포함한다)과 「대외무역법」에서 정하는 일괄수주방식에 의한 수출을 말한다.
39. "해외여행경비"라 함은 해외여행자가 지급할 수 있는 해외여행에 필요한 경비를 말한다.
40. "해외여행자"라 함은 다음 각목의 구분에 의한다.
    가. 해외체재자: 다음에 해당하는 자로서 체재기간이 30일을 초과하여 외국에 체재하는 자
        (1) 상용, 문화, 공무, 기술훈련, 국외연수(6월 미만의 경우에 한한다)를 목적으로 외국에 체재하는 자. 다만, 국내거주기간이 5년 미만인 외국인거주자는 제외한다.
        (2) 국내기업 및 연구기관 등에 근무하는 자로서 그 근무기관의 업무를 위하여 외국에 체재하는 국내거주기간 5년 미만인 외국인거주자
    나. 해외유학생: 다음의 어느 하나에 해당하는 자로서 외국의 교육기관·연구기관 또는 연수기관에서 6월 이상의 기간에 걸쳐 수학하거나 학문·기술을 연구 또는 연수할 목적으로 외국에 체재하는 자
        (1) 국민 또는 국내 거주기간 5년 이상인 외국인인 경우
        (2) (1)에 해당되지 않은 자로서, 유학경비를 지급하는 부 또는 모가 국민인 거주자인 경우
    다. 일반해외여행자: 가목 및 나목에 해당하지 아니하는 거주자인 해외여행자
41. "해외이주비"라 함은 해외이주자(「해외이주법」 등 관련 법령에 의하여 해외이주가 인정된 자를 말한다)가 지급할 수 있는 경비를 말한다.
42. "현지금융"이라 함은 다음 각 목의 어느 하나에 해당하는 자를 제외하고 거주자 및 제7-14조의2 제1항 각호의 1에 해당하는 자가 외국에서 사용하기 위하여 외국에서 자금을 차입(증권발행에 의한 경우를 포함한다)하거나 지급보증을 받는 것을 말한다.
    가. 금융기관(법 제3조 제1항 제17호에 규정된 금융회사등을 말하며 그 해외지점을 포함한다) 및 그 현지법인
    나. 비금융기관이 설립한 현지법인금융기관
    다. 개인인 거주자
43. "현지법인"이라 함은 이 규정에 의하여 신고등을 하여 설립한 외국에 있는 법인을 말한다.
44. "현지법인금융기관"이라 함은 금융위원회의 금융기관의 해외진출에 관한 규정에 따라 신고등을 하여 설립한 금융·보험업을 영위하는 외국법인을 말한다.
45. "내국수입유산스"라 함은 외국환은행이 기한부수입신용장을 개설하고 동 신용장에 의하여 외국의 수출업자가 발행한 수출환어음을 인수·매입하거나 수입인수금융을 통해 어음기간 동안 국내수입업자에게 공여하는 신용을 말한다.
45-1. "수입인수금융"이라 함은 외국환은행이 국내 또는 국외 금융기관에 차입을 통해 수입대금 결제대행을 위탁함으로써 국내 수입업자에게 신용을 제공하는 것을 말한다.
46. "갑갑계정"이라 함은 「외국환거래법」시행령 제37조 제2항에 따라 금융위원회가 재위탁하여 금융감독원장이 정한 은행업감독업무시행세칙 별표4-1의 국외본지점의 갑계정 중 계약만기 1년을 초과하는 자금을 말한다.
47. 현지통화 직거래(LCT) 체제라 함은 대한민국과 특정 외국간 합의에 따라 무역거래 등을 함에 있어 원화와 상대국 통화를 사용할 수 있도록 하는 시스템을 말한다.
47-1. "한국 현지통화 직거래은행"이라 함은 제10-21조의2에 따라 한국은행총재가 지정하고 상대국 중앙은행이 확인한 자로서 합의된 범위에서 원화와 상대국 통화를 이용한 거래를 수행하기로 한 국내 외국환은행을 말한다.

47-2. "상대국 현지통화 직거래은행"이라 함은 제10-21조의2에 따라 상대국 중앙은행이 지정하고 한국은행 총재가 확인한 자로서 합의된 범위에서 원화와 상대국 통화를 이용한 거래를 수행하기로 한 상대국 내 외국 금융기관을 말한다.

제1-3조(채권의 회수)

<삭제>

제1-4조(등록 등에 대한 처리기간)

① 다음 각호의 1의 사무에 대한 처리기간은 다음 각호의 1로 한다.
1. 외국환업무취급기관의 등록:등록신청일부터 20일 이내
2. 전문외국환업무취급업자의 등록:등록신청일부터 20일 이내
3. 인가·신고등:인가·신고등 신청일부터 20일 이내

② 제1항의 규정에 의한 처리기간의 계산에 있어서는 초일을 산입하되 공휴일과 보완에 소요되는 기간은 산입하지 아니한다.

③ 등록·인가·신고등의 사무처리에 대해 이 규정(권한을 위탁받은 자가 정하는 규정 등을 포함한다)에서 별도로 정한 사항이 없는 경우에는 민원사무처리에관한법령 및 행정절차법령의 규정을 준용한다.

제2장 외국환업무취급기관 등

제1절 외국환은행

제2-1조(외국환업무의 등록 및 변경 등)

① 영 제13조 제1항의 규정에 의하여 외국환업무의 등록을 하고자 하거나, 영 제13조 제3항의 규정에 의하여 등록요건의 사전검토를 요청하고자 하는 자는 별지 제2-1호 서식의 외국환업무등록신청서에 다음 각호의 서류를 첨부하여 기획재정부장관에게 제출하여야 한다.
1. 당해 금융회사등의 설립인가서(외국에 본점을 둔 금융회사등의 경우 본국정부의 설립인가서) 사본 또는 이에 갈음하는 서류
2. 당해 금융회사등의 최근 대차대조표 및 손익계산서
3. 외국환업무를 취급하고자 하는 국내영업소 내역

② 영 제16조 제2항에 따라 외국환업무의 등록내용을 변경(국내영업소의 신설·폐지 및 소재지 변경은 제외한다)하거나 외국환업무를 폐지하려는 경우에는 별지 제2-2호 서식의 외국환업무등록내용변경신고서를 기획재정부장관에게 제출하여야 한다. 다만, 외국환업무취급기관의 본점이 이전할 때에는 이전한 날로부터 30일 이내에 변경신고서를 기획재정부장관에게 제출한다.

③ 외국환은행은 외국환거래당사자가 이 규정에 의한 신고등을 회피하고자 하는 거래를 중개·알선하여서는 아니된다.

제2-1조의2(지급 및 수령)

① 외국환은행이 이 규정의 적용을 받는 지급 또는 수령을 요청받은 경우에는 제4장에서 정한 지급등의 절차에 따라 거래하여야 한다.

② 외국환은행의 장은 건당 미화 5천불을 초과하는 지급등에 대해서는 당해 지급등이 법·영 및 이 규정에 의한 신고등의 대상인지 확인하여야 하며, 지급신청서 및 제4-3조 제1항 제2호 단서의 규정에 의한 수령의 경우 확인절차를 이행하였음을 입증하는 서류를 5년간 보관하여야 한다.

③ 수령하고자 하는 자의 소재불명으로 인하여 수령사유를 확인할 수 없는 경우에는 제2항에 따른 확인절차를 이행하지 아니할 수 있다.

④ 외국환은행의 장은 제4장의 규정에 의하여 제출받은 지급등의 증빙서류 및 취득경위 입증서류를 확인하여야 한다.

제2-2조(외국환의 매입)

① 외국환은행이 외국환을 매입하고자 하는 경우에는 매각하고자 하는 자의 당해 외국환의 취득이 신고등의 대상인지 여부를 확인하여야 한다. 다만, 다음 각호의 1에 해당하는 경우에는 그러하지 아니하다.

1. 미화 2만불 이하인 대외지급수단을 매입하는 경우. 다만, 동일자에 동일인으로부터 2회 이상 매입하는 경우에는 이를 합산한 금액이 미화 2만불 이하인 경우에 한한다.
2. 정부, 지방자치단체, 외국환업무취급기관, 환전영업자 및 제2-31조 제2항에 따라 소액해외송금업자로부터 대외지급수단을 매입하는 경우
3. 거주자로부터 당해 거주자의 거주자계정 및 거주자외화신탁계정에 예치된 외국환을 매입하는 경우(제2-14조 제3항에 따른 투자매매업자·투자중개업자 명의의 거주자계정에 예치된 당해 거주자의 외국환을 매입하는 경우도 포함한다)
4. 영 제10조 제2항 제1호, 제2호 및 제6호 가목 및 나목에 해당하는 자로부터 대외지급수단을 매입하는 경우

② 동일자·동일인 기준 미화 1만불 이하인 대외지급수단을 매입하는 경우, 제1항 제2호 내지 제4호에 해당하는 경우와 외국에 있는 금융기관으로부터 매입하는 경우 및 외화표시내국신용장어음을 매입하는 경우를 제외하고 외국환은행은 외국환을 매입한 경우에는 매월별로 익월 10일 이내에 매입에 관한 사항을 국세청장 및 관세청장에게 통보하여야 한다.

③ 제1항 제1호 및 제4호를 제외하고 외국환은행이 외국인거주자 또는 비거주자로부터 취득경위를 입증하는 서류를 제출하지 않는 대외지급수단을 매입하는 경우에는 당해 매각을 하고자 하는 자가 별지 제7-4호 서식의 대외지급수단매매신고서에 의하여 한국은행총재에게 신고하여야 한다.

④ 외국환은행은 외국인거주자 또는 비거주자로부터 외국환을 매입하는 경우에는 1회에 한하여 외국환매입증명서·영수증·계산서 등 외국환의 매입을 증명할 수 있는 서류를 발행·교부하여야 한다.

제2-3조(외국환의 매각)

① 외국환은행은 다음 각호의 1에 해당하는 경우에 한하여 내국지급수단을 대가로 외국환을 매각할 수 있다.

1. 거주자에 대한 매각으로서 다음 각목의 1에 해당하는 경우
    가. 외국환을 매입하고자 하는 자가 당해 외국환을 인정된 거래 또는 지급에 사용하기 위한 경우
    나. 외국인거주자에게 매각하는 경우에는 외국환의 매각금액이 최근 입국일 이후 미화 1만불 이내 또는 제4-3조의 규정에 의한 금액범위내인 경우
    다. 외국인거주자를 제외한 거주자가 외국통화, 여행자수표를 소지할 목적으로 매입하는 경우
    라. 제7-8조 제1항 제2호의 규정에 따라 거주자계정 및 거주자외화신탁계정에의 예치를 위하여 매각하는 경우
    마. 다른 외국환은행으로 이체하기 위하여 외국환을 매각하는 경우. 다만, 대외계정 및 비거주자외화신탁계정으로 이체하고자 하는 경우에는 인정된 거래에 따른 지급에 한한다.

바. 제2-31조 제2항에 따라 소액해외송금업자에게 외국통화를 매각하는 경우
　　사. 제2-29조 제6항에 따라 환전영업자에게 외국통화를 매각하는 경우
2. 비거주자에 대한 매각으로서 다음 각목의 1에 해당하는 경우
　　가. 비거주자가 최근 입국일 이후 당해 체류기간중 외국환업무취급기관 또는 환전영업자에게 내국통화 및 원화표시여행자수표를 대가로 외국환을 매각한 실적범위내
　　나. 비거주자가 외국환은행해외지점, 현지법인금융기관 및 제7-48조 제1항 제8호의 외국금융기관에 내국통화 및 원화표시여행자수표를 대가로 외국환을 매각한 실적범위내
　　다. 외국에서 발행된 신용카드 또는 직불카드를 소지한 비거주자가 국내에서 원화현금서비스를 받거나 직불카드로 원화를 인출한 경우에는 그 금액범위내
　　라. 가목 내지 다목의 매각실적 등이 없는 비거주자의 경우에는 미화 1만불 이내
　　마. 인정된 거래에 따른 대외지급을 위한 경우
　　바. 제4-4조의 규정에 의한 금액범위내
3. 제1호 나목 및 제2호 마목에 불구하고 다음 각목의 1에 해당하는 지급을 위하여 매각하는 경우에는 당해 매입을 하고자 하는 자가 별지 제7-4호 서식의 대외지급수단매매신고서에 의하여 한국은행총재에게 신고하여야 한다.
　　가. 제7-6조 제1항 제2호의 규정에 의한 국내원화예금·신탁계정관련 원리금의 지급. 다만, 비거주자인 재외동포의 국내재산 반출의 경우에는 제4-4조 제1항 제8호의 규정을 적용한다.
　　나. 외국인거주자의 국내부동산 매각대금의 지급. 다만, 외국으로부터 휴대수입 또는 송금(대외계정에 예치된 자금을 포함한다)된 자금으로 국내부동산을 취득한 후 해당 부동산을 매각하여 매각대금을 지급하고자 하는 경우로서 별지 제4-2호 서식에 의한 부동산소재지 또는 신청자의 최종주소지 관할세무서장이 발행한 부동산매각자금확인서를 제출하는 경우에는 그러하지 아니하다.
　　다. 교포등에 대한 여신과 관련하여 담보제공 또는 보증에 따른 대지급의 경우 및 2-8조 제1항 5호 라목의 단서에 해당하는 경우를 제외하고 비거주자간의 거래와 관련하여 비거주자가 담보·보증 제공 후 국내재산 처분대금의 지급
　　라. 제2-6조(거주자가 담보 또는 보증을 제공한 경우에 한한다), 제7-13조 제4호, 제7-16조, 제7-17조 제9호, 제7-45조 제1항 제11호 및 제18호단서의 규정에 의하여 비거주자가 취득한 원화자금의 대외지급. 다만, 비거주자인 재외동포가 제2-6조 또는 제7-45조 제1항 제11호, 제18호단서 및 제23호의 규정에 의하여 취득한 원화자금을 대외지급하는 경우에는 제4-4조 제1항 제8호의 규정에 따른다.
　　마. 제1호 나목 및 제2호의 범위를 초과하여 내국지급수단을 대가로 지급하고자 하는 경우

② 외국환은행의 장은 제1항 제1호 나목의 미화 1만불 이내 및 제1항 제2호 라목의 규정에 의하여 외국환을 매각한 경우에는 당해 거래자의 여권에 매각금액을 표시하여야 한다. 다만, 1백만원 이하에 상당하는 외국통화를 매각하는 경우에는 그러하지 아니하다.

③ 외국환은행은 거주자 또는 비거주자에게 취득 또는 보유가 인정된 외국환을 대가로 다른 외국통화표시 외국환을 매각할 수 있다. 다만, 외국환은행이 외국인거주자 또는 비거주자에게 취득경위를 입증하는 서류를 제출하지 않는 외국환을 대가로 다른 외국통화표시 외국환을 매각하고자 하는 경우에는 제2-2조 제3항의 규정을 준용한다.

④ 외국환은행은 국내거주기간이 5년 미만인 외국인거주자 또는 비거주자에게 외국환을 매각하는 경우에는 매각실적 등을 증빙하는 서류를 제출받아 당해 외국환의 매각일자·금액 기타 필요한 사항을 기재하여야 한다. 다만, 영 제10조 제2항 제1호 및 제6호 가목 및 나목의 규정에 정한 비거주자에 대하여는 본인의 확인서로 증빙서류에 갈음할 수 있다.

⑤ 외국환은행은 제1항 제1호의 규정에 의하여 거주자에게 동일자, 동일인 기준 미화 1만불을 초과하는 외국통화, 여행자카드 및 여행자수표를 매각한 경우에는 동 사실을 매월별로 익월 10일 이내에 국세청장 및 관세청장에게 통보하여야 한다. 다만, 정부, 지방자치단체, 외국환업무취급기관, 외국인거주자 및 제2-29조 제6항 제2호의 규정에 의하여 환전영업자에게 매각한 경우에는 그러하지 아니하다.

제2-4조(외국환은행 등과의 외국환매매)

① 외국환은행이 한국은행, 외국환평형기금, 외국환업무취급기관인 종합금융회사·투자매매업자·투자중개업자·증권금융회사·보험사업자, 외국에 있는 금융기관(내국지급수단을 대가로 한 대외지급수단의 매매는 제외한다) 및 다른 외국환은행과 외국환을 매매 할 경우에는 제2-2조 및 제2-3조의 규정을 적용하지 아니한다. 다만, 증권금융회사에 대해서는 이 조항을 현재의 계약환율에 따라 서로 다른 통화를 교환하고 일정기간 후 최초 계약시점에서 정한 환율에 따라 재교환하는 거래를 하는 경우에만 적용한다.

② 외국환업무취급기관인 투자매매업자·투자중개업자가 다른 투자매매업자·투자중개업자·증권금융회사 및 외국에 있는 금융기관(내국지급수단을 대가로 한 대외지급수단의 매매는 제외한다)과 외국환을 매매하는 경우에도 제1항과 같다.

제2-4조의2(외환증거금거래)

① 외환증거금거래를 취급하고자 하는 외국환은행은 은행간 공통거래기준(최소계약단위, 최소거래증거금 등을 포함한다)을 따라야 한다.

② 제1항의 거래기준을 정하는 경우에는 기획재정부장관과 사전에 협의하여야 한다.

③ 외국환은행의 장은 월간 외환증거금거래 실적을 다음달 10일까지 한국은행총재에게 보고하여야 하며, 한국은행총재는 은행별 거래실적을 다음달 20일까지 기획재정부장관에게 보고하여야 한다.

제2-5조(외화자금차입 및 증권발행)

① 외국환은행이 비거주자로부터 미화 5천만불 초과의 외화자금을 상환기간(거치기간을 포함하며, 이하 같다) 1년 초과의 조건으로 차입(외화증권발행 포함)하고자 하는 경우에는 기획재정부장관에게 신고하여야 한다.

② 제1항의 경우를 제외하고 외국환은행이 외화자금을 차입(외화증권발행 포함)하는 경우에는 신고를 요하지 아니한다.

제2-6조(대출)

① 외국환은행이 거주자 또는 비거주자에게 외화대출을 하고자 하는 경우에는 신고를 요하지 아니한다. 다만, 외국환은행이 거주자로부터 보증 또는 담보를 제공받아 비거주자에게 외화대출을 하는 경우에는 대출을 받고자 하는 비거주자가 한국은행총재에게 신고하여야 하며, 한국은행총재는 필요시 동 신고내용을 국세청장에게 열람하도록 하여야 한다.

② 제1항의 단서규정에도 불구하고 외국환은행이 제7-14조의2에서 정하는 현지법인등에 제2-10조의 규정에 의하여 역외금융대출을 하는 경우에는 제7-14조의2의 규정을 적용하며, 다음 각호의 1에 해당하는 경우에는 신고를 요하지 아니한다.

1. 한국수출입은행장이 기획재정부장관의 승인을 받은 업무계획범위 내에서 「한국수출입은행법」에 의해 지원하는 외국법인에 대한 사업자금 대출 및 외국정부 등에 대한 대출
2. 한국무역보험공사사장이 산업통상자원부장관의 승인을 받은 업무계획범위 내에서 「무역보험법」에 의해 지원하는 수출보험에 부보한 외국법인에 대한 사업자금 대출 및 외국정부 등에 대한 대출

③ 외국환은행이 국내에서 비거주자에게 다음 각호의 1에 해당하는 원화자금을 대출하고자 하는 경우에는 신고를 요하지 아니한다.
1. 영 제10조 제2항 제1호 및 제6호 가목 및 나목의 규정에 해당하는 비거주자에 대한 원화자금 대출
2. 비거주자자유원계정(당좌예금에 대한 당좌대출에 한한다) 및 제7-37조 제8항에 따른 투자전용비거주자원화계정(증권매매자금 결제와 직접 관련된 경우에 한한다)을 개설한 비거주자에 대한 2영업일 이내의 결제자금을 위한 원화대출
3. 국민인비거주자에 대한 원화자금 대출
4. 제1호 내지 제3호에 해당하지 않는 자에 대한 동일인 기준 10억원 이하(다른 외국환은행의 대출 포함)의 원화자금 대출

④ 제3항의 규정에 해당하는 경우를 제외하고 외국환은행이 국내에서 동일인 기준 300억원 이하(다른 외국환은행의 대출 포함)의 원화자금을 비거주자에게 대출하고자 하는 경우에는 당해 비거주자가 외국환은행의 장에게 신고하여야 한다. 다만, 거주자의 보증 또는 담보제공을 받아 대출하는 경우에는 당해 비거주자가 한국은행총재에게 신고하여야 한다.

⑤ 외국환은행이 비거주자에 대하여 제3항 또는 제4항에 해당하지 않는 원화자금을 대출하고자 하는 경우에는 대출을 받고자 하는 비거주자가 차입자금의 용도등을 명기하여 한국은행총재에게 신고하여야 한다.

⑥ 제3항 내지 제5항에도 불구하고 한국 현지통화 직거래은행으로 선정된 외국환은행이 상대국 현지통화 직거래은행에게 원화자금을 대출하고자 하는 경우에는 신고를 요하지 않는다. 다만, 1천억원을 초과하여 대출(다른 한국 현지통화 직거래은행으로부터의 대출을 포함한다)하고자 하는 경우에는 대출을 받고자 하는 상대국 현지통화 직거래은행이 한국은행총재에게 신고하여야 하며, 한국은행총재는 상대국 현지통화 직거래은행으로 하여금 당월 원화 차입거래 내역을 매익월 말일까지 보고하게 할 수 있다.

제2-6조의2 (예금 및 신탁)

① 외국환은행이 거주자 또는 비거주자를 위하여 개설할 수 있는 예금계정 및 금전신탁계정의 종류는 다음과 같다.
1. 제2호 나목(개인사업자인 외국인거주자는 제외) 및 다목을 제외한 거주자의 외화자금 예치를 위한 거주자계정 및 거주자외화신탁계정
2. 다음 각목의 1에 해당하는 자의 외화자금 예치를 위한 대외계정 및 비거주자외화신탁계정
    가. 비거주자
    나. 개인인 외국인거주자
    다. 대한민국정부의 재외공관 근무자 및 그 동거가족
3. 비거주자가 국내에서 사용하기 위한 목적의 원화자금을 예치하는 비거주자원화계정
4. 비거주자(외국인거주자 포함)가 대외지급이 자유로운 원화자금을 예치하는 비거주자자유원계정 및 비거주자원화신탁계정
5. 해외이주자 또는 재외동포가 국내재산 반출용 외화자금을 예치하는 해외이주자계정
6. 거주자가 외화증권 투자용 외화자금을 예치하는 외화증권투자전용외화계정
7. 비거주자 또는 외국인거주자가 국내원화증권·장내파생상품 투자용 원화자금 및 외화자금을 각각 예치하는 투자전용비거주자원화계정 및 투자전용대외계정
    7의2. 비거주자 또는 외국인거주자가 장외파생상품의 청산(장외파생상품의 거래를 함에 따라 발생하는 채무를 채무인수, 경개(更改). 그 밖의 방법으로 부담하는 것을 말한다)을 위한 원화자금 및 외화자금을 각각 예치하는 투자전용비거주자원화계정 및 투자전용대외계정

8. 투자매매업자·투자중개업자·한국거래소 및 증권금융회사가 비거주자 또는 외국인거주자의 증권·장내파생상품의 투자자금 관리를 위하여 제7장 제6절 내지 제7절의 규정에 따라 외화자금을 예치하는 투자전용외화계정

8의2. 청산회사(「자본시장과 금융투자업에 관한 법률」 제323조의3에 따라 금융위원회로부터 같은 법 제9조 제25항에 따른 금융투자상품거래청산업의 인가를 받은 금융투자상품거래청산회사를 말한다)가 비거주자 또는 외국인거주자의 장외파생상품의 청산을 위하여 제7장 제6절부터 제7절의 규정에 따라 외화자금을 예치하는 투자전용외화계정

9. 한국예탁결제원(이하 "예탁결제원"이라 한다)이 비거주자의 주식예탁증서 발행 관련 자금을 관리하기 위하여 외화자금을 예치하는 원화증권전용외화계정

② 제1항 각호의 계정별 예금의 종류는 한국은행총재가 정하며 한국은행총재가 예금의 종류를 신설하거나 변경한 경우에는 그 내용을 지체없이 기획재정부장관에게 보고하여야 한다.

③ 제1항 각호의 계정별 예치 또는 처분 사유는 제7장에서 정하는 바에 의한다.

제2-7조(대출채권등의 매매)

외국환은행이 거주자 또는 비거주자와 대출채권, 대출어음, 대출채권의 원리금 수취권, 외화증권 및 외화채권을 매매하는 경우에는 신고를 요하지 아니한다.

제2-7조의2(대외지급수단의 발행)

외국환은행이 발행하는 전자금융거래법상 전자화폐, 선불전자지급수단 등 전자적 방법에 따른 대외지급수단은 다른 전자지급수단이나 주식·채권·파생상품 등 자산 등이 아닌 재화 및 용역 구입에 사용되는 것으로 한정하며, 「금융실명거래 및 비밀보장에 관한 법률」 제2조 제4호에 따른 실지명의로 발행되거나 예금계좌와 연결되어 발행된 것만 보유할 수 있으며, 타인으로부터 양도받는 것은 보유할 수 없다.

제2-8조(보증)

① 외국환은행이 다음 각호의 1에 해당하는 보증을 하고자 하는 경우에는 신고를 요하지 아니한다.

1. 거주자간의 거래에 관하여 보증을 하는 경우
2. 거주자(채권자)와 비거주자(채무자)의 인정된 거래에 관하여 채권자인 거주자에 대하여 보증을 하는 경우로서 비거주자가 외국환은행에 보증 또는 담보를 제공하는 경우
3. 거주자(채무자)와 비거주자(채권자)의 인정된 거래에 관하여 채권자인 비거주자에 대하여 보증을 하는 경우
4. 교포등에 대한 여신과 관련하여 당해 여신을 받는 동일인당 미화 50만불 이내에서 보증(담보관리승낙을 포함한다)하는 경우
5. 비거주자간의 거래에 관하여 보증을 하는 경우로서 다음 각목의 1에 해당하는 경우
   가. 현지금융에 해당하는 보증
   나. 해외건설 및 용역사업에 있어 거주자가 비거주자와 합작하여 수주·시공 등을 하는 공사계약과 관련한 입찰보증등을 위한 보증금의 지급에 갈음하는 보증
   다. 국내기업의 현지법인 또는 해외지점이 체결하는 해외건설 및 용역사업, 수출, 기타 외화획득을 위한 계약과 관련한 입찰보증등을 위한 보증금의 지급에 갈음하는 보증
   라. 가목 내지 다목의 경우를 제외하고 거주자가 외국환은행에 보증 또는 담보를 제공하지 않은 경우. 다만, 비거주자로부터 국내재산을 담보로 제공받아 보증(담보관리승낙을 포함한다)하는 경우 제외

② 제1항에 해당하는 경우를 제외하고 외국환은행이 보증(담보관리승낙을 포함한다)을 하고자 하는 경우에는 보증을 의뢰하는 당사자가 한국은행총재에게 신고하여야 하며, 한국은행총재는 필요시 동 신고내용을 국세청장에게 열람하도록 하여야 한다.

제2-9조(외국환포지션의 구분)

외국환은행의 외국환 매입초과액과 매각초과액(이하, "외국환포지션"이라 한다)은 다음과 같이 구분한다.
1. 현물환포지션(현물외화자산잔액과 현물외화부채잔액과의 차액에 상당하는 금액)
2. 선물환포지션(선물외화자산잔액과 선물외화부채잔액과의 차액에 상당하는 금액)
3. 종합포지션(현물외화자산 잔액 및 선물외화자산잔액의 합계액과 현물외화부채잔액 및 선물외화부채잔액의 합계액과의 차액에 상당하는 금액)

제2-9조의2(외국환포지션의 한도)

① 종합포지션의 한도는 다음 각호와 같다.
1. 종합매입초과포지션은 각 외국통화별 매입초과액의 합계액 기준으로 전월말 자기자본의 100분의 50에 상당하는 금액. 다만, 한국수출입은행의 경우 외화자금 대출잔액의 100분의 150에 해당하는 금액으로 한다.
2. 종합매각초과포지션은 각 외국통화별 매각초과액의 합계액 기준으로 전월말 자기자본의 100분의 50에 상당하는 금액

② 선물환포지션의 한도는 다음 각호와 같다.
1. 외국환은행의 매입초과포지션 또는 매각초과포지션을 기준으로 전월말 자기자본의 100분의 50에 상당하는 금액. 다만, 「은행법」 제58조에 의한 외국금융기관의 국내지점의 경우는 전월말 자기자본의 100분의 250에 상당하는 금액으로 한다.
2. 제1호에도 불구하고 기획재정부장관은 자본유출입의 변동성이 확대되는 등 외환시장 안정 등을 위하여 긴급히 필요한 경우에는 제10-15조에 따라 제1호에서 정한 한도를 100분의 50 범위내에서 가감하여 정할 수 있다.

③ 한국은행총재는 이월이익잉여금의 환리스크 헤지를 위한 외국환매입분에 대하여 별도 한도를 인정받고자 하는 외국은행국내지점과 외국환포지션 한도의 초과가 필요하다고 인정되는 외국환은행에 대하여는 제1항 및 제2항에서 정한 외국환포지션 한도 외에 별도한도를 인정할 수 있다.

④ 제1항 및 제2항의 자기자본은 국내외국환은행의 경우에는 납입자본금·적립금 및 이월이익잉여금의 합계액을 말하며 외국은행국내지점의 경우에는 갑기금·을기금·적립금 및 이월이익잉여금의 합계액을 말한다.

⑤ 외국환은행의 장은 외국환포지션 한도와 관련하여 한국은행총재에게 매월 외국환포지션상황을 보고하여야 하며, 한국은행총재는 이를 금융감독원장에게 통보하여야 한다.

제2-10조(역외계정의 설치·운영)

① 외국환은행이 비거주자(다른 역외계정을 포함한다)로부터 외화자금을 조달하여 비거주자(다른 역외계정을 포함한다)를 상대로 운용하는 역외계정을 설치한 경우에는 이를 일반계정과 구분계리하여야 한다.

② 역외계정과 일반계정간의 자금이체는 기획재정부장관의 허가를 받아야 한다. 다만, 직전 회계연도중 역외외화자산평잔(월말 잔액을 기준으로 한 평잔을 말한다)의 100분의 10 범위내에서의 자금이체는 그러하지 아니하다.

③ 외국환은행이 역외계정에의 예치목적으로 미화 5천만불을 초과하는 외화증권을 상환기간 1년 초과의 조건으로 발행하고자 하는 경우에는 기획재정부장관에게 신고하여야 한다.

④ 외국환은행의 장은 당해 법인의 당월중 역외계정의 자산 및 부채상황을 익월 10일까지 한국은행총재 및 금융감독원장에게 보고하여야 하며, 한국은행총재는 그 내용을 종합하여 매분기별로 기획재정부장관에게 제출하여야 한다.

제2-10조의2(파생상품거래)

① 외국환은행이 거주자 및 비거주자와 외환파생상품거래를 체결하고 결제일에 계약금액의 전부 또는 일부를 실제 인수도하고자 할 경우, 동 외국환의 결제는 제2-2조 내지 제2-4조를 준용한다.

② 외국환은행은 매월 파생상품거래실적(파생상품매매의 중개를 포함한다)을 한국은행총재에게 보고하여야 한다. 다만, 신용파생상품거래(신용파생결합증권을 포함한다)의 경우 거래일로부터 5영업일 이내에 한국은행총재에게 거래내역을 보고하여야 한다.

③ 한국은행총재는 제2항에 따른 보고내역을 종합하여 기획재정부장관에게 보고하여야 한다.

제2-11조(외국은행국내지점 및 사무소)

① 외국은행국내지점의 본지점간 거래에 대하여는 금융위원회가 정하는 바에 따른다.

② 외국은행국내사무소의 유지·운영에 필요한 제경비 등에 관하여는 제9-34조의 규정을 준용한다.

③ 외국은행국내지사의 설치 등에 관하여는 「은행법」에서 정한 바에 따른다.

제2-11조의2(비예금성외화부채등)

① 「외국환거래법」시행령 제9조의2에 따라 외국환은행의 비예금성외화부채등에서 제외하는 "기획재정부장관이 고시하는 계정과목"이란 「외국환거래법」시행령 제37조 제2항에 따라 금융위원회가 재위탁하여 금융감독원장이 정한 은행업감독업무시행세칙 별표 4-1호(외국환계정 회계처리 기준)의 부채계정과목 중 다음 각 호의 어느 하나에 해당하는 계정과목을 말한다.

1. 매도외환
2. 미지급외환
3. 외화타점차
4. 외화표시원화차입금
5. 전대차입금
6. 외화수탁금
7. 외화직불카드채무
8. 외화미지급금
9. 외화가수금
10. 외화선수수익
11. 외화미지급비용
12. 외화미지급미결제현물환
13. 외화지급보증충당금
14. 외화파생상품부채
15. 역외외화예수금

16. 역외파생상품부채
17. 외화차입금의 기타 중 내국수입유산스와 관련된 것
18. 외화차입금의 기타 중 정부 또는 지방자치단체의 정책수행을 대행하기 위해 정부, 지방자치단체 또는 외국환은행이 아닌 공공기관으로부터 차입한 자금
19. 국외본지점 중 제3호, 제12호 또는 제17호에 해당하는 것과 갑갑계정 중 을기금 한도 내의 것

② 「외국환거래법」 시행령 제21조의4 제2항 제2호에 따른 외국환거래의 촉진을 위해 수행한 역할과 관련한 금액이란 다음 각 호의 금액의 합계액에 사업연도 중 외국환거래를 촉진하는 역할을 수행한 기간의 비율을 곱하여 산정한 금액을 말한다.

1. 원화·위안화 현물환시장에서의 일평균 거래금액의 1.5배에 상당하는 금액과 규정 제2-4조에 따른 외국환은행과 다른 외국환은행의 외국환매매에 해당하지 않는 원화·위안화 일평균 거래금액의 50배에 상당하는 금액의 합
2. 영 제21조의4 제1항에 따라 산정한 비예금성외화부채등의 잔액(이하 "공제전잔액"이라 한다) 중 위안화로 표시된 금액으로 다음 각 목에 해당하는 금액. 이 경우 해당 금액이 0보다 작은 경우에는 0으로 본다.
   가. 부담금납부의무자가 규정 제10-21조 제1항에 따라 지정된 원화·위안화 현물환시장 청산은행에 해당하는 경우, 위안화로 표시된 공제전잔액 전부
   나. 한국은행과 외국 중앙은행간 통화스왑자금 외화대출을 이용함으로써 발생한 외화부채 잔액에 해당하는 금액
3. 원화·미화 현물환시장에서 호 가에 거래한 금액(이하 "호 가 거래금액"이라 한다)과 전체 거래금액 대비 호 가 거래금액의 비중을 곱한 값의 일평균에 상당하는 금액. 이 경우, 호 가 거래금액은 호 가에 매도한 금액과 호 가에 매입한 금액의 합으로 한다.

③ 「외국환거래법」 시행령 제21조의4 제2항 제1호에 따라 산정한 금액은 공제전잔액의 100분의 30을 초과하지 아니한다.

④ 제2항 제1호부터 제2호에 따라 산정한 금액의 합은 공제전잔액의 100분의 15을 초과하지 아니한다.

⑤ 제2항 및 제4항은 2024년부터 2026년 사업연도까지의 외환건전성부담금을 부과하는 경우에 한정하여 적용한다.

제2절 기타 외국환업무취급기관

제2-12조(기타 외국환업무취급기관의 외국환업무)

① 외국환은행 이외의 외국환업무취급기관(이하 '기타 외국환업무취급기관'이라 한다)의 외국환업무범위는 이 절에서 정하는 바에 따른다.

② <삭제>

③ 제1항의 규정에도 불구하고 기타 외국환업무취급기관이 거주자 또는 비거주자로부터 자금을 차입(증권발행을 포함한다)하거나 일반 거주자의 지위에서 자본거래를 하고자 하는 경우에는 제7장부터 제9장까지의 규정에서 정하는 바에 따른다.

제2-13조(체신관서)

① 영 제14조 제3호에 따른 체신관서는 「우정사업 운영에 관한 특례법」에 따른 체신관서의 업무와 직접 관련된 외국환업무를 영위할 수 있다.

② <삭제>

③ 과학기술정보통신부장관은 제1항에 의한 체신관서의 외국통화표시 외국환업무취급실적을 매연도별로 한국은행총재에게 통보하여야 한다.

제2-14조(투자매매업자 등)

① 영 제14조 제4호에 따라 「자본시장과 금융투자업에 관한 법률」에 따른 투자매매업자, 투자중개업자, 집합투자업자, 투자일임업자, 신탁업자 및 증권금융회사는 「자본시장과 금융투자업에 관한 법률」에 따른 해당 금융회사의 업무와 직접 관련된 외국환업무를 영위할 수 있다. 다만, 다음 각호의 업무는 제외한다.
1. 영 제14조 제4호 라목의 업무
2. 영 제14조 제4호 마목 및 바목의 업무 중 예금업무

② 제1항에도 불구하고 투자매매업자·투자중개업자는 영 제14조 제4호 라목의 업무를 건당 각각 미화 5천불의 지급 및 수령 한도, 동일인당 각각 미화 5만불의 연간 지급 및 수령 누계 한도 범위 내에서 할 수 있다. 다만, 영 제15조의2 제6항에 따른 소액해외송금업자가 소액해외송금업무를 수행하기 위하여 외국 협력업자에게 사전에 정산 자금을 예치하기 위한 목적으로 투자매매업자·투자중개업자에게 지급등을 요청하는 금액은 그 한도에 포함되지 아니한다.

③ 투자매매업자·투자중개업자 중 「자본시장과 금융투자업에 관한 법률」 제77조의2에 따라 금융위원회로부터 종합금융투자사업자로 지정을 받은 자는 [별표 1]에 규정된 인적·물적 요건을 갖추어 기획재정부 장관의 확인을 받은 이후 외국환거래규정 제2-2조 및 제2-3조에 따라 내국통화 및 외국통화를 매매할 수 있다.

④ 이 조에 따른 투자매매업자·투자중개업자의 해외송금업무의 경우에는 제2-31조 제3항부터 제5항의 규정을 준용한다.

제2-15조(투자중개업자)

<삭제>

제2-16조(외국환중개회사)

<삭제>

제2-17조(집합투자업자)

<삭제>

제2-18조(투자일임업자)

<삭제>

제2-19조(신탁업자)

<삭제>

제2-20조(보험회사)

영 제14조 제4호에 따라 「보험업법」에 따른 보험회사는 「보험업법」에 따른 보험회사의 업무와 직접 관련된 외국환업무를 영위할 수 있다. 다만, 다음 각 호의 업무는 제외한다.
1. 영 제14조 제4호 라목의 업무
2. 영 제14조 제4호 마목 및 바목의 업무 중 예금업무

제2-21조(상호저축은행 등)

① 영 제14조 제4호에 따라 「상호저축은행법」에 따른 상호저축은행, 「신용협동조합법」에 따른 신용협동조합과 중앙회, 「새마을금고법」에 따른 새마을금고와 중앙회 및 「한국해양진흥공사법」에 따른 한국해양진흥공사는 「상호저축은행법」에 따른 상호저축은행, 「신용협동조합법」에 따른 신용협동조합과 중앙회, 「새마을금고법」에 따른 새마을금고와 중앙회, 「한국해양진흥공사법」에 따른 한국해양진흥공사의 업무와 직접 관련된 외국환업무를 영위할 수 있다. 다만, 다음 각 호의 업무는 제외한다.
1. 영 제14조 제4호 라목의 업무
2. 거주자와 비거주자 간의 금전대차의 중개

② 제1항의 규정에도 불구하고, 신용협동조합 중앙회와 새마을금고 중앙회가 영위할 수 있는 외국환업무는 해외용 직불카드의 발행으로 한한다.

③ 제1항에도 불구하고 직전 분기말 총자산이 1조원 이상인 경우 상호저축은행법에 따른 상호저축은행은 영 제14조 제4호 라목의 업무를 건당 각각 미화 5천불의 지급 및 수령 한도, 동일인당 각각 미화 5만불의 연간 지급 및 수령 누계 한도 범위 내에서 할 수 있다. 다만, 상호저축은행이 영 제15조의2 제6항에 따른 소액해외송금업자에게 같은 조 제1항 제5호에 따른 계좌를 개설하여 준 경우 소액해외송금업무를 위하여 사용된 금액은 그 한도에 포함되지 아니한다.

④ 이 조에 따른 상호저축은행의 해외송금업무에는 제2-31조 제3항부터 제5항의 규정을 준용한다.

제2-22조(여신전문금융회사)

① 영 제14조 제4호에 따라 「여신전문금융업법」에 따른 여신전문금융회사는 「여신전문금융업법」에 따른 여신전문금융회사의 업무와 직접 관련된 외국환업무를 영위할 수 있다. 다만, 다음 각 호의 업무는 제외한다.
1. 영 제14조 제4호 라목의 업무
2. 영 제14조 제4호 마목 및 바목의 업무 중 예금업무

② 제1항에도 불구하고 「여신전문금융업법」에 따른 신용카드업자는 영 제14조 제4호 라목의 업무를 건당 각각 미화 5천불의 지급 및 수령 한도, 동일인당 각각 미화 5만불의 연간 지급 및 수령 누계 한도 범위 내에서 할 수 있다. 다만, 영 제15조의2 제6항에 따른 소액해외송금업자가 소액해외송금업무를 수행하기 위하여 외국 협력업자에게 사전에 정산 자금을 예치하기 위한 목적으로 「여신전문금융업법」에 따른 신용카드업자에게 지급등을 요청하는 금액은 그 한도에 포함되지 아니한다.

③ 이 조에 따른 신용카드업자의 해외송금업무의 경우에는 제2-31조 제3항부터 제5항의 규정을 준용한다.

제2-22조의2(전자지급결제대행업자)

<삭제>

제2-23조(종합금융회사)

① 영 제14조 제2호에 따라 「자본시장과 금융투자업에 관한 법률」에 따른 종합금융회사는 「자본시장과 금융투자업에 관한 법률」에 따른 종합금융회사의 업무와 직접 관련된 외국환업무를 영위할 수 있다. 다만, 영 제14조 제4호 마목 및 바목의 업무 중 예금업무는 다음 각 호의 구분에 따른 업무로 한정한다.
1. 영 제14조 제4호 마목: 다른 외국환업무취급기관과의 외국통화로 표시되거나 지급되는 예금업무
2. 영 제14조 제4호 바목: 외국금융기관의 외국통화로 표시되거나 지급되는 예금업무

② 종합금융회사가 제1항에 따라 외국환업무를 영위하는 경우 제2-1조부터 제2-10조의2의 규정에 따른다.

③ 「금융산업의구조개선에관한법률」에 의하여 종합금융회사와 합병한 투자매매업자·투자중개업자는 합병 전 종합금융회사의 외국환업무를 합병일부터 10년 동안 영위할 수 있다.

제2-23조의2(기타 외국환업무취급기관의 신고 등)

① 기타 외국환업무취급기관이 외화로 표시된 금전대출 또는 지급보증 업무를 영위하는 경우에는 직전 분기말 기준 자기자본의 100분의 50을 한도로 한다. 다만, 외화대출의 한도는 투자매매업자, 투자중개업자의 경우에 한한다.

② 기타 외국환업무취급기관은 고객이 법 및 영에 따른 신고등을 회피하기 위한 목적으로 투자를 일임하거나 자산을 신탁하고자 하는 경우 이에 응하여서는 아니된다.

③ 기타 외국환업무취급기관이 다음 각 호의 업무나 그 중개업무를 할 경우에는 한국은행총재에게 신고하여야 한다.
1. 신용파생결합증권의 매매(발행 및 인수를 포함한다) 또는 신용을 기초자산으로 하는 파생상품매매로서 보장매도거래를 하려는 경우
2. 자연적·환경적·경제적 현상 등을 기초자산으로 하는 파생상품매매
3. 증권, 파생상품, 부동산, 외화대출 및 외화대출채권 매매 등을 제외한 자산의 성격을 특정할 수 없는 그 밖의 유·무형자산의 매매(신탁업자가 집합투자업자의 운용지시에 따라 하는 경우 제외한다)

④ 기타 외국환업무취급기관이 다음 각 호의 업무나 그 중개업무를 하는 경우에는 그 거래실적을 매월별로 다음달 10일까지 한국은행총재 및 금융감독원장에게 보고하여야 한다.
1. 외화로 표시된 금전대출 또는 지급보증을 하는 경우
2. 신탁 또는 투자일임을 받은 자산으로 해외부동산을 취득하는 경우

제2-23조의3(비예금성외화부채등)

① 외국환거래법시행령 제9조의2에 따라 투자매매업자투자중개업자, 보험사업자 및 여신전문금융업자의 비예금성외화부채등에서 제외하는 "기획재정부장관이 고시하는 계정과목"이란 「외국환거래법」시행령 제37조 제2항에 따라 금융위원회가 재위탁하여 금융감독원장이 정한 금융투자업규정시행세칙 별표 제2호(금융투자업자의 외국환계정 계리기준), 보험업감독업무시행세칙 별표 제4-1호(외국환계정 회계처리 기준) 및 여신전문금융업감독업무시행세칙 별지 제5-1호(외국환계정 회계처리 기준)의 부채계정과목 중 다음 각 목의 어느 하나에 해당하는 계정과목을 말한다.
1. 투자매매업자투자중개업자
   가. 외화표시원화차입금
   나. 외화환매조건부채권매도(대고객 외화환매조건부채권매도로 한한다)
   다. 외화미지급금
   라. 외화가수금
   마. 외화선수수익
   바. 외화미지급비용
   사. 외화미지급미결제현물환
   아. 외화지급보증충당금
   자. 외화파생상품부채
   차. 외화차입금의 기타 중 정부 또는 지방자치단체의 정책수행을 대행하기 위해 정부, 지방자치단체 또는 외국환은행이 아닌 공공기관으로부터 차입한 자금

2. 보험사업자
    가. 외화표시원화차입금
    나. 외화책임준비금
    다. 외화미지급금
    라. 외화가수금
    마. 외화선수수익
    바. 외화미지급비용
    사. 외화미지급미결제현물환
    아. 외화지급보증충당금
    자. 외화파생상품부채
    차. 외화차입금의 기타 중 정부 또는 지방자치단체의 정책수행을 대행하기 위해 정부, 지방자치단체 또는 외국환은행이 아닌 공공기관으로부터 차입한 자금
3. 여신전문금융업자
    가. 외화표시원화차입금
    나. 전대차입금
    다. 외화리스부채(외화리스보증금에 한한다)
    라. 외화수입보증금(외화리스보증금에 한한다)
    마. 외화직불카드채무
    바. 외화미지급금
    사. 외화가수금
    아. 외환선수수익
    자. 외화미지급비용
    차. 외화미지급미결제현물환
    카. 외화지급보증충당금
    타. 기타외화부채의 기타 중 외화리스보증금 및 외화선수금
    파. 외화파생상품부채
    하. 외화차입금의 기타 중 정부 또는 지방자치단체의 정책수행을 대행하기 위해 정부, 지방자치단체 또는 외국환은행이 아닌 공공기관으로부터 차입한 자금

② 한국은행총재는 투자매매업자투자중개업자, 보험사업자 및 여신전문금융업자가 영 제21조의2 제7호에 따른 부담금납무의무자에 해당하는 지와 해당 부채가 제1항의 비예금성외화부채등의 잔액에서 제외되는 항목에 해당하는 지 등을 파악하기 위해 필요한 범위 내에서 해당 금융회사에 관련 자료의 제출을 요청할 수 있다.

제2-24조(준용규정)

제2-1조, 제2-1조의2, 제2-2조, 제2-3조, 제2-6조, 제2-7조, 제2-7조의2, 제2-8조 및 제2-10조의2 및 제2-11조의2 제2항부터 제5항의 규정은 기타 외국환업무취급기관이 해당 외국환업무를 함에 있어서 준용한다.

제3절 한국은행의 외국환업무 등

제2-25조(한국은행의 외국환업무 등)

한국은행은 다음 각호의 1에 해당하는 업무를 영위할 수 있다.

1. 외국환의 매매 및 파생상품거래
2. 외화자금 및 외국환의 보유와 운용
3. 정부 및 그 대행기관, 국내금융기관으로부터의 외화예금의 수입
4. 외국의 금융기관, 국제금융기구, 외국정부와 그 대행기관 또는 국제연합기구로부터의 예금의 수입
5. 외국에 있는 금융기관 또는 외국정부로부터의 외화자금의 차입
6. 채무의 인수 및 보증
7. 국제금융기구에 대한 출자 및 융자
8. 외국환은행에 대한 외화자금의 융자
9. 귀금속의 매매
10. 외국 중앙은행으로부터의 원화예금의 수입
11. 대외환거래 계약 체결
12. 기타 제1호 내지 제11호의 업무에 부대되는 업무

제2-26조(한국은행의 외국환업무 중계의뢰 등)

한국은행은 제2-25조의 규정에 정한 업무를 영위함에 있어서 필요한 경우 외국환은행에 대하여 당해 외국환업무의 중계를 의뢰하거나 사무의 처리를 위탁할 수 있다.

제2-27조(한국은행의 외환시장개입 및 보유외환의 운용)

한국은행총재는 외환시장의 안정을 위하여 필요하다고 인정될 때에는 한국은행 및 외국환평형기금의 자금으로 외환시장에 개입할 수 있으며 기획재정부장관은 외환시장 개입, 외화자금의 조달 및 운용에 대하여 필요한 지시를 할 수 있다.

제4절 전문외국환업무취급업자 중 환전영업자

제2-28조(환전업무의 등록 등)

① 영 제15조 제1항의 규정에 의하여 환전업무의 등록을 하고자 하는 자는 별지 제3-1호 서식의 환전업무등록신청서에 다음 각 호의 환전업무 방식 중 영위하고자 하는 방식을 선택(복수 선택 가능)하여 영 제15조 제2항 각 호의 요건을 충족하였음을 입증하는 건물등기부등본 등의 증빙서류를 첨부하여 관세청장에게 제출하여야 한다.

1. 일반
2. 무인환전기기
3. 온라인

② 영 제15조의2 제2항 제2호에서 "기획재정부장관이 정하여 고시하는 전산설비"란 법 제20조 제1항 또는 제2항에 따른 보고 및 자료제출을 원활하게 할 수 있는 컴퓨터 등의 전산설비를 말한다. 다만, 무인환전기기 방식으로 환전업무를 영위하는 자(이하 '무인환전기기환전영업자')와 온라인 방식으로 환전업무를 영위하는 자(이하 '온라인환전영업자')의 경우에는 환전업무의 안정성과 신뢰성을 확보할 수 있는 정보처리 및 정보보호 시스템으로서 관세청장이 인정하는 전산설비를 말한다.

③ 영 제16조의 규정에 의하여 환전업무의 등록내용을 변경하거나 환전업무를 폐지하고자 하는 경우에는 다음 각호의 1에서 정하는 바에 의한다.

1. 명칭 및 소재지를 변경하고자 하는 자는 별지 제3-2호 서식의 환전업무등록내용변경신고서에 다음 각목의 서류를 첨부하여 관세청장에게 제출하여야 한다.
   가. 환전영업자 등록필증
   나. 변경사항을 증명하는 서류
2. 환전업무를 폐지하고자 하는 자는 별지 제3-3호 서식의 환전업무폐지신고서에 다음 각목의 서류를 첨부하여 관세청장에게 제출하여야 한다.
   가. 환전영업자 등록필증
   나. 보유 외국환잔액(외화예금을 포함한다)의 지정거래외국환은행에의 매각증명서
   다. 미사용환전증명서(외국환매각신청서와 외국환매입증명서를 말한다) 및 폐기환전증명서에 대한 지정거래외국환은행에의 반납확인서
   라. 제2-29조 제1항에 따른 환전장부 사본을 제출하지 않은 경우 해당 환전장부 사본

④ 관세청장은 영 제15조 제2항에 따른 등록요건 유지 여부를 확인하기 위하여 환전영업자에게 영 제15조 제2항의 요건을 유지하고 있음에 대한 증빙서류 제시 등을 요구할 수 있다. 이 경우 환전영업자는 관세청장의 요구에 따라야 한다.

제2-29조(환전영업자의 업무)

① 환전영업자는 환전일자, 매각자(매입자)의 성명 및 주민등록번호·여권번호 등 인적사항, 환전금액, 적용환율, 거래내용을 별지 제3-3호의2 서식의 환전장부에 기록하여야 하며, 법 제20조 제1항에 따라 매 반기별로 다음 달 10일까지 환전장부(전자문서를 포함한다)의 사본을 관세청장에게 제출하여야 한다. 다만, 온라인환전영업자가 이행보증금을 예탁하거나 보증보험에 가입한 경우에는 매분기 다음 달 10일까지 제출하여야 한다.

② 환전영업자는 다음 각호의 1에서 정하는 바에 의하여 거주자 또는 비거주자로부터 내국지급수단을 대가로 외국통화 및 여행자수표(이 조에서 "외국통화등"이라 한다)를 매입할 수 있다.

1. 외국통화등을 매입하는 경우에는 별지 제3-4호 서식의 외국환매각신청서를 제출받아 주민등록증, 여권, 사업자등록증, 납세번호증 등 실명확인증표에 의하여 인적사항을 확인하여야 한다. 다만, 환전영업자가 자동동전교환기를 설치하여 외국통화를 매입하는 경우에는 그러하지 아니하다.
2. 외국통화등을 매입하는 경우에는 당해 외국통화등의 취득이 신고등의 대상인지 여부를 확인(동일자, 동일인 기준 미화 2만불을 초과하는 경우에 한한다)하여야 하며, 외국환매각신청서 사본을 익월 10일 이내에 국세청장 및 관세청장에게 통보하여야 한다. 다만, 제1호 단서에 해당하는 경우 및 동일자에 동일인으로부터 미화 1만불 이하의 외국통화등을 매입하는 경우에는 그러하지 아니하다.
3. 외국인거주자 또는 비거주자로부터 외국통화등을 매입하는 경우에는 1회에 한하여 별지 제3-5호 서식의 외국환매입증명서를 발행·교부하여야 한다. 다만, 환전영업자가 자동동전교환기를 설치하여 외국통화를 매입하는 경우에는 그러하지 아니하다.

③ 환전영업자는 다음 각호의 1에 해당하는 경우에 한하여 재환전할 수 있다.

1. 비거주자가 최근 입국일 이후 당해 체류기간중 외국환업무취급기관 또는 환전영업자에게 내국지급수단을 대가로 대외지급수단을 매각한 실적범위내에서 재환전하는 경우
2. 비거주자 및 외국인거주자가 당해 환전영업자의 카지노에서 획득한 금액 또는 미사용한 금액에 대하여 재환전하는 경우

④ 제3항에 따라 비거주자 및 외국인거주자로부터 재환전신청을 받은 환전영업자는 별지 제3-6호, 서식의 재환전신청서, 별지 제3-5호 서식의 외국환매입증명서 및 여권을 제출받아야 한다. 다만, 영 제10조 제2항 제2호 및 제6호 가목 및 나목에 해당하는 비거주자 및 외국인거주자로부터 재환전신청을 받은 경우에는 여권 이외에 신분증, 외국인등록증 등의 실명확인증표에 의하여 인적사항을 확인할 수 있다.

⑤ 제2항 내지 제4항에도 불구하고 환전영업자는 동일자·동일인 기준 미화 2천불(단, 「환전영업자관리에 관한 고시」제2조 제5호에 따른 환전장부 전산관리 업자의 경우 미화4천불) 이하의 외국통화등을 외국환매각신청서 및 외국환매입증명서 없이 매입하거나 매각할 수 있다.

⑥ 환전영업자는 다음 각호의 1에 해당하는 거래를 위하여 거래외국환은행을 지정하여야 한다.
1. 제2항에 따른 외국통화등의 외국환은행에 대한 매각 및 예치
2. 제3항 및 제5항을 위한 외국환은행으로부터의 외국통화 매입

⑦ 환전영업자는 환전장부, 외국환매각신청서, 외국환매입증명서 등 환전관계 서류를 해당 연도 이후 5년간 보관하여야 한다.

⑧ 무인환전기기환전영업자는 동일자, 동일인 기준 미화 2천불(단, 환전장부 전산관리 업자의 경우 미화4천불) 이하의 범위에서 외국통화등을 매입하거나 매각할 수 있으며, 환전업무를 영위함에 있어 다음 각 호의 사항을 준수하여야 한다.
1. 고객의 주민등록증, 여권, 사업자등록증, 납세번호증, 외국인등록증 등의 실명확인증표를 스캔하여 인식하는 방식으로 인적사항을 확인할 것
2. 고객 보호 및 불편해소를 위한 고객지원센터를 운영할 것

⑨ 온라인환전영업자는 동일자, 동일인 기준 미화 2천불(단, 환전장부 전산관리 업자의 경우 미화4천불) 이하의 범위에서 외국통화등을 매입하거나 매각할 수 있고 이 경우 영업소 이외의 장소 또는 금융회사등에 개설된 계좌를 통해서 고객으로부터 외국통화등을 수령하거나 고객에게 외국통화등을 지급할 수 있으며, 환전업무를 영위함에 있어 다음 각 호의 사항을 준수하여야 한다.
1. 온라인 환전계약 체결시 고객의 주민등록번호, 여권번호 등의 고유식별정보를 확인한 후 고객으로부터 외국통화등을 수령하거나 고객에게 외국통화등을 지급할 때 주민등록증, 여권 등 실명확인증표에 의하여 해당 정보를 확인하거나 관세청장이 인정하는 방식으로 인적사항을 확인할 것
2. 온라인 환전계약을 체결함에 있어 약관의 명시, 제정 및 변경과 관련하여 관세청장이 정한 절차를 준수할 것
3. 고객이 제기하는 정당한 의견이나 불만을 반영하고 고객이 환전업무와 관련하여 입은 손해를 배상하기 위한 절차를 마련할 것
4. 고객이 환전에 따른 자금을 외국통화등을 수령할 때까지 제3자에게 결제대금을 예치하거나 관할세관장에게 1억원 이상의 이행보증금을 현금으로 예탁할 것(다만, 이행보증금의 경우 관할세관장을 피보험자로 하고 국내보증보험회사가 발행하는 인허가보증보험에 가입하는 경우에는 보장금액에 해당하는 범위에서 이행보증금의 일부 또는 전부를 예탁하지 아니할 수 있다.)
5. 계좌를 통해서 고객으로부터 외국통화등을 수령하거나 고객에게 외국통화등을 지급할 경우, 온라인환전영업자 명의로 지정외국환은행에 개설된 환전업무용 외화계좌를 사용할 것

⑩ 환전영업자가 무인환전기기 방식과 온라인 방식을 결합하여 환전업무를 영위하고자 하는 경우 제8항 제2호 및 제9항 제2호부터 제4호의 사항을 모두 준수하여야 하며, 인적사항 확인 방식에 따라 매각할 수 있는 외국통화등의 범위는 다음 각 호와 같다.
1. 제8항 제1호에 따라 인적사항을 확인하는 경우 동일자, 동일인 기준 미화 2천불(단, 환전장부 전산관리 업자의 경우 미화4천불) 이하

2. 제9항 제1호에 따라 인적사항을 확인하는 경우 동일자, 동일인 기준 미화 2천불(단, 환전장부 전산관리업자의 경우 미화4천불) 이하

⑪ 제6항의 규정에 따른 지정거래외국환은행의 장은 환전영업자와의 거래내역을 거래한 날의 다음 영업일까지 한국은행총재에게 보고하여야 한다.

⑫ 한국은행총재는 제11항에 따라 지정거래외국환은행의 장으로부터 보고받은 내용을 즉시 관세청장에게 통보하여야 한다.

제5절 전문외국환업무취급업자 중 소액해외송금업자

제2-30조(소액해외송금업무의 등록 등)

① 영 제15조의2 제1항의 규정에 의하여 소액해외송금업무의 등록을 하고자 하는 자는 별지 제3-7호 서식의 소액해외송금업무등록신청서에 다음 각호의 서류를 첨부하여 금융감독원장을 경유하여 기획재정부장관에게 제출하여야 한다.

1. 정관
2. 법인 등기부등본
3. 소액해외송금업무 취급 범위 및 수행 방식에 대한 설명 자료
4. 소액해외송금업무에 사용할 계좌의 통장 사본
5. 외국 협력업자의 본국 정부가 발행한 설립인가서 사본 등 외국 협력업자가 본국에서 합법적으로 해당 업무를 영위할 수 있음을 입증하는 서류(한글 번역본 포함)
6. 소액해외송금업무 수행에 필요한 자기자본, 재무건전성 기준, 전산시설 및 전문인력 요건을 충족하였음을 입증하는 서류
7. 임원의 이력서
8. 약관

② <삭제>

③ 영 제15조의2 제2항 제2호에서 "기획재정부장관이 정하여 고시하는 재무건전성 기준"은 자기자본 대비 부채총액의 비율이 100분의 200이내일 것을 말한다.

④ 제3항의 부채비율은 신청일이 속하는 사업연도의 직전 사업연도말 재무상태표(최근 재무상태표를 사용하고자 하는 경우에는 회계법인의 확인을 받은 신청일 최근 분기말 또는 월말 재무상태표) 상의 자기자본 및 부채총액을 이용하여 산출한다. 이 경우 고객으로부터 지급등을 요청받아 일시 보관하는 금액은 부채총액에서 차감한다.

⑤ 금융감독원장은 제1항에 따라 소액해외송금업무등록신청서를 접수한 경우 영 제15조의2 제3항에 따라 외환정보집중기관의 장이 전산망 연결 여부를 확인할 수 있도록 관련 사실을 외환정보집중기관의 장에게 통보하여야 하며, 금융감독원장 및 외환정보집중기관의 장은 영 제15조의2 제3항 및 제37조 제4항 제4호에 따라 등록신청서의 내용과 등록요건의 충족 여부를 확인하여 기획재정부장관에게 그 결과를 통보하여야 한다.

⑥ 영 제16조의 규정에 의하여 소액해외송금업무의 등록내용을 변경하거나 소액해외송금업무를 폐지하고자 하는 경우에는 다음 각 호의 1에서 정하는 바에 의한다.

1. 등록내용을 변경하고자 하는 자는 별지 제3-8호 서식의 소액해외송금업무등록내용변경(폐지)신고서에 다음 각목의 서류를 첨부하여 금융감독원장에게 제출하여야 한다.
    가. 소액해외송금업무 등록필증

나. 변경사항을 증명하는 서류(영 제16조 제3항에 따른 변경신고의 경우 자기자본 요건을 충족하였음을 입증하는 서류를 포함한다.)
2. 소액송금업무를 폐지하고자 하는 자는 별지 제3-8호 서식의 소액해외송금업무등록내용변경(폐지)신고서에 다음 각목의 서류를 첨부하여 금융감독원장에게 제출하여야 한다.
　　가. 소액해외송금업무 등록필증
　　나. 소액해외송금업무와 관련하여 고객에게 부담하는 채무의 이행을 완료하였음을 입증하는 서류

⑦ <삭제>

⑧ 금융감독원장은 영 제15조의2 제2항에 따른 등록요건 유지 여부를 확인하기 위하여 소액해외송금업자에게 영 제15조의2 제2항의 요건을 유지하고 있음에 대한 증빙서류 제시 등을 요구할 수 있다. 이 경우 소액해외송금업자는 금융감독원장의 요구에 따라야 한다.

제2-31조(소액해외송금업자의 업무)

① 영 제15조의3 제1항에 따른 소액해외송금업무의 건당 지급 및 수령 한도는 각각 건당 미화 5천불로 하며, 동일인당 연간 지급 및 수령 누계 한도는 각각 미화 5만불로 한다.

② 소액해외송금업자는 제1항의 업무를 수행하기 위해 외국환은행을 상대로 외국통화를 매입 또는 매도할 수 있다.

③ 소액해외송금업자는 고객으로부터 자금을 수령하는 경우 건별로 수령하여야 한다

④ 영 제15조의3 제2항에서 "계좌를 통한 거래에 준하는 수준의 투명성 확보가 담보되는 것으로 기획재정부장관이 인정하는 방식으로 자금을 지급 또는 수령하는 경우"란 다음 각 호의 1을 말한다.

1. 법 제8조 제2항에 따라 외국환업무를 등록한 금융회사등(다만, 영 제7조 제7호의 「한국해양진흥공사법」에 따른 한국해양진흥공사는 제외한다) 및 영 제15조의5 제2항에 따라 기타전문외국환업무를 등록한 자(다만, 제2-39조 제2항 및 제3항의 업무를 영위하는 자에 한한다)를 통하여 고객에게 자금을 지급하거나 고객으로부터 자금을 수령하는 경우
2. 제2-28조 제1항 제2호에서 정하는 방식으로 업무를 영위하는 환전영업자 및 「전자금융감독규정」제3조 제2호에서 정하는 사업자를 통하여 고객에게 자금을 지급하거나 고객으로부터 자금을 수령하는 경우(소액해외송금업자가 이 규정 제2-28조 제1항 제2호의 업무를 등록한 경우 보유하고 있는 무인환전기기를 통하여 고객에게 자금을 지급하거나 고객으로부터 자금을 수령하는 경우를 포함한다.)

⑤ 소액해외송금업자는 국내의 지급인 및 수령인별로 지급등의 내역을 기록하고 5년간 보관하여야 하며, 지급등의 내역을 매월별로 익월 10일까지 외환정보집중기관을 통하여 금융정보분석원장, 국세청장, 관세청장, 금융감독원장에게 통보하여야 한다.

⑥ 소액해외송금업자는 소액해외송금업무 수행 과정에서의 정산 및 거래 내역(외국 협력업자와의 지급등 또는 상계 내역, 그 밖에 소액해외송금업무를 완결하기 위한 거래 또는 행위를 모두 포함한다)을 기록하고 5년간 보관해야 하며, 금융감독원장이 요구할 경우 이를 제출해야 한다.

⑦ 이 조에 따른 지급의 경우에는 지정거래외국환은행을 통하여 지급하도록 하는 제4-3조 제3항, 제4-4조 제1항 제3호 및 같은 조 제2항, 제4-5조의 규정은 적용하지 아니할 수 있다.

제2-32조(소액해외송금업무의 안전성 기준)

① 영 제15조의4 제1항에서 "기획재정부장관이 정하는 기준"은 「전자금융감독규정」 제8조부터 제18조 및 제19조의2부터 제37조에서 정하는 기준을 준용한다. 이 경우 "금융회사 또는 전자금융업자"는 "소액해외송금업자"로, "전자금융업무"는 "전자적 장치를 통한 소액해외송금업무"로, "전자금융거래"는 "전자적 장치를 통한 소액해외송금업무를 고객이 소액해외송금업자의 종사자와 대면하지 않고 이용하는 거래"로 보며, "금융위원회"는 "금융감독원장"으로 본다.

② 영 제15조의4 제2항에서 "기획재정부장관이 정하는 자격요건"이란 「전자금융거래법 시행령」 별표1와 같다.

③ 영 제15조의4 제2항에 따른 정보보호최고책임자의 업무는 다음 각 호와 같다.
1. 소액해외송금업무의 안정성 확보 및 고객 보호를 위한 전략 및 계획의 수립
2. 정보기술부문의 보호
3. 정보기술부문의 보안에 필요한 인력관리 및 예산편성
4. 전자적 장치를 통한 업무 수행과 관련한 사고 예방 및 조치
5. 정보기술부문 보안을 위한 자체심의에 관한 사항
6. 정보기술부문 보안에 관한 임직원 교육에 관한 사항

④ 영 제15조의4 제7항에서 "기획재정부장관이 정하여 고시하는 소액해외송금업무와 관련된 주요 정보"는 다음 각 호와 같다.
1. 지급·수령에 소요되는 예상 기간
2. 고객이 지불해야 하는 수수료 금액
3. 고객이 지급·수령하는 자금의 원화표시 및 외화표시 금액과 적용 환율
4. 영 제15조의4 제6항에 따른 분쟁처리절차 및 관련 연락처

제2-33조(약관의 명시)

① 소액해외송금업자는 소액해외송금업무와 관련한 약관(이하 "약관"이라 한다)을 마련하여야 한다.

② 소액해외송금업자는 소액해외송금업무를 하려는 경우 고객에게 전자문서의 전송(전자우편을 이용한 전송을 포함한다), 모사전송, 우편 또는 직접 교부의 방식으로 약관의 사본을 고객에게 교부하여야 한다.

③ 소액해외송금업자는 고객이 약관의 내용에 대한 설명을 요청하는 경우 다음 각 호의 어느 하나의 방법으로 고객에게 약관의 중요내용을 설명하여야 한다.
1. 약관의 중요내용을 고객에게 직접 설명
2. 약관의 중요내용에 대한 설명을 전자적 장치를 통하여 고객이 알기 쉽게 표시하고 고객으로부터 해당 내용을 충분히 인지하였다는 의사표시를 전자적 장치를 통하여 수령

제2-34조(약관의 제정 또는 변경)

① 소액해외송금업자가 약관을 제정 또는 변경하고자 하는 경우에는 해당 약관 및 약관 내용을 이해하는데 필요한 관련서류를 시행 예정일 45일 전까지 금융감독원장에게 제출하여야 한다.(제2항 및 제3항에 따른 약관변경권고 및 수락여부보고에 소요되는 기간은 산입하지 아니하며, 소액해외송금업무를 등록하려는 경우에는 소액해외송금업무등록신청서 제출시에 제출하여야 한다) 이 경우 약관 및 관련서류는 전자문서로 제출할 수 있다.

② 금융감독원장은 제1항의 규정에 따라 제출받은 약관을 심사하고 건전한 외환거래질서의 유지를 위하여 약관내용의 변경이 필요하다고 인정하는 경우 해당 소액해외송금업자에 대하여 약관의 변경을 권고할 수 있다.

③ 제2항의 규정에 따라 변경권고를 받은 소액해외송금업자는 권고의 수락여부를 금융감독원장에게 보고하여야 한다.

제2-35조(이행보증금의 예탁)

① 법 제8조 제7항에서 "기획재정부장관이 지정하는 기관"이란 금융감독원을 말한다.

② 영 제17조의2 제1항에 따른 소액해외송금업자의 이행보증금은 영업개시일로부터 그 다음 월의 말일까지는 3억원이상으로 하고, 그 기간이 지난 후부터는 다음의 계산식에 따라 산정한 금액 이상으로 한다. 다만, 다음의 계산식에 따라 산정한 금액이 3억원보다 작은 경우에는 3억원으로 한다.

③ 영 제17조의2 제2항에서의 "기획재정부장관이 인정하는 보증보험"이란 금융감독원장을 피보험자로 하고 국내 보증보험회사가 발행하는 인허가보증보험을 말한다.

④ 영 제17조의2 제3항에서 "기획재정부장관이 정하는 기간 내"는 매월 7일이내를 말한다.

⑤ 영 제17조의2 제4항 및 영 제37조 제4항 제9호에 따라 소액해외송금업자가 금융감독원장에게 보고해야 하는 구체적인 내용, 절차 및 이에 대한 점검 주기에 관한 사항은 금융감독원장이 정한다.

제2-36조(이행보증금의 지급절차)

① 금융감독원장은 소액해외송금업자의 고객(대한민국에서 외국으로 지급을 요청한 고객에 한정한다. 이하 이 조에서 같다)으로부터 영 제17조의3 제1항에 따른 이행보증금의 지급 신청을 받은 경우에는 그 사실을 해당 소액해외송금업자에게 지체 없이 통지하고 사실관계에 대한 조사를 하여야 한다.

② 금융감독원장은 제1항에 따른 조사 실시와 관련하여 관계 당사자에게 증거 제출 및 의견 진술의 기회를 주어야 한다.

③ 금융감독원장은 제1항에 따른 조사 결과 고객의 이행보증금 지급신청에 타당한 이유가 있다고 인정하는 경우에는 60일 이상의 기간을 정하여 해당 소액해외송금업자에게 외국으로의 지급 요청을 하였으나 지급 요청이 수행되지 아니한 고객들에 대하여 이행보증금의 지급을 신청할 것과 그 기간에 신청하지 아니하는 경우에는 해당 소액해외송금업자의 이행보증금 배분 절차에서 제외된다는 뜻을 일간신문 또는 인터넷 등에 공시하여야 한다.

④ 제3항에 따른 공시에 따라 이행보증금 지급을 신청한 자에 대한 처리절차에 관하여는 제1항 및 제2항을 준용한다.

⑤ 금융감독원장은 제1항부터 제4항까지의 규정에 따른 절차의 진행 결과 이행보증금 지급이 인정되는 신청인에 대해서는 신청인별로 이행보증금 배분표를 작성하여 관계 당사자에게 알리고, 배분액에 관하여 이의가 있는 자는 14일 이내에 이의를 제기할 수 있음을 알려야 한다.

⑥ 금융감독원장은 제5항에 따른 통지 결과 관계 당사자로부터 이의가 없는 경우에는 배분표에 따라 배분을 한다.

제2-37조(이행보증금의 반환절차)

① 영 제17조의4에 따라 소액해외송금업자가 이행보증금을 반환받으려는 경우에는 영 제17조의4 각 호의 어느 하나에 해당하는 사유가 발생하였다는 사실을 입증할 수 있는 서류를 첨부하여 금융감독원장에게 신청하여야 한다. 이 경우 반환신청서의 서식 및 첨부서류는 금융감독원장이 정한다.

② 영 제17조의4 제4호에서 "기획재정부 장관이 정하는 기간"이란 3개월 연속을 말한다.

③ 금융감독원장은 소액해외송금업자가 영 제17조의4 제1호부터 제3호까지의 사유로 이행보증금 반환신청을 하는 경우에는 다음 각 호의 사항을 일간신문 또는 인터넷 등에 공시하여야 한다.
1. 해당 소액해외송금업자의 이행보증금 반환신청 사실 및 그 사유
2. 해당 소액해외송금업자에게 외국으로의 지급 요청을 하였으나 지급 요청이 수행되지 아니한 고객들의 경우 공시일부터 6개월 이내에 이행보증금의 지급을 신청하여야 하며, 해당 기간에 이행보증금의 지급을 신청하지 아니하는 경우에는 해당 소액해외송금업자가 예탁한 이행보증금에서 배분을 받을 수 없다는 내용

④ 제3항에 따른 공시 결과 이행보증금의 지급신청이 있는 경우 그 처리절차에 관하여는 제2-36조 제1항, 제2항, 제5항 및 제6항까지의 규정을 준용한다.

⑤ 금융감독원장은 제3항 및 제4항에 따른 절차를 진행한 결과 해당 소액해외송금업자가 예탁한 이행보증금의 남은 금액이 있는 경우에는 고객 보호에 지장이 없다고 인정될 때에만 남은 금액을 반환하여야 한다.

⑥ 이행보증금 지급 및 반환절차 등 이행보증금에 관하여 필요한 사항은 금융감독원장이 정한다.

제6절 전문외국환업무취급업자 중 기타전문외국환업무를 등록한 자

제2-38조(기타전문외국환업무의 등록)

① 영 제15조의5 제1항 내지 제3항의 규정에 따라 기타전문외국환업무의 등록을 하고자 하는 자는 별지 제3-9호 서식의 기타전문외국환업무등록신청서에 다음 각호의 서류를 첨부하여 기획재정부장관에게 제출하여야 한다.
1. 당해 전자금융업자의 전자지급결제대행에 관한 업무 등록필증 사본 또는 전자화폐의 발행 및 관리 업무 허가필증 사본 또는 선불전자지급수단의 발행 및 관리 업무 등록필증 사본
2. 당해 전자금융업자의 최근 대차대조표 및 손익계산서
3. 외국환업무를 취급하고자 하는 국내영업소 내역

② 영 제16조 제2항에 따라 기타전문외국환업무의 등록내용을 변경하거나 기타전문외국환업무를 폐지하고자 하는 경우에는 별지 제3-10호 서식의 기타전문외국환업무변경(폐지)신고서를 기획재정부장관에게 제출하여야 한다.

제2-39조(기타전문외국환업무의 범위)

① 영 제15조의5 제1항에서 "전자금융거래법에 따른 전자지급결제대행에 관한 업무와 직접 관련된 외국환업무로서 기획재정부장관이 정하여 고시하는 업무"란 다음 각 호를 말한다.
1. 전자금융거래법에 따른 전자지급결제대행 업무 과정에서의 대한민국과 외국 간의 지급·추심 및 수령
2. 제1호의 업무와 관련한 외화채권의 매매

② 영 제15조의5 제1항에서 "전자금융거래법에 따른 전자화폐의 발행 및 관리 업무와 직접 관련된 외국환업무로서 기획재정부장관이 정하여 고시하는 업무"란 다음 각 호를 말한다.
1. 전자금융거래법에 따른 전자화폐의 발행 및 관리 업무 과정에서의 대외지급수단인 전자화폐의 발행
2. 제1호의 업무와 관련한 대한민국과 외국 간의 지급·추심 및 수령

③ 영 제15조의5 제1항에서 "전자금융거래법에 따른 선불전자지급수단의 발행 및 관리 업무와 직접 관련된 외국환업무로서 기획재정부장관이 정하여 고시하는 업무"란 다음 각 호를 말한다.
1. 전자금융거래법에 따른 선불전자지급수단의 발행 및 관리 업무 과정에서의 대외지급수단인 선불전자지급수단의 발행

2. 제1호의 업무와 관련한 대한민국과 외국 간의 지급·추심 및 수령

④ 제2항 제1호와 제3항 제1호의 전자화폐와 선불전자지급수단은 다른 전자지급수단이나 주식·채권·파생상품 등 자산 등이 아닌 재화 및 용역 구입에만 사용되는 것으로 한정한다.

⑤ 제2항 제1호와 제3항 제1호의 전자화폐와 선불전자지급수단은「금융실명거래 및 비밀보장에 관한 법률」제2조 제4호에 따른 실지명의로 발행되거나 예금계좌와 연결되어 발행된 것만 보유할 수 있으며, 타인으로부터 양도받는 것은 보유할 수 없다.

⑥ 영 제15조의 5에 따라 기타전문외국환업무를 등록한 자는 다음 각 호의 정보를 매분기 종료 후 다음 분기의 첫째달 10일까지 국세청장, 관세청장 및 금융감독원장에게 통보하여야 한다.

1. 전자금융거래법에 따른 전자지급결제대행 업무와 직접 관련된 외국환업무를 하는 자: 전자적 방법으로 재화의 구입 또는 용역의 이용에 따른 대가의 정산과 관련된 거래내역 등
2. 전자금융거래법에 따른 전자화폐의 발행 및 관리 업무와 직접 관련된 외국환업무를 하는 자: 대외지급수단인 전자화폐를 이용한 외국에서의 재화 또는 용역 구입 내역과 이와 관련된 대한민국과 외국간의 지급·추심 및 수령 내역 등
3. 전자금융거래법에 따른 선불전자지급수단의 발행 및 관리 업무와 직접 관련된 외국환업무를 하는 자: 대외지급수단인 선불전자지급수단을 이용한 외국에서의 재화 또는 용역 구입 내역과 이와 관련된 대한민국과 외국간의 지급·추심 및 수령 내역 등

제7절 외국환중개회사

제2-40조(외국환중개업무의 인가 등)

① 법 제9조 제1항 및 영 제18조 제1항의 규정에 의하여 외국환중개업무의 인가를 받고자 하는 자는 별지 제3-11호 서식의 외국환중개업무인가신청서를 기획재정부장관에게 제출하여야 한다.

② 제1항의 규정에 의한 인가(이하 이 조에서는 "본인가"라 한다)를 신청하고자 하는 자는 기획재정부장관에게 예비인가를 신청할 수 있으며, 이 경우 예비인가를 신청하고자 하는 자는 별지 제3-12호 서식의 외국환중개업무예비인가신청서를 기획재정부장관에게 제출하여야 한다.

③ 법 제9조 제3항 및 영 제18조 제5항의 규정에 의하여 외국환중개회사가 합병, 영업의 전부 또는 일부를 양도·양수하고자 하는 때에는 별지 제3-13호 서식의 외국환중개회사합병(영업양도·양수)인가신청서를 기획재정부장관에게 제출하여야 한다.

1.~2. <삭제>

④ 법 제9조 제3항 및 영 제18조 제7항의 규정에 의하여 외국환중개회사가 해산, 영업의 전부 또는 일부를 폐지하거나 영 제18조 제1항각호의 1에 해당하는 사항을 변경하고자 하는 때에는 당해 해산·폐지 또는 변경예정일 7일전까지 각각 별지 제3-14호 서식의 외국환중개회사해산(영업폐지)신고서와 별지 제3-15호 서식의 외국환중개업무인가내용변경신고서를 기획재정부장관에게 제출하여야 한다.

⑤ 법 제9조 제5항 및 영 제19조 제1항의 규정에 의하여 외국에서 외국환중개업무를 영위하기 위하여 인가를 받고자 하거나 인가받은 내용을 변경하고자 하는 외국환중개회사는 각각 별지 제3-16호 서식의 외국에서의외국환중개업무인가신청서와 별지 제3-17호 서식의 외국에서의외국환중개업무내용변경인가신청서를 기획재정부장관에게 제출하여야 한다.

⑥ 기획재정부장관은 제1항, 제3항 및 제5항의 규정에 의한 인가신청 또는 제2항의 규정에 의한 예비인가 신청을 받은 때에는 신청일부터 30일 이내에 인가 또는 예비인가 여부를 결정하고 이를 신청인에게 통지하여야 하며, 제2항의 규정에 의한 예비인가를 받은 자는 예비인가를 받은 날부터 6월 이내에 본인가를 신청하여야 한다. 다만, 기획재정부장관은 신청에 흠결이 있을 경우 보완을 요구할 수 있으며, 이 경우 보완에 소요되는 기간은 인가여부 결정 및 통지기간에 포함되지 않는다.

제2-41조(외국환중개업무의 범위)

금융위원회로부터 다음 각 호에 따른 중개업무를 인가받은 외국환중개회사는 그 업무에 대하여 이 규정에 따른 외국환업무취급기관 등록을 한 것으로 본다.
1. 채무증권
2. 환매조건부매매
3. 이자율을 기초자산으로 하는 파생상품

제2-42조(업무감독 등)

① 한국은행총재는 외국환중개회사의 업무를 감독하고 업무감독에 필요한 명령을 할 수 있으며 외국환중개회사가 중대한 위반을 한 경우에는 기획재정부장관에게 인가취소를 건의할 수 있다.

② 한국은행총재는 외국환중개업무의 보고, 검사, 사후관리 및 제재 등에 관하여 필요한 사항을 정할 수 있다.

제3장 위탁 및 중개, 신사업 규제 신속 확인 · 면제 제도

제1절 외국환 매매의 위탁, 지급등 사무의 위탁 및 중개

제3-1조(외국환 매매와 관련한 사무의 위탁)

① 법 제10조의2 제1항에 따라 외국환은행의 장, 제2-14조 제3항에 따른 투자매매업자·투자중개업자 및 환전영업자(이하 이 조에서 '위탁기관'이라 한다)는 동일자·동일인 기준 미화 2천불 이하의 외국환 매매와 관련한 사무의 일부를 다른 외국환은행, 기타 외국환업무취급기관, 소액해외송금업자, 기타전문외국환업무를 등록한 자, 환전영업자 또는 영 제20조의3 제2항 제1호 각 목의 요건을 갖춘 「상법」 169조에 따라 국내에 설립된 회사 및 같은 법 제614조에 따른 외국회사의 국내영업소(이하 이 조에서 '수탁기관'이라 한다)에게 위탁할 수 있다. 다만, 위탁기관이 규정 제2-28조 제1항 제1호의 일반 환전영업자인 경우에는 제2-29 제5항 단서의 환전장부 전산관리업자로 한정한다.

② 「상법」 169조에 따라 국내에 설립된 회사, 같은 법 제614조에 따른 외국회사의 국내영업소 또는 환전영업자가 수탁기관인 경우 영 제20조의3 제1항에 따른 사무(이하 이 조에서 '수탁사무'라 한다) 중 실명확인은 수탁사무에서 제외한다.

③ 영 제20조의3 제1항 제5호에서 "그 밖에 외국환거래의 편의증진을 위한 사무로서 기획재정부장관이 정하여 고시하는 사무"란 규정 제2-29조 제8항 제2호의 고객지원센터 운영을 말한다. 다만, 이 사무를 위탁받을 수 있는 수탁기관은 이 규정 제2-28조 제1항 제2호의 방식으로 환전업무를 등록한 자로 한정한다.

④ 외국환은행의 장이 제1항에 따라 외국환 매매와 관련한 사무를 위탁하는 경우 제2-2조 제4항, 제2-3조 제2항 본문 및 제2-3조 제4항은 적용하지 아니한다.

⑤ 위탁기관이 제1항에 따라 수탁사무를 위탁하는 경우 다음 각 호의 사항을 포함한 위·수탁사무 처리기준을 정하여야 한다. 다만, 영 제20조의3 제1항 제1호의 사무만 위탁할 때에는 제3호의 금융소비자 보호에 관한 사항 중 수탁기관의 이행보증금의 공탁 또는 이에 갈음하는 보증보험증권 교부에 관한 사항은 제외한다.

1. 영 제20조의3 제1항에 따른 수탁사무 중 구체적인 사항(수탁기관의 일일 외국환의 매매 총 한도를 포함한다)
2. 위탁기관과 수탁기관 간의 책임 소재가 명확한 업무처리절차
3. 고객의 신청 철회 시 취소 및 반환절차와 수탁기관의 이행보증금의 공탁 또는 이에 갈음하는 보증보험증권의 교부 등 금융 소비자 보호에 관한 사항
4. 수탁기관의 수탁사무 처리와 관련한 내부통제에 관한 사항과 수탁기관의 수탁사무 처리에 대한 위탁기관의 관리·감독에 관한 사항
5. 그 밖의 수탁사무와 관련된 사항

⑥ 영 제20조의3 제3항에 따라 위탁기관은 별지 제2-3호 서식의 외국환 매매와 관련한 사무의 위탁보고서에 다음 각호의 서류를 첨부하여 기획재정부장관에게 보고하여야 하며, 기획재정부장관은 법 제20조 제6항에 따라 외국환은행의 장의 사무 위탁에 대하여는 금융감독원장, 환전영업자의 사무 위탁에 대하여는 관세청장에게 각각 위탁보고서에 대한 검토를 요청할 수 있다.

1. 위·수탁 관련 계약서(안) 사본
2. 제1항에 따른 수탁기관의 자격에 관한 사항
3. 제5항에 따른 위·수탁사무 처리기준
4. 금융소비자 피해발생 및 건전한 외국환거래 질서 저해 가능성 및 「금융실명거래 및 비밀보장에 관한 법률」, 「특정 금융거래정보의 보고 및 이용 등에 관한 법률」 등 관계법령의 저촉 여부와 수탁기관의 적정한 업무처리 능력에 대한 검토의견
5. 위·수탁의 필요성 및 기대효과

⑦ 영 제20조의3 제4항에 따라 체결한 위·수탁계약의 내용을 변경하거나 위·수탁계약을 종료하려는 경우에 위탁기관은 별지 제2-3호의 2의 서식에 따라 기획재정부장관에게 보고하여야한다.

⑧ 수탁기관의 장은 다음 각 호의1에서 정하는 바에 따라 위탁기관을 경유하여 고객별 외국환 매매의 내역을 보고하여야 한다.

1. 외국환은행의 장으로부터 위탁 받은 경우 매월별로 익월 10일까지 한국은행총재 및 금융감독원장에게 보고
2. 환전영업자(온라인환전영업자는 제외한다)로부터 위탁 받은 경우 매 반기 종료 후 다음 반기의 첫째 달 10일까지 관세청장에게 보고
3. 온라인환전영업자로부터 위탁 받은 경우 매 분기 종료 후 다음 분기의 첫째 달 10일까지 관세청장에게 보고

⑨ 기획재정부장관은 위·수탁계약 체결 또는 수탁사무처리 과정에서 「금융실명거래 및 비밀보장에 관한 법률」, 「특정 금융거래정보의 보고 및 이용 등에 관한 법률」 등 관계법령을 위반하거나 불법외환거래 가능성이 있는 경우, 외국환 매매 내역에 대한 투명한 관리·감독이 곤란하거나 손해발생 가능성이 있는 경우, 이 밖에 수탁기관의 자격 또는 사무 처리기준이 부적절하거나 금융소비자 피해발생 및 건전한 외국환거래 질서 저해 가능성 등으로 외국환 매매와 관련한 사무의 수행이 어렵다고 인정되는 경우 등에는 법 제11조 제1항에 따라 위탁기관의 위탁을 제한하거나 시정하도록 요구할 수 있다. 이 경우 위탁기관은 이에 응하여야 한다.

⑩ 법 제20조 제6항 및 영 제35조 제4항 제2호 및 제37조 제2항에 따라 금융감독원장은 위·수탁계약을 체결한 외국환은행의 장과 수탁기관의 수탁사무 처리에 관하여 검사할 수 있으며, 검사 결과 위법한 사실을 발견하였을 때에는 위·수탁계약을 체결한 외국환은행과 수탁기관에게 그 시정을 명하거나 그 밖에 필요한 조치를 할 수 있다.

⑪ 법 제20조 제6항 및 영 제35조 제4항 제3호 및 제37조 제1항에 따라 관세청장은 위·수탁계약을 체결한 환전영업자와 수탁기관의 수탁사무 처리에 관하여 검사할 수 있으며, 검사결과 위법한 사실을 발견하였을 때에는 위·수탁계약을 체결한 환전영업자와 수탁기관에게 시정을 명하거나 그 밖에 필요한 조치를 할 수 있다.

제3-2조(지급등과 관련한 사무의 위탁)

① 법 제10조의2 제1항에 따라 외국환은행의 장, 다음 각호의 기타 외국환업무취급기관 또는 소액해외송금업자(이하 이 조에서 '위탁기관'이라 한다)는 지급등과 관련한 사무의 일부를 다른 외국환은행, 기타 외국환업무취급기관, 기타전문외국환업무를 등록한 자, 환전영업자 또는 「전자금융거래법」 제2조 제5호의 전자금융보조업자(이하 이 조에서 '수탁기관'이라 한다)에게 위탁할 수 있다. 다만, 기타 전문외국환업무를 등록한 자에 대한 위탁은 제2-39조 제2항 및 제3항의 업무를 영위하는 자에 한하고, 환전영업자에 대한 위탁은 제2-28조 제1항 제2호에서 정하는 방식으로 업무를 영위하는 환전영업자에 한하며 전자금융보조업자에 대한 위탁은 「전자금융감독규정」 제3조 제2호에서 정하는 사업자에 대한 위탁으로 한정한다.

1. 제2-14조 제2항에 따라 영 제14조 제4호 라목의 업무를 영위하는 투자매매업자·투자중개업자
2. 제2-21조 제3항에 따라 영 제14조 제4호 라목의 업무를 영위하는 직전 분기말 총자산이 1조원 이상인 상호저축은행
3. 제2-22조 제2항에 따라 영 제14조 제4호 라목의 업무를 영위하는 신용카드업자

② 제1항 단서의 수탁기관에 대해서는 영 제20조의3 제1항에 따른 사무(이하 이 조에서 '수탁사무'라 한다) 중 실명확인을 수탁사무에서 제외한다.

③ 제1항에 따른 위탁은 지급 및 수령별로 건당 미화 5천불 이내로 하며, 동일인당 연간 지급 및 수령 누계 한도는 각각 미화 5만불로 한다. 다만, 이 규정에 따라 지정거래외국환은행을 통하여 지급등을 하여야 하는 경우에는 수탁사무에서 제외한다.

④ 위탁기관은 제1항에 따라 수탁사무를 위탁하는 경우 다음 각 호의 사항을 포함한 위·수탁사무 처리기준을 정하여야 한다. 다만, 영 제20조의3 제1항 제1호의 사무만 위탁할 때에는 제3호의 금융소비자 보호에 관한 사항 중 수탁기관의 이행보증금의 공탁 또는 이에 갈음하는 보증보험증권 교부에 관한 사항은 제외한다.

1. 영 제20조의3 제1항에 따른 수탁사무 중 구체적인 사항(수탁기관의 일일 지급등의 총 한도를 포함한다)
2. 위탁기관과 수탁기관 간의 책임 소재가 명확한 업무처리절차
3. 고객의 신청 철회 시 취소 및 반환 절차와 수탁기관의 이행보증금의 공탁 또는 이에 갈음하는 보험증권의 교부 등 금융 소비자 보호에 관한 사항
4. 수탁기관의 수탁사무 처리와 관련한 내부통제에 관한 사항과 수탁기관의 수탁사무 처리에 대한 위탁기관의 관리·감독에 관한 사항
5. 그 밖의 수탁사무와 관련된 사항

⑤ 영 제20조의3 제3항에 따라 위탁기관은 별지 제2-3호 서식의 지급등과 관련한 사무 위탁보고서에 다음 각 호의 서류를 첨부하여 기획재정부장관에게 보고하여야 하며, 기획재정부장관은 법 제20조 제6항에 따라 금융감독원장에게 위탁보고서에 대한 검토를 요청할 수 있다.

1. 위·수탁 관련 계약서(안) 사본

2. 제1항에 따른 수탁기관의 자격에 관한 사항
3. 제4항에 따른 위·수탁사무 처리기준
4. 금융소비자 피해발생 및 건전한 외국환거래 질서 저해 가능성 및 「금융실명거래 및 비밀보장의 법률」, 「특정 금융거래정보의 보고 및 이용 등에 관한 법률」 등 관계법령의 저촉 여부와 수탁기관의 적정한 업무처리 능력에 대한 검토의견
5. 위·수탁의 필요성 및 기대효과

⑥ 영 제20조의3 제4항에 따라 체결한 위·수탁계약의 내용을 변경하거나 위·수탁계약을 종료하려는 경우에 위탁기관은 별지 제2-3호의 2 서식에 따라 기획재정부장관에게 보고하여야한다.

⑦ 수탁기관의 장은 국내의 지급인 및 수령인별로 월별 지급등의 내역을 위·수탁계약을 체결한 위탁기관을 경유하여 매월 종료 후 다음 달 10일까지 한국은행총재 및 금융감독원장에게 보고하여야 한다. 또한 연간 지급등의 실적은 사업연도 종료 후 다음 연도 첫째 달 20일까지 한국은행총재 및 금융감독원장에게 보고하여야 한다.

⑧ 기획재정부장관은 위·수탁계약 체결 또는 수탁사무처리 과정에서 「금융실명거래 및 비밀보장에 관한 법률」, 「특정 금융거래정보의 보고 및 이용 등에 관한 법률」 등 관계법령을 위반하거나 불법외환거래 가능성이 있는 경우, 지급등 내역에 대한 투명한 관리·감독이 곤란하거나 손해발생 가능성이 있는 경우, 이 밖에 수탁기관의 자격 또는 사무 처리기준이 부적절하거나 금융소비자 피해발생 및 건전한 외국환 거래질서 저해 가능성 등으로 지급등과 관련한 사무의 수행이 어렵다고 인정되는 경우 등에는 법 제11조 제1항에 따라 위탁기관의 위탁을 제한하거나 시정하도록 요구할 수 있다. 이 경우 위탁기관은 이에 응하여야 한다.

⑨ 법 제20조 제6항, 영 제35조 제4항 제2호 및 제37조 제2항에 따라 금융감독원장은 위·수탁계약을 체결한 위탁기관과 수탁기관의 수탁사무 처리에 관하여 검사할 수 있으며, 검사결과 위법한 사실을 발견하였을 때에는 그 시정을 명하거나 그 밖에 필요한 조치를 할 수 있다.

제3-2조의2(외국환은행의 비금융회사에 대한 지급 등과 관련한 일부 사무의 위탁)

① 제3-2조에도 불구하고 외국환은행의 장은 지급등의 신청 접수 및 지급등을 신청하는 자에 대한 실명거래 확인의 지원과 이에 따른 부대 사무에 한하여 환전영업자(제2-28조 제1항 제2호에서 정하는 방식으로 업무를 영위하는 자는 제외한다) 또는 「상법」169조에 따라 국내에 설립된 회사 및 같은 법 제614조에 따른 외국회사의 국내영업소(다만, 영 제13조 제2항 제4호에 따른 외국환업무 등록에 필요한 전문인력을 1명 이상 확보하고, 영 제20조의3 제2항 제1호 각목의 요건을 갖춘 자에 한한다)에게 위탁할 수 있다.

② 이 조에 따른 위탁에는 제3-2조 제3항 내지 제9항 규정을 준용한다.

제3-2조의3(농협은행과 수협은행에 대한 지급등과 관련한 사무의 위탁)

① 제3-2조 내지 제3-2조의2에도 불구하고 다음 각 호의 외국환은행의 장은 지급등과 관련한 일부 사무를 각 호의 법에 따라 설립된 외국환업무취급기관인 신용협동조합에 위탁할 수 있다.
1. 「농업협동조합법」에 따른 농협은행
2. 「수산업협동조합법」에 따른 수협은행

② 제1항에 따라 신용협동조합에 위탁할 수 있는 사무는 다음 각 호와 같다.
1. 실명확인
2. 지급등 신청서(거래외국환은행지정 신청서 포함) 접수
3. 지급등 대금의 수납
4. 제1호 내지 제3호의 부대사무

③ 제1항에 따른 위탁은 다음 각 호의 범위내로 하며, 각 호의 어느 하나의 금액을 합산하여 동일인당 연간 미화 5만불 이내로 한다.
1. 건당 미화 5천불 이하의 지급등
2. 제4-3조 제1항 제1호 가목에 따른 지급등
3. 제4-4조에 따른 지급등

④ 제1항 각 호의 외국환은행의 장이 제1항에 따라 수탁사무를 위탁하는 경우 다음 각 호의 사항을 고려하여 업무가 적정하게 처리될 수 있도록 하여야 한다.
1. 업무위탁 또는 수탁에 따른 비용·편익분석
2. 금융이용자 피해발생 및 금융·외국환거래 질서 문란 여부
3. 신용협동조합이 수탁업무를 적절히 수행할 수 있는지 여부
4. 「금융실명거래 및 비밀보장에 관한 법률」 등 관계법령의 저촉 여부

⑤ 제1항 각 호의 외국환은행의 장이 제1항에 따라 수탁사무를 위탁하려는 경우 계약체결 예정일을 기준으로 7영업일 전까지 별지 제2-3호 서식의 지급등과 관련한 사무 위탁보고서에 따라 다음 각 호의 서류를 첨부하여 기획재정부장관에게 보고하여야 하며, 기획재정부장관은 법 제20조 제6항에 따라 금융감독원장에게 위탁보고서에 대한 검토를 요청할 수 있다. 다만, 체결하려는 계약이 종전의 위탁계약을 동일한 내용으로 갱신하는 것인 경우에는 계약 갱신 후 1개월 이내에 보고할 수 있다.
1. 위탁 관련 계약서(안) 사본
2. 제4항 각 호의 사항에 대한 준법감시인(준법감시인이 없는 경우에는 감사 등 이에 준하는 자를 말한다) 검토의견 및 관련자료 사본
3. 위탁 또는 수탁의 필요성 및 기대효과
4. 위탁 또는 수탁에 따른 업무처리절차, 수탁자에 대한 관리·감독 등에 대한 업무위탁 운영기준

⑥ 기획재정부장관은 위·수탁계약 체결 또는 수탁사무처리 과정에서 「금융실명거래 및 비밀보장에 관한 법률」, 「특정 금융거래정보의 보고 및 이용 등에 관한 법률」 등 관계법령을 위반하거나 불법외환거래 가능성이 있는 경우, 지급등 내역에 대한 투명한 관리·감독이 곤란하거나 손해발생 가능성이 있는 경우, 이 밖에 수탁기관의 자격 또는 사무 처리기준이 부적절하거나 금융소비자 피해발생 및 건전한 외국환 거래질서 저해 가능성 등으로 지급등과 관련한 사무의 수행이 어렵다고 인정되는 경우 등에는 법 제11조 제1항에 따라 위탁기관의 위탁을 제한하거나 시정하도록 요구할 수 있다. 이 경우 위탁기관은 이에 응하여야 한다.

⑦ 법 제20조 제6항, 영 제35조 제4항 제2호 및 제37조 제2항에 따라 금융감독원장은 위·수탁계약을 체결한 위탁기관과 수탁기관의 수탁사무 처리에 관하여 검사할 수 있으며, 검사결과 위법한 사실을 발견하였을 때에는 그 시정을 명하거나 그 밖에 필요한 조치를 할 수 있다.

제3-3조(지급등과 관련한 사무의 중개)

① 다음 각호의 기타 외국환업무취급기관 및 소액해외송금업자(이하 이 조에서 '중개요청기관'이라 한다)는 지급등 업무 수행을 위하여 다음 각호의 다른 기타 외국환업무취급기관 또는 다른 소액해외송금업자(이하 이 조에서 '중개수행기관' 이라 한다)에게 지급등과 관련한 사무의 중개를 요청할 수 있다.
1. 제2-14조 제2항 규정에 따라 영 제14조 제4호 라목의 업무를 영위하는 투자매매업자·투자중개업자
2. 제2-21조 제3항 규정에 따라 영 제14조 제4호 라목의 업무를 영위하는 직전 분기말 총자산이 1조원 이상인 상호저축은행
3. 제2-22조 제2항 규정에 따라 영 제14조 제4호 라목의 업무를 영위하는 신용카드업자

② 제1항에 따라 중개요청기관이 중개수행기관에게 요청할 수 있는 지급등과 관련한 사무는 다음 각호의 1의 사무를 말한다.
1. 중개요청기관이 지급등을 하고자 하는 자로부터 신청 받은 제2-31조 제1항에 따른 건당 지급 및 수령 한도 이내의 지급등을 위한 외국 협력업자와 지급지시의 교환
2. 제1호의 지급지시의 교환에 따른 자금의 정산

③ 제1항에 따라 중개수행기관이 중개 가능한 지급지시의 교환 금액의 한도는 분기별 150억원으로 한다.

④ 중개수행기관이 제1항에 따라 지급등과 관련한 사무의 중개를 하고자 하는 경우 다음 각호의 사항을 포함한 중개사무 처리기준을 정하여야 한다.
1. 제2항에 따른 중개사무 중 구체적인 사항(중개수행기관의 일일 중개 총 한도를 포함한다)
2. 중개수행기관과 중개요청기관 간의 책임 소재가 명확한 업무처리절차
3. 고객의 신청 철회 시 취소 및 반환 절차와 중개수행기관의 이행보증금의 공탁 또는 이에 갈음하는 보험증권의 교부 등 금융 소비자 보호에 관한 사항
4. 중개수행기관의 지급등과 관련한 사무의 중개와 관련한 내부통제에 관한 사항과 중개수행기관의 지급등과 관련한 사무의 중개에 대한 중개요청기관의 관리·감독에 관한 사항
5. 그 밖의 지급등과 관련한 사무의 중개와 관련된 사항

⑤ 소액해외송금업자가 제1항에 따른 지급등과 관련한 사무의 중개를 하는 경우 영 제15조의2 제1항 제5호에 따른 계좌가 아닌 별도의 계좌를 기획재정부장관에게 등록하고 다른 자산과 구분하여 회계처리 하여야 한다.

⑥ 중개요청기관과 중개수행기관이 지급등과 관련한 사무의 중개 계약을 체결하려는 경우 계약체결 예정일을 기준으로 15영업일 전까지 별지 제2-4호 서식의 지급등과 관련된 사무의 중개보고서에 따라 다음 각호의 서류를 첨부하여 기획재정부장관에게 보고하여야 하며, 기획재정부장관은 법 제20조 제6항에 따라 금융감독원장에게 중개보고서에 대한 검토를 요청할 수 있다. 다만, 체결하려는 계약이 종전의 중개계약을 동일한 내용으로 갱신하는 것인 경우에는 계약 갱신 후 1개월 이내에 보고할 수 있다.
1. 지급등과 관련한 사무의 중개 관련 계약서(안) 사본
2. 제1항에 따른 중개수행기관의 자격에 관한 사항
3. 제4항에 따른 지급등과 관련한 사무의 중개 처리기준
4. 금융소비자 피해발생 및 건전한 외국환거래 질서 저해 가능성 및 「금융실명거래 및 비밀보장에 관한 법률」, 「특정 금융거래정보의 보고 및 이용 등에 관한 법률」 등 관계법령의 저촉 여부와 중개수행기관의 적정한 업무처리 능력에 대한 검토의견
5. 지급등과 관련한 사무의 중개 필요성 및 기대효과

⑦ 제1항에 따라 체결한 중개계약의 내용을 변경하거나 중개계약을 종료하려는 경우에 중개수행기관과 중개요청기관은 변경계약 체결 예정일 또는 계약 종료일을 기준으로 7영업일 전까지 별지 제2-4호의 2 서식에 따라 기획재정부장관에게 보고하여야한다.

⑧ 중개수행기관은 국내의 지급인 및 수령인별로 지급등과 관련한 사무의 중개 내역을 기록하고 5년간 보관하여야 하며 일일 중개 내역을 외환정보집중기관을 통하여 금융정보분석원장, 국세청장, 관세청장, 금융감독원장에게 통보하여야 한다.

⑨ 기획재정부장관은 지급등과 관련한 사무의 중개 계약 체결 또는 중개 과정에서 「금융실명거래 및 비밀보장에 관한 법률」, 「특정 금융거래정보의 보고 및 이용 등에 관한 법률」 등 관계법령을 위반하거나 불법외환거래 가능성이 있는 경우, 지급등과 관련한 사무의 중개 내역에 대한 투명한 관리·감독이 곤란하거나 손해발생 가능성이 있는 경우, 이 밖에 중개수행기관의 자격 또는 중개 처리기준이 부적절하거나 금융소비자 피해발생 및 건전한 외국환 거래질서 저해 가능성 등으로 지급등과 관련한 사무의 중개가 어렵다고 인정되는 경우 등에는 법 제11조 제1항에 따라 중개요청기관과 중개수행기관에게 중개를 제한하거나 시정하도록 요구할 수 있다, 이 경우 중개요청기관과 중개수행기관은 이에 응하여야 한다.

⑩ 법 제20조 제6항 및 영 제35조 제4항 제2호 및 제37조 제2항에 따라 금융감독원장은 중개 계약을 체결한 중개요청기관과 중개수행기관을 검사할 수 있으며, 검사결과 위법한 사실을 발견하였을 때에는 그 시정을 명하거나 그 밖에 필요한 조치를 할 수 있다.

제2절 신사업 규제 신속 확인 및 면제

제3-4조(신사업 규제 신속 확인·면제제도)

① 제3-1조 내지 제3-3조 및 영 제15조의3 제2항 단서 규정의 기획재정부장관이 인정하는 방식과 관련하여 외국환업무취급기관 등이 제공하는 기존 서비스와 제공 내용·방식·형태 등에서 차별성이 인정되는 서비스(이하 이 조에서 '신사업'이라 한다)를 제공하고자 하는 자는 기획재정부장관에게 법·영 및 이 규정(이하 이 조에서 '외국환거래법령등'이라 한다)의 적용 여부의 확인(이하 이 조에서 '신속확인'이라 한다)을 신청할 수 있으며, 이 규정에 신사업을 영위할 수 있는 근거가 없는 경우 해당 근거의 신설 또는 이 규정의 기준·요건 적용이 적합하지 아니한 경우 해당 기준·요건의 적용 면제(이하 이 조에서 '면제등'이라 한다)를 신청할 수 있다.

② 기획재정부장관은 제1항에 따른 신청이 있는 경우 외국환거래법령등 적용 여부의 확인 결과와 면제등의 계획을 회신하여야 한다.

③ 기획재정부장관은 제1항에 따른 면제등을 위하여 법 및 영에서 부여된 권한의 범위 내에서 제10-15조에 따른 조치를 할 수 있다.

④ 제1항에 따른 신청과 관련하여 다른 행정기관의 검토가 필요한 경우, 해당 행정기관의 장에게 신청내용을 통보하고 일정한 기간을 정하여 의견을 요청할 수 있다.

⑤ 신사업 규제 신속 확인·면제 제도의 세부 운영을 위하여 필요한 사항은 기획재정부장관이 별도로 정한다.

제4장 지급과 수령

제4-1조(적용범위 등)

① 법 제15조, 제25조 제1항 및 영 제29조 제1항의 규정에 의한 지급등의 허가 및 절차에 관하여는 이 장에서 정하는 바에 의한다.

② 조약 및 일반적으로 승인된 국제법규와 국내법령에 반하는 행위와 관련한 지급등을 하여서는 아니된다.

제4-2조(지급등의 절차)

① 건당 미화 5천불을 초과하는 지급등을 하고자 하는 자는 외국환은행의 장에게 지급등의 사유와 금액을 입증하는 서류(이하 이 장에서 "지급등의 증빙서류"라 한다)를 제출하여야 한다. 다만, 이 규정에 따른 신고를 요하지 않는 거래로서 비거주자 또는 외국인거주자가 외국에 있는 자금을 국내로 반입하기 위하여 수령하는 경우에는 그러하지 아니하다.

② 지급등을 하고자 하는 자는 당해 지급등을 하기에 앞서 당해 지급등 또는 그 원인이 되는 거래, 행위가 법, 영, 이 규정 및 타법령 등에 의하여 신고등을 하여야 하는 경우에는 그 신고등을 먼저 하여야 한다.

③ 지급등을 하고자 하는 자가 당해 지급등과 관련하여 필요한 신고등 또는 보고를 이행하지 않는 등 법, 영 및 이 규정을 위반한 경우에는 당해 위반사실을 제재기관의 장(금융감독원장을 포함한다. 이하 이 조에서 같다)에게 외국환은행을 경유하여 보고하고 필요한 신고 또는 보고절차를 사후적으로 완료한 후 지급등을 할 수 있다. 다만, 수령을 하고자 하는 경우에는 위반사실을 제재기관의 장에게 보고한 후 수령할 수 있다.

④ 제재기관의 장은 위반한 당사자가 법제19조 제2항에 따른 제재를 받을 우려가 있거나 기타 제재의 실효성 확보를 위하여 필요하다고 인정되는 경우 제재처분 확정시까지 지급등을 중단시킬 수 있다.

⑤ 이 규정에 따라 거래외국환은행을 지정한 경우에는 당해 외국환은행을 통하여 지급등(휴대수출입을 위한 환전을 포함한다)을 하여야 한다.

⑥ 지급등을 하고자 하는 자는 제1항에 의한 지급등의 증빙서류를 전자적 방법을 통해 제출할 수 있다.

제4-3조(거주자의 지급등 절차 예외)

① 제4-2조 제1항의 규정에 불구하고 거주자(외국인거주자는 제외한다)는 다음 각호의 1에 해당하는 경우 지급등의 증빙서류를 제출하지 아니하고 지급등을 할 수 있다.
1. 이 규정에 따른 신고를 필요로 하지 않는 거래로서 다음 각 목의 1에 해당하는 지급
    가. 연간 누계금액이 미화 10만불 이내(제7-2조 제8호의 거래에 따른 지급금액을 포함한다)인 경우
    나. 연간 누계금액이 미화 10만불을 초과하는 지급으로서 당해 거래의 내용과 금액을 서류를 통해 외국환은행의 장이 확인할 수 있는 경우
2. 이 규정에 따른 신고를 필요로 하지 않는 수령. 다만, 동일자·동일인 기준 미화 10만불을 초과하는 경우에는 서면에 의하여 외국환은행의 장으로부터 수령사유를 확인받아야 한다.
3. 정부 또는 지방자치단체의 지급등
4. 제4-5조 규정에 의한 지급을 제외하고 거래 또는 행위가 발생하기 전에 하는 지급. 이 경우 거래 또는 행위발생 후 일정한 기간내에 지급 증빙서류를 제출하여 정산하여야 한다. 다만, 그 지급금액의 100분의 10 이내에서는 정산의무를 면제할 수 있다.
5. 전년도 수출실적이 미화 3천만불 이상인 기업의 송금방식 수출대금의 수령 및 전년도 수입실적이 미화 3천만불 이상인 기업의 송금방식 수입대금의 지급(다만, 「새만금사업 추진 및 지원에 관한 특별법」제2조 제1호에 따른 새만금사업지역 내에 소재한 기업의 경우 전년도 수출 또는 수입실적이 미화 1천만불 이상인 경우로 한다). 다만, 지급등의 증빙서류 제출을 면제받은 기업은 관련 지급등의 증빙서류를 5년간 보관하여야 한다.
6. 「외국인투자촉진법」상 외국인투자기업 및 외국기업 국내지사의 설립을 위하여 비거주자가 지출한 비용의 반환을 위한 지급과 해외직접투자 및 해외지사 설립을 위하여 거주자가 지출한 비용의 회수를 위한 수령. 다만, 지출비용을 수령 또는 지급한 외국환은행을 통하여 지급등을 하여야 한다.
7. <삭제>
8. 해외이주자(「해외이주법」 등 관련 법령에 의하여 해외이주가 인정된 자를 말한다)가 관할세무서장으로부터 발급받은 자금출처확인서의 범위 이내에서 해외이주비를 지급하는 경우

② 제1항 제1호 내지 제2호에 따라 증빙서류를 제출하지 않는 경우에도 지급등을 하고자 하는 자는 외국환은행의 장에게 당해 거래의 내용을 설명하고 제2-1조의 2의 절차에 따라 확인을 받아야 한다.

③ 제1항 제1호 및 제8호에 따른 지급을 하고자 하는 자는 거래외국환은행을 지정하여야 한다.

④ <삭제>

제4-4조(비거주자 또는 외국인거주자의 지급)

① 제4-2조 제1항의 규정에도 불구하고 비거주자 및 외국인거주자는 다음 각호의 1에 해당하는 자금의 취득경위를 입증하는 서류(이하 "취득경위 입증서류"라 한다)를 제출하여 외국환은행 장의 확인을 받은 경우에 한하여 지급할 수 있다.

1. 비거주자 또는 외국인거주자(배우자와 직계존비속을 포함한다)가 외국으로부터 이 규정에서 정한 바에 따라 수령 또는 휴대수입한 대외지급수단 범위 이내의 경우. 다만, 비거주자의 경우 최근 입국일 이후 수령 또는 휴대수입한 대외지급수단에 한한다.
2. 제2-3조 제1항 제3호의 규정에 의하여 한국은행총재에게 신고한 범위 이내의 경우
3. 국내에서의 고용, 근무에 따라 취득한 국내보수 또는 자유업 영위에 따른 소득 및 국내로부터 지급받는 사회보험 및 보장급부 또는 연금 기타 이와 유사한 소득범위 이내에서 지정거래외국환은행을 통해 지급하는 경우. 다만, 「외국인근로자의 고용등에 관한 법률」에 따른 출국만기보험 수령은 지정거래외국환은행을 통하지 아니하여도 된다.
4. 주한 외교기관이 징수한 영사수입 기타 수수료의 지급
5. 제2-2조 제1항 제4호의 규정에 의한 매각실적 범위내의 지급
6. 제2-3조 제4항 단서규정에서 정한 비거주자의 지급
7. 기타 제7장 내지 제9장의 규정에 따라 대외지급이 인정된 자금의 지급
8. 비거주자인 재외동포가 관할세무서장으로부터 발급받은 부동산매각자금확인서 또는 자금출처확인서의 범위 이내에서 지정거래외국환은행을 통해 지급하는 경우

② 제1항 각호의 사유에 해당되지 않는 경우 비거주자등은 연간 미화 5만불(제4-5조 제6항단서규정의 금액을 포함한다) 범위 내에서 제1항 제3호의 지정거래외국환은행 또는 신용카드사를 통해 지급할 수 있다. 다만 신용카드사를 통해 지급하는 경우에는 거래신용카드사를 지정하여야 한다.

③ 비거주자와 외국인거주자는 제1항 및 제2항의 규정에도 불구하고 다음 각호의 금액을 지급할 수 있다.
1. 제2-3조 제1항 제2호 라목의 규정에 따라 매입한 외화
2. 외국인거주자의 미화 1만불 이내의 해외여행경비 지급
3. 외국인거주자가 제1항3호에 해당하는 자금의 취득경위를 입증하는 서류를 제출하여 영 제14조 3호에 따른 체신관서를 통하여 지급

제4-5조(해외여행경비 지급절차)

① 해외여행자는 해외여행경비를 외국환은행을 통하여 지급하거나 제5-11조의 규정에 의하여 휴대수출할 수 있다. 다만, 일반해외여행자가 외국환은행을 통하여 외국에 지급할 수 있는 경우는 다음 각호의 1에 한한다.

1. 다음 각목의 1에 해당하는 기관의 예산으로 지급되는 금액
   가. 정부, 지방자치단체
   나. 「공공기관의 운영에 관한 법률」에 따라 지정된 공공기관
   다. 한국은행, 외국환은행
   라. 한국무역협회·중소기업협동조합중앙회·언론기관(국내 신문사, 통신사, 방송국에 한함)·대한체육회·전국경제인연합회·대한상공회의소
2. 다음 각목의 1에 해당하는 자에 대하여 주무부장관 또는 한국무역협회의 장이 필요성을 인정하여 추천하는 금액
   가. 수출·해외건설 등 외화획득을 위한 여행자

나. 방위산업체 근무자
　　다. 기술・연구목적 여행자
3. 외국에서의 치료비
4. 당해 수학기관에 지급하는 등록금, 연수비와 교재대금 등 교육관련 경비
5. <삭제>
6. 외국에 소재한 여행업자, 숙박업자, 운수업자에 대한 해외여행경비의 지급(소속 임직원의 일반해외여행경비에 대해서 당해 법인이 지급하는 경우 및 해외여행자의 관광상품권 비용을 여행업자가 일괄지급하는 경우를 포함한다)

② 해외체재자 및 해외유학생이 해외여행경비를 지급하고자 하는 경우에는 거래외국환은행을 지정하여야 하며, 해외체재 또는 해외유학을 입증할 수 있는 서류를 제출하여야 한다. 다만, 해외유학생은 이후에도 매연도별로 외국교육기관의 장이 발급하는 재학증명서 등 재학사실을 입증할 수 있는 서류를 제출하여야 한다.

③ 여행업자 또는 교육기관등(국내 해외연수알선업체를 포함하며, 이하 이 조에서 같다)과의 계약에 의하여 해외여행을 하고자 하는 해외여행자는 해외여행경비의 전부 또는 일부를 당해 여행업자 또는 교육기관등에게 외국환은행을 통하여 지급할 수 있으며, 여행업자 또는 교육기관등은 동 경비를 외국의 숙박업자・여행사 또는 해외연수기관(외국의 연수알선업체를 포함한다)에 외국환은행을 통하여 지급하거나 제5-11조의 규정에 의하여 휴대수출하여 지급할 수 있다.

④ 여행업자 또는 교육기관등이 해외여행자와의 계약에 의한 필요외화 소요경비를 환전하고자 하는 경우에는 외국환은행의 장으로부터 환전금액이 해외여행자와의 계약에 따른 필요외화 소요경비임을 확인받아야 한다.

⑤ 지정거래외국환은행의 장은 제4항의 규정에 의하여 해외여행경비를 매각하는 경우로서 해외여행자가 외국인거주자인 경우에는 당해 해외여행자의 여권에 매각금액을 표시하여야 한다. 다만, 1백만원 이하에 상당하는 외국통화를 매각하는 경우에는 그러하지 아니하다.

⑥ 해외여행자는 해외여행경비를 신용카드등(여행자카드 포함)으로 지급(현지에서의 외국통화 인출을 포함하며, 이하 이 항에서 같다)할 수 있다. 다만, 외국인거주자의 경우 제4-4조 제2항의 금액범위 이내에서 해외여행경비를 신용카드등으로 제4-4조 제1항 제3호의 지정거래외국환은행을 통하여 지급할 수 있다.

⑦ 법인은 당해 법인의 예산으로 소속 임직원(일반해외여행자에 한함)에게 해외여행경비 지급할 경우 법인명의로 환전하여 지급하거나, 법인명의의 신용카드등(여행자카드 포함)으로 지급할 수 있다.

제4-6조(해외이주비의 지급절차)

① <삭제>

② <삭제>

③ <삭제>

④ <삭제>

⑤ <삭제>

제4-7조(재외동포의 국내재산 반출절차)

① <삭제>

② <삭제>

③ <삭제>

④ <삭제>

제4-8조(국세청장 등에 대한 통보)

① 외국환은행의 장은 법 제21조 및 영 제36조의 규정에 의하여 다음 각호의 1에 해당하는 지급등의 경우에는 매월별로 익월 10일 이내에 지급등의 내용을 국세청장에게 통보하여야 한다. 다만, 정부 또는 지방자치단체의 지급등은 그러하지 아니하다.

1. 제4-3조 제1항 제1호 내지 제2호의 규정에 의한 지급등의 금액이 지급인 및 수령인별로 연간 미화 1만불을 초과하는 경우 및 제7-11조 제2항의 규정에 의한 지급금액이 지급인별로 연간 미화 1만불을 초과하는 경우
2. 제4-5조의 규정에 의한 해외유학생 및 해외체재자의 해외여행경비 지급금액이 연간 미화 10만불을 초과하는 경우
3. 제1호 및 제2호의 경우를 제외하고 건당 미화 1만불을 초과하는 금액을 외국환은행을 통하여 지급등(송금수표에 의한 지급등을 포함한다)하는 경우

② 외국환은행의 장은 법 제21조 및 영 제36조의 규정에 의하여 다음 각호의 1에 해당하는 지급등의 내용을 매월별로 익월 10일까지 관세청장에게 통보하여야 한다. 다만, 정부 또는 지방자치단체의 지급은 그러하지 아니하다.

1. 수출입대금의 지급 또는 수령
2. <삭제>
3. 제4-3조 제1항 제1호 내지 제2호의 규정에 의한 지급등
4. 건당 미화 1만불을 초과하는 해외이주비의 지급
5. 제1호 내지 제4호의 경우를 제외하고 건당 미화 1만불을 초과하는 금액을 외국환은행을 통하여 지급등(송금수표에 의한 지급을 포함한다)을 하는 경우

③ 외국환은행의 장은 법 제21조 및 영 제36조의 규정에 의하여 다음 각호의 1에 해당하는 지급등의 내용을 매월별로 익월 10일까지 금융감독원장에게 통보하여야 한다. 다만, 정부 또는 지방자치단체의 지급은 그러하지 아니하다.

1. 제4-3조 제1항 제1호의 규정에 의한 지급 및 제7-11조 제2항의 규정에 의한 지급금액이 지급인별로 연간 미화 1만불을 초과하는 경우
2. 제4-5조의 규정에 의한 해외유학생 및 해외체재자의 해외여행경비 지급금액이 연간 미화 10만불을 초과하는 경우
3. 제1호 및 제2호의 경우를 제외하고 건당 미화 1만불을 초과하는 금액을 외국환은행을 통하여 지급등(송금수표에 의한 지급을 포함한다)을 하는 경우

제5장 지급등의 방법

제1절 통칙

제5-1조(적용범위)

법 제16조 및 영 제30조의 규정에 의한 지급등의 방법의 신고에 관하여는 이 장에서 정하는 바에 의한다.

제5-2조(신고의 예외)

법 제16조 단서의 규정에 의하여 다음 각호중 제1호 내지 제5호에 해당하는 경우에는 이 장의 규정에 의한 신고를 요하지 아니하며, 제6호 내지 제8호에 해당하는 경우에는 이 장 제3절의 규정에 의한 신고를 요하지 아니한다.

1. 제7장 내지 제9장의 규정에 의하여 자본거래의 신고를 한 자(외국환은행에 신고한 경우를 포함한다. 단 제5-11조에 따른 지급등은 제외한다.)가 그 신고내용에 포함된 지급등의 방법으로 지급등을 하는 경우
2. 한국은행, 외국환은행, 기타 외국환업무취급기관, 소액해외송금업자, 기타전문외국환업무를 등록한자 및 종합금융회사가 외국환업무와 관련하여 지급등을 하는 경우
3. <삭제>
4. 조약 또는 일반적으로 승인된 국제법규에서 정하는 지급등 의 방법으로 지급등을 하는 경우
5. 거래당사자의 일방이 신고한 경우
6. 정부 또는 지방자치단체가 지급등을 하는 경우
7. 「공공차관의도입및관리에관한법률」에 의한 차관자금으로 수입대금을 지급하는 경우
8. 대외무역관리규정 별표 3 및 별표 4에서 정한 물품의 수출입대금을 지급 또는 수령하는 경우

제5-3조(신고절차)

① 이 장의 규정에 의한 신고를 하고자 하는 자는 별지 제5-1호 서식의 지급등의 방법(변경)신고(보고)서에 신고기관이 정하는 관계서류를 첨부하여 신고기관에 제출하여야 한다. 신고내용을 변경하고자 하는 경우에도 같다.

② 제5-2조에 해당하는 경우를 제외하고 제5장에 의한 신고(지급등의 방법) 등의 서류는 전자적 방법을 통해 실명확인을 받고 제출할 수 있다.

제2절 상계등 계정의 대기 또는 차기에 의한 지급등의 방법

제1관 상계

제5-4조(신고 등)

① 다음 각호의 1에 해당하는 방법으로 지급등을 하고자 하는 경우에는 신고를 요하지 아니한다.

1. 일방의 금액(분할하여 지급등을 하는 경우에는 각각의 지급등의 금액을 합산한 금액을 말한다)이 미화 5천불 이하인 채권 또는 채무를 상계하고자 하는 경우
2. 거주자가 거주자와 비거주자간의 거래 또는 행위에 따른 채권 또는 채무를 이 절 제2관의 규정에 의한 상호계산계정을 통하여 당해 거래의 당사자인 비거주자에 대한 채무 또는 채권으로 상계하고자 하는 경우
3. 신용카드발행업자가 외국에 있는 신용카드발행업자로부터 수령할 금액과 당해 외국에 있는 신용카드발행업자에게 지급할 금액(거주자의 신용카드 대외지급대금, 사용수수료 및 회비)을 상계하거나 그 상계한 잔액을 지급 또는 수령하는 경우
4. 「보험업법」에 의한 보험사업자 및 특정보험사업자(「신용협동조합법」, 「수산업협동조합법」 및 「새마을금고법」에 따른 공제사업자를 포함한다)가 외국의 보험사업자와의 재보험계약에 의하여 재보험료, 재보험금, 대행중개수수료, 대행업무비용, 공탁금 및 공탁금 이자 등을 지급 또는 수령함에 있어서 그 대차를 차감한 잔액을 지급 또는 수령하는 경우
5. 거주자가 제7장제7절의 규정에 의한 파생상품거래에 의하여 취득하는 채권 또는 채무를 당해 거래상대방과의 반대거래 또는 당해 장내파생상품시장에서 동종의 파생상품거래에 의하여 취득하는 채무 또는 채권과 상계하거나 그 상계한 잔액을 지급 또는 수령하는 경우

6. 연계무역, 위탁가공무역 및 수탁가공무역에 의하여 수출대금과 관련 수입대금을 상계하고자 하는 경우
7. 물품의 수출입대금과 당해 수출입거래에 직접 수반되는 중개 또는 대리점 수수료 등을 상계하고자 하는 경우
8. 외국항로에 취항하는 국내의 항공 또는 선박회사가 외국에서 취득하는 외국항로의 항공임 또는 선박임과 경상운항경비를 상계하거나 그 상계한 잔액을 지급 또는 수령하는 경우
9. 외국항로에 취항하고 있는 국내선박회사가 외국선박회사와 공동운항계약을 체결하고 선복 및 장비의 상호사용에 따른 채권과 채무를 상계하고자 하는 경우
10. 국내외철도승차권등(선박, 항공기 또는 교통수단등의 이용권을 포함한다)의 판매대금과 당해 거래에 직접 수반되는 수수료를 상계하고자 하는 경우
11. 거주자간에 외화표시 채권 또는 채무를 상계하고자 하는 경우
12. 국내 통신사업자가 외국에 있는 통신사업자로부터 수령할 통신망 사용대가와 당해 통신사업자에게 지급할 통신망 사용대가를 상계하거나 그 상계한 잔액을 지급 또는 수령하는 경우
13. 조세에 관한 법률등에 따라 거주자와 비거주자간 거래와 관련하여 발생한 소득에 대한 원천징수 후 잔액을 지급 또는 수령하는 경우
14. 거주자와 비거주자간 국내 소송·중재 등에 따른 지급 등과 관련하여 소송비용 등을 상계하거나 그 상계한 잔액을 지급 또는 수령하는 경우
15. 제1-2조 제18호의 해운대리점이 외국 선박회사를 대리하면서 국내에서 징수한 선박임과 국내에서 지급한 경상운항경비를 상계하거나 상계한 잔액을 외국 선박회사와 지급 또는 수령하고자 하는 경우

② 제1항에 규정된 경우를 제외하고 거주자가 수출입, 자본거래 등 대외거래를 함에 있어서 계정의 대기 또는 차기에 의하여 결제하는 등 비거주자에 대한 채권 또는 채무를 비거주자에 대한 채무 또는 채권으로 상계를 하고자 하는 경우에는 외국환은행의 장에게 신고하거나, 상계처리 후 1개월 이내에 외국환은행의 장에게 사후 보고를 하여야 한다.

1. <삭제>
2. <삭제>

③ 제2항의 규정에도 불구하고 다국적 기업의 상계센터를 통하여 상계하거나 다수의 당사자의 채권 또는 채무를 상계하고자 하는 경우에는 한국은행총재에게 신고하여야 한다.

④ 제2항 또는 제3항의 규정에 의한 신고 또는 사후보고를 받은 한국은행 총재 또는 외국환은행의 장은 동 신고 또는 사후보고 내용을 다음반기 첫째달 말일가지 국세청장 및 관세청장에게 통보하여야 한다.

⑤ 상계를 실시하는 자는 관계증빙서류를 5년간 보관하여야 한다.

제2관 상호계산

제5-5조(지정거래외국환은행의 장에게 신고 등)

① 상대방과의 거래가 빈번하여 상호계산방법으로 지급등을 하고자 하는 자는 별지 제5-2호 서식의 상호계산신고서를 지정거래외국환은행의 장에게 제출하여야 하며, 폐쇄하고자 하는 경우에도 신고하여야 한다.

② 지정거래외국환은행의 장은 상호계산을 실시하는 자가 법·영·이 규정 및 기타 법령에 규정하는 사항을 위반하거나 그 거래실적·거래내용이나 기타 사정에 비추어 상호계산계정의 존속이 필요없다고 인정되는 경우에는 그 상호계산계정을 폐쇄할 수 있다.

③ 폐쇄된 계정의 대차기잔액 처리에 관하여는 제5-7조 제3항의 규정을 준용한다.

④ 제1항의 규정에 의한 신고를 받은 지정거래외국환은행의 장은 동 신고사실을 국세청장 및 관세청장에게 통보하여야 한다.

제5-6조(대차기 항목 및 기장시점)

① 상호계산계정을 통하여 대기 또는 차기할 수 있는 항목은 상호계산상대방과의 채권 또는 채무로 한다. 다만, 법·영 및 이 규정에 의하여 지급, 지급방법 및 자본거래에 있어 신고를 요하는 경우에는 신고하여야 한다.

② 상호계산계정의 기장은 당해 거래가 수출입인 경우에는 그 수출입의 완료 후 30일 이내, 기타의 경우에는 당해 거래에 따른 채권·채무의 확정 후 30일 이내에 행하여야 한다.

제5-7조(결산 등)

① 상호계산계정의 결산은 회계기간의 범위내에서 월단위로 결산주기를 정하여 실시하여야 한다. 다만, 필요한 경우 회계기간의 범위 내에서 결산주기를 달리 정할 수 있다.

② 상호계산계정의 결산에 있어서의 대기 및 차기잔액은 각 상대방별 계정의 대차기잔액을 합산한 금액으로 한다.

③ 상호계산계정의 대차기잔액은 매 결산기간 종료 후 3월 이내에 지정거래외국환은행의 장에게 신고한 후 지급하거나 수령하여야 한다.

④ 상호계산을 실시하는 자는 결산보고서 등 지정거래외국환은행의 장이 정하는 보고서를 지정거래외국환은행의 장에게 제출하여야 한다.

⑤ 상호계산을 실시하는 자는 장부 및 관계증빙서류를 5년간 보관하여야 한다.

제3절 기획재정부장관이 정하는 기간을 초과하는 지급등의 방법

제5-8조(신고 등)

① 거주자가 수출입대금(물품거래 대금으로 한정한다. 이하 이 절에서 같다)을 다음 각호의 1에 해당하는 방법으로 지급등을 하고자 하는 자는 한국은행총재에게 신고하여야 한다. 다만, 선박, 철도차량, 항공기, 「대외무역법」에 의한 산업설비를 수출입하는 경우에는 신고를 요하지 아니한다.

1. 계약건당 미화 10만불을 초과하는 수출대금을 물품의 선적 전 1년을 초과하여 수령하고자 하는 경우
    가. <삭제>
    나. <삭제>
    다. <삭제>
2. 계약건당 미화 10만불을 초과하는 수입대금을 선적서류 또는 물품의 수령 전 1년을 초과하여 지급하고자 하는 경우
    가. <삭제>
    나. <삭제>

② 제1항에도 불구하고 수출입 상대방의 귀책 등 불가피한 사유가 인정되는 경우에는 1년을 초과한 날로부터 3월 이내에 한국은행총재에게 사후신고를 할 수 있다.

③ 제1항 및 제2항에 따라 신고를 받은 한국은행총재는 매월별로 익월 10일 이내에 동 신고사실을 국세청장 및 관세청장에게 통보하여야 한다.

제5-9조(대응수출입 이행의무)

① <삭제>

② <삭제>

제4절 제3자 지급등에 의한 지급등의 방법

제5-10조(신고 등)

① 다음 각호의 어느 하나에 해당하는 경우에는 제3자 지급등에 관한 신고를 요하지 아니한다.

1. 미화 5천불 이하의 금액을 제3자 지급등을 하는 경우(분할하여 지급등을 하는 경우에는 각각의 지급등의 금액을 합산한 금액을 말한다)
2. 거주자간 또는 거주자와 비거주자간 거래의 결제를 위하여 당해 거래의 당사자인 거주자가 당해 거래의 당사자가 아닌 비거주자로부터 수령하는 경우
3. 비거주자간 또는 거주자와 비거주자간 거래의 결제를 위하여 당해 거래의 당사자가 아닌 거주자가 당해 거래의 당사자인 비거주자로부터 수령하는 경우 및 동 자금을 당해 거래의 당사자인 거주자가 당해 거래의 당사자가 아닌 거주자로부터 수령하는 경우
4. 외국환은행이 당해 외국환은행의 해외지점 및 현지법인의 여신과 관련하여 차주, 담보제공자 또는 보증인으로부터 여신원리금을 회수하여 지급하고자 하는 경우
5. 거주자인 예탁결제원이 예탁기관으로서 법·영 및 이 규정에서 정하는 바에 따라 비거주자가 발행한 주식예탁증서의 권리행사 및 의무이행과 관련된 내국지급수단 또는 대외지급수단을 지급 또는 수령하는 경우
6. 거래당사자가 회원으로 가입된 국제적인 결제기구와 지급 또는 수령하는 경우
7. 인정된 거래에 따른 채권의 매매 및 양도, 채무의 인수가 이루어진 경우(비거주자간의 외화채권의 이전을 포함한다)
8. 인정된 거래에 따라 제9장제4절의 외국에 있는 부동산 또는 이에 관한 권리를 취득하고자 하는 거주자가 동 취득대금을 당해 부동산 소재지 국가에서 부동산계약을 중개·대리하는 자(제9-39조 제2항 제2호에 해당하는 경우에는 거주자의 배우자를 포함한다)에게 지급하는 경우
9. 인정된 거래에 따라 외국에서 외화증권을 발행한 거주자가 원리금상환 및 매입소각 등을 위하여 자금관리위탁계약을 맺은 자에게 지급하고자 하는 경우
10. 인정된 거래에 따라 외화증권을 취득하고자 하는 자가 관련자금을 예탁결제원에게 지급하는 경우
11. 제7-31조 제1항 제10호의 규정에 따라 주식 또는 지분을 취득하는 경우 동 취득대금을 「외국인투자촉진법」에 의한 외국인투자기업(국내자회사를 포함한다), 제9장제3절에 의한 외국기업국내지사, 외국은행국내지점 또는 사무소가 본사(본사의 지주회사나 방계회사를 포함한다)에게 직접 지급하는 경우
12. 제9장의 규정에 의한 해외현지법인을 설립하거나 해외지사를 설치하고자 하는 거주자가 동 자금을 해외직접투자와 관련된 대리관계가 확인된 거주자 또는 비거주자에게 지급하는 경우
13. 외교부의 「신속 해외송금 지원제도 운영지침」에 따라 대한민국 재외공관이 국민인비거주자에게 긴급경비를 지급하는 경우
14. 수입대행업체(거주자)에게 단순수입대행을 위탁한 거주자(납세의무자)가 수입대행계약시 미리 정한 바에 따라 수입대금을 수출인 비거주자에게 지급하는 경우
15. 거주자가 인터넷으로 물품 수입을 하고 수입대금은 국내 구매대행업체를 통하여 지급하는 경우 및 수입대금을 받은 구매대행업체가 수출자에게 지급하는 경우

16. 비거주자가 인터넷으로 판매자인 다른 비거주자로부터 물품을 구매하고 구매대금을 거주자인 구매대행업체를 통하여 지급하는 경우 및 구매대금을 받은 거주자인 구매대행업체가 판매자인 다른 비거주자에게 지급하는 경우
17. 거주자인 정유회사 및 원유, 액화천연가스 또는 액화석유가스 수입업자가 외국정부 또는 외국정부가 운영하는 기업으로부터 원유, 액화천연가스 또는 액화석유가스를 수입함에 있어 당해 수출국의 법률이 정한 바에 따라 수입대금을 수출국의 중앙은행에 지급하는 경우
18. 제1-2조 제18호의 해운대리점 또는 선박관리업자가 비거주자인 선주(운항사업자를 포함한다)로부터 수령한 자금으로 국내에 입항 또는 국내에서 건조중인 선박(이하 '외항선박')의 외항선원 급여등 해상운항경비를 외항선박의 선장 등 관리책임자에게 지급하는 경우
19. 거주자간 거래의 결제를 위하여 당해 거래의 당사자인 거주자가 당해 거래의 당사자가 아닌 거주자와 지급등을 하는 경우
20. 거주자인 통신사업자와 비거주자인 통신사업자간 통신망 사용대가의 결제를 위하여 당해 거래의 당사자인 거주자가 당사자가 아닌 비거주자와 지급등을 하는 경우
21. 「정보통신망 이용촉진 및 정보보호 등에 관한 법률」에 따라 등록된 통신과금서비스제공자가 거주자 또는 비거주자의 전자적 방법에 의한 재화의 구입 또는 용역의 이용에 있어 그 대가의 정산을 대행하기 위해 지급등을 하는 경우
22. 거주자가 외국환은행 또는 이에 상응하는 금융기관에 개설된 에스크로 계좌(거래의 안정성을 확보하기 위하여 중립적인 제3자로 하여금 거래대금을 일시적으로 예치하였다가 일정 조건이 충족되면 당초 약정한 대로 자금의 집행이 이루어지는 계좌를 말한다)를 통해 비거주자와 지급등을 하는 경우
23. 해외광고 및 선박관리 대리대행계약에 따라 동 업무를 대리·대행하는 자가 지급 또는 수령하는 경우
24. 「국제개발협력기본법」에 따른 국제개발협력과 관련한 자금을 거래당사자가 아닌 자에게 지급하는 경우
25. 제5-4조 제3항에 따라 다국적 기업의 상계센터를 통한 상계로서 한국은행총재에게 상계 신고를 이행한 후 상계잔액을 해당 센터에 지급하는 경우
26. 거주자인 「외국인관광객 등에 대한 부가가치세 및 개별소비세 특례규정」에 따른 환급창구운영사업자가 지급 업무의 대행에 대한 협약을 맺은 업체를 통해 비거주자에게 환급금을 지급하는 경우
27. 거주자가 외국에 있는 과세당국에 세금을 납부하기 위해 비거주자인 납세대리인을 지정하고, 당해 대리인에게 지급하는 경우
28. 「선주상호보험조합법」에 따른 선주상호보험조합이 선주상호보험사업과 관련한 자금을 거래당사자가 아닌 자에게 지급등을 하는 경우
29. 비거주자가 국내에 있는 과세당국 또는 조세와 관련하여 권한 있는 당국에 납부해야 하는 세금을 위해 거주자인 세무대리인을 임명하고 당해 대리인이 법·영 및 이 규정에서 정하는 바에 따라 환급금을 수령한 후 이를 비거주자에게 지급하는 경우
30. 비거주자가 국내 법원의 소송을 위해 거주자인 소송대리인(변호인)을 임명하고 당해 대리인이 동 법원 또는 동 소송의 상대방으로부터 법원 재판에 따른 배상금 또는 제반 소송비용(공탁금 포함)과 관련된 환급금을 수령한 후 이를 비거주자에게 지급하는 경우
31. 비거주자와 거주자간 제9장제5절의 국내에 있는 부동산 또는 이에 관한 권리의 거래를 위해 비거주자가 거주자인 대리인을 임명하고 인정된 거래에 따라 거주자가 당해 대리인에게 동 취득대금을 지급한 후 당해 대리인이 이를 비거주자에게 지급하는 경우

② 제1항에 해당하는 경우를 제외하고 거주자가 미화 5천불을 초과하고 미화 1만불 이내의 금액(분할하여 지급등을 하는 경우에는 각각의 지급등의 금액을 합산한 금액을 말한다)을 제3자와 지급등을 하려는 경우에는 외국환은행의 장에게 신고하여야 한다.

③ 제1항 및 제2항에 해당하는 경우를 제외하고 거주자가 제3자와 지급등을 하려는 경우에는 한국은행총재에게 신고하여야 한다.

④ 거주자와 다국적회사인 비거주자와의 거래의 결제를 위하여 당해 거래의 당사자가 아닌 다국적회사의 자금관리전문회사로 지정된 자에게 지급하는 경우에는 지급일로부터 1개월 이내에 제2항 또는 제3항의 신고를 사후 보고할 수 있다.

⑤ 제2항 또는 제3항에 따른 신고를 받은 외국환은행의 장 또는 한국은행총재는 매월별로 익월 10일 이내에 동 신고사실을 국세청장 및 관세청장에게 통보하여야 한다.

제5절 외국환은행을 통하지 아니하는 지급등의 방법

제5-11조(신고 등)

① 거주자가 외국환은행을 통하지 아니하고 지급수단을 수령하고자 하는 경우 및 다음 각호의 1에 해당하는 방법으로 지급을 하고자 하는 경우에는 신고를 요하지 아니한다.

1. 외항운송업자와 승객간에 외국항로에 취항하는 항공기 또는 선박안에서 매입, 매각한 물품대금을 직접 지급 또는 수령하는 경우
2. 해외여행자(여행업자 및 교육기관등을 포함한다) 또는 해외이주자 및 재외동포(제4-4조 제1항 제8호에 해당하는 경우를 말한다)가 해외여행경비, 해외이주비 및 국내재산을 외국에서 직접 지급하는 경우. 다만, 미화 1만불을 초과하는 대외지급수단을 휴대수출하여 지급하는 경우는 다음 각목의 1에 한한다.
    가. 지정거래외국환은행의 장의 확인
        (1) 해외체재자, 해외유학생이 대외지급수단을 휴대수출하여 지급하는 경우
        (2) 해외이주자 및 재외동포가 대외지급수단을 휴대수출하여 지급하는 경우
    나. 일반해외여행자(외국인거주자는 제외한다)가 대외지급수단을 관할세관의 장에게 신고한 후 휴대수출하여 지급하는 경우
    다. 제4-5조 제1항 제1호에 해당하는 기관의 예산으로 지급되는 해외여행경비를 휴대수출하여 지급하는 경우
    라. 가목(1)의 해외체재자 및 해외유학생이 지정거래외국환은행의 장이 확인한 금액을 초과하여 관할세관의 장에게 신고한 후 휴대수출하여 지급하는 경우. 다만, 초과금액이 미화 1만불 이하의 경우에는 신고를 요하지 아니한다.
    마. 여행업자(교육기관등을 포함한다)가 외국환은행의 장의 확인을 받은 대외지급수단을 휴대수출하여 지급하는 경우
3. 거주자가 인정된 거래에 따른 지급을 위하여 송금수표, 우편환 또는 유네스코쿠폰으로 지급하는 경우
4. 거주자가 외국에서 보유가 인정된 대외지급수단으로 인정된 거래에 따른 대가를 외국에서 직접 지급하는 경우
5. 거주자와 비거주자간에 국내에서 내국통화로 표시된 거래를 함에 따라 내국지급수단으로 지급하고자 하는 경우
6. 제4-2조의 규정에 의한 절차를 거친 후 당해 외국환은행의 장의 확인을 받은 다음 각목의 1에 해당하는 경우
    가. 대외무역관리규정 별표 3 및 별표 4에서 정한 물품을 외국에서 수리 또는 검사를 위하여 출국하는 자가 외국통화 및 여행자수표를 휴대수출하여 당해 수리 또는 검사비를 외국에서 직접 지급하는 경우
    나. 외국항로에 취항하는 항공 또는 선박회사가 외국통화를 휴대수출하여 외국에서 운항경비를 직접 지급하는 경우

다. 원양어업자가 어업규정준수 여부 확인 등을 위하여 승선하는 상대국의 감독관 등에게 지급하여야 할 경비를 휴대수출하여 지급하는 경우
라. 영화, 음반, 방송물 및 광고물을 외국에서 제작함에 필요한 경비를 당해 거주자가 대외지급수단을 휴대수출하여 외국에서 직접 지급하는 경우
마. 스포츠경기, 현상광고, 국제학술대회 등과 관련한 상금을 당해 입상자에게 직접 지급하는 경우
바. 외국인거주자(비거주자를 포함한다)가 제4-4조 제1항 제3호에 따라 지정거래외국환은행으로부터 매입한 대외지급수단을 휴대수출하여 지급하는 경우
사. 제4-5조 제1항 제2호 내지 제4호의 규정에 의한 해외여행경비를 휴대수출하여 지급하는 경우
아. 외국인거주자(비거주자를 포함한다)가 제2-3조 제1항 제3호의 규정에 의하여 취득한 대외지급수단을 휴대수출하여 지급하는 경우
자. 제1-2조 제18호의 해운대리점 또는 선박관리업자가 비거주자인 선주(운항사업자를 포함한다)로부터 수령한 자금으로 국내에 입항 또는 국내에서 건조중인 선박(이하 '외항선박')의 외항선원 급여등 해상운항경비를 외항선박의 선장 등 관리책임자에게 지급하는 경우

7. 제7장제2절의 규정에 의하여 인정된 외화자금을 직접 예치·처분하는 경우 및 인정된 거래에 따른 대가를 당해 예금기관이 발행한 외화수표 또는 신용카드등으로 국내에서 직접 지급하는 경우
8. 거주자와 비거주자간 또는 거주자와 다른 거주자간의 건당 미화 1만불 이하(단, 「경제자유구역의 지정 및 운영에 관한 특별법」에 따른 경제자유구역에서는 10만불 이하)의 경상거래에 따른 대가를 대외지급수단으로 직접 지급하는 경우
9. 본인명의의 신용카드등(여행자카드 포함)으로 다음 각목의 1에 해당하는 지급을 하고자 하는 경우
   가. 외국에서의 해외여행경비 지급(외국통화를 인출하여 지급하는 것을 포함한다)
   나. 거주자가 국제기구, 국제단체, 국제회의에 대한 가입비, 회비 및 분담금을 지급하는 경우
   다. 거주자의 외국간행물에 연구논문, 창작작품 등의 발표, 기고에 따른 게재료 및 별책대금 등 제경비 지급
   라. 기타 비거주자와의 인정된 거래(자본거래를 제외한다)에 따른 결제대금을 국내에서 지급(국내계정에서 지급하는 것을 의미한다)하는 경우
10. 외국인관광객등에대한부가가치세및개별소비세특례규정에 의한 환급창구운영사업자가 환급금을 직접 지급하는 경우
11. 법인의 예산으로 해외여행을 하고자 하는 법인소속의 해외여행자(일반해외여행자에 한함)가 당해 법인명의로 환전한 해외여행경비를 휴대수출하여 지급하는 경우
12. 거주자가 제9장제1절, 제2절, 제4절의 규정에 의한 건당 미화 1만불 이하 대외지급수단을 직접 지급하는 경우
13. 원양어업자가 원양어로자금 조달을 위한 현지금융의 원리금 또는 어로경비 및 해외지사의 유지활동비를 외국에서 직접 수출하는 어획물의 판매대금으로 상환하거나 지급하는 경우
14. <삭제>

② 제1항의 규정에 의하여 확인요청을 받은 외국환은행의 장은 지급수단의 취득사실을 확인하고 당해 거주자에게 별지 제6-1호 서식의 외국환신고(확인)필증을 발행·교부하여야 한다.

③ 제1항에 해당하는 경우를 제외하고 거주자가 외국환은행을 통하지 아니하고 지급등을 하고자 하는 경우(물품 또는 용역의 제공, 권리의 이전 등으로 비거주자와의 채권·채무를 결제하는 경우를 포함한다)에는 한국은행총재에게 신고하여야 한다.

④ 제1항 제2호 나목의 규정에 의하여 신고를 받은 관할세관의 장 및 제3항의 규정에 의하여 지급등의 방법(변경)신고필증을 교부한 한국은행총재는 매월별로 익월 10일 이내에 동 신고사실을 국세청장 및 관세청장에게 통보하여야 한다.

⑤ <삭제>

제6장 지급수단등의 수출입

제6-1조(적용범위)

법 제17조 및 영 제31조 제2항의 규정에 의하여 신고하여야 하는 지급수단 또는 증권(이하 "지급수단등"이라 한다)의 수출입의 범위와 기준은 이 장에서 정하는 바에 의한다.

제6-2조(신고 등)

① 거주자 또는 비거주자가 다음 각호의 1에 해당하는 지급수단등을 수출입하는 경우에는 신고를 요하지 아니한다.
1. 미화 1만불 이하의 지급수단등을 수입하는 경우. 다만, 내국통화, 원화표시여행자수표 및 원화표시자기앞수표 이외의 내국지급수단을 제외한다.
2. 약속어음・환어음・신용장을 수입하는 경우
3. 미화 1만불 이하의 지급수단(대외지급수단, 내국통화, 원화표시자기앞수표 및 원화표시여행자수표를 말한다) 및 제3항의 규정에서 정한 절차를 거친 대외지급수단을 수출하는 경우
4. 영 제10조 제2항 제1호, 제2호 및 제6호 가목 및 나목에 해당하는 자가 대외지급수단을 수출입하는 경우
5. 다음 각목의 1에 해당하는 지급수단등을 수출하는 경우
    가. 제5-11조의 규정에 의하여 인정된 대외지급수단을 수출하는 경우
    나. 비거주자가 다음에 해당하는 대외지급수단을 수출하는 경우
        (1) 인정된 거래에 따른 대외지급을 위하여 송금수표 또는 우편환을 수출하는 경우
        (2) 최근 입국시 휴대수입한 범위내 또는 국내에서 인정된 거래에 의하여 취득한 대외지급수단을 수출하는 경우
        (3) 이 법의 적용을 받지 않는 거래에 의하여 취득한 채권을 처분하고자 발행한 수표를 수출하는 경우
        (4) 주한 미합중국 군대 및 이에 준하는 국제연합군이 한미행정협정과 관련한 근무 또는 고용에 따라 취득하거나 외국의 원천으로부터 취득한 대외지급수단 또는 당해 국가의 공금인 대외지급수단을 수출하는 경우
    다. 외국인거주자가 이 법의 적용을 받지 않는 거래에 의하여 취득한 대외지급수단을 수출하는 경우
    라. 다음에 해당하는 내국지급수단을 수출하는 경우
        (1) 수출물품에 포함 또는 가공되어 「대외무역법」에서 정하는 바에 의해 내국지급수단을 수출하는 경우
        (2) 비거주자가 입국시 휴대수입하거나 국내에서 매입한 원화표시여행자수표를 수출하는 경우
        (3) <삭제>
6. 외국환은행이 외국환은행해외지점, 외국환은행현지법인 또는 외국금융기관(외국환전영업자를 포함한다)과 내국통화를 수출입하는 경우
7. 다음 각목의 1에 해당하는 지급수단등을 수출입하는 경우
    가. <삭제>

나. 다음에 해당하는 무기명식증권이나 기명식증권을 수출입하는 경우
　　　　(1) 자본거래의 신고를 한 자가 신고한 바에 따라 기명식증권을 수출입하는 경우
　　　　(2) 「외국인투자촉진법」에 의하여 취득한 기명식증권을 수출입하는 경우
　　　　(3) 제7-31조 제1항 제10호의 규정에 의하여 거주자가 취득한 본사의 주식이나 국제수익증권 등을 수출입하는 경우
　　다. 거주자가 미화 5만불 상당액 이내의 외국통화 또는 내국통화를 지급수단으로 사용하지 아니하고 자가화폐수집용·기념용·자동판매기시험용·외국전시용 또는 화폐수집가 등에 대한 판매를 위하여 수출입하고자 하는 경우
　　라. 한국은행·외국환은행 또는 체신관서가 인정된 업무를 영위함에 있어 대외지급수단을 수출입하는 경우
　　마. 거주자가 수출대금 및 용역대금의 수령을 위하여 외국통화표시수표를 휴대수입 이외의 방법으로 수입하는 경우

② 제1항의 경우를 제외하고 다음 각호의 1에 해당하는 경우에는 관할세관의 장에게 신고하여야 한다.
1. 거주자 또는 비거주자가 미화 1만불을 초과하는 지급수단(대외지급수단과 내국통화, 원화표시여행자수표 및 원화표시자기앞수표를 말한다)을 휴대수입하는 경우
2. 국민인거주자가 미화 1만불을 초과하는 지급수단(대외지급수단, 내국통화, 원화표시여행자수표 및 원화표시자기앞수표를 말한다)을 휴대수출하는 경우
3. <삭제>

③ 다음 각호의 1에 해당하는 자가 미화 1만불을 초과하는 대외지급수단을 국내에서 취득하는 경우에는 당해 취득사실에 대하여 외국환은행의 장의 확인을 받아야 한다.
1. 영 제10조 제2항 제1호, 제2호 및 제6호 가목 및 나목에 해당하는 자를 제외한 비거주자가 다음 각목의 1에 해당하는 방법으로 취득하는 경우
　　가. 대외지급수단을 대외계정 및 비거주자외화신탁계정의 인출 등으로 취득하거나 송금을 수령하는 경우
　　나. 제4-4조 제1항 제1호의 규정에 의하여 취득하는 경우
2. 외국인거주자가 다음 각목의 1에 해당하는 방법으로 취득하는 경우
　　가. 제1호 가목에 해당하는 경우
　　나. 제4-4조 제1항 제1호의 규정에 의하여 취득하는 경우
　　다. 해외여행경비 지급을 위하여 취득하는 경우. 다만, 해외체재자 및 해외유학생은 제5-11조의 규정에 따른다.

④ 제2항 및 제3항의 규정에 의하여 신고를 받거나 확인요청을 받은 관할세관의 장 또는 외국환은행의 장은 지급수단의 신고 및 취득사실을 확인하고 당해 거주자 또는 비거주자에게 별지 제6-1호 서식의 외국환신고(확인)필증을 발행·교부하여야 한다.

⑤ 제4항의 규정에 의하여 외국환신고(확인)필증을 발행·교부한 세관의 장은 매월별로 익월 10일 이내에 동 신고사실을 국세청장에게 통보하여야 한다.

⑥ 제6-2조 제1항 제6호의 규정에 의하여 내국통화를 수출입한 외국환은행의 장은 매분기 내국통화수출입실적을 종합하여 다음분기 첫째달 10일까지 한국은행총재에게 보고하여야 한다.

제6-3조(관할세관의 장에 대한 신고)

① 제6-2조의 규정을 제외하고 거주자 또는 비거주자가 지급수단등을 수출입하고자 하는 경우에는 관할세관의 장에게 신고하여야 하며, 국제우편물로 수입되어 수입된 사실을 알지 못하는 등 불가피한 사유로 인정되는 경우에는 지급수단이 수입된 날로부터 30일 이내에 사후 보고를 할 수 있다.

② 제1항의 규정에 의한 신고를 하고자 하는 자는 별지 제6-2호 서식의 지급수단등의 수출입(변경) 신고서에 다음 각호의 1에 해당하는 서류를 첨부하여 당해 신고기관에 제출하여야 한다. 신고한 내용을 변경하고자 하는 경우에도 같다.
1. 당해 지급수단등의 수출입사유나 원인이 되는 거래 또는 행위의 증빙서류
2. 정상적인 거래관행에 부합하는지 여부 등 수출입의 필요성을 입증하는 서류
③ <삭제>

제6-4조(세관의 장의 수출입제한 조치 등)
세관의 장은 입출국하는 자가 지급수단등을 수출입할 때에는 질문, 증빙서류 제시요구 등을 통하여 지급수단등의 수출입 신고를 하였는지 여부를 확인하여야 하며 신고를 하여야 하는 수출입으로서 신고를 하지 아니하고 수출입하는 경우에 대하여는 제6-3조의 규정에 의한 신고를 하게 하거나 당해 지급수단등의 수출 또는 수입을 제한하는 등 필요한 조치를 할 수 있다.

제7장 자본거래

제1절 통칙

제7-1조(적용범위)
영 제32조의 규정에 의한 자본거래의 신고등에 관하여는 제9장의 규정에서 정한 경우를 제외하고는 이 장에서 정하는 바에 의한다.

제7-2조(신고등의 예외거래)
다음 각호의 1에 해당하는 자본거래를 하고자 하는 경우에는 신고등을 요하지 아니한다.
1. 한국은행이 외국환업무로서 행하는 거래
2. 외국환업무취급기관이 외국환업무로서 행하는 거래 및 동 외국환업무취급기관을 거래상대방으로 하는 거래(제2장 및 이 장에서 신고하도록 규정되어 있는 경우에는 신고한 경우에 한한다)
3. 환전영업자가 제2장제4절의 규정에서 정하는 바에 따라 환전업무로서 행하는 거래
3의2. 소액해외송금업자가 제2장제5절의 규정에서 정하는 바에 따라 소액해외송금업무로서 행하는 거래
3의3. 기타전문외국환업무를 등록한 자가 제2장제6절의 규정에서 정하는 바에 따라 기타전문외국환업무로서 행하는 거래
4. 외국환평형기금이 법·영 및 이 규정에 의하여 행하는 거래
5. 거래당사자의 일방이 신고등을 한 거래(다만, 신고인이 정해진 경우 해당 신고인이 신고등을 한 거래)
6. 제7-46조 제2항에 따라 신고한 거주자가 자금통합관리를 위하여 미화 5천만불 이내에서 지정거래외국환은행을 통하여 비거주자와 행하는 해외예금, 금전대차, 담보제공거래 및 외국환은행에 대한 담보제공
7. 이 장에 의한 자본거래로서 거래 건당 지급등의 금액(분할하여 지급등을 하는 경우에는 각각의 지급등의 금액을 합산한 금액을 말하며, 이하 이 조에서 같다)이 미화 5천불 이내인 경우
8. 이 장에 의한 자본거래로서 거주자(외국인거주자를 제외하며, 이하 이 조에서 같다)의 거래 건당 지급금액이 미화 5천불 초과 10만불 이내이고, 연간 지급누계금액이 제4-3조 제1항 제1호 가목 본문의 금액을 초과하지 않는 경우. 다만, 지급시 제4-3조 제3항의 지정거래외국환은행의 장으로부터 거래의 내용을 확인받아야 한다.

9. 이 장에 의한 자본거래로서 거주자의 거래 건당 수령금액이 미화 5천불 초과 10만불 이내이고, 연간 수령누계금액이 미화 10만불을 초과하지 않는 경우. 다만, 지정거래외국환은행의 장으로부터 거래내용을 확인받아야 하며 제4-3조의 절차에 따라 수령하여야 한다.

제7-3조(지급절차)

① 이 장에서 별도로 정한 경우를 제외하고 거주자간 자본거래 또는 행위에 따른 대금의 지급등은 외국환은행을 통하여 지급·수령하여야 한다. 다만, 건당 지급·수령금액이 미화 5천불 이하인 경우와 다음 각호의 1에 해당하는 경우에는 그러하지 아니하다.

1. 외국에 체재하고 있는 거주자간 금전대차거래의 경우
2. 특정보험사업자가 국내의 거주자와 외국통화표시 보험계약을 체결하는 경우
3. 거주자가 해외여행경비의 지급에 충당하기 위하여 외국인거주자로부터 대외지급수단을 증여받는 경우. 외국에서 발행된 항공권, 선표, 여객운임선급통지서(P.T.A), 항공권교환증을 포함한다.
4. 거주자가 다른 거주자로부터「자본시장과 금융투자업에 관한 법률」에 의한 증권시장(이하 "증권시장"이라 한다)에 상장된 외화증권을 한국거래소를 통하여 취득하는 경우

② 제1항 본문의 규정에도 불구하고 외국환은행을 통하지 아니하고 대금을 지급·수령하고자 하는 경우에는 제5-11조에 따라 한국은행총재에게 신고하여야 한다.

제7-4조(신고등의 절차)

① 자본거래의 신고수리를 받고자 하거나 신고 또는 보고를 하고자 하는 자는 다음 각호의 1에서 정하는 신고(수리)서를 당해 자본거래의 신고(수리) 또는 보고기관에 제출하여야 한다. 또한, 신고 또는 보고내용을 변경하고자 하는 경우에는 변경사항을 첨부하여 당해 신고(수리) 또는 보고기관에 제출하여야 한다. 다만, 기존 신고인·대리인·거래상대방에 관한 정보 변경에 대해서는 사후보고 할 수 있다.

1. 예금, 신탁계약에 따른 채권의 발생등에 관한 거래: 별지 제7-1호 서식
2. 금전의 대차계약에 따른 채권의 발생등에 관한 거래: 별지 제7-2호 서식
3. 채무의 보증계약에 따른 채권의 발생등에 관한 거래: 별지 제7-3호 서식
4. 대외지급수단, 채권 기타의 매매계약에 따른 채권의 발생 등에 관한 거래: 별지 제7-4호 서식
5. 증권의 발행 또는 모집: 별지 제7-5호 서식
6. 증권취득: 별지 제7-6호, 서식
7. 파생상품거래: 별지 제7-7호 서식
8. 담보계약에 따른 채권의 발생등에 관한 거래: 별지 제7-8호 서식
9. 임대차계약에 따른 채권의 발생등에 관한 거래: 별지 제7-9호 서식
10. 증권대차계약에 따른 채권의 발생등에 관한 거래: 별지 제7-11호 서식

② 제7-2조에 해당하는 경우를 제외하고 제7장에 의한 신고등 또는 보고의 서류는 전자적 방법을 통해 실명확인을 받고 제출할 수 있다.

제7-5조(자본거래의 내신고수리)

① 제7-4조의 규정에 의한 자본거래의 신고수리를 함에 있어서 자본거래의 신고수리기관은 내신고수리를 하여 일정기간의 준비기간이 경과한 후에 본신고수리를 할 수 있다.

② 제1항에서 "일정기간의 준비기간"이라 함은 당해 자본거래에 관한 당사자간의 합의, 예약, 가계약 등 이후 본계약 체결 전까지의 기간을 말하며 그 기간은 1년을 초과할 수 없다.

제2절 예금, 신탁계약에 따른 자본거래

제1관 국내예금 및 국내신탁

제7-6조(거래절차 등)

① 거주자 또는 비거주자가 국내에서 다음 각호의 1에 해당하는 예금거래 및 신탁거래를 하고자 하는 경우에는 신고를 요하지 아니한다.

1. 거주자 또는 비거주자가 이 관에서 정하는 예치 및 처분사유에 따라 외국환은행 및 종합금융회사(이하 이 관에서 "외국환은행등"이라 한다)와 예금거래 및 금전신탁거래를 하는 경우
2. 국민인비거주자가 국내에서 사용하기 위하여 내국통화로 예금거래 및 신탁거래를 하는 경우

② 제1항에서 규정된 경우를 제외하고 거주자 또는 비거주자가 거주자와 국내에서 예금거래 및 신탁거래를 하고자 하는 경우에는 한국은행총재에게 신고하여야 한다.

③ 제1항 및 제2항의 규정에 따라 거주자와 국내에서 신탁거래(거주자간의 원화신탁거래를 포함한다)를 하는 자가 신탁계약이 만료됨에 따라 금전이 아닌 자산 또는 이에 대한 권리를 취득하고자 하는 경우에는 이 규정에서 정하는 바에 따라 신고등을 하여야 한다.

제7-7조(계정의 종류 등)

<삭제>

제7-8조(계정에의 예치)

① 거주자계정 및 거주자외화신탁계정에 예치할 수 있는 지급수단은 다음 각호의 1에 해당하는 대외지급수단으로 한다.

1. 취득 또는 보유가 인정된 대외지급수단
2. 내국지급수단을 대가로 하여 외국환은행등 또는 제2-14조 제3항에 따른 투자매매업자·투자중개업자로부터 매입한 대외지급수단

② 대외계정 및 비거주자외화신탁계정에 예치할 수 있는 지급수단은 다음 각호의 1에 해당하는 대외지급수단으로 한다.

1. 외국으로부터 송금되어 온 대외지급수단
2. 인정된 거래에 따라 대외지급이 인정된 대외지급수단
3. 국내금융기관과 외국환은행해외지점, 외국환은행현지법인, 외국금융기관(이하 '외국환은행해외지점등'이라 하며, 이하 이 항에서 같다)간 또는 외국환은행해외지점등간 외화결제에 따라 취득한 대외지급수단
4. 제5절제2관의 규정에 따라 국내에서 증권의 발행으로 조달한 자금
5. 「외국 금융기관의 외국환업무에 관한 지침」제3-3조에 따른 비거주자 본인 명의 업무용외화계좌로부터의 이체

③ 해외이주자계정에 예치할 수 있는 지급수단은 다음 각호의 1에 해당하는 국내에 있는 재산을 처분하여 취득한 내국지급수단을 대가로 외국환은행등으로부터 매입한 대외지급수단으로 한다.

1. 해외이주자의 자기명의 재산
2. 비거주자인 재외동포의 자기명의 국내재산

④ 비거주자원화계정에 예치할 수 있는 지급수단은 다음 각호의 1에 해당하는 내국지급수단으로 한다.

1. 비거주자가 국내에서 취득한 내국지급수단(외국으로부터 수입 또는 수령한 대외지급수단을 대가로 하여 취득한 내국지급수단을 포함한다)
2. 비거주자가「대외경제협력기금법」시행령에 의한 차관공여계약서에 따라 지급받은 내국지급수단

⑤ 비거주자자유원계정 및 비거주자원화신탁계정에 예치할 수 있는 지급수단은 다음 각호의 1에 해당하는 내국지급수단으로 한다.

1. 비거주(외국인거주자를 포함하며, 제2호를 제외하고 이하 이 항에서 같다)가 외국으로부터 송금하거나 휴대반입한 외화자금 또는 본인 명의의 대외계정 및 비거주자외화신탁계정에 예치된 외화자금을 내국지급수단을 대가로 매각한 자금
2. 비거주자(경상거래대금의 추심·결제업무를 수행하는 외국환은행해외지점, 외국환은행현지법인, 외국금융기관을 포함한다)가 내국통화표시 경상거래대금(수출입거래와 관련된 운임, 보험료 등을 포함한다) 또는 내국통화표시 재보험거래대금으로 취득한 내국지급수단
3. 비거주자 본인 명의의 다른 비거주자자유원계정, 투자전용비거주자원화계정 비거주자원화신탁계정 및 「외국 금융기관의 외국환업무에 관한 지침」제3-3조에 따른 업무용원화계좌로부터의 이체
4. 국제금융기구의 경우 한국은행내에 있는 본인 명의의 비거주자원화계정으로부터의 이체(대외지급이 인정된 자금에 한한다)
5. 인정된 자본거래에 따라 국내에서 취득한 자금으로서 대외지급이 인정된 자금
6. 비거주자(자금의 수령을 지시받은 외국에 있는 금융기관 포함)가 외환동시결제시스템을 통한 결제 또는 이와 관련된 거래에 따라 취득한 내국지급수단
7. 제2-6조 및 제10-21조에 의하여 차입한 원화자금(다만, 거주자로부터 보증 또는 담보제공을 받아 차입한 원화자금은 제외한다)
8. 외국에 소재한 공인된 거래소에서 거래되는 증권·장내파생상품의 원화결제에 따라 취득한 자금
9. 제5절제2관의 규정에 따라 국내에서 증권의 발행으로 조달한 자금
10. 제7-37조 제1항 단서에서 정한 바에 따라 외국인투자자가 국채 또는「한국은행법」제69조에 따른 통화안정증권의 매매를 국제예탁결제기구에 위탁하여 투자하는 경우로서, 국제예탁결제기구 명의의 투자전용비거주자원화계정으로부터 이체되어온 자금. 다만, 국제예탁결제기구 명의의 투자전용비거주자원화계정내 예치된 당해 외국인투자자의 자금에 한한다.
11. 제7-48조 제1항 제13호에 따른 한국은행과 외국 중앙은행간 통화스왑자금을 활용한 비거주자간 내국통화표시 금전대차 계약과 관련하여 취득한 내국지급수단(외국환은행해외지점, 외국환은행현지법인 명의의 계정의 경우 당해 외국환은행해외지점 및 현지법인이 금전대차 관련 대금의 결제업무를 수행하는 경우를 포함한다)
12. 외국환은행해외지점, 외국환은행현지법인 또는 외국금융기관이 제6-2조 제1항 제6호의 규정에 따라 외국환은행에 내국통화를 수출한 대가로 취득한 내국지급수단(외국환은행해외지점, 외국환은행현지법인 명의의 계정의 경우 당해 외국환은행해외지점 및 현지법인이 내국통화 수출 관련 대금의 결제업무를 수행하는 경우를 포함한다)
13. 한국거래소가 개설한 금현물시장에서 거래되는 금현물의 매매와 관련하여 취득한 내국지급수단
14. 제10-21조와 관련하여 청산은행이 다른 청산은행 명의의 비거주자자유원계정으로부터 지급받은 내국지급수단
15. 상대국 현지통화 직거래은행이 제1-2조 제47호의 현지통화 직거래(LCT) 체제에 의해 허용된 거래에 따라 취득한 내국지급수단
16. 국내에 본점을 둔 외국환은행의 해외지점, 현지법인 또는 외국 금융기관에 예치된 본인의 외화자금을 매각하여 취득한 내국지급수단

17. 「외국 금융기관의 외국환업무에 관한 지침」제1-2조 제2호에 따른 해외외국환업무취급기관에 본인의 외화자금을 매각하여 취득한 내국지급수단
18. 인정된 거래에 따라「외국 금융기관의 외국환업무에 관한 지침」제3-3조 제1항의 업무용원화계좌로부터 이체된 내국지급수단(본인의 내국지급수단을 이체받는 경우도 포함한다)

제7-9조(계정의 처분)
① 거주자계정 및 거주자외화신탁계정의 처분에는 제한을 두지 아니한다. 다만, 대외지급(대외계정 및 비거주자외화신탁계정으로의 이체를 포함한다)을 하고자 하는 경우에는 제4장의 규정에서 정하는 바에 따른다.
② 대외계정 및 비거주자외화신탁계정은 다음 각호의 1에 해당하는 용도로 처분할 수 있다.
1. 외국에 대한 송금
2. 다른 외화예금계정 및 외화신탁계정에의 이체
3. 대외지급수단으로의 인출 또는 외국환은행등으로부터의 다른 대외지급수단의 매입
4. 외국환은행등에 내국지급수단을 대가로 한 매각
5. 기타 인정된 거래에 따른 지급
6. 국내금융기관과 외국환은행해외지점, 외국환은행현지법인, 외국금융기관(이하 '외국환은행해외지점등'이라 하며, 이하 이 항에서 같다)간 또는 외국환은행해외지점등간 외화결제에 따른 지급
③ 해외이주자계정은 다음 각호의 1에 해당하는 용도로 처분할 수 있다.
1. 제4-3조 제1항 제8호의 규정에 의하여 인정된 해외이주비 송금(송금수표 및 여행자수표 인출을 포함한다) 및 제4-4 제1항 제8호의 규정에 의하여 인정된 국내재산의 송금
2. 외국환은행등에 내국지급수단을 대가로 한 매각
④ 비거주자원화계정은 다음 각호의 1에 해당하는 용도로 처분할 수 있다.
1. 내국지급수단으로의 인출 또는 거주자원화계정 및 다른 비거주자원화계정으로의 이체
2. 「대외경제협력기금법」시행령에 의한 차관공여계약서에서 정하는 바에 따라 지급된 비거주자원화계정 예치금으로 비거주자가 외국환을 매입하거나 매입한 외국환을 외국환은행을 통한 외국으로의 송금 기타 인정된 거래에 사용하는 경우
3. 외국에 대한 비거주자원화계정으로 발생한 이자송금을 위하여 외국환은행등에 대외지급수단을 대가로 한 매각
⑤ 비거주자자유원계정 및 비거주자원화신탁계정은 다음 각호의 1에 해당하는 용도로 처분할 수 있다.
1. 외국환은행등에 대외지급수단을 대가로 한 매각
2. 내국통화표시 경상거래대금 또는 내국통화표시 재보험거래대금 지급(지급을 하는 자는 경상거래 대금의 추심·결제업무를 수행하는 외국환은행해외지점, 외국환은행현지법인, 외국금융기관을 포함하며, 지급방법은 계좌간 이체 방식에 한한다)
3. 비거주자(외국인거주자를 포함한다) 본인 명의의 다른 비거주자자유원계정, 투자전용 비거주자원화계정, 비거주자원화신탁계정 및 「외국 금융기관의 외국환업무에 관한 지침」제3-3조에 따른 비거주자 본인명의의 업무용원화계좌로의 이체
4. 국제금융기구의 경우 한국은행내에 있는 본인 명의의 비거주자원화계정으로의 이체
5. 제7-15조 및 제10-21조에 의하여 인정된 거주자에 대한 원화자금 대출
6. 외국에서 국내로 지급의뢰된 건당(동일자, 동일인 기준) 미화 2만불 상당 이하 원화자금의 지급(외국환은행해외지점, 외국환은행현지법인, 외국금융기관 명의의 계정에 한한다)

7. 외환동시결제시스템을 통한 결제 또는 이와 관련된 거래를 위한 자금의 이체(자금의 지급을 지시받은 외국에 있는 금융기관의 처분을 포함)
8. 제2-6조 및 제10-21조에 의하여 차입한 원화자금의 원리금 상환
9. 외국에 소재한 공인된 거래소에서 거래되는 증권·장내파생상품의 원화결제를 위한 자금의 지급
10. 제5절제2관의 규정에 따라 발행한 증권의 원리금상환, 증권의 매입 및 증권발행 수수료 등 발행비용의 지급
11. 신용카드등의 사용에 따른 대금 지급(카드사용대금 결제 및 현금 인출에 한한다)
12. 외국환은행이 비거주자자유원계정의 예치금을 담보로 제공받아 원화대출한 경우, 담보권의 행사를 위한 외국환은행의 예치금 처분
13. 제7-37조 제1항 단서에서 정한 바에 따라 외국인투자자가 국채 또는 「한국은행법」 제69조에 따른 통화안정증권의 매매를 국제예탁결제기구에 위탁하고자 하는 경우, 국제예탁결제기구 명의의 투자전용비거주자원화계정으로의 이체
14. 제7-48조 제1항 제13호에 따른 한국은행과 외국중앙은행간 통화스왑 자금을 활용한 비거주자간 내국통화표시 금전대차 계약과 관련된 내국지급수단의 지급(외국환은행해외지점, 외국환은행현지법인 명의의 계정의 경우 당해 외국환은행해외지점 및 현지법인이 금전대차 관련 대금의 결제업무를 수행하는 경우를 포함한다)
15. 외국환은행해외지점, 외국환은행현지법인 또는 외국금융기관이 제6-2조 제1항 제6호의 규정에 따라 외국환은행으로부터 내국통화를 수입한 대가의 지급(외국환은행해외지점, 외국환은행현지법인 명의의 계정의 경우 당해 외국환은행해외지점 및 현지법인이 내국통화 수입 관련 대금의 결제업무를 수행하는 경우를 포함한다)
16. 한국거래소가 개설한 금현물시장에서 거래되는 금현물의 매매와 관련한 내국지급수단의 지급
17. 제10-21조와 관련하여 청산은행 명의의 비거주자자유원계정으로부터 다른 청산은행 명의의 비거주자자유원계정으로의 이체
18. 상대국 현지통화 직거래은행이 제1-2조 제47호의 현지통화 직거래(LCT) 체제에 의해 허용된 거래를 위한 지급
19. 국내에 본점을 둔 외국환은행의 해외지점·현지법인 또는 외국 금융기관에 본인의 외화자금을 예치하기 위한 원화자금 매각
20. 「외국 금융기관의 외국환업무에 관한 지침」 제1-2조 제2호에 따른 해외외국환업무취급기관에 대외지급수단을 대가로 한 매각
21. 「외국 금융기관의 외국환업무에 관한 지침」 제3-3조 제1항의 업무용원화계좌로의 이체
22. 제1호 내지 제21호를 제외하고 이 규정에 의해 인정된 거래에 따른 지급

제7-10조(확인 등)

① 다음 각호의 1에 해당하는 경우의 외국환은행등의 확인 등에 관하여는 제2-1조의2, 제2-2조 제1항, 제3항 및 제4항의 규정을 준용한다.
1. 제7-8조 제1항 제1호의 규정에 의하여 거주자계정 및 거주자외화신탁계정에 예금 및 신탁을 예수 또는 수탁하는 경우 다만, 다른 거주자계정 및 거주자외화신탁계정으로부터의 이체는 그러하지 아니하다.
2. 제7-9조 제2항 제4호의 규정에 의한 용도로 대외계정 및 비거주자외화신탁계정을 처분하는 경우

② 제7-8조 제2항 제2호에 해당하는 대외지급수단의 대외계정 및 비거주자외화신탁계정에 예치와 관련하여 외국환은행등은 제4-4조 제1항 및 제2항에 해당하는지 여부를 확인하여야 한다.

제2관 해외예금 및 해외신탁

제7-11조(거래절차 등)

① 거주자가 비거주자와 해외에서 다음 각호의 1에 해당하는 예금거래 및 신탁거래를 하고자 하는 경우에는 신고를 요하지 아니한다.

1. 외국에 체재하고 있는 거주자가 외화예금 또는 외화신탁거래를 하는 경우
2. 거주자가 「공공차관의도입및관리에관한법률」 또는 이 규정에 의한 비거주자로부터의 외화자금차입과 관련하여 외화예금거래를 하는 경우
3. 이 장 제7절 및 관계법령에서 정하는 바에 의하여 해외장내파생상품거래를 하고자 하는 거주자가 당해 거래와 관련하여 외국에 있는 금융기관과 외화예금거래를 하는 경우
4. 국민인거주자가 거주자가 되기 이전에 외국에 있는 금융기관에 예치한 외화예금 또는 외화신탁계정을 처분하는 경우
5. 거주자가 제5절의 규정에 의한 외국에서의 증권발행과 관련하여 예금거래를 하는 경우
6. 거주자가 이 장 제6절의 규정에 의한 증권투자, 제7-14조 제1항 및 제5항에 의한 거주자의 현지 사용목적 외화자금 차입, 제9장의 규정에 의한 해외직접투자 및 해외지사와 관련하여 외화예금거래를 하는 경우
7. 예탁결제원이 제6절제2관에 의하여 거주자가 취득한 외화증권을 외국에 있는 증권예탁기관 또는 금융기관에 예탁·보관하고 동 예탁·보관증권의 권리행사를 위하여 외화예금거래를 하는 경우
8. 인정된 거래에 따른 지급을 위하여 외화예금 및 외화신탁계정을 처분하는 경우
9. 외환동시결제시스템을 통한 결제와 관련하여 외국환업무취급기관이 CLS은행 또는 외환동시결제시스템의 비거주자 회원은행과 복수통화(원화 포함)예금 또는 원화예금거래를 하는 경우
10. 인정된 거래에 따라 제9장제4절의 외국에 있는 부동산 또는 이에 관한 권리를 취득하고자 하거나 이미 취득한 거주자가 신고한 내용에 따라 당해 부동산 취득과 관련하여 국내에서 송금한 자금으로 외화예금거래를 하는 경우
11. 예탁결제원, 증권금융회사 또는 증권대차거래의 중개업무를 영위하는 투자매매업자 또는 투자중개업자가 제7-45조 제1항 제16호 및 제7-48조 제1항 제6호의 규정에 의한 증권대차거래와 관련하여 외화예금거래를 하는 경우
12. 제2항의 규정에 따른 외화예금거래 신고를 한 거주자가 인정된 거래에 따라 해외에서 취득한 자금을 예치하는 경우
13. 제7-14조 제8항 단서의 규정에 따라 국내에 본점을 둔 외국환은행해외지점 또는 현지법인 금융기관, 외국 금융기관에 예치하는 경우
14. 거주자인 「채무자 회생 및 파산에 관한 법률」에 따른 파산관재인이 해외에서 채권을 회수하여 취득한 자금으로 비거주자와 외화예금거래를 하고자 하는 경우

② 제1항의 규정에 해당하는 경우를 제외하고 거주자가 해외에서 비거주자와 외화예금거래를 하고자 하는 경우에는 지정거래외국환은행의 장에게 신고하여야 한다. 다만, 국내에서 송금한 자금으로 예치하고자 하는 경우에는 지정거래외국환은행을 통하여 송금하여야 한다.

③ 거주자가 해외에서 비거주자와 다음 각호의 1에 해당하는 예금거래 및 신탁거래를 하고자 하는 경우에는 한국은행총재에게 신고하여야 한다.

1. 제2항의 규정에 불구하고 다음 각목의 1에 해당하는 자를 제외한 거주자가 건당(동일자, 동일인 기준) 미화 5만불을 초과하여 국내에서 송금한 자금으로 예치하고자 하는 경우. 이 경우에도 지정거래외국환은행을 통하여 송금하여야 한다.
   가. 기관투자가

나. 전년도 수출입 실적이 미화 5백만불 이상인 자
　　다. 「해외건설촉진법」에 의한 해외건설업자
　　라. 외국항로에 취항하고 있는 국내의 항공 또는 선박회사
　　마. 원양어업자
2. 제1항 제1호, 제4호 및 제8호의 규정에 해당하는 경우를 제외하고 거주자가 해외에서 비거주자와 신탁거래를 하고자 하는 경우

④ 제1항 및 제3항의 규정에 따라 해외에서 비거주자와 신탁거래를 하는 거주자가 신탁계약기간이 만료됨에 따라 금전이 아닌 자산 또는 이에 대한 권리를 취득하고자 하는 경우에는 이 규정에서 정하는 바에 따라 신고등을 하여야 한다.

제7-12조(보고 등)

① 제7-11조 제1항 제12호, 제2항 및 제3항의 규정에 의하여 해외에서 예금거래를 하는 자(기관투자가는 제7-35조에 의한 보고로 갈음한다)가 해외에서 건당 미화 1만불을 초과하여 입금한 경우에는 입금일부터 30일 이내에 해외입금보고서를 지정거래외국환은행의 장에게 제출하여야 하며, 지정거래외국환은행의 장은 다음 연도 첫째달 말일까지 한국은행총재에게 보고하여야 한다.

② 제7-11조 제1항 제12호, 제2항 및 제3항의 규정에 의하여 해외에서 예금거래를 하는 자(기관투자가는 제7-35조에 의한 보고로 갈음한다) 및 제7-11조 제3항의 규정에 의하여 해외에서 신탁거래를 하는 자(기관투자가는 제7-35조에 의한 보고로 갈음한다)중 다음 각호의 1에 해당하는 자는 지정거래외국환은행을 경유하여 다음 연도 첫째달 말일까지 잔액현황보고서를 한국은행총재에게 제출하여야 한다.
1. 법인:연간 입금액 또는 연말 잔액이 미화 50만불을 초과하는 경우
2. 법인이외의 자:연간입금액 또는 연말 잔액이 미화 10만불을 초과하는 경우

③ 한국은행총재는 제1항에 의한 해외입금보고서 및 제2항에 의한 잔액현황보고서를 국세청장 및 관세청장에게 통보하여야 한다.

제3절 금전의 대차, 채무의 보증계약에 따른 자본거래

제1관 금전의 대차계약

제7-13조(신고의 예외거래)

거주자가 금전의 대차계약에 따른 채권의 발생등에 관한 거래를 하고자 하는 경우로서 다음 각호의 1에 해당하는 경우에는 신고를 요하지 아니한다.
1. 거주자가 다른 거주자와 금전의 대차계약에 따른 외국통화로 표시되거나 지급을 받을 수 있는 채권의 발생등에 관한 거래를 하고자 하는 경우
2. 거주자가 비거주자와 「외국인투자촉진법」에 의한 차관계약을 체결하거나 「공공차관의도입및관리에관한법률」에 의한 공공차관협약을 체결하는 경우
3. 거주자가 비거주자와 「대외경제협력기금법」에 의한 차관공여계약을 체결하는 경우
4. 국민인거주자와 국민인비거주자간에 국내에서 내국통화로 표시되고 지급되는 금전의 대차계약을 하는 경우
5. 대한민국정부의 재외공관근무자, 그 동거가족 또는 해외체재자 및 해외유학생이 그 체재함에 필요한 생활비 및 학자금 등의 지급을 위하여 비거주자와 금전의 대차계약을 하는 경우
6. 국제유가증권결제기구에 가입한 거주자가 유가증권거래의 결제와 관련하여 비거주자로부터 일중대출(intra-day credit) 또는 일일대출(over-night credit)을 받는 경우

7. 인정된 거래에 따라 제9-39조 제2항의 부동산을 취득하면서 취득자금에 충당하기 위해 취득부동산을 담보로 비거주자로부터 외화자금을 차입하는 경우
8. 외환동시결제시스템을 통한 결제와 관련하여 거주자 회원은행이 CLS은행으로부터 CLS은행이 정한 일정 한도의 원화 지급포지션(Short Position)을 받거나 비거주자에게 일중 원화신용공여(Intra-day Credit) 또는 일일 원화신용공여(Over-night Credit)를 하는 경우
9. 외환동시결제시스템을 통한 결제와 관련하여 외국환업무취급기관이 비거주자 회원은행으로부터 일중 신용공여(Intra-day Credit) 또는 일일 신용공여(Over-night Credit)를 받는 경우
10. 외국인투자기업이 국내에 있는 과세당국에 해외본사의 세금을 대납하기 위해 해외본사에게 상환기간이 1년 이하인 대출을 하는 경우

제7-14조(거주자의 외화자금차입)

① 제7-13조의 규정에 해당하는 경우를 제외하고 다음 각호의 1에 해당하는 거주자가 비거주자로부터 외화자금을 차입(외화증권 및 원화연계외화증권 발행을 포함하며 이하 이 관에서 같다)하고자 하는 경우에는 현지금융 여부를 명시하여 지정거래외국환은행의 장(단, 제7-22조 제2항에 의해 증권발행 신고를 한 경우에는 제7-22조 제2항의 지정거래외국환은행의 장으로 한다. 이하 이 조에서 같다)에게 자금을 수령한 날로부터 1개월 이내에 거래사실을 보고하여야 하며(현지금융의 경우 다른 거주자가 보증 및 담보를 제공하지 않는 경우에 한한다), 제7-18조에 따라 인정된 거래에 대해서는 보고를 요하지 아니한다. 다만, 미화 5천만불(차입신고시점으로부터 과거 1년간의 누적차입금액을 포함하며, 현지금융 자금은 산입에서 제외한다. 이하 이 조에서 같다)을 초과하여 차입하고자 하는 경우에는 지정거래외국환은행을 경유하여 기획재정부장관에게 신고하여야 한다.
1. 지방자치단체, 공공기관
2. 공공목적의 달성을 위해 정부 또는 제1호의 기관이 설립하거나 출자·출연한 법인 또는 정부업무수탁법인
3. 영리법인

② 제1항에 불구하고 「외국인투자촉진법」에 의하여 일반제조업을 영위하는 업체(이하 이 항에서 "일반제조업체"라 한다) 또는 기획재정부장관으로부터 조세감면 결정을 받은 외국인투자기업으로서 고도의 기술을 수반하는 사업 및 산업지원서비스업을 영위하는 업체(이하 이 항에서 "고도기술업체"라 한다)가 다음 각호의 1에 해당하는 한도범위내에서 비거주자로부터 상환기간이 1년 이하(자금인출일부터 기산한다)인 단기외화자금을 차입하고자 하는 경우에는 제1항에 의한 지정거래외국환은행의 장에게 신고하여야 한다.
1. 고도기술업체의 경우 외국인투자금액(외화금액 기준으로서 외국인투자기업등록증명서상의 투자금액과 등록되지 않은 주금납입액을 말하며 이하 같다) 이내. 다만, 고도기술업체중 외국인투자비율이 3분의 1 미만인 기업은 외국인투자금액의 100분의 75 이내
2. 일반제조업체의 경우 외국인투자금액의 100분의 50

③ 제1항의 규정에 불구하고 정유회사 및 원유, 액화천연가스 또는 액화석유가스 수입업자가 원유, 액화천연가스 또는 액화석유가스의 일람불방식, 수출자신용방식(Shipper's Usance) 또는 사후송금방식 수입대금 결제를 위하여 상환기간이 1년 이하의 단기외화자금을 차입하는 경우에는 거래외국환은행의 장(L/C 방식인 경우에는 L/C 개설은행을 말하며 D/P·D/A 방식인 경우에는 수입환어음 추심은행, 사후송금방식인 경우에는 수입대금 결제를 위한 송금은행을 말한다)에게 신고하여야 한다.

④ 제1항에도 불구하고 직전 분기말 자기자본이 1조원 이상인 투자매매업자 또는 투자중개업자가 비거주자로부터 외화자금을 차입하는 경우에는 제2-5조의 규정에 따른다. 이 경우 "외국환은행"은 "직전 분기말 자기자본이 1조원 이상인 투자매매업자 또는 투자중개업자"로 본다. 다만, 직전 분기말 자기자본 1조원 이상인 투자매매업자 또는 투자중개업자는 외화자금 차입현황을 매월별로 다음달 10일까지 한국은행총재 및 금융감독원장에게 보고하여야 한다.

⑤ 제7-13조의 규정에 해당하는 경우를 제외하고 제1항 제1호 및 제2호 이외의 개인 및 비영리법인이 비거주자로부터 외화자금을 차입하고자 하는 경우에는 지정거래외국환은행을 경유하여 한국은행총재에게 신고하여야 한다. 다만, 비영리법인의 현지 사용목적 현지차입의 경우에는 지정거래외국환은행의 장에게 거래가 있었던 날로부터 1개월 이내에 거래사실을 보고하여야 한다.

⑥ 제1항의 규정에 의하여 신고를 하는 자중 제1항 제1호 및 제2호에 해당하는 자가 미화 5천만불 초과의 외화자금을 차입하고자 하는 경우에는 기획재정부장관과 사전협의 후 신고하여야 한다.

⑦ 제1항 및 제5항의 규정에 의하여 신고를 하고자 하는 자는 차입시 별지 제7-2호 서식의 금전의 대차계약 신고서[증권발행의 경우에는 별지 제7-5호 서식의 증권발행신고서]에 차입자금의 용도를 명기하여 신고기관 등에 제출하여야 한다.

⑧ 외화를 차입한 거주자는 조달한 외화자금(제7-13조 제7호의 규정에 의하여 조달한 외화자금은 제외)을 각 호의 1에 해당하는 절차에 따라 사용하여야 한다.

1. 현지금융이 아닌 경우에는 조달한 외화자금을 지정거래외국환은행에 개설된 거주자계정에 예치한 후 신고 또는 보고시 명기한 용도로 사용하여야 한다. 다만, 경상거래대금의 대외지급, 해외직접투자를 위해 조달한 자금은 국내에 본점을 둔 외국환은행의 해외지점·현지법인 또는 외국 금융기관에 예치후 지급하거나 비거주자에게 직접 지급할 수 있으며, 외화증권발행에 의하여 조달한 자금은 국내에 본점을 둔 외국환은행의 해외지점·현지법인에 예치할 수 있다.
2. 현지금융의 경우에는 제1항에 따른 변경 보고 또는 신고를 하거나 현지법인등과 국내 거주자간의 인정된 경상거래에 따른 결제자금의 국내 유입의 경우를 제외하고는 국내에 예치하거나 국내로 유입할 수 없다.

⑨ 제8항 제1호 단서의 규정에 의하여 외화자금을 예치하거나 지급한 자는 동 계정의 예치·인출 및 상환 상황을 지정거래외국환은행의 장에게 보고하여야 한다.

⑩ 지정거래외국환은행의 장은 매분기 제8항의 규정에 의한 거주자계정 또는 외화예금계정의 예치·인출 및 상환상황을 한국은행총재에게 보고하여야 하며, 한국은행총재는 이를 종합하여 다음 분기 첫째달 20일 이내에 기획재정부장관에게 보고하여야 한다.

⑪ 기획재정부장관은 제1항 또는 제4항에 따라 신고를 하는 자중 원화조달목적으로 외화자금을 차입한 거주자에 대하여 환율변동위험 방지를 위해 필요한 조치를 취하도록 지도할 수 있다.

⑫ 외국환은행의 장 및 한국은행 총재는 필요시 제1항 내지 제5항의 신고내용을 국세청장에게 열람하도록 하여야 한다.

제7-14조의2(현지법인등의 외화자금차입 등)

① 다음 각호의 1에 해당하는 자(이하 현지법인등)가 현지금융을 받고자 하는 경우에는 현지법인등을 설치한 거주자(국내 다른 기업과 공동출자하여 현지법인 등을 설치한 경우에는 출자지분이 가장 많은 기업, 출자지분이 같은 경우에는 자기자본이 가장 큰 기업)가 현지금융을 받은 날로부터 1개월 이내에 지정거래외국환은행의 장에게 보고하여야 하며, 주채무계열 소속 기업체는 부득이한 경우를 제외하고 주채권은행을 현지금융관련 거래외국환은행으로 지정하여야 한다. 다만, 제7-18조에 따라 인정된 거래에 대해서는 보고를 요하지 아니한다.

1. 거주자의 현지법인(거주자의 현지법인이 100분의 50 이상 출자한 자회사를 포함한다)
2. 거주자의 해외지점

② 제1항에도 불구하고 현지법인등이 거주자의 보증 및 담보를 받지 아니하고 현지금융을 받는 경우에는 보고를 요하지 아니한다. 다만, 해외지점 및 다음 각호의 1에 해당하는 현지법인의 경우에는 현지법인등을 설치한 거주자가 당해 현지법인등의 현지금융 차입 및 상환 반기보를 다음 반기 첫째달 말일까지 지정거래외국환은행의 장에게 보고하여야 한다.
1. 거주자의 투자비율이 100분의 50 이상인 현지법인
2. 제1호의 현지법인이 100분의 50 이상 출자한 자회사

③ 제7-14조 및 제7-14조의2의 규정에 의하여 현지금융을 받은 자는(현지법인등을 설치한 거주자를 포함한다) 차입한 자금을 신고 또는 보고한 바에 따라 사용하여야 하며, 현지금융의 차입 및 상환 반기보를 당해 거주자의 지정거래외국환은행의 장에게 다음 반기 첫째달말일까지 보고하여야 한다.

④ 제7-14조(현지금융 목적의 자금으로 한정), 제7-14조의2, 제7-18조 제1항 제4호 및 제5호의 규정에 의한 보고를 받은 지정거래외국환은행의 장은 현지금융차입 및 상환상황 반기보를 다음 반기 둘째달 말일까지 한국은행총재에게 보고하여야 하며, 한국은행총재는 현지금융 차입 및 상환 상황을 국세청장 및 금융감독원장에게 통보하여야 한다.

⑤ 제7-14조(현지금융 목적의 자금으로 한정), 제7-14조의2, 제7-18조 제1항 제4호 및 제5호에 따라 현지금융을 받은 자 또는 현지금융관련 보증등을 제공한 자가 그 원금 및 이자와 부대비용을 국내에서 외국에 지급하고자 하는 경우에는 지정거래외국환은행을 통하여 송금하여야 한다. 다만, 외국환은행이 보증과 관련하여 대지급하는 경우에는 그러하지 아니하다.

제7-15조(거주자의 원화자금차입)

① 제7-13조의 규정에 해당하는 경우를 제외하고 거주자가 비거주자로부터 원화자금을 차입하고자 하는 경우에는 지정거래외국환은행의 장에게 신고하여야 한다. 다만, 10억원(차입신고시점으로부터 과거 1년간의 누적차입금액을 포함한다)을 초과하여 차입하고자 하는 경우에는 지정거래외국환은행을 경유하여 기획재정부장관에게 신고하여야 한다.

② 거주자가 비거주자로부터 원화자금을 차입하는 경우에는 비거주자자유원계정에 예치된 내국지급수단에 한한다.

제7-16조(거주자의 비거주자에 대한 대출)

① 제7-13조에 규정된 경우를 제외하고 영 제8조 제1항 제1호부터 제3호까지의 규정에 따라 외국 법인에 투자한 거주자가 해당 외국법인에 대하여 상환기간을 1년 미만으로 하여 금전을 대여하는 경우에는 지정거래외국환은행의 장에게 자금을 지급한 날로부터 1개월 이내에 거래사실을 보고하여야 한다.

② 제7-13조와 제1항에 규정된 경우를 제외하고 거주자가 비거주자에게 대출을 하고자 하는 경우(제2장에서 외국환업무취급기관의 외국환업무로서 허용된 경우 제외)에는 한국은행총재에게 신고하여야 한다. 다만, 이 항에 의한 신고사항 중 다른 거주자의 보증 또는 담보를 제공받아 대출하는 경우 및 10억원을 초과하는 원화자금을 대출하고자 하는 경우에는 대출을 받고자 하는 비거주자가 신고하여야 한다.

③ 지정거래외국환은행의 장과 한국은행총재는 각각 제1항과 제2항에 의한 신고 중 법인이 아닌 거주자의 비거주자에 대한 대출에 대해서는 동 신고내용을 매월별로 익월 20일까지 국세청장에게 통보하여야 한다.

제2관 채무의 보증계약

제7-17조(신고의 예외거래)

다음 각호의 1에 해당하는 채무의 보증계약에 따른 채권의 발생등에 관한 거래를 하고자 하는 경우에는 신고를 요하지 아니한다.

1. 거주자(채권자)와 거주자(채무자)의 거래에 대하여 거주자가 외국통화표시 보증을 하는 경우
2. 거주자의 수출거래와 관련하여 외국의 수입업자가 외국환은행으로부터 역외금융대출을 받음에 있어 당해 거주자가 그 역외금융대출에 대하여 당해 외국환은행에 외국통화표시 보증을 하는 경우(당해 외국환은행은 수출관련 역외금융대출보증에 관한 보고서를 매분기별로 익월 20일까지 한국은행총재에게 제출하여야 한다)
3. 국내에 본점을 둔 시설대여회사가 당해 시설대여회사 현지법인에 대한 외국환은행의 역외금융대출에 대하여 본사의 출자금액 범위내에서 외국통화표시 보증을 하는 경우
4. 거주자가 이 규정에 의해 인정된 거래를 함에 따라 비거주자로부터 보증을 받는 경우
5. 거주자가 다음 각목의 1에 해당하는 보증을 하는 경우
   가. 제7-14조 및 제7-15조의 규정에 의한 자금차입계약(현지금융은 제외한다)에 관하여 거주자가 비거주자에게 보증을 하는 경우. 다만, 제7-14조 제1항의 규정에 의한 주채무계열 소속 상위 30대 계열기업체의 외화자금차입계약에 관하여 동 계열 소속 다른 기업체가 보증하고자 하는 경우에는 그러하지 아니하다.
   나. 거주자가 제4장에서 규정한 지급(제4-5조 내지 제4-7조의 규정에 의한 경우는 제외한다)을 위한 외국통화표시 보증을 하는 경우
   다. 거주자가 이 장 제8절제2관의 규정에 의하여 인정된 임차계약을 함에 따라 국내의 다른 거주자가 외국통화표시 보증을 하거나 시설대여회사가 외국의 시설대여회사와 국내의 실수요자간의 인정된 시설대여계약에 대하여 외국통화표시 보증을 하는 경우
   라. 거주자의 제7-21조 제1항 제5호의 규정에 의한 약속어음매각과 관련하여 당해 거주자의 계열기업이 외국통화표시 대외보증을 하는 경우
   마. 제2-6조 제1항단서에 따라 비거주자가 한국은행총재에게 신고하고(제2-6조 제2항에 의해 신고가 면제되는 경우를 포함한다) 외국환은행으로부터 대출을 받음에 있어, 거주자가 보증 또는 담보를 제공하는 경우
6. 거주자가 비거주자와 물품의 수출·수입 또는 용역거래를 함에 있어서 보증을 하는 경우
7. 거주자 및 거주자의 현지법인이나 해외지점의 수출, 해외건설 및 용역사업 등 외화획득을 위한 국제입찰 또는 계약과 관련한 입찰보증등을 위하여 비거주자가 보증금을 지급하거나 이에 갈음하는 보증을 함에 있어서 보증 등을 하는 비거주자가 부담하는 채무의 이행을 당해 거주자 또는 계열관계에 있는 거주자가 보증 또는 부담하는 계약을 체결하는 경우
8. 거주자의 제7-11조 제1항 제3호에 해당하는 해외장내파생상품거래에 필요한 자금의 지급에 갈음하여 비거주자가 지급 또는 보증을 함에 있어서 지급 또는 보증을 하는 비거주자가 부담하는 채무의 이행을 당해 거주자 또는 당해 거주자의 계열기업이 보증 또는 부담하는 계약을 체결하는 경우
9. 국민인거주자와 국민인비거주자간에 다른 거주자를 위하여 내국통화로 표시되고 지급되는 채무의 보증계약을 하는 경우
10. 제7-45조 제1항 제16호 및 제7-48조 제1항 제6호의 규정과 관련하여 「자본시장과 금융투자업에 관한 법률」에 의한 증권금융회사가 비거주자에게 보증하는 경우
11. 거주자 및 거주자의 현지법인이나 해외지점이 비거주자와 해외건설 및 용역사업, 물품수출거래를 함에 있어 당해 비거주자(입찰대행기관 및 수입대행기관을 포함한다)와 보증등을 하는 경우

12. 제7-40조 제2항의 규정에 의한 파생상품거래에 관하여 거주자가 비거주자에게 보증을 하는 경우

제7-18조(외국환은행의 장에게 보고 등)

① 거주자가 비거주자와 채무의 보증계약에 따른 채권의 발생등에 관한 거래를 하고자 하는 경우로서 다음 각호의 1에 해당하는 경우에는 외국환은행의 장에게 거래가 있었던 날로부터 1개월 이내에 거래사실을 보고(제4호 및 제5호의 경우에는 현지금융을 받는 거주자 또는 현지법인등을 설치한 거주자의 지정거래외국환은행에 보고)하여야 한다.

1. 국내에 본점을 둔 투자매매업자·투자중개업자가 당해 투자매매업자·투자중개업자 현지법인의 인정된 업무에 수반되는 현지차입에 대하여 보증을 하는 경우. 다만, 보증금액은 당해 현지법인에 대한 거주자의 출자금액의 300% 이내에 한한다.
2. 거주자의 현지법인이 외국의 시설대여회사로부터 인정된 사업수행에 필요한 시설재를 임차함에 있어서 당해 현지법인이 부담하는 채무의 이행을 당해 거주자 또는 계열관계에 있는 거주자가 보증하는 경우
3. 국내에 본점을 둔 시설대여회사가 당해 시설대여회사 현지법인의 인정된 업무에 수반되는 현지차입에 대하여 본사의 출자금액 범위내에서 보증을 하는 경우
4. 제7-14조 제1항에 해당하는 현지금융 관련 거주자가 보증(담보 포함)을 하는 경우
5. 제7-14조의2에 해당하는 현지금융 관련 거주자가 보증(담보 포함)을 하는 경우

② 주채무계열 소속 상위 30대 계열기업체의 제7-14조 제1항의 규정에 의한 상환기간이 1년을 초과하는 장기외화자금차입계약과 관련하여 동 계열 소속 다른 기업체가 보증하고자 하는 경우에는 보증하고자 하는 자가 차입자의 지정거래외국환은행의 장에게 거래가 있었던 날로부터 1개월 이내에 거래사실을 보고하여야 한다. 이 경우 제7-14조 제1항의 규정에 의하여 차입에 관한 보고 또는 신고를 하는 자가 보증하는 자를 대신하여 보고할 수 있다.

③ 교포등에 대한 여신과 관련하여 거주자 또는 당해 여신을 받는 비거주자가 국내에 있는 금융기관에 미화 50만불 이내에서 원리금의 상환을 보증하고자 하는 경우에는 지정거래외국환은행의 장에게 거래가 있었던 날로부터 1개월 이내에 거래사실을 보고하여야 한다. 이 경우 거래외국환은행의 지정은 여신을 받는 자의 명의로 하고, 해외에서도 하나의 외국환은행해외지점 또는 현지법인금융기관등을 거래금융기관으로 지정하여야 한다.

④ 제3항의 규정과 관련하여 보증을 제공한 자가 대지급을 하고자 하는 경우에는 지정거래외국환은행을 통하여 송금하여야 한다. 다만, 외국환은행이 대지급 하는 경우에는 그러하지 아니하다.

제7-19조(한국은행총재에게 신고)

제7-17조 및 제7-18조에서 규정된 경우를 제외하고 거주자와 비거주자의 거래 또는 비거주자간 거래에 관하여 거주자가 채권자인 거주자 또는 비거주자와 채무의 보증계약(외국환은행에 보증 또는 담보를 제공하는 행위를 포함한다, 다만 제2-6조 제3항 제3호 및 제4호의 경우는 제외한다.)에 따른 채권의 발생등에 관한 거래를 하고자 하는 경우에는 한국은행총재에게 신고하여야 하며, 한국은행총재는 필요시 동 신고내용을 국세청장에게 열람하도록 하여야 한다.

제4절 대외지급수단, 채권 기타의 매매 및 용역계약에 따른 자본거래

제7-20조(거주자간의 거래)

① 거주자가 다른 거주자와 대외지급수단, 채권 기타의 매매 및 용역계약에 따른 외국통화로 표시되거나 지급을 받을 수 있는 채권의 발생등에 관한 거래를 하고자 하는 경우로서 다음 각호의 1에 해당하는 경우에는 신고를 요하지 아니한다.

1. 거주자와 다른 거주자간 물품 기타의 매매, 용역계약에 따른 외국통화로 지급받을 수 있는 채권의 발생 등에 관한 거래
2. 거주자간에 지급수단으로 사용목적이 아닌 화폐수집용 및 기념용으로 외국통화를 매매하는 거래
3. 해외건설 및 용역사업자와 면세용물품제조자간에 해외취업근로자에 대한 면세쿠폰을 매매하는거래
4. 외국환은행이 거주자의 수입대금의 지급을 위하여 유네스코쿠폰을 당해 거주자에게 매각하는 거래
5. 거주자간 인정된 거래로 취득한 채권의 매매계약에 따른 외국통화로 표시되거나 지급받을 수 있는 채권의 발생등에 관한 거래
6. 거주자간 매매차익을 목적으로 하지 않는 거래로서 동일자에 미화 5천불 이내에서 대외지급수단을 매매하는 거래

② 제1항의 규정에 해당하는 경우를 제외하고 거주자가 다른 거주자와 대외지급수단의 매매계약에 따른 외국통화로 표시되거나 지급받을 수 있는 채권의 발생등에 관한 거래를 하고자 하는 경우에는 한국은행총재에게 신고하여야 한다.

③ 제1항 제1호 및 제5호의 규정에 따른 대금은 외국환은행을 통하여 지급 또는 수령하여야 한다.

제7-21조(거주자와 비거주자간의 거래)

① 거주자가 비거주자와 대외지급수단, 채권의 매매계약에 따른 채권의 발생등에 관한 거래를 하고자 하는 경우로서 다음 각호의 1에 해당하는 경우에는 신고를 요하지 아니한다.
1. 외국환은행해외지점, 외국환은행현지법인, 외국금융기관(외국환전영업자를 포함한다)이 해외에 체재하는 거주자와 원화표시여행자수표, 원화표시자기앞수표 또는 내국통화의 매매거래를 하는 경우
2. 외국에 체재하는 거주자(재외공관근무자 또는 그 동거가족, 해외체재자를 포함한다)가 비거주자와 체재에 직접 필요한 대외지급수단, 채권의 매매거래를 하는 경우
3. 거주자가 외국에서 보유가 인정된 대외지급수단 또는 외화채권으로 다른 외국통화표시 대외지급수단 또는 외화채권을 매입하는 경우
4. 거주자가 수출관련 외화채권을 비거주자에게 매각하고 동 매각자금 전액을 외국환은행을 통하여 국내로 회수하는 경우
5. 거주자가 국내외 부동산·시설물 등의 이용·사용과 관련된 회원권, 비거주자가 발행한 약속어음 및 비거주자에 대한 외화채권 등을 비거주자에게 매각하고 동 매각자금을 외국환은행을 통하여 국내로 회수하는 경우
6. 거주자가 비거주자에게 매각한 국내의 부동산·시설물 등의 이용·사용과 관련된 회원권 등을 비거주자로부터 재매입하는 경우

② 제1항의 규정에 해당하는 경우를 제외하고 거주자가 거주자 또는 비거주자와 외국의 부동산·시설물 등의 이용·사용 또는 이에 관한 권리의 취득에 따른 회원권의 매입거래를 하고자 하는 경우에는 외국환은행의 장에게 거래가 있었던 날로부터 1개월 이내에 거래사실을 보고하여야 한다.

③ 제1항 및 제2항의 규정에 해당하는 경우를 제외하고 거주자가 비거주자와 대외지급수단 및 채권의 매매계약에 따른 채권의 발생등에 관한 거래를 하고자 하는 경우에는 한국은행총재에게 신고하여야 한다.

④ 외국환은행의 장은 제2항의 규정에 의한 취득금액이 건당 미화 10만불을 초과하는 경우 국세청장 및 관세청장에게, 건당 미화 5만불을 초과하는 경우 금융감독원장에게 회원권 등의 매매내용을 익월 10일까지 통보하여야 한다.

제5절 증권의 발행

제1관 통칙

제7-22조(거주자의 증권발행)

① 거주자가 국내에서 외화증권을 발행 또는 모집(이하 이절에서 "발행"이라 한다)하고자 하는 경우에는 허가 및 신고를 요하지 아니한다.

② 거주자가 외국에서 외화증권을 발행하고자 하는 경우(거주자가 국내에서 발행한 외화증권을 비거주자가 「자본시장과 금융투자업에 관한 법률」 제9조 제8항에서 규정하는 사모로 취득하는 경우를 포함한다)에는 지정거래외국환은행의 장(단, 제7-14조 제1항에 의해 외화차입 신고를 한 경우에는 제7-14조 제1항의 지정거래외국환은행의 장으로 한다. 이하 이 항에서 같다) 등에게 보고 또는 신고등을 하여야 하며, 제7-14조의 규정을 준용한다. 다만, 외화증권발행방식에 의하여 미화 5천만불을 초과하는 현지금융을 받고자 하는 경우에는 지정거래외국환은행을 경유하여 기획재정부장관에게 신고하여야 한다.

③ 거주자(외국환업무취급기관을 포함하며, 이하 이 조에서 같다)가 이 절 제3관의 규정에 의하여 외국에서 원화증권을 발행하고자 하는 경우에는 기획재정부장관에게 신고하여야 한다.

④ 증권발행을 한 자가 납입을 완료했을 경우에는 지체없이 별지 제7-10호 서식의 증권발행보고서를 신고기관의 장에게 제출하여야 한다.

제7-23조(비거주자의 증권발행)

① 비거주자가 다음 각호의 1에 해당하는 증권을 발행하고자 하는 경우에는 기획재정부장관에게 신고하여야 한다. 다만, 증권의 발행으로 조달한 자금은 신고시 명기한 용도로 사용하여야 한다.

1. 비거주자가 이 절 제2관의 규정에 의하여 국내에서 외화증권 또는 원화연계외화증권을 발행(외국에서 기발행된 외화증권을 증권시장에 상장하는 경우를 포함한다)하고자 하거나 원화증권을 발행하고자 하는 경우

2. 비거주자가 이 절 제3관의 규정에 의하여 외국에서 원화증권 또는 원화연계외화증권을 발행하고자 하는 경우

② <삭제>

제7-23조의2(상장증권의 거래소간 이동)

① 제7-22조 및 제7-23조의 규정에도 불구하고 국내증권시장과 해외증권시장간에 증권의 이동이 이루어지는 방식으로 증권을 상장하고자 하는 경우에는 최초 상장시점에 1회에 한하여 기획재정부장관에게 신고하여야 한다.

② 제1항의 신고를 한 자는 시장간 유가증권의 이동 또는 전체 증권발행수량의 변동이 발생한 경우 매월별로 다음 달 말까지 기획재정부장관에게 보고하여야 한다.

제2관 비거주자의 국내에서 증권의 발행절차

제7-24조(신고 및 발행자금의 사용)

① 증권을 발행하고자 하는 비거주자는 별지 제7-5호 서식의 증권발행신고서에 발행자금의 용도를 기재한 발행계획서를 첨부하여 기획재정부장관에게 제출하여야 한다.

② 주식예탁증서를 발행하고자 하는 자는 이 관에서 정하는 바에 따라 발행되는 주식예탁증서의 신주인수권행사에 따른 증권납입대금 및 배당금지급 등 주식예탁증서의 권리행사 및 의무이행에 관련된 자금의 예치 및 처분을 위하여 예탁결제원에 예탁결제원 명의의 원화증권전용외화계정(발행자 명의도 부기함)을 지정거래외국환은행에 개설하도록 요청하여야 하며, 요청받은 예탁결제원은 지정거래외국환은행에 예탁결제원 명의의 원화증권전용외화계정을 개설하여야 한다.

③ 비거주자가 제1항의 규정에 따라 국내에서 증권을 발행한 경우, 원화증권인 경우에는 비거주자자유원계정을, 외화증권인 경우에는 대외계정을 개설하여 증권납입대금을 예치하여야 한다.

제7-25조(증권발행전용비거주자원화계정)

<삭제>

제7-26조(증권발행전용대외계정)

<삭제>

제7-27조(보고)

① 증권발행신고를 한 자가 납입을 완료하였을 경우에는 지체없이 별지 제7-10호 서식의 증권발행보고서에 다음 각호의 서류를 첨부하여 기획재정부장관에게 제출하여야 한다.

1. 발행조건 및 비용명세서
2. 인수기관별 인수내역

② 예탁결제원은 예탁결제원 명의의 원화증권전용외화계정의 지급 및 수령상황을 매월 외화계정이 개설된 지정거래외국환은행의 장에게 통보하여야 한다.

③ 지정거래외국환은행의 장은 예탁결제원 명의의 원화증권전용외화계정의 예치 및 처분상황을 매월 한국은행총재에게 보고하여야 한다.

④ 한국은행총재는 제3항의 예치 및 처분상황을 종합하여 매월 기획재정부장관에게 보고하여야 한다.

제7-28조(해외판매채권의 매매 등)

① 발행채권의 일부를 해외에서 판매하고자 하는 자는 해외에서의 해외판매채권의 매매(외화결제에 한한다)를 위해 국제적으로 인정되는 결제기구 또는 예탁기관에 해외판매채권을 예탁할 수 있다.

② 제1항에서 정하는 바에 따라 예탁하고자 하는 자는 제7-23조에서 정하는 발행신고시에 기획재정부장관에게 신고하여야 한다.

제3관 외국에서 원화증권의 발행절차

제7-29조(거주자의 원화증권 발행)

① 거주자가 외국에서 원화증권을 발행하고자 하는 경우에는 별지 제7-5호 서식의 증권발행신고서에 발행자금의 용도를 기재한 발행계획서를 첨부하여 기획재정부장관에게 제출하여야 한다.

② 원화증권발행을 신고한 자가 납입을 완료하였을 경우에는 지체없이 별지 제7-10호 서식의 증권발행보고서를 기획재정부장관에게 제출하여야 한다.

제7-30조(비거주자의 원화증권 발행)

① 비거주자가 외국에서 원화증권(원화연계외화증권을 포함하며 이하 이 조에서 같다)을 발행하고자 하는 경우에는 별지 제7-5호 서식의 증권발행신고서에 발행자금의 용도를 기재한 발행계획서를 첨부하여 기획재정부장관에게 제출하여야 한다.

② 원화증권발행신고를 한 자가 납입을 완료하였을 경우에는 지체없이 별지 제7-10호 서식의 증권발행보고서를 기획재정부장관에게 제출하여야 한다.

제6절 증권의 취득

제1관 통칙

제7-31조(거주자의 증권취득)

① 거주자가 비거주자로부터 증권을 취득하고자 하는 경우로서 다음 각호의 1에 해당하는 경우에는 신고를 요하지 아니한다. 다만, 외국법인의 경영에 참가하기 위하여 당해 법인의 주식 또는 출자지분을 취득하고자 하는 경우에는 제9장의 규정에 의한다.

1. 거주자가 제2관의 규정에 정하는 바에 따라 외화증권에 투자하는 경우
2. 거주자가 비거주자로부터 상속·유증·증여로 인하여 증권을 취득하는 경우
3. 거주자가 이 장 제5절의 규정에서 정하는 바에 의하여 발행한 증권의 만기전 상환 및 매입소각 등을 위하여 증권을 취득하는 경우.
4. 거주자가 인정된 거래에 따라 취득한 주식 또는 지분에 대신하여 합병 후 존속·신설된 법인의 주식 또는 지분을 비거주자로부터 취득하는 경우
5. 거주자가 외국의 법령에 의한 의무를 이행하기 위하여 비거주자로부터 외화증권을 취득하는 경우
6. 거주자가 국민인비거주자로부터 국내에서 원화증권을 내국통화로 취득하는 경우
7. 거주자가 인정된 거래에 따른 대부금의 대물변제, 담보권의 행사와 관련하여 비거주자로부터 외화증권을 취득하는 경우
8. 거주자가 제5절의 규정에 의하여 비거주자가 국내 또는 국외에서 발행한 만기 1년 이상인 원화증권을 취득하거나 비거주자가 발행한 해외판매채권을 「자본시장과 금융투자업에 관한 법률」 및 시행령이 정하는 바에 따라 비거주자에게 매각할 목적으로 국내인수회사가 취득하는 경우. 다만, 거주자가 원주를 취득하는 경우에는 제2관의 규정을 준용한다.
9. 국내기업이 사업활동과 관련하여 외국기업과의 거래관계의 유지 또는 원활화를 위하여 미화 5만불 이하의 당해 외국기업의 주식 또는 지분을 취득하는 경우
10. 「외국인투자촉진법」에 의한 외국인투자기업(국내자회사를 포함한다), 제9장제3절에 의한 외국기업국내지사, 외국은행국내지점 또는 사무소에 근무하는 자가 본사(본사의 지주회사나 방계회사를 포함한다)의 주식 또는 지분을 취득하는 경우
11. 거주자가 국내유가증권시장에 상장 또는 등록된 외화증권을 비거주자로부터 취득하거나, 거주자의 인정된 거래를 통해 부여된 권리를 거주자가 행사함으로써 주식 또는 지분을 취득하는 경우
12. 제7-32조 제1항 제1호, 제2호 및 제11호, 제7-32조 제2항 및 제3항의 규정에 의해 증권을 취득한 비거주자로부터 동 증권을 취득하는 경우

② 제1항의 규정에 해당하는 경우를 제외하고 거주자가 비거주자로부터 증권을 취득하고자 하는 경우에는 한국은행총재에게 신고하여야 하며, 한국은행총재는 필요시 동 신고내용을 국세청장에게 열람하도록 하여야 한다. 다만, 거주자가 보유증권을 대가로 하여 비거주자로부터 증권을 취득하고자 하는 경우에는 교환대상증권의 가격 적정성을 입증하여야 한다.

③ 한국은행총재는 연도별 증권취득현황 등을 다음 연도 둘째달 말일까지 기획재정부장관에게 보고하여야 한다.

제7-32조(비거주자의 증권취득)

① 비거주자가 거주자로부터 증권을 취득하고자 하는 경우로서 다음 각호의 1에 해당하는 경우에는 신고를 요하지 아니한다.
1. 제3관의 규정에 의하여 원화증권을 취득하는 경우. 다만, 인정된 증권대차거래를 위하여 외국금융기관에 개설한 계좌에 외화담보를 예치 및 처분하는 경우에는 제3관에 의한 거래로 간주한다.
2. 「외국인투자촉진법」의 규정에 의하여 인정된 외국인투자를 위하여 비거주자가 거주자로부터 증권을 취득하는 경우
3. 비거주자가 거주자로부터 상속·유증으로 증권을 취득하는 경우
4. 비거주자가 국내법령에 정하는 의무의 이행을 위하여 국공채를 매입하는 경우
5. 제7-31조 제1항 제10호의 규정에 의하여 거주자가 취득한 본사의 주식(지분 포함)을 비거주자가 당해 거주자로부터 매입하는 경우
6. 비거주자가 제2-5조, 제2-10조 및 제7-22조의 규정에 의하여 거주자가 외국에서 발행한 외화증권을 취득하거나, 비거주자의 인정된 거래를 통해 부여된 권리를 비거주자가 행사함으로써 주식 또는 지분을 취득하는 경우
7. 국민인비거주자가 거주자로부터 국내에서 원화증권을 취득하는 경우
8. 이 장 제5절제2관의 규정에서 정하는 바에 따라 국내에서 원화증권 및 원화연계외화증권을 발행한 비거주자가 당초 허가를 받거나 신고된 바에 따라 만기전 상환 등을 위하여 증권을 취득하는 경우, 비거주자가 이 장 제5절제2관의 규정에서 정하는 바에 따라 비거주자가 발행한 주식예탁증서를 「자본시장과 금융투자업에 관한 법률」 및 시행령이 정하는 바에 따라 거주자로부터 취득하거나 비거주자가 주식예탁증서의 원주를 거주자로부터 취득하는 경우 또는 이 장 제5절제2관의 규정에서 정하는 바에 따라 발행되는 해외판매채권을 「자본시장과 금융투자업에 관한 법률」 및 시행령이 정하는 바에 따라 인수한 국내 인수회사로부터 취득하는 경우. 다만, 비거주자가 이 장 제5절제2관의 규정에서 정하는 바에 따라 비거주자가 발행한 주식예탁증서를 거주자로부터 취득하는 경우에는 제7-37조의 규정을 준용한다. 또한 이 장 제5절제2관의 규정에서 정하는 바에 따라 주식예탁증서를 발행한 비거주자가 당해 주식예탁증서를 취득하는 경우에는 제7-24조의 규정을 준용한다.
9. 비거주자가 인정된 거래에 따른 대부금의 대물변제, 담보권의 행사 및 채권의 출자전환(「금융산업의 구조개선에 관한 법률」, 「기업구조조정촉진법」, 「채무자 회생 및 파산에 관한 법률」에 따른 출자전환을 말한다)과 관련하여 거주자로부터 증권을 취득하는 경우
10. 비거주자가 국내유가증권시장에 상장 또는 등록된 외화증권 또는 국내 외국환은행이 발행한 외화 양도성예금증서를 취득하는 경우. 다만, 절차 등은 제3관의 규정을 준용한다.
11. 제7-31조 제1항 제1호 및 제12호, 제7-31조 제2항의 규정에 의해 증권을 취득한 거주자로부터 동 증권을 취득하는 경우

② 제1항 제1호에 해당하는 경우를 제외하고 비거주자가 거주자로부터 국내법인의 비상장·비등록 내국통화표시 주식 또는 지분을 「외국인투자촉진법」에서 정한 출자목적물에 의해 취득하는 경우로서 「외국인투자촉진법」에서 정한 외국인투자에 해당하지 아니하는 경우에는 외국환은행의 장에게 신고하여야 한다.

③ 제1항 및 제2항의 규정에 해당하는 경우를 제외하고 비거주자가 거주자로부터 증권을 취득하고자 하는 경우에는 한국은행총재에게 신고하여야 한다.

제2관 거주자의 외화증권 투자절차

제7-33조(투자대상 등)

① 거주자가 이 관의 규정에 의하여 투자를 할 수 있는 외화증권은 제한을 두지 아니한다.

② 기관투자가가 외화증권을 매매하고자 하는 경우에는 신고를 요하지 아니한다. 다만, 제7-35조에 의한 보고의무를 준수하여야 한다.

③ 제2항 본문의 규정에도 불구하고 기관투자자가 신용파생결합증권을 매매하고자 하는 경우에는 한국은행총재에게 신고하여야 한다. 다만, 외국환업무취급기관이 외국환업무로서 행하는 거래는 제2장에서 정한 절차에 따른다.

④ 기관투자가 이외의 일반투자가가 외화증권을 매매하고자 하는 경우에는 투자중개업자를 통하여 외화증권의 매매를 위탁하여야 한다. 다만, 「자본시장과 금융투자업에 관한 법률」이 정하는 바에 의하여 외국집합투자증권을 매매하고자 하는 경우에는 투자매매업자 또는 투자중개업자를 상대방으로 하여 외국집합투자증권을 매매할 수 있다.

⑤ 제4항에도 불구하고, 해외에서 취득한 외화증권을 해외에서 매도하려는 경우로서 각호의 요건을 모두 충족하는 경우에는 투자중개업자를 통하지 않고 매매거래를 할 수 있다.
1. 투자매매업자를 상대방으로 하거나 투자중개업자를 통하여 취득한 외화증권이 아닐 것
2. 외화증권을 인정된 거래에 따라 취득하였을 것

제7-34조(외화증권투자전용외화계정)

① 일반투자가로부터 외화증권의 매매를 위탁받은 투자중개업자는 외국환은행에 개설된 일반투자가명의(투자중개업자의 명의를 부기함) 또는 투자중개업자 명의의 외화증권투자전용외화계정을 통하여 투자관련 자금을 송금하거나 회수하여야 한다.

② 거주자가 이 관의 규정에 의하여 외화증권을 매매하고자 할 경우, 투자매매업자 또는 투자중개업자는 증권금융회사 명의의 외화증권투자전용계정에 투자자예탁금(「자본시장과 금융투자업에 관한 법률 제74조 제1항에 따른 투자자예탁금을 말한다)을 예치하여야 한다.

③ 제1항에도 불구하고, 투자매매업자 또는 투자중개업자가 제2항에 따라 증권금융회사 명의의 외화증권투자전용외화계정에 예치된 투자자예탁금으로 증권 매수대금을 결제하고자 하는 경우에는 증권금융회사 명의의 외화증권투자전용외화계정에서 예탁결제원으로 증권 매수대금을 송금할 수 있다.

제7-35조(보고 등)

① 기관투자가는 외화증권 투자자금의 원천에 따라 구분하여 매월 외화증권의 인수, 매매, 보유, 대여 및 외화예금의 보유, 운영실적과 투자자금의 대외지급 및 국내회수실적(「국민연금법」 제102조 제6항에 따라 국민연금기금의 관리·운용에 관한 업무를 위탁받은 법인의 경우에는 6개월전 거래실적에 한한다)을 다음달 10일까지 한국은행총재에게 보고하여야 한다.

② 투자중개업자 및 외국집합투자증권을 매매하는 투자매매업자는 제7-33조에 따른 일반투자가의 매분기별 외화증권의 투자현황, 매매실적 등(이하 "외화증권투자현황"이라 한다)을 다음 분기 첫째달 10일까지 한국은행총재 및 금융감독원장에게 보고하여야 한다.

③ 한국은행총재는 제1항의 규정에 의하여 보고받은 외화증권투자현황을 종합하여 기획재정부장관에게 통보하여야 한다.

제3관 외국인투자자의 국내원화증권 투자절차

제7-36조(적용범위)

① 비거주자(국민인 경우에는 해외영주권을 가진 자에 한한다) 또는 증권투자자금의 대외송금을 보장받고자 하는 외국인거주자(이하 "외국인투자자"라 한다. 단, 외국인투자자가 「금융투자업규정」 제6-7조에 따른 "외국인 통합계좌"로 투자하는 경우 당해 통합계좌를 개설한 외국 금융투자업자를 이 규정에 의한 외국인투자자로 간주한다)가 다음 각호의 국내원화증권을 취득하거나 그 취득증권을 국내에서 매각 또는 제7-45조 제16호 및 제7-48조 제1항 제6호의 증권대차거래(이하 이 관에서는 "인정된 증권대차거래"라 한다) 또는 금융투자업규정 제5-1조 제6호의 환매조건부매매(이하 이 관에서는 "환매조건부매매"라 한다)를 함에 관하여는 이 관에 정하는 바에 의한다.

1. 증권
2. 기업어음
3. 상업어음
4. 무역어음
5. 양도성예금증서
6. 표지어음
7. 종합금융회사 발행어음

② 외국인투자자가 제1항의 규정에 의하여 취득한 증권에 부여된 권리행사 및 상속·유증에 따른 승계취득으로 인하여 국내원화증권을 취득하거나 그 취득증권을 국내에서 매각하는 경우에도 그러하다.

제7-37조(투자전용계정 등)

① 외국인투자자는 국내원화 증권에 투자(증권매각대금의 외국으로 송금을 포함한다)하거나 인정된 증권대차거래 및 환매조건부매매와 관련된 자금의 지급등을 위해 외국환은행에 본인 명의의 투자전용대외계정 및 투자전용비거주자원화계정(이하 "투자전용계정"이라 한다)을 통해 관련자금을 예치·처분할 수 있다.

② 외국인투자자가 제1항의 투자전용대외계정에 예치할 수 있는 외화자금은 다음 각호의 1에 한한다.
1. 외국인투자자가 외국으로부터 송금 또는 휴대반입한 외화자금
2. 본인 명의의 다른 투자전용대외계정·대외계정·비거주자외화신탁계정·「외국 금융기관의 외국환업무에 관한 지침」 제3-3조에 따른 업무용외화계좌 및 투자중개업자·투자매매업자(이하 "투자중개업자등"이라고 한다)의 투자전용외화계정, 한국거래소·예탁결제원·증권금융회사·청산회사의 투자전용외화계정에서 이체되어 온 외화자금
3. 제7-36조의 규정에 의하여 취득한 증권의 매각대금·배당금·이자 및 인정된 증권대차거래·환매조건부매매와 관련된 자금 등을 대가로 매입한 외화자금. 다만, 제2-3조의 규정에도 불구하고 외국환은행은 외화를 매각한 다음 날로부터 3영업일 이내에 관련 거래내역을 확인할 수 있다.
4. 본인 명의의 투자전용비거주자원화계정·비거주자자유원계정·비거주자원화신탁계정에 예치자금을 대가로 매입한 외화자금

③ 외국인투자자가 제1항의 투자전용대외계정을 처분할 수 있는 경우는 다음 각호의 1에 한한다.
1. 내국지급수단을 대가로 한 매각. 다만, 제1항의 원화계정에 예치하거나, 제7-36조의 규정에 의한 증권의 취득 및 인정된 증권대차거래·환매조건부매매를 위하여 외국환은행·투자중개업자등·예탁결제원·증권금융회사·종합금융회사·상호저축은행 또는 체신관서의 원화계정으로 이체하는 경우에 한한다.
2. 외국에 대한 송금

3. 본인 명의의 다른 투자전용대외계정・대외계정・비거주자외화신탁계정・「외국 금융기관의 외국환업무에 관한 지침」제3-3조에 따른 업무용외화계좌 및 투자중개업자등의 투자전용외화계정, 한국거래소・예탁결제원・증권금융회사・청산회사의 투자전용외화계정으로의 이체
4. 대외지급수단으로의 인출 또는 다른 대외지급수단의 매입

④ 외국인투자자가 투자전용비거주자원화계정에 예치할 수 있는 자금은 다음 각호의 1에 한한다.
1. 제7-36조의 규정에 의한 증권의 매각대금・배당금・이자 및 인정된 증권대차거래・환매조건부매매와 관련된 자금 등. 다만, 외국환은행・투자중개업자등・예탁결제원・증권금융회사・종합금융회사・상호저축은행 또는 체신관서의 원화계정으로부터 이체하는 방법에 의한다.
2. 본인 명의의 다른 투자전용비거주자원화계정・비거주자자유원계정・비거주자원화신탁계정・「외국 금융기관의 외국환업무에 관한 지침」제3-3조에 따른 업무용원화계좌로부터 이체되어 온 자금
3. 증권매매와 관련한 위탁증거금
4. 본인 명의의 투자전용대외계정에 예치된 외화자금을 내국지급수단을 대가로 매각한 자금
5. 제1항 단서에서 정한 바에 따라 외국인투자자가 국채 또는 「한국은행법」제69조에 따른 통화안정증권의 매매를 국제예탁결제기구에 위탁하여 투자하는 경우로서, 국제예탁결제기구 명의의 투자전용비거주자원화계정으로부터 이체되어 온 자금. 다만, 국제예탁결제기구 명의의 투자전용비거주자원화계정내 예치된 당해 외국인투자자의 자금에 한한다.
6. 국내에 본점을 둔 외국환은행의 해외지점, 현지법인 또는 외국 금융기관에 예치된 본인의 외화자금을 매각하여 취득한 내국지급수단
7. 「외국 금융기관의 외국환업무에 관한 지침」제1-2조 제2호에 따른 해외외국환업무취급기관에 본인의 외화자금을 매각하여 취득한 원화자금
8. 제2-6조 제3항 제2호에 따라 증권매매자금 결제와 직접 관련된 경우로서 2영업일 이내 결제자금을 위해 차입한 자금
9. 제2-6조 제3항 제2호 단서에 따라 당해 외국인투자자와 증권의 보관・관리 업무와 관련된 계약을 맺은 외국 금융기관 명의의 투자전용비거주자원화계정으로부터의 이체
10. 제7-9조 제5항 제18호에 따라 외국인투자자가 주소 또는 거소를 둔 상대국 현지통화 직거래은행 명의의 비거주자자유원계정으로부터 이체된 자금
11. 「외국 금융기관의 외국환업무에 관한 지침」제3-3조 제1항의 업무용원화계좌로부터 이체된 본인의 내국지급수단

⑤ 투자전용비거주자원화계정을 처분할 수 있는 경우는 다음 각호의 1에 한한다.
1. 제2항의 본인 명의 투자전용대외계정으로 이체
2. 제7-36조의 규정에 의한 증권 취득 관련 자금 또는 인정된 증권대차거래・환매조건부매매와 관련된 자금의 지급을 위한 외국환은행・투자중개업자등・예탁결제원・증권금융회사・종합금융회사・상호저축은행 또는 체신관서의 원화계정으로의 이체
3. 본인명의의 다른 투자전용비거주자원화계정・비거주자자유원계정・비거주자원화신탁계정・「외국 금융기관의 외국환업무에 관한 지침」제3-3조에서 규정하고 있는 업무용원화계좌로의 이체
4. 외국인투자자가 국내에서 체재함에 수반하는 생활비, 일상품 또는 용역의 구입 등을 위한 내국지급수단으로의 인출
5. 외국환은행으로부터의 제7-36조 제1항 제3호 내지 제6호에 해당하는 증권의 매수
6. 제1항 단서에서 정한 바에 따라 외국인투자자가 국채 또는 「한국은행법」제69조에 따른 통화안정증권의 매매를 국제예탁결제기구에 위탁하고자 하는 경우, 국제예탁결제기구 명의의 투자전용비거주자원화계정으로의 이체

7. 국내에 본점을 둔 외국환은행의 해외지점·현지법인 또는 외국 금융기관에 본인의 외화자금을 예치하기 위한 원화자금 매각
8. 「외국 금융기관의 외국환업무에 관한 지침」 제1-2조 제2호에 따른 해외외국환업무취급기관에 대외지급수단을 대가로 한 매각
9. 제2-6조 제3항 제2호에 따라 증권매매자금 결제와 직접 관련된 경우로서 2영업일 이내 결제자금을 위해 차입한 자금을 상환하는 경우
10. 제2-6조 제3항 제2호 단서에 따라 당해 외국인투자자와 증권의 보관·관리 업무와 관련된 계약을 맺은 외국 금융기관 명의의 투자전용비거주자원화계정으로의 송금
11. 제1-2조 제47호의 현지통화 직거래(LCT) 체제에 의해 허용된 거래를 통해 취득한 자금을 상대국 현재통화 직거래은행 명의의 비거주자자유원계정으로 송금하는 경우
12. 외국 금융기관의 외국환업무에 관한 지침」 제3-3조 제1항의 업무용원화계좌로의 이체

⑥ 제5항 제4호의 내국지급수단으로 인출하는 경우로서 동일자, 동일인 기준 미화 1만불 상당액을 초과하는 내국지급수단을 인출하는 경우에는 금융감독원장에게 통보하여야 한다.

⑦ 외국보관기관은 배당금수령 등 보관증권의 권리행사(매매거래는 제외한다)를 위하여 외국환은행에 보관기관 명의의 대외계정 및 비거주자원화계정을 개설할 수 있다. 다만, 외국보관기관의 대외계정 및 원화계정의 예치 및 처분은 외국인투자자의 투자전용대외계정 및 투자전용비거주자원화계정간에 상호이체하는 방법에 의하거나 외국예탁기관이 외국인투자자에게 권리를 배분하기 위하여 외국에 개설한 외국예탁기관의 계좌로 이체하는 방법에 의한다.

⑧ 제1항에도 불구하고 외국인투자자는 다음 각호의 1에 해당하는 경우에는 각호의 1에서 정한 투자전용계정을 통해 관련자금을 예치·처분할 수 있다.
1. 외국인투자자가 국제예탁결제기구에 보관 또는 결제를 위탁하여 국채증권 및 통화안정증권의 매매 등을 하고자 하는 경우: 국제예탁결제기구 명의 투자전용계정
2. 외국인투자자가 당해 외국인투자자와 증권의 보관·관리 업무와 관련된 계약을 맺은 외국 금융회사를 통해 증권의 매매 등을 하고자 하는 경우: 외국 금융회사 명의 투자전용계정
3. 국외에서 투자매매업, 투자중개업 또는 집합투자업에 상당하는 영업을 적법하게 영위하고 있는 외국 금융회사가 외국인투자자의 증권 매매거래 등을 처리하기 위해 필요한 경우: 외국 금융회사 명의 투자전용계정
4. 외국 정부, 중앙은행, 국부펀드 또는 국제기구 등이 외국인투자자의 증권 매매거래 등을 처리하기 위해 필요한 경우: 외국기관 명의 투자전용계정

제7-38조(투자중개업자등 투자전용외화계정)

① 제7-37조의 규정에 불구하고 투자중개업자등은 제7-36조의 규정에 의한 외국인투자자의 국내원화증권 취득 및 매각 또는 인정된 증권대차거래 또는 환매조건부매매를 위하여 외국환은행에 투자중개업자등의 명의로 투자전용외화계정을 개설할 수 있다.

② 제1항의 규정에 따른 투자전용외화계정의 예치 및 처분은 제7-37조 제2항 및 제3항을 각각 준용한다.

제7-39조(보고 등)

① 외국환은행의 장은 제7-37조의 투자전용계정 현황을 증권종류별로 분리하여 다음 영업일까지 한국은행 총재에게 제출하여야 한다. 증권종류의 구분 및 세부 보고내역 등은 한국은행 총재가 정하는 바에 따른다.

② 투자매매업자·투자중개업자는 증권투자현황(제7-38조의 투자전용계정을 포함한다), 매매실적 등을 투자자별·증권종류별로 분리하여 다음 영업일까지 한국은행총재에게 제출하여야 하며, 한국은행총재는 제출받은 자료중 통계형자료를 다음분기 첫째달 10일까지 금융감독원장에게 통보하여야 한다. 증권종류의 구분 및 세부 보고내역 등은 한국은행 총재가 정하는 바에 따른다.

③ 한국은행총재는 제1항 내지 제2항의 규정에 의하여 보고받은 투자전용계정현황 및 증권종류별 매매현황을 종합하여 기획재정부장관에게 보고하여야 한다.

④ 제7-37조 제8항 제1호에 의하여 투자전용계정을 개설한 국제예탁결제기구는 당해 국제예탁결제기구에 국채증권 및 통화안정증권의 매매를 직접 위탁한 외국인투자자의 월별 거래 및 보유내역을 다음달 10일까지 한국은행총재에게 보고하여야 한다.

⑤ 제7-37조 제8항에 의해 투자전용계정을 개설한 자는 외국인투자자의 거래내역을 5년 동안 보관하여야 하며, 한국은행총재의 자료제출 요구가 있는 경우에는 이에 응해야 한다.

제7절 파생상품거래

제7-40조(거래절차)

① 거주자간 또는 거주자와 비거주자간 파생상품거래로서 제2장에서 정하는 바에 따라 외국환업무취급기관이 외국환업무로서 행하는 거래는 신고를 요하지 아니한다.

② 거주자간 또는 거주자와 비거주자간 파생상품거래로서 제1항에 해당하지 않는 거래 또는 제1항에 해당하는 거래중 다음 각호의 1에 해당하는 경우에는 거주자가 한국은행총재에게 신고하여야 하며, 한국은행총재는 필요시 동 신고내용을 국세청장에게 열람하도록 하여야 한다. 다만, 제1호 내지 제3호에 해당하는 거래를 하고자 하는 경우에는 한국은행총재가 인정하는 거래타당성 입증서류를 제출하여야 한다.

1. 액면금액의 100분의 20이상을 옵션프레미엄 등 선급수수료로 지급하는 거래를 하는 경우
2. 기체결된 파생상품거래를 변경·취소 및 종료할 경우에 기체결된 파생상품거래에서 발생한 손실을 새로운 파생상품거래의 가격에 반영하는 거래를 하고자 하는 경우
3. 파생상품거래를 자금유출입·거주자의 비거주자에 대한 원화대출·거주자의 비거주자로부터의 자금조달 등의 거래에 있어 이 법·영 및 규정에서 정한 신고등의 절차를 회피하기 위하여 행하는 경우
4. 한국은행총재에게 신고해야 한다고 규정된 경우

제7-41조(결제절차 등)

한국거래소는 매월 파생상품거래실적을 한국은행총재에게 보고하여야 하며, 한국은행총재는 파생상품거래 신고 및 보고 내역을 종합하여 기획재정부장관에게 보고하여야 한다.

제7-42조(투자전용외화계정 등)

① 비거주자 또는 투자자금의 대외송금을 보장받고자 하는 외국인거주자가 장내파생상품에 투자하거나 장외파생상품을 청산회사를 통하여 청산하고자 하는 경우에는 외국환은행에 투자자 명의의 제7-37조 제1항의 투자전용대외계정과 투자전용비거주자원화계정을 개설하여 투자관련자금 또는 청산관련자금을 송금하거나 회수하여야 한다. 이 경우 계정의 예치·처분은 제7-37조를 준용한다.

② 투자중개업자 또는 한국거래소·증권금융회사 또는 청산회사는 비거주자 또는 투자자금의 대외송금을 보장받고자 하는 외국인거주자의 제1항에 의한 장내파생상품의 투자 또는 장외파생상품의 청산을 위해 투자중개업자 명의의 투자전용외화계정 또는 한국거래소·증권금융회사·청산회사 명의의 투자전용외화계정을 개설할 수 있다. 이 경우 투자전용외화계정의 예치·처분은 제7-38조를 준용한다.

③ 투자중개업자는 비거주자의 장내파생상품 투자 및 장외파생상품 청산을 위한 계정을 관리함에 있어 투자자의 결제자금이 이 규정에 의한 인정된 거래에 의한 것인지를 확인하여야 한다.

④ 제2항과 관련한 투자중개업자·한국거래소·증권금융회사·청산회사 명의의 투자전용외화계정의 현황, 장내파생상품 투자현황, 장외파생상품 청산 현황 및 매매실적 등의 보고 등은 제7-39조를 준용한다.

제8절 기타의 자본거래

제1관 거주자와 다른 거주자간 외국통화표시 기타 자본거래

제7-43조(적용범위)

① 거주자가 다른 거주자와 다음 각호의 1에 해당하는 거래 또는 행위를 함에 관하여는 이 관에서 정하는 바에 의한다.

1. 법 제3조 제1항 제19호 가목에 해당하는 경우를 제외하고 거주자가 다른 거주자와 외국통화로 표시되거나 지급을 받을 수 있는 임대차계약·담보·보증·보험(「보험업법」에 의한 보험사업자의 보험거래는 제외한다)·조합·사용대차·채무의 인수 기타 이와 유사한 계약에 따른 채권의 발생등에 관한 거래
2. 거주자간의 상속·유증·증여에 따른 외국통화로 지급을 받을 수 있는 채권의 발생등에 관한 거래
3. 거주자가 다른 거주자로부터 외화증권 또는 이에 관한 권리의 취득. 다만, 당해 외화증권의 취득으로 인하여 해외직접투자의 요건을 충족하게 된 경우에는 제9장의 규정에 따른다.

② 거주자가 다른 거주자와 제1항의 규정에 해당하는 거래 또는 행위를 하고자 하는 경우에는 신고를 요하지 아니한다. 다만, 제1항 제1호의 거래중 담보·보증계약에 따른 채권의 발생등에 관한 거래에 관하여는 이 장 제3절제2관의 채무의 보증계약에 관한 규정을 준용한다.

③ <삭제>

제2관 거주자와 비거주자간 기타 자본거래

제7-44조(적용범위)

① 거주자와 비거주자간의 다음 각호의 1에 해당하는 거래 또는 행위를 함에 관하여는 이 관에서 정하는 바에 의한다.

1. 법 제3조 제1항 제19호 가목에 해당하는 경우를 제외하고 거주자와 비거주자간의 임대차계약(비거주자의 국내부동산 임차는 제외한다)·담보·보증·보험(「보험업법」에 의한 보험사업자의 보험거래는 제외한다)·조합·채무의 인수·화해 기타 이와 유사한 계약에 따른 채권의 발생등에 관한 거래
2. 거주자와 비거주자간 상속·유증·증여에 따른 채권의 발생등에 관한 거래
3. 거주자가 해외에서 학교 또는 병원의 설립·운영 등과 관련된 행위 및 그에 따른 자금의 수수
4. 거주자의 자금통합관리 및 그와 관련된 행위

② 제1항 제1호의 거래중 담보 및 보증계약에 따른 채권의 발생등에 관한 거래에 관하여는 이 장 제3절제2관의 채무의 보증계약에 관한 규정을 준용한다. 다만, 비거주자가 부동산 담보를 취득하는 경우에는 이 항 본문의 규정 및 제9장제5절의 규정을 준용하여야 한다.

③ 제1항 제1호의 거래중 조합 기타 이와 유사한 계약에 따른 채권의 발생등에 관한 거래로서 해외직접투자에 해당하는 경우에는 제9장의 규정에서 정하는 바에 의한다.

제7-45조(신고의 예외거래)

① 거주자와 비거주자간의 다음 각호의 1에 해당하는 거래 또는 행위를 하고자 하는 자는 허가 및 신고를 요하지 아니한다.

1. 한국은행, 외국환업무취급기관등이 외국환업무를 영위함에 따라 비거주자에게 담보를 제공하는 경우
2. 신용카드에 의한 현금서비스거래
3. 거주자가 물품의 수출과 관련하여 외국에 있는 금융기관이 발행한 신용장을 그 신용장 조건에 따라 비거주자에게 양도하는 경우
4. 소유권 이전의 경우를 제외하고 국내의 외항운송업자와 비거주자간의 선박이나 항공기(항공기엔진 및 외국환거래업무취급지침에서 정하는 관련 주요부품을 포함하며 이하 이 관에서 같다)를 임대차기간이 1년 미만인 조건으로 외화표시 임대차계약을 체결하는 경우
5. 거주자가 제9장제4절의 규정에 의하여 신고수리를 받아 취득한 외국에 있는 부동산을 비거주자에게 취득신고수리시 인정된 범위 내에서 외국통화표시 임대를 하는 경우
6. 거주자가 비거주자로부터 부동산 이외의 물품을 무상으로 임차하는 경우
7. 비거주자가 이 규정에 의하여 외국으로의 원리금 송금이 허용되는 예금·신탁·증권 등을 금융기관의 자기여신에 관련된 담보로 제공하거나 제3자를 위해 담보로 제공하는 경우
8. 비거주자가 국내에서의 법적절차를 위해 필요한 예치금을 납입하거나 예치금에 갈음하여 내국법인이 발행한 외화증권을 제공하는 경우
9. 보험에 관한 법령의 규정에 의하여 인정된 바에 따라 국내의 거주자가 비거주자와 외국통화표시 보험계약을 체결하거나 외국에 있는 보험사업자와 재보험계약을 체결하는 경우
10. 해외건설 및 용역사업자가 해외건설 및 용역사업과 관련하여 현지에서 비거주자로부터 장비를 임차하는 계약을 체결하는 경우
11. 거주자와 국민인비거주자간에 국내에서 내국통화로 표시되고 지급되는 제7-44조 제1항 제1호 및 제2호의 거래 또는 행위를 하는 경우
12. 거주자가 비거주자로부터 상속·유증·증여에 의한 채권의 발생등의 당사자가 되는 경우
13. 국제유가증권결제기구에 가입한 거주자가 제7-13조 제6호의 일중대출과 관련하여 담보를 제공하는 경우
14. 기관투자가가 인정된 거래에 따라 보유한 외화증권을 외국증권대여기관(Securities Lending Agent)을 통하여 대여하는 경우
14-1. 직전 분기말 기준 자기자본 1조원 이상의 투자매매업자 또는 투자중개업자가 외화증권을 차입·대여하는 경우
15. 제7-46조 제1항 제1호의 규정에 해당하는 경우로서 임차계약 만료 전에 수출자유지역내에서 당해 수출자유지역 관리소장의 허가를 받아 폐기처분하는 경우
16. 거주자와 비거주자가 예탁결제원, 증권금융회사 또는 증권대차거래의 중개업무를 영위하는 투자매매업자 또는 투자중개업자를 통하여 원화증권 및 원화연계외화증권을 차입·대여하거나 이와 관련하여 원화증권, 외화증권 또는 현금(외국통화를 포함한다)을 담보로 제공하는 경우
17. 거주자의 현지법인이 거주자의 보증·담보제공이 수반된 현지금융을 상환하기 위하여 제5절의 규정에서 정하는 바에 따라 국내에서 원화증권을 발행하는 경우로서 현지법인을 위하여 당해 거주자(계열회사를 포함한다)가 보증 및 담보를 제공하는 경우
18. 거주자가 비거주자로부터 국내부동산을 임차하는 경우. 다만, 내국통화로 지급하는 경우에 한한다.
19. 외환동시결제시스템을 통한 결제와 관련하여 거주자 회원은행이 CLS은행과 결제관련 약정(손실부담약정 포함)을 체결하고 동 약정에 따라 자금을 지급 또는 수령하는 경우

20. 외환동시결제시스템을 통한 결제와 관련하여 외국환업무취급기관이 비거주자와 결제관련 약정(손실부담에 관한 합의 포함)을 체결하고 동 약정에 따라 자금을 지급 또는 수령하는 경우
21. 종교단체가 해외에 선교자금을 지급하는 경우
22. 비영리법인이 해외에서의 구호활동에 필요한 자금을 지급하는 경우. 다만, 당해법인의 설립취지에 부합하여야 한다.
23. 비거주자가 거주자로부터 상속·유증을 받는 경우
24. 거주자가 국제기구, 국제단체 또는 외국정부에 대해 의연금, 기부금을 지급하는 경우

② 제1항 제16호에도 불구하고 비거주자는 차입잔액이 300억원을 초과한 경우 최초로 초과한 날로부터 3영업일 이내에 한국은행총재에게 이를 보고하여야 하며, 차입잔액 300억원을 초과하는 경우의 그 차입 변동내역은 매월별로 다음달 10일까지 한국은행총재에게 보고하여야 한다.

③ 제1항 제14-1호에도 불구하고 직전 분기말 기준 자기자본 1조원 이상의 투자매매업자 또는 투자중개업자는 외화증권의 차입·대여 내역(제1항 제4호에 의한 대여 내역을 포함한다)을 매월별로 다음날 10일까지 한국은행총재 및 금융감독원장에게 보고하여야 한다.

제7-46조(신고 등)

① 비거주자와 다음 각호의 1에 해당하는 거래 또는 행위를 하고자 하는 거주자는 거래 또는 행위가 있었던 날로부터 1개월 이내에 외국환은행의 장에게 거래사실을 보고하여야 한다.
1. 거주자와 비거주자간에 계약 건당 미화 3천만불 이하인 경우로서 부동산 이외의 물품임대차 계약을(소유권 이전하는 경우를 포함한다) 체결하는 경우
2. 소유권 이전의 경우를 제외하고 국내의 외항운송업자와 비거주자간의 선박이나 항공기를 임대차기간이 1년 이상인 조건으로 외국통화표시 임대차계약을 체결하는 경우

② 거주자와 비거주자간에 제1항 및 제7-45조의 규정에 해당하는 경우를 제외하고 제7-44조에 해당하는 거래 또는 행위를 하는 경우에는 당해 거주자가 한국은행총재에게 신고하여야 한다.

③ 제2항의 규정에 따라 자금통합관리를 하고자 하는 자는 자금통합관리 참여법인 및 대출차입한도 등을 자금통합관리 개시 전에 지정거래외국환은행을 경유하여 한국은행총재에게 신고하여야 하며, 자금통합관리 신고를 한 자는 그 운영현황을 매분기별로 익월 20일까지 한국은행총재에게 보고하여야 한다.

④ 제2항의 규정에 의하여 해외에서 학교 또는 병원의 설립·운영 등과 관련된 행위 및 그에 따른 자금의 수수를 위하여 한국은행총재에게 신고한 거주자는 학교 또는 병원의 설립·운영 등과 관련된 자금운영현황 등을 다음 연도 첫째달 20일까지 한국은행총재에게 보고하여야 한다.

⑤ <삭제>

⑥ 제7-44조 제1항 제1호의 거래 중 화해 기타 이와 유사한 계약에 따른 채권의 발생등에 관한 거래를 신고하는 자는 신고시 한국은행총재가 요구하는 계약 타당성을 입증할 수 있는 서류를 제출하여야 하며, 지급일로부터 1개월 이내에 실제 계약과 관련된 자료와 지급등 내역을 제출하여야 한다.

제3관 비거주자와 다른 비거주자간 내국통화표시 자본거래

제7-47조(적용범위)

비거주자가 다른 비거주자와 다음 각호의 1에 해당하는 거래 또는 행위를 함에 관하여는 이 관에서 정하는 바에 의한다.
1. 비거주자간 내국통화로 표시되거나 지급받을 수 있는 채권의 발생등에 관한 거래

2. 비거주자가 다른 비거주자로부터 원화증권 또는 이에 관한 권리를 취득하는 경우

제7-48조(신고 등)

① 비거주자가 다른 비거주자와 다음 각호의 1에 해당하는 거래 또는 행위를 하고자 하는 경우에는 신고를 요하지 아니한다.

1. 외국환은행해외지점, 외국환은행현지법인이 비거주자와 내국통화표시 거래(비거주자와의 내국통화, 원화표시여행자수표 및 원화표시자기앞수표의 매매에 한한다)를 하는 경우
2. 국민인비거주자간에 국내에서 내국통화표시거래(자본거래를 포함한다)를 하는 경우
3. 비거주자가 대한민국내에 체재함에 수반하는 생활비, 일상품 또는 용역의 구입 등과 관련하여 다른 비거주자와 내국통화표시거래를 하거나 비거주자가 대한민국내에서 허용되는 사업의 영위와 관련하여 다른 비거주자와 내국통화표시거래를 하는 경우
4. 비거주자가 다른 비거주자로부터 인정된 거래에 따라 취득한 원화증권을 취득하는 경우
5. 비거주자가 외국에 있는 금융기관과 내국통화표시예금거래를 하는 경우
6. 비거주자간에 예탁결제원, 증권금융회사 또는 「자본시장과 금융투자업에 관한 법률」 시행령상 인정된 증권대차거래의 중개업무를 영위하는 투자매매업자 또는 투자중개업자를 통하여 원화증권을 차입·대여하거나 이와 관련하여 원화증권 또는 현금(외국통화를 포함한다)을 담보로 제공하는 경우
7. 외국인투자가가 「외국인투자촉진법」 또는 제7장제6절제3관에서 정하는 바에 따라 취득한 증권을 비거주자에게 담보로 제공하는 경우
8. 외국금융기관 및 외국환전영업자가 비거주자와 내국통화, 원화표시여행자수표 및 원화표시자기앞수표의 매매를 하는 경우
9. 비거주자간 상속·유증에 따른 내국통화로 표시되거나 지급받을 수 있는 채권의 발생등에 관한 거래
10. 비거주자간 해외에서 행하는 내국통화표시 파생상품거래로서 결제 차액을 외화로 지급하는 경우
11. 외환동시결제시스템을 통한 결제와 관련하여 비거주자와 다른 비거주자간의 원화가 개재된 다음 각목의 1에 해당하는 거래를 하는 경우
    가. CLS은행과 외환동시결제시스템의 비거주자 회원은행간 또는 비거주자 회원은행과 다른 비거주자간의 결제관련 약정
    나. 외환동시결제시스템의 비거주자 회원은행이 CLS은행으로부터 CLS은행이 정한 일정 한도의 원화지급포지션(Short Position)을 받거나 고객인 비거주자가 비거주자 회원은행으로부터 일중(Intra-day) 또는 일일(Over-night) 원화신용공여를 받는 거래
    다. 외환동시결제시스템의 비거주자 회원은행간의 결제유동성 감축을 목적으로 하는 In/Out Swap 또는 이와 유사한 거래
    라. 유동성공급약정에 따른 CLS은행과 비거주자(Liquidity Provider)간의 현물환, 선물환 또는 스왑거래
    마. 외환동시결제시스템의 비거주자가 CLS은행 또는 회원은행으로부터 당초 약정한 통화와 다른 통화로 수령하는 거래
    바. CLS은행과 외환동시결제시스템의 비거주자 회원은행간의 손실부담약정 체결
    사. 외환동시결제시스템의 비거주자 회원은행과 고객인 비거주자와의 손실부담에 관한 합의
12. 비거주자가 외국으로의 원리금 송금이 자유로운 원화예금 및 원화신탁을 다른 비거주자에게 담보로 제공하는 경우
13. 한국은행과 외국 중앙은행간의 통화스왑 자금을 활용하여 비거주자간 내국통화표시 금전대차 계약을 하는 경우

14. 청산은행 및 청산은행이 지정된 국가의 외환시장에서 청산은행에 내국통화 계좌를 둔 외국금융기관(단, 영 제14조 제1호에 준하는 금융기관으로 한정한다) 간의 현지통화와 내국통화 간 매매 및 파생상품거래와 내국통화표시 대차거래
15. 청산은행이 지정된 국가의 외환시장에서 청산은행에 내국통화 계좌를 둔 외국금융기관(단, 영 제14조 제1호에 해당하는 금융기관으로 한정함)과 비거주자로서 해당국에 주소 또는 거소를 둔 자 간의 무역관련 현지통화와 내국통화 간 파생상품거래 또는 내국통화표시 대차거래(무역금융)를 하는 경우(단, 확인된 무역거래 대금 범위 내로 한정한다)
16. 제7-37조 제8항에 따라 투자전용계정을 개설한 자와 당해 투자전용계정을 통해 관련자금을 예치·처분하는 외국인투자자자간 증권매매자금 결제와 직접 관련된 원화 대차거래
17. 제7-37조 제1항 단서에 따라 동일한 국제예탁결제기구에 투자를 위탁한 비거주자간에 해당 국제예탁결제기구를 통하여 국채 또는 통화안정증권의 매매, 환매조건부 매매, 담보제공 거래 등을 하는 경우
18. 상대국 현지통화 직거래은행간의 원화표시 대차거래, 원화와 상대국 통화간 매매 및 외환 파생상품 거래
19. 상대국 현지통화 직거래은행이 상대국 내 주소 또는 거소를 둔 비거주자와 물품 또는 용역거래 결제와 관련된 원화표시 대차거래, 원화와 상대국 통화간 매매 및 외환 파생상품 거래를 하는 경우

② 비거주자가 다른 비거주자와 제1항의 규정에 해당하는 경우를 제외하고 제7-47조에 해당하는 거래 또는 행위를 하고자 하는 경우에는 한국은행총재에게 신고를 하여야 한다.

제9장 직접투자 및 부동산 취득

제9-1조(신고등)

① 거주자 또는 비거주자가 직접투자, 지사설치, 부동산취득(이하 이 조에서 "직접투자등"이라 한다)을 하고자 하는 경우에는 이 장에서 정한 바에 따라 신고등을 하여야 한다. 다만, 비거주자가 「외국인투자촉진법」의 규정에 따라 국내에 직접투자를 하고자 하는 경우에는 제7장에서 정한 바에 따른다.

② 제1항 본문에도 불구하고, 거주자가 해외에 직접투자등을 하고자 하는 경우에는 이 장 각 절에서 정한 신고등의 절차를 이행하기 전에 미화 10만불 범위 내에서 이 장 각 절에서 정한 지정거래외국환은행을 통해 지급할 수 있다. 이 경우 당해 거래의 계약이 성립한 날로부터 1년 이내에 이 장에 따른 신고등의 절차를 이행하여야 한다.

③ 이 장에 의해 직접투자등 신고를 하거나 신고수리를 받은 자가 신고내용을 변경하고자 하는 경우에는 변경사항을 첨부하여 당해 신고(수리)기관에 제출하여야 한다. 다만, 기존 신고인·대리인·거래상대방에 관한 정보 변경에 대해서는 사후보고 할 수 있다.

④ 금융기관(법 제3조 제1항 제17호에 규정된 금융회사등을 말한다)의 이 장 제1절의 해외직접투자 및 제2절의 해외지사 설치와 관련된 사항은 금융위원회가 정한다.

⑤ 제4항의 규정에 의하여 신고를 받은 금융위원회는 동 신고내용을 매 분기별로 기획재정부장관에게 제출하여야 한다.

⑥ 제1항에 의한 신고등의 서류는 전자적 방법을 통해 실명확인을 받고 제출할 수 있다.

⑦ 직접투자등을 한 자가 영주권, 시민권을 취득한 경우에는 제9-4조, 제9-6조, 제9-9조 및 제9-40조의 규정은 적용하지 아니한다. 다만, 영주권을 취득한 자가 이후 국내에 체재하여 거주자가 된 경우에는 그러하지 아니하다.

제1절 해외직접투자

제1관 통칙

제9-1조의2(해외직접투자의 수단)
해외직접투자의 수단은 다음 각호의 1에 해당하는 것으로 한다.
1. 지급수단
2. 현지법인의 이익유보금 및 자본잉여금
3. 자본재(「외국인투자촉진법」 제2조 제1항 제9호의 자본재)
4. 산업재산권 기타 이에 준하는 기술과 이의 사용에 관한 권리
5. 해외법인 또는 해외지점·사무소를 청산한 경우의 그 잔여재산
6. 대외채권
7. 주식
8. 기타 그 가치와 금액의 적정성을 입증할 수 있는 자산

제9-2조(투자사업의 심사 등)
<삭제>

제9-2조의2(한국수출입은행장의 보고서 제출 의무)
한국수출입은행장은 해외직접투자자 또는 신고기관으로부터 제출받은 각종 통계·보고서 등을 종합관리하고, 다음 각호의 1의 보고서를 작성하여 다음 각호의 1에서 정한 기일내에 기획재정부장관에게 제출하여야 한다.
1. 해외직접투자 신고 및 투자실적(월보): 매익월 말일 이내
2. 해외직접투자 동향분석(분기보 및 연보): 매분기 익익월 10일 이내 및 매 익년도 3월 이내
3. 해외직접투자 경영분석보고서: 매익년도 10월 이내

제9-3조(해외직접투자의 지원 등)
기획재정부장관은 해외직접투자가 국내산업·국제수지·대외관계 등에 미치는 영향을 고려하여 투자유형·업종 또는 지역 등에 따라 투자 및 이에 대한 각종 지원을 제한하거나 우대하게 할 수 있다.

제9-4조(투자금의 회수)
① 해외직접투자자는 당해 신고의 내용에 따라 투자원금과 과실을 국내에 회수하여야 한다.
② 제1항의 규정에 불구하고 해외에서 이 규정에 의해 인정된 자본거래를 하고자 하는 경우에는 그러하지 아니하다.

제2관 금융기관을 제외한 거주자의 해외직접투자

제9-5조(해외직접투자의 신고 등)
① 거주자가 해외직접투자(증액투자 포함)를 하고자 하는 경우 다음 각호의 1에서 정하는 외국환은행의 장에게 신고하여야 한다.
1. 주채무계열 소속 기업체인 경우에는 당해 기업의 주채권은행

2. 거주자가 주채무계열 소속 기업체가 아닌 경우에는 여신최다은행
3. 제1호 내지 제2호에 해당하지 않는 거주자의 경우 거주자가 지정하는 은행

② 제1항의 규정에도 불구하고, 거주자가 다음 각호의 1에 해당하는 해외직접투자를 하고자 하는 경우에는 거래가 있은 날로부터 3개월 이내에 사후보고를 할 수 있다.
1. 거주자가 해외직접투자를 한 거주자로부터 당해 주식 또는 지분을 양수받아 해외직접투자를 하고자 하는 경우
2. 이미 투자한 외국법인이 자체이익 유보금 또는 자본잉여금으로 증액투자하는 경우
3. <삭제>

③ 해외직접투자를 하고자 하는 자는 별지 제9-1호 서식의 해외직접투자신고서(보고서)에 다음 각호의 서류를 첨부하여 외국환은행의 장에게 제출하여야 한다. 제2항에 따른 사후보고의 경우에도 같다.
1. 사업계획서(자금조달 및 운용계획 포함)
2. <삭제>
3. <삭제>
4. 해외직접투자를 하고자 하는 자가 「신용정보의이용및보호에관한법률」에 의한 금융거래 등 상거래에 있어서 약정한 기일 내에 채무를 변제하지 아니한 자로서 종합신용정보 집중기관에 등록되어 있지 않음을 입증하는 서류. 다만, 「회사정리법」 또는 「화의법」에 의하여 정리절차가 진행되고 있는 기업체가 기존의 유휴설비나 보유기술을 투자하거나 관련 법령이 정한 법원 또는 채권관리단의 결정에 의한 경우에는 그러하지 아니하다.
5. 조세체납이 없음을 입증하는 서류
6. 기타 신고기관의 장이 필요하다고 인정하는 서류

④ <삭제>

⑤ 거주자가 신고를 하지 아니하거나 신고된 내용과 다르게 해외직접투자를 한 경우에는 당해 위반사실을 제재기관의 장에게 보고하고 당해 투자에 대하여 신고기관의 장에게 사후신고를 할 수 있다.

⑥ <삭제>

제9-6조(해외직접투자사업의 청산)

① 해외직접투자자가 투자사업을 청산할 때에는 분배잔여재산을 제9-4조의 규정에 따라 즉시 국내로 회수하고 청산관련서류를 신고기관에 보고하여야 한다. 다만, 해외직접투자자가 잔여재산을 즉시 국내로 회수하는 것이 불가능하다고 신고기관이 인정하는 경우에는 분할하여 회수할 수 있다.

② 제1항의 규정에 불구하고 청산 보고 후 해외에서 이 규정에 의해 인정된 자본거래를 하고자 하는 경우에는 청산자금을 국내로 회수하지 아니할 수 있다.

제9-7조(신고기관의 사후관리)

<삭제>

제9-8조(현지공관장에 대한 조사의뢰 등)

① <삭제>
② <삭제>

③ 기획재정부장관은 현지공관의 장에게 투자환경의 조사를 의뢰할 수 있으며, 현지공관의 장으로 하여금 현지국 정부의 외국인투자 관련조치 및 투자환경의 변화내용을 보고하게 할 수 있다.

제9-9조(사후관리)

① 해외직접투자자는 다음 각호의 1의 보고서 또는 서류를 다음 각호의 1에서 정한 기일 내에 당해 신고기관의 장에게 제출하여야 한다. 다만, 해외직접투자자 또는 투자한 현지법인의 휴·폐업, 현지의 재난·재해 등 불가피한 사유로 해외직접투자자가 보고서 등을 제출하는 것이 불가능하다고 신고기관의 장이 인정하는 경우에는 당해 불가피한 사유가 해소되기 전까지 다음 각호의 1의 보고서 또는 서류를 제출하지 아니할 수 있다.

1. 외화증권(채권)취득보고서(법인 및 개인기업 설립보고서 포함): 투자금액 납입 또는 대여자금 제공 후 6월 이내. 다만, 영 제8조 제2항 제3호의 규정에 의한 해외자원개발사업 및 사회간접자본개발사업으로서 법인 형태가 아닌 투자의 경우에는 외화증권(채권)취득보고서 제출을 면제한다.
2. <삭제>
3. <삭제>
4. 송금(투자)보고서: 송금 또는 투자 즉시(투자금액을 현지금융으로 현지에서 조달하는 경우 투자시점)
5. 연간사업실적보고서(투자금액 합계가 미화 300만불 초과인 경우를 대상으로 하며, 해외자원개발사업 및 사회간접자본개발사업으로서 법인 형태가 아닌 투자의 경우는 제외한다): 회계기간 종료 후 5월 이내
6. 청산보고서(금전대여의 경우 원리금회수내용을 포함한다): 청산자금 수령 또는 원리금회수 후 즉시
7. <삭제>
8. 거주자가 동 규정 제9-5조 제1항의 규정에 의하여 신고하거나 보고한 내용을 변경하는 경우: 제9-1조 제3항에도 불구하고 변경사유가 발생한 회계기간 종료 후 5월 이내
9. 해외직접투자를 한 거주자가 다른 거주자에게 당해 주식 또는 지분을 매각하는 경우: 변경사유가 발생한 후 3개월 이내
10. 기타 신고기관의 장이 해외직접투자의 사후관리에 필요하다고 인정하여 요구하는 서류

② 신고기관의 장은 이 절의 규정에 의하여 신고를 받은 해외직접투자사업에 대한 사후관리를 위하여 해외직접투자 관리대장을 작성하여야 하며, 다음 각호의 1에서 정한 기일이내에 한국수출입은행장에게 제출하여야 한다. 다만, 제1항 단서에 따라 신고기관의 장이 해외직접투자자 및 투자한 현지법인으로부터 관련 보고서나 서류를 제출받는 것이 불가능한 것으로 인정되는 경우에는 그러하지 아니하며 이 경우 신고기관의 장은 보고서 제출 곤란 등의 사실을 한국수출입은행장에게 보고하여야 한다.

1. 해외직접투자 신고서 사본(내용변경보고서 포함), 해외직접투자 신고 및 투자실적(월보): 매익월 15일 이내
2. 연간사업실적보고서(현지법인 투자현황표): 해외직접투자자로부터 제출받은 즉시
3. 사후관리종합내역 등 기타 통계 또는 사후관리에 필요한 서류

③ 신고기관의 장이 신고, 송금, 사후관리(회수, 지분매각, 청산 등), 사업실적 내역을 한국수출입은행 해외직접투자 통계시스템에 입력하는 경우 제2항에 의한 서류를 제출한 것으로 본다. 다만, 본문의 규정에 의한 입력기일은 제2항의 규정을 준용한다.

④ <삭제>

⑤ 한국수출입은행장은 매년 해외직접투자기업 현황을 작성하여 기획재정부장관 및 해외공관의 장에게 송부하여야 한다. 이 경우 기획재정부장관은 사실 확인 등을 위하여 추가적인 자료의 요청 및 실태 점검 등을 실시할 수 있다.

⑥ <삭제>

⑦ 신고기관의 장은 개인, 개인사업자 또는 법인의 투자, 부동산관련업에 대한 투자 및 주식을 출자한 투자에 대하여는 다음 각호의 보고서 등을 다음 각호의 1에서 정한 기일내에 한국수출입은행을 경유하여 국세청장, 관세청장 및 금융감독원장에게 통보하여야 한다.

1. 해외직접투자 신고내용, 송금(투자)보고 내용, 해외직접투자사업 청산 및 대부채권 회수보고 내용, 해외직접투자자 또는 투자한 현지법인의 휴·폐업, 소재불명 및 시민권의 취득 등의 사실: 매익월 25일 이내
2. 제2항 제2호에 따른 연간사업실적보고서: 매익년도 9월 말일 이내

⑧ 제1항에 의한 보고서 또는 서류는 전자적 방법을 통해 실명확인을 받고 제출할 수 있다.

제3관 금융·보험업에 대한 해외직접투자

제9-10조(금융기관등의 금융·보험업에 대한 해외직접투자)

<삭제>

제9-11조(금융기관을 제외한 거주자의 금융·보험업에 대한 해외직접투자)

<삭제>

제9-11조의2(비금융·보험업 영위하는 현지법인을 통한 금융·보험업에 대한 해외직접투자)

<삭제>

제9-12조(현지법인금융기관의 타회사에 대한 해외직접투자)

<삭제>

제9-13조(현지법인금융기관등의 폐지절차)

<삭제>

제9-14조(현지법인금융기관등의 신고내용 변경절차)

<삭제>

제9-15조(현지법인금융기관등의 보고 등)

<삭제>

제9-15조의2(역외금융회사 등에 대한 해외직접투자)

① 제9-5조의 규정에도 불구하고 거주자(개인 및 개인사업자는 제외하며, 이하 이 조에서 같다)가 역외금융회사 등에 대한 해외직접투자를 하고자 하는 경우에는 이 조에서 정한 바에 따라 한국은행총재에게 신고하여야 한다.

② 거주자(공동으로 동일한 역외금융회사 등에 대하여 투자하고자 하는 경우에는 투자비율이 가장 높은 자)가 역외금융회사 등에 대하여 다음 각호의 1에 해당하는 해외직접투자를 하고자 하는 경우에는 별지 제9-2호 서식의 역외금융회사(현지법인금융기관)투자 신고서를 한국은행총재에게 제출하여야 한다.

1. 영 제8조 제1항에 준하는 투자의 경우

2. 제1호에 의한 투자금액을 포함하여 역외금융회사에 대하여 투자(부채성증권 매입, 제7장의 규정에서 정한 절차를 거친 대출·보증 및 담보제공을 말한다)한 총투자금액이 당해 역외금융회사 총자산의 100분의 10 이상인 경우(외국환업무취급기관이 투자목적이 아닌 업무로서 행하는 거래의 경우는 제외한다)
3. 역외금융회사에 대한 투자(제1호 또는 제2호에 준하는 경우를 말한다)를 목적으로 외국금융기관에 대하여 제2호에 해당하는 투자를 하는 경우
4. 역외금융회사 또는 외국금융기관에 소속된 자금운용단위에 대한 제1호 내지 제3호에 해당하는 투자인 경우

③ 거주자의 현지법인(역외금융회사를 포함한다) 및 그 자회사, 손회사 또는 해외지점이 제2항 각호의 1에 해당하는 투자를 하는 경우에는 법 제20조 제1항에 따라 별지 제9-3호 서식의 역외금융회사(현지법인금융기관) 지점(자회사·손회사) 설립 보고서를 투자일로부터 1개월 이내에 한국은행총재에게 보고하여야 한다.

④ 역외금융회사 등에 대한 해외직접투자 신고를 한 자가 당해 신고내용을 변경하거나 역외금융회사를 폐지하는 경우에는 법 제20조 제1항에 따라 별지 제9-4호 서식의 역외금융회사(현지법인금융기관)등의 변경(폐지)보고서를 변경(폐지)사유가 발생한 후 1개월 이내에 한국은행총재에게 보고하여야 한다. 다만, 역외금융회사 등에 대한 해외직접투자를 한 거주자가 다른 거주자에게 당해 주식 또는 지분을 매각하는 경우에는 변경(폐지)보고서를 변경(폐지)사유가 발생한 즉시 한국은행총재에게 보고하여야 한다.

⑤ 제2항 및 제3항에 의거 역외금융회사 등에 대한 해외직접투자 신고(보고)를 한 자는 매반기별 역외금융회사의 설립 및 운영 현황 등을 다음 반기 첫째달 말일까지 한국은행총재에게 보고하여야 하며, 한국은행총재는 역외금융회사의 신고(수리)서 및 보고서 사본, 설립 및 운영현황 등을 종합하여 다음 반기 둘째달 말일(역외금융회사 신고(수리)서 또는 보고서 사본의 경우에는 매 익월 10일)까지 기획재정부장관에게 보고하고, 국세청장 및 금융감독원장에게 통보하여야 한다.

⑥ 거주자가 역외금융회사 등에 대한 해외직접투자 신고 후 1년간 투자금액(또는 해외직접투자 변경보고 후 6개월간 투자금액)이 역외금융회사의 총 출자액 또는 총 자산의 100분의 10 미만인 경우에는 그 역외금융회사 등에 대한 해외직접투자 신고는 제7-31조 제2항에 따른 신고를 한 것으로 본다.

⑦ 역외금융회사가 자본잠식 또는 투자금을 전액 회수한 상태에서 6개월 이상 존속하는 경우 한국은행 총재는 해당 거주자에 대하여 역외금융회사에 대한 폐지보고를 권고할 수 있다. 한국은행총재의 폐지보고 권고 이후 1개월 이내에 투자지속의사를 밝히지 않은 역외금융회사는 폐지보고를 한 것으로 본다.

⑧ 거주자가 역외금융회사 등에 대한 투자금을 회수한 경우 회수일로부터 1개월 이내에 한국은행총재에게 회수내역을 보고하여야 한다. 다만, 제4항에 따라 역외금융회사 등의 변경(폐지) 보고를 한 경우에는 그러하지 아니한다.

제2절 국내기업 등 해외지사

제1관 통칙

제9-16조(적용범위)

거주자가 법 제3조 제1항 제18호 나목 및 영 제8조 제2항 제1호에 따라 외국에 당해 거주자의 지점 또는 사무소(이하 "해외지사"라 한다)를 설치·운용 및 그에 따른 자금의 수수를 하고자 하는 경우에는 이 절에서 정하는 바에 의한다.

제9-17조(해외지사의 구분)

해외지사는 다음 각호와 같이 구분한다.
1. 독립채산제를 원칙으로 하여 외국에서 영업활동을 영위하고자 설치하는 "해외지점"

2. 외국에서 영업활동을 영위하지 아니하고 업무연락, 시장조사, 연구개발활동 등의 비영업적 기능만을 수행하거나 비영리단체(종교단체를 포함한다)가 국외에서 당해 단체의 설립목적에 부합하는 활동을 수행하기 위하여 설치하는 "해외사무소"

② <삭제>

제2관 비금융기관의 해외지사

제9-18조(설치신고 등)

① 비금융기관이 해외지사를 설치하고자 하는 경우에는 지정거래외국환은행의 장에게 신고하여야 한다.

1. <삭제>
2. <삭제>

② <삭제>

③ 해외지사를 설치한 자가 해외지사의 설치·운영·확장에 필요한 자금을 지급하고자 하는 경우에는 제1항의 지정거래외국환은행을 통하여 지급하여야 한다.

제9-19조(해외지점의 영업기금)

① <삭제>

② <삭제>

③ <삭제>

제9-20조(해외사무소의 경비)

① <삭제>

② <삭제>

③ <삭제>

④ <삭제>

제9-21조(국내항공 또는 선박회사 해외지점의 운영경비)

① 외국항로에 취항하는 국내항공 또는 선박회사는 제4-5조 및 제9-20조의 규정에 불구하고 그 항공 또는 선박회사의 해외지점의 주재원급여·설치비 및 유지활동비를 그 항공 또는 선박회사의 전 해외지점의 당해 연도 수입금의 100분의 30 범위내에서 직접 사용할 수 있다.

② 국내항공 또는 선박회사는 매 연도별로 각 해외지점의 현지수입금 및 제1항에서 규정하는 현지수입금 사용명세서를 당해 연도 종료일부터 2월 이내에 지정거래외국환은행의 장에게 제출하고 사후관리를 받아야 한다.

제9-22조(해외지점의 영업활동)

① 해외지점이 다음 각호의 1에 해당하는 거래 또는 행위를 하고자 하는 경우에는 한국은행총재에게 신고하여 수리를 받아야 한다.

1. 부동산에 관한 거래 또는 행위. 다만, 당해 해외지점의 영업기금과 이익금유보액 범위내(독립채산제의 예외적용을 받는 해외지점의 경우에는 인정된 설치비 및 유지활동비 범위내)에서 사무실 및 주재원의 주거용 부동산 등 해외에서의 영업활동에 필요한 외국에 있는 부동산의 취득 등과 관련하여 행하는 부동산 거래는 그러하지 아니하다.
2. 증권에 관한 거래 또는 행위. 다만, 당해 해외지점의 영업활동과 관련하여 당해 주재국 법령에 의한 의무를 이행하기 위한 경우와 당해 주재국내의 정부기관 또는 금융기관이 발행한 증권으로서 즉시 환금이 가능하며 시장성이 있는 증권에 대한 거래는 그러하지 아니하다.
3. 비거주자에 대한 상환기한이 1년을 초과하는 대부. 다만, 현지금융에 해당하는 경우는 제8-2조의 규정에 의한 경우를 제외한다.

② 한국은행총재는 제1항 제1호의 규정에 의한 부동산의 거래 또는 행위에 대하여 신고수리함에 있어서는 제9장제4절의 규정을 준용하여야 한다.

제9-23조(해외지점의 결산 순이익금의 처분 등)

① 해외지점을 설치한 자가 해외지점으로부터 결산순이익금을 수령하고자 하는 경우에는 설치신고를 한 지정거래외국환은행을 통해 수령하여야 한다.

② 제1항에 따른 결산순이익금은 지정거래외국환은행의 장에게 해외지점의 재무제표, 국내 본사의 연결재무제표 등의 서류를 제출하여 확인을 받은 뒤 수령할 수 있다.

제9-24조(해외지사의 폐쇄 등)

① 해외지사의 명칭 또는 위치를 변경한 자는 지정거래외국환은행의 장에게 그 변경내용을 사후보고 할 수 있다.

② 해외지사를 폐쇄할 때는 잔여재산을 국내로 즉시 회수하고 당해 해외지사의 재산목록, 대차대조표, 재산처분명세서, 외국환매각증명서류를 지정거래외국환은행의 장에게 제출하여야 한다. 다만, 잔여재산을 국내로 즉시 회수하는 것이 불가능하다고 지정거래외국환은행이 인정하는 경우에는 분할하여 회수할 수 있으며, 해외에서 이 규정에 의해 인정된 자본거래를 하고자 하는 경우에는 국내로 회수하지 아니할 수 있다.

제9-25조(해외지사에 관한 사후관리 등)

① 해외지사의 설치에 관한 신고를 한 자는 설치신고를 한 날부터 6월 이내에 현지법규에 의한 등록증 등 지사설치를 확인할 수 있는 서류를 첨부하여 그 설치신고를 한 지정거래외국환은행의 장에게 설치행위의 완료내용을 보고하여야 한다.

② 제9-18조, 제9-22조의 규정에 의하여 해외지사가 부동산을 취득 또는 처분하는 경우에는 그 취득 또는 처분일부터 6월 이내에 지정거래외국환은행의 장에게 그 취득 또는 처분내용을 보고하여야 한다.

③ 해외지점을 설치한 자는 당해 해외지점의 연도별 영업활동 상황(외화자금의 차입 및 대여명세표를 포함한다)을 회계기간 종료후 5월 이내에 지정거래외국환은행의 장에게 제출하여야 한다. 다만, 해외지점을 설치한 자가 휴·폐업 등으로 인해 보고서를 제출하는 것이 불가능하다고 신고기관의 장이 인정하는 경우에는 당해 휴·폐업의 기간에 보고서를 제출하지 아니할 수 있다.

④ 영업기금, 설치비, 유지활동비의 지급은 해외지사의 설치신고를 한 지정거래 외국환은행을 통하여 이루어져야 하며 동 지정거래외국환은행은 부동산의 취득 및 처분, 결산, 자금의 차입 및 대여 등에 대하여 해외지사별로 종합관리카드를 작성 비치하거나 전자적 방법으로 사후관리를 하여야 한다.

⑤ 지정거래외국환은행의 장(한국은행총재 신고내용을 포함한다)은 다음 각호의 보고서 또는 서류를 작성하여 다음 각호의 1에서 정한 기일내에 한국수출입은행을 경유하여 한국은행총재, 국세청장 및 관세청장에게 통보하여야 한다. 다만, 해외지사를 설치한 자가 휴·폐업의 상태에 있어 신고기관의 장이 해외지사를 설치한 자로부터 보고서를 제출받는 것이 불가능한 것으로 인정되는 경우에는 그러하지 아니하며 이 경우 신고기관의 장은 휴·폐업의 사실을 한국수출입은행장에게 보고하여야 한다.

1. 해외지사 설치(변경·폐지)신고(수리)서 사본, 해외지사 설치·현황보고서(분기보): 매 분기 익익월 10일 이내
2. 연간영업활동보고서(해외사무소와 비독립채산제 해외지점은 제외한다): 매익년도 9월말일 이내
3. 사후관리종합내역 등 기타 통계 또는 사후관리에 필요한 서류(해외지사별 영업기금·유지활동비 지급현황 및 부동산 취득·처분 현황 포함)

⑥ 지정거래외국환은행의 장이 신고(수리), 송금, 사후관리(회수, 청산, 폐지 등), 사업실적 내역을 한국수출입은행 해외직접투자 통계시스템에 입력하는 경우 제5항 본문에 의한 서류를 제출한 것으로 본다. 다만, 본문의 규정에 의한 입력기일은 제5항의 규정을 준용한다.

제3관 금융기관의 해외지사 <삭제>

제9-26조(설치신고 등)

<삭제>

제9-27조(폐지절차 등)

<삭제>

제9-28조(해외지점의 영업기금 등)

<삭제>

제9-29조(외국환은행의 해외지점과의 거래)

<삭제>

제9-30조(해외지점의 영업활동 등)

<삭제>

제9-31조(준용규정)

<삭제>

제3절 외국기업등의 국내지사

제9-32조(적용범위 및 구분)

① 비거주자가 국내에 지점 및 사무소(이하 이 절에서 "국내지사"라 한다)를 설치·운영하기 위하여 법 제3조 제1항 제19호 마목 및 법 제15조의 규정에 의한 자금의 수수를 하고자 하는 경우에는 이 절에서 정하는 바에 의한다. 다만, 외국은행 국내지점 및 사무소는 제2장의 규정에서 정하는 바에 의한다.

② 비거주자의 국내지사는 다음 각호와 같이 구분한다.

1. 국내에서 수익을 발생시키는 영업활동을 영위하는 "지점"

2. 국내에서 수익을 발생시키는 영업활동을 영위하지 아니하고 업무연락, 시장조사, 연구개발활동 등 비영업적 기능만을 수행하는 "사무소"

제9-33조(설치신고 및 변경 등)

① 비거주자가 국내지사를 설치하고자 하는 경우에는 지정거래외국환은행의 장에게 신고하여야 한다.

② 제1항의 규정에 불구하고 비거주자가 다음 각호의 1에 해당하는 업무 또는 이와 관련된 업무의 영위를 목적으로 하는 국내지사를 설치하고자 하는 경우에는 기획재정부장관에게 신고하여야 한다.

1. 자금의 융자, 해외금융의 알선 및 중개, 카드업무, 할부금융 등 은행업 이외의 금융관련업무
2. 증권업무 및 보험업무와 관련된 업무
3. 「외국인투자촉진법」 등 다른 법령의 규정에 의하여 허용되지 아니하는 업무

③ 제1항 및 제2항의 규정에 의하여 신고를 하고자 하는 자는 별지 제9-8호 서식의 외국기업국내지사설치신고서에 다음 각호의 서류를 첨부하여 기획재정부장관 또는 지정거래외국환은행의 장에게 제출하여야 한다.

1. 본점인 외국법인의 명칭·소재지 및 주된 영위업무의 내용을 증빙하는 서류
2. 다른 법령의 규정에 의하여 그 설치에 관한 허가 등을 요하는 경우에는 그 사실을 증빙하는 서류사본
3. 국내에서 영위하고자 하는 업무의 내용과 범위에 관한 명세서

④ 국내지사 설치신고를 한 자가 신고한 내용을 변경하고자 하는 경우에는 별지 제9-9호 서식의 외국기업국내지사변경신고서에 다음 각호의 1에 해당하는 서류를 첨부하여 해당 설치신고를 받은 자에게 제출하여야 한다.

1. 변경사실 입증서류
2. 사업계획서(지사의 업무내용 변경시)

제9-34조(영업기금 등의 도입)

① 국내지사가 외국의 본사로부터 영업기금을 도입하고자 하는 경우에는 지정거래외국환은행을 통하여 도입하여야 한다.

② 한국은행총재는 제1항에 따라 도입된 영업기금을 매연도별로 다음 연도 2월말까지 금융감독원장에게 통보하여야 한다.

제9-35조(결산순이익금의 대외송금)

① 제9-33조의 규정에 의하여 설치신고를 한 지점이 결산순이익금을 외국에 송금하고자 하는 경우에는 지정거래외국환은행을 통하여 송금하여야 한다.

② 제1항의 규정에 의하여 송금을 하고자 하는 자는 별지 제9-10호 서식의 외국기업국내지사결산순이익금송금신청서에 다음 각호의 서류를 첨부하여 지정거래외국환은행의 장에게 제출하여야 한다. 다만, 제9-33조 제2항의 규정에 의하여 기획재정부장관에게 설치신고를 한 지점의 경우에는 결산순이익금 대외처분에 관한 관계법령에 의한 허가서 등으로 이를 갈음할 수 있다.

1. 당해 지점의 대차대조표 및 손익계산서
2. 납세증명
3. 당해 회계기간의 순이익금의 영업기금도입액에 대한 비율이 100분의 100 이상이거나 순이익금이 1억원을 초과할 경우에는 공인회계사의 감사증명서

제9-36조(감액된 영업기금의 지급)

제2-11조 및 제9-33조의 규정에 의하여 설치신고를 한 지점(금융기관에 한함)이 관계법령에서 정한 절차에 따라 감액된 영업기금을 외국에 송금하고자 하는 경우에는 제9-35조 제2항을 준용한다.

제9-37조(국내지사의 폐쇄 등)

① 이 절의 규정에 의하여 설치신고를 한 자가 국내지사를 폐쇄하고자 하는 경우에는 별지 제9-11호 서식의 외국기업국내지사폐쇄신고서를 해당 설치신고를 받은 자에게 제출하여야 한다.

② 제1항의 규정에 의하여 폐쇄신고를 한 자가 국내보유자산의 처분대금을 외국으로 송금하고자 하는 경우에는 지정거래 외국환은행의 장에게 당해 국내지사의 관할세무서장이 발급한 납세증명을 제출하여야 한다.

제4절 거주자의 외국부동산 취득

제9-38조(신고수리요건의 심사)

거주자의 외국에 있는 부동산 또는 이에 관한 권리의 취득과 관련하여 한국은행총재 또는 지정거래외국환은행의 장은 외국부동산 취득 신고가 있는 경우에는 다음 각호의 1의 사항을 심사하여 수리여부를 결정하여야 한다.

1. 외국에 있는 부동산 또는 이에 관한 물권·임차권 기타 이와 유사한 권리(이하 이 관에서 "권리"라 한다)를 취득하고자 하는 자가 다음 각목의 1에 해당하는 자가 아닌지 여부
   가. 「신용정보의이용및보호에관한법률」에 의한 금융거래 등 상거래에 있어서 약정한 기일 내에 채무를 변제하지 아니한 자로서 종합신용정보집중기관에 등록된 자
   나. 조세체납자
   다. <삭제>
2. 부동산취득금액이 현지금융기관 및 감정기관 등에서 적당하다고 인정하는 수준인지 여부
3. 부동산취득이 해외사업활동 및 거주목적 등 실제 사용목적에 적합한지 여부

제9-39조(신고수리절차)

① 거주자가 외국에 있는 부동산 또는 이에 관한 권리를 취득하고자 하는 경우로서 다음 각호의 1에 해당하는 경우에는 신고를 요하지 아니한다.

1. 외국환업무취급기관이 해외지사의 설치 및 운영에 직접 필요한 부동산의 소유권 또는 임차권을 취득하는 경우(당해 해외지점의 여신회수를 위한 담보권의 실행으로 인한 취득을 포함한다)
2. 거주자가 비거주자로부터 상속·유증·증여로 인하여 부동산에 관한 권리를 취득하는 경우
3. 정부가 외국에 있는 비거주자로부터 부동산 또는 이에 관한 권리를 취득하는 경우
4. 외국인거주자와 법 제3조 제1항 제15호 단서의 규정에 해당하는 거주자가 법 또는 영의 적용을 받는 거래 이외의 거래에 의하여 외국에 있는 부동산 또는 이에 관한 권리를 취득하는 경우
5. 외국환업무취급기관이 외국환업무를 영위함에 따라 해외소재 부동산을 담보로 취득하는 경우
6. 「부동산투자회사법」에 의한 부동산투자회사, 「자본시장과 금융투자업에 관한 법률」에 의한 금융투자업자가 당해 법령이 정한 바에 의하여 외국에 있는 부동산 또는 이에 관한 권리를 취득하는 경우
7. 법률에 따라 설립된 기금을 관리·운용하는 법인 및 「국민연금법」 제102조 제5항에 따라 국민연금기금의 관리·운용에 관한 업무를 위탁받은 법인이 당해 법령에 따라 해외자산운용목적으로 부동산을 매매 또는 임대하기 위한 경우

8. 다음 각목의 1에 해당하는 자가 해외자산운용목적으로 부동산을 매매 또는 임대하기 위한 경우로서 다음 각목의 1에서 정하는 범위내에서 외국에 있는 부동산 또는 이에 관한 권리를 취득하는 경우
   가. 은행, 보험회사, 종합금융회사: 당해기관의 관련 법령이나 규정 등에서 정한 범위내
   나. <삭제>
9. 해외체재자 및 해외유학생이 본인 거주 목적으로 외국에 있는 부동산을 임차하는 경우
10. 외국에 있는 부동산을 임차하는 경우(임차보증금이 미화 1만불 이하인 경우에 한한다.)

② 제1항의 규정에 해당하는 경우를 제외하고 거주자가 다음 각호의 1에 해당하는 외국에 있는 부동산 또는 이에 관한 권리를 취득하고자 하는 경우에는 별지 제9-12호 서식의 부동산취득신고(수리)서를 작성하여 지정거래외국환은행의 장에게 신고하여 수리를 받아야 한다.

1. 거주자가 주거 이외의 목적으로 외국에 있는 부동산을 취득하는 경우
2. 거주자 본인 또는 거주자의 배우자가 해외에서 체재할 목적으로 주거용 주택을 취득하는 경우(거주자의 배우자 명의의 취득을 포함한다)
3. 외국에 있는 부동산을 임차하는 경우(임차보증금이 미화 1만불 초과인 경우로 한한다)

③ 제2항의 규정에도 불구하고 거주자가 외국부동산 매매계약이 확정되기 이전에 지정거래외국환은행의 장으로부터 내신고수리를 받은 경우에는 취득 예정금액의 100분의 10이내에서 외국부동산 취득대금을 지급할 수 있다. 이 경우 내신고수리를 받은 날로부터 3개월 이내에 제2항의 규정에 의하여 신고하여 수리를 받거나, 지급한 자금을 국내로 회수하여야 한다.

④ 제1항 및 제2항에 규정된 경우를 제외하고 거주자가 외국에 있는 부동산 또는 이에 관한 권리를 취득하고자 하는 경우에는 별지 제9-12호 서식의 부동산취득신고(수리)서를 작성하여 한국은행총재에게 신고하여 수리를 받아야 한다.

⑤ 이 절의 규정에 의한 부동산 또는 이에 관한 권리의 취득에 관하여는 이 절에서 별도로 규정한 경우를 제외하고는 제9-4조 및 제9-6조를 준용한다.

⑥ <삭제>

제9-40조(사후관리)

① 한국은행총재 또는 지정거래외국환은행의 장은 제9-39조 제2항 및 제4항의 규정에 의한 거주자의 외국에 있는 부동산 또는 이에 관한 권리 취득에 대한 신고수리 내용을 매익월 20일까지 국세청장, 관세청장 및 금융감독원장에게 통보하여야 한다.

② 제9-39조 제2항 및 제4항의 규정에 의한 신고수리를 받아 외국에 있는 부동산 또는 이에 관한 권리를 취득한 자는 다음 각호의 보고서를 한국은행총재 또는 지정거래외국환은행의 장에게 제출하여야 하며, 한국은행총재 또는 지정거래외국환은행의 장은 제1호 및 제2호의 보고서를 제출받은 날이 속하는 달의 익월 말일까지 국세청장, 관세청장 및 금융감독원장에게 제출하여야 한다. 다만, 현지의 재난·재해 등 불가피한 사유로 인해 부동산 또는 이에 관한 권리를 취득한 자가 보고서를 제출하는 것이 불가능한 것으로 한국은행총재 또는 지정거래외국환은행의 장이 인정하는 경우에는 그 사유가 해소될 때까지 다음 각 호의 보고서 또는 서류를 제출하지 아니할 수 있으며, 이 경우 한국은행총재 또는 지정거래외국환은행의 장은 국세청장, 관세청장 및 금융감독원장에게 그 사실을 통보하여야 한다.

1. 해외부동산취득보고서: 부동산 취득대금 송금후 3월 이내
2. 해외부동산처분(변경)보고서: 부동산 처분(변경) 후 3월 이내. 다만, 3월 이내에 처분대금을 수령하는 경우에는 수령하는 시점

3. 수시보고서: 한국은행총재 또는 지정거래외국환은행의 장이 취득부동산의 계속 보유여부의 증명 등 사후관리에 필요하다고 인정하여 요구하는 경우

③ 제2항에 의한 보고서 또는 서류는 전자적 방법을 통해 실명확인을 받고 제출할 수 있다.

제9-41조(해외주택의 매각)

<삭제>

제5절 비거주자의 국내부동산 취득

제9-42조(신고절차)

① 비거주자가 국내에 있는 부동산 또는 이에 관한 물권·임차권 기타 이와 유사한 권리(이하 이 관에서 "권리"라 한다)를 취득하고자 하는 경우로서 다음 각호의 1에 해당하는 경우에는 신고를 요하지 아니한다.
1. 「해저광물자원개발법」의 규정에 의하여 인정된 바에 따라 비거주자인 조광권자가 국내에 있는 부동산 또는 이에 관한 권리를 취득하는 경우
2. 비거주자가 본인, 친족, 종업원의 거주용으로 국내에 있는 부동산을 임차하는 경우
3. 국민인비거주자가 국내에 있는 부동산 또는 이에 관한 권리를 취득하는 경우
4. 비거주자가 국내에 있는 비거주자로부터 토지 이외의 부동산 또는 이에 관한 권리를 취득하는 경우
5. 외국인비거주자가 상속 또는 유증으로 인하여 국내에 있는 부동산 또는 이에 관한 권리를 취득하는 경우

② 제1항에서 정한 경우를 제외하고 비거주자가 국내부동산 또는 이에 관한 권리를 취득하고자 하는 경우로서 다음 각호의 1에 해당하는 경우에는 별지 제9-12호 서식의 부동산취득신고(수리)서에 당해 부동산거래를 입증할 수 있는 서류 또는 담보취득을 입증할 수 있는 서류를 첨부하여 외국환은행의 장에게 신고하여야 한다.
1. 외국으로부터 휴대수입 또는 송금(대외계정에 예치된 자금을 포함한다)된 자금으로 취득하는 경우
2. 거주자와의 인정된 거래에 따른 담보권을 취득하는 경우
3. 제1호에 의한 자금(외국에서 직접 결제하는 경우를 포함한다) 또는 제1항 및 제2호의 방법으로 부동산 또는 이에 관한 권리를 취득한 비거주자로부터 부동산 또는 이에 관한 권리를 취득하는 경우

③ 제1항 및 제2항의 경우를 제외하고 비거주자가 국내에 있는 부동산 또는 이에 관한 권리를 취득하고자 하는 경우에는 한국은행총재에게 신고하여야 한다.

제9-43조(매각대금의 지급 등)

① 비거주자가 다음 각호의 1에 해당하는 방법으로 취득한 국내에 있는 부동산 또는 이에 관한 권리의 매각대금을 외국으로 지급하고자 하는 경우에는 당해 부동산 또는 이에 관한 권리의 취득 및 매각을 입증할 수 있는 서류를 외국환은행의 장에게 제출하여야 한다. 다만, 비거주자인 재외동포의 국내재산 반출의 경우에는 제4-4조 제1항 제8호의 규정을 적용한다.
1. 제9-42조 제2항 제1호에 의한 자금으로 제9-42조 제1항 제1호 내지 제4호의 규정에 의하여 국내에 있는 부동산 또는 이에 관한 권리를 취득한 경우
2. 제9-42조 제2항의 규정에 의하여 국내에 있는 부동산 또는 이에 관한 권리를 취득한 경우. 다만, 제7-13조 제4호의 규정에 의하여 국내부동산 또는 이에 관한 권리를 취득한 경우를 제외한다.
3. 제9-42조 제1항 제5호 및 제9-42조 제3항의 규정에 의하여 국내에 있는 부동산 또는 이에 관한 권리를 취득한 경우

② 제1항 본문의 경우를 제외하고 비거주자가 국내에 있는 부동산 또는 이에 관한 권리의 매각대금을 외국으로 지급하기 위하여 대외지급수단을 매입하는 경우에는 제7-21조 제3항의 규정에 따라 별지 제7-4호 서식의 대외지급수단매매신고서에 의하여 한국은행총재에게 신고하여야 한다.

③ <삭제>

제10장 보칙

제1절 보고

제10-1조(외국환업무취급기관의 장의 보고)

외국환업무취급기관의 장은 이 규정이 정하는 보고서를 기획재정부장관에게 제출하여야 한다.

제10-2조(한국은행총재의 보고)

한국은행총재는 다른 장에서 규정하는 보고 이외에 다음 각호의 1에 해당하는 보고서를 기획재정부장관에게 제출하여야 한다.

1. 10일보
    가. 주요외환지표(유선)
2. 월보
    가. 외국환포지션 상황
    나. 종합외화자금 현황(외화자산 현황 첨부)
    다. 수출 및 수입상황(품목별, 결제방법별 내역 첨부)
    라. 보유외화자산 운용현황
    마. 무역외수입 및 지급상황
    바. 외화대출상황
    사. 수출선수금 취급상황
    아. 월별·연간국제수지표
    자. 기술도입대가 지급 및 수령상황
    차. 외국투자가의 배당금 송금 및 출자금 회수실적
    카. 대외채권 및 채무현황
    타. <삭제>
    파. 한국은행총재의 신고수리현황
    하. 파생상품거래실적
3. 분기보
    가. 외환의 매매(선물환거래, 금융선물거래 및 스왑금융거래 포함)상황
    나. 수출관련 역외금융대출상황
    다. 외화차입자금의 인출 및 상환현황
4. 반기보
    가. 은행별 차관단 대출한도 운영현황
    나. <삭제>
    다. 현지금융 차입 및 상환현황
5. 연보

가. 해외예금 및 신탁 잔액현황
나. <삭제>

제10-3조(한국은행총재의 보고서 징구)

① 한국은행총재는 다음 각호의 1에 해당하는 경우에는 관계행정기관의 장, 외국환업무취급기관의 장, 전문외국환업무취급업자 또는 외국환거래의 당사자나 이에 관련되는 자(이하 이 절에서 "보고당사자"라 한다)에 대하여 보고서 자료 또는 정보의 제출을 요구하거나 질문할 수 있다.
1. 기획재정부장관에 대한 보고서를 작성함에 필요한 경우
2. 국제수지, 국제투자대조표(대외채권 및 대외채무를 포함한다) 및 외국환통계의 작성에 필요한 경우
3. 기타 한국은행총재에게 위탁한 업무를 수행하기 위하여 필요한 경우

② 다음 각호의 1에 해당하는 거주자중 한국은행총재가 정하는 자는 반기말 현재 미화 5만불을 초과하는 비거주자에 대한 대외채권 및 채무 보유현황을 다음 반기 셋째달 말일까지 한국은행총재에게 제출하여야 한다.
1. 「자본시장과 금융투자업에 관한 법률」에서 정하는 주권상장법인
2. 제1호에 해당하지 않는 자로서 주채무계열 소속 기업체중 상위 30대 계열기업

제10-4조(보고서의 제출기한)

① 다른 장에서 따로 정하는 경우 를 제외하고 보고당사자의 기획재정부장관 또는 한국은행총재에 대한 보고서의 제출기한은 다음 각호와 같다. 다만, 기획재정부장관 또는 한국은행총재는 동 기한내 보고서 작성이 현실적으로 어렵다고 판단되는 경우 세부 보고서별로 제출기한을 따로 정할 수 있다.
1. 연도별 보고서는 다음 해 2월까지
2. 반기별 보고서는 다음 반기 첫째달 말일까지
3. 분기별 보고서는 다음 분기 첫째달 20일까지
4. 월별 보고서는 다음 달 15일까지
5. 반월별 보고서는 다음 반월 7일까지
6. 10일 보고서는 그 다음 날까지
7. 일보는 2일후까지
8. 기타 보고서는 제출요구시 기획재정부장관 또는 한국은행총재가 정한 기일까지

② 한국은행총재의 기획재정부장관에 대한 보고서의 제출기한은 제1항의 규정을 준용한다. 다만, 기획재정부장관에 대한 보고서를 작성하기 위하여 보고당사자로부터 보고서 자료의 제출을 필요로 하는 경우에는 그러하지 아니하며, 이 경우 한국은행총재가 당해 보고당사자로부터 그 보고서 자료의 제출을 받은 때에는 지체없이 기획재정부장관에게 보고하여야 한다.

③ 제1항 및 제2항의 규정에 불구하고 기획재정부장관 또는 한국은행총재는 그 기한 전이라도 보고서의 제출을 요구할 수 있다.

제10-5조(서식등)

다른 장에서 정한 경우를 제외하고 이 규정에 의한 신청서·보고서 기타 서식(이하 "서식등"이라 한다)은 따로 정하는 바에 의한다. 다만, 한국은행총재의 신고등에 관한 서식 및 외환정보집중기관에 대한 보고서식은 한국은행총재가 정하는 바에 의하며, 외국환업무취급기관의 장에 대한 신고등에 관한 서식등은 외국환업무취급기관의 장이 상호협의하여 정하는 바에 의한다.

제10-6조(신용카드등에 대한 보고)

① 대외지급에 사용될 신용카드등을 국내에서 발행 또는 발행을 대행하거나 외국에서 발행된 신용카드등의 사용대금의 지급 또는 지급의 대행업무를 영위하는 자(이하 "신용카드등의 발행업자"라 한다)는 다음 각호의 보고서 등을 매분기별로 여신전문금융업협회장(이하 "여신협회장"이라 한다)에게 제출하여야 하고 여신협회장은 개인별 및 법인별 신용카드등의 대외지급실적(외국에서의 외국통화 인출 실적을 포함한다)이 포함된 동 보고서를 종합하여 다음 분기 둘째달 10일까지 한국은행총재에게 제출하여야 하며 한국은행총재는 이를 다음 분기 둘째달 20일까지 기획재정부장관에게 보고하여야 한다.

1. 거주자의 신용카드등의 대외지급 및 외국에서의 외국통화 인출 실적(월별)
2. 비거주자의 신용카드등의 국내사용 실적(월별)

② 제1항의 규정에 의한 월별 실적은 사용월의 초일부터 말일까지의 사용분으로 작성하여야 한다.

③ 신용카드등의 발행업자는 개인별 및 법인별 연간 대외지급 및 외국에서의 외국통화 인출 내역을 여신협회장에게 통보하여야 하고 여신협회장은 개인별 및 법인별 신용카드등의 대외지급 실적(외국에서의 외국통화 인출 실적 포함)이 연간 미화1만불을 초과하는 경우에는 국세청장 및 관세청장에게 다음 연도 둘째달 20일까지 통보하여야 한다.

④ 여행자카드를 발행 또는 판매한 자는 다음 각호의 보고서를 다음 분기 첫째달 20일까지 한국은행총재에게 제출하여야 하며, 한국은행총재는 동 보고서를 종합하여 기획재정부장관에게 보고하여야 한다.

1. 여행자카드의 판매 및 결제실적(월별)
2. 개인별 및 법인별 여행자카드의 결제(미화 5천불 초과)실적(월별)

⑤ 한국은행총재는 제4-5조 제2항에 의한 해외여행경비, 제1항에 의한 신용카드등의 대외지급실적(외국에서의 외국통화 인출 실적 포함) 및 제4항에 의한 여행자카드 결제 실적의 합계가 연간 미화 10만불을 초과하는 경우 국세청장에게 다음 연도 3월말일까지 통보하여야 한다.

제2절 검사

제10-7조(검사대상의 범위)

한국은행총재, 금융감독원장 및 관세청장은 영 제35조 제4항 각 호의 구분에 따라 법 제20조 제3항 및 영 제35조의 검사를 행한다.

② <삭제>

③ <삭제>

제10-8조(검사기준 등의 제정 등)

① 제10-7조의 규정에 의하여 검사업무를 수행하는 자가 검사의 기준·방법·절차·제재 등을 제정 또는 개정한 경우에는 그 내용을 지체없이 기획재정부장관에게 통보하여야 한다.

② 제1항의 검사업무를 수행하는 자는 검사결과 발견된 위규사항이 외환정책, 금융정책과 관련된 중요사항이라고 판단될 경우 그 내용을 기획재정부장관, 한국은행총재 등 관계기관에 통보하여야 한다.

③ <삭제>

④ 제1항의 검사업무를 행하는 자는 검사를 행함에 따른 제재 등의 조치를 한 경우에는 그 내용을 상호간에 통보하여야 한다.

제3절 외국환거래의 사후관리

제10-9조(사후관리절차 등)

① 영 제37조의 규정에 의하여 권한의 위탁을 받아 외국환거래의 신고등 또는 보고를 받은 한국은행총재 또는 외국환은행의 장은 당해 외국환거래당사자가 한 외국환거래가 법령의 규정대로 실행되었는지 여부에 대하여 법·영 및 이 규정에서 정한 범위내에서 사후관리를 하여야 한다. 다만, 거래당사자가 거래외국환은행을 지정하였거나 한국은행총재가 사후관리은행을 지정한 경우에는 그 지정된 외국환은행의 장이 사후관리를 하여야 한다.

② 한국은행총재가 외국환거래 또는 행위에 대하여 신고(수리)를 한 경우에는 신고(수리)를 신청한 자가 지정하는 대가지급은행 또는 사후관리은행으로 신고(수리)서 사본 및 계약서 사본 등을 송부하여야 한다.

③ 외국환은행의 장은 사후관리 결과 외국환거래당사자가 신고등의 조건을 이행하지 아니한 경우에는 그 기한 만료일부터 30일 이내에 당해 조건의 이행을 독촉하여야 하며, 독촉일부터 60일 이내에도 그 의무를 이행하지 아니하거나 외국환거래당사자가 법 제19조 제1항 각호의 1에 해당하는 경우에는 이를 금융감독원장에게 보고하여야 한다.

④ .한국은행총재는 이 장의 규정에 의한 사후관리의 실효성을 확보하기 위하여 업무처리의 기준 및 절차 등을 정할 수 있다.

제10-10조(자료의 제출 등)

① 외국환거래당사자는 이 장에서 정하는 바에 의하여 사후관리를 하는 자(이하 "사후관리자"라 한다)가 정하는 바에 따라 사후관리자료를 한국은행총재·지정거래외국환은행의 장·한국은행총재가 지정하는 사후관리은행의 장 또는 당해 거래를 신고 등을 한 외국환은행의 장에게 제출하여야 한다.

② 외국환거래당사자에 대한 사후관리를 하는 외국환은행의 장은 필요한 경우에는 당해 외국환거래당사자에 대하여 사후관리에 필요한 자료의 제출을 요구할 수 있다.

③ 외국환거래당사자가 이 규정에 의하여 한국은행총재 또는 외국환은행의 장에게 보고서를 제출하여야 할 경우에는 한국은행총재가 사후관리은행으로 지정한 영업소의 장 또는 당해 당사자가 거래외국환은행으로 지정한 영업소의 장에게 제출하여야 하며 보고서를 받은 외국환은행의 장은 그 보고서가 한국은행총재에게 제출하여야 하는 것일 경우에는 지체없이 한국은행총재에게 송부하여야 한다.

제10-11조(거래외국환은행 지정 등)

① 다음 각호의 1에 해당하는 거래당사자는 외국환거래의 신고 등 및 사후관리를 위하여 거래외국환은행을 지정하여야 한다.

1. 제2-28조 제1항의 규정에 의하여 환전업무를 영위하는 자
2. 제4-3조 제1항 제1호 및 제8호의 규정에 따라 지급하고자 하는 자
3. 제4-4조 제1항 제3호 및 제8호, 제2항의 규정에 따라 지급하고자 하는 자
4. 제4-5조 제2항 및 제6항의 규정에 의하여 해외여행경비를 지급하고자 하는 자
5. <삭제>
6. <삭제>
7. <삭제>
8. 제5-5조의 규정에 의하여 상호계산을 실시하고자 하는 자
9. 제7-11조 제2항의 규정에 의하여 해외예금을 하고자 하는 자

10. 제7-2조 제6호의 규정에 의하여 자금통합관리를 하고자 하는 자
11. 제7-2조 제9호의 규정에 의하여 수령하고자 하는 자
12. 제7-14조 및 제7-15조의 규정에 의하여 자금을 차입(현지금융은 포함하지 않는다)하고자 하는 자
13. 제7-18조 제3항의 규정에 의하여 보증 또는 담보계약을 하고자 하는 자
14. 제7장제5절제1관 및 제2관의 규정에 의하여 증권을 발행하고자 하는 자
15. 제9-39조 제2항의 규정에 의하여 외국에 있는 부동산을 취득하고자 하는 자
16. 제9장제3절의 규정에 의하여 국내지사를 설치·운영하고자 하는 자
17. 제7-14조 및 제7-14조의2에 의하여 현지금융을 받고자 하는 자 또는 제7-18조 제1항에 의하여 현지금융과 관련한 보증 또는 담보계약을 하고자 하는 자
18. 제9-5조 제1항 및 제2항의 규정에 의하여 해외직접투자를 하고자 하는 자
19. 제9장제2절의 규정에 의하여 해외지사를 설치·운영하고자 하는 자
20. 기타 한국은행총재가 필요하다고 인정하는 자

② 제1항의 규정에 의하여 거래외국환은행으로 지정신청을 받은 외국환은행은 거래외국환은행 지정사실을 확인한 후 지정명부에 등록하여야 한다.

③ 제1항의 규정에 의하여 거래외국환은행으로 지정된 외국환은행의 장은 그 지정사실을 외환정보집중기관의 장이 정하는 기간내에 외환정보집중기관의 장에게 보고하여야 한다.

④ 외국환은행의 장은 제1항에 규정한 거래외국환은행을 지정하여야 하는 사항에 관하여 신고 또는 지급신청을 받은 경우에는 제2항의 규정에 의거 당해 외국환은행을 거래외국환은행으로 등록되었는지의 여부를 확인한 후 신고를 받거나 신고수리·지급을 하여야 하고 그 신고사항에 관하여 사후관리를 하여야 한다.

⑤ 거래외국환은행을 지정한 자가 지정된 거래외국환은행을 변경하고자 할 경우에는 현재 지정되어 있는 거래외국환은행을 경유하여 새로이 지정할 은행의 확인을 받아야 하며, 신규 지정된 거래외국환은행이 그 변경 사실을 외환정보집중기관의 장에게 보고하여야 한다.

제10-12조(국세청장 등에게의 통보등)

① 한국은행총재, 외국환업무취급기관의 장, 여신협회장 및 전문외국환업무취급업자가 이 규정에서 정하는 바에 의하여 국세청장에게 통보 또는 열람하도록 하여야 하는 거래 및 통보시기는 다음과 같다. 단, 제3호에 해당하는 거래의 경우 국세청장은 조세탈루혐의의 확인을 위해 필요시 당해 신고기관에 제출된 신고서류를 열람만 할 수 있다.

1. 통보대상거래: 제2-2조 , 제2-3조, 제2-24조, 제2-29조, 제2-31조, 제2-39조, 제4-8조 제1항, 제5-4조, 제5-5조, 제5-8조, 제5-10조, 제5-11조, 제6-2조, 제7-12조, 제7-16조, 제7-21조, 제8-4조, 제9-9조, 제9-15조의2, 제9-25조, 제9-40조 및 제10-6조의 규정에 의한 지급등 또는 거래 사실(인별·건별 내역을 포함한다)
2. 통보시기: 매월별로 익월 10일 이내. 다만 규정에서 따로 정하는 경우에는 그 정하는 바에 의한다.
3. 열람대상거래: 제2-6조 제1항, 제2-8조, 제7-14조, 제7-19조, 제7-31조 및 제7-40조

② 한국은행총재, 외국환업무취급기관의 장, 여신협회장 및 전문외국환업무취급업자가 이 규정에서 정하는 바에 의하여 관세청장에게 통보하여야 하는 거래 및 통보시기는 다음과 같다.

1. 통보대상거래: 제2-2조 , 제2-3조, 제2-29조, 제2-31조, 제2-39조, 제4-8조 제2항, 제5-4조, 제5-5조, 제5-8조, 제5-10조, 제5-11조, 제7-12조, 제7-21조, 제9-9조, 제9-25조, 제9-40조, 제9-42조 및 제10-6조의 규정에 의한 지급등 또는 거래사실(인별·건별 내역을 포함한다)
2. 통보시기: 매월별로 익월 10일 이내. 다만, 규정에서 따로 정하는 경우에는 그 정하는 바에 의한다.

③ 한국은행총재, 외국환업무취급기관의 장 및 전문외국환업무취급업자가 이 규정에서 정하는 바에 의하여 금융감독원장에게 통보하여야 하는 거래 및 통보시기는 다음과 같다.
1. 통보대상거래: 제2-9조의2 제5항, 제2-31조, 제2-39조, 제4-8조 제3항, 제5-4조, 제5-5조, 제5-10조, 제7-21조, 제7-37조, 제8-4조 제2항, 제9-9조, 9-34조 및 제9-40조 및 제10-11조의 규정에 의한 지급등 또는 거래사실과 제2-10조의 2 제2항의 규정에 의한 파생상품거래실적 중 차액결제선물환거래 내역(인별·건별 내역을 포함한다)
2. 통보시기: 매월별로 익월 10일 이내. 다만 규정에서 따로 정하는 경우에는 그 정하는 바에 의한다.

④ 국세청장, 관세청장 및 금융감독원장은 이 규정에 의하여 통보받은 자료를 법 제23조 및 영 제37조의 규정에 의하여 기획재정부장관으로부터 위임·위탁받은 업무처리의 필요한 범위내에서 이용하여야 한다.

제4절 기타

제10-13조(위탁업무처리기준 및 절차 등)

① 영 제37조 제5항의 규정에 의하여 기획재정부장관의 권한의 일부를 위임받은 외국환은행은 위탁업무처리기준 및 절차 등(이하 "외국환거래업무취급지침"이라 한다)을 정할 수 있다.

② 제1항의 규정에 의한 위탁업무취급의 통일성을 기하기 위하여 하나의 외국환은행을 간사은행으로 지정할 수 있으며 전국은행연합회의 외국환전문위원회를 합의기구로 활용할 수 있다.

③ 제2항의 규정에 의한 간사 외국환은행의 장은 외국환거래업무취급지침을 기획재정부장관, 한국은행총재 및 금융감독원장에게 보고하여야 하며, 한국은행총재는 외국환은행 위탁업무의 적정한 수행을 위하여 필요하다고 인정되는 경우 기획재정부장관에게 그 내용을 변경하도록 건의할 수 있다.

제10-14조(외환정보집중기관의 지정 등)

① 영 제39조의 규정에 의거 한국은행을 외환정보집중기관으로 하고 국제금융센터를 외환정보분석기관으로 한다.

② 외환정보집중기관의 장은 외환정보집중기관의 업무에 필요한 세부 운영기준을 정할 수 있으며, 외국환업무취급기관 등 외국환거래당사자 및 관계기관으로 하여금 외환정보집중기관에 필요한 보고를 하게 하거나 관련자료 또는 정보의 제출을 요구할 수 있다.

③ 외국환업무취급기관 등 외국환거래당사자 또는 관계인이 이 규정에 의하여 기획재정부장관, 한국은행총재 또는 금융감독원장, 국세청장 또는 관세청장 등에게 보고할 경우에는 한국은행총재가 따로 정하는 경우와 금융감독원이 관리하고 있는 외국인투자관리시스템을 통하여 보고하는 경우를 제외하고는 외환정보집중기관을 통하여 이를 행하여야 한다.

④ 외환정보분석기관의 장은 외환정보집중기관 업무처리기준에서 정하는 바에 따라 다음 각호의 정보를 외환정보집중기관으로부터 제공받을 수 있다.
1. 기관투자가의 증권투자 관련자료
2. 금융기관 외화유동성 관련자료
3. 비거주자 국내증권투자 관련자료
4. 환율 및 외환거래, 파생거래 관련자료
5. 기타 기획재정부장관이 외환정보분석을 위하여 필요하다고 인정하는 정보

제10-15조(별도규정)

기획재정부장관이 법 및 영에서 부여된 권한의 범위내에서 이 규정에 규정된 사항 또는 규정되지 아니한 사항에 관하여 별도로 정하는 경우에는 이 규정에 우선하여 이를 적용한다.

제10-15조의2(재검토 기한)

기획재정부장관은 제2-28조, 제2-29조 제4항, 제7-33조, 제7-35조, 제7-39조, 제7-40조, 제9-18조, 제9-33조, 제9-34조, 제10-2조, 제10-6조, 제10-9조, 제10-14조에 대하여 2018년 1월 1일을 기준으로 3년마다(매 3년이 되는 해의 기준일과 같은 날 전까지를 말한다) 이 규정 발령 후의 법령이나 현실여건의 변화 등을 검토하여 개선 등의 조치를 하여야 한다.

제5절 외환건전성협의회 등

제10-16조(외환건전성협의회의 소집)

① 외환건전성협의회(이하 "협의회"라 한다)는 분기별 1회 개최를 원칙으로 하되, 의장이 필요하다고 인정하는 경우에는 수시로 협의회를 소집할 수 있다.

② 협의회는 대면회의를 원칙으로 하되, 안건의 내용이 경미하거나 대면회의를 소집할 시간적 여유가 없다고 의장이 인정하는 경우에는 서면회의로 대체할 수 있다.

③ 의장은 필요한 경우 관계 행정기관의 공무원, 관계기관·연구단체의 소속 임직원을 협의회에 참석하게 하여 그 의견을 들을 수 있다

④ 영 제20조의3 제3항의 위원이 부득이한 사유로 회의에 출석하지 못하는 경우에는 그 하위직에 있는 자가 위원을 대신하여 회의에 출석하여 그 직무를 대리할 수 있다.

제10-17조(협의회 안건의 상정)

① 의장은 협의회에서 논의할 사항을 선정하여 영 제20조의4 제3항 각호의 위원으로 하여금 안건을 상정하도록 요청한다.

② 영 제20조의4 제3항 각호의 위원은 의장에게 구체적인 안건을 제시하여 협의회에서 논의하기를 요청할 수 있다.

③ 협의회에 안건을 상정하는 위원은 원칙적으로 협의회 개최 2일전까지 안건을 제출하여야 한다. 다만, 긴급을 요하는 경우에는 그렇지 않다.

④ 의장은 협의회에 상정하는 안건을 효율적으로 논의하기 위하여 실무협의회를 둘 수 있다.

제10-18조(협의회에 대한 자료 제출)

① 기획재정부장관은 협의회에서 논의를 위하여 이 법을 적용받는 관계 기관의 장으로 하여금 다음 각 호의 사항과 관련된 자료 또는 정보를 제출하도록 요청할 수 있다.
1. 금융위원회, 한국은행총재, 금융감독원장 등이 영 제37조에 의하여 기획재정부장관으로부터 위임 또는 위탁받아 수행하는 외국환업무취급기관등에 대한 법 제11조 제1항에 따른 감독현황 및 제2항에 따른 업무상 제한의 운영현황
2. 영 제35조 제4항에 따라 기획재정부장관의 위탁을 받아 한국은행총재 또는 금융감독원장이 수행한 검사 결과. 다만, 영 제20조의3 제2항 각 호의 논의를 위한 사항으로 한정하며, 고객의 금융거래정보 등은 제외할 수 있다.

3. 이 규정에서 금융위원회, 관세청장, 한국은행총재, 금융감독원장 등이 기획재정부장관에게 보고·통보·제출하도록 정하고 있는 자료 또는 정보
4. 외국환업무취급기관이 은행업감독규정, 금융투자업규정, 보험업감독규정 등에 따라 금융감독원장에게 제출하는 외국환업무현황보고서의 내용 중 협의회에서의 논의를 위하여 필요한 사항
5. 외국환업무취급기관등의 외화유동성에 대한 위기상황분석 실시 기준 및 결과
6. 외국환업무취급기관등의 외화자금 조달액 및 소요액, 순외화자산 비율, 외화 조달 및 운용의 만기현황 등 그 밖에 협의회에서 논의를 위하여 필요하다고 인정하는 자료 또는 정보

② 제1항에 따른 자료 또는 정보의 제출은 안건 또는 참고자료 등 기획재정부장관이 요청하는 방법에 따른다.

제10-19조(국제금융정책자문기구)

기획재정부장관은 법 제25조 제1항의 규정에 의하여 외환 및 국제금융시장 모니터링 및 정책수립 등을 위하여 외환 및 국제금융분야 전문가로 구성된 자문기구를 둘 수 있다.

제10-20조(외국환거래 촉진 외국환업무취급기관의 선정)

기획재정부장관은 한국은행으로 하여금 「외국환거래법」 시행령 제21조의4 제2항 제2호에 따라 외국환거래의 촉진을 위한 역할을 수행하는 외국환업무취급기관을 원화·위안화 시장 시장조성자 또는 원화·미화 시장 선도은행으로 선정하게 할 수 있다.

제10-21조(청산업무)

① 기획재정부장관은 한국은행총재로 하여금 원화와 특정 외국통화의 원활한 거래를 위해 특정 외국환은행, 외국환은행해외지점 및 외국환은행현지법인을 청산은행으로 지정하여 해당 통화의 자금결제와 유동성 공급 역할을 수행하도록 할 수 있다.

② 제1항에 따라 청산은행으로 지정된 외국환은행, 외국환은행해외지점 및 외국환은행현지법인은 해당 통화의 자금결제와 유동성 공급 역할을 수행하는 다음 각 호의 업무와 관련된 자금에 대해서는 다른 자금과 구분하여 회계 처리하여야 한다.

1. 청산은행에 본인 명의의 해당 통화 계정을 두고 거래하는 금융회사(이하 '참가금융회사'라 한다)의 해당 통화의 청산 및 결제를 위한 계좌개설 및 예금. 다만, 만기 3개월을 초과하는 예금은 제외
2. 참가금융회사의 포지션 조정거래
3. 참가금융회사와의 콜거래
4. 참가금융회사의 자금운용을 위한 채권거래

③ 기획재정부장관은 한국은행총재로 하여금 청산은행의 장으로부터 외환시장에서의 거래와 관련한 자료를 보고받도록 할 수 있다.

④ 제2-6조 및 제7-15조의 규정에도 불구하고 청산은행으로 지정된 외국환은행해외지점 및 외국환은행현지법인이 제1항에 따라 청산은행 명의의 비거주자자유원계정이 개설된 외국환은행과 3조원을 초과하는 원화대출 또는 3조원을 초과하는 원화차입(다른 외국환은행과의 대출 또는 차입을 포함한다)을 하려는 경우에는 한국은행 총재에게 신고하여야 한다. 또한, 해당 청산은행은 전단과 관련하여 당월 원화 대차거래 내역 등을 매익월 말일까지 한국은행총재에게 보고하여야 한다.

제10-21조의2(현지통화 직거래은행 선정 등)

① 한국은행총재는 대한민국과 외국간 합의한 현지통화 직거래(LCT) 체제에 따라 원화와 특정 외국통화의 사용을 촉진하기 위해 특정 외국환은행을 현지통화 직거래은행으로 선정할 수 있다.

② 한국은행총재는 외국과 제1항의 현지통화 직거래(LCT) 체제를 구축함에 있어 기획재정부장관과 관련 내용을 사전에 협의하여야 한다.

③ 기획재정부장관은 한국은행총재로 하여금 현지통화 직거래은행의 장으로부터 거래와 관련한 자료를 보고받도록 할 수 있으며, 보고의 내용, 범위, 절차 등은 한국은행총재가 별도로 정할 수 있다.

제10-22조(서울외환시장운영협의회)

① 기획재정부장관은 외환시장 참가자들의 자율 협의체인 서울외환시장운영협의회(이하 이 조에서 '협의회'라 한다)를 구성·운영토록 할 수 있다.

② 협의회는 외환시장 참가자 상호 간의 업무질서 유지 및 공정한 거래 관행 확립을 통한 외환시장의 건전한 발전을 위하여 참가기관 및 구성, 외환시장 행동규범 등을 정할 수 있다.

제10-23조(외환제도발전심의위원회)

① 외국환거래제도에 관한 사항을 심의하기 위하여 기획재정부장관 소속으로 외환제도발전심의위원회(이하 "위원회"라 한다)를 둔다.

② 위원회는 다음 각 호의 사항을 심의한다.
1. 외국환거래제도에 관한 주요정책의 수립에 관한 사항
2. 외국환거래 관련 법령의 제정·개정 및 해석에 관한 사항
3. 그 밖에 위원회의 위원장이 심의가 필요하다고 인정하여 회의에 부치는 사항

③ 위원회는 위원장을 포함한 10명 이내의 위원으로 구성한다.

④ 위원회의 위원장은 기획재정부의 고위공무원단에 속하는 일반직 공무원 중에서 기획재정부장관이 지명하는 사람이 되고, 위원은 다음 각호의 어느 하나에 해당하는 사람이 된다.
1. 기획재정부, 금융위원회 및 관세청의 3급 또는 4급 공무원 중에서 해당 기관의 장이 지명하는 사람
2. 다음 각 목의 어느 하나에 해당하는 사람 중에서 기획재정부장관이 위촉하는 사람
   가. 한국은행총재가 추천하는 사람
   나. 금융감독원장이 추천하는 사람
   다. 은행연합회, 금융투자협회, 여신금융협회, 핀테크산업협회 소속 또는 소속 기관의 외국환거래 업무 경력자로서 부장급 이상이거나 10년 이상 해당 업무에 종사한 사람
   라. 외국환거래 관련 업무에 7년 이상 종사한 변호사이거나, 법률전문대학원 또는 법과대학에서 관련 분야 조교수 이상 경력을 3년 이상 보유한 사람
   마. 국제금융 또는 외국환거래제도 관련 연구 경력을 보유하고 관련 연구기관에서 10년 이상 종사한 사람

⑤ 제4항 제2호에 따라 위촉되는 위원의 임기는 2년으로 하며, 한 차례만 연임할 수 있다.

⑥ 반기별 1회 대면회의 개최를 원칙으로 하되, 의장이 필요하다고 인정하는 경우에는 수시로 위원회를 소집하거나 서면회의로 대체할 수 있다.

부칙 <제2025-4호, 2025. 2. 10.>

제1조(시행일)
이 규정은 공포한 날부터 시행한다.

제2조(경과조치)
2024년 사업연도의 외환건전성부담을 부과하는 경우에는 제2-11조의2 제2항 및 제4항의 개정에도 불구하고, 종전의 규정에 따른다.

2026 대비 최신판

해커스관세사
김기만
대외무역법
외국환거래법

초판 1쇄 발행 2026년 1월 5일

지은이	김기만
펴낸곳	해커스패스
펴낸이	해커스관세사 출판팀
주소	서울특별시 강남구 강남대로 428 해커스관세사
고객센터	02-537-5000
교재 관련 문의	publishing@hackers.com
동영상강의	cca.Hackers.com
ISBN	979-11-7404-656-7 (13320)
Serial Number	01-01-01

저작권자 ⓒ 2026, 김기만
이 책의 모든 내용, 이미지, 디자인, 편집 형태는 저작권법에 의해 보호받고 있습니다. 서면에 의한 저자와 출판사의 허락 없이 내용의 일부 혹은 전부를 인용, 발췌하거나 복제, 배포할 수 없습니다.